Schummelseite

BINÄRE EINHEITEN

Bezeichnung	Menge	Anzahl an Bytes
1 Kilobyte	1024 Bytes	1.024 Bytes
1 Megabyte	1024 Kilobytes	1.048.576 Bytes
1 Gigabyte	1024 Megabytes	1.073.741.824 Bytes
1 Terabyte	1024 Gigabytes	1.099.511.627.776 Bytes
1 Petabyte	1024 Terabytes	1.125.899.906.842.624 Bytes
1 Exabyte	1024 Petabytes	1.152.921.504.606.846.976 Bytes
1 Zettabyte	1024 Exabytes	1.180.591.620.717.411.303.424 Bytes
1 Yottabyte	1024 Zettabytes	1.208.925.819.614.629.174.706.176 Bytes

HEXADEZIMALDARSTELLUNG

Binärdarstellung	Hexadezimal-darstellung	Binärdarstellung	Hexadezimal-darstellung
0000	0	1000	8
0001	1	1001	9
0010	2	1010	A
0011	3	1011	B
0100	4	1100	C
0101	5	1101	D
0110	6	1110	E
0111	7	1111	F

IEEE-754-NORMIERUNG

IEEE-754	32-Bit-Zahlen (float)	64-Bit-Zahlen (double)
Mantisse	23	52
Exponent	8	11
Bias	127	1023
kleinster Wert des Exponenten	-126	-1022
größter Wert des Exponenten	127	1023

Schummelseite

ASCII: AMERICAN STANDARD CODE FOR INFORMATION INTERCHANGE

Wert	Zeichen	Wert	Zeichen	Wert	Zeichen	Wert	Zeichen
0	NULL-Zeichen	32	`Leertaste`	64	@	96	`
1	Beginn Kopfzeile	33	!	65	A	97	a
2	Beginn Text	34	"	66	B	98	b
3	Textende	35	#	67	C	99	c
4	Ende der Übertragung	36	$	68	D	100	d
5	Anfrage	37	%	69	E	101	e
6	Bestätigung	38	&	70	F	102	f
7	Klingel	39	'	71	G	103	g
8	←	40	(	72	H	104	h
9	⇆	41	)	73	I	105	i
10	↵ Zeilenvorschub	42	*	74	J	106	j
11	Vertikaltabulator	43	+	75	K	107	k
12	Seitenvorschub	44	,	76	L	108	l
13	↵ Wagenrücklauf	45	-	77	M	109	m
14	Breitschrift	46	.	78	N	110	n
15	Enge Schrift	47	/ »slash«	79	O	111	o
16	Verbindungssteuerung	48	0	80	P	112	p
17	Gerätekontrolle 1	49	1	81	Q	113	q
18	Gerätekontrolle 2	50	2	82	R	114	r
19	Gerätekontrolle 3	51	3	83	S	115	s
20	Gerätekontrolle 4	52	4	84	T	116	t
21	keine Bestätigung	53	5	85	U	117	u
22	Synchronisierter Leerlauf	54	6	86	V	118	v
23	Ende des Übertragungsblocks	55	7	87	W	119	w
24	Abbruch	56	8	88	X	120	x
25	Ende des Mediums	57	9	89	Y	121	y
26	Ersetzen	58	:	90	Z	122	z
27	`Esc`	59	;	91	[	123	{
28	Dateitrennzeichen	60	<	92	\ »backslash«	124	|
29	Gruppentrennzeichen	61	=	93	]	125	}
30	Aufnahmetrennzeichen	62	>	94	^	126	~ »Tilde«
31	Einheiten Trennzeichen	63	?	95	_ »Unterstrich«	127	`Entf`

Schummelseite

ZAHLENBEREICHE GANZZAHLIGER DATENTYPEN IN C

Datentyp	Größe in Bytes	Kleinste Zahl	Größte Zahl
char	1	-128	127
unsigned char	1	0	255
short	2	-32 768	32 767
unsigned short	2	0	65 535
int	4	-2 147 483 648	2 147 483 647
unsigned int	4	0	4 294 967 295
long	8	-9 223 372 036 854 775 808	9 223 372 036 854 775 807
unsigned long	8	0	18 446 744 073 709 551 615

ZAHLENBEREICHE DER GLEITKOMMA-DATENTYPEN IN C

Datentyp	Größe in Byte	Kleinste Zahl größer als null	Größte Zahl
float	4	$1.17 \cdot 10^{-38}$	$3.4 \cdot 10^{38}$
double	8	$2.2 \cdot 10^{-308}$	$1.8 \cdot 10^{308}$

RANGFOLGE DER OPERATOREN IN C

C-Operatoren, dem Rang nach geordnet, von der stärksten Bindung bis zur schwächsten

[] . () -> ++ -- (hinter dem Bezeichner)

! ~ & * (Dereferenzierung) ++ -- (vor dem Bezeichner)

/ % * (Multiplikation)

+ -

<< >>

< <= > >=

== !=

&

^

|

&&

||

?:

= += -= *= /= %= &= ^= |= <<= >>=

Schummelseite

ZUGRIFFSKLASSEN IN C++

Art der Ableitung\Zugriffsklasse	public *element;*	protected *element;*	private *element;*
class A: public B	public	protected	Kein Zugriff
class A: protected B	protected	protected	Kein Zugriff
class A: private B	private	private	Kein Zugriff

RECHNEN MIT INFORMATION

Informationsgehalt I eines Zeichens z: $I(z) = -ld\big(p(z)\big)$

Entropie H einer Quelle Q: $H(Q) = \sum_{z \in Q} p(z) \cdot \big(-ld\big(p(z)\big)\big) = -\sum_{z \in Q} p(z) \cdot ld\big(p(z)\big)$

CHOMSKY-HIERARCHIE DER SPRACHEN

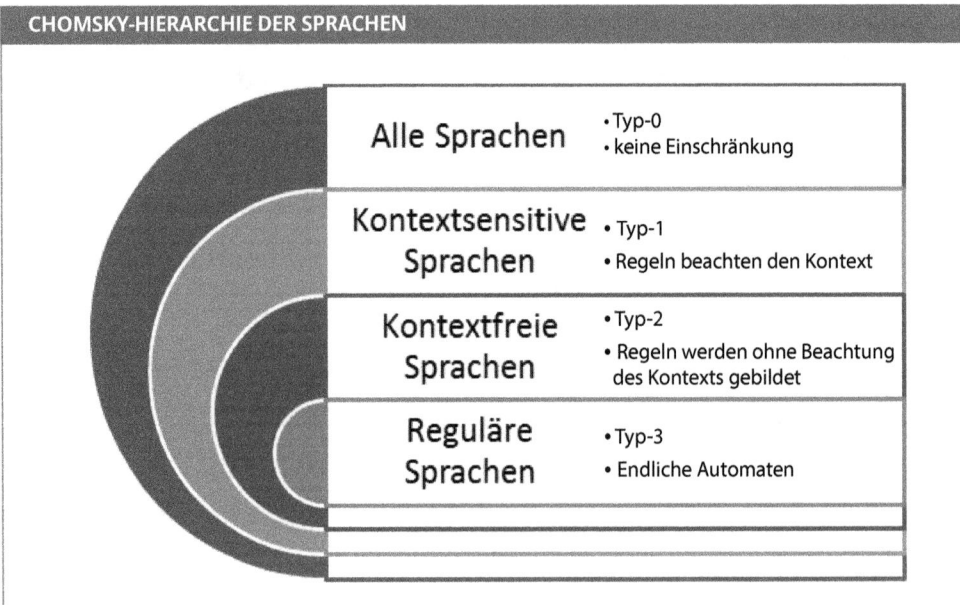

Alle Sprachen	• Typ-0 • keine Einschränkung
Kontextsensitive Sprachen	• Typ-1 • Regeln beachten den Kontext
Kontextfreie Sprachen	• Typ-2 • Regeln werden ohne Beachtung des Kontexts gebildet
Reguläre Sprachen	• Typ-3 • Endliche Automaten

Informatik für Dummies
Das Lehrbuch

E. G. Haffner

Informatik
Das Lehrbuch

für
dummies®

Fachkorrektur von
Reinhard Baran und Wolfgang Gerken

WILEY

WILEY-VCH Verlag GmbH & Co. KGaA

Informatik für Dummies. Das Lehrbuch.

Bibliografische Information der Deutschen Nationalbibliothek

Die Deutsche Nationalbibliothek verzeichnet diese Publikation in der Deutschen Nationalbibliografie;detaillierte bibliografische Daten sind im Internet über http://dnb.d-nb.de abrufbar.

3 2020

© 2017 WILEY-VCH Verlag GmbH & Co. KGaA, Weinheim

Printed in Germany
Gedruckt auf säurefreiem Papier

Coverfoto: © foto_don – Fotolia.com
Korrektur: Petra Heubach-Erdmann, Düsseldorf
Satz: inmedialo Digital- und Printmedien, Plankstadt
Druck und Bindung: CPI books GmbH, Leck

Print ISBN: 978-3-527-71024-9
ePub ISBN: 978-3-527-81027-7
mobi ISBN: 978-3-527-81026-0

Über den Autor

Ernst Georg Haffner studierte Informatik und Mathematik an der Universität in Kaiserlautern mit Schwerpunkt Künstliche Intelligenz. Er erwarb das Diplom der Informatik im Bereich Lernende Systeme. Nach einigen Jahren Industrieerfahrung arbeitete er als wissenschaftlicher Mitarbeiter am Institut für Telematik an Sicherheitslösungen im Internet. Mit Themen zu intelligenten Webapplikationen wurde er an der Universität Trier promoviert. Seit 2002 lehrt und forscht er als Professor für Mathematik und Informationstechnik im Fachbereich Technik an der Hochschule Trier.

Auf einen Blick

Einführung **29**

Teil I: **Informatik zum Verlieben** **37**
- **Kapitel 1:** Informatik im Schnelldurchlauf 39
- **Kapitel 2:** Was die Informatik im Inneren zusammenhält 49
- **Kapitel 3:** Im Dschungel von Bits und Bytes. 63
- **Kapitel 4:** Wie Informatiker denken. 75

Teil II: **Schöne neue digitale Welt** **89**
- **Kapitel 5:** Fingertechnik. 91
- **Kapitel 6:** Heilen mit boolescher Algebra 119
- **Kapitel 7:** Schalten und Walten 137
- **Kapitel 8:** Fangen mit Schaltnetzen. 157
- **Kapitel 9:** Schaltwerke der Menschheitsgeschichte 173
- **Kapitel 10:** Mikroprogramme im Land der Automaten 197

Teil III: **Besichtigung der Maschinenhalle** **205**
- **Kapitel 11:** EVA und die Vertreibung aus dem Paradies. 207
- **Kapitel 12:** Alle Macht der Zentraleinheit 217
- **Kapitel 13:** Speicher im ganzen Haus 233
- **Kapitel 14:** Mit dem Bus zum BIOS 245
- **Kapitel 15:** Cache me if you can. 257

Teil IV: **Sprachen für Computer** **269**
- **Kapitel 16:** Warum alles so kompliziert ist 271
- **Kapitel 17:** Programmiersprachen und Werkzeuge 287
- **Kapitel 18:** Bestandteile einer Programmiersprache 303
- **Kapitel 19:** Auf was Sie beim Programmieren achten sollten 321
- **Kapitel 20:** Programme entwickeln mit System. 333

Teil V: **C und andere Vitamine** **343**
- **Kapitel 21:** Wer A sagt, muss auch C sagen 345
- **Kapitel 22:** C als Muttersprache. 363
- **Kapitel 23:** Fiese Tricks in ANSI C. 383
- **Kapitel 24:** Abheben mit C++ 395
- **Kapitel 25:** Apps mit Objective-C und Swift 419

Teil VI: **Eruption aus Java** **435**
- **Kapitel 26:** Heißer Kaffee 437
- **Kapitel 27:** Felder und mehr. 449
- **Kapitel 28:** Klasse Klassen. 457
- **Kapitel 29:** Sammeln für Java 471
- **Kapitel 30:** Apps mit Android 481

Teil VII: Datenstrukturen und Algorithmen
für die Ewigkeit **489**

Kapitel 31: Algorithmen für den Hausgebrauch   491
Kapitel 32: Elementare Datenstrukturen   505
Kapitel 33: Tabellen für alle Einsatzzwecke   519
Kapitel 34: Wald und Bäume überblicken   543
Kapitel 35: Jede Menge Graphen   555

Teil VIII: Computerarchitektur als Gesamtkunstwerk **565**

Kapitel 36: Betriebssysteme   567
Kapitel 37: Architektur von Software   581
Kapitel 38: Datenbanksysteme   589

Teil IX: Künstliche Intelligenz gegen natürliche Dummheit   601

Kapitel 39: Führung durch die Asservatenkammer   603
Kapitel 40: Spielend suchen und finden   611
Kapitel 41: Lärmende Systeme   629
Kapitel 42: Expertensysteme für Profis   645
Kapitel 43: Kunstvolle neuronale Netze   659

Teil X: Im Netz der Netze **681**

Kapitel 44: Ganz nach Protokoll   683
Kapitel 45: Gestalten und Gestaltung im Web   695
Kapitel 46: Skriptsprachen   705
Kapitel 47: Socket- und Threadprogrammierung   719
Kapitel 48: Durchblick und Ausblick   739

Teil XI: Die praktischen Seiten der
theoretischen Informatik **747**

Kapitel 49: Komprimierte Information   749
Kapitel 50: Formulare für formale Sprachen   775
Kapitel 51: Logik und Korrektheit für Informatiker   799
Kapitel 52: Theorie für Unberechenbare   803
Kapitel 53: Mittel gegen theoretische Komplexe   815

Teil XII: Top Secret **829**

Kapitel 54: Risiken und Manager   831
Kapitel 55: Angriffsarten und Schutzmaßnahmen   843
Kapitel 56: Vierbeiniger Besuch aus Troja   859
Kapitel 57: Alice und Bob im Wunderland der Zahlen   873
Kapitel 58: Wände gegen Feuer   891

Teil XIII: Der Top-Ten-Teil **903**

Kapitel 59: Zehn bedeutende Meilensteine der Informatik   905
Kapitel 60: Die zehn schlimmsten Irrtümer der Informatik   909

Stichwortverzeichnis **913**

Inhaltsverzeichnis

Über den Autor 29

Einführung **29**
Zu diesem Buch... 29
Konventionen in diesem Buch.................................... 29
Törichte Annahmen über den Leser.............................. 30
Wie dieses Buch aufgebaut ist................................. 30
Symbole in diesem Buch 34
Wie es weitergeht 35

TEIL I
INFORMATIK ZUM VERLIEBEN **37**

Kapitel 1
Informatik im Schnelldurchlauf............................ **39**
Mathematik der Information.................................... 39
Pandoras Büchse... 41
Evolution einer fantastischen Idee 44
Praktische Theorien in der Informatik 45
Gigantische Möglichkeiten der Technik 46
Denkende Computer... 47

Kapitel 2
Was die Informatik im Inneren zusammenhält **49**
Einblicke und Ausblick.. 49
Säulen der Softwaretechnik.................................... 54
Modularität 55
Wiederverwendbarkeit 56
Wechselseitige Impulse durch Hardware und Software 57
Disziplinen der Informatik 59
Wirtschaftsinformatik 59
Bioinformatik 59
Medizininformatik 60
Computerlingusitik 60
Medieninformatik... 60
Geoinformatik.. 61
Umweltinformatik 61
Sozioinformatik 61

Kapitel 3
Im Dschungel von Bits und Bytes **63**
Hochgeschwindigkeitstechnik im Kleinstformat....................... 63
Atemberaubende Speichermöglichkeiten 64
Die Welt in Zahlen 66
Von Maschinensprache zu Hochsprache........................... 68
Übersetzen und Interpretieren 71
Steuern und Regeln.. 73

Kapitel 4
Wie Informatiker denken **75**
Logische Vorschriften 75
Öffentlich, aber diskret.. 77
Teilen und Herrschen 79
Rekursiv statt zurück.. 81
Nerds am Werk 84
Zeitloses von nutzlosem Wissen unterscheiden..................... 84

TEIL II
SCHÖNE NEUE DIGITALE WELT................................ 89

Kapitel 5
Fingertechnik **91**
Alles wird digital... 91
Warum zwei Werte reichen 94
Bitte ein Byte!... 95
Textwerte ermitteln... 97
Malen statt Zahlen.. 99
Konvertierung von Dezimalzahlen in Binärzahlen 100
Hex hex! 102
Rechnen im Dualsystem.. 103
    Addition 103
    Negation 104
    Subtraktion 106
    Multiplikation 107
    Division 110
Festpunkt und Fließkomma..................................... 111
    Große und kleine Zahlenbereiche............................ 111
    IEEE-754.. 112
    Fallstricke der Gleitkommaarithmetik........................ 114

Kapitel 6
Heilen mit boolescher Algebra 119

Allheilmittel Algebra 119
Logische Verknüpfungen 123
Gesetze und Regeln. 125
 Assoziativgesetze 125
 Kommutativgesetze. 126
 Distributivgesetze. 126
 Neutralität und Komplement 126
 Idempotenz und Absorption 127
 Dualitätsprinzip 128
 De Morgan. 129
Stunde der Wahrheitstabellen. 130
Digitale Vergatterung 132
Basis und Komposition. 133
 Äquivalenz. 133
 Antivalenz 133
 Implikation 133
 NAND und NOR 133
Stolpersteine der booleschen Algebra 135

Kapitel 7
Schalten und Walten 137

Entwurfsprobleme spielend lösen 137
Funktionen in Wahrheitstafeln 139
Normale Formen 143
 Disjunktive Normalform 144
 Konjunktive Normalform 145
Don't Care? Ist mir doch egal! 146
Minimierung von Termen. 146
 KV-Diagramme 146
 Der Quine-McCluskey-Algorithmus. 151

Kapitel 8
Fangen mit Schaltnetzen 157

Durchblick in Schaltungen 157
Lustige Symbole. 161
Decodiernetzwerke 162
Multiplexer ohne Komplexe. 163
Komparator für Dualzahlen 164
Halb- und Volladdierer 165
Gatterlaufzeiten 168
Klitschige Glitches 169

Kapitel 9
Schaltwerke der Menschheitsgeschichte 173

Schmerzfreie Rückkopplungen 173
Zustände wie bei den Graphen 175
Kritische Läufe 175
Flanken ohne Tore.................................... 177
Familie der Flipflops 177
    SR-Flipflop 178
    Data Latch 179
    D-Flipflop....................................... 180
    Taktflankengesteuertes Flipflop................... 181
    JK-Flipflop....................................... 182
Zähler mit Flipflops 184
Schiebung in den Registern 185

Kapitel 10
Mikroprogramme im Land der Automaten 187

Synchrone Automaten 187
    Mealy-Automat.................................. 188
    Moore-Automat 189
Entwurf von Schaltwerken 190
Steuern für ein gutes Werk 193
Mikroprogramme als Meisterwerke..................... 196

TEIL III
BESICHTIGUNG DER MASCHINENHALLE 205

Kapitel 11
EVA und die Vertreibung aus dem Paradies................ 207

Digitale Kernspaltung 207
Eingabe, Verarbeitung und Ausgabe 208
Rechnerarchitektur von Neumann 209
Komponenten eines modernen Computers 212
Spannung zwischen Zentrale und Peripherie 215

Kapitel 12
Alle Macht der Zentraleinheit 217

Kein Prozess ohne Prozessor........................... 217
Steuern für ein gutes Werk 221
Konstruktion aus ALU 223
Registerspeicher mittendrin 224
Die Fäden laufen zusammen........................... 224
Laden 227
Programme mit System 228
An den Start – es geht los! 230

Kapitel 13
Speicher im ganzen Haus **233**
Komische Speichertypen 233
Ohne RAM läuft nichts. 234
Alle Wege führen zum ROM 237
Speicher für die Massen. 241
Festplatten 241
DVDs & Blu-rays & mehr 244

Kapitel 14
Mit dem Bus zum BIOS **245**
Organisation von Ein- und Ausschaltvorgängen. 245
Unterbrechungen mit Interrupts. 247
Interrupt Request. 248
Interrupt-Service-Routine 248
Fit trotz Ablaufinvarianz 249
Schnittstellen ohne Verletzungen 250
Eingabegeräte 251
Tastatur 251
Maus 253
Touchpad & Touchscreen 253
Scanner 254
Ausgabegeräte. 255
Display 255
Drucker 256

Kapitel 15
Cache me if you can **257**
Risiken reduzieren mit RISC. 257
Pipelines ohne Öl. 259
Parallele Welten. 262
Leckere Mehrkern-Brötchen. 262
Super, so ein Computer 263
Entwirrung der Fäden 264
Cache bringt Cash 265
Architekturen der Zukunft – ein Blick in die Glaskugel 266

TEIL IV
SPRACHEN FÜR COMPUTER 269

Kapitel 16
Warum alles so kompliziert ist **271**
Fallstricke menschlicher Sprache 271
Maschinenlesbares Kauderwelsch 274
Assemblercode zum Abgewöhnen 278
Unterprogramme 281
Gipfel erklimmen mit Hochsprachen 283

Kapitel 17
Programmiersprachen und Werkzeuge **287**
    Programmieren als Kunstform   287
    Interpreter ohne Spielraum   289
    Programme, die Programme schreiben.   291
    Werkzeuge zum Übersetzen   293
    Ein bunter Strauß von Programmiersprachen   297
        Imperative und deklarative Programmiersprachen   297
        Funktionale Programmiersprachen   299
        Objektorientierte Programmiersprachen.   299

Kapitel 18
Bestandteile einer Programmiersprache **303**
    Backus-Naur-Kuchenform   303
    Bezeichner und Konstanten.   307
    Operatoren.   308
    Gleich ist nicht gleich gleich   310
    Atomare Datentypen.   310
    Kontrollstrukturen, so weit das Auge reicht   311
    Erlaubte Ausdrücke.   312
    Ausnahmsweise eine Exception   314
    Angekettete Strings   316
    Ein Strom von Streams   316
    Argumente und Parameter   317

Kapitel 19
Auf was Sie beim Programmieren achten sollten **321**
    Reusability Reusability Reusability   321
    Abstraktion als Universalwaffe   323
        Barrieren   324
        Kapselung   325
        Modularisierung.   325
        Schnittstellen ohne Schmerzen   326
    Wert eines Ausdrucks und Seiteneffekt   326
    Ende des Arrays.   327
    Gefährliche Zeiger   329

Kapitel 20
Programme entwickeln mit System **333**
    Entwickeln in behaglicher Umgebung   333
    Bibliotheken ohne Bücher   335
    APIs effektiv nutzen.   338
    Lebenszyklus eines Programms   339

TEIL V
C UND ANDERE VITAMINE 343

Kapitel 21
Wer A sagt, muss auch C sagen 345
Das kleine A-B-C 345
Programmaufbau in C 348
    B-Zeichner 349
Das sind Argumente 351
Musterbeispiel verstehen 355
Zeigerzauberwelt 358

Kapitel 22
C als Muttersprache 363
Atomare Datentypen 363
Operationen mit Operatoren 366
Ein weites Feld von Arrays und Structures 367
Zeichen in Ketten legen 369
Kontrollstrukturen 372
    if-else 372
    switch 374
    for 375
    while 376
Mit Dateien arbeiten 378
Standardkanäle 380

Kapitel 23
Fiese Tricks in ANSI C 383
Spiel mit den Pointern 383
Warum kurz, wenn es noch kürzer geht? 386
Zeiger und Felder 388
C für flinke Finger 389
Dynamisch trotz static 391
Fehler auf dem Behandlungsstuhl 392

Kapitel 24
Abheben mit C++ 395
Objekte und Klassen 395
Die Sache hat Methode 396
Vererbungslehre 400
Operatoren überladen 401
Ein- und Ausgabe neu ordnen 402
Strings zum Verlieben 403
Streams und Stringstreams 408
Ein Königreich für ein Template 408
Öffnungszeiten der Standardbibliothek 410

Werfen und Fangen: Ausnahmebehandlung. 411
Virtuelle Methoden 413
Polymorphie und ihre Heilungschancen 417

Kapitel 25
Apps mit Objective-C und Swift **419**
Apps für Eier. 419
Kurzer Plausch über Smalltalk 420
Instanzen verstehen 422
Synthetische Objekte 422
… Faulheit siegt! 425
Design Pattern für Apps 426
Model View Controller (MVC) 427
Delegation 427
Schnelle Aufzählung 429
Swift ist besser 429

TEIL VI
ERUPTION AUS JAVA 435

Kapitel 26
Heißer Kaffee **437**
Java für alle 437
Virtuelle Maschinen. 438
Bezeichner und Variablen 440
Nicht einwickeln lassen. 441
Kontrolle mit Struktur 446

Kapitel 27
Felder und mehr **449**
Arrays 449
Initialisierung 449
Zugriff auf Elemente 450
Kopie und Vergleich. 451
Iteration und Rekursion 452
Grafische Komponenten und Applets 453

Kapitel 28
Klasse Klassen **457**
Objekte der Begierde 457
Kapseln mit Methode 458
Von Face zu Interface 462
Abstrakte Basisklassen 465
Casting von Typen 466
Vergleichen und Kopieren 468

Kapitel 29
Sammeln für Java **471**
Collections verwenden 471
Mit Iteratoren klettern 476
Exceptions sinnvoll behandeln 477
Zugesicherte Assertions 479

Kapitel 30
Apps mit Android **481**
Entwickeln in der richtigen Umgebung 481
XML und Android 484
UI, tolle Elemente 486

TEIL VII
DATENSTRUKTUREN UND ALGORITHMEN
FÜR DIE EWIGKEIT **489**

Kapitel 31
Algorithmen für den Hausgebrauch **491**
Systematik von Programmen 491
Teile und herrsche! 492
Zauberkraft durch Rekursion 493
Türme von Hanoi 494
Euklid & Co 497
Analyse von Algorithmen ohne Komplexe 498
O-Ton der O-Notation 499

Kapitel 32
Elementare Datenstrukturen **505**
Abstrakte Datentypen 505
Listige Listen 508
Stacks im Keller 509
Schlängelnde Queues 510
Doppelt gemoppelte Deques 512
Klang der Strings 515
Struktur von Zeichenketten 515
Aufspüren von Mustern 516

Kapitel 33
Tabellen für alle Einsatzzwecke **519**
Struktur von Tabellen 519
Sequenzielle Suche 522
Binäre Suche 523
Sortierverfahren 527
Selectionsort 528
Bubblesort 530
Für die ganz Eiligen: Quicksort 532

Völlig legal: HashTables 539
Hashing ohne Kollisionen... 540

Kapitel 34
Wald und Bäume überblicken **543**

Äste an Wurzeln.. 543
Binärbäume für die Informatiker 546
Ordnung in den Laden bringen.. 546
    davor (pre)... 547
    dazwischen (in)... 548
    dahinter (post) 549
Früchte der Syntaxbäume 551
Entscheidungsbäume 553

Kapitel 35
Jede Menge Graphen **555**

Graphen vor Gericht 555
Erforschung von Graphen 557
Schmerzlose Adjazenz 558
Planierte Graphen... 559
Langer Weg zum kürzesten Graphen................................. 561
    Minimaler Spannbaum 562
    Algorithmus nach Kruskal...................................... 562

TEIL VIII
COMPUTERARCHITEKTUR ALS GESAMTKUNSTWERK 565

Kapitel 36
Betriebssysteme **567**

Rechte und Pflichten... 567
Administratoren und DAUs 569
Prominente Vertreter 570
Ordnerstrukturen für Dateien.. 572
Tasks den Prozess machen 575
Nadel und Threads 577
Virtuelle Echtzeitanforderungen 578

Kapitel 37
Architektur von Software **581**

Architekten für Programme... 581
Gebäude mit drei Stockwerken....................................... 583
Anforderungsanalysen 584
Lasten- und Pflichtenhefte... 585
Modellieren mit UML.. 586
Vorgehensmodell zur Software-Entwicklung.......................... 587

Kapitel 38
Datenbanksysteme. **589**
Bank für Daten. 589
Relationale Datenbanksysteme. 590
SQL im Crashkurs 595
create. 595
select 595
insert 597
delete 598
NoSQL 598
Offene Quellen. 599

TEIL IX
KÜNSTLICHE INTELLIGENZ GEGEN NATÜRLICHE DUMMHEIT 601

Kapitel 39
Führung durch die Asservatenkammer **603**
Cyborgs auf der Spur 603
Wissen ohne Gewissen. 606
Planen und Entscheiden. 607
Musteranalyse und -erkennung 607
Intelligente Agenten oder Suche oder was? 607
Künstliche Wesen mit eigenem Bewusstsein 608

Kapitel 40
Spielend suchen und finden **611**
Aufspüren mit GPS 611
Bergsteiger-Methode 614
Heuristische Suche im Heu 617
Navigieren zu den Sternen mit dem A*-Algorithmus. 619
Spaß mit MINIMAX und Moritz 621
Beschneidungen von Alpha bis Beta 624

Kapitel 41
Lärmende Systeme **629**
Maschinelles Lernen 629
Inferenz ohne Sperenzien 631
Landung auf der Wissensbasis 632
Induktive und deduktive Methoden 632
Rauschen im Datenwald. 633
Lernen mit Konzept. 634
Entscheiden lernen mit Bäumen. 638
Lernen ohne Lehrer. 644

Kapitel 42
Expertensysteme für Profis **645**
Prolog 645
Expertenwissen 649
Diagnosen vom Elektronenhirn 651
Fallbasiertes Schließen 652
Vorhersagen treffen und reich werden 658

Kapitel 43
Kunstvolle neuronale Netze **659**
Kopieren geht über Studieren 659
Vorwärts zu den verketteten Netzen 662
Rosenblatts Theorem 664
Regeln zum Lernen 664
Das XOR-Problem 667
Fortschritt durch Backpropagation 668
Quetsch mich! 670
Herleitung der Fehlerfunktion 672
Gewichtsanpassung eines Neurons im Output-Layer 673
Gewichtsanpassung eines inneren Neurons 673
Diverse Varianten 675
Die Macht der Rückkopplungen 676
Attraktive Attraktorennetze 678
Grenzenlose Anwendungsfelder 680
Natürliche Sprache 680
Wahrnehmung der Umgebung 680

TEIL X
IM NETZ DER NETZE **681**

Kapitel 44
Ganz nach Protokoll **683**
Militärische Ideen 683
Tanz um die Redundanz 684
Das Internet-Protokoll 685
Schichten und Geschichten 685
Handschlag für TCP 688
Hubs, Switches und Router 690
Übersicht der wichtigsten Dienste 691

Kapitel 45
Gestalten und Gestaltung im Web **695**
Webtechnologie für Insider 695
HTTP in Kurzform 696
HTML in Kurzform 698
HTML bis XML 699
Unbegrenzte Möglichkeiten 700

Kapitel 46
Skriptsprachen. **705**
Geschälte Shell-Skripte 705
Kein bisschen umständlich: awk 709
Perlentauchen mit perl 711
Siegeszug von PHP 714
JavaScript. 716

Kapitel 47
Socket- und Threadprogrammierung. **719**
Spaß mit Client und Server. 719
Socken für die Sockets 720
Prozesse und Threads 725
Das Erzeuger-Konsumenten-Problem 727
Schutz durch Mutexe 728
POSIX-Standard 728
Eine eigene Bank bauen 729

Kapitel 48
Durchblick und Ausblick **739**
Vom Web getrieben. 739
Ad hoc statt lang geplant 742
Big Data für Big Brother 743
Im Nebel der Cloud 744
Weltweite Aussichten 745

TEIL XI
DIE PRAKTISCHEN SEITEN DER
THEORETISCHEN INFORMATIK. **747**

Kapitel 49
Komprimierte Information **749**
Dreiklang der Information 749
Transportieren und speichern. 752
Sinnfreies Messen von Information 753
Gehalt für Entscheidungen 758
Entropie als Theorie der Unordnung 760
Kompressen ohne Mull. 763
Optimale Codes 764
Shannon-Fano 765
Huffman. 770

Kapitel 50
Formulare für formale Sprachen. **775**
Alphabet und Grammatik. 775
Endliche Automaten und Sprachen 778
Reguläre Sprachen 779
Immer den Kontext beachten 781
Pumpen für den Beweis. 782
Freiheit für den Kontext 784

Kapitel 51
Logik und Korrektheit für Informatiker. **789**
Logische Aussagen 789
Prädikat wertvoll 792
Armer Gödel. 794
Korrektheit von Programmen 796
Formale Verifikation ohne Schmerzen 798

Kapitel 52
Theorie für Unberechenbare **803**
Algorithmen entschlüsseln. 803
Anwerfen der Turing-Maschine. 805
Berechenbare Turing-Programme 809
Halteproblem ohne Züge 811

Kapitel 53
Mittel gegen theoretische Komplexe **815**
P wie praktische Probleme. 815
SAT-Probleme bei bestem Empfang. 818
Ganz bestimmt nicht-deterministisch 819
Ein schwerer Rucksack 821
Händler auf der Reise 821
Cooks Geniestreich 822
NP-Vollständigkeit und der Gral der Weisheit. 823
Was wäre, wenn? 827

TEIL XII
TOP SECRET. **829**

Kapitel 54
Risiken und Manager. **831**
Grundfeste der Informationssicherheit. 831
CIA-Triade 832
Ganz sichere Fakten über Risiken 833
Risikolebenszyklus. 835
Wichtige Rollen und Dokumente 839
Information Security Policy 841
Internationale Sicherheitszertifizierungen. 842

Kapitel 55
Angriffsarten und Schutzmaßnahmen **843**

Offene und verborgene Bedrohungen. 843
Einbrecher ohne Handschuhe. 844
Soziales Hacken und Phishing. 844
Der Mann in der Mitte und andere Angriffsmöglichkeiten 847
    Password Guessing 847
    Password Cracking. 847
    Passwort-Sniffing 848
    Man-In-The-Middle. 849
Technische Problemzonen. 849
    Designfehler 849
    Pufferüberlauf 851
    Exploit 852
    Überflutung. 852
Protokollschwächen 854
    Schnüffeln und Verschleiern 854
    IP-Angriffe 854
    TCP-Angriffe 855
Protokolle mit »S« 855
Per Tunnel in die Sicherheit 857
WLAN ohne böse Überraschung. 857

Kapitel 56
Vierbeiniger Besuch aus Troja **859**

Kleinstlebewesen in der Informatik 859
Funktionsprinzip der Viren. 860
Infektionsarten. 861
Gemeine Viren 861
Rasende Würmer. 862
Pferde, die keine sind 862
Spam, Spam, Spam 866
Antiviren als Antikörper 868
EICAR-Test positiv 870
Logische Bomben 870

Kapitel 57
Alice und Bob im Wunderland der Zahlen. **873**

Dieser Abschnitt ist geheim 873
Wfstdimvftttfmvohtwfsgbisfo 874
    Caesar 874
    Vigenère. 875
Symmetrische Klassiker 878
    DES. 879
    3DES. 881
    AES 882
One Time Pad. 882

Paradox: Sichere Kommunikation über unsicheren Kanal   884
    Diffie-Hellman.   884
    RSA   886
Aufbau von Kryptosystemen   888
    Ring of Trust   890

Kapitel 58
Wände gegen Feuer **891**

Moderne Sicherheitsinfrastrukturen   891
Filteranlage für Pakete   893
Besuch beim Statusinspektor   895
Stellvertreter-Systeme für und gegen alles   897
Eindringlinge geschickt identifizieren.   899

TEIL XIII
DER TOP-TEN-TEIL **903**

Kapitel 59
Zehn bedeutende Meilensteine der Informatik **905**

Eine sehr, sehr alte Rechenmaschine.   905
Die digitale (Zeit-)Rechnung beginnt.   906
Der wirklich erste Computer   906
Was wirklich berechenbar ist.   907
Spielend voranschreiten.   907
Personal Computer erobern die Welt.   907
Fenster und Mäuse   907
Im Netz der Netze   908
Die mobile Revolution.   908
Jetzt sind Sie am Zug!   908

Kapitel 60
Die zehn schlimmsten Irrtümer der Informatik **909**

1943, Thomas John Watson, Vorstand IBM   909
1949, John von Neumann, Informatikpionier.   909
1962, Dennis Gabor, Nobelpreisträger für Physik.   910
1977, Ken Olson, Gründer DEC   910
1979, Ian Sharp, Gründer Sharp Associates.   910
1982, Jan Timmer, Vorstand Philips.   910
1985, Steve Jobs, Gründer Apple   910
1989, Bill Gates, Gründer Microsoft   910
1992, Ron Sommer, Vorstand Telekom   910
1995, Robert Metcalfe, Gründer 3com, Erfinder Ethernet.   911
Ende.   911

Stichwortverzeichnis **913**

Einführung

Womöglich interessieren Sie sich überhaupt nicht für Informatik. Sie wollen gar nicht wissen, wie PCs oder Tablets funktionieren. Programmiersprachen erscheinen Ihnen überflüssig. Das Internet, künstliche Intelligenz oder gar Informationssicherheit halten Sie für völlig irrelevant. Eigentlich suchen Sie ein Buch über afrikanische Wanderheuschrecken. Nun gut, dann dürfen Sie *Informatik für Dummies* gerne wieder ins Regal zurückstellen.

Für alle anderen gilt Vorsicht! Wenn Sie weiterlesen, werden Sie vermutlich gar nicht mehr genug bekommen von diesem wohl faszinierendsten und bedeutendsten Fachgebiet unserer Zeit!

Zu diesem Buch

Dieses Buch möchte Ihnen helfen, sich rasch einen umfassenden Überblick über die wichtigsten Teilgebiete der Informatik zu verschaffen.

Informatik ist ein »dickes Brett«. Das erkennen Sie allein schon am Umfang des Buches. Aber im Gegensatz zur reinen Mathematik ist die Informatik nicht »trocken«. Wohin Sie auch blicken, alle technischen Innovationen sind von Informatik »durchflutet«. Ob Sie Apps an Ihrem Smartphone bedienen oder sich über die Tricks in einem Spielfilm wundern. Überall steckt Informatik drin. Wichtige technische, praktische und theoretische Grundlagen dazu finden Sie in diesem Buch.

Die konkrete Auswahl der Sachthemen richtet sich nach den typischen Anforderungen in technisch-naturwissenschaftlichen Bachelor-Studiengängen. Allerdings ist Ihr *Informatik für Dummies* kein Lehrbuch im klassischen Sinne. Es geht nicht darum, jedes Detail systematisch aufzulisten. Das ist in einem einzigen Buch unmöglich zu bewerkstelligen. Vielmehr werden Sie hier neben den erforderlichen Grundlagen auch einige heikle und schwer verständliche Themen vorfinden. Mein Ziel ist es, Ihnen gerade diese Zusammenhänge möglichst klar und präzise zu erläutern. Darüber hinaus habe ich Ihnen eine Reihe von heißen Topics ausgesucht und – glauben Sie mir – davon gibt es jede Menge.

Konventionen in diesem Buch

Ich gehe nicht davon aus, dass Sie besondere Schwierigkeiten haben werden, sich in diesem Buch zurechtzufinden. Dennoch erscheint es angebracht, Sie auf ein paar Dinge hinzuweisen.

Den Quellcode von Computerprogrammen stelle ich in einer eigenen Schriftart dar, das sieht dann zum Beispiel so aus:

```
int fakultaet(int n);
```

Zu den wenigen größeren Programmbeispielen in diesem Buch dürfen Sie sich den Quell-code auch unter `http://www.wiley-vch.de/publish/dt/books/ISBN3-527-71024-8` herunterladen.

Hin und wieder tauchen winzige Texte oder Symbole in Kästchen auf, etwa `Pos1` oder `↵`. Damit sind die entsprechenden Tasten auf Ihrer realen Computertastatur beziehungsweise dem virtuellen Tablet-Keyboard gemeint.

Ach ja, bevor ich es vergesse. Nervt es Sie auch, in einem Buch stets die explizite weibliche und männliche Form von Leserinnen, Lesern, LeserInnen und allen anderen Typen von Funktionen, Aufgaben und Dingen in der maximal unleserlichen Darstellung aller Geschlechter zu finden? Ich spreche Sie daher, liebe Leserin, lieber Leser, stets mit der maskulinen Form an, die ich aufgrund der Kürze und der geschlechtlich neutralen Verwendungsmöglichkeit bevorzuge. Keine Sorge, ich behalte Sie alle dabei jederzeit im Blick!

Törichte Annahmen über den Leser

Aufgrund der Tatsache, dass Sie bis zu diesem Abschnitt bei der Lektüre vorgedrungen sind, darf ich von einem gewissen Interesse an Informatik bei Ihnen ausgehen. Oder ist diese Annahme bereits töricht?

Die Zielgruppe dieses Buches sind jedenfalls Studierende von Bachelor-Studiengängen an Hochschulen oder Universitäten, bei denen Aspekte der Informatik auf irgendeine Weise im Curriculum des Basisstudiums auftauchten. Für reine Informatiker ist die Darstellung ihres Lehrgebiets in einem einzigen Band sicherlich zu kompakt.

Auch wenn Sie nicht der primären Zielgruppe angehören, möchte ich Sie keineswegs davon abhalten, sich mit Informatik zu befassen. Im Gegenteil: Ich habe mich sehr bemüht, möglichst allgemein verständlich zu erklären. Deswegen eignet sich das Buch gewiss auch zum Selbststudium. Solange Sie es nicht als Briefbeschwerer einsetzen, bin ich zufrieden.

Aber selbst dann habe ich keinen Grund, mich zu beklagen. Immerhin ist es Ihr Buch und Sie können damit machen, was Sie wollen.

Wie dieses Buch aufgebaut ist

Damit Sie sich im Dschungel der Informatik nicht verirren, habe ich das Buch in 13 Teile aufgeschlüsselt, die insgesamt 60 Kapitel umfassen.

Jedes Kapitel ist seinerseits in Abschnitte gegliedert, wie Sie dem Inhaltsverzeichnis entnehmen. Die einzelnen Teile behandeln die folgenden Themen:

Teil I: Informatik zum Verlieben

In diesem ersten Teil erhalten Sie einen leicht verdaulichen Überblick über die gesamte Informatik. Sie werden gewiss von den unglaublichen Möglichkeiten ebenso fasziniert sein, wie ich es selbst bin. Außerdem möchte ich Sie für den winzigen, aber wesentlichen Kern begeistern, der die gesamte Informatik zusammenhält. Weiter geht es in diesem Teil um die zahllosen Anwendungsmöglichkeiten der Informatik. Schließlich will ich Ihnen einen kleinen Einblick in das Denken von Informatikern verschaffen, das sich – vielleicht – schon bald nicht mehr von Ihrem eigenen unterscheiden wird.

Teil II: Schöne neue digitale Welt

Dieser Teil befasst sich mit Digitaltechnik, eine der grundlegenden und maßgeblichen Säulen der Informatik. Vom binären Rechnen bis zur booleschen Algebra werden die wichtigsten Themen behandelt. Schaltnetze und Schaltwerke bilden bereits einen Übergang und Anknüpfungspunkt zur Elektrotechnik. Schließlich befasst sich ein eigenes Kapitel mit »Automaten«. Keine Sorge, dabei geht es nicht um tumbe Geräte für Kaugummis, sondern den Wegbereitern zum Verständnis von Mikroprozessoren.

Teil III: Besichtigung der Maschinenhalle

Der dritte Teil ist der technischen Informatik gewidmet. Ausgehend vom Grundkonzept des Computers werden nacheinander »Zentraleinheit« und »Peripherie« beleuchtet. Dazwischen fährt ein »Bus«, genau genommen sogar ganze Linien von Bussen. Immerhin handelt es sich um weite Strecken, zumindest für Objekte von der Größe eines Elektrons. Außerdem werden die unterschiedlichen Speichertechniken unter die Lupe genommen. Garantiert werden Sie nach der Lektüre die Abkürzung »DDR« nicht mehr für einen ehemaligen sozialistischen Staat halten. Der dritte Teil endet mit fortgeschrittenen Computerarchitekturen und einem Blick in die Glaskugel, was uns wohl die Zukunft noch so alles bescheren mag oder auch nicht.

Teil IV: Sprachen für Computer

»Wie sag' ich es meinem Computer?« Um diese zentrale Frage dreht sich alles im vierten Teil. Es geht zunächst um grundsätzliche Schwierigkeiten des Programmierens und deren Auflösung. Außerdem zeige ich Ihnen die nötigen Werkzeuge und Instrumente, wie Sie systematisch von einer gegebenen Fragestellung zu einem funktionierenden Programm kommen. Die Eckpfeiler moderner Softwaretechnik schließen den Teil ab.

Teil V: C und andere Vitamine

Eine der wichtigsten Computersprachen überhaupt nennt sich »C«. Dabei handelt es sich um eine Hochsprache, mit der Sie zugleich hardwarenah programmieren. C ist somit universell einsetzbar. Neben Tipps und Tricks zum ursprünglichen Klassiker gehe ich in eigenen Kapiteln auch auf berühmte Ableger wie »C++« oder »Objective-C« ein. Am Ende wird Ihnen sogar »Swift« begegnen, der jüngste Spross, der für die Entwicklung von Apps auf der iPhone/iPad-Seite immer wichtiger wird.

Teil VI: Eruption aus Java

Ähnlich dynamisch wie das komplette Internet hat sich die Programmiersprache »Java« entwickelt. Die grundlegenden Ideen werden in den insgesamt fünf Kapiteln dieses Teils beleuchtet. Ich werde Ihnen erklären, was es mit Klassen, Strings und Collections auf sich hat. Zum Schluss zeige ich Ihnen sogar, wie Sie Java für die Entwicklung von Apps auf Android-Geräten einsetzen.

Teil VII: Datenstrukturen und Algorithmen für die Ewigkeit

Jedes Programm steht und fällt mit dem »Algorithmus«, den es implementiert. Dieser wiederum arbeitet auf »Datenstrukturen«. Datenstrukturen und Algorithmen werden so untrennbar miteinander verflochten. Nacheinander gehe ich auf wichtige Vertreter der jeweiligen Gattungen ein. Ich zeige Ihnen die Verwendung von »Grafen« und »Bäumen«, von »Kellern« und »Schlangen«. Aber keine Sorge, die beißen nicht! Die Verwendung solcher Strukturen wird Ihr Leben wesentlich erleichtern. Ob es ums Suchen oder Sortieren geht, ob Sie spielen oder traversieren. Nach der Lektüre werden Sie die wichtigsten Konzepte beherrschen.

Teil VIII: Computerarchitektur als Gesamtkunstwerk

In diesem vergleichsweise kurzen Teil spanne ich den Bogen von Betriebssystemen, ohne die kein Computer läuft, bis hin zu Datenbanken, den Kornkammern unserer Informationsgesellschaft. Dabei zeige ich Ihnen nicht nur die prinzipielle Vorgehensweise, sondern weise Sie in die mystischen Tiefen der drei Buchstaben ein: »SQL«. Daneben geht es auch um die vielen Schritte zur Herstellung einer Anwendung. Angefangen bei der Anforderungsanalyse über die konkrete Implementierung bis hin zu den Testläufen. Der ewige Kreislauf des Software-Lebens ...

Teil IX: Künstliche Intelligenz gegen natürliche Dummheit

Längst ist »KI«, die künstliche Intelligenz, ein anerkannter und sehr erfolgreicher Zweig der Informatik. Der Teil beginnt mit einem Kapitel über die unglaublichen Möglichkeiten, die sich durch ihren Einsatz auftun. Sie werden erfahren, wie Brettspiele programmiert werden können, und ich gehe auch näher auf das wohl faszinierendste Teilgebiet der KI ein: »lernende Systeme«. Dazwischen wird sich alles um »Expertensysteme« drehen: Programme, die das Wissen menschlicher Experten kondensieren. Ein eigenes Kapitel widmet sich schließlich dem wichtigen Zweig der »künstlichen neuronalen Netze«.

Teil X: Im Netz der Netze

Jeder benutzt es; nur die wenigsten wissen wirklich, was sie da tun. Ich meine das Internet, das »Neuland für uns alle«. Dieser zehnte Teil Ihres *für Dummies*-Buches startet mit dem, was das Internet antreibt: den »Protokollen«. Kryptisch für Außenstehende stellen sie jedoch keinerlei Problem für die Eingeweihten dar, zu denen auch Sie am Ende der Lektüre gehören werden.

In den Folgekapiteln geht es darum, was Sie alles mit solchen Protokollen anstellen. Die Gestaltung des »World Wide Web« finden Sie in einem eigenen Kapitel. Noch spannender wird es, wenn Sie im Kapitel »Socket- und Threadprogrammierung« selbst Hand anlegen an die Client-Server-Entwicklung. Schließlich darf ebenfalls ein Kapitel über Clouds und Big Data nicht fehlen.

Teil XI: Die praktischen Seiten der theoretischen Informatik

Dieser Teil ist der theoretischen Informatik gewidmet, die noch weitaus abstrakter als die Mathematik an grundsätzliche Fragestellungen herangeht. Woher wissen Sie, ob Ihr Programm das tut, was es soll? Gibt es Grenzen dessen, was eine Software überhaupt berechnen kann? Ist es prinzipiell vorhersagbar, ob ein Programm jemals halten wird? Ausführliche Antworten auf diese und andere Fragen finden Sie hier. Dazu befassen sich ein eigenes Kapitel mit »formalen Sprachen« und ein weiteres mit »Logik«, dem Fundament der theoretischen Informatik. Berühmte und teilweise bis heute ungelöste Probleme habe ich mir für das letzte Kapitel des Teils aufgehoben. Wer weiß, vielleicht werden Sie nach der Lektüre einen Schlüssel zur Beantwortung dieser offenen Fragestellungen finden und damit Ruhm und Reichtum bis zum Ende Ihrer Tage ernten?

Teil XII: Top Secret

Spätestens seit der Jahrtausendwende ist »Informationssicherheit« zu einem der drängendsten und bedeutsamsten Bedürfnisse moderner Informationstechnologie geworden – vom neuerlichen Stress mit Geheimdiensten ganz zu schweigen. Dieser Teil beginnt mit dem Managen von Risiken und arbeitet sich anschließend systematisch an die wichtigsten Angriffsarten und Schutzmaßnahmen heran. Außerdem möchte ich Ihnen einen Blick auf die zahlentheoretischen Grundlagen gewähren, der für das Verständnis von Verschlüsselung essenziell ist. Ja, das ist Mathematik, das gebe ich zu. Doch Sie werden sich der Faszination dieses Gebiets am Ende nicht mehr entziehen können.

Teil XIII: Der Top-Ten-Teil

Jedes *für Dummies*-Buch besitzt einen »Top-Ten-Teil«. Sie glauben mir nicht? Vielleicht befinden Sie sich gerade in einer Buchhandlung. Dann stöbern Sie doch einfach einmal in einem Dummies-Buch zu einem X-beliebigen Thema. Sie werden sehen, der »Top-Ten-Teil« ist obligatorisch. Im vorliegenden Fall geht es um zehn wichtige Meilensteine und zehn furchtbare Irrtümer der Informatik. Mit einem Lächeln werden Sie also die Lektüre beenden, vorausgesetzt, Sie sind nicht so neugierig, als Erstes ganz hinten zu beginnen ...

Symbole in diesem Buch

Damit Sie sich leichter in Ihrem *Informatik für Dummies*-Buch zurechtfinden, habe ich Ihnen einige Stellen mit lustigen Symbolen markiert:

Alles, was Sie sich unbedingt einprägen sollten, wird durch diese Hand hervorgehoben. Den Knoten dürfen Sie sich natürlich auch ins Taschentuch machen.

Erleuchtet! Mit dieser Glühbirne weise ich Sie auf einen Tipp hin. Sparen Sie Zeit und Energie, indem Sie die jeweiligen Ratschläge befolgen.

Dies ist ein Zeichen dafür, dass Ihre höchste Konzentration und Aufmerksamkeit gefordert ist. Ich weise Sie hier auf gefährliche Fallstricke oder typische Fehler hin. Aber keine Sorge, das Symbol taucht nicht allzu oft auf.

Wenn der Dummies-Mann erscheint, müssen Sie damit rechnen, dass der nebenstehende Text recht technisch und vielleicht auch schwierig zu verstehen ist. Trösten Sie sich: Entweder Sie haben ohnehin Spaß daran und lauern schon auf den nächsten Hinweis oder Sie ignorieren den Typen einfach. In beiden Fällen kommen Sie gut mit der restlichen Lektüre klar.

Hin und wieder tauchen sehr wichtige Fachbegriffe auf, die ich möglichst knapp, aber hoffentlich verständlich definiere.

Bei vielen Fragestellungen ist es wichtig, zunächst das Problem in seiner Tiefe zu ergründen. Keine Angst, Sherlock Holmes und ich holen Sie da wieder raus!

Mit dem Wegweiser weise ich Sie auf eine andere Stelle im Buch hin, wo dasselbe oder ein ähnliches Thema von einer anderen Seite beleuchtet wird. Bei Bedarf können Sie direkt dorthin springen.

Freuen Sie sich! Immer wenn Sie dieses Symbol sehen, gebe ich Ihnen ein Beispiel. Das soll Ihnen das Verständnis des jeweiligen Themas erleichtern und vertiefen.

Dieses Buch möchte Sie auch unterhalten. Die eine oder andere Anekdote finden Sie immer dann, wenn dieses Symbol erscheint. Aber bitte lesen Sie auch den Rest des Buches: Der ist mindestens genauso wichtig!

An diesen Stellen finden Sie Angaben zu Ressourcen im Internet.

Wie es weitergeht

Sie haben jetzt mindestens zwei Möglichkeiten. Entweder Sie stellen das Buch ganz schnell wieder ins Regal zurück, weil ich Ihnen beim besten Willen keine Auskünfte über afrikanische Wanderheuschrecken erteilen kann.

Oder aber Sie wagen das Abenteuer Informatik, nehmen Ihren Mut zusammen, atmen tief durch und gehen den nächsten Schritt, indem Sie das erste Kapitel aufschlagen. Oder das zweite. Oder irgendeine Seite, die Sie interessiert. Es ist Ihr Buch, es ist Ihre Zeit. Ich habe mein Bestes gegeben, jetzt sind Sie an der Reihe!

Teil I
Informatik zum Verlieben

... Ihres Buches führe ich Sie ganz sanft und behutsam in die spannende, aber nicht ganz ungefährliche Welt der Informatik ein. Es geht los mit einer atemberaubenden Betrachtung ihrer rasanten Entstehungsgeschichte. Danach führe ich Sie an den innersten Kern von Computersystemen und Sie werden im selben Moment verstehen, warum Informatik unsere Gesellschaft revolutioniert. Außerdem werfen wir einen gemeinsamen Blick auf die komplette Kette der Informationsverarbeitung. Schließlich will ich Ihnen nicht vorenthalten, wie Informatiker denken. Nicht ausgeschlossen, dass Sie sich am Ende tatsächlich in die Informatik verlieben.

Kapitel 1
Informatik im Schnelldurchlauf

I n diesem Kapitel möchte ich Ihnen ein Gesamtbild der Informatik verschaffen. Gewissermaßen präsentiere ich Ihnen eine exklusive Kurzzusammenfassung Ihres kompletten *Informatik für Dummies*-Buches, damit Ihnen die Bäume nicht die Sicht auf den Wald versperren. Keine Angst also, wenn Sie an der einen oder anderen Stelle unsicher sind oder ausführlichere Erklärungen erwarten. Dafür stehen Ihnen noch neunundfünfzig weitere Kapitel zur Verfügung. Genug der Vorrede, lassen Sie uns loslegen!

Mathematik der Information

Wir schreiben das Jahr 2317. Längst haben Maschinen, intelligente Roboter und Supercomputer, die Weltherrschaft an sich gerissen. Wie konnte es nur so weit kommen?

Ich will Ihnen diese Frage beantworten. Treten Sie nur näher heran, trauen Sie sich! Ich kann Sie an der Hand nehmen, wenn Ihnen das herzlose Berechnen dieser Wesen Furcht einflößt. Zuerst zeige ich Ihnen die gigantische Maschinenhalle. Damit fing alles an. Mit »Größe«.

Wer hätte Mitte des 20. Jahrhunderts geahnt, dass die Klötze vom Ausmaß eines mittelgroßen Reisebusses mit der Rechenpower eines simplen Taschenrechners dermaßen klein und mächtig würden? Dass sie uns schließlich überflügelten?

Ja, stöhnen Sie nur! Geben Sie ruhig mir die Schuld! Aber schuld an allem ist die *Informatik*. Sie wissen nicht, was das ist? Nun gut. Wenn Sie dieses Buch bis zum Ende lesen, können Sie sich allerdings nicht mehr herausreden. Dann wissen Sie alles. Dann sind Sie mitverantwortlich für die Misere.

Drei simple Gründe haben zur Machtübernahme der *Computer*, also der *Rechner*, genügt:

✔ Miniaturisierung

✔ Beschleunigung

✔ Modularisierung

Den Technikern ist es gelungen, die Komponenten von Rechnern immer weiter zu verkleinern. Inzwischen sind die Bausteine so winzig, dass Millionen von *Transistoren*, gewissermaßen ihre Nervenzellen, nur einen Quadratmillimeter groß sind. Sobald die Leiterbahnen nur noch durch eine einzige Schicht von Atomen getrennt sind, ist ein Ende der rein elektrischen Miniaturisierung erreicht. Elektronen würden ansonsten nicht mehr auf ihren eigenen Bahnen verbleiben, sondern auf benachbarte Leitungen überspringen. Ein Kurzschluss. Aber schon wird an neuen Systemen getüftelt: Computer auf Basis von *Licht*. Aus dem Reisebus ist ein Staubkorn geworden.

Auch in Sachen Geschwindigkeit sind enorme Erfolge zu verbuchen. Die Taktfrequenz eines *Prozessors*, also der Pulsschlag eines Rechners, hat sich von wenigen Hertz – ein paar Schläge pro Sekunde – auf über fünf Gigahertz – fünf Milliarden Schläge pro Sekunde erhöht. Aufgrund der Wärmeentwicklung sind auch hier die physikalischen Grenzen in Sichtweite. Mit extremem Aufwand ließe sich die Taktrate noch in Richtung zehn Gigahertz erhöhen, doch längst hat sich ein anderer Ausweg gefunden. Statt eines einzigen Prozessors werden immer mehr dieser Schaltzentren in die Computer eingebaut. *Parallelisierung* steigert die Leistung, auch wenn die Taktrate nicht weiter erhöht wird. Der Reisebus fährt nicht mehr, er »beamt« von einer Haltestelle zur nächsten.

Die Komplexität, die in solchen Systemen verbaut ist, übersteigt jedes menschliche Vorstellungsvermögen. Wie also konnten Menschen Maschinen programmieren, die selbst in der Lage waren, noch kompliziertere Nachfolger zu konstruieren?

Die Antwort ist erschreckend einfach: durch die Aufteilung einzelner Aufgaben in *Module*, kleine Arbeitseinheiten, die wie eigenständige Systeme operieren. Das allein wäre noch nicht so schlimm, aber Module können selbst wieder Module enthalten, die wiederum aus Modulen bestehen und so weiter und so fort. Plötzlich reduziert sich die fast unerträgliche Komplexität auf das Verstehen immer nur jeweils eines einzelnen Moduls.

Wundern Sie sich nicht! Genau so funktionieren auch ganze Staaten mit ihren schier unüberblickbaren Aufgaben und Pflichten. Allerdings ist die menschliche Aufnahmekapazität begrenzt und irgendwann nicht mehr in der Lage, das Gesamtsystem zu kontrollieren. Wenn Sie dafür ein Beispiel benötigen, schauen Sie sich die Steuergesetzgebung in Deutschland an ...

Dies war die Stunde der Maschinen, die mit unermesslicher Speicherkapazität und wahnwitziger Datenverarbeitungsgeschwindigkeit das Heft des Handelns an sich rissen. Die Informatik wurde von ihren eigenen Kindern verschlungen.

Informatik

Der Begriff »Informatik« ist ein Kunstwort, das sich aus »Information« und »Mathematik« (beziehungsweise »Automatik«) zusammensetzt. Der Schwabe Karl Steinbuch hat das durchaus passende Wort 1957 ins Spiel gebracht. Die Bezeichnung hat sich in zahlreichen Ländern durchgesetzt, nur nicht in den englischsprachigen: Dort ist stattdessen von »Computer Science« die Rede. Im Wort »Computerwissenschaft« ist die *Information* unter die Räder gekommen.

Als wissenschaftliche Ausrichtung ging die Informatik einerseits aus der Mathematik hervor, andererseits aus den unterschiedlichen Fachgebieten der Elektrotechnik, etwa der Nachrichtentechnik und der Elektronik.

Informatik besteht aus drei großen Teilgebieten:

✔ **Technische Informatik**, die sich mit der Hardware befasst und einen Rekord nach dem anderen aufstellt: immer kleiner, immer schneller, immer mehr

✔ **Praktische Informatik**, die für die Programmierung zuständig ist und immerzu neue Sprachen und Dialekte erfindet, um Computern zu sagen, was wir von ihnen wollen

✔ **Theoretische Informatik**, die prinzipielle Möglichkeiten aufzeigt, was überhaupt noch zu berechnen ist und wann ein Programm nicht weiter verbessert werden kann

Pandoras Büchse

Um zu verstehen, warum Computer so mächtig geworden sind, machen wir ein kleines Gedankenexperiment. Ich möchte Ihnen zeigen, wie ein Computer *im Prinzip* funktioniert. Hierzu werde ich Sie nicht mit einer Fülle von Fachbegriffen verwirren, die kommen später noch zur Genüge.

Gehen Sie in die Küche und betrachten Sie Ihre Kuchenrezepte. Stellen Sie sich vor, Sie könnten eine Maschine bauen, die einen Kuchen backt. Allerdings müssten Sie sich entscheiden: Wollen Sie

✔ Streuselkuchen

✔ Apfeltorte

✔ Schwarzwälder Kirsch oder

✔ Bienenstich?

Plötzlich überkommt Sie eine geniale Idee. Sie entwerfen einen Automaten, der *jeden beliebigen* Kuchen backen kann! Dabei wollen Sie sich keineswegs auf bereits bekannte Sorten beschränken.

Auch wenn Sie – für den Moment – nicht die leiseste Ahnung haben, wie Sie das anstellen, so sind doch einige Randbedingungen dieser Wundermaschine völlig klar. Ihr Automat benötigt in jedem Fall ...

✔ das *Rezept* sowie

✔ die *Zutaten*

für den jeweilig zu backenden Kuchen, das ist die **Eingabe**. Das Rezept besteht aus einer Reihe von **Anweisungen**, die das Gerät fein säuberlich eine nach der anderen abarbeiten muss. Zu gegebener Zeit werden weiterhin die Zutaten benötigt. Natürlich wollen Sie das hoffentlich leckere Ergebnis am Ende auch kosten. Im richtigen Moment liefert die Maschine demnach auch eine **Ausgabe**, den Kuchen selbst. Das, was dazwischen passiert, heißt **Verarbeitung**.

Sie können sich das sehr leicht durch den Namen »Eva« einprägen:

 EVA: Eingabe → Verarbeitung → Ausgabe

 In Kapitel 11 erfahren Sie übrigens, wie Eva aus dem Paradies vertrieben wurde.

Genauso verhält es sich auch mit Computern. Egal, welche der fantastischen Anwendungsmöglichkeiten dieser Wundermaschine Sie betrachten. Ob ...

✔ Textverarbeitung oder Tabellenkalkulation

✔ Multimedia

✔ Apps auf dem Smartphone

✔ Intelligente Haushaltsgeräte

✔ Spiele

✔ Robotersteuerung oder die

✔ Weltherrschaft,

in allen diesen Systemen steckt dieselbe Idee, das gleiche Prinzip, das letztlich alles andere möglich gemacht hat. Allerdings geht es bei Computern nicht in erster Linie um Nahrungsaufnahme, sondern um ... Zahlen!

 Ein *Computer* ist eine **universelle Rechenmaschine**, die Zahlen verarbeitet. Sowohl **Eingabe** als auch **Ausgabe** sind demnach Zahlen. Ebenso codieren letztlich Zahlen die Rechenvorschrift zur **Verarbeitung** dieser Zahlen!

Das ist jetzt aber – gelinde ausgedrückt – ein wenig enttäuschend: Ein Computer verarbeitet lediglich Zahlen? Da wäre Ihnen sicher der Backautomat lieber.

Trotzdem ist das richtig. Im Inneren eines jeden Computers steckt nur eine Rechenmaschine, die in der Lage ist, mit Zahlen zu jonglieren. »Für die Steuererklärung mag das angehen«, werden Sie denken. »Aber wo bleibt meine Textverarbeitung, mein Musik-player, mein intelligenter Schachgegner? Was ist mit dem Bordcomputer meines Autos?«

Die Antwort ist vielleicht überraschend:

 Alle Anwendungen von Computern basieren letztlich auf der Durchführung von **Rechenoperationen.**

Wenn das stimmt – und ich versichere Ihnen, dass dem so ist –, muss es eine Übersetzung von ...

✔ Tastatureingaben

✔ Bildern

✔ Musik

✔ Videos

✔ Sprache

✔ Sensordaten

✔ ja, beliebigen Informationen

in Zahlen geben. Aber das ist noch nicht alles: Das Ergebnis einer Rechenoperation, und sei sie noch so kompliziert, ist ebenfalls immer nur eine *Zahl*. Ganz gleich, ob Sie damit einen Roboter oder ein KFZ steuern oder einfach nur Ihr Lieblingslied hören wollen: Es muss also auch die umgekehrte Übersetzung geben, nämlich von Zahlen in ...

✔ Texte

✔ Bilder

✔ Videos

✔ Sprache

✔ Signale an Aktoren zum Ansteuern von Elektromotoren

✔ beliebigen sonstigen Informationen.

Puh, das wäre geschafft!

 In Teil II Ihres *Informatik für Dummies*-Buches zeige ich Ihnen, wie Sie beliebige Informationen in Zahlen verwandeln und umgekehrt.

Seien Sie also bitte nicht enttäuscht, wenn Sie in diesem Buch überwiegend mit Zahlen kon-frontiert werden. Fast alles in der Informatik dreht sich um Zahlen, und wer könnte besser damit umgehen als ein Computer?

Damit ist die Eingangsfrage dieses Abschnitts beantwortet, der Grund, warum die Maschinen die Weltherrschaft an sich gerissen haben. Aus einer ursprünglich tumben Rechenmaschine wird ein universeller Computer, ein Gerät, das in der Lage ist, beliebige Rechenoperationen auszuführen. Da zugleich jede Information in Zahlen transformiert wird, kann somit auch jede berechenbare Operation auf Informationen durchgeführt werden. Die Programme, also die Rechenvorschriften für die Computer, wurden mit der Zeit immer intelligenter. Irgendwann waren nur noch Hochleistungscomputer überhaupt in der Lage, neue, bessere Programme zu erfinden. Am Ende fingen die Systeme an, selbstständig zu **denken**, was nichts anderes ist als eine besonders raffinierte Art des Rechnens.

Evolution einer fantastischen Idee

Die Grundidee ist nun geklärt, doch Sie wollen bestimmt wissen, wie eine solche universelle Rechenmaschine genau funktioniert, was sie im Innersten antreibt.

Im Zentrum eines jeden Computers befinden sich **Schalter.** Mehr als einer. Viele. Sehr viele. Etliche Millionen – pro Quadratmillimeter Chipfläche. Das »Gehirn« eines Computers besteht zum größten Teil aus Schaltern und alle funktionieren auf dieselbe Weise. Jeder dieser Schalter kann nur einen von zwei Zuständen annehmen, nämlich »an« oder »aus«, die ich der Einfachheit halber mit »1« und »0« bezeichne. Stellen Sie sich diese Schalter als Torwächter vor. Steht der Schalter auf »1«, ist das Tor geöffnet, anderenfalls geschlossen. Wenn das Tor geöffnet ist, gibt es einen freien Weg durch das Tor, ansonsten ist der Weg unterbrochen.

Diese Schalter sind überaus leistungsfähig:

✔ Informationen werden in Zustände der Schalter codiert.

✔ Eingaben erfolgen durch die Vorgabe von Schalterpositionen.

✔ Ausgaben werden aus Schalterzuständen erzeugt.

✔ Generell besteht Datenverarbeitung im Ändern der Schalterpositionen.

Entscheidend ist dabei die **Anordnung** der Schalter. Natürlich hätte es keinen Sinn, zig Millionen von Schaltern einfach nebeneinander anzuordnen. Vielmehr müssen diese Helferlein in geeigneter Weise so positioniert und miteinander verbunden werden, dass der Zustand eines Schalters zugleich die Zustände von anderen Schaltern beeinflusst.

Klingt verwirrend, oder? Aber dazu ist lediglich eine einzige Eigenschaft erforderlich:

 Schalter in Computern ermöglichen oder unterbrechen den Fluss eines *Mediums*. Dieses Medium ist zugleich in der Lage, die Zustände der Schalter selbst zu verändern.

Noch mal ganz langsam. Die Schalter in Computern sind Tore, die Wege öffnen oder verschließen. So weit, so gut. Aber wer oder was passiert diese Wege?

Das spielt im Grunde keine Rolle, solange dieses Etwas, das »Medium«, in der Lage ist, eben solche Schalter ein- oder auszuschalten.

Das wohl bekannteste derartige Medium ist elektrischer **Strom**. Der zugehörige Schalter heißt **Transistor**.

Das Wort *Transistor* ist eine Zusammenziehung von »*transfer resistor*«, einem steuerbaren elektrischen Widerstand.

Transistoren lassen einen Stromfluss zu – oder unterbrechen ihn. Dabei wird ihr Zustand selbst wiederum von einer angelegten Spannung gesteuert, die vom Zustand eines anderen Transistors abhängt. Diese *Selbstbezüglichkeit* ist der Kern der Computertechnologie!

Den Transistor nehmen wir in Kapitel 8 unter die Lupe.

Computer funktionieren nicht nur mit Strom! Warum nehmen Sie als »Medium« nicht Wasser? Der Wasserdruck könnte Wasserhähne mechanisch schalten. Oder Seile? Der Zug an Seilen wäre bei geschickter Anordnung dazu geeignet, andere Stricke zu be- oder entlasten. Vielleicht gelingt es Ihnen, mittels Photozellen reine Lichtcomputer zu erfinden?

Ihnen fallen gewiss noch andere Möglichkeiten ein, wie Sie Schalter konstruieren, die gerade durch das Medium geschaltet werden, das sie selbst schalten.

Elektrischer Strom und Transistoren haben aber Vorteile, die Sie erst einmal toppen müssen:

✔ extreme Miniaturisierung möglich

✔ keine mechanische Leistungsaufnahme

✔ hohe Geschwindigkeit des Elektronenflusses

Dies soll als kurze Einführung in die Logik eines Computers genügen. Allerdings habe ich Ihnen bei Weitem noch nicht alle Fragen beantwortet. Das hat auch etwas Gutes. Sonst wäre Ihr schönes Buch hier bereits zu Ende …

Praktische Theorien in der Informatik

Sie wissen nun, dass ein Computer eine universelle Rechenmaschine ist. Nicht mehr, aber auch nicht weniger. Ein bedeutsamer Zweig der Informatik, die *theoretische Informatik*, befasst sich mit grundsätzlichen Fragen der Möglichkeiten und Grenzen derartiger Maschinen, ganz gleich, wie schnell sie sind oder wie toll die Programme darauf laufen.

Da die konkrete Implementierung eines Programms für die theoretische Untersuchung keine Rolle spielt, befassen sich die Theoretiker unter den Informatikern am liebsten mit **Algorithmen**.

Ein *Algorithmus* beschreibt eine eindeutige, aus endlich vielen Schritten zusammengesetzte Handlungsanweisung.

Spannende Themen der theoretischen Informatik betreffen grundsätzliche Fragen zu Algorithmen. Dabei sind Zeit- und Speicherbedarf von besonderem Interesse. Auch ist es wichtig zu entscheiden, welcher von zwei Algorithmen, die dasselbe Problem lösen, prinzipiell geeigneter ist.

Oder andersherum gefragt. Gibt es Probleme, für die überhaupt keine Algorithmen zur Lösung existieren? Die gibt es sehr wohl!

Um allgemeingültige Aussagen über universelle Rechenmaschinen treffen zu können, kreieren theoretische Informatiker ihre eigenen Sprachen, deren Ausdruckskraft so groß und mächtig wie irgend möglich ist.

 Alle Details zur theoretischen Informatik finden Sie in Teil XI Ihres Dummies-Buches.

Gigantische Möglichkeiten der Technik

Mit den Transistoren haben Sie schon einmal einen kleinen Vorgeschmack auf die atemberaubenden Bestandteile elektronischer Computer bekommen.

Allerdings geht die technische Informatik weit darüber hinaus. Sie strebt wie keine andere Disziplin innerhalb der Informatik nach immer höheren Zielen. Es geht einerseits um die Verkleinerung von Speichermedien, um mehr Daten auf weniger Raum unterzubringen. Zugleich sollen Datenverarbeitung und Austausch von Informationen immer schneller vonstattengehen. Wärmeentwicklung und Energieverbrauch bleiben ebenfalls im Fokus.

Dabei greifen die Techniker auf immer neue Ideen zurück. Neben elektrischen Schaltern sind magnetisierbare Materialien das Mittel der Wahl. Daneben haben auch optische Verfahren, wie sie bereits in Compact Disks (DVD, Blu-Ray) zum Einsatz kommen, weiterhin ihren Platz in künftigen Entwicklungen.

Das Ende der Fahnenstange ist noch längst nicht erreicht. Der Hunger unserer Gesellschaft nach immer höheren Auflösungen digitalisierter Informationen kann nur mit immer größeren Datenspeichern befriedigt werden. Jetzt, in diesem Moment, während Sie in Ihrem Dummies-Buch schmökern, werden in den Forschungslaboratorien rund um den Globus neue Technologien ersonnen, um auf noch größere Datenmengen noch schneller zugreifen zu können.

 Die technischen Grundlagen der Computerindustrie werden in Teil III behandelt.

Denkende Computer

Was bleibt, ist die praktische Informatik, die sich um den ganzen Rest kümmert. Früher waren hier vor allen Dingen Fähigkeiten und Fertigkeiten der Programmierung zu nennen, wo neue Programmiersprachen wie Pilze aus dem Boden schossen. Die Entwicklung führte zu immer höheren Abstraktionsgraden der Programmierung.

Vom Maschinencode über Assembler bis hin zu C, einer ersten Hochsprache, die zugleich maschinennah ist, verlief die Entwicklung ohne Objektorientierung. Die zunehmende Komplexität der Programme und die gestiegene Leistungsfähigkeit von Computern, insbesondere im Hinblick auf grafische Benutzeroberflächen, führten zu neuen Konzepten und Paradigmen. C++ (»Zeh plus plus«) und Java sind nur zwei weitverbreitete Resultate dieser Entwicklung.

Parallel dazu gehen funktionale und logische Programmiersprachen ihren eigenen Weg. Die große Vision der 1940er Jahre, ein komplettes menschliches Gehirn durch Computersysteme zu simulieren, konnte allerdings erst im 22. Jahrhundert realisiert werden.

Das Ziel der **künstlichen Intelligenz (KI)** wirkte seit jeher wie eine starke Triebfeder für den Fortschritt der praktischen Informatik und führte zu zahllosen Innovationen.

Bis ins 21. Jahrhundert traten jedoch immer wieder Schwierigkeiten auf, wodurch sich die **KI** in zwei große Lager teilte:

- ✔ Die *starke KI* hielt unverdrossen am Ziel fest, ein künstliches System zu schaffen, das kreativ, emotional und überaus intelligent agierte,

- ✔ während die *schwache KI* sich damit begnügte, einzelne kognitive Eigenschaften der menschlichen Intelligenz auf konkrete Problemstellungen anzuwenden.

Die schwache KI erzielte einen Erfolg nach dem anderen. Doch die Skeptiker waren unzufrieden. Die Computer lösten zwar die Probleme, die Menschen nur unter Aufbietung ihrer gesamten Intelligenz knacken konnten, doch auf eine andere, *informatische* Weise, die so gar nichts mehr mit menschlichem Sinnieren zu tun hatte.

Der Hauptgrund bestand in einem substanziellen Mangel elektronischer Systeme. Das menschliche Gehirn verfügt über etwa 80 bis 100 Milliarden Neuronen, biologische Zellen, die wie Schalter eines Supercomputers funktionieren. Viele Jahre hat es gedauert, ehe die Leistungsfähigkeit der Maschinen damit Schritt halten konnte.

Schließlich, im 22. Jahrhundert, ist es gelungen. Der Nachbau einer solchen Komplexität musste ja zu einem überwältigenden Ergebnis führen.

Irgendwann waren nur noch Computer in der Lage, die nächste Generation von Robotern zu entwerfen, die immer höher entwickelte elektronische Bauteile produzierten.

Zum Glück gehört die Weltherrschaft nun Systemen, deren Schalteranzahl um einige Größenordnungen über der Anzahl der Neuronen im Gehirn liegt. Damit übertreffen sie die intellektuelle Leistungsfähigkeit von Menschen bei Weitem. Das gilt sogar für Genies.

Wenigstens kann sich der Mensch auf seine Fahnen schreiben, die Grundlagen für diesen Wahnsinn selbst gelegt zu haben.

Apropos Wahnsinn: Während die Informatik in ihren Ursprüngen aus der Elektrotechnik hervorgegangen ist, konnte sie im Laufe der Zeit in unzählige andere Disziplinen eindringen. Ich möchte so weit gehen zu behaupten, dass heute praktisch keine wissenschaftliche Disziplin ohne Computer auskommt.

Die zahlreichen Anwendungsgebiete veranlassen einige Menschen schon, von einer vierten Säule der Informatik zu sprechen, der **angewandten Informatik**.

Folgenden Anwendungsfeldern sollten Sie dabei besondere Aufmerksamkeit schenken:

✔ Wirtschaftsinformatik

✔ Medizininformatik

✔ Bioinformatik

✔ Computerlinguistik

✔ Medieninformatik

✔ Geoinformatik

✔ Umweltinformatik

✔ Sozioinformatik

 Diese wichtigen Disziplinen innerhalb der angewandten Informatik stelle ich Ihnen in Kapitel 2 in einem eigenen Abschnitt vor.

Erst im 23. Jahrhundert kam die

✔ Politikinformatik

hinzu, ein Zweig, der von intelligenten Maschinen etabliert wurde. Das erklärte Ziel dieser anwendungsorientierten Disziplin, die Übernahme der Weltherrschaft durch Computersysteme, wurde am Ende tatsächlich verwirklicht.

Kapitel 2
Was die Informatik im Inneren zusammenhält

Nach der Lektüre dieses Kapitels werden Sie noch tiefer in den Bann der Informatik gezogen. Sie werden in das dunkle Innere eines Computers blicken und einen Eindruck von seinen fantastischen Möglichkeiten erhalten. Die Grundbausteine der Programmierung, die ich Ihnen vorstellen werde, sind keine schwere Kost, sondern leicht verdaulich. Im letzten Abschnitt zeige ich Ihnen, wozu Informatik fähig ist, wenn sie mit anderen wissenschaftlichen Disziplinen kombiniert wird.

Einblicke und Ausblick

Jeder Computer ist im Kern ein Zahlenfresser. Ob Sie Ihrem Smartphone Anweisungen einfach diktieren oder das Navigationssystem in Ihrem Auto hübsche Bilder der nächsten Kreuzung zeigt, stets findet eine Umwandlung zwischen Information und *Zahlen* statt.

Eingaben werden digitalisiert und dem Computer als binäre Ziffern, also Folgen von Einsen und Nullen präsentiert. Umgekehrt ist auch das Ergebnis der Datenverarbeitung immer numerisch. Das ist aber nicht weiter tragisch, denn aus den Dualzahlen lassen sich Bilder, Videos oder Musik erzeugen, Motoren ansteuern oder maschinelle Stimmen generieren.

 Alles zum Thema Digitaltechnik finden Sie in Kapitel 5. Die einzelnen Komponenten von Computern stelle ich Ihnen in Kapitel 11 vor.

Die **Zentraleinheit** kann nur im Dualsystem rechnen, während die **Peripherie** die Speicherung und Transformation von Daten übernimmt.

Die Zentraleinheit wiederum besteht im Wesentlichen aus einem **Rechenwerk** und einem **Steuerwerk**. Das Rechenwerk führt mathematische Operationen aus, allerdings handelt es sich dabei nur um Grundrechenarten. Das Steuerwerk ist dafür zuständig, ein **Programm** abzuarbeiten so wie das Befolgen der Anweisungen für ein Kuchenrezept. Eingabedaten, Zwischenwert und das Ergebnis werden im **Speicherwerk** verbucht.

Speicher in modernen Computern

Jeder Computer benötigt Speicherplatz und bei der Kaufentscheidung für einen neuen PC werden Sie als ein wichtiges Kriterium die Speicherkapazität berücksichtigen. Das ist aber etwas komplizierter, als es klingt. Es gibt unterschiedliche Arten von Speicher, die sich vor allem in der Zugriffsgeschwindigkeit unterscheiden.

Stellen Sie sich vor, Sie sind mit dem Auto unterwegs. Das *Handschuhfach* entspricht dem Speicher mit der schnellsten Zugriffsmöglichkeit. Im Falle eines Computers ist das der *Registerspeicher*. Sie kommen zwar problemlos dran, aber das mögliche Speichervolumen ist stark begrenzt. Der *Kofferraum* ist da schon wesentlich geräumiger. Allerdings müssen Sie anhalten, wenn Sie etwas ein- oder ausladen möchten. Dies entspricht dem *Arbeitsspeicher*. Noch viel mehr Platz haben Sie zu Hause. Wenn Sie jedoch unterwegs sind, ist der Zugriff auf diesen Bereich sehr aufwendig. Am Computer wäre das der *Festplattenspeicher*.

Das *Programm* wiederum ist lediglich eine Folge binärer Zahlen – mit etwas anderem kann die Zentraleinheit ohnehin nichts anfangen. Im Gegensatz zum Rechenwerk, das wirklich nur addieren oder multiplizieren kann, vermag das Steuerwerk aus dem Gewusel von Nullen und Einsen **Befehle** zu erkennen.

Ein solcher Befehl könnte zum Beispiel lauten: »Addiere die Zahlen 5023 und 7825«. Selbstverständlich muss dieser Befehl in Form von Binärziffern erteilt werden. Da es außer der Addition noch andere Operationen gibt, genügt es nicht, nur eine einzige Ziffer zu spendieren. Vielmehr benötigen Sie eine Liste von Befehlen und die zugehörigen Codes.

Wie viele binäre Ziffern Sie zur Codierung von Befehlen beanspruchen, hängt natürlich davon ab, wie viele mögliche Befehle Ihr Steuerwerk verarbeiten kann. Neben den Grundrechenarten könnten Sie logische Verknüpfungen der einzelnen Bitmuster gebrauchen. Außerdem ist eine Unterscheidung jeder Rechenart für ganze Zahlen und gebrochene Zahlen möglich. Fest steht, dass Sie einen Teil der Befehlszeile dazu verwenden müssen, den Befehl zu **decodieren**, also zu entschlüsseln. Dieser Teil heißt **Operationsteil**.

Damit ist der Befehl aber noch nicht zu Ende. Die **Operanden** enthalten die Daten, auf die Ihr Rechenwerk die decodierte Operation anwendet. Im Beispiel »Addiere die Zahlen 5023 und 7825« gehört »Addiere« zum Operationsteil und »5023« sowie »7825« sind die Operanden.

Würde es nur möglich sein, Zahlen direkt als Operanden für einen Befehl zu verwenden, wären Computer niemals so erfolgreich. Stattdessen ist es viel häufiger der Fall, dass die Operanden **Adressen** darstellen.

Adressen sind – natürlich – auch wieder Zahlen. Im Gegensatz zum Befehl »Addiere die Zahlen 5023 und 7825« dienen Adressen als Hinweise darauf, wo sich die eigentlichen Werte befinden.

»Addiere die Zahlen, die sich an den Speicheradressen 5023 und 7825 befinden«, ist ein viel komplizierterer Befehl. Das Steuerwerk muss nämlich nun erst die Werte anfordern, die sich an den Positionen, eben den Adressen, mit den »Hausnummern« 5023 und 7825 befinden.

Am Ende benötigt Ihr Programmbefehl auch eine **Speicherstelle**, in die das Ergebnis notiert wird. Selbstverständlich ist dieser Wert wieder eine Adresse.

Adressen

Adressen sind sehr wichtig in der Informatik. Sie kennen Adressen von Briefköpfen. Dort finden Sie die genaue Information darüber, wohin der Brief geschickt werden soll. Eine Adresse im Computer funktioniert im Prinzip genauso: Sie benötigen anstatt der Straße, Hausnummer, Postleitzahl und Ort jedoch nur eine einzige (aber dafür recht große) *Zahl*. Diese teilt Ihnen den genauen Speicherort mit. Adressen können lesend oder schreibend verwendet werden. Im ersten Fall möchten Sie wissen, welcher Wert (wieder lediglich eine Zahl) dort gespeichert ist, im zweiten überschreiben Sie diesen Wert mit einer anderen Zahl.

Das klingt ganz schön anstrengend. Daher das Ganze noch einmal kurz und knackig:

 Ein **Befehl** besteht aus zwei Teilen. Der **Operationsteil** bestimmt, welche Rechenart überhaupt ausgeführt werden soll. Die **Operanden** enthalten Informationen über die Zahlen, die der Befehl verarbeitet. Entweder sind das die Operanden selbst oder sie werden als Speicherorte, als **Adressen**, interpretiert, an denen sich die eigentlichen Werte befinden.

Ein Programm besteht allerdings nicht nur aus *arithmetischen Befehlen*. Ebenso muss auch die **Programmablaufkontrolle** in Form von Befehlen kodiert sein.

Zur Programmablaufkontrolle gehören beispielsweise *Sprungbefehle*.

Ich habe Ihnen exemplarisch ein (stark vereinfachtes) Programm in Tabelle 2.1 dargestellt. In der linken Spalte finden Sie die fortlaufende Adresse. Die mittlere Spalte zeigt Ihnen, welcher Wert an dieser Stelle gespeichert ist. Rechts finden Sie eine Erläuterung zu der jeweiligen Zeile. Der Befehl in der mittleren Spalte besteht immer aus acht Bits, wobei die vier linken Bits den Befehl selbst codieren (fett markiert), während die vier rechten Bits die Operanden enthalten.

[Handschriftliche Notiz am oberen Rand:]
x_7 – immer 8 bits
– ersten 4 bits ≡ Codieren Befehl
– anderen 4 ≡ enthalten Operanden

[Handschriftliche Notiz über der Spalte Befehl:] x_7

Adresse	Befehl	Bedeutung dieses Befehls
0000	**1001**0111	Speichere die *Eingabe* in Adresse 0111.
0001	**0010**0000	Beschreibe das Register mit der Zahl 0 (die hier aus vier Nullen besteht).
0010	**0011**0111	Addiere zum Wert des Registers die Zahl, die sich an der Adresse 0111 befindet.
0011	**0100**0111	Vermindere den gespeicherten Wert der Adresse 0111 um 1.
0100	**1000**0010	Setze das Programm mit dem Befehl der Adresse 0010 fort, falls das Ergebnis des letzten Befehls nicht null ist.
0101	**1011**0000	Das Programm soll *enden*. Der Wert des Registers soll die *Ausgabe* des Programms sein.
0110	00000000	Nicht verwendete Speicherzelle
0111	00000000	Freier Speicherplatz, der vom Programm benutzt wird

Tabelle 2.1: Beispielprogramm

Kompliziert? Keine Panik! Ich erkläre Ihnen das jetzt Schritt für Schritt.

Das Programm fängt immer ganz vorne an der ersten Stelle an und arbeitet jeden Befehl, Zeile für Zeile, hübsch nacheinander ab. Nur bei dem bereits erwähnten *Sprungbefehl* ändert sich dieses Muster.

Es geht also an der Adresse 0000 los. Dort finden Sie den Befehl 1001 (das sind die ersten vier Bits des Wertes, der dort gespeichert ist). Dieser nimmt eine Eingabe des Programms entgegen und speichert sie an einer Stelle, die durch den Operanden festgelegt wird (hier: die Adresse 0111). Dass der Befehl 1001 genau das tut, ist willkürlich festgelegt. Damit Sie den Überblick behalten, habe ich Ihnen in Tabelle 2.2 noch einmal alle verwendeten Befehle und ihre Bedeutung aufgeschrieben.

Weiter geht es mit der nächsten Zeile. Dort soll der Wert des Registerspeichers auf null gesetzt werden (eigentlich gibt es viele Registerspeicher, aber ich will es am Anfang nicht zu kompliziert machen und gehe nur von einem einzigen aus).

Anschließend folgen zwei *arithmetische* Befehle, und zwar an den Adressen 0010 und 0011.

Sie lauten **0011** beziehungsweise **0100**. Den ersten müssen Sie so interpretieren, dass die nachfolgenden vier Bits (als Operand) eine Speicheradresse darstellen, deren Wert zum Registerspeicher *addiert* werden muss. Der zweite zieht von der Speicherstelle des Operanden 1 ab.

 Informatiker nennen das Abziehen der Zahl 1 *Dekrementieren*.

Dass in beiden Fällen der Operand gleich ist, muss natürlich nicht so sein. Wenn Sie diesen Wert jedoch ändern, wird sich das Programm anders verhalten.

Der nächste Befehl (mit der Adresse 0100) ist wiederum von völlig anderer Natur. Es handelt sich um einen *bedingten Sprungbefehl*. Je nachdem, ob die vorhergehende Operation null war oder nicht, wird entweder einfach die nächste Adresse abgearbeitet oder diejenige, die durch den Operanden beschrieben wird.

Überlegen Sie für einen Moment, wie das Steuerwerk eine solche Aufgabe lösen kann. Das Rechenwerk wird hierzu nicht benötigt!

Zunächst einmal muss sich das Steuerwerk (jedes Mal) merken, ob ein Befehl als Ergebnis eine Null produziert hat oder nicht. Weiter benötigt es einen **Befehlszähler**, der auch **Programmzähler** genannt wird. Dort steht immer drin, welche Adresse als Nächstes an der Reihe ist. Nach jedem normalen Befehl wird der Befehlszähler um 1 erhöht.

 Informatiker nennen das Addieren der Zahl 1 *Inkrementieren*.

Bei einem Sprungbefehl wird der Befehlszähler jedoch nicht inkrementiert, sondern mit einer anderen Adresse versehen, an der das Programm fortgesetzt wird. Anschließend geht es von dort wieder mit der nächsten Zeile weiter ...

Unser Befehl an der Adresse 0100 ist aber kein einfacher, *unbedingter Sprungbefehl*, sondern ein *bedingter*. Diese Bedingung bezieht sich auf das Ergebnis des Befehls unmittelbar davor. Für das Beispiel gilt: Wenn der Befehl aus Zeile 0011 zu einem Wert ungleich null geführt hat, findet der Sprungbefehl statt (und zwar an die Stelle 0010) – anderenfalls geht es ganz normal mit der nächsten Zeile (nämlich 0101) weiter.

Der nächste Befehl beendet das Programm und gibt den Wert des Registers als Ausgabe zurück.

 Ein Programm *terminiert*, wenn es endet.

Befehl	Seine Bedeutung
0010	Beschreibe das Register mit dem Wert, der durch den Operanden festgelegt wird.
0011	Addiere zum Wert des Registers die Zahl, die sich aus dem als Adresse interpretierten Operanden ergibt.
0100	Der Inhalt der Adresse, die sich im Operandenteil befindet, soll um 1 dekrementiert (vermindert) werden.
1000	**Bedingter Sprungbefehl:** Setze das Programm mit dem Befehl fort, der sich an der Adresse des Operanden befindet, aber nur dann, wenn das Ergebnis des vorhergehenden Befehls nicht null war.
1001	**Eingabe:** Speichere die Programmeingabe an die Adresse, die im Operanden steht.
1011	**Programmende und Ausgabe:** Gib den Inhalt des Registers aus und beende das Programm.

Tabelle 2.2: Befehlscodes

Wie Sie Tabelle 2.1 entnehmen, gibt es auch **freien Datenspeicher** für Programme, um Ein- und Ausgabedaten sowie Zwischenergebnisse abzulegen. Im Beispiel ist das die Adresse 0111. Außerdem finden Sie (an Adresse 0110) auch einen Bereich, der überhaupt nicht verwendet wird. Es ist geradezu gruselig, wie viel Speicherbereich von Programmen belegt wird, obwohl er überhaupt nicht benötigt wird!

Betrachten Sie das Programm aus Tabelle 2.1 als ein Rätsel. Oder eine Schatzkarte, wenn Ihnen das lieber ist. Sie müssen das Rätsel knacken, um an den Schatz heranzukommen. Finden Sie heraus, was das Programm tut? Gehen Sie am besten von einer konkreten *Eingabe*, beispielsweise der Zahl 5 aus. Welche Zahl ergibt sich dann als *Ausgabe*?

 In Kapitel 3 löse ich das Rätsel auf. Aber probieren Sie es erst selbst!

Wenn Sie das Rätsel jetzt noch nicht knacken, ist das auch nicht schlimm. Wir sind ja noch ganz am Anfang des Buches ...

So weit, so gut. Die Zentraleinheit verarbeitet also lauter Zahlen. Das auszuführende Programm selbst ist eine Folge von Zahlen, die als *Befehle* interpretiert werden.

Jeder Befehl enthält einen Operationsteil und die zugehörigen Operanden. Befehle sind entweder arithmetische Ausdrücke oder Anweisungen zur Programmablaufkontrolle, also Sprungbefehle. Außerdem gibt es noch **Transportbefehle**. Die sind dafür zuständig, Daten von einer Stelle zu einer anderen zu schieben, beispielsweise vom Hauptspeicher in ein bestimmtes Register.

Dem Steuerwerk kommt dabei eine besondere Bedeutung zu, weil es den Befehl decodieren muss und dafür Sorge trägt, dass die notwendigen Werte der Operanden an das Rechenwerk übergeben werden und das Ergebnis wieder zurück ins Speicherwerk geschrieben wird.

 Das Steuerwerk liest zunächst die Speicherstelle des Befehlszählers aus. Die darin befindliche Adresse wird vom Speicherwerk geladen. Sie enthält den nächsten auszuführenden Befehl. Der Befehl als solcher wird decodiert.

Befehle können eine unterschiedliche Zahl an Operanden nach sich ziehen. Das Steuerwerk ermittelt die letztlichen Werte der Operanden. Bei arithmetischen Befehlen werden diese an das Rechenwerk übergeben. Sollte es sich um Sprungbefehle handeln, kann das Steuerwerk den Befehlszähler selbst anpassen. Anderenfalls wird der Befehlszähler einfach nur inkrementiert. Sobald der Befehl abgearbeitet worden ist und sich das Ergebnis in der richtigen Speicherzelle befindet, wird der nächste Befehl durch Auslesen des Befehlszählers ermittelt und der ganze Spaß beginnt von vorne.

Säulen der Softwaretechnik

Wenn Sie sich Tabelle 2.1 ansehen, bekommen Sie einen ersten Eindruck vom Aufwand, den Sie treiben müssen, um selbst einfachste Programme mit einem Computer zu erstellen.

Das Problem besteht darin, dass Sie dem Computer jedes winzigste Detail haarklein beschreiben müssen, sonst weiß er nicht, was Sie wollen. Um eine einigermaßen anspruchsvolle Berechnung anzustellen, benötigen Sie Tausende von Codezeilen.

Das ist nicht akzeptabel. Computer hätten niemals den durchschlagenden Erfolg in unserer Gesellschaft errungen, wenn jeder Programmierer immer von vorne anfangen müsste.

Wäre es nicht viel schöner, wenn Sie auf viel mächtigere Programme anstatt auf simple Arithmetik zurückgreifen könnten? Ja, diese paradiesischen Zeiten sind längst angebrochen!

Modularität

Wenn Sie heutige Computerprogramme betrachten, wird Ihnen auffallen, dass Sie mit viel weniger Zeilen Programmcode einen viel größeren Effekt erzielen. Das hat aber nichts damit zu tun, dass die Zentraleinheit eines Computers gelernt hätte, viel kompliziertere Befehle zu verarbeiten.

Programme verwenden mächtige Funktionen aus **Bibliotheken**, die andere Programmierer zuvor erstellt haben.

 Bibliotheken enthalten fertigen Programmcode, der Ihnen für Ihre eigenen Programme neue, komplexere Befehle zur Verfügung stellt!

Ein einfaches Beispiel wäre die Verarbeitung von **Strings**, Zeichenketten, die geschriebene Wörter repräsentieren – und natürlich intern wieder nichts anderes sind als Folgen von Zahlen.

Würden Sie als Programmierer die komplette Stringverarbeitung, die Sie für fast jedes Programm benötigen, jedes Mal neu schreiben, kämen Sie kaum zu Ihrem eigentlichen Anliegen.

So aber können Sie auf mächtige Funktionen - jeweils mit einem einzigen Programmbefehl - zurückgreifen:

✔ Länge von Strings berechnen

✔ Teile aus einem String herausschneiden

✔ Strings in Groß- oder Kleinschreibung umwandeln

✔ Die Reihenfolge der Buchstaben in einem String umkehren

Und das ist nur ein kleiner Ausschnitt einer schier unvorstellbar großen Zahl an Bibliotheksfunktionen. Heutzutage verbringen Programmierer mehr Zeit damit, die richtigen Funktionen aus Bibliotheken herauszupicken, als eigenen Code zu schreiben. Und das ist gut so! Nur so kann die Informatik insgesamt Fortschritte machen.

Die nächstgrößere Einheit zusammenhängenden Codes stellen Berechnungsmodule dar, die von anderen Programmen übernommen werden können. Betrachten Sie als Beispiel die Steuerung eines Roboters.

 Wenn Sie einen mehrachsigen Roboterarm ansteuern, sind etliche Stellmotoren mit den richtigen Werten zu versorgen. Eine Bibliotheksfunktion könnte Sie darin unterstützen, den Arm von einer bestimmten Position im Raum an eine andere zu führen.

Ein Modul, das selbst wiederum zahlreiche Funktionen verwendet, wäre noch umfassender. Beispielsweise könnte der komplette Vorgang, einen bestimmten Gegenstand zu ergreifen, Teil eines einzigen Befehls im Modul sein.

Es kommt sogar noch besser. Jedes Modul darf – wer wollte Sie daran hindern? – dazu verwendet werden, noch größere, mächtigere Module zu programmieren. Eine einzige Programmzeile könnte dann eine ganze Kaskade von Computerbefehlen auslösen und beispielsweise einen mobilen Roboter quer durch das Zimmer rollen lassen.

Wiederverwendbarkeit

Bitte beherzigen Sie auch, worauf ich meine Studenten jeden Tag hinweise:

 Ihr Code muss *wiederverwendbar* sein!

Zumindest sollten Sie jede Funktion, die Sie je programmieren, selbst wieder gebrauchen können.

Im Umkehrschluss bedeutet das nichts anderes als:

 Schreiben Sie niemals dieselbe Funktionalität ein zweites Mal!

Schon während der Programmerstellung müssen Sie sorgfältig vorgehen, Ihren Code planen, gut dokumentieren und übersichtlich gestalten. Dazu gehört mehr als nur Disziplin. Ordnung halten in der Vielfalt möglicher Funktionen ist das eine, doch es steckt ein noch fundamentaleres Prinzip dahinter:

 Jede Funktion muss über eine definierte **Schnittstelle** verfügen!

Eine *Schnittstelle* ist wie eine Trennwand. Es gibt ein »Davor« und ein »Dahinter«. Das »Davor« legt fest, welche genaue Funktionalität diese Programmzeilen ausführen.

Dazu gehört selbstverständlich, dass Sie nicht Ihr gesamtes Programm – wenn es eine beachtliche Größe erreicht – in dieselbe Funktion, ins **Hauptprogramm** packen.

Vermutlich werden Sie nämlich exakt dieses Programm nie mehr benötigen. Vielmehr sind bestimmte Teile daraus für die Wiederverwendung interessant. Das funktioniert allerdings nur, wenn Sie das ursprüngliche Programm in kleinere Happen zerlegen und jeden Bestandteil mit einer eigenen Schnittstelle versehen.

Das »Dahinter« ist auch spannend. Es handelt sich um den eigentlichen Programmcode. Während die Schnittstelle beispielsweise verlangt, eine gegebene ganze Zahl in alle möglichen Teiler zu zerlegen, muss das »Dahinter«, die **Implementierung**, einen konkreten Weg, einen *Algorithmus* finden, dieses Ziel auch zu erreichen.

Entscheidend ist dabei nicht, ob Sie gleich den optimalen Code erzeugen – das schaffen selbst Profis nicht auf Anhieb –, sondern dass Sie sich ganz akribisch an die Forderung der Schnittstelle gehalten und keine anderen Teile des Programms außerhalb Ihres Moduls verändert haben.

Solange Sie diese Trennung wahren, wird Ihr Code wiederverwendbar sein, selbst wenn Sie von einem mathematischen Standpunkt aus gesehen die Aufgabe nicht perfekt gelöst haben. Hauptsache, der Code funktioniert erst einmal. Zu einem späteren Zeitpunkt können Sie – oder irgendjemand anderes – die Implementierung der Schnittstelle immer noch verbessern, ohne dass davon andere Teile des Programms in Mitleidenschaft gezogen würden.

Wiederverwendbarkeit bedeutet also weniger, gleich den perfekten Code zu erzeugen, als solchen, der an anderer Stelle eingesetzt werden und zu einem späteren Zeitpunkt verbessert werden kann. Das A und O ist das strikte Einhalten des »Davor« und des »Dahinter« der Schnittstelle.

Informatiker sprechen von einer **Abstraktionsbarriere**, um auszudrücken, dass Sie niemals die Aufgabenteilung zwischen Spezifikation und Implementierung einer Schnittstelle verletzen dürfen (vergleiche Abbildung 2.1).

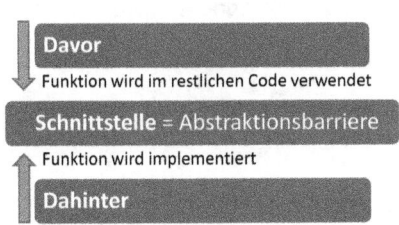

Abbildung 2.1: Bedeutung der Schnittstelle für die Programmentwicklung

Am besten ist es, wenn diejenigen Personen, die damit beauftragt sind, die Schnittstelle zu implementieren, von deren späterer Verwendung keine Kenntnis besitzen. Umgekehrt sollten diejenigen, die die Schnittstelle spezifizieren, keine Kenntnis von der konkreten programmtechnischen Umsetzung erhalten, die könnte sich zu einem späteren Zeitpunkt ohnehin wieder ändern.

Wechselseitige Impulse durch Hardware und Software

Das alles erklärt immer noch nicht, wieso Computer heutzutage unser Leben so dominieren. Gut, Programme erreichen durch Modularität und Wiederverwendbarkeit eine immer höhere Komplexität. Damit lassen sich immer anspruchsvollere Aufgaben computertechnisch umsetzen. Das funktioniert selbstverständlich nur dann, wenn auch die technische Basis für komplexere Algorithmen gelegt wird.

✔ Größere Programme erfordern mehr Speicherkapazität.

✔ Komplexere Algorithmen benötigen mehr Rechenzeit.

✔ Neue Anwendungsgebiete führen zu weiterer Digitalisierung.

Um das alles im Griff zu behalten, genügt es nicht, einfach nur Programme auf einem Computer zum Laufen zu bringen. Vielmehr muss ein Computer selbst mit verschiedenen **Schalen**, wie eine schützende Zwiebel, versehen werden.

Im Innersten bleibt die Zentraleinheit, doch die Peripherie dehnt sich wie eine wachsende Metropole in verschiedenen Ringen immer weiter aus. Das Programm, das diese Schalen bereitstellt und untereinander synchronisiert, heißt **Betriebssystem**.

Moderne Betriebssysteme verfügen über zig Millionen Zeilen Code – noch bevor Sie die erste eigene Programmzeile überhaupt geschrieben haben.

Wenn Sie vor Ihrem PC sitzen, sehen Sie nur noch die äußerste dieser Zwiebelringe: die **grafische Benutzeroberfläche**.

Mit Maus oder Touchscreen geben Sie Befehle ein, die in Bruchteilen von Sekunden in Maschinencode umgewandelt werden, eine elegante Komposition von Einsen und Nullen.

Es hat sich in den vergangenen Jahrzehnten ein interessanter Zyklus ergeben, der wohl auch noch auf absehbare Zeit so anhalten wird.

Abbildung 2.2: Abhängigkeit von Software und Hardware

Abbildung 2.2 illustriert die gegenseitige Abhängigkeit von Hardware und Software. Allerdings handelt es sich nicht um einen Teufelskreis. Technik und Programme beschränken sich nicht, sondern beflügeln sich geradezu. Die Ausweitung von Speicherplatz, die größere Taktung und damit Verarbeitungsgeschwindigkeit inspiriert die Softwareindustrie. Die Systeme werden kleiner und gleichzeitig leistungsfähiger. Zugleich treiben innovative

Programmiertechniken die Hersteller von Chips und Platinen zu immer neuen Leistungs-rekorden. Kein Mensch kann heute beurteilen, wohin die Entwicklung gehen wird, ein Ende ist jedenfalls nicht in Sicht.

Disziplinen der Informatik

Die Praktische Informatik hat sich auf sehr, sehr vielen Gebieten als überaus fruchtbar erwiesen. Die Kombination mit einem bereits etablierten Wissenschaftszweig führt sogar manchmal zu einer neuen Fachrichtung. Alle diese Disziplinen zusammen werden als **angewandte Informatik** bezeichnet.

Wirtschaftsinformatik

Die Wirtschaftswissenschaften befassen sich mit allen möglichen Fragen rund um die Betriebs- und Volkswirtschaft. Computer unterstützen Unternehmen und Behörden dabei ihre internen Abläufe zu steuern. Von der Auftragsannahme über die Produktion von Gütern bis hin zur Rechnungsstellung und dem Controlling: Überall finden Sie Informations- und Kommunikationssysteme. Der Einfluss der Informatik auf die Wirtschaftswissenschaften hört aber nicht bei der Konzeptionierung und Realisierung von Informationssystemen für betriebliche Abläufe auf. Denken Sie nur an das IT-gestützte Management von Prozessen und Ressourcen oder die irrsinnigen Ansammlungen von Daten. **Datamining** versucht, unter dem Wust an unsinnigen Fakten ein paar relevante Informationen herauszuklauben.

Wirtschaftsinformatiker beherrschen beide Seiten der Theke. Sie kennen sich mit den wirtschaftlichen Grundprinzipien aus und sind gleichzeitig Profis der Informationstechnologie. Neben meist hervorragend bezahlten Jobs in Unternehmungsberatungen bekleiden Wirtschaftsinformatiker häufig auch Managementpositionen innerhalb von Unternehmen. Beispielsweise ist der **CIO**, der **Chief Information Officer**, eine geradezu prädestinierte Position für Wirtschaftsinformatiker, auch wenn häufig reine Betriebswirte diese Stelle innehaben.

Bioinformatik

Biologie und Informatik sind nicht gerade verwandte Gebiete – jedenfalls nicht auf den ersten Blick. Während sich Biologie mit Lebewesen befasst, sind Computer reine Maschinen. Ja, ich weiß, Sie denken jetzt an **Cyborgs** aus den Science-Fiction-Filmen, Mischwesen, die eigentlich Maschinen sind, aber wie Menschen handeln und vielleicht auch so aussehen. Keine Sorge, die immer größere werdende Zahl an Bioinformatikern arbeitet nicht an Frankensteins Monster 2.0.

Erinnern Sie sich noch an das große Human-Genom-Projekt? Die Entschlüsselung des menschlichen Erbgutes, der DNA? Es hat von 1990 bis 2003 gedauert. Was meinen Sie wohl, wer daran gearbeitet hat? Biologen? Klar, beim Genom handelt es sich um eine der wichtigsten Grundsäulen nicht nur des menschlichen Lebens, sondern des Lebens überhaupt. Informatiker? Klar, 3,4 Milliarden Basenpaare sind eine unglaubliche Menge an Daten, die Biologen »von Hause aus« nicht unbedingt stemmen können. Zugleich ist das die große

Stunde der *Bioinformatiker*: Experten, die einerseits mit der Komplexität der ermittelten Information klarkommen und zugleich die biologischen Vorgänge beherrschen.

Nach Abschluss des Human-Genom-Projekts hört die Arbeit der Bioinformatiker aber noch nicht auf, im Gegenteil, sie fängt gerade erst an. Vom Vaterschaftstest bis hin zur Bekämpfung gefährlicher Erbkrankheiten: Bei der **Sequenzanalyse** handelt es sich um eine biologische Anforderung, deren informationstechnische Komplexität einen Informatiker erfordert.

Medizininformatik

Wenn Sie den Abschnitt zur Bioinformatik gelesen haben, wird Sie **Medizininformatik** nicht mehr überraschen. Mediziner sind mit ihrem Fachgebiet noch viel weiter von der Informatik entfernt als Biologen. Dennoch gibt es heute sicher kein anderes Gebiet, auf dem so zahlreiche Fortschritte durch Informationstechnologie gemacht werden.

Nahezu alle Instrumente für minimalinvasive Operationen, neuartige bildgebende Verfahren oder Neuroimplantate lassen sich elektrotechnischen Anwendungen zuordnen. Keine kommt jedoch ohne Informatik aus.

Hinzu kommen gigantische Datenbanken und Expertensysteme, die Ärzte darin unterstützen, die richtige Diagnose bei gegebenen Symptomen zu finden.

Medizininformatiker werden überall gebraucht, wo die Anforderungen an die medizinische Fachkompetenz oder an die Fähigkeit, mit Medizinern fachlich zu kommunizieren, das übliche Maß eines Informatikers überschreitet. Dazu gehören neben der Entwicklung medizinischer Software ebenso die Pflege und Betreuung von Krankenhausinformationssystemen.

Computerlingusitik

Die Verschmelzung von Informatik und Sprachwissenschaften führt geradewegs zur **Computerlinguistik** oder **linguistischen Datenverarbeitung**. Sie wird dort benötigt, wo menschliche Sprache von Computern verarbeitet werden soll, oder umgekehrt, wo aus einem Gewimmel aus Einsen und Nullen menschliche Sprache herauszuhören ist.

Computerlinguisten befassen sich mit allgemeinen Theorien und der praktischen Umsetzung von Sprache. Das ragt einerseits in die theoretische Informatik hinein, geht aber andererseits weit darüber hinaus. Die Ergebnisse dieses Wissenschaftszweiges führen auf der einen Seite zu fortschrittlichen Lösungen beispielsweise auf dem Gebiet der künstlichen Intelligenz, andererseits sind sie auch für reine Sprachwissenschaftler von großem Interesse.

Medieninformatik

Bei den **Medienwissenschaften** geht es noch allgemeiner um **Kommunikation**, insbesondere um die öffentliche Kommunikation. Dabei werden die theoretischen und praktischen Aspekte der verwendeten **Medien** analysiert, etwa der Printmedien oder dem Hörfunk. Seit der Verbreitung von Computern und natürlich dem Internet spielt auch hier die Informatik eine immer wichtigere Rolle.

Was liegt da näher als eine unmittelbare Verbindung beider Disziplinen zur **Medieninformatik**? *Medieninformatiker* befassen sich mit dem Design und der Ergonomie von Medien, der Produktion und dem Programmieren von Medien bis hin zur Psychologie interaktiver Medien. Natürlich darf heutzutage auch das **Medienrecht** nicht fehlen.

Geoinformatik

Spätestens seit »Google Earth«, vermutlich jedoch schon viel früher haben Sie Anwendungen kennengelernt, wo **Geoinformationen** eine wichtige Rolle spielen, wo also raumbezogene Daten mit Informationstechnologie verarbeitet werden.

Navigationssysteme sind ein allseits bekanntes Anwendungsfeld von Geoinformationssystemen, aber diese Technologie hat noch viel näher liegende Einsatzformen. Die Erfassung von Straßen, Kanälen, Leitungen und anderen Katasterdaten erfordert bereits ein Geoinformationssystem für jede größere Stadt.

Natürlich wurden diese Informationen schon vor Jahrzehnten, teilweise sogar vor Jahrhunderten benötigt. Anno dazumal bediente man sich Papier und Füllfederhalter, heutzutage sind farbige 3D-Landkarten keine Seltenheit mehr.

Aufgrund der Fülle an Daten und ständig wachsenden Anforderungen sind *Geoinformatiker* die wahren Spezialisten, um Geoinformationssysteme zu beherrschen.

Umweltinformatik

Eine Erweiterung der Idee der Geoinformatik führt zur **Umweltinformatik**. Warum sollten Sie bei Geoinformationen stehen bleiben? Was ist mit anderen Daten, die unser Leben, unser Wetter, die Luft, das Klima, kurz, die gesamte Umwelt betreffen?

Allerdings befasst sich Umweltinformatik nicht nur mit der passiven Analyse von Umweltdaten, sondern kann etwa auch bei der Suche nach versteckten Ressourcen behilflich sein.

Ein Spezialzweig, die **betriebliche Umweltinformatik**, befasst sich mit Fragen des Umweltschutzes und des sparsamen Einsatzes etwa von Energie in Unternehmen. Das große Schlagwort **Green-IT** fasst hierbei die umweltschonende Verwendung von allen möglichen Ressourcen in der Informations- und Kommunikationstechnologie in einem Wort zusammen. Obgleich bereits einige Fortschritte zu verzeichnen sind, findet sich hier noch sehr viel Potenzial, das *Umweltinformatiker* heben werden.

Sozioinformatik

Von den hier vorgestellten Anwendungsgebieten der Informatik ist die **Sozioinformatik** die jüngste. Die Verbindung von Sozialwissenschaften mit Informatik erscheint auf den ersten Blick abwegig. Dennoch brauche ich nur das Wort »Facebook« oder irgendein anderes soziales Netzwerk zu nennen, um den Zusammenhang offensichtlich zu machen.

Informationstechnologie, insbesondere das Internet, verändert unsere Gesellschaft, unser soziales Verhalten. Deren Auswüchse sind nicht in allen Aspekten erwünscht. Daher arbeitet die Sozioinformatik auch an Lösungen für Probleme, die uns die Informatik beschert hat.

Darüber hinaus erforschen *Sozioinformatiker* neue Kommunikationsmöglichkeiten und deren Auswirkungen auf kleine Gruppen oder die Gesellschaft als Ganzes. Neben der Soziologie fließen dabei ebenfalls Erkenntnisse der Psychologie mit ein. Natürlich gibt es auch eine große Schnittmenge zur Medieninformatik.

Bei **Sozioinformatik** sollten Sie beispielsweise an **Crowdsourcing** denken, das Auslagern von Teilaufgaben an eine große Zahl von Einzelpersonen über das Internet. Auch das Gebiet der **E-Demokratie** ist ein weites, noch nicht vollständig beackertes Feld der Sozioinformatiker. Welche Rolle kann Informatik für die Ausübung der Demokratie spielen, heute und in der Zukunft? Um derartige Fragen beantworten oder wenigstens solide einschätzen zu können, werden neben Kreativität vor allen Dingen Sachverstand von Soziologie und Informatik benötigt.

Sie müssen mich nicht für einen Hellseher halten, wenn ich Ihnen versichere, dass im Laufe der Zeit außer den hier erwähnten noch viel mehr klassische oder moderne Wissenschaftszweige mit Aspekten der Informatik verschmelzen und so neuartige und überaus produktive Anwendungsgebiete hervorbringen.

Kapitel 3

Im Dschungel von Bits und Bytes

D ieses Kapitel möchte Ihnen einen Einblick in die technologischen Grundlagen von Prozessoren verschaffen und Sie über die Entwicklung der Programmiersprachen informieren. Dabei werden Sie ebenfalls erfahren, wie Sie Motoren durch Computer steuern.

Hochgeschwindigkeitstechnik im Kleinstformat

Ein Zauberwort der Computertechnologie lautet **Miniaturisierung**. Das bedeutet, die gleiche Funktionalität wird durch immer kleinere Strukturen ermöglicht. Ich möchte Ihnen das anhand der wichtigsten Komponente des elektronischen Computers demonstrieren, dem **Schalter**. Natürlich meine ich nicht den Ein-Aus-Knopf, sondern aberwitzig viele elektronische Bauteile innerhalb der **Zentraleinheit** (dem **Prozessor**).

Die ersten Computer ab den 40er Jahren des letzten Jahrhunderts arbeiteten mit elektronischen **Röhren**. Röhren sind mit dem Aussterben von Röhrenfernsehern der breiten Öffentlichkeit nicht mehr bekannt. Ihre Funktion besteht im Wesentlichen darin, durch Anlegen eines elektrischen Stroms die Glühkathode aufzuheizen. Dabei treten freie Elektronen in das Vakuum aus und werden durch ein elektrisches Feld bis zur Anode beschleunigt. Es fließt ein Strom. Dieser Elektronenstrom zwischen Kathode und Anode lässt sich durch die **Gitterspannung** elektrisch steuern. Kurzum: Röhren können Sie als elektrische Schalter verwenden. Die frühen Röhrencomputer verfügten über einige Hundert Röhren, die jeweils zu **Flipflops** geschaltet waren.

 Flipflops sind keine Sandalen ohne Riemen, zumindest nicht in der Informatik. Durch geschickte Verdrahtung mehrerer elektronischer Schalter lassen sich mithilfe von Flipflops Ein-Bit-Speicher konstruieren. Ein Flipflop kann also immer nur einen von zwei möglichen Zuständen annehmen, den er dann aber bis zum nächsten Umschalten beibehält.

 In Kapitel 9 dreht sich fast alles um die diversen Arten von Flipflops.

Der Durchbruch für Computer kam durch die **Halbleiter**. Sie kennen **Leiter**, etwa Kupferdraht, durch die der Strom nahezu ungehindert fließen kann, während **Nichtleiter** als **Isolatoren** eingesetzt werden: Der Elektronenstrom wird blockiert, beispielsweise mittels Glas.

Ein Halbleiter ist ein Stoff, der sich nicht recht entscheiden kann. Unter bestimmten Bedingungen leitet er den Strom, unter anderen wirkt er wie ein Isolator. Diese Bedingungen lassen sich wiederum mit elektrischem Strom steuern: Ein Halbleiter ist bis heute der ideale elektrische Schalter.

Der berühmteste Vertreter der Halbleiterbauelemente nennt sich **Transistor**. Ich zähle Ihnen einmal rasch auf, worin die wichtigsten Vorteile von Transistoren gegenüber Röhren bestehen:

✔ Damit bei einer Röhre überhaupt Elektronen aus der Kathode entweichen, muss diese aufgeheizt werden. Diese Heizspannung ist mit bis zu 40 Volt ein gigantischer Energiefresser. Transistoren benötigen keine Heizspannung.

✔ Röhren sind viel größer und beanspruchen daher viel mehr Raum, besonders wenn Sie die Anzahl an elektronischen Schaltern erhöhen wollen. Moderne Transistoren sind so winzig, dass Sie Milliarden davon auf einem **Integrated Circuit (IC)** verbauen können, einem *integrierten Schaltkreis*.

✔ Röhren werden empfindlich heiß an der Oberfläche, daher müssen sie aufwendig gekühlt werden. Auch Transistoren produzieren Wärme, aber sehr viel weniger als Röhren.

✔ Schaltvorgänge mit Transistoren laufen um einige Größenordnungen schneller ab als solche mit Röhren.

✔ Die Haltbarkeit von Röhren ist viel niedriger als jene von Transistoren.

Atemberaubende Speichermöglichkeiten

Flipflops aus Transistoren sind aber nur der erste Schritt. Speicher für je ein Bit. Das genügt noch nicht, um die Funktionalität einer universellen Rechenmaschine zu erzeugen.

Die eigentlichen arithmetischen Operationen werden aus sogenannten **booleschen Funktionen** zusammengesetzt. Darunter sind elementare Funktionen zu verstehen, die lediglich zwei unterschiedliche Eingabewerte akzeptieren, beispielsweise 0 und 1. In Tabelle 3.1 habe ich Ihnen die Werttabellen der beiden wichtigsten booleschen Funktionen mit zwei Eingabeparametern dargestellt. Es handelt sich dabei um *AND* und *OR*.

Eingabe 1	Eingabe 2	AND	OR
0	0	**0**	**0**
0	1	**0**	**1**
1	0	**0**	**1**
1	1	**1**	**1**

Tabelle 3.1: Wertetabelle von AND und OR

Wie Sie sehen, ist das Ergebnis von AND fast immer 0, außer wenn Eingabe 1 *und* Eingabe 2 den binären Wert 1 besitzen. Bei OR ist es umgekehrt. Fast immer kommt eine 1 als Ergebnis heraus, nämlich wenn Eingabe 1 *oder* Eingabe 2 den Wert 1 besitzen.

Daneben gibt es noch eine andere, sehr wichtige Funktion, nämlich *NOT*. Die denkbar einfache Wertetabelle finden Sie in Tabelle 3.2.

Eingabe	NOT
0	**1**
1	**0**

Tabelle 3.2: Wertetabelle NOT

Durch eine Hintereinanderausführung dieser einfachen Funktionen können Sie alle denkbaren booleschen Funktionen realisieren. Beispielsweise ist OR nichts anderes als eine Verkettung von AND und NOT:

$$OR(x,y) = NOT(NOT(x) \text{ AND } NOT(y))$$

Sie glauben mir nicht? In Tabelle 3.3 finden Sie den Beweis dieser geradezu unverschämten Behauptung.

x	y	OR(x,y)	NOT(x)	NOT(y)	NOT(x) AND NOT(y)	NOT(NOT(x) AND NOT(y))
0	0	**0**	1	1	1	**0**
0	1	**1**	1	0	0	**1**
1	0	**1**	0	1	0	**1**
1	1	**1**	0	0	0	**1**

Tabelle 3.3: Darstellung von OR als Kombination von AND und NOT

Spalte 3 enthält die bekannten Werte von OR. Die AND-Verknüpfung von NOT(x) und NOT(y) habe ich Ihnen in Spalte 6 aufgeführt. Wie Sie sehen, ist nur noch eine **Negation**, also eine abschließende Anwendung von NOT notwendig, um genau dieselben Werte wie beim OR zu erhalten (die Spalten 3 und 7 sind somit gleich).

Weil Sie mit AND und NOT alle denkbaren booleschen Funktionen abbilden können, spricht man auch von einer **Basis**.

In Kapitel 6 finden Sie alle relevanten Informationen zu booleschen Funktionen. Darunter auch ein überraschendes Ergebnis, dass sogar eine einzige Funktion als Basis genügt.

Mit einer Kombination aus booleschen Funktionen und einer gehörigen Portion Flipflops sind Sie endlich in der Lage, eine Zentraleinheit mit Rechenwerk und Steuerwerk zu erzeugen.

 Kapitel 12 widmet sich dem Thema, wie Sie ganz genau vorgehen, um einen Mikroprozessor zu konstruieren, eine winzige Zentraleinheit.

Ein Puzzleteil fehlt noch: Wie können Sie boolesche Funktionen aus elektronischen Schaltern erzeugen? Das ist viel einfacher als gedacht.

Eine AND-Funktion entspricht einer **Serienschaltung**. Wenn nur ein einziger Schalter offen ist, also den Wert 0 hat, fließt kein Strom und das Ergebnis von AND bleibt 0, wie in Abbildung 3.1 dargestellt.

Abbildung 3.1: Serienschaltung – AND-Verknüpfung

Ganz anders verhält es sich beim OR. Hierbei kommt eine **Parallelschaltung** zum Zug. Es ist egal, welcher der beiden Schalter geschlossen ist. Einer genügt, und es fließt Strom. Schematisch sehen Sie das in Abbildung 3.2.

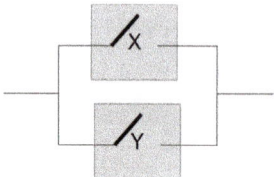

Abbildung 3.2: Parallelschaltung – OR-Verknüpfung

Moderne Computer bestehen aus Milliarden von Transistoren, winzigen elektronischen Schaltern, die auf engstem Raum zu booleschen Funktionen und Speichern zusammengeschlossen sind.

Die Welt in Zahlen

Elektrischer Strom ist der Stoff, aus dem die Computerwünsche hervorgegangen sind, wenn Sie auch durchaus Computer mit einer völlig anderen Substanz betreiben könnten, zumindest theoretisch. Entscheidend sind die Schalter. Schalter, die selbst wieder andere Schalter durch ihre Schaltungen beeinflussen. Es läuft also alles darauf hinaus, Zustände von Schaltern zu manipulieren. Davon gibt es aber nur zwei Stück: »an« oder »aus«, also 1 oder 0.

Tatsächlich ist dieser simple Grund dafür verantwortlich, dass Computer niemals etwas anderes tun können, als *binäre* Zahlen zu verarbeiten.

Zum Glück können Sie jede beliebige Zahl in eine Binärzahl umwandeln. Das ist so weit kein Problem. Wie kann aber ein Prozessor Daten manipulieren, die keine Zahlen sind? Leider überhaupt nicht!

 Prozessoren verarbeiten ausschließlich Zahlen.

Alle Daten, die Computer verarbeiten, müssen somit zuerst in Zahlen umgewandelt werden, oder in Schalterzustände, wenn Ihnen das lieber ist.

Fangen wir mit der Eingabe an. Sie kennen Computer mit …

✔ Tastatur

✔ Maus

✔ Touchpad

und etlichen anderen Eingabegeräten. Alle haben eine Sache gemeinsam: Sie verwandeln Ihre Eingabe in elektrische Signale, die dem Mikroprozessor Ihres Computers in digitaler Form gesendet werden. Bei der Tastatur erscheint das noch offensichtlich. Sie können sich jeden Tastenanschlag vereinfachend wie das Schließen eines Schalters vorstellen. Moderne Tastaturen haben aber noch viel weitergehende Möglichkeiten, deswegen verfügen sie meist selbst über eigene Mikroprozessoren.

Bei den ersten Computermäusen wurden durch die mechanische Bewegung der Kugel im Inneren kleine Röllchen gedreht, die ihrerseits Stromkreise schlossen und so die Signale elektrisch digitalisierten. Optische Mäuse, die längst den Siegeszug angetreten haben, verfügen über eine Leuchtdiode oder eine Laserdiode, die ihr Licht auf die Unterlage sendet. Über einen Fotowiderstand wird die mechanische Bewegung, die aus der Reflexion des Lichtstrahls abgelesen wird, direkt in elektrischen Strom umgewandelt.

Auch bei Touchpads ist das ähnlich. Durch die Fingerspitzen beeinflussen Sie ein elektrisches Feld, dessen genaue Ortsposition abgelesen und als Koordinate – immer in Form von binären Daten – an die Zentraleinheit weitergereicht wird.

Auch die Ausgabe des Computers muss zunächst Zahlen in …

✔ Bilder auf dem Monitor

✔ Töne aus dem Lautsprecher

✔ beschriftetes Papier aus dem Drucker

umwandeln. Das jeweilige Endgerät ist dafür zuständig, die Sammlung von digitalen Daten in eine angemessene Form zu bringen.

Kapitel 14 befasst sich intensiv mit der genauen Funktionsweise von Ein- und Ausgabegeräten.

Von Maschinensprache zu Hochsprache

Nun wird es spannend. Wir befinden uns im innersten Kern der Zentraleinheit. Was geschieht dort? Es läuft ein **Programm** in Maschinensprache ab.

Ein erstes Beispiel, wie **Maschinencode** im Prinzip ausschaut, finden Sie in Tabelle 3.4, die ich dem vorherigen Kapitel entnommen habe. Die rechte Seite ist jetzt noch ein wenig genauer auf den Rechner zugeschnitten. Dieser Code ist im Grunde die einzige Sprache, die ein Computer versteht.

Adresse	Befehl	Bedeutung dieses Befehls
0000	10010111	Speichere die *Eingabe* in Adresse 0111
0001	00100000	Beschreibe das Register ax mit dem Wert 0
0010	00110111	Addiere zum Wert des Registers ax die Zahl, die sich an der Adresse 0111 befindet
0011	01000111	Vermindere den gespeicherten Wert der Adresse 0111 um 1
0100	10000010	Setze das Programm mit dem Befehl der Adresse 0010 fort, falls das Ergebnis des letzten Befehls nicht null ist
0101	10110000	Das Programm soll *enden*. Der Wert des Registers ax soll die *Ausgabe* des Programms sein.
0110	00000000	Nicht verwendete Speicherzelle
0111	00000000	Freier Speicherplatz, der vom Programm benutzt wird

Tabelle 3.4: Beispielprogramm

Im Speicherwerk besteht dieses Programm selbstverständlich nur aus einer Folge von Binärziffern. Die linke Spalte von Tabelle 3.4 bezeichnet die Position, an der sich der entsprechende Teil des Programms befindet. Diese wird jedoch selbst nicht mit abgespeichert. Das Programm in Maschinencode besitzt somit die Form:

10010111001000000011011101000111100000101011000000000000000000000000

Das ist eine recht lange Folge von Binärziffern und nicht gerade übersichtlich. Betrachten Sie den Code in *hexadezimaler* Schreibweise, wird er zwar kürzer, sieht dafür jedoch noch kryptischer aus:

9720374782B00000

In Kapitel 5 erfahren Sie, was es mit der hexadezimalen Schreibweise (im 16er-Zahlensystem) auf sich hat und wie Sie Binärcode in hexadezimalen umwandeln – und umgekehrt.

Wie soll ein Programmierer damit klarkommen? Ist es möglich, komplexe Algorithmen oder gar Betriebssysteme als eine reine Folge von Binär- oder Hexadezimalziffern zu programmieren?

In der Tat, das ist zwar prinzipiell möglich, aber die Fehlergefahr ist unglaublich groß. Wenn Sie sich nur bei einer einzigen Binärziffer irren, könnte das komplette Programm ein völlig anderes Verhalten an den Tag legen. Das ist inakzeptabel. Das widerspricht der Modularität und Wiederverwendbarkeit.

Wäre es nicht eine gute Idee als eine Art Zwischenschritt zumindest für jeden einzelnen Maschinenbefehl eine menschenlesbare Buchstabenfolge zu verwenden, die ein anderes Programm dann eins zu eins in Maschinencode übersetzt? Ja, genau so wird es gemacht!

Der nächste Schritt in der Entwicklung der Maschinenkommunikation ist daher konsequent die **Assemblersprache**. Dabei setzen Sie symbolische Zeichenfolgen, sogenannte **Mnemonics** ein. Allerdings verwendet jeder Hersteller von Mikroprozessoren eine eigene Assemblersprache, die damit recht unterschiedlich ausfallen kann. Exemplarisch zeige ich Ihnen in Tabelle 3.5, wie unser Maschinencode in Assembler aussehen könnte. Damit Sie den Code leichter entziffern, gebe ich Ihnen zuvor noch ein paar Tipps mit auf den Weg.

Tipps zur Entzifferung von Assembler-Code:

✔ *in* liest Eingabedaten von einem bestimmten Gerät, einem *Port*, in einen Zwischenspeicher, ein Register. Bei *out* ist es genau umgekehrt ...

✔ Register werden mit ax, bx, cx und so fort adressiert.

✔ Werden Adressen hexadezimal angegeben, endet die Zahl mit einem *h*.

✔ *mov* kopiert Daten. Entweder von einem Register an eine Speicherstelle oder umgekehrt. Auch einfache Zahlenkonstanten können Sie mit *mov* in ein Register oder an eine Speicherstelle laden.

✔ Eine *Sprungmarke* ist ein Wort, das mit einem Doppelpunkt endet. Es ersetzt das ärgerliche Adressieren von Befehlen über eine Zahl. Die Marke selbst führt aber keinen Befehl aus, sondern wird vom Assemblerprogramm nur einfach durch die richtige Zieladresse an der Absprungstelle überschrieben.

✔ Sobald Sie Zahlen mit eckigen Klammern [] versehen, werden daraus Adressen.

✔ Mit *add* addieren Sie zum ersten Argument den Wert des zweiten.

✔ *dec* subtrahiert 1 vom Wert des nachfolgenden Registers oder der Speicherstelle.

✔ *jnz* springt an die angegebene Zieladresse, aber nur, falls der unmittelbar vorausgehende Befehl nicht null als Ergebnis geliefert hat (»**j**ump if **n**ot **z**ero«).

Adresse	Assemblercode	Was der Assemblerbefehl bewirkt
0000	in ax,1 mov [07h],ax	Transportiere die Zahl aus Port 1, die Eingabe, an die Register-speicherstelle ax. Kopiere diesen Wert anschließend an die Speicherstelle mit der hexadezimalen Adresse 07, also 0111.
0001	mov ax,0	Beschreibe das Register ax mit dem Wert 0.
0010	Schleifenanfang: add ax,[07h]	Addiere zum Wert im ax-Register die Zahl, die sich an der Speicherstelle mit der Adresse 07 befindet.
0011	dec [07h]	Dekrementiere den gespeicherten Wert an der Adresse 07 um 1.
0100	jnz Schleifenanfang	Falls der letzte Befehl nicht zum Ergebnis null führt, springe an die Adresse mit dem Label Schleifenanfang.
0101	out 2,ax	Der Wert des ax-Registers wird ausgegeben (auf Port 2).

Tabelle 3.5: Assemblercode

Sehen Sie den Fortschritt gegenüber der Darstellung aus Tabelle 3.4? Sie müssen nicht mehr mit Bitmustern arbeiten, sondern können bereits auf eine symbolische Darstellung zurückgreifen. Der Sprung vom reinen Maschinencode zum Assemblercode ist gewaltig!

Das gefällt Ihnen aber immer noch nicht? Das kann ich gut verstehen! Das Kauderwelsch in Assemblersprache ist zwar tausendmal schöner als direkter Maschinencode, von einer komfortablen Kommunikation des Programmierers mit dem Computer kann aber immer noch keine Rede sein.

Für unser kleines Beispiel zeige ich Ihnen eine Realisierung in der Darstellung von C, einer Hochsprache, die noch recht nahe am Maschinencode arbeitet und dabei – zumindest mit ein wenig Übung – sehr gut zu lesen ist.

```
int eingabe; read(&eingabe);
register ax = 0;
do {
  ax += eingabe;
  eingabe--;
} while (eingabe);
return ax;
```

 Der komplette fünfte Teil Ihres »Dummies-Buches« befasst sich mit der Mutter aller Programmiersprachen – C – und einigen ihrer Kinder.

Die Anweisungen aus dem C-Programm lesen sich beinahe wie menschliche (englische) Sprache:

In der ersten Zeile wird die Variable eingabe als ganze Zahl definiert und eingelesen (mit read). Die Folgezeile dient dazu, die Variable ax als Registervariable auf 0 zu setzen.

Der von do ... while eingeklammerte Bereich nennt sich **Schleife**. Deren Inneres wird immer wieder abgearbeitet, und zwar so lange, bis endlich der Wert von eingabe null ist (letzte Zeile). Dann wird die Schleife beendet und das Programm liefert den Wert von ax als Ergebnis zurück.

Wirklich spannend ist also nur das Innere der Schleife. Zunächst wird ax um genau den Wert von eingabe erhöht. Anschließend wird eingabe um 1 erniedrigt.

Für den Fall, dass Sie dem Programm beispielsweise die Zahl 5 am Anfang übergeben, ändern sich die Werte von ax und eingabe, wie in Tabelle 3.6 gezeigt.

Programmstelle	ax-Wert	Eingabe-Wert
Anfangswerte	0	5
Erster Schleifendurchlauf	5	4
Zweiter Schleifendurchlauf	9	3
Dritter Schleifendurchlauf	12	2
Vierter Schleifendurchlauf	14	1
Letzter Schleifendurchlauf	15	0

Tabelle 3.6: Werteverlauf von ax und Eingabe

Es ergibt sich somit für die Eingabe 5 als Ausgabe die Zahl 15.

 Haben Sie das Rätsel aus Kapitel 2 geknackt? Die Eingabe verringert sich einfach mit jedem Schleifendurchlauf um 1 und in ax wird jeder dieser Werte addiert. Am Ende enthält ax stets die **Summe aller Zahlen von 1 bis zur Eingabe**, vorausgesetzt natürlich, die Eingabe ist positiv ...

 Wenn Sie von einer negativen Ganzzahl immer weiter den Wert 1 abziehen, wird das Bitmuster irgendwann der niedrigsten und im Anschluss sofort der höchsten darstellbaren positiven Zahl entsprechen, die dann schließlich bei null endet.

Übersetzen und Interpretieren

Die Programmiersprache C ist sicherlich leichter zu lesen als reiner Maschinencode, aber wieso können Sie nicht gleich mit dem Computer in menschlicher Sprache reden? Und wenn schon, dann auch bitte schön auf Deutsch und nicht auf Englisch!

Wahrscheinlich wäre es Ihnen am liebsten, wenn Ihr Programm so aussähe:

»*Lieber Computer, berechne mir doch die Summe aller Zahlen von 1 bis zu dem jeweils einge-gebenen Wert!*«

Im Prinzip ist das möglich! Denn Assembler und C und jede andere Programmiersprache kann vom Mikroprozessor sowieso nicht unmittelbar verstanden werden. Vielmehr muss jemand – oder etwas – das Programm in Maschinencode *übersetzen*. Dieses Übersetzen heißt in der Sprache der Informatiker *kompilieren* und ist vermutlich der wichtigste Begriff der praktischen Informatik.

Das Wort *kompilieren* ist eine Übersetzung des englischen *to compile* und bedeutet wörtlich **zusammentragen**.

Das gesamte Gerüst der Software-Erstellung basiert auf dem Gedanken, dass es möglichst einfach und effektiv sein sollte, dem Computer seine eigenen Wünsche mitzuteilen.

Der Assemblercode ist nur ein erster Schritt in diese Richtung! Er ist schon nicht mehr ganz so kryptisch wie Maschinencode, aber immer noch schwer verdaulich für den Menschen. Sein großer Vorteil: Es ist recht einfach, ein Programm zu schreiben, das Assembler- in Maschinencode übersetzt. Logischerweise muss dieses Programm (zumindest erstmalig) in Maschinencode geschrieben werden, aber das ist machbar.

Ein wenig schwieriger ist es, einen **Compiler** für die Sprache C zu programmieren.

 Ein **Compiler** ist ein Programm, das Quellcode einer höheren Sprache in Maschinencode übersetzt.

Sie haben ja im Laufe des letzten Abschnitts eine Vorstellung davon bekommen, wie weit dieser Code von Maschinensprache entfernt ist. Es ist jedoch keine unlösbare Aufgabe, C-Code in Maschinencode zu überführen, denn auch C ist eine sehr exakte Sprache, der Sie mit ein wenig Übung ansehen, wie sie in maschinenlesbare Programmzeilen zu überführen ist.

Kommen wir schließlich zu Ihrem »Wunschprogramm«, das einfach in deutscher Sprache dem Rechner sagt, was er tun soll. Welcher Aufwand steckt dahinter, einen Compiler der deutschen Sprache in Maschinencode zu programmieren?

Leider ein immenser. Das liegt weniger an der deutschen Sprache als solcher – es wäre ein Einfaches, einen C-Compiler mit deutschen statt englischen Befehlen zu generieren –, sondern an den mehrdeutigen Formulierungen.

Halten wir bis hierhin fest:

 Jede Programmiersprache erfordert einen Compiler, der das jeweilige Programm in Maschinencode übersetzt.

Sie können heute noch eine eigene Programmiersprache erfinden, solange es Ihnen klar ist, wie dieser Code in Maschinensprache zu übersetzen ist. Dabei sollten Sie nicht nur eine grobe Vorstellung von diesem Übersetzungsprozess haben. Vielmehr muss es einen eindeutigen, klaren und nachvollziehbaren Weg bis zum Maschinencode geben.

Das ist unbefriedigend. Es ist kaum vorstellbar, dass Sie es je schaffen werden, halbwegs normale deutsche Sprache klar und präzise in den Code des Computers zu überführen. Dafür ist sie viel zu umfangreich. Außerdem gibt es zahlreiche Unklarheiten. Wenn Sie beispielsweise sagen: »*Berechne die Summe aller Zahlen von 1 bis zu dem jeweils eingegebenen Wert*«, stellt sich die Frage, welcher Zahlen. Sind es nur ganze Zahlen? Was passiert, wenn der Eingabewert beispielsweise 3,5 beträgt? Sollen dann auch die halben Zahlen dazugehören? Oder wenn die Eingabe negativ ist, sollen dann die negativen Zahlen aufgelistet werden oder wäre das ein Fehler? Diese Mehrdeutigkeiten müssen alle aufgelöst werden, denn der Maschinencode muss am Ende alles genau festlegen.

Am besten wäre es doch, wenn der Computer bei Unklarheiten einfach bei Ihnen nachfragte! Sie wollen vielleicht **interaktiv** mit dem Computer sprechen.

Daher dürfte der Quellcode Ihres Programms nicht erst komplett durch einen Compiler in Maschinencode verwandelt werden, sondern müsste nach und nach *interpretiert* werden. Hierzu wiederum müsste ein anderes Programm ständig laufen, während Sie mit dem Computer kommunizieren. Solche Programme existieren tatsächlich. Sie heißen **Interpreter**.

Ein Interpreter versucht alles, was Sie dem Computer mitteilen, »live« auszuwerten. »Live« meint hier zur *Laufzeit*. Ihr Quellcode wird also nicht mehr vorab kompiliert, sondern permanent ausgewertet. Der Interpreter selbst ist am Ende jedoch auch nur ein Programm und muss – logischerweise – zuvor kompiliert und gestartet worden sein.

 In Kapitel 17 wird das Thema »Interpreter« eingehend behandelt.

Steuern und Regeln

Bis jetzt haben wir uns überwiegend darüber unterhalten, wie es Ihnen gelingt, dem Computer Ihre Wünsche mitzuteilen. Da ein Computer ein Rechenknecht ist, sind Ihre Wünsche Anweisungen. Der Computer führt Ihre Befehle ohne Murren und Meckern aus, solange Sie ihm klar sagen, was zu tun ist.

Das können auch recht sinnlose oder unheimlich aufwendige Aufgaben sein. So könnten Sie Ihrem Computer mitteilen, die Festnetznummern aus Deutschland zusammenzuzählen und das Ergebnis am Ende wieder zu vergessen.

Allerdings wollen Sie vielleicht, dass Ihr Computer für Sie gänzlich andere Dinge erledigt. Wie wäre es damit, ein Frühstück zuzubereiten? Oder der Computer soll Ihr Auto bremsen, wenn es brenzlig wird. Außerdem soll er mit Ihnen sprechen, wenn Sie einmal deprimiert sind!

All das geht – im Prinzip –, solange Sie die »oberste Direktive« nicht vergessen:

 Der Computer führt *mathematische Operationen* aus.

Ihr Wünschen müssen Sie gewissermaßen in – wenn auch sehr komplizierte – mathematische Formeln pressen.

Das wird sehr, sehr schwierig, wenn es darum geht, dass Ihnen die Maschine ein Frühstück zubereitet. Die Handgriffe, die Sie als Mensch für diese Anforderung mühelos ausführen, sind extrem aufwendig – mathematisch exakt – zu formulieren.

Eine kleine Vorstellung von diesem Schwierigkeitsgrad erhalten Sie, wenn Sie die Tätigkeiten eines Erwachsenen mit dem eines Kleinkindes vergleichen. Würden Sie eine Dreijährige an die Brotschneidemaschine lassen? Sicherlich nicht! Ein Computer kann zwar die Motoren eines Roboters ansteuern, aber was dieser Roboter ganz genau tun soll, ist nicht so einfach zu formulieren.

Die zweite Anforderung, dass Ihr Computer das Fahrzeug bei Gefahr automatisch abbremst, ist sehr viel einfacher zu realisieren. Eine ganz exakte Beschreibung dessen, was wann zu tun ist, geht vergleichsweise leicht von der Hand.

Je nach aktueller Geschwindigkeit und Entfernung vom Hindernis – diese Signale sind von existierenden Sensoren aufzuzeichnen und digital an Ihren Computer wie jede andere Eingabe zu übermitteln – muss eine Motorabschaltung oder automatische Bremsung eingeleitet werden. Letztere sind technisch als Ausgabe zu realisieren. Auch diese Anforderungen haben fortschrittliche Autobauer längst gelöst.

Verstehen Sie den Unterschied zwischen diesen Aufgaben? Obwohl es bei der zweiten um einen viel gefährlicheren, schnelleren Vorgang geht, wird ein Computer das Problem einigermaßen sicher lösen. Natürlich sind dazu mehr Details zu formulieren, als ich erwähnt habe, aber es ist realistisch machbar. Bevor ein Roboter jedoch Ihr Frühstück zubereitet, könnte er tausend einfachere Dinge im Haushalt tun. Denken Sie an Putz- oder Staubsaugroboter oder Computerprogramme, die Ihre Haushaltsgegenstände inventarisieren.

Die dritte Anforderung ist – zumindest heute – komplett außer Reichweite. Woher soll der Computer Ihren Gemütszustand kennen? Trost bei Depression können nur Menschen verschaffen, denen wir vertrauen. Was muss alles geschehen, bevor Sie einer Blechkiste Vertrauen schenken?

Computer werden heute schon dazu eingesetzt, Roboter zu steuern, Messdaten zu analysieren und sogar an der Börse zu spekulieren. Stets muss zuvor möglichst genau formuliert werden, welche mathematische Funktion auszuführen ist. Auch humanoide (menschenähnliche) Roboter werden kommen – die Forschungen hierzu sind im vollen Gange.

Immer dann, wenn Sie eine sehr präzise Vorstellung davon haben, was zu tun ist, und diese Vorstellung in eine mathematische Formulierung gebracht werden kann, haben Sie gewonnen. Dann ist es – mit mehr oder minder großem Aufwand – möglich, einen Computer zur Lösung des Problems einzusetzen, ansonsten nicht.

Aber ist nicht das menschliche Gehirn am Ende auch nur ein gigantischer Computer? Sind die Nervenzellen nicht ebenso biochemische Schalter wie die Transistoren eines Mikrocomputers? Wenn ja, so ist alles, was das Gehirn leisten kann, prinzipiell auch von elektronischen Computern machbar, womöglich sogar noch mehr.

Diese überaus spannende Frage ist bis heute nicht abschließend geklärt. Das große Gebiet der künstlichen Intelligenz geht diesem Problem schon seit Jahrzehnten nach und hat zahlreiche Fortschritte, aber noch keinen endgültigen Durchbruch erzielt. Es bleibt spannend.

 Der komplette neunte Teil Ihres »Dummies-Buches« befasst sich mit den aufregendsten Themen rund um die künstliche Intelligenz.

Kapitel 4
Wie Informatiker denken

G leich geht es los! Dieses Kapitel wird Sie entspannen. Nehmen Sie sich die Zeit und werfen Sie einen Blick auf die Denkmuster von Informatikern. Anhand einiger konkreter Beispiele möchte ich Sie auf den Unterschied zwischen dem Weltbild normaler Menschen und dem von Informatikern aufmerksam machen. Wenn es Ihnen gefällt, umso besser. Geben Sie Acht, dass Sie die Eleganz dieser Sichtweise nicht zu sehr verinnerlichen. Bekanntlich ist es nur ein schmaler Grat zwischen Genie und Wahnsinn.

Logische Vorschriften

Vermutlich gibt es keinen anderen Berufsstand, der mehr von Logik geprägt ist als die Informatiker. Philosophen und andere Geisteswissenschaftler, ja selbst Mathematiker, dürfen sich immer in eigene gedankliche Welten zurückziehen, können die unwahrscheinlichsten Voraussetzungen als gegeben betrachten oder schwerwiegende Probleme einfach wegdefinieren.

Ingenieure und Physiker sind Weltmeister im Überwinden von technischen und naturwissenschaftlichen Hürden, doch sie arbeiten in der konkreten Welt und dürfen zu Recht darauf hinweisen, dass ihre Modelle vielleicht angepasst werden müssen. Messfehler oder zu starke Vereinfachungen in den Annahmen rechtfertigen jedes Scheitern.

Informatiker dagegen lösen reale Problemstellungen mithilfe der künstlichen Welt der universellen Rechenmaschinen. Es gibt keine gute Ausrede für das Scheitern. Die mathematische Schärfe nachgewiesener prinzipieller Lösbarkeit zwingt zum effizienten Algorithmus. Fehler werden gnadenlos bestraft und sind häufig auch für Laien sofort zu erkennen.

Informatiker denken nicht in Beweisen wie Mathematiker. Sie raten auch nicht oder setzen ihre Intuition ein zur Lösung von Problemstellungen, wie das Ingenieure tun. Eine Fragestellung wird nicht durch Plausibilität beantwortet.

 Informatiker denken in Algorithmen.

Sie versuchen, die Gesamtheit der Lösung durch systematische kleine Schritte Stück für Stück zu erfassen.

 Informatiker denken im Alltag nicht nur an Algorithmen, sie haben auch die Angewohnheit, ihre Fachsprache überall einzubringen. Beispielsweise werden Sie im Umgang mit einem Informatiker nicht umhinkönnen, das Wort »default« an den unmöglichsten Stellen zu hören.

Normalerweise ist damit der Standardwert einer Variablen gemeint, falls kein anderer explizit angegeben wurde. Also wundern Sie sich nicht, wenn dieses Wort auch im Zusammenhang mit Zahnpasta, Schuhen oder dem Fernsehprogramm auftaucht.

Als erstes Beispiel möchte ich Sie an eine bekannte Problemstellung heranführen, die Ihnen vielleicht aus einer Quizshow im Fernsehen bekannt ist.

Weltweit ist sie unter dem Titel »Monty-Hall-Dilemma« bekannt, aber im deutschsprachigen Raum heißt sie nur »Ziegenproblem«.

 Das Ziegenproblem

Ausgangspunkt ist eine Entscheidung, die Sie treffen müssen. Vor Ihnen befinden sich drei geschlossene Türen, die alle gleich aussehen. Hinter einer dieser Türen winkt ein toller Preis, während Sie hinter den beiden anderen jeweils eine Ziege anmeckert. Wählen Sie eine der beiden Türen mit der Ziege, haben Sie verloren, ansonsten gewonnen.

Sobald Sie Ihre Wahl getroffen haben – Sie zeigen einfach auf eine beliebige der drei Türen, denn es gibt sonst keine Hinweise –, schreitet der Moderator ein. Er gibt Ihrem Wunsch nicht gleich nach, sondern versucht Sie zu überreden, eine andere Tür zu wählen. Sie wissen, dass der Moderator sehr wohl weiß, wo sich die Ziege befindet. Sie zögern. Vermutlich will Sie dieser Mann nur von Ihrem Gewinn abhalten.

Dann geht er noch einen Schritt weiter und öffnet eine der beiden verbliebenen Türen – mit einer Ziege. Somit sind nur noch zwei Türen verschlossen. Er drängt Sie weiter, Ihre Wahl zu ändern. Wäre das eine gute Entscheidung?

Lassen wir zunächst Mathematiker an dieses Problem herangehen. Zu Beginn des Spiels war die Wahrscheinlichkeit, dass sich hinter der von Ihnen bevorzugten Tür der Preis befindet, exakt ein Drittel. Die beiden Alternativen vereinigen gemeinsam eine Zweidrittel-Chance. Sobald der Moderator eine Tür mit einer Ziege öffnet, gehen die kompletten Zweidrittel auf die verbliebene, von Ihnen nicht präferierte Tür über. Ihre Chancen steigen also von einem Drittel zu zwei Drittel, sie verdoppeln sich, wenn Sie Ihre Wahl verändern.

Obgleich die mathematische Erklärung relativ einfach ist, hat das Ziegenproblem zu zahlreichen kontroversen Diskussionen geführt. Die meisten Menschen akzeptieren einfach nicht, dass es dramatisch viel besser ist, seine Entscheidung in diesem Spiel zu revidieren. Sie argumentieren mit »gesundem Menschenverstand« und geben zu bedenken, dass am Ende doch nur noch zwei Türen verschlossen sind und somit die Chancen fifty-fifty stehen für beide Alternativen.

Nun schlägt Ihre Stunde, die Stunde der Informatik. Sie lösen das Problem mit einer Demonstration des Programms »Minesweeper«, das fast alle Computerbenutzer schon viel zu oft gespielt haben. Im Modus »benutzerdefiniert« wählen Sie ein Feld 100 x 100 mit nur einer einzigen Mine. Schließlich starten Sie das Spiel und klicken irgendwo hinein.

Die Wahrscheinlichkeit, dass Sie die Bombe treffen, ist 1 zu 10.000. Gehen wir also davon aus, Sie haben ein freies Feld erwischt. Minesweeper wird nun alle anderen Felder aufdecken – bis auf eines – und so exakt die Rolle des Moderators im Ziegenproblem übernehmen. Einziger Unterschied: Es gibt nicht nur drei Türen, sondern 10.000.

Man spendet Ihnen Beifall! Denn jedem Spieler ist sofort klar, dass es eine gute Idee ist, von der ursprünglichen zufälligen Wahl abzurücken, wenn plötzlich alle anderen Alternativen – bis auf eine – wegfallen.

Öffentlich, aber diskret

Zugegeben, dafür brauchen Sie sich noch nicht mit Informatik auseinanderzusetzen. Ich möchte Ihnen das Problem aber ein wenig schwieriger machen und Sie werden erkennen, dass sich die Sache nun nicht mehr so leicht lösen lässt.

Wer wird Millionär?

Stellen Sie sich vor, eine Freundin von Ihnen ist Kandidatin in der berühmten Quizshow und steht vor der 32.000-Euro-Frage. Sie hat noch den Fifty-fifty-Joker und möchte ihn einsetzen, weil sie nicht den geringsten Schimmer hat, welche der vier Antworten die richtige ist. Plötzlich erinnert sie sich daran, wie Sie ihr das Ziegenproblem erklärt haben. Dort war es eine gute Idee gewesen, die ursprüngliche Wahl wieder zu revidieren, nachdem der Moderator alle Alternativen – bis auf eine – als falsch aufgedeckt hat.

Ihre Freundin tippt also – nur in Gedanken – auf eine der vier möglichen Antworten und zieht dann den Fifty-fifty-Joker. Nun gibt es zwei Möglichkeiten: Entweder ist die in Gedanken gewählte Antwort falsch und wird aufgedeckt – dann bleibt Ihnen in der Tat eine 50:50-Chance für die beiden restlichen Antwortmöglichkeiten. Oder aber, und dieser Fall interessiert uns hier besonders, das Feld bleibt als mögliche Lösung zusammen mit einem anderen übrig.

Steigert Ihre Freundin nun die Chance auf eine korrekte Lösung, indem sie einfach ihre ursprüngliche Wahl revidiert?

Die Frage ist viel schwieriger zu beantworten als das ursprüngliche Ziegenproblem und auch mit Minesweeper kommen Sie hier nicht weiter.

Als Informatiker haben Sie aber sofort einen Lösungsweg parat. Sie *simulieren* die Situation einfach am Computer!

Der Algorithmus ist weder schwierig noch besonders lang:

1. Wähle per Zufall einen Buchstaben zwischen A und D, das ist der Siegerbuchstabe.

2. Wähle erneut per Zufall einen Buchstaben zwischen A und D, das ist die (gedankliche) Wahl des Spielers.

3. Führe den Fifty-fifty-Joker aus, was bedeutet, dass zwei der Buchstaben, die nicht im ersten Schritt gewählt wurden, per Zufall als falsch markiert werden.

4. Falls im dritten Schritt der Buchstabe aus dem zweiten Schritt markiert wurde, wähle erneut (zufällig!) einen der beiden verbliebenen Buchstaben, ansonsten wähle denjenigen Buchstaben, der nicht im zweiten und nicht im dritten Schritt gewählt wurde.

5. Zähle das Spiel als gewonnen, wenn der gewählte Buchstabe aus Schritt 4 mit demjenigen aus Schritt 1 übereinstimmt, ansonsten als verloren.

6. Führe die Schritte 1 bis 5 eine Million Mal durch.

Der letzte Schritt ist ein wenig prosaisch geraten, aber als Informatiker gönnen Sie sich ja sonst nichts ...

Das Ergebnis lautet: 50,00005 Prozent Trefferquote, vielleicht kommen bei Ihnen auch 49,99998 Prozent heraus, aber ganz sicher ist: Die Trefferquote beträgt gerundet 50 Prozent!

Zusammenfassend kann somit festgehalten werden:

Praktische Informatiker lösen Probleme, indem sie Computer dazu einsetzen, reale Situationen möglichst exakt nachzubilden. Wenn Wahrscheinlichkeiten dabei eine Rolle spielen, wird das Modell sehr oft wiederholt.

Falls Sie die mathematische Auflösung der »Wer wird Millionär?«-Frage interessiert:

Es handelt sich nicht um das Ziegenproblem, weil der Zufallsgenerator des Fifty-fifty-Jokers keine Information über die gedankliche Vorauswahl der Kandidatin berücksichtigt. Wäre dem so, würde auch hier ein Wechsel die beste Wahl sein.

Angenommen, die Kandidatin tippt am Anfang gleich das richtige Ergebnis. Die Wahrscheinlichkeit dafür beträgt ein Viertel. Dann wäre der Wechsel ein Fehler.

Liegt die Kandidatin am Anfang daneben, was mit einer Wahrscheinlichkeit von drei Vierteln der Fall ist, wird der Zufallsgenerator nur mit einer Wahrscheinlichkeit von einem Drittel gerade diese Möglichkeit nicht entfernen. Diese Variante führt sicher zum Gewinn. Die Wahrscheinlichkeit liegt bei $\frac{3}{4} \cdot \frac{1}{3} = \frac{1}{4}$ und ist demnach genauso groß wie im ersten Fall.

Dieses allgemeine Denkschema in der Informatik funktioniert für alle *diskreten* Vorgänge. »Diskretion« meint hier aber nicht »Verschwiegenheit«, sondern die klare »Trennbarkeit« oder »Unterscheidbarkeit« von Einzelschritten im Gesamtprozess.

Das Gegenteil von »diskret« ist demnach nicht »indiskret«, sondern »kontinuierlich« und wird bei der Beobachtung von natürlichen Vorgängen beobachtet, beispielsweise beim Vermischen von Flüssigkeiten.

In diesem Sinne waren die Beispiele der letzten Abschnitte allesamt diskret, auch wenn das Auftauchen von Wahrscheinlichkeiten von ganzen Zahlen zu gebrochenen führt. Die Simulation des Zufalls spielt übrigens sehr oft eine wichtige Rolle. Informatiker haben daher **Pseudozufallsgeneratoren** erdacht, die noch »zufälliger« als die Realität sind ...

Teilen und Herrschen

Die prinzipielle Denkweise von Informatikern unterscheidet sich somit von der mathematischen. Als einen weiteren Beleg dieser These möchte ich die Überlegungen des noch sehr jungen Mathematik-Genies Carl Friedrich Gauß anführen, dessen Aufgabe es angeblich gewesen ist, die Summe der Zahlen von 1 bis 100 zu berechnen – natürlich ohne Taschenrechner, denn die gab es im 18. Jahrhundert bekanntlich noch nicht.

Anstatt die mühevolle Arbeit anzutreten, einzeln eine Zahl nach der nächsten zu addieren, hat er die Summe transformiert, und aus 1 + 2 + 3 + 4 ... + 98 + 99 + 100 einfach die Summe (1 + 100) + (2 + 99) + (3 + 98) +... + (49 + 52) + (50 + 51) gemacht. Insgesamt entstehen somit 50 Summanden mit dem jeweils gleichen Wert 101. Die Lösung lautet 50 · 101 = 5050.

Das war sehr klug und vermeidet eine langwierige Kette von Additionen. Ein moderner Informatiker hätte dagegen folgenden Algorithmus zur Problemlösung formuliert:

1. Setze die Summe auf den Wert null und den Zähler auf den Wert 1.

2. Addiere den Zähler zur Summe.

3. Erhöhe den Zähler um 1.

4. Wenn der Zähler kleiner oder gleich 100 ist, gehe zu Schritt 2.

Die Summe wird am Ende ebenfalls den Wert 5050 beinhalten. Das weiß der Informatiker natürlich erst, wenn er das Programm geschrieben und gestartet hat. In jedem Fall würde der Informatiker das eigene Kopfrechnen vermeiden, solange ein klarer Weg zu sehen ist, wie diese Aufgabe an einen Computer zu delegieren ist.

 Allerdings will ich den Unterschied im Denken zwischen Mathematikern und Informatikern auch nicht übertreiben. Es überwiegen selbstverständlich die Gemeinsamkeiten. Viele Pioniere der Informatik waren selbst Mathematiker. Nicht auszudenken, wo wir heute wären, hätte Gauß bereits ein leistungsfähiger Computer zur Verfügung gestanden ...

Wir halten fest:

 Informatiker lassen Probleme durch Computer lösen.

Informatiker hassen es, irgendwelche simplen Schritte mehrfach durchzuführen. Sie fühlen, dass Computer für diese Tätigkeiten viel besser geeignet sind. Dabei sind sie keineswegs träge, im Gegenteil. Sie können zur Lösung eines Problems höchste geistige Arbeit leisten, sich ganze Nächte beim Implementieren von Algorithmen um die Ohren schlagen, nur um am Ende die Lösung vom Display der Maschine ablesen zu können.

Das mag hin und wieder irrational sein. Selbst wenn die Erstellung des Computerprogramms ein Vielfaches an Aufwand und Mühen erfordert, wird ein Informatiker immer den Computer dem eigenen fleißigen Rechnen vorziehen. Dazu gibt es übrigens eine Reihe von absolut logischen Gründen:

✔ Das Lösungsprogramm kann immer wieder – dann ohne jede Anstrengung – gestartet werden.

✔ Bei geschickter Parametrisierung des Programms ist die Lösung auch auf andere Probleme anwendbar.

✔ Wer einen korrekten Lösungsalgorithmus für ein Problem gefunden hat, der hat die Tiefe und das Wesen der Fragestellung vollkommen erfasst.

✔ Es ist gesünder für den Geist, eine hochstehende Leistung einmalig zu zeigen, als hundertfache banale oder stumpfsinnige Aufgaben zu lösen (zumindest ist der Informatiker davon überzeugt).

Es läuft somit auf die Frage hinaus, wie es Informatiker schaffen, für ein gegebenes Problem einen Lösungsalgorithmus zu finden.

Hierzu bedienen sie sich eines Prinzips, das schon die antiken Römer sehr erfolgreich angewendet haben: »Teile und Herrsche«!

Divide et Impera

Angeblich geht das Prinzip *Divide et Impera*, also *Teile und Herrsche* auf die Römer im Altertum zurück. Fest steht, dass das riesige Römische Reich viele Jahrhunderte überdauert hat, länger als alles, was wir uns in der Neuzeit vorstellen können.

Neben der klaren Befehlskette und gut strukturierten militärischen Einheiten war es sicherlich auch eine gute Idee, neu eroberten Völkern den *Pax Romana*, den *Römischen Frieden* zu bescheren. Dazu wurden Provinzen, Gebiete und Regionen stets in überschaubare – also beherrschbare Größen zerlegt.

Der Ansatz ist völlig naheliegend. Ein gegebenes, komplexes Problem wird in mehrere – nicht zu viele, aber auch nicht zu wenige, eben beherrschbare – Teilprobleme *zerlegt*.

Auf jedes dieser Teilprobleme wird wiederum »Teile und Herrsche« angewendet. Am Ende entsteht so eine unglaubliche Zahl von sehr simplen Einzelproblemen.

Diese Idee ist wie gemacht für Informatiker: Sie wissen, wem sie am Ende die ganze Chose »vor die Füße« werfen, nämlich ihren Rechenknechten, den Computern, die nichts lieber tun, als tagein tagaus stumpfsinnig simple Aufgaben zu rechnen, davon jedoch Millionen und Abermillionen in atemberaubendem Tempo.

Die Herausforderung besteht darin, einen Algorithmus zu ertüfteln, der das Konzept des »Teile und Herrsche« immer wieder anwendet. Das Zauberwort hierfür lautet *Rekursion*.

Rekursiv statt zurück

Sie müssen nicht wissen, wie Sie das Problem lösen, sondern lediglich, wie Sie es auf ein oder mehrere einfachere Probleme zurückführen – ein unerhörter Gedanke!

Türme von Hanoi

Das alte Holzspiel ist wenigstens seit dem 19. Jahrhundert bekannt und auch bei Kindern beliebt.

Ausgangspunkt sind drei Bretter mit Stäben, A, B und C. Stab A ist der Anfangsturm von übereinanderliegenden Holzscheiben, deren Durchmesser nach oben hin immer weiter abnimmt.

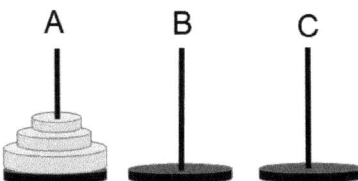

Abbildung 4.1: Ausgangslage

In Abbildung 4.1 habe ich Ihnen die Situation für drei Scheiben gezeigt, aber das Spiel kann natürlich auch mit sieben oder noch mehr Scheiben gespielt werden.

Es geht nun einfach darum, den Stapel von A nach C zu bringen, wobei

✔ immer nur eine Scheibe pro Zug bewegt und

✔ niemals eine größere Scheibe auf eine kleinere gelegt werden darf

Das klingt recht einfach, aber probieren Sie es einmal aus! Das Spiel hat so seine Tücken …

Die Türme von Hanoi sind ein schönes Beispiel für die Macht der **Rekursion**. Stellen Sie sich vor, Sie wären ein Meister im Lösen des Spiels mit drei Scheiben, würden Sie dann auch vier Scheiben, wie in Abbildung 4.2 dargestellt, bewältigen?

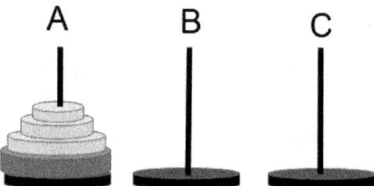

Abbildung 4.2: Türme von Hanoi mit vier Scheiben

Natürlich! Sie müssen ja zunächst nur die drei Scheiben von A nach B transportieren (vergleiche Abbildung 4.3), alsdann die unterste Scheibe nach C versetzen (vergleiche Abbildung 4.4) und schließlich den ganzen Haufen von Stab B auf Stab C umsetzen – das können Sie, denn Sie sind ja Meister für drei Scheiben!

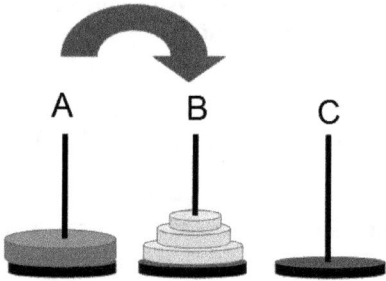

Abbildung 4.3: Umsetzen von drei Scheiben von A nach B

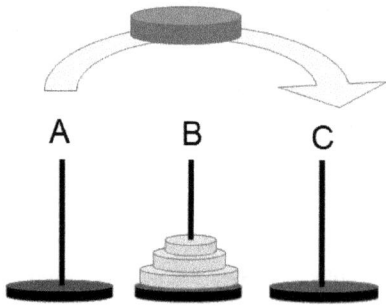

Abbildung 4.4: Versetzen der Scheibe von A nach C

Die Rekursion kommt hier zum Tragen, weil Sie ein schweres Problem – Lösen des Spiels für vier Scheiben – in mehrere einfachere zerlegt haben: das zweimalige Umsetzen von Türmen mit je drei Scheiben und dazu noch einen Zug der Scheibe von A nach C.

Kapitel 31 widmet sich ausführlich dem Thema Rekursion und zeigt Ihnen noch weitere Beispiele. In einem eigenen Abschnitt zeige ich Ihnen dort auch die programmiertechnische Umsetzung des rekursiven Algorithmus für die Türme von Hanoi.

Das mächtige Konzept der Rekursion funktioniert natürlich nicht nur bei Spielen, sondern bei allen möglichen technischen oder naturwissenschaftlichen Vorgängen, die einigermaßen diskret formulierbar sind.

 Kontinuierliche Prozesse sind nicht unmittelbar mittels Computer zu lösen. Mathematisch stellen derartige Probleme *Differentialgleichungen* dar, die sich jedoch numerisch modellieren und näherungsweise lösen lassen – dann sind wieder die Informatiker am Zuge!

Das berühmteste Brettspiel der Menschheit, das Sie ebenfalls mit einem ausgefuchsten rekursiven Algorithmus lösen, ist das Schachspiel.

Schach als Gradmesser für Intelligenz

Viele Jahre galt Schach aufgrund seiner Komplexität als unerreichbar für automatische Rechenmaschinen. 1769 konstruierte der Österreicher Wolfgang von Kempelen den ersten Schachroboter, der angeblich in der Lage war, eigenständig Schach zu spielen. Tatsächlich versteckte sich jedoch ein Mensch in der fein ausgetüftelten Konstruktion. Die Maschine in türkischer Kleidung erregte großes Aufsehen, weil fast alle damaligen Spieler gegen den »Türken« verloren. Schließlich flog das lange Jahre gehütete Geheimnis auf. Seither bezeichnet »getürkt« so viel wie »gefälscht« oder »hinters Licht geführt«.

Bis in die 90er Jahre des letzten Jahrhunderts gelang es Schachcomputern nicht, große Erfolge gegen die besten menschlichen Spieler zu erringen.

Garri Kasparow, der damals unbestritten stärkste Schachgroßmeister, hatte noch in den 1980er Jahren behauptet, niemals würde ihn eine Maschine besiegen.

Der Kampf Kasparow gegen den IBM Computer Deep Thought endete 1989 noch mit einem »Sieg der Menschheit über die Maschine«. Doch im Jahre 1997 verlor das Genie einen Wettkampf gegen Deep Blue, den Nachfolger von Deep Thought.

Es handelte sich jedoch nicht um die Niederlage der Menschheit gegen die Maschinen, wie allerorten zu lesen war, sondern vielmehr die **Niederlage der Schachspieler gegen die Informatiker.**

Nerds am Werk

Wenn Informatiker mit ihren universellen Rechenmaschinen sogar Schachgroßmeister auf ihrem Gebiet bezwingen, wo gibt es dann überhaupt noch Grenzen?

Es war vermutlich eine Mischung aus Überheblichkeit und Verständnislosigkeit für die Welt da draußen, die einigen der fanatischsten Anhänger der Computerbranche den Titel »Nerds« einbrachten.

Kein Mensch weiß heute so genau, was damit eigentlich gemeint ist, aber im Allgemeinen wird *Nerd* als abfällige Bezeichnung für Personen verwendet, die zu viel Zeit vor Computern und zu wenig Zeit mit Menschen verbringen.

Allerdings sind Informatiker keine Nerds. Zumindest sind nicht alle Informatiker Nerds. Es ist sehr wichtig, zwischen zwei unterschiedlichen Verhaltensmustern zu unterscheiden. Der reine Gebrauch von Computern als Werkzeug, sei es für Multimedia oder Spiele, sei es im Officebereich oder in der Industrie, ist in der Regel keine wesentliche Tätigkeit eines Informatikers.

Letztlich ist die Informatik dafür zuständig, Spiele und Multimedia genau wie alle anderen Programme auf einer Maschine ans Laufen zu bringen. Ein Großteil des Aufgabengebiets eines Informatikers mag überhaupt nicht am Computer ausgeführt werden, selbst wenn es sich auf diesen – mehr oder minder – am Ende bezieht.

Algorithmen können überall erdacht werden und womöglich liegt es an dieser Eigenschaft, die vielen Informatikern doch den Titel »Nerd« eingebrockt hat.

Allerorten entdecken Informatiker Algorithmen. Auch in den alltäglichsten Tätigkeiten. Ein Informatiker wird mehr Zeit darauf verwenden, Makros für bestimmte Tastenkombinationen zu programmieren, als diese zu benutzen.

Zeitloses von nutzlosem Wissen unterscheiden

Informatiker saugen eine Unmenge an Fakten in sich auf. Das ist unvermeidlich im Umgang mit komplexen Systemen und der Welt, die sie modellieren.

Zum Schluss dieses Kapitels möchte ich Sie aber noch auf die Fallstricke aufmerksam machen, die eine reine Faktensammlung mit sich bringt.

Ein **Dateisystem** regelt die Art und Weise, wie große Datenmengen auf peripherem Massenspeicher abgelegt werden. Es gibt dafür sehr viele verschiedene Möglichkeiten. Meist ist der Speicherbereich in **Sektoren** einer bestimmten Größe unterteilt, die beim Formatieren festgelegt werden. Jede Datei wird gemäß ihrer Größe auf zahlreiche Sektoren verteilt. Ein Sektor kann nicht mehreren Dateien zugeordnet werden, selbst wenn der Platz dafür ausreichend wäre. Damit der Speicherplatz nicht allzu sehr verschwendet wird, können die Sektoren, die zu einer Datei gehören, wahllos über dem gesamten Medium verteilt werden.

Das Betriebssystem legt in einer **Partitionstabelle** fest, wie die Dateien heißen, wie viel Platz sie benötigen und welches der jeweilig erste Sektor einer Datei ist. Jeder Sektor verweist in einer Verkettung auf den nächsten Sektor, der zur selben Datei gehört.

Wenn Sie nur diese Information über Dateisysteme kennen, sind Sie nicht in der Lage, eigenständige Formatierungsprogramme zu schreiben, denn es fehlen zahlreiche Details: Wie groß darf ein Sektor sein? Wie sieht eine Partitionstabelle genau aus? Wie wird eine Kopie der Partitionstabelle angelegt? In welcher Weise sind die Sektoren miteinander verkettet? Woran erkennen Sie, wo eine Datei innerhalb eines Sektors endet? Mit welchen Betriebssystemaufrufen können Sie Sektoren lesen oder beschreiben? Wie werden freie Sektoren verwaltet?

All diese Fragen sind wichtig, wenn Sie sich tatsächlich auf dieser tiefen Ebene mit dem Speichern und Auslesen von Dateien befassen. Aber dieses Wissen ist *nicht zeitlos*!

Mit der nächsten Version des Betriebssystems sind alle diese Fakten womöglich überholt. Das Wissen ist zwar nützlich, aber nur für kurze Zeit und nur dann, wenn Sie es tatsächlich *operativ* benötigen.

Operatives versus methodisches Wissen

Verfügen Sie über *operatives Wissen*, sind Sie in der Lage, ein Problem zu lösen. Das *methodische Wissen* genügt dazu nicht. Allerdings hilft Ihnen methodisches Wissen abzuschätzen, wie viel Aufwand die Lösung des Problems erfordert und welche Schritte dazu nötig sind.

In der Regel müssen Vorgesetzte über das methodische Wissen verfügen, das ihre Mitarbeiter operativ benötigen.

Methodisches Wissen ist meist zeitlos und kann leichter auf andere Anwendungsgebiete angewendet werden. Selbstverständlich setzt operatives Wissen auch das zugehörige methodische Wissen voraus.

Für Informatiker ist *methodisches* Wissen entscheidend. Beispielsweise repräsentiert ein Algorithmus methodisches Wissen, das in einem Programm in einer konkreten Programmiersprache umgesetzt werden kann. Der Informatiker muss nicht zwingend mit den Feinheiten der jeweiligen Programmiersprache vertraut sein.

Im Falle des Dateisystems ist das operative Wissen sehr vergänglich, während Ihnen das methodische Wissen helfen kann, wichtige Entscheidungen zu treffen. Allein aufgrund des methodischen Wissens wird Ihnen klar sein, dass das Löschen einer Datei auf Betriebssystemebene in Wahrheit gar keine Daten auf der Festplatte löscht. Vielmehr werden lediglich die von der Datei belegten Sektoren wieder freigegeben. Deswegen ist es eine sehr schlechte Idee, dem Geschäftsführer vorzuschlagen, alte Festplatten mit firmeninternen Daten bei eBay zu verhökern – ohne sie zuvor mit anderen Mitteln tatsächlich überschrieben zu haben.

 In Kapitel 51 erfahren Sie mehr zu Angriffsmöglichkeiten auf sensible Daten.

Eignen Sie sich umfassendes methodisches Wissen an! Operatives Wissen sollte nur in dem Maße aufgenommen werden, wie es für die konkrete Aufgabenstellung benötigt wird.

Es wäre allerdings sehr, sehr traurig, wenn ein Informatiker nicht eine einzige Programmiersprache beherrschte. Rein methodisches Wissen kann auf die Dauer sehr dröge sein. Sie fragen sich nun zu Recht, für welche der zahllosen Programmiersprachen sich der Aufwand lohnt, sie richtig gründlich zu erlernen.

Ich habe zwei Antworten für Sie.

 Die Menge an Programmiersprachen ist unübersichtlich und jeden Tag entstehen neue. Wer hindert Sie daran, selbst eine eigene Sprache zu erfinden? Freilich müssen Sie den Compiler für Ihre eigene Erfindung in einer anderen, bereits existierenden Sprache programmieren.

Für diesen Fall empfehle ich Ihnen »C«.

✔ C ist bereits in den 1970er Jahren erfunden worden.

✔ C ist zugleich Hochsprache und dennoch maschinennah.

✔ C ist eine kleine, kompakte Programmiersprache, die selbst auf sehr einfachen und portablen (auch in andere Geräte eingebetteten) Systemen läuft.

✔ C ist sehr einfach und schnell zu erlernen.

Außerdem hat sich C einfach durchgesetzt. Selbst heute basieren fast alle Anwendungen, wo es auf Geschwindigkeit und Effizienz ankommt, auf C oder einer darauf basierenden Sprache. C wird übrigens ebenfalls dazu eingesetzt, neue Betriebssysteme zu programmieren. Daher sind zahlreiche Befehle, beispielsweise jene des in C geschriebenen Betriebssystems »Linux« tatsächlich zeitlos.

Mein zweiter Tipp ist »Java«.

✔ Java wurde Anfang der 1990er Jahre erfunden.

✔ Java ist eine rein objektorientierte Hochsprache.

✔ Java erfordert eine plattformspezifische Laufzeitumgebung, die *Virtual Machine*. Der darauf laufende Code ist jedoch plattformunabhängig, portabel und verteilbar.

✔ Java ist zugleich einfach, robust, kompakt und sicher.

Java ist etwa zwanzig Jahre jünger als C und ein Kind des World Wide Web. Das Konzept dieser Programmiersprache ist vollkommen verschieden von C, aber dennoch unentbehrlich, wenn es um wiederverwendbaren und verteilbaren Code im Internetzeitalter geht.

Wenn Sie beide Programmiersprachen, C und Java, beherrschen, kann Ihnen so schnell nichts passieren.

Teil V Ihres Dummies-Buches widmet sich exklusiv C und seinen Nachfolgern, während Java in Teil VI behandelt wird.

Ein weiteres Beispiel, an dem man den Unterschied zwischen zeitlosem und nutzlosem Wissen herausarbeiten kann, sind »reguläre Ausdrücke«.

 Reguläre Ausdrücke werden in fast allen Programmiersprachen und für wichtige Betriebssystemkommandos benötigt. Ein regulärer Ausdruck ist eine Zeichenfolge mit Platzhaltern und berücksichtigt so eine ganze Menge von anderen Zeichenfolgen.

Ein einfaches Beispiel wäre »M?tte*«. Wenn das Fragezeichen für ein einziges, der Stern für eine beliebige Menge anderer Zeichen steht, umfasst dieser Ausdruck – unter anderem – die Begriffe: »Mutter«, »Matte«, »Motte« und »Mitternacht«. Was wie ein lustiges Spiel aussieht, ist ein elementares Konzept zur Kommunikation mit Computern. Probieren Sie reguläre Ausdrücke bitte nicht als Erstes dort aus, wo Sie Argumente für das »Delete«-Kommando benötigen.

Zeitlos ist das Wissen um die potenziellen Möglichkeiten von Platzhaltern in regulären Ausdrücken:

✔ einzelnes Zeichen

✔ ein oder mehrere Zeichen

✔ null oder mehrere Zeichen

✔ eine definierte Menge einzelner Zeichen

✔ »Whitespaces« (Trenner von Wörtern, Sätzen, Abschnitten)

✔ eine Zeichenkette ab Beginn oder bis Ende einer Zeile

✔ die leere Zeichenkette

✔ Maskierungszeichen, sodass der Platzhalter selbst gemeint ist

✔ Bedingungen in Zeichenketten

Leider ist die konkrete Syntax von regulären Ausdrücken verschieden und gehört damit in die Kategorie »operatives Wissen«.

 Weitere Details zum Thema reguläre Ausdrücke finden Sie in Kapitel 46.

Natürlich gibt es noch unzählige andere Beispiele dafür, wo zeitloses Wissen aufhört und nutzloses beginnt. Letztlich habe ich mich in diesem gesamten Buch darum bemüht, zeitloses, ja geradezu unentbehrliches Wissen für Informatiker in den Vordergrund zu stellen. Allerdings ist es nicht immer befriedigend, bei spannenden Themen auf der methodischen Ebene zu verharren. Sehen Sie es mir daher bitte nach, wenn ich um des Spaßes an der Lektüre willen an der einen oder anderen Stelle auf operatives Wissen setze, selbst wenn es nicht zeitlos ist ...

Teil II
Schöne neue digitale Welt

IN DIESEM TEIL ...

... dreht sich alles um zwei Zahlen: »0« und »1«, mehr brauchen Sie nicht! Ich zeige Ihnen nicht nur, wie Sie mit diesen einfachen Ziffern die kompliziertesten Rechenaufgaben lösen, sondern auch, wie Sie beliebige Daten in binäre Ziffern umwandeln – und umgekehrt. Außerdem geht es um Spannung. Der Entwurf elektrischer Schaltnetze und Schaltwerke wird Ihnen veranschaulichen, was im Inneren eines Computers tatsächlich vor sich geht und wie Sie binäre Rechenoperationen technisch realisieren. Am Ende des Teils werden Sie alle Komponenten zusammenfügen und schließlich genau verstehen, wie mikroprogrammierte Steuerwerke funktionieren.

Kapitel 5
Fingertechnik

N ach der Lektüre dieses Kapitels werden Sie am liebsten nur noch binär rechnen wollen. Sie erfahren kurz und bündig, wie Sie beliebige Zahlen mit nur zwei Ziffern darstellen. Außerdem zeige Ihnen, wie Sie elegant im Dualsystem rechnen. Gegen Ende des Kapitels verrate ich Ihnen fiese Tricks im Umgang mit gebrochenen Zahlen.

Alles wird digital

Es entbehrt nicht einer gewissen Ironie, dass die digitale Darstellung und Verarbeitung von Information in unserer Gesellschaft den Siegeszug angetreten hat, wo doch alle physikalischen Signale, die unsere Sinne erreichen, analog sind!

 Das Wort *digital* ist vom lateinischen *digitus*, dem *Finger* abgeleitet. Es wird in der Informatik im Gegensatz zu »analog« verwendet. Im Englischen steht *digit* für die *Ziffer* und verweist so auf die numerische Darstellung.

Licht und Schall breiten sich in kontinuierlichen Wellen aus. Temperatur, Feuchtigkeit und Luftdruck verändern sich nicht sprunghaft. Die uns umgebende Welt ist *analog*. Das gilt übrigens nicht nur für die Werte selbst, sondern auch für die erfasste Zeit.

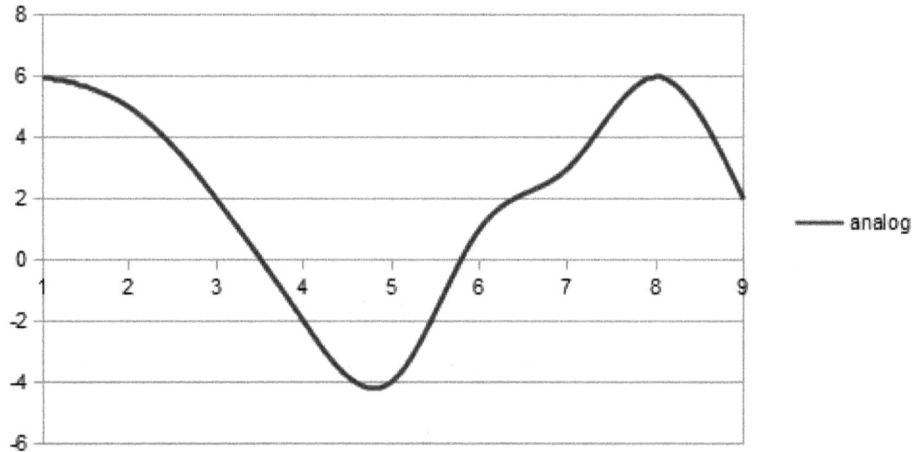

Abbildung 5.1: Analoges Signal

In Abbildung 5.1 finden Sie exemplarisch ein analoges Signal. Es könnte sich um eine Licht-oder Schallwelle handeln oder einen anderen physikalischen Prozess, zum Beispiel den Temperaturverlauf im Winter.

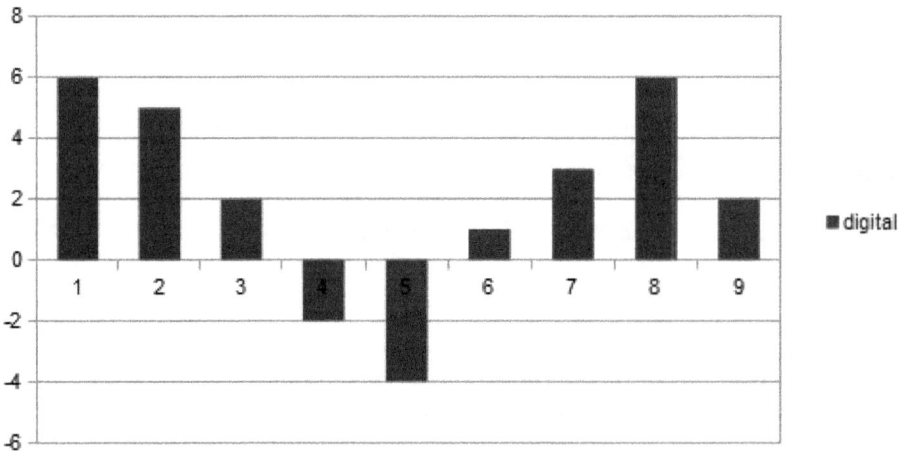

Abbildung 5.2: Digitalisierte Version des Signals

Demgegenüber erkennen Sie in Abbildung 5.2 eine digitalisierte Variante. Stellen Sie sich die horizontale Linie als die Zeitachse vor. Dann wird das Signal aus Abbildung 5.1 nur noch zu bestimmten Zeiten abgetastet, *gesampelt*. Je höher die **Abtastrate**, umso ähnlicher ist die digitale Version dem analogen Original. Außerdem sind nicht mehr beliebige Werte in der digitalen Darstellung vorgesehen. Vielmehr werden die aufgenommenen Daten in vorgege-bene Bereiche gezwängt.

Ein **analoges Signal** ist kontinuierlich, sowohl im Wertebereich als auch auf der Zeitachse. Dagegen verfügt die **digitalisierte Version des Signals** nur noch über eine bestimmte Anzahl von Abtastpunkten, deren Werte ebenfalls gerundet werden.

Um die naheliegende Frage zu beantworten, welche der beiden Varianten, die analoge oder die digitale Version eines Signals zu bevorzugen ist, zeige ich Ihnen in Abbildung 5.3 ein Beispiel, wo beide Signalformen nebeneinander erscheinen.

Abbildung 5.3: Tachometer mit analoger und digitaler Anzeige

Die digitale Geschwindigkeitsanzeige mit dem Wert »96« sticht auf der linken Seite ins Auge, während die rechte Seite denselben Wert analog anzeigt. Die digitale Variante verrät Ihnen sofort, wie schnell Sie in diesem Moment sind. Ein mühevolles Ablesen und Runden des genaueren analogen Wertes können Sie sich ersparen. Dies ist besonders bei Zonen mit Geschwindigkeitsbegrenzung interessant.

In Tabelle 5.1 finden Sie die wichtigsten Vor- und Nachteile von analogen und digitalen Daten.

Analoge Daten	Digitale Daten
präzise	gerundet
schwierig abzulesen	leicht ablesbar
für eine Weiterverarbeitung schlecht geeignet	für eine Weiterverarbeitung sehr gut geeignet
Speichern und Wiederherstellen aufwendig	Speichern und Wiederherstellen vergleichsweise einfach

Tabelle 5.1: Gegenüberstellung von analogen und digitalen Anzeigen

Hoffentlich habe ich Sie damit vom Sinn und Nutzen der Digitalisierung von Daten überzeugt. Im Zweifel denken Sie an den Unterschied zwischen einem Musiktitel als MP3-Version im Vergleich zur analogen Version auf einer Schallplatte. Erstere lässt sich nicht nur einfacher speichern und »spulen«, sondern mit diversen Audioprogrammen auch problemlos verarbeiten. Probieren Sie das doch einmal mit einer Langspielplatte!

Allerdings gibt es auch Fälle, wo die Digitalisierung eine Genauigkeit vorgaukelt, die überhaupt nicht vorhanden ist. Ein Beispiel hierfür ist die Unterscheidung zwischen *optischem* und *digitalem Zoom* einer Kamera. Ersterer erzeugt einen tatsächlich höher aufgelösten Bildausschnitt, während letzterer lediglich eine Vergrößerung darstellt, die schließlich zu einer Verpixelung des Motivs führt.

Außerdem wird mir ein Hip-Hop-DJ sicherlich nicht zustimmen, dass die CD einer LP vorzuziehen ist. Reales *Scratchen* (Hin- und Herbewegung der laufenden Platte) funktioniert nur analog.

Warum zwei Werte reichen

Digitale Daten lassen sich stets auf Zahlen reduzieren. Aus einem Bild wird eine Menge von Pixeln, deren Farbwerte wiederum Zahlen entsprechen. Temperaturen und die meisten physikalischen Größen geben wir ohnehin als Zahlen an. Auch Texte, Musik, Videos, Sprache sowie Signale für Sensoren und Aktoren werden *numerisch* codiert.

Sensoren wandeln physikalische Messwerte wie Temperatur, Helligkeit oder Druck in elektrische Signale um. Sie werden auch als *Fühler* oder *Aufnehmer* bezeichnet.

Aktoren oder *Aktuatoren* wandeln elektrische Signale in physikalische Größen um. Typische Anwendungsfelder sind beispielsweise Stellantriebe in Robotern.

Auf Menschen bezogen stellen unsere *Sinnesorgane* Sensoren dar: etwa Augen und Ohren, Geschmack- und Tastsinn. Die *Muskeln* spielen dagegen die Rolle der Aktoren.

Das gilt natürlich auch für die Tastenanschläge oder die Mausbewegung an Ihrem Computer. Die Digitalisierung unserer Welt ist eine Reduktion auf Zahlen.

Digitalisierung erfolgt numerisch.

Sie sind Geschäftsführer eines großen LKW-Fuhrparks und vergleichen analoge und digitale Fahrtenschreiber, deren Einbau gesetzlich vorgeschrieben ist. Der Nachteil der schlecht ablesbaren analogen Variante ist augenfällig. Es ist fast unmöglich, eine Durchschnittsgeschwindigkeit anhand der analogen Darstellung zu ermitteln. Außerdem sind die Papierscheiben viel schwieriger zu archivieren als die elektronischen Daten. Grundsätzlich stehen Ihnen viel effektivere Verarbeitungsmöglichkeiten der digitalen Werte zur Verfügung.

Wir sind uns nun hoffentlich einig, dass Ihnen die Digitalisierung unserer Welt große Vorteile verschafft. Falls Sie mit der Genauigkeit der Daten unzufrieden sind, können Sie *Auflösung* und *Samplingrate* einfach erhöhen und kommen so der analogen Genauigkeit immer näher. Dies ist in der Vergangenheit auch schon öfter in großem Stil passiert. Erinnern Sie sich noch an die Entwicklungsschritte auf folgenden Gebieten?

✔ Samplingrate von Musikaufnahmen

✔ Auflösung von Monitoren und Fernsehapparaten

✔ Qualität von Videoaufzeichnungen

✔ Pixeldichte bei Druckern

Um zu verstehen, wie Sie digitale Daten, also Zahlen, tatsächlich elektronisch speichern und weiterverarbeiten, darf ich Sie an den ursprünglichen Kern eines jeden Computers erinnern: den **Schalter**.

 In Kapitel 1 lüfte ich für Sie ganz behutsam das tiefste Geheimnis von Computern: die **Kaskade von Schaltern**.

Schalter sind von Natur aus einfach gestrickte Objekte. Sie verfügen nur über zwei Zustände, die Sie getrost mit »0« und »1« bezeichnen dürfen.

 Die kleinste informationstragende Einheit, die nur zwischen zwei möglichen Zuständen unterscheidet, ist ein *Bit*. Das Wort ist eine Zusammenziehung des englischen »**binary digit**«, **Binärziffer**.

Am Ende des Tages pressen Sie also aus der bunten Welt der Zahlen, die selbstverständlich sehr groß ist und über viele Nachkommastellen verfügt, eine Darstellung, die ausschließlich Nullen und Einsen verwendet.

Bitte ein Byte!

Sie fragen sich vielleicht, wie Sie beliebig große Zahlen auf ein winziges Bit reduzieren sollen. Das geht natürlich nicht! Eine große Zahl wird auf eine *Folge von Bits* abgebildet. Je größer die Zahl, umso mehr Bits werden Sie benötigen. Das kann ganz schön verwirrend sein. Deswegen werden Bits gruppiert, damit Sie den Überblick behalten.

 ✔ Ein **Byte** besteht aus acht Bits.

✔ Ein **Wort** besteht aus 16 Bits oder zwei Bytes.

✔ Ein **Doppelwort** besteht aus 32 Bits oder vier Bytes oder zwei Worten.

Mit so wenigen Bits können Sie heutzutage nicht mehr viel ausrichten. Noch größere Einheiten drängen sich auf. 1024 Bytes werden beispielsweise als ein **Kilobyte** bezeichnet.

 Die Vorsilbe **Kilo** steht für **Tausend**. Ein »Kilobyte« sind jedoch 1024 Bytes.

Die zunehmende Menge an digitalen Daten erfordert immer mehr Bytes zur Speicherung und Weiterverarbeitung. In Tabelle 5.2 stelle ich Ihnen die heute gebräuchlichen Maßeinheiten dar.

Bezeichnung	Menge	Anzahl an Bytes
1 Kilobyte	1024 Bytes	1.024 Bytes
1 Megabyte	1024 Kilobytes	1.048.576 Bytes
1 Gigabyte	1024 Megabytes	1.073.741.824 Bytes
1 Terabyte	1024 Gigabytes	1.099.511.627.776 Bytes
1 Petabyte	1024 Terabytes	1.125.899.906.842.624 Bytes
1 Exabyte	1024 Petabytes	1.152.921.504.606.846.976 Bytes
1 Zettabyte	1024 Exabytes	1.180.591.620.717.411.303.424 Bytes
1 Yottabyte	1024 Zettabytes	1.208.925.819.614.629.174.706.176 Bytes

Tabelle 5.2: Übersicht binärer Einheiten

Möglicherweise erscheint Ihnen die Festlegung von einem Byte auf gerade acht Bits willkürlich. Außerdem ist der Multiplikator 1024 anstatt 1000 auch nicht gerade intuitiv einleuchtend. Sinn ergibt das alles erst, wenn Sie sich klarmachen, welchen Zahlenwert die jeweiligen Bitfolgen eigentlich repräsentieren.

Dazu erinnere ich Sie an unser altbekanntes und geliebtes Dezimalsystem. Die Zahl 1723 besitzt den Wert $1 \cdot 1000 + 7 \cdot 100 + 2 \cdot 10 + 3 \cdot 1$.

In Potenzschreibweise sieht das noch netter aus:

$$\mathbf{1723} = \mathbf{1} \cdot 10^3 + \mathbf{7} \cdot 10^2 + \mathbf{2} \cdot 10^1 + \mathbf{3} \cdot 10^0$$

Das Gleiche gilt auch für das *Dualsystem*, das als Basis anstatt 10 lediglich die Zahl 2 verwendet. Beispielsweise gilt:

$$\mathbf{1101_2} = \mathbf{1} \cdot 2^3 + \mathbf{1} \cdot 2^2 + \mathbf{0} \cdot 2^1 + \mathbf{1} \cdot 2^0 = 8 + 4 + 0 + 1 = 13_{10}$$

Der tiefergestellte Index hinter einer Zahl soll veranschaulichen, für welches Zahlensystem die jeweilige Darstellung gilt. So besitzt 1101 als Dualzahl den dezimalen Wert 13. Als Dezimalzahl steht 1101 allerdings für eintausendeinhundertundeins.

Die Umrechnung einer Zahl vom Dualsystem in das Dezimalsystem ist daher recht einfach!

Übung: Berechnen Sie einmal die Dezimalwerte der folgenden Dualzahlen:

✔ 1111

✔ 10010011

✔ 1101010101

Ich hoffe, Sie haben als Lösung 15, 147 und 853 gefunden!

Textwerte ermitteln

Die rechnergestützte Digitalisierung stand von Anfang an vor dem Problem, geschriebene Wörter, also Texte in Zahlen zu transformieren.

Jeder Text ist bekanntlich in Sätze unterteilt, die selbst wiederum aus Wörtern und Buchstaben bestehen. Die Aufgabe besteht also darin, alle Buchstaben des Alphabets in Zahlen zu transformieren. Ein Wort ist dann eine Folge von Zahlen und ein Text letztlich ebenso. Natürlich dürfen Sie auch die Satz-, Leer- und Sonderzeichen nicht vergessen.

Außerdem kommt jeder Buchstabe in einer großgeschriebenen und einer kleingeschriebenen Version vor. Schließlich müssen Sie auch die Ziffern wie Buchstaben behandeln.

Wie viele Bits benötigen Sie für die Codierung eines Zeichensatzes? Lassen Sie uns das kurz gemeinsam überschlagen. Es gibt 26 Buchstaben im deutschen Alphabet, mal zwei für Groß- und Kleinschreibung, das macht 52. Dazu die zehn Ziffern von 0 bis 9, dann sind wir schon bei 62. An Satzzeichen will ich nur einmal Punkt, Komma und Ausrufezeichen erwähnen. In jedem Fall sind das mehr als 64. Das wäre aber die Grenze gewesen, um mit sechs Bits auszukommen. Demnach werden sieben Bits zur Codierung eines Zeichensatzes benötigt. Wie Sie nun die einzelnen Buchstaben den möglichen Bitkombinationen zuordnen, ist vollkommen egal. Wichtig ist nur, dass alle Beteiligten sich auf dieselbe Codierung einigen. In Tabelle 5.3 habe ich Ihnen die berühmteste von zahlreichen möglichen Varianten dargestellt, den *ASCII*.

 ASCII steht für **American Standard Code for Information Interchange**, also eine Codierung für den Informationsaustausch. Die Codierung wurde von der **ASA**, der **American Standards Association** 1963 in der ursprünglichen Fassung veröffentlicht. Später wurde der Code um ein Bit erweitert, womit endlich auch internationale Zeichen wie die deutschen Umlaute dargestellt werden konnten.

Wie Sie Tabelle 5.3 entnehmen, besitzt der ASCII eine klare Struktur. Das erste Viertel ist für nicht-druckbare Zeichen reserviert, die hauptsächlich Hinweise für die Datenübertragung oder bestimmte Anweisungen für das Benutzen mechanischer Schreibmaschinen beinhalten.

 Die Taste ⌫ finden Sie in der ASCII-Tabelle an den Stellen 10, *line feed*, und 13, *carriage return*. Erstere soll den Zeilenvorschub codieren, letztere den Wagenrücklauf. Bei alten, mechanischen Schreibmaschinen ziehen Sie am Ende einer Zeile den kompletten Wagen mit einem Hebel von rechts nach links. Weil diese eine Handbewegung beide Vorgänge – Wagenrücklauf und Zeilenvorschub – gleichzeitig durchführt, haben verschiedene Betriebssystemhersteller gerade an dieser wichtigen Stelle verschiedene Konventionen eingeführt. Bei Unix beinhaltet der Zeilenvorschub zugleich den Wagenrücklauf, während Microsoft ursprünglich beide Zeichen am Ende eines Textabschnitts erwartete, und zwar in der Reihenfolge »carriage return«-»line feed«. Apple hat sich am Unix-Standard orientiert. Dies hat schon zu sehr viel Verwirrung geführt und das ursprüngliche Austauschen von Textdateien unter verschiedenen Betriebssystemen erschwert. Heute detektieren viele Anwendungen automatisch die richtige Konvention und passen den Inhalt entsprechend an, ohne dass der Benutzer darüber informiert wird. Probieren Sie es aus!

Wert	Zeichen	Wert	Zeichen	Wert	Zeichen	Wert	Zeichen
0	NULL-Zeichen	32	`Leertaste`	64	@	96	`
1	Beginn Kopfzeile	33	!	65	A	97	a
2	Beginn Text	34	"	66	B	98	b
3	Textende	35	#	67	C	99	c
4	Ende der Übertragung	36	$	68	D	100	d
5	Anfrage	37	%	69	E	101	e
6	Bestätigung	38	&	70	F	102	f
7	Klingel	39	'	71	G	103	g
8	⬅	40	(	72	H	104	h
9	⇥	41	)	73	I	105	i
10	↵ Zeilenvorschub	42	*	74	J	106	j
11	Vertikaltabulator	43	+	75	K	107	k
12	Seitenvorschub	44	,	76	L	108	l
13	↵ Wagenrücklauf	45	-	77	M	109	m
14	Breitschrift	46	.	78	N	110	n
15	Enge Schrift	47	/ »slash«	79	O	111	o
16	Verbindungssteuerung	48	0	80	P	112	p
17	Gerätekontrolle 1	49	1	81	Q	113	q
18	Gerätekontrolle 2	50	2	82	R	114	r
19	Gerätekontrolle 3	51	3	83	S	115	s
20	Gerätekontrolle 4	52	4	84	T	116	t
21	keine Bestätigung	53	5	85	U	117	u
22	Synchronisierter Leerlauf	54	6	86	V	118	v
23	Ende des Übertragungsblocks	55	7	87	W	119	w
24	Abbruch	56	8	88	X	120	x
25	Ende des Mediums	57	9	89	Y	121	y
26	Ersetzen	58	:	90	Z	122	z
27	`Esc`	59	;	91	[	123	{
28	Dateitrennzeichen	60	<	92	\ »back-slash«	124		
29	Gruppentrennzeichen	61	=	93	]	125	}
30	Aufnahmetrennzeichen	62	>	94	^	126	~ »Tilde«
31	Einheiten Trennzeichen	63	?	95	_ »Unter-strich«	127	`Entf`

Tabelle 5.3: ASCII-Wertetabelle

Das zweite Viertel dient der Codierung von Ziffern und Satzzeichen. Die dritte Spalte enthält das Alphabet für die Großbuchstaben, während das kleine Alphabet im letzten Viertel zu finden ist.

 Die Ziffer »0« findet sich in der ASCII-Tabelle an Stelle 48. Alle anderen Ziffern folgen hinterher in aufsteigender Reihenfolge. Das große Alphabet beginnt bei 65, das kleine bei 97. Dieses Wissen kann sehr hilfreich sein bei der Umwandlung von Text in Zahlen und umgekehrt. Außerdem ist es klug, schon frühzeitig zwischen Ziffern des ASCII und Zahlen in einem Programm zu unterscheiden. So stellt der Code der Zahl 7 einen Pieps-Ton dar, während die Codierung der Ziffer »7« den Wert 55 besitzt.

Malen statt Zahlen

Nicht nur Texte, sondern auch Bilder werden in Zahlen umgewandelt, um sie besser verarbeiten zu können. Zur Digitalisierung werden Bilder in Raster eingeteilt. Die vielen kleinsten Flächenelemente eines Rasters heißen **Pixel**. Statt eines Bits ist somit ein Pixel die kleinste informationstragende Einheit.

 Ein *Pixel* ist ein Bildpunkt, dem eine Farbe zugeordnet wird. Das Wort *Pixel* ist aus der englischen Bezeichnung für *Bildelement*, also »**pic**ture **el**ement« abgeleitet.

Für reine Schwarz-Weiß-Bilder besteht ein Pixel nur aus der Information »schwarz« oder »weiß«, dafür reicht ein Bit. Bei Graustufen-Bildern wird meist ein Byte pro Pixel spendiert. Damit lassen sich 256 unterschiedliche Abstufungen erreichen.

Bei farbigen Darstellungen ist die Sache viel komplizierter. Im einfachsten Fall verwenden Sie für jede der drei Grundfarben **R**ot, **G**rün und **B**lau (**RGB**) ein Byte, das die Intensität der jeweiligen Farbe repräsentiert.

 Farben lassen sich *additiv* oder *subtraktiv* mischen. Physikalisch ist weißes Licht eine Überlagerung von elektromagnetischen Wellen unterschiedlicher Frequenzen. Das Auge nimmt eine Tomate als rot wahr, wenn die Frucht alle Lichtfrequenzen bis auf eine absorbiert, also verschluckt. Nur die »rote Welle« wird von der Tomate reflektiert und erreicht das menschliche Auge. Das Mischen von Wassermalfarben ist *subtraktiv*, weil es sich um nicht-selbstleuchtende Farben handelt, die bestimmte Frequenzen absorbieren. Dagegen werden die Farben eines Fernsehers, die selbst leuchten, *additiv* gemischt. Die Grundfarben beim subtraktiven Mischen sind *Rot*, *Gelb* und *Blau*. Grün lässt sich subtraktiv aus Blau und Gelb komponieren. Anders verhält es sich beim additiven Mischen. Hier sind die Grundfarben *Rot*, *Grün* und *Blau*. Das additive Mischen von Rot und Grün ergibt Gelb.

Neben dem **RGB-Code** gibt es noch eine Unzahl anderer Möglichkeiten, um farbige Bilder in Zahlen zu transformieren.

 In Kapitel 45 zeige ich Ihnen, wie Sie mittels RGB-Codes farbigen Text für Ihre Websites verwenden. Wenn Sie sich für Kompression von Information interessieren, treffen Sie in Kapitel 49 ebenfalls auf interessante Codierungen.

Konvertierung von Dezimalzahlen in Binärzahlen

Bis jetzt habe ich Ihnen vorenthalten, wie Sie aus der gewöhnlichen Darstellung einer Dezimalzahl die jeweilige Binärdarstellung gewinnen, die nur aus Einsen und Nullen besteht. Diese benötigen Sie zum Beispiel, wenn Sie wissen wollen, wie das ASCII-Zeichen »+« als Folge von Bits aussieht. In Tabelle 5.3 finden Sie das Pluszeichen an Position 43. Nun müssen Sie diese Dezimalzahl in eine Binärzahl umwandeln.

Das ist gar nicht so schwer! Als Erstes sollten Sie sich daran erinnern, dass jede Dualzahl als eine Summe von Zweierpotenzen dargestellt werden kann. Ganz hinten findet sich die kleinste Potenz, nämlich $2^0 = 1$, man spricht auch vom *niederwertigsten* Bit im Gegensatz zum *höchstwertigen* Bit ganz links.

 Die englischen Bezeichnungen für die höchstwertigen beziehungsweise niederwertigsten Bits lauten **Most Significant Bit (MSB)** und **Least Significant Bit (LSB)**.

Somit können Sie einer Binärzahl sofort ansehen, ob sie gerade oder ungerade ist, je nachdem wie das niederwertigste Bit ausschaut. Eine »1« am Ende steht für ungerade, eine »0« für eine gerade Zahl.

Die 43 aus dem Pluszeichen endet also mit »1«, weil sie ungerade ist. Die zweitletzte Stelle finden Sie mit einem kleinen Trick: Dividieren Sie die 43 durch 2, ohne den Rest zu beachten. Sie erhalten 21. Für diese Zahl ist wiederum eine Binärdarstellung gesucht. Das letzte Bit von 21 entspricht dem vorletzten Bit von 43. Es ergibt sich »1«, denn 21 ist ebenfalls eine ungerade Zahl. So geht es immer weiter! Die Hälfte von 21 ist (gerundet) 10. Als gerade Zahl endet sie mit der Ziffer »0«. Halbieren ohne Rest ergibt 5. Wiederum handelt es sich um eine ungerade Zahl, die mit 1 endet. Dividieren Sie 5 durch 2, erhalten Sie 2, dabei haben Sie den Rest ignoriert, denn der bezieht sich ohnehin auf eine Binärziffer, die Sie bereits im Schritt zuvor beachtet haben. 2 ist selbst eine **Zweierpotenz**. Immer, wenn Sie an einer Zweierpotenz angelangt sind, ergibt sich als Dualzahl eine 1 als höchstwertiges Bit, gefolgt von lauter Nullen, wie Sie Tabelle 5.4 entnehmen.

Zweierpotenz	Binärdarstellung
1	1
2	10
4	100
8	1000
16	10000

Tabelle 5.4: Binärdarstellung einiger Zweierpotenzen

Um die Zahl 43 als Dualzahl darzustellen, haben Sie also nacheinander die Zahlen 21, 10, 5 und 2 betrachtet und sich dabei vom niederwertigsten Bit immer weiter nach links vorgearbeitet. Notieren sollten Sie sich dabei lediglich, ob Sie eine gerade oder eine ungerade Zahl erhalten haben. Ich zeige Ihnen das am besten anhand einer kleinen Grafik (Abbildung 5.4).

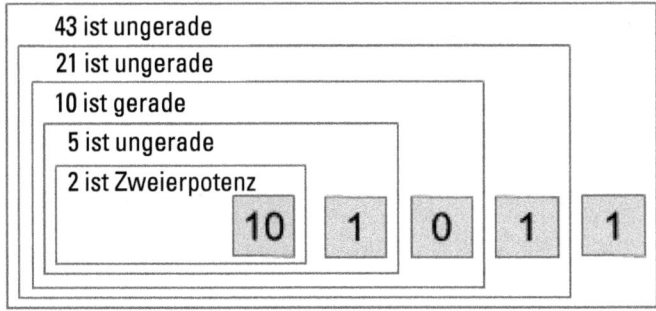

Abbildung 5.4: Binärdarstellung der Zahl 43

Somit gilt: 43_{10} = 101011_2. Sie glauben mir nicht? Dann rechnen Sie doch zur Probe umgekehrt den Binärwert wieder als Dezimalzahl aus: $2^5 + 2^3 + 2^1 + 2^0 = 32 + 8 + 2 + 1 = 43$.

 Bei der Rückführung eines schwierigeren Problems auf ein einfacheres handelt es sich um einen *rekursiven Algorithmus*. Einige allgemeine Gedanken und weitere Beispiele zu rekursiven Algorithmen finden Sie in Kapitel 31.

Zu Ihrem besseren Verständnis mache ich noch ein weiteres Beispiel.

 Gesucht sei die Binärdarstellung der Dezimalzahl 1723. Da es sich um eine ungerade Zahl handelt, muss die letzte Ziffer eine 1 sein. Die gerundete Hälfte von 1723 ist 861, wiederum eine ungerade Zahl. Somit sind bereits die beiden letzten binären Ziffern von 1723 Einsen. Die Hälfte von 860 ist 430, eine gerade Zahl. 215 ist wiederum ungerade. Als Nächstes ergibt die Division von 215 den Wert 107, also eine ungerade Zahl. Die Hälfte von 106 beträgt 53, wieder ungerade. 26 ist die Hälfte von 52. Die nächste Zahl ist 13. Dann folgt 6 und danach 3. Schließlich erhalten Sie 1. Tabelle 5.5 zeigt das Gesamtresultat in der mittleren Spalte, von unten nach oben gelesen: 1723_{10} = 11010111011_2.

Dezimalzahl	gerade 0, ungerade 1	Hälfte der Zahl ohne Rest
1723	1	861
861	1	430
430	0	215
215	1	107
107	1	53
53	1	26
26	0	13
13	1	6
6	0	3
3	1	1
1	1	0

Tabelle 5.5: Binärdarstellung der Zahl 1723

Zur **Übung** berechnen Sie bitte für folgende Zahlen die zugehörigen Binärdarstellungen:

✔ 34

✔ 255

✔ 7172

Das war hoffentlich nicht allzu schwer: $34_{10} = 100010_2$, $255_{10} = 11111111_2$, $7172_{10} = 1110000000100_2$.

 Es gibt noch eine weitere Möglichkeit, wie ein Computer mit binären Ziffern dezimal rechnet. Dazu bedient er sich des **BCD-Codes**. Die »**B**inary **C**oded **D**ecimals« können Sie sich wie einen ASCII-Code vorstellen, aber nur für die Ziffern 0 bis 9. Dazu reichen drei Bits leider nicht aus – weil 2^3 nur 8 ergibt –, sondern Sie benötigen je vier Bits. Einige Mikroprozessoren sind in der Lage, direkt im BCD-System zu rechnen, auch wenn dabei einiger Speicherplatz verschwendet wird.

Hex hex!

Wie Sie sehen, werden zur Digitalisierung wahnwitzig viele Bits benötigt. Betrachten Sie einmal folgende Binärzahl, die aus 32 Bits besteht:

»01001101001101001101010111001111«

Das ist ziemlich unübersichtlich. Wenn Sie dieselbe Zahl als eine Folge von je vier Bits aufschreiben, ist zunächst noch nicht viel gewonnen:

»0100.1101.0011.0100.1101.0101.1100.1111«

Was hier nottut, ist eine verkürzte Darstellung, am besten nur ein Zeichen pro Viererblock. Das Ergebnis nennt sich *Hexadezimaldarstellung* und ist in Tabelle 5.6 aufgelistet.

Binärdarstellung	Hexadezimal-darstellung	Binärdarstellung	Hexadezimal-darstellung
0000	0	1000	8
0001	1	1001	9
0010	2	1010	A
0011	3	1011	B
0100	4	1100	C
0101	5	1101	D
0110	6	1110	E
0111	7	1111	F

Tabelle 5.6: Zifferntabelle für alle Kombinationen aus vier Bits

Unser gewöhnliches *Dezimalsystem* besitzt als Basis für alle Rechenoperationen die Zahl 10. Deswegen gibt es auch zehn verschiedene Ziffern, inklusive der Null. *Decem* ist lateinisch und heißt »Zehn«. Der Begriff *Hexadezimal* meint nunmehr das Sechzehner-System, bei dem Sie 16 unterschiedliche Basisziffern verwenden. *Hexa* ist übrigens das griechische Wort für »Sechs«.

Die lange binäre Zahlenfolge sieht hexadezimal schon viel netter aus:

»4 D 3 4 D 5 C F«

Allerdings gehören jeweils zwei Hexadezimalziffern zu einem Byte. Eine näher liegende Darstellung lautet demnach:

»4D 34 D5 CF«

Die Umrechnung von der Binärdarstellung in die hexadezimale Variante und umgekehrt ist sehr simpel. Sie verwenden dazu lediglich Tabelle 5.6.

Die Hexadezimalzahl »AFFE« besitzt die Binärdarstellung »1010111111111110«.

Bei der Umwandlung einer Binärzahl in die Hexadezimalform müssen Sie immer bei den hinteren vier Bits, also ganz rechts anfangen und sich nach links vorarbeiten. Sollte die Anzahl der Bits nicht durch vier teilbar sein, dürfen Sie ganz vorne führende Nullen ergänzen. Diese verändern, genau wie bei Dezimalzahlen, den Wert der Zahl nicht.

Rechnen im Dualsystem

Ein Computer ist bekanntlich ein Rechner. Wenn Computer jedoch nur mit binären Zahlen arbeiten, stellt sich die Frage, wie Sie die elementaren Operationen wie Addition oder Multiplikation mit Zahlen bewerkstelligen, die nur aus Bits zusammengesetzt sind. Mathematisch ausgedrückt interessieren wir uns somit für das Rechnen im *Dualsystem*. Dabei müssen Sie lediglich beachten, dass Sie niemals Ziffern oberhalb der 1 verwenden. Ansonsten entsprechen die Verfahren dem, was Sie in der Schule bereits über Dezimalzahlen gelernt haben.

Addition

Bei genauem Nachdenken werden Sie feststellen, dass die schriftliche Addition von Dezimalzahlen einfach ziffernweise von rechts nach links erfolgt. Sollte das jeweilige Ergebnis 9 überschreiten, muss ein Übertrag von 1 auf die nächsthöherwertige Stelle erfolgen. Genau so verhält es auch mit der Addition von Dualzahlen. Hier tritt der Übertrag jedoch bereits oberhalb der Zahl 1 auf.

Im folgenden Beispiel zeige ich Ihnen die dezimale und die duale Addition nebeneinander:

Ihre Aufgabe besteht darin, die Zahlen 35 und 47 zu addieren. Es gilt: $35_{10} = 100011_2$ und $47_{10} = 101111_2$.

	3	5
+	4	7
	1	
	8	2

	1	0	0	0	1	1
+	1	0	1	1	1	1
	1		1	1	1	1
1	0	1	0	0	1	0

Bei zwei zu addierenden Zahlen kann sich der Übertrag maximal auf eine weitere Spalte auswirken.

Die gleichzeitige Addition vieler Dualzahlen kann zu sehr großen Überträgen führen. Als Binärzahl dargestellt kann sich solch ein Übertrag auf mehrere Spalten nach links auswirken.

Negation

Bevor Sie sich näher mit der Subtraktion befassen, empfehle ich Ihnen, die *Negation* vorzuziehen. Die zentrale Frage lautet, wie Sie negative Binärzahlen geschickt darstellen. Selbstverständlich scheidet das typische Minus-Zeichen aus, denn Sie sind – wie immer – auf reine Binärziffern angewiesen.

Es gibt eine einfache Idee, die hinter einer geschickten Darstellung von negativen Binärzahlen steckt.

Negative Binärzahlen sollten so codiert werden, dass die gewöhnliche Addition von Dualzahlen weiterhin zum korrekten Ergebnis führt!

Wie lautet die Binärdarstellung der negativen Dezimalzahl -10?

Wenn die gewöhnliche Addition weiterhin funktionieren soll, muss beispielsweise die Addition von 10 zu dieser bis jetzt noch unbekannten Dualzahl den Wert 0 ergeben. Wenn wir einmal von 8-Bit-Binärziffern ausgehen, sieht unser Problem wegen $10_{10} = 1010_2$ so aus:

	0	0	0	0	1	0	1	0
+	?	?	?	?	?	?	?	?
	0	0	0	0	0	0	0	0

Jedes Fragezeichen muss durch eine der Ziffern 0 oder 1 so ersetzt werden, dass die Addition zum richtigen Ergebnis führt. Dafür gibt es nur eine einzige Möglichkeit:

	0	0	0	0	1	0	1	0
+	1	1	1	1	0	1	1	0
	1	1	1	1	1	1		
1	0	0	0	0	0	0	0	0

(handwritten:) 00001010 11110101 + 1 = 11110110

Allerdings dürfen Sie den letzten Übertrag nicht beachten. Die Binärdarstellung der Zahl -10_{10} lautet demnach: 11110110_2.

Bei genauer Analyse der Dualzahl 11110110 im Vergleich zu 00001010 werden Sie eine erstaunliche Gemeinsamkeit feststellen:

Sie ersetzen einfach alle Nullen durch Einsen und umgekehrt. Am Ende ist noch die Zahl 1 binär zu addieren. Das Ganze nennt sich **Zweierkomplement** und funktioniert immer!

 Das **Zweierkomplement** einer Binärzahl erhalten Sie, indem Sie alle Bits der Zahl invertieren und am Ende die Zahl 1 addieren.

Das Verfahren funktioniert sogar, wenn die ursprüngliche Zahl negativ ist.

 Wir berechnen das Zweierkomplement der Dezimalzahl −10 und gehen von einer 8-Bit-Darstellung aus. Aus dem vorherigen Beispiel wissen Sie, dass gilt: $-10_{10} = 11110110_2$. Die Invertierung der Bits ergibt: 00001001. Wenn Sie dazu die Zahl 1 addieren, entsteht für die letzte Ziffer ein Übertrag in die vorletzte. Sie erhalten: 00001010, was bekanntlich der Dezimalzahl 10 entspricht. Die Anzahl der führenden Nullen ist irrelevant.

Das dürfte machbar sein, oder? Probieren Sie es doch gleich selbst aus!

Übung: Berechnen Sie das jeweilige Zweierkomplement folgender Dezimalzahlen. Gehen Sie jeweils von einer 8-Bit-Darstellung aus:

✔ 13

✔ 123

✔ −37

Als Ergebnis sollten Sie erhalten: $-13_{10} = 11110011_2$, $-123_{10} = 10000101_2$ sowie $37_{10} = 00100101_2$.

 Es gibt noch eine weitere Möglichkeit, negative Dualzahlen darzustellen, das sogenannte *Einer-Komplement*. Hierzu invertieren Sie lediglich alle Binärstellen. Der Pferdefuß dieser recht einfachen Idee besteht darin, dass die Addition von Zahlen nicht so einfach funktioniert wie gewohnt. Sollte nämlich ein Übertrag am höchstwertigen Bit entstehen, muss dieser *Einer-Überlauf* »von hinten« wieder zum niederwertigsten Bit addiert werden. Eine gruselige Angelegenheit, die sich verständlicherweise nicht durchsetzte.

Sie beherrschen nun die Addition und die Negation von Binärzahlen. Aufgrund der Konstruktion des Zweierkomplements steht die erste Bitstelle dabei für das Vorzeichen und nicht für das höchstwertige Bit. Eine »1« ganz vorne bedeutet also eine negative Zahl, eine positive fängt immer mit »0« an. Hierdurch »verschenken« Sie eine Stelle zur Darstellung möglichst großer ganzer Zahlen. Deswegen gibt es die Unterscheidung zwischen

✔ unsigned Integer und

✔ signed Integer.

Unsigned Integer, also **vorzeichenlose Ganzzahl**, steht für einen Zahlenraum, bei dem jede Zahl positiv interpretiert wird, egal ob die höchstwertige Stelle eine »1« enthält oder nicht. **Signed Integer**, die **vorzeichenbehaftete Ganzzahl** dagegen berücksichtigt auch negative Zahlen in Zweierkomplementdarstellung. Die so möglichen Zahlenräume habe ich Ihnen in Abhängigkeit typischer Bitzahlen in Tabelle 5.7 aufgelistet.

Bits	Unsigned Integer		Signed Integer	
	Kleinste Ganzzahl	Größte Ganzzahl	Kleinste Ganzzahl	Größte Ganzzahl
8	0	255	-128	127
16	0	65.535	-32.768	32.767
32	0	4.294.967.295	-2.147.483.648	2.147.483.647
64	0	18.446.744.073.709.551.615	-9.223.372.036.854.775.808	9.223.372.036.854.775.807

Tabelle 5.7: Zahlenräume für ausgewählte Stellenzahlen

Zum Schluss dieses Abschnitts möchte ich Ihnen noch eine kleine Merkregel mit auf den Weg geben, an die Sie sich beim eigenständigen Programmieren – vielleicht – wieder erinnern werden.

 Wenn Sie Dualzahlen mit einer festen Anzahl an Stellen von null an immer weiter um den Wert 1 erhöhen, kommen Sie schließlich bei der höchsten positiven Zahl an. Diese besitzt die Form: 0111···111. Die Addition einer weiteren Eins führt zum **arithmetischen Überlauf**. Das Ergebnis 1000···000 entspricht nämlich der kleinsten negativen Zahl. Die Zahl $1111 \cdots 111_2$ steht übrigens für die Dezimalzahl -1_{10}.

Subtraktion

Nach allem, was Sie über die Addition und die Negation wissen, geht Ihnen die Subtraktion von Dualzahlen bestimmt locker von der Hand. Das Verfahren lautet:

1. Negation des *Subtrahenden* mittels Zweierkomplement

2. Addition des *Minuenden* zum negierten *Subtrahenden*

3. Das Ergebnis entspricht der *Differenz* von *Minuend* und *Subtrahend*.

Ich hätte Ihnen gerne die geschwollenen Begriffe *Minuend* und *Subtrahend* erspart. Ist a – b eine *Subtraktion*, so ist a der Minuend und b der Subtrahend. Leider fallen mir keine anderen Bezeichnungen für die Operanden ein ...

Aufgabe sei es, die Differenz 66 – 25 in 8-Bit-Dualzahlen zu berechnen.

1. Der Subtrahend ist 25, seine Binärdarstellung lautet 00011001. Das Zweierkomplement zu 25 ergibt demnach: 11100110 + 1 = 11100111.

2. Der Minuend 66 besitzt die Binärdarstellung 01000010.

3. Die Addition ergibt:

	0	1	0	0	0	0	1	0
+	1	1	1	0	0	1	1	1
1	*1*			*1*	*1*			
1	0	0	1	0	1	0	0	1

Der Wert 00101001_2 entspricht der Dezimalzahl 32 + 8 + 1 = 41. Somit haben Sie berechnet: 66 – 25 = 41, was glücklicherweise stimmt! ☺

Multiplikation

Wenn Sie es sich einfach machen wollen, können Sie die Multiplikation auf die mehrfache Addition zurückführen, beispielsweise ist:

$$5 \cdot 44 = 44 + 44 + 44 + 44 + 44$$

Informatiker machen es sich im Allgemeinen einfach, es sei denn, wichtige Gründe sprechen dagegen. Und wichtige Gründe gibt es hier:

✔ Die Multiplikation großer Zahlen, etwa 123121322 · 765343232, würde als mehrfache Addition viel zu lange dauern.

✔ Für die Multiplikation wäre auf einmal die Reihenfolge der Operanden wichtig: 123121322 · 7 würde eine völlig andere Laufzeit aufweisen als 7 · 123121322.

Deswegen kommen Sie nicht umhin, sich ebenso mit der unmittelbaren Multiplikation von Dualzahlen zu befassen. Auch hier lautet die naheliegende Lösung, das Schulbuchverfahren der Dezimalmultiplikation auf Binärzahlen zu übertragen.

2	4	·	7	5
	1	6	8	
+		1	2	0
			1	
	1	8	0	0

1	1	0	0	0	·	1	0	0	1	0	1	1
			1	1	0	0	0					
+			0	0	0	0	0					
+				0	0	0	0	0				
+					1	1	0	0	0			
+						0	0	0	0	0		
+							1	1	0	0	0	
+								1	1	0	0	0
					1	*1*	*1*	*1*				
		1	1	1	0	0	0	0	1	0	0	0

Abbildung 5.5: Multiplikation von Dezimal- und Binärzahlen

Abbildung 5.5 zeigt Ihnen das Verfahren exemplarisch. Die Multiplikation wird – in gewissem Sinne – auch hier als mehrfache Addition ausgeführt. Sie benötigen jedoch nur noch diejenige Anzahl an Summanden, die der Stellenzahl des Multiplikanden entspricht. Im Falle der Dualmultiplikation ist die Sache sogar noch viel angenehmer. Die Anzahl der echten Summanden entspricht nämlich exakt der Anzahl an Einsen im Multiplikanden.

Ist Ihnen aufgefallen, dass die Multiplikation mit einer Zweierpotenz sogar noch viel effektiver ist? Als Beispiel zeige ich Ihnen in Abbildung 5.6 die Berechnung von $25 \cdot 64 = 25 \cdot 2^6$.

1	1	0	0	1	·	1	0	0	0	0	0	0
		1	1	0	0	1						
+		0	0	0	0	0						
+			0	0	0	0	0					
+				0	0	0	0	0				
+					0	0	0	0	0			
+						0	0	0	0	0		
+							0	0	0	0	0	
		1	1	0	0	1	0	0	0	0	0	0

Abbildung 5.6: Duale Multiplikation mit einer Zweierpotenz

Die Multiplikation einer Dualzahl d mit einer Zweierpotenz vom Grade n entspricht der Linksverschiebung aller Bits von d um n Stellen. Die n Stellen rechts werden mit Nullen aufgefüllt.

Dieser Trick entspricht der Multiplikation mit einer Zehnerpotenz im Dezimalsystem. Auch hier sind die benötigten Nullen einfach von rechts hinzuzufügen.

Russische Multiplikation

Wenn Sie die gewöhnliche Multiplikation für langweilig halten, habe ich Ihnen ein besonderes Bonbon anzubieten: die *russische Bauernmultiplikation*. Damit haben Sie vermutlich (noch) nicht gerechnet! Dabei könnten Sie nach einer intensiven Analyse der rechten Seite von Abbildung 5.5 auch selbst darauf kommen. Die Idee des Verfahrens stammt jedoch nicht, wie der Name suggeriert, von russischen Bauern, sondern reicht Jahrtausende zurück. Die alten Ägypter haben diesen Algorithmus schon angewendet.

In diesem Beispiel wird die russische Bauernmultiplikation angewendet. Angenommen, Sie wollen $24 \cdot 75$ erneut berechnen. Sie stimmen mir zu, dass sich der Wert des Produkts nicht ändert, wenn Sie den Multiplikator durch 2 dividieren und zugleich den Multiplikanden mit 2 multiplizieren? Also gilt: $24 \cdot 75 = 12 \cdot 150$. Das Ganze gleich noch einmal. Links Division durch 2, rechts Multiplikation mit 2: $12 \cdot 150 = 6 \cdot 300$. Weiter geht's! $6 \cdot 300 = 3 \cdot 600$. Erst jetzt wird es spannend. Der Multiplikator ist nicht mehr durch 2 teilbar. In dem Fall merken Sie sich die 600 und runden bei der Division durch 3 einfach ab. Sie erhalten: $1 \cdot 1200$. Sobald der Multiplikator den Wert 1 angenommen hat, addieren Sie den Multiplikanden zu allen Zahlen, die Sie sich bis dato gemerkt haben. Im aktuellen Fall war das lediglich 600. Das Endergebnis lautet entsprechend: $24 \cdot 75 = 1200 + 600 = 1800$. Zauberei? Keineswegs! Bei dieser Multiplikation kann es vorkommen, dass Sie sich mehrere Zahlen merken müssen, deswegen ist eine tabellarische Schreibweise, wie in Tabelle 5.8 dargestellt, sinnvoll.

Multiplikator	Multiplikand	Merke
24	75	
12	150	
6	300	
3	600	600
1	1200	+1.200
		1.800

Tabelle 5.8: Multiplikation von 24 – 75 mit russischer Bauernregel

Sie dürfen jetzt selbstverständlich eigene Beispiele machen. In Tabelle 5.9 möchte ich Ihnen allerdings noch zeigen, welche gravierenden Auswirkungen es hat, wenn Sie die beiden Faktoren vertauschen.

Multiplikator	Multiplikand	Merke
75	24	24
37	48	+48
18	96	
9	192	+192
4	384	
2	768	
1	1536	+1.536
		1.800

Tabelle 5.9: Multiplikation von 75 – 24
mit russischer Bauernregel

 Die russische Bauernmultiplikation ist ein sehr schönes Beispiel für die Kraft der *Invariante*, die für die Untersuchung der Korrektheit von Programmen eine äußerst wichtige Rolle spielt. Habe ich Sie neugierig gemacht? In Kapitel 51 erfahren Sie mehr darüber!

Division

Das Standardverfahren zur Division entspricht, ganz analog zur Multiplikation, dem, das Sie aus der Schule kennen. In diesem Abschnitt stelle ich Ihnen jedoch nur die ganzzahlige Division ohne Rest vor. Falls der Divisor kein Teiler des Dividenden ist, wird der Rest einfach abgeschnitten. Übrigens gibt es auch einen Operator, der genau diesen Rest als Ergebnis der Division ausspuckt. Er nennt sich *Modulo-Operator*.

 Die Division zweier ganzer Zahlen a geteilt durch b mit dem *ganzzahligen Divisionsoperator* (meist »/«) resultiert in einer ganzen Zahl c. Ein etwaiger Rest wird ignoriert.

Der *Modulo-Operator* (meist »%«) berechnet den Rest nach der ganzzahligen Division.

Es gilt somit:

$$\frac{a}{b} = a/b \text{ Rest } a\%b$$

Ein kleines Beispiel sollte diese Überlegung veranschaulichen.

Die ganzzahlige Division von 75 / 13 ergibt 5. Der Rest, also 17 % 5, ist 10. In Abbildung 5.7 ist das Ergebnis des Modulo-Operators, also der Rest der Division, eingerahmt.

```
  7 5 / 1 3 = 5 R 1 0
- 6 5
  1 0             0
```

```
1 0 0 1 0 1 1 / 1 1 0 1 = 1 0 1 R 1 0 1 0
- 1 1 0 1
      1 0 1 1
      -     0
      1 0 1 1 1
      - 1 1 0 1
        1 0 1 0
```

Abbildung 5.7: Ganzzahlige Division von 75 durch 13

Festpunkt und Fließkomma

Wie wäre die Welt so schön, wenn es nur ganze Zahlen gäbe: schön langweilig! Es gibt drei wichtige Gründe, wieso Ihnen ganze Zahlen am Ende nicht reichen:

✔ Gigantisch große Zahlen lassen sich nicht vernünftig mit dem vorgestellten Konzept realisieren. Denken Sie nur an die engen Zahlenbereiche, die Ihnen die Zahlenräume aus Tabelle 5.7 setzen, verglichen mit astronomischen Größen!

✔ Winzig kleine Werte aus dem atomaren oder subatomaren Bereich lassen sich beim besten Willen nicht in Form von ganzen Zahlen vernünftig repräsentieren.

✔ Zahlreiche Größen sind gebrochene Zahlen, beispielsweise gemessene Längen, Volumina oder andere physikalische Größen. Auch Geldbeträge, etwa Zinsberechnungen, führen Sie automatisch zu gebrochenen Zahlen. Die Kreiszahl π als exakt 3 anzusetzen, ist sicherlich auch keine Lösung ...

Große und kleine Zahlenbereiche

Es gibt einen mathematischen Trick, wie Sie sehr große und winzig kleine Zahlen darstellen. Sie haben bestimmt schon einmal am Taschenrechner für einen Wert größer als 1 immer wieder die Quadrat-Taste betätigt. Das Ergebnis wächst sehr schnell und überschreitet bald die maximale Stellenzahl des Displays. Auf einmal erscheint ein Wert, der den Buchstaben »e« beziehungsweise »E« enthält. Die Ziffern *davor* werden als **Mantisse** bezeichnet, die Zahl *dahinter* heißt **Exponent**. Die **Basis** sehen Sie nicht. Sie ist beim Taschenrechner implizit auf 10 gesetzt.

$$\text{Zahl} = \text{Mantisse} \cdot 10^{\text{Exponent}}$$

Die **Mantisse** ist für die Genauigkeit, also die Anzahl an *signifikanten Stellen* der darzustellenden Zahl verantwortlich. Sie ist größer oder gleich 1 und kleiner als 10. Der **Exponent** entscheidet über die Größe des möglichen *Zahlenraums*.

In Wahrheit bedeutet also 2,3456E78 nichts anderes als $2,3456 \cdot 10^{78}$. Diese Zahl hätte in der üblichen Schreibweise 78 Stellen, etwas zu viel des Guten für einen Integer-Wert. Übrigens sind auch negative Exponenten möglich. So beträgt das **Planck'sche Wirkungsquantum** h, eine für die Quantenphysik sehr wichtige physikalische Konstante, in etwa $h = 6,62606957 \cdot 10^{-34}$. In der wissenschaftlichen Notation, der **Exponentialdarstellung** von h, sieht das so aus: $h = 6,62606957E-34$. Sie glauben mir nicht? Dann geben Sie in Ihrem Taschenrechner einfach eine Zahl zwischen 0 und 1 ein, beispielsweise 0,5. Alsdann beginnt das Spiel mit der x^2-Taste erneut. Die Zahl wird immer kleiner und kleiner, je öfter Sie die Quadrattaste betätigen. Sehr rasch entstehen Werte, deren Exponentialdarstellung einen negativen Exponenten besitzen. Umgekehrt entsteht aus h der Wert 6,62606957, wenn Sie ihn 34-mal verzehnfachen.

IEEE-754

Es mag ja ganz unterhaltsam sein, die Exponentialdarstellung für Dezimalzahlen zu ermitteln. Allerdings wissen Sie längst, dass Computer immer mit Dualzahlen arbeiten. Tatsächlich müht und quält sich auch Ihr Taschenrechner, um Ihnen eine sinnvolle menschenlesbare Dezimalzahl anzuzeigen.

Der Unterschied zwischen einer Dezimalzahl und einer Dualzahl in Exponentialdarstellung betrifft alle Komponenten: Mantisse und Exponent dürfen nur noch aus den Binärziffern 1 und 0 gebildet werden und auch die Basis ist 2 anstatt 10.

Angenommen, Sie haben 32 Bits zur Verfügung. Wie viele davon spendieren Sie für die Mantisse und wie viele für den Exponenten? Je mehr Bits Sie in die Mantisse investieren, umso genauer ist der Zahlenwert. Allerdings fehlt jedes Bit der Mantisse im Exponenten und mit dem können Sie den darstellbaren Zahlenraum – im astronomischen wie im mikroskopischen Bereich – dramatisch verändern.

Haben Sie sich entschieden? Noch nicht? Keine Sorge, bei mir dauert das noch viel länger. Zum Glück hat uns das IEEE die Arbeit abgenommen und in der immer wieder verfeinerten Norm IEEE-754 alle Größen festgelegt.

IEEE, ausgesprochen wie »Ei-Trippel-i«, ist das Akronym für »Institute of **E**lectrical and **E**lectronics **E**ngineers«. Das IEEE ist nach eigenen Angaben die weltweit größte Institution für technologischen Fortschritt zum Wohle der Menschheit. Aufgrund ihrer Bedeutung haben Normierungen des IEEE den Charakter von allgemeinen Industriestandards. Dies gilt auch für die immer wieder aktualisierte Norm 754, die sich mit Standardeinstellungen für Gleitkommaoperationen in Computern befasst.

Die Norm IEEE-754 schreibt ganz genau vor, wie Sie mit Gleitkommazahlen rechnen.

Die beiden wichtigsten Festlegungen betreffen die Größe von Mantisse und Exponent für 32- beziehungsweise 64-Bit-Gleitkommazahlen. Das erste Bit wird dabei wieder für das Vorzeichen spendiert. Eine »1« bedeutet, die Zahl ist negativ. Tabelle 5.10 veranschaulicht die Aufteilung der restlichen Bits. Zum **Bias** komme ich gleich.

IEEE-754	32-Bit-Zahlen (float)	64-Bit-Zahlen (double)
Mantisse	23	52
Exponent	8	11
Bias	127	1023
kleinster Wert des Exponenten	-126	-1022
größter Wert des Exponenten	127	1023

Tabelle 5.10: Festlegungen der IEEE-Norm 754

Die Leute des IEEE sind dabei sehr pfiffig vorgegangen. Sie verlangen, dass die Exponentialdarstellung einer Binärzahl gewisse Eigenschaften erfüllt und **normalisiert** ist. Sie vermeiden damit unnötige Verluste durch Information, die ohnehin klar ist. So ist die Mantisse in normalisierter Binärdarstellung stets eine Zahl, die mit »Eins-Komma« anfängt. Beispielsweise: $1{,}001101 \cdot 2^{10101}$. Und auf das »1,« wird dann bei der Darstellung komplett verzichtet. Die Mantisse in diesem Beispiel würde also mit 001101 beginnen. Führende Nullen sind hierbei natürlich sehr wichtig. Auch für den Exponenten hat sich das Normierungsgremium des IEEE etwas Besonderes einfallen lassen. Eine einfache Zweierkomplementdarstellung scheidet aus, weil Sie dann die Zahl null nicht mehr repräsentieren könnten. Die Mantisse wäre ja mit 1,0 zu interpretieren, selbst wenn alle Bits null sind. Also haben sich die Experten für eine Alternative entschieden.

 Der Exponent im IEEE-754-Format wird als eine Dualzahl interpretiert, deren Wert um eine bestimmte Zahl, den sogenannten *Bias*, die *Verzerrung*, verringert wird, bevor er zur Anwendung kommt.

Das ist ein wenig abstrus. Wenn der Exponent in der Gleitkommadarstellung beispielsweise der Dualzahl 130 entspricht und der Bias bei 127 liegt, so meint das IEEE-754 32-Bit-Format eigentlich eine Zahl, die Sie mit $2^{130-127} = 2^3 = 8$ multiplizieren müssen.

Wenn Sie diese komplizierte Kröte zu schlucken bereit sind, wartet dafür auch eine kleine Belohnung auf Sie (nein – leider kein Prinz und auch keine Prinzessin). Auf einmal sind nicht mehr nur Zahlen darstellbar. Dazu werden Exponenten, die aus lauter Nullen oder lauter Einsen bestehen, gesondert behandelt:

✔ Falls Exponent und Mantisse aus lauter Nullen bestehen, ist die Zahl als »0« zu interpretieren, unabhängig vom Vorzeichenbit. Falls lediglich die Mantisse nicht komplett null ist, handelt es sich um eine nicht-normalisierte Zahl, wie sie für Zwischenergebnisse benötigt wird.

✔ Sollte der Exponent dagegen aus lauter Einsen bestehen, hängt seine Bedeutung von der Mantisse ab. Ist diese gleich null, handelt es sich in Abhängigkeit vom Vorzeichenbit um plus oder minus *unendlich*. Anderenfalls bedeutet die Ziffernfolge *NaN* (*Not a Number*). Unendlich könnte beispielsweise bei der Berechnung von 1 durch null entstehen, während *NaN* das Ergebnis der Operation von 0 dividiert durch 0 ist.

Damit Sie ein Gefühl für die Größe der Zahlenbereiche in Dezimalschreibweise erhalten, habe ich Ihnen in Tabelle 5.11 die entsprechenden Werte ausgerechnet.

IEEE-754	32-Bit-Zahlen (float)	64-Bit-Zahlen (double)
betragsmäßig kleinste Zahl	$\approx 1{,}2 \cdot 10^{-38}$	$\approx 2{,}2 \cdot 10^{-308}$
größte darstellbare Zahl	$\approx 3{,}4 \cdot 10^{38}$	$\approx 1{,}7 \cdot 10^{308}$

Tabelle 5.11: Zahlenraum der IEEE-754 in Dezimalschreibweise

Alle Rechenoperationen, angefangen bei der Addition über die Subtraktion und Multiplikation bis hin zur Division mit Gleitkommazahlen, erfordern die spezifische Berücksichtigung der Norm 754.

Dabei sind die Punktoperationen der Multiplikation und der Division noch vergleichsweise einfach. Dies liegt an einem einfachen mathematischen Gesetz.

Potenzen zur selben Basis werden multipliziert, indem die Exponenten addiert und die Mantissen multipliziert werden: $(a \cdot b^c) \cdot (d \cdot b^e) = (a \cdot d) \cdot b^{c+e}$.

Bei ungleichen Exponenten muss der kleinere Wert auf den größere »de-normalisiert« werden. Dabei werden einige Nachkommastellen der Mantisse abgeschnitten, aber – that's life – da kann man nichts machen. Gefährlich wird es nur, wenn diese Rundungsfehler durch nachträgliche Operationen immer größer werden. Man spricht dann von der *Fehlerfortpflanzung*, einer äußerst unerfreulichen Angelegenheit.

Wenn Sie das stört, rufen Sie doch beim IEEE an oder schicken Sie denen eine Mail, damit sie beim nächsten Mal ein paar mehr Stellen für die Mantisse spendieren. Aber beschweren Sie sich nicht bei mir, wenn dafür der Exponent kleiner ausfällt.

Am liebsten würde ich Ihnen jetzt in aller Ruhe und Ausführlichkeit die Anwendung der Norm IEEE-754 zeigen. Allerdings knackt Ihr *Informatik für Dummies*-Buch dann die Seitenzahl von 1000 und der Verlag wird mich lynchen.

Daher soll es an dieser Stelle genügen, wenn Sie sich anhand eines Beispiels von der Komplexität der Operationen überzeugen. Im Gegensatz zur Ganzzahlarithmetik ist nämlich die Addition schon eine brutale Aufgabe. Und nicht nur das: Es können sehr, sehr merkwürdige Dinge geschehen, die die Informatik eindeutig von der Welt der Mathematik trennt. Sehen Sie nur selbst!

Fallstricke der Gleitkommaarithmetik

Was ich Ihnen zuerst erklären möchte: Die vom IEEE verabschiedete Gleitkommaarithmetik erzeugt zwar riesige Zahlenräume, aber die einzelnen darstellbaren Zahlen sind keineswegs gleichmäßig verteilt. Zwei »benachbarte« Zahlen am oberen Ende der Skala haben einen riesigen Abstand.

Zwischen den beiden 32-Bit-IEEE-754-Zahlen $1,0 \cdot 2^{123}$ und $1,00000000000000000000001 \cdot 2^{123}$ ist keine andere darstellbar. Ihr Abstand liegt jedoch in der Größenordnung von $2^{100} = 1.267.650.600.228.229.401.496.703.205.376$, mehr als eine Quintillion, eine unvorstellbar große Zahl! Jede mathematische Operation, deren Ergebnis zwischen diesen Zahlen liegt, wird automatisch falsch dargestellt.

Auch am anderen Ende der Skala tun sich Abgründe auf. Ersetzen Sie einfach den positiven Exponenten durch einen negativen. Die Stellendifferenz zweier benachbarter Werte ist hier ebenso groß, auch wenn die Zahlenwerte selbst absolut winzig sind.

 Die höchste Dichte, nämlich die Hälfte aller Gleitkommazahlen, und damit die höchste erzielbare Genauigkeit finden Sie im Intervall zwischen -1 und 1.

Möglicherweise sind Sie erschüttert von der ungleichmäßigen Verteilung der IEEE-754-Zahlen. Es kommt noch schlimmer!

Elementare mathematische Operationen funktionieren nicht mehr wie erwartet. Dividieren Sie beispielsweise einfach 1 durch 3 und stellen das Ergebnis als Gleitkommazahl dar. Egal welche Architektur Sie verwenden, das Produkt dieser Zahl mit 3 wird niemals 1 ergeben. Dennoch versichere ich Ihnen, das alles ist nichts gegen das Problem aus dem nächsten Beispiel.

 Sie berechnen folgenden Term mittels IEEE-32-Bit-Gleitkommaarithmetik:

$$0,2 + 1024 - 1024$$

Sicher erwarten Sie, dass die Berechnung 0,2 ergibt. Tatsächlich sieht die Sache jedoch anders aus. Die Zahl 0,2, also 1/5, besitzt im Dualsystem nämlich unendlich viele Nachkommastellen. Dasselbe gilt beispielsweise für 1/3 im Dezimalsystem.

$$0,2 = 0 \cdot \frac{1}{2} + 0 \cdot \frac{1}{4} + 1 \cdot \frac{1}{8} + 1 \cdot \frac{1}{16} + 0 \cdot \frac{1}{32} + 0 \cdot \frac{1}{64} + 1 \cdot \frac{1}{128} + 1 \cdot \frac{1}{256} \ldots$$

$$0,2_{10} = 0,00110011001100110011001100110011\ldots$$

Intern muss die Zahl 0,2 *normalisiert* werden, das heißt, ihre Binärdarstellung muss mit »Eins-Komma« beginnen. Hierzu müssen Sie den Exponenten um drei Stellen verringern:

$$0,00110011001100110011001100110011001\ldots \cdot 2^0 =$$
$$1,100110011001100110011001\ldots \cdot 2^{-3}$$

Im 32-Bit-IEEE-754-Format verfügt die Mantisse über 23 Bits und ist, um Vergleiche zu vereinfachen, hinter dem Exponenten angeordnet. Das erste Bit ist für das Vorzeichen reserviert und die nachfolgenden acht Stellen repräsentieren die Zahl −3, allerdings mit einem Bias von 127. Der Exponent entspricht demnach der Binärzahl −3 + 127 = 124:

0	0	1	1	1	1	1	0	0	1	0	0	1	1	0	0	1	1	0	0	1	1	0	0	1	1	0	0	1	1	0	1

Ist Ihnen die letzte Stelle der Mantisse aufgefallen? Dort finden Sie anstatt der »0« eine »1«. Dies liegt an der Rundung. Bei Binärziffern haben Sie da wenig Auswahl.

Die Darstellung von 1024 = 2^{10} ist natürlich exakt, weil es sich um eine Zweierpotenz handelt. Die Mantisse besteht aus lauter Nullen und der Exponent ist 10 + 127 = 137. Bei der Addition muss die 0,2 jedoch so de-normalisiert werden, dass der Exponent mit dem der Zahl 1024 übereinstimmt und Sie so die Mantissen einfach summieren. Sie erhalten als vorübergehende Repräsentation von 0,2: 0,00000000000011001100110011001100110011001... · 2^{10}. Wenn Sie den Wert 1024 aufaddieren, ersetzen Sie lediglich die führende Null durch eine 1 und die Darstellung ist wieder normalisiert: 1,00000000000011001100110011001100110011001... · 2^{10}. Der Pferdefuß besteht nun jedoch im Runden. IEEE-754 schreibt eine 23-Bit-Mantisse vor:

0	1	0	0	0	1	0	0	1	0	0	0	0	0	0	0	0	0	0	0	0	1	1	0	0	1	1	0	0	1	1	0

Das ist nicht weiter schlimm, aber nach Subtraktion der 1024 muss das Resultat wieder normalisiert werden. Dabei werden am Ende der Mantisse natürlich nur Nullen ergänzt, für alles andere gibt es keine Rechtfertigung:

0	0	1	1	1	1	1	0	0	1	0	0	1	1	0	0	1	1	0	0	0	0	0	0	0	0	0	0	0	0	0	0

Leider repräsentiert diese Zahl nicht 0,2, sondern 0,199951.

Sie sind geschockt? Sie stellen sich vor, was alles schiefgehen kann, wenn schon eine so einfache Operation zu einem gravierenden Fehler führt? Sie haben absolut recht!

 Gleitkommaarithmetik muss vermieden werden, wenn es auf mathematische Genauigkeit ankommt!

Allerdings gibt es dafür wiederum eine solide Lösung: die **Festkommaarithmetik**. Wenn Sie sich von vornherein mit einer festen Anzahl an Nachkommastellen zufriedengeben, können Sie genauso gut mit ganzen Zahlen rechnen.

 Die Idee der Festkommaarithmetik kann ich Ihnen anhand von *Kontoständen in Euro* leicht erläutern; dort ist Präzision bekanntlich gefordert. Anstatt mit Eurobeträgen von beispielsweise 7,23 € oder 64,78 € zu rechnen, gehen Sie zu Eurocents über. Die Werte 723 ct und 6478 ct sind ganze Zahlen, deren mathematische Operationen exakt sind, solange Sie im ganzzahligen Bereich bleiben. Für die Anzeige des Kontostandes setzen Sie einfach zwischen die zweite und dritte Stelle von links – rein optisch – ein Komma.

Wenn Ihnen übrigens, etwa wegen Zinsberechnung, für Zwischenergebnisse zwei Nachkommastellen nicht genügen: Wer hindert Sie daran, in Hundertstel Eurocent zu rechnen?

Sollte Ihnen die Festkommaarithmetik nicht genügen, dürfen Sie selbstverständlich eigene Zahlenformate mit hoher Präzision erfinden, oder auf bekannte Implementierungen zurückgreifen, etwa **GMP**, die **GNU Multiple Precision Arithmetic Library**.

 Unter `http://gmplib.org` finden Sie Bibliotheksfunktionen für die Programmiersprachen C und C++, mit denen Sie beliebig große und beliebig genaue mathematische Operationen durchführen. Der Nachteil derartiger Funktionen ist die längere Ausführungsdauer, die sich bei sehr rechenintensiven Algorithmen bemerkbar macht.

 In Kapitel 24 stelle ich Ihnen eine völlig andere Möglichkeit vor, wie Sie mit gebrochenen Zahlen mathematisch korrekt verfahren: indem Sie gleich mit Brüchen rechnen!

IN DIESEM KAPITEL

Wichtige Gesetze der booleschen Algebra
verstehen

Mit Wahrheitstabellen arbeiten

Logische Gatter aufbauen

Basen kennenlernen

Kapitel 6

Heilen mit boolescher Algebra

I n der Informatik dreht sich alles um einen winzigen Unterschied: den zwischen »0« und »1«. Es ist derselbe Unterschied wie der zwischen »wahr« und »falsch«.

In diesem Kapitel möchte ich Ihnen anhand einiger alltäglicher Beispiele zeigen, welches Potenzial darin steckt, die Logik der Sprache in Formeln zu packen. Sobald Sie dazu bereit sind, werden Sie mit dem »Wahrheitsgehalt« *rechnen*. Das ist nicht nur extrem wichtig für die Informatik, sondern macht obendrein auch noch eine Menge Spaß.

Dabei gelten erstaunliche Regeln, die ich Ihnen in alle Kürze aufzeige. Es ist unglaublich, was Sie damit alles anstellen können! Durch die Zusammenstellung von einigen grundlegenden Operationen lassen sich beliebige – auch sehr komplexe – Aufgaben lösen.

Ein Computer tut nichts anderes. Ich zeige Ihnen, wie Sie das Konzept dieser »booleschen Algebra« erstaunlich einfach auf die Funktionsweise von Computern übertragen. Diese Gedanken sind im Großen und Ganzen recht leicht verdaulich. Jedoch werde ich Sie zum Schluss noch auf ein paar Fallstricke hinweisen.

Allheilmittel Algebra

Menschen sprechen im Allgemeinen miteinander. Sie erzählen sich Geschichten oder berichten über Erlebnisse. Oder sie tauschen Meinungen aus. Ist es Ihnen je in den Sinn gekommen, derartige Dialoge in Formeln zu fassen?

Ich demonstriere Ihnen das gerne anhand eines Beispiels:

»Wirst du heute Abend vorbeischauen und Getränke mitbringen?«

»Nein, das geht leider nicht!«

»Okay, dann soll Rebecca auf dem Heimweg am Getränkecenter anhalten oder ich besorge sie beim Discounter.«

Die erste Frage besteht aus zwei Komponenten:

✔ »Schaust du heute Abend vorbei?«

✔ »Bringst du Getränke mit?«

Beide Fragen beinhalten jeweils eine **Aussage**, die Sie der Einfachheit halber mit A und B abkürzen:

✔ A = »Heute Abend vorbeischauen«

✔ B = »Getränke mitbringen«

Beachten Sie, dass die Aussagen mit einem *und* verknüpft werden. Zusammen entsteht daraus eine **Konjunktion**.

Es stellt sich die Frage: »*Wann ist eine Konjunktion wahr?*«

Die *Konjunktion* (vom Lateinischen *conjungere*, *verbinden*) zweier Ausdrücke (auch *Terme* genannt) A und B ist genau dann wahr, wenn beide Terme, A **und** B jeweils wahr sind.

Schreibweise: A ∧ B, Sprechweise: »A und B«

Im Dialog aus dem Beispiel entspricht die erste Zeile somit der Frage:

»Ist A ∧ B wahr?«

Die Antwort verneint dies. Das könnte mehrere Gründe haben:

✔ A ist zwar wahr, aber B nicht.

✔ A ist bereits unzutreffend, aber B ist wahr.

✔ Sowohl A als auch B sind falsch.

Schön formal finden Sie das in Tabelle 6.1. Dort habe ich Ihnen die Wahrheitswerte gleich als Zahlen aufgeschrieben, damit Sie sich schon einmal daran gewöhnen.

Eingabe A	Eingabe B	Konjunktion A ∧ B
0	0	0
0	1	0
1	0	0
1	1	1

Tabelle 6.1: Wahrheitswerte der Konjunktion

Die dritte Zeile im Beispiel ist wiederum die Verknüpfung zweier Aussagen:

✔ A = »Rebecca hält beim Getränkecenter an«

✔ B = »Ich besorge sie beim Discounter«

Diesmal sind die Aussagen durch ein *oder* verbunden. Das nennt man dann eine **Disjunktion**.

 Die ***Disjunktion*** (vom Lateinischen *disjungere*, *trennen*) zweier Terme A und B ist genau dann wahr, wenn wenigstens einer der Terme A **oder** B wahr ist.

Schreibweise: A ∨ B, Sprechweise: »A oder B«

In Tabelle 6.2 finden Sie die Wahrheitswerte der Disjunktion.

Eingabe A	Eingabe B	Disjunktion A ∨ B
0	0	0
0	1	1
1	0	1
1	1	1

Tabelle 6.2: Wahrheitswerte der Disjunktion

Spannender wird es, wenn Sie sich komplett von den alltäglichen Aussagen lösen und nur noch mit den Termen arbeiten. Ein Computer tut nämlich genau das. Er weiß nichts und kann doch (fast) alles.

In ihrem Inneren arbeiten Rechner mit lediglich zwei Werten, die mit »0« und »1« anstatt »wahr« und »falsch« bezeichnet werden. Die Regeln dieser zweiwertigen Logik werden nach ihrem Erfinder *boolesche Gesetze* genannt.

George Boole

ist keineswegs ein Kind des Computerzeitalters, sondern war seiner Zeit weit voraus, indem er die Logik sehr stark formalisierte. Er wurde 1815 in England geboren und war nach heutigen Maßstäben gewiss hochbegabt. Obgleich er selbst nur eine unzureichende Schulbildung genoss, arbeitete er bereits mit 16 Jahren als Lehrer. Seine autodidaktischen Fähigkeiten im Bereich moderner Sprachen waren besonders beeindruckend.

Seine Liebe zur Mathematik und formalen Logik wurde erst später geweckt. So musste er sich die grundlegenden mathematischen Zusammenhänge in jahrelangem Studium selbst beibringen, war dabei aber so erfolgreich, dass er einige wissenschaftliche Schriften veröffentlichte. 1849 erhielt er eine Mathematikprofessur in Irland, wo er bis zu seinem Tod lebte. Er verstarb bereits 1864 im Alter von 49 Jahren. Neben der zweiwertigen Algebra wurde auch ein Mondkrater nach ihm benannt.

Die Gesamtheit dieser Vorschriften führt zu einer eigenen Struktur, der sogenannten *booleschen Algebra*.

Erschrecken Sie nicht beim Begriff *Algebra*! Das Wort kommt aus dem Arabischen und war ursprünglich ein medizinischer Fachbegriff zum Heilen von Knochenbrüchen. Heute meint *Algebra* die Summe der Rechenvorschriften und Eigenschaften des Rechnens, in diesem Fall mit nur zwei Werten.

 Lust auf noch mehr Algebra? Dann kann ich Ihnen das Buch *Lineare Algebra für Dummies* wärmstens empfehlen, dessen Autor Ihnen bekannt vorkommen dürfte.

Ausgangspunkt der booleschen Algebra sind also die beiden Wahrheitswerte »falsch« und »wahr«, die in der Informatik kurz und bündig mit »0« und »1« abgekürzt werden.

Konjunktion und Disjunktion sind **Operatoren** der booleschen Algebra, weil Sie mit ihrer Hilfe aus dem Wahrheitsgehalt der **Eingabeterme**, nämlich zweier Aussagen, beispielsweise A und B, auf den Wahrheitsgehalt der Verknüpfung insgesamt schließen.

Stellen Sie sich einen solchen Operator wie einen Kasten vor, in den Sie oben den Wahrheitsgehalt zweier Aussagen reinstecken und unten kommt der Wahrheitsgehalt der Konjunktion beziehungsweise Disjunktion heraus.

Konjunktion und Disjunktion sind aber nur zwei Beispiele für einen solchen **binären Operator**. **Binär** meint hier, dass Sie jeweils zwei Eingabewerte benötigen.

Noch einfacher sind natürlich **unäre Operatoren**, die lediglich einen einzigen Wert benötigen.

In Abbildung 6.1 habe ich Ihnen auf der linken Seite einen unären und rechts einen binären Operator symbolisch dargestellt.

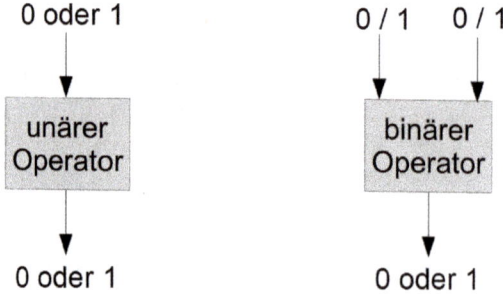

Abbildung 6.1: Unäre und binäre boolesche Operatoren

Logische Verknüpfungen

Als unäre boolesche Operatoren kommen nur sehr, sehr wenige infrage. Nämlich die beiden, die ich Ihnen vollständig in Tabelle 6.3 zeige.

Eingabe A	Identität	Negation
0	0	1
1	1	0

Tabelle 6.3: Alle unären booleschen Verknüpfungen

Die *Identität* dürfen Sie sich in Abbildung 6.1 als einen vollkommen hohlen Kasten vorstellen. Die 0 oder 1, die Sie oben hineinstecken, fällt einfach durch und kommt unten unverändert wieder heraus.

Dagegen spuckt die *Negation* immer genau das Gegenteil von dem aus, was Sie oben hineingeben. Andere Möglichkeiten für unäre Operatoren gibt es in der booleschen Algebra nicht.

Interessanter sind selbstverständlich die binären Operatoren. Davon gibt es insgesamt auch nur 16 Stück. Zwei kennen Sie bereits, nämlich die Konjunktion und die Disjunktion. Drei weitere möchte ich Ihnen etwas detaillierter zeigen:

Die *Implikation* (vom Lateinischen *implicare, verwickeln*) der Terme A und B ist genau dann wahr, wenn entweder Term A falsch ist oder Term B wahr ist. A heißt auch die **Voraussetzung** und B die **Folgerung**.

Schreibweise: A → B, Sprechweise: »A impliziert B« beziehungsweise »aus A folgt B«.

Die saubere logische Verwendung der Implikation geht im Alltag hin und wieder verloren. »Wenn die Sonne scheint, gehe ich spazieren« ist ein typisches Beispiel dafür. Symbolisiert A die Voraussetzung, nämlich den Sonnenschein, und B das Spazierengehen, so wäre die Implikation A → B logisch wahr, auch wenn die Sonne überhaupt nicht scheint. Sprechen Sie das einmal in Ihrem Bekanntenkreis an, viele werden Ihnen zu Unrecht widersprechen!

Um die Implikation auch im Alltag korrekt zu verwenden, habe ich einen kleinen Merksatz für Sie:

Die Implikation ist immer wahr, es sei denn, die Voraussetzung ist wahr, aber die Folgerung falsch.

Nun zu zwei weiteren Operatoren:

Die *Äquivalenz* (vom Lateinischen *aequus, gleich* und *valere, wert sein*) der Terme A und B ist genau dann wahr, wenn der Wahrheitswert von A und B gleich ist.

Schreibweise: A ≡ B Sprechweise: »A äquivalent B«

Die *Antivalenz* ist genau dann wahr, wenn die Äquivalenz falsch ist.

Schreibweise: A ⊕ B, Sprechweise: »A antivalent B«

Die Antivalenz wird in Informatikerkreisen als »XOR« bezeichnet. Das steht für *eXclusive OR* und meint ein ausschließliches »oder«. Nur wenn also A oder B, aber nicht beide gleich-zeitig, eine 1 liefern, ist das Ergebnis der Antivalenz 1.

Alle Wahrheitswerte dieser drei binären Operatoren finden Sie in Tabelle 6.4.

Eingabe A	Eingabe B	Implikation A → B	Äquivalenz A ≡ B	Antivalenz A ⊕ B
0	0	1	1	0
0	1	1	0	1
1	0	0	0	1
1	1	1	1	0

Tabelle 6.4: Wahrheitswerte ausgewählter binärer Verknüpfungen

Leider ist es sehr wichtig, die Wahrheitswerte dieser Operatoren wirklich zu beherrschen. Am besten lernen Sie sie auswendig! Die Namen helfen Ihnen dabei.

Die Äquivalenz ist die Negation der Antivalenz und umgekehrt.

Die Abkürzungen der wesentlichen booleschen Operatoren sowie die zugehörigen Verknüp-fungssymbole stellt Ihnen Tabelle 6.5 vor.

Operation	Operator	Verknüpfungssymbol	Alternatives Symbol
Negation	NOT A	$\overline{A}$	¬A
Konjunktion	A AND B	A ∧ B	A · B
Disjunktion	A OR B	A ∨ B	A + B
Antivalenz	A XOR B	A ⊕ B	
Äquivalenz	A EQUIV B	A ≡ B	
Implikation	A IMPL B	A → B	

Tabelle 6.5: Verknüpfungssymbole der booleschen Algebra

Die vierte Spalte von Tabelle 6.5 enthält alternative Symbole. Für die Konjunktion und die Disjunktion sollten Sie sich daran gewöhnen, die von Zahlen bekannten Multiplikations- und Additionszeichen zu verwenden. Dies erscheint zumindest in der Informatik konse-quent, weil Sie dort ja auch die Wahrheitswerte als Ziffern notieren.

Im letzten Abschnitt dieses Kapitels zeige ich Ihnen einige Gefahren auf, die durch die Verwechslung der alternativen Symbole mit der gewöhnlichen Zahlenarithmetik auftreten.

Der Vorteil der Symbole besteht darin, dass Sie Zusammenhänge in logischen Aussagen wie mathematische Gleichungen schreiben.

Wie Sie bereits wissen, lässt sich die Äquivalenz als eine Negation der Antivalenz verstehen. Also gilt: $A \equiv B = \overline{A \oplus B}$.

Das isot aber noch nicht alles. Hier ein paar weitere Beispiele:

✔ $A \oplus B = \overline{A} \vee B$

✔ $\overline{\overline{A}} = A$

✔ $A + B = (A \oplus B) + A \cdot B$

Für die unterste Zeile setzen wir insgeheim voraus, dass für die Symbole »+« und »·« die altbekannte Regel *Punkt vor Strich* gilt und daher eine Klammer um den Ausdruck $A \cdot B$ entbehrlich ist. Dennoch ist der Term schon nicht mehr so einfach einzusehen. Stimmt das überhaupt? Endlich kommt die boolesche Algebra ins Spiel. Sie befasst sich mit den Gesetzen und Vorschriften zur Verarbeitung logischer Terme.

Bei der Verarbeitung von booleschen Termen mit »·« und »−« gilt die bekannte Regel *Punkt vor Strich*.

George Boole hatte keineswegs im Sinn, die unären und binären Verknüpfungen auf digitale Zustände von Computern anzuwenden, die erst hundert Jahre später erfunden wurden. Vielmehr war seine Zielsetzung, logische Aussagen besser formalisieren zu können. Dort, wo wir von null und eins sprechen, hatte Boole die logischen Wahrheitswerte *false* und *true* vor Augen. Die Verknüpfung von sprachlichen Aussagen führte Boole zu einer geradezu mathematischen Schreibweise. Er gilt somit als ein wichtiger Wegbereiter der *Aussagenlogik*.

Gesetze und Regeln

Das Schöne an der booleschen Algebra ist ihre Übersichtlichkeit. Im Gegensatz zum Rechnen mit unendlich vielen Zahlen haben Sie bei Boole nur die Auswahl zwischen null und eins. Meist können Sie durch vollständiges Austesten aller möglichen Kombinationen für die Variablen die zugehörigen Vorschriften sofort selbst beweisen.

Assoziativgesetze

Mit dem Wort *Assoziativgesetz* ist eine Klammerregel gemeint. Bei gleichartigen Operatoren spielt die Reihenfolge ihrer Auswertung – nicht der Operanden – keine Rolle. Daher können Sie die zugehörigen Klammern einfach weglassen.

AND ist *assoziativ*: $(A \cdot B) \cdot C = A \cdot (B \cdot C) = A \cdot B \cdot C$

OR ist *assoziativ*: $(A + B) + C = A + (B + C) = A + B + C$

XOR ist *assoziativ*: $(A \oplus B) \oplus C = A \oplus (B \oplus C) = A \oplus B \oplus C$

EQUIV ist *assoziativ*: $(A \equiv B) \equiv C = A \equiv (B \equiv C) = A \equiv B \equiv C$

Kommutativgesetze

Als Nächstes steht die Frage nach dem Vertauschen der Operanden im Raum, ob Sie also die Eingänge A und B auch einfach umdrehen dürfen. Diese nicht allzu komplizierte Regel wird *Kommutativgesetz* genannt. Dies ist der Fall, was Sie leicht anhand Tabelle 6.4 überprüfen:

AND ist *kommutativ*: $A \cdot B = B \cdot A$

OR ist *kommutativ*: $A + B = B + A$

XOR ist *kommutativ*: $A \oplus B = B \oplus A$

EQUIV ist *kommutativ*: $A \equiv B = B \equiv A$

Distributivgesetze

Solange Sie die unterschiedlichen Operatoren innerhalb eines Terms nicht mischen, bleibt die Angelegenheit recht langweilig. Insofern sind die Regeln der *Distributivgesetze* schon spannender:

Für *AND* und *OR* gelten zwei *Distributivgesetze*:

✔ $A \cdot (B + C) = A \cdot B + A \cdot C$ sowie $(A + B) \cdot C = A \cdot C + B \cdot C$

✔ $A + B \cdot C = (A + B) \cdot (A + C)$ sowie $A \cdot B + C = (A + C) \cdot (B + C)$

Leider sind Äquivalenz und Antivalenz nicht distributiv. Um das zu verstehen, genügt ein einziges Gegenbeispiel. Setzen Sie A = 1, B = 0 und C = 0. Dann ist:

$A \oplus (B \equiv C) = 1 \oplus (0 \equiv 0) = 1 \oplus 1 = 0$

Zugleich gilt jedoch:

$(A \oplus B) \equiv (A \oplus C) = (1 \oplus 0) \equiv (1 \oplus 0) = 1 \equiv 1 = 1$, was zu einem Widerspruch führt.

Neutralität und Komplement

Die erste der nachfolgenden Regeln rechtfertigt die Verwendung der bekannten Symbole + und · für Disjunktion und Konjunktion. Bei der zweiten überlegen Sie sich, dass die Verknüpfung zweier widersprüchlicher Aussagen falsch oder wahr sein kann:

Für *AND* und *OR* gibt es ein *Neutralelement*:

✔ $A \cdot 1 = 1 \cdot A = A$

✔ $A + 0 = 0 + A = A$

Für *AND* und *OR* gelten folgende Regeln zum *Komplement*:

✔ $A \cdot \overline{A} = 0$

✔ $A + \overline{A} = 1$

Für *AND* gilt die *Nullregel*:

✔ $A \cdot 0 = 0 \cdot A = 0$

Für *OR* gilt die *Einsregel*:

✔ $A + 1 = 1 + A = 1$

Idempotenz und Absorption

Sobald Sie binäre Ausdrücke mit nur einer verdoppelten Eingabe versehen, spricht man von *Idempotenz*. Der lateinische Ursprung *idem* (dasselbe) und *potentem* (kraftvoll) weist Sie darauf hin, dass die kräftige Verdopplung der Operanden doch wieder in demselben Wert resultiert.

Für *AND* und *OR* gelten folgende *Idempotenzgesetze*:

✔ $A \cdot A = A$

✔ $A + A = A$

Bis hierher haben Ihnen die Gesetze zwar nützliche Hinweise geliefert, aber die gegebenen Terme nicht sonderlich vereinfacht. Dies ändert sich jetzt. Mit den *Absorptionsgesetzen* verkleinern Sie Ausdrücke, indem ein Teil einfach verschluckt wird.

Für *AND* und *OR* gelten folgende *Absorptionsgesetze*:

✔ $A \cdot (A + B) = A$

✔ $A + A \cdot B = A$

Diese beiden Gleichungen sehen auf den ersten Blick verwirrend aus. Wenn $A \cdot (A + B)$ dasselbe ist wie A, so ist der zweite Faktor A+B auf der linken Seite überflüssig, Sie dürfen ihn einfach weglassen. Also spielt B überhaupt keine Rolle? Keine Sorge, das ist völlig in Ordnung. Wenn A den Wert 1 besitzt, wird die Disjunktion im Inneren der Klammer ohnehin 1 sein und somit ist der Wert von B tatsächlich irrelevant. Ist A dagegen null, spielt das komplette A+B keine Rolle mehr, weil die Konjunktion mit der Null stets zu 0 führt.

Auch die untere der beiden Gleichungen lösen Sie auf diese Weise auf. Sollte A = 1 sein, so ist der Wert von A · B egal, weil die Disjunktion ohnehin erfüllt ist. Ist A dagegen null, hilft die Multiplikation mit B auch nicht weiter, der gesamte Term bleibt null.

Zur Demonstration der bisherigen Erkenntnisse mache ich Ihnen ein Beispiel.

Betrachten Sie zunächst den folgenden Term: A · (B + A) + 1·(B + (A · $\overline{A}$))

Aufgrund des Absorptionsgesetzes dürfen Sie den ersten Teil vereinfachen:

$$A\cdot\left(B+A\right)+1\cdot\left(B+\left(A\cdot\overline{A}\right)\right)=A+1\cdot\left(B+\left(A\cdot\overline{A}\right)\right)$$

Für den Vorfaktor »1 ·« greift das Neutralelement:

$$A+1\cdot\left(B+\left(A\cdot\overline{A}\right)\right)=A+\left(B+\left(A\cdot\overline{A}\right)\right)$$

Als Nächstes kommen Sie mit der Komplementregel für A · $\overline{A}$ weiter:

$$A+\left(B+\left(A\cdot\overline{A}\right)\right)=A+\left(B+0\right)$$

Zum Schluss hilft Ihnen die Kombination aus Assoziativgesetz und Neutralelement, um lediglich ein einfaches »A« zu erhalten:

$$A+\left(B+0\right)=A+B+0=A+B$$

Insgesamt erhalten Sie als Vereinfachung des Ausgangsterms:

$$A\cdot\left(B+A\right)+1\cdot\left(B+\left(A\cdot\overline{A}\right)\right)=A+B$$

Dualitätsprinzip

Neben den bisher dargestellten Gesetzen gilt ein ganz außergewöhnliches und faszinierendes Prinzip:

Ein boolescher Term, der nur aus Disjunktionen, Konjunktionen, Negationen und Zahlen besteht, bleibt wahr, wenn alle Konjunktionen und Disjunktionen sowie alle Einsen und Nullen vertauscht werden. Das ist das **Dualitätsprinzip**.

Das klingt verwegen. Ich werde Ihnen hier anhand des letzten Beispiels zeigen, dass dies tatsächlich stimmt. Sie dürfen sich jederzeit eigene Terme zusammenstellen, um das Dualitätsprinzip nachzuweisen.

Wegen

$$A\cdot\left(B+A\right)+1\cdot\left(B+\left(A\cdot\overline{A}\right)\right)=A+B$$

gilt nach dem Dualitätsprinzip:

$$A+B\cdot A)\cdot\left(0+B\cdot\left(A+\overline{A}\right)\right)=A\cdot B$$

Das Dualitätsprinzip geht von einem vollständig geklammerten Ausdruck aus. Wenn Sie mit der Punkt-vor-Strich-Rechnung arbeiten, müssen Sie gegebenenfalls Klammern hinzufügen. Rechnen Sie es nach, die Gleichung stimmt!

De Morgan

Bis auf das Dualitätsprinzip waren die Gesetze der booleschen Algebra bisher entweder sehr leicht zu verstehen oder doch vom Rechnen mit Zahlen bekannt. Das ändert sich jetzt, und zwar mit den *De Morgan'schen Gesetzen.*

Augustus De Morgan

war ein Zeitgenosse von George Boole und gilt zusammen mit diesem als Begründer der formalen Logik. De Morgan wurde bereits 1806 in Indien geboren, wo sein Vater als britischer Colonel stationiert war. Kurz nach seiner Geburt erblindete er auf einem Auge, worauf seine Familie mit ihm nach England zurückkehrte.

Die 30er und 40er Jahre des 19. Jahrhunderts waren De Morgans produktivste Zeit. Er untersuchte die Regeln der Algebra, wie sie in diesem Kapitel aufgelistet sind, und steuerte zahlreiche neue Gedanken dazu bei. Zu Recht taucht sein Name in diesem Regelwerk auf, obwohl die *De Morgan'schen Gesetze* tatsächlich schon im 14. Jahrhundert nachgewiesen werden können.

Später wandte er sich Untersuchungen zur *Hellseherei* zu. Weil er befürchtete, dieses Gebiet schade seinem exzellenten wissenschaftlichen Ruf, veröffentlichte er die Ergebnisse der Experimente erst 1863 unter dem Namen seiner Frau Sophia Elisabeth.

Die *De Morgan'schen Gesetze* erlauben es, die Negation eines gegebenen booleschen Terms auf die Operanden zu übertragen, was ein sehr wichtiges Element zu seiner Vereinfachung darstellt.

 De Morgan'sche Gesetze:

$$\overline{A \cdot B} = \overline{A} + \overline{B}$$

$$\overline{A + B} = \overline{A} \cdot \overline{B}$$

Aufgrund des Dualitätsprinzips sind beide Gesetze letztendlich verschiedene Darstellungen ein und desselben Gedankens:

✔ »Wenn es falsch ist, dass beide Aussagen, A und B wahr sind, so muss entweder A oder B falsch sein.«

✔ »Wenn es falsch ist, dass von den Aussagen A und B wenigstens eine wahr ist, so müssen beide, A und B falsch sein.«.

Laws of Thought

Die Anwendung von Algebra auf menschliche Gedanken beschrieb George Boole in seinem Spätwerk *Laws of Thought*. De Morgan war begeistert und hielt das Buch für einen Beweis, dass sich alle Ausdrücke der menschlichen Sprache und somit jeder Gedankengang algebraisch beschreiben ließe.

Die »De Morgan'schen Gesetze« dürfen Sie auch auf mehr als zwei Operanden anwenden. Aus der Gesamtnegation beliebig vieler Konjunktionen wird somit die Disjunktion der vielen einzelnen Negationen – und umgekehrt.

Stunde der Wahrheitstabellen

Komplexe boolesche Ausdrücke vereinfachen Sie mit den oben beschriebenen Regeln und Gesetzen, ohne ihren Wahrheitsgehalt zu verändern.

Ich zeige Ihnen exemplarisch Schritt für Schritt, wie Sie den reichlich komplizierten Ausdruck

$$\overline{A + A \cdot \overline{\overline{A \cdot B}} + B \cdot A} + \overline{A + B}$$

systematisch vereinfachen.

Zunächst sollten Sie die verschachtelten Negationen auflösen. Dazu wenden Sie zuerst auf jeder Seite der Disjunktion jeweils eine Variante der »De Morgan'schen Gesetze« an und erhalten so die rechte Seite der Gleichung:

$$\overline{A + A \cdot \overline{\overline{A \cdot B}} + B \cdot A} + \overline{A + B} = \overline{A} \cdot \overline{A \cdot \overline{\overline{A \cdot B}} + B} + \overline{A} \cdot \overline{A + B}$$

$$= \overline{A} \cdot \overline{A \cdot \overline{A \cdot B} + \overline{B}} + \overline{A} \cdot \overline{A + B}$$

In der zweiten Zeile habe ich Ihnen gleich die doppelten Negationen aufgelöst. Der Ausdruck $\overline{A} \cdot A$ führt Sie – gemäß Komplementregel – stets zum Wert 0. Eine Konjunktion mit 0 ergibt wiederum null. Das ist die Nullregel der AND-Operation.

Unser Ausdruck ist jetzt schon viel kleiner geworden:

$$\overline{A + A \cdot \overline{\overline{A \cdot B}} + B \cdot A} + \overline{A + B} = 0 + \overline{B} + \overline{A + B}$$

Die Null auf der rechten Seite der Gleichung dürfen Sie getrost weglassen, weil sie Neutralelement der Disjunktion ist. Für den Term ganz rechts bietet sich wiederum De Morgan an:

$$\overline{A + A \cdot \overline{\overline{A \cdot B}} + B \cdot A} + \overline{A + B} = \overline{B} + A + \overline{A} \cdot \overline{B}$$

Aufgrund des Assoziativgesetzes habe ich die Klammern gleich weggelassen. Nun ist das Kommutativgesetz an der Reihe. Dazu vertauschen Sie die beiden ersten Summanden auf der rechten Seite:

$$\overline{B} + A + \overline{A} \cdot \overline{B} \;=\; A + \overline{B} + \overline{A} \cdot \overline{B}$$

Die beiden Terme ganz rechts »schreien« geradezu nach der Anwendung des Absorptionsgesetzes:

$$A + \left(\overline{B} + \overline{A} \cdot \overline{B}\right) \;=\; A + \overline{B}$$

Zur besseren Übersicht habe ich Ihnen den entscheidenden Teil eingeklammert.

Von unserem ursprünglichen, sehr komplizierten Term ist nicht mehr viel übrig geblieben:

$$\overline{A + A \cdot \overline{\overline{A \cdot B}}} \;\; \overline{B \cdot A + \overline{A + B}} \;=\; A + \overline{B}$$

Diese Vereinfachung ist schon sehr erstaunlich. Ich weiß nicht, wie es Ihnen geht, aber bei mir bleibt bei diesem Beispiel ein ungutes Gefühl zurück. Sollten beide Seiten der Gleichung wirklich immer zum selben Resultat führen?

Eigentlich muss das ja stimmen, denn wir haben nur erlaubte Gesetze angewendet. Aber vielleicht steckt irgendwo ein Rechenfehler?

Um das zu überprüfen, berechnen Sie einfach alle möglichen Wahrheitskombinationen der Aussagen von A und B und vergleichen, was sich links und rechts der Gleichung ergibt. So viele Möglichkeiten gibt es gar nicht, nämlich nur 4. Das lässt sich hübsch in einer Tabelle veranschaulichen, einer sogenannten **Wahrheitstabelle**.

A	B	$\overline{A \cdot B}$	$\overline{A \cdot \overline{A \cdot B}}$	$A + A \cdot \overline{A \cdot B}$	$\overline{A + B}$	$\overline{A + \overline{A + B}}$	$B \cdot \overline{A + B}$	$A + A \cdot \overline{A \cdot B} + B \cdot \overline{A + B}$	$A + \overline{B}$
0	0	1	1	0	1	0	1	1	1
0	1	1	1	0	0	1	0	0	0
1	0	1	0	0	0	0	1	1	1
1	1	0	1	0	0	0	1	1	1

Tabelle 6.6: Wahrheitstabelle zum Rechenbeispiel

Betrachten Sie Tabelle 6.6! Es kommt auf den Vergleich der beiden letzten Spalten an, denn diese repräsentieren die Werte auf beiden Seiten der Gleichung. Die mittleren Spalten sind nur Zwischenschritte, damit Sie sich bei der Berechnung des komplizierten Terms auf der linken Seite der Gleichung nicht verrechnen.

Somit haben Sie den erstaunlichen Beweis erbracht, dass die Vereinfachung tatsächlich zutrifft!

Digitale Vergatterung

Es ist so weit! Sie sind bereit, die schöne boolesche Welt auf die Realität von Computern zu übertragen. Dazu zeige ich Ihnen zunächst, wie es Ihnen gelingt, Konjunktion und Disjunktion in Form von »logischen Gattern« zu realisieren.

 Ein *logisches Gatter* ist ein elektronisches Bauteil, das boolesche Operatoren realisiert.

Der Eingabewert entspricht dem Zustand eines **Schalters**. Ein geöffneter Schalter ist in diesem Sinne logisch »falsch« und besitzt den Wert 0. Ist der Schalter dagegen geschlossen, entspricht das einer 1, dem logischen »wahr«.

Die Konjunktion, also AND, zeige ich Ihnen in Abbildung 6.2.

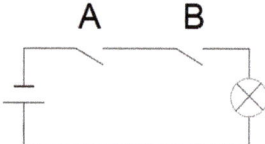

Abbildung 6.2: Serielle Gatterschaltung der Konjunktion

Links sehen Sie eine Stromquelle, die als zwei unterschiedlich lange parallele Striche symbolisiert ist. Rechts findet sich ein Verbraucher, beispielsweise ein Glühlämpchen, dargestellt als Kreis mit einem »X« in der Mitte.

Offenbar leuchtet die Lampe nur dann, wenn die Schalter A *und* B geschlossen sind.

In Abbildung 6.3 finden Sie die Disjunktion. Hier genügt es, wenn wenigstens A *oder* B geschlossen ist, damit das Lämpchen leuchtet.

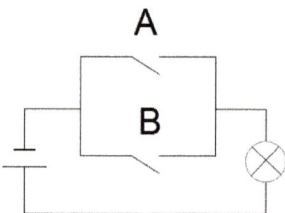

Abbildung 6.3: Parallele Gatterschaltung der Disjunktion

Im Prinzip lassen sich alle logischen Verknüpfungen, ganz gleich, wie kompliziert sie sind, auf diese Weise als elektronische Schaltungen aufbauen.

Kapitel 7 zeigt Ihnen, wie Sie logische Terme zunächst vereinfachen und dann systematisch im Schaltungsentwurf verwenden. In Kapitel 8 zeige ich Ihnen, wie Sie Negationen schaltungstechnisch realisieren.

Basis und Komposition

Ist es überhaupt notwendig, jede der 16 möglichen binären Operatoren als Schaltung zu entwerfen? Immerhin ist beispielsweise die Äquivalenz einfach die Negation der Antivalenz.

Tatsächlich gelingt es Ihnen, jeden beliebigen Term als eine Kombination von lediglich Negation, Disjunktion und Konjunktion auszudrücken. Man nennt eine solche Kombination auch **Basis**.

 Eine Menge von Operatoren, mit der sich jeder beliebige boolesche Term ausdrücken lässt, heißt *Basis*.

Um Ihnen zu veranschaulichen, dass AND, OR und NOT tatsächlich eine Basis bilden, formuliere ich einfach Äquivalenz, Antivalenz und Implikation als eine Kombination aus Disjunktion, Konjunktion und Negation. Dies gilt auch für alle anderen Operatoren, die ich nicht im Einzelnen erwähnt habe. Wenn Sie mir nicht glauben, überprüfen Sie die Gleichungen mittels Wahrheitstabellen!

Äquivalenz

$$A \equiv B \;\; = \;\; \left(\overline{A} + B\right) \cdot \left(A + \overline{B}\right)$$

Antivalenz

$$A \oplus B \;\; = \;\; \overline{A} \cdot B + A \cdot \overline{B}$$

Implikation

$$A \rightarrow B \;\; = \;\; \overline{A} + B$$

NAND und NOR

Bisher habe ich Sie noch nicht mit dem Wissen um zwei boolesche Funktionen belastet, die sich im Grunde als eine Kombination von NOT und AND beziehungsweise NOT und OR darstellen lassen. Die Rede ist von NAND und NOR, die Informatiker gerne als *Scheffer-* beziehungsweise *Peirce-Funktion* bezeichnen. Die offiziellen Bezeichnungen sind dagegen kaum geläufig.

Die *Negatkonjunktion NAND (Scheffer-Funktion)* der Terme A und B ist genau dann wahr, wenn die Konjunktion von A und B falsch ist.

Schreibweise: $\overline{A \wedge B}$, Sprechweise: »A nänd B«

Die *Negatdisjunktion NOR (Peirce-Funktion)* der Terme A und B ist genau dann wahr, wenn die Disjunktion von A und B falsch ist.

Schreibweise: $\overline{A \vee B}$, Sprechweise: »A nor B«

Der Witz dieser beiden Funktionen besteht darin, dass jede – für sich alleine – bereits eine Basis darstellt. Ich demonstriere Ihnen das am besten dadurch, dass ich Konjunktion, Disjunktion und Negation jeweils mit NAND und NOR ausdrücke. Da Erstere zusammengenommen Basen darstellen, muss dies auch für Letztere gelten.

Allgemeine Operation	Ausgedrückt durch NAND	Ausgedrückt durch NOR
A AND B	(A NAND B) NAND (A NAND B)	(A NOR A) NOR (B NOR B)
A OR B	(A NAND A) NAND (B NAND B)	(A NOR B) NOR (A NOR B)
NOT A	A NAND A	A NOR A

Tabelle 6.7: NAND und NOR als Basis

In Tabelle 6.7 habe ich bewusst die symbolische Schreibweise vermieden, damit Sie genau erkennen, dass die mittlere und rechte Spalte wirklich nur aus NAND beziehungsweise NOR bestehen.

Der Beweis dieser Tatsachen ist eine nette Übung zu den De Morgan'schen Gesetzen. Die Eingänge müssen dabei verdoppelt werden, was einer direkten Leitungsverbindung bei der elektronischen Realisierung entspricht. Ich beginne jeweils mit dem NAND-Ausdruck in der mittleren Spalte und zeige Ihnen die Übereinstimmung mit der linken.

Zunächst zur Konjunktion:

$$
\begin{aligned}
\overline{\overline{A \wedge B} \wedge \overline{A \wedge B}} &= \overline{\overline{A \wedge B}} \vee \overline{\overline{A \wedge B}} \\
&= \left(A \wedge B\right) \vee \left(A \wedge B\right) \\
&= A \wedge B
\end{aligned}
$$

Alsdann zur Disjunktion:

$$
\begin{aligned}
\overline{\overline{A \wedge A} \wedge \overline{B \wedge B}} &= \overline{\overline{A \wedge A}} \vee \overline{\overline{B \wedge B}} \\
&= \left(A \wedge A\right) \vee \left(B \wedge B\right) \\
&= A \vee B
\end{aligned}
$$

Und zum Schluss die Negation:

$$
\begin{aligned}
\overline{A \wedge A} &= \overline{A} \vee \overline{A} \\
&= \overline{A}
\end{aligned}
$$

Übung: Die Beweise zu NOR überlasse ich Ihnen. Der Nachweis verschafft ein gutes Gefühl. Vertrauen Sie mir und probieren Sie es doch einfach aus …!

Stolpersteine der booleschen Algebra

So schön und harmlos die boolesche Algebra auch erscheint, so gefährlich kann sie an der einen oder anderen Stelle sein. Dies gilt besonders für Aussagen, die scheinbar ganz offensichtlich sind.

Sie können ein Grundschulkind fragen: »Was ist eins plus eins?«, und werden einige Mühen haben, ihm zu erklären, dass im Dualsystem 1 + 1 eben nicht 2, sondern 10 ist. Bezogen auf die letzte Ziffer ist 1 + 1 = 0 sogar die richtige Antwort.

Mit ein wenig Mühe leuchtet das ein. Leider macht die boolesche Algebra dem einen Strich durch die Rechnung. Denn der Term 1 + 1 kann als Disjunktion interpretiert werden und die »1« als »wahr«. Demnach gilt: 1 + 1 = 1.

Somit ist es von äußerster Wichtigkeit, den konkreten Kontext einer Gleichung anzugeben. Allein für sich genommen könnte 1 + 1 = 2, 1 + 1 = 0 oder 1 + 1 = 1 durchaus sinnvoll und richtig sein.

Wenn wir schon bei gefährlicher Fehlleistung der Intuition sind: Das Distributivgesetz 2 der booleschen Algebra ist, vorsichtig formuliert, gewöhnungsbedürftig:

$$A + B \cdot C = (A + B) \cdot (A + C)$$

Das dürfen Sie keinesfalls auf gewöhnliche Zahlen anwenden!

$$1 + 2 \cdot 3 \neq (1 + 2) \cdot (1 + 3)$$

Nichtsdestotrotz ist dieses Gesetz – bezogen auf logische Aussagen – durchaus leicht zu verstehen. »Entweder muss die Aussage A wahr sein oder B und C müssen beide erfüllt sein« ist dasselbe wie »Es muss sowohl A oder B als auch A oder C wahr sein«.

Gemein ist auch, dass das Distributivgesetz 1 im Gegensatz dazu auch für normale Zahlen zutrifft:

$$A \cdot (B + C) = A \cdot B + A \cdot C$$

Der tiefere Grund besteht in der Ungleichbehandlung der gewöhnlichen Addition gegenüber der Multiplikation, während das Dualitätsprinzip garantiert, dass Sie Disjunktion und Konjunktion stets auf dieselbe Weise verwenden dürfen.

 Für die booleschen Wahrheitswerte gelten andere Gesetze als für gewöhnliche Zahlen!

Leider bilden selbst so naheliegende und einleuchtende Gesetze wie das Assoziativgesetz hin und wieder üble Fallstricke. Obwohl $(A \cdot B) \cdot C = A \cdot (B \cdot C)$ für die Konjunktion wahr ist, gilt das leider nicht mehr für NAND – für NOR und für die Implikation übrigens auch nicht:

(A NAND B) NAND C $\neq$ A NAND (B NAND C).

Um das zu verstehen, setzen Sie beispielsweise A = B = 0 und C = 1 an. Die linke Seite ergibt dann (0 NAND 0) NAND 1 = 1 NAND 1 = 0, während die rechte 0 NAND (0 NAND 1) = 0 NAND 1 = 1 ist.

 Assoziativ- und Kommutativgesetze gelten nur für Konjunktion und Disjunktion und dürfen auf andere boolesche Operatoren nicht angewendet werden!

Hin und wieder werden Sie in Lehrbüchern auch die Verwendung des Minus-Zeichens für die Negation finden:

$$-A = \overline{A} = \neg A$$

Das ist auf eine gewisse Art konsequent, wo doch schon die Disjunktion mit »+« und die Konjunktion mit »·« identifiziert wurde. Ich habe Sie allerdings davor bewahrt, weil die Menge an nicht mehr intuitiven Termen danach exponentiell ansteigt:

Beispielsweise ist $(-A) \cdot (-B) = (-1) \cdot (-1) \cdot A \cdot B = A \cdot B$ nur für Zahlen richtig. In der booleschen Algebra ist dagegen $\overline{A} \wedge \overline{B} \neq A \wedge B$. Alles andere wäre Unsinn.

 Die Verwendung des Minuszeichens für die boolesche Negation führt zu zahlreichen Fehlschlüssen und sollte daher vermieden werden!

Kapitel 7

Schalten und Walten

ndlich geht es an die Anwendung. Anhand eines Beispiels möchte ich Ihnen in diesem Kapitel zeigen, wie Sie aus einer gegebenen Problemstellung eine Funktionsgleichung entwerfen, aus der letztlich eine elektronische Schaltung aufgebaut werden kann. Anschließend müssen Sie diese in eine brauchbare Darstellung bringen, *Normalform* nennt sich das. Schließlich möchte ich Sie auf diverse Möglichkeiten aufmerksam machen, wie Sie boolesche Terme in eine Minimaldarstellung überführen.

Entwurfsprobleme spielend lösen

Beginnen wir diesen Abschnitt mit einem leicht verständlichen und alltäglichen Beispiel. Die detaillierte Untersuchung wird Sie bis zum Ende des Kapitels begleiten.

 Ihre Aufgabe besteht darin, eine Schaltung zur Steuerung eines elektrischen Rollladenantriebs zu entwerfen.

Der Bedienknopf soll in drei verschiedenen Stellungen drei Funktionen ermöglichen:

✔ Rollladen heben

✔ Rollladen senken

✔ Kindersicherung

In der Stufe »Kindersicherung« soll der Rollladen in seiner aktuellen Position verharren. Wenn Sie so wollen, ist diese Stufe zugleich ein Ausschalter.

Weiterhin benötigen Sie zwei Endschalter, jeweils einen für einen vollständig geschlossenen und einen vollständig geöffneten Rollladen. Diese Taster sollen Ihnen signalisieren, wann der Rollladen an seine Grenzen stößt – im wahrsten Sinne des Wortes. Typischerweise befinden sich diese Bauteile im Inneren des Rollladenkastens.

Zur Lösung dieser Aufgabe gehen Sie ganz systematisch vor. Als Erstes untersuchen Sie, welche Anforderungen bezüglich der **Eingabedaten** vorliegen. Dabei handelt es sich um diejenigen Dinge, die der spätere Benutzer der Rollladensteuerung verändern kann.

Gemäß Aufgabenstellung sind das drei. Neben dem Heben und Senken des Rollladens soll ebenfalls eine Kindersicherung als Einstellung möglich sein. Ein **Bit** genügt also nicht, weil Sie damit lediglich zwei unterschiedliche Anforderungen realisieren könnten. Zwei Bits sind aber bereits zu viel. Damit wären Sie in der Lage, vier unterschiedliche Werte zu beschreiben. Aber es hilft nichts. Halbe Bits gibt es bekanntlich nicht.

Die beiden Endschalter sind ebenfalls binäre Eingabedaten. Der eine zeigt an, ob der Rollladen ganz hoch gezogen ist oder eben nicht. Für den unteren Endschalter gilt das Gleiche in der anderen Richtung. Sein Wert ist »wahr«, wenn der Rollladen vollständig geschlossen ist, ansonsten »falsch«. Ist der Rollladen irgendwo in der Mitte, sind beide Taster in einer offenen Position, was dem Wahrheitswert »falsch« für beide Werte entspricht.

Somit müssen Sie insgesamt vier binäre **Eingabevariablen** vorsehen.

Anschließend untersuchen Sie die **Ausgabedaten**. Das ist übersichtlich. Der Rollladenantrieb kann ein- oder ausgeschaltet sein, das ist die erste **Ausgabevariable**. Wenn er eingeschaltet ist, kann sich der Motor in eine von zwei Richtungen drehen. Der Rollladen bewegt sich dann nach oben oder nach unten.

Insgesamt erhalten Sie zwei binäre **Ausgabevariablen**.

Tabelle 7.1 fasst die Situation zusammen und führt symbolische Bezeichnungen für die Variablen ein. Weil bei einem Ausdruck »y = f(x)« y die Ausgabe- und x die Eingabevariable ist, habe ich diese Buchstaben gewählt. Sie dürfen sich dafür gerne eigene Namen überlegen, die Indizierung ist allerdings sehr wichtig, denn in der Praxis gehen Ihnen anderenfalls ansonsten irgendwann die Buchstaben aus!

Art der Eingabe- oder Ausgabevariablen	Typ der Variablen	Symbolische Bezeichnung
Rollladen soll sich heben bei »wahr«, anderenfalls senken.	Eingabe	x_1
Kindersicherung aktiv	Eingabe	x_2
Endschalter Rollladen vollständig geöffnet	Eingabe	x_3
Endschalter Rollladen vollständig geschlossen	Eingabe	x_4
Rollladenantrieb mit Spannung versorgen	Ausgabe	y_1
Laufrichtung des Antriebs nach oben	Ausgabe	y_2

Tabelle 7.1: Bezeichner für Ein- und Ausgabevariablen

Die linke Spalte ist so zu verstehen, dass der jeweilige binäre Wert genau dann »wahr« ist, wenn die Aussage zutrifft. Sie sind es bereits gewohnt, anstatt »wahr« die Zahl 1 zu verwenden. 0 steht demnach für »falsch«. Genau das werde ich ab jetzt auch so übernehmen.

Beispielsweise soll x_2 genau dann den Wert 1 besitzen, wenn die Kindersicherung tatsächlich eingeschaltet ist. $x_4 = 0$ bedeutet, der Rollladen befindet sich nicht in der völlig geschlossenen Position. Ob er fast geschlossen ist oder völlig geöffnet, können Sie an x_4 nicht erkennen.

Wenn Ihre Schaltung y_2 auf 1 setzt, dann wird sich der Rollladenantrieb in einer Richtung bewegen, dass sich der Rollladen hebt. Dies setzt voraus, dass $y_1 = 1$ ist, denn anderenfalls ist der Motor ohne Strom und jede Bewegung des Rolladens unmöglich.

 Ihre Schaltung muss Sachbeschädigungen vermeiden! Wenn der Rollladen beispielsweise bereits vollständig geöffnet ist, darf der Motorantrieb nicht versuchen, diesen noch weiter anzuheben …

Der Informatiker muss zu jedem Zeitpunkt den Überblick behalten. Insbesondere dürfen Sie bestimmte gefährliche physikalische Konstellationen nicht einfach ignorieren. Es geht also um den Gesamtüberblick. Dazu sollten Sie alle Eventualitäten möglicher Eingabewerte systematisch berücksichtigen. Das erledigen wir im nächsten Abschnitt.

Funktionen in Wahrheitstafeln

Nun beginnt die spannende, ich sage gerne »kreative Phase« des Schaltungsentwurfs. Sie legen fest, welche Auswirkungen bestimmte Eingabemuster erhalten sollen. Im Rollladenbeispiel ist der Spielraum noch recht begrenzt, aber im Allgemeinen gibt es zahlreiche unterschiedliche Möglichkeiten, gewisse Konstellationen festzulegen.

Angenommen, Sie entwerfen eine Aufzugssteuerung. Dann können Sie selbst festlegen, ob der Fahrstuhl beispielsweise ohne Anforderung ins Erdgeschoss fährt, weil dies Besucher von außen als bequem empfinden. Oder Sie sind für eine Ampelsteuerung verantwortlich. Lassen Sie Fußgänger mit links abbiegenden Fahrzeugen »kollidieren«, weil sich beide Gruppen »grün« teilen? Das kann sinnvoll sein, um den Gesamtverkehrsfluss zügiger zu gestalten. Gefährlich ist es allemal …

Um den Überblick zu behalten, entwerfen Sie stets eine Tabelle mit allen denkbaren Kombinationen von Eingabewerten. Weil alle Einträge boolesch sind, wird eine solche Tabelle auch *Wahrheitstabelle* genannt. Alle relevanten Fragen und natürlich Ihre Entscheidungen fließen darin ein.

 Update in Sachen »boolesche Algebra« oder »Wahrheitstabellen« gefällig? Kapitel 6 wartet auf Ihre Lektüre!

Bevor ich Ihnen eine mögliche Tabelle aufzeige, möchte ich Sie mit dem typischen Vorgehen vertraut machen. Zunächst legen Sie für jede Eingabevariable und jede Ausgabevariable eine eigene Spalte an. In unserem Fall sind das insgesamt sechs. Für jede denkbare Kombination von Eingabewerten spendieren Sie eine eigene Zeile in der Wahrheitstabelle. Damit Sie keine

Kombination vergessen, zählen Sie einfach binär von 0000, 0001, 0010, 0011, ... bis 1111. Als kleine Probe berechnen Sie die Anzahl an entstehenden Zeilen: Es müssen »2 hoch Anzahl an Eingabevariablen« sein, also in unserem Fall $2^4 = 16$, wie in Tabelle 7.2 aufgelistet.

x_1	x_2	x_3	x_4	Ausgabevariablen ...
0	0	0	0	...
0	0	0	1	...
0	0	1	0	...
0	0	1	1	...
0	1	0	0	...
0	1	0	1	...
0	1	1	0	...
0	1	1	1	...
1	0	0	0	...
1	0	0	1	...
1	0	1	0	...
1	0	1	1	...
1	1	0	0	...
1	1	0	1	...
1	1	1	0	...
1	1	1	1	...

Tabelle 7.2: Muster der Wahrheitstabelle

In jeder Eingabespalte ergibt sich ein regelmäßiges Muster aus Einsen und Nullen in verschiedenen Blockgrößen.

Endlich kommt der angenehme Teil. Die Belegung der Ausgabevariablen. Davon gibt es zwei. Demnach benötigen Sie zwei Ausgabespalten in der Wahrheitstabelle.

Beginnen Sie nicht einfach von oben nach unten, das kann ermüdend und fehlerträchtig sein. Vielmehr ist es sinnvoll, über bestimmte Gruppen von Eingabe- und Ausgabekombinationen en bloc zu entscheiden.

Beispielsweise sollten Sie in allen Zeilen, bei denen die Kindersicherung aktiv ist, also x_2 den Wert 1 besitzt, die Spannungsversorgung des Antriebs ausschalten, also $y_1 = 0$ setzen. Interessant ist, was Sie in solchen Fällen mit y_2 tun. Der Wert der Laufrichtung spielt ja keine Rolle, wenn der elektrische Motor ohne Strom ist. Es wäre verkehrt, einfach y_2 auf 0 oder 1 zu setzen. Vielmehr vergeben Sie hierfür einen Joker »*«, ein sogenanntes **Asterisk**-Zeichen, das Sie sich als Informatiker gut merken sollten!

Auch im Deutschen werden nicht festlegbare Werte in Wahrheitstabellen mit **Don't-Care** (*egal*) bezeichnet, als Symbol dient dabei das Sternchen »*«, dessen offizieller Name *Asterisk* lautet. Asterisk ist keinesfalls eine orthografische Fehlinterpretation von Asterix, sondern ist vom griechischen Wort *Asteriskos, Sternchen*, abgeleitet. Es wird in der Informatik als Platzhalter für eine Fülle möglicher Werte verwendet.

Nach diesem Schritt sieht Ihre Wahrheitstabelle bereits etwas gefüllter aus, wie in Tabelle 7.3 zu sehen.

x_1	x_2	x_3	x_4	y_1	y_2
0	0	0	0		
0	0	0	1		
0	0	1	0		
0	0	1	1		
0	1	0	0	**0**	*
0	1	0	1	**0**	*
0	1	1	0	**0**	*
0	1	1	1	**0**	*
1	0	0	0		
1	0	0	1		
1	0	1	0		
1	0	1	1		
1	1	0	0	**0**	*
1	1	0	1	**0**	*
1	1	1	0	**0**	*
1	1	1	1	**0**	*

Tabelle 7.3: Wahrheitstabelle unter Berücksichtigung der »Kindersicherung«

Als Nächstes empfehle ich Ihnen, sich über die physikalischen Begrenzungen Gedanken zu machen. Ist einer der beiden Endschalter aktiv, wenn also x_3 oder x_4 den Wert 1 aufweist, muss eine weitere Anforderung in der entsprechenden Richtung ignoriert werden. Der Motor muss ausgeschaltet werden. Ansonsten möchte ich nicht in Ihrer Haut stecken, wenn Sie dem Versicherungsvertreter erklären, wieso Ihr Rollladenantrieb durchgebrannt ist.

Interessant ist auch die Konstellation, dass beide Endschalter eine 1 signalisieren. Was bedeutet das? Physikalisch ist das unmöglich, sofern die Facharbeiter den Einbau des Rollladens nicht im Vollrausch durchgeführt haben. Allerdings müssen Sie auch für diese Fälle die Tabelle mit Werten belegen. Hier kommen weitere Asterisken zum Einsatz. Diese Sternchen werden Ihnen noch viel Freude machen, vertrauen Sie mir!

Tabelle 7.4 enthält den aktualisierten Stand:

x_1	x_2	x_3	x_4	y_1	y_2
0	0	0	0		
0	0	0	1	0	*
0	0	1	0		
0	0	1	1	*	*
0	1	0	0	0	*
0	1	0	1	0	*
0	1	1	0	0	*
0	1	1	1	0	*
1	0	0	0		
1	0	0	1		
1	0	1	0	0	*
1	0	1	1	*	*
1	1	0	0	0	*
1	1	0	1	0	*
1	1	1	0	0	*
1	1	1	1	0	*

Tabelle 7.4: Wahrheitstabelle nach Berücksichtigung der physikalischen Beschränkungen

Ist Ihnen aufgefallen, dass einige Zeilen, bei denen beide Endschalter aktiv waren, aufgrund der aktiven Kindersicherung bereits ausgefüllt waren? Es ist keine schlechte Idee, diese Werte so zu belassen, wie sie sind. Sollte aufgrund eines technischen Versagens einer der Endschalter defekt sein und einen falschen Wert signalisieren, wirkt die Stufe »Kindersicherung« wie ein »Not-Aus«-Schalter, der den elektrischen Antrieb auf alle Fälle ausschaltet.

Die restlichen Zeilen enthalten nun gerade die Standardanforderungen für den späteren praktischen Einsatz: Der Rollladen soll sich heben oder senken, je nachdem, was der zugehörige Schalter verlangt. Es macht dabei keinen Unterschied, ob der Endschalter für den völlig geöffneten Rollladen bei dessen Senken aktiv ist oder nicht.

Schließlich erhalten Sie die vollständige Wahrheitstabelle (Tabelle 7.5).

So weit, so gut. Als Nächstes benötigen Sie ein Verfahren, wie Sie aus der Wahrheitstabelle eine boolesche Funktion generieren. Diese Funktion muss vier Eingabevariablen und zwei Ausgabevariablen aufweisen.

Bevor Sie dazu in der Lage sind, möchte ich Sie noch allgemein auf sinnvolle Darstellungen von Funktionen hinweisen.

x_1	x_2	x_3	x_4	y_1	y_2
0	0	0	0	1	0
0	0	0	1	0	*
0	0	1	0	1	0
0	0	1	1	*	*
0	1	0	0	0	*
0	1	0	1	0	*
0	1	1	0	0	*
0	1	1	1	0	*
1	0	0	0	1	1
1	0	0	1	1	1
1	0	1	0	0	*
1	0	1	1	*	*
1	1	0	0	0	*
1	1	0	1	0	*
1	1	1	0	0	*
1	1	1	1	0	*

Tabelle 7.5: Vollständige Wahrheitstabelle

Normale Formen

Um boolesche Funktionen in Schaltungen zu überführen, werden diese im Allgemeinen in eine **Normalform** transformiert. Normalformen haben mehrere Vorteile:

✔ Sie lassen sich aufgrund der systematischen Darstellung leichter implementieren.

✔ Sie können mit wenigen unterschiedlichen Bauteilen verwirklicht werden, manchmal genügt ein einziger Typ.

✔ Verschiedene Lösungen desselben Problems lassen sich leichter vergleichen.

Unter allen denkbaren Normalformen haben sich zwei Typen in der Vergangenheit durchgesetzt. Bevor ich Ihnen diese im Detail vorstelle, ist es sinnvoll, drei Fachtermini etwas genauer unter die Lupe zu nehmen, die Sie dafür benötigen.

Ein *Literal* ist eine boolesche Variable oder deren Negation. So sind x_1, $\overline{x_2}$ oder x_3 Literale.

Ein *Minterm* ist die Konjunktion von Literalen. Beispielsweise handelt es sich bei $x_1 \wedge \overline{x_2} \wedge x_3$ (beziehungsweise $x_1 \cdot \overline{x_2} \cdot x_3$) um einen Minterm.

Ein *Maxterm* ist die Disjunktion von Literalen. So ist beispielsweise $x_1 \vee \overline{x_2} \vee x_3$ (oder $x_1 + \overline{x_2} + x_3$) ein Maxterm.

Sie können sich den Unterschied zwischen Minterm und Maxterm mit einer Eselsbrücke leichter merken.

 Ein *Min*term nimmt meist das *Min*imum der booleschen Werte an, also 0, weil es genügt, wenn nur ein einziges Literal null ist. Ein *Max*term dagegen nimmt meist das *Max*imum, also 1 an, weil hier lediglich ein einziges Literal eins sein muss.

Mittels dieser Definitionen ist es nun einfach, die zwei berühmten Normalformen zu verstehen, nämlich die

✔ **Disjunktive Normalform** und die

✔ **Konjunktive Normalform**

Disjunktive Normalform

Bei der disjunktiven Normalform handelt es sich um die Disjunktion von Konjunktionen.

 Die *disjunktive Normalform (DNF)* besteht aus der Disjunktion von Mintermen.

Als Beispiel möchte ich Ihnen zeigen, wie Sie aus Tabelle 7.5 die DNF der Ausgabefunktion für y_1 gewinnen. Sie betrachten dazu jeweils diejenigen Zeilen, bei denen y_1 den Wert 1 aufweist.

Das geht bereits in Zeile 1 los. Die Werte von x_1 bis x_4 sind dort allesamt 0. Daher werden die zugehörigen Literale negiert. Der entsprechende Minterm lautet somit: $\overline{x_1} \cdot \overline{x_2} \cdot \overline{x_3} \cdot \overline{x_4}$. Für die DNF benötigen Sie insgesamt vier Minterme.

Übung: Berechnen Sie die DNF für die Ausgabefunktion y_1!

Als Ergebnis sollten Sie erhalten:

$$y_1 = \overline{x_1} \cdot \overline{x_2} \cdot \overline{x_3} \cdot \overline{x_4} + \overline{x_1} \cdot \overline{x_2} \cdot x_3 \cdot \overline{x_4} + x_1 \cdot \overline{x_2} \cdot \overline{x_3} \cdot \overline{x_4} + x_1 \cdot \overline{x_2} \cdot \overline{x_3} \cdot x_4$$

 Die DNF enthält gerade so viele Minterme, wie die zugehörige Wahrheitstabelle Zeilen mit einer 1 aufweist!

Zum Verständnis dieses Resultats machen Sie sich klar, dass die DNF immer dort eine 1 annimmt, wo wenigstens einer der Minterme eine 1 aufweist. Dies ist stets nur in einer einzigen Kombination von Werten der Fall. Das erste Literal wird beispielsweise fast immer 0 sein, es sei denn, alle Eingangsvariablen besitzen den Wert 1. Das ist genau das, was Sie erreichen wollen! Die Zeilen mit einem Asterisken müssen Sie nicht berücksichtigen.

Die Ausgabefunktion y_2 ist noch einfacher. Es gibt lediglich zwei Zeilen mit dem Wert 1. Daher besteht die DNF für y_2 lediglich aus zwei Mintermen:

$$y_2 = x_1 \cdot \overline{x_2} \cdot \overline{x_3} \cdot \overline{x_4} + x_1 \cdot \overline{x_2} \cdot x_3 \cdot x_4$$

Konjunktive Normalform

Ganz analog zur DNF besteht eine konjunktive Normalform aus der Konjunktion von Disjunktionen.

 Die *konjunktive Normalform (KNF)* besteht aus der Konjunktion von Maxtermen.

Wieder möchte ich Ihnen anhand unserer Rollladensteuerung zeigen, wie Sie die KNF erzeugen. Nun sind diejenigen Zeilen aus Tabelle 7.5 an der Reihe, die eine Null als Ausgangsgröße enthalten. Bei den Maxtermen sind die zugehörigen Literale jedoch zu negieren. Das klingt kompliziert, ist aber gar nicht so schwer.

Die oberste Zeile mit einer Null für y_1 weist für x_1 bis x_3 jeweils den Wert 0 auf, während x_4 1 ist. Sie erhalten durch jeweilige Negation den entsprechenden Maxterm:

$$x_1 + x_2 + x_3 + \overline{x_4}$$

Dieser Ausdruck ist fast immer 1, es sein denn, die Eingangsvariablen weisen gerade diejenige Konstellation auf, für die y_1 null werden soll. Voilà!

Übung: Berechnen Sie die KNF für die Ausgabefunktion y_1!

Vergleichen Sie Ihr Ergebnis mit dem folgenden:

$$y_1 = \left(x_1 + x_2 + x_3 + \overline{x_4}\right) \cdot \left(x_1 + \overline{x_2} + x_3 + x_4\right) \cdot \left(x_1 + \overline{x_2} + x_3 + \overline{x_4}\right)$$
$$\cdot \left(x_1 + \overline{x_2} + \overline{x_3} + x_4\right) \cdot \left(x_1 + \overline{x_2} + \overline{x_3} + \overline{x_4}\right) \cdot \left(\overline{x_1} + x_2 + \overline{x_3} + x_4\right)$$
$$\cdot \left(\overline{x_1} + \overline{x_2} + x_3 + x_4\right) \cdot \left(\overline{x_1} + \overline{x_2} + x_3 + \overline{x_4}\right) \cdot \left(\overline{x_1} + \overline{x_2} + \overline{x_3} + x_4\right)$$
$$\cdot \left(\overline{x_1} + \overline{x_2} + \overline{x_3} + \overline{x_4}\right)$$

 Die KNF enthält gerade so viele Maxterme, wie die zugehörige Wahrheitstabelle Zeilen mit einer 0 aufweist!

Die Fehlergefahr ist recht hoch, weil Sie jedes einzelne Literal umkehren. Die KNF von y_2 sieht zum Glück viel netter aus:

$$y_2 = \left(x_1 + x_2 + x_3 + x_4\right) \cdot \left(x_1 + x_2 + \overline{x_3} + x_4\right)$$

Sie dürfen die KNF von y_2 so lesen, dass aufgrund der äußeren Konjunktion fast immer der Wert null herauskommt, es sei denn, beide Maxterme sind gleichzeitig 1. Dies ist für den ersten Faktor fast immer der Fall. Es genügt, wenn irgendeine der Eingabevariablen 1 ist. Auch der zweite Faktor ist fast immer erfüllt. Hier muss x_3 entweder null sein oder eine der anderen Eingabevariablen 1. Insgesamt ist somit y_2 nur dann null, wenn alle Eingabevariablen null sind oder lediglich x_3 1 ist. Dies entspricht genau den beiden Zeilen von Tabelle 7.5, bei denen y_2 null ist.

Don't Care? Ist mir doch egal!

 Haben Sie bemerkt, wie sich die Asterisken auswirken? Für die DNF werden sie implizit als null betrachtet, während Sie für die KNF als mit eins belegt gelten.

Die Don't-Care-Zeilen sind höchst interessant für einen erfolgreichen Schaltungsentwurf. Zur Repräsentation Ihrer endgültigen Funktion würden Sie sicherlich eine Form bevorzugen, die möglichst wenig Terme enthält.

Im Beispiel ist das bei der DNF von y_1 der Fall, während die KNF von y_2 aus nur wenigen Termen besteht. Es stellt sich jedoch die berechtigte Frage, ob sich die Darstellung der Ausgabefunktion nicht noch weiter reduzieren lässt, wenn die Don't-Care-Werte nicht generell mit null oder eins identifiziert werden, sondern mit dem, was die zugehörige boolesche Funktion kleiner macht.

Es geht also um die ...

Minimierung von Termen

Wenn es Ihnen gelingt, boolesche Terme möglichst knapp darzustellen, dann

✔ reduzieren Sie die Fehlergefahr

✔ sparen Sie bei den Bauteilen

✔ wird die Schaltung weniger kompliziert

Ich zeige Ihnen hier zwei populäre Verfahren. Das erste ist ein grafisches, das sich bei wenigen Eingabevariablen, zum Beispiel bis zu vier, bewährt hat.

Das zweite ist ein algorithmisches, um auch größere Minimierungsaufgaben systematisch (insbesondere mit Computerhilfe) zu lösen.

KV-Diagramme

Die sogenannten »KV-Diagramme« stellen eine ideale Repräsentation einer booleschen Funktion dar, um sie mit möglichst wenigen Min- oder Maxtermen zu beschreiben.

Dabei steht das »KV« keineswegs für »kannste vergessen«, sondern für »Karnaugh-Veitch«.

Karnaugh und Veitch

Anfang der 1950er Jahre entwickelten die beiden US-Amerikaner Edward Veitch (ausgesprochen wie »Vietsch«) und Maurice Karnaugh (gesprochen wie »Karno«) ein grafisches Verfahren, mit dem boolesche Terme in disjunktiver Normalform (DNF) leichter minimiert werden können.

Ihre Idee war, das aufwendige Distributivverfahren durch »scharfes Hinsehen« zu ersetzen. Jeder Minterm einer DNF wird hierzu an eine feste Position in einem speziell konstruierten Diagramm eingetragen. Zwei benachbarte Minterme lassen sich zu einem einzigen Ausdruck vereinfachen. Dasselbe gilt für Gruppen von vier, acht oder gar 16 Mintermen. Etwas beeinträchtigt wird das Verfahren durch das Problem, dass auch zwei an einem gegenüberliegenden Rand befindliche Minterme als benachbart betrachtet werden müssen, quasi so, als wäre das Diagramm an den äußeren Rändern wieder zusammengeklebt.

Leider funktioniert das Verfahren nur für wenige Eingangsvariable, vorzugsweise drei oder vier. Dennoch hilft es zu verstehen, welchen Einfluss die Distributivgesetze auf die Darstellung von booleschen Termen haben.

Mittels KV-Diagrammen ersparen Sie sich aufwendige und fehlerträchtige Umformungen anhand erlaubter Regeln, insbesondere der Distributivgesetze zur Minimierung gegebener boolescher Terme.

Das A und O der KV-Minimierung besteht in der Beschriftung des Diagramms. Dazu gibt es mehrere Möglichkeiten, die allerdings wesentliche Gemeinsamkeiten besitzen. Betrachten Sie hierzu Abbildung 7.1, die den prinzipiellen Aufbau eines KV-Diagramms bei vier Eingabevariablen darstellt.

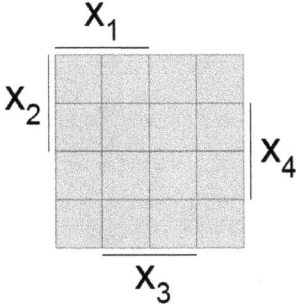

Abbildung 7.1: Prinzipieller Aufbau eines KV-Diagramms

Jedes Feld dieses KV-Diagramms steht für genau einen möglichen Minterm. Alle Kästchen, bei denen die zugehörige Variable den Wert 1 besitzen soll, sind am Rand mit einem Strich markiert. Dieser Bereich umfasst jeweils die halbe Tabelle. Zu den Variablen x_2 und x_4 gehören je zwei Zeilen, zu x_1 und x_3 jeweils zwei Spalten. Abbildung 7.2 zeigt beispielsweise alle Felder, bei denen x_3 den Wert 1 besitzt.

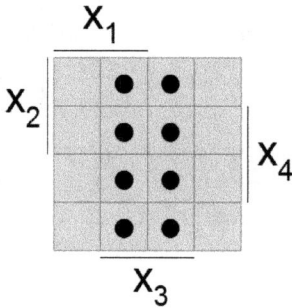

Abbildung 7.2: KV-Diagramm mit allen markierten Feldern für $x_3 = 1$

In Abbildung 7.3 habe ich Ihnen alle Felder markiert, bei denen sowohl x_2 als auch x_4 gesetzt sind.

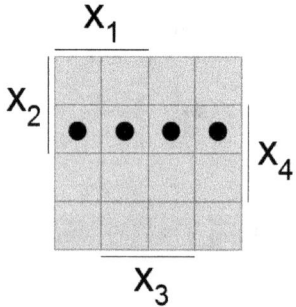

Abbildung 7.3: KV-Diagramm mit markierten Feldern für $x_2 = x_4 = 1$

Die vier Punkte aus Abbildung 7.3 repräsentieren von links nach rechts folgende Minterme:

$$x_1 \cdot x_2 \cdot \overline{x_3} \cdot x_4, \quad x_1 \cdot x_2 \cdot x_3 \cdot x_4, \quad \overline{x_1} \cdot x_2 \cdot x_3 \cdot x_4, \quad \overline{x_1} \cdot x_2 \cdot \overline{x_3} \cdot x_4$$

Beachten Sie, dass immer dort, wo die zugehörige Spalte (respektive Zeile) nicht von der entsprechenden Variablen »erfasst« wird, das Literal negiert werden muss.

Allen vier Mintermen gemein ist in diesem Fall, dass die Literale zu x_2 und x_4 in nicht-negierter Form vorliegen. Würde es sich also um eine DNF mit genau diesen Mintermen handeln, nämlich:

$$y = x_1 \cdot x_2 \cdot \overline{x_3} \cdot x_4 + x_1 \cdot x_2 \cdot x_3 \cdot x_4 + \overline{x_1} \cdot x_2 \cdot x_3 \cdot x_4 + \overline{x_1} \cdot x_2 \cdot \overline{x_3} \cdot x_4$$

so könnten Sie anhand des Distributivgesetzes den Ausdruck $x_2 \cdot x_4$ überall ausklammern:

$$y = \left(x_1 \cdot \overline{x_3} + x_1 \cdot x_3 + \overline{x_1} \cdot x_3 + \overline{x_1} \cdot x_4\right) \cdot x_2 \cdot x_4$$

Nach mehrfacher Anwendung der Absorptionsgesetze im Inneren der Klammer bliebe nur der einfache Term $y = x_2 \cdot x_4$ übrig; eine Tatsache, die Sie unmittelbar aus dem zugehörigen KV-Diagramm ablesen können!

 KV-Diagramme erleichtern das Minimieren von booleschen Termen in DNF, weil Gruppen zusammengehöriger Minterme im Diagramm benachbart sind.

Als Nächstes sollten Sie sich Abbildung 7.4 genauer anschauen. Ich habe Ihnen in jedes Feld den zugehörigen Minterm eingetragen. Es ist sehr wichtig, dass Sie genau verstehen, warum das jeweilige Feld mit genau diesem Minterm verknüpft ist! Springen Sie zur Not an den Anfang des Abschnitts zurück, wenn Sie damit noch Schwierigkeiten haben.

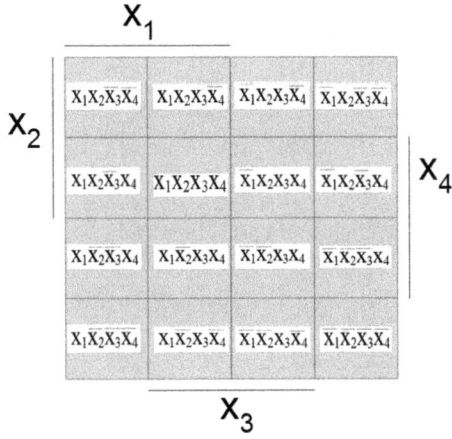

Abbildung 7.4: KV-Diagramm mit eingetragenen Mintermen

Vielleicht fällt Ihnen auf, dass benachbarte Felder über gemeinsame Literale verfügen und so – per Distributivgesetz – vereinfacht werden könnten, vorausgesetzt natürlich, eine gegebene boolesche Funktion verfügt über die entsprechenden Minterme ...

Sind Sie bereit? Ein Beispiel sagt bekanntlich mehr als tausend Worte, daher werden Sie nun den automatischen Rollenantrieb, der uns bereits das gesamte Kapitel hindurch begleitet hat, mittels KV-Diagramm vereinfachen. Dazu übertragen Sie einfach die Werte von y_1 und y_2 aus Tabelle 7.5 in jeweils ein eigenes KV-Diagramm. Weil nur die vorhandenen Minterme eine Rolle spielen, dürfen Sie die Einträge mit dem Wert »0« gleich ganz weglassen. Achten Sie jedoch darauf, die »Don't Cares« einzutragen! Diese werden sich noch als sehr nützlich erweisen. Als Ergebnis sollten Sie Diagramme wie in Abbildung 7.5 erhalten.

Als Nächstes kommt der spannende Teil. Versuchen Sie jeweils, alle Einsen in den Diagrammen in möglichst große Blöcke, nämlich 2er, 4er, 8er oder am besten 16er zusammenzufassen.

Das geht nur bei direkter Nachbarschaft (oder über die Ränder hinaus, gerade so, als seien die Enden aneinandergeklebt). Allerdings dürfen Sie keine leeren Felder mit in die Blockbildung einschließen!

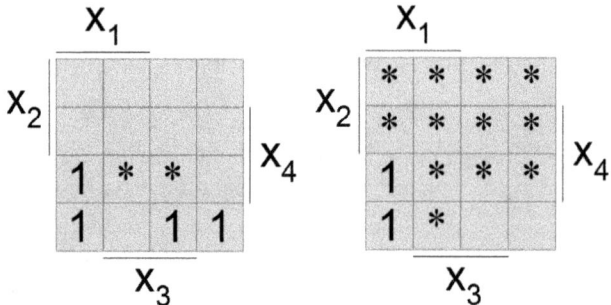

Abbildung 7.5: KV-Diagramme der Funktionen y_1 (links) und y_2 (rechts)

Bedeutsam sind dabei die »Don't Care«-Terme. Diese *dürfen* Sie nämlich verwenden, um möglichst große Blöcke zu erreichen, *müssen* dabei aber *nicht* alle erfassen!

Versuchen Sie es selbst! Welche maximale Blockgröße erreichen Sie?

 Wenn Sie nicht sicher sind, ob die von Ihnen erzielte Blockgröße maximal ist, zählen Sie einfach die »Einsen« und »Don't Cares« zusammen. Wäre es rechnerisch überhaupt möglich, die nächsthöhere Zweierpotenz zu erhalten? Sollten beispielsweise nur sechs Felder für einen Block zur Verfügung stehen, ist ein 8er-Block offenbar nicht möglich ...

Ich habe Ihnen das Ergebnis in Abbildung 7.6 dargestellt.

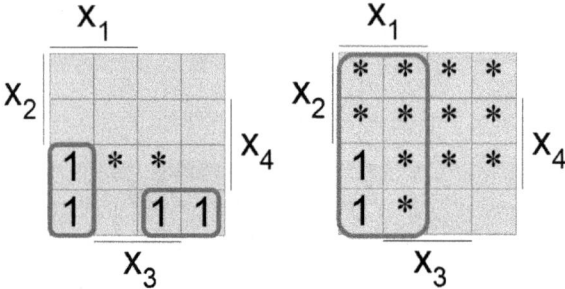

Abbildung 7.6: Minimierungsblöcke der Funktionen y_1 und y_2

Es ist leicht einzusehen, dass die eingetragenen Zusammenfassungen die größten sind. Im linken KV-Diagramm finden sich zwei 2er-Blöcke, der nächstgrößere wäre ein 4er, aber der ist weit und breit nicht zu erkennen.

Im rechten Zweig ist bereits ein 8er-Block ausgemacht. Die nächsthöhere Stufe wäre ein 16er-Block, bei dem das komplette Diagramm zusammengefasst werden müsste. Dies verhindern die freien Kästchen rechts unten.

Das Ergebnis der Minimierung können Sie anhand der Beschriftung an den Rändern unmittelbar ablesen.

$$y_1 = x_1 \cdot \overline{x_2} \cdot \overline{x_3} + \overline{x_1} \cdot \overline{x_2} \cdot \overline{x_4} \text{ sowie } y_2 = \overline{x_1}.$$

Die vielen »Don't Care«-Terme auf der rechten Seite haben maßgeblich dazu beigetragen, die Funktion y_2 drastisch zu vereinfachen.

Um die Schaltung für Ihre Rollladenautomatik zu entwerfen, benötigen Sie für y_1 die Disjunktion zweier Konjunktionen, während eine direkte Durchschaltung von x_1 für y_2 genügt.

 KV-Diagramme können prinzipiell auch zur Minimierung von Termen in konjunktiver Normalform eingesetzt werden. Dazu werden jedoch die Nullen (zusammen mit den Asterisken) anstatt der Einsen aus der zugehörigen Wahrheitstabelle verwendet. Es schließt sich die beschriebene Blockbildung an. Die daraus abzulesende DNF der Negation wird zum Schluss wiederum negiert. Mittels einmaliger Anwendung von De Morgan ergibt sich daraus unmittelbar die gesuchte KNF.

Der Quine-McCluskey-Algorithmus

KV-Diagramme machen Spaß und erleichtern die ansonsten trübselige Minimierung mittel Distributivgesetzen. Ein mulmiges Gefühl verbleibt aber dennoch in der Magengegend. »Hoffentlich habe ich nichts übersehen?« Außerdem wird die Angelegenheit bei mehr als vier Eingängen äußerst unübersichtlich. Es muss ein Algorithmus her, der die Arbeit mit den Diagrammen gewissermaßen automatisiert.

Den gibt es tatsächlich! Er wird *Quine-McCluskey-Algorithmus* genannt.

Quine und McCluskey

Willard Van Orman Quine, den Freunde nur »Van« nannten, war ein amerikanischer Philosoph und Logiker des letzten Jahrhunderts, der während der meisten Zeit seines Lebens mit der Harvard-Universität verbunden war. Er blieb zunächst als Student, später als Philosophieprofessor und sogar nach der Emeritierung seiner Hochschule verbunden. Neben zahlreichen Beiträgen zur philosophischen Entwicklung des 20. Jahrhunderts gelang ihm die Formalisierung eines Algorithmus zur Minimierung von logischen Termen.

Als Edward Joseph McCluskey 1929 in New York City geboren wurde, war Quine bereits 21 Jahre alt. Bevor McCluskey seine wissenschaftliche Laufbahn als Professor der Princeton University und später der Stanford University begann, arbeitete er nach seinem Studium als Elektroingenieur in den Bell Telephone Laboratories. Den nach ihm benannten Algorithmus entwickelte er auf Basis der Vorarbeiten Quines bereits im Rahmen seiner Doktorarbeit 1956.

Den Algorithmus zur Minimierung boolescher Terme in DNF verstehen Sie am besten, wenn Sie sich an das Verfahren mittels KV-Diagrammen erinnern.

Viele angehende Informatiker haben ein Problem mit dem Quine-McCluskey-Verfahren, obwohl es sich doch lediglich um eine verallgemeinerte Variante der KV-Minimierung handelt. Freilich benötigen Sie zusätzlich eine Idee, die das »scharfe Hinsehen« ersetzt. Es handelt sich dabei um **systematische Blockvergrößerung**! Im Gegensatz zum menschlichen Vorgehen arbeitet der Algorithmus nämlich genau anders herum. Anstatt gleich den größten Block zu identifizieren, arbeitet er sich von klein zu immer größer vor.

Das Verfahren spürt zuerst benachbarte Minterme auf. Die sind leicht auszumachen, auch für Algorithmen: Sie unterscheiden sich nämlich nur in genau einem Literal. So sind beispielsweise $\overline{x_1} \cdot \overline{x_2} \cdot \overline{x_3} \cdot \overline{x_4} \cdot x_5 \cdot x_6 \cdot \overline{x_7}$ und $\overline{x_1} \cdot \overline{x_2} \cdot x_3 \cdot \overline{x_4} \cdot x_5 \cdot x_6 \cdot \overline{x_7}$ benachbart, denn sie unterscheiden sich nur im Literal von x_3. Es ist hoffentlich klar, dass für den Algorithmus die Anzahl der Literale keine Rolle spielt. Entscheidend ist lediglich, wie viele Unterschiede vorhanden sind. Unmittelbar benachbarte Terme werden zu einem 2er-Block zusammengefasst. Formal würden Sie dazu das Distributivgesetz anwenden, das einzige unterschiedliche Literal ausklammern und – weglassen:

$$
\begin{aligned}
y &= \overline{x_1} \cdot \overline{x_2} \cdot \overline{x_3} \cdot \overline{x_4} \cdot x_5 \cdot x_6 \cdot \overline{x_7} + \overline{x_1} \cdot \overline{x_2} \cdot x_3 \cdot \overline{x_4} \cdot x_5 \cdot x_6 \cdot \overline{x_7} \\
&= \left(\overline{x_1} \cdot \overline{x_2} \cdot \overline{x_4} \cdot x_5 \cdot x_6 \cdot \overline{x_7} \right) \cdot \left(\overline{x_3} + x_3 \right) \\
&= \overline{x_1} \cdot \overline{x_2} \cdot \overline{x_4} \cdot x_5 \cdot x_6 \cdot \overline{x_7}
\end{aligned}
$$

Aber auch alle anderen denkbaren Varianten von 2er-Blöcken werden notiert. Anschließend geht es daran, unter den 2er-Blöcken benachbarte zu finden. Was soll ich Ihnen sagen? Auch das ist sehr einfach: Zwei benachbarte 2er-Blöcke unterscheiden sich wiederum nur in einem einzigen Literal, etwa $\overline{x_1} \cdot \overline{x_2} \cdot \overline{x_4} \cdot x_5 \cdot x_6 \cdot \overline{x_7}$ und $\overline{x_1} \cdot \overline{x_2} \cdot x_4 \cdot x_5 \cdot x_6 \cdot \overline{x_7}$.

Das geht immer so weiter. Nach gefundenen 4er-Blöcken wird unter diesen ebenfalls nach Nachbarschaften geforscht. Gibt es sie, entstehen 8er-Blöcke und so weiter und so fort ...

Am Ende müssen Sie lediglich auf Folgendes achten:

- ✔ Jeder Block (oder einzelne Minterm), der nicht durch Zusammenfassung in einen größeren Block überführt werden konnte, muss in die endgültige Darstellung eingehen.

- ✔ Alle anderen Terme werden ignoriert.

Klingt einfach, oder? Genau das ist der Quine-McCluskey-Algorithmus!

Es bleibt die Frage, wie sich das Verfahren die aktuellen und am Ende benötigten Blöcke alle merkt. Dazu werden **Tabellen** eingesetzt, die intern als **Arrays** angelegt sind.

Jede Programmiersprache verfügt über Datenstrukturen, die zur Speicherung von Tabellen dienen. Im Allgemeinen verwenden Sie hierzu ein- oder mehrdimensionale **Felder**, auch **Arrays** genannt.

Ich führe Ihnen zum Abschluss des Kapitels die Minimierung unseres Eingangsbeispiels – diesmal mit dem Quine-McCluskey-Verfahren – vor. Sie werden dabei hoffentlich erkennen, dass es für den Algorithmus keine Rolle spielt, wie viele Eingangsvariablen verwendet werden.

Ausgangspunkt ist die jeweilige Wahrheitstabelle, hübsch getrennt nach y_1 und y_2. Allerdings werden nur solche Zeilen benötigt, die auch tatsächlich als Funktionswert eine 1 oder einen * aufweisen. Ich zeige Ihnen das Verfahren für y_1 ausführlich und detailliert, dafür sollten Sie sich selbst an y_2 versuchen! Die Lösung zur Kontrolle kennen Sie ja bereits aus der KV-Minimierung.

Es geht also los mit der sogenannten Quine-McCluskey-Tabelle »nullter Ordnung« (Tabelle 7.6).

x_1	x_2	x_3	x_4	y_1
0	0	0	0	1
0	0	1	0	1
0	0	1	1	*
1	0	0	0	1
1	0	0	1	1
1	0	1	1	*

Tabelle 7.6: Initiale Quine-McCluskey-Tabelle nullter Ordnung für y_1

Als Nächstes werden benachbarte Terme identifiziert, also solche, die sich nur in einem Literal unterscheiden. Die zugehörigen Zeilen müssen nicht zwangsläufig benachbart sein. Bei der Zusammenfassung zählen die »Don't Care«-Zeilen wie Einsen. Minterme oder ganze Blöcke, deren Zeilen allesamt einen Asterisken aufweisen, werden für die Minimierung berücksichtigt, gehen jedoch nicht in das Endergebnis ein, wenn sie übrig bleiben. Das ist der Vorteil solcher Zeilen!

Die ersten beiden Zeilen unterscheiden sich nur in der dritten Spalte. Daher werden sie zu einer neuen Zeile zusammengefasst, bei der das dritte Element *zusammengezogen* wird. Dies markieren Sie am besten mit einem Strich »-«:

0	0	-	0	1

Auf ganz analoge Weise ergeben die Zeilen 1 und 4 folgende neue Zeile:

-	0	0	0	1

Die komplette Ergebnistabelle »erster Ordnung« habe ich Ihnen in Tabelle 7.7 dargestellt.

x_1	x_2	x_3	x_4	y_1
0	0	-	0	1
-	0	0	0	1
0	0	1	-	1
-	0	1	1	*
1	0	0	-	1
1	0	-	1	1

Tabelle 7.7: Quine-McCluskey-Tabelle erster Ordnung

Um zu diesem Ergebnis zu gelangen, muss der Algorithmus systematisch jede Zeile mit jeder anderen vergleichen. Immer dort, wo sich nur eine einzige Spalte in der Tabelle nullter Ordnung unterscheidet, wird eine neue Zeile in die Tabelle erster Ordnung übertragen, bei der die Spalte mit dem Unterschied durch ein »-« markiert wird. Wenn beide Zeilen in der y-Spalte einen * zeigen, wird dieser auch in die Ergebniszeile der neuen Tabelle übernommen, in allen anderen Fällen kommt dort sonst die 1 zum Zuge. Zugegeben, das ist anstrengend und sehr zeitaufwendig, aber jeder einzelne Schritt ist doch sehr einfach!

Einem Computer macht das nichts aus, im Gegenteil. Stumpfsinnige, einfache, aber zahllos wiederholte Aufträge sind seine Lieblingsbeschäftigung.

Die alte Tabelle nullter Ordnung wird nur noch einmal gebraucht: Gibt es dort nämlich Terme, die nicht als Teil eines Pärchens in die neue Tabelle übernommen wurden, müssen diese Minterme bereits in das Endergebnis der Minimierung übernommen werden. Das ist im Beispiel jedoch glücklicherweise nicht der Fall. Alle Terme »dürfen mitspielen« und kommen eine Runde weiter!

Als Nächstes wäre die Tabelle zweiter Ordnung an der Reihe. Dazu vergleichen Sie alle Zeilen von Tabelle 7.7 wiederum – jede mit jeder. Überall dort, wo es nur einen einzigen Unterschied in den Spalten gibt – nämlich 0 anstatt 1 oder umgekehrt –, würde eine neue gemeinsame Zeile entstehen, die in die Tabelle zweiter Ordnung einzutragen wäre.

Ein Computer geht bei der Verarbeitung des Quine-McCluskey-Algorithmus selbstverständlich systematisch vor und vergleicht jede Zeile mit jeder anderen. Aber als Mensch dürfen Sie abkürzen! Da Spalten mit einem »-« übereinstimmen müssen, brauchen Sie beispielsweise die erste Zeile nur noch mit der vierten zu vergleichen. Alle anderen Zeilen weisen keinen Strich in der ersten Spalte auf. Da diese beiden Zeilen jedoch zu viele Unterschiede enthalten, nämlich in den Spalten 3 und 4, gibt es keine weitere Pärchenbildung, für keinen der Zweierblöcke! Für Zeile 4 ist das aber kein Problem, weil es sich dabei – wie in der letzten Spalte zu sehen – um einen Don't-Care-Block handelt. Er verschwindet einfach im Orkus der Quine-Geschichte. Anders verhält es sich mit Zeile 1. Diese ist ein Kandidat für das Endergebnis der Minimierung. Es handelt sich ausgeschrieben um den Term: $\overline{x_2} \cdot \overline{x_3} \cdot \overline{x_4}$. Alle Literale sind negiert, was Sie an den Nullen in den entsprechenden Spalten erkennen, während der Term zu x_1 komplett fehlt – dafür ist der Strich in Spalte 1 verantwortlich.

Ebenso verfahren Sie mit der zweiten Zeile. Diese müsste aufgrund des Striches in der dritten Spalte mit der letzten Zeile »verheiratet« werden. Allerdings scheitert diese Ehe an zu vielen Unterschieden. Die Spalten 1 und 4 sind verschieden. Eine einzige Differenz wäre noch zu verkraften gewesen. Das Gleiche gilt für Spalte 2 und 5. Sie erhalten das ernüchternde Ergebnis, dass überhaupt keine weitere Zusammenfassung möglich ist. Die Tabelle der zweiten Ordnung ist leer! Somit sind alle verbliebenen Zeilen aus Tabelle 7.7 (bis auf jene mit dem Sternchen) zugleich die möglichen Minimierungen ...

Aber wie kann das sein? Warum finden sich noch so viele Zweierblöcke im Ergebnis? Betrachten Sie hierzu Abbildung 7.6 erneut! Die KV-Minimierung auf der linken Seite ist zwar logisch, aber die beiden eingezeichneten Blöcke sind nur zwei der möglichen sechs Zweierblöcke. In Abbildung 7.7 finden Sie durchgängig umrahmt zwei der weiteren Blöcke, die jeweils ein Sternchen berücksichtigen.

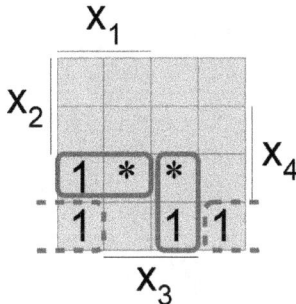

Abbildung 7.7: Weitere Minimierungsmöglichkeiten

Außerdem wird der Zweierblock gerne übersehen, der die beiden untersten Eckfelder mit einschließt (gestrichelt markiert)! Sie müssen sich, wie beschrieben, die Randfelder zusammengeklebt denken. Dieser Block würde übrigens dem Term $\overline{x_2} \cdot \overline{x_3} \cdot \overline{x_4}$ entsprechen. Derjenige Zweierblock, der nur die beiden Sternchen enthält (nicht markiert), entspricht der drittletzten Zeile von Tabelle 7.7. Natürlich werden nicht alle diese Zweierblöcke benötigt, sondern nur so viele, dass alle Einsen »versorgt« sind.

In einem abschließenden Schritt wählt der Quine-McCluskey-Algorithmus daher aus den verbliebenen Blöcken, die etwas hochgestochen als *Primimplikanten* bezeichnet werden, die relevanten Minterme aus. Dies entspricht in unserem Beispiel der richtigen Auswahl an notwendigen Zeilen aus Tabelle 7.7. Jede Zeile wiederum entspricht einem Zweierblock des zugehörigen KV-Diagramms. Dem menschlichen Betrachter wird schnell klar, dass die in Abbildung 7.6 eingezeichneten Blöcke die richtigen sind: Weniger geht nicht! Die Minimierungen aus Abbildung 7.7 sind dagegen weniger effektiv, weil sie drei Blöcke benötigen, um alle Einsen zu erfassen.

Der Quine-McCluskey-Algorithmus kann die richtige Auswahl, die auch **Dominanzprüfung** heißt, natürlich nicht durch scharfes Hinsehen lösen. Vielmehr geschieht die Auswahl aus den verbliebenen Primimplikanten systematisch. Der größte Block gewinnt immer. Alle darin erfassten Einsen werden in allen kleineren Blöcken gestrichen. Wenn dagegen, wie in unserem Beispiel, mehrere Blöcke die gleiche Größe besitzen, werden diejenigen ausgewählt, die letztlich zu einer minimalen Anzahl an Termen führen. Hierzu dient eine Tabelle, deren Spalten um die benötigten Minterme erweitert werden. Jede neue Spalte entspricht einer »1« im KV-Diagramm. Dafür wird die Zeile mit dem Sternchen gleich weggelassen.

Mit einem Plus »+« werden nun diejenigen Terme vermerkt, die durch den jeweiligen Block abgedeckt sind (Tabelle 7.8).

x_1	x_2	x_3	x_4	y_1	$\overline{x_1}\cdot\overline{x_2}\cdot\overline{x_3}\cdot\overline{x_4}$	$\overline{x_1}\cdot\overline{x_2}\cdot x_3\cdot\overline{x_4}$	$x_1\cdot\overline{x_2}\cdot\overline{x_3}\cdot\overline{x_4}$	$x_1\cdot\overline{x_2}\cdot\overline{x_3}\cdot x_4$
0	0	-	0	1	+	+		
-	0	0	0	1	+		+	
0	0	1	-	1		+		
1	0	0	-	1			+	+
1	0	-	1	1				+

Tabelle 7.8: Quine-McCluskey-Tabelle zur Dominanzprüfung

Wenn Sie den neuen Spaltenüberschriften nicht trauen, ziehen Sie Abbildung 7.4 zur Überprüfung heran!

Die erste Phase der Dominanzprüfung streicht alle Zeilen, die weniger Kreuze in den gleichen Spalten besitzen als andere, von diesen also *dominiert* werden. Dies trifft in Tabelle 7.8 für zwei Zeilen zu. Die dritte wird von der ersten dominiert, die letzte von der vorletzten. Das Ergebnis finden Sie in Tabelle 7.9.

x_1	x_2	x_3	x_4	y_1	$\overline{x_1}\cdot\overline{x_2}\cdot\overline{x_3}\cdot\overline{x_4}$	$\overline{x_1}\cdot\overline{x_2}\cdot x_3\cdot\overline{x_4}$	$x_1\cdot\overline{x_2}\cdot\overline{x_3}\cdot\overline{x_4}$	$x_1\cdot\overline{x_2}\cdot\overline{x_3}\cdot x_4$
0	0	-	0	1	+	+		
-	0	0	0	1	+		+	
1	0	0	-	1			+	+

Tabelle 7.9: Tabelle nach der Zeilendominanzprüfung

Nun werden diejenigen Zeilen ausgewählt, bei denen ein Kreuz alleine in einer Spalte steht. Sie werden zwingend benötigt, weil keine andere Zeile die zugehörige Eins abdeckt. Man spricht auch von *essenziellen Primimplikanten*.

In Tabelle 7.9 befindet sich in der drittletzten sowie in der letzten Spalte jeweils nur ein Kreuz. Daher werden die zugehörigen Zeilen zu essenziellen Primimplikanten. Zugleich sind damit bereits alle benötigten Kreuze abgedeckt und der Algorithmus terminiert. Das Ergebnis entspricht exakt der KV-Minimierung:

$$y_1 = x_1\cdot\overline{x_2}\cdot\overline{x_3} + \overline{x_1}\cdot\overline{x_2}\cdot\overline{x_4}$$

Nun sind Sie an der Reihe! Führen Sie den Quine-McCluskey-Algorithmus für die zweite Ausgangsvariable y_2 durch! Das Ergebnis wird sehr erfreulich werden ...

 Wie Sie aus den minimierten Termen eine elektronische Schaltung entwerfen, erfahren Sie im Folgekapitel 8!

IN DIESEM KAPITEL

Symbole elektronischer Schaltungen kennenlernen

Wichtigste Schaltnetze verstehen

Gatterlaufzeiten im Blick behalten

Probleme durch Glitches begreifen und vermeiden

Kapitel 8
Fangen mit Schaltnetzen

D ieses Kapitel möchte Sie ganz nah an die Elektrotechnik heranführen, so nahe, wie es für die Informatik zum Grundverständnis von Computern erforderlich ist. Hierzu werde ich Ihnen zeigen, wie Sie grundlegende binäre Operatoren im Schaltungsentwurf realisieren. Durch eine geschickte Kombination elementarer Schaltungen werden Sie in der Lage sein, Komparatoren oder sogar Volladdierer binärer Zahlen zu erhalten.

Schließlich möchte ich Sie auf einige Fallstricke beim Entwurf von Schaltnetzen hinweisen, bei denen es primär um sogenannte Gatterlaufzeiten geht. Warum das so wichtig ist und ganz eigenartige Ergebnisse produziert, erfahren Sie am Ende des Kapitels.

Durchblick in Schaltungen

Schaltungen sind grundsätzlich aus logischen Bausteinen aufgebaut. Diese Komponenten entsprechen exakt den Gattern, die für Terme der booleschen Algebra benötigt werden.

 Kapitel 6 verschafft Ihnen einen raschen Überblick über alles Wissenswerte rund um die boolesche Algebra.

Zunächst einmal möchte ich Sie an die wichtigsten dieser Logikgatter erinnern:

✔ NOT ($\neg$)

✔ AND ($\wedge$ beziehungsweise $\cdot$)

✔ OR ($\vee$ beziehungsweise $+$)

Es stellt sich die Frage, wie Sie diese Bausteine elektronisch tatsächlich realisieren. Fast am spannendsten ist der **Inverter**, der das NOT erzeugt. In Abbildung 8.1 zeige ich Ihnen, wie Strom herauskommen kann, wo Sie gar keinen hineingesteckt haben.

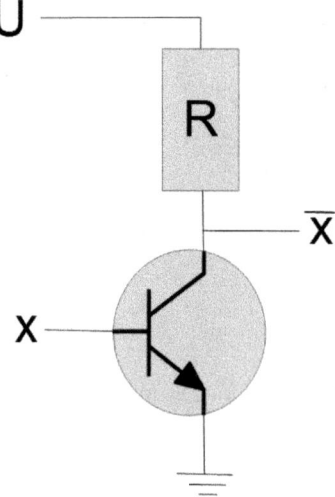

Abbildung 8.1: Schaltbild einer Negationsschaltung

Das U steht für die Spannung, üblicherweise in der Größenordnung von fünf Volt. Die Striche ganz unten in der Abbildung stehen für die »Erde«, auch als **Grund**, englisch **Ground** bezeichnet. Sie finden dafür auch die Abkürzung **gnd**. Damit soll angedeutet werden, dass sich dort das Null-Potenzial befindet, die fünf Volt der Spannung von U beziehen sich somit auf den Unterschied zur Erde.

Der wichtigste Teil der Schaltung ist der **Transistor**, den ich Ihnen als Kreis mit einem merkwürdigen Muster angedeutet habe. Ein Transistor ist ein elektronischer Schalter. Wenn auf der Leitung links »x« ein Strom fließt, was dem logischen Zustand »wahr«, also »1« entspricht, schaltet der Transistor die Verbindung von oben nach unten durch. Anderenfalls wird diese Verbindung gesperrt.

Hat demnach »x« den Wert eins, gibt es zwischen dem Ausgang, den ich in Abbildung 8.1 gleich als $\bar{x}$ markiert habe, eine direkte Verbindung zum Grund, was dem Wert null für $\bar{x}$ entspricht.

Der kleine Kasten mit dem »R« deutet einen angemessenen Widerstand an. Der ist wichtig, damit so wenig Strom wie möglich fließt.

Ist jedoch x = 0, so bleibt das Spannungsgefälle zwischen $\bar{x}$ und der Erde bestehen. Dort ergibt sich eine Spannung, die U entspricht, mithin $\bar{x} = 1$. Insgesamt erhalten Sie somit das gewünschte Verhalten für die Negation: $\bar{x}$ verhält sich genau umkehrt zu x.

Transistor

Der Transistor als elektronischer Schalter ist mit Sicherheit das wichtigste Bauelement im Herzen des Computers – zumindest heute noch. Das erste Patent geht auf den Lemberger Julius Edgar Lilienfeld zurück und wurde bereits 1925 angemeldet. Danach gab es immer wieder Verbesserungen und unterschiedliche Ausführungsvarianten.

Folgende Informationen sind aus dem Wust an Fakten die wichtigsten: Transistoren haben zwei Hauptwirkungen: Sie können als **Verstärker** eines Eingangsstroms eingesetzt werden und wie elektronische **Schalter** arbeiten. Letztere Variante ist für die Informatik am wichtigsten.

✔ Die technische Wirkung von Transistoren beruht auf sogenannten **Halbleitern.** Halbleiter sind weder Leiter, wie beispielsweise Kupfer, noch Nicht-Leiter, etwa Holz. Die leitende Wirkung kann durch einen angelegten Strom erzeugt oder verhindert werden.

✔ Transistoren verfügen über drei Anschlüsse, die *Basis, Emitter* und *Kollektor* heißen. Mit der Basis, der Steuerleitung, wird bestimmt, ob der Transistor eine leitende Verbindung zwischen den beiden anderen Anschlüssen herstellt oder diese blockiert. Diese Funktionsweise entspricht der eines mechanischen **Relais.**

✔ Im Laufe der Miniaturisierung von Transistoren wurden immer mehr dieser Bauteile in einem einzigen **Integrierten Schaltkreis (IC)** untergebracht. Halten Sie sich fest: Der Rekord geht in Richtung zehn Milliarden Transistoren pro Chip!

Historisch stellen Transistoren die Nachfolger der elektronischen Röhren dar. Sie sind diesen in nahezu allen Belangen um Größenordnungen überlegen. Die längere Lebensdauer, die viel geringeren räumlichen Ausmaße und der geradezu winzige Energieverbrauch von Transistoren haben die Computerrevolution überhaupt erst möglich gemacht.

Transistoren spielen auch die Hauptrolle für die elektrotechnische Realisierung von AND und OR. Betrachten Sie hierzu Abbildung 8.2 und Abbildung 8.3.

Auf ähnliche Weise lassen sich auch alle anderen logische Schaltungen aufbauen. Stets spielen Transistoren die Hauptrolle.

Digitale Gatter wie OR, AND, NAND oder NOR können genauso gut mehr als zwei Eingänge aufweisen. Wenn Sie beispielsweise ein OR-Gatter mit acht Eingängen benötigen, würde der Ausgang genau dann eine 1 ergeben, falls wenigstens einer der Eingänge auf 1 steht. Beim AND müssten alle Eingänge, ganz gleich, um wie viele es sich handelt, eine 1 aufweisen. Entsprechend verfahren Sie auch mit den anderen logischen Gattern mit mehr als zwei Eingängen ...

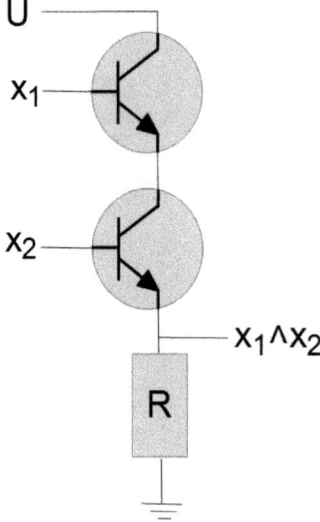

Abbildung 8.2: Transistorschaltung von AND

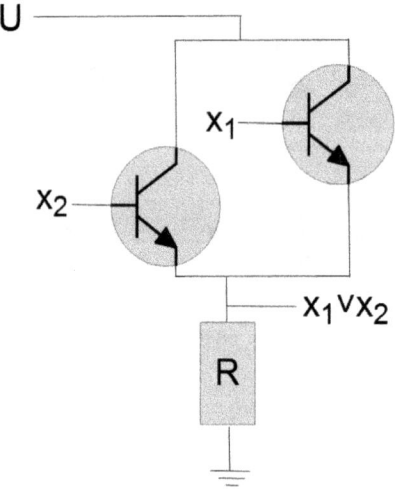

Abbildung 8.3: Transistorschaltung von OR

Lustige Symbole

Wenn Sie mehrere logische Bausteine zusammentragen, ist es jedoch zu mühselig, jedes Mal die Transistorschaltungen darzustellen. Vielmehr bietet es sich an, *Symbole* anstelle der elementaren Gatter in einer Schaltung anzugeben. »Nichts leichter als das«, werden Sie denken. Aber leider ist die Sache viel verzwickter als angenommen. Wenigstens drei relevante Varianten der Symbole existieren parallel nebeneinander.

✔ Die in den 1960er Jahren entwickelte und später erweiterte **Deutsche Industrie Norm** (DIN) 40 700 legte quasi einen kontinental-europäischen Standard für die Symbole aller Gatter fest.

✔ Im anglo-amerikanischen Raum hat sich eine völlig andere Variante der Symbole etabliert, die als US ANSI 91-1984 standardisiert worden ist.

✔ Schließlich sollte Ende des letzten Jahrhunderts ein Normierungskomitee der **International Electrotechnical Commission** (IEC) eine Vereinheitlichung herbeiführen. Das Ziel wurde verfehlt: Die Norm IEC 60617-12 legte zwar eine dritte Version der Symbole fest, die sich jedoch nicht überall durchsetzte, zumindest nicht in den USA. Allerdings wurde die hiesige Norm formal abgelöst und durch IEC ersetzt.

Ich stelle Ihnen einmal exemplarisch die Darstellung von NOT in allen drei Varianten gegenüber und Sie dürfen selbst entscheiden, welche Ihnen am besten gefällt.

IEC US ANSI DIN

Abbildung 8.4: Unterschiedliche Symbole des Inverters NOT

Ganz ehrlich? Die neueste und für uns offiziell gültige Variante links finde ich am hässlichsten. Wie kommt das Komitee nur dazu, dort eine »1« reinzuschreiben? Wenn Sie die anderen Symbole der IEC sehen, wird das vermutlich – zumindest ein wenig – klarer. Es ändert aber nichts daran, dass auch die Symbole der anderen logischen Gatter nicht gerade ästhetische Höhenflüge darstellen. Sehen Sie sich dazu nur Abbildung 8.5 an. Ich präsentiere Ihnen dort jedoch nur noch die IEC-Variante, um Sie nicht auf falsche Gedanken zu bringen.

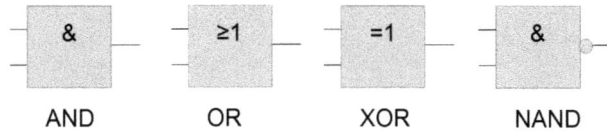

AND OR XOR NAND

Abbildung 8.5: Logische Gatter in neuer IEC-Norm

Zugegeben, für praktische Zwecke sind die IEC-Darstellungen sehr gut geeignet, weil sie alle die gleiche äußere Form besitzen (im Gegensatz zu Dreiecken oder Rundungen der anderen Normen).

Decodiernetzwerke

Als Nächstes möchte ich Sie noch etwas tiefer in die Schaltungstechnik einführen. Ein typisches Problem ist die Anforderung, von, sagen wir, vier verschiedenen Ausgangsleitungen genau eine auf logisch »wahr«, also 1 zu schalten.

Um die richtige Leitung zu wählen, werden zwei verschiedene Eingänge benötigt, denn diese können insgesamt vier verschiedene Kombinationen von Werten annehmen. Damit das nicht so verwirrend klingt, zeige ich Ihnen in Tabelle 8.1, wie ich das meine.

Eingang x_1	Eingang x_2	Nummer des zu schaltenden Ausgangs y_i
0	0	0
0	1	1
1	0	2
1	1	3

Tabelle 8.1: Wertetabelle für Auswahlnetz von vier Ausgängen

Ich habe die Ausgänge bewusst von 0 bis 3 und nicht 1 bis 4 nummeriert, damit Sie die Eingänge wie zweistellige Dualzahlen interpretieren können.

Abbildung 8.6 zeigt Ihnen, wie Sie ein **Decodiernetzwerk** für vier Ausgänge bewerkstelligen.

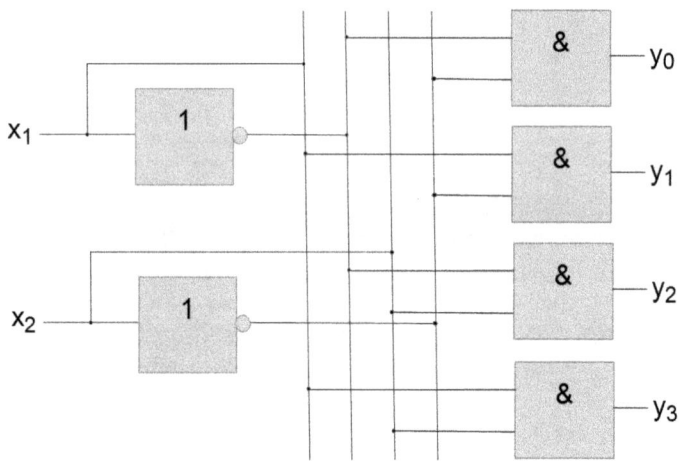

Abbildung 8.6: Decodiernetzwerk für vier Ausgänge

Am besten verstehen Sie die Darstellung anhand der vertikalen Linien. Diese vervielfachen gewissermaßen die Eingangsliterale, entweder in unverändertem Zustand oder negiert. Diese Leitungen stehen demnach von links nach rechts für $x_1, \overline{x_1}, x_2, \overline{x_2}$. Die schwarzen Punkte auf den Linien sollen andeuten, dass es sich um einen elektrischen Kontakt handelt. Ansonsten sollen sich kreuzende Leitungen nicht beeinflussen.

Auf der rechten Seite sehen Sie untereinander vier Konjunktionen, also viermal AND. Diese greifen jeweils unterschiedliche Eingangszustände ab. Für y_0 gilt beispielsweise $y_0 = \overline{x_1} \wedge \overline{x_2}$. Entsprechend lesen Sie die übrigen Ausgänge ab. Insgesamt erhalten Sie somit ein **Auswahl-** oder **Decodiernetz**, denn die Eingangssignale werden mit dem richtigen Ausgang »entschlüsselt«.

Ich muss Ihnen nicht extra erklären, dass vier Ausgänge natürlich nur ein Beispiel für die generelle Vorgehensweise ist. Mit einem entsprechend erweiterten Verfahren könnten Sie genauso gut eine aus 1024 Leitungen auswählen. Dazu würden Sie jedoch zehn Eingangssignale benötigen, weil $2^{10} = 1024$ ist.

Multiplexer ohne Komplexe

Natürlich geht das auch anders herum. Wenn Sie nicht aus einer Vielzahl möglicher Ausgänge wählen wollen, sondern stattdessen unterschiedliche Eingänge zum Spielen bringen, erhalten Sie ein **Quellenauswahlnetz**, oder **Multiplexer,** kurz **MUX** genannt.

Angenommen, Sie haben zwei Leitungen x_0 und x_1 und wollen einen dieser beiden Eingänge an den Ausgang y führen. Dazu wird ein weiterer, sogenannter **Steuereingang** S benötigt, mit dem Sie den jeweiligen Eingang bestimmen, der zum Zuge kommen soll. Beispielsweise soll für S = 1 der Eingang x_0 zum Ausgang geleitet werden, während bei S = 0 x_1 gewinnt.

Diesen denkbar einfachsten Fall eines Multiplexers zeige ich Ihnen in Abbildung 8.7.

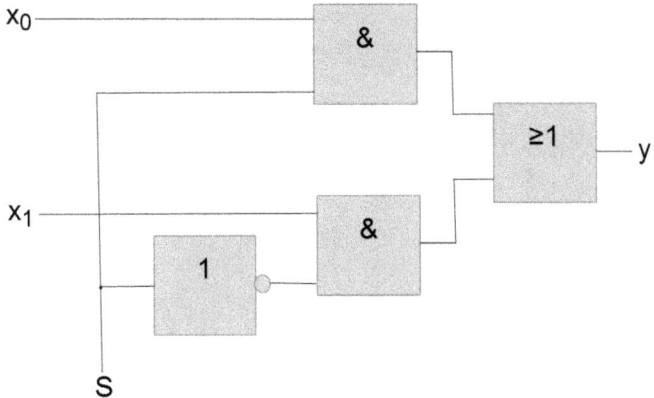

Abbildung 8.7: Multiplexer für zwei Eingänge

Die Schaltung ist nicht schwer zu verstehen. Aufgrund der Konjunktionen, der ANDs auf der linken Seite, wird der jeweilige Eingang x nur dann durchgeschaltet, wenn S = 0 respektive S = 1 gilt. Auf der rechten Seite werden diese beiden Möglichkeiten durch eine Disjunktion, ein OR verknüpft. Damit wird sichergestellt, dass genau einer der beiden Eingänge x_0 oder x_1 durchgeschaltet wird. Sollten mehr Eingänge vorhanden sein, müssen auch die Steuerleitungen entsprechend vervielfacht werden.

Komparator für Dualzahlen

Etwas spannender wird die Angelegenheit, wenn Sie sich Aufgabenstellungen mit Dualzahlen widmen. Ich will dazu mit einem **Komparator** beginnen.

 Ein *Komparator* (von lateinisch *comparare, vergleichen*) ist eine boolesche Funktion, die zwei Zahlen in Binärdarstellung, A und B, miteinander *vergleicht*. Ein Komparator für die Größer-Relation ist beispielsweise genau dann wahr, wenn A > B ist.

Die Schwierigkeit besteht nun darin, eine *Schaltkette* aus einzelnen *Schaltgliedern* aufzubauen, die jeweils in der Lage sind, die einzelnen Bits der beiden zu vergleichenden Zahlen A und B zu analysieren. Sobald Ihnen das gelungen ist, müssen Sie lediglich so viele Schaltglieder zusammenpacken, wie A und B Binärstellen aufweisen.

Ein einzelnes dieser Schaltglieder wäre in unserem Fall ein **1-Bit-Komparator**. Dieser vergleicht jeweils ein korrespondierendes Bit von A und B und berücksichtigt einen eventuellen Übertrag aus dem nächstniederwertigen Bit.

Wenn Sie das jeweils i-te Bit vergleichen, benötigt der 1-Bit-Komparator als *Eingänge* somit A_i und B_i sowie den Übertrag $Ü_i$. Die resultierende *Ausgabe* $Ü_{i+1}$ soll dabei an das nächste 1-Bit-Komparatorglied angedockt werden.

In Tabelle 8.2 habe ich Ihnen die Wahrheitstabelle dargestellt.

A_i	B_i	$Ü_i$	$Ü_{i+1}$
0	0	0	0
0	0	1	1
0	1	0	0
0	1	1	0
1	0	0	1
1	0	1	1
1	1	0	0
1	1	1	1

Tabelle 8.2: 1-Bit-Komparator-Wahrheitstabelle

Immer dann, wenn A_i echt größer ist als B_i, muss das Ergebnis des Vergleichs (also $Ü_{i+1}$) auf jeden Fall 1 sein, egal, welchen Wert $Ü_i$ hat. Umgekehrt muss $Ü_{i+1}$ immer null sein, wenn A_i echt kleiner ist als B_i. Spannend wird es dann, wenn A_i und B_i gleich sind (egal, ob beide null sind oder eins). Dann entscheidet nämlich das Übertragsbit $Ü_i$. Eine 1 würde signalisieren, dass der bisherige Vergleich gezeigt hat, dass A insgesamt größer ist als B. Daran würde sich auch nichts ändern, wenn $A_i = B_i$ ist. Sollte dagegen $Ü_i$ null sein, wären A und B gleich, somit wäre A nicht größer als B.

Die (bereits minimierte) boolesche Funktion für den 1-Bit-Komparator ergibt sich zu:

$$U_{i+1} = A_i \wedge \overline{B} \vee U_i \wedge \left(A_i \vee \overline{B} \right)$$

In Kapitel 7 erfahren Sie, wie Sie von der Wahrheitstabelle zur minimierten boole-schen Funktion und somit zum Schaltungsentwurf gelangen!

Das zugehörige Schaltbild des 1-Bit-Komparators finden Sie in Abbildung 8.8.

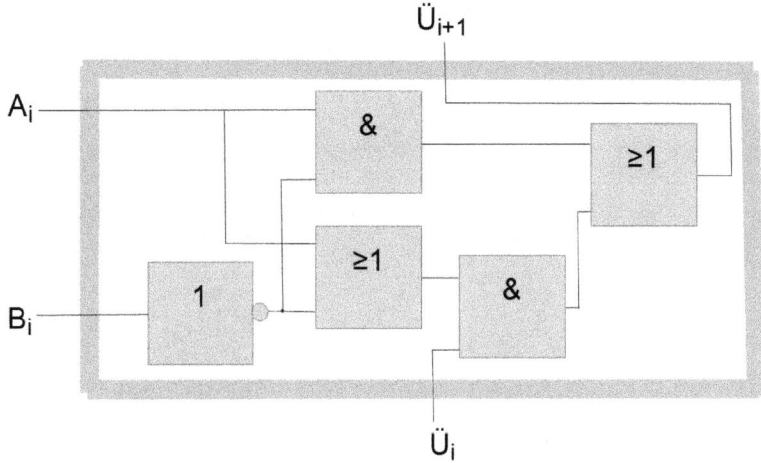

Abbildung 8.8: 1-Bit-Komparator-Schaltglied

Egal, wie viele Bits A und B aufweisen, durch »Zusammenstecken« der gleichen Anzahl an Komparatorgliedern erhalten Sie insgesamt einen vollwertigen Komparator, dessen Gesamt-ergebnis am höchstwertigen Übertrag $Ü_{n+1}$ abzulesen ist. Den Übertrag U_0 des niederwer-tigsten Bits setzen Sie (dauerhaft) auf null.

 Ist Ihnen aufgefallen, dass der *Vergleich* zweier Binärzahlen den einzelnen Schritten der gewöhnlichen (schriftlichen) *Subtraktion* entspricht? Freilich interessiert sich der binäre Vergleich nur für einen winzigen Teil des Endergebnisses dieser Subtraktion. Allerdings geschieht die tatsächliche Subtraktion im Rechenwerk über das Zweierkomplement, wie es in Kapitel 5 vorgestellt wird.

Halb- und Volladdierer

Sie sollten die Grundidee der Komparatorschaltkette verinnerlichen. Mit dem gleichen Kon-zept können Sie nämlich noch viel anspruchsvollere Aufgaben lösen, zum Beispiel die Addi-tion zweier Dualzahlen!

Um zwei Binärzahlen zu addieren, gehen Sie wiederum gliedweise vor und beginnen beim niederwertigsten Bit.

 In Kapitel 5 finden Sie ausführliche Erklärungen zum Rechnen mit Dualzahlen, insbesondere auch der binären Addition.

Da das niederwertigste Bit naturgemäß noch keinen Übertrag eines noch niederwertigeren Bits aufnehmen muss, wird dieses erste Glied – oder das letzte, je nach Sichtweise – auch **Halbaddierer** genannt. Alle anderen Glieder der Addierer-Schaltkette bezeichnet man als **Volladdierer**.

Beginnen Sie mit dem einfacheren Halbaddierer. Das Wort ist eine Verbrämung, denn eigentlich fehlt dem Halbaddierer ja lediglich der Übertrag. Allerdings ist die Schaltung wirklich außerordentlich einfach, wie in Abbildung 8.9 zu sehen.

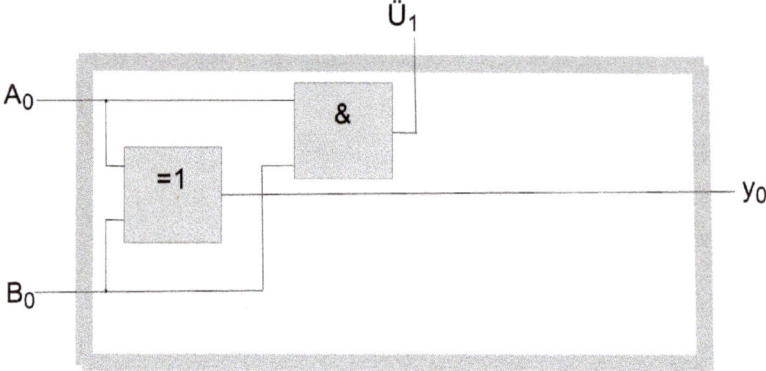

Abbildung 8.9: 1-Bit Halbaddierer-Schaltglied

Die Addition zweier Bits ergibt 1, wenn nur eines der beiden eine 1 darstellt, dies beschreibt das XOR-Glied. Zur Erinnerung: Bei dem Symbol mit dem »=1« handelt es sich gemäß IEC um ein XOR.

Der Übertrag wiederum entsteht nur dann, wenn beide Bits 1 sind, also ein AND. Voilà! Damit ist der Halbaddierer bereits fertiggestellt!

Der Volladdierer arbeitet wie ein Halbaddierer, allerdings muss er auch einen Übertrag von der vorherigen Stelle berücksichtigen. Sie verstehen seine Arbeitsweise leichter, wenn Sie sich den Unterschied zwischen Abbildung 8.10 und Abbildung 8.9 vergegenwärtigen.

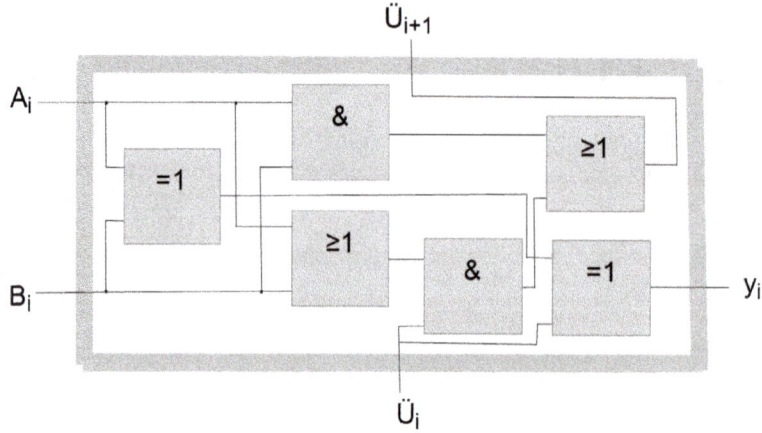

Abbildung 8.10: 1-Bit-Volladdierer-Schaltglied

Beginnen Sie mit dem Ergebnisbit y_i. Es ist jetzt nicht mehr nur ein XOR zwischen den beiden zu addierenden Bits, sondern zusätzlich noch ein XOR mit dem Übertrag. Das ist stimmig, denn der Übertrag muss genauso wie ein zu addierendes Bit behandelt werden. Insgesamt ist y_i genau dann 1, wenn die Anzahl an Einsen in A_i, B_i und $Ü_i$ eine ungerade Zahl ergibt.

Der neue Übertrag $Ü_{i+1}$ ist etwas komplizierter. Wenn A_i und B_i alleine schon einen Übertrag ergeben, wie das auch beim Halbaddierer der Fall sein kann, dann gilt $Ü_{i+1} = 1$. Wenn jedoch lediglich eines der beiden zu addierenden Bits 1 ist, spielt der alte Übertrag $Ü_i$ eine entscheidende Rolle. Ist er ebenfalls 1, führt dies zu einem neuen Übertrag, ansonsten nicht.

Insgesamt erhalten Sie einen vollständigen Addierer für, sagen wir, 64-Bit-Dualzahlen, indem Sie 63 Volladdierer aneinanderkoppeln, jeweils $Ü_{i+1}$ an $Ü_i$ des Nachfolgers anschließen und für das niederwertigste Bit einen Halbaddierer spendieren.

Die Ergebnisbits lesen Sie in den y_i ab. Dabei signalisiert ein Übertrag des höchstwertigen Volladdierer-Gliedes, dass die Rechnung insgesamt Ihren Zahlenbereich sprengt. Man bezeichnet diesen Gesamtübertrag auch als **Überlaufbit**. Sollte es gesetzt sein, ist das Ergebnis der Berechnung von A + B falsch!

 Der *arithmetische Überlauf* tritt auf, wenn mathematische Operationen den zulässigen Zahlenbereich überschreiten. Neben Addition und Multiplikation kann auch eine Subtraktion einen Überlauf verursachen, weil der Zahlenraum ja im Negativen ebenso beschränkt ist.

Neben den arithmetischen Überläufen gibt es ebenso *Unterläufe*. Diese treten auf, wenn Zahlen dem Betrage nach zu klein sind, um sich noch von der Null zu unterscheiden. Der Unterlauf würde somit zum Ergebnis null führen, obwohl der tatsächliche Wert (ein klein wenig) darüber oder darunter liegt.

Gatterlaufzeiten

Bis jetzt habe ich Sie nicht mit den elektrotechnischen Details der entworfenen Schaltungen konfrontiert. Aber in diesem Abschnitt wird sich das ändern.

Um die Sache möglichst einfach zu halten, betrachten Sie zunächst eine einfache Inverterschaltung, wie ich sie Ihnen in Abbildung 8.1 gezeigt habe.

Angenommen, Sie legen links bei »x« eine Spannung an und versetzen damit den Eingang auf »logisch wahr«. Was glauben Sie wohl, wie lange es dauert, ehe der Ausgang »x̄« auf »logisch falsch« umspringt?

Bisher sind wir davon ausgegangen, dass dies sofort geschieht, denn der Strom fließt ja bekanntlich recht schnell. Das stimmt jedoch nicht. Dazwischen vergeht eine gewisse Zeit. Keine sehr lange, zugegeben. Typische Gatterlaufzeiten bewegen sich im dreistelligen *Pikosekunden*-Bereich, also um das Zehntel einer *Nanosekunde*.

Zur Auffrischung dieser Bezeichnungen zeigt Ihnen Tabelle 8.3 eine Übersicht der wichtigsten Maßeinheiten für kleine Zahlen.

Maßeinheit-Vorsilbe	Dezimaldarstellung	Bezeichnung
Dezi	$10^{-1} = 0,1$	zehntel
Zenti	$10^{-2} = 0,01$	hundertstel
Milli	$10^{-3} = 0,001$	tausendstel
Mikro	$10^{-6} = 0,000\,001$	millionstel
Nano	10^{-9}	milliardstel
Piko	10^{-12}	billionstel
Femto	10^{-15}	billiardstel
Atto	10^{-18}	trillionstel
Zepto	10^{-21}	trilliardstel
Yokto	10^{-24}	quadrillionstel

Tabelle 8.3: Maßeinheiten für sehr kleine Zahlen

Im amerikanischen Sprachgebrauch weicht die Bezeichnung der Maßzahlen von den deutschen ab. Weil *Milliarde*, *Billiarde*, *Trilliarde* und so weiter fehlen, steht **billion** bereits für das, was bei uns eine Milliarde ist, **trillion** entspricht unserer Billion und das geht immer so weiter. Wenn Sie also im amerikanischen Original von großen Summen wie der Staatsverschuldung hören, klingen diese in unseren Ohren noch viel gigantischer, als sie ohnehin schon sind ...

Interessieren Sie eher große, ja gigantisch große Zahlen? Dann empfehle ich Ihnen einen Blick in Kapitel 5, Tabelle 5.2.

Gatterlaufzeiten sind somit winzig klein, aber doch größer als null. Deswegen kann es nicht nur vorkommen, sondern geschieht ganz gewiss, dass in der Realität der Eingang der Inverterschaltung bereits auf 1 steht, während der Ausgang ebenfalls – noch – eine 1 zeigt. Welche Probleme dabei auftreten können, gehen wir als Nächstes gemeinsam an.

Klitschige Glitches

Es gibt mehrere Bezeichnungen für das Phänomen, dass eine Schaltung – kurzzeitig – falsche Werte liefert, obwohl die Gatter richtig zusammengestellt sind.

Mit den Begriffen *Glitch* (Panne, Störung), *Hazard* (Gefahr, Zufall) oder *Spike* (Zacken, Dorn) wird ein vorübergehender fehlerhafter Ausgang in logischen Schaltungen bezeichnet.

Die Ursache für die Verfälschung von Ergebnissen trotz korrekter Verknüpfung der Gatter sind unterschiedliche Signallaufzeiten, sogenannte *kritische Läufe* (*Race Conditions*). Das Risiko für das Auftreten von Glitches steigt mit der Komplexität der Schaltung, der Erhöhung der Taktrate sowie der zunehmenden Verkleinerung der Bauteile.

Wie schnell fließt elektrischer Strom?

Diese einfache Frage ist gar nicht so leicht zu beantworten, denn sie hängt von vielen Faktoren ab. Zunächst müssen Sie unterscheiden zwischen der Signalgeschwindigkeit, auf die es uns in diesem Kapitel ankommt, und dem tatsächlichen Tempo der Elektronen selbst. Um es vorwegzunehmen: Elektronen sind ziemlich langsam. Von außen betrachtet sieht es fast so aus, als stünden sie still. Ehe diese Ladungsträger einen Zentimeter zurückzulegen, können schon mehrere Minuten vergehen. Je geringer der elektrische Widerstand – eine Verringerung erreichen Sie beispielsweise durch Querschnittsvergrößerung einer Kupferleitung –, umso langsamer bewegen sich die Elektronen. In einer Vakuumröhre werden dagegen ganz beachtliche Geschwindigkeiten erzielt. Allerdings sind diese Werte bei Weitem nicht in der Nähe der Lichtgeschwindigkeit!

Damit Strom fließt und sich somit ein Signal ausbreiten kann, ist es aber gar nicht nötig, dass sich die Elektronen selbst von einer Seite der Leitung bis zur anderen bewegen.

Das wird oft mit dem Wasser in einem bereits gefüllten Schlauch verglichen. Sobald Sie auf der einen Seite den Hahn aufdrehen, kommt aus der anderen Wasser heraus. Aber es handelt sich nicht um dieselben Wassermoleküle, zumindest nicht zu Anfang!

Oder nehmen Sie einen Queue beim Billard. In dem Moment, wo Sie dem Stab am hinteren Ende einen Stups verpassen, wird der Impuls ganz nach vorne bis auf die Kugel übertragen, obwohl die hinteren Moleküle des Holzstabes dazu nicht ganz nach vorne an die Spitze wandern.

Die *Ausbreitungsgeschwindigkeit* des elektrischen Stroms ist daher viel größer als die Geschwindigkeit der Elektronen selbst und kann Werte in der Größenordnung von 90 Prozent der Lichtgeschwindigkeit erreichen, die in der Größenordnung von dreihunderttausend Kilometern pro Sekunde liegt!

Sie können prinzipiell wenig gegen die unterschiedlichen Laufzeiten tun, allerdings werden Glitches dann zu einem echten Problem, wenn die kurzzeitige Falschausgabe bereits fatale Auswirkungen auf die nachfolgende Schaltung hat. Bei der Entwicklung hochkomplexer Systeme wie Mikroprozessoren spielt daher die Taktrate eine wesentliche Rolle. Stellen Sie sich dazu ein uhrähnliches Bauteil vor, das in regelmäßigen, sehr kurzen Abständen ein Signal ausgibt. Dieser Moment dient den angeschlossenen Schaltungen als Startsignal. Bis zum nächsten Taktschlag müssen die logischen Gatter am Ende – Glitches hin oder her – ein stabiles und korrektes Ergebnis anzeigen. Erst dann wird das Resultat an der nachfolgenden Einheit abgelesen.

 Neben den durch Vorgabe eines Taktes **synchronisierten Schaltnetzen** (*synchron* vom Griechischen *gleiche Zeit*) existieren auch asynchrone Schaltwerke, die in Kapitel 9 thematisiert werden.

Typischerweise treten Glitches vermehrt dort auf, wo sich mehr als ein Eingangswert im selben Moment verändert. Derartige Störimpulse lassen sich kaum vermeiden. Allerdings sind Sie in der Lage, den Einfluss einer einzigen Veränderung durch einen *hazardfreien Entwurf* zu kompensieren.

Dies möchte ich Ihnen an einem Beispiel demonstrieren, das das Kapitel abschließt.

Betrachten Sie die Schaltung aus Abbildung 8.11, bei der unter bestimmten Bedingungen Glitches auftreten.

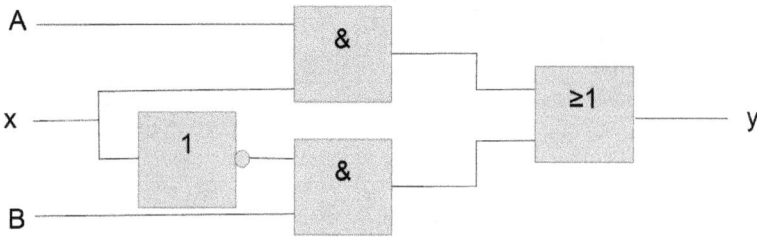

Abbildung 8.11: Schaltung mit Race Condition für x

Die Schaltung repräsentiert folgenden booleschen Term: $y = (A \wedge x) \vee (B \wedge \bar{x})$.

Wenn A = 1 und B = 1 gilt, spielt der Wert von x für den Ausgang y eigentlich keine Rolle. Stets muss y den Wert 1 besitzen. Allerdings tritt etwa beim Übergang von x = 1 auf x = 0 ein Glitch auf: Am Ausgang des Inverters für x steht die geforderte 1 ein klein wenig zu spät bereit, sodass der Eingang des nachfolgenden AND-Gatters, in das auch der Eingang B geführt wird, so lange auf 0 verharrt. Daher bleibt auch der Ausgang dieses AND auf null. Zugleich springt allerdings das obere AND-Gatter, in das auch der Eingang A geführt wird, bereits auf null um. Somit wird das OR-Gatter am Ende der Schaltung – nur für einen kleinen Moment – beide Eingänge als null »sehen«. Es entsteht ein Glitch am Ausgang y, weil der Wert y = 0 kurzzeitig angezeigt wird, und zwar so lange, bis das untere AND den Ausgang auf 1 umschaltet. Erst dann kann das abschließende OR wieder den Wert 1 annehmen.

Um besser zu verstehen, wieso hier ein kritischer Lauf auftritt, betrachten Sie das zugehörige KV-Diagramm auf der linken Seite von Abbildung 8.12.

 KV-Diagramme und automatische Minimierung erläutere ich Ihnen in Kapitel 7.

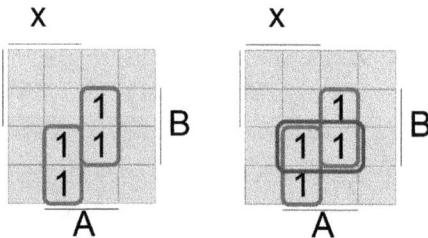

Abbildung 8.12: KV-Diagramm mit (links) und ohne (rechts) Race Conditions

Wie Sie sehen, sind die beiden markierten Terme – bezogen auf den Wert von x – gewissermaßen getrennt voneinander. Das ist im Sinne der Minimierung okay, allerdings führt die Schaltung, wie erwähnt, zu Glitches.

Ganz anders sieht die Situation auf der rechten Seite von Abbildung 8.12 aus. Hier sind alle Päckchen miteinander verbunden, eine Änderung von x spielt keine Rolle mehr. Die zugehörige boolesche Funktion y besitzt die Funktionsgleichung: $y = (A \wedge x) \vee (B \wedge \bar{x}) \vee (A \wedge B)$, die äquivalent zur ursprünglichen ist. Mittels Distributivgesetz könnten Sie den letzten Term »absorbieren«.

 Absorption und alle anderen Gesetze der Digitaltechnik habe ich Ihnen in Kapitel 6 zusammengestellt.

Die harzardfreie Schaltung für y bezogen auf x finden Sie in Abbildung 8.13. Da der Term $A \wedge B$ wahr bleibt, falls A und B beide den Wert 1 besitzen, kann eine Änderung von x keinen Glitch auslösen.

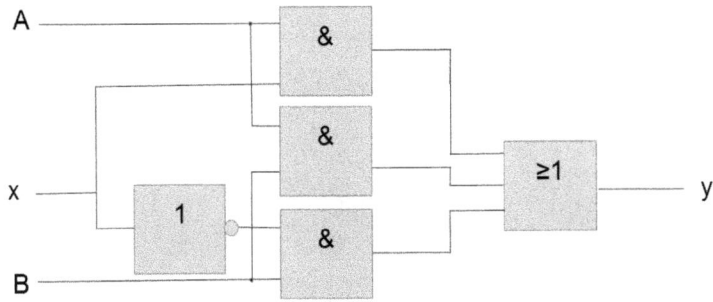

Abbildung 8.13: Schaltung ohne Race Condition für x

Wie Sie sehen, ist ein hazardfreier Entwurf möglich, allerdings nur auf Kosten eines komplexeren Schaltungsentwurfs. Keine Rose ohne Dornen ...

IN DIESEM KAPITEL

Den Unterschied von Schaltwerken und Schaltnetzen begreifen

Fallstricke beim Entwurf von Schaltwerken
erkennen und vermeiden

Die Bedeutung von Flanken für Schaltwerke
verstehen

Verschiedene Arten von Flipflops kennenlernen

Kapitel 9
Schaltwerke der Menschheitsgeschichte

Schaltwerke erlauben im Gegensatz zu Schaltnetzen auch Rückkopplungen, also Verbindungen vom Ausgang zurück zum Eingang. Das macht sie auf der einen Seite viel mächtiger, auf der anderen aber leider auch viel komplizierter.

In diesem Kapitel möchte ich Sie in die bunte Welt der Schaltwerke einführen und natürlich nicht verheimlichen, wofür das alles gut ist. Dazu werde ich Ihnen etliche Flipflops vorführen, die in der Lage sind, Daten zu speichern. Damit werden Sie einen Riesenschritt beim Verständnis von Computern vorankommen!

Schmerzfreie Rückkopplungen

Sollten Sie gerade erst »zugeschaltet« und die beiden letzten Kapitel übersprungen haben, werden Ihnen vielleicht einige Grundlagen zum Verständnis von Schaltwerken fehlen. Wenn Sie also feststellen, dass Ihnen Begriffe wie »logische Gatter« oder »Minimierung« Schwierigkeiten bereiten, empfehle ich Ihnen einen Blick zurück!

Der entscheidende Unterschied zwischen einem Schaltnetz und einem Schaltwerk besteht darin, dass Sie bei Ersterem nur eine Flussrichtung der Information haben: vom Eingang zum Ausgang. Bei Letzterem wird die Angelegenheit komplizierter, weil es eine direkte Verbindung von wenigstens einem der Ausgänge zurück zum Eingang gibt.

Ein *Schaltwerk* ist ein Schaltnetz, bei dem zusätzlich eine Rückkopplung vom Ausgang zum Eingang existiert.

Zur Einstimmung in die Thematik möchte ich Ihnen ein sehr einfaches Beispiel eines Schalt-werks vorstellen, das über lediglich ein einziges logisches Gatter verfügt, nämlich ein OR.

 Betrachten Sie das Schaltwerk aus Abbildung 9.1. Die Frage lautet: Welche Funktion realisiert diese Schaltung?

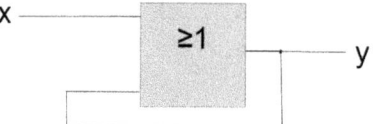

Abbildung 9.1: Einfaches Schaltwerk mit einem logischen Gatter

Die Schwierigkeit an einem solchen Schaltbild besteht darin, dass Ihnen niemand verrät, in welche Richtung der Strom eigentlich fließt, oder besser, die Information. Bei allen Schaltnetzen aus Kapitel 7 fließt die Information stets vom Eingang zum Ausgang, was dort der Richtung von links nach rechts entspricht. Hier ist das anders. Dazu habe ich Ihnen in Abbildung 9.2 anhand einiger Pfeile dargestellt, in welcher Richtung sich die Werte ausbreiten.

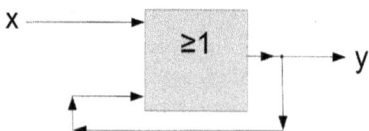

Abbildung 9.2: Schaltwerk mit Flussrichtung der Information

Diese Pfeile werden Sie jedoch in tatsächlich verwendeten Schaltungen nie-mals sehen! Das ist aber auch gar nicht nötig. Die Eingänge fließen immer in die Schaltung hinein, die Ausgänge stets heraus. Die Leitung ganz unten in Abbildung 9.1 kann also gar nicht von links nach rechts »funktionieren«, sondern nur umge-kehrt. Auch die Profis hätten allerdings Schwierigkeiten mit Schaltbildern, bei denen nicht wenigstens die grundlegenden Konventionen eingehalten werden, beispielsweise die Ausrichtung von digitalen Gattern in dieselbe Richtung ...

Um die Frage zu beantworten, was die Schaltung mit dem OR eigentlich tut, müs-sen Sie nur überlegen, was passiert, wenn das Signal in »x« von 0 auf 1 springt – und umgekehrt.

Sobald x = 1 gilt, wird das Gatter der Disjunktion eine 1 liefern, ganz gleich, welcher Wert zuvor beim Ausgang y »zu sehen« war. Dieser Ausgang ist aber zugleich der zweite Eingang. Sollte nun x auf null fallen, so bleibt y dennoch erhalten. Es ist auch gar nicht mehr möglich, y auf null zu setzen, sobald der Eingang in x ein ein-ziges Mal auf 1 war. Die Schaltung heißt daher auch **Halteglied**, weil sie eine Eins im Eingang »behält«.

Zustände wie bei den Graphen

Sobald Sie ein etwas komplizierteres Schaltwerk mit mehreren Gattern analysieren, genügt ein »scharfes Hinsehen« oftmals nicht mehr. Um den Überblick zu behalten, arbeiten Sie am besten mit **Zustandsgraphen**.

 Ein *Zustandsgraph* ist eine Menge von **Knoten**, die durch **gerichtete Kanten** (also Pfeile zwischen den Knoten) verbunden sind. Jeder Knoten entspricht dem Zustand eines Schaltwerks, also genau einer Kombination der Ausgangsvariablen. Jede Kante stellt daher einen **Zustandsübergang** dar, der von den Werten der Eingabevariablen abhängig ist.

Den Zustandsgraphen verstehen Sie am besten, sobald Sie ihn sehen. Wie wäre es mit dem Halteglied aus dem letzten Abschnitt?

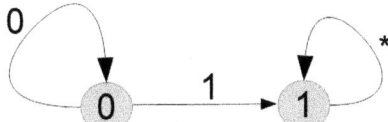

Abbildung 9.3: Zustandsgraph des Halteglieds

In Abbildung 9.3 sehen Sie zwei mögliche Zustände des Halteglieds, die ich Ihnen zur besseren Übersicht gleich in die Knoten (die Kreise) eingetragen habe. Das Halteglied verfügt lediglich über eine Ausgangsvariable y, die zwei unterschiedliche Werte annehmen kann, 0 oder 1. In Abhängigkeit von der Eingabevariablen x, die ebenfalls nur über zwei unterschiedliche Werte verfügt, müssten von jedem Zustandsknoten zwei Übergangspfeile ausgehen. Dies trifft auch für den Zustand »0« zu. Solange die Eingabe bei 0 verharrt, verbleiben wir in diesem Zustand. Sobald x = 1 gilt, wechselt der Zustand zu »1«. Da es sich um ein Halteglied handelt, gibt es keinen Pfeil zurück. Unabhängig von der Eingabe verlässt das Schaltwerk diesen Zustand nicht mehr. Daher habe ich nur einen einzigen Pfeil (eine Kante des Zustandsgraphen) verwendet, diese jedoch mit dem Asterisken beschriftet (»don't care«, »beliebig«).

Kritische Läufe

Gemein wird die Angelegenheit erst, sobald Sie über mehr als nur eine einzige Eingangsvariable verfügen. Ändern sich dann zwei Werte zugleich, tritt ein kritischer Lauf auf. Der Folgezustand könnte undefiniert sein!

 Glitches, Hazards und *kritische Läufe* werden am Ende von Kapitel 8 bei der Behandlung von Schaltnetzen unter die Lupe genommen!

Betrachten Sie dazu Abbildung 9.4, die ein Schaltwerk mit zwei Eingängen darstellt.

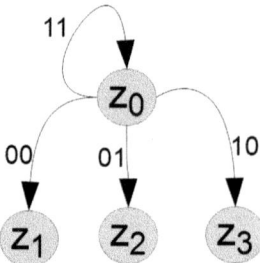

Abbildung 9.4: Kritischer Lauf in einem Schaltwerk

Angenommen, Ihr Schaltwerk befinde sich in Zustand z_0. Die Kanten mit den Zustandsübergängen sind mit den Werten der beiden Eingangsvariablen beschriftet. Eigentlich sieht alles gut aus. Solange die Eingänge beide den Wert 1 behalten, verharrt Ihre Schaltung im Zustand z_0. Aber was geschieht, wenn beide Eingänge gleichzeitig auf 0 wechseln? Die Hoffnung, Sie würden damit tatsächlich den Zustand z_1 erreichen, ist sehr trügerisch! Viel wahrscheinlicher ist es, dass ein winziger Zeitunterschied beim Wechsel von 1 auf 0 zwischen den beiden Eingängen entsteht, und sei es auch nur im Nanosekundenbereich. Angenommen, x_1 sei ein wenig schneller als x_0. Dann wechselt Ihr Schaltwerk fälschlicherweise in den Zustand z_2 anstatt z_1. Sobald nun der zweite Eingang ebenfalls auf 0 gewechselt ist, springt die Schaltung in einen Folgezustand von z_2. Das könnte ein vollkommen anderer sein, beispielsweise z_4, der in Abbildung 9.4 nicht eingezeichnet wurde.

Um das zu vermeiden, ist es zwingend erforderlich, dass Sie beim Schaltwerksentwurf niemals unmittelbare Folgezustände zulassen, die sich beim Übergang um mehr als eine Variable unterscheiden. Das erreichen Sie durch Hinzufügen weiterer logischer Gatter. Als Ergebnis erhalten Sie beispielsweise den Zustandsgraphen aus Abbildung 9.5.

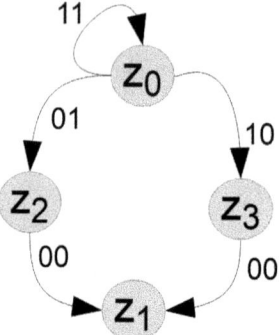

Abbildung 9.5: Zustandsgraph ohne kritischen Lauf

Jeder Zustandsübergang ist nur *einschrittig*, was bedeutet, dass sich stets nur eine der beiden Eingangsvariablen ändert.

 Neben der dargestellten Methode zur Vermeidung kritischer Läufe könnten Sie alternativ **instabile Zustände** einführen, die sich nur sehr kurzzeitig einstellen und aufgrund der eingestellten Eingangswerte gleich in einen anderen Zustand übergehen. Diese Methode ist jedoch nur zu empfehlen, falls ein hazardfreier Entwurf aufgrund äußerer Randbedingungen ausgeschlossen ist.

Flanken ohne Tore

Wie Sie gesehen haben, kommt es buchstäblich auf jede Nanosekunde an, wenn Sie ein Schaltwerk entwerfen. Es lohnt sich daher, ein wenig genauer in die elektrotechnischen Grundlagen und das Zeitverhalten von Schaltungen hineinzuschauen, um vielleicht noch andere Lösungen für das Problem der kritischen Läufe zu finden.

Sie könnten beispielsweise Ihre komplette Schaltung so entwerfen, dass jeder Zustandsübergang nur zu gewissen Zeiten stattfinden kann. Dazu würden Sie einen **Takt** benötigen.

 Ein *Taktsignal* (englisch *Clock Signal*) ist ein Rechteckimpuls, der sich in der Regel mit einer konstanten Frequenz wiederholt. Die *Taktpegel* werden mit 1 (*high*) und 0 (*low*) bezeichnet. Mit einem Taktsignal sind Sie in der Lage, den Signalverlauf von Schaltwerken zu *synchronisieren*.

Die Übergänge der Taktpegel heißen *Flanken*. Wie Sie Abbildung 9.6 entnehmen, werden zwei Arten von Flanken unterschieden, nämlich *steigende* und *fallende*. Alternative Namen sind *positive* und *negative Flanken* sowie *Vor-* beziehungsweise *Rückflanken*. Nicht nur im Fußball spielen Flanken eine besondere Rolle ...

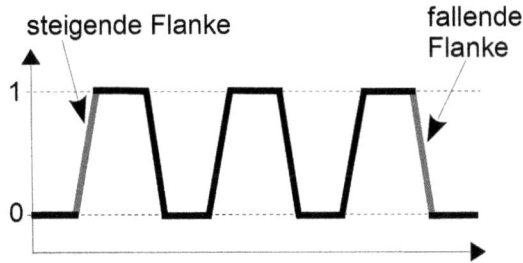

Abbildung 9.6: Flanken eines Taktsignals

Tatsächlich ist auch ein Rechtecksignal nicht wirklich rechteckig. Je schneller die 0→1- und 1→0-Wechsel stattfinden, umso sauberer ist das Signal.

Im nächsten Abschnitt wird sich alles um Speicherbausteine drehen. Für die anspruchsvolleren Versionen werden Sie das Konzept von Taktpegel und Flanken benötigen.

Familie der Flipflops

Haben Sie sich jemals darüber Gedanken gemacht, wie Computerspeicher funktioniert? Das Eingangsbeispiel zu diesem Kapitel hat Sie schon ein wenig in die Thematik eingeführt. Das dort beschriebene Halteglied hat jedoch einen schwerwiegenden Nachteil: Ein einmal gespeichertes Bit kann nicht wieder gelöscht werden.

Gesucht ist also eine Schaltung, bei der Sie auf Kommando ein Bit speichern und abrufen können. Außerdem müssen Sie in der Lage sein, den Speicher wieder zu löschen, was nichts anderes ist, als die Speicherstelle erneut mit einem Bit zu überschreiben.

Natürlich erwarten Sie, dass die Schaltung als Glied einer – möglicherweise sehr langen – Kette von Speicherbausteinen fungieren kann. Gut. Damit haben Sie die gesamte Anforderungspalette an ein gewöhnliches **Flipflop** beisammen.

Flipflop

Ein **Flipflop** ist ein elektronisches Bauteil, das in der Lage ist, ein Bit zu speichern. Es handelt sich dabei um eine *bistabile Kippstufe*. »Bistabil« meint, dass es zwei (»bi«) stabile Zustände gibt, die jedoch auf Anforderung hin- und herwechseln, also »kippen«. Mit den gleichnamigen Badelatschen haben die elektronischen Bauteile nichts zu tun. Die Flipflopschaltung wurde bereits im Jahre 1918 von den beiden Engländern Eccles und Jordan erfunden und hieß ursprünglich Eccles-Jordan-Schaltung. Die sandalenartige Fußbedeckung gibt es zwar schon Jahrtausende, aber der Name Flipflop ist dafür erst in den 60er Jahren des letzten Jahrhunderts aufgekommen. Der Klang des Wortes erinnert an die Geräusche, wenn man sich mit Flipflops bewegt.

Weil diese Speicherbausteine so wichtig sind, gibt es eine ganze Palette davon, die ich Ihnen in den nächsten Unterabschnitten schön der Reihe nach präsentieren möchte.

SR-Flipflop

Fangen Sie mit dem einfachsten an! Beim »SR-Flipflop« steht »S« für **Set**, »R« für **Reset**. Sobald der Eingang S = 1 gilt, soll sich der Speicherbaustein den Wert 1 »merken«. »Merken« bedeutet hier, am Ausgang, der traditionell mit »Q« abgekürzt wird, muss von diesem Zeitpunkt an permanent Q = 1 anliegen. Wird dagegen der Eingang R = 1 gesetzt, soll das SR-Flipflop eine 0 speichern. Von diesem Moment an gilt somit Q = 0. Aus Gründen des Komforts soll das Flipflop gleich über zwei Ausgänge verfügen. Neben »Q« nämlich auch »$\bar{Q}$«, was nichts anderes ist als eine invertierte Version von Q.

Übrigens ist die Kombination S = R = 1 selbstverständlich verboten! Für Q ist es wichtig, wie der vorherige Zustand (nennen wir ihn Q'), gewesen ist:

$Q = Q' \cdot \bar{R} + S$, denn Q soll 1 sein, falls entweder S = 1 gilt oder aber der alte Zustand Q' selbst 1 ist und zugleich der Reset-Eingang R auf 0 steht. Für $\bar{Q}$ sind die Rollen von S und R vertauscht.

Vermutlich werden Sie überrascht sein, dass sich Q auch als eine Kombination aus lediglich zwei NOR-Gattern aufbauen lässt:

$$Q = \overline{\overline{Q + S} + R}$$

Das ist nicht nur ästhetisch beeindruckend, sondern auch korrekt, wie die zweifache Anwendung des De Morgan'schen Gesetzes zeigt:

$$Q = \overline{\overline{Q+S}\cdot\overline{R}}$$
$$= (Q+S)\cdot\overline{R}$$
$$= Q\cdot\overline{R}+S\cdot\overline{R}$$

Da R jedoch niemals mit S zugleich den Wert 1 annehmen darf, ist $\overline{R}=1$ stets erfüllt, wenn S = 1 gilt. Damit lässt sich der zweite Summand zu S vereinfachen, was zu zeigen war ...

Eine hübsche Schaltung für das SR-Flipflop finden Sie in Abbildung 9.7.

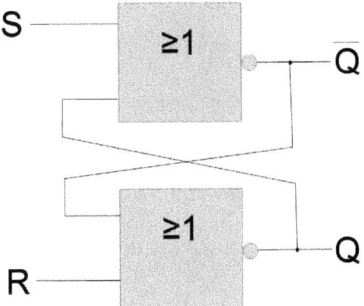

Abbildung 9.7: SR-Schaltbild mit NOR-Gattern

Neben dieser Schaltung gibt es noch etliche weitere, unter anderem eine Version, die nur aus zwei NAND-Gattern aufgebaut ist. Das allgemeine Symbol für SR-Flipflops habe ich Ihnen übrigens in Abbildung 9.8 dargestellt. Sie werden es noch öfter brauchen.

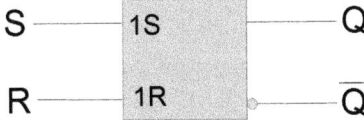

Abbildung 9.8: Symbol des SR-Flipflops

Data Latch

Die soeben beschriebene Version eines SR-Flipflops ist asynchron. Zu jedem beliebigen Zeitpunkt kann S oder R den Wert setzen oder zurücksetzen, je nachdem. Diese Situation kann zu unerwünschten Resultaten führen, wenn Sie beispielsweise in einer Schaltung mehrere Flipflops ansteuern, deren Werte sich gleichzeitig, also synchron ändern sollen. Zur Lösung des Problems greifen Sie auf ein **Data Latch** zurück.

 Ein *Data Latch*, dessen wörtliche Bedeutung etwa mit *Datenriegel* wiedergegeben werden kann, ist ein taktpegelgesteuertes Flipflop. Die Eingänge S und R werden nur während des High-Pegels (»1«) im Taktsignal übernommen. Ein »Data Latch« wird auch als *SR-Latch* bezeichnet.

Die Schaltung des Data Latches basiert auf der Flipflop-Grundschaltung. Lediglich zwei AND-Gatter werden für S und R jeweils mit dem Taktsignal »C« (Clock) zusammengeführt, wie in Abbildung 9.9 dargestellt.

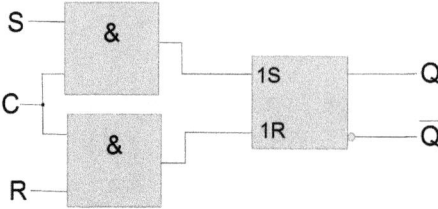

Abbildung 9.9: Schaltung eines Data Latches

Nur während der Pegel des Taktes C auf »1« steht, haben S oder R überhaupt eine Chance, vom nachfolgenden SR-Flipflop »gesehen« zu werden. Das Schaltsymbol des Data Latches finden Sie in Abbildung 9.10. Das »C1« ist übrigens kein Druckfehler. Es möchte Ihnen sagen, dass nur während des 1-Pegels des Takts die Eingänge S und R gelesen werden.

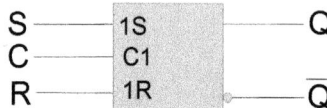

Abbildung 9.10: Schaltsymbol des Data Latches

Allerdings sind auch Data Latches nicht das Ziel Ihrer Träume. Theoretisch könnten durch kritische Läufe die Eingänge S und R beide – wenn auch nur für kurze Zeit – auf dem Wert 1 stehen. Dies ist unzulässig und würde dazu führen, dass die Ausgänge Q und $\bar{Q}$ beide den Wert 0 annehmen. Um das zu vermeiden, benötigen Sie D-Flipflops.

D-Flipflop

Das »D« der **D-Flipflops** steht für *Delay*, also *Verzögerung*. Der Eingang von R wird einfach auf den negierten Wert für S gesetzt. Damit erreichen Sie zwei Dinge:

✔ Ein gleichzeitiges Setzen von S und R wird ausgeschlossen.

✔ Der einzige verbliebene Eingang wird jeweils mit einem Takt verzögert am Ende ausgegeben.

Als Bezeichnung für diesen neuen Eingang hat sich – wie könnte es anders sein – das »D« bei D-Flipflops durchgesetzt. Die neue Schaltung finden Sie in Abbildung 9.11. Dazu habe ich Ihnen auch gleich das Schaltsymbol gepackt.

Allerdings ist das immer noch nicht ganz befriedigend. Solange der Taktpegel den Wert 1 annimmt, werden alle Änderungen, auch mehrere, sofort übernommen. Problematisch ist das vor allem, wenn Sie mehrere Flipflops nebeneinander schalten.

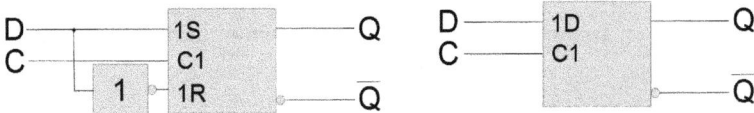

Abbildung 9.11: D-Flipflop Schaltung (links) und Schaltsymbol (rechts)

Taktflankengesteuertes Flipflop

Die nächste Ausbaustufe von Flipflops sind die sogenannten *taktflankengesteuerten Flipflops*. Achten Sie auf den winzigen Unterschied: Dort geht es nicht mehr um den Takt**pegel**, sondern um die Takt**flanke**. Erinnern Sie sich noch an den letzten Abschnitt? Hier werden nun die Werte im Eingang lediglich für den winzigen Moment der Pegel**änderung** übernommen. Mit dieser Methode können Sie ruhig viele Flipflops neben- und hintereinander schalten. Die Idee zur Konstruktion von flankengesteuerten Flipflops ist geradezu genial: Sie schalten einfach zwei gewöhnliche Flipflops hintereinander, wie in Abbildung 9.12 zu sehen!

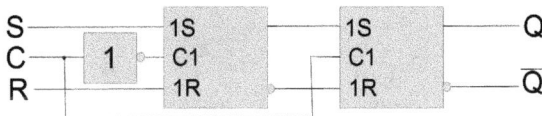

Abbildung 9.12: Taktflankengesteuertes SR-Flipflop

Um die Schaltung zu verstehen, überlegen Sie, wie sich die beiden Flipflops links und rechts verhalten. Solange C = 0 gilt, ist das rechte Bauelement gewissermaßen ausgeschaltet und nur die linke Seite »arbeitet«, weil die invertierte Version von C natürlich währenddessen auf 1 steht. Die Eingänge, S oder R, beeinflussen infolgedessen die Ausgänge des linken Flipflops – die zugleich die Eingänge für das rechte bilden. Somit steuert das Flipflop links die Aktivität rechts. Daher wird das linke auch **Master** und das rechte **Slave** genannt. Beachten Sie allerdings, dass der Slave die Eingänge des Masters erst »liest«, sobald der Pegel C den Wert 1 annimmt.

Insgesamt gilt für den Pegel C: Solange C = 0 ist, blockiert der Slave, während C = 1 blockiert dagegen der Master. Nur der *Flankenwechsel* ist somit relevant. In Abbildung 9.12 finden Sie eine Version, bei der die aufsteigende, positive Flanke den Gesamtausgang bestimmt. Daneben existiert auch die Möglichkeit, nur die negativen Flanken zu berücksichtigen. Außerdem wurden in diesem Beispiel Data Latches als Flipflops verwendet. Wer hindert Sie daran, stattdessen D-Flipflops ins Spiel zu bringen?

Somit unterscheiden wir drei prinzipielle Typen von taktflankengesteuerten Flipflops:

✔ *Positiv taktflankengesteuerte Flipflops* übernehmen den Eingang ausschließlich beim Wechsel von 0 auf 1 im Takt.

✔ *Negativ taktflankengesteuerte Flipflops* funktionieren logischerweise umgekehrt. Sie »sehen« die Werte am Eingang beim Wechsel von 1 auf 0 im Taktsignal.

✔ *Zweiflankengesteuerte Flipflops* sind besonders pfiffig. Bei jeder Flanke, ganz gleich ob positiv oder negativ, übernehmen sie den Eingang. Zweiflankengesteuerte Flipflops sind somit besonders dort geeignet, wo es um den superschnellen Einsatz geht.

Jede der beschriebenen Möglichkeiten funktioniert mit SR-Flipflops oder D-Flipflops. Ganz schön verwirrend!

Um die Taktflankensteuerung anzuzeigen, wird das Schaltbild derartiger Flipflops um ein kleines Dreieck ergänzt (Abbildung 9.13).

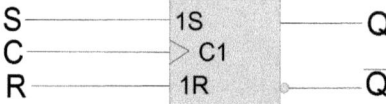

Abbildung 9.13: Positiv-taktflankengesteuertes SR-Flipflop

Bei negativer Flankensteuerung wird der Eingang von C um einen kleinen Kringel ergänzt, der die Invertierung anzeigt, ähnlich dem Ausgang $\bar{Q}$. Wollen Sie D-Flipflops mit Flanken-steuerung verwenden, ergänzen Sie ebenfalls das Schaltbild um das kleine Dreieck – mit oder ohne die Invertierung von C.

JK-Flipflop

Allerdings ist das immer noch nicht das Ende der Fahnenstange. Flipflops sind dermaßen wichtig, dass noch eine letzte Ausbaustufe fehlt. Es handelt sich dabei um **JK-Flipflops**. Diese lassen keine Wünsche offen. Zum einen gehören sie in die Klasse der taktpegelgesteuer-ten Bauelemente, zum anderen werden die Eingänge wieder strikt gegen groben Unfug wie gleichzeitiges Setzen und Rücksetzen abgesichert.

Die Klasse der JK-Flipflops erweitert somit alle Arten von taktpegelgesteuerten Verwandten um eine Besonderheit: Sobald die beiden Eingänge beide den Wert 1 annehmen, wird der innere Zustand des Flipflops einfach umgekehrt, auf Neudeutsch »getoggelt«.

 Toggeln meint die Umkehrung eines binären Wertes. Der Wechsel von 1 auf 0, wahr auf falsch, low auf high oder jede andere Veränderung eines bistabilen Zustands wird als *toggeln* bezeichnet.

T-Flipflops

Unglaublich, aber wahr: Es gibt Flipflops, die nichts anderes tun, als ihren inne-ren Zustand zu toggeln. Derartige Bauelemente werden **T-Flipflops** genannt. Das »T« steht dabei selbstverständlich für »toggeln«. T-Flipflops eignen sich prima als Frequenzteiler – bezogen auf den Takt C – oder als digitale Zähler. Außerdem glätten sie einen unsauberen Takt auf ein exakt gleiches Verhältnis von Hoch- und Tiefpegel.

Weil die neue Kombination zum Toggeln bei den JK-Flipflops ergänzt wurde, heißen die beiden Eingänge nicht mehr S und R, sondern J und K. »J« steht für **Jump** und »K« für **Kill**: *Springen* und *Töten* statt *Setzen* und *Rücksetzen*. JK-Flipflops sind somit universelle »Waffen« im Kampf gegen ganz unterschiedliche Anforderungen an digitale Schaltungen. Ansonsten sind sie aber ganz friedlich, das kann ich Ihnen versichern!

Ihr Aufbau ergibt sich recht einfach als Ergänzung der verschiedenen flankengesteuerten Flipflops, wie exemplarisch in Abbildung 9.14 zu sehen.

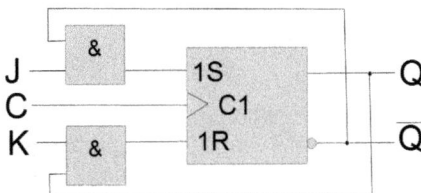

Abbildung 9.14: JK-Flipflop

Durch die Rückkopplung der jeweils invertierten Ausgänge mit J respektive K werden die inneren Eingänge von S beziehungsweise R nur dann geschaltet, wenn $J = \bar{Q}$ oder $K = Q$ ist. Das ist schon einmal sinnvoll, denn das Setzen auf 1 bleibt überflüssig, solange der Zustand ohnehin auf 1 steht. Ebenso ist ein Rücksetzen entbehrlich, wenn $Q = 0$ gilt.

Spannend bleibt aber die Variante $J = K = 1$. Dann wird zwingend etwas geschehen. Falls zuvor $Q = 1$ war, gewinnt die K-Seite und der innere Zustand wird (auf null) zurückgesetzt. Im anderen Fall gewinnt das J und $S = 1$ wird gesetzt. Somit ändert sich der innere Zustand, das gewünschte Toggeln tritt ein!

Puh, das war recht anstrengend. Bevor wir uns im nächsten Abschnitt mit konkreten Anwendungsfeldern der Flipflops befassen, möchte ich Ihnen eine kleine Zusammenfassung der bunten Familie dieser bemerkenswerten Bauelemente liefern.

✔ Flipflops sind in der Lage, einen inneren Zustand zu speichern, entweder 1 oder 0.

✔ Eine Änderung dieses Zustandes kann entweder asynchron, also zu jedem beliebigen Zeitpunkt, oder synchron erfolgen. Die synchrone Variante erfordert ein Taktsignal (Clock).

✔ Synchrone Flipflops reagieren entweder während eines Pegels (high oder low), dann heißen sie *taktpegelgesteuert*. Anderenfalls sind sie *taktflankengesteuert*, der Pegelwechsel ist dann entscheidend.

✔ Taktflankengesteuerte Flipflops lassen sich in drei Unterklassen gruppieren: *positiv-*, *negativ-* oder *zweiflankengesteuert*.

✔ Im Allgemeinen verfügen Flipflops über zwei Eingänge, einen zum Setzen (S) des inneren Zustands, einen zum Zurücksetzen (R). Diese SR-Flipflops verbieten den Zustand $S = R = 1$.

✔ D-Flipflops verfügen lediglich über einen Eingang D, der für S übernommen wird und automatisch die jeweils invertierte Variante an R sendet. Das »D« steht für »Delay«, weil lediglich eine verzögerte Ausgabe von D am Ausgang des D-Flipflops erfolgt.

✔ Wollen Sie die umgekehrte Variante, so erhalten Sie T-Flipflops. Das »T« steht für »Toggel« und kehrt in Abhängigkeit des Taktes den inneren Zustand einfach um.

✔ JK-Flipflops vereinigen alle Eigenschaften der anderen Modelle. J verhält sich dabei wie S und K wie R, mit einer Ausnahme: Auch J = K = 1 ist diesmal erlaubt. Dann verhält sich das JK-Flipflop wie ein T-Flipflop und kehrt den inneren Zustand einfach um. JK-Flipflops gibt es in allen Varianten taktpegel- oder taktflankengesteuerter Flipflops.

Zähler mit Flipflops

Der spannende Punkt bei taktflankengesteuerten Flipflops ist die Möglichkeit, mehrere, ja viele dieser digitalen Bauelemente neben- oder hintereinander zu platzieren, um eine neue Funktionalität zu erhalten. Man spricht dann auch von **Registerschaltungen**. Registerschaltungen sind nicht mehr auf das reine Speichern von Werten beschränkt.

Als Beispiel möchte ich Ihnen einen **synchronen 4-Bit-Dualzähler** vorführen, der in der Lage ist, von 0 bis 15 zu zählen, binär, versteht sich! Wenn er bei 15 angekommen ist, soll er einfach wieder von vorne beginnen. Dieses Verhalten wird als **Ringzähler** bezeichnet:

0000, 0001, 0010, 0011, 0100, 0101, 0110, 0111, 1000, 1001, 1010, 1011, 1100, 1101, 1110, 1111, 0000, 0001, ...

Naheliegenderweise benötigen Sie zur Herstellung eines 4-Bit-Zählers vier Flipflops. Da eine synchrone Variante gefordert ist, bieten sich taktflankengesteuerte JK-Flipflops an, weil Sie mit diesen quasi alles anstellen dürfen.

Das niederwertigste Bit B_0 toggelt bei jedem Zählschritt einfach hin und her. Somit belegen Sie das zugehörige JK-Flipflop permanent mit J = K = 1.

Streng genommen toggelt auch B_1 hin und her. Allerdings nicht mehr bei jedem Taktsignal, sondern nur noch bei jedem zweiten. Dieses wiederum können Sie am Ausgang B_1 ablesen. Nur wenn B_0 = 1 gilt, soll B_1 toggeln. Die Eingänge des zweiten Flipflops werden somit ebenfalls gleichgeschaltet: $J = K = B_0$.

Auch das dritte Flipflop toggelt. Allerdings müssen Sie nun sowohl B_0 als auch B_1 berücksichtigen. Nur wenn beide den Wert 1 besitzen, soll sich der Zustand ändern. Dazu verwenden Sie einfach ein AND-Gatter: $J = K = B_0 \cdot B_1$.

Nun ist auch die Beschreibung für das vierte Flipflop leicht zu erkennen: Wiederum ist das Toggeln nötig, diesmal jedoch nur für $B_0 = B_1 = B_2 = 1$. Sie erhalten somit: $J = K = B_0 \cdot B_1 \cdot B_2$.

Das Ergebnis sehen Sie in Abbildung 9.15. Erstaunlich einfach, nicht wahr?

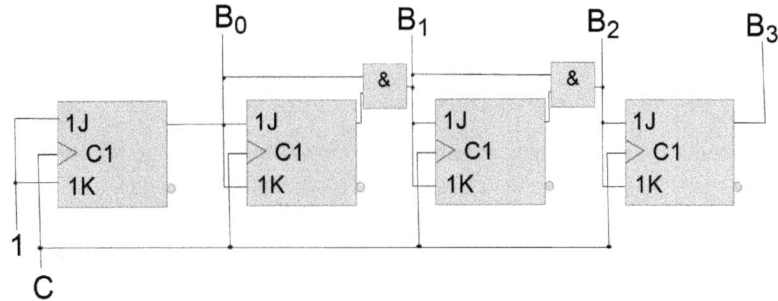

Abbildung 9.15: Synchroner 4-Bit-Ringzähler mit JK-Flipflops

Wie Sie sehen, werden die negierten Ausgänge der Flipflops in diesem Fall nicht benötigt.

Schiebung in den Registern

Ich könnte Ihnen noch tausendundeine Schaltung mit Flipflops vorführen, möchte das Kapitel jedoch mit einem vergleichsweise einfachen Anwendungsfall abschließen. Flipflops speichern binäre Werte, so viel ist klar. Sie werden die unverzichtbare Leistung dieser Bauteile am besten beurteilen können, wenn Sie sich näher mit den einzelnen Komponenten eines Mikroprozessors befassen.

 Mikroprozessoren sind das zentrale Anliegen von Kapitel 12.

Dazu gehören auch Register. Diese befinden sich in unmittelbarer Nähe der zentralen Recheneinheit, sowohl logisch als auch räumlich. Einige Anforderungen lassen sich selbst innerhalb der Register einfach bewerkstelligen. Neben der Zählerfunktion aus dem letzten Beispiel gilt das auch für die **Shift-Operation**.

 Bitweises Schieben von Werten innerhalb eines Registers wird als *Shift* bezeichnet. Schiebeoperationen können nach links oder rechts erfolgen. Außerdem müssen Sie entscheiden, was mit den »herausfallenden« Bits passiert: Entweder werden sie am anderen Ende wieder eingeführt oder aber komplett ignoriert. Im letzteren Fall werden sie entweder durch lauter Einsen oder lauter Nullen am anderen Ende ersetzt.

 »00100110« führt nach einem Linksshift zu »01001100«. Mathematisch entspricht diese Operation der Multiplikation mit 2. Der erste Wert stellt die Zahl 38 dar, der zweite die Zahl 76.

 »00100110« führt nach einem Rechtsshift zu »00010011«. Nun wird aus der ursprünglichen Zahl 38 die Zahl 19.

In beiden Beispielen wurde die überschüssige Stelle jeweils mit einer Null ersetzt.

Für »00001111«, was der Dezimalzahl 15 entspricht, führt der Rechtsshift zu »00000111«, der Zahl 7. Die Division durch 2 ignoriert somit den Rest 1. Diesen Rest können Sie beim Registershift jedoch verwerten!

Wie Sie ein serielles Schieberegister aus D-Flipflops aufbauen, zeige ich Ihnen in Abbildung 9.16.

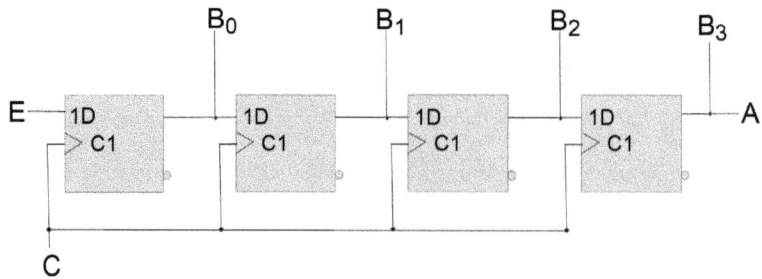

Abbildung 9.16: 4-Bit-Schieberegister aus taktflankengesteuerten D-Flipflops

Das ist sogar noch viel einfacher als ein Binärzähler! Das Beispiel zeigt, wie die Eingabe E (links) mit jedem Takt um ein Flipflop nach rechts geschoben wird. Nach vier Takten findet sich die Eingabe am Ausgang A und wird anschließend aus dem Register entfernt ...

Auch wenn die Bits schön brav von links nach rechts wandern, arbeitet das Register insgesamt als Linksschieberegister. Das liegt daran, dass bei der binären Zahlendarstellung das höchstwertige Bit immer ganz links steht. Die Zahl 10011 wird als 19 interpretiert und nicht etwa als 25, was der binären Darstellung 11001 entspricht. Das ist eine reine Konvention, die auch für Dezimalzahlen gilt. Unabhängig davon, in welcher Richtung die Bits einer Schaltung laufen, wird für die Bezeichnung Links- oder Rechtsschieberegister stets eine Orientierung verwendet, bei der links das höchstwertige und rechts das niederwertigste Bit anzunehmen ist.

Ich hoffe, Ihnen hat der Ausflug in die Zauberwelt der Schaltwerke gefallen.

Um eine besondere Art von Schaltwerk dreht sich das folgende Kapitel 10: ein Mikroprogrammsteuerwerk!

IN DIESEM KAPITEL

Einblick in die Automatentheorie erhalten

Mealy- und Moore-Automaten kennenlernen

Die Funktionsweise eines Steuerwerks sowie
eines Operationswerks verstehen

Register als Speicherelemente begreifen

Den Schritt von fest verdrahteten zu mikroprogrammierten Schaltwerken nachvollziehen

Die Entwicklung von Mikroprogrammen begreifen

Kapitel 10
Mikroprogramme im Land der Automaten

Schaltwerke sind bereits recht komplexe Gebilde, deren Funktionsweise kaum aus dem Schaltbild zu ermitteln ist. Modelle von Automaten helfen Ihnen, das Prinzip dieser digitalen Schaltungen besser zu verstehen. Das wird Ihnen gefallen. Anstatt Ihr Gehirn mit den Niederungen logischer Gatter zu belasten, dürfen Sie mit grafischen Zustandsübergängen arbeiten. Das ist nicht nur notwendig, sondern macht auch Spaß. Hierzu werden die Aufgaben des Automaten in ein Steuerwerk und ein Operationswerk zerlegt. Ebenfalls lohnt sich die Analyse von Registern. Sobald alle diese Komponenten in geordneter Weise miteinander spielen, dürfen Sie die fest verdrahteten Schaltwerke durch Mikroprogramme in entsprechenden Steuerwerken ersetzen, ein wichtiger Meilenstein auf dem Weg zum universellen Computer!

Synchrone Automaten

Automaten sind keineswegs eine Erfindung der koffeinhaltigen Erfrischungsgetränkeindustrie. Sie stellen eine abstrakte Beschreibungssprache für ziemlich komplizierte Vorgänge dar, wozu beispielsweise auch der Schaltwerksentwurf zählt.

 Neugierig auf Schaltwerke? Kapitel 9 fasst die wesentlichsten Gesichtspunkte zusammen.

Einen Automaten können Sie sich als einen »schwarzen Kasten« vorstellen, bei dem Sie »oben« eine Eingabe »hineinstecken« und der am unteren Ende eine Ausgabe produziert.

 In Kapitel 50 erhalten Sie einen Einblick in die Automatentheorie – bezogen auf formale Sprachen.

Allerdings hängt die Ausgabe nicht allein von der Eingabe ab, sondern auch vom »inneren Zustand« des Automaten. Der wiederum kann sich mit der aktuellen Eingabe sowie dem aktuellen Zustand ändern. Ganz schön verwirrend!

Also noch mal ganz langsam: Sie kennen mathematische Funktionen, beispielsweise $y = x^2$. Für jeden Eingabewert x »spuckt« diese Funktion y aus, und zwar das Quadrat von x.

So liefert $x = 3$ immerzu $y = 9$, ganz gleich, was Sie vorher oder nachher als Eingabe verwendet haben.

Ein Automat funktioniert anders. Beim Automaten kann es Ihnen passieren, dass Sie für die Eingabe »3« einmal »9« und ein anderes Mal »16« erhalten. Denn der Automat verfügt über Bauelemente, mit dem sich sein innerer »Zustand« speichern lässt. Genau genommen **sind** diese Speicherbausteine der Zustand. Das klingt beim ersten Mal höllisch kompliziert. Wie soll man derartig schwierige Dinge verstehen?

Die Antwort liefern **Zustandsdiagramme**. Um einen sogenannten *endlichen Automaten* zu beschreiben, verwenden Sie einen Graphen. Die Knoten dieses Graphen stellen Zustände dar, die Pfeile dazwischen, die Kanten, sind **Übergänge**. Von einem Zustand dürfen Sie in unterschiedliche Folgezustände springen, je nachdem, wie die aktuelle Eingabe zu diesem Zeitpunkt aussieht.

Aus historischen Gründen unterscheiden wir zwei prinzipielle Typen von Automaten, die jeweils nach ihren Erfindern benannt sind: **Mealy-** und **Moore-Automaten**.

Mealy-Automat

 Die Ausgabe eines **Mealy-Automaten** hängt sowohl von der Eingabe als auch vom aktuellen Zustand ab.

Mealy-Automaten sind insofern universell, als dass sie keiner weiteren Einschränkung unterliegen. Benannt werden sie übrigens nach dem amerikanischen Mathematiker George Mealy, der sie 1955 in einer wissenschaftlichen Arbeit mit dem Titel »A Method for Synthesizing Sequential Circuits« beschrieben hat. Daran sehen Sie, dass es Mealy von Anfang an um den Schaltwerksentwurf ging.

Als Beispiel möchte ich Ihnen ein D-Flipflop als Mealy-Automaten demonstrieren. Das ist insofern witzig, als dass Sie umgekehrt auch Flipflops als Speicherelemente für den jeweiligen Zustand benötigen, wenn Sie beliebige Automaten tatsächlich in eine Schaltung überführen möchten.

Eine detaillierte Beschreibung des D-Flipflops und seiner wichtigsten Verwandten finden Sie in Kapitel 9.

Ein D-Flipflop verfügt lediglich über einen einzigen Eingang, daher sind die Kanten des zugehörigen Zustandsgraphen mit einer Ziffer versehen. An Zuständen kennt dieses einfache Flipflop lediglich zwei, doch sehen Sie selbst (Abbildung 10.1).

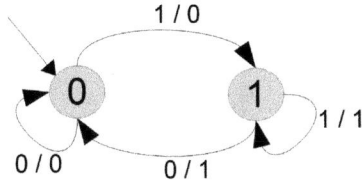

Abbildung 10.1: Zustandsgraph des D-Flipflops als Mealy-Automat

Gegenüber den Zustandsgraphen, die Sie vom Schaltwerksentwurf her kennen, gibt es lediglich zwei wesentliche Unterschiede:

✔ Jede Kante ist nicht nur mit dem Eingabewert beschriftet, sondern zusätzlich, getrennt durch einen Slash (»/«), mit dem zugehörigen Ausgabewert.

✔ Ein kleiner Pfeil (im Bild links oben) signalisiert den Startzustand.

Die Beschreibung des D-Flipflops ist damit sehr präzise und übersichtlich. Sie können sofort erkennen, dass eine 1 am Eingang das Flipflop in den internen Zustand »1« überführt, aber die Ausgabe könnte noch – für einen Takt – auf 0 stehen, falls der vorherige Zustand »0« gewesen ist. Entsprechend verhält sich das Bauteil, falls eine 0 am Eingang anliegt. Nicht schlecht, oder?

Noch simpler als ein Mealy-Automat ist ein Moore-Automat.

Moore-Automat

 Die Ausgabe eines **Moore-Automaten** hängt lediglich vom aktuellen Zustand, nicht aber von der Eingabe ab.

Der Moore-Automat wurde von dem Mathematik- und Informatikprofessor Eward Moore, einem Landsmann Mealys, ebenfalls im letzten Jahrhundert entwickelt. Der Vorteil des Moore-Automaten gegenüber dem Mealy-Automaten besteht darin, dass die Zustandsübergänge, die Kanten des Graphen, nicht mehr mit einer konkreten Ausgabe versehen werden müssen, weil diese lediglich vom aktuellen Zustand abhängt. Deswegen genügt es, die aktuelle Ausgabe einfach dem Zustand zuzuschreiben. Ein Beispiel hierfür sehen Sie in Abbildung 10.2.

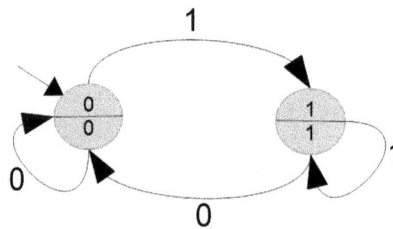

Abbildung 10.2: Zustandsgraph eines Moore-Automaten

Die Grafik gleicht dem Flipflop aus Abbildung 10.1, doch diesmal wird die Eingabe unmittelbar übernommen. Den jeweiligen Ausgang habe ich Ihnen in der unteren Hälfte eines jeden Knotens eingezeichnet.

Der Moore-Automat ist übersichtlicher und einfacher zu handhaben, doch nicht jede Schaltung lässt sich mit einem Moore-Automaten beschreiben. Die umgekehrte Richtung ist dagegen recht einfach zu lösen.

 Jeder Moore-Automat lässt sich in einen Mealy-Automaten transformieren. Dazu sind lediglich die Ausgabewerte in den Knoten denjenigen Übergangskanten als Beschriftung hinzuzufügen, die direkt auf den entsprechenden Knoten zeigen. An den Knoten selbst wird die Ausgabe entfernt.

Entwurf von Schaltwerken

Das Schöne an den Automaten besteht darin, dass sie mit ihrer Hilfe die Modellierung rückgekoppelter digitaler Schaltungen, also **Schaltwerke**, drastisch vereinfachen.

Der Schaltwerksentwurf beginnt normalerweise mit dem Aufstellen der **booleschen Funktion**, die die Schaltung repräsentieren soll. Dazu erstellen Sie im einfachsten Fall eine **Wahrheitstabelle**. Diese stellt für alle denkbaren Kombinationen von Eingabewerten jeweils die richtigen Ausgabewerte dar. Manchmal ist der Ausgabewert auch egal, dann setzen Sie an der entsprechenden Stelle einfach ein Sternchen, ein **don't care**.

Der Wahrheitstabelle können Sie bereits die zugehörige Funktion entnehmen. Allerdings ist die Darstellung beispielsweise der vollständigen **disjunktiven Normalform** für den Schaltungsentwurf noch zu aufwendig. Deswegen erfolgt als Nächstes die **Minimierung**.

 In Kapitel 7 finden Sie verschiedene Möglichkeiten, boolesche Terme zu minimieren.

Sobald Ihnen eine minimale Darstellung der booleschen Funktion vorliegt, erfolgt die Umsetzung in eine Schaltung. Das ist meistens recht einfach, denn für die elementaren Operationen existieren jeweils entsprechende elektronische Bauteile.

Lautet Ihre Funktion zum Beispiel $y = x_1 \cdot x_2 + x_2 \cdot x_3$, so ist das nichts anderes als: $y = (x_1 \wedge x_2) \vee (x_2 \wedge x_3)$. Sie benötigen demnach zwei AND-Gatter und ein OR-Gatter. Die Ausgänge der Konjunktionen werden mit den Eingängen der Disjunktion verbunden.

Für einfache Anforderungen ist das auch so weit okay. Sobald Sie jedoch etwas komplexere Aufgabenstellungen lösen möchten, bei denen die Ausgangsvariablen mit den Eingangs-variablen *rückgekoppelt* sind, erweist sich das Verfahren als ungeeignet, schwerfällig, auf-wendig. Dagegen wird Ihnen die Modellierung mittels Automatentheorie wie der reinste Spaziergang vorkommen.

Das klingt verwegen. Ich möchte Ihnen diese These anhand eines kleinen Beispiels demons-trieren. Ihre Aufgabe besteht darin, einen *seriellen 4-Bit-Addierer* zu entwerfen.

Dabei gehen wir davon aus, dass Ihnen der Schaltungsentwurf zu einem 1-Bit-Volladdierer locker von der Hand geht.

 **Halb-** und **Volladdierer** werden in Kapitel 8 behandelt.

Selbstverständlich könnten Sie einen Halb- und drei Volladdierer *parallel* schalten, allerdings wäre das kein *serieller* 4-Bit-Addierer. Anhand des Schaltwerksentwurfs als Mealy-Auto-mat möchte ich Ihnen demonstrieren, wie das geht. Der Vorteil der seriellen Lösung besteht im sparsamen Umgang mit Ressourcen. Sie benötigen nur einen einzigen Volladdierer. Das-selbe würde immer noch zutreffen, wenn Ihre Aufgabe der Entwurf eines 64-Bit-Addierers wäre. Es gibt natürlich auch einen Haken. Obwohl Sie hier schneller takten dürfen, erfordert die serielle Abarbeitung mehr Zeit ...

 Ausgangspunkt ist ein Volladdierer, den Sie selbst wiederum als einen endlichen Automaten realisieren. Die Eingabewerte A und B, die jeweils aus vier Bits bestehen, nämlich $A_3A_2A_1A_0$ sowie $B_3B_2B_1B_0$, werden mit je einem Schieberegister bitweise an den Addierer herangeführt. Das Ergebnis wird ebenfalls in einem Schieberegister »aufgesammelt«, wie in Abbildung 10.3 dargestellt.

Die Abbildung stellt bereits eine Abstraktion der tatsächlichen Schaltung dar. So sind die Schieberegister als Kästchen aufgeführt, die durch die Steuerleitung S_I kon-trolliert werden. Dasselbe gilt für das Ergebnisregister $Y = Y_3Y_2Y_1Y_0$. Des Weiteren benötigt das D-Flipflop selbstverständlich ebenfalls ein Taktsignal. Man spricht bei dieser Form der Abstraktion auch von der **Register-Transfer-Ebene**.

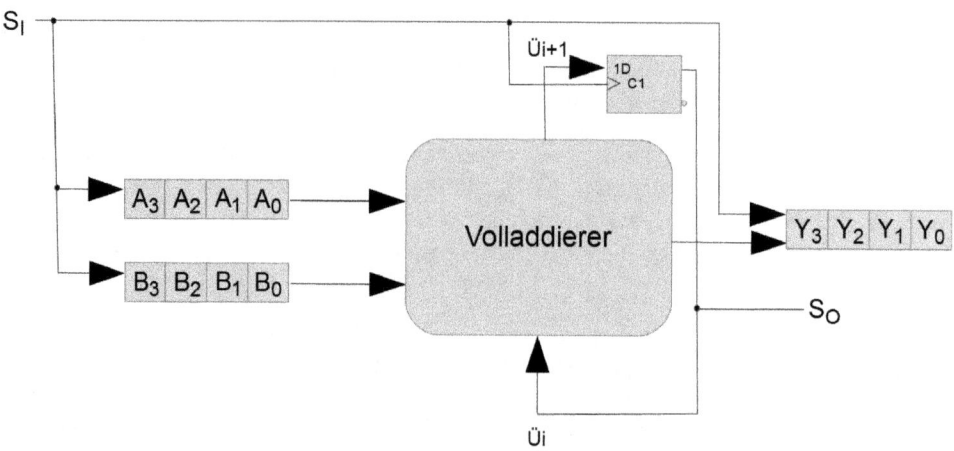

Abbildung 10.3: Serieller 4-Bit-Addierer

Als Mealy-Automat ergibt sich ein Graph, wie er in Abbildung 10.4 dargestellt wird.

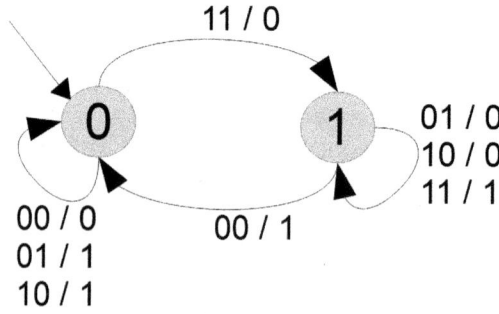

Abbildung 10.4: Serieller 4-Bit-Addierer als Mealy-Automat

Pro Kante finden Sie dort drei Ziffern. Die beiden Werte links des Slashs »/« sind die aktuellen Bits von A respektive B, also A_i und B_i. Die Ausgabe findet sich, wie immer, rechts davon.

Es ist interessant zu sehen, dass der aktuelle Übertrag den jeweiligen Status repräsentiert. Sie glauben mir nicht, dass das stimmt? Machen wir doch die Probe aufs Exempel. Angenommen, es wäre A = 0011 und B = 1001. Zu Beginn sind wir im Zustand 0. Es geht los mit dem niederträchtigsten, pardon, ich meine natürlich dem *niederwertigsten* Bit. Das ist für A und B jeweils gesetzt, also 1. Deswegen lautet die Ausgabe »0« und wir springen in den Zustand 1. Nun gilt $A_1 = 1$ und $B_1 = 0$, insgesamt lautet die Eingabe im Mealy-Automaten somit 10. Die Ausgabe ergibt erneut »0« und wir verbleiben im Status 1. Die nächste Bitkombination ist 00. Diesmal ändert sich der Zustand, wie springen nach links und notieren nebenbei die Ausgabe »1«. Zum Schluss ist das höchstwertige Bit an der Reihe: $A_3 = 0$ und $B_3 = 1$. Der Zustand bleibt stabil, die Ausgabe beträgt »1«.

Insgesamt hat der Mealy-Automat für die Eingabe A = 0011 sowie B = 1001 die Ausgabe Y = 1100 produziert. Beachten Sie, dass die erste Ausgabe am weitesten links steht.

Interessant ist nun, dass Sie exakt dieselbe Rechnung für die duale Addition von A und B angestellt hätten:

```
 0011
 1001
-----
 1100
```

Der »aktuelle Status« ist dabei genau die Ziffer, die Sie »im Sinn« behalten. Deswegen ist es auch so einfach, den Zustandsgraphen zu entwerfen. Ich könnte das auch andersherum formulieren: Wir verinnerlichen bereits im frühen Schulalter den Mealy-Automaten, der die Addition repräsentiert. Denn das gilt auch für die gewöhnliche Zahlenaddition – entsprechend um einige Zustände erweitert, nämlich so viele, wie unterschiedliche Ziffern im jeweiligen Zahlensystem vorkommen können. Für Dezimaladdition kämen zehn Zustände infrage.

Steuern für ein gutes Werk

Um die Idee der Automaten auf jede beliebige Anforderung zu übertragen, ist ein weiterer Gedankensprung nötig. Betrachten Sie das letzte Beispiel erneut! Fällt Ihnen auf, dass jedes Schaltwerk, als Automat modelliert, gewissermaßen zwei verschiedene Dinge in jedem Schritt gleichzeitig vollzieht?

1. Entsprechend der aktuellen Eingabe wird eine **Ausgabe** berechnet. Diese Information finden Sie an den Kanten des Graphen.

2. In Abhängigkeit von der aktuellen Eingabe sowie dem aktuellen Zustand ermittelt sich der **Folgezustand**. Dazu müssen Sie schauen, wohin der Pfeil zeigt.

 Eine äußerst wichtige Parallele zwischen den unterschiedlichen Aufgaben von Automaten und Funktionsaufrufen höherer Programmiersprachen sollten Sie an dieser Stelle beachten. Der Befehl einer Programmiersprache mag einen **Wert** besitzen, der der **Ausgabe** beim Schaltwerk entspricht. Zugleich kann er über einen **Nebeneffekt** verfügen, beispielsweise eine Variable verändern. Dies würde einem Folgezustand im Graphen eines Automaten gleichkommen.

Somit zerfällt jedes Schaltwerk in zwei Unteraufgaben.

1. Es ist eine **Berechnung** anzustellen. Aus der aktuellen *Eingabe* folgt eine bestimmte *Ausgabe*. Dieser Teil des Schaltwerks heißt **Rechenwerk**. Etwas allgemeiner formuliert spricht man auch vom **Operationswerk**, weil eine spezifische Operation ausgeführt wird.

2. Unabhängig von der Ausgabe muss zu jedem Zeitpunkt die Kontrolle über den aktuellen Zustand gewahrt bleiben, damit klar ist, welche Operation als Nächstes ausgeführt werden muss. Dieser Teil des Schaltwerks heißt **Steuerwerk**. Es steuert den Operationsfluss.

Das *Steuerwerk* ist für die Auswahl der Operationen zuständig, das *Operationswerk* dagegen für deren Ausführung. Mittels *Steuersignalen* legt das Steuerwerk die Art der Operation fest. *Statussignale* enthalten Informationen des Operationswerks, die für das Steuerwerk relevant sein könnten.

Typische Aufgaben des Operationswerks sind also

✔ mathematische Berechnungen

✔ logische Verknüpfungen

✔ Vergleiche von Zahlen

Jede dieser Anforderungen wiederum zerfällt in ...

✔ einen **Operator**

✔ ein oder mehrere **Operanden**

Für die Addition symbolisiert das Pluszeichen den Operator. Er bestimmt, *was* getan wird. Die Operanden legen dagegen fest, *womit* etwas getan wird. Weil die Addition zwei solcher Operanden benötigt, handelt es sich um eine **binäre Operation**. Subtraktion, Multiplikation und Division sind ebenfalls binäre Operationen. Die *Negation* benötigt dagegen nur einen einzigen Operanden. Daher verwendet die Negation einen unären Operator.

Ganze Generationen von Studierenden hat es schon an den Nerven gezehrt, dass das Minus-Zeichen »−« üblicherweise sowohl als unärer als auch als binärer Operator eingesetzt wird. Sie dürfen −(−3) schreiben, falls Sie die Zahl −3 negieren möchten. Dazu ist nur ein Operand vonnöten. Allerdings erfordert die Subtraktion, beispielsweise 3 − 4, zwei Operanden, nämlich die 3 und die 4. Ganz schön tückisch! Noch lächeln Sie vielleicht über diese Unsitte der Arithmetik, aber sobald Sie Ihre erste eigene Taschenrechner-App programmieren, werden Sie feststellen, dass dieses Überladen von Symbolen einigen Zusatzaufwand erfordert.

Logische Operatoren wie »∧« und »∨« sind ebenfalls binär. Bei »¬« handelt es sich dagegen wiederum um einen unären Operator.

Vergleiche wie »=«, »>« oder »≥« sind dagegen allesamt binär.

Zwischen dem Operationswerk und dem Steuerwerk muss eine präzise Abstimmung erfolgen. Zu jedem Zeitpunkt legt das Steuerwerk exakt fest, welche Operation als Nächstes an der Reihe ist.

Stellen Sie sich dazu das Operationswerk am besten als eine Schaltung vor, in der zahlreiche Multiplexer, Schieberegister und Flipflops verbaut sind. Jeder Multiplexer benötigt zur Auswahl der richtigen Leitung ein **Steuersignal**. Raten Sie einmal, woher dieses Signal kommt? Richtig, vom Steuerwerk!

Umgekehrt gibt es natürlich auch **Statusinformationen**, die das Operationswerk an das Steuerwerk sendet. Damit meine ich nicht das Ergebnis einer mathematischen Operation. Eingabe- und Ausgabewerte dieser Berechnungen obliegen allein dem Operationswerk. Allerdings gilt das nicht mehr für das Signalisieren von Fehlern. Aus praktischen Gründen ist es ebenso wichtig, dem Steuerwerk anzuzeigen, ob das Ergebnis einer Operation etwa null lautet oder überläuft. Die entsprechenden Bits heißen **Zero-Flag**, **Carry-Flag** (bei vorzeichenbehafteter Arithmetik) sowie **Overflow-Flag** (für vorzeichenlose Ganzzahlen).

In Abbildung 10.3 habe ich Ihnen das Steuersignal mit S_I gekennzeichnet (»I« für »Input«). Bezogen auf das Operationswerk handelt es sich um ein *Eingangssignal*. Der arithmetische Übertrag S_O ist dagegen ein *Ausgangssignal* (»O« für »Output«). Es wird vom Operationswerk an das Steuerwerk geschickt. Wie Sie gesehen haben, ist genau dieses Signal für den aktuellen Zustand des Mealy-Automaten von entscheidender Bedeutung.

Insgesamt haben Sie also das ursprüngliche komplexe Schaltwerk in zwei unterschiedliche Teilwerke zerlegt. Steuerwerk und Operationswerk betreiben hierbei eine sehr geschickte Aufgabenteilung, wie in Abbildung 10.5 dargestellt.

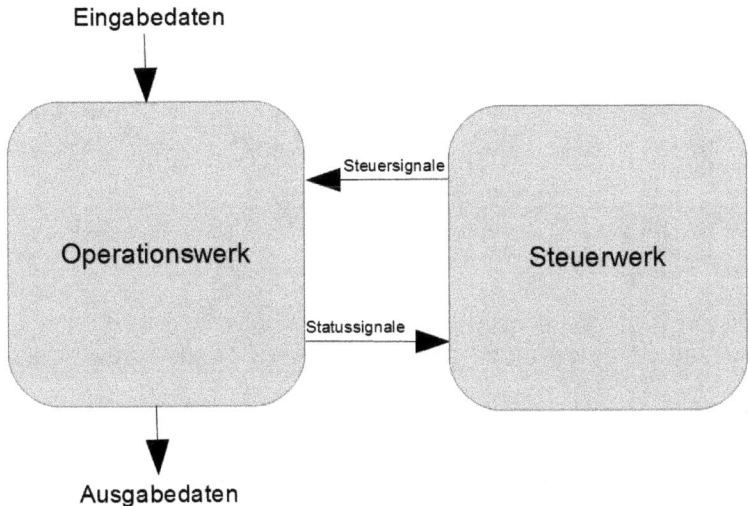

Abbildung 10.5: Arbeitsweise von Operations- und Steuerwerk

Natürlich arbeiten sowohl Steuerwerk als auch Operationswerk mit Speicherelementen, sogenannten Registern, die sich wiederum aus Flipflops zusammensetzen.

Allerdings ist eine weitere Maßnahme unverzichtbar. Bis zu dieser Stelle sind alle Bauteile der Gesamtschaltung, sowohl im Operationswerk als auch im Steuerwerk, *fest verdrahtet*. Damit ist der Einsatzbereich eben jener Schaltung für alle Zeiten festgelegt. Was wäre, wenn Sie einen Schritt weiter gingen?

In dem Fall würde das Steuerwerk die Befehle, die es an das Operationswerk sendet, nicht aus der eigenen Schaltungslogik ermitteln, sondern aus einem **Speicher**, der alle erforderlichen Befehle in der richtigen Reihenfolge enthält.

Damit wären Sie in der Lage, mit einer einzigen Schaltung unzählige von Funktionen zu realisieren. Lediglich der Speicher des Steuerwerks müsste mit unterschiedlichen **Mikroprogrammen** gefüttert werden.

Mikroprogramme als Meisterwerke

Okay, das ging jetzt doch eine Nummer zu schnell. Noch mal ganz langsam. Ein komplexes Schaltwerk kann in ein Steuerwerk und ein Operationswerk zerlegt werden. So weit, so gut. Das Steuerwerk hat die Aufgabe, den Datenfluss im Operationswerk zu kontrollieren.

Wenn Sie sich Abbildung 10.3 etwas genauer ansehen, werden Sie feststellen, dass neben dem Steuersignal S_I, das für das Shiften der Register zuständig ist, noch etwas fehlt. Irgendwann müssen die Werte von A und B ja in die Register gelangen. Erst ab diesem Moment darf das Operationswerk starten. Das zugehörige Steuerwerk hat also die Aufgabe, zunächst die Operandenregister zu **laden**.

 Das **Laden von Registern** steht typischerweise ganz oben auf der Aufgabenliste eines Steuerwerks. Erst danach dürfen die eigentlichen Rechenoperationen beginnen.

In unserem speziellen Beispiel des seriellen Addierers soll ganz am Ende, nach den eigentlichen Berechnungen, eine weitere Maßnahme eingeleitet werden. Falls S_O nicht auf »null« steht, so ist ein arithmetischer Überlauf eingetreten. Nur dann soll eine Fehlerbehandlung erfolgen.

Zusammengefasst lässt sich die Agenda des Steuerwerks wie folgt zusammenfassen:

1. **Lade** die Register der Eingangsvariablen. Anschließend sind die Werte von A und B definiert.

2. Führe vier Mal hintereinander die **Schiebe**-Operation mittels S_I durch. Dies bewirkt, dass in Y die Summe von A und B steht.

3. Falls $S_O \neq 0$ ist, so signalisiere einen **Fehler**.

In diesem Beispiel erkennen Sie besonders gut, warum es vermutlich nicht allzu klug ist, ein gewöhnliches, fest verdrahtetes Steuerwerk für diese Aufgabe zu verwenden. Die Gründe lauten:

✔ Die Schritte müssen exakt nacheinander, in dieser Reihenfolge abgearbeitet werden. Der zugehörige Mealy-Automat muss dazu jede Menge künstlicher Zustände einführen.

✔ Insbesondere die vierfache Wiederholung derselben Aufgabe produziert im Zustandsdiagramm unnötigen Zusatzaufwand.

✔ Es wird sogar eine **bedingte Sprunganweisung** gefordert. Somit muss auch S_O berücksichtigt werden.

Die Idee eines **mikroprogrammierten Steuerwerks** entsteht damit auf natürliche Weise.

Wäre es nicht wunderbar, wenn Sie mit einer einzigen Schaltung jedes beliebige Schaltwerk realisieren könnten? Anstatt der festen Verdrahtung des zugehörigen Mealy-Automaten würden Sie eine Art Zustandstabelle in einem Speicher vorhalten. Da sich die Werte pro Schaltung niemals verändern, würde sogar ein ROM genügen.

ROM steht in der Informatik nicht für die Hauptstadt Italiens, sondern ist ein Akronym aus *Read-Only Memory*, Speicher, der nicht mehr verändert werden kann. »ROM« wird übrigens eher wie »Romm« ausgesprochen, sodass eine Verwechslung mit der Weltstadt als ausgesprochenes Wort nicht auftritt.

Allerdings gibt es dabei ein kleines Problem. Wie soll sich die Zustandstabelle »merken«, welcher Zustand gerade aktuell ist? Das geht über einen Trick!

Stellen Sie sich den ROM als eine *Tabelle* vor! Bekanntlich besteht eine Tabelle aus Zeilen und Spalten.

 Der tatsächliche Aufbau von Speicher ist das Thema von Kapitel 13.

Jede Zeile entspricht einem **Mikrobefehl**.

 Ein **Mikrobefehl** wird auch als auch **µ-Operation** oder **µ-Instruktion** bezeichnet. Der griechische Buchstabe µ (»müh«) wird hier wie »Mikro« ausgesprochen.

Die Spalten stellen strukturierten Speicherbereich pro Befehl dar. Die Menge aller Mikrobefehle, die ein Schaltwerk modellieren, bilden ein **Mikroprogramm**.

Jeder Mikrobefehl besteht in der einfachsten Variante aus zwei Teilen:

1. Die *Ausgabebits* stellen die **Steuersignale** dar.

2. Der *Folgezustand* wird gebraucht, um die richtige Adresse für den **nächsten Mikrobefehl** zu finden. Dieser könnte jedoch neben dem aktuellen Zustand auch von der Eingabe, den Statusbits des Steuerwerks, abhängen.

Das klingt vielleicht merkwürdig, aber ein Blick in Abbildung 10.6 sollte ein wenig mehr Klarheit verschaffen.

In diesem Entwurf übernimmt das Steuerwerk alle wichtigen Aufgaben. Es erhält die Statussignale aus dem Operationswerk, während es die Steuersignale eben dorthin wieder übermittelt.

Dazwischen muss es eigentlich nur den nächsten Befehl finden. Dazu setzt es aus den Steuersignalen sowie dem aktuellen Zustand, den es wiederum dem Mikrobefehl entnimmt, die Adresse des Folgebefehls zusammen. Erinnert Sie das an etwas?

 Das mikroprogrammierte Steuerwerk entspricht einem Mealy-Automaten. Jeder Folgezustand setzt sich aus dem aktuellen Zustand sowie der Eingabe – in diesem Fall der Statussignale aus dem Operationswerk – zusammen.

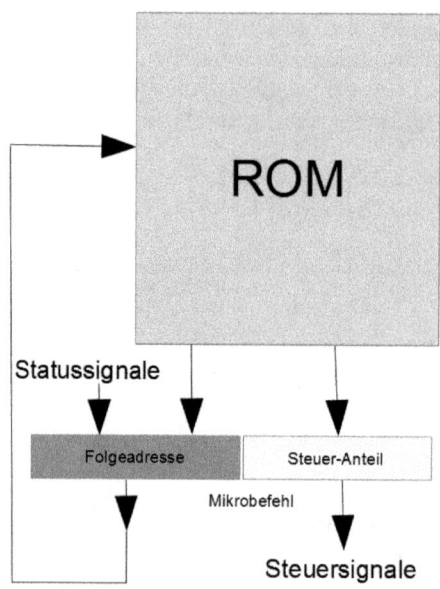

Abbildung 10.6: Mikroprogrammiertes Steuerwerk

Die serielle Addition aus dem letzten Beispiel wurde in Abbildung 10.4 als Mealy-Automat dargestellt, und zwar handelt es sich dabei um das komplette Schaltwerk. Eine Trennung nach Steuerwerk und Operationswerk wäre in diesem einfachen Fall auch nicht zwingend nötig. Allerdings steuern wir mit unseren Überlegungen geradewegs auf den universellen Computer zu. Dort haben Sie neben der Addition auch noch die Subtraktion, die Multiplikation, die Division und möglicherweise zig andere arithmetische und logische Operationen. Dann wird eine Trennung in Steuer- und Operationswerk unerlässlich. Dabei tritt ein Problem zutage, auf das ich Sie bereits am seriellen 4-Bit-Addierer aufmerksam machen möchte: Woher weiß denn der zugehörige Mealy-Automat, dass es sich nicht um einen 8-Bit-Addierer handelt? Nun, dem Automaten ist das egal. Wenn noch weitere Bits kommen, gut, wenn nicht, dann ist er eben fertig. Für das Steuerwerk ist diese Betrachtung jedoch wenig hilfreich. In Abbildung 10.3 habe ich Ihnen S_I als Eingangssignal des Operationswerks und S_O als dessen Ausgabe markiert. Für das zugehörige Steuerwerk entspricht S_O dem Statussignal und S_I dem Steuersignal. Die Aufgabe des Steuerwerks besteht also darin, die richtige Anzahl an Schiebeoperationen zu veranlassen und am Ende das Carry-Bit zu untersuchen.

Würden Sie dieses Steuerwerk als Mealy-Automaten modellieren, müssten Sie wenigstens vier Zustände verwenden, und zwar für jedes zu addierende Bit einen eigenen. Denn aus der Perspektive des Steuerwerks macht es sehr wohl einen Unterschied, ob das erste oder das letzte Bit gerade addiert wird.

Der Ansatz wird offenkundig unsinnig, sobald Sie dieselbe Betrachtung für einen seriellen 64-Bit-Addierer machen. Alleine acht Zustandsbits wären nötig plus das Statusbit. Insgesamt käme Ihr mikroprogrammiertes Steuerwerk auf einen Speicherbedarf von 128 Befehlszeilen. Dabei ist doch ein einfacher Ansatz für die Modellierung des Steuerwerks eines seriellen 4-Bit-Addierers offensichtlich, den ich Ihnen hier einfach einmal verbal angebe.

1. Lade die Register A und B mit den zugehörigen Zahlen.

2. Setze S_I auf 1 – Schiebeoperation.

3. Setze S_I auf 1 – Schiebeoperation.

4. Setze S_I auf 1 – Schiebeoperation.

5. Setze S_I auf 1 – Schiebeoperation.

6. Falls S_O = 1 ist, führe eine Fehlerbehandlung durch.

Ihr Mikroprogramm des seriellen 4-Bit-Addierers besteht nur aus sechs Befehlen! Würde es sich um einen 1024-Bit-Addierer handeln, wäre allerdings eine tausendfache Wiederholung der Schiebeoperation nicht sehr klug. Vielmehr würde eine **Schleife** zu programmieren sein.

Ärgerlich ist nur, dass S_O ja ebenfalls Einfluss auf die Folgeadresse besitzt. Obwohl wir wissen, dass dieser Wert für das Steuerwerk nur ganz am Ende überhaupt interessant ist, wird es bei klassischer Schaltwerkssynthese in jedem einzelnen Schritt als Eingangsparameter mitgeführt. Dies würde auch für weitere Statusvariablen gelten. Jede von ihnen verdoppelt den Aufwand der Gesamtschaltung.

Das Ergebnis für diesen ersten, naheliegenden Ansatz eines Mikroprogramms für den seriellen 4-Bit-Addierer habe ich Ihnen in Tabelle 10.1 dargestellt.

Befehlsadresse	Folgeadresse			SI	Lade A und B in Register	Fehlerbehandlung
0 = 0000	0	0	1	0	1	0
1 = 0001	0	1	0	1	0	0
2 = 0010	0	1	1	1	0	0
3 = 0011	1	0	0	1	0	0
4 = 0100	1	0	1	1	0	0
5 = 0101	0	0	0	0	0	0
6 = 0110						
7 = 0111						
8 = 1000						
9 = 1001	0	1	0	1	0	0
10 = 1010	0	1	1	1	0	0
11 = 1011	1	0	0	1	0	0
12 = 1100	1	0	1	1	0	0
13 = 1101	0	0	0	0	0	1

Tabelle 10.1: Mikroprogramm eines seriellen 4-Bit-Addierers

Die linke Spalte dient nur Ihrem Verständnis: Es handelt sich um die Adresse, also gewissermaßen die Zeilennummer des jeweiligen Mikrobefehls im ROM. Die drei folgenden Spalten codieren den Folgezustand, die drei niederwertigsten Bits davon, um genau zu sein. Das höchstwertige Bit stammt aus der Statusvariablen S_O.

Die Folgebefehlsadresse nach Abarbeitung der ersten Zeile lautet 0001 = 1, falls S_0 = 0 ist, oder 1001 = 9 für S_0 = 1. Werfen Sie einen Blick auf den Unterschied zwischen den Zeilen 1 und 9 Ihres Mikroprogramms, werden Sie feststellen: Es gibt keinen! Denn in Wahrheit spielt der Wert von S_0 für den Folgebefehl gar keine Rolle. Dasselbe gilt übrigens für die drei nachfolgenden Schiebeoperationen.

Die drei hinteren Spalten stellen die eigentliche Aufgabe des Steuerwerks dar: Veranlassung von Aufgaben. Im ersten Befehl geht das los mit dem Laden der Register mit den Werten für A und B, anschließend folgen die vier Schiebeoperationen unseres seriellen Addierers. Erst in Zeile 5 wird es spannend. Die Adresse 0101 ergibt sich als Folgeadresse des Befehls 4 oder 12, das spielt keine Rolle. Wichtig ist nur, dass S_0 = 0 gilt. Daher wird keine Fehlerbehandlung angestoßen, die rechte Spalte ist 0. Dagegen sieht das Pendant, nämlich Zeile 13 = 1101 ein wenig anders aus. Hier gilt S_0 = 1, deswegen wird eine Fehlerbehandlung veranlasst, das Bit der äußerst rechten Spalte ist gesetzt.

Die drei Leerzeilen 6 bis 8 sind übrigens kein Druckfehler in Ihrem Dummies-Buch. Aufgrund des Entwurfs aus Abbildung 10.6 entstehen fast zwangsläufig Zeilen, die niemals als Folgeadressen codiert werden und somit unnötigen Speicher belegen.

Das ist sehr unschön. Wäre es nicht klüger, anstatt der vollständigen Codierung aller Varianten von S_0 einfach die Befehle der Reihe nach sequenziell abzuarbeiten?

Dazu müsste nur ein **Zähler** die nächste Befehlsadresse einfach hochzählen, also *inkrementieren*.

 Ein **sequenzielles mikroprogrammiertes Steuerwerk** führt die Befehle der Reihe nach aus. Nur bei Sprüngen wird die systematische Inkrementierung des Befehlszählers durchbrochen.

Dieser Fortschritt mag Ihnen klein erscheinen. Dennoch stellt er einen Meilenstein dar.

Zur Erinnerung: Jedes Schaltwerk lässt sich als Mealy-Automat realisieren. Diese Modellierung gestattet es, ein Mikroprogramm als »Softwareversion« einer fest verdrahteten Schaltung zu verwenden. Das hat zahlreiche Vorteile:

✔ Der Schaltungsentwurf für beliebige Schaltungen mit Mikroprogrammen ist immer gleich. Demgegenüber steht der Aufwand und die Fehleranfälligkeit beim Entwurf eigener Schaltwerke für die jeweils spezifische Anforderung.

✔ Neben der ursprünglichen Erstellung sind manchmal Änderungen oder Verbesserungen im Schaltungsentwurf notwendig. Die Softwareversion erfordert lediglich eine Anpassung des Mikroprogramms. Dagegen ist das Analysieren komplexer Schaltungen, die vielleicht schon mehrere Jahre alt sind, meist eine nervenaufreibende Angelegenheit.

✔ Außerdem kann eine einzige, winzige Anpassung dazu führen, dass eine komplett neue Schaltung erforderlich wird. Denken Sie nur daran, wie sich die Minimierung der booleschen Funktion ändern mag, falls nur ein einziger Wert der Wahrheitstabelle »kippt«.

Es gibt auch einen Nachteil des Verfahrens: Die programmierte Variante führt fast zwangsläufig zu einer verlängerten Signallaufzeit.

Allerdings würde eine derartige Mikroprogrammversion eines Schaltwerks für jeden belie-bigen Mikrobefehl stets alle zugehörigen Folgezustände – nach den möglichen Status-bits – berücksichtigen.

Demgegenüber erlaubt die Modellierung nur des Steuerwerks einer Schaltung, die des Weiteren auch über ein Operationswerk verfügt, eine implizite Berücksichtigung der Fol-gezustände, indem einfach die Befehle von oben nach unten, der Reihe nach abgearbeitet werden. Der riesige Vorteil besteht darin, dass Sie nicht mehr alle denkbaren Folgezustände berücksichtigen, sondern lediglich in Ausnahmesituationen von der sequenziellen Abarbei-tung absehen, und zwar bei **Sprungbefehlen**!

Außerdem kommt die sequenzielle Behandlung der Befehle dem menschlichen Program-mieren sehr entgegen. Im Alltag neigen wir alle dazu, Dinge nacheinander auszuführen und nur unter bestimmten Bedingungen davon abzuweichen.

Allerdings mag es Ihnen vielleicht unklar erscheinen, wie das funktionieren soll. Es muss einen **Befehlszähler** geben, der die aktuelle Befehlsadresse für den Folgebefehl grundsätz-lich um 1 erhöht, *inkrementiert*, wie in Abbildung 10.7 gezeigt.

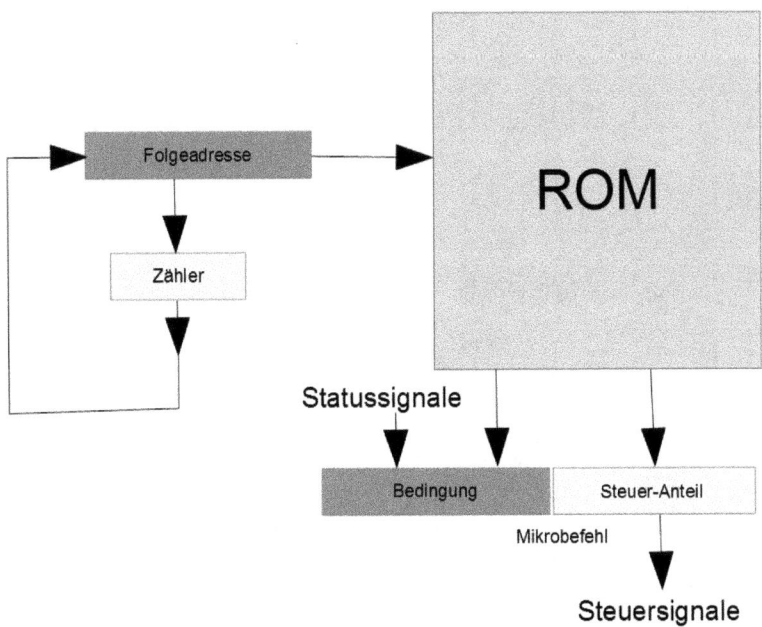

Abbildung 10.7: Mikroprogrammsteuerwerk mit sequenzieller Abarbeitung

 Zähler können Sie direkt aus Registerschaltungen entwerfen, wie in Kapitel 9 dar-gelegt.

Wenn Sie sich die Abbildung etwas genauer ansehen, werden Sie feststellen, dass ein derartiges Steuerwerk stets dieselben Befehle in immer der gleichen Reihenfolge ausführt. Das würde sogar für die ersten Befehle des seriellen 4-Bit-Addierers genügen. Aber was passiert am Ende, wenn Sie S_0 auswerten möchten? Sobald sich **Abzweigungen im Programmfluss** ergeben, genügt eine feste Reihenfolge der Befehlsabarbeitung nicht mehr. Dann wird auch das mikroprogrammierte Steuerwerk etwas komplizierter. Es muss darin möglich sein, von der sequenziellen Abarbeitung von Befehlen im Einzelfall abzuweichen und stattdessen eine andere Adresse als Folgebefehl zu laden. Diese Adresse muss natürlich im ROM gespeichert werden, wird aber nur unter bestimmten Bedingungen benötigt. Die Frage, ob die Bedingung relevant ist, muss im Mikroprogramm beantwortet werden. Die Bedingung selbst wird jedoch durch die Statusvariablen definiert.

Eine mögliche Realisierung eines solchen Mikroprogrammsteuerwerks habe ich Ihnen in Abbildung 10.8 aufgezeigt.

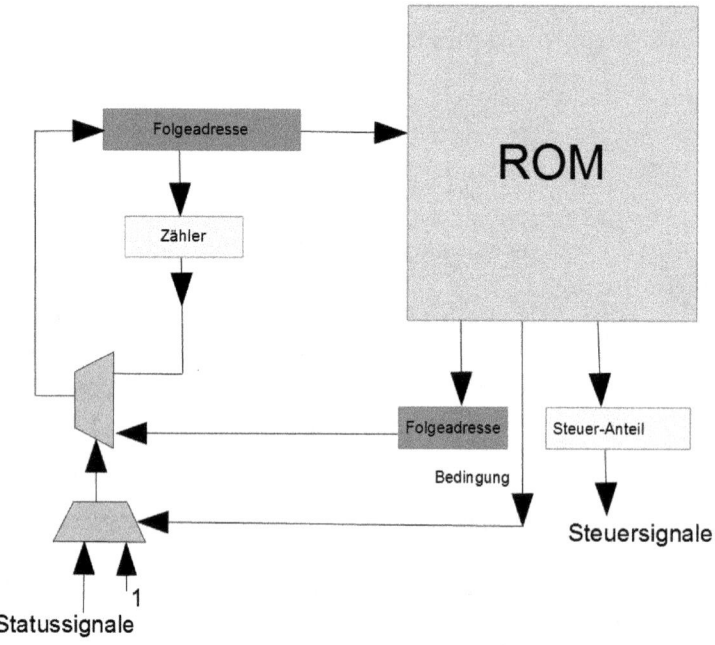

Abbildung 10.8: Mikroprogrammsteuerwerk mit bedingten Sprüngen

Jeder Befehl im ROM des Steuerwerks enthält ein mögliches Sprungziel als Folgeadresse, diesmal jedoch die vollständige Folgeadresse. Nur falls das Bedingungsbit gesetzt ist, wird diese Adresse relevant. Ansonsten wird der Befehlszähler, wie bereits in der einfachen Version aus Abbildung 10.7, lediglich inkrementiert. Die Statussignale triggern somit die Sprünge, während der Bedingungteil im Mikroprogramm festlegt, wann diese überhaupt ausgelesen werden. Ausgeklügelt, nicht wahr?

In jedem Befehl ein Sprungziel mitzuführen, klingt nach Speicherplatzverschwendung. Diesmal handelt es sich jedoch um zusätzliche *Spalten* im ROM. Die *Anzahl* an Mikrobefehlen bleibt gleich. Und auf die kommt es an. Denn die Komplexität, Lesbarkeit und Wartungsfreundlichkeit eines Mikroprogramms hängt nicht an den Spalten, sondern an den Zeilen.

Vergleichen Sie doch einmal Tabelle 10.2 mit Tabelle 10.1. Die Anzahl der Spalten hat sich zwar erhöht, aber die Zeilen sind deutlich weniger geworden. Drei Bits genügen diesmal sogar für die komplette Codierung der Folgeadresse. In den Zeilen 0 bis 4 habe ich dort keine Werte eingetragen, weil deren Inhalt ohnehin irrelevant ist: Nur, falls die beiden Bedingungsbits nicht beide null sind, wird die Folgeadresse benötigt. Ansonsten inkrementiert der Befehlszähler die aktuelle Adresse einfach um 1.

Befehlsadresse	Folgeadresse			Bedingung		S_i	Lade A und B in Register	Fehlerbehandlung
0 = 0000				0	0	0	1	0
1 = 0001				0	0	1	0	0
2 = 0010				0	0	1	0	0
3 = 0011				0	0	1	0	0
4 = 0100				0	0	1	0	0
5 = 0101	1	1	1	0	1	0	0	0
6 = 0110	0	0	0	1	0	0	0	0
7 = 0111	0	0	0	1	0	0	0	1

Tabelle 10.2: Fortgeschrittenes Mikroprogramm eines seriellen 4-Bit-Addierers

Spannend wird es erst ab Zeile 5. Die Bitkombination »01« in der Bedingungsspalte stellt den Multiplexer, wie er in Abbildung 10.8 unten links dargestellt ist, so ein, dass der Wert des Statussignals S_0 relevant wird. Dabei gibt es zwei Möglichkeiten. Falls $S_0 = 1$ ist, so wird der zweite Multiplexer die Folgeadresse auswählen, die der zugehörige Mikrobefehl aus Zeile 5 im ROM definiert, also 111 = 7. Anderenfalls wird bei $S_0 = 0$ dagegen der Zähler, wie bei allen anderen Befehlen auch, die Folgeadresse festlegen. In Tabelle 10.2 würde das einfach die nächste Zeile mit der Nummer 6 sein.

Diese Logik entspricht einem sehr wichtigen Konzept, das auch für höhere Programmiersprachen von entscheidender Bedeutung ist: dem **bedingten Sprung**!

Eine *bedingte Sprunganweisung* ist ein Mikrobefehl, bei dem zwei unterschiedliche Folgeadressen möglich sind. In Abhängigkeit vom zugehörigen Statussignal kommt die Folgeadresse zum Zuge, die im Befehl definiert wird, oder das Mikroprogramm fährt einfach mit der nächsten Befehlszeile fort.

Anders formuliert kann die bedingte Sprunganweisung mit einem **wenn ..., dann**-Ausdruck beschrieben werden:

```
Wenn S0 = 1, dann springe in Zeile 7.
```

In einer höheren Programmiersprache wird die bedingte Sprunganweisung mit einem `if` eingeleitet.

In Tabelle 10.2 findet sich in den Zeilen 6 und 7 eine andere Form der Sprunganweisung, nämlich eine *unbedingte*.

Eine *unbedingte Sprunganweisung* ist ein Mikrobefehl, bei dem der Befehlszähler auf eine feste Folgeadresse gesetzt wird.

Technisch ausgedrückt ist ein bedingter Sprung lediglich eine Spezialform des unbedingten. Sie müssen dazu einfach sicherstellen, dass die Bedingung stets erfüllt ist. In Abbildung 10.8 sehen Sie den Trick ganz unten auf der linken Seite: Eine der Eingaben in den Multiplexer ist eine »Bedingung«, die stets erfüllt ist. Dort wird eine »1« neben den anderen, echten Statusvariablen angegeben. Und schwups! – so wird aus dem bedingten Sprung ein unbedingter.

Im Endergebnis erhalten Sie ein Programm, das genau Ihre Vorgaben für den seriellen 4-Bit-Addierer erfüllt:

```
0. Lade Register A und B.
1. Schiebeoperation
2. Schiebeoperation
3. Schiebeoperation
4. Schiebeoperation
5. Wenn S0 = 1, dann springe in Zeile 7.
6. Springe in Zeile 1.
7. Führe Fehlerbehandlung durch, springe in Zeile 1.
```

Mit dieser Form der Programmierung sind Sie in der Lage, jedes beliebige Mikroprogramm zu implementieren. Allerdings entspricht jede Mikrobefehlszeile nicht nur *einem*, sondern im Prinzip *zwei* Befehlen. Zum einen werden gewisse Steuerbits gesetzt, zum anderen wird der Mikroprogrammablauf durch unbedingte oder bedingte Sprünge gesteuert.

Wäre es nicht auch möglich, die Befehle so zu strukturieren, dass sie nur *entweder* Steuersignale setzen *oder* das Mikroprogramm kontrollieren?

Eine Antwort auf diese interessante Verfeinerung finden Sie in Kapitel 12, wo es um die Mutter aller Schaltwerke geht, den **Mikroprozessor** oder die **Zentraleinheit**.

Teil III
Besichtigung der Maschinenhalle

IN DIESEM TEIL ...

... Ihres Dummies-Buches dreht sich alles um Hardware.
Allerdings werde ich Ihnen neben massenhaften Speichermöglichkeiten auch noch andere Komponenten eines Computers jenseits der Zentraleinheit vorstellen: die
Peripherie. Losgehen wird es jedoch mit einer Einführung
in die klassische von-Neumann-Architektur. Allerdings
werden auch moderne Varianten eines Computerauf-
baus nicht zu kurz kommen, darunter Mehrkernsysteme
sowie Beschleunigung durch Pipelines und Caches, Sie
dürfen sich schon auf diese spannenden Themen freuen!

Aufbau und Funktionsweise von Computern verstehen

Das EVA-Prinzip kennenlernen

Unterschied zwischen Zentraleinheit und Peripherie erfassen

Grundlagen der von-Neumann-Architektur begreifen

Kapitel 11

EVA und die Vertreibung aus dem Paradies

n diesem Kapitel erhalten Sie einen raschen Überblick der wichtigsten Komponenten eines Computersystems und ihres Zusammenspiels. Dabei werde ich Ihnen zunächst die grundsätzliche Funktionsweise möglichst anschaulich vor Augen führen. Anschließend gehe ich etwas detaillierter auf jede einzelne Komponente eines Rechners ein. Wichtig wird dabei die Unterscheidung zwischen Zentraleinheit und Peripherie sein. Zwischendurch stelle ich Ihnen einen der bedeutsamsten Architekten von Computersystemen samt seiner wichtigsten Arbeit vor: John von Neumann.

Digitale Kernspaltung

Der große Moment, der entscheidende Augenblick der Informatik, gewissermaßen die digitale Kernspaltung, folgte auf die Erkenntnis, dass die automatische Verarbeitung von Information ebenfalls mit Information gesteuert werden kann.

Stellen Sie sich eine Maschine vor, die Ihre Anweisungen haarklein befolgt. Sinn und Aufgabe der Maschine ist es, binäre Daten einzulesen und diese in genau vorgeschriebener Weise zu verändern und schließlich wieder auszugeben.

Das wäre so weit noch nichts Besonderes. Spektakulär wird die Angelegenheit, wenn sich die Anweisungen für die Maschine selbst nicht mehr von den binären Daten unterscheiden, die sie als Eingabe erhält. Ihre Maschine könnte also Anweisungen enthalten, die eigenen Anweisungen zu verändern.

Sagenhafte, geradezu unglaubliche Möglichkeiten entstehen daraus! Alles, was überhaupt jemals mit einer automatischen Maschine zu leisten ist, steht Ihnen damit offen.

Für einen Moment ignorieren wir einmal die Frage, wie derartige Anweisungen aussehen sollen, die eine Maschine dazu veranlasst, ihre eigenen Anweisungen so zu verändern, dass sie jedes denkbare Problem löst. Eine Maschine zur Lösung beliebiger Aufgabenstellungen. Ein universelles Gehirn ...

Eingabe, Verarbeitung und Ausgabe

Genau das haben die Pioniere gedacht: Ein uralter Menschheitstraum wird wahr, intelligente Maschinen lösen den Menschen bei seinen anstrengenden Bemühungen ab, neue, kreative Lösungen für technische Problemstellungen zu finden oder schlicht alle noch offenen mathematischen Vermutungen zu beweisen.

Einstweilen muss ich Sie jedoch auf den Boden der Tatsachen zurückbringen. Obwohl das alles – im Prinzip – machbar ist, sollten wir die »Rechenpower« unseres Automaten im Blick behalten. Kann eine Maschine, deren Inneres einem Taschenrechner gleicht, tatsächlich intelligent erscheinende Tätigkeiten durchführen?

Abstrakt ausgedrückt ist ein universeller Computer ein »schwarzer Kasten«, in den Sie Daten »hineinstopfen«, die **Eingabe**, und der nach einer gewissen **Verarbeitung** am Ende Daten »ausspuckt«, die **Ausgabe**.

Oder, in Kurzform: **E**ingabe → **V**erarbeitung → **A**usgabe, das **EVA**-Prinzip!

In Abbildung 11.1 habe ich Ihnen das einmal grafisch dargestellt.

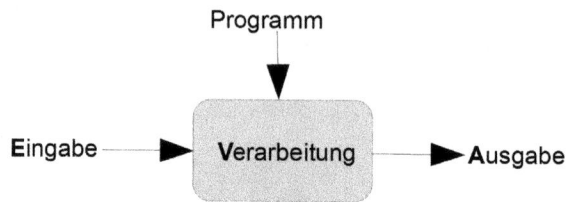

Abbildung 11.1: Das EVA-Prinzip

Da die Art und Weise, wie Sie einem Computer mitteilen, was er tun soll, sich nicht prinzipiell von den sonstigen Eingabedaten unterscheidet, können Sie die Anweisungen für die konkrete Verarbeitung, das sogenannte **Programm**, auch gleich wie eine Eingabe betrachten.

Dasselbe gilt im Grunde auch für die Ausgabe. Ein Teil der Verarbeitung im Inneren des Computers könnte dazu führen, dass der Programmcode selbst verändert wird (vergleiche Abbildung 11.2).

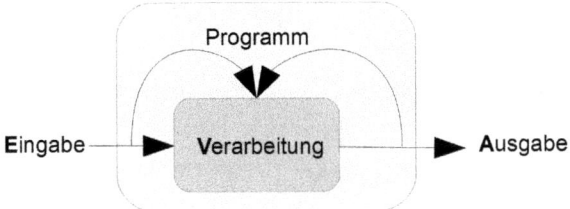

Abbildung 11.2: Erweitertes EVA-Schema

Erkennen Sie die gewaltigen Möglichkeiten eines solchen Konzepts? Noch zur Laufzeit des Programms, während seiner Abarbeitung, können sich die eigenen Anweisungen verändern. Wenn Sie das Programm eines Computers mit dem genetischen Code eines Lebewesens vergleichen, bedeutet das eine allumfassende Metamorphose. Aus der Raupe kann nicht nur ein Schmetterling werden, sondern auch ein Elefant. Prinzipiell könnten Sie jeden beliebigen Bauplan in jeden anderen überführen. Und das sogar mehrmals, beliebig oft!

Einer, der maßgeblich dazu beigetragen hat, diesen faszinierenden Gedanken in die Realität umzusetzen, war John von Neumann.

Rechnerarchitektur von Neumann

John von Neumann

John von Neumann wurde als János Lajos Neumann 1903 in Budapest, im damaligen Österreich-Ungarn geboren. Er war ein ausgesprochenes Wunderkind mit überragender mathematischer Begabung und fantastischem Gedächtnis. Seine wissenschaftliche Karriere führte ihn in den 20er Jahren in die Schweiz und nach Deutschland, wo er sehr produktiv auf zahlreichen Gebieten arbeitete. Nach Hitlers Machtergreifung 1933 siedelte er dauerhaft in die USA über, wo er einen Ruf als Mathematikprofessor am berühmten »Institute for Advanced Study« in Princeton annahm. Dort arbeitete er unter anderem mit Albert Einstein zusammen. Schließlich verallgemeinerte und abstrahierte er die Funktionsweise von Computern. Die wesentliche Arbeit zu der nach ihm benannten Architektur veröffentlichte er 1945.

Auch wenn die ersten Computer bereits existierten, so war es doch John von Neumann, der die universelle Architektur von Rechnern entwickelte und der zeigte, wie sie die Büchse der Pandora öffnen.

Von Neumanns Idee basiert auf einer perfekt abgestimmten Arbeitsaufteilung folgender elektronischer Komponenten:

✔ *Zentraleinheit* **(CPU – C**entral **P**rocessing **U**nit), bestehend aus *Steuerwerk* **(CU – C**ontrol **U**nit) und *Rechenwerk* **(ALU – A**rithmetic **L**ogic **U**nit).

✔ *Speicherwerk* **(Memory)**

✔ *Eingabe-/Ausgabewerk* **(I/O Unit –** Input / **O**utput **U**nit)

✔ *Bussystem* (Kommunikationsleitungen zwischen CPU, Memory und den I/O Units)

Dabei ist es ein wichtiges Merkmal seines Konzepts, dass im Speicherwerk keine Unterscheidung zwischen Eingabedaten und Programmcode erfolgt.

 Ironie des Schicksals: Erst viel später wurde klar, dass es überhaupt nicht nötig ist, Programmcode und Eingabedaten zu vermischen. Programme für die universelle Rechenmaschine, die sich selbst verändern, sind natürlich sehr viel komplizierter zu verstehen. Dabei erhalten Sie die gleichen Möglichkeiten bei viel geringerer Programmkomplexität auch dann, wenn Sie Eingabedaten und Programmcode strikt getrennt halten.

Ein Programm, das seinen eigenen Code (oder den anderer Programme) verändert, bezeichnen wir heute als *Virus*.

 Eingabedaten werden in einer universellen Rechenmaschine zu Ausgabedaten verarbeitet!

In Abbildung 11.3 habe ich Ihnen den ganzen Spaß noch einmal zusammengefasst.

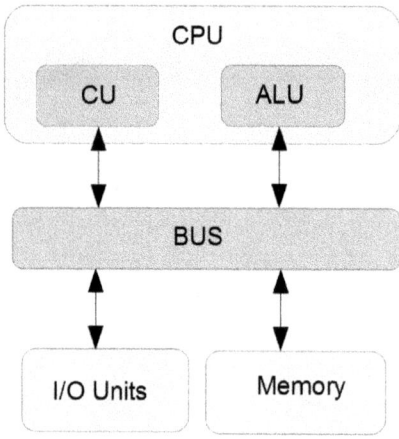

Abbildung 11.3: Zusammenspiel der Komponenten eines Computers

CU und ALU sind Teil der CPU, über den Bus kommuniziert diese mit den I/O Units und dem Memory.

Sie werden sich vielleicht fragen, welche fantastische Abkürzung hinter dem Begriff »BUS« steckt. Sind es vielleicht »Binary Unit Stacks« oder gar »Bidirectional User Sequences«? Alles Quatsch! Der **Bus** ist einfach ein Bus, so wie ein Beförderungsmittel für viele Personen auf der Straße. Nur, dass es diesmal um Daten geht und die Straße aus elektrischen Leitern besteht ...

 Mehr Details zum Thema »Bus« erfahren Sie in Kapitel 12.

John von Neumann hat sich für die prinzipielle Abarbeitung **eines einzigen Befehls** folgenden Ablauf vorgestellt:

1. **FETCH** (holen): Der nächste Befehl (seine *Adresse*, der genaue Ort im Speicher, findet sich im Befehlsregister) wird aus dem Memory *geholt*. Dieser Befehl liegt im Speicher natürlich in Form eines binären Bitmusters vor.

2. **DECODE** (entschlüsseln): Der soeben in die CPU übertragene Befehl wird von der CU (dem Steuerwerk) decodiert. Anschließend ist klar, für welche Anweisung das Bitmuster steht.

3. **EXCEUTE** (ausführen): Endlich passiert was. Wenn der Befehl beispielsweise eine Addition war, wird diese nun tatsächlich in der ALU ausgeführt. Sprungbefehle (innerhalb des Programms) haben nur Einfluss auf den nächsten Befehl und stellen keinen Rechenbefehl dar. Dafür benötigt die CU die ALU gar nicht.

4. **WRITE** (schreiben): Zuletzt muss das Ergebnis der Befehlsausführung in den Speicher (Memory) zurückgeschrieben werden. Ansonsten hätte ja niemand was davon.

 In Kapitel 12 werden diese Schritte noch viel genauer unter die Lupe genommen!

Als Beispiel erläutere ich Ihnen, was passiert, wenn die CPU den Befehl zum *Verdoppeln* einer Zahl erhält.

Natürlich versteht ein Computer nur Binärdaten. Die Universalität der Rechenmaschine ergibt sich dadurch, dass die Rechenvorschrift, der **Befehl**, genau wie die Eingabedaten als Bitmuster vorliegt und nicht etwa durch eine feste Verdrahtung der Bauteile bestimmt wird.

Wenn es losgeht (**FETCH**), lädt die CU jene Speicherstelle aus dem Memory, die dem nächsten Befehl entspricht, in unserem Beispiel also die *Verdopplung*. Das lässt sich über ein Decodiernetzwerk mit elementaren Bauteilen lösen.

 Kleines Update in Sachen Decodiernetzwerke gefällig? Dann werfen Sie einfach einen Blick in Kapitel 8!

Anschließend beginnt die Analyse des Befehls (**DECODE**). Im Falle der Verdopplung einer Zahl handelt es sich um eine richtige *Rechenoperation*, die nur von der ALU ausgeführt werden kann. Dagegen wird für einen *Transportbefehl* die ALU nicht benötigt.

Jetzt wird es spannend (**EXECUTE**): Die Multiplikation mit 2 ist geradezu ein Kinderspiel für die ALU. Dazu wird lediglich eine Linksschiebeoperation (*Linksshift*) angewendet, wobei jedes Bit um eine Stelle in die höherwertige Richtung verschoben wird. Rechts genügt es, eine Null anzuhängen.

Links schieben, rechts anhängen? Wenn Ihnen das spanisch vorkommt, sollten Sie Kapitel 9 Ihres Dummies-Buches konsultieren.

Wenn die zu verdoppelnde Zahl beispielsweise 00000111 (= 7) lautet, wird durch den Linksshift eine 00001110 (= 14) daraus. Das Ergebnis der Berechnung, in unserem Fall 00001110, wird in den Speicher zurückgeschrieben (**WRITE**).

Damit ist der Befehl abgeschlossen. Perfekt!

Komponenten eines modernen Computers

John von Neumann hat sich das alles sehr schön ausgedacht, aber im Laufe der Zeit konnten einige Schwachstellen an seinem Konzept identifiziert werden.

✔ Eine Trennung zwischen Programm und Eingabe ist wesentlich übersichtlicher und schränkt die Berechnungsmöglichkeiten keineswegs ein.

✔ Über den einheitlichen Bus, wie von Neumann ihn vorgesehen hat, werden Operanden und Programmcode gleichermaßen transportiert. Aufgrund der Trennung von Programm und I/O Unit wurde eine weitere Auftrennung des Busses in **Befehls-** und **Datenbus** vorgeschlagen. Eine derartige Lösung wird auch **Harvard-Architektur** genannt.

✔ Befehle werden sequenziell, also nacheinander ausgeführt. Der nächste Befehl beginnt erst, sobald der letzte abgeschlossen ist. Die nächste Entwicklungsstufe ist das Verarbeiten in einer **Pipeline**, bei der die Abarbeitung des nachfolgenden Befehls vor Beendigung des letzten erfolgt. Das ist allerdings leider nicht ganz unproblematisch.

✔ Hochgeschwindigkeitszwischenspeicher, sogenannte **Caches**, erlauben eine viel schnellere Abarbeitung von Befehlen. Auch das ist leichter gesagt als getan.

✔ Last, but not least drängte sich im Laufe der Zeit der Gedanke auf, mehrere CPUs innerhalb eines Computers zum Spielen zu bringen, wenn eine einzige schon aus physikalischen Gründen ihre maximale Taktung erreicht. Natürlich hat das Auswirkungen auf die Gesamtarchitektur und wurde so ursprünglich nicht vorgesehen.

Pipelines, Caches und Parallelarchitekturen von Computersystemen werden in Kapitel 15 erörtert.

Ein typischer PC besteht aus folgenden Komponenten:

✔ Auf dem sogenannten **Mainboard**, das auch als **Motherboard** bezeichnet wird, findet sich der integrierte Chip mit Hauptprozessor (CPU), möglichen weiteren Prozessoren und zahlreichen anderen Elementen, wie in Abbildung 11.4 dargestellt.

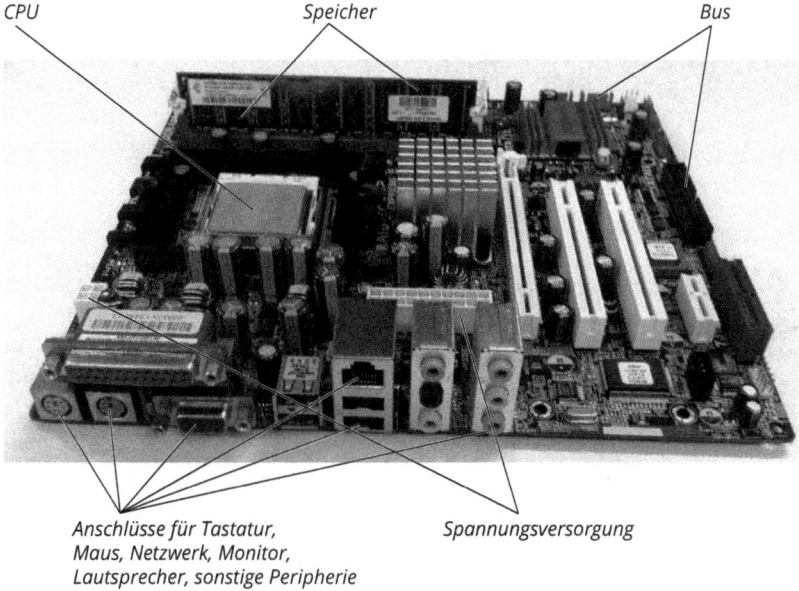

Abbildung 11.4: Mainboard mit CPU und weiteren Komponenten

✔ Ein zentrales Problem ist die Wärmeentwicklung auf dem Chip. Zur Kühlung werden daher häufig Lüfter eingesetzt, entweder direkt auf dem Chip montiert oder am Gehäuse angebracht. Es existieren auch Wasserkühlungssysteme. Schicker und leiser geht das mit passiven Elementen. Das sind lamellenartige Kühlkörper aus keramischen Werkstoffen wie Aluminiumoxid oder Aluminiumnitrid. Einen klassischen Lüfter sowie ein Lamellen-element zeigt Abbildung 11.5.

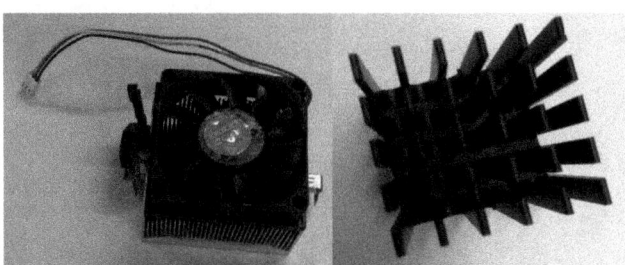

Abbildung 11.5: Lüfter und Kühllamellen

✔ Der Hauptspeicher umfasst den **Random-Access Memory**, kurz **RAM**. RAM-Bausteine werden im Allgemeinen in eigenen Sockeln aufgesteckt, damit sie leichter skalierbar sind. Der Ausdruck *random access* hat dabei nichts mit Zufall zu tun. Vielmehr geht es um die Möglichkeit, zwischen Lese- und Schreiboperationen auf dem RAM frei zu wählen. Dagegen kann ein **ROM**-Speicher nicht frei programmiert werden. ROM steht für **Read-Only Memory**. Dieser Speicher ist bereits bei Auslieferung des Computers mit festen Programmen bestückt, die unbedingt für den Betrieb des Computers erforderlich sind. Einen RAM-Speicherriegel finden Sie in Abbildung 11.6.

Abbildung 11.6: 256-MB-RAM-Speicherriegel zum Einstecken

✔ **Grafikkarten** wurden nötig, weil mit der Entwicklung der Bildschirmausgabe immer höhere Auflösungen möglich wurden, sodass der Hauptprozessor vor allem damit beschäftigt war, die Ausgabe zu steuern, anstatt die eigentlichen Programme auszuführen. Eigene Grafikchips gehören heute zu den schnellsten Bauteilen von Computersystemen. Während sie früher typischerweise in eigenen Steckplätzen untergebracht wurden, finden Sie diese Bauteile heute meist auf dem Mainboard.

✔ Wichtig ist selbstverständlich ebenso eine Spannungsversorgung aller elektronischen Bauteile, die ein **Netzteil** übernimmt. Das Netzteil wird an die haushaltsüblichen Wechselspannungen von 230 Volt angeschlossen und versorgt nach Transformation in Gleichspannung alle Komponenten mit drei bis zwölf Volt. Die unterschiedlichen Stecker sind genormt, sodass stets die erwarteten Spannungen an den richtigen Leitungen ankommen. Abbildung 11.7 zeigt ein solches Netzteil mit zahlreichen Anschlüssen.

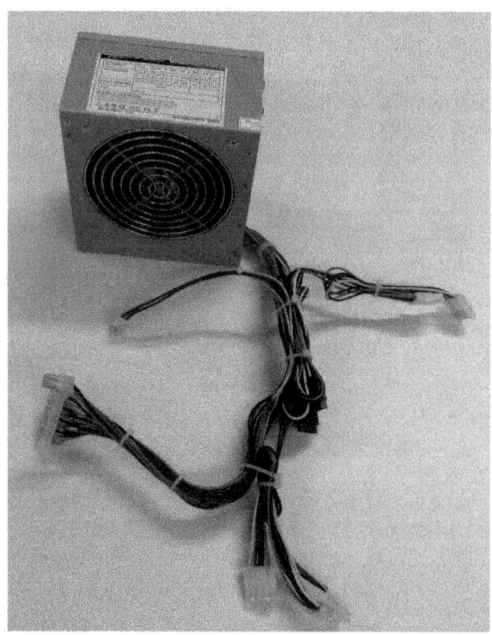

Abbildung 11.7: Netzteil mit Kabelsträngen

Spannung zwischen Zentrale und Peripherie

Die Ihnen bekannten Komponenten wie Monitor, Tastatur und Maus sowie Drucker zählen nicht unmittelbar zum Computer. Vielmehr spricht man hier von der **externen Peripherie**. Die verbauten Teile innerhalb des Gehäuses, die nicht Bestandteil der Zentraleinheit sind, heißen dagegen **interne Peripherie**.

Abbildung 11.8 zeigt einige Komponenten, die zur internen Peripherie gehören, und deren Verbindung zum Mainboard.

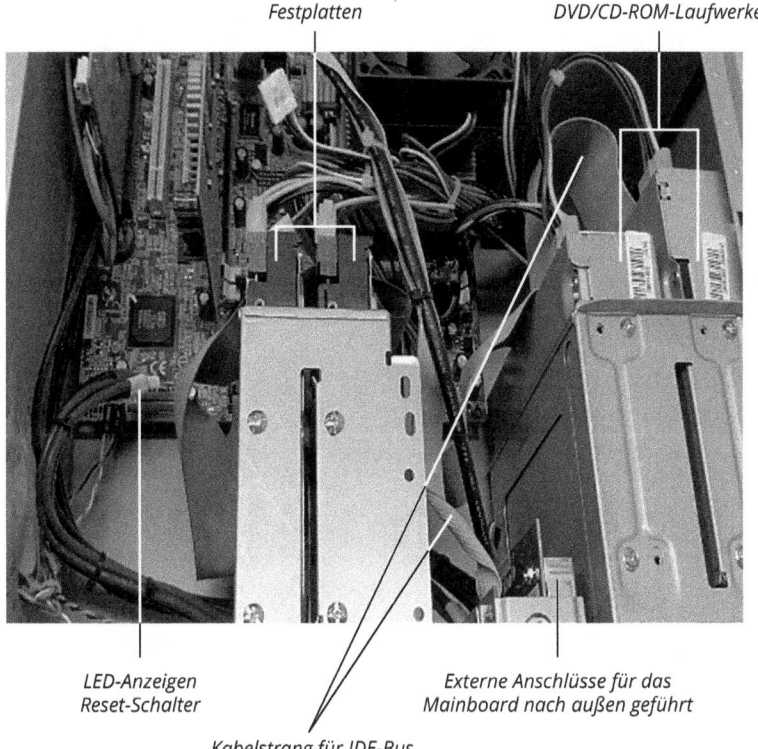

Festplatten   DVD/CD-ROM-Laufwerke

LED-Anzeigen   Externe Anschlüsse für das
Reset-Schalter   Mainboard nach außen geführt

Kabelstrang für IDE-Bus

Abbildung 11.8: Anschlüsse für interne Peripherie

Das Foto von Abbildung 11.8 gehört zu einer aussterbenden Spezies. Klassische **Towergehäuse**, die so groß sind, dass sie nur unter dem Schreibtisch Platz finden, bieten sehr viel Raum für interne Peripherie. Aufgrund der allgemeinen Miniaturisierung und der Bedürfnisse der Anwender geht der Trend jedoch eindeutig in Richtung sehr viel kleinerer Gehäuse. Die Verkaufszahlen von Notebooks haben längst die der klassischen PCs überholt. Trendige Designs und die Integration eines kompletten Computers in das Display sind inzwischen keine Ausnahmen mehr.

Den Nachteil dieser Entwicklung werden Sie bemerken, wenn Sie einmal Ihr Gerät auf-schrauben: Wie unter der Motorhaube moderner Autos ist fast nichts mehr zu erkennen. Auch der Austausch einzelner Komponenten wird so erschwert.

IN DIESEM KAPITEL

Komponenten der Zentraleinheit beleuchten

Zusammenspiel von Rechenwerk und Steuerwerk untersuchen

Assemblieren und Laden von Programmen
verstehen

Systemprogramme analysieren

Kapitel 12
Alle Macht der Zentraleinheit

In diesem Kapitel geht es ans Eingemachte. Den Mittelpunkt eines Computers bildet der Prozessor. Ich zeige Ihnen, wie die Komponenten einer CPU zusammenspielen und die Ausführung von universellen Programmen ermöglichen. Außerdem geht es um die Rolle von Systemprogrammen, die eine Verknüpfung zwischen Hardware und Software bilden. Schließlich werfen wir einen Blick auf den Bootvorgang.

Kein Prozess ohne Prozessor

Es gibt viele Möglichkeiten, elektronische Schaltungen zu entwerfen. Besonders effektiv geht das mit *mikroprogrammierten Steuerwerken*, die insbesondere für komplizierte Anwendungsgebiete geeignet sind.

Der Weg von fest verdrahteten Schaltwerken zu Mikroprogrammen führt über zwei Stufen:

1. Zunächst sind die Aufgaben einer allgemeinen Schaltung in die Bereiche *Steuerwerk* und *Operationswerk* aufzuteilen. Das Operationswerk stellt alle Möglichkeiten bereit, **Eingabedaten** in **Ausgabedaten** umzuwandeln. Dabei kommen insbesondere die klassischen arithmetischen und logischen Operationen infrage: Addition, Multiplikation, logisches AND, OR und so weiter. Das Steuerwerk dagegen kontrolliert den Informationsfluss im Operationswerk und legt so auch die auszuführenden Operationen fest.

2. Das Steuerwerk kann durch klassische Schaltwerkssynthese in eine fest verdrahtete Schaltung gepresst werden. Diese ist jedoch unflexibel und insbesondere bei komplexeren Anforderungen nur sehr schwer zu modellieren. Daher kommt ein viel besserer Ansatz infrage, bei dem das Verhalten des Steuerwerks durch ein

Mikroprogramm in einem Nur-Lese-Speicher (ROM) festgelegt wird. Dabei sind Sie in der Lage, jedes beliebige Steuerwerk, das sich durch einen **Mealy-Automaten** modellieren lässt, in ein universelles **mikroprogrammiertes Steuerwerk** zu packen.

Weitere Erläuterungen zur Aufteilung in **Steuerwerk** und **Operationswerk** bis hin zu **Mikroprogrammen** finden Sie in Kapitel 10. Dort wird auch erklärt, was es mit den **Mealy-Automaten** auf sich hat.

Wenn das so gut funktioniert, warum sollten Sie es nicht auch auf »höherer Ebene« anwenden? Will sagen: Wenn sich eine konkrete mathematische Operation anstatt durch eine fest verdrahtete elektronische Schaltung ebenso durch einen automatisierten Programmablauf realisieren lässt, wieso sollte das nicht für ganz allgemeine Anforderungen gelten?

Bisher wurden lediglich elementare mathematische Operationen mit mikroprogrammierten Steuerwerken kontrolliert. Wäre es nicht viel netter, beliebige Aufgaben auf dieselbe Weise zu steuern? Dazu benötigen Sie lediglich ein **universelles Steuerwerk**, mit dem Sie alle möglichen Operationen kontrollieren. Das zugehörige Operationswerk wird auch als **Rechenwerk** bezeichnet.

Insgesamt ergibt sich daraus der **Mikroprozessor**, das Herz eines jeden Computers.

Die **Central Processing Unit (CPU)** wird auch im Deutschen inzwischen gerne als Synonym für den **Mikroprozessor** verwendet, obgleich die wörtliche Übersetzung eher mit **Zentralprozessor** oder kurz **Prozessor** anzugeben ist. Moderne Architekturen können recht kompliziert sein und stark von der ursprünglichen Aufteilung der Komponenten abweichen. Nichtsdestotrotz ist es nötig, die Basiselemente für die universelle Rechenkraft eines Computers zu verstehen.

Jede CPU besteht aus **Rechenwerk**, **Steuerwerk** und **Register**. Für weitere Verwirrung sorgt die Vorsilbe »Mikro« (sie stammt aus dem Griechischen und bedeutet »klein«).

Nachdem die Miniaturisierung immer weitere Rekorde aufgestellt hatte und schließlich eine komplette CPU mit Steuerwerk, Rechenwerk und Registern auf einem integrierten Bauelement, einem **Mikrochip**, vereinigen konnte, wurde die Bezeichnung **Mikroprozessor** konsequent für die gesamte Schaltung verwendet. Inzwischen werden zusätzlich auch *mathematische Coprozessoren* und *Grafikprozessoren* auf ein und denselben Chip gepackt. Zugleich gibt es inzwischen die Tendenz, zahlreiche vollständige Recheneinheiten parallel auf einem Computer einzusetzen. Dafür mag das Wort **Mikroprozessor** nicht mehr der passende Ausdruck sein. Systeme mit mehreren Mikroprozessoren heißen **Multiprozessorsysteme**. Man spricht auch von **Prozessorkernen**, wenn diese wiederum in einem einzigen Chip untergebracht sind.

Heutzutage herrscht ein bunter Wirrwarr an Bezeichnungen. Für unsere Zwecke genügen hier die synonym verwendeten Begriffe »CPU« und »Mikroprozessor«. In Kapitel 15 komme ich dann detaillierter auf »Mehrkernsysteme« zurück.

Eine CPU besteht folgerichtig aus dem feinen Wechselspiel dreier wichtiger Komponenten:

✔ Das **Rechenwerk** führt die eigentlichen mathematischen Operationen aus. Es wird im Englischen als »Arithmetic Logic Unit« bezeichnet, abgekürzt »ALU«. Ähnlich wie »CPU« ist auch »ALU« im Deutschen eine häufig verwendete Bezeichnung.

✔ Das **Steuerwerk** arbeitet ein vorgegebenes Programm schrittweise ab und erteilt dem Rechenwerk die nötigen Anweisungen. Das Steuerwerk kontrolliert somit das Verhalten der gesamten CPU. Daher leitet sich auch die englische Bezeichnung »Control Unit«, abgekürzt »CU« ab. Im Deutschen dürfen Sie ebenfalls den Ausdruck »Leitwerk« für das Steuerwerk verwenden.

✔ Der **Registersatz** besteht aus sehr schnellen Flipflops, um Zwischenergebnisse und Verwaltungsdaten zu speichern. Den Registersatz finden Sie im Inneren der CPU. Davon zu unterscheiden ist der Hauptspeicher, der gigantisch viel mehr Platz bietet als die Register, dafür aber wesentlich langsamer ist.

Den Überblick zur grundsätzlichen Aufteilung der Bereiche eines Computers erhalten Sie in Kapitel 11. Details zu den diversen Arten von Flipflops finden Sie in Kapitel 9.

Alle diese Komponenten sind selbstverständlich mit elektrischen Leiterbahnen verbunden, doch herrscht eine gewisse Ordnung, wer was wann über diese Leitungen senden darf. Man spricht auch von einem **Bus**. Damit ist kein kryptisches Akronym für eine Reihe von schwer zu verstehenden Fachtermini gemeint, sondern schlicht und einfach das öffentliche Verkehrsmittel. Die Daten »nehmen den Bus«, wenn sie beispielsweise von Steuerwerk zum Register »fahren«.

Die Idee dahinter lautet, dass verschiedene Kommunikationsteilnehmer keine exklusiven Verbindungen untereinander besitzen, sondern sich die »Straße« teilen, auf der die Daten transportiert werden.

Das ist zwar einerseits nachteilig, weil ein **Protokoll** regeln muss, wer wann und auf welche Weise die Straße verwenden darf. Andererseits bietet diese Architektur den großen Vorteil, zahlreiche Teilnehmer des Datenaustauschs miteinander zu verbinden, ohne eine erschreckend schnell, nämlich exponentiell steigende Zahl von exklusiven »Jeder zu Jedem«-Leitungen aufzubauen.

In der ursprünglichen von-Neumann-Architektur, die in Kapitel 11 beleuchtet wird, sind Daten und Programmcode nicht unterschieden und verwenden daher den Bus auf gleiche Weise. Diese Konstruktion führt zu ärgerlichen Wartezeiten der schnellen CPU. Man spricht beim Bus der von-Neumann-Architektur daher auch von einem unerwünschten **Flaschenhals** (**Bottleneck**).

So erklären sich auch die typischen Redewendungen von Informatikern. Da werden beispielsweise »Komponenten an den Bus *gehängt*«, anstatt eine neue Linie aufzumachen. Bildhaft dürfen Sie sich jeden Funktionsblock an einem Bus wie eine Haltestation vorstellen.

Der Bus innerhalb der CPU heißt *interner Bus*. Den Datentransfer zwischen CPU und den anderen Komponenten eines Computers, beispielsweise dem Hauptspeicher oder Festplattenspeicher oder sonstiger Peripherie bezeichnet man dagegen als *Systembus*.

Damit Sie vor lauter Fachbegriffen den Überblick nicht verlieren, habe ich Ihnen das in Abbildung 12.1 einmal aufgezeichnet.

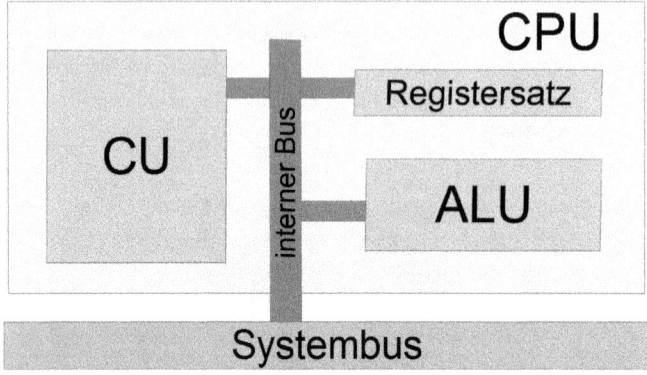

Abbildung 12.1: Klassischer Aufbau einer CPU

Der Systembus ist in Wahrheit ein Sammelbegriff für drei verschiedene Arten von Bussen:

✔ **Datenbus**, auf dem die zu berechnenden Werte, Eingangs- und Ausgangsdaten transportiert werden

✔ **Adressbus**, der dafür zuständig ist, dass die Daten auf dem Datenbus an die richtigen Adressen, die entsprechenden Speicherstellen geführt werden

✔ **Steuerbus**, mit dem unterschiedliche Elemente der Architektur angesteuert werden

In Abbildung 12.2 zeige ich Ihnen, wie die CPU und die anderen Computerkomponenten an dieses Bussystem angeschlossen werden.

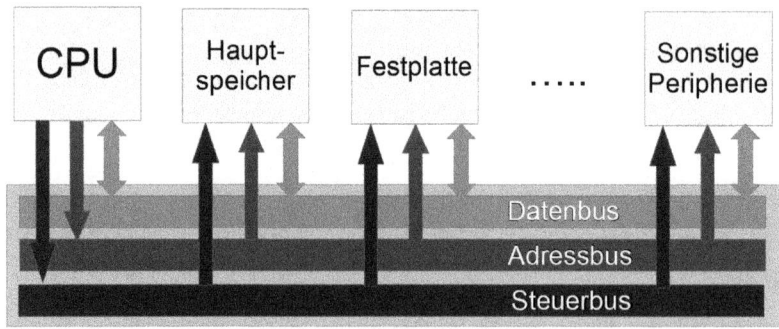

Abbildung 12.2: Kommunikation auf den Bussystemen

Die Pfeile geben die Kommunikationsrichtung an. Der Datenbus wird stets **bidirektional** angesprochen, was bedeutet, dass jeder Teilnehmer senden und empfangen darf. Im Gegensatz dazu sind Adress- und Steuerbus **unidirektional**. Die CPU sendet, alle anderen Komponenten können nur empfangen.

Es wird Zeit, dass Sie sich die einzelnen Bestandteile einer CPU näher betrachten.

Steuern für ein gutes Werk

Das **Steuerwerk**, die »Control Unit«, ist für die korrekte Abarbeitung eines »Programms« zuständig. Das Programm wiederum ist eine Folge von Befehlen, die einen »Algorithmus« repräsentieren. Der Algorithmus beschreibt die Rechenvorschrift, mit der ein bestimmtes, im weitesten Sinne mathematisches Problem gelöst wird.

 In Teil VII lernen Sie, wie Sie Algorithmen entwerfen und deren Qualität beurteilen.

Ein Programm ist letztlich nur eine Folge von Bits. Ein Teil dieser Bits beinhaltet den **Operator**, ein anderer die **Operanden**.

Nehmen Sie als Beispiel das – zugegebenermaßen nicht sehr anspruchsvolle – Programm, das die Summe von 3 und 4 ausrechnet, also: 3 + 4. Das Ergebnis dieser **Operation** ist 7.

Aber wie gelingt es der CPU, diese Lösung tatsächlich zu ermitteln? Die CPU ist ja kein Mensch, der einfach die Zeile liest und das Ergebnis aus dem Gedächtnis reproduziert. Vielmehr ist eine ganze Reihe von Dingen nötig, um diese Aufgabe zu lösen.

✔ Die gesamte Befehlszeile muss aus dem Hauptspeicher über den Datenbus in die CPU eingelesen werden.

✔ Die – freilich in Bits codierte – Anweisung »3 + 4« muss **interpretiert** werden. Das ist ein sehr wichtiger Moment. Die Komponente innerhalb des Steuerwerks, die das bewerkstelligt, heißt **Instruktionsdecoder**. Das hört sich recht geschwollen an, ist aber ganz einfach. Jeder Befehlstyp entspricht einem Bitmuster. Der Instruktionsdecoder ist somit ein einfaches Auswahlschaltnetz, wie es in Kapitel 8 behandelt wird. Es gibt zahlreiche Arten von Befehlen, darunter beispielsweise Sprungbefehle oder Datentransportanweisungen, für die die CU kein Rechenwerk benötigt. Bei der geforderten Addition ist das anders. Die CU muss der ALU den Auftrag erteilen, diese Aufgabe zu lösen.

✔ Damit das Rechenwerk weiß, was es tun soll, muss das Steuerwerk den Befehl **analysieren**. Es muss »+« als Operator erkennen und der ALU mitteilen, dass eine Addition erforderlich ist. Außerdem müssen die beiden Operanden »3« und »4« an die ALU gesendet werden. Dabei ist das noch ein einfacher Fall. Stellen Sie sich den Befehl x + y vor, wobei die beiden Variablen x und y mit Werten versehen sind, die der menschliche Programmbediener erst zur Laufzeit eingibt. Diese müssen dann zunächst irgendwo im Hauptspeicher abgelegt werden. Sobald nun die Anforderung auftaucht, x und y zu addieren, muss das Steuerwerk erst – in eigenen Arbeitsschritten – über den Datenbus die tatsächlichen Zahlenwerte von x und y ermitteln. Dazu muss es die zugehörigen Speicherstellen adressieren, was wiederum über den Adressbus passiert. Darüber hinaus wird das Steuerwerk – diesmal über den Steuerbus – genau einstellen, ob Daten gelesen oder geschrieben werden sollen.

✔ Falls Ihr Programm beispielsweise die Zeile z = x + y enthält, muss das Ergebnis der Operation, nämlich die Summe von x und y, an die Speicherstelle von z zurückgeschrieben werden. Die Adressen von x und y sind somit zum Lesen, jene von z zum Speichern vorgesehen.

Allerdings stellt sich die Frage, woher die CU überhaupt »weiß«, welcher Befehl als Nächstes an der Reihe ist. Dazu benötigt sie den **Befehlszähler**, auch **Program Counter** genannt, abgekürzt »PC«.

 Abkürzungen können für viele unterschiedliche Dinge stehen. Verwechseln Sie den »PC« des *Programmcounters* also bitte nicht mit dem *Personal Computer*, der ebenfalls mit »PC« abgekürzt wird.

Der PC befindet sich in einem Registerspeicher. Er enthält immer die aktuelle Adresse, also die Speicherstelle im Hauptprogramm, an der der nächste abzuarbeitende Befehl zu finden ist.

Das Abarbeiten eines Befehls der CU fängt somit immer damit an, den PC auszulesen. Weil klassische Programme seriell, Zeile für Zeile, abgearbeitet werden, wird der PC automatisch nach dem Auslesen auf die nächsthöhere Befehlszeile gesetzt. Welche das ist, hängt von der Architektur ab. Bei 64-Bit-Varianten liegen die Befehle »weiter auseinander« als bei 32-Bit-Systemen.

Den Arbeitsablauf, den die CU steuert, wiederhole ich Ihnen noch einmal im Zeitraffer und gebe stets den englischen Fachausdruck dafür an:

✔ **FETCH**

Der nächste Befehl wird mittels PC vom Hauptspeicher über den Datenbus in das Befehlsregister eingelesen. Der PC wird vorsorglich inkrementiert.

✔ **DECODE**

Das Bitmuster des Befehls wird im Instruktionsdecoder der CU interpretiert. Je nach Befehl werden benötigte Operanden aus dem Hauptspeicher angefordert.

✔ **EXECUTE**

Die ALU wird mit der entsprechenden Berechnung beauftragt. Die Operanden stehen bereits in den entsprechenden Registern bereit. Diese Phase gehört also allein der ALU.

✔ **WRITE**

Nun wird das Ergebnis der Operation, falls es sich um einen »arithmetisch-logischen« Befehl handelt, wieder an die richtige Stelle im Hauptspeicher zurückgeschrieben. Wenn es sich um einen Sprungbefehl handelt, wird der PC entsprechend mit dem richtigen Zielwert beschrieben.

 Eine Nummer zu hoch? In Kapitel 11 erhalten Sie den Überblick, was von Neumann eigentlich mit seiner universellen Maschine und diesen vier Arbeitsschritten bezweckt hat ...

Beachten Sie, dass ein einziger Befehl die CU zu zahlreichen Aktionen veranlasst. Hauptsächlich handelt es sich dabei um Datentransfers. Werte müssen vom Hauptspeicher über den Datenbus in die richtigen Register geladen werden – oder umgekehrt.

Konstruktion aus ALU

Dem *Rechen*werk (ALU) verdankt der *Rechner* (*Computer*) seinen Namen. Ein universeller Computer führt somit Programme aus, die – im tiefsten Inneren – allein durch mathematische Operationen realisiert werden. Das ist sehr wichtig. Selbst wenn Sie einen Text mit einem Textverarbeitungsprogramm auf Ihrem Computer verwenden, so sind dazu wahnsinnig viele Rechenoperationen nötig. Sobald Ihr Text am Zeilenende angelangt ist, wird das nächste Wort in die nächste Zeile geschrieben. Dazu muss Ihr Programm erst einmal berechnen, wie lang der Text würde und ob das Wort nicht vielleicht doch noch in die ursprüngliche Zeile passt. Das Ergebnis ist eine Reihe von Berechnungen, selbst wenn Sie lediglich einen Buchstaben eintippen.

Die ALU verfügt neben den Grundrechenarten auch über logische Verknüpfungen. Insgesamt kennt das Rechenwerk ...

✔ Addition, Subtraktion

✔ Multiplikation, Division

✔ Konjunktion, ∧

✔ Disjunktion, ∨

✔ Negation, ¬

✔ XOR, ⊕

✔ ...

Technisch ausgedrückt handelt es sich bei der ALU um ein Schaltnetz. Als Eingabe sind zwei Operanden vorgesehen, die unmittelbar aus dem Register entnommen werden. Das Zielregister heißt auch **Akkumulator**, weil es Ergebnisse *akkumuliert*, also anhäuft.

 Ursprünglich handelte es sich beim Akkumulator um eine spezifische, ausgewiesene Speicherstelle. Moderne Architekturen verwenden dagegen sogenannte **General Purpose Register** (**GPR**), bei der jeder Speicherplatz die Rolle des Akkumulators einnehmen kann.

Allerdings ist ein zusätzlicher Eingang zur Auswahl des Befehls nötig. Technisch wird dies durch ein Auswahlnetz realisiert.

 In Kapitel 8 werden die wichtigen Schaltnetze behandelt. Dazu gehören neben Auswahlnetzen und Multiplexern ebenso logische und arithmetische Funktionen. Register aus Flipflops und Addierwerke finden Sie in Kapitel 9.

Darüber hinaus muss die ALU sogenannte *Statusmeldungen* ausgeben. Stellen Sie sich einfach vor, ein Befehl würde eine Division durch null anfordern. Was soll die ALU dann ausgeben? Oder denken Sie an einen arithmetischen Überlauf, wie er schon bei einfachen Additionen auftreten kann. In allen diesen Fällen muss die ALU anzeigen, dass etwas schiefgegangen ist. Sehr praktisch ist auch die Anzeige in einem **Nullbit**, ob das Ergebnis der Operation null ist. Das wird insbesondere für bedingte Anweisungen verwendet. Insgesamt verfügt eine

ALU somit über drei Arten von Eingängen und zwei Arten von Ausgängen. In Abbildung 12.3 habe ich versucht, dies zu verdeutlichen.

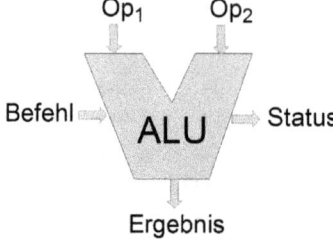

Abbildung 12.3: Aufbau einer ALU

Registerspeicher mittendrin

Register sind sehr schnelle Flipflop-Speicher, die im Inneren der CPU wichtige Werte bereithalten.

Einerseits dienen die Register als Zwischenspeicher. So veranlasst die CU die Speicherung von Operanden für eine mathematische Operation in Registern, die sich vormals im Hauptspeicher befanden. Die ALU kann somit unmittelbar auf die Werte zugreifen.

Andererseits stellen Register Speicherplätze für Werte dar, die unmittelbar für den Programmablauf relevant sind. Neben dem PC sind das auch Statusregister und weitere Speicherstellen, die für die Programmverwaltung wichtig sind.

 Auch moderne Rechnerarchitekturen verfügen nur über vergleichsweise wenig Registerspeicherstellen. Typischerweise im unteren zweistelligen Bereich. Der Grund dafür besteht einerseits in der Notwendigkeit, eine größere Anzahl an Speicherstellen adressieren zu müssen. Stellen Sie sich vor, eine CPU verfügt statt über 32 Register über eine Million. Wie wollen Sie die entsprechenden Stellen adressieren? Dazu müsste wieder eine Adressdecodierung erfolgen, wie sie auch für Hauptspeicherplätze notwendig ist. Dies würde aber dramatische Geschwindigkeitseinbußen beim Lesen und Schreiben nach sich ziehen.

Andererseits erhöhen große Registerspeicher den Aufwand beim *Kontextswitch*. Dazu erfahren Sie mehr in Kapitel 15.

Die Fäden laufen zusammen

Werden wir einmal etwas konkreter. Ich möchte Ihnen anhand eines kleinen Beispiels demonstrieren, wie die Komponenten eines Computers interagieren, und ein kleines Programm, das letztlich nur eine Folge von Bits ist, zum Spielen bringen.

Gehen Sie von folgender Fragestellung aus, die Sie mithilfe eines universellen Computers beantworten wollen.

Frage: *Wie lautet die Summe aller Zahlen von 1 bis 100?*

Als Lösungsalgorithmus bieten sich folgende Schritte an:

1. **Initialisiere einen Zähler Z mit dem Wert 1.**

2. **Initialisiere die gesuchte Summe S mit dem Wert 0.**

3. **Addiere zu S den Wert von Z.**

4. **Erhöhe Z um 1.**

5. **Falls Z kleiner oder gleich 100 ist, springe zu 3.**

Das Ergebnis der Berechnung, nämlich die gesuchte Summe, steht am Ende des Programms in der Variablen S.

Das zugehörige Maschinenprogramm würde aus viel mehr Befehlen bestehen. Damit Sie den Überblick behalten, habe ich Ihnen in Tabelle 12.1 aufgelistet, welche Variablen welchen Registern entsprechen sollen.

Bezeichner im Programm	Register
Variable Z	Register 1
Variable S	Register 2
Konstante 100	Register 3
Temporärer Zwischen- und Ergebnisspeicher	Akkumulator (könnte auch Register 4 eines GPR sein)

Tabelle 12.1: Registerspeicher für die Programmvariablen

Das Maschinenprogramm müsste folgende Anweisungen abarbeiten:

1. **Lade in den Akkumulator den Wert 1.**

2. **Überschreibe das Register 1 mit dem Wert des Akkumulators.**

3. **Lade in den Akkumulator den Wert 0.**

4. **Überschreibe das Register 2 mit dem Wert des Akkumulators.**

5. **Führe die Addition von Register 1 mit Register 2 aus, wobei das Ergebnis wiederum in das Register 2 zu schreiben ist.**

6. **Lade den Wert des Registers 1 in die ALU.**

7. **Führe eine Inkrementierung in der ALU durch (das bedeutet, der Wert wird um 1 erhöht).**

8. **Schreibe das Ergebnis wiederum in Register 1.**

9. **Lade die dezimale Zahl 100, binär also 01100100, in das Register 3.**

10. **Lade Register 1 und Register 3 in die ALU.**

11. **Führe den Vergleichsoperator »≤« in der ALU durch.**

12. **Frage das Nullbit der ALU ab. Ist es gesetzt, wird das Programm beendet.**

13. **Setze den PC auf die Adresse, die Zeile 5 des Maschinenprogramms entspricht.**

Ganz schön anstrengend, nicht wahr? Wenn Ihnen diese Folge noch Probleme bereitet, sollten Sie einmal den Wert aller Register nach jedem Schritt notieren. Sie werden sehen, dass sich die Zahl im Register 1 nach jedem Durchlauf um 1 erhöht. Das Register 2 enthält die aktuelle Summe aller Zahlen von 1 bis zu dem Wert, der sich im ersten Register befindet. Das dritte Register bleibt immer auf dem Wert 100 stehen. Die Berechnungen der ALU fließen in den Akkumulator. Dieser ändert daher seinen Wert laufend. Nehmen Sie sich Zeit! Am Ende, nach einhundert Durchläufen, sollte der Wert von Register 2, also die gesuchte Summe, 5050 lauten. Sie denken, die arme CPU muss das den ganzen Tag, millionenfach pro Sekunde, machen? Keine Sorge, sie beschwert sich darüber kein bisschen ...

Leider täuscht die übersichtliche Darstellung der Anweisungen im Beispiel, denn in Wahrheit besteht das **Maschinenprogramm** nur aus einer Folge binär codierter Befehle und ebenso binär codierter Zahlen, also etwa so:

001001011101010111011101100100110100001111110101010110101010010010010010101110101101110101101010101010101111010010110010110010110001 ...

Das ist, vorsichtig formuliert, nicht sehr übersichtlich. Gewünscht ist hier ein wenig mehr Struktur. Beispielsweise wäre es schon einmal hilfreich, die Maschinenbefehle folgendermaßen aufzuteilen:

✔ Mathematische Operationen (Addition, Inkrementierung, Multiplikation, ...)

✔ Logische Operationen (AND, OR, SHIFT, ...)

✔ Vergleichsoperatoren (=, ≤, ≥, ...)

✔ Sprungbefehle (bedingte, unbedingte)

✔ Registerbefehle (Laden und Speichern von Registern)

✔ Transportbefehle (Lese- oder Speichervorgänge im Hauptspeicher)

✔ Kontrollbefehle des Prozessors selbst (zum Beispiel das Zulassen oder Verbieten von Interrupts – Unterbrechungen)

 In Kapitel 16 erhalten Sie weitere Details von der Entwicklung von *Maschinensprache* über *Assembler* bis hin zur *Hochsprache*.

Die Maschinenbefehle gleichen strukturell der Mikroprogrammierung von Steuerwerken.

Allerdings gibt es auch einige wesentliche Unterschiede:

✔ Ein Maschinenbefehl, beispielsweise die Addition, entspricht einem kompletten Mikroprogramm.

✔ Häufig bestehen Mikrobefehle zugleich aus Operationen und Folgezuständen. Diese Aufteilung ist für Maschinenprogramme nicht mehr sinnvoll, weil viel zu viele mögliche Zustände berücksichtigt werden müssten. Vielmehr sind Maschinenbefehle *entweder* Operationen *oder* für die Kontrolle des Programmflusses zuständig.

✔ Es gibt deutlich mehr Arten von Maschinenbefehlen als Mikrobefehle.

Der Programmablauf als solcher, der sich im Inneren eines jeden Computers abspielt, sollte Ihnen keine Sorgen bereiten. Allerdings fehlt in diesem Bild noch ein wichtiges Puzzleteil: Wie wird das Programm gestartet?

Laden

Der Maschinencode beschreibt den genauen Programmablauf für einen Algorithmus. Alle Befehle sind der Reihe nach aufgelistet. Absolute Sprungziele beziehen sich logischerweise auf einen Programmstart ab Adresse 0.

Wenn das Programm nun tatsächlich ausgeführt werden soll, muss es in den Hauptspeicher geladen werden. Dort befinden sich jedoch bereits zahlreiche andere Programme, unter anderem wichtige **Systemprogramme**, auf die ich Ihre Aufmerksamkeit im nächsten Abschnitt lenken möchte.

Somit kann das neue Maschinenprogramm unmöglich an der Adresse 0 beginnen. Vielmehr hängt die tatsächliche Startadresse vom aktuellen Zustand des Computers ab und könnte bei jedem Programmstart sogar unterschiedlich sein.

Die Startadresse und alle weiteren Adressen innerhalb unseres Programms benötigen daher ein Offset.

 Der *Offset* (englisch für **Ausgleich**) beschreibt die konstante Abweichung von einer *Zustandsgröße*. In unserem Fall ist die Zustandsgröße die tatsächliche Startadresse des Maschinenprogramms, während dieses von der Anfangsadresse 0 ausgeht. Der Offset, also die Differenz, ist somit selbst die Startadresse. Offsets können beliebige Werte annehmen, auch negative.

Das Programm, das diesen Offset auf unser neu entwickeltes Maschinenprogramm anwendet, heißt **Loader**.

 Der *Loader* (englisch für **Lader**) ist ein Programm, das Maschinencode einliest und im Hauptspeicher ablegt. Alle Adressen, insbesondere auch Sprungziele, werden *reloziert* (wörtlich »an einen neuen Ort verlegt«), also um den Offset erhöht.

Anschließend kann das Programm ausgeführt werden.

 Ist Ihnen ein Problem aufgefallen? Irgendwann muss der Loader selbst ja erst einmal zur Ausführung gebracht werden, das passiert typischerweise beim *Booten*, also beim Starten des Rechners. Aber der Loader ist keineswegs das erste Programm, das gestartet wird. Wer aber reloziert die Adressen des Loaders? Hier kommt das sogenannte **Bootstrapping** (englisch für **Urladen**) zum Einsatz: Weil die Adressen aller Systemprogramme zu Beginn des Startvorgangs immer denselben Offset aufweisen, können deren tatsächliche Adressen einmalig berechnet und korrekt im ROM abgelegt werden.

Programme mit System

Der Loader ist für den Computer von entscheidender Bedeutung. Alle lebenswichtigen Programme, die die Ausführung von Anwendungsprogrammen der Benutzer erst ermöglichen, heißen **Systemprogramme**. Der Loader ist somit ein Systemprogramm. Aber keineswegs das einzige! Allein für das Übersetzen und Zusammenbinden von Anwendungssoftware benötigen Sie womöglich **Assembler**, **Compiler** und **Linker**, die Ihnen diese Arbeit abnehmen.

Aber wer hat den Assembler assembliert, den Compiler kompiliert und den Linker gelinkt? Wiederum müssen die Urversionen dieser Systemprogramme mühsam von Hand erstellt werden. Allerdings genügen bereits sehr einfache Grundversionen entsprechender Programme, um daraus bereits neue Systemprogramme zu erstellen, deren Funktions- und Leistungsumfang mit jedem neuen Zyklus der Erstellung wächst.

Tief im Inneren, im Kern Ihres Computers erledigen kleine Helferlein auch Arbeiten, an die Sie vielleicht im ersten Moment gar nicht denken:

✔ Kommunikation der Anwenderprogramme mit der Peripherie (Hardwarekomponenten des Rechners, darunter Tastatur, Maus und Bildschirm)

✔ Zuteilung und Überwachung von Ressourcen, beispielsweise CPU-Zeit oder Speicher

✔ Erzeugung einer Ordnerstruktur für die Dateiablage sowie Organisation der Zugriffsrechte darauf

✔ Warteschlangen für die Druckerausgabe oder andere langsame Komponenten

✔ Bereitstellung von virtuellen Geräten, etwa Sockets für den Netzwerkverkehr oder Spezialdateien, die sich wie Hardwarekomponenten verhalten

Ihr Anwendungsprogramm weiß von alledem nichts. Es darf sich als alleiniger Herrscher im Universum des Computers fühlen. Wenn beispielsweise kein freier Speicher mehr zugeteilt wird, darf Ihr Programm annehmen, es hätte selbst alle Ressourcen des Systems verbraucht. Tatsächlich wird das **Betriebssystem** vermutlich andere Gründe haben, die Zuteilung zu verweigern.

Das *Betriebssystem* umfasst die Summe aller Systemprogramme und stellt die Schnittstelle zwischen Hardware und Anwendungssoftware dar.

Zur Veranschaulichung dieser Zusammenhänge werfen Sie doch einmal einen Blick auf Abbildung 12.4.

Abbildung 12.4: Abstraktionsschichten zur Hardware

Die innerste Schicht besteht aus den Hardwarekomponenten selbst. Neben den bereits erwähnten typischen Kandidaten wie Tastatur und Maus gehören dazu ebenso USB-Schnittstellen, Grafikkarten, Lesegeräte oder jede andere Form von Zusatzausstattung. Einige dieser Komponenten enthalten eingebettete Software zur Steuerung, die auch **Firmware** genannt wird (vom englischen *firm* für *fest*). Sobald die Hardware in einen Computer eingebaut ist, lädt der innerste Kern des Betriebssystems, der **Kernel**, die notwendigen Systemprogramme, die eine Schnittstelle zwischen Hardware und Betriebssystem bilden. Sie werden auch **Treiber** oder **Gerätetreiber** genannt, weil sie das *Betreiben* der jeweiligen Komponenten überhaupt erst ermöglichen.

Um den Kernel herum sind zahlreiche Systemprogrammebenen angeordnet wie die Schalen einer Zwiebel. Je höher die administrativen Rechte des Benutzers und je geringer die Abstraktionsstufe, umso näher gelangt der jeweilige Programmierer an die Hardware selbst heran (Abbildung 12.5).

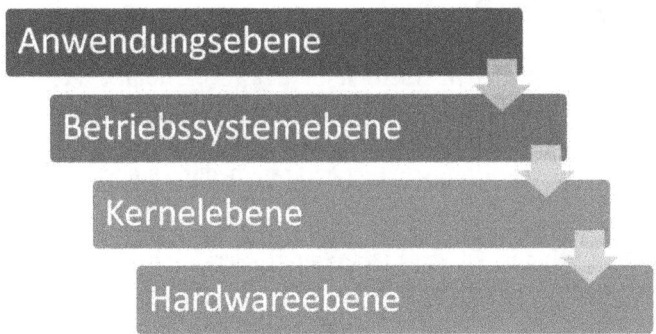

Abbildung 12.5: Zugriffsebenen von der Anwendung bis zur Hardware

Der Vorteil dieser etwas umständlich erscheinenden Abstraktionsebenen ist enorm. Anwendungsprogrammierer müssen sich nicht mit den Details der Hardware befassen. Ihnen genügt es zu wissen, mit welchem Aufruf die jeweiligen Komponenten entsprechende Anweisungen ausführen. Die Ebenen darunter besitzen freie Hand. Vielleicht handelt es sich bei dem angesprochenen Gerät um eine virtuelle Komponente? Sicherlich haben Sie schon einen »PDF-Drucker« benutzt, der in Wahrheit gar keiner ist. Es handelt sich lediglich um einen Druckertreiber, der ein PDF-Dokument »als Ausdruck« erzeugt. Die Anwendung »sieht« das jedoch nicht. Sie übergibt die Daten dem Betriebssystem im besten Glauben und hofft, dass alles mit rechten Dingen zugeht.

Sie dürfen diesen Gedanken immer weiter spinnen. Am Ende wird der komplette Computer »virtualisiert«. Er ist dann lediglich ein Programm einer noch viel größeren Maschine, die zahlreiche solcher virtuellen Maschinen bereitstellt. Aus Sicht der Anwendungsprogramme, die auf dem komplett virtualisierten Server laufen, ist aber alles hübsch in Ordnung. Sie verwenden die CPU, den Speicher und alle anderen Komponenten so, als seien sie real. Faszinierend, nicht wahr?

Tatsächlich laufen ein und dieselben Programme auf unzählig vielen verschiedenen Hardwarebausteinen, solange die Zwischenebenen die Unterschiede kaschieren. Dagegen wird der Maschinencode nur auf einem einzigen Betriebssystem lauffähig sein. Sie können ein Windows-Programm nicht ohne Weiteres auf einem Mac ausführen und Ihr Windows-PC wird mit der Linux-Anwendung auch nicht froh werden.

 Es gibt einen Trick, wie Sie Ihr Programm dennoch auf unterschiedlichen Betriebssystemen ans Laufen bringen. Solange Sie eine gängige Hochsprache verwenden, wird sich der Quellcode Ihres Programms auf unterschiedlichen Betriebssystemen kompilieren und ausführen lassen. Sie dürfen dabei als Programmierer jedoch keine spezifischen Voraussetzungen an die physische Hardware verwendet haben. Es gilt allgemein als schlechter Programmierstil, von der Anwendungsebene unmittelbar auf die Hardware zuzugreifen. Nur wenn das unvermeidlich wird, weil es um Höchstgeschwindigkeit geht, dürfen Sie davon abweichen ...

An den Start – es geht los!

Der Startvorgang eines Computers, das *Booten*, wurde ja bereits im Zusammenhang mit den Systemprogrammen erwähnt. Es ist interessant, sich noch ein wenig näher damit zu befassen. Als Allererstes finden *Systemchecks* statt, die die Integrität, also die einwandfreie Funktionstüchtigkeit Ihres Computers überprüfen. Manche Geräte bedürfen auch der *Initialisierung*, damit Sie mit ihnen arbeiten können.

Dann wird der Kernel aus dem ROM geladen. Er vervollständigt die Geräteinitialisierung und startet den allerersten Prozess, den *Init-Prozess*.

Dieser (oder der Kernel selbst) stoßen anschließend nacheinander die bereits zuvor erwähnten *Bootstrap-Systemprozesse* an, darunter auch den Loader.

Jetzt ist das System bereits in der Lage, Anwendungsprogramme auszuführen. Sind diese für den automatischen Start durch das Betriebssystem vorgesehen, können sie ihre Arbeit bereits zu diesem Zeitpunkt aufnehmen.

Am Ende, wenn Ihr Computer »oben« ist, erscheint eine grafische Benutzeroberfläche und fordert die Eingabe von Login und Passwort. Alternativ könnte auch ein *Kommandozeilen- interpreter* Ihre Eingaben als Administrator erwarten.

Erst danach können die benutzerangestoßenen Anwendungsprogramme übernehmen.

Die Rolle des BIOS beim Booten eines PC wird in Kapitel 14 erläutert.

Wie sich die Abstraktion von der Hardware auch auf Programmierschichten überträgt, zeige ich Ihnen in Kapitel 16. Dort geht es um die jeweiligen Übersetzungsschritte von Maschinencode über Assembler bis hin zu Hochsprachen.

IN DIESEM KAPITEL

Möglichkeiten zur Speicherung von Daten beleuchten

Typen von Speichermedien kennenlernen

Unterschiede zwischen ROM und RAM inklusive der Untergruppen begreifen

Massenspeichermedien diskutieren

Kapitel 13
Speicher im ganzen Haus

Wir leben in einem Zeitalter, in dem digitalisierte Information immer wichtiger und immer schneller ausgetauscht wird. Für die Flut an Daten werden stets neue Speichertechnologien bereitgestellt. In diesem Kapitel beschreibe ich Ihnen die prinzipiellen Verfahren zur vorübergehenden oder permanenten Speicherung von Daten. Sie werden auch die unterschiedlichen Speichertypen kennenlernen und einen tieferen Einblick in die Funktion von Festplatten und Wechselträgermedien wie DVD oder Blu-ray erhalten.

Komische Speichertypen

Die einfachsten Speicher sind Flipflops in den diversen Ausführungen.

 Flipflops und andere Schaltwerke finden Sie in Kapitel 9.

Darin lassen sich einzelne Bits als minimale Informationseinheiten speichern. Diese Bits dürfen Sie jederzeit wieder überschreiben. Allerdings wäre ein Stromausfall in den meisten Fällen fatal, weil die Technologie nur funktioniert, wenn eine permanente Stromquelle vorhanden ist.

Sobald Sie einerseits eine Speicherung von Daten auch nach Abzug der Stromquelle wünschen oder andererseits gar nicht wollen, dass sich die einmal beschriebenen Daten jemals wieder verändern, entstehen neue Herausforderungen.

Zum Glück gibt es eine Unzahl von Möglichkeiten, diese Probleme zu lösen. Damit Sie sich in dem Gestrüpp der verschiedenen Begriffe und Technologien nicht verirren, gebe ich Ihnen im Folgenden eine kleine Orientierungshilfe.

Die vermutlich bedeutsamste Klassifizierung von Speicher betrifft die Möglichkeit, die gespeicherte Information nicht nur abrufen zu können – das kann jeder –, sondern auch zu verändern, oder eben auch nicht. Es geht also um die Unterscheidung zwischen RAM und ROM.

ROM bedeutet *Read-Only Memory*, also *Nur-Lese-Speicher*. Wie der Name sagt, können Sie die Werte im ROM nicht überschreiben. Das klingt zunächst ungünstig, hat aber auch Vorteile. In Situationen, in denen Sie nicht wollen, dass sich beispielsweise Programme, die für den Start eines Computers verantwortlich sind, irgendwie verändern, ist das ROM das Mittel der Wahl.

Demgegenüber steht *RAM* für *Random-Access Memory*, was wörtlich den wahlfreien beziehungsweise direkten Zugriff auf einzelne Speicheradressen erlaubt. Ursprünglich wurde der Begriff auch tatsächlich nur für Speicherbausteine gebraucht, bei denen Sie nicht gleich ganze Blöcke auslesen mussten, sondern gezielt auf einzelne Werte zugreifen konnten. Heutzutage bezeichnet »RAM« jedoch im Gegensatz zum *Nur-Lese-Speicher* den *Schreib-Lese-Speicher*. Dieser kann nach Gebrauch freigegeben und mit anderen Informationen überschrieben werden.

Ebenfalls von großem Interesse dürfte sein, ob es sich um *flüchtigen*, *permanenten* oder *semi-permanenten* elektronischen Speicher handelt.

Von *flüchtigem* (oder *volatilem*) *Speicher* dürfen Sie sprechen, wenn die Information ohne eine entsprechende Stromquelle verloren geht. *Permanenter Speicher* ist dagegen unveränderlich. *Semi-permanenter Speicher* benötigt ebenfalls keine dauerhafte Spannungsversorgung, allerdings lassen sich die gespeicherten Informationen auch wieder verändern.

Zu jeder dieser Klassen möchte ich Ihnen die wichtigsten Vertreter vorstellen.

Ohne RAM läuft nichts

Bei den flüchtigen Speichertypen sollten Sie zwei große Untergruppen im Auge behalten, **DRAM** und **SRAM**.

✔ DRAM steht für **D**ynamic **R**andom-**A**ccess **M**emory

✔ während SRAM **S**tatic **R**andom-**A**ccess **M**emory bezeichnet.

Der Unterschied besteht in der **Dynamik**. DRAM benötigt einen regelmäßigen **Refresh**, der Speicherinhalt muss somit immer wieder, in Abständen von etwa 32 bis 64 Millisekunden, erneuert werden. Der Grund dafür liegt in den verwendeten Bauteilen. Im Wesentlichen genügen ein Transistor und ein Kondensator, um eine Speicherzelle aufzubauen. Der Kondensator entlädt sich jedoch von alleine. Daher benötigt die Zelle immer wieder eine Auffrischung. Tausende dieser Zellen werden zu einer **Speicherzeile**, auch **Page** genannt, zusammengefasst. Tausende von Speicherzeilen bilden zusammen eine matrixartige Struktur, ein **Zellenfeld**. Etliche dieser Zellenfelder sind auf einem einzigen **Chip** untergebracht. Insgesamt erhalten Sie aus der Kombination einiger Chips **Riegel** mit einem gigantischen

Speichervermögen. Da die Chips *in einer Reihe*, also *inline* auf dem Riegel angeordnet sind, spricht man bei den in Computer steckbaren Karten auch von **Inline Memory Modules**. Davon gibt es zwei Sorten: **S**ingle **I**nline Memory Modules, **SIMM**s, enthalten nur auf einer Seite Chips, während **D**ual **I**nline Memory Modules, **DIMM**s, auf beiden Seiten bestückt sind. Folgerichtig können Sie auf DIMMs doppelt so viele Zellenfelder unterbringen wie auf SIMMs. Abbildung 13.1 zeigt Ihnen ein solches DIMM, obwohl Sie natürlich die Rückseite nicht sehen. Ich kann Ihnen aber versichern: Die sieht genauso aus!

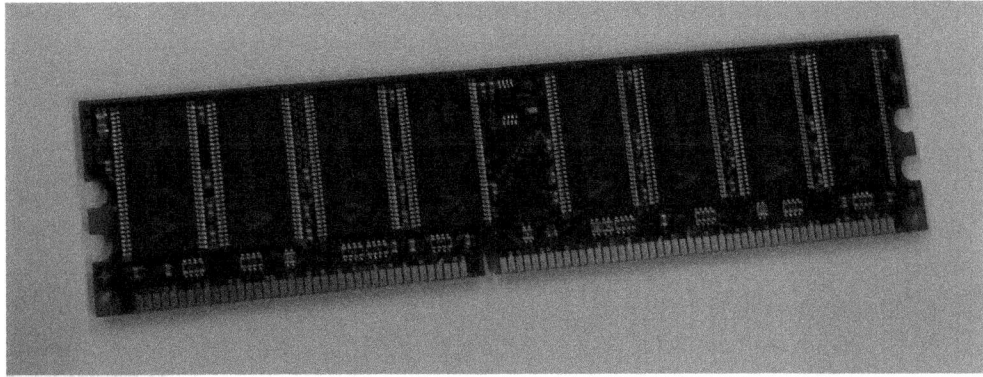

Abbildung 13.1: DIMM-Speicherriegel

In Abbildung 13.2 finden Sie diesen RAM-Speicher auf seinem Steckplatz vorne rechts.

Abbildung 13.2: Hauptplatine eines PC

Die Daten im SRAM dagegen bleiben stabil, solange die Spannungsversordnung angelegt ist. Sie dürfen sich SRAM als eine geschickte Anordnung von Flipflops vorstellen, die jeweils ein Bit speichern. Solange die Stromversorgung gewährleistet ist, gibt es keinen Grund zur Sorge.

Für praktische Zwecke genügt es, wenn Sie folgende Unterscheidungsmerkmale im Kopf behalten.

 SRAM ist wesentlich schneller, aber auch teurer als DRAM der gleichen Speicherkapazität, denn SRAM benötigt gegenüber DRAM ein Vielfaches der Fläche. Die Steuerlogik für DRAM ist aufgrund des regelmäßigen Refreshs viel komplizierter. Mit einer kleinen Batterie sind Sie dagegen in der Lage, Daten im SRAM auch über längere Zeit zu speichern.

DRAM stellt heutzutage den typischen Arbeitsspeicher für Computer dar, während SRAM als **Cache** verwendet wird.

 Cachespeicher und andere lustige Beschleunigungsmöglichkeiten sind das Thema von Kapitel 15.

Sie werden sich fragen, ob das schon alles gewesen sein kann. Gab es nicht auch SDRAM, DDR-SDRAM und weitere Untervarianten? Stimmt, aber das sind am Ende doch alles nur Ausprägungen des DRAM.

 Die Geschichte der **DRAM**s reicht bis 1966 zurück. Damals wurde die erste DRAM-Speicherzelle von IBM entwickelt. Ihre Speicherkapazität betrug immerhin 1024 Bits. Die Zugriffszeiten auf diesen Speicher wurden seither immer weiter verkürzt, bis auf wenige Nanosekunden. Umgekehrt wurden die Kapazitäten immer weiter ausgebaut. Mehrere Gigabit sind heute bereits möglich. Wenn das so weitergeht, werden wir auch Terabit-DRAM-Speicher erleben.

1997 kamen **SDRAM**s auf den Markt. Das ist keineswegs eine Vermischung zwischen dynamischem und statischem RAM, sondern SDRAM steht für **S**ynchronous **D**ynamic **R**andom-**A**ccess **M**emory. Durch die Einführung eines **Taktes** und die Verwendung von **Pufferspeicher** konnte die Zugriffszeit gegenüber der vorherigen Technologie noch einmal halbiert werden.

Nur drei Jahre später wurde **DDR-SDRAM** eingeführt. **D**ouble **D**ata **R**ate **S**ynchronous **D**ynamic **R**andom-**A**ccess **M**emory erlaubt eine Verdopplung der Datenrate einfach dadurch, dass nicht nur bei aufsteigenden, sondern auch bei fallenden Flanken eine Taktung erfolgt. Diese Idee wurde in den Folgejahren ausgebaut und die Pufferung (das **Prefetch**) immer weiter erhöht. Zugleich wurden die Betriebsspannung und der Stromverbrauch reduziert. Da langsam, aber sicher die Buchstaben für die Speicherakronyme ausgehen, werden die DDRs einfach durchnummeriert. **DDR2-SDRAM** erschien 2004, **DDR3-SDRAM** 2007 und seit 2014 ist **DDR4-SDRAM** auf dem Vormarsch. Ein Ende der DDR-Ära ist nicht in Sicht. Wenn das Erich Honecker noch erlebt hätte.

NVRAM bedeutet übrigens **N**on-**V**olatile **R**andom-**A**ccess **M**emory und ist somit tatsächlich gar kein flüchtiger Speicher. Verwendet wird der Begriff beispielsweise für batteriegepufferten SRAM.

Alle Wege führen zum ROM

Die einfachste Möglichkeit, sich unveränderlichen ROM-Speicher vorzustellen, führt Sie geradewegs zu elektronischen Schaltungen. Was ist ein fest verdrahtetes Schaltnetz anderes als ein permanenter Speicher?

Update in Sachen »Schaltnetze« gefällig? Werfen Sie einfach einen Blick in Kapitel 8!

Freilich wollen Sie natürlich die Eingabe als die *Adresse* verstanden wissen, während die Ausgabe in diesem Fall dem genau an dieser Stelle gespeicherten *Inhalt* entspricht.

Sagen wir, Sie wollen die Bitfolge 11010101111110100100011110110010 abspeichern und jedes Bit einzeln auslesen können. Da es sich um 32 einzelne Informationshäppchen handelt, benötigen Sie zur **Adressierung** fünf Bits. Wie die Wahrheitstabelle dazu aussieht, zeigt Tabelle 13.1

x_4	x_3	x_2	x_1	x_0	Y
0	0	0	0	0	1
0	0	0	0	1	1
0	0	0	1	0	0
0	0	0	1	1	1
0	0	1	0	0	0
0	0	1	0	1	1
0	0	1	1	0	0
0	0	1	1	1	1
0	1	0	0	0	1
0	1	0	0	1	1
0	1	0	1	0	1
0	1	0	1	1	1
0	1	1	0	0	1
0	1	1	0	1	1
0	1	1	1	0	0
0	1	1	1	1	1
1	0	0	0	0	0
1	0	0	0	1	0
1	0	0	1	0	1
1	0	0	1	1	0

x_4	x_3	x_2	x_1	x_0	Y
1	0	1	0	0	0
1	0	1	0	1	0
1	0	1	1	0	1
1	0	1	1	1	1
1	1	0	0	0	1
1	1	0	0	1	0
1	1	0	1	0	1
1	1	0	1	1	1
1	1	1	0	0	0
1	1	1	0	1	0
1	1	1	1	0	1
1	1	1	1	1	0

Tabelle 13.1: Wahrheitstabelle bei Einzelbit-Adressierung

Die zugehörige Schaltung – nach Minimierung – ist immer noch recht aufwendig. Viel klüger wäre es, wenn Sie stattdessen nicht mehr jedes einzelne *Bit* adressierten, sondern, sagen wir, jeweils acht Bits zugleich, also ein *Byte*.

Für die 32 Werte sind somit nur vier unterschiedliche 8er-Blöcke möglich. Es genügt, diese mit zwei Bits zu adressieren, wie in Tabelle 13.2 zu sehen.

x_1	x_0	y_7	y_6	y_5	y_4	y_3	y_2	y_1	y_0
0	0	1	1	0	1	0	1	0	1
0	1	1	1	1	1	1	1	0	1
1	0	0	0	1	0	0	0	1	1
1	1	1	0	1	1	0	0	1	0

Tabelle 13.2: Wahrheitstabelle bei 8-Bit-Adressierung

Der Aufwand ist um Größenordnungen geringer! Dies gilt generell:

Jeder breiter der Datenbus, umso geringer der Adressierungsaufwand!

Freilich gibt es auch eine Kehrseite der Medaille. Die kleinste speicherbare Einheit ist nunmehr ein Byte, selbst wenn Sie nur ein einzelnes Bit abspeichern möchten. Das stört Sie nicht weiter? Okay, aber wenn Sie den Gedanken weiterspinnen und beispielsweise 64 Bits in eine Adresse packen, wird Ihnen das Maß an möglicher Platzverschwendung bewusst. Entweder Sie adressieren selbst boolesche Werte mit 64 Bits, wovon 63 einfach überflüssig sind, oder Sie stecken mehrere Variablenwerte in ein und dieselbe Adresse. Das wiederum erzeugt erheblichen Programmieraufwand, der die Fortschritte beispielsweise in der DDR-SDRAM-Entwicklung wieder zunichtemacht.

Allerdings dürfen Sie zur Erstellung von ROM-Speicher eine Abkürzung gehen, die Ihnen die vollständige Schaltwerkssynthese erspart.

Betrachten Sie hierzu Abbildung 13.3.

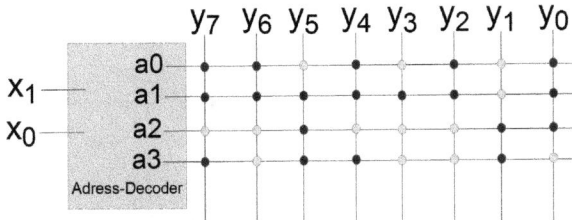

Abbildung 13.3: Masken-ROM

Links erkennen Sie die Adressbits, die mittels eines Decoders in vier physische Adressleitungen aufgespalten werden. Senkrecht habe ich Ihnen die Datenleitungen eingezeichnet. Spannend sind dabei die Verknüpfungspunkte. Dunkle Stellen markieren Durchschaltungen, helle dagegen sind unverbunden. Das Muster der Punkte entspricht exakt der Verteilung von Nullen und Einsen in Tabelle 13.2. Sobald Sie nun beispielsweise Adressleitung a1 ansteuern, was durch die Eingangsbits $x_1 = 0$ und $x_0 = 1$ geschieht, erhalten Sie sofort als Ausgangswort $y = 11111101$.

Zur Herstellung dieses ROMs benötigen Sie eine **Maske**, wie das Negativ eines Films, mit dem entsprechenden Bitmuster.

 Um Ströme in die falsche Richtung zu verhindern, sind an den Kreuzungspunkten der Masken-ROMs Dioden angebracht!

Leider ist der Herstellungsprozess der Masken-ROMs sehr teuer. Die nächste Ausbaustufe führt zum **PROM**, dem **P**rogrammable **R**ead-**O**nly **M**emory, was zugegebenermaßen ein Widerspruch in sich ist.

Gemeint ist damit ein Speicherbaustein, den Sie *einmalig* nach der Auslieferung programmieren können, und der *anschließend* zum ROM wird.

Wenn Sie einen PROM-Speicher kaufen, enthalten alle gitterartig angeordneten Speicherzellen den Wert 1. Jeder Kreuzungspunkt, der eine Null werden soll, wird dann durch Anlegen einer hohen Spannung *verdampft*. Anschließend ist die Stromzufuhr an diesen Stellen unterbrochen. Wie Sie sich leicht vorstellen, ist der Vorgang prinzipiell irreversibel. Das Verdampfen ist jedoch problematisch, insbesondere kann der *Metallniederschlag* zu einem späteren Zeitpunkt Leitungsverbindungen wieder herstellen, die eigentlich getrennt sein sollten.

Das erste semi-permanente ROM in unserer Liste ist das **EPROM**, das **E**rasable **P**rogrammable **R**ead-**O**nly **M**emory. Der entscheidende Unterschied zum PROM besteht in der Programmierung: Mittels *Halbleitereffekten* lassen sich durch UV-Licht früher getrennte Verbindungen erneut herstellen. Ein EPROM ist somit immer wieder neu programmierbar.

Allerdings ist der Einsatz von UV-Licht sehr aufwendig. Ein Löschvorgang dauert etwa eine halbe Stunde. Als Ersatz für RAM-Speicher kommt EPROM somit nicht infrage.

Ein weiterer Meilenstein in der Entwicklung semi-permanenter Speicherbausteine liefert der **EEPROM**, der **E**lectrically **E**rasable **P**rogrammable **R**ead-**O**nly **M**emory. Anstatt mit UV-Licht ist dieser mit elektrischem Strom zu löschen. Allerdings ist die Anzahl der Schreibvorgänge begrenzt. Auch wenn bis zu einer Million Zyklen möglich sind, so stellt das EEPROM dennoch keinen Ersatz für RAM-Speicher dar. Das Einsatzgebiet für EEPROMs ist daher in Bereichen zu suchen, wo Daten nur selten verändert werden, beispielsweise für das BIOS eines PC.

 Mehr zum **BIOS** (**B**asic **I**nput **O**utput **S**ystem) erfahren Sie in Kapitel 14.

Eine weitere Ausbaustufe des EEPROMs, die Sie mit Sicherheit schon in Händen gehalten haben, ist das **Flash-EEPROM**, auch kurz **Flash-Speicher** genannt, wie Sie ihn beispielsweise in **Speicherkarten** oder in **USB-Sticks** finden. Durch das blockweise Lesen und Schreiben von Speicherbereichen werden wesentlich höhere Durchsätze erreicht.

Die Bezeichnung »Flash«

Als Leiter eines Toshiba-Entwicklungslabors erfand der japanische Elektroingenieur Fujio Masuoka, der später eine Professur an der Tohoku-Universität annahm, bereits in den 1980er Jahren den Flash-Speicher. Die Bezeichnung »Flash« geht wohl auf einen seiner damaligen Mitarbeiter, Sho-ji Ariizumi, zurück. Dieser beobachtete den Löschvorgang des EEPROMs und schlug als Name **Flash (Blitz)** vor, weil ihn das Aufleuchten an den Blitz einer Kamera erinnerte.

Beim Flash-Speicher handelt es sich wiederum um einen permanenten Speicher, der für zahlreiche Einsatzgebiete infrage kommt.

Insbesondere in Digitalkameras oder auch mobilen Endgeräten wie Smartphones stellt er bis heute das Mittel der Wahl dar.

Inzwischen beginnt er sogar seinen Siegeszug im Bereich der Massenspeicher und ersetzt zunehmend Festplatten durch sogenannte **S**olid **S**tate **D**rives, **SSD-Speicher**.

Das ist einigermaßen verwunderlich, denn schließlich handelt es sich auch beim Flash-Speicher letztlich um ein EEPROM, mit allen Vor- und Nachteilen. Ein wichtiger Aspekt des Flash-Speichers besteht darin, dass Sie nicht den gesamten Speicher en bloc löschen müssen, sondern auch kleinste Einheiten überschreiben können. Die typische Lebensdauer, die von der Anzahl der Löschungen und nicht von Lesevorgängen abhängt, beträgt – je nach Ausführung – einige Zehntausend bis wenige Millionen Zyklen. Konkret bedeutet das, dass Sie einen Flash-Speicher zwar beliebig oft lesen, aber nur begrenzt oft beschreiben dürfen.

Sie denken vermutlich, ein paar Millionen Schreibzyklen seien doch eine ganze Menge. Das ist richtig, aber als Ersatz für eine Festplatte im Computer haben Sie ja keine rechte Kontrolle über diese Schreibvorgänge. Stellen Sie sich einfach eine Software vor, die permanent von der Platte liest und schreibt. Dann erreichen Sie die maximale Anzahl schneller, als Ihnen lieb ist. Besonders für Systemprogramme, die oft gelesen, aber nur sehr selten überschrieben werden, sind SSDs das Mittel der Wahl. Ein Computer mit einem SSD bootet so schnell, dass Sie vielleicht denken, die Kiste wäre noch gar nicht heruntergefahren worden.

Aufgrund der enormen Lesegeschwindigkeit sind SSDs daher trotz eines gehörigen Mehrpreises eindeutig auf dem Vormarsch. **Hybridlaufwerke**, bei denen gewöhnliche **Festplatten** mit SSDs kombiniert werden, vereinen die Vorteile beider Architekturen.

Höchste Zeit also, sich einmal intensiver mit diesem berühmtesten aller **Massenspeicher** auseinanderzusetzen.

Speicher für die Massen

Informationen werden in unserer Welt zunehmend wichtiger. Nicht nur Geheimdienste, auch Unternehmen und Privatpersonen häufen zunehmend digitale Daten an, die nicht nur gespeichert, sondern auch verarbeitet werden wollen.

Im Gegensatz zum RAM, der den eigentlichen Speicher aus der Perspektive einer CPU darstellt, stehen Massenspeicher für ungeheure Mengen an Speicherplätzen, die zur Verarbeitung erst ins RAM transportiert werden müssen.

Massenspeicher ist wesentlich preiswerter, aber auch um Größenordnungen langsamer als der Hauptspeicher eines Prozessors. Hinzu kommt, dass Sie die gesicherten Daten auf dem Massenspeicher ordnen, strukturieren müssen, um eine Chance zu haben, sie jemals wiederzufinden. Im RAM ist das nicht notwendig.

Festplatten

Eine **Festplatte** (englisch **Hard Disk**) funktioniert physikalisch nach einem völlig anderen Prinzip als Speicher wie RAM oder ROM. Zentrales Konzept ist hier die **Magnetisierung**!

Im Gegensatz zu Wechselträgerlaufwerken, die weiter unten behandelt werden, kann die Festplatte – jedenfalls im typischen Rahmen (vergleiche Abbildung 13.4) – nicht ohne Weiteres ausgetauscht werden.

 Keine Regel ohne Ausnahme: Es gibt Wechselträgerrahmen auch für Festplatten, sodass Sie mit einem Handgriff – ohne Schraubenzieher – auch eine Festplatte wechseln können.

Virtuelle Adressierung

Es gibt eine naheliegende, aber folgenschwere Idee, um den RAM-Speicher Ihres Computers drastisch zu vergrößern: Die Festplatte wird wie ein *virtuelles RAM* betrieben. Sie wären damit in der Lage, von (nahezu) unbegrenztem Hauptspeicher auszugehen. Für bestimmte Programme der reinste Traum. Für den Endanwender möglicherweise ein Albtraum. Denn das Betriebssystem hat dafür Sorge zu tragen, dass der tatsächlich adressierte Bereich stets im wirklichen RAM liegt. Dazu muss es **swappen (austauschen)**, das heißt, gewisse Adressbereiche aus dem RAM auf die Festplatte schreiben und umgekehrt. Die so ausgelagerte Datei heißt logischerweise **Swap-File** oder **Auslagerungsdatei**. Die Auslagerungsdatei stellt ein virtuelles RAM bereit, auf das die CPU jedoch nur nach einem Swap-Vorgang zugreifen kann. Die hohe Kunst des Betriebssystems besteht nun darin, möglichst solche Bereiche des RAMs auszulagern, die so schnell – vermutlich – gar nicht gebraucht werden.

Keine Sorge, Sie merken schon, ob das funktioniert, vor allem dann, wenn es nicht klappt. Die Anwendung wird extrem langsam, stockt geradezu. Übrigens ist das auch ein Grund für einen regelmäßigen Bootvorgang: Wenn Sie Ihren Computer niemals herunterfahren, könnten sich »speicherfressende« Programme immer mehr des kostbaren RAMs einverleiben und so das frühzeitige Anlegen des Swap-Files verursachen!

Mehrere übereinanderliegende Magnetplatten rotieren in einem mit Reinluft gefüllten Gehäuse. Die Schreib-Leseköpfe greifen wie ein Kamm jeweils auf beiden Seiten an und erreichen jede Datenspur der Platten, die sich wie Schallplatten drehen. Beim Lesevorgang wird die Magnetisierung der kleinsten Speichereinheiten elektrotechnisch abgetastet. Der Schreibvorgang magnetisiert die entsprechenden Stellen auf der Platte.

Abbildung 13.4: In Gehäuse eingebaute Festplatte

In Abbildung 13.4 sehen Sie eine aufgeschraubte Festplatte. Der Datenträger selbst ähnelt einer CD, ist jedoch im Gegensatz zu früheren Disketten (Floppy Disks) massiv (daher die Bezeichnung »Hard Disk«) und in der Spindel fest verschraubt. Nur die Rotation bleibt möglich. Der **Kamm** in der Mitte erinnert Sie vielleicht an den Greifarm eines Plattenspielers. Im Allgemeinen drehen sich diese Platten jedoch viel schneller, typischerweise 5.400 Mal pro Minute. Einige Hersteller setzen auf noch größere Geschwindigkeiten von bis zu 15.000 Umdrehungen pro Minute. Das verbessert die **Latenz**.

Latenz ist eine unproduktive Zeit, eine *Verzögerung*. Beispielsweise handelt es sich um die Zeit zwischen der Anforderung eines Datensatzes an den Controller der Festplatte und der erfolgreichen Rückgabe der Daten. Im Falle von Festplatten entsteht eine natürliche Latenz einerseits durch die Bewegung des Arms der Schreib-Leseköpfe, um an die richtige Spur zu gelangen, und andererseits durch die Rotation der Platten selbst.

Die Latenz ist der entscheidende Grund, warum Festplattenzugriffe um Größenordnungen länger dauern als Zugriffe auf den Hauptspeicher: Die mechanische Bewegung, die der Betrieb der Festplatte erfordert, benötigt viel mehr Zeit als der Elektronenfluss. Dennoch stellen Festplatten ein geeignetes und preiswertes Massenspeichermedium dar.

Wie der Kamm in den Datenträger greift, zeige ich Ihnen in Abbildung 13.5. Sie erkennen dort den **Aktuator-Motor** (links) mit seinem **Arm**. Zur besseren Übersicht habe ich die obere Platte samt Schreib-Lesekopf entfernt.

Abbildung 13.5: Kamm einer Festplatte

Der Schreib-Lesekopf berührt übrigens den Datenträger im Betrieb nicht, sondern »schwimmt« auf dem Luftpolster der rotierenden Platten. Daher ist es ein Irrglaube, Festplatten benötigten ein Vakuum. Dennoch darf keine ungefilterte Außenluft eindringen, weil bereits winzige Staubpartikel die Festplatte irreparabel zerstören können. Zum Druckausgleich wird in modernen Geräten eine elastische Membran eingesetzt.

DVDs & Blu-rays & mehr

Wechselträgerlaufwerke nehmen, wie der Name andeutet, einen austauschbaren Datenträger auf, beispielsweise DVDs oder Blu-rays. Im Gegensatz zur Festplatte handelt es sich bei **DVD**s oder **Blu-ray**s um *optische* Datenspeicher. Ein Laser übernimmt das Lesen und Schreiben der Disks.

Das Kürzel **DVD** steht für **D**igital **V**ersatile **D**isk, was so viel wie **Digitale Allzweckscheibe** bedeutet. Das Nachfolgeprodukt ist die **Blu-ray Disk**. Der Name weist auf die Farbe und damit die Frequenz des verwendeten Lasers hin. Dabei ist **Blu** kein Rechtschreibfehler. Das fehlende »e« am Ende erlaubte es, den blauen Strahl als Markenname zu schützen.

Die letzte Stufe der Massenspeicherung stellen vielfach übereinander getürmte Festplatten und magnetische Bänder dar.

Auch heutzutage werden diese **Tapespeicher** für die Archivierung gerne genommen. Die Datenträger, die Bänder, sind vergleichsweise preisgünstig und der entscheidende Nachteil, das erforderliche Spulen, stellt beim Backup kein Hindernis dar. Allerdings erfordert das – in der Regel nur sehr selten vorkommende – Zurückspielen eines Bandes erheblichen Aufwand.

Abbildung 13.6 veranschaulicht die Hierarchie der verschiedenen Speicherklassen. Die beiden Faustformeln hierzu lauten:

 Je schneller ein Speicher, desto teurer die Anschaffung. Je größer die Speicherkapazität, desto langsamer die Zugriffzeit.

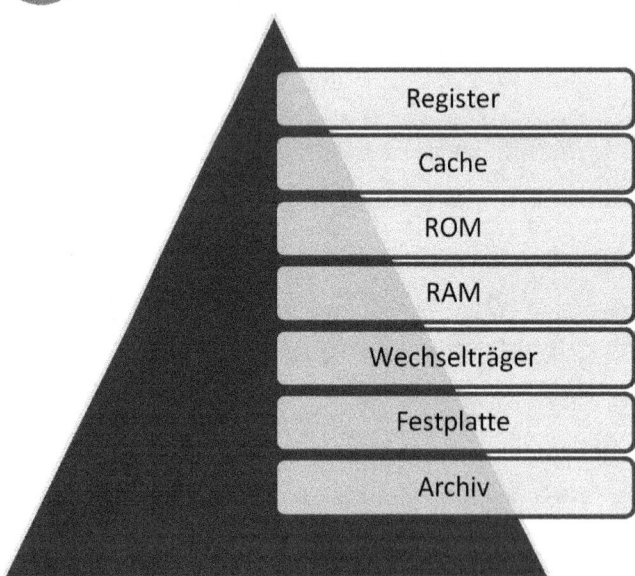

Abbildung 13.6: Pyramide der Speichermedien

Damit sollten Sie gerüstet sein für alle möglichen Anforderungen, Daten zu speichern!

Kapitel 14
Mit dem Bus zum BIOS

Dieses Kapitel möchte Ihnen die Welt der Ein- und Ausgabe näherbringen. Computer wären ohne Ein- und Ausgabegeräte kaum zu gebrauchen. Das BIOS spielt hier eine interessante Rolle. Außerdem geht es um Interrupts, eine Technik, um Ereignisse ohne unnötigen Ressourcenverbrauch vernünftig zu verarbeiten. Außerdem möchte ich Ihnen den Sinn und Zweck von Schnittstellen erläutern, deren Bedeutung für die Informatik kaum zu überschätzen ist.

Organisation von Ein- und Ausschaltvorgängen

Haben Sie sich jemals überlegt, wie ein so komplexes System wie ein Computer auf systematische Weise in einen definierten Betriebszustand gerät? Das ist gar nicht so einfach. Viele Programme im Betriebssystem regeln lebenswichtige Aufgaben, aber wer sorgt dafür, dass diese Programme selbst ausgeführt werden?

 In Kapitel 36 werden Betriebssysteme genauer unter die Lupe genommen.

Bereits die ersten PCs in den 1980er Jahren mussten dieses Problem lösen. Hierzu wurde das **BIOS** entwickelt.

 BIOS ist ein Akronym für »**B**asic **I**nput **O**utput **S**ystem«. Ein Anklang an das Wort »Bio« für »Leben« ist dabei erwünscht.

Das BIOS erfüllt zwei wichtige Aufgaben.

✔ Das BIOS spielt eine zentrale Rolle beim Booten eines PC.

✔ Aufgrund der Möglichkeit, spezielle Hardware-Schnittstellen anzulegen, erhält das BIOS die Rolle eines **Hardware Abstraction Layers** (**HAL**).

Beide Aufgaben müssen wir ein wenig genauer unter die Lupe nehmen. **Bootstrapping** ist ein wesentlicher Vorgang beim Starten eines Computers. Wörtlich mit *Stiefelschlaufe* zu übersetzen, meint Bootstrapping im übertragenen Sinne das »am eigenen Schopf aus dem Sumpf ziehen«. Der Sumpf, das ist in unserem Fall der ausgeschaltete Computer, und das Bootstrapping erlaubt das Starten von Programmen, die eigentlich dafür nötig sind, dass Programme überhaupt starten können.

Der **Loader** ist ein Beispiel für ein solches Bootstrapping. Seine Beschreibung finden Sie in Kapitel 12.

Allerdings setzt das BIOS noch früher an. Es testet die Hardwarekomponenten und überzeugt sich »vor dieser Sendung vom ordnungsgemäßen Zustand des Ziehungsgerätes und der 49 Kugeln ...«, wie der Ziehungsbeamte der Lottozahlen. Modern heißt dieser Vorgang **POST** (**P**ower-**O**n **S**elf **T**est). Der Hauptspeicher wird dazu beispielsweise mit einem Bitmuster beschrieben und gleich danach wieder ausgelesen. Wenn dabei Fehler auftreten, kann das BIOS mit einem Piep-Ton den Dienst komplett einstellen. Im Erfolgsfall sucht das BIOS nach einem Speichermedium, auf dem ein Betriebssystem zu finden ist. Die Reihenfolge der möglichen Laufwerke ist zwar voreingestellt, kann jedoch von Ihnen verändert werden.

Von diesem Laufwerk wird der sogenannte **M**aster **B**oot **R**ecord (**MBR**) ausgelesen. Darin befindet sich das erste ausführbare Maschinenprogramm, der Boot-Loader. Ab diesem Moment geht es aufwärts mit dem Bootstrapping. Nacheinander werden immer mehr Komponenten des Betriebssystems geladen, bis das System »oben« ist und funktionsbereit Ihnen als Anwender zur Verfügung steht.

Das BIOS selbst muss logischerweise in einem eigenen permanenten Speicher untergebracht werden. Ein *EEPROM* oder ein *Flash-Speicher* bietet sich dafür an.

Diese und andere lustige Buchstabenkombinationen für die wichtigsten Speichertypen werden in Kapitel 13 beschrieben.

Lassen Sie uns noch einmal auf **HAL** zurückkommen. Ich meine dabei nicht den Supercomputer in Stanley Kubricks »Odyssee im Weltraum«, sondern die Hardware-Abstraktionsschicht. Stellen Sie sich die verschiedensten Komponenten unterschiedlicher Hersteller vor. Festplatten, RAM, Grafikkarten, Tastaturen, Mäuse und so weiter.

Die konkrete Ansteuerung der einzelnen Bauteile hängt natürlich vom jeweiligen Bautyp ab. Es wäre unsinnig, an dieser Stelle eine allzu spezifische Normierung zu erwarten, das würde den Innovationsdruck nur verringern. Allerdings bietet das BIOS eine interessante *Schnittstelle*. Auf dieser Ebene sind die Anforderungen – im Wesentlichen – gleich, und zwar, noch bevor das Betriebssystem die Treibersoftware lädt. Diese kann dann weitere spezifische Unterschiede in den Hardwarekomponenten glätten.

Unterbrechungen mit Interrupts

Die nächste Frage, mit der ich Sie konfrontieren möchte, bezieht sich auf die Art und Weise, wie die unterschiedlichen Hardwarekomponenten die Aufmerksamkeit des Anwendungsprogramms auf sich ziehen.

Nehmen wir an, Ihr Programm erfordert an einer bestimmten Stelle die Eingabe eines Buchstabens auf der Tastatur. Dazu könnte es die Tastatur natürlich permanent abfragen, ob jetzt gerade ein Zeichen eingegeben worden ist.

Aber wäre das sinnvoll? Sie würden wertvolle CPU-Zeit vergeuden und tausendmal in der Sekunde abfragen, ob jetzt endlich eine Taste gedrückt wurde.

Man nennt dieses Verfahren *Polling*.

 Beim *Polling* (englisch für *Abfragen*) wird ein und dieselbe Überprüfung immer wieder durchgeführt, bis sich der gewünschte Zustand eingestellt hat.

Polling ist zwar sehr einfach zu realisieren und erfordert keine besonderen elektrotechnischen Voraussetzungen, ist jedoch offenkundig ineffizient. Das wäre so, als ob Sie morgens immer wieder auf die Uhr sehen müssten, um festzustellen, ob es schon Zeit zum Aufstehen ist. Viel näherliegend ist doch der *Wecker*!

Nicht Sie – in der Rolle des Anwendungsprogramms –, sondern der Wecker, also beispielsweise die Hardwarekomponente, muss selbst wissen, wann ein erwarteter Zustand eingetreten ist, und *klingeln*.

Das Klingeln signalisiert – in Worten der Informatik – einen **Interrupt**.

 Ein *Interrupt* (englisch für **Unterbrechung**) stellt eine vorübergehende Unterbrechung des normalen Programmablaufs dar. Damit können sehr rasch Ereignisse verarbeitet werden, die anderenfalls Polling erfordert hätten.

Um im Beispiel unseres Tastenanschlags zu bleiben: Anstatt permanent den Zustand der Tastatur abzufragen, meldet sich diese von selbst, sobald eine Taste gedrückt worden ist. Diese Meldung stellt einen Interrupt dar.

Dabei sollten Sie zwischen der **Unterbrechungsanforderung (Interrupt Request, IRQ)** und der eigentlichen **Abarbeitung der Unterbrechung (Interrupt Service Routine, ISR)** unterscheiden.

Wenn der Wecker klingelt (IRQ), stehen Sie entweder auf (ISR) oder schlafen einfach weiter ...

Interrupt Request

Ein **Interrupt Request** wird meist von einer Hardwarekomponente gestellt. Maus, Tastatur, Netzwerk-, Sound- oder Grafikkarte sind nur die offenkundigsten Beispiele. Unterbrechungsanforderungen können auch über die Datenschnittstellen von beliebigen anderen an den Computer angeschlossenen Peripheriegeräten angestoßen werden. Ein weiteres Beispiel ist der **Timer**, die innere Uhr des Computers. Sie kommt dem Wecker verdächtig nahe.

Damit eine Unterbrechungsanforderung unmittelbar an der CPU erkannt werden kann, wird eine eigene Leitung, eine **Interrupt-Leitung** im **Systembus** bereitgestellt.

 Damit Sie den **Systembus** nicht verpassen: Den Fahrplan finden Sie in Kapitel 12!

Sobald die CPU einen Interrupt Request auf dem Systembus identifiziert, wird sie hektisch:

✔ Über das **Interrupt-Flag** muss sichergestellt werden, dass kein anderer Interrupt dazwischenfunkt.

✔ Der aktuelle Zustand der Register muss gespeichert werden. Dazu gehören alle Informationen, die zum Abarbeiten des nächsten Befehls nötig sind. Man bezeichnet die Menge aller dieser Daten auch als **Kontext**.

✔ Die für den aktuellen IRQ zuständige Unterbrechungsroutine (ISR) wird geladen und ausgeführt.

✔ Nach Beendigung des Interrupts wird der zuvor gespeicherte Kontext wieder geladen.

✔ Anschließend wird die Befehlsausführung genau dort fortgesetzt, wo sie vor der Unterbrechung aufgehört hat. Dazu ist der Befehlszähler wieder mit dem gespeicherten Werten zu laden. Im Allgemeinen »sieht« das Anwendungsprogramm von der Unterbrechung nichts.

✔ Ganz zum Schluss wird auch das Interrupt-Flag wieder gelöscht. Ab jetzt darf wieder unterbrochen werden!

Das Speichern und spätere Laden des Kontexts heißt **Kontextswitch** (**Kontextwechsel**).

 Im anschließenden Kapitel 15 finden Sie weitere Erklärungen zum Kontextwechsel.

Interrupt-Service-Routine

Die eigentliche Abarbeitung der Unterbrechung findet in der **Interrupt-Service-Routine** statt. Sie hängt von dem jeweiligen Ereignis ab. In unserem Fall könnte beispielsweise der Tastencode der gedrückten Taste aus dem Tastaturspeicher geladen werden. Ab diesem Zeitpunkt steht der jeweilige Buchstabe dem Anwendungsprogramm zur Verfügung.

 Die Interrupt-Behandlung weist Analogien zur Ereignisbehandlung objektorientierter Hochsprachen auf. In Kapitel 29 finden Sie hierzu nähere Informationen.

Was wäre die Welt so schön unkompliziert, wenn das wirklich alles wäre! Dem ist leider nicht so. Zunächst einmal müssen Sie zwei verschiedene Arten von Unterbrechungen unterscheiden:

✔ **First-Level Interrupts (FLI)** erfordern eine sofortige Behandlung.

✔ **Second-Level Interrupts (SLI)** sind dagegen nicht ganz so kritisch. Ihre Abarbeitung kann ruhig und geordnet vonstattengehen.

FLIs produzieren **Jitter**.

 Mit *Jitter* (**Laufzeitverzögerung**) wird das unerwünschte Stören eines Prozesses bezeichnet.

Nicht nur in Echtzeitbetriebssystemen sollte Jitter vermieden werden. Da Interrupt-Service-Routinen immer länger und ausgefeilter werden, kann es sich das Betriebssystem nicht leisten, so lange auf weitere Interrupts zu verzichten. Denken Sie dabei etwa an die Echtzeituhr: Ihr Prozess muss zu einer exakt definierten Zeit eine bestimmte Operation ausführen. Es wäre höchst ärgerlich, wenn dies aufgrund langwieriger ISRs anderer Interrupts nicht mehr möglich wäre.

Die Idee der Aufteilung in FLI und SLI bezieht sich somit auf die Ausführungsdauer und die mögliche **Maskierung**, also das Verhindern anderer Interrupts.

FLIs sind kurz und schnell, maskieren jedoch andere Interrupts. SLI sind langsam und umfassend, erlauben jedoch FLIs die Unterbrechung.

Um in diesem Chaos klarzukommen, rufen FLIs SLIs auf, sobald sie die wichtigsten Systemzustände erfasst haben.

Fit trotz Ablaufinvarianz

Ein weiterer wichtiger Gedanke fehlt bisher noch: Wann kann Code, den beispielsweise eine ISR ausführt, prinzipiell unterbrochen werden? Oder, etwas allgemeiner formuliert: Wie muss der Code eines Unterprogramms aussehen, das theoretisch jederzeit unterbrochen werden kann? Dies führt uns unmittelbar zum Begriff der **Ablaufinvarianz**.

 Programmcode ist *ablaufinvariant* (englisch *reentrant*), wenn er keine Anweisungen enthält, deren zwischenzeitliche Unterbrechung den ursprünglichen Ablauf verändern würde.

Diese Definition ist nicht gerade leicht zu verstehen. Ich erkläre es Ihnen am besten anhand eines Beispiels. Nehmen Sie an, Ihr Programmcode würde den Wert eines Speicherbereichs, der von vielen anderen Stellen im Programm genutzt wird, abfragen und je nach Ergebnis unterschiedliche Operationen ausführen. Selbst wenn Ihr Code den Inhalt dieses Speichers nicht verändert, könnte es dennoch sein, dass ein zwischenzeitlicher Interrupt genau das tut!

In diesem Fall ist Ihr Code **nicht ablaufinvariant**. Generell gilt:

Ablaufinvarianter Code darf ...

✔ keine globalen (oder statischen) Variablen verwenden

✔ keinen nicht-ablaufinvarianten Code aufrufen

Dies hat besondere Bedeutung für die ISR. Hier gilt:

Eine Interrupt Service Routine sollte selbst Unterbrechungen zulassen. Dies ist gewährleistet, wenn sie ablaufinvariant ist!

Im Bereich der Threadprogrammierung (Kapitel 47) kann die Ablaufinvarianz auch über **Mutexe** sichergestellt werden.

Schnittstellen ohne Verletzungen

Die Hardware-Abstraktionsschicht des BIOS wurde bereits als ein Beispiel für den erfolgreichen Einsatz einer **Schnittstelle** genannt. Es lohnt sich, dieses Thema etwas ausführlicher zu reflektieren.

Schnittstellen sind für die Entwicklung der Informatik so bedeutsam wie die Deutsche Industrie Norm (DIN) für die Wirtschaft.

Schnittstellen definieren gewissermaßen zwei Seiten des Fortschritts. In Abbildung 14.1 sehen Sie, welche zentrale Bedeutung der Schnittstelle zukommt.

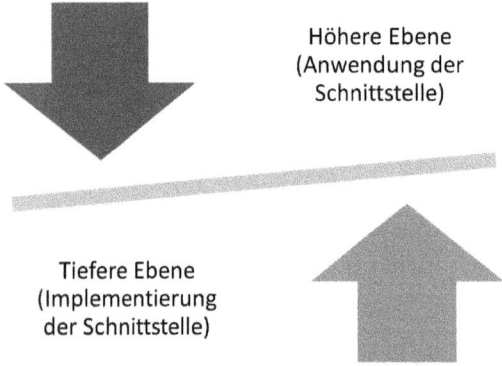

Abbildung 14.1: Trennlinie der Schnittstelle

Auf der einen, der unteren Seite, werden die in der Schnittstelle definierten Eigenschaften produziert, implementiert. Auf der oberen Seite dagegen werden gerade diese Eigenschaften verwendet.

Wenn Sie beispielsweise ein Haus planen, müssen die unterschiedlichen Gewerke exakt ineinandergreifen. Dazu dienen Detailpläne. Im Softwarebereich erfüllen Schnittstellenspezifikationen diese Anforderung. Sie werden unentbehrlich, sobald mehrere Personen an ein und demselben Projekt arbeiten. In dem Moment, wo die Schnittstelle exakt definiert ist, kann die eine Seite im Code bereits die Existenz der anderen voraussetzen, während diese wiederum in Ruhe die eigentliche Funktion implementiert.

 Eine Schnittstelle stellt eine **Abstraktionsbarriere** dar. Beide Seiten können unabhängig voneinander ausgetauscht oder verändert werden, solange die Schnittstelle unverändert besteht.

Eine Barriere darf von keiner der beiden Seiten durchbrochen werden!

 In Kapitel 19 gehe ich noch näher auf dieses wichtige Thema ein und zeige Ihnen, welche fatalen Folgen es haben kann, wenn Sie die Abstraktionsbarriere durchbrechen!

Eingabegeräte

Tastatur

Entgegen der landläufigen Meinung funktioniert eine Tastatur *nicht* wie eine (ursprüngliche) Schreibmaschine. Während bei Schreibmaschinen die Tasten mechanisch mit dem Druckzeichen gekoppelt sind, findet die Übersetzung des Tastenanschlags zum Zeichen im Computer elektronisch statt. Typische deutsche Tastaturen weisen 104 Tasten auf. Abbildung 14.2 zeigt Ihnen, wie es im Inneren einer Tastatur aussieht.

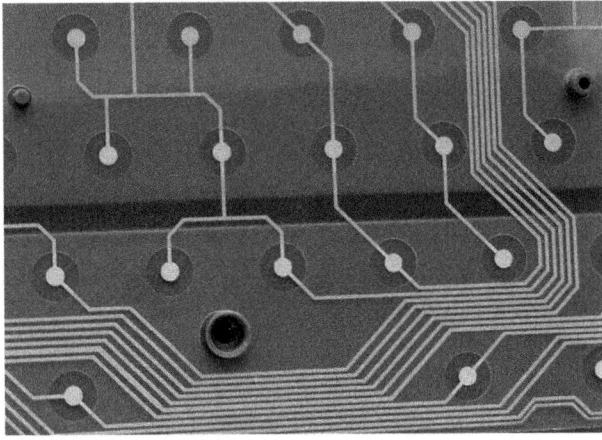

Abbildung 14.2: Leitungsbahnen auf Folien im Inneren einer Tastatur

Anstatt eines unübersichtlichen Gewusels von Kabeln und Verbindungen finden sich in modernen Tastaturen elektronische Leiterbahnen aus mehreren Schichten durchsichtiger Folien.

Der **Controller** der Tastatur ist ein Prozessor, der die elektronische Information der jeweils gedrückten physischen Taste in einen **Scan-Code** überträgt. Diese Zahl beschreibt den **Ort** der gedrückten Taste und muss erst im Hauptprozessor einem **Zeichen** zugeordnet werden. Beispielsweise gibt es verschiedene nationale Zeichensätze. Umlaute wie Ü und Ä werden Sie auf einer amerikanischen Tastatur nicht finden. Außerdem sind die Positionen der Buchstaben Y und Z dort vertauscht. Im Übrigen macht es durchaus einen Unterschied, ob während des Drückens einer beliebigen Taste die ⇧-Taste aktiv ist oder nicht. Der Tastaturtreiber sorgt für die Zuordnung der Tasten zu den regionalen Varianten. Der Controller wiederum bringt die LEDs zum Leuchten. Wann das der Fall ist, bestimmt jedoch wiederum der Hauptprozessor. Wenn Sie wollen, können Sie ein Anwendungsprogramm schreiben, das aus den LEDs eine Discobeleuchtung macht: nicht so opulent, aber genauso verwirrend. In Abbildung 14.3 zeige ich Ihnen die drei wichtigsten LEDs:

✔ **NUM-LOCK** zeigt an, ob bei einem separaten Nummernblock die Tasten wie Zahlen 4, 6, 8, 2 oder Pfeile des Cursors ←, →, ↑, ↓ funktionieren.

✔ **CAPS-LOCK** steht für das bereits erwähnte Feststellen der ⇧-Taste.

✔ Mittels **SCR-LOCK (Scroll-Lock)** war es früher üblich, in textbasierten Anwendungen die Bewegung des Cursors mit den Pfeiltasten zu unterdrücken. Stattdessen dienten in diesem Moment die Pfeiltasten dazu, den Textausschnitt zu bewegen. Heute wird Rollen aufgrund der grafischen Benutzeroberfläche der Programme nicht mehr gebraucht. Dennoch dürfen Sie diese Tasten – wie alle anderen auch – in Ihren systemnahen Anwendungen für beliebige Zwecke verwenden.

Abbildung 14.3: Controller einer Computertastatur

In Abbildung 14.4 erkennen Sie die Rückseite der Platine für den Tastatur-Controller. Im unteren Bildbereich laufen die Signale von den Tasten zusammen. Rechts finden Sie den Anschluss für das Kabel, das zum Computer führt.

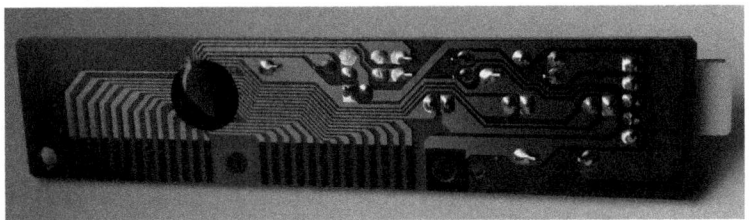

Abbildung 14.4: Rückseite eines Tastatur-Controllers

Maus

Heutzutage kann sich kein Mensch eine Zeit vorstellen, in der die Computermaus nicht existierte. Tatsächlich wurde sie bereits in den Sechzigern erfunden, aber sie war gewissermaßen ihrer Zeit voraus. Weil es noch keine grafischen Benutzeroberflächen gab, interessierte sich niemand dafür. Die ersten Mäuse basierten auf mechanischen Konstruktionen. Eine Kugel im Inneren wurde durch die Bewegung der Maus in verschiedenen Richtungen gedreht. Die Drehgeschwindigkeit wurde mittels zweier Geschwindigkeitsaufnehmer elektronisch gemessen und in eine relative Bewegung des Cursors umgerechnet.

Optische Mäuse dominieren heutzutage die IT-Landschaft. Sie sind kostengünstiger, präziser und wartungsfrei. Eine Lichtquelle, meist eine LED oder ein Laser, sendet einen permanenten Strahl auf die Unterlage. Eine Minikamera erfasst die Reflexionen und ermittelt aus der **Bildkorrelation** die ausgeführte Bewegungsrichtung und Geschwindigkeit der Maus. Bei der Bildkorrelation handelt es sich im Wesentlichen um einen Vergleich zwischen dem ursprünglichen Bild – vor der Bewegung – und dem danach.

Touchpad & Touchscreen

Neben der Maus gehören auch **Trackballs** und **Grafiktabletts** zu den Eingabegeräten. Einen Trackball können Sie sich vorstellen wie eine umgedrehte mechanische Maus, bei der Sie die innere Kugel selbst drehen dürfen. Bei Grafiktabletts führen Sie einen Stift auf einer Unterlage. Die Bewegung des Cursors wird aus der entsprechenden Bewegung des Stifts errechnet. Ein wesentlicher Unterschied zwischen grafischem Tablett und Maus entsteht aus folgender Anforderung: Wollen Sie beispielsweise den Cursor von der unteren linken Ecke des Bildschirms in die rechte obere bringen, müssen Sie mit der Maus die komplette Diagonale entlangfahren. Beim grafischen Tablett ist das nicht nötig. Sie heben den Stift einfach an und setzen ihn am Zielort wieder ab. Auch Doppelklicks der Maus lassen sich mit dem Stift nachbilden. Trotz dieses Vorteils hat sich das grafische Tablett nur im Bereich des professionellen grafischen Designs durchgesetzt. Die Verwendung des Stifts gegenüber der Maus ist für den typischen Anwender einfach umständlicher.

Ein Touchpad ist ein kleines Sensorfeld, das einem Grafiktablett von der Funktionsweise gleicht. Allerdings benötigt es keinen besonderen Stift, sondern lässt sich mit den Fingern steuern. Notebooks weisen meist ein Touchpad unterhalb der eingebauten Tastatur auf, um den zeit- und platzaufwendigen Anschluss einer Maus zu umgehen.

Inzwischen dominieren auf dem Endusermarkt **Tabletcomputer**, deren Bildschirm berührungsempfindlich ist. Ihre **Touchscreens** ersetzen sowohl Mäuse als auch Tastaturen.

Technisch sind dabei zwei unterschiedliche Verfahren zu unterscheiden:

✔ **Resistive Touchscreens**

✔ **Kapazitive Touchscreens**

Während resistive Touchscreens den auf den Bildschirm ausgeübten *Druck* messen, registrieren kapazitive die **Ladungsdifferenz** im elektrischen Feld des Displays.

Resistive funktionieren besonders gut mit einem relativ spitzen Eingabestift, während eine Berührung durch einen Finger ein viel zu großes Druckfeld hinterlässt. Dieses wiederum lässt sich mittels der kapazitiven Methode viel präziser bestimmen. Allerdings dürfen Sie bei dieser Methode keine gewöhnlichen Handschuhe tragen. Auf dem Markt gibt es inzwischen spezielle Fingerhandschuhe, bei denen die Kuppen den elektronischen Ladungstransport weiterhin ermöglichen.

Weiterhin sind resistive Screens nur für wenige Berührungen gleichzeitig konzipiert. Kapazitive ermöglichen dagegen ein umfängliches **Multitouch**, bei dem Sie mit mehreren Fingern gleichzeitig auf dem Screen hantieren. Schließlich unterliegen kapazitive Touchscreens keinem mechanischen Verschleiß und sind weniger anfällig gegen unbeabsichtigte Eingaben.

Scanner

Für die Konstruktion neuer Eingabegeräte gibt es keine Kreativitätsschranken. Beispielsweise könnten Sie einfach in der Luft oder auf dem Tisch mit Ihren Fingern wie auf einer virtuellen Tastatur tippen, während eine Kamera das Bild einfängt und in Eingabewerte umrechnet. Sie denken, das ist nur Science-Fiction? Tatsächlich ist die Industrie schon viel weiter und sucht längst nach den Eingabemöglichkeiten der nächsten Generation.

Generell handelt es sich bei diesen visuellen Eingabeformen um **Scanner**. Analoge Bildinformation, beispielsweise diese Seite Ihres Dummies-Buches, lässt sich mit einem Scanner digital einlesen.

Typische Scanner für Dokumente enthalten ein **Flachbett**, unter dem helles Licht ausgesendet wird, um die Reflexionen gleich wieder einzufangen. Dabei fährt der Sensor mittels eines Schlittens über den einzuscannenden Bereich.

Auch Scanner für **Barcodes** (**Strichcodes**, wie sie etwa auf Lebensmittelpackungen zu finden sind) werden bis heute im Einzelhandel eingesetzt.

QR-Code-Scanner (*Quick Response, Schnelle Antwort*) sind dagegen keine Geräte und gehören deswegen eigentlich nicht in dieses Kapitel. Vielmehr erlauben grafische Programme oder bereits die Kamera-Sensorik eine Umrechnung der Pixelgruppe in eine digitale Zeichenfolge, die dann unmittelbar weiterverarbeitet werden kann. Wollen Sie es einmal probieren? Siehe Abbildung 14.5.

Abbildung 14.5: Beispiel eines QR-Codes

Ausgabegeräte

Während **Eingabegeräte** die reale, analoge Welt in digitale Muster verwandeln, die der Computer gut und gerne verarbeitet, sind **Ausgabegeräte** für die umgekehrte Richtung zuständig.

Sie transportieren die verarbeiteten digitalen Zahlen wieder zurück in die reale, analoge Welt. Dies kann auf vielfältige Weise geschehen. Am wichtigsten sind sicherlich optische Signale. In den folgenden beiden Unterabschnitten gehe ich deswegen insbesondere auf Displays und Drucker ein. Aber auch andere Ausgabegeräte sind interessant. Beispielsweise Lautsprecher oder Signale zum Ansteuern externer Geräte, etwa elektrischer Motoren oder anderer Aktoren.

Aktoren und *Sensoren* stellen zwei Seiten derselben Medaille dar. Während Aktoren, auch *Aktuatoren* genannt (abgeleitet vom Lateinischen *actuare* für *betätigen*), elektrische Signale in andere physikalische Größen (etwa mechanische Bewegungen) umwandeln, beispielsweise über Elektromotoren oder Stellantriebe, sind Sensoren (vom lateinischen *sentire* für *fühlen*) Geräte, die physikalische Größen wie Geschwindigkeit, Druck oder Temperatur *aufnehmen* oder *messen*. Das digitale Ergebnis wird wie jede andere Zahl im Computer verarbeitet.

Das Thema ist endlos. Jeden Tag werden neue Mittel und Wege erfunden, physikalische Größen zu messen und einer CPU zur Verfügung zu stellen. Denken Sie nur an die Sensorik eines Smartphones mit **Beschleunigungsmesser**, **Gyroskop** (Lagesensor), **GPS-Locator** und **Kompass**. Umgekehrt ist der Anwendungsbereich für die digitale Steuerung von Geräten ebenfalls unvorstellbar groß. Von der Espressomaschine über die Heizungssteuerung bis hin zur KFZ-Elektronik. Überall finden Sie dasselbe Prinzip.

Physikalische analoge Signale werden über Eingabegeräte digitalisiert. Anschließend wird das Resultat in einem Computer verarbeitet. Die Eingaben sind Zahlen, die der Computer in andere Zahlen umrechnet. Die digitalen Ergebnisse werden mittels Ausgabegeräten in analoge physikalische Größen umgewandelt.

Display

Bei den Eingabegeräten ging es bereits um berührungsempfindliche Displays (Touchscreens). Die Haupteigenschaft eines Displays ist jedoch die Transformation digitaler Signale in ein analoges Bild.

Das Ergebnis besteht letztlich aus einer Unmenge winziger Punkte, die unser Auge nicht mehr getrennt wahrnehmen kann. Man spricht dabei von **Auflösung**. Für Displays stellt die Auflösung ein wichtiges Qualitätsmerkmal dar. Sie gibt an, wie viele einzelne Pixel pro Zoll angezeigt werden können.

 Der Begriff *Pixel* ist eine Zusammenziehung von *Picture Element*, also *Bildelement* und bezeichnet den für ein optisches Ausgabegerät kleinstmöglich darstellbaren Punkt.

Displays für Computer haben eine lange Tradition, ihre Geschichte reicht bereits in die Zeit der ersten elektronischen Computer zurück, als Röhrenbildschirme das Mittel der Wahl waren. Seither haben sich die Technik der Bilddarstellung sowie die Auflösung gravierend verbessert. Zugleich verbrauchen moderne Displays weniger Strom.

Logischerweise wurden die Standards für Grafik- und Videoausgabe immer wieder angepasst. An 3D-Bildschirme beispielsweise dachte im letzten Jahrhundert noch (fast) niemand.

Drucker

Auch die Ausgabe von Daten auf Papier ist keine ganz neue Idee. Schon für elektronisch betriebene Schreibmaschinen entwickelte sich die Technik unaufhaltsam weiter. Wichtige Stationen waren **Typenrad-** oder **Kugelkopfdrucker**. Auch **Typenkettendrucker** fanden ihren Weg auf den Markt. Stets ging es darum, immer schneller Papier mit Zeichen zu beschriften. Lange Zeit waren **Nadeldrucker** marktbeherrschend. Anstatt für jedes Zeichen eine kleine Druckerplatte vorzusehen, erzeugten diese Geräte Texte und Bilder aus einzelnen Pixeln. Mit Nadeldruckern konnten bereits farbige Abbildungen erzeugt werden, indem unterschiedliche Farbbänder nacheinander über dieselben Stellen auf das Papier gepresst wurden.

Mit **Tintenstrahl-** und **Laserdruckern** gelang es endlich, bunte Texte und Grafiken in einem Arbeitsgang für die breite Masse der Anwender zu produzieren. Heutzutage kann jeder zu Hause – bei Verwendung des entsprechenden Papiers – Druck-Erzeugnisse herstellen, die sich kaum noch von den professionellen Ergebnissen großer Druckereien unterscheiden.

Aber auch hier ist kein Ende der Entwicklung in Sicht. Inzwischen sind **3D-Drucker** auf dem Markt, die nicht einfach Papier bedrucken, sondern Gegenstände aus Kunststoff erzeugen, deren Aussehen Sie zuvor mit dem Computer festgelegt haben. Auch wenn das übertrieben erscheint, so bewegen wir uns dennoch in eine Zukunft, bei der der Handel von Gegenständen durch den Handel der digitalen 3D-Daten eben dieser Produkte ersetzt wird.

Schließlich darf auch **elektronisches Papier** oder **E-Papier** in unserer Auflistung nicht fehlen. Der Name klingt wie ein Widerspruch in sich, ist aber gerechtfertigt. E-Papier leuchtet nicht von selbst, wie wir das von Displays erwarten, sondern reflektiert das Umgebungslicht, verhält sich insofern wie normales Papier. Auch wird bei einigen Ausführungen von E-Papier kein Strom zum dauerhaften Erhalten des Textes benötigt. Allerdings lässt sich dieses »Papier« wie jedes andere Display von einer CPU beliebig steuern. Schon rufen einige Propheten das Ende des herkömmlichen Buches aus. Ganz so weit sind wir noch nicht (immerhin halten Sie ein Buch aus Papier in den Händen), aber der Marktanteil an E-Books nimmt beständig zu.

Tricks zum Beschleunigen von Befehlen kennenlernen

Konzepte für Parallelrechner austüfteln

Fäden im Programmablauf untersuchen

Funktionsweise des Cache-Speichers verstehen

Einen Blick in die Glaskugel riskieren

Kapitel 15
Cache me if you can

D ieses Kapitel rundet die Beschreibung der hardwarenahen Komponenten eines Computers ab. »Weniger« kann tatsächlich »Mehr« sein, davon möchte ich Sie gleich zu Beginn überzeugen. Gemeint damit ist die Menge an möglichen Befehlen, die Ihre CPU verarbeiten kann. Dabei geht es letztlich um die Beschleunigung der Programmverarbeitung. Auch die »Pipelines« dienen eben jenem Zweck. Anschließend geht es um noch mehr Parallelverarbeitung. Warum nur eine CPU verwenden, wenn es auch zwei, vier, acht oder Tausende sein können? Außerdem möchte ich Ihnen zeigen, wie schneller Pufferspeicher die Verarbeitung von Befehlen beschleunigt. Am Ende wage ich einen Ausblick, was uns die Entwicklung moderner Rechnerarchitekturen noch alles bringen wird …

Risiken reduzieren mit RISC

Starten wir mit einem kleinen Gedankenexperiment. Sie haben soeben einen Computer konstruiert und möchten seine Rechenpower erhöhen. Wie stellen Sie das an?

Weil Sie sich mit den innersten Zusammenhängen bestens auskennen, wird Ihnen schnell bewusst, dass die Auswahl an CPU-Befehlen doch recht dürftig ist. Warum sollten nur die primitiven Rechenoperationen per Hardware oder Mikroprogramm implementiert werden?

 Details zu **Mikroprogrammierten Steuerwerken** finden Sie in Kapitel 10.

Wäre es nicht fantastisch, noch viel kompliziertere Funktionen unmittelbar von der CPU berechnen zu lassen? Dann könnten die darauf aufbauenden Programme mit wenigen Befehlen komplexe Aufgaben lösen, beispielsweise ...

✔ Addition mehrerer Werte auf einen Schlag

✔ Aufsummieren von ganzen Speicherbereichen

✔ Komplexere mathematische Operationen wie Matrizenmultiplikationen

✔ Unmittelbare Berechnungen statistischer Funktionen in einem Befehl ausführen

✔ ....

Dabei ist das nur die Spitze des Eisberges. Naheliegend wäre die Erweiterung von primitiven Speichertypen und Adressierungsarten. Eine Adresse könnte dann über mehrere Zugriffe erst zum eigentlichen Variablenwert führen.

Verschiedene Adressierungsarten beleuchtet Kapitel 16.

Die Idee besteht somit darin, den möglichen Befehlssatz einer CPU immer weiter auszubauen. Man spricht hier auch von einer **CISC-Architektur.**

Das Akronym *CISC* steht für »**C**omplex **I**nstruction **S**et **C**omputer« und meint die Strategie, die CPU eines Computers mit einem möglichst umfangreichen Befehlssatz auszustatten.

Bis in die 1970er Jahre war es gang und gäbe, die jeweils nächste CPU-Generation mit noch mehr Befehlen auszurüsten. Allerdings zeigte sich zu dieser Zeit ein wichtiger Trend in der Software-Entwicklung: Programme wurden zunehmend umfangreicher, sodass Implementierungen in Assembler oder gar Maschinensprache hierfür nicht mehr geeignet waren. Daher wurden Hochsprachen entwickelt, deren Code in Maschinencode *übersetzt* wurde. Diese Übersetzer, die sogenannten **Compiler**, selbst komplizierte Programme, nutzten jedoch nicht alle spezifischen Möglichkeiten, die die CPU eines CISC bot. Vielmehr wurden meist nur die primitiven Rechenoperationen verwendet, um den Einsatz der Programme nicht zu sehr auf bestimmte Systeme einzuschränken. Als Zahl dürfen Sie sich **20 Prozent** merken:

Typischerweise nutzten Compiler nur 20 Prozent des Befehlssatzes einer CISC-CPU.

Hinzu kam ein weiteres Problem. Die sehr unterschiedliche Komplexität von CPU-Kommandos, die über teilweise umfangreiche Mikroprogramme gesteuert wurden, führte dazu, dass der Zeitbedarf – gemessen in Takten – für Befehle derselben CPU sehr unterschiedlich ausfiel. Dies führte zu erheblichen Problemen beim **Pipelining**, das ich Ihnen im nächsten Abschnitt näher erläutere.

Stattdessen beschritt man einen anderen Weg. Man erhöhte einfach die **Taktrate**, um die Berechnungen des Computers zu beschleunigen, und reduzierte auf der anderen Seite die Menge komplexer Befehle. Die **RISC-Architektur** war geboren.

 RISC steht für »**R**educed **I**nstruction **S**et **C**omputer« und bezeichnet einen Architekturtyp, der den Befehlssatz einer CPU auf das Minimum reduziert, um im Gegenzug die Ausführungsgeschwindigkeit der einzelnen Befehle zu erhöhen.

Um es vorwegzunehmen: RISC hat über CISC gesiegt. Die Komplexitätserhöhung findet nicht auf der Hardwareseite, sondern auf der Softwareseite statt. Natürlich ist es klar, dass RISC-Befehle zwar viel schneller ablaufen, aber dafür im Vergleich zu CISC mehr CPU-Kommandos benötigen, um kompliziertere Aufgaben zu bewältigen.

Ich möchte an dieser Stelle auch die nicht immer rühmliche Rolle von **Benchmarktests** erwähnen. Diese Tests dienen dazu, die Rechenkraft unterschiedlicher Computer miteinander zu vergleichen. Das unterstützt letztendlich auch eine mögliche Kaufentscheidung zugunsten des leistungsfähigeren Systems und wird auf den Hochglanzprospekten an prominenter Stelle präsentiert. Dabei wird meist auf eine einzige Zahl abgehoben, die das Problem leider verzerrt und simplifiziert: **MIPS**.

 MIPS ist die Abkürzung für »**M**illion **I**nstructions **P**er **S**econd« und zählt die Anzahl der Befehle, die eine CPU pro Sekunde abarbeiten kann.

Dreimal dürfen Sie raten, wer bei den MIPS besser abschneidet: CISC oder RISC?

Das ist jedoch nicht der einzige Grund, weshalb sich RISC letztlich durchgesetzt hat. Viel wichtiger ist das bereits erwähnte **Pipelining**.

Pipelines ohne Öl

Bereits zu Beginn des letzten Jahrhunderts hat Henry Ford die industrielle Serienproduktion von Kraftfahrzeugen revolutioniert. Seine Idee war so einfach wie bestechend. Die Fahrzeuge sollten nicht einfach von einem Team am Stück gefertigt werden, sondern die Produktion wurde auf ein **Fließband** verlagert und an jeder Station wurde nur der jeweils nächste Fertigungsschritt durchgeführt. Das hatte eine enorme Effizienzsteigerung der Autoproduktion zur Folge. Von den daraus resultierenden Verwerfungen für die Arbeitnehmer wollen wir an dieser Stelle einmal absehen.

Dieselbe Idee lässt sich auf die Abarbeitung von Befehlen in einer CPU anwenden. Im Prinzip besteht jeder Maschinenbefehl aus vier Teilen: **Fetch**, **Decode**, **Execute** und **Write**.

 Details zur Zusammensetzung von Maschinenbefehlen werden in Kapitel 12 behandelt. Das prinzipielle Konzept dahinter erläutere ich Ihnen in Kapitel 11.

Wenn Sie diese Verarbeitungsschritte auf ein virtuelles Fließband legen, können Sie den zweiten Befehl bereits abholen (**Fetch**), während der erste noch beim Decodieren ist (**Decode**). Im nächsten Schritt kommt schon der dritte an die Reihe.

Betrachten Sie dazu Abbildung 15.1. Ich habe Ihnen darin die Verarbeitung von vier aufeinanderfolgenden Maschinenbefehlen eingezeichnet, jeder besteht selbst wiederum aus vier Einzelteilen – einmal ohne, einmal mit Fließband, was im Bereich der CPU **Pipelining** genannt wird.

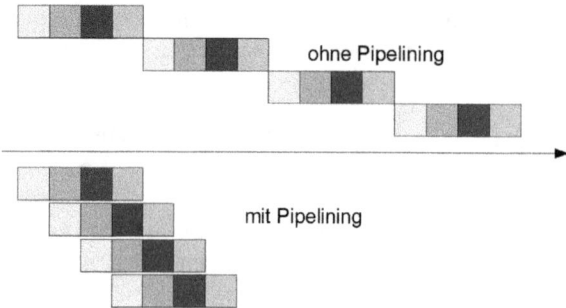

Abbildung 15.1: Befehlsverarbeitung ohne und mit Pipelining

Der Vorteil der Fließbandverarbeitung (**Pipelining**) von Maschinenbefehlen ist dermaßen offensichtlich, dass sie heutzutage überall verwendet wird. Hier würden komplexe Befehle, deren Einzelschrittverarbeitung viele Takte dauert, die gesamte Pipeline verlangsamen.

Abstrakt ausgedrückt liegt der Vorteil des Pipelinings darin, dass die einzelnen Komponenten ständig etwas zu tun haben und nicht warten müssen, bis der vorherige Befehl vollständig abgearbeitet ist. Dies bevorzugt eher einfache, gleichartige Anweisungen. Allein das ist schon ein Grund für die Verwendung von RISC. Die Ausführungszeit eines einzelnen Befehls reduziert sich dagegen überhaupt nicht.

Zusammengefasst sieht der Normalfall beim Pipelining so aus:

✔ Befehl 1 wird geholt.

✔ Befehl 2 wird geholt, während Befehl 1 decodiert wird.

✔ Befehl 3 wird geholt, während Befehl 2 decodiert und Befehl 3 bereits ausgeführt wird.

✔ Befehl 4 wird geholt, während Befehl 3 decodiert, Befehl 2 ausgeführt und das Ergebnis von Befehl 1 bereits zurückgeschrieben wird.

Das Verfahren funktioniert so gut, dass man die grobe Unterteilung von Befehlen in die vier Teilschritte noch verfeinert. Man spricht dabei auch von **Superpipelining**.

Wie erwähnt, das ist der Normalfall. Allerdings ist die Sache nicht immer ganz so einfach. Was passiert bei **bedingten Sprungbefehlen**? »Wenn das Ergebnis der letzten Operation größer als null ist, dann springe zur Adresse XY!«

Die Bedingung für den Sprung ist ja noch gar nicht bekannt, ehe sie ausgerechnet worden ist. Das stört jedoch gewaltig den Ablauf in der Pipeline! Bereits während seiner Decodierung sollte doch der Nachfolgebefehl geholt werden. Aber welcher ist das? Dafür gibt es zwei Möglichkeiten. Entweder der im Programm nächste – falls die Bedingung nicht erfüllt ist – oder der Befehl an der Adresse XY. Ein Dilemma!

Um dieses Problem zu lösen, gibt es zwei völlig unterschiedliche Ansätze:

✔ Sobald ein bedingter Sprungbefehl in die Pipeline kommt, wird der Folgebefehl nicht geholt, sondern die Pipeline wartet bis zur Auswertung der Bedingung. Diese Strategie wird auch **Delayed-Branching** genannt, weil bis zur Klärung der möglichen Verzweigung (**Branch**) die Weiterverarbeitung in der Pipeline verzögert (**delayed**) wird. Das kostet logischerweise Zeit.

✔ Die riskantere Möglichkeit: Es wird einfach eine Vorhersage über die Bedingung gemacht (**Branch Prediction**). Diese wiederum kann **statisch** geschehen, indem die einmal getroffene Vorhersage über das Programm konstant bleibt, oder **dynamisch**. Eine eigene Hardware ist dann dafür zuständig, bestimmte Typen von Sprüngen zu erkennen. Beispielsweise sind **Rücksprünge** Indikatoren für Schleifen, die im Allgemeinen sehr oft ausgeführt werden. Dann kann die Pipeline mit den Befehlen innerhalb der Schleife gefüllt werden. Bei unbedingten Sprüngen wird die Pipeline erst gar nicht mit dem Sprungbefehl selbst gefüttert, sondern gleich mit dem Befehl an der Zieladresse.

Heutzutage beherrscht die Branch-Prediction unsere Pipelines. Und ich darf Ihnen verraten, dass die Systeme immer besser werden. Bis zu 99 Prozent korrekte Vorhersagen, gar nicht schlecht! Allerdings bleibt das letzte Prozent: Was ist in solchen Fällen zu tun?

Falls die Sprungvorhersage falsch war, muss die komplette Pipeline geleert werden (**Pipeline Flush**). Außerdem müssen die Register der CPU wieder auf die ursprünglichen Werte zurückgesetzt werden. Dies ist aufwendig, aber bei sehr guten Vorhersagen bleibt unterm Strich ein enormer Effizienzgewinn.

Das Problem der bedingten Sprünge ist jedoch nicht das einzige, das beim Pipelining auftreten kann. Es gibt auch andere Formen von **Pipeline-Hazards** (*Pipeline-Gefahren*). Denken Sie an inhaltliche Konflikte. Angenommen, Ihr Programm soll zwei arithmetische Operationen nacheinander durchführen.

✔ A = B + 2

✔ B = A − 1

Wenn der zweite Befehl den Operanden A holt, hat der erste das Ergebnis womöglich noch gar nicht in A zurückgeschrieben, was zu einem Fehler führt. Man behilft sich in solchen Fällen mit **Shortcuts**, Abkürzungen, um einen soeben zurückgeschriebenen Wert sofort (innerhalb des Registerspeichers) zu verwenden. Allerdings sind damit nicht alle Konflikte zu lösen. Im schlimmsten Fall muss das Pipelining wieder einmal angehalten werden.

Pipelining beschleunigt durch das gleichzeitige Verarbeiten mehrerer Befehle die Gesamtlaufzeit eines Programms deutlich. Probleme entstehen jedoch bei Sprüngen und Wertzuweisungen. In solchen Fällen muss die Pipeline zwischenzeitlich geleert werden.

Parallele Welten

Vermutlich ist Ihnen die Idee bei der Lektüre des letzten Abschnitts selbst in den Sinn gekommen. Der gesamte Pipelining-Kram zielt ja darauf ab, die Befehlsverarbeitung *zeitlich* zu stauchen. Könnte die Parallelisierung der Befehlsverarbeitung nicht auch *räumlich* erfolgen?

Wer hindert Sie daran, anstatt einem gleich zwei Prozessoren in einem Computer zu verbauen? Und wenn Ihnen zwei nicht genügen, dann eben noch viel, viel mehr ...

Leckere Mehrkern-Brötchen

MIPS lassen sich prima verdoppeln, indem Sie einfach einen weiteren Hauptprozessor, also CPU inklusive ALU, Steuerwerk, Befehlszähler und Registersatz verwenden. Sie erhalten somit ein **Doppelkernsystem**. Im Gegensatz dazu ist alles, was ich bisher beschrieben habe, ein **Einzelkernsystem**. Natürlich dürfen Sie auch ein weiteres Mal alles verdoppeln und erhalten ein Vierkernsystem.

Wie üblich haben sich auch hier die englischen Begriffe durchgesetzt. **Single-Core**, **Dual-Core** und **Quad-Core** sind heute gängige Bezeichnungen für Mehrkernsysteme im Enduserbereich. **Hexa-Core** und **Octa-Core** stehen demnach für 6- und 8-Kernsysteme.

Die Frage ist allerdings, ob Ihnen zusätzliche Kerne überhaupt etwas nützen. Stellen Sie sich vor, Sie schreiben ein Programm, das sehr rechenintensive Operationen auf ganzen Zahlen ausführt, beispielsweise die Faktorisierung gigantischer Produkte. Sie könnten damit beispielsweise versuchen, kryptografische Schlüssel zu knacken.

 Alles rund um das Thema Kryptografie erfahren Sie in Kapitel 57.

Wenn Sie keine besonderen Maßnahmen getroffen haben, wird das Betriebssystem vermutlich keine Chance haben, Ihr Programm auf mehrere Kerne zu verteilen. Die Ausführungszeit auf einer Single-Core-Maschine und einem System mit acht Kernen wird womöglich dieselbe sein. Der einzige Unterschied besteht darin, dass in der zweiten Variante sieben Kerne »Däumchen drehen«, während der achte rotiert.

 Um die Leistungsfähigkeit eines Computers zu beurteilen, genügt es nicht, einfach die maximale Taktrate mit der Anzahl an Kernen zu multiplizieren!

Aber keine Sorge, Mehrkernsysteme sind dennoch ein Gewinn. Der Grund besteht darin, dass auf modernen Plattformen permanent mehrere Programme gleichzeitig ausgeführt werden.

Sicher wird Ihnen das bei **Multiuser-Systemen** einleuchten. Wenn auf einer einzigen Maschine gleichzeitig viele Benutzer arbeiten, liegt es nahe, jedem einen eigenen Kern zuzuweisen.

Einen anderen Vorteil verschaffen Ihnen Multi-Core-Systeme jedoch bereits auf einfachen PCs, die typischerweise nur von einem Benutzer verwendet werden. Wenn Ihr Wahnsinns-Kryptografieprogramm gerade einen Kern vollkommen auslastet, stehen Ihnen weitere Kerne zur Verfügung, um beispielsweise mit Office zu arbeiten oder im Internet zu surfen – ohne dass Ihnen Rechenpower verloren geht.

Vielleicht fragen Sie sich an dieser Stelle, wieso Sie auf einer Single-Core-Maschine überhaupt – scheinbar – gleichzeitig mehrere Programme ausführen können. Die Antwort ist recht banal: im Grunde überhaupt nicht. Das Betriebssystem gaukelt jedem einzelnen **Task** (dem jeweils laufenden Prozess) vor, die CPU stehe nur ihm zur Verfügung, dabei müssen sich in Wahrheit alle Tasks die Rechenleistung teilen. Dazu wird die CPU-Zeit in winzige kleine Scheiben zerschnitten, die den laufenden Prozessen der Reihe nach zugeteilt werden. Der Hauptprozessor ist jedoch zehnmal schneller, als es den zehn »gleichzeitig« ausgeführten Programmen erscheint.

Mit **Zeitscheiben** (englisch **Time Slices**) dürfen Sie sich in Kapitel 36 noch eingehender befassen, wenn Sie möchten.

Außerdem kommt noch der Mehraufwand durch den **Kontextswitch** hinzu.

Mit *Kontextswitch* ist der Wechsel von einem Task zu einem anderen innerhalb der CPU gemeint. Dazu müssen alle entsprechenden Register ausgetauscht und die Pipeline geleert werden. Der Kontextswitch selbst verursacht insofern auch einen Zusatzaufwand, der keinem der laufenden Prozesse unmittelbar zur Verfügung steht. Das dürfen Sie mit einem Ampelsystem vergleichen, wenn kurz vor einem Wechsel alle Teilnehmer »rot« sehen.

Super, so ein Computer

Bringt es überhaupt etwas, die Menge an Kernen eines Computers immer weiter zu steigern? Für einen gewöhnlichen PC am Arbeitsplatz, der im Wesentlichen Office-Programme ausführt, werden wenige Kerne schon genügen. Der Rest würde anderenfalls ohnehin nicht arbeiten. Es gibt jedoch Anwendungsgebiete, wo Sie viele, wirklich sehr viele Kerne gut gebrauchen können. Vor allen Dingen spielen dabei komplexe Simulationen eine wichtige Rolle.

Ich nenne Ihnen nur einmal drei recht prominente Beispiele:

- ✔ **Wettervorhersage:** Dieses schwierige Gebiet arbeitet mit Abertausenden von einzelnen Parametern, die von Wetterstationen rund um den Globus aufgenommen werden.

- ✔ **Modelle der Materie:** Physiker erforschen immer kleinere Bestandteile der Atome, um weitere Erkenntnisse für unser Weltbild zu gewinnen. Die dazu nötigen Tests erfordern sehr hohe Energien und müssen durch aufwendige Simulationen vorbereitet werden.

- ✔ **Genomentschlüsselung:** Lebewesen unterscheiden sich in der Reihenfolge der organischen Basen innerhalb der DNA. Modelle helfen, aus der gewaltigen Zahl der Kombinationsmöglichkeiten Informationen zu extrahieren, welche Gene für welche Eigenschaften verantwortlich sind.

Dies ist nur eine kleine Auswahl von Beispielen, die den Bedarf an **Supercomputern** belegen. Supercomputer unterscheiden sich nicht nur aufgrund des Einsatzzwecks von PCs der Endanwender. Vielmehr werden sie häufig speziell für bestimmte Aufgaben konstruiert.

Der Fantasie sind dabei keine Grenzen gesetzt. Es ging vorhin um Dual-Core und Quad-Core. Bei Supercomputern geht es nicht um Hunderte, sondern um Zigtausende von Kernen. Bei Supercomputern genügt es auch nicht mehr, von **Million Instructions Per Second** (**MIPS**) zu sprechen. Vielmehr arbeitet man dort mit **PetaFLOPS**, das sind Billiarden »**F**loating **P**oint **O**perations **P**er **S**econd«. Fließkommaarithmetik ist grundsätzlich aufwendiger als Ganzzahlarithmetik.

 Kapitel 5 behandelt die Unterschiede zwischen Ganzzahl- und Fließkommaarithmetik.

Moderne Supercomputer schaffen bereits zweistellige PetaFLOPS-Werte. Ich brauche Ihnen nicht extra zu erklären, dass auch die Reduktion der Leistungsfähigkeit eines tollen Rechensystems auf PetaFLOPS irreführend ist. Ein Ende dieser Entwicklung ist ohnehin nicht in Sicht. Neben öffentlicher und industrieller Forschung interessieren sich insbesondere Geheimdienste für Supercomputer, um Verschlüsselungstechniken zu umgehen. Angeblich arbeitet der amerikanische Geheimdienst an neuartigen Systemen von Computern, die auf der *Quantenmechanik* beruhen. Darauf werde ich am Ende des Kapitels noch einmal zurückkommen.

Die ewige Suche nach der Verbesserung von Computerperformance kann nur mit einer entsprechenden Anpassung der Software erfolgen. Sobald diese aber einmal für die prinzipielle Parallelverarbeitung angepasst ist, geht es auch eine Nummer einfacher.

Entwirrung der Fäden

Das Zauberwort lautet **Thread** und bedeutet so viel wie **Faden**. Bitte verwechseln Sie das nicht mit dem englischen Wort für **Bedrohung**, das genauso ausgesprochen wird: **Threat**.

 In Kapitel 55 dürfen Sie über die bedrohlichere Variante des Threats nachdenken. Es geht dort um Angriffsarten gegen IT-Systeme und entsprechende Schutzmaßnahmen.

Ein Programm in Ausführung, also zur Laufzeit, wird **Prozess** genannt. Ein Faden ist weniger als ein Prozess, vielmehr kann ein Prozess aus vielen Threads bestehen. Wenn Sie so wollen, ist jeder Thread innerhalb eines Prozesses ein eigener Strang, der – mehr oder weniger – unabhängig von anderen Threads arbeitet.

Ein Programm wird schneller, wenn es dem Betriebssystem gelingt, die verschiedenen Threads auf unterschiedliche Hardwarekomponenten zu verteilen. **Threadprogrammierung** ist jedoch eine hohe Kunst, weil es am Ende doch Abhängigkeiten gibt. Threads arbeiten, im Gegensatz zu Prozessen, mit denselben **Ressourcen**. Sie müssen sich also Speicher, Bildschirm, Tastatur und alle anderen Geräte *teilen*. Stellen Sie sich nur vor, Sie haben eine Variable innerhalb Ihres Programms, auf die verschiedene Threads zugreifen müssen.

Kapitel 47 widmet sich neben der Socket- insbesondere auch der Threadprogrammierung.

Der Grund, warum ich an dieser Stelle so lange auf den Threads herumreite, ist ein anderer. Es gibt neben den Mehrkernsystemen nämlich auch **Multithreading-Kerne**. Puh, was ist das schon wieder?

Multithreading-Prozessorkerne weisen hardwareseitige Vorrichtungen auf, um Threads innerhalb desselben Prozesses parallel zu verarbeiten. Dazu verfügen sie jeweils über einen kompletten Registersatz mitsamt eigenem Befehlszähler. Allerdings handelt es sich nicht um komplett eigenständige CPUs. Vielmehr müssen sich die Threads etwa die ALU teilen.

Multithreading ist eine Möglichkeit, dem Betriebssystem weitere Kerne vorzutäuschen, die in dieser Form überhaupt nicht vorhanden sind.

Der entscheidende Vorteil des Multithreading besteht in der besseren Auslastung des jeweiligen Rechenwerks. Pipelines können so parallel betrieben werden, weil bei Weitem nicht alle Befehle tatsächlich die Dienste der ALU beanspruchen. Rechenoperationen sind tatsächlich in der Minderheit.

Mehrkernsysteme verfügen über mehrere eigenständige Prozessoren, die **Multiprocessing** ermöglichen. Die parallele Verarbeitung unterschiedlicher Threads innerhalb eines Kerns heißt **Multithreading**. Ein Computersystem kann über mehrere Kerne verfügen, die selbst wiederum multithreadingfähig sind.

Lassen Sie sich nicht von einer weiteren Namensgebung verwirren. **Hyperthreading** nennt Intel seine spezielle Variante des **Multithreadings**.

Cache bringt Cash

Einen gänzlich anderen Aspekt zur Steigerung der Rechenpower habe ich Ihnen bis jetzt noch vorenthalten. Bekanntlich sind Transportbefehle im Gegensatz etwa zu Sprungbefehlen sehr viel aufwendiger. Daten müssen vom Hauptspeicher in die Registerspeicher und umgekehrt gelenkt werden. Dabei stellen sich nicht selten paradoxe Situationen ein: Der Wert einer Variablen, der soeben mühsam wieder in das RAM zurückgeschrieben wurde, muss just im nächsten Schritt wieder geholt werden, weil der nächste Befehl genau diesen Wert benötigt. Wäre es nicht klug, diese Daten in einem schnellen Speicher zu puffern? Genau dazu dient der Cache-Speicher.

Unter dem *Cache* (englisch für **Puffer**) versteht man einen sehr schnellen Speicher, der Daten zur Verarbeitung in der CPU zwischenlagert.

Technisch gesehen ist der Cache stets schneller, jedoch auch teurer als der Hauptspeicher. Neben dem Daten-Cache besitzen moderne CPUs auch davon getrennte Befehls-Caches.

 Das Wort **Cache** stammt übrigens aus dem Französischen »*cacher* quelque chose«, »etwas **verstecken**« und wird im Englischen genau wie *cash* ausgesprochen. Es soll verdeutlichen, dass ein Cache nicht direkt ansprechbar, also unsichtbar ist. Neben der Verwendung von Cache innerhalb eines Prozessors finden Sie Pufferspeicher auch auf höheren Ebenen bis hin zu vollständigen Applikationen. Zwischenspeicher für das Browsen im Internet heißen auch Caches. Große Suchmaschinen »cachen« ebenfalls häufig aufgerufene Websites.

Große Caches bergen enormes Einsparpotenzial für die Ausführungsgeschwindigkeit von Programmen. Es ist wichtig, dass die beispielsweise innerhalb einer Schleife verwendeten Daten komplett im Cache gespeichert werden. Anderenfalls wäre der Zeitgewinn deutlich reduziert. Ähnlich wie das auch beim Pipelining der Fall ist, werden die Techniken zur Bestückung eines Caches immer ausgereifter. Vorhersagealgorithmen speichern die benötigten Daten schon im Cache, bevor der zugehörige Befehl überhaupt ausgeführt worden ist.

Sollte die Vorhersage unzutreffend sein, was naturgemäß beispielsweise nach dem Verlassen der Schleife der Fall ist, muss der Cache geleert werden, was analog zum Pipelining **Cache-Flush** heißt.

Architekturen der Zukunft – ein Blick in die Glaskugel

Nach diesem kurzen Einblick in die bunte Welt moderner Rechnerarchitekturen möchte ich ganz zum Schluss noch eine Prognose wagen.

Sicherlich würde es keinen Menschen verwundern, wenn die vorhandenen Konzepte in genau der eingeschlagenen Richtung noch ein gutes Stück weiterentwickelt würden.

Vielleicht werden wir eine Zeit erleben, in der 16- oder gar 32-Kernsysteme die typische Konfiguration von Desktopcomputern darstellen.

Allerdings befindet sich diese Spezies von PCs selbst seit einiger Zeit auf dem absterbenden Ast. Heutzutage verdrängen Notebooks und Tablets in unterschiedlichen Größen den klassischen Tischcomputer. Dafür wiederum finden Sie dort auch schon ausgefuchste Mehrkernsysteme mit Multithreading und so schnellem Speicher, dass er anderenorts als Cache durchgehen könnte.

Wie man es aber auch dreht und wendet, die Fortentwicklung klassischer Computersysteme wird an elektrotechnische Grenzen stoßen. Wenn die Miniaturisierung so weit voranschreitet, dass Elektronen nicht mehr *entlang*, sondern *zwischen* den Leiterbahnen fließen, entsteht ein Kurzschluss. An diesem Punkt endet die elektrische Verkleinerungsmöglichkeit. Ähnliche Grenzen beobachten wir bereits bei der immer höheren Taktung, auch hier kommt die physikalische Wand, die nicht zu durchdringen ist, immer näher auf uns zu.

Eine Lösung könnte *Licht* sein! Licht besteht aus Photonen, die – im Gegensatz zu Elektronen – elektrisch neutral sind und daher einige unangenehme Eigenschaften der Elektronen nicht mitbringen. Wenn es gelänge, Computer statt mit Elektronen mit Photonen zu betreiben, wären fantastische Leistungssteigerungen vorprogrammiert. Trotz der inzwischen jahrelangen Forschung gelang bisher jedoch noch kein Durchbruch. Das liegt weniger am theoretischen Konzept, sondern an für die Praxis tauglichen Materialien. Das Pendant zum modernen Transistor fehlt noch. Es gibt zwar einige Kandidaten dafür, aber die Forschung erfordert noch Zeit.

Noch spannender wird es sein zu erleben, wie völlig neue Konzepte auf den Markt kommen – oder eben nicht.

Als Erstes wären da die bereits erwähnten **Quantencomputer** zu nennen.

 Quantencomputer sind – rein theoretisch – in der Lage, zahlreiche Abzweigungen eines Programms *gleichzeitig* auszuführen. Sie nutzen dazu *Quantenverschränkung* und das *Superpositionsprinzip*. Sollte es tatsächlich einmal gelingen – vieles spricht dafür –, derartige physikalische Erkenntnisse in einem Computer zu nutzen, werden einige der heutigen Rechenprobleme der Vergangenheit angehören. Auf der anderen Seite müssen dann auch neue Verschlüsselungsverfahren entwickelt werden.

Es gibt schon recht vielversprechende Versuche mit den geradezu mystisch anmutenden Konzepten der Quantenmechanik – allerdings bis dato nur in Laboreinrichtungen. Dazu zählt etwa die von Einstein so titulierte **spukhafte Fernwirkung**. Bestimmte Wechselwirkungen **verschränkter Quanten** lassen sich über große Entfernungen nachweisen, und zwar unmittelbar, ohne dass die jeweiligen Objekte miteinander kommunizieren müssten. Das könnte irgendwann zu einem wahnsinnig schnellen Datenaustausch genutzt werden.

Eine völlig andere Geschichte sind **DNA-Computer**. Ja, Sie haben richtig gelesen: Unser Erbgut, das aus speziellen Kombinationen von vier elementaren organischen Basen besteht, nämlich **A**denin, **T**hymin, **G**uanin und **C**ytosin, eignet sich – theoretisch – wunderbar als Computer der Zukunft.

Anstatt digital, mit Einsen und Nullen, werden wir bei DNA-Computern mit A, T, G und C rechnen. Selbstredend ist das kein Nachteil in der Ausdrucksstärke. Alles, was digital repräsentiert werden kann, lässt sich ebenso mit den elementaren Bausteinen unserer Erbsubstanz bewerkstelligen.

Eine erste konkrete Umsetzung dieser Idee geht auf *Leonard Adleman* zurück, das »A« in **RSA**.

 Um RSA und andere Verschlüsselungstechniken geht es in Kapitel 57.

Er löste mit seinem Ansatz tatsächlich bereits 1994 ein konkretes Problem, nämlich das des **Handelsreisenden**, das **Traveling-Salesman-Problem**, freilich nur für sieben Städte. Darin geht es um einen optimalen Weg zwischen den Knotenpunkten, ohne einen Ort doppelt zu besuchen.

Theoretische Grundlagen zu diesem spannenden Problem liefert Ihnen Kapitel 53.

Adleman codierte die sieben Städte als Kombinationen aus Basensequenzen. Größere Stränge, zusammengesetzt aus den Codesequenzen, waren damit sogleich als Lösungen des Problems ablesbar.

Um den DNA-Computer zu starten, musste Adleman lediglich die Moleküle in einem Reagenzglas mit DNA mischen. In Sekundenschnelle hatte die Probe – hochgradig parallel – alle denkbaren Kombinationen der möglichen Routen »berechnet«, was nichts anderes bedeutet, als dass sich in der Flüssigkeit alle möglichen Lösungen in Form von DNA-Sequenzen bildeten. Darunter waren selbstverständlich auch inkorrekte Ergebnisse. Woher sollte die DNA »wissen«, dass jede Stadt nur einmal besucht werden darf?

Mithilfe von biochemischen Prozessen gelang es ihm, die fehlerhaften Ergebnisse aus der resultierenden Substanz zu eliminieren. Schließlich musste er nur unter den verbliebenen die optimale, also die kürzeste Sequenz identifizieren – fertig.

Adleman nannte seinen Computer **TT-100**, was für »TESTTUBE« mit 100 Mikroliter an flüssiger DNA steht. Der TT-100 ist als ein Proof-of-Concept zu verstehen. Die Lösung als solche ist auch für jeden anderen Computer bei der geringen Anzahl von Städten trivial. Adleman hat sich Anfang dieses Jahrhunderts auch an größere Probleme herangewagt, von einem echten Durchbruch kann dagegen noch keine Rede sein.

In Zukunft würde ein TT-1 000 000 000 Bahnbrechendes leisten können, allerdings nur für spezielle Sorten von parallelisierbaren Problemen wie dem des Handelsreisenden. Ich wage die Vorhersage, dass wir in diesem Jahrhundert nicht mit einer flächendeckenden Verbreitung von DNA-Computern auf den Schreibtischen der heimischen Büros rechnen müssen. Sie dürfen gerne dagegenhalten …

Abschließend sei noch erwähnt, dass die Steigerung der Rechenpower in Zukunft noch enger an die Reduktion des Energieverbrauchs gekoppelt sein wird. Heute bereits achten viele Anwender von Smartphones und Tablet-Computern akribisch auf den Akkuverbrauch ihrer Apps. Green-IT wird ebenso in alle anderen Bereiche der Computertechnik vordringen und einen maßgeblichen Faktor bei der Entwicklung künftiger Technologien darstellen.

Teil IV
Sprachen für Computer

... werden Sie mit den Grundlagen von Programmiersprachen für Computer vertraut gemacht. Es ist gar nicht so leicht, sich an die sehr formalisierten Vorgaben solcher Sprachen zu gewöhnen. Im einleitenden Kapitel werde ich Ihnen erklären, warum sich die unmittelbare Kommunikation mit universellen Rechenmaschinen so sehr vom menschlichen Sprechen unterscheidet. Mit Vokabeln und Grammatik büffeln ist es nämlich keineswegs getan! Dafür gibt es auch zahllose Vorteile von Programmiersprachen. Ich werde Ihnen in den nachfolgenden Kapiteln zeigen, aus welchen Bestandteilen Sprachen für Computer zusammengesetzt sind. Am Ende liste ich Ihnen die Hilfsmittel auf, um schnell und zielsicher Probleme mit dem Computer zu lösen.

IN DIESEM KAPITEL

Unterschiede zwischen menschlicher und Computerkommunikation erkennen

Maschinencode als Basis identifizieren

Assembler als einen ersten Abstraktionsschritt begreifen

Die Idee hinter Unterprogrammen verstehen

Komplexität mit Hochsprachen im Griff behalten

Kapitel 16
Warum alles so kompliziert ist

Dieses Kapitel führt Sie Schritt für Schritt in die Welt der Programmiersprachen ein. Ausgehend von menschlichen Sprachen zeige ich Ihnen zunächst, worin die wesentlichen Unterschiede zu Computersprachen bestehen. Die fundamentalste Sprache eines Computers ist der Maschinencode, den Menschen kaum verstehen können. Die nächste Stufe ist Assemblercode. Das ist zwar bereits ein gewaltiger Schritt gegenüber Maschinencode, aber immer noch viel zu unübersichtlich, um größere Programme zu schreiben. Eine Hochsprache dagegen versucht, der menschlichen Sprache näher zu kommen. Damit sind Sie als Programmierer viel eher in der Lage, auch komplizierte Anwendungen mit vielen Tausend Zeilen Code zu verfassen. Die Kehrseite der Medaille besteht darin, dass jede noch so tolle Sprache am Ende in eben jenen Maschinencode übersetzt werden muss, der die einzige Sprache darstellt, den die Kiste verstehen und ausführen kann ...

Fallstricke menschlicher Sprache

Computer werden immer leistungsfähiger, kleiner, billiger, effizienter. Sie sind in der Lage, immer mehr Daten in immer kürzerer Zeit zu verarbeiten. Anwender können ohne lange Anlernphasen auf intuitive Weise die Programme verwenden. Neue Eingabemethoden erleichtern die Bedienung, sodass auch kleine Kinder bereits Applikationen (Apps) ausführen können.

Das Ziel dürfen Sie so formulieren:

Mit immer weniger vorauszusetzendem Detailwissen sollen Programmierer immer komplizertere Programme in immer kürzerer Zeit entwickeln.

Es stellt sich die Frage, wer den Computern diese immer weiter steigenden Anforderungen beibringen soll?

Schließlich bleibt ein Tablet, ein Smartphone oder ein Laptop am Ende doch auch nur ein universeller Rechner, dessen Haupttätigkeit sich nicht sehr weit von den ersten Anfängen in den 50er Jahren des letzten Jahrhunderts unterscheidet: arithmetische Operationen ausführen und binäre Daten von A nach B verschieben.

Ich habe eine einfache Antwort auf diese Frage parat: Sie!

Die Informatik hilft Ihnen, diese gewaltige Anforderung zu lösen. Keine Sorge, Sie müssen nicht bei »null« beginnen. Ihnen stehen mächtige Tools zur Verfügung.

Sie werden jetzt vielleicht denken: »Am einfachsten wäre es doch, wenn ich mit dem Computer wie mit einem Menschen reden könnte!«, aber das ist leider eine vergebliche Hoffnung. Menschliche Sprachen unterscheiden sich nämlich sehr stark von Programmiersprachen. Das liegt vor allem daran, dass menschliche Sprache in erster Linie dazu da ist, ...

✔ Gedanken

✔ Gefühle und

✔ Wünsche

auszudrücken. Daher haben wir auch Hunderte von Möglichkeiten, unsere eigene Gefühlslage mit unterschiedlichen Vokabeln an andere Menschen weiterzugeben.

Aber nicht nur mit Worten, sondern auch durch die Betonung (Intonation) geben wir Informationen weiter. Ein ausgesprochenes klares »Ja« kann unter Umständen ein »nur, wenn es denn wirklich sein muss« bedeuten und wie gerne lesen und schreiben wir »zwischen den Zeilen«. Ambivalenz, also Mehrdeutigkeit, ist kein Mangel einer menschlichen Sprache, sondern Grundlage für Witz und Ironie.

Zum besseren Verständnis unterteilen wir eine Aussage in drei Ebenen:

✔ **Syntax** – Satzaufbau mit Vokabeln und Grammatik

✔ **Semantik** – die unmittelbare Bedeutung einer Aussage

✔ **Pragmatik** – die (beabsichtigte oder eingetretene) Wirkung einer Aussage

»Ich möchte ein Eis!«

Eine syntaktische Analyse dieses Satzes ergibt als *Subjekt* das Wort »Ich«, gefolgt vom *Prädikat* »möchte« in der grammatikalisch korrekten Form zum Subjekt konjugiert. Zum Schluss erscheint das *Objekt* »ein Eis«, das im passenden Kasus,

Numerus und Genus zusammen mit dem unbestimmten Artikel dekliniert ist. Die syntaktische Analyse kommt zu dem Ergebnis, dass »Ich möchte ein Eis!« ein korrekter deutscher Satz ist. Dasselbe gilt übrigens auch für den Satz »Der Rasen putzt die Garage.«

Die semantische Analyse zeigt, dass der Sender der Botschaft (»Ich«) etwas gerne hätte, nämlich »ein Eis«. Im Gegensatz zu »Der Rasen putzt die Garage«, dessen Bedeutung rätselhaft bleibt, liegt dem ersten Beispiel eine klare Bedeutung zugrunde.

Schließlich untersucht die Pragmatik die *Wirkung* des Satzes. Wird der angesprochene Empfänger aus der Bedeutung die Aufforderung entnehmen, dem Sender ein Eis zu bringen? Entscheidend ist nicht, ob der Empfänger dieser Aufforderung nachkommt oder nicht – so leid es mir auch tut. Einzig wichtig ist, ob der Empfänger aus der Semantik die Aufforderung herauslesen, also verstehen kann.

Immer dort, wo es auf die Eindeutigkeit von Informationen ankommt, wird die Sprache ärmer. Nachrichten im Fernsehen, Radio oder Internet sind ein solches Umfeld. Noch stärker tritt das im militärischen Sprachgebrauch auf. Aber am allerschlimmsten zeigt sich die sprachliche Reduktion in der Mathematik.

Wo logische Schlussfolgerungen wie automatische Regeln angewendet werden müssen, darf es keine noch so kleine Ambivalenz mehr geben. Die mathematische Sprache ist eine formelhafte, symbolische. Den immensen Vorteil der Eindeutigkeit und Klarheit kauft man sich durch Unleserlichkeit für Außenstehende ein. Wer diese Sprache nicht gelernt hat, wird kaum die dahinter stehenden menschlichen Gedanken begreifen.

Dafür müssen Sie auch nicht viele Worte machen. Eine mathematische Formel ist gewissermaßen ein Konzentrat an geschriebenen Sätzen. Um sie vollständig wieder in menschliche Sprache zu verwandeln, benötigen Sie vielleicht mehrere Seiten Text!

Aber keine Sorge! Wir müssen uns nicht in den mathematischen Formelraum begeben. Vielmehr wurden Computersprachen speziell dazu entwickelt, einerseits sehr leserlich und verständlich und andererseits immer noch eindeutig zu sein. Das gelingt, weil der Raum an sinnvollen Ausdrücken für Computerprogramme, nun ja, doch recht eingeschränkt ist: Es geht am Ende nur darum, eine Rechenvorschrift, einen Algorithmus in eine Computersprache zu übersetzen.

Hierzu mache ich Ihnen ein – scheinbar – sehr einfaches Beispiel:

»Was ist die Summe von eins bis fünf?«

Die Formulierung der Aufgabe in deutscher Sprache birgt – streng genommen – eine ganze Reihe von Ungenauigkeiten.

✔ Das Wort »Was« in der Fragestellung könnte sich auf den Typ des Ergebnisses beziehen. Dann wäre als Antwort »Eine Zahl!« nicht nur logisch, sondern auch mathematisch absolut korrekt. Grundsätzlich sind die Antworten auf W-Fragen fast immer mehrdeutig.

✔ »Eins« ist als Zahlwort zu interpretieren, klar, aber das ist keineswegs die einzige Möglichkeit. Neben Eigennamen käme auch eine Verkürzung von »eines« infrage.

✔ »Fünf« ist wohl als Zahlwort zu interpretieren.

✔ Insgesamt ist vermutlich die Summe aller natürlichen Zahlen zwischen 1 und 5 gemeint, jeweils inklusive, aber wo steht das? Vielleicht sollen nur die ungeraden Zahlen aufaddiert werden? Vielleicht nur Primzahlen? Oder die 1 soll mitgezählt, die 5 aber ausgelassen werden! Oder sind etwa alle Brüche zwischen 1 und 5 gemeint? Dann kommt nur »unendlich« als korrekte Lösung in Betracht.

✔ Die Interpretation der Pragmatik lässt ebenfalls einen gewissen Spielraum zu. Dass diese Summe in Form einer Zahl ausgegeben werden soll, ist nur eine der vielen Möglichkeiten.

Gesucht ist somit eine strengere Formulierung.

Was halten Sie von:

$$\sum_{i=1}^{5} i$$

Das ist eine sehr kompakte Ausdrucksweise, allerdings fehlt zu dieser Formel noch der Hinweis, dass unser Computer den Wert der Summe am Ende auch ausgeben soll, zum Beispiel auf dem Bildschirm. Außerdem nutzt die Formel nichts, solange sie nicht in ausführbaren **Maschinencode** übersetzt worden ist.

Σ

Das große griechische Sigma Σ steht für die Summe von Zahlen. Die Deklaration der Laufvariablen »i« samt dem Startwert findet sich darunter, der Endwert oben auf dem Dach. Was genau pro Durchlauf zu addieren ist, finden Sie rechts daneben. Ein »i« heißt demnach, dass Sie einfach den jeweils aktuellen Wert der Laufvariablen summieren, also 1 + 2 + 3 + 4 + 5. Würde dort stattdessen i^2 stehen, wäre $1^2 + 2^2 + 3^2 + 4^2 + 5^2$ zu addieren.

 Eine Einführung in Maschinencode erhalten Sie am Ende von Kapitel 12.

Maschinenlesbares Kauderwelsch

Computer führen konkrete Anweisungen aus. Diese bestehen entweder aus mathematischen oder logischen Operationen – ein Rechner heißt nicht umsonst »Rechner« – oder aus Verwaltungsaufgaben. Verwaltungsaufgaben sind bedingte oder unbedingte

Sprunganweisungen innerhalb des Programmcodes oder Datentransporte. Laden von Registern, Auslesen von Speicherplätzen, Zurückschreiben und so weiter.

Ganz tief im Inneren eines Computers finden Sie deswegen logische Gatter. Strom an den Eingängen des Schaltkreises ist an oder aus und in Abhängigkeit der jeweiligen Funktion gilt das Gleiche am Ausgang. Alle Operationen sind letztlich Bitoperationen.

Die Befehle und Anweisungen, alle Operanden und überhaupt das gesamte Maschinenprogramm bestehen aus einer Reihe von Bits. Die ausführbaren Befehle sind erschreckend simpel, erst aus der Kombination zahlreicher primitiver Anweisungen entsteht auf wundersame Weise ein sinnvolles oder gar überraschend wirkungsvolles Programm.

So wie das **Rezept** beim Kuchenbacken Zeile für Zeile abgearbeitet wird, stellt auch das Programm eine Liste von Anweisungen dar, die nacheinander ausgeführt werden. Nur so können Sie garantieren, dass Ihr Programm genau das tut, was es tun soll.

Zuerst müssen Sie also die mathematische Formel in ein Rezept übersetzen, einen **Algorithmus**.

 Die meisten Algorithmen stellen – in mathematischem Sinne – eine geeignete Form der Problembeschreibung und weniger der Lösungsbeschreibung dar. So wird die Summenformel in einen Algorithmus übersetzt, der die mühsame Addition einfach durchführt, anstatt auf eine mysteriöse oder mathematisch anspruchsvolle Weise eine unmittelbare Lösung zu erzielen.

Im Beispiel könnte Ihr Algorithmus wie folgt aussehen:

```
1 Setze SUMME auf den Wert 0.
2 Setze i auf den Wert 1.
3 Addiere zu SUMME den Wert von i.
4 Addiere zu i den Wert 1.
5 Wenn i kleiner oder gleich 5 ist, dann gehe zu Zeile 3.
```

Dieser kleine Algorithmus enthält gegenüber der rein mathematischen Formulierung

$$\sum_{i=1}^{5} i$$

bereits eine sehr wichtige Erweiterung:

In der ersten Zeile wird der Wert der Summe auf null **initialisiert**. Das ist notwendig, weil jeder Speicherplatz eines Computers von Hause aus mit einem zufälligen Bitmuster belegt ist. In der Summenformel steckt diese Information implizit. Insofern ist die Computersprache noch präziser als die mathematische Ausdrucksweise.

 Algorithmen sollten möglichst übersichtlich und für Menschen einfach zu verstehen sein!

Durch die Anweisung in Zeile 5 entsteht eine **Schleife**, ein Teil des Algorithmus wird immer wieder durchlaufen.

Auch bei einem Kuchenrezept kann es vorkommen, dass eine Reihe von Anweisungen mehrfach wiederholt wird, beispielsweise Eigelb und Eiweiß zu trennen (nämlich für jedes Ei).
Allerdings gibt es bei Computerprogrammen einen gewaltigen Unterschied: Eine Anweisung
kann nämlich auch darin bestehen, an eine andere Stelle im Programm zu springen, und
zwar in Abhängigkeit davon, was eine Berechnung zuvor ergeben hat. Es könnte sogar sein,
dass durch eine Benutzereingabe, die erst zur Ausführungszeit des Programms bekannt ist,
der Programmablauf beeinflusst wird. So etwas ist Ihnen bei Kuchenrezepten garantiert
noch nicht begegnet. Dieses Konzept sorgt für eine potenziell teuflische Komplexität und
zugleich für die Macht, alles Mögliche zu berechnen.

Verzweigungen, die nur in Abhängigkeit eines Datums erfolgen, heißen *bedingte*
Sprunganweisungen.

In der Informatik steht **Datum** fast immer für die Einzahl von **Daten**. Einen
Kalender werden Sie bei der Lektüre nicht benötigen.

»Das ist ja einfach«, werden Sie denken. Leider versteht der Computer diesen Algorithmus
von Hause aus nicht. Vielmehr muss er erst in Maschinencode übertragen werden.

Da es sich beim innersten Kern eines Computers um eine reine Zahlenmaschine handelt,
muss auch das Programm aus lauter Zahlen bestehen. Dies ist für die Darstellung von
Befehlen noch vergleichsweise unkritisch. Sie erledigen das über eine einfache Gegenüberstellung, wie in Tabelle 16.1 exemplarisch dargestellt. Allerdings gibt es einen wichtigen
Unterschied zum angegebenen Algorithmus. Ihnen stehen keine sprechenden Namen wie
Summe als Bezeichner der **Variablen** zur Verfügung. Vielmehr müssen Sie sich mit **Regis-
terspeicherplätzen** begnügen, die selbst wiederum nur über binäre Zahlen identifiziert
werden.

Befehl	Befehlscode
Lade den Wert ... in das Register ...	0001
Addiere den Wert von Register ... zu Register ...	0010
Addiere die Zahl ... zu Register ...	0011
Vergleiche den Wert ... mit dem Registerinhalt von ...	0100
Springe nach ..., falls die letzte Operation „kleiner gleich" erfüllt	0101

Tabelle 16.1: Beispiel einer Mapping-Tabelle

Die Tabelle wird auch als **Mapping** bezeichnet. Es handelt sich um eine explizite, unmittelbare Übersetzung von menschenlesbaren Befehlen in Maschinencode. Die vier oberen
Befehle erfordern allesamt zwei Operanden, während der letzte lediglich einen Operanden
benötigt.

Derjenige Teil eines Maschinenbefehls, der Ihnen mitteilt, *was* getan werden soll,
heißt auch *Opcode*. Die Operanden stellen die Information bereit, *womit* etwas
getan werden soll.

Etwas kniffeliger wird es, wenn Sie größere Speichereinheiten benötigen. Sie könnten dann beliebige Adressen aus dem Hauptspeicher in die Register laden. Als Operanden kämen also Zahlen ins Spiel, die auf Adressen verweisen, an denen die eigentlichen Werte gespeichert sind. Schwierig? Mag sein, aber verdammt genial.

Für unser kleines Beispiel benötigen wir lediglich zwei Registeradressen. In Tabelle 16.2 habe ich Ihnen eine mögliche Liste angegeben.

Variable im Algorithmus	Registerspeicher	Adressierungsnummer
i	eax	0011
SUMME	ecx	0010

Tabelle 16.2: Speicherorte der Variablen

Lassen Sie sich durch die kryptischen Bezeichnungen wie »eax« oder »ecx« nicht verwirren. Informatiker sind nicht gerade kreativ, wenn es um die Benennung von Speicherstellen innerhalb der CPU geht ...

Im Beispiel werden die Daten einfach in Registern gespeichert. Diese Art der Adressierung heißt folgerichtig **Registeradressierung**. Allerdings dürfen Sie die Werte der Operanden auch direkt als Binärzahlen angeben, das wäre eine **unmittelbare Adressierung**. Sollten sich die gesuchten Werte einfach irgendwo im Speicher befinden, enthält der Operand lediglich die Adresse des Datums. Man spricht dann von einer **direkten** oder **absoluten Adressierung**. Warum einfach, wenn es auch kompliziert geht? In vielen Fällen steht in dem angegebenen Speicherfeld nicht die geforderte Information, sondern deren Adresse. Ganz schön verzwickt. Ein Befehl, dessen Operand auf eine Speicherstelle verweist, die selbst wiederum nur eine Adresse des geforderten Datums enthält, arbeitet mit **indirekter Adressierung**. Wenn es Ihnen lieber ist, dürfen Sie auch von **Referenzstufen** sprechen. Eine unmittelbare Adressierung besitzt die Referenzstufe 0, weil der Operand unmittelbar als Zahl interpretiert werden darf. Dagegen arbeitet die direkte Adressierung mit der Referenzstufe 1. Der Operand enthält nur die Speicherstelle der zu verarbeitenden Zahl. Schließlich verwendet die indirekte Adressierung die Referenzstufe 2. Der Operand enthält eine Speicherinformation, die selbst wiederum nur die Adresse des gesuchten Datums enthält.

Wenn Ihnen das noch alles zu langweilig ist, könnte ich Ihnen die **indizierte** und **relative Adressierung** anbieten. Dabei setzen sich die Zieladressen aus der Summe eines Registerwertes und einer anderen Speicherstelle zusammen. Klingt gruselig, ist aber für die Verarbeitung von Arrays oder eine Erweiterung eines möglichen Adressraums das Mittel der Wahl.

Sollten Sie mehr Variablen benötigen, als Ihnen Registerspeicherplätze zur Verfügung stehen, so müssen Sie wiederum auf den Hauptspeicher ausweichen. Dort steht im Allgemeinen jede Menge freier Platz zur Verfügung. Zum Glück sind Programm- und Datenspeicher in modernen Programmen fein säuberlich getrennt. Ansonsten könnte ein Programm seinen eigenen Code überschreiben. Darüber denken wir besser nicht weiter nach ...

 Ein gemeinsamer Speicher für Daten und Programmcode war ursprünglich eine sehr attraktive Idee, die auf John von Neumann zurückgeht. Darauf ablaufende

Programme müssten eine unvorstellbare Ausdruckskraft besitzen. Heute wissen wir es besser. Derartig hirnzermürbender Code, der sich selbst im Laufe seiner Ausführung ändert, kann keine Berechnungen anstellen, die nicht auch ein vernünftiges Programm hinbekommt, bei dem Programmspeicher und Datenspeicher strikt voneinander getrennt sind und bei dem sich der Programmcode zur Laufzeit nicht verändert.

Unser Programm aus dem letzten Beispiel sieht in einem möglichen Maschinencode so aus:

```
1 0001 0000 0010
2 0001 0001 0011
3 0010 0011 0010
4 0011 0001 0011
5 0100 0101 0011
6 0101 0000 0011
```

Die fetten Zahlen links sind nur eine Nummerierung der Befehle, sie werden natürlich nicht gespeichert. Dennoch ist ihre Angabe an dieser Stelle sinnvoll. Nur so wird klar, wohin der letzte Sprungbefehl eigentlich »zeigt«: Das Ziel ist die Zeile »11«, also 3! Außerdem können Sie froh sein, dass ich Ihnen das Listing durch Leerzeichen nach dem Befehl und den jeweiligen vier Bit breiten Operanden getrennt habe.

Im Speicher ergibt sich dagegen ein reiner Zahlensalat:

```
000100000010000100010011001000110001001101000011001101010000011
```

Hexadezimal sieht das fast noch kryptischer aus:

```
10 21 13 23 23 13 43 35 03
```

Damit kommen Sie einer universellen Rechenmaschine schon viel näher! Das ist »feinstes Futter« für den Computer. Im Gegensatz zum Menschen, der praktisch nichts mehr erkennen kann, sobald er auch nur um eine einzige Stelle im Code verrutscht!

Gegenüber echtem Maschinencode gibt es noch ein paar wichtige Unterschiede. Die Adressbreite heutiger Zentralprozessoren ist nicht acht Bits, sondern eher 64 Bits oder noch darüber. Die Nummern der Maschinenbefehle in der Mapping-Tabelle sind abhängig vom Mikroprozessor, der eingesetzt wird. Auf Stackoperationen, wie sie für Unterprogrammaufrufe benötigt werden, habe ich zur besseren Übersichtlichkeit verzichtet. Darauf komme ich in einem eigenen Abschnitt gleich noch mal zurück. Außerdem fehlt Code, damit das jeweilige Betriebssystem das Programm laden und zur Ausführung bringen kann.

Assemblercode zum Abgewöhnen

Das letzte Beispiel zeigt Ihnen exemplarisch, was die einzige Sprache ist, die Computer wirklich verstehen: ein Kauderwelsch aus binären Ziffern. Wie können wir jemals größere Programme in Maschinencode lesen? Niemals!

Der nächste Entwicklungsschritt ist Code, den Sie zwar unmittelbar in Maschinensprache übersetzen können, der jedoch ein gutes Stück leichter zu lesen ist. Er nennt sich **Assemblercode**. Assemblercode gibt es bereits seit der Mitte des letzten Jahrhunderts.

Die Programmierung in Assemblercode stellt einen wichtigen Paradigmenwechsel dar:

 Programme müssen nicht nur maschinenlesbar, sondern auch menschenlesbar sein!

Assemblerprogramme können demnach vom Menschen leichter gelesen werden. Aber wie soll ein Computer damit zurechtkommen? Wie bereits erwähnt, gibt es nur eine einzige Sprache, die ein Computer wirklich versteht: **Maschinencode**.

Nötig ist demnach ein Programm, das als Eingabe Assemblercode erhält und den binären Maschinencode als Ausgabe zurückgibt. Ein solches Programm heißt **Assembler**.

 Ein *Assembler*, auch *Assemblierer* (vom Englischen *to assemble*, *zusammenfügen*) ist ein Programm, das Assemblercode in Maschinencode übersetzt. Es handelt sich somit um ein *Programmierwerkzeug*.

Es ist doch witzig, dass Computer dazu eingesetzt werden, um menschenlesbaren Code in maschinenlesbaren Code für Computer zu verwandeln!

Eine andere Sichtweise auf Assembler ist ein erster Spezialfall der These:

 Mit Computern löst man Probleme, die man ohne sie nicht hätte!

Um leichter zu verstehen, wie Assemblercode aufgebaut ist, stellen Sie sich einmal selbst folgende Frage:

»Wie müsste Maschinencode ausschauen, damit er leichter zu verstehen wäre?«

Die Antwort berücksichtigt drei Hauptaspekte:

✔ Die Befehlsnummern müssen durch sprechende Namen ersetzt werden, damit die Mapping-Tabelle überflüssig wird.

✔ Anstatt der Verweise auf Register sollen die Namen der Register direkt angegeben werden.

✔ Zeilennummern für Sprungadressen müssen entbehrlich werden. Sprungmarken sollen mit konkretem Namen angegeben werden.

Erkennen Sie, dass mit diesen drei vergleichsweise einfachen Forderungen eine Sprache entsteht, die zwar einerseits vom Menschen leichter gelesen, aber auf der anderen Seite sehr systematisch wieder in den Computer-Zahlensalat übersetzt werden kann? Dazu ist lediglich die Mapping-Tabelle nötig, eine Übersetzung der Registernamen in deren Adressen sowie ein Verfahren, das Sprungmarken wieder in die entsprechenden Zeilennummern übersetzt – das ist alles.

Das Ergebnis ist erstaunlich übersichtlich, jedenfalls im Vergleich zum reinen binären Maschinencode. Sehen Sie selbst:

```
mov    %ecx, $0
mov    %eax, $1
loop:
add    %ecx, %eax
add    %eax, $1
cmp    %eax, $5
jle    loop
```

Bis auf die zusätzliche Zeile mit dem Wort loop:, das eine Zielmarke für den Sprungbefehl ganz unten darstellt, entspricht jede Zeile des Assemblercodes genau einem Maschinenbefehl.

Der Befehl zum Laden eines Registers heißt jetzt mov, eine Abkürzung des englischen Wortes *move* für *bewegen*. Das erste Argument ist das Zielregister. Das zweite Argument ist eine Zahl, die Sie am vorangestellten Dollarzeichen erkennen. Alternativ dürfen Sie mov auch mit zwei Registern als Argumenten verwenden. In dem Fall wird der Inhalt des zweiten Registers in das erste geschrieben. In der Mapping-Tabelle hätten Sie dafür sogar einen eigenen Eintrag gebraucht! Grundsätzlich stellt das erste Argument bei Assemblerbefehlen meist das Ziel dar, das verändert wird.

Die beiden ersten Zeilen lauten also: »Setze das Register ecx auf den Wert 0 und das Register eax auf den Wert 1.« Die Prozentzeichen signalisieren Registernamen.

Das kommt dem ursprünglichen Algorithmus:

```
1 Setze SUMME auf den Wert 0.
2 Setze i auf den Wert 1.
```

doch sehr nahe!

Weiter geht es mit den beiden arithmetischen Operationen, den Additionen (add). Der zweite Operand wird dabei jeweils zum Inhalt des ersten addiert. Somit ändert sich der Inhalt des ersten Registers.

Auch dies ist eine direkte Umsetzung des Algorithmus:

```
3 Addiere zu SUMME den Wert von i.
4 Addiere zu i den Wert 1.
```

Etwas problematischer ist der Vergleich. Die Zeile

```
5 Wenn i kleiner oder gleich 5 ist, dann gehe zu Zeile 3.
```

besteht tatsächlich aus zwei völlig unterschiedlichen Dingen, die sich in zwei Zeilen Assemblercode niederschlagen.

Zum Ersten handelt es sich um einen Vergleich. Der Befehl cmp steht für *compare*, weil er die beiden Argumente miteinander vergleicht. Im vorliegenden Fall die Zahl 5 mit dem aktuellen Inhalt des Registers eax, das unserer Schleifenvariablen i im Algorithmus entspricht.

Beachten Sie, dass Sie im Assemblercode nicht auf binäre Zahlen beschränkt sind, was eine erhebliche Erleichterung darstellt!

Zum Zweiten, ganz am Ende, findet sich der Sprungbefehl, jump. Das jle steht für »jump if less or equal« und bezieht sich auf den unmittelbar vorhergehenden Befehl. Lieferte der Vergleich auf **kleiner gleich** den Wahrheitswert true, so wird der Befehlszähler mit der Adresse der angegebenen Sprungmarke loop geladen. Anderenfalls? Nun ja, anderenfalls macht der Jump-Befehl – nichts. Es wird einfach der nachfolgende Befehl ausgeführt, den es freilich in unserem einfachen Beispiel nicht gibt. Sobald also der Vergleich nicht mehr »i **kleiner gleich** 5« erfüllt, endet das Programm.

 Eine hardwaretechnische Sicht auf Assembler- und Maschinencode bietet Ihnen Kapitel 12.

Unterprogramme

Historisch gesehen wurden Assemblerprogramme immer größer und größer. Bereits in den 1960er Jahren wurden mehrere Millionen Codezeilen für ein einziges Assemblerprogramm erreicht. Bald fiel auf, dass sich ein Großteil dieser Zeilen *wiederholte*. Stellen Sie sich einfach vor, Sie müssten in ein und demselben Programm nicht nur die Zahlen von 1 bis 100 summieren, sondern auch die Zahlen von 1 bis 50, von 1 bis 26, von 3 bis 88 ... Wäre es wirklich klug, dafür jedes Mal neuen Code zu generieren?

Eines der wichtigsten Programmierprinzipien lautet daher:

 Vermeiden Sie redundante Codezeilen!

Redundanter Code wiederholt sich im Wesentlichen, auch wenn kleinere Unterschiede vorhanden sind. Daher ist er prinzipiell überflüssig. Je kürzer der Code, umso besser. Es zeugt von schlechtem Stil, wenn man einem Programm bereits auf den ersten Blick ansieht, dass sich zahlreiche Codefragmente darin sehr ähneln oder gar wiederholen.

Hier ist ein neuer Abstraktionsschritt vonnöten:

 Setzen Sie **Unterprogramme** ein, wenn sich Aufgaben wiederholen!

Nehmen Sie an, Sie müssten in Ihrem Programm zusätzlich auch die Zahlen von 17 bis 999 und 29 bis 345 aufsummieren. Den Code für das prinzipielle Vorgehen haben Sie ja bereits geschrieben. »Copy-Paste« geht zwar schnell, birgt aber große Gefahren:

✔ Der Gesamtcode wächst rasant.

✔ Bei nachträglichen Änderungen werden relevante Codeabschnitte vergessen.

✔ Eine Verbesserung an der einen Stelle wirkt sich nicht automatisch auf alle anderen entsprechenden Codezeilen aus.

Unterprogramme vermeiden alle diese Schwierigkeiten. Zur Erstellung von Unterprogrammen gehen Sie wie folgt vor:

✔ **Vorhandenen Code, der zum Unterprogramm werden soll, parametrisieren.** Im Beispiel würde das bedeuten, den Anfangswert und den Endwert, vielleicht sogar das *Inkrement*, also den Wert der Erhöhung, in Variablen ausgliedern. Außerdem müssen Sie sich um den *Rückgabewert* kümmern, der am Ende klar definiert sein muss.

✔ **Parametrisierten Code, der zum Unterprogramm werden soll, aus dem Hauptprogramm entfernen und stattdessen als eigenständigen Abschnitt anfügen.** Das eigentliche Programm enthält somit gar keine Funktion mehr, um irgendwelche Zahlen zu summieren. Das Verschieben macht aus dem Code ein *Unterprogramm*.

✔ **Im Hauptprogramm die Unterprogrammaufrufe einbauen. Dabei müssen auch die entsprechenden Parameter mit den korrekten Werten belegt werden. Nach Unterprogrammende wird der Rückgabewert weiterverarbeitet.** Um im Beispiel zu bleiben: Sie würden im Hauptprogramm nacheinander die Parameter mit 17 und 999 für den ersten Unterprogrammaufruf und mit 29 sowie 345 für den zweiten *belegen*. Die jeweiligen Rückgabewerte würde Ihr Hauptprogramm weiterverarbeiten.

Das Besondere an diesem Abstraktionsschritt besteht darin, dass – aus Sicht des Hauptprogrammes – das Unterprogramm wie ein *neuer* Assembler-Befehl wirkt. Sobald Sie den Code programmiert haben, dürfen Sie das Unterprogramm zum Aufsummieren von Zahlen zwischen den vorgegebenen Parametern so verwenden, als ob es sich um einen einzigen (schon immer vorhandenen) Befehl handelt!

Technisch müssen Sie sich beim Aufruf des Unterprogramms merken, an welcher Stelle der Programmfluss weitergehen soll, sobald das Unterprogramm ausgeführt worden ist. Da ja immer wieder derselbe Code ausgeführt wird, darf die Rücksprungadresse nicht fest vorgegeben werden, sondern muss vom Hauptprogramm *dynamisch* vergeben werden.

Das geht alles gut, solange nicht innerhalb eines Unterprogramms ein weiteres gestartet werden soll. Wenn Sie diesen Gedanken logisch fortführen, werden Sie feststellen, dass Sie hierzu einen **Stack** benötigen.

Der **Stack** ist eine besondere Form des Stapelspeichers. Wie bei den Tabletts in der Mensa können Sie immer nur das oberste Element vom Stack entfernen, also dasjenige, das als Letztes abgelegt wurde. Ganz am Ende wird das unterste Objekt entnommen. Es ist dasjenige, das als Erstes in den Stack eingelagert worden ist.

Alle weiteren Details zum Thema **Stack** erfahren Sie in Kapitel 32.

Der Witz eines Stacks besteht darin, dass Sie getrost eine ganze Kaskade von Argumenten und Rücksprungadressen dort ablegen können. Sie werden in genau der umgekehrten Reihenfolge wieder entnommen, befinden sich stets dort, wo sie einen Unterprogrammaufruf zuvor gestartet haben. Betrachten Sie dazu auch Abbildung 16.1.

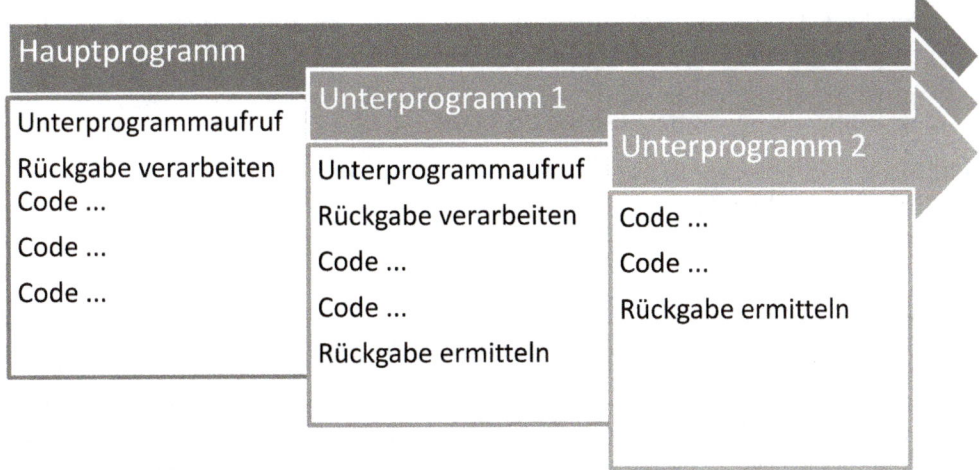

Abbildung 16.1: Verschachtelte Unterprogrammaufrufe

Sobald Unterprogramme nicht einfach nur irgendwelche anderen Unterprogramme aufrufen, sondern *sich selbst*, spricht man auch von **Rekursion**. Vorsicht! Die so gestartete Unterprogrammversion ruft sich logischerweise ebenfalls wieder selbst auf und so weiter und so fort ... Rekursion ist somit einerseits faszinierend, aber andererseits auch recht gefährlich. Insbesondere hat der Programmierer dafür Sorge zu tragen, dass die Rekursion irgendwann stoppt, weil eine **Abbruchbedingung** eintritt.

 Einen tieferen Einblick in die zauberhafte Welt der Rekursion finden Sie in Kapitel 31. Kapitel 52 befasst sich dagegen mit theoretischen Fragestellungen im Zusammenhang mit Rekursion.

Gipfel erklimmen mit Hochsprachen

Die Geschichte mit den Unterprogrammen ist zwar ganz nett. Auch stellt Assemblercode gegenüber reinem Maschinencode eine riesige Verbesserung dar, das ist klar. Allerdings ist »menschenlesbar« doch ein sehr dehnbarer Begriff. Assemblercode ist nicht wirklich benutzerfreundlich.

Hauptsächlich stören mindestens die folgenden drei Eigenschaften von Assemblercode:

1. Die Befehle sind zwar unmittelbar zu erkennen, aber immer noch kryptisch. Bis jetzt habe ich Ihnen ja nur einen winzigen Ausschnitt der möglichen Befehle vorgeführt.

2. Besonders die Geschichte mit dem Vergleich in den beiden letzten Zeilen des Beispielcodes aus dem vorletzten Abschnitt stößt negativ auf. So denkt doch kein Mensch! Vergleiche müssen – wie der Algorithmus vorgibt – in einem einzigen Befehl münden.

3. Die Schleife ist zwar recht übersichtlich, aber was passiert, wenn Sie viele Sprungziele in einem Programm vorfinden? Dieser **Spaghetti-Code** ist extrem schwer zu verstehen. Jeder `jump` (in Hochsprachen auch `goto`) ist im Grunde ein Hindernis auf dem Weg zu einem übersichtlichen Programm.

Insgesamt ist der Assemblercode einfach zu umfangreich, in einem rein quantitativen Sinn. Beispielsweise muss die sehr kompakte mathematische Formel

$$\sum_{i=1}^{5} i$$

viel unmittelbarer in eine Programmiersprache überführt werden.

Das ist die Stunde der Hochsprachen! Wer hindert Sie daran, menschenlesbaren Programmcode zu erstellen, der einen gegebenen Algorithmus sofort in Codezeilen überträgt? Die Antwort lautet: »Niemand!« Solange Sie nur in der Lage sind, diesen Programmcode wieder in Maschinencode zu übersetzen.

Ein solches Programm nennt sich **Compiler**.

Ein *Compiler,* auch *Übersetzer*, vom Englischen *to compile, erstellen*, ist ein Programm, das Programmcode einer Programmiersprache in Maschinencode übersetzt. Es handelt sich somit wiederum um ein **Programmierwerkzeug**.

Der Unterschied zwischen Assembler und Compiler besteht darin, dass Sie beim Compiler voraussetzen, dass es sich um eine **Hochsprache** handelt. Das Adjektiv »hoch« meint dabei den Abstraktionsgrad. In diesem Sinne ist Maschinencode ganz »unten«, hardwarenah und Assemblercode immerhin »niedrig«.

Vielleicht stellen Sie sich die Frage, woher der Compiler weiß, wie er eine Hochsprache in Maschinencode übersetzen soll. Die Antwort ist ganz einfach: Der Compiler definiert die Hochsprache! Alles, was der Compiler korrekt übersetzt, ist auch korrekte Grammatik, Semantik und Pragmatik der Sprache.

✔ Die *Syntax*, also das Vokabular und die Grammatik, dürfen Sie selbst festlegen, ganz beliebig!

✔ Die *Semantik* ergibt sich aus der Art und Weise, wie Ihr Compiler aus der Hochsprache den Maschinencode generiert. Übrigens können die meisten Compiler auch Assemblercode erzeugen!

✔ Um die *Pragmatik* brauchen Sie sich keine Sorgen zu machen. Der Computer tut genau das, was Sie ihm befohlen haben. Tut er etwas anderes, so haben Sie ihm auch etwas anderes befohlen, selbst wenn Sie der Meinung sind, dem sei nicht so.

Es gibt ganz selten Fehler in Computern, bei denen bestimmte Anweisungen tatsächlich falsch ausgeführt werden. Ein berühmtes Beispiel ist der **FDIV-Bug** des Pentium i5, bei dem die Fließkommadivision zweier Zahlen schon ab der vierten Nachkommastelle fehlerbehaftet sein konnte. FDIV ist der Assembler-Code für **floating point division**. Das Problem wurde im zweiten Jahr nach Markteinführung 1994 bekannt.

Wussten Sie eigentlich, woher der Name *Bug* (amerikanisch für *Insekt*) stammt? Die Informatikerin Grace Hopper, die zugleich den Rang einer Konteradmiralin der US Navy innehatte, beseitige 1947 eine Fehlfunktion im Mark II, einem elektro-mechanischen Computer von IBM, indem sie dort eine (echte) Motte identifizierte und beseitigte (*debugging*). Auch aufgrund ihres militärischen Ranges trug sie den Spitznamen **Amazing Grace**. »Debugging« hat sich seither als Fachterminus zur Fehlerbeseitigung in Programmen und anderen technischen Systemen durchgesetzt.

Selbstverständlich will ich Ihnen nicht vorenthalten, wie das Beispiel zur Berechnung der Summe von 1 bis 5 in einer Hochsprache aussehen könnte:

```
var summe = 0
for i in 1...5
    {summe += i}
```

Der angegebene Code wurde in einer der modernsten Programmiersprachen überhaupt geschrieben, nämlich in *Swift*.

 Mehr zu »Swift« finden Sie am Ende von Kapitel 25.

Wer hindert Sie daran, heute noch eine neue Programmiersprache zu erfinden? Niemand! Vielleicht wollen Sie die Befehle auf Deutsch übersetzen? Das wäre noch sehr einfach. Passen Sie jedoch bei den Umlauten auf. Wenn Menschen außerhalb unseres Sprachraums Ihren Programmcode verwenden wollen, könnte es schwierig werden, auf den dort vorhandenen Tastaturen die richtigen Zeichen zu finden. Deshalb ist es auf jeden Fall eine gute Idee, beim ASCII-Zeichensatz für Ihre neue Sprache zu bleiben.

Ich mache Ihnen am Ende dieses Kapitels nur einen kleinen Vorschlag, sicher haben Sie tausend bessere Ideen, eine neue Programmiersprache zu erfinden, nur zu! Denken Sie aber stets daran: Der Code muss eindeutig bleiben und alle prinzipiellen Möglichkeiten zu Berechnungen bieten, die auch ein Maschinenprogramm bietet.

```
Die Summe sei gleich 0.
Addiere zur Summe alle ganzen Zahlen von 1 bis 5.
```

Programmieren als Kunst verstehen

Unterschied zwischen Compiler und Interpreter erkennen

Wichtige Werkzeuge des Programmierens kennenlernen

Verschiedene Arten von Programmiersprachen unterscheiden

Kapitel 17

Programmiersprachen und Werkzeuge

P rogrammieren macht Spaß! Das ist die wichtigste Botschaft dieses Kapitels. Dazu wurden einige Hilfsmittel – selbst wiederum Programme – entwickelt, um möglichst schnell möglichst präzise möglichst alles mit einem Computer anzustellen, wozu diese universellen Rechner überhaupt in der Lage sind.

Ebenfalls dürfen Sie sich aussuchen, welchen Typ von Programmiersprache Sie bevorzugen. Das hängt natürlich vom Einsatzgebiet ab, aber schlussendlich sind alle Programmiersprachen doch in der Lage, alle denkbaren Programme zu erstellen.

Programmieren lernen bedeutet, sich eine handwerkliche Fertigkeit anzueignen. Es erfordert Mühe und Ausdauer, aber am Ende überwiegt die Überzeugung, dass ein gutes Programm einem Kunstwerk gleicht.

Programmieren als Kunstform

Ich habe schon Leute sagen hören, sie könnten das *Programmieren* niemals begreifen. So wie es den meisten Menschen nicht gelingt, ein Gemälde anzufertigen, das den eigenen Vorstellungen entspricht. Allerdings ist in beiden Fällen das eigene Wollen ausschlaggebend.

Das Erlenen der jeweiligen handwerklichen Fähigkeiten erfordert Zeit und Geduld. Dort, wo beim Malen die künstlerische Begabung im Vordergrund steht, benötigen Sie zum

Programmieren einen ausgeprägten Sinn für logisches Denken und ein gewisses Maß an Abstraktionsvermögen. Der Spaß stellt sich dann von ganz alleine ein.

Damit will ich jedoch keineswegs behaupten, dass Programmieren keine Kunst sei, im Gegenteil. Das vermutlich wichtigste Werk in diesem Bereich heißt *The Art of Programming*, *Die Kunst des Programmierens* und stammt von Donald Knuth.

Donald Ervin Knuth

Donald Knuth wurde 1938 in Milwaukee, der größten Stadt im amerikanischen Bundesstaat Wisconsin, geboren. Er galt schon früh als Wunderkind und hat seiner Schule durch seine Leistungen sicherlich viel Freude gemacht.

Beispielsweise fand er bei einem Sprachwettbewerb, wo es um das Aufspüren verschiedener Wörter aus der Buchstabenkombination von »Ziegler's Giant Bar« ging (der Sponsor war ein Süßwarenhersteller namens Ziegler), viel mehr Lösungsworte als die Jury selbst. Er gewann damit einen Fernseher für die Schule sowie für alle seine Klassenkameraden jeweils einen Schokoriegel.

Mit dreißig Jahren wurde er Professor für Informatik an der Standford University. In dieser Zeit schrieb er auch den ersten Teil seines berühmten Werks *The Art of Computer Programming*, das ursprünglich lediglich den Compilerbau umfassen sollte, sich aber im Laufe der Zeit zu einem umfassenden Kompendium über das Programmieren überhaupt entwickelte. Bis heute sind vier Bände erschienen, die allesamt als Wissensbasis für Informatiker geeignet sind.

Übrigens ist der Titel seines wichtigsten Werks kein Zufall. Auf Ästhetik legte Donald Knuth von Anfang an großen Wert. Eigens für seine Arbeiten an dem mehrbändigen Werk entwickelte er – quasi nebenbei – das Textsatzsystem **TeX** (gesprochen »Tech«), mit dem sich beliebige Texte hübsch aufbereitet darstellen lassen. Leslie Lamport erweiterte das System mit Makros zu **LaTeX**, das bis heute weite Verbreitung und größte Beliebtheit besonders im akademischen Umfeld genießt.

Entscheidend ist der **Algorithmus**! Darin ist bereits so ziemlich alles enthalten, was Sie für ein erfolgreiches Programm benötigen, obwohl noch nicht eine Zeile Programmcode geschrieben wurde. Schlimmer noch, Sie haben sich noch nicht einmal für eine Programmiersprache entschieden.

Vergleichen Sie ein Programm besser statt mit einem Kunstwerk mit einem Gebäude, etwa einem Hochhaus. Es ist wichtig, frühzeitig Versorgungsschächte, Aufzüge und Treppenhäuser einzuplanen. Diese Anlagen wären, um im Bild zu bleiben, bereits Teil des Algorithmus. Der Algorithmus ist gewissermaßen die *Bauzeichnung*. Sie enthält bereits eine sehr, sehr präzise Vorstellung vom endgültigen Haus. Programmieren bedeutet in diesem Sinne,

Algorithmus

Das Wort »Algorithmus« wird als Synonym für eine programmierbare Rechenvorschrift verwendet. Es geht zurück auf den schwer auszusprechenden Namen des persischen Mathematikers »al-Khowârizmî«. Bereits 825 brachte er das äußerst bedeutsame Werk »Über das Rechnen mit indischen Ziffern« heraus, in dem er die Operationen mit den uns heute noch bekannten Symbolen, den Dezimalzahlen, vorstellt, die fälschlicherweise »arabische Ziffern« heißen.

Erst ein paar Hundert Jahre später wurde die lateinische Übersetzung dieses Standardwerks mit »Algoritmi de numero Indorum« bezeichnet, um zu signalisieren, auf wen die Verwendung dieser indischen Ziffern zurückgeht.

Heute verwenden wir das Wort »Algorithmus« viel allgemeiner als eine genaue Darstellung systematischer Berechnungen. Leider denkt dabei kaum jemand an al-Khowârizmî ...

aus der Bauzeichnung das eigentliche Gebäude zu errichten. Das erfordert handwerkliches Geschick. Sind Sie jedoch bereit, vollständig in diese Welt einzutauchen, verleiht Ihnen das Programmieren ein Glücksgefühl, bei dem Sie Zeit und Raum vergessen ...

Interpreter ohne Spielraum

Das klingt zunächst einmal sehr anstrengend. Ein Handwerk zu erlernen kostet bekanntlich viel Zeit und erfordert große Mühe. Ist das überhaupt nötig? Wäre es nicht einfacher, wenn permanent auf dem Computer bereits ein Programm liefe, das Befehle des Programmierers unmittelbar ausführte? Das Konzept gibt es in der Tat. Es nennt sich **Interpreter**.

Ein *Interpreter* übersetzt ein Programm nicht erst in Maschinencode, sondern führt die Anweisungen des Quellcodes direkt aus!

Den Unterschied zwischen einem klassischen Compiler und einem Interpreter verstehen Sie leichter, wenn Sie die **Laufzeit** und die **Compilezeit** betrachten.

Die *Laufzeit* eines Programms ist die Zeit, in der sein Code vom Computer ausgeführt wird. Zur *Compilezeit* oder *Übersetzungszeit* wird der Code eines Programms in Maschinencode überführt. Während der Compilezeit führt der Computer somit nicht den Code des Programms selbst aus, sondern jenen des Compilers.

Arbeiten Sie mit einem Compiler, wird der Quellcode Ihres Programms zunächst – einmalig – übersetzt. Anschließend steht Ihnen der Maschinencode Ihres Programms zur Verfügung, den Sie beliebig oft ausführen können. Den Compiler benötigen Sie somit nur zur Compilezeit, danach nicht mehr. Theoretisch könnten Sie ihn gleich danach löschen, Ihrem Programm wäre das egal. Ich würde das allerdings nicht empfehlen: denn Sie wollen ja später noch andere Programme kompilieren!

Wenn Sie Ihr Programm dagegen von einem Interpreter starten, wird dieser die Ausführung Ihres Quellcodes unmittelbar übernehmen. Es wird also überhaupt kein expliziter Maschinencode erzeugt. Allerdings benötigen Sie den Interpreter natürlich zur Laufzeit Ihres Programms, ansonsten könnte der Code nicht ausgeführt werden.

Stellen Sie sich den Interpreter wie einen eigenen Computer, eine **virtuelle Maschine** vor, die den Quellcode Ihrer Sprache unmittelbar versteht. In den meisten Fällen wird eine gewisse Überarbeitung Ihres Programms nötig sein, bevor es tatsächlich ausgeführt werden kann, eine Art **Pre-processing**. Dazu könnte eine syntaktische Analyse gehören, die Erstellung einer Tabelle von Variablen und deren Typen sowie eine Auflistung von Sprungmarken.

 Es spielt grundsätzlich keine Rolle, welche Programmiersprache Sie verwenden. Theoretisch kann jede Programmiersprache kompiliert oder interpretiert werden.

Die Vorteile eines Interpreters sind zugleich die Nachteile eines Compilers und umgekehrt. Ich möchte Ihnen nur ein paar Argumente an die Hand geben, damit Ihnen die Wahl zwischen Compiler und Interpreter leichter fällt.

✔ Der Interpreter verbraucht zur Laufzeit Ressourcen, daher ist ein Compiler dort vorzuziehen, wo es auf die Geschwindigkeit der Programmausführung oder die optimale Speicherplatzausnutzung ankommt.

✔ Interpretierte Programme können Sie bereits testen, bevor sie vollständig entwickelt worden sind. Sie laufen gleich los und erfordern nicht bei jeder winzigen Änderung eine erneute Übersetzung.

✔ Es erscheint unsinnig, eine notwendige syntaktische Analyse, wie sie Interpreter – und auch Compiler – natürlich vornehmen müssen, bei jeder Programmausführung zu wiederholen. In diesem Sinne sind Compiler Interpretern vorzuziehen.

✔ Der Hauptgrund, warum Interpreter bis heute eine wichtige Rolle spielen, ist jedoch ein anderer: Fehler in interpretierten Programmen lassen sich viel einfacher aufspüren. Der Interpreter gibt im Allgemeinen klare und eindeutige Hinweise darauf, wann und wo etwas schiefgelaufen ist. Bei kompilierten Programmen ist das schwieriger. Womöglich tritt der Fehler erst zur Laufzeit auf; bis dahin hat der Compiler längst Feierabend. Auch die genaue zeitliche Lokalisation ist viel komplexer, weil der Compiler an der Struktur des Programms zur Übersetzungszeit vielleicht einiges optimiert hat. Somit entspricht das Ergebnis nicht mehr so genau Ihrem ursprünglichen Quellcode. Um dies zu kompensieren, fügt der Compiler absichtlich zusätzlichen Maschinencode zur Fehlerbehebung, dem sogenannten **Debugging**, ein. Damit lassen sich Probleme genauer lokalisieren, ursprüngliche Variablennamen wieder auffinden und klarere Fehlerangaben machen. Sobald das Programm endgültig auslieferungsfähig ist, werden diese Debugging-Informationen wieder entfernt, **gestrippt**.

In der Tat ist der Übergang zwischen Interpretern und Compilern fließend. Ihr Programm könnte durch einen Compiler übersetzt werden, allerdings nicht in Maschinencode, sondern den Code einer *virtuellen Maschine*. Den nennt man übrigens **Bytecode**. Dieser würde dann interpretiert und so schlussendlich ausgeführt.

Umgekehrt gibt es **Just-in-Time Compiler**, **JIT-Compiler**. Diese übersetzen zwar erst – wie ein Interpreter – zur Laufzeit, dann aber gleich in Maschinencode.

Historisch gesehen gab es eine Unmenge von Programmiersprachen, die entweder kompiliert oder interpretiert wurden. Außerdem wurden, wie bereits angedeutet, für wichtige Programmiersprachen sowohl Compiler- als auch Interpreterlösungen entwickelt. Am Ende des Kapitels werde ich Ihnen eine Reihe von berühmten Programmiersprachen etwas genauer vorstellen.

Programme, die Programme schreiben

Im Grunde spielen Interpreter und Compiler eine Vermittlerrolle zwischen Programmierer und Computer. Sie sind in der Lage, Code, den die Maschine nicht unmittelbar versteht, von einer menschlicheren Darstellung in eine solche zu überführen, mit der die Hardware klarkommt.

Warum ist denn dann überhaupt noch ein Programm nötig? Kann der Endanwender nicht gleich mit dem Computer so kommunizieren, wie er das möchte? Im Prinzip ja, aber ein Computer ist ein universelles Instrument. Ein Programm zu schreiben, das eine einfache, präzise und verständliche Kommunikation für jeden beliebigen Zweck mit dem Benutzer erlaubt, ist eine ungeheuer schwierige Aufgabe.

Deswegen gibt es sehr viele unterschiedliche Programme. Dem Benutzer unterstellen wir überhaupt keine spezifischen Kenntnisse eines Computers. Je nach Einsatzzweck muss die Bedienung eines Programms, einer **Anwendung**, unmittelbar einleuchten. Es hat sich dafür das Adjektiv *intuitiv* durchgesetzt. Eine intuitive Benutzer- und Menüführung erkennen Sie daran, dass etwas fehlt, oder zumindest überflüssig wird: die **Bedienungsanleitung**. Das optimale Programm ist dermaßen logisch aufgebaut, so verständlich, so klar und eindeutig, dass es überhaupt keine Einführung, keine Erklärung, ja nicht einmal ein Handbuch benötigt.

Umgekehrt bedeutet das natürlich eine besondere Herausforderung für den Programmierer. Er muss wissen, wie ein Mikroprozessor im Prinzip funktioniert und was sich im Inneren des Computers abspielt. All das soll den **User**, den Anwender des Programms nicht interessieren, im Gegenteil: Verschonen Sie ihn damit!

Die entscheidende Frage lautet: Wie erstellen Sie ein Programm, das diesen Anforderungen genügt?

Spannenderweise wurde diese zentrale Thematik schon vor sehr, sehr langer Zeit behandelt. Übrigens lange, bevor es überhaupt Computer gab. Und es war eine Frau, die wegweisende Lösungen aufzeigte. Sie hieß **Ada Lovelace** und war somit die erste Programmiererin.

Augusta Ada King, Countess of Lovelace

Die Mathematikerin Ada Lovelace wurde 1815 als Tochter von Lord Byron und dessen Gattin Anne Isabella in London geboren. 1835 heiratete sie Byron William King, der wenige Jahre danach zum ersten Earl of Lovelace erhoben wurde. Sowohl ihre Mutter als auch ihr Ehegatte förderten Adas mathematische Interessen. Dies war auch nötig, da Frauen zur damaligen Zeit beispielsweise der Zutritt zu Bibliotheken verwehrt wurde.

Aufgrund ihres Eifers und ihrer enormen Begabung für Mathematik interessierte sie sich bald für die **Analytical Engine**, einen Vorläufer des modernen Computers, der von Charles Babbage – in der Theorie – beschrieben worden war.

Ada Lovelace entwickelte den ersten Algorithmus für die Analytical Engine und gilt somit zu Recht als die erste Programmiererin überhaupt.

Es ist sehr lehrreich, was sie über die grundsätzlichen Möglichkeiten dieser Maschine dachte: *The analytical engine has no pretensions whatever to originate anything. It can do whatever we know how to order it to perform.* Übersetzt: Die *Analytical Engine hat keinerlei Ambitionen, irgendetwas zu erschaffen. Sie kann alles tun, von dem wir wissen, wie wir es ihr mitteilen.*

In dieser Aussage sind zwei Aspekte besonders wichtig. Zum einen legt Ada Wert auf den Hinweis, dass die Analytical Engine von sich aus keinerlei Motivation besitzt, irgendetwas zu tun. Das mag heutigen Lesern offensichtlich sein, aber im 19. Jahrhundert hielten einige Menschen derartige Maschinen für Wesen mit eigenständigem Willen. Zum anderen wird die besondere Bedeutung der Programmierung hervorgehoben. Der Computer kann alles tun, von dem wir wissen, wie wir es ihm mitteilen. Das ist die Kernbotschaft für alle Programmierer bis heute: Jede beliebige Art von intelligenter Datenverarbeitung ist möglich, solange wir exakt definieren, wie das gehen soll.

Ada Lovelace starb bereits im Alter von 36 Jahren an einem Krebsleiden. Die Programmiersprache **Ada** sowie zahlreiche Schulen, Institutionen und Projekte, insbesondere für Mädchen und Frauen sind nach ihr benannt.

Ihrer Fantasie für das Erstellen von Programmen sind keine Grenzen gesetzt. Warum zum Beispiel entwickeln Sie nicht einfach ein Programm, das selbst wiederum andere Programme erfindet? Das geht! Sie dürfen auch Algorithmen für Programme entwickeln, die für die Entwicklung von Programmen zuständig sind. Alles ist möglich, Sie müssen lediglich die Randbedingungen im Hinterkopf behalten:

✔ Der Code, den Sie selbst entwickeln, muss in einer existierenden Programmiersprache verfasst werden.

✔ Sie dürfen so viele Compiler oder Interpreter einsetzen, wie Sie wollen.

✔ Jedes Programm ist eine Folge von einzelnen Befehlen.

✔ Am Ende läuft Ihr Programm auf einem Prozessor, der im Kern nur arithmetisch-logische Operationen ausführt.

Aber keine Sorge! Es gibt etliche Hilfsmittel, die Ihnen das Leben erleichtern und mit denen Sie Ihre Programmierziele erreichen.

Werkzeuge zum Übersetzen

Eine Programmiersprache zu beherrschen, geht viel schneller und ist viel einfacher, als eine Fremdsprache zu erlernen. Das liegt daran, dass ein Computer ja nur bestimmte Operationen ausführen kann, während eine menschliche Sprache eine nahezu unbegrenzte Ausdruckskraft besitzt. Was eine Computersprache zu sagen hat, beschränkt sich im Grunde auf die folgenden Kategorien:

✔ Arithmetisch-logische Operationen

✔ Sprungbefehle, bedingte oder unbedingte

✔ Unterprogrammaufrufe (inklusive Systemaufrufe)

✔ Zuweisungen von Werten an Variablen (Speicherstellen)

✔ Abrufen von Werten von Variablen (Speicherstellen)

Die beiden letzten Punkte beschreiben den Transport von Daten. Dazu zählen auch Ein- und Ausgabeoperationen. Sie entsprechen somit den verschiedenen Varianten des mov-Befehls bei Assemblersprachen.

 Sie verstehen bei mov nur Bahnhof? Ein Blick auf die Assemblerprogrammierung in Kapitel 16 verschafft Klarheit!

In diesem Kapitel habe ich Sie noch nicht mit den Niederungen von Unterprogrammen belästigt, doch das ist nun unvermeidlich. Unterprogrammaufrufe sind ein zentraler Bestandteil aller Programmieraufgaben. Sie stellen eine enorm wichtige Methode für Programmierer dar, um mit der anfallenden Komplexität fertig zu werden.

Stellen Sie sich vor, Sie schreiben ein Programm zur Verwaltung Ihrer Briefmarkensammlung. Neben der Eingabe neuer Marken, diversen Funktionen zum Bearbeiten von Herkunftsland, Ausgabejahr und Wert der einzelnen Objekte wäre auch eine **Sortierung** interessant.

Dazu gibt es aber unterschiedliche Möglichkeiten, etwa nach ...

✔ Alter

✔ Preis

✔ Herkunft

Würden Sie wirklich für jede dieser Möglichkeiten eigenen Programmcode erstellen? Es wäre doch viel logischer, die Funktion **Sortieren** mit einem **Parameter** zu versehen, der entweder das Alter, den Preis oder die Herkunft beschreibt.

Ein Parameter eines *Unterprogramms* entspricht der *Variablen* einer *mathematischen Funktion.* Häufig werden die Begriffe *Unterprogramm, Prozedur, Routine* und *Funktion* synonym verwendet. Ebenso wie die Bezeichnungen *Parameter* und *Argument* für die Eingabewerte. Streng genommen ist der *Parameter* ein Teil der Deklaration eines Unterprogramms, während das *Argument* sich auf den Wert bezieht, mit dem das Unterprogramm zur Laufzeit aufgerufen wird (dieser Wert kann auch eine Referenz auf ein Speicherobjekt sein). Eine tiefergehende Analyse hierzu finden Sie am Ende von Kapitel 18.

Ihrer Sortierfunktion würden Sie somit zur Laufzeit stets einen konkreten Wert als **Argument** übergeben, nämlich »Alter«, »Preis« oder »Herkunft«.

Der Vorteil dieses Vorgehens ist immens:

✔ Sie müssen den Code zum Sortieren nur einmal erstellen.

✔ Jede Änderung wirkt sich gleichzeitig auf alle Sortiermöglichkeiten aus.

✔ Die Schlussfassung Ihres Programms besitzt einen geringeren Umfang.

Allerdings – keine Rose ohne Dornen – gibt es auch die Schattenseite:

✔ Der Code der Sortierfunktion mit Parameter ist schwieriger zu programmieren, als wenn Sie sich vorab jeweils für einen konkreten Wert entschieden hätten.

Unterm Strich ist das Erstellen von Unterprogrammen jedoch Pflicht. Machen Sie sich klar, dass diese Funktion ja möglicherweise gar nicht von Ihnen selbst zu stammen braucht. Wenn Sie Funktionen aus Sammlungen von Unterprogrammen, sogenannten **Bibliotheken** nutzen, wird Ihr Code am Ende viel schneller erstellt, viel kürzer, leichter zu kontrollieren, zu testen und zu warten sein.

Zum Glück werden Programme nicht erst seit gestern geschrieben. Für die meisten Standardaufgaben gibt es inzwischen fertige Lösungen in Bibliotheken, darunter auch für das im Beispiel beschriebene *Sortieren.* Die wichtigsten Algorithmen hierzu werden in Kapitel 33 unter die Lupe genommen.

Wegen der Beschränktheit der Grundoperationen des Computers benötigen Sie also nur wenige Konzepte, die Sie im Rahmen einer Programmiersprache verstehen müssen. Dabei stehen Ihnen sogar noch etliche Hilfsmittel zur Verfügung, mit denen das Programmieren lernen noch schneller geht. Insbesondere **Editoren**, mit denen Sie Ihre Programme, den sogenannten **Quellcode** verfassen, werden immer besser.

Folgende Features finden Sie in den Editoren, die über die gewöhnliche Textverarbeitung hinausgehen:

✔ **Syntax-Highlighting.** Das bedeutet, die Schlüsselworte der jeweiligen Programmiersprache werden farblich markiert.

✔ **Pretty-Printing.** Die Einrückung erfolgt auf eine Weise, die den Code übersichtlicher macht. Das Auge programmiert bekanntlich auch mit.

✔ **Autovervollständigung.** Bereits während der Eingabe errät Ihr Editor, was Sie denn wohl schreiben wollen, und ergänzt beispielsweise nach den ersten Buchstaben eines langen Bezeichners bereits das komplette Wort für Sie.

Im Anschluss an das Editieren des Quellcodes wird der **Compiler** aufgerufen. Er übersetzt den Quellcode in den **Objektcode** der Maschine. In einigen Fällen erzeugt der Compiler auch Code, der erst von einem **Assembler** in den Objektcode übersetzt werden muss.

Größere Programme bestehen aus mehr als nur einer einzigen Datei. Der Compiler erzeugt aus jeder einzelnen Quelldatei eine eigene Objektdatei. Das ist so weit ganz praktisch, weil sich Änderungen jeweils nur auf eine Datei auswirken. Am Ende muss aber, da sind wir uns einig, eine gemeinsame Objektdatei entstehen. Dazu ist der **Linker**, der Programmverbinder verantwortlich. Der Linker passt nicht nur die Adressen des Programmcodes der einzelnen Dateien an, sondern kann auch Querbezüge auflösen. Stellen Sie sich einfach vor, in Datei A wird eine Variable definiert, die in Datei B verwendet wird. Erst der Linker sorgt dafür, dass diese externe Referenz durch die richtige Speicheradresse ersetzt wird. Natürlich dürfen Sie auch Funktionen aus fremden Bibliotheken verwenden. Der Linker garantiert, dass der zugehörige Code am Ende auch tatsächlich Ihrem Programm zur Verfügung steht. Wichtig ist dabei der Unterschied zwischen *dynamischem* und *statischem Binden*.

 Code aus Bibliotheken kann prinzipiell auf zwei unterschiedliche Arten in Ihr Programm eingebunden werden. Entweder **statisch** oder **dynamisch**. Beim statischen Binden wird der komplette Code der benötigten Unterprogramme als Teil Ihres eigenen Programms aufgenommen. Ihr Programm wird damit wesentlich umfangreicher. Im Gegensatz dazu erwartet das dynamische Binden, dass der benötigte Code zur Laufzeit Ihrem Programm in Form von eigenständigen Dateien zur Verfügung gestellt wird.

Die Vorteile des dynamischen Bindens sind offenkundig: Ihr Programm bleibt wesentlich schlanker und Ihr Computer muss für alle Programme, die dieselben dynamischen Bibliotheken benutzen, den entsprechenden Code nur ein einziges Mal bereitstellen.

Der Nachteil dieses Verfahrens zeigt sich meist dann, wenn Sie die entsprechenden Programme auf einem anderen Computer laufen lassen. Sind dort die zugehörigen dynamischen Bibliotheken nicht oder nur in einer falschen Version vorhanden, führt das zu unschönen Fehlermeldungen.

Eine dynamisch eingebundene Bibliothek heißt im Englischen **dynamic link library, dll**. Eine statische Bibliothek wird nur mit **lib** für **static library** abgekürzt.

Die ausführbare Datei ist eine **executable**, kurz **exe**. Etwas plastischer habe ich Ihnen den Unterschied zwischen statischer und dynamischer Bindung in Abbildung 17.1 dargestellt.

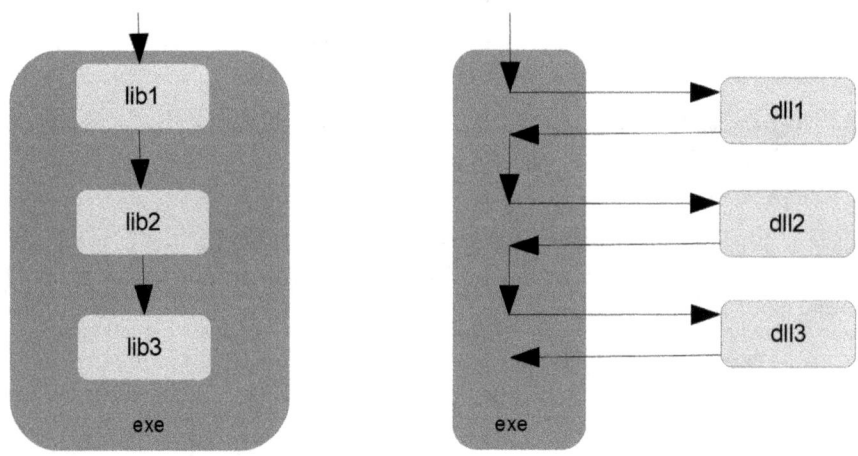

Abbildung 17.1: Unterschied zwischen statischem (links) und dynamischem Binden (rechts)

Eine Kurzzusammenfassung der nötigen Schritte, um aus einem Quellcode eine ausführbare Datei zu machen, finden Sie in Abbildung 17.2.

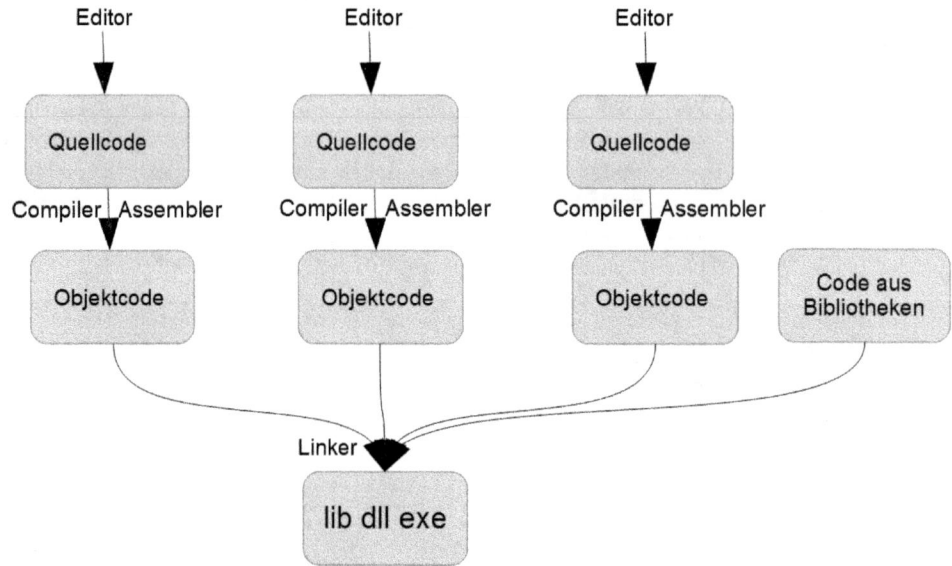

Abbildung 17.2: Schritte zur Programmerstellung

Mit dem Editor erstellen Sie Ihre Quellcode-Dateien, die jeweils in Objektcode übersetzt und dem Linker übergeben werden. Dieser erzeugt hieraus, zusammen mit Code aus externen Bibliotheken, zusammenhängenden Maschinencode. Das ist entweder eine eigenständige ausführbare Datei oder steht als Bibliotheksfunktion anderen Programmen zum dynamischen oder statischen Binden zur Verfügung.

In dem Moment, wo Ihr Programm, das auf einem peripheren Speicher liegt, gestartet werden soll, muss jemand jedoch alle Adressen anpassen. Denn Ihr Programm kann zum Zeitpunkt des Linkens ja noch nicht wissen, an welche genaue Adresse im Hauptspeicher es später einmal geladen wird. Auf einem Computer laufen permanent sehr viele Programme und die Anfangsadresse kann sich bei jedem erneuten Start ändern. Außerdem müssen die erforderlichen Speichersegmente erst angefordert werden. Das ist die Aufgabe des **Loaders**. Er *lädt* das Programm. Je nach Komplexität des Betriebssystems kommen noch weitere Komponenten ins Spiel, aber fürs Erste können wir die noch außen vor lassen. Der Loader ist Teil des **Betriebssystems**, nicht Ihres Programms!

Das Beste habe ich Ihnen bis jetzt jedoch noch vorenthalten. Eine vernünftige Programmiersprache kommt heutzutage mit einer integrierten Entwicklungsumgebung, einer **Integrated Development Environment (IDE)** auf den Markt, die alle Schritte per Mausklick für Sie auf einen Schlag erledigt! Damit bleibt kaum noch eine Ausrede dafür, nicht gleich mit dem Programmieren loszulegen.

Ein bunter Strauß von Programmiersprachen

Nach diesen eher theoretischen Überlegungen möchte ich Ihnen am Ende des Kapitels einige Programmiersprachen vorstellen. Um in diesem wilden Dschungel an möglichen Alternativen nicht den Überblick zu verlieren, präsentiere ich Ihnen einzelne Vertreter der wichtigsten Klassen, die jeweils einen gemeinsamen Programmierstil unterstützen, sie folgen somit einem **Programmierparadigma**.

Imperative und deklarative Programmiersprachen

  Imperative Programmiersprachen sind befehlsorientiert.

Denken Sie an einen römischen Imperator wie Julius Cäsar oder Nero! Ihre Befehle werden nacheinander abgearbeitet, ohne Rückfragen oder eigensinnige Überlegungen Ihres Computers. Imperative Programmierung ist die der Hardware am nächsten liegende. Beispielsweise gehorchen alle Assemblersprachen dem Paradigma der imperativen Programmierung. Weitere wichtige Vertreter sind:

✔ **Fortran** (für **fo**rmula **tran**slation) erschien bereits 1957 und dominierte lange Zeit die Welt der Hochsprachen, insbesondere im technischen Anwendungsbereich.

✔ **Pascal** (benannt nach dem französischen Mathematiker *Blaise Pascal*) wurde von dem Schweizer Informatiker *Nikolaus Wirth* eigens zum Zweck der Lehre entwickelt. Er wollte damit insbesondere die strukturierte Programmierung voranbringen. Später erfand er **Modula**.

✔ **Ada** (benannt nach *Ada Lovelace*) erschien zwar erst 1983, gilt aber als die erste standardisierte Programmiersprache. Prominenter Verwender der Sprache war das US-Verteidigungsministerium.

✔ **Cobol** (für **C**ommon **B**usiness **O**riented **L**anguage) wird seit 1959, nach zahlreichen Weiterentwicklungen, vor allem in der Wirtschaft bis heute eingesetzt. Besonders zu erwähnen ist hier der Finanzsektor. Die Orientierung an der menschlichen Sprache diente schon früh der Abgrenzung zu einer eher technischen Orientierung, wie dies beispielsweise bei FORTRAN der Fall ist.

✔ **C** ist die bis heute wohl wichtigste imperative Programmiersprache. Sie wurde vom New Yorker *Dennis MacAlistair Ritchie* als Nachfolger der Sprache **B** entwickelt. Ritchie setzte sie in den 1970er Jahren zur hardwarenahen Programmierung ein. Insbesondere sind wichtige Betriebssysteme wie UNIX (in allen Derivaten, darunter auch Linux) in C geschrieben. C ist zugleich eine Hochsprache, erlaubt jedoch auch den unmittelbaren Zugriff auf Systemressourcen. Die Sprache C ist extrem schlank und sehr leicht zu erlernen. Das erklärt vermutlich auch ihren Siegeszug. Teil V Ihres Dummies-Buches befasst sich exklusiv mit C und seinen diversen Ablegern.

Das Gegenteil von *imperativ* ist, bezogen auf Programmierparadigmen, *deklarativ*.

Bei **imperativen Programmen** hat der Programmierer zu jedem Zeitpunkt die absolute Kontrolle darüber, welche Befehle in welcher Reihenfolge abgearbeitet werden. Dagegen sind **deklarative Programme** beschreibend. Der Programmierer sagt nur noch, *was zu tun ist*, und nicht mehr, *wie*.

Nehmen Sie beispielsweise die Steuerung eines mobilen Roboters durch einen Raum. Eine imperative Programmiersprache würde jeden einzelnen Schritt der Maschine zu jedem beliebigen Zeitpunkt eindeutig festlegen. Natürlich dürfte der Programmablauf auch Abzweigungen enthalten, die von bestimmten Bedingungen abhängen. Dennoch wäre der Programmierer für jedes Detail der Bewegung durch den Raum verantwortlich.

Mit einer deklarativen Programmiersprache würde der Programmierer lediglich das Ziel angeben. Die Route müsste durch den Programmablauf (meist mittels Interpreter realisiert) festgelegt werden. Auch hier dürfte der Programmierer eingreifen, hätte aber auch weniger Kontrolle über die Resultate seiner Eingaben. Das klingt zunächst zu schön, um wahr zu sein: Lassen wir einfach alles von deklarativen Programmen bestimmen! So toll ist es aber gar nicht. Für den Programmierer ist es besonders wichtig zu wissen, wie seine Eingaben verarbeitet werden, damit er am Ende auch sein Ziel erreicht.

Sie können sich den Gipfel der deklarativen Programmiersprachen so vorstellen, dass Sie am Ende einfach nur **Siri**, **Cortana** oder **Google Now** erklären, was Sie wollen. Den Rest erledigen dann die elektronischen Helferlein. Die Beschränkungen dieser Idee dürfen Sie natürlich auch gerne im Selbstversuch erproben ...

Funktionale Programmiersprachen

 Funktionale Programmiersprachen nutzen stärker als imperative das Konzept der mathematischen *Funktionen*. Insbesondere vermeiden sie schwer nachvollziehbare *Seiteneffekte*, das sind Auswirkungen einer Funktion auf Speicherbereiche, die selbst nicht zur Ausgabe gehören.

Zu den wichtigsten Vertretern der funktionalen Programmiersprachen zählen:

✔ **Lisp** (für **lis**t **p**rocessing) wurde ein Jahr nach Fortran, nämlich 1958 am **MIT** (*Massachusetts Institute of Technology*) veröffentlicht. Es stellt eine Realisierung des *Lambda-Kalküls* dar, einer formalen Sprache der theoretischen Informatik. LISP ist aber keineswegs auf rein akademische Anwendungen beschränkt. Als umfassende Programmiersprache können beliebige Probleme mit Lisp angegangen werden.

✔ **Scheme** darf als Lisp-Derivat bezeichnet werden, auch wenn es zusätzlich imperative Programmierparadigmen erfüllt. Scheme wurde 1975, ebenfalls am MIT, entwickelt und gilt als »**a simple, modern Lisp**«. Da nur sehr wenige Sprachkonstrukte in Scheme vorgegeben werden, lässt sich diese Sprache schnell erlernen und leicht erweitern. Scheme wurde tatsächlich auch in einigen industriellen Bereichen eingesetzt, insbesondere dort, wo Konzepte der *künstlichen Intelligenz* gefordert sind.

Objektorientierte Programmiersprachen

 Objektorientierte Programmierung, abgekürzt **OOP**, versteht die Welt als eine Sammlung von *Objekten*, die miteinander kommunizieren. Deswegen können Sie in der OOP eine ganze Hierarchie von *Klassen* anlegen, deren Eigenschaften vererbt werden und deren *Instanzen* sich gegenseitig Nachrichten senden.

Der Grundgedanke der OOP kam in den 1970er Jahren mit den ersten grafischen Benutzeroberflächen auf. Die Vorstellung geht dahin, dass nicht mehr einfach ein Befehl nach dem anderen abgearbeitet wird, sondern dass die einzelnen grafischen Objekte wie Buttons und Menüs quasi nur darauf warten, dass der Benutzer sie anklickt. Das Anklicken wiederum generiert eine Nachricht, die an das zugehörige Objekt gesendet wird. Durch die Abarbeitung einer ganzen Kaskade von ineinander verschachtelten Klassen wird schlussendlich der Code, der zu diesem Knopf gehört, wiederum imperativ ausgeführt. Dieser Code wird gewissermaßen in das Objekt des Knopfes *gekapselt* und stört den Code anderer Objekte nicht.

Das hört sich vielleicht ein wenig kompliziert an, ist aber viel einfacher, als permanent Schleifen zu durchlaufen, die nacheinander alle Objekte nach möglichen Aktivitäten befragen. Wehe, Sie vergessen einmal einen Knopf!

Allerdings ist OOP keineswegs auf grafische Objekte beschränkt. Sie dürfen beliebige Klassen für alle denkbaren Bereiche definieren. Heutzutage ist die OOP das dominierende Paradigma der Hochsprachen. Die wichtigen Vertreter sind:

✔ **Smalltalk** ist eine rein objektorientierte Programmiersprache, bei der selbst elementare Datentypen wie Zahlen und Zeichen als Objekte realisiert sind. Bereits 1972 gab das Xerox-PARC-Forschungszentrum eine erste Version heraus. Die Sprache existiert bis heute und dient als Vorlage für mehr oder weniger alle anderen OOP-Sprachen. Allerdings ist ihre Verbreitung begrenzt. Das wichtige Konzept des Model-View-Controllers (MVC) wurde bereits in Smalltalk umgesetzt und später von vielen Programmiersprachen übernommen.

✔ **C++, C#** und **Objective-C** sind Erweiterungen von C, die einige Konzepte der OOP übernommen haben, zugleich jedoch weiter auch imperative Elemente aufweisen. Je nach Belieben kann der Programmierer so die Vorteile der Objektorientiertheit nutzen oder weiter systemnah arbeiten. Im Gegensatz zu Smalltalk, das syntaktische Herausforderungen an imperative Programmierer stellt, lassen sich klassische C-Programme weitgehend auch mit den Compilern der C-Derivate übersetzen. Somit ist der komplette C-Code aller Bibliotheken prinzipiell auch dort nutzbar. Ein marktentscheidender Vorteil!

✔ **Java** wurde 1995 von Sun Microsystems vorgestellt und war ursprünglich ein Kind des sich rasant ausbreitenden Word Wide Web. Die Idee war, einen möglichst einfachen und plattformübergreifenden Code zu entwickeln, der selbst auf eingebetteten Computern (**Embedded Systems**) in Fernsehern, Kühlschränken und Waschmaschinen laufen sollte. Auch wenn Letzteres nicht unbedingt so eingetreten ist, wie es sich die Entwickler vorgestellt haben, so ist Java heute eindeutig eine dominierende Sprache im Internet. Darüber hinaus gibt es zahllose eigenständig laufende Applikationen, die mit dem WWW nicht enger verbunden sind als jede andere Sprache. Java wurde von Smalltalk und den objektorientierten C-Derivaten beeinflusst. Teil VI Ihres Dummies-Buches ist Java gewidmet!

✔ **Swift** ist die jüngste der hier vorgestellten Sprachen. Sie wurde 2014 auf einer Apple-Entwicklerkonferenz präsentiert. Ursprünglich für die iOS-Welt konzipiert, schickt sich Swift inzwischen als Open-Source an, den Siegeszug durch die restliche Programmierwelt anzutreten. Sie hat ein paar neue Features wie *Optionals* oder *Tupels* hervorgebracht, ist sehr intuitiv und benötigt erstaunlich wenig Code. Weitere Informationen zu Swift finden Sie am Ende von Kapitel 25.

✔ Nahezu alle klassischen Programmiersprachen, die heute noch eingesetzt werden, nutzen inzwischen die wichtigen OOP-Konzepte. Dazu gehören nicht nur Fortran oder Cobol, sondern auch Lisp und sogar Ada ...

Logische Programmiersprachen sind das andere Extrem von imperativen Sprachen. Eine logische Programmiersprache stellt dem Computer eine Reihe von Anfangsaussagen und einen Satz erlaubter Regeln zur Verfügung. Der logische Interpreter muss dann herausfinden, welche Aussagen unter genau diesen Bedingungen gültig sind und welche nicht. Logische Programme werden von der Idee getragen, dass der Computer den Wahrheitsgehalt von Aussagen einfach ausrechnet. Dazu wurden zahlreiche Konzepte entwickelt.

Logische Programmiersprachen haben sich in der Breite nicht durchsetzen können, obwohl sie nicht nur in rein akademischen Themenfeldern, sondern auch in Datenbanksystemen und auf einigen Gebieten der künstlichen Intelligenz bis heute Anwendung finden.

Wichtige Vertreter sind:

- ✔ **Prolog** (**Pro**grammation en **Log**ique) ist der Prototyp einer logischen Programmiersprache. Die Sprache wurde bereits 1972 von dem französischen Informatiker *Alain Colmerauer* entwickelt und existiert bis heute in zahlreichen Derivaten.

- ✔ **Mercury** wurde 1995 von *Fergus Henderson*, *Thomas Conway* und *Zoltan Somogyi* an der Universität Melbourne in Australien ersonnen. Die Sprache ist stark an Prolog angelehnt, enthält jedoch auch Elemente einer funktionalen Programmiersprache. Die Besonderheit: Den Entwicklern ist es gelungen, die langsame Verarbeitung durch den ansonsten üblichen Interpreter zu vermeiden. Mercury kann kompiliert werden und sogar nativen C-Code einbinden.

Kapitel 18

Bestandteile einer Programmiersprache

Unterschätzen Sie nicht die Bedeutung dieses Kapitels! Für gewöhnlich liest heutzutage kein Mensch mehr Anleitungen, alles muss sofort funktionieren und intuitiv bedienbar sein. Das gilt zwar auch für Programmiersprachen, aber wenn Sie über ein »Hallo Welt«-Programm hinauskommen wollen, werden Sie nicht umhinkönnen, in die schmutzigen kleinen Details der jeweiligen Sprache einzutauchen.

Die Anleitung für solche Sprachen hat eine besondere Form, es handelt sich um eine Art Symbolsprache. Außerdem möchte ich Ihnen in diesem Kapitel einen Crashkurs in die Komponenten einer jeden Programmiersprache liefern. Das wird Ihnen helfen, schnell und sicher jede neue Sprache zu beherrschen, mit der Sie je programmieren wollen ...

Backus-Naur-Kuchenform

Angenommen, Sie erfinden heute noch eine Programmiersprache: Wie notieren Sie die Regeln dieser Sprache? Im Gegensatz zu einer menschlichen Sprache müssen Sie von Anfang an genau festlegen, welche Ausdrucksweise erlaubt ist und welche nicht.

Der Computer könnte anderenfalls eine Anforderung des Programmierers falsch verstehen und – beispielsweise – fatale Ergebnisse bei der Berechnung einer Route produzieren.

Gefragt ist hier also nicht nur nach dem **Wortschatz**, sondern ebenso nach der **Grammatik**!

Um Grammatiken von formalen Sprachen geht es auch in Kapitel 50. Das hilft Ihnen zwar jetzt nicht unbedingt weiter im praktischen Umgang mit Programmiersprachen, ist aber ein interessantes Thema und möchte auch irgendwann an die Reihe kommen ...

Für einen Moment dürfen Sie zurückdenken an die vielen Stunden der Schulzeit. Nicht nur das Erlernen von Fremdsprachen kostet unglaublich viel Zeit, selbst der Umgang mit der deutschen Grammatik will erst gebüffelt werden.

Dabei sind die Grundkonzepte meist – einigermaßen – rasch verstanden. Viel mehr Probleme bereiten die Ausnahmen. Wenn kleine Kinder beim Sprechen gravierende grammatikalische Fehler machen, liegt das nicht am mangelnden Intellekt der Kleinen, sondern an unlogischen Konstrukten, kurz an der Komplexität der deutschen Sprache (andere menschliche Sprachen sind aber auch nicht besser).

Deswegen sollten Sie beim Erfinden Ihrer Computersprache nach Möglichkeit so wenige Ausnahmen wie möglich zulassen. Sie sollten die **Syntax**, also die Ausgestaltung des gesamten Sprachkonzepts, in ein enges, schnell erlernbares Korsett zwängen.

Dieses wiederum müssen Sie natürlich auch *beschreiben*. Das geht am besten auf eine systematische Weise: in der **Backus-Naur-Form**.

Backus-Naur-Form – BNF

Die Bezeichnung *Backus-Naur-Form* geht auf den Amerikaner *John Backus* und den Dänen *Peter Naur* zurück. Beide waren mit einer Handvoll anderer prominenter Vorreiter der Informatik bereits in den 50er und 60er Jahren des letzten Jahrhunderts an der Entwicklung der frühen Programmiersprachen beteiligt (beispielsweise an **FORTRAN** – **For**mular **tran**slation und **Algol** – **Algo**rithmic **L**anguage).

Sofort entstand natürlich der Wunsch, die Spezifikation einer Programmiersprache formal so zu notieren, dass einerseits alle Interessierten möglichst schnell verstehen, um was es sich handelt, und andererseits durch eine eindeutige Festlegung der Syntax die Umsetzung der Sprache für einen realen Computer möglichst einfach zu gestalten.

Im Laufe der Jahre wurde das ursprüngliche System erweitert, etwa von Nikolaus Wirth (**EBNF** – *Erweiterte Backus-Naur-Form*) und schließlich auch durch Internetnormen »angereichert« (**ABNF** – *Augmented Backus-Naur-Form*).

Damit Sie wissen, was ich meine, beginnen wir am besten mit einem Beispiel: der formalen Spezifikation gewöhnlicher **Postadressen** in Deutschland.

Der Einfachheit halber gehen wir davon aus, dass eine gewöhnliche Adresse im Prinzip folgende Form haben sollte:

Herr Klaus Mustermann
Ortsstraße 42
31166 Beispielstadt

Grob ausgedrückt besteht die Adresse somit aus dem Namensteil, dem Straßenteil und dem Ortsteil.

In BNF sieht das so aus:

```
<Adresse> ::= <Namensteil> <Straßenteil> <Ortsteil>
```

Jeder Bezeichner wird in spitze Klammern gepackt (< und >), um klarzustellen, dass darin etwas steht, das selbst wiederum spezifiziert werden muss.

Das wichtigste Symbol der BNF ist »::=«. Auf der linken Seite findet sich, **was** spezifiziert wird, auf der rechten, **wodurch**. Diese Zeile legt also fest, dass eine Adresse aus den drei erwähnten Teilen besteht, die selbst erst wieder genauer zu spezifizieren sind.

Weiter geht es mit dem Namensteil:

```
<Namensteil> ::= <Anrede> <SPACE> <Vorname> <SPACE> <Nachname> <EOL>
```

Hier finden Sie zwei neue Symbole: SPACE und EOL. Sie sollen für ein Leerzeichen (»SPACE«) und das Zeilenende (»EOL« = »End of Line«) stehen. Sie bedürfen insofern keiner weiteren Erklärung.

Für die Anrede lassen wir nur drei Möglichkeiten zu: »Herr«, »Frau« oder einfach nichts ...

```
<Anrede> ::= "Herr" | "Frau" | ""
```

Wie Sie sehen, markiert das **Pipe-Symbol** (»|«) eine Auswahlmöglichkeit. Sie lesen es am besten als »oder«. Alles, was Sie zwischen Anführungszeichen finden, wird genauso (wörtlich) übernommen.

Spannend wird es nun beim Vornamen. Er kann aus einem oder mehreren Namen bestehen.

```
<Vorname> ::= <Name> | <Name> <SPACE> <Vorname>
```

Wie Sie sehen, passiert hier etwas Neues. Das Symbol »Vorname« taucht links und rechts von »::=« auf. Entweder ist ein Vorname also einfach ein Name oder ein Name, gefolgt von einem Vornamen, der selbst wiederum ein Name oder ein Name gefolgt von einem Vornamen ist. Somit haben Sie über eine **rekursive Definition** beliebig viele Vornamen zugelassen!

Ein Nachname ist nichts anderes als ein Name:

```
<Nachname> ::= <Name>
```

Ein Name wiederum soll einfach aus einer Ansammlung von Buchstaben bestehen, beginnend mit einem Großbuchstaben und gefolgt von lauter Kleinbuchstaben:

```
<Name> ::= <Großbuchstabe> <Kleinbuchstaben> | <Name> <Name>
<Kleinbuchstaben> ::= <Kleinbuchstabe> | <Kleinbuchstabe>
                         <Kleinbuchstaben>
```

Hier werden auch Namenskombinationen aus mehreren Wörtern zugelassen (hinter dem »|«).

Groß- und Kleinbuchstaben zählen Sie dagegen einfach auf. Um die Sache übersichtlich zu halten, signalisieren die Punkte, dass hier einige Zeichen ausgelassen wurden, die Sie sich aber dazwischen vorstellen müssen:

```
<Kleinbuchstabe> ::= "a"|...|"z"|"-"|"ä"|"ö"|"ü"|"ß"
<Großbuchstabe> ::= "A"|...|"Z"|"Ä"|"Ö"|"Ü"
```

Zu den Kleinbuchstaben haben wir außer den Umlauten und dem »scharfen S« ebenfalls den Bindestrich dazugepackt, um entsprechende Namenskombinationen zu ermöglichen. Großbuchstaben benötigen dagegen nur zusätzliche Umlaute.

Damit ist der Namensteil abgeschlossen. Weiter geht es mit dem Straßenteil:

```
<Straßenteil> ::= <Name> <SPACE> <Hausnummer> <EOL>
```

Auch der Straßenname ist ein Name, der wiederum aus mehreren Wörtern bestehen kann.

Die Hausnummer ist eine Folge von Ziffern – am Ende eventuell noch ein Buchstabe:

```
<Hausnummer> ::= <Zahl>|<Zahl><Kleinbuchstabe>
```

Wir lassen den Buchstaben als Zusatz nur am Ende der Hausnummer zu. Zugegeben, das ist eine Einschränkung, aber wir wollen das Ergebnis ja auch keinem Paketdienst verkaufen.

Bei der Zahl gibt es ein fieses Problem. Am Anfang ist eine Null verboten, danach jedoch (auch mehrfach) erlaubt. Am besten definieren Sie dazu eine künstliche Zahl, der auch eine Null vorangehen darf:

```
<Kunstzahl> ::= <Ziffer>|<Ziffer><Kunstzahl>
```

Daraus entsteht wie folgt eine (gewöhnliche) Zahl:

```
<Zahl> ::= <ZifferNichtNull>|<ZifferNichtNUll><Kunstzahl>
```

Sie können sich sicher denken, was ich mit einer »ZifferNichtNull« meine:

```
<ZifferNichtNull> ::= "1"|...|"9"
```

Eine gewöhnliche Ziffer dagegen darf auch null sein:

```
<Ziffer> ::= "0"|<ZifferNichtNull>
```

Damit ist der Straßenteil »in der Tasche«. Schließlich geht es an den Ortsteil. Auch hier will ich von einer vereinfachten Situation ausgehen:

```
<Ortsteil> ::= <Postleitzahl><SPACE><Name>
```

Die Postleitzahl besteht aus fünf beliebigen Ziffern, auch die Null am Anfang ist erlaubt:

```
<Postleitzahl> ::= <Ziffer><Ziffer><Ziffer><Ziffer><Ziffer>
```

Fertig!

 Rekursion gehört zu den wichtigsten und aufregendsten Konzepten der gesamten Informatik. Deswegen finden Sie Rekursion in verschiedenen Kapiteln Ihres Dummies-Buches. Kapitel 31 zeigt Ihnen, wie Sie Rekursion in Algorithmen nutzen. »Primitive Rekursion« spielt in der theoretischen Informatik eine entscheidende Rolle. Details dazu habe ich in Kapitel 52 gepackt. Und natürlich gehört Rekursion zu den Konzepten, »Wie Informatiker denken« (Kapitel 4).

Puh, das war ganz schön anstrengend. Aber Sie geben hoffentlich zu, dass die BNF am Ende eine sehr präzise Beschreibung dessen ergibt, was erlaubt ist und was nicht!

Bezeichner und Konstanten

Im Grunde genommen ist die Sprache eines Computers binär. In seinem tiefsten Inneren verbergen sich tonnenweise Bits, die lediglich zwei unterschiedliche Zustände kennen, »an« und »aus«, »wahr« und »falsch« oder schlicht 1 und 0.

 Beginnend mit Kapitel 5 möchte Sie der gesamte zweite Teil Ihres Dummies-Buches genau davon überzeugen: Informationsverarbeitung geschieht digital – und das genügt vollkommen ...

Das Problem taucht erst mit dem menschlichen Programmierer auf. Was für den Computer feines, leckeres »Futter« ist, wirkt auf den Menschen, der mit der Kiste kommunizieren möchte, geradezu deprimierend fad. In dem Sumpf aus Nullen und Einsen würde jeder versinken, wenn es da nicht eine Abstraktionsebene gäbe, die das Leben erleichtert.

 Die *Abstraktionsebene* ist das »Brot und Butter«-Konzept der Informatik. Das Wort *abstrahere* kommt aus dem Lateinischen und bedeutet so viel wie »abziehen«, »wegnehmen«. Die Komplexität reduziert sich, sobald Sie von allem Überflüssigen absehen.

Ein wichtiges Hilfsmittel sind **Bezeichner**. Wie der Name sagt, wählen Sie eine **Bezeichnung**, um einen bestimmten Sachverhalt auszudrücken.

»Kontostand« ist beispielsweise viel griffiger und leichter zu verwenden als 10101011101101110101, obgleich der Computer beispielsweise nur die zweite Darstellungsvariante unmittelbar »versteht«. Um aus dem Bezeichner wieder die Adresse eines Speicher-platzes zu machen, wird ein **Übersetzer**, der **Compiler** benötigt.

Kapitel 17 gibt Ihnen einen Überblick der für die Programmierung benötigten Werkzeuge. Speicherkonzepte finden Sie im 13. Kapitel.

Bezeichner erleichtern also das (Programmier-)Leben, weil sie von binären Zahlenkolonnen abstrahieren und diese stattdessen durch leicht verständliche Begriffe ersetzen.

Konstanten sind ein Spezialfall von Bezeichnern. Ihre Verwendung drückt aus, dass dieser Bezeichner über die gesamte Laufzeit des Programms nicht verändert wird.

Der Compiler kann beim Übersetzen des Quellcodes sicherstellen, dass Konstanten tatsächlich nicht beschrieben werden. Anderenfalls gibt er eine Fehlermeldung zurück.

Der »Kontostand« ist offenbar keine Konstante, ansonsten dürften Sie nie etwas einzahlen oder abheben, von – wenn auch mageren – Zinsen einmal ganz abgesehen.

Typische Konstanten sind dagegen beispielsweise die Zahl π oder andere feste mathematische oder physikalische Größen. Arraygrößen und Maximal- und Minimalwerte für Rechenoperationen gehören ebenfalls dazu. Ihrer Fantasie sind wirklich keine Grenzen gesetzt.

Bezeichner für Speicherbereiche, die keine Konstanten sind, werden *Variablen* genannt.

Den Wert von Variablen können Sie somit *verändern*.

Operatoren

Ein Computer ist ein »Rechner«, das ist die wichtigste und kompakteste Definition dieser Maschine. »Rechnen« ist aber mehr als »Zählen«. Zum Rechnen gehören **Operatoren**.

Operatoren beschreiben, **was** mit bestimmten Objekten, den dazugehörigen **Operanden** getan werden soll.

Der mathematische **Ausdruck** »1 + 3« enthält einen Operator, das »+«, und dazu zwei Operanden, nämlich »1« und »3«.

Typische (mathematische) Operatoren sind:

✔ Addition (+)

✔ Subtraktion (−)

✔ Multiplikation (*)

✔ Division (/)

Die Zeichen in Klammern stehen für die übliche Darstellung, aber wenn Sie heute eine neue Programmiersprache erfinden, dürfen Sie sich natürlich auch eine nette Darstellung einfallen lassen. Beispielsweise könnten Sie »ADD 1,3« wählen, um die Addition von 1 und 3 zu beschreiben. Aber das wäre sicherlich kein Fortschritt gegenüber 1 + 3.

Über die Division müssen wir aber noch einmal diskutieren. Sollte es sich um gebrochene Zahlen handeln, mag das ja noch angehen, aber was ist mit der ganzzahligen Division?

Wenn Sie 23 / 5 ganzzahlig ausrechnen, erhalten Sie 4 Rest 3, denn vier mal fünf ergibt nur 20 und nicht 23.

Der Operator, der Ihnen den Rest einer ganzzahligen Division ausspuckt, wird **Modulo-Operator** genannt und meist mit »%« abgekürzt:

Mod

- ✔ 23 % 5 ergibt, wie erwähnt, 3,

- ✔ 12 % 38 ergibt 12,

- ✔ 9 % 4 ist 1, denn die 4 geht zweimal komplett in die 9 und es bleibt ein Rest von 1.

Es gibt eine Unzahl an weiteren Operatoren, beispielsweise auf Bitebene:

- ✔ Bitweises UND: A & B

- ✔ Bitweises ODER: A | B

- ✔ Bitweise NEGATION: !A

- ✔ Vergleiche: >, <, ≥, ≤, = ...

Eine umfassende Übersicht dieser sogenannten booleschen Operatoren finden Sie in Kapitel 6!

Neben den mathematischen existiert eine Reihe weiterer Operatoren, die beispielsweise für die Manipulation von Speicherbereichen gedacht sind, insbesondere »Stacks« und »Queues«. Dazu gehören beispielsweise:

- ✔ PUSH (Einfügen von Daten)

- ✔ POP (Entnahme von Daten)

Stacks und **Queues** werden in Kapitel 32 ausführlich behandelt.

Allerdings hindert Sie niemand daran, kreativ zu werden, eigene Operatoren zu erfinden und Ihrer Sprache hinzuzufügen. Wenn Sie es dem Programmierer überlassen, selbst neue Arten von Verknüpfungen zu erfinden, nennt man das im Allgemeinen **Funktionen**. Auch Funktionen erwarten, wie Operatoren, eine gewisse Anzahl von Argumenten. Diese Anzahl darf auch null sein. In diesem Sinne sind Operatoren spezielle Funktionen, deren Argumente Operanden heißen. Darüber werden wir noch am Ende des Kapitels einmal philosophieren, jetzt ist keine Zeit für solche Spitzfindigkeiten.

Gleich ist nicht gleich gleich

Einer der wichtigsten Operatoren ist der **Zuweisungsoperator**. In einer Programmiersprache wird es früher oder später unumgänglich sein, einer Variablen einen Wert **zuzuweisen**.

Wenn die Variable »Kontostand« heißt, würde die Zuweisung des Werts 100 bedeuten, dass der Kontostand, na ...? Richtig, 100 Euro beträgt.

Dafür können Sie sich die lustigsten Schreibweisen ausdenken:

Kontostand←100

100→Kontostand

Kontostand :: 100

Kontostand?100

Kontostand(100)

Viele Programmiersprachen verwenden allerdings das Gleichheitszeichen:

Kontostand = 100

Und das ist sehr gefährlich!

In einigen weitverbreiteten Programmiersprachen wird das Gleichheitszeichen »=« als Zuweisungsoperator verwendet. In diesem Fall darf »=« nicht als Vergleichsoperator gebraucht werden.

Es ist natürlich ein Unterschied, ob »Kontostand = 100« eine Frage ist, deren Antwort (wahr oder falsch) vom aktuellen Guthaben abhängig ist, oder ob es sich um einen Befehl handelt: »Der Kontostand wird hiermit auf 100 Euro gesetzt.«

Atomare Datentypen

Sie können sich 1001 neue Datenstrukturen ausdenken, aber jede Programmiersprache muss mit einem gewissen Grundbestand daherkommen, auf dem Sie aufbauen. Dieses Fundament sind die **atomaren Datentypen**.

Datentypen werden *atomar* genannt, wenn sie bereits im Sprachumfang einer Programmiersprache enthalten sind und sich nicht selbst wiederum aus anderen Datentypen zusammensetzen.

Welche Datentypen tatsächlich atomar sind, hängt ein Stück weit von der Ausgestaltung der Programmiersprache ab, aber meist sind es die folgenden:

✔ Ganze Zahl

✔ Gebrochene Zahl

 Zeichen

 Wahrheitswert

Eine **Zeichenkette**, üblicherweise als »String« (englisch für »Kette«) bezeichnet, besteht per Definition aus einer Folge von Zeichen (Buchstaben, Ziffern, Sonderzeichen, ...). In diesem Sinne ist ein String nicht atomar. Dennoch kann es sein, dass eine Programmiersprache »String« unmittelbar als eingebauten Typ enthält und nicht etwa erst aus einem Feld von Zeichen aufbaut.

Kontrollstrukturen, so weit das Auge reicht

Um eine Programmiersprache vollständig zu definieren, müssen Sie ebenfalls Regeln festlegen, die die Verarbeitung von Befehlen vorschreiben.

 Angenommen, Sie wollen alle Zahlen von 1 bis 10 ausgeben.

Ihr Programm könnte die jeweiligen Befehle einfach hintereinander enthalten:

```
Ausgabe(1)
Ausgabe(2)
Ausgabe(3)
Ausgabe(4)
Ausgabe(5)
Ausgabe(6)
Ausgabe(7)
Ausgabe(8)
Ausgabe(9)
Ausgabe(10)
```

Das mag für die Zahlen von 1 bis 10 noch angehen, aber würden Sie das wirklich durchziehen, wenn es um die Zahlen von 1 bis 1000 geht?

Worum es nun geht, hat also mit den Befehlen als solchen nicht unmittelbar zu tun, sondern betrifft die Art und Weise, wie Sie die Anweisungen verknüpfen. Das nennt man eine **Kontrollstruktur**.

Typische Kontrollstrukturen einer Programmiersprache enthalten Anweisungen für ...

 Schleifen

 Bedingte Anweisungen

 Blöcke

Eine Schleife für unser letztes Beispiel könnte beispielsweise so ausschauen:

```
i = 1
WIEDERHOLE
    Ausgabe(i)
    Erhöhe(i)
BIS i > 10
```

Die *Schleifenvariable* in diesem Beispiel ist i. Wie Sie sehen, führt die Verwendung einer *Schleife* auf natürliche Weise zu einer weiteren Kontrollstruktur, nämlich einer *bedingten Anweisung*: Irgendwann muss es mit der Wiederholung ja auch einmal gut sein, und dazu benötigen Sie ein *Abbruchkriterium*. Übersteigt der Wert von i 10, muss die Schleife verlassen werden.

Alles zwischen WIEDERHOLE und BIS kann als ein *Block* betrachtet werden. Viele Programmiersprachen verwenden dazu ein Paar geschweifter Klammern: { ... } Das ist viel weniger schreibaufwendig und etwas übersichtlicher, vor allem, wenn Blocks in anderen Blocks verschachtelt werden ...

Erlaubte Ausdrücke

Sobald erst einmal Schleifen im Spiel sind, verändern sich Variablen. Keine Sorge, das ist ganz natürlich ...

Sie haben gesehen, dass der Zuweisungsoperator den Zweck hat, einer Variablen einen **Wert** zuzuweisen. Die Frage ist nur: In welcher Form wird der Wert angegeben?

Beispielsweise könnten Sie schreiben: *Kontostand = 100*, aber vielleicht wäre auch *Kontostand = 50 + 50* okay?

Die rechte Seite der Zuweisung ist ein **Ausdruck**. Ein Ausdruck ist der Sammelbegriff für alle möglichen Kombinationen von Zeichen.

Allerdings sind natürlich nicht alle diese Kombinationen **erlaubt**. Eine Zuweisung darf somit nur einen **erlaubten Ausdruck** enthalten.

Was Sie erlauben, hängt wiederum von Ihrer Programmiersprache ab. Es hat sich gezeigt, dass Sie zumindest die üblichen mathematischen Ausdrücke plus deren (geklammerte) Kombinationen erlauben sollten:

✔ Kontostand = 100 − 12 / 4

✔ Abhebung = 2 * (3 − 2) + 5

✔ Einzahlung = 12 − 2 + (14 + 3) % 3 − 3

Da in allen diesen Fällen die Variable lediglich eine einfache Zahl sein soll, muss der Ausdruck ebenfalls in eine Zahl *umgewandelt* werden, damit er zugewiesen werden kann.

Der *Wert eines Ausdrucks* ist seine kompakteste Darstellungsform, meist eine *Zahl*.

Ich will Ihnen das jetzt nicht vorschreiben, Sie dürfen durchaus eine Programmiersprache ersinnen, die anders tickt. Aber für die meisten Programmiersprachen gilt:

 Einer Variablen wird stets der **Wert** eines Ausdrucks zugewiesen.

Zahlenkonstanten wie 3, 5 oder π haben als Wert genau diejenige Zahl, die sie beschreiben. Variablen von Zahlen besitzen den Wert, der ihnen zuletzt zugewiesen wurde. Mathematische Ausdrücke resultieren in einer Zahl, die der jeweiligen Rechenvorschrift entspricht.

Wenn beispielsweise Kontostand = 100 gilt, dann besitzen die nachfolgenden Ausdrücke alle denselben Wert:

✔ Kontostand / 10

✔ 2 * Kontostand – 190

✔ 5 + 5

✔ 4 * (65 / 13) – 10

Sobald Sie den Wert einer Variablen definiert haben, hindert Sie natürlich niemand daran, auch Variablen auf der rechten Seite einer Zuweisung zu verwenden:

✔ Kontostand = 100

✔ Abhebung = Kontostand / 2

✔ Einzahlung = 10 + 2 * 5

✔ Kontostand = Kontostand + Einzahlung – Abhebung

Wie Sie sehen, kann ein und dieselbe Variable links und rechts von einem Zuweisungszeichen auftauchen. Dabei wird zunächst der komplette Ausdruck rechts ausge**wert**et. »Kontostand« wird durch den Wert 100 ersetzt, »Einzahlung« durch 20 und »Abhebung« durch 50. Der neue Wert von Kontostand ergibt somit 100 + 20 – 50, also 70.

Der Wert eines Ausdrucks ist somit klar. Allerdings haben einige Anweisungen auch einen **Seiteneffekt**.

 Der *Seiteneffekt* einer Anweisung beschreibt eine Statusänderung, die sich vom Wert des jeweiligen Ausdrucks unterscheiden kann.

 In der Sprache C, die ab Kapitel 21 genauer unter die Lupe genommen wird, besitzt folgende Anweisung einen Seiteneffekt:

```
A = B++
```

Die Variable A wird auf den Wert der Variablen B gesetzt, zusätzlich wird (anschließend!) B noch um 1 erhöht!

Die Geschichte mit dem Seiteneffekt ist eine üble Sache und ich kann es Ihnen nicht verdenken, wenn die von Ihnen entwickelte Programmiersprache überhaupt keine numerischen Seiteneffekte zulässt.

 Auf Gefahren im Umgang mit der **Parameterübergabe** werden Sie ebenfalls in Kapitel 19 hingewiesen.

Ausnahmsweise eine Exception

Computer haben nur deswegen den Siegeszug in unserer Gesellschaft angetreten, weil die Programme immer umfangreicher und leistungsfähiger geworden sind, ohne dass die Programmierer an der steigenden Komplexität irre wurden.

Das Zauberwort **Abstraktion** zum Beherrschen auch riesiger Programme haben Sie bereits kennengelernt. Es gibt jedoch noch ein anderes, sehr wichtiges Konzept: die Behandlung von **Ausnahmen** (englisch **Exceptions**).

Ausnahmen entstehen dort, wo der geregelte Ablauf oder die Annahmen des Programmierers an einer bestimmten Stelle nicht mehr zutreffen.

 Stellen Sie sich vor, Sie haben ein Programm entwickelt, das mittels GPS oder Galileo die aktuellen Ortskoordinaten per Triangulation ermittelt. Dabei sei folgende Zeile sehr wichtig:

```
POS = XPOS / YPOS
```

Bei allen drei Bezeichnern handele es sich um Variablen. Wie gehen Sie vor, wenn YPOS den Wert null besitzt? Es wäre fatal, dieses Problem einfach zu ignorieren und abzuwarten, was dem Computer dazu einfällt!

Es entsteht eine »nicht behandelte Ausnahme« und der Rechner verweigert die weitere Ausführung. Umgangssprachlich formuliert: *Das Programm stürzt ab.*

Wenn es sich lediglich um ein Navigationsprogramm handelt, könnte man es womöglich neu starten und seine Fahrt – mehr oder weniger – schadlos fortsetzen.

Sollte Ihr Programm jedoch eine Drohne steuern, kann das zu erheblichen wirtschaftlichen Schäden führen, von der Gefährdung von Menschenleben ganz zu schweigen.

Es gibt eine Lösung aus dem Dilemma: die *Ausnahmebehandlung.*

Eine Ausnahmebehandlung bedeutet, dass Sie bei **jeder Division** sicherstellen, dass der Nenner niemals null wird. Das ist im Prinzip unheimlich einfach, etwa so:

```
FALLS YPOS UNGLEICH 0
DANN POS = XPOS / YPOS
```

Aber zugleich ist es wahnsinnig schwer, die richtigen Konsequenzen aus dem Missgeschick zu ziehen. Gut, das Programm soll nicht abstürzen, aber wie soll es sich denn sonst verhalten? Offensichtlich kann keine vernünftige Positionsbestimmung erfolgen. Soll es einfach Daten schätzen? Oder den Benutzer fragen, was zu tun ist? Oder vielleicht ein wenig warten und es noch einmal probieren?

Die Antwort lautet: An der Stelle im Programm, wo der Fehler *auftritt*, kann der Programmierer noch nicht entscheiden, wie dieser zu *behandeln* ist.

Bei einem größeren Projekt könnte es sogar sein, dass es eine ganz andere Abteilung ist, die für das Gesamtverhalten des Programms zuständig ist. Oder noch viel schlimmer: Die Zeile taucht in einer »Bibliotheksfunktion« auf, die prinzipielle Funktionalität für viele unterschiedliche Programme bereitstellt.

Wie Sie sehen, ist die Welt der Programmierung manchmal unübersichtlich. Eine professionelle Ausnahmebehandlung wirkt Wunder. Die Idee ist recht einfach zu verstehen: Sie *entkoppeln* das Erkennen einer kritischen Funktion von der daraus resultierenden Handlung. An der einen Stelle entsteht eine Ausnahme, eine Exception, an einer anderen ist klar, wie Sie sich in einem solchen Fall verhalten müssen. Es hat sich für dieses Phänomen eingebürgert, vom »*Werfen* und *Fangen* einer Ausnahme« zu sprechen.

 Ausnahmen (Englisch **exceptions**) werden an der Stelle *geworfen* (*throw* an exception), an der sie entstehen. Sie werden dagegen *gefangen* (*catch* an exception), wo sie behandelt werden.

Am besten veranschauliche ich Ihnen das anhand einer kleinen Grafik (Abbildung 18.1).

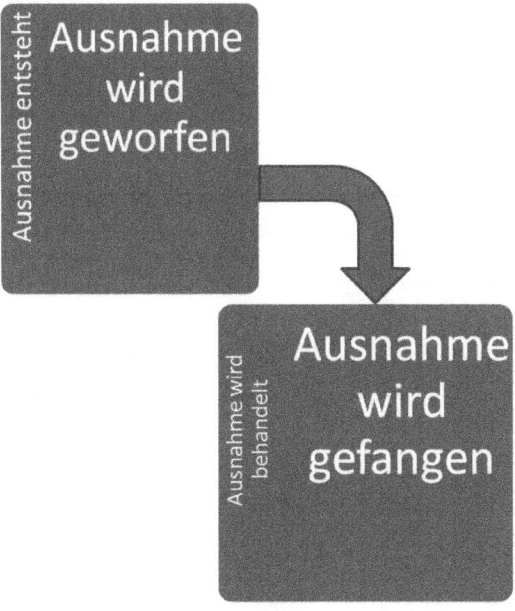

Abbildung 18.1: Werfen und Fangen von Ausnahmen

Mit diesem doch recht simplen Trick erreichen Sie genau das, was Sie wollen: Sollte beispiels-weise eine »Division durch null«-Ausnahme in einem autonomen Drohnensteuerprogramm auftreten, muss unbedingt sichergestellt werden, dass das Flugobjekt auch ohne GPS sicher landet. In einem Smartphone genügt es vielleicht, auf andere Ortungsmöglichkeiten zurückzu-greifen (beispielsweise via WLAN) oder schlicht die letzte Position als Ergebnis anzunehmen.

In Kapitel 24 lesen Sie nach, wie die Ausnahmebehandlung in C++ aussieht.

Angekettete Strings

Von **Strings**, also Zeichenketten, war bereits die Rede. Heutzutage kommt keine relevante Programmiersprache ohne eine umfassende Sammlung von Operatoren auf Strings aus. Ich mache zunächst einmal eine Liste der allerwichtigsten Funktionen auf Strings:

✔ Bestimmung der Stringlänge

✔ Konkatenation (Zusammenfügen von Strings)

✔ Suche (nach einzelnen Zeichen oder Zeichenketten) in Strings

✔ Umwandeln von Strings in Zahlen (zum Beispiel »123«)

✔ Umwandeln eines Strings in Großbuchstaben (oder Kleinbuchstaben)

✔ Umkehren der Zeichen innerhalb eines Strings

✔ Zerlegen eines Strings, der einen Satz darstellt, in ein Feld von Strings, das die einzelnen Wörter als Strings enthält

✔ ...

Sinnvolle und nützliche Operationen auf Strings gehören zum Sprachumfang einer jeden Programmiersprache.

Ein Strom von Streams

Früher oder später wird Ihre Programmiersprache noch eine andere Aufgabe lösen müssen: Daten zu speichern oder gespeicherte Daten einzulesen. Dabei lasse ich es bewusst offen, wo oder wie die Daten gespeichert werden sollen:

✔ Festplatte

✔ Flash-Speicher

✔ DVD-RAM

✔ Tape

✔ Diskette (ja, so etwas gab es auch einmal ...)

Alles Wissenswerte zum Thema **Speicher** finden Sie in Kapitel 13.

Aber das ist ja nur die Spitze des Eisbergs! Selbst in Strings könnte man – im Prinzip – beliebige Daten abspeichern. Erinnern Sie sich nur daran, dass letztlich alles aus binären Ziffern besteht, auch die klassischen Buchstaben.

Wäre es nicht nett, ein Konzept zu besitzen, das Ihnen das Ein- und Auslesen von beliebigen Medien ermöglicht? So etwas gibt es tatsächlich. Es handelt sich um **Streams**.

 Streams (»Ströme« im Sinne von »Datenströmen«) stellen ein Konzept der Informatik dar, mit dem Sie Daten ein- oder auslesen. **Input-Streams** dienen der Eingabe, **Output-Streams** der Ausgabe. Um welchen physischen Speicher es sich auch immer handelt, stets werden dieselben Prozeduren aufgerufen.

Bei dem Bildschirm handelt es sich um den *Standard-Ausgabestrom*, während die Tastatur den *Standard-Eingabestrom* repräsentiert.

Bei UNIX-basierten Betriebssystemen sind Sie darüber hinaus in der Lage, die Standards zu »verbiegen«.

So wird die Ausgabe von `mein_programm` vom Bildschirm in die Datei `meine_datei` umgelenkt mit

```
mein_programm > meine_datei
```

Angenommen `mein_programm` liest vom Standard-Eingabestrom, dann kommen die Daten mit

```
mein_programm < meine_datei
```

stattdessen aus der Datei `meine_datei`. Der eigentliche Clou besteht jedoch darin, dass der Programmierer nicht einmal wissen muss, dass die Datei existiert. Im Gegenteil: `mein_programm` bekommt die Datei nicht zu »sehen«, sondern liest einfach aus dem Standard-Eingabestrom. Clever, nicht wahr? Und das alles nur, weil Sie statt von Dateien und Geräten von Ein- oder Ausgabeströmen reden. Auch dies ist ein nettes Beispiel für eine Abstraktionsebene ...

Argumente und Parameter

Es herrscht selbst unter Informatikern reichlich Verwirrung, was die Verwendung von Begriffen wie »Argument« oder »Parameter« angeht. Ebenfalls werden »Funktionen«, »Operatoren« und »Prozeduren« wild durcheinander gewürfelt.

Lassen Sie uns ein wenig Klarheit in diesen Begriffsdschungel bringen.

 Eine *Funktion* ist, mathematisch betrachtet, eine Zuordnung zwischen den Elementen zweier Mengen.

Mathematiker sind nicht gerade kleinlich, was die Form solcher Mengen angeht. Es kann sich dabei um einfache Zahlen oder um mehrdimensionale Tupel oder ganze Funktionen handeln.

 Ein *Operator*, angewendet auf (mathematische) Objekte, produziert hieraus andere Objekte.

Ein Operator ist wie ein »schwarzer Kasten«. Seine *Operanden* sind die Eingabewerte, die oben in den Kasten hineingeworfen werden. Was unten dabei herausfällt, ist das Ergebnis.

»+« ist beispielsweise ein *binärer Operator*, weil er zwei Operanden benötigt, beispielsweise »3« und »4« und als Ergebnis die Summe berechnet.

Allerdings lässt sich auch eine Funktion als Operator interpretieren. Das ist einfach der schwarze Kasten, der auf die Eingabe die jeweilige Funktion *anwendet* und als Ergebnis den zugeordneten Funktionswert ausspuckt.

Umgekehrt lässt sich ebenso jeder Operator als eine Funktion begreifen, die eine Zuordnung zwischen der Menge der Eingaben (was in den Kasten hineinkommt) und den zugehörigen Ausgaben (was dabei herauskommt) erzeugt.

Der einzige Unterschied besteht darin, dass beim Begriff »Operator« eine *Tätigkeit* unterstellt wird, während die Funktion lediglich den *Zusammenhang* postuliert.

In der Informatik kommt noch ein weiteres Wort ins Spiel: die **Prozedur**.

 Eine *Prozedur* ist ein Unterprogramm, das an verschiedenen Stellen eines Programms (und auch mehrfach) aufgerufen werden kann.

Es handelt sich dabei, streng genommen, um die *Implementierung einer Funktion*, und zwar in einem sehr allgemeinen Sinne.

Bei einer Funktion der Form **f(x) = y** ist x eine **unabhängige** und y ist eine **abhängige Variable**. Sie dürfen für die *Variable (Platzhalter)* x aus der Urbildmenge ein beliebiges Element frei aussuchen und erhalten – durch f – eine genaue Vorschrift, wie y auszusehen hat.

Bei einer Prozedur heißt dieser Platzhalter *Parameter*. Auch für Funktionsvariable finden Sie hin und wieder diese Bezeichnung.

 Eine *Prozedur* kann für dieselben Argumente beim erneuten Aufruf ein anderes Ergebnis produzieren, weil sich beispielsweise ihr innerer Status nach dem ersten Aufruf verändert.

Dies wäre bei einer mathematischen Definition der *Funktion* verboten. Dennoch realisiert die Prozedur (auf höherer Abstraktionsebene) stets eine Funktion, nur wäre in diesem Fall auch der innere Status eine zu berücksichtigende Variable!

Tabelle 18.1 fasst die gängigen Bezeichnungen zusammen.

Hauptkonzept	Zusatzangaben
Operator	Operanden
Funktion	Variable
Prozedur	Parameter

Tabelle 18.1: Übersicht der wichtigsten funktionalen Konzepte

Im Gegensatz zu einer (mathematischen) Funktion kommt eine Prozedur durchaus auch ganz ohne Parameter aus. In dieser Version ist eine Prozedur einfach eine Sammlung von Anweisungen.

Allerdings ist die Welt noch ein wenig komplizierter. Informatiker bezeichnen nämlich mit einer Prozedur und ihren Parametern lediglich den Programmcode. Während der Ausführung wird die Prozedur gewissermaßen mit Leben gefüllt, die »formalen« *Parameter* der Prozedur werden zur Laufzeit mit den jeweilig »aktuellen« *Argumenten* versehen. Die Parameter sind insofern nur die Platzhalter für die später dafür eingesetzten Werte. Tatsächlich definieren Sie für jeden Parameter normalerweise auch den Datentyp. Ein Parameter ist insofern eine spezielle Variable, die zur Laufzeit von der aufrufenden Stelle mit Werten versehen wird. Während der Parameter eine Bezeichnung trägt, ist ein Argument ein reiner Wert ohne Namen – jedenfalls im Prinzip.

Ein *Parameter* spezifiziert einen *Platzhalter.* Ein *konkreter Wert* für einen Parameter wird als *Argument* bezeichnet.

Die Unterscheidung zwischen Parameter und Argument dürfen Sie auch auf Funktionen anwenden. In f(x) = y ist x ein Parameter, während bei f(3) = 9 die Zahl 3 das Argument darstellt.

Einige Informatiker sprechen auch von **formalen Parametern** (für Parameter) und von **aktuellen Parametern** für Argumente.

Für dieses Buch sollten wir uns auf folgenden Minimalkonsens einigen:

Funktionen stellen eine wichtige Abstraktionsebene für Programmiersprachen dar. Fest eingebaute, meist nur mit einem Zeichen beschriebene Funktionen werden auch **Operatoren** genannt. Ihre Argumente heißen **Operanden**. Die im Programmcode enthaltene Beschreibung einer Funktion wird zumeist als **Prozedur** bezeichnet. Ihre *Parameter* werden zur Laufzeit durch konkrete *Argumente* ersetzt.

Kapitel 19

Auf was Sie beim Programmieren achten sollten

D ieses Kapitel möchte Ihnen eine Art *Beipackzettel* des Programmierens bieten. Die grundsätzlichen Zielsetzungen und wichtigsten Methoden führen Sie zu einem besseren und tieferen Verständnis von Programmiersprachen. Die übelsten Fallen und häufige Probleme folgen anschließend. Ich möchte Ihnen aber nicht den Spaß am Programmieren verderben, ganz im Gegenteil: Wenn Sie ein paar Regeln beachten, werden Sie wesentlich schneller vorankommen und langfristig viel mehr Freude im Umgang mit Computern verspüren ...

Reusability Reusability Reusability

Es gibt nur *ein*, wirklich nur *ein einziges* Konzept, auf das letztlich alle Bemühungen des Programmierens zurückzuführen sind:

 Programmcode sollte **wiederverwendbar** sein!

Die *Wiederverwendbarkeit*, auf Englisch *Reusability* bezeichnet, zieht sich wie ein roter Faden durch nahezu alle bis heute gängigen Programmierkonzepte.

Wiederverwendbar ist der Code nur dann, wenn er ...

✔ prinzipiell funktioniert,

✔ einigermaßen Ressourcen sparend ist,

✔ vernünftig gepflegt und

✔ auch von anderen Programmierern verstanden werden kann.

Das erste Häkchen steht für die »Korrektheit«. Es nützt niemandem, wenn eine Bibliothek zur Verschlüsselung von Daten Fehler enthält, die dazu führen, dass eine Entschlüsselung nicht mehr möglich ist. Solcher Code ist nicht wiederverwendbar, sondern bestenfalls noch als Negativbeispiel heranzuziehen. Implizit folgt daraus, dass grundsätzlich geklärt sein muss, wozu die entsprechenden Zeilen überhaupt dienen. Das tollste Projekt nützt nichts, wenn niemand weiß, worum es sich eigentlich handelt.

Das zweite Häkchen erwähnt die verbrauchten Ressourcen. Gemeint ist, dass kein Mensch Code benötigt, der langsamer oder speicherfressender ist als bereits verfügbare Sourcen. Spätestens seit der Programmierung auf Smartphones darf dieser Satz auch sehr wörtlich auf den Stromverbrauch einer App bezogen werden. Gemeint ist dabei kein *optimaler* Code, in welchem Sinne auch immer. Den gibt es nämlich fast nirgendwo. Entscheidend ist, dass Klarheit darüber herrscht, wie effizient die jeweilige Prozedur arbeitet. Vielleicht können Sie das Programm schon sofort einsetzen, arbeiten jedoch parallel an einer Effizienzsteigerung!

Effizienz kommt vom Lateinischen *efficere*, was so viel wie *hervorbringen*, *erzeugen* bedeutet. Damit verwandt ist die *Effektivität*. Während die Effektivität bewertet, ob der jeweilige Algorithmus überhaupt das Richtige *hervorbringt*, trachtet die Effizienz nach der Beurteilung der Art und Weise, *wie* dies geschieht. In der Informatik ist Effizienz immer mit dem Ressourcenverbrauch kombiniert: Schnelligkeit und Platzbedarf, neuerdings ebenfalls Energiebedarf.

Um zu verstehen, warum *Reusability* so unglaublich wichtig ist, möchte ich Ihnen gerne noch schnell auflisten, was Code **nicht wiederverwendbar** macht:

✔ »Quick and Dirty«-Lösungen, die später weder verstanden noch verbessert werden können

✔ Programme, deren Funktionalität nur auf ein winziges Spektrum beschränkt ist und bei denen Sie auch die anderenorts nützlichen Komponenten nicht einfach heraustrennen können, weil sie in den restlichen Code verwoben sind

✔ Codezeilen, die sich weder um Lesbarkeit noch um den Ressourcenverbrauch scheren

✔ ...

Ich könnte die Auflistung beliebig lange fortsetzen. Was in jedem Fall unmittelbar daraus folgt:

✔ Strukturieren Sie Programme so, dass die Funktionalität der einzelnen Komponenten klar ersichtlich wird!

✔ Vermeiden Sie »Spaghetti-Code«, bei dem die Abarbeitung der Befehle wild durch die Programmzeilen springt und nicht hübsch der Reihe nach erfolgt! Insofern sollten Sie grundsätzlich auf die Verwendung eines Befehls wie goto verzichten!

✔ Achten Sie auf sinnvolle und verständliche Kommentare!

Für den dritten Punkt möchte ich Ihnen gerne ein Beispiel (in C) zeigen, wie Sie es **nicht** machen sollten:

```
i = 1;  // hier wird i auf 1 gesetzt
while (*b++ = *s++) {
    // die while-schleife beginnt
    i += &i++;
    // die while-schleife endet
}
```

Zwar hat der Programmierer nicht mit Kommentaren gespart, aber über deren mangelnden Nutzen müssen wir nicht streiten. Solche Kommentare sind sinnlos! Nur dort, wo wirklich etwas erklärungsbedürftig ist, sollten Sie – gerne ausführliche – Beschreibungen einfügen. Im Beispiel wäre das etwa die Zeile i+= &i++;, deren tieferer Sinn selbst ausgefuchsten Programmierern Rätsel aufgeben dürfte. Sie dürfen bei der Kommentierung natürlich davon ausgehen, dass der Leser die Syntax der jeweiligen Sprache beherrscht.

Auf die merkwürdigen Kürzel in der Zeile mit dem while gehe ich in Kapitel 23 näher ein. Sie werden staunen, wie effizient dieser Code ist!

Abstraktion als Universalwaffe

Über den Begriff der **Abstraktion** haben wir inzwischen bereits das ein oder andere Mal philosophiert. Er ist zentral für das Ziel der Wiederverwendbarkeit.

Stellen Sie sich ein Programm vor wie einen großen Gebäudekomplex! Er besteht aus vielen unterschiedlichen Räumen mit jeweils anderen Funktionen. Kein Mensch käme auf die Idee, sofort mit dem Mauern zu beginnen. Zuerst muss geplant werden. Aber selbst dieses Planen ist nicht einfach. Wo soll man anfangen? Es gibt so viele Dinge zu berücksichtigen. Neben den Äußerlichkeiten, die den Besuchern später sofort auffallen werden, beachten die Architekten bereits in der Designphase profane Probleme wie Versorgungsleitungen für Trinkwasser, Abwasser, Gas, Strom, Lüftung und so fort.

Programmieren ist wie das Entwerfen eines Gebäudekomplexes – im Weltall. Denn mit Gravitation müssen Sie sich nun wirklich nicht herumschlagen. Das macht die Geschichte aber noch komplizierter, denn Sie dürfen in allen Dimensionen kreativ sein. *Abstraktion* hilft auch hier. Die Raumstation muss gewisse Eigenschaften besitzen, die bestimmten Bereichen zugeordnet werden. Wenn Sie ein riesiges Team von Entwicklern beschäftigen, dürfen die jeweiligen Parteien nicht kreuz und quer durcheinander planen. Jeder wird einem gewissen Bereich zugeordnet. Am Ende müssen die einzelnen Komponenten zusammengefügt werden – von Menschen, für die die jeweiligen Bestandteile nur noch abstrakte Module sind, die sie selbst nicht mehr völlig durchschauen.

Die Betreiber der Weltraumstation ISS testen inzwischen auch faltbare Module, die sich an die bestehenden leicht (und vorübergehend) andocken lassen, um so spezielle, temporäre Funktionen zu erfüllen. Der Aufbau der gesamten Station besteht im Idealfall darin, die passenden Module auszuwählen und einfach einzustöpseln ...

Barrieren

Abstraktion setzt voraus, dass Dinge entfernt werden. Aber das ist nur eine Betrachtungsweise. Werfen Sie einmal einen Blick auf Abbildung 19.1.

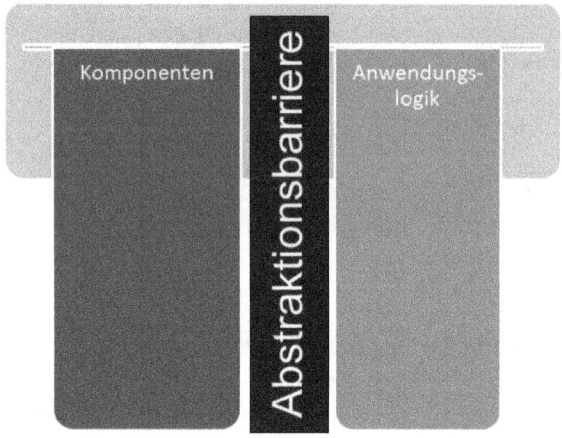

Abbildung 19.1: Bedeutung der Abstraktionsbarriere für die Programmentwicklung

In der Mitte erkennen Sie eine **Abstraktionsbarriere**. Die trennt die Bereiche links und rechts. Alle Programmierer, die sich auf der linken Seite tummeln, sehen die rechte nicht und umgekehrt. Selbst wenn sie auf der jeweils anderen Seite einmal zu Besuch sind: Auf keinen Fall dürfen Sie dieses Wissen für die Arbeit auf der eigenen Seite verwenden!

Die linke Seite steht für Prozeduren, die – etwa in Bibliotheken – eine gewisse, streng eingegrenzte Funktionalität übernehmen. Rechts dagegen findet sich eine Gesamtapplikation, eine Anwendung für einen bestimmten Zweck. Das Programm rechts benötigt nicht nur die Funktionalität von links, sondern besteht geradezu daraus.

 Um in unserem Bild von der Weltraumstation zu bleiben: Links befinden sich die Module, rechts die ISS. Und in der Mitte die Definition der Anschlüsse.

Entscheidend ist nun, dass die Komponenten links nichts von der Anwendung rechts »wissen«. Ihre Funktionalität ist dieselbe, ganz gleich, um welche Programmlogik es sich handelt. Der Sinn dieser Geschichte? Ein und dieselbe Komponente soll für beliebige Programme einsetzbar sein, auch solche, die heute noch gar nicht existieren. Letztlich geht es um **Wiederverwendbarkeit** der Komponenten, was sonst?

Allerdings darf auch die Anwendungslogik nichts von dem Inneren der Komponenten wissen. Der Grund ist ein wenig subtiler. Angenommen, die Anwendung nutzt aus, dass eine bestimmte Komponente mit einer spezifischen Datenstruktur arbeitet. Das mag eine Zeit lang gut gehen. Aber irgendwann ändert sich einmal diese Datenstruktur. Sollte die Anwendung immer noch auf die alte Datenstruktur setzen, werden im schlimmsten Fall falsche Resultate produziert, die vielleicht nur Kosten verursachen, vielleicht aber auch ein Flugzeug zum Absturz bringen.

Langer Rede kurzer Sinn:

Abstraktionsbarrieren innerhalb eines Programms dürfen *niemals* durchbrochen werden.

Kapselung

Die einzelnen Komponenten unseres Programms sind wie kleine, in sich abgeschlossene **Kapseln**, Bausteine für einen möglichen Gebäudekomplex oder etwas ganz, ganz anderes. Jede Prozedur ist ein Legostein. Der Stein selbst weiß nicht, wozu er eingesetzt werden kann – im Gegenteil. Er wird gerade so aufgebaut, dass er zu möglichst vielen anderen Steinen passt. Die Erhebungen fügen sich exakt in die Aussparungen ein. Der Sinn ist stets die Wiederverwendbarkeit.

Von heute an müssen Sie sich bei jeder Zeile Programmcode, die Sie schreiben, eine einfache Frage stellen: »Könnte es sein, dass ich selbst oder irgendein anderer Mensch auf der Welt genau diese Funktionalität jemals für einen anderen Zweck gebrauchen könnte?« Wenn die Antwort »ja« lautet, sind Sie an die Paradigmen der Wiederverwendbarkeit, um die es in diesem Kapitel geht, gebunden. Und glauben Sie mir: Die Antwort ist fast immer »ja«!

Modularisierung

Programme werden immer komplizierter und die Aufgaben eines Computers immer umfassender. Bald genügt es nicht mehr, nur einfach zwischen Komponenten und der Anwendungslogik zu unterscheiden, also der Erzeugung der Legobausteine und dem zu bauenden Haus. Angenommen, Sie würden Zigtausende von Legobausteinen für ein Projekt benötigen und Ihnen stünden ein Dutzend Helfer zur Verfügung. Würden Sie dann nicht auch die Gesamtaufgabe wiederum in Einzelaufgaben herunterbrechen und jedem Teammitglied eine eng gefasste Teilaufgabe zuweisen?

Unser Gebäudekomplex besteht vielleicht aus zehn einzelnen Gebäuden. Nicht nur in der Raumfahrerbranche, sondern auch bei Informatikern heißen diese **Module**. Jedes Modul besteht aus etlichen Komponenten und wird von verschiedenen Teams bearbeitet. Am Ende müssen aber alle Module zu der einen Raumstation passen: ihrem Anwendungsprogramm.

Module selbst können zu anderen Modulen und immer größeren Komplexen zusammengefasst werden. Die einzige Grenze ist unser Verstand.

Schnittstellen ohne Schmerzen

Betrachten Sie einmal zwei Legosteine. Faszinierend, wie sie zusammengefügt werden, nicht wahr? Der Wechsel von Nocken und Senken ist keineswegs zufällig, sondern gehorcht einer festen Vorschrift. Diese Vorschrift allein gewährleistet, dass am Ende quasi jeder Legostein zu jedem anderen passt. Informatiker sprechen von einer **Schnittstelle**. Ich kann Ihnen gar nicht sagen, wie wichtig eine vernünftige Spezifikation einer derartigen Schnittstelle ist. Denken Sie daran: Die Schnittstelle ist das Einzige, das Ihre Entwickler voneinander sehen. Jeder geht davon aus, dass sich die jeweils anderen akribisch daran halten. Nur so ist gewährleistet, dass das Legohaus am Ende nicht zusammenbricht ...

 Interface lautet die englische Original-Bezeichnung für das deutsche Wort **Schnittstelle**. Während in unserer Sprache Assoziationen mit »schneiden« und »Schmerz« geweckt werden, setzt sich »Interface« aus »inter« (»zwischen«) und »face« (»Gesicht«) zusammen. So wie »inter-galaktisch« »zwischen den Galaxien« bedeutet, zeigt das »Interface« je ein unterschiedliches Gesicht, ob man eine Prozedur von der Entwicklerseite oder der Anwenderseite aus betrachtet. Das Interface selbst ist der Ort dazwischen. Es lässt sich weder von der einen noch der anderen Seite vereinnahmen. Typischerweise wird daher auch das Interface als Erstes vor dem restlichen Code entwickelt.

Es ist erstaunlich einfach, eine solche Schnittstelle zu spezifizieren. Geben Sie dazu einfach nur den *Prozedurkopf* an. Ein kleines Beispiel hierzu könnte lauten:

```
Interface verschlüsseln(eingabe string[], password string[], methode int):
ausgabe string[];
```

Die Anwendungsseite darf die Funktion `verschlüsseln` bereits verwenden, ehe der zugehörige Code überhaupt geschrieben ist. Das Team, das den *Prozedurrumpf* implementiert, das also dafür sorgt, dass `verschlüsseln` tut, was es soll, muss gar nichts von der Anwendung wissen. Das ist auch gut so, denn der Code soll wiederverwendbar sein und auch später für alle möglichen Anwendungen eingesetzt werden, auch solche, die sich zum Zeitpunkt der Programmierung kein Entwickler vorstellen kann.

Wert eines Ausdrucks und Seiteneffekt

Nach der hochtrabenden und geradezu esoterisch anmutenden Diskussion über das Thema Abstraktion geht es jetzt wieder auf den festen, um nicht zu sagen, harten Grund der Fakten zurück.

Prozedurale Programmiersprachen bestehen aus einer Reihe von Befehlen und Anweisungen, die irgendetwas bewirken.

Sie haben vorgesorgt und wichtige Komponenten, Module oder ganze Programmbereiche mit einer vernünftigen *Abstraktionsbarriere* abgetrennt? Vorbildlich!

Woher wissen Sie denn eigentlich, was die Komponente, die Sie verwenden, genau tut? Eine wichtige Antwort darauf liefert der **Wert eines Ausdrucks**.

Im letzten Beispiel habe ich Ihnen die Funktion verschlüsseln vorgestellt. Offenbar soll diese Methode einen angegebenen Text mit dem gegebenen Passwort verschlüsseln und als Ergebnis den Chiffretext zurückliefern.

Der Wert von verschlüsseln ist somit der verschlüsselte Text. Wenn Ihnen das Ergebnis nicht gefällt, ignorieren Sie es einfach. Aber leider gibt es da einen Haken: In vielen der heute verbreiteten Sprachen gibt es neben dem Wert eines Ausdrucks auch einen möglichen *Seiteneffekt*.

Das denkbar einfachste Beispiel dafür ist der **Inkrement-Operator**.

Angenommen, Sie verfügen über eine Variable namens i. Sagen wir, ihr Wert sei 17. Dann führt die Anwendung des Inkrement-Operators dazu, dass i anschließend den Wert 18 hat.

```
increment(i)
```

Alternativ könnten Sie natürlich i auch durch eine Anweisung inkrementieren:

```
i = i+1
```

Es gibt jedoch einen riesigen Unterschied zwischen i = i+1 und increment(i): Im ersten Fall wird einfach der Wert von i+1, also 18, i zugewiesen. Im zweiten Fall dagegen wird i als Seiteneffekt inkrementiert.

Diese Geschichte ist gemein: Die Prozedur verschlüsseln mag als *Wert* den verschlüsselten Text ausgeben, aber als *Seiteneffekt* das Passwort und alle möglichen anderen Dinge an Geheimdienste oder kriminelle Organisationen weiterleiten ...

Allerdings ist der Seiteneffekt nicht selten das, was Sie eigentlich wollen. Sehen Sie sich nur folgende Zeile an:

```
print("Hallo")
```

Das Wort »Hallo« soll auf dem Bildschirm ausgegeben werden. Dabei hat der Ausdruck print vielleicht als **Wert** lediglich die Null. Entscheidend ist hier allein der **Seiteneffekt**: die Ausgabe auf dem Bildschirm.

Ende des Arrays

Jede Programmiersprache verfügt über Strukturen, mit denen Sie Inhalte speichern können. Typischerweise spricht man von **Arrays** (**Feldern**), falls Sie gleichartige Objekte in einer größeren Stückzahl verwalten möchten. Das könnten zum Beispiel ...

✔ Namen

✔ Telefonnummern

✔ Geburtsdaten

✔ Adressen

✔ Lottozahlen

... sein!

Beispielsweise könnte Ihr Array zum Speichern von Lottozahlen so wie in Abbildung 19.2 ausschauen.

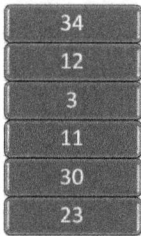

Abbildung 19.2: Array von Lottozahlen

Offenbar handelt es sich um ein Array der Größe »6«, weil Sie sechs unterschiedliche Lottozahlen darin ablegen können.

Das ist ein sehr einfaches Beispiel. Vielleicht wollen Sie alle jemals gezogenen Zahlen abspeichern, und zwar sortiert nach Datum? Oder es geht Ihnen darum, die Häufigkeit einer jeden Zahl von 1 bis 49 in einem Feld abzulegen, das dazu logischerweise über 49 Speicherplätze verfügen muss.

Das ist alles kein Problem, solange Sie nicht mehr Daten speichern möchten, als das Array fassen kann.

 Ein Array ist wie ein Parkplatz. Jeder Stellplatz bietet Platz für genau ein Fahrzeug. Wenn alle Plätze belegt sind und ein weiteres Auto dennoch parken möchte, führt das zu Blechschäden.

Sie lachen, weil das doch zu unwahrscheinlich ist? Leider gehört es zu den häufigen Absturzursachen von Programmen, wenn Felder jenseits ihrer Grenzen mit Daten belegt werden.

Zurück zu Abbildung 19.2. Sollte ein Programmierer auf die Idee kommen, auch die Superzahl abzuspeichern, wird das zu Konflikten mit einem Array der Größe »6« kommen. Wenn einfach auf die siebte Speicherstelle die Zusatzzahl geschrieben würde – und einige Programmiersprachen ließen das anstandslos zu – führte das im besten Fall zu einer Fehlermeldung. Im schlimmsten Fall zu einem sehr merkwürdigen Verhalten des Programms, wenn die überschriebene Stelle beispielsweise zu einer anderen Variablen gehört ...

 Stellen Sie vor jedem Zugriff auf ein Array sicher, dass Sie die Speichergrenzen einhalten!

Wie geht das? Betrachten Sie dazu das folgende Beispiel (in C/C++):

```
int lotto[6];
for (int i = 0; i < 6; i++){
  lotto[i] = ziehung(i);
}
```

In der ersten Zeile soll ein Array der Größe 6 erzeugt werden, das praktischerweise `lotto` genannt wird, weil es die Lottozahlen aufnehmen soll.

Die anschließende `for`-Schleife wird entsprechend sechs Mal durchlaufen. Also ist alles in Ordnung? Nein! Die Zahl »6« taucht an mehreren Stellen auf und es wäre fatal, wenn Sie jemals nur eine Version der »6« anpassen würden.

Angenommen, Sie bemerken, dass auch die Zusatzzahl mit aufgenommen werden soll. Wenn Sie in der `for`-Schleife aus der »6« eine »7« machen, wird Ihr Programm – hoffentlich – abstürzen, denn das Array reserviert lediglich sechs Speicherplätze. Sobald Sie den siebten überschreiben, ist das Programmverhalten nicht mehr definiert.

Es gibt eine einfache Lösung des Problems:

 Zahlen sollten stets als Konstanten deklariert werden!

Betrachten Sie dazu eine neue Version des Lotto-Beispiels:

```
const int MAX_ZAHLEN = 6;
int lotto[MAX_ZAHLEN];
for (int i = 0; i < MAX_ZAHLEN; i++){
  lotto[i] = ziehung(i);
}
```

Auf den ersten Blick haben Sie nicht viel erreicht. Die erste Zeile ist neu und definiert die Konstante MAX_ZAHLEN zu 6. Überall im restlichen Code wurde zugleich aus der »6« ein MAX_ZAHLEN.

Dieser Zusatzaufwand ist sehr gut angelegt: Sie haben damit den Zusammenhang zwischen Array-Größe und Schleifendurchlauf ein für alle Male fixiert. Wenn Sie zu einem beliebigen späteren Zeitpunkt aus der Konstanten »6« eine »7« machen, passen sich Feldgröße und Schleife automatisch an. Genial, nicht wahr?

 Vermeiden Sie Zahlen in Ihrem Programmcode, es sei denn, diese sind explizit als Konstanten angelegt!

Gefährliche Zeiger

Noch viel schlimmer als Arrays sind **Pointer**, zu Deutsch **Zeiger**. Der Umgang mit Pointern ist dermaßen fehlerträchtig, dass viele Programmiersprachen darauf verzichten. Ich will das nicht weiter kritisieren, Sie können sicherlich auch ohne Zeiger glücklich werden, aber ein wenig ist das wie mit dem Sahnehäubchen auf dem Kuchen: »mit« ist nicht unbedingt gesünder, kann aber sehr lecker sein.

Zeiger stellen ein extrem effizientes Konzept dar, um mit Speicherstrukturen zu operieren. Denken Sie an die unterschiedlichen Adressierungsarten!

Kleines Update gefällig? Kapitel 16 verschafft Ihnen einen raschen Überblick der unterschiedlichen Adressierungsarten.

Um ohne Zeiger den Inhalt des Speicherbereichs A mit jenem von B zu vertauschen, benötigen Sie üblicherweise einen dritten, temporären Speicher C. Das Vertauschen erfolgt dann in drei Schritten:

1. Kopieren Sie den Inhalt von A nach C!

2. Kopieren Sie den Inhalt von B nach A!

3. Kopieren Sie den Inhalt von C nach B!

Mit Zeigern sieht die Sache dagegen effizienter aus. Anstatt tatsächlich (womöglich sehr große) Datenbereiche zu kopieren, vertauschen Sie einfach nur die Adresse von A mit jener von B. Selbst wenn Sie dazu eine temporäre Adresse verwenden, so sparen Sie dennoch Speicher und Zeit, denn das Kopieren von Speicher dauert umso länger, je größer die entsprechende Datenstruktur ist. Die Adressen sind dagegen verschwindend klein!

Die meisten Menschen – selbst viele Informatiker – würden wetten, dass Sie keine zwei Variablen A und B ohne temporären Zwischenspeicher vertauschen können, falls Sie nur Zuweisungen, Plus und Minus verwenden dürfen. Das stimmt jedoch nicht. Es gibt einen Trick:

```
A = A+B
B = A-B
A = A-B
```

Sagen wir, A hat ursprünglich den Wert 11 und B ist 19. Im ersten Schritt ersetzen Sie A durch die Summe 11 + 19 = 30. In der zweiten Zeile wird B nun gesetzt auf: 30 – 19. Es ist kein Zufall, dass dabei gerade der ursprüngliche Wert von A, nämlich 11, herausspringt.

Schließlich ziehen Sie von A, immer noch mit dem Wert 30 versehen, das neue B ab: 30 – 11 und das ergibt 19, was gerade dem originalen Wert B entspricht.

In der Praxis werden Sie diesen Trick nicht benötigen, weil Sie doch nur sehr, sehr wenig Speicher sparen und einen wenig übersichtlichen Code erzeugen. Zum Gewinnen einer Wette könnte es aber reichen …

Wenn Zeiger so toll sind, wo ist dann das Problem? Der Umgang mit Zeigern besitzt zwei Gefahrenquellen:

1. Die Arbeit mit Zeigern kann zu sehr unübersichtlichem Code führen. Daher ist besondere Sorgfalt und ausreichende Kommentierung nötig.

2. Sollten Fehler im Umgang mit Zeigern auftreten, lassen sich diese oftmals schlecht auffinden (debuggen). Außerdem können fehlerhafte Zeiger zu gänzlich unvorhersagbarem Programmverhalten führen. Im schlimmsten Fall wird ein solcher Fehler bei oberflächlicher Analyse nicht einmal bemerkt.

Viele Datenstrukturen lassen sich effizient mit Zeigern erzeugen, wobei häufig mehrere Stufen davon verwendet werden. Beispielsweise kann der Inhalt von Arrays selbst wiederum aus lauter Zeigern auf andere Objekte bestehen.

Kapitel 32 führt Sie in die wichtigsten Datenstrukturen der Informatik ein!

Aber keine Sorge! Erinnern Sie sich noch an die großen Themen vom Anfang dieses Kapitels? Systematisch eingezogene Abstraktionsbarrieren sorgen wie Schutzwälle dafür, dass Zeigerobjekte hübsch gekapselt bleiben und Sie am Ende stets den Überblick behalten.

Außerdem verwenden die meisten Programmiersprachen, auch wenn sie keine *expliziten* Operationen mit Zeigern zulassen, diese dennoch *implizit* durch die Verwendung von *Referenzen*. Damit werden beispielsweise sparsame Kopiervorgänge auch ohne Zeigeroperationen erreicht.

Es ist eine gute Idee, sich beide Möglichkeiten genauer anzusehen und miteinander zu vergleichen. Dazu finden Sie im fünften Teil Ihres Dummies-Buches eine Beschreibung der Programmiersprache C, die explizit mit Zeigern arbeitet. Der sechste Teil befasst sich dagegen mit Java, einer Sprache, die ohne explizite Zeigeroperationen auskommt.

Kapitel 20

Programme entwickeln mit System

I n diesem Kapitel finden Sie ein Sammelsurium an nützlichen Informationen. Es geht los mit Entwicklungsumgebungen, die immer mächtiger und unübersichtlicher werden, Ihnen dafür aber jede Menge Arbeit abnehmen. Das ist fast so wichtig wie der richtige Umgang mit Programmbibliotheken. Warum das Rad neu erfinden, wenn schon jede Menge Ersatzräder im Kofferraum liegen? Am Ende dreht sich das Rad des Lebens immer weiter, zumindest für Software.

Entwickeln in behaglicher Umgebung

Die richtige Entwicklungsumgebung ist heutzutage das A und O einer jeden Programmiersprache. Auf Englisch heißt das Ding *Integrated Development Environment*, abgekürzt **IDE**. Eine Sprache selbst kommt in der Regel mit einem Paket an Werkzeugen daher, auch **SDK** genannt. »SDK« steht für *Software Development Kit*. Sollten Sie planen, eine neue Programmiersprache zu erfinden – wozu ich Sie gerne ermuntere –, denken Sie bitte gleich an die zugehörige IDE inklusive SDK. Eine IDE ist wie das Geschirr beim Kochen. Es enthält zwar keine Nahrungsmittel, trägt jedoch nicht unwesentlich zur Zubereitung bei.

Ein kurzer Blick zurück macht das begreiflich:

✔ Die ersten Programme waren maschinennah und wurden direkt in die Computer eingegeben.

✔ Als die Hochsprachen aufkamen, mussten bereits Werkzeuge wie *Compiler* bereitgestellt werden. Der Kommandozeilenaufruf dieser Werkzeuge fand jedoch unmittelbar in der Konsole des Systems statt.

✔ Die Programme wurden immer umfangreicher und bestanden aus zahlreichen Dateien. Nach dem Übersetzen wurde der *Linker* aufgerufen. Es galt als modern, Compiler und Linker in einem Aufwasch zu starten.

✔ Verwendete *Programmbibliotheken* machten die Sache noch komplizierter, weil sie an anderen Stellen im Dateisystem abgelegt waren. Eine aufwendige, aber unumgängliche Aufgabe bestand fortan darin, stets die richtigen »Pfade« für diese Dateien in die entsprechenden Konfigurationselemente einzutragen. Um das Leben zu erleichtern, wurde eine Programmiersprache gleich mitsamt zugehörigem SDK ausgeliefert.

✔ Mit der Größe des Programmcodes wuchs ebenso die Fehleranzahl – überproportional. Es war extrem mühselig, den teils kryptischen Compiler- und Fehlermeldungen die richtigen Stellen im Code zuzuordnen. Ganz zu schweigen davon, die Fehler auch zu beheben. Daher wurden *Debugger* gleich mit in das SDK integriert.

✔ Die grafischen Benutzeroberflächen führten zunächst zu einer Explosion an möglichen Programmbefehlen, die jedoch zum Glück in *Hilfemenüs* erklärt wurden.

✔ Zugleich wurde es notwendig, verschiedene Programmierprojekte voneinander zu trennen und – je nach Anwendung – wiederum gegenseitig nutzbar zu machen. Projekttrennung und Wiederverwendbarkeit durch *Frameworks* und *Module* war die Folge.

✔ Anfänglich dachten Programmiersprachenentwickler, der Editor, mit dem sie den Quellcode erzeugen, habe ja nichts mit ihnen selbst zu tun. Weit gefehlt! *Syntax-Highlighting*, also das farbliche Markieren von Schlüsselworten und bestimmten Kategorien von Bezeichnern ist heutzutage integraler Bestandteil des Editors.

✔ Außerdem erwarteten Entwickler intelligente Wortvorschläge für Befehle, die in diesem Kontext, also an genau dieser Stelle, wahrscheinlich vorkommen werden. Vom *Vervollständigen* von Klammerausdrücken ganz zu schweigen.

✔ Zur Vermeidung von Softwarefehlern, Einhalten von Standards und Kontrolle des Ressourcenverbrauchs wurden schließlich zahlreiche *Review-Tools* entwickelt, um eine hohe Qualität der Implementierungen sicherzustellen.

Wie Sie sehen, wächst parallel zur Mächtigkeit der Werkzeuge auch der Anspruch der Programmierer, maximale Unterstützung bei der Programmentwicklung zu erhalten.

Eine *Integrierte Entwicklungsumgebung* (IDE) enthält das komplette SDK einer Programmiersprache zusammen mit allen nützlichen Werkzeugen und Hilfsmitteln in einer grafischen Darstellung. Dazu gehören üblicherweise wenigstens ...

✔ *Editor* mit Hervorhebung der syntaktischen Elemente der jeweiligen Programmiersprache (Synatx-Highlighting; Befehlsvervollständigung, Formatierung)

✔ *Compiler* (zur Übersetzung des Quellcodes in Maschinensprache)

✔ *Linker* (verbindet Bibliotheksfunktionen mit dem aktuellen Code)

✔ *Debugger* (Tool zur Fehleridentifikation und -bereinigung)

✔ *Hilfemenüs* (kontextabhängige Hilfestellungen, allgemeine Einführungen und ganze Handbücher zu Programmiersprachen)

✔ *Tools* (Sammlung von Programmen zur Analyse und Optimierung von Code sowie Reduktion von Ressourcenverbrauch)

Bekannte IDEs für Sprachen, die in diesem Buch eine besondere Rolle spielen, sind etwa ...

✔ **Eclipse** (selbst eine Java-Anwendung, dient jedoch zusätzlich als plattformunabhängige IDE für eine Vielzahl von Programmiersprachen)

✔ **Code::Blocks, CodeLite, KDevelop** (für C-, C++-Anwendungen)

✔ **Visual Studio** (Microsofts universelle IDE)

✔ **Android Studio** (zur Entwicklung von Android-Apps, wer hätte das gedacht ...)

✔ **Xcode** für Anwendungen auf Apple-Systemen (Swift, Objective-C, C ...)

Im Allgemeinen lohnt es die Mühe, sich erst mit allen (na ja, zumindest den wesentlichen) Funktionen einer IDE zu befassen, ehe Sie mit der eigentlichen Programmierung beginnen. Für das erste Programm kostet das natürlich viel mehr Zeit, aber schon bald amortisieren sich diese Aufwände.

Zum Einstieg in die Funktionsweise einer IDE werfen Sie vielleicht einen Blick in ein entsprechendes Schulungsvideo. Später, wenn Ihre Fragestellungen komplizierter werden, empfehle ich Ihnen Entwicklerforen. Manchmal lässt sich ein Problem schneller über eine Suchmaschine im Internet lösen, als die lokalen Hilfefunktionen zu konsultieren.

Bibliotheken ohne Bücher

Angenommen, Sie haben sich mit einer IDE Ihrer Wahl vertraut gemacht. Sie haben auch schon eine feste Vorstellung davon, *was* Sie programmieren möchten und *wie* Sie dabei vorgehen wollen. Wäre es klug, gleich loszulegen? Allein aus Spaß würde ich Ihnen das gönnen, aber im Hinblick auf die »oberste Direktive« der Programmierung, **Reusability (Wiederverwendbarkeit)**, ist das der falsche Ansatz.

Im 19. Kapitel versuche ich Ihnen klarzumachen, dass sich letztlich alles um Reusability dreht ...

Viel logischer ist es, wenn Sie sich zunächst umsehen, welche *Funktionen* Ihnen bereits zur Verfügung stehen, um Ihr Ziel zu erreichen.

Bei *Programmbibliotheken* handelt es sich um Sammlungen von Code. Einzelne Dateien können dabei etliche Routinen enthalten, die dann in anderen Programmen genutzt werden. Programmbibliotheken sind selbst im Regelfall keine eigenständigen Programme, sondern stellen lediglich Funktionalität für andere Programme zur Verfügung. Bei klassischen Hochsprachen unterscheidet man zwischen statischen und dynamischen Bibliotheken (*static libraries, dynamic libraries*). Erstere werden zusammen mit dem jeweils zu erstellenden ausführbaren Code (*executable*) in eine einzige Datei gepackt, während Letztere lediglich *verlinkt* werden. Zum Ausführungszeitpunkt wird einfach vorausgesetzt, dass die jeweilige Bibliothek tatsächlich auf dem ausführenden System vorhanden ist. In Kapitel 17 finden Sie zur Unterscheidung der Bibliotheken eine Grafik (Abbildung 17.1).

Bei Skriptsprachen oder exotischen Hochsprachen können Bibliotheken auch einfach Sammlungen kleiner, nützlicher Helferlein sein. Programme, die Sie hier und da einsetzen. Im Fall von Java spricht man von *Archiven*. Java-Archivdateien enden konsequenterweise mit *jar (Java Archive)*.

Die Grundidee der Reusability lautet, dass Sie nach Möglichkeit das Rad nicht für jedes Programm neu erfinden, sondern stattdessen auf bereits vorhandenen Code, Ihren eigenen oder den anderer Menschen, zurückgreifen.

Das wiederum ist, gerade am Anfang, recht mühsam. Woher sollen Sie auch wissen, was es schon alles gibt? Viele Programmierer denken – zumal am Anfang ihrer Karriere –, es ginge wesentlich schneller, das Problem selbst zu lösen, anstatt nach etwaig vorhandenen Lösungen in einem schier unübersichtlichen Wust an Quellen zu suchen.

Was soll ich Ihnen dazu sagen? Es stimmt häufig. Wenn Sie überhaupt keinen Überblick über die bereits existierenden Prozeduren besitzen, kann es Stunden dauern, ehe Sie die richtigen gefunden, eingebunden und zu verwenden verstanden haben. Bei kleineren Problemstellungen hätten Sie in der Zwischenzeit eine Lösung eigenständig entwickelt und darüber hinaus die Genugtuung, das Ergebnis selbst erarbeitet zu haben.

Dennoch ist dieser Ansatz fatal! Zum einen werden Sie in der Kürze der Zeit mit einiger Sicherheit keinen Code erzeugen, auf den wenigstens Sie selbst, geschweige denn andere jemals wieder zurückgreifen können. Insofern hätten Sie auf doppelte Weise gegen das Prinzip der Wiederverwendbarkeit verstoßen. Zum anderen verbauen Sie sich die Chance, für die nächste Problemstellung bereits einen Vorsprung erarbeitet zu haben.

Stellen Sie sich dazu einfach vor, Sie würden einen Programmierwettkampf gegen einen anderen Menschen bestreiten.

Ihre eigene Strategie lautet:

✔ Am Anfang viel Zeit investieren, um genau auszuloten, welche Bibliotheksfunktionen zur Verfügung stehen, wie diese zu nutzen sind und inwiefern Sie davon profitieren.

Dagegen würde die Strategie Ihres Gegners lauten:

✔ Nicht nach links und rechts schauen, sofort mit dem Programmieren loslegen und – mehr oder minder – jedes Detail selbst entwickeln.

Bei der ersten, relativ einfachen Aufgabenstellung wäre Ihr Gegner klar im Vorteil und würde sicherlich den Sieg erringen. Aber gesetzt den Fall, es geht nicht nur um diese *eine* Aufgabe. Es geht um eine *ganze Reihe* von Problemstellungen, die sich über Wochen, Monate, sogar Jahre verteilen (solange Sie eben in dem Programmiergeschäft tätig sein wollen).

Dann wächst Ihr Vorteil mit jedem weiteren Programm. Die einmal verbrauchte Einarbeitungszeit kommt Ihnen bereits bei der zweiten Aufgabe zugute. In kurzer Zeit wird Ihr Gegner keine Chance mehr haben, denn Sie nutzen verfügbare Programmbibliotheken effektiv, während der andere in jeder Runde immer wieder das Rad neu erfindet.

Bereits dieser Gedankengang ist in sich schlüssig und eine einfache Betrachtung macht Ihnen klar, dass Sie langfristig am meisten von Reusability profitieren, je eher Sie damit starten.

Aber es gibt noch einen weiteren Aspekt, auf den ich Sie an dieser Stelle hinweisen möchte. Wenn Sie sich mit allgemeinen Datenstrukturen und Algorithmen erst einmal generell befassen (ohne ein konkretes Problem vor Augen zu haben), werden Sie nicht nur prinzipiell wissen, welche Funktionalität Ihnen Bibliotheken bereitstellen, sondern Sie können gezielt und strukturiert danach suchen.

Der komplette 7. Teil Ihres Dummies-Buches befasst sich mit den wichtigsten Datenstrukturen und Algorithmen der Informatik.

Mit einem kleinen Beispiel möchte ich Ihnen verdeutlichen, was Ihnen eine solide Kenntnis von Datenstrukturen und Algorithmen einbringt.

Angenommen, Ihre Aufgabe lautet (gerne auch im Wettstreit gegen einen anderen Programmierer), einen **Vokabeltrainer** zu schreiben.

Das Studium von Datenstrukturen hilft Ihnen, unmittelbar zu erkennen, dass Sie hierfür ein *assoziatives Array* benötigen. Sie wissen, dass assoziative Arrays häufig auch als *Maps* oder *Dictionaries* bezeichnet werden oder in den Bibliotheken gar unter *Hashtables* zu finden sind. Außerdem habe Sie eine klare Vorstellung davon, welche Funktionalität Sie erwartet: *Einfügen*, *Verschieben*, *Löschen* von Einträgen. *Suche* und *Sortierung* werden Sie ebenso nutzen. Aufgrund Ihrer Kenntnis bekannter Suchalgorithmen würden Sie sofort die Implikationen für die Effizienz der Anwendung verstehen – beispielsweise wenn am Ende Hunderttausende von Datensätzen verwaltet werden müssen. Ihre Überlegung würde reifen, dass Sie nahezu die komplette Funktionalität Ihres Programms mit dieser einen Datenstruktur abbilden können. Dann lohnt sich die Mühe der Recherche auf jeden Fall! Außerdem würde Ihr Programm vermutlich sehr knapp ausfallen (was Ihre eigenen Codezeilen betrifft) und damit recht effizient und wenig fehleranfällig sein.

Hinzu kommt, dass Sie durch die Systematik der Bibliotheken Ihren eigenen Code besser organisieren und strukturieren. Es würde Ihnen beispielsweise sofort klar werden, dass bestimmte Teile des Programms prinzipiell auch für andere Aufgabenstellungen infrage kommen. Diese müssen dann ausgelagert – womöglich in eigene, neue Bibliotheken – und durch die aktuelle Fragestellung wie externe Funktionen genutzt werden. Klare und hilfreiche Kommentare, übersichtliche Codierung und Maßnahmen zur Prozedurbeschreibung wären die unmittelbare Folge.

Frei nach Kant lautet also der wichtigste Imperativ der Programmentwicklung:

»Entwickle dein Programm so, dass es zugleich als Bibliotheksfunktion der allgemeinen Öffentlichkeit zur Verfügung gestellt werden kann.«

Der kategorische Imperativ

Immanuel Kant wurde 1724 in Königsberg geboren und gilt als einer der bedeutendsten Philosophen überhaupt. Er spielt eine zentrale Rolle für eine ganze Zeitepoche, die *Aufklärung*. Kants Grundgedanke basiert auf der Idee, dass unser gesamtes Weltbild auf der *Vernunft* beruhen sollte. Eine seiner berühmtesten Forderungen, die er in verschiedene Kleider gehüllt hat, ist der sogenannte *kategorische Imperativ*:

»Handle nur nach derjenigen Maxime, durch die du zugleich wollen kannst, dass sie ein allgemeines Gesetz werde.«

Ein Motto, das seine Gültigkeit bis heute nicht verloren hat!

APIs effektiv nutzen

So weit, so gut. Bibliotheken bilden das Grundgerüst moderner Programme und auf eine bestimmte Weise, könnten Sie argumentieren, besteht die Aufgabe der Programmierer lediglich darin, aus einem bunten Blumenstrauß an Bibliotheksfunktionen die richtigen auszuwählen und miteinander zu verbinden.

Noch etwas spannender wird die Angelegenheit, wenn Sie Funktionalität aus einer bestehenden Anwendung heraus verwenden. Das klingt verwegen. Lauffähige Programme oder Möglichkeiten einer bereitgestellten Hardware lassen sich über deren **API** nutzen.

 API steht für Application Programming Interface, einer Schnittstelle, die so wichtig ist wie der Zapfhahn an der Tankstelle. Es handelt sich um eine definierte Art und Weise, die Funktionalität einer existierenden Anwendung für eigene Programme zu nutzen.

Das klingt Ihnen zu theoretisch? Okay, machen wir's konkret. Allein das Google-Imperium stellt mehr als ein Dutzend APIs bereit, die Sie zu festgelegten Bedingungen für die diversesten Zwecke nutzen dürfen. Ein kleiner Auszug gefällig?

✔ Mit der **Google-Maps-API** binden Sie eine Google-Karte mit wenigen Befehlen mittels JavaScript in Ihre Website ein.

✔ Dabei dürfen Sie die **Geocoding-API** einsetzen, um aus einer Adresse die exakten geografischen Koordinaten zu ermitteln. Das funktioniert übrigens auch in die umgekehrte Richtung: Aus Längen- und Breitengrad erhalten Sie die zugehörige Adresse.

✔ Analog verwenden Sie die **Google-Earth-API**, die **Streetview-Image-API** und die **Google-Places-API**.

Allerdings gehören ebenso folgende APIs zu Google:

✔ Mit der **Books-API**, der **Picasa-Web-Albums-Data-API** oder der **Calendar-API** binden Sie die entsprechenden Google-Dienste in die eigenen Programme ein. Das muss nicht nur auf Web-Ebene sein. Sie dürfen ebenso .NET-, Objective-C-, Java-, PHP- oder Phyton-Schnittstellen erwarten.

✔ Allerdings gehört auch YouTube zum Konzern. So ist es nicht verwunderlich, dass Sie mit den **YouTube-APIs** einerseits Videos in Ihre Programme einbetten und andererseits eigene Inhalte hochladen.

✔ Mittels **OpenSocial** können Sie gar Apps für soziale Netze erstellen.

 Sie sind an den genauen Details interessiert? Beispielcode? User Guidelines? Die gibt es hier: `https://developers.google.com`.

Es wird Sie jetzt nicht mehr verwundern, dass auch alle anderen großen »Player« am Markt entsprechende Schnittstellen präsentieren:

✔ Die **Flickr-API** gestattet die Präsentation und das Manipulieren von Fotos,

✔ mit der **Twitter-API** haben Sie quasi Zugriff auf alle relevanten Funktionen von Twitter

✔ und natürlich gibt es tonnenweise **Facebook-APIs**, mit denen Sie die entsprechende Funktionalität des sozialen Netzwerks nutzen.

Dic Liste lässt sich beliebig fortsetzen und ist keineswegs beschränkt auf die bekannten Beispiele, im Gegenteil: Wenn Sie der Welt in Form einer Anwendung etwas Gutes tun wollen, dann stellen Sie bitte gleich die zugehörige API bereit, damit auch andere Programmierer etwas davon haben.

Sollten Sie gar Hardwarehersteller sein, ist die API unerlässlich: Nur mit einer brauchbaren Softwareschnittstelle lässt sich Ihr Produkt überhaupt vermarkten. Oder, um es neudeutsch zu formulieren:

»Beteiligen Sie möglichst viele andere am Wertschöpfungsprozess für Ihr Produkt!«

Lebenszyklus eines Programms

Angenommen, Sie haben eine erste Version Ihrer App fertiggestellt. Was ist der nächste Schritt? Selbstverständlich müssen Sie Ihre Anwendung kritischen Tests unterziehen. Am besten machen Sie das nicht selbst! Sie wissen, wo Ihr »Baby« am verletzlichsten ist, und schonen es genau dort – sei es bewusst oder unbewusst. Nein, setzen Sie Ihr Werk möglichst kritischen Testusern aus! Diese werden die bösartigsten Eingabekombinationen ausprobieren und wenn Ihre Anwendung den Test besteht, sind Sie schon einen guten Schritt vorangekommen.

 Ein reiner Funktionstest von Software ohne Zugriff auf den Quellcode wird auch *Black-Box-Test* genannt. Daneben gibt es auch den *White-Box-Test*, der spezifische Abläufe innerhalb des Programms berücksichtigt und auch eine Einsicht in den Quellcode vornimmt.

Endlich veröffentlichen Sie Ihr Produkt und die Kunden sind – na ja, nicht so begeistert, wie sie es eigentlich sollten. Die App weist vielleicht doch ein paar Schwachstellen auf. Vielleicht

stürzt sie gar unter bestimmten Bedingungen ab? Oder, was schon wesentlich angenehmer ist, die Käufer sind begeistert und übersäen Sie mit Erweiterungsvorschlägen.

Gefordert wird von Ihnen somit die **Maintenance**, die **Instandhaltung** Ihres Programms. Fehler beseitigen oder gar neue Funktionalität einbauen erfordert jedoch nicht selten eine erneute, sehr gründliche Analyse des ursprünglichen Problems, das letztlich zur vorliegenden Lösung geführt hat. Erst danach folgen das Re-Design und die Implementierungsphase.

Das ging ein wenig zu schnell? Am besten werfen Sie einen Blick in Abbildung 20.1. Dort habe ich Ihnen den *Software Development Lifecycle* (*SDLC*) oder kurz *Software Lifecycle* aufgetragen. Es handelt sich um den typischen *Lebenszyklus* von Programmen.

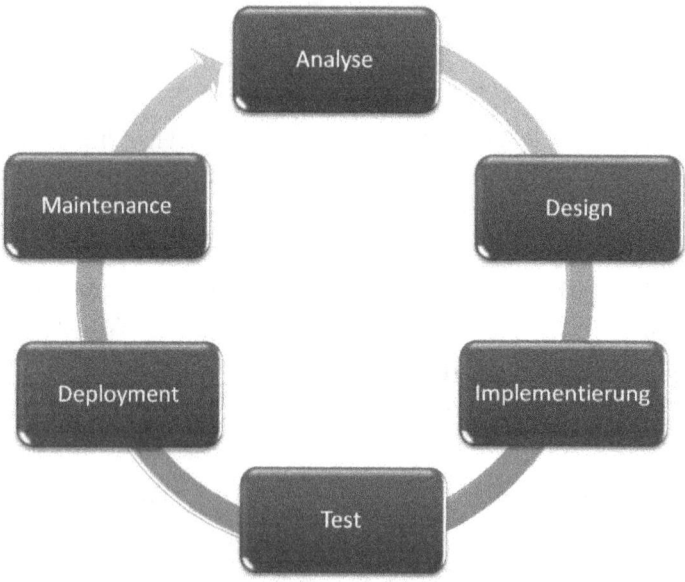

Abbildung 20.1: Der Software Development Lifecycle

Meist geht es mit der grundsätzlichen **Analyse** eines Sachverhaltes los. Dazu müssen Sie sich in der Regel mit dem Problem vor Ort vertraut machen. Sprechen Sie mit den Betroffenen, ziehen Sie den Rat von Experten hinzu. Oder sind Sie selbst der Anwender? Dann wissen Sie häufig ziemlich genau, was Sie wollen. Dennoch sollten Sie in dieser Phase alles detailliert aufschreiben.

In der **Designphase** wird aus der abstrakten Lösungsbeschreibung der Analysephase eine konkrete Beschreibung des Programms. Vorsicht: Das hat noch nichts mit konkreten Programmiersprachen oder gar der Implementierung zu tun. Die Designphase ist für die spätere »User Experience« entscheidend, wie der Anwender mit dem Programm umgehen sollte.

Erst im Anschluss beginnt das, womit Anfänger gerne loslegen: dem »Einhacken« von Programmcode innerhalb einer IDE, der **Implementierungsphase**.

Sobald diese abschlossen ist, folgt die **Testphase**. Allerdings ist hier ein umfassender Test nach bestimmten, in der Designphase festgelegten Protokollen gemeint. Neben einer zum Teil automatisierten **Code-Inspection** werden insbesondere die typischen **Anwendungs-fälle** (**Use-Cases**) berücksichtigt. Dass ein jeder Programmierer selbstverständlich den von ihm produzierten Code erst in einem gewissen Rahmen testet, bevor er ihn in die Testabteilung schickt, dürfte einleuchten.

Wenn die Tests (automatisierte und manuelle) zufriedenstellend verlaufen sind, kommt endlich die **Deployment-Phase** an die Reihe. Merken Sie sich dieses Wort, weil es im Deutschen keine angemessene Entsprechung dafür gibt. Es handelt sich um den Prozess, die Software zu veröffentlichen und dem Kunden zugänglich zu machen. Aber im Gegensatz zur reinen Publikation oder Verteilung (**Distribution**) umfasst das Deployment auch Installation und Konfiguration aufseiten des Anwenders. Somit ist klar, dass dieser Teil des Lebenszyklus meist nicht allein vom Hersteller oder Vertreiber der Software geleistet werden kann.

Der Kunde ist es auch, der wiederum die Ausgangsbasis für die nächste Phase schafft: Die **Maintenance** wird durch die Rückmeldungen der Anwender getriggert. Deren Erfahrungsberichte, Fehlermeldungen oder Verbesserungsvorschläge bilden die Grundlage für künftige Versionen der Software.

Anschließend dreht sich der Kreis des Softwarelebens von vorne und es geht wieder bei der Analyse der Rückmeldungen weiter ...

Neben dieser traditionellen Schule finden Sie inzwischen zahlreiche andere Varianten der Software-Entwicklung. Unter der Bezeichnung **Agile Methoden** (vom Lateinischen *agilis, beweglich*) werden unkonventionelle Konzepte zusammengefasst, die größere Abweichungen vom starren Schema des Lebenszyklus zulassen.

Ein Beispiel hierfür ist die **Extremprogrammierung** (**XP**), die davon ausgeht, dass der Kunde zu Beginn eines Projekts noch nicht alle Anforderungen kennt oder spezifizieren kann. Daher ist eine hohe Flexibilität mit häufigen und kleineren Entwicklungszyklen notwendig. Zusätzlich werden neue Ideen eingebracht. So verlangt beispielsweise die **Paarprogrammierung**, die häufig bei der XP zum Einsatz kommt, dass sich jeweils zwei Programmierer einen Computer teilen. Einer programmiert, während der andere den Code überprüft. Die Rollen werden immer wieder getauscht, was zu einer besseren Verbreitung des Detailwissens führt und das Erlernen für Anfänger erleichtert.

Teil V
C und andere Vitamine

... möchte ich Ihnen die Grundlagen zu einer der wichtigsten Programmiersprachen überhaupt liefern: »C« – zusammen mit den dahinter stehenden Ideen, Konzepten und Strukturen. Der Teil gliedert sich in insgesamt fünf Kapitel. In den ersten drei dreht sich alles um die ursprüngliche Sprache »C«. Zunächst geht es um den grundsätzlichen Aufbau, anschließend um die elementaren Datentypen und Kontrollstrukturen und schließlich um kleine Gemeinheiten, die Sie unbedingt kennen sollten.

In den beiden verbleibenden Kapiteln möchte ich Ihnen weitere Programmiersprachen vorstellen, die zwar auf »C« aufbauen, jedoch eigenständige Bedeutung genießen. Da wäre zunächst »C++« zu nennen, das »C« heute bereits in vielen Anwendungsgebieten den Rang abläuft. Schließlich wird »Objective-C« behandelt, ein Strang, der »C« ebenfalls um objektorientierte Konzepte ergänzt und der für die Entwicklung von Apps unter iOS eine wichtige Rolle spielt. Ein wenig möchte ich dort auch auf die Sprache »Swift« eingehen, die sich anschickt, einen weiteren Meilenstein der Programmierung zu markieren.

IN DIESEM KAPITEL

Wissenswertes und Hintergründe zu C erfahren

Den Aufbau eines C-Programms erkennen

Grundsätzliche Funktionsaufrufe begreifen

Ein Programmbeispiel verstehen

Eine Kostprobe des Zeigerkonzepts erhalten

Kapitel 21

Wer A sagt, muss auch C sagen

Dieses Kapitel möchte Sie in die wunderbare Welt der C-Programmierung einführen. Sie erfahren einige Hintergründe und Konzepte zu dieser vermutlich wichtigsten Programmiersprache überhaupt. Ich werde Ihnen dazu detailliert die Programmstruktur erläutern und näher auf Bezeichner und Funktionsaufrufe eingehen. Ein erstes Programmbeispiel werden Sie bis ins kleinste Detail verstehen. Zum Schluss führe ich Sie in die Welt der Zeiger ein, für die C berühmt – und berüchtigt ist.

Das kleine A-B-C

Lassen Sie uns zunächst eine kleine Zeitreise unternehmen. Zwischen 1966 und 1969 entwickelten zwei Pioniere der Software-Erstellung, Kenneth Thompson, genannt Ken, und Dennis MacAlistair Ritchie die Sprache »B«. Es gab viele Einflussfaktoren zur Entwicklung dieser Sprache. Unter anderem sollte sie eine kompakte Version der Sprache »Basic Combined Programming Language«, kurz BCPL sein, die Martin Richards am MIT entwickelt hatte. Die Idee von Ken Thompson und Dennis Ritchie bestand darin, BCPL um möglichst viele Konzepte zu reduzieren, die nicht zwingend notwendig waren, damit die Programmiersprache zur Entwicklung von Betriebssystemen geeignet war und auch auf engstem Raum Platz fand, sprich, mit möglichst wenig Speicherbedarf auskam. Selbst die Befehle und Anweisungen mussten verkürzt werden. Das war vermutlich der Grund, sogar im Namen der Sprache auf Kürze zu achten: »B« ist gewissermaßen die Zusammenziehung von »BCPL«. Eine weitere Erklärung besteht darin, dass BCPL auf ALGOL aufbaut, das mit »A« beginnt. »B« stellt insofern die nächste Entwicklungsstufe dieser Sprache dar. Allerdings besaß »B«, wie sich zeigte, einige Unzulänglichkeiten, die in den beginnenden 1970er Jahren zur Entwicklung des Betriebssystems UNIX unbedingt beseitigt werden mussten.

 In Kapitel 36 erfahren Sie alles Wissenswerte zum Thema »Betriebssysteme«.

Ritchie konzeptionierte daraufhin eine Erweiterung der Sprache namens »NB«, was für »new B« stand. Doch auch das genügte noch nicht. Sehr bald schon mussten einige Aspekte verbessert werden. Die (vorerst) letzte Stufe der Entwicklung wurde konsequent mit »C« bezeichnet und für die Programmierung von UNIX verwendet. Die Sprache hat an Aktualität bis heute nichts verloren und kann als die wichtigste Programmiersprache überhaupt bezeichnet werden. Sie spielt sowohl für die Weiterentwicklung von Betriebssystemen, von Programmiersprachen und natürlich von Anwendungen eine sehr große Rolle. Sie nutzt einerseits Konzepte einer prozeduralen, also auf Prozeduren aufbauenden Hochsprache, andererseits aber auch viele Tricks und Kniffe maschinennaher Programmierung. Aufgrund der enormen Bedeutung von C wird BCPL inzwischen scherzhaft als Akronym von »Before C Programming Language« betrachtet.

Eines der wichtigsten Konzepte von BCPL wurde in B übernommen und in C weiterentwickelt: die Unterscheidung zwischen *l-Werten* (*l-values*) und *r-Werten* (*r-values*). »l« und »r« stehen ganz banal für »links« und »rechts« einer **Zuweisung**. Die Zuweisung wiederum ist der zentrale Befehl, der zum Beschreiben (*write*) von Speicher führt. Während in BCPL die Zuweisung noch mit »:=« notiert wurde, lautet sie in C schlicht »=«.

Links des Gleichheitszeichens muss ein beschreibbarer Speicherbereich angegeben werden, während rechts davon der zugehörige Wert ermittelt wird. Ein simples Beispiel wäre:

```
zahl = 17
```

Eine Speicherstelle, die durch die *Variable* zahl eindeutig zu identifizieren ist, wird mit dem Wert 17 beschrieben.

zahl ist somit ein l-Wert, während 17 einen r-Wert darstellt.

Umgekehrt dagegen

```
17 = zahl
```

ergibt die Zuweisung keinen Sinn. Während zahl zwar durchaus auch einen r-Wert repräsentieren kann, nämlich die Zahl, die sich an der zugehörigen Speicherstelle befindet, kann 17 als Konstante niemals ein l-Wert sein. Konstanten sind, wie der Name andeutet, unveränderlich, nicht beschreibbar. Der C-Compiler wird Ihnen eine solche Zuweisung nicht durchgehen lassen und darüber schimpfen:

```
error: expression is not assignable
```

Des Weiteren wurden bereits in B die berühmten Mini-Operatoren eingeführt: etwa »++« als Kurzformel für »plus eins«. So ist

```
zahl++
```

nur die Kurzform von

```
zahl = zahl + 1
```

Wie Sie sehen, kann sogar ein und derselbe Speicher innerhalb einer Zuweisung gleichzeitig als l-Wert und als r-Wert verwendet werden. Wichtig ist die Reihenfolge: zuerst wird der **Ausdruck (expression)** der rechten Seite ausgewertet und anschließend das Ergebnis der linken zugewiesen.

Ein anderes Beispiel ist »+=« als Zusammenziehung von: »die linke Seite bitte um den Wert der rechten erhöhen«. Statt

```
zahl = zahl + 27
```

schreiben Sie in C also viel kürzer

```
zahl += 27
```

obwohl auch die Langversion erlaubt ist. Aber warum sollten Sie mehr Zeichen tippen als unbedingt nötig?

Ein anderer wichtiger Fortschritt von C gegenüber ihren Ursprüngen ist die Einführung von **Zeigern (pointer)**. Mit diesem Konzept sind Sie in der Lage, mit Adressen von Speicherbereichen zu rechnen. Darauf gehe ich am Ende des Kapitels näher ein.

 Bereits 1978 veröffentlichten Kerninghan und Ritchie das Standardwerk »The C Programming Language«, das in der deutschen Ausgabe »Programmieren in C« heißt. Im Laufe der Jahre wurde C immer weiter verfeinert und verbessert. Das *American National Standards Institute* (**ANSI**) hat den Sprachumfang erstmalig 1989 als Norm verabschiedet. Diese Version heißt **ANSI C** (auch **C89** genannt).

Komitees der *International Organization for Standardization* (**ISO**) haben später die Erweiterungen **C90**, **C95**, **C99** und schließlich **C11** normiert. Die beiden letzten Ziffern stehen dabei für das jeweilige Jahr (1990 bis 2011). **C90** stimmt im Wesentlichen mit **ANSI C** überein und stellt zugleich die Basis für die objektorientierte Erweiterung **C++** dar.

Darüber hinaus wurde ANSI C umfassend in einer nachfolgenden Auflage von »Programmieren in C« berücksichtigt. Insofern bilden die darin enthaltenen Empfehlungen und syntaktischen Konstrukte ebenfalls die Grundlage für die Darstellungen im vorliegenden Teil Ihres Dummies-Buches.

Sollte ich in wenigen Sätzen zusammenfassen, was die Quintessenz von C ausmacht, würde ich folgende Punkte erwähnen:

✔ C ist eine sehr alte und dennoch bis heute weit verbreitete und moderne Programmiersprache.

✔ Sie verbindet die Effizienz der unmittelbaren Nähe zur Hardware mit der Eleganz einer Hochsprache.

✔ Fast alle heutigen Betriebssysteme fußen letztlich auf C.

✔ C ist sehr kompakt und beinhaltet nur wenige Sprachkonstrukte, lässt sich also sehr schnell erlernen.

✔ Außerdem ist C wie Stenografie: Sie drücken Anweisungen und Befehle mit möglichst wenig Zeichen aus.

Genug der Vorrede. Sehen Sie sich an, wie ein C-Programm aufgebaut ist.

Programmaufbau in C

Im Gegensatz zu einer Maschinensprache, die für Menschen kaum zu entziffern ist, verlangt eine Hochsprache Klarheit und Verständlichkeit. Bei C finden Sie beides.

Jedes C-Programm besteht aus einer Reihe von **Befehlen**, die nacheinander abgearbeitet werden. »Befehl« klingt so militärisch, Sie dürfen auch »Anweisung« dazu sagen, wenn Ihnen das lieber ist. Bei C handelt es sich jedoch um eine *imperative Programmiersprache* (*imperare, befehlen*, denken Sie an den *Imperator*), also eine Programmiersprache, die aus lauter Befehlen besteht, die hübsch nacheinander abgearbeitet werden.

 Die Idee der seriellen Befehlsverarbeitung stammt aus dem tiefsten Inneren des Computers, dem Mikroprozessor. Werfen Sie einen Blick in Kapitel 12, wenn Sie mir nicht glauben!

Jeder Befehl wird durch ein Semikolon »;« abgeschlossen. Sie dürfen ein und denselben Befehl ruhig auf mehrere Zeilen verteilen. Umgekehrt darf eine einzige Programmierzeile auch mehrere Befehle enthalten. Entscheidend ist nur, dass Sie das Semikolon am Ende nicht vergessen. Leerzeichen zwischen den Elementen eines Befehls spielen keine Rolle. Folgende Zeilen stellen also ein und denselben Befehl dar:

```
Zahl = 13 + 27       ;
Zahl      =    13+27 ;
Zahl=13+27;
```

Eine Reihe von Befehlen bildet einen *Block*. Jeder Block wird durch geschweifte Klammern eingerahmt, etwa so:

```
{ Zahl1 = 27; Zahl2 = Zahl1 - 17; }
```

Variablen sind Platzhalter für Speicherbereiche. Sie dürfen die Namen für Variablen frei wählen, beachten Sie jedoch folgende Ausnahmen:

✔ Variablennamen dürfen zwar Ziffern enthalten, aber nicht mit Ziffern beginnen.

✔ Es findet eine Unterscheidung zwischen Groß- und Kleinschreibung statt. Bei Zahl und zahl handelt es sich somit um zwei unterschiedliche Variablen.

✔ Selbstverständlich darf eine Variable nicht heißen wie eines (der wenigen) Schlüsselwörter der Sprache C, etwa switch, continue, for oder return.

B-Zeichner

Variablen stellen eines der wichtigsten Konzepte dar, denen Sie eigene Namen verpassen dürfen. Der Oberbegriff dafür lautet **Bezeichner** (englisch **identifier**).

Sie können Variablen **deklarieren**, **definieren** und **initialisieren**.

✔ Mit der **Deklaration** legen Sie den *Namen* und den *Typ* fest.

✔ Die **Definition** weist der Variablen einen *Speicherbereich* zu.

✔ Durch die **Initialisierung** erhält die Variable den *Anfangswert*.

Wollen Sie beispielsweise angeben, dass die Variable namens »zahl« vom Typ »ganze Zahl« ist, schreiben Sie:

```
int zahl;
```

Das kleine `int` (für **Integer**) stellt den **Datentyp** der nachfolgenden Zahl dar. Auf die wenigen Datentypen in C werde ich im nächsten Kapitel zurückkommen und Ihnen die Hintergründe erläutern.

Mit `int zahl;` haben Sie `zahl` zugleich deklariert und definiert, allerdings noch nicht initialisiert. Damit ist ihr Wert nicht festgelegt, sondern von dem zufälligen Bitmuster abhängig, das sich an dieser Stelle gerade im Speicher befindet.

Dagegen übernimmt

```
int nummer = 4711;
```

gleich Deklaration, Definition und Initialisierung (mit der Zahl 4711) in einem Zuge.

Eine Deklaration ohne Definition würde in C beispielsweise so aussehen:

```
extern int zahl;
```

Das Schlüsselwort `extern` signalisiert, dass der Speicher für diese Zahl an einer anderen Stelle bereitgestellt wird.

Sie dürfen einem Block von Befehlen ebenfalls einen Namen geben, ähnlich wie der einer Variablen. So entsteht ein **Unterprogramm**, auch **Prozedur** oder **Funktion** genannt. Anschließend verwenden Sie den Namen der Funktion anstelle der vielen einzelnen Befehle, sehr praktisch.

 Das Konzept der Unterprogramme wird in Kapitel 16 erläutert.

Allerdings genügt der Name einer Funktion alleine noch nicht. Zwischen dem Block von Befehlen und dem Namen ist ein rundes Klammernpaar erforderlich, in dem Sie die Parameter der Funktion spezifizieren. Darauf werde ich im nächsten Abschnitt eingehen. Wollen Sie erst einmal keine Parameter verwenden, dürfen die Klammern auch leer sein, etwa so:

```
meineFunktion () { befehl1; befehl2; befehl3; }
```

Leider reicht das immer noch nicht! Links vom Funktionsnamen muss ein sogenannter **Rückgabewert** der Funktion stehen, selbst dann, wenn Sie eigentlich gar keinen Wert irgendwohin zurückgeben wollen. Im Zweifel schreiben Sie dort `int` hin, was, wie Sie inzwischen wissen, für eine ganze Zahl steht.

C ist eine Programmiersprache für Schreibfaule; diese Erkenntnis zieht sich wie ein roter Faden durch die gesamte Beschreibung der Sprache. In **ANSI C** dürfen Sie beispielsweise den Rückgabewert von Funktionen einfach weglassen. Damit wird dieser Wert jedoch keineswegs ignoriert, sondern stattdessen implizit `int` angenommen. Allerdings gibt es die Möglichkeit, auch explizit »keinen Wert« anzugeben. Dazu schreiben Sie anstelle des Rückgabewerts das Schlüsselwort `void` (englisch für *Leere*) links neben den Funktionsnamen.

Der Rückgabewert, ob Sie ihn nun brauchen oder nicht, wird am Ende des Blocks mit dem Schlüsselwort `return` versehen. Wenn es sich um eine Zahl handelt und Sie keine besondere Verwendung dafür haben, schreiben Sie einfach

```
return 0;
```

an diese Stelle.

Historisch gesehen hatte der Rückgabewert oft eine andere Bedeutung. Damit konnten Prozeduren auf *Fehler* hinweisen. Nur wenn der Rückgabewert null war, fand eine fehlerfreie Abarbeitung statt. Diese Konvention gilt übrigens bis heute für zahlreiche Betriebssystemfunktionen. Allerdings werden Ausnahmen inzwischen mit besseren und effektiveren Verfahren behandelt. C++ stellt beispielsweise eigene Konzepte dafür bereit.

Eine vollständige Funktion könnte so ausschauen:

```
int meineFunktion () { befehl1; befehl2; return 0; }
```

Wie Sie sehen, kommt hinter die geschweifte Klammer am Ende eines Blocks **kein Semikolon**, das ist auch gut so. Ein Block ist ja kein eigenständiger Befehl, sondern nur eine Menge von Befehlen.

Jedes lauffähige C-Programm muss eine Funktion enthalten, die sich `main` nennt, das »Hauptprogramm«. Der C-Compiler sucht diese Prozedur, egal wo sie sich im Quellcode befindet, am Anfang, am Ende oder mittendrin. Die spätere Abarbeitung Ihres Programms beginnt stets mit dem ersten Befehl in `main`. Dann kommt der zweite an die Reihe. Dann der dritte. Das geht immer so weiter, bis die `main`-Funktion beendet wird. Damit terminiert ebenfalls Ihr Programm.

Haben Sie also weitere Funktionen in Ihrem Quellcode, müssen Sie dafür sorgen, dass sie im Hauptprogramm auch aufgerufen werden. Anderenfalls werden sie niemals abgearbeitet, es sei denn, eine andere Funktion, die selbst wiederum im Hauptprogramm aufgerufen wird, ruft sie auf.

```
int zahl;
int funktion1() {
  funktion2();
  return 0;
}

int funktion2() {
  zahl = 4711;
  return 0;
}

int main() {
  funktion1();
  return 0;
}
```

Die Reihenfolge der Abarbeitung von Befehlen in diesem Beispielprogramm lautet:

✔ Zuerst wird die Funktion main gesucht. Dort stößt der Compiler auf funktion1.

✔ Die Aufgabe des Computers besteht also darin, alle Befehle von funktion1 der Reihe nach auszuführen. Der einzige Befehl darin lautet jedoch funktion2.

✔ Somit führt der Computer die Befehle in funktion2 aus, nämlich den Speicherbereich, der durch die Variable mit dem Namen zahl spezifiziert wird, mit 4711 zu beschreiben. Oder einfacher formuliert: den Wert dieser Variablen auf 4711 zu setzen.

✔ Nach Abarbeitung von funktion1 in main lautet der Rückgabewert 0. Dieser wird an die **aufrufende Umgebung**, das **Invocation Environment** zurückgegeben. Das ist im Allgemeinen das Betriebssystem, es sei denn, das Programm wurde aus einem anderen heraus gestartet.

Das sind Argumente

Bis jetzt waren die Klammern unserer Funktionen stets leer. Das soll sich in diesem Abschnitt ändern.

Das Tolle an den Funktionen besteht darin, dass Sie ihnen **Argumente** mit auf den Weg geben können.

Eine Diskussion der Begriffe *Parameter* und *Argument* finden Sie am Ende von Kapitel 18.

Am einfachsten verstehen Sie das, wenn Sie sich die Prozeduren wie mathematische Funktionen vorstellen, beispielsweise die Umrechnung von Grad Celsius in Grad Kelvin. Okay, das ist ein wenig zu billig – einfach plus 273,15.

Nehmen wir die Umrechnung von Grad Celsius in Grad Fahrenheit. Dazu muss die Temperaturangabe in Celsius erst mit 1,8 multipliziert werden. Anschließend sind noch 32 Einheiten zu addieren. Das Ergebnis ist die Gradzahl in Fahrenheit:

$$\text{Fahrenheit} = \text{Celsius} \cdot 1{,}8 + 32$$

 Beachten Sie, dass bei allen mathematischen Formeln in C aus dem Komma »,« ein Punkt ».« gemacht werden muss, um gebrochene Zahlen darzustellen. Das ist besonders verwirrend, weil Sie natürlich »eins Komma acht« und nicht etwa »eins Punkt acht« sagen. Im englischen Sprachraum haben Punkt und Komma zur Trennung von Tausenderstellen und Nachkommastellen exakt die umgekehrte Bedeutung. Der Punkt heißt dort übrigens »dot«.

Dafür wird als Multiplikationszeichen ein Sternchen »*« (Asterisk) verwendet. Der Grund ist banal: »*« ist im Gegensatz zu »·« ein Element des ASCII-Codes.

Die zugehörige Prozedur benötigt somit einen *Eingabewert* – die Gradzahl in Celsius – und liefert als *Rückgabewert* die Temperatur in Grad Fahrenheit.

In C sieht das so aus:

```
float umrechnung(float celsius) {
  /* Funktion zur Umrechnung von Grad Celsius in Fahrenheit */
  return celsius * 1.8 + 32;
}
```

 Bitte stören Sie sich nicht am Wort `float`! Das ist ebenfalls eine Zahl, aber im Gegensatz zu `int` darf `float` auch gebrochene Werte annehmen. Zu den grundlegenden Datentypen in C komme ich im nächsten Kapitel.

Den Code zwischen /* und */ ignoriert der Compiler. Dort können Sie einen hilfreichen *Kommentar* einfügen. Beachten Sie jedoch, dass viele C-Compiler etwa mit deutschen Umlauten Schwierigkeiten haben. Verwenden Sie dort nur ASCII-Zeichen in Ihren Erklärungen.

In dieser Schreibweise wird Ihnen schnell einleuchten, wozu die Klammern gut sind: dazwischen befinden sich Variablen – inklusive vorangestelltem Datentyp –, die Sie im anschließenden Block, dem Funktionsrumpf, verwenden.

Das zugehörige Hauptprogramm könnte lauten:

```
int main() {
  float celsius = 21.0;
  float fahrenheit;
  fahrenheit = umrechnung(celsius);
  return 0;
}
```

Zuerst wird die Variable `celsius` definiert – und gleich mit dem Wert 21 belegt, also 21° Celsius. Sie erkennen den `float`-Wert anhand der Nachkommastelle. In der dritten Zeile erfolgt die Definition der Variablen `fahrenheit` ohne eine spezielle Initialisierung. Im nächsten Schritt erfolgt die Zuweisung von `fahrenheit` zu demjenigen Wert, der sich aus dem Funktionsaufruf `umrechnung` mit dem Argument `21.0` (dem Wert von `celsius`) ergibt.

Wie Sie sehen, sind C-Programmierer schreibfaul. Sie verzichten beispielsweise auf die Großschreibung. Natürlich ist das nur eine Konvention, Sie müssen sich nicht daran halten.

 Im 24. Kapitel dürfen Sie sich einen Einblick in C++ verschaffen – dort werden Sie sehen, warum es tatsächlich eine gute Idee ist, Variablen kleinzuschreiben: Nur Klassennamen fangen typischerweise mit einem Großbuchstaben an.

Das Schöne an den Unterprogrammen ist, dass sie eine beliebige Verschachtelungstiefe erlauben. Sie dürfen in der ersten Funktion eine zweite aufrufen, die wiederum eine dritte aufruft und so weiter und so fort. Sobald die letzte Prozedur in der Kette beendet ist, gibt sie ihren Rückgabewert an die vorletzte zurück, die wiederum nach Beendigung ihr Ergebnis an den Vorgänger liefert und immer so weiter bis zum Anfang. Und dieser Anfang befindet sich, wie Sie längst wissen, in der Funktion `main`.

Eines der faszinierendsten Konzepte der gesamten Informatik besteht darin, dass eine Funktion auch *sich selbst* aufrufen darf! Das klingt verwegen. Ist es auch. Ein kleines Beispiel soll genügen, um Sie mit der Kraft dieser *Rekursion* zu verzaubern ...

 In Kapitel 31 erhalten Sie die Hintergründe zur Rekursion. Dort finden Sie auch weitere, fesselnde Beispiele.

Kennen Sie noch die *Fakultätsfunktion*? Das war die Geschichte, wo man alle kleineren Zahlen miteinander multiplizierte. Beispielsweise ist »4 Fakultät«, geschrieben »4!«, nichts anderes als $4 \cdot 3 \cdot 2 \cdot 1 = 24$. Die Fakultätsfunktion wächst sehr schnell. Als Schüler macht es Spaß zu sehen, wie weit ein Taschenrechner dabei kommt. Oft ist bei 69! Schluss. Die Fakultätsfunktion ist ein gutes, aber zugegebenermaßen extrem einfaches Beispiel dafür, wie Rekursion funktioniert. Die mathematische Erklärung besteht darin, dass Sie die Fakultät einer Zahl, nennen wir sie »n«, auf elegante Weise zurückführen auf die Fakultät der nächstkleineren Zahl »n-1«:

$$n! = n \cdot (n-1)!$$

Die Fakultät von eins ist natürlich eins: $1! = 1$.

 Die folgende C-Funktion berechnet die Fakultät einer Zahl *rekursiv*, indem sie sich also selbst immer wieder aufruft. Achten Sie vor allem auf das *Abbruchkriterium*. Irgendwann muss der Zug der Rekursion natürlich anhalten. Das passiert, sobald Sie den Wert 1 erreichen:

```c
int fakultaet(int n) {
  if (n <= 1) return 1;
  return n*fakultaet(n-1);
}
```

Der Programmcode für die Fakultät ist extrem kurz geraten und auf den ersten Blick scheint dort fast gar nichts zu passieren. Doch bei genauerer Analyse werden Sie staunen, dass die Funktion genau das tut, was sie soll. Stören Sie sich nicht daran, dass Sie kein »ä« benutzen dürfen. Die Erfinder von C haben sich auf den ASCII-Code beschränkt, der keine Umlaute enthält.

Die Funktion `fakultaet` besitzt als Rückgabewert eine ganze Zahl, genau wie die Eingabe n. Im Funktionsrumpf entdecken Sie zuerst das Abbruchkriterium. Das ist immer so. Informatiker denken grundsätzlich vom Ende her. Was passiert, wenn Sie die Fakultät mit einem Wert kleiner gleich 1 aufrufen? Dann sind Sie schon fertig und geben 1 als Antwort zurück ...

In C müssen wir für »kleiner gleich« leider `<=` statt ≤ schreiben, weil ≤ schon wieder kein ASCII-Zeichen ist.

Jetzt machen wir die Geschichte ein wenig spannender und rufen die Funktion mit **n = 4** auf. Die erste Zeile im Funktionsrumpf wird übersprungen, denn 4 ist nicht kleiner oder gleich 1. Anschließend kommt die nächste Zeile an die Reihe. Hier soll viermal die Fakultät von 4 − 1, also 3, berechnet werden: `return 4*fakultaet(4-1);`

Dieser Aufruf hält die Berechnung der ursprünglichen Funktion gewissermaßen an, und zwar so lange, bis das Ergebnis der Fakultät von 3 bestimmt ist. Alle Zwischenergebnisse werden auf dem **Stack** gespeichert.

Für den Moment ist das nicht so wichtig, aber Ihnen wird klar sein, dass die Verschachtelungstiefe natürlich durch die Ressourcen des Computers beschränkt ist. Hier spielt insbesondere die Größe des Kellerspeichers (**Stack**) eine besondere Rolle. Sollten Sie zu wild mit dem Aufruf von Funktionen gearbeitet haben, führt dies zu einem *Stack overflow error*, einem Mangel an Kellerspeicher. Dies passiert besonders bei rekursiven Funktionen, wenn die maximale Verschachtelungstiefe überschritten wird!

Die Berechnung von `fakultaet(3)` geschieht auf dieselbe Weise, wie das auch für `fakultaet(4)` der Fall ist. Das Abbruchkriterium wird übersprungen, denn auch 3 ist nicht kleiner oder gleich 1. Als Ergebnis wird `return 3*fakultaet(3-1);` zurückgegeben. Auch dies genügt noch nicht. Die Berechnung von 2! führt zu einem erneuten Aufruf derselben Funktion. Das Abbruchkriterium ist nach wie vor nicht erfüllt, also wird die Zeile `return 2*fakultaet(2-1);` erreicht. Und nun, endlich, wird beim Aufruf von `fakultaet(1)` das Abbruchkriterium erreicht. Das Ergebnis lautet »1«. Mit diesem Rückgabewert kann nunmehr die Funktion `fakultaet(2)` beendet werden, und zwar mit der Zahl 2: `return 2*1;`

Dies wiederum gestattet die Beendigung der Fakultät von 3: `return 3*2;`, was »6« ergibt. Schließlich erhalten Sie als Rückgabewert der ursprünglichen Frage, 4!: `return 4*6;` was zum korrekten Endergebnis 24 führt. Oder, in Kurzform:

```
fakultaet (4) = 4*fakultaet(3) = 4*3*fakultaet(2) = 4*3*2*fakultaet(1)
              = 4*3*2*1=24
```

Musterbeispiel verstehen

Um dem Verständnis von C noch näher zu kommen, möchte ich Ihnen nun ein etwas anspruchsvolleres Programm vorstellen. Damit ein wenig Freude aufkommt, soll das Programm auch eine Ausgabe produzieren, und zwar als Text auf die Konsole, also auf Ihren Bildschirm.

Was sich so einfach anhört, ist eigentlich bereits recht umständlich. Die Funktion, mit der Sie Texte ausgeben, nennt sich printf, was für die Zusammenziehung eines *formatierten Drucks* steht: **print formatted**. Die Argumente dieser Prozedur sind schon recht kompliziert. Die Ausgabe einer zahl vom Typ int erfolgt so:

```
printf("%i", zahl);
```

Das erste Argument ist der **Format-String**. Dieser in Anführungsstrichen gehaltene Ausdruck bestimmt, wie die nachfolgenden Argumente interpretiert werden sollen. Das %i bedeutet, dass die entsprechende Zahl ganzzahlig ist. Jeder Datentyp von C besitzt eigene Formatierungsanweisungen, die allesamt mit % anfangen. Würden Sie das Prozentzeichen einfach weglassen, gibt die Zeile lediglich den Kleinbuchstaben »d« aus und zahl wird einfach ignoriert.

Das printf gehört, streng genommen, gar nicht zum unmittelbaren Sprachumfang von C. Vielmehr ist es eine *Bibliotheksfunktion*, deren Spezifikation erst in Ihr Programm eingebunden werden muss. Allerdings handelt es sich um eine Standard-Bibliothek, die wirklich jede Implementierung von C auch mit »an Bord« hat.

Um andere Dateien in Ihren Quellcode einzubinden, wird eine Anweisung an den C-**Präprozessor** getätigt. Der Präprozessor ist so etwas wie ein Bodyguard für den C-Compiler. Er geht vor ihm her und beseitigt Hindernisse in der Hoffnung, dass der C-Compiler anschließend heil hinterherkommt.

Anweisungen an den Präprozessor beginnen mit #. Ein typisches Beispiel lautet:

```
#include <stdio.h>
```

Sobald der Präprozessor auf diese Anweisung stößt, ersetzt er die Zeile im Quellcode durch den Inhalt der Datei stdio.h. Erst ab diesem Moment kann der Compiler mit printf etwas anfangen. Deswegen beginnt fast jedes C-Programm mit genau dieser Include-Anweisung.

Wollen Sie, dass nach dem Ausdruck ein Zeilenvorschub erfolgt, packen Sie einfach ein \n (**Backslash-n**) in den Formatierungsstring:

```
printf("%i\n", zahl);
```

Genug. Jetzt kommt das Programm dran. Wissen Sie noch, was Primzahlen sind? Das sind Zahlen, die nur durch 1 und sich selbst teilbar sind. Die ersten lauten »2, 3, 5, 7, 11,...«. Wie wäre es, wenn Sie ein Programm zur Ausgabe aller Primzahlen, sagen wir, bis hundert schreiben? Nichts einfacher als das!

```
/* prim.c: Programm zur Ausgabe von Primzahlen */
#include <stdio.h>

const int falsch = 0;
const int wahr = 1;

int prim(int zahl) {
  int i;
  if (zahl == 1) return falsch;
  if (zahl == 2) return wahr;
  for (i = 2; i < zahl; i++) {
     if (zahl % i == 0) return falsch;
  }
  return wahr;
}

int main() {
  int zahl;
  for (zahl = 1; zahl < 100; zahl++) {
     if (prim(zahl)) printf("%i\n", zahl);
  }

  return 0;
}
```

Um ein C-Programm zu verstehen, beginnen Sie immer bei main! Hier treffen Sie nach der Definition des Integers zahl als Erstes auf eine for-Schleife. Das ist nichts anderes als der geradezu paranoide Zwang, den nachfolgenden Block immer und immer wieder abzuarbeiten. Dabei dürfen Sie eine *Schleifenvariable*, die in unserem Fall zahl heißt, in jedem Durchlauf inkrementieren, also um 1 erhöhen.

Die Schleife liest sich wie folgt:

✔ Beginne am Anfang, mit der Initialisierung von zahl mit dem Wert 1
  zahl = 1;

✔ Wiederhole den nachfolgenden Block, solange zahl kleiner ist als 100
  zahl < 100;

✔ Bei jedem Schleifendurchlauf soll Zahl um 1 erhöht werden
  zahl++

Das funktioniert ähnlich wie bei einem gewöhnlichen Prozeduraufruf. Im abzuarbeitenden Befehlsblock hat zahl stets einen definierten Wert. Im ersten Durchlauf ist dieser Wert 1, danach 2 und so weiter bis 99 inklusive. Bei 100 bricht die Schleife ab und das Programm terminiert.

Der eigentliche Spaß findet somit im Inneren der Schleife statt, im *Schleifenrumpf*. Dort treffen Sie auf eine Bedingung: if (prim(zahl))

Der Befehl (oder Block), der unmittelbar nach der if-Anweisung folgt, wird nur dann ausgeführt, wenn der Zahlenwert zwischen dem äußeren Klammernpaar hinter dem if ungleich null ist. Anderenfalls passiert ... nichts! Weil Wahrheitswerte in ANSI C nicht explizit definiert sind, habe ich das mit zwei Konstanten (wahr und falsch) direkt mal nachgeholt. falsch muss immer null sein, bei wahr haben Sie die Wahl. Jeder Wert – außer null – tut es. Ich habe mich für die 1 entschieden. Das Schlüsselwort const signalisiert, dass wahr und falsch **Konstanten** sind, die sich im Laufe des Programms – im Gegensatz zu Variablen – nicht ändern können.

In ANSI C steht die Zahl 0 für den Wahrheitswert **falsch** (**false**). Jede andere Zahl wird dagegen als **wahr** (**true**) interpretiert.

Die Anweisung in der Klammer ist ein klassischer Funktionsaufruf, der weiter oben im Programm definiert ist: prim ist eine Funktion, die wahr (also 1) zurückgibt, falls das zugehörige Argument zahl eine Primzahl ist, und anderenfalls falsch (also 0). Der Befehl hinter der if-Anweisung im Hauptprogramm wird somit nur dann ausgeführt, wenn es sich bei zahl um eine Primzahl handelt. Und was passiert dann?

```
printf("%i\n", zahl);
```

Die Zahl wird einfach ausgegeben, wobei anschließend noch ein Zeilenvorschub erfolgt. Wenn alles stimmt, gibt dieses Programm eine Liste der Primzahlen – je eine pro Zeile – aus.

Es bleibt also nur noch ein letzter Blick ins Innere von prim. Die ersten beiden Zeilen sind Selbstverständlichkeiten: 1 ist keine Primzahl, 2 dagegen schon. Das Spiel können wir natürlich nicht immer so weiter treiben. Sollte das Argument größer sein als 2, so testen Sie einfach alle Zahlen, die kleiner sind, auf Teilbarkeit. Dazu dient die Anweisung

```
if (zahl % i == 0)
```

Das Prozentzeichen hat hier eine völlig andere Bedeutung, als es innerhalb des Format-Strings der Fall ist: Es ist das mathematische **Modulo**, die Suche nach dem Rest einer ganzzahligen Division. Wollen Sie beispielsweise wissen, welchen Rest die Division von 13 durch 5 ergibt, schreiben Sie einfach 13 % 5. Das Resultat lautet 3, denn 13 durch 5 ergibt 2, Rest 3.

Die Prozedur prim testet nun jedoch auf einen Rest von 0. Das ist nichts anderes als die Frage, ob zahl durch i teilbar ist. Das == ist nämlich keine Zuweisung, sondern ein *Vergleichsoperator*: Ist die linke Seite zahl % i gleich der rechten 0? Falls das zutrifft, wird als Ergebnis von prim der Wert falsch zurückgeliefert. In dem Fall wäre die Zahl tatsächlich durch eine andere, nämlich i teilbar, weil der Rest der Division durch i null ergibt. Somit ist die Zahl nicht prim, also keine Primzahl.

Erst wenn alle Tests auf Teilbarkeit misslingen und die for-Schleife ohne positives Ergebnis endet, wird wahr zurückgegeben: In dem Fall ist zahl eine Primzahl!

Das im Programm angewendete Verfahren, ob eine Zahl eine Primzahl darstellt, ist nicht sehr effizient. Beispielsweise würde es genügen, bis zur Wurzel von zahl zu testen. Aber ich versichere Ihnen, dass Sie das keine Lebenszeit kostet. Sie werden bei den Primzahlen bis 100 keinen zeitlichen Unterschied bemerken ...

Falls Sie sich nicht die Mühe machen wollen, das Programm selbst einzugeben. Es kommen genau die Primzahlen unterhalb von 100 heraus:

2

3

5

7

11

⋮

83

89

97

Zeigerzauberwelt

Sie wissen bereits, dass eine Variable einen *Namen* für einen Speicherort darstellt. Dieser Ort besitzt immer auch eine *Adresse*, eine eindeutige Nummer im Speicher.

Technische Details zum Speicher und den Adressierungsarten finden Sie in Kapitel 13.

In C gibt es spezielle Typen von Variablen, die Adressen (als Wert) speichern. Sie heißen **Zeiger**.

Ein *Zeiger* (englisch *Pointer*) beinhaltet eine Speicheradresse. *Zeigertypen* werden durch ein vorangestelltes Sternchen ***** vor dem Namen definiert.

Mit int *pzahl; legen Sie fest, dass pzahl nicht vom Typ Integer ist, sondern einen Zeiger auf eine Integer-Adresse darstellt. Das p vor zahl ist eine reine Konvention, die andeutet, dass es sich um einen Pointer handelt. Sie dürfen auch jeden anderen gültigen Bezeichner stattdessen wählen.

Die Frage ist nun, wie Sie einen Zeiger initialisieren. Hierzu setzen Sie ein *kaufmännisches Und* & vor eine (andere) Variable, um deren Adresse (anstatt ihres Inhalts) zu erhalten.

Wenn n eine Integer-Variable darstellt, so ist &n die Speicheradresse dazu. & wird auch *Adressoperator* genannt.

Der **Adressoperator** (auch **Referenzierungsoperator**) & ermittelt die Speicheradresse zu einer Variablen.

Damit sind Sie in der Lage, einen Zeiger sinnvoll zu initialisieren:

```
int n = 132;
int *pn = &n;
```

Die erste Zeile definiert die Variable n als Integer und initialisiert sie mit dem Wert 132. In der zweiten Zeile legen Sie pn als eine Variable an, die eine Integer-Adresse beinhaltet. Zugleich initialisieren Sie pn mit derjenigen Adresse, die der Variablen n zugewiesen ist.

Der genaue Zahlenwert von pn selbst interessiert normalerweise nicht. Das ist die Adresse derjenigen Speicherstelle, die ursprünglich der Variablen n zugewiesen worden ist.

Sie verstehen nur Bahnhof? Keine Sorge. Das ist am Anfang ganz normal. Glauben Sie mir: Wenn Sie sich erst mit Zeigern angefreundet haben, wollen Sie nicht mehr darauf verzichten.

Ich erkläre Ihnen diese Zeilen noch einmal ganz ausführlich: n ist eine Variable vom Typ int. Sie kann somit die ganze Zahl 132 speichern. Sagen wir, n besitzt in Ihrem Programm die Speicheradresse 0x7fff55f89b3c. Dann steht nach int n = 132; genau an dieser Stelle der Wert 132. Von jetzt an hat n den Wert 132 und &n den Wert 0x7fff55f89b3c.

 Stören Sie sich nicht an der *hexadezimalen Darstellung* der recht großen Adressen. Details hierzu finden Sie im fünften Kapitel!

Mit int *pn = &n; weisen Sie pn als *Wert* die Adresse von 0x7fff55f89b3c zu. Aber natürlich braucht pn selbst Speicher (um nämlich eine Adresse aufnehmen zu können). Dieser Speicher könnte sich beispielsweise an der Stelle 0x7fff55f89b30 befinden. In Abbildung 21.1 habe ich das einmal grafisch angedeutet.

	0x7fff55f89b30		0x7fff55f89b3c	
...	0x7fff55f89b3c	...	132	...

Abbildung 21.1: Speicheradressen und Zeiger

Die Kästchen sollen Speicherstellen sein. Oberhalb der Kästen finden Sie die zugehörigen Adressen. Betrachten Sie einfach die Speicherstelle 0x7fff55f89b3c auf der rechten Seite als die Variable n. n ist somit nur ein schöner Name für eine kryptische Adresse. Der **Wert** von n ist dagegen die gut lesbare ganze Zahl 132, weil dies der **Inhalt** der zugehörigen Speicherstelle ist.

pn ist ebenfalls nur ein schöner Name für eine andere Adresse, nämlich 0x7fff55f89b30 (links). Der **Wert** von pn ist dagegen selbst eine Adresse, und zwar diejenige, an der sich n befindet. pn *zeigt* somit auf n.

Spannend ist es nun zu sehen, wie Sie aus pn den Inhalt von 0x7fff55f89b3c (und damit von n) zurückgewinnen können. Dazu benötigen Sie den *Dereferenzierungsoperator*.

Der **Dereferenzierungsoperator *** wird auf einen Zeiger angewendet. Er ermittelt den Inhalt desjenigen Speichers, auf den dieser Zeiger verweist (*zeigt*).

↦ vgl. Sternchen

 Gruselig: In C besitzt der Asterisk – bezogen auf Zeiger – zwei unterschiedliche Bedeutungen.

Im Rahmen einer Definition stellt das Symbol klar, dass es sich um eine **Zeigervariable** handelt. Außerhalb der Definition steht * für den Dereferenzierungsoperator!

Durch

```
int m = *pn;
```

erhält m somit nicht die *Adresse*, die in pn gespeichert ist, sondern den *Inhalt* des Speichers (als Integer interpretiert), auf den pn zeigt, und das ist, wenn Sie sich an die Initialisierung von n erinnern, 132.

Sie dürfen *pn auch einen neuen Wert zuweisen, zum Beispiel 168:

```
*pn = 168;
```

Die Zeile bedeutet, dass die Stelle, auf die pn zeigt (und nicht pn selbst), nunmehr den Wert 168 haben soll.

Ist Ihnen klar, dass Sie damit zugleich auch den Inhalt der Variablen n auf 168 verändert haben? Wenn nein, werfen Sie erneut einen Blick in Abbildung 21.1. Indem Sie *pn verändern, wird zugleich der Inhalt von 0x7fff55f89b3c angepasst!

Sie können auch pn selbst einen neuen Wert zuweisen. Dazu benötigen Sie jedoch eine andere (sinnvolle) Adresse.

 Weisen Sie einem Zeiger niemals eine von Ihnen ausgedachte Zahl zu, das kann verheerende Konsequenzen haben, weil Sie ja nicht wissen, was sich an dieser Stelle im Speicher überhaupt befindet.

Beispielsweise ginge:

```
int nummer = 13;
pn = &nummer;
```

Nun hat pn nichts mehr mit n zu tun, sondern kümmert sich ausschließlich um die Adresse von nummer. Entsprechend besitzt *pn ab jetzt den Wert 13.

 Viele Programmierer ziehen es vor, das Sternchen für den Zeiger unmittelbar hinter den Datentyp zu setzen, anstatt ihn an die Variable zu »kleben«. Beide Varianten sind jedoch vollkommen gleichwertig. Sie dürfen sich aussuchen, was Ihnen lieber ist:

```
int *pn; oder int* pn;
```

Wenn Sie mehrere Zeiger in einer Zeile definieren möchten, benötigt jede Variable jedoch ihr eigenes Sternchen:

```
int *p1, *p2, *p3;
```

Sie wollen selbst das Konzept von Adressen und Zeigern ausprobieren und ein wenig damit spielen? Sehr gut! Mit der Formatierungsanweisung %p in printf lassen Sie sich Zeiger oder Adressen ausgeben.

Ein kleines Beispiel gefällig? Bitte sehr!

```
int zahl = 3;
int *zeiger = &zahl;

printf("Die Zahl, auf die der Zeiger %p zeigt, besitzt den Wert
%i\n", zeiger, *zeiger);
```

Welche Kraft Zeiger auf Datenstrukturen ausüben, wird in Kapitel 22 erläutert. Um fiese, aber sehr effektive Tricks mit Pointern geht es in Kapitel 23.

IN DIESEM KAPITEL

Grundlegende Datentypen kennenlernen

Mit elementaren Operatoren arbeiten

Kontrollstrukturen erfassen

Strings behandeln

Ein- und Ausgaben mit Dateien durchführen

Kapitel 22
C als Muttersprache

I n diesem Kapitel erhalten Sie die Grundlagen zur Programmiersprache C. Dazu gehören Datentypen, Operatoren und Kontrollstrukturen. Die Arbeit mit Strings ist ebenfalls für das Verständnis von C unerlässlich. Am Ende zeige ich Ihnen, wie Sie Dateien auslesen und beschreiben.

Atomare Datentypen

Jede Programmiersprache muss Strukturen bereitstellen, mit denen der Programmierer seine wie auch immer gearteten Daten verwaltet. Das geht los mit einfachen Zahlen, erstreckt sich über die Verwaltung von Texten und reicht bis zur Arbeit mit komplexen Anordnungen von Tausenden von Datensätzen.

Das normale Verfahren sieht so aus: Die jeweilige Programmiersprache stellt **atomare Datentypen** zur Verfügung, die selbst nicht aus noch einfacheren Strukturen zusammengesetzt sind. So wie Atome Bestandteile der Moleküle sind, ergeben sich **zusammengesetzte Datentypen** aus atomaren. In dem Moment, wo Sie neue Datentypen gebildet haben, dürfen Sie diese auch einsetzen, um noch kompliziertere Strukturen zu erhalten.

Aber ganz langsam. In diesem Abschnitt geht es erst einmal um die atomaren Datentypen von C. Es sind nicht gerade viele. Ich habe sie Ihnen in Tabelle 22.1 zusammengestellt.

Sie glauben nicht, dass das schon alles ist? Eine so berühmte und enorm wichtige Sprache wie C verfügt nur über sechs atomare Datentypen? Aber genau das ist der Fall. Und selbst die brauchen Sie im Allgemeinen noch nicht einmal ... Vermutlich wurde C deswegen so berühmt und wichtig, weil der Sprachumfang so übersichtlich und schnell zu erlernen ist.

Art der Daten	Datentyp in C
Buchstaben oder Ziffern, auch Sonderzeichen	char
(kleine) ganze Zahl	short
ganze Zahl	int
(große) ganze Zahl	long
(kleine, wenig genaue) gebrochene Zahl	float
(große, viel genauere) gebrochene Zahl	double

Tabelle 22.1: Atomare Datentypen in C

Im Grunde ist selbst char (die Abkürzung von *character*, das englische Wort für *Buchstabe*) auch nichts anderes als eine sehr kleine, ganze Zahl. Sie wird eben nur, wenn Sie so wollen, wie ein ASCII-Zeichen interpretiert.

Die Datentypen aus Tabelle 22.1 dürfen Sie in zwei prinzipielle Gruppen unterteilen. Die erste Gruppe entspricht gewöhnlichen *ganzen Zahlen*, dazu zählen char, short, int und long, während die zweite unter die Kategorie *Fließkommazahlen* fällt und so einige Eigenarten aufweist. Hierzu zählen float und double.

 Die beiden unterschiedlichen Zahlenformate, darauf ausführbare Operationen und deren Fallstricke erkläre ich Ihnen in Kapitel 5.

Die verschiedenen ganzen Zahlenformate unterscheiden sich lediglich in ihrer Bitlänge. Daraus resultiert der mögliche Wertebereich für Variablen des entsprechenden Typs.

Allerdings gibt es hier zwei grundsätzlich verschiedene Möglichkeiten:

✔ Entweder wird das höchste Bit dem »Vorzeichen« geopfert

✔ oder die ganze Zahl wird als positiv (oder null) interpretiert.

Wollen Sie auf die zweite Variante zurückgreifen, stellen Sie in C das Schlüsselwort unsigned (*vorzeichenlos*) unmittelbar dem Datentyp voran. Anderenfalls gilt der jeweilige Datentyp als *vorzeichenbehaftet* und auch negative Werte sind möglich.

Der Vorteil des unsigned besteht darin, dass der mögliche höchste Zahlenwert doppelt so groß ist wie im Normalfall. Allerdings bleibt die Gesamtanzahl an darstellbaren Zahlenwerten gleich. Dafür müssen Sie ja auch auf die negativen verzichten. In Tabelle 22.2 habe ich Ihnen einmal zusammengestellt, welche Wertebereiche Zahlen in C typischerweise besitzen, jeweils mit und ohne Vorzeichen.

Diese Tabelle verrät Ihnen, welche Datentypgröße in Byte zu welchen darstellbaren Zeichenbereichen führen. Übrigens legt die Sprache C gar nicht fest, wie groß ein int tatsächlich ist. Je nach Implementierung kann int genau short oder exakt long entsprechen oder, wie in der Tabelle, irgendwo dazwischen liegen. Das hängt von der Architektur ab. Schon verrückt, was sich die C-Erfinder da ausgedacht haben! Die Idee ist wiederum der Faulheit geschuldet. Im Zweifel benutzen Sie einfach den Datentyp int, der wird schon passen ...

Datentyp	Größe in Bytes	Kleinste Zahl	Größte Zahl
char	1	-128	127
unsigned char	1	0	255
short	2	-32 768	32 767
unsigned short	2	0	65 535
int	4	-2 147 483 648	2 147 483 647
unsigned int	4	0	4 294 967 295
long	8	-9 223 372 036 854 775 808	9 223 372 036 854 775 807
unsigned long	8	0	18 446 744 073 709 551 615

Tabelle 22.2: Zahlenbereiche der ganzzahligen Datentypen in C

Wenn Sie wissen möchten, ob int nun bei Ihrem C-Compiler als short oder long interpretiert wird, lassen Sie das folgende Programm laufen:

```
#include <stdio.h>
int main() {
  printf("short: %ld int: %ld long: %ld\n",
    sizeof(short), sizeof(int), sizeof(long));
  return 0;
}
```

Entscheidend ist hier die Funktion sizeof. Sie erwartet als Argument einen Datentyp und spuckt dessen Größe in Byte aus. Das Ergebnis könnte Sie überraschen! Bei mir ergibt sich übrigens als Ausgabe:

```
short: 2 int: 4 long: 8
```

Der Vollständigkeit halber müssen wir noch auf die Gleitkommaformate zurückkommen. Hier unterscheidet C nicht nach vorhandenem oder fehlendem Vorzeichen. Vielmehr kann jede float- oder double-Zahl positiv oder negativ sein. Dennoch ist der darstellbare Bereich der Datentypen sehr unterschiedlich (Tabelle 22.3).

Datentyp	Größe in Byte	kleinste Zahl größer als null	Größte Zahl
float	4	$1.17 \cdot 10^{-38}$	$3.4 \cdot 10^{38}$
double	8	$2.2 \cdot 10^{-308}$	$1.8 \cdot 10^{308}$

Tabelle 22.3: Zahlenbereiche der Gleitkommazahlen-Datentypen in C

Die Zehnerpotenzen dürfen Sie so lesen: Die kleinste Zahl größer als null hat bei float fast 40 Nachkommastellen, während die größte double-Zahl mehr als 300 Stellen vor dem Komma besitzt ...

Wenn es jedoch um sehr große Genauigkeit geht, kann ich Ihnen weder float noch double empfehlen. Gründe dafür finden Sie in Kapitel 5, ganz am Ende ...

 Am genauesten sind Gleitkommazahlen in unmittelbarer Nähe zur Zahl 1.

Operationen mit Operatoren

Jeder Variablen müssen Sie in C einen Typ zuordnen. Beispielsweise wäre mit ...

✔ char *zeichen*; *zeichen* eine Variable vom Typ char

✔ int *ganzeZahl*; *ganzeZahl* eine Variable vom Typ int

✔ double *gebrocheneZahl*; *gebrocheneZahl* eine Variable vom Typ double

Außerdem dürfen Sie, wie gesehen, Variablen Werte zuweisen. Spannend wird die Angelegenheit jedoch erst, wenn Sie auch etwas mit den Variablen anstellen, wenn Sie deren Inhalt verändern. Dazu gibt es in C eine Reihe »eingebauter« Operatoren. Die meisten werden Sie aus dem Mathematikunterricht der Schulzeit kennen.

 Denken Sie stets daran: Computer sind nur Rechner. Alle gespeicherten und zu verarbeitenden Werte sind letztlich Zahlen. Daher sind auch die meisten Operatoren arithmetischer Natur. Kapitel 3 geht näher darauf ein ...

Folgende Operatoren dürfen Sie verwenden ...

`+, -, *, /, %`

 Es gilt bei arithmetischen Operationen – zum Glück – die bekannte »Punkt vor Strich«-Regelung. Der Wert des Ausdrucks »2 + 3 * 4« ist somit 14 und nicht etwa 20. Ansonsten werden die Operatoren einfach von links nach rechts abgearbeitet.

Weitere Operatoren beziehen sich auf die Binärdarstellung der Zahlen:

✔ << (Linksschieben), >> (Rechtsschieben), & (AND), | (OR), ^ (XOR), ~ (Einerkomplement)

Um C noch ein wenig schneller und effizienter zu machen, haben sich die Erfinder ausgedacht, gleich Zuweisungen und Operatoren zu verknüpfen. Das dürfen Sie mit jedem der erwähnen Operatoren tun. Etwa ...

`+=, /=, *=, >>=, |=`

Es handelt sich dabei um eine abkürzende Schreibweise. Beispielsweise ist

```
zahlA *= zahlB + 3;
```

dasselbe wie:

```
zahlA = zahlA*(zahlB + 3);
```

Ein anderes Beispiel wäre:

```
zahl += 1;
```

ist die Abkürzung von:

```
zahl = zahl + 1;
```

Weil das sehr häufig vorkommt und C ein Compiler für Schreibfaule ist, dürfen Sie das noch weiter abkürzen:

```
zahl++;
```

oder

```
++zahl;
```

Beide Ausdrücke inkrementieren den Wert von zahl um 1. Allerdings gibt es einen Unterschied: Der **Wert des Ausdrucks** im ersten Fall ist der Wert von zahl vor der Inkrementierung, während der Wert im unteren Beispiel bereits die Erhöhung um 1 berücksichtigt. Das spielt bei einem eigenständigen Befehl keine Rolle. Sollte sich der Ausdruck jedoch auf der rechten Seite einer Zuweisung befinden, gibt es einen großen Unterschied. Am besten zeige ich Ihnen das an zwei sehr einfachen Beispielen.

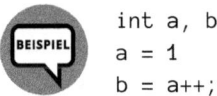

```
int a, b;
a = 1
b = a++;
```

Am Ende hat a den Wert 2, b ist jedoch 1, weil der **Wert des Ausdrucks** a++ den Inhalt von a **vor** der Inkrementierung wiedergibt.

Betrachten Sie dagegen die folgende Variante:

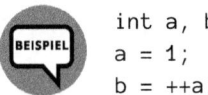

```
int a, b;
a = 1;
b = ++a;
```

Wieder besitzt a schließlich den Wert 2, doch diesmal gilt das auch für b, denn der **Wert des Ausdrucks** ++a berücksichtigt a **nach** der Inkrementierung!

In C funktioniert der Operator -- für Dekrementierungen analog zu ++.

Ein weites Feld von Arrays und Structures

Neben den bereits beschriebenen atomaren Datentypen, die C Ihnen gewissermaßen kostenlos bereitstellt, haben Sie das Recht, selbst neue Datentypen zu erfinden.

Dies geschieht auf folgende Weise:

- ✔ Wollen Sie aus mehreren Datensätzen desselben Grundtyps einen neuen kreieren, verwenden Sie ein **Array** (**Feld**).

- ✔ Wollen Sie verschiedene Datentypen zu einem neuen zusammensetzen, verwenden Sie eine **Structure** (**Datensatz**).

Dabei sind die Datensätze, auf denen Sie aufbauen, selbst wiederum atomare Typen, Arrays oder Structures. Puh, ganz schön heftig.

Abbildung 22.1 symbolisiert den Unterschied zwischen Arrays und Structures.

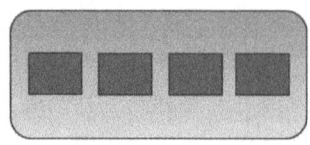

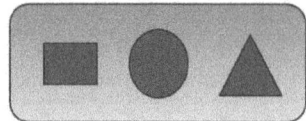

Abbildung 22.1: Unterschied zwischen Arrays (oben) und Structures

Arrays bestehen aus mehreren Elementen desselben Datentyps, während Structures unterschiedliche Datentypen beherbergen. Die Datentypen selbst dürfen wiederum aus anderen zusammengesetzt sein.

In C erzeugen Sie Arrays durch eckige Klammern:

```
int a[17];
```

a beschreibt nun ein Array von insgesamt 17 Integern. Sie können mit jedem einzelnen Element alles anstellen, was Sie auch mit einer einzelnen Variablen vom Typ int tun könnten:

```
a[14] = 23;
a[4] += a[3]*a[2];
```

 Ein Array beginnt immer beim Index null!

Wenn a ein Array mit 17 Elementen ist, dürfen Sie a[0] verwenden, nicht aber a[17], denn das wäre das 18. Element …

Für Structures verwenden Sie in C das Schlüsselwort struct:

```
struct fahrzeug {
  int kilometerstand;
  char motorTyp;
  float preis;
};
```

 Beachten Sie die obligatorische Verwendung des Semikolons am Ende einer Struktur! Die geschweiften Klammern bilden hier nämlich keinen Befehlsblock.

Der zusammengesetzte Datentyp `fahrzeug` besteht hier aus drei Elementen: dem Kilometerstand, der Motorenbezeichnung und dem Preis mit jeweils unterschiedlichen Datentypen.

Mit

```
struct fahrzeug meinAuto;
```

definieren Sie `meinAuto` als Variable vom Typ `fahrzeug`.

Sie stört es, dass das Schlüsselwort `struct` vor `fahrzeug` erneut eingegeben werden muss, wo Sie doch die Struktur bereits deklariert haben? Spätere Erweiterungen von C haben diesem Umstand Rechnung getragen. So ist in C++ die erneute Angabe von `struct` bei der Deklaration von Variablen nicht unbedingt erforderlich. Aus Gründen der Kompatibilität zu C *dürfen* Sie `struct` an dieser Stelle jedoch weiterhin eingeben.

Der Zugriff auf die Elemente von `meinAuto` geschieht über den Punkt als Operator ». «:

```
meinAuto.kilometerstand = 123456;
meinAuto.motorTyp = 'D';
float kosten = meinAuto.preis *1.19;
```

Noch hübscher sieht der Code aus, wenn Sie mit einem Zeiger auf der Struktur arbeiten:

```
struct fahrzeug *pAuto = &meinAuto;
meinAuto->motorTyp = 'E';
printf("Mein Auto kostet %f €\n", meinAuto->preis);
```

Der Zugriffsoperator »->« auf die Elemente der Struktur soll in diesem Fall wie ein Pfeil aussehen – keine schlechte Idee bei einem Zeiger ...

Zeichen in Ketten legen

Im letzten Abschnitt haben Sie gesehen, wie Sie Arrays aus dem atomaren Datentyp `int` bilden. Ein Feld von Zeichen (`char`) könnte ein Wort oder ein ganzer Satz sein. Informatiker sprechen von einer **Zeichenkette** (englisch **string**).

In C gibt es keinen atomaren Datentyp für Zeichenketten!

Obwohl es keinen eigenständigen Datentyp für Strings in C gibt (im Gegensatz zu vielen anderen Programmiersprachen), wird jedoch aus einem Array von Zeichen auf natürliche Weise ein String, wenn Sie folgende in C vorgeschriebene Konvention einhalten:

In C ist ein String ein `char`-Array, dessen letztes Zeichen mit einer Null belegt wird. Man sagt auch, ein String ist ein »null-terminiertes Character-Array«.

String-Konstanten werden in doppelte Anführungszeichen gesetzt, während `char`-Konstanten in einfachen Hochkommata stehen:

```
char buchstabe = 'a';
char wort[] = "Dummies";
```

Die eckige Klammer ohne Zahl gibt an, dass der Compiler lieber selbst nachrechnen soll, wie viele Speicherplätze durch das Array zu belegen sind. Im Beispiel wären das acht, denn das Wort »Dummies« besteht zwar nur aus sieben Buchstaben, aber am Ende muss eine zusätzliche Null eingefügt werden.

 Das Terminalzeichen in Strings ist nicht das ASCII-Zeichen »0«, dessen Wert 48 lautet, sondern tatsächlich das Zeichen »NUL«, dessen Wert 0 ist. Als Buchstabe wird diese letzte Variante `'\0'` geschrieben.

Das Array `wort` enthält nach der Anweisung folgende Zeichen:

✔ `'D','u','m','m','i','e','s','\0'`

Allerdings speichert der Computer ja letztlich ohnehin nur Zahlen. Somit ist es äquivalent, von folgendem Inhalt zu sprechen.

✔ `68,117,109,109,105,101,115,0`

Die Zahlen ergeben sich aus den ASCII-Werten der Buchstaben.

 Viele Anwender kennen den Begriff *String* und seine Bedeutung. Sie glauben sogar, eine eigene Taste dafür auf der Tastatur ausgemacht zu haben, deren Beschriftung `Strg` lautet. Leider ist das vollkommen verkehrt. Die entsprechende Taste, die sogar doppelt auf der Standardtastatur erscheint, wird im Englischen mit `ctrl` bezeichnet, was die Abkürzung von *Control* ist. Somit löst sich auch das Rätsel um die `Strg`-Taste: Es ist die Abkürzung von *Steuerung*.

`wort` repräsentiert zwar einen String, ist aber streng genommen ein **Zeiger**.

 Im letzten Abschnitt von Kapitel 21 erkläre ich Ihnen, was es mit Zeigern auf sich hat. Machen Sie sich bitte mit diesem Konzept vertraut, das wird Ihnen noch öfter begegnen!

Das gilt übrigens nicht nur für Strings:

 Die Bezeichner für Arrays und Structures sind in C grundsätzlich Zeiger, die die Anfangsadresse des zugehörigen Speicherbereichs beinhalten!

Vielleicht fragen Sie sich, ob Sie statt `char wort[]` nicht einfach `char *wort` schreiben dürfen. Die Sternchen-Version sieht kürzer aus und vermeidet überdies die beiden eckigen Klammern, die garstige Tasten wie `AltGr` erfordern.

Die Taste AltGr steht für **Alternate Graphic** und rührt von der guten alten Zeit (in den 80ern des letzten Jahrhunderts), als es noch keine grafischen Benutzeroberflächen gab. Vielmehr mussten dort alle zeichnerischen Anstrengungen aus einzelnen grafischen Komponenten zusammengesetzt werden. Außerdem verbreiteten sich PCs weltweit, was eine extreme Ausdehnung der benötigten Zeichen zur Folge hatte. Jede Taste auf der Tastatur konnte mit ⬆ und Alt (**Alternate**) bereits doppelt belegt werden. Mittels AltGr war nun eine weitere Verwendung möglich ...

Tatsächlich dürfen Sie in beiden Fällen die Array-Schreibweise verwenden, wenn Sie auf einzelne Elemente des Strings zugreifen wollen. So gibt

```
printf("%c", wort[3]);
```

jeweils das vierte Zeichen des Strings aus (die Zählung beginnt stets beim Index 0).

Allerdings ist `char wort[]` ein **konstanter Zeiger**, während `char *wort` eine **Zeigervariable** darstellt.

Mehr Details zu Spitzfindigkeiten mit Zeigern finden Sie in Kapitel 23.

Obwohl es sich auch bei Strings letztlich um ein Array von Zahlen handelt, gibt es eine Reihe von Prozeduren, die typischerweise jede Sprache für die Manipulation mit Strings bereitstellt.

Auch C macht da keine Ausnahme. In der Bibliothek `string.h` finden Sie zahlreiche Funktionen, die allesamt mit `str` beginnen und Ihnen einige Arbeit bei der Manipulation von Strings abnehmen. In Tabelle 22.4 habe ich Ihnen die wichtigsten zusammengestellt.

Anwendungsgebiet	C-Funktion	Aufrufschema
Zeichenketten kopieren	strcpy	strcpy(char *nach, char *von);
Zeichenketten verbinden	strcat	strcat(char *nach, char *von);
Zeichenketten vergleichen	strcmp	strcmp(char *string1, char *string2);
Buchstaben in Zeichenkette suchen	strchr	strchr(char *string, char zeichen);
String in Zeichenkette suchen	strstr	strstr(char *worin, char *was);
Länge einer Zeichenkette	strlen	strlen(char *string);
String in einzelne Teilstrings (»tokens«) mittels Begrenzungszeichen zerlegen	strtok	strtok(char *was, char *begrenzungszeichen);

Tabelle 22.4: Funktionen zum Umgang mit Strings in C

Die Logik hinter diesen Prozeduren ist recht einfach zu verstehen. Obwohl Strings in C nicht unmittelbar zum Sprachumfang gehören, stellt die Bibliothek `string.h` Funktionen bereit, um diesen Mangel zu beheben. Dabei entspricht das Aufrufmuster – so weit das eben möglich ist – dem jeweiligen Pendant für die eingebauten Datentypen. Die Parameter weisen die Strings stets als Zeigervariablen aus, konstante Zeiger funktionieren natürlich genauso.

So kopiert

```
strcpy(nach, von);
```

den Inhalt des zweiten Strings von in den Speicherbereich des ersten nach.

Dies entspricht bei atomaren Datentypen (wenn von und nach Integer wären):

```
nach = von;
```

Das ist so, als befände sich zwischen den beiden Argumenten von strcpy ein unsichtbares »=«, um eine Zuweisung nachzuempfinden.

 Im nächsten Kapitel zeige ich Ihnen genau, was passiert, wenn Sie strcpy aufrufen. Die hier erwähnte Variante produziert darüber hinaus einige schwerwiegende Sicherheitsprobleme. Eine einfache Lösungsmöglichkeit wird ebenfalls in Kapitel 23 behandelt. Außerdem komme ich im 55. Kapitel darauf zurück.

 String-Operationen dürfen nur angewendet werden, wenn die char-Arrays null-terminiert sind. Außerdem müssen Sie selbst dafür Sorge tragen, dass in den Zielstrings genügend Speicher zur Verfügung steht!

Ehe ich Ihnen die ein oder andere Anwendung der String-Operationen zeige, benötigen wir noch etwas mehr Grundwissen zur Sprache C. Dazu gehören insbesondere die ...

Kontrollstrukturen

Anstatt jeden einzelnen Befehl nach dem nächsten einzugeben, ist es nötig, Strukturen zu schaffen, mit denen Sie mehrere Wiederholungen eines Befehls erreichen. Dabei dürfen sich auch die Argumente unterscheiden. Ebenso sind Anweisungen, die nur unter bestimmten Bedingungen ausgeführt werden, elementarer Bestandteil einer jeden Programmiersprache. All das wird unter dem Begriff »Kontrollstruktur« verstanden.

if-else

Die wichtigste *bedingte Anweisung* in C beginnt mit if. Das Aufrufmuster sieht vor, dass nach dem Schlüsselwort eine Bedingung (in runden Klammern) angegeben wird. Sollte diese erfüllt sein (was nichts anderes bedeutet, als einem Zahlenwert ungleich null zu entsprechen), wird der nachfolgende Befehl (oder Block) ausgeführt, anderenfalls übersprungen. Findet sich unmittelbar nach dem Befehl (oder Block) ein else, wird der dahinter folgende Befehl (oder Block) genau dann ausgeführt, falls die ursprüngliche Bedingung **nicht** zutrifft. Den else-Zweig dürfen Sie auch auslassen.

Statt einfacher Zahlen dürfen Sie im Bedingungszweig auch echte **Vergleichsoperatoren** angeben. C stellt Ihnen folgende zur Verfügung:

✔ A == B (sind die Werte von A und B identisch?)

✔ A != B (sind die Werte von A und B verschieden?)

✔ A > B (ist der Wert von A größer als jener von B?), entsprechend A >= B (ist A größer oder gleich B?), A < B, A <= B

✔ A && B (logisches AND – dieser Ausdruck ist nur dann wahr, falls sowohl A als auch B wahr sind, also ungleich null)

✔ A || B (logisches OR – dieser Ausdruck ist immer dann wahr, wenn entweder A oder B wahr ist oder beide wahr sind)

✔ !A (Negation NOT – der Ausdruck ist genau dann wahr, wenn A falsch ist)

Sie sollten die Vergleichsoperatoren && und || nicht mit den anfänglich erwähnten **binären Bitoperatoren** & und | verwechseln. Wenn A dem Bitmuster 01101010 und B 01010101 entspricht, ergibt A&B (»A AND B«) das Muster 01000000. Entsprechend erhalten Sie für A|B (»A OR B«) das Ergebnis 01111111. Da jedes Bitmuster ebenso als Zahl interpretiert werden kann, gilt für A = 106 und B = 85: A&B hat den Wert 64 und A|B ergibt 127.

Angenommen, Sie möchten wissen, welcher der beiden Sätze länger ist: »Ich liebe Informatik.« oder »Computer finde ich toll.«

Als Informatiker zählen Sie die Buchstaben natürlich nicht »von Hand«, sondern entwerfen ein Programm.

Eine Umsetzung in C sieht beispielsweise wie folgt aus:

```
#include <stdio.h>
#include <string.h>
int main() {
  char satz1[] = "Computer finde ich toll.";
  char satz2[] = "Ich liebe Informatik!";

  if (strlen(satz1) > strlen(satz2)) {
    printf("%s ist länger\n", satz1);
  } else {
    printf("%s ist nicht kürzer\n", satz2);
  }
  return 0;
}
```

Beachten Sie, dass die Bibliothek `string.h` erst mittels `include` eingebunden werden muss.

Im Bedingungsteil der `if`-Anweisung wird die String-Länge (`strlen`) der beiden Sätze miteinander verglichen. Sollte diese erfüllt sein (oder in Informatik-Sprech »sollte die Bedingung zu *wahr* evaluieren«), wird der nachfolgende Block ausgeführt, anderenfalls der `else`-Block.

Warum einen Block verwenden, wenn lediglich ein Befehl innerhalb der geschweiften Klammern steht, ist das nicht überflüssig? Im konkreten Fall sind die umschließenden Klammern { } tatsächlich entbehrlich, aber ich rate Ihnen dringend, sie dennoch zu verwenden. Eine nachträgliche Programmänderung, bei der ein weiterer Befehl in den Block geschrieben wird, würde die Klammern zwingend erfordern. Durch eine hübsche Programmeinrückung (*pretty print*) würde aber in wenigstens der Hälfte aller Fälle nicht mehr auffallen, dass die Klammern fehlen. Dies führt zu sehr merkwürdigem Fehlverhalten des Programms!

 Die Sprache Swift, auf die ich in Kapitel 25 zurückkomme, hat viele der Fallstricke aus C eliminiert. Beispielsweise **müssen** Sie dort die geschweiften Klammern angeben, auch wenn sich nur ein Befehl im Block befindet.

Im `else`-Zweig steht nicht `satz2` »ist länger«, sondern »nicht kürzer«. Das ist korrekt. Sollten beide Sätze gleich lang sein, ist die ursprüngliche Bedingung, die auf »echt größer« testet, nicht erfüllt. Somit wird auch in diesem Fall der `else`-Zweig ausgeführt.

Einfaches Zählen der Buchstaben hätte es für die ursprüngliche Fragestellung natürlich auch getan.

switch

Wollen Sie mehrere `if`-Anweisungen miteinander verbinden, dürfen Sie das natürlich tun. Der `else`-Zweig besteht dann einfach aus dem nächsten `if`-Befehl, etwa so:

```
if (a == 1) {
    ...
} else if (a == 2) {
    ...
} else if (a == 3) {
    ...
} else {
    ...
}
```

In diesem Beispiel werden nacheinander drei Bedingungen für den Wert der Variablen a abgearbeitet. Für solche Zwecke stellt C eine weitere Kontrollstruktur bereit, die sich **switch** nennt:

```
switch (a) {
  case 1:
    ...
    break;
  case 2:
    ...
    break;
  case 3:
    ...
    break;
  default:
    ...
}
```

Hinter den cases darf nur jeweils eine Konstante stehen, insofern ersetzt switch nicht wirklich in jedem Fall eine Kette verschachtelter if-Anweisungen. Auf der anderen Seite fragen Sie sich vermutlich – und das zu Recht –, wieso hinter den case-Zeilen nicht einfach ein Block kommt, sondern das Ende mit einem break angezeigt werden muss. Der Grund ist ein bisschen gemein: Sollten Sie das break auslassen, werden auch die Befehle hinten den nachfolgenden cases ausgeführt, immer weiter, bis ein break auftaucht oder das Ende von switch erreicht ist. Das ist äußerst sonderlich und führt zu absurden Fehlern, sollten Sie ein break einfach nur vergessen. Dabei ist die tiefere Ursache trivial: Auf diese Weise können Sie mehrere Fälle mit den gleichen Befehlen versorgen, etwa so:

```
switch (a) {
  case 1:
  case 2:
  case 3:
    ...
    break;
  default:
    ...
}
```

Für die Fälle a == 1, a == 2 und a == 3 werden hier dieselben Befehle ausgeführt. Das wäre natürlich auch mit einer if-Anweisung möglich gewesen:

```
if (a == 1 || a == 2 || a == 3) { ... }
```

for

Die for-Schleife ist gewiss eine der am häufigsten verwendeten Kontrollstrukturen in C. Das Argument besteht aus drei Komponenten:

- ✔ *Initialisierung*
- ✔ *Schleifenkriterium*
- ✔ *Inkrement*

Ein Beispiel sagt wieder einmal mehr als 1000 Worte ...

Sie wollen das Wort »Informatik« vertikal schreiben, also alle Buchstaben einzeln (jeweils in einer eigenen Zeile) ausgeben. Das geht so:

```
#include <stdio.h>
#include <string.h>
int main() {
  char wort[] = "Informatik";
  int i;

  for (i = 0; i < strlen(wort); i++) {
    printf("%c\n", wort[i]);
  }

  return 0;
}
```

Die drei Bestandteile von for werden mittels Semikolon getrennt. Zuerst wird die Schleifenvariable i mit null *initialisiert*. Dann wird das *Schleifenkriterium* untersucht. Es handelt sich dabei um eine negierte Abbruchbedingung. Schließlich erfolgt – nachdem der *Schleifenrumpf* der for-Schleife ein erstes Mal abgearbeitet worden ist – die *Inkrementierung* (i wird um 1 erhöht).

Beachten Sie, wie schön die C-Konzepte harmonieren. Die Indizierung des Wort-Arrays beginnt bei null, genau wie i. Der höchste Index entspricht somit der Wortlänge, also strlen(wort). Das Schleifenkriterium testet auf »echt kleiner« als die Wortlänge. Alles passt zusammen. C-Programmierer sind dermaßen schreibfaul, dass es sie sogar freut, wenn sie statt <= nur < angeben müssen ...

while

Eine for-Schleife eignet sich immer dann, wenn Sie von vorneherein wissen, wie oft die Schleife durchlaufen werden soll. Wenn Ihnen das aber gar nicht klar ist, ist die while-Schleife das Mittel der Wahl.

Nach dem Schlüsselwort while folgt eine Bedingung in Klammern, ähnlich wie bei der if-Anweisung. Der nachfolgende Befehl (oder Block) wird dann immer wieder aufgerufen, bis die Bedingung nicht mehr erfüllt ist. Dabei müssen Sie selbst darauf achten, dass im Schleifenrumpf auch tatsächlich etwas geschieht, dass sich an der Bedingung etwas ändert. Anderenfalls erhalten Sie eine **Endlosschleife**.

In diesem Beispiel sollen Sie einen Satz in die einzelnen Wörter zerlegen. Dabei üben Sie neben der while-Schleife auch gleich den Umgang mit der Funktion strtok (siehe Tabelle 22.4).

```c
#include <stdio.h>
#include <string.h>
int main() {
  char satz[] =
      "Dieser kleine, kleine Satz wird in einzelne Wörter zelegt.";
  char begrenzungszeichen[] = ", .";
  char *wort;

  wort = strtok(satz, begrenzungszeichen);
  while (wort) {
    printf("%s\n", wort);
    wort = strtok(NULL, begrenzungszeichen);
  }

  return 0;
}
```

Sie benötigen drei Variablen. Der `satz` enthält den ursprünglichen Text, `begrenzungszeichen` setzt sich aus allen Zeichen zusammen, die Wortgrenzen darstellen. Neben den Satzzeichen gilt das selbstverständlich auch für das Leerzeichen (wird gerne übersehen, befindet sich in der Liste zwischen Komma und Punkt).

`wort` ist eine Zeigervariable, die stets auf den Anfang des nächsten Worts (innerhalb von `satz`) zeigen soll.

Beim ersten Aufruf von `strtok` werden der vollständige Satz sowie die Begrenzungszeichen als Argumente übergeben. Dies passiert nur einmal. Der Rückgabewert von `strtok` ist die Anfangsadresse des ersten Worts in `satz`. Damit wird `wort` initialisiert. Diese Adresse ist in unserem Fall identisch mit der Anfangsadresse von `satz` selbst (weil der Satz nicht mit Begrenzungszeichen anfängt).

Die `while`-Schleife enthält eine Bedingung, die lediglich aus `wort` besteht. Was soll das nun schon wieder bedeuten?

Der *Wert eines Zeigers* ist einfach diejenige Adresse, auf die er verweist. `wort` ist ein ebensolcher Zeiger, der auf eine Speicherstelle innerhalb des Strings `satz` zeigt. Als Wahrheitswert interpretiert ist jeder gewöhnliche Zeiger »wahr«. Sobald `strtok` jedoch an das Ende des Satzes gelangt, liefert es den **Nullpointer** (`NULL`) zurück. Dieser besitzt den Wahrheitswert »falsch«.

Der **Nullpointer** wird durch die Zeichenfolge `NULL` repräsentiert. Diese wird bereits vom Präprozessor durch die Zahl 0 ersetzt.

```
#define NULL 0
```

Sie müssen sich nicht darum kümmern.

Die `while`-Schleife `while (wort)` wird so lange durchlaufen, bis `wort` der Nullpointer ist!

Innerhalb der `while`-Schleife wird bei jedem Durchlauf `strtok` erneut aufgerufen. Dabei spuckt die Funktion das jeweils nächste Wort aus (genau genommen die Speicheradresse zum jeweilig ersten Buchstaben des nächsten Worts). Haben Sie bemerkt, dass `strtok` als erstes Argument nun mit `NULL` gefüttert wird? Daran erkennt C, dass Sie am nächsten Wort desselben Satzes und nicht an der Auftrennung eines neuen Satzes interessiert sind.

Im nächsten Kapitel finden Sie weitere anschauliche Beispiele für die Verwendung der `while`-Schleife!

`strtok` »merkt« sich also, welches Wort als letztes an der Reihe war, und macht genau an dieser Stelle weiter. Wenn es keine Wörter mehr findet, liefert es den Nullpointer zurück und die `while`-Schleife terminiert und mit ihr das gesamte Programm. Probieren Sie es aus!

Mit Dateien arbeiten

Jeder Datei ist in C eine Datenstruktur vom Typ FILE zugeordnet. Der Zeiger auf den entsprechenden Speicherbereich heißt auch **Filepointer** (häufig als Variable mit fp bezeichnet).

Um mit den Datei-Befehlen arbeiten zu können, müssen Sie die Bibliothek stdio.h einbinden, was Sie aber ohnehin – beispielsweise für den Befehl printf – beabsichtigen.

Grundsätzlich gehorchen Dateioperationen folgendem Schema:

1. Öffnen einer Datei

2. Operationen auf dieser Datei durchführen

3. Schließen der Datei

Das Öffnen geschieht mit dem Befehl fopen (als Abkürzung von »file open«, »Datei öffnen«). Sie dürfen sich entscheiden, *wie* Sie eine Datei öffnen. C unterscheidet drei Modi:

✔ Der *read*- oder *Lese*-Modus öffnet eine Datei, ohne dass Sie deren Inhalt verändern. Dafür wird das Zeichen r beim Öffnen verwendet.

✔ Mittels *write* (*Schreib*-Modus) öffnen Sie eine Datei zum Schreiben. Jedweder frühere Inhalt wird dabei überschrieben. Hierfür verwenden Sie das Zeichen w beim Öffnen.

✔ Der dritte Modus heißt *append* (*anfügen*). Dabei öffnen Sie zwar eine Datei zum Schreiben, aber ihr früherer Inhalt bleibt erhalten. Neue Daten werden am Ende angefügt. Das zugehörige Zeichen beim Öffnen lautet a.

 Wollen Sie die Datei mit den Namen data.txt zum Schreiben und adressen.dat zum Lesen öffnen, gehen Sie so vor:

```
FILE *fp1, *fp2;
fp1 = fopen("data.txt","w"):
fp2 = fopen("adressen.dat","r"):
```

Das ist aber nicht gut. Was passiert, wenn es Probleme gibt? Die auszulesende Datei adressen.dat könnte gar nicht vorhanden oder an einer anderen Stelle platziert sein. Sie dürfen zwar einen vollständigen Pfad angeben, aber das hilft womöglich nicht. Anders herum könnte es sein, dass Ihnen die Berechtigung fehlt, data.txt überhaupt anzulegen. In allen diesen Fällen dürfen Sie nicht zur Tagesordnung übergehen, sondern müssen eine **Fehlerbehandlung** betreiben, etwa so:

```
FILE *fp1, *fp2;
if ((fp1 = fopen("data.txt", "w"))==NULL) {
  /* ... Fehlerbehandlung */
}
if ((fp2 = fopen("adressen.dat", "r"))==NULL) {
  /* ... Fehlerbehandlung */
}
```

Die typischen Operationen auf geöffneten Dateien sind:

✔ Lesen von Daten (aus der Datei)

✔ Schreiben von Daten (in die Datei)

Zum Schreiben dürfen Sie beispielsweise den `printf`-Befehl in einer besonderen Variante verwenden: `fprintf`. Das vorangestellte f signalisiert, dass es sich um einen `FILE`-Befehl handelt. Entsprechend wird als zusätzliches Argument, ganz vorne in der Argumentliste, auch der Filepointer vorangestellt.

So schreibt

```
fprintf( fp1, "Hallo" );
```

das Wort `Hallo` nicht etwa auf die Konsole, sondern in die (zuvor erfolgreich zum Schreiben geöffnete) Datei, die zu `fp1` gehört.

Auch zum Lesen aus einer Datei gibt es mehrere Möglichkeiten. Wie gefällt Ihnen `fgetc`? Damit holen Sie einzelne Zeichen aus der Datei, deren Filepointer Sie der Prozedur als Argument mitgeben:

```
int c;
while ((c = fgetc(fp2)) != EOF) {
  printf("Zeichen %c gelesen\n", c);
}
```

Die Bedingung der `while`-Schleife sieht ein wenig kryptisch aus. Hier werden drei Dinge miteinander kombiniert. Zum einen wird mittels `fgetc` ein Zeichen aus der Datei zu `fp2` gelesen. Anschließend wird dieses Zeichen in die Variable `c` geschrieben. Der komplette Ausdruck wird dann mit `EOF` verglichen.

Bei `EOF` handelt es sich um ein sogenanntes *Sonderzeichen*, es steht für »**E**nd **O**f **F**ile«, das Dateiende. An diesem Zeichen erkennt Ihr Programm, dass das Ende der Datei erreicht ist und keine weiteren Zeichen mehr ausgelesen werden können, somit endet auch die `while`-Schleife. Das Zeichen selbst kann jedoch nie innerhalb der Datei vorkommen. Es hat den Zahlenwert minus eins. Daher liefert `fgetc` auch keine Zeichen (`char`), sondern Integers (`int`).

Die Verwendung eines `int`-Wertes als Argument für %c innerhalb des Format-Strings von `printf` führt dazu, dass tatsächlich Buchstaben anstatt Zahlen ausgegeben werden. Eine ganz besonders eklige, aber häufig verwendete Form der Typumwandlung! Weitere Beispiele hierfür finden Sie im nächsten Kapitel.

Ich gebe Ihnen recht, wenn Sie mir erklären, dass die dreifache Verquickung von Befehlen in einen einzigen nicht gerade die Lesbarkeit erhöht, aber am besten gewöhnen Sie sich gleich daran: Das ist eine typische Vorgehensweise in C und reduziert den Umfang des Quellcodes – und den Schreibaufwand ... ☺

Ach ja, bevor ich es vergesse. Am Ende der Dateioperationen schließen Sie bitte die Tür, pardon, die Datei mittels `fclose`!

```
fclose(fp1);
fclose(fp2);
```

Standardkanäle

Es gibt drei Standard-Dateien, die Sie niemals schließen müssen – und niemals öffnen. Sie sind sozusagen rund um die Uhr geöffnet. Bei den Filepointern zu diesen drei Dateien handelt es sich um ...

✔ stdin (*Standard-Input-File* – die Standard-Eingabedatei, im Allgemeinen die Tastatur)

✔ stdout (*Standard-Output-File* – die Standard-Ausgabedatei, im Allgemeinen die Konsole, also der Bildschirm)

✔ stderr (*Standard-Error-File* – die Standard-Fehlerdatei, im Allgemeinen ebenfalls die Konsole)

Immer dort, wo Sie ansonsten einen Filepointer angeben, dürfen Sie auch eine dieser drei Standardkanäle verwenden, etwa

```
fprintf(stdout, "Hallo");
fgetc(stdin);
fprintf(sterr, "Fehler");
```

Wenn Sie ein wenig darüber nachdenken, werden Sie feststellen, dass die Anweisungen printf() und fprintf(stdout, ...) genau dasselbe sind. Deswegen gibt es auch ein getc(), das nichts anderes ist als eine kürzere Form von fgetc(stdin, ...).

Dieses Konzept zieht sich durch alle Dateioperationen, ja, sogar bis in das Betriebssystem hinein.

Angenommen, das Programm ausgabe gibt das Wort Hallo mittels printf in den Standardkanal stdout aus.

Wenn Sie nun in der Konsole

```
ausgabe > datei.txt
```

eingeben, wird die Ausgabe durch > stattdessen in die Datei datei.txt **umgeleitet.**

Andererseits können Sie selbstverständlich auch den Standard-Eingabekanal umleiten. Angenommen, das Programm eingabe liest Zeichen aus stdin mittels getc ein.

Hier dürfen Sie durch

```
eingabe < datei.txt
```

stattdessen aus der Datei datei.txt lesen.

Beachten Sie, dass in allen diesen Fällen Ihre Programme die Umleitung der Standardkanäle nicht *sehen*. Im Programmcode können Sie nicht feststellen, ob die Standardkanäle *umgebogen* wurden!

Zwischen der Standardausgabe stdout und der Standardfehlerausgabe stderr gibt es einen wichtigen Unterschied.

Die Standardausgabe ist *gepuffert*. Hierbei entscheidet das Betriebssystem, wann es mehrere Ausgaben auf einen Schlag sendet. Dies hat einen erheblichen Effizienzgewinn zur Folge, denn die Ausgabe verbraucht um ein Vielfaches mehr Ressourcen als reine Rechenoperationen. Das ist jedoch nicht immer gewünscht. Beim Auftreten von Fehlern wollen Sie die unmittelbare Stelle des Programmabbruchs erfahren. Dies erreichen Sie mittels der Standardfehlerausgabe, die nicht gepuffert ist, sondern stets sofort das Ergebnis ausgibt. Die dahinter stehende Idee lautet: Wenn etwas auf die Fehlerausgabe geschrieben wird, ist das ein kritischer Vorgang, bei dem Effizienzgewinn zweitrangig ist.

Verwenden Sie zur textuellen Ausgabe von Fehlermeldungen oder Warnungen grundsätzlich die Standard-Fehlerausgabe!

Wenn Sie auch für die gewöhnliche Standardausgabe eine Pufferung an einer bestimmten Stelle vermeiden wollen, geben Sie den Befehl fflush(stdout); an. Dann wird der aktuelle Puffer auf einen Schlag geleert (*geflusht*) und die Ausgabe somit synchronisiert. fflush dürfen Sie auch auf andere Filepointer anwenden.

Kapitel 23

Fiese Tricks in ANSI C

Vor der Lektüre dieses Kapitels sollten Sie sich mit der Sprache C vertraut machen. Kapitel 21 und 22 wären insofern zu empfehlen. Anderenfalls könnten Sie ein wenig entsetzt sein, Ihr Dummies-Buch zuschlagen und nicht nur C, sondern gleich die komplette Informatik verdammen. Das, was hier kommt, ist nicht leicht verdaulich. Leider sind die allerbrutalsten und fiesesten Tricks gerade die spannenden, besonders effizienten Formen der Programmierung. Ich werde Ihnen das gleich beim Einstieg vorführen und Sie dann immer tiefer in das Pfefferkuchenhaus locken, bis Sie dem Bann dieser wahnsinnigen Sprache nicht mehr entkommen ...

Spiel mit den Pointern

Es gibt einen C-Befehl, mit dem Sie einen String in einen anderen kopieren, er lautet strcpy.

Die wichtigsten C-Befehle für Zeichenketten finden Sie in Kapitel 22.

Sie könnten sich an dieser Stelle fragen, warum dieser Befehl überhaupt nötig ist. Betrachten Sie dazu folgendes Beispiel:

```
char wort[] = "Dies ist ein String";
char *kopie;
kopie = satz;
```

Nach der Zuweisung gibt es überhaupt keinen Unterschied zwischen den Strings, die satz und kopie repräsentieren. Warum sollten Sie überhaupt strcpy benötigen?

Als Antworten sehen Sie sich einmal folgende kleine Variante des Beispiels an:

```
char satz[] = "Dies ist ein String";
char kopie[20];
strcpy(kopie, satz);
```

Dieser Code erscheint umständlicher. Es gibt jedoch einen gravierenden Unterschied zwischen den beiden Varianten, den Sie erst bemerken, wenn Sie beispielsweise kopie verändern:

```
kopie[0] = 'd';
```

Der erste Buchstabe wird so zu einem kleinen d, zumindest in kopie. Was aber ist mit satz? Im Falle der Zuweisung kopie = satz; haben Sie auch gleich das Original verändert, während strcpy(kopie, satz); eine echte Kopie im Speicher erzeugt (siehe Abbildung 23.1).

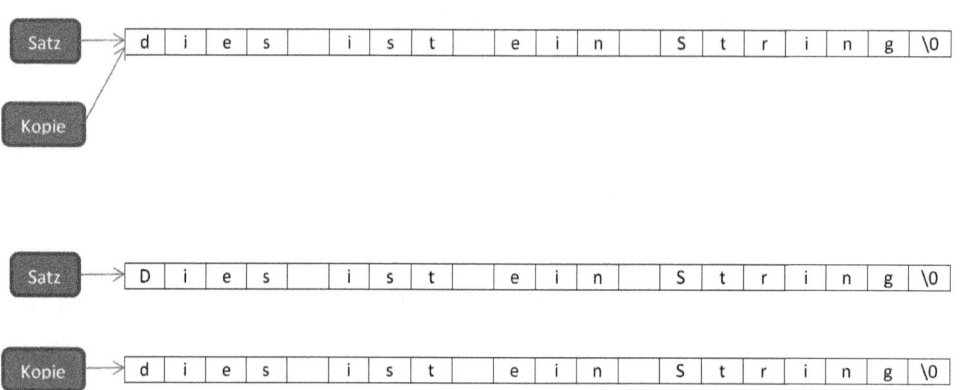

Abbildung 23.1: Identität und Kopie

Die Zuweisung kopie = satz; im ersten Beispiel produziert gar keine *Kopie*, sondern einen zweiten *Namen* für denselben Speicherbereich! Alles, was Sie mit der Kopie anstellen, wirkt sich unmittelbar auf den Satz aus und umgekehrt.

Daran erkennen Sie, dass weder satz noch kopie Platzhalter für den gesamten String sind, sondern lediglich die jeweilige Anfangsadresse speichern. In Abbildung 23.1 (oben) wird die Eigenschaft des Zeigers als Pfeil dargestellt. Allerdings bleibt der Unterschied, dass satz als konstanter Zeiger auf die Anfangsadresse nicht verändert werden kann, während Sie mit kopie als Zeigervariable auf jede beliebige Speicherstelle verweisen dürfen. Dies ist mit kopie = satz ja auch passiert.

In der zweiten Variante sind satz und kopie beides konstante Zeiger.

Eine Zuweisung kopie = satz würde hier zu einem Compiler-Fehler führen.

```
error: array type is not assignable
```

Variablen, Adressen und Zeiger

Eines der wichtigsten Konzepte der Programmierung ist die **Variable**. Es handelt sich dabei um die Bezeichnung einer *Speicherstelle*. Sie sagen »Zahl« anstatt »1.439.454.578«, weil sich das leichter merken lässt. Mit der Variablen dürfen Sie umgehen wie mit einer Speicherstelle: Sie können dort einen Wert hineinschreiben oder (den zuvor einmal hineingeschriebenen Wert wieder) auslesen.

Im weiteren Sinne ist eine Variable jedoch viel mehr. Als l-Wert, auf der linken Seite einer Zuweisung, nimmt sie den **Wert des Ausdrucks** auf der rechten Seite entgegen.

Den *Speicherort*, die **Adresse**, einer Variable bestimmen Sie mit dem Adressoperator &. Ein **Zeiger** speichert derartige Adressen. Er wird mit einem vorangestellten Asterisken (Sternchen) deklariert:

```
int zahl = 5;
int *pzahl = &zahl;
```

Bei Arrays stellt der Name der Variablen bereits die Speicheradresse dar, insofern sind alle Array-Variablen **Zeiger**.

Anders sieht das mit `strcpy` aus. Diese Funktion kopiert tatsächlich – Zeichen für Zeichen – die Elemente von `satz` nach `kopie`. Dafür muss selbstverständlich genügend Speicherplatz bereitgestellt werden. Deswegen wird in dieser zweiten Variante mit

```
char kopie[20];
```

Speicher reserviert. Sollten Sie einmal einen zu kleinen Puffer wählen, schreibt `strcpy` dennoch gnadenlos über die Grenzen des Arrays hinaus – ohne Fehlermeldung. Das ist sehr, sehr unangenehm und führt zu absonderlichem Programmverhalten – im besten Fall zum Absturz.

 Eine ausführliche Diskussion zum Thema »Pufferüberlauf« finden Sie in Kapitel 55, wo es um Angriffe auf Computersysteme und entsprechende Schutzmaßnahmen geht.

Daher gibt es auch eine andere Variante von `strcpy` mit einem zusätzlichen Parameter n, der die Anzahl an zu kopierenden Bytes beschränkt.

 Verwenden Sie für Stringbefehle stets die begrenzende Variante, das heißt beispielsweise `strncpy` statt `strcpy`.

Für die weitere Diskussion der Funktion `strcpy` möchte ich jedoch die einfachere Version ohne die Beschränkung der Zeichen verwenden. Sie stellt ein vorzügliches Beispiel für die Möglichkeit der Programmiersprache C dar, Dinge sehr, sehr knapp auszudrücken.

Warum kurz, wenn es noch kürzer geht?

Beginnen wir mit einer einfachen, naheliegenden Möglichkeit, die strcpy-Funktion zu implementieren.

```
void strcpy (char *nach, char *von) {
  int i = 0;
  char c = von[0];
  while (c != '\0') {
    nach[i] = von[i];
    i++;
    c = von[i];
  }
  nach[i] = '\0';
}
```

Der Code benötigt eine Variable c, die das aktuell zu kopierende Zeichen zwischenspeichert, um es auf null zu testen, was das Ende des Strings markiert.

Sie können auf c jedoch verzichten! Der Wert der Zuweisung nach[i] = von[i] ist bereits das zu kopierende Zeichen und kann im Bedingungsteil abgefragt werden.

 Der Wert einer Zuweisung ist der zugewiesene Wert.

Damit erzielen Sie eine wesentlich kürzere, für Nicht-Eingeweihte aber auch schwieriger zu lesende Variante:

```
void strcpy (char *nach, char *von) {
  int i = 0;
  while ((nach[i] = von[i]) != '\0') {
    i++;
  }
}
```

Die Zuweisung im Bedingungsteil von while wird so auf doppelte Weise genutzt. Zum einen, um das jeweils nächste Zeichen zu kopieren, und zum anderen, um das Ergebnis daraufhin zu überprüfen, ob Sie bereits das Ende des von-Strings erreicht haben.

Sie ersparen sich nicht nur ein paar Zeilen Code, sondern zusätzlich die Definition der char-Variablen c.

Und, ach ja, da gab es noch einen weiteren Trick. Jeder Wahrheitswert in C ist bekanntlich eine Zahl. Die 0 bedeutet »falsch«, alles andere ist »wahr«. Variablen (oder Konstanten) vom Typ char sind letztlich auch nichts anderes als Zahlen, deren ASCII-Code wiederum als Wahrheitswert interpretiert werden kann.

Generell dürfen Sie Bedingungen, die einen Wert ungleich null erfordern, ganz gleich wo sie auftauchen, etwa in einer if-Anweisung der Form

```
if (komplizierterAusdruck != 0) { ... }
```

stets kürzer schreiben:

```
if (komplizierterAusdruck) { ... }
```

Eigentlich sehr praktisch, diese Geschichte!

 Einen Ausdruck in einer Bedingung auf 0 zu testen, ist entbehrlich. In solchen Fällen genügt es, lediglich den Ausdruck anzugeben!

Mit dieser Idee erhalten Sie eine noch kürzere Version von strcpy:

```
void strcpy (char *nach, char *von) {
  int i = 0;
  while ((nach[i] = von[i])) {
    i++;
  }
}
```

Die doppelte Klammer innerhalb der Bedingung sieht merkwürdig aus. Ist das wirklich nötig? Die Antwort lautet »nein«! Sie dürfen ein Klammernpaar weglassen, allerdings würde ich Ihnen das nicht empfehlen.

Wieso nicht? Sehen Sie selbst:

```
if (i = 3) printf("i hat den Wert 3\n");
else printf("i hat einen anderen Wert\n");
```

Obwohl es sich um vollkommen korrekten C-Code handelt, hat der Programmierer hier einen schweren Fehler begangen. Er hat versehentlich statt des *Vergleichs* i == 3 die *Zuweisung* i = 3 angegeben. Dieser Fehler ist umso verständlicher, als dass viele andere Sprachen tatsächlich für den Vergleich von Zahlen das einfache Gleichheitszeichen verwenden.

Was passiert an dieser Stelle? Die Zuweisung i = 3 hat als Wert 3, was bekanntlich ungleich null ist. Somit ist die Bedingung erfüllt und »i hat den Wert 3« wird ausgegeben. Allerdings passiert das immer, ganz gleich, welchen Wert i zuvor besessen hat, denn die Zuweisung überschreibt den ursprünglichen Wert einfach.

Das Gemeine an diesem Fehler: Er fällt nicht auf. Daher hat sich inzwischen eingebürgert, dass eine zusätzliche Klammer um die Zuweisung klarstellt, dass dies kein Fehler, sondern beabsichtigt ist, etwa wie in unserer bisher letzten Version von strcpy.

Vor Jahren noch hat bei vielen Programmen genau dieses fehlende Gleichheitszeichen zu äußerst wunderlichen Ergebnissen geführt.

Heutzutage warnen gute C-Compiler vor einer Zuweisung ohne zusätzliche Klammern:
```
warning: Using the result of an assignment as a condition without parentheses
```

Das Ergebnis einer Zuweisung wird als Bedingung ohne Klammern verwendet

Allerdings ist die strcpy-Version noch wesentlich kompakter zu fassen. Dazu muss ich Sie jedoch bitten, erneut den warmen Raum der unmittelbaren Variablen zu verlassen und die eisige, aber grenzenlose Landschaft der Zeiger zu betreten.

Zeiger und Felder

Sie wissen, dass Strings Arrays von Zeichen (vom Typ char) sind, bei denen zusätzlich als Konvention eingehalten wird, dass das Zeichen \0 (die Zahl 0) das Ende des Strings markiert.

Betrachten Sie noch einmal Abbildung 23.1. Wer hindert Sie eigentlich daran, Zeigervariable auf irgendeine andere Stelle im Array zeigen zu lassen? Niemand natürlich. Und genau das ist eine der großen Stärken der Sprache C.

```
char satz[] = "Hallo Welt!";
char *zeiger;

zeiger = &satz[6];
printf("Satz = %s und Zeiger = %s\n", satz, zeiger);
```

Der Zeiger wird auf das sechste Element des Arrays satz gesetzt. Damit entsteht ab dieser Stelle ein anderer String. satz lautet Hallo Welt und zeiger steht für Welt!

Denken Sie daran, alle Arrays beginnen in C mit dem Index null!

Abbildung 23.2 verdeutlicht das noch einmal.

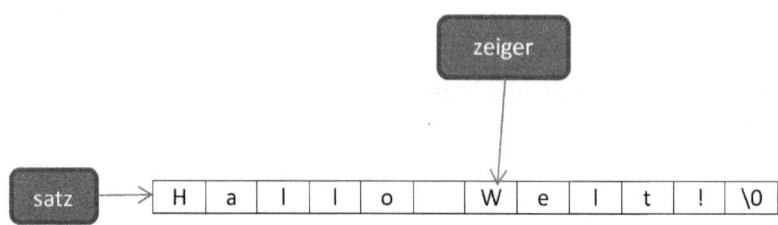

Abbildung 23.2: Zwei Zeiger innerhalb desselben Arrays

Das Schöne an der Geschichte ist, dass die terminierende Null am Ende von satz ebenso den String von zeiger abschließt.

Wenn dem so ist, stellt sich die Frage, was zeiger++ bedeuten könnte. Haben Sie eine Idee?

Wenn Sie vermuten, dass der Zeiger anschließend auf das nächste Element im Array zeigt, haben Sie vollkommen recht! Allerdings ist das noch ein wenig trickreicher, als Sie vielleicht im ersten Moment vermuten. Wenn nämlich ein Zeiger vom Typ char * inkrementiert wird, ist das eine andere Adresse, als wenn es sich um long * handelt! Der C-Compiler erhöht die Adresse stets um die Größe des jeweiligen Datentyps, sehr praktisch!

Operationen auf Zeigern berücksichtigen die Größe des jeweiligen Datentyps, von dem sie abgeleitet sind.

Außerdem sei daran erinnert, dass Sie den Adress- oder **Referenzierungsoperator** &, der einen Zeiger auf die jeweilige Speicherstelle liefert, mit dem **Dereferenzierungoperator** ∗ wieder rückgängig machen.

Mit dieser Idee darf ich Ihnen eine noch kürzere Variante von strcpy vorstellen. Nun werden aus nach und von echte Zeigervariablen, die nicht mehr an die konstanten Array-Zeiger erinnern. Damit kommen wir sogar ohne i aus:

```
void strcpy (char *nach, char *von) {
  while ((*nach = *von)) {
    nach++; von++;
  }
}
```

Denken Sie, das wäre die kürzeste Variante? Lassen Sie sich überraschen ...

C für flinke Finger

Es ist jetzt Zeit, über den Vorrang von Operatoren zu sprechen. Sie kennen das vielleicht noch aus der Schulzeit. Es gilt: »Punkt- vor Strich-Rechnung«. Wozu ist das eigentlich gut? Nun, es ist reine Bequemlichkeit, denn es spart Klammern. Vergleichen Sie etwa die beiden folgenden Ausdrücke:

$$5 \cdot 11 + 3 \cdot 4 - 2 \cdot 7$$

$$((5 \cdot 11) + (3 \cdot 4)) - (2 \cdot 7)$$

Mathematisch gesehen sind sie völlig äquivalent. Die obere Formel verwendet jedoch den **Vorrang**: Die Multiplikation (oder Division) *bindet stärker* als die Addition (oder Subtraktion). Deswegen dürfen Sie die Klammern um die Produkte weglassen. Außerdem wird das **Assoziativgesetz** genutzt. Es besagt, dass bei gleichartigen Operationen wie lauter Additionen (oder lauter Multiplikationen) die Reihenfolge der Auswertung keine Rolle spielt. Es ist gewissermaßen egal, wo genau Sie die Klammern bei gleichen Operatoren setzen, deswegen können Sie sie auch gleich weglassen!

$$(a + b) + c = a + (b + c) = a + b + c$$

$$(a \cdot b) \cdot c = a \cdot (b \cdot c) = a \cdot b \cdot c$$

Dieselbe *Punkt-vor-Strich-Regel* hat auch die Sprache C verinnerlicht. Allerdings kennt C noch eine Reihe weiterer Ränge. In Tabelle 23.1 finden Sie die wichtigsten Operatoren ihrem Rang nach geordnet. Je weiter oben die Operatoren in der Tabelle erscheinen, desto stärker binden sie.

C-Operatoren, dem Rang nach geordnet, von der stärksten Bindung bis zur schwächsten
[] . () -> ++ -- (hinter dem Bezeichner)
! ~ & * (Dereferenzierung) ++ -- (vor dem Bezeichner)
/ % * (Multiplikation)
+ -
<< >>
< <= > >=
== !=
&
^
|
&&
||
? :
= += -= *= /= %= &= ^= |= <<= >>=

Tabelle 23.1: Vorrang in C-Operatoren

 Beim Operator -> (in der obersten Reihe) handelt es sich um den Zugriffsoperator für Zeiger auf Elemente von Strukturen.

Ihnen erscheint es vielleicht müßig, stets eine solche Tabelle zurate ziehen zu müssen. Aber zum Glück sind die Operatoren gerade so angeordnet, dass Sie – in den meisten Fällen – weniger Klammern benötigen.

Drei typische Fälle sollten zur Demonstration der Nützlichkeit dieser Anordnung genügen.

1. **Logische Kombinationen in Bedingungen**

   Angenommen, Sie wollen vor Ausführen eines Befehls sicherstellen, dass sich eine Variable i in einem gewissen Bereich, sagen wir zwischen 10 und 20 befindet. Dann lautet die Anweisung:

   ```
   if (i > 10 && i < 20)...
   ```

   Hier stellt der Vorrang von > und < vor && sicher, dass Sie im Inneren keine zusätzliche Klammerung einfügen müssen.

2. **Zuweisungen von arithmetischen Ausdrücken**

   Eine der häufigsten Verwendungen von Ausdrücken geschieht bei Zuweisungen, etwa

   ```
   int i = a+b*c;
   ```

   Die mathematischen Operatoren haben Vorrang vor der Zuweisung =, das ist auch gut so. Was immer auf der rechten Seite passiert, es muss zuerst ausgewertet werden, ehe es der linken zugewiesen werden kann. Das erklärt den äußerst geringen Rang von =.

3. **Arbeiten mit Zeigern**

Häufig werden Zeiger in Kombination mit Dereferenzierung und anderen Operatoren verwendet:

```
int i = *zeiger++;
```

Dieser Ausdruck ist eine Abkürzung von

```
int i = *(zeiger++);
```

Zuerst wird somit der Zeiger auf die nächste Integer-Position angehoben, erst anschließend wird just der sich dort befindliche Wert i zugewiesen. Der Grund besteht auch hier im Vorrang: Das ++ (in diesem Fall *hinter* dem Bezeichner) bindet stärker als *. Wieder dürfen Sie die Klammer weglassen!

Damit bin ich endlich in der Lage, Ihnen die minimale Version von strcpy vorzustellen:

```
void strcpy (char *nach, char *von) {
  while ((*nach++ = *von++));
}
```

Witzig finde ich, dass der Rumpf der while-Schleife inzwischen vollkommen leer ist. Alles passiert bereits im Bedingungszweig. Der Vorrang garantiert, dass keine zusätzlichen Klammern nötig sind.

Dynamisch trotz static

Es ist Zeit, Sie auf die **Reichweite**, den sogenannten **Scope** von Variablen in C hinzuweisen. Am besten zeige ich Ihnen das an einem kleinen Beispielprogramm.

```
#include <stdio.h>
int zaehler; /* global definiert */

int erhoehe_zaehler() {
  printf("Zaehler wird erhoeht\n");
  zaehler++;
  return zaehler;
}

int main() {
  zaehler = 0;

  while (erhoehe_zaehler() < 10) {
    ...
  }
  return 0;
}
```

Die Variable zaehler findet sich außerhalb jedweder Funktion. Daher ist sie *global*, also über das *gesamte Programm* definiert. Das ist zwar unheimlich praktisch, zugleich jedoch ebenso gefährlich. Bei großen Programmen, an denen zahlreiche Entwickler arbeiten, geraten globale Variablen zu Zeitbomben, die früher oder später missbräuchlich verwendet werden.

Ansonsten sind Variablen nur im Inneren des jeweiligen Blocks gültig, in dem sie deklariert wurden.

Angenommen, im obigen Programm würde die Funktion erhoehe_zaehler noch an anderen Stellen gebraucht. Wie könnten Sie dennoch auf eine globale Variable verzichten? Auf keinen Fall dürften Sie den Zähler einfach innerhalb erhoehe_zaehler wie jede andere Variable deklarieren. Denn bei jedem neuen Funktionsaufruf würde der ursprüngliche Wert wieder überschrieben.

Allerdings bietet die Sprache C speziell für dieses Problem eine besondere Lösung: **Statische Variablendeklaration**. Bei statischen Variablen bleibt ihr Wert auch über die Lebensdauer des aktuellen Funktionsaufrufs – ähnlich wie bei globalen Variablen – erhalten. Dennoch ist ihr Scope hübsch klein und begrenzt auf die jeweilige Funktion.

Das Beispiel würde mittels einer statischen Variablen somit sehr viel weniger fehleranfällig:

```
#include <stdio.h>

int erhoehe_zaehler() {
    static int zaehler = 0;
    printf("Zaehler wird erhoeht\n");
    zaehler++;
    return zaehler;
}

int main() {
    while (erhoehe_zaehler < 10) {
        ...
    }
    return 0;
}
```

Obgleich der Zähler mit null initialisiert wird, gilt das nur für den ersten Aufruf. Ab diesem Moment behält der jeweilige Wert auch nach Beendigung von erhoehe_zaehler seine Gültigkeit.

In Kapitel 22 wird in einem Beispiel die Funktion strtok mit gleichen Argumenten mehrfach hintereinander aufgerufen. Die Resultate sind jedoch unterschiedlich. Auch dies signalisiert eine sinnvolle Verwendung statischer Variablen.

Fehler auf dem Behandlungsstuhl

Die Programmiersprache C ist – ich hoffe, Sie sehen das genauso – extrem vielseitig einsetzbar. Immer dort, wo es gefährlich wird, beispielsweise im Umgang mit Zeigern, liegen zugleich auch große Chancen für hocheffiziente Lösungen.

Ich möchte Ihnen zum Abschluss dieses Kapitels exemplarisch an zwei Fällen vorführen, dass es nötig ist, sich auch bei den Feinheiten von C auszukennen.

Im ersten Beispiel geht es um geradezu banale Rechenoperationen, während sich das zweite Beispiel mit dem Ausnutzen der sehr kompakten Codierung von C befasst.

```c
#include <stdio.h>

int main() {
  int i = 10;
  float f = i/3;

  printf("i = %i f = %f\n", i, f);
  return 0;
}
```

Raten Sie einmal, was dieses Prográmmchen ausgibt!

Ja, eine Idee? Hätten Sie folgende Ausgabe vermutet?

```
i = 10 f = 3.000000
```

Das irritiert die meisten Anwender. Die Division von i durch 3 wird in eine float-Variable gepackt, also vermuten viele Programmierer als Ergebnis 3.3333. Das ist aber nicht der Fall! Die rechte Seite der Zuweisung f = i/3; wird komplett als Integer-Operation ausgeführt, was bedeutet, dass / der Ganzzahldivision entspricht und das Resultat 3 an f zugewiesen wird.

Wollen Sie dagegen / als float-Division forcieren, gibt es einen kleinen Trick: Machen Sie aus der »3« einfach eine »3.0«. Der Compiler interpretiert dieses Detail als Ihren Wunsch, eine Gleitkommadivision durchzuführen. Das Ergebnis lautet dann wie erwartet:

```
i = 10 f = 3.333333
```

Weitere allgemeine Hinweise zum Thema Typumwandlung (bezogen auf Java) finden Sie im Abschnitt »Casting von Typen« im 28. Kapitel.

Das nächste Beispiel ist ein richtig gemeiner Fall von »Denkste«! Betrachten Sie den folgenden Programmcode:

```c
#include <stdio.h>

int main() {
  int i, c;
  i = 99;

  c = getc(stdin);

  if ((c == '0') || (i = c)) {
    printf("i = %i\n", i);
  }
  return 0;
}
```

Gleich zu Beginn werden i und c definiert. Anschließend wird i mit 99 initialisiert. Der Wert von c hängt davon ab, welches Zeichen der Anwender über die Tastatur eingibt. In der Bedingung der if-Anweisung wird zunächst diese Eingabe auf das Zeichen »0« (48 im ASCII) getestet. So weit ist alles klar und unproblematisch. Der zweite Teil der Bedingung, der durch ein logisches Oder || verknüpft ist, stellt jedoch eine *Zuweisung* dar. Hier bekommt i den Wert von c verpasst, der anschließend mittels printf auf die Konsole geschrieben wird.

»Wo ist der Haken?«, werden Sie denken. Das Problem ist die Auswertung des zweiten Teils der Bedingung. Da es sich um ein »Oder« handelt, könnte allein schon im ersten Teil die logische Aussage für die komplette Bedingung feststehen. Wenn nämlich der erste Teil »wahr« ist, wird der zweite überhaupt nicht mehr benötigt! Das Programm sagt sich: »Wieso soll ich mühsam noch weitere Teile der Bedingung auswerten, wenn das Endergebnis sowieso schon feststeht?«

In unserem Fall bedeutet das: Sollte der Anwender das Zeichen 0 eingeben, wird i nicht verändert, sondern behält seinen ursprünglichen Wert 99.

Es ist aber noch schlimmer! Viele C-Compiler erlauben die *optionale Auswertung* aller Teile einer Bedingung, auch wenn dies aus rein logischen Gründen überflüssig ist. Der Grund ist jener aus dem Beispielprogramm: Es könnte sein, dass Teile der restlichen Bedingungen Zuweisungen oder Ausführungen von Programmen enthalten.

Nun wissen wir aber nicht, welche Option der Entwickler bei der Übersetzung des vorliegenden Programmcodes einstellen wird – der Standard ist übrigens die spartanische Version, also eine minimale Auswertung. Somit wissen wir nicht, wie sich das Programm überhaupt an dieser Stelle verhalten wird, wenn wir nur den Quellcode ansehen. Ein untragbarer Zustand!

Als Fazit empfehle ich Ihnen dringend:

Die Programmiersprache C gestattet zwar eine sehr kompakte Codierung, bei der Funktionsaufrufe und Zuweisungen in Bedingungen versteckt werden können. Je nach Einstellung von Compileroptionen kann das Programmverhalten jedoch variieren, was sehr gefährlich ist. Nutzen Sie daher dieses Konzept nur dann, wenn es auf hocheffiziente Programmausführung ankommt, und warnen Sie vor solchen Stellen bei der Übergabe des Quellcodes!

Manche der genannten »fiesen Tricks« schrecken Programmierer von der Verwendung von C ab. Die Tendenz der weiteren Sprachentwicklung trägt diesem Umstand Rechnung und vermeidet einige Fallstricke. Andererseits wollen eingefleischte C-Programmierer nicht auf die damit verbundenen Möglichkeiten verzichten. Daher werden die wichtigsten Konzepte erhalten bleiben. Es ist interessant zu sehen, wie eine neue Sprache wie Swift versucht, viele nützliche Bestandteile von C zu übernehmen und die Gemeinheiten zu verhindern. Am Ende von Kapitel 25 erhalten Sie hierzu einige Hinweise!

IN DIESEM KAPITEL

Hintergründe zur Sprache C++ erfahren

Objektorientierte Konzepte verstehen

Überladen von Operatoren nutzen

Standardbibliotheken kennenlernen

Virtuelle Methoden und Polymorphie begreifen

Kapitel 24
Abheben mit C++

E s ist schon, um das vorsichtig zu formulieren, recht ambitioniert, eine so umfangreiche Sprache wie C++ selbst für C-Experten in einem einzigen Kapitel zu behandeln. Das Ergebnis kann naturgemäß nur einen groben Überblick verschaffen, allerdings werde ich nicht auf die richtig netten Gedanken objektorientierter Programmierung verzichten. Dazu gehören Objekte und deren Vererbung, Klassen und Kapselung von Daten, Überladen von Operatoren und natürlich Polymorphie. Das alles und noch ein wenig mehr erwartet Sie hier. Treten Sie ein!

Objekte und Klassen

C++ ist eine wunderbare Sprache. Das liegt vornehmlich daran, dass Sie mit C++ einerseits alle Vorteile von C genießen: hohe Effizienz, direkter Durchgriff auf Hardware und Treiber, umfassende Kontrollstrukturen und die volle Verantwortung für den Umgang mit Speicher – und dessen Freigabe.

Andererseits besitzt C++ etliche Features, über die C nicht verfügt. Da wäre vor allem die umfassende Implementierung an objektorientierten Konzepten zu nennen, auf die ich gleich genauer eingehen werde. Darüber hinaus dürfen Sie in jedem Programm neu entscheiden, wie abgehoben – im Sinne einer sehr hohen Hochsprache – oder schmutzig – also unter Ausnutzung der gemeinsten Tricks – Sie arbeiten möchten. Heute so, morgen so. C++-Compiler können »von Hause aus« auch nativen C-Code übersetzen. Bis auf wenige Ausnahmen, die von der jeweils verwendeten Version abhängen, stellt ein gewöhnliches C-Programm zugleich auch ein C++-Programm dar.

Hinzu kommt der Umgang mit *Referenzen*. Das ist neben Zeigern eine weitere Möglichkeit, um mit beliebigen Datentypen zu arbeiten – und eine nette dazu.

Auch wenn ihre Ursprünge noch weiter zurückreichen, so erlangte die **o**bjekt**o**rientierte Programmierung (**OOP**) eine weite Verbreitung erst mit dem Aufkommen von grafischen Benutzeroberflächen (**G**raphical **U**ser **I**nterface, **GUI**). Die Ablösung der rein textbasierten Kommunikation mit dem Computer machte nämlich klassische, imperative Programmierung umständlich. Der Status eines Eingabegeräts, wie beispielsweise der Maus, musste innerhalb des Programms permanent abgefragt werden. Nach erfolgtem Mausklick war die nächste Frage, welches Element – beispielsweise einer von vielen Buttons innerhalb einer Hierarchie von Fenstern – denn der Empfänger dieses *Ereignisses* (*Events*) war.

Weiterführende Gedanken zur *ereignisorientierten Programmierung* (*Event-driven programming*) finden Sie in Kapitel 29.

Um einigermaßen die Übersicht zu behalten, musste der entsprechende Code diesem *Objekt* – dem Button – zugeordnet werden.

In der Sprache der OOP bedeutet das, Daten eines Objekts und darauf definierte Prozeduren (*Methoden*) gegenüber dem restlichen Code abzuschotten. Diese *Kapselung* bildet ein zentrales Konzept der OOP. Alle Objekte gleichen Typs – zum Beispiel Buttons – bilden eine gemeinsame *Klasse*.

Obwohl die ersten objektorientierten Konzepte bereits in den 1970er Jahren auftauchten und sich in einer Sprache wie *Smalltalk* kristallisierten, kann von einem Durchbruch erst mit der objektorientierten Version von C die Rede sein. Der Däne Bjarne Stroustrup stellte seine Erweiterung **C++** Mitte der 1980er Jahre vor und erzielte einen durchschlagenden Erfolg. C++ gehört (nach Java und C) bis heute zu den populärsten Programmiersprachen überhaupt.

Die Bezeichnung »C++« ist sehr treffend. Statt von einer neuen Version von C, etwa C 2.0 zu sprechen, nutzt C++ gleich die kompakte, C-typische Version, um den Zähler zu inkrementieren!

Im Gegensatz zu einer Sprache wie Smalltalk, für die es nur noch Objekte gibt, die untereinander Botschaften austauschen, ist der Ansatz von C++ sehr viel pragmatischer. Alles, was bisher gut in C läuft, darf weiterhin genutzt werden. Hinzukommen alle nützlichen OOP-Ideen. Ein paar Features gibt es schließlich auch doppelt, beispielsweise die Ausgabe eines Textes auf die Konsole.

Smalltalk hat sich noch auf eine andere, viel eindringlichere Weise mit C »verheiratet«. Herausgekommen ist »Objective-C«, das im folgenden Kapitel 25 behandelt wird.

Die Sache hat Methode

Neben den hochtrabenden Ideen der reinen OOP, für die die Welt aus lauter Objekten besteht, die miteinander kommunizieren, gibt es ganz praktische Konsequenzen, die C++ perfekt umsetzt. Ein Objekt ist in diesem Sinne einfach ein (selbst) zusammengesetzter Datentyp, der neben Speicher auch die Prozeduren bereitstellt, mit denen auf diese inneren Daten zugegriffen wird. Diese Funktionen heißen, wie bereits erwähnt, **Methoden**.

Weitere Hinweise zu den verschiedenen Arten von Methoden finden Sie in Kapitel 28.

Sie verstehen den Sinn der Methoden am besten anhand eines Beispiels.

Stört es Sie auch, dass Programmiersprachen durch die Bank zwar Datentypen für ganze Zahlen (`int`) und gebrochene (`double`) bereitstellen, aber keine für Brüche (mit Zähler und Nenner)?

Sie wollen beispielsweise bei »ein Halb minus ein Sechstel« exakt »ein Drittel« herausbekommen, und nicht 0.333333 oder so etwas in der Richtung.

Ihre Aufgabe besteht nun darin, genau dieses Konzept bereitzustellen. Mit OOP in C++ schaffen Sie das ganz einfach:

```cpp
class Bruchzahl
{
public:
    // Konstruktor
    Bruchzahl(long zaehlerWert, long nennerWert);

    // Zugriffsmethoden auf Zaehler und Nenner
    long getNenner();
    long getZaehler();

private:
    long nenner;
    long zaehler;
    kuerzen();
};
```

Um Objekte vom Typ `Bruchzahl` bereitzustellen, deklarieren Sie eine entsprechende **Klasse**, die in C++ mit dem Schlüsselwort `class` beginnt.

Innerhalb der Klasse unterscheiden Sie zwischen öffentlichen (`public`) und privaten (`private`) Variablen und Methoden. Diese Variablen heißen *Objektvariablen* (*member variables*) oder *Attribute*. In streng objektorientierten Sprachen wie Smalltalk gibt es so etwas wie öffentliche Attribute nicht, aber C++ ist da ganz entspannt. Der Programmierer entscheidet frei darüber, wer was tun darf. Generell gilt:

Variablen und Funktionen im privaten Bereich dürfen nur von den Methoden der Klasse verwendet werden. Für alle Programmteile außerhalb der Klassendefinition sind diese nicht zugänglich.

Eine besondere Methode zeichnet jede Klasse aus. Es handelt sich dabei um den *Konstruktor*.

Wie Sie sehen, kann in C++ auch ein einzeiliger Kommentar mit einem *Doppel-Slash* `//` eingeleitet werden. Außerdem dürfen Variablen überall im Code angegeben und gleich mit einem Funktionsaufruf initialisiert werden. Selbst innerhalb der

Argumentliste einer `for`-Schleife dürfen Sie die Schleifenvariable definieren und initialisieren:

```
for(int i = 0; i < 10; i++) { ...}
```

Obwohl das in ANSI C noch nicht erlaubt war, haben nachfolgende Standards diese Erleichterungen auch für jüngere C-Versionen übernommen. Insofern befruchteten sich Verbesserungen von C und C++ gegenseitig. Das wird auch in Zukunft so weitergehen. Allerdings dürfen Sie in C keine Klassen erwarten, das bleibt C++ vorbehalten.

Der Konstruktor ist für die Erstellung einer spezifischen **Instanz** der Klasse zuständig. Die Klassendeklaration erzeugt einen neuen Datentyp. Die Instanz ist dagegen eine konkrete Ausprägung dieses Typs. Sie dürfen zum Beispiel nach obiger Definition schreiben:

```
Bruchzahl bruch(1,2);
```

Damit legen Sie eine Variable mit dem Namen `bruch` vom Typ `Bruchzahl` an. Wie Sie dem Konstruktor entnehmen, wird der erste Parameter als `zaehlerWert` und der zweite als `nennerWert` interpretiert – beides ganze Zahlen vom Typ `long`.

`bruch` wird so zu einer Instanz der Klasse `Bruchzahl`, die den Bruch $\frac{1}{2}$ repräsentiert. Dagegen liefert beispielsweise `Bruchzahl b2(17,23)` eine Instanz für die Darstellung von $\frac{17}{23}$.

Was können Sie mit einem solchen Bruch anstellen? Bis jetzt noch nicht sehr viel. Die einzigen bis dato definierten Methoden lauten `getZaehler` und `getNenner`. Weil Sie damit lediglich auf die internen Variablen zugreifen, werden diese Methoden auch **Getter** genannt. Normalerweise gibt es auch die **Setter**, mit denen Sie diese Werte verändern, aber darauf habe ich im Beispiel verzichtet. Sie werden für Bruchzahlen auch nicht benötigt.

 Getter sind Methoden, mit denen Sie die Werte von Attributen eines Objekts auslesen. Mit **Settern** verändern Sie diese Werte.

Der Aufruf der Getter-Methoden, bezogen auf unseren `bruch`, sieht so aus:

```
long zaehlerVonBruch = bruch.getZaehler();
long nennerVonBruch = bruch.getNenner();
```

Wichtig ist hier die Syntax: Sie rufen eine Methode in C++ so auf, wie Sie beispielsweise in C auf die Variable einer Struktur zugreifen würden.

Es stellt sich Ihnen die berechtigte Frage, wozu dieser Overkill überhaupt gut ist. Wäre es nicht ausreichend gewesen, eine C-Struktur zu erzeugen, die über die Variablen »Zähler« und »Nenner« verfügt, und auf die Sie dann unmittelbar zugreifen?

Der entscheidende Unterschied wird erst deutlich, wenn Sie sich klarmachen, dass die Klasse die *absolute Kontrolle* über ihre internen Daten besitzt. Im Gegensatz zu einem C-struct werden in einer Klasse nicht nur Daten, sondern auch die darauf arbeitenden Methoden definiert.

Die Klasse definiert eine *Kapselung* von Daten zusammen mit den darauf definierten Operationen gegenüber dem restlichen Code.

Betrachten Sie hierzu die Definition eines Konstruktors:

```
Bruchzahl::Bruchzahl(long zaehlerWert, long nennerWert)
{
  // Nenner darf nicht 0 sein!
  if (nennerWert != 0) {
    if (nennerWert < 0) {
      // Nur der Zaehler soll ein Vorzeichen erhalten
      zaehlerWert = -zaehlerWert;
      nennerWert = -nennerWert;
    }
    // Initialisierung der Membervariablen
    zaehler = zaehlerWert;
    nenner = nennerWert;
  } else { // an dieser Stelle sollte eine
           // Ausnahmebehandlung erfolgen
  }

  // zum Abschluss: Kuerzen des Bruchs!
  kuerzen();
}
```

Die Klassenspezifikation beginnt mit einer sehr merkwürdigen Syntax:
`Bruchzahl::Bruchzahl`

Die doppelten Doppelpunkte sind kein Druckfehler! C++ definiert **Namensräume** (auch **Namensbereiche** genannt), um eine mehrfache Verwendung derselben Bezeichner innerhalb eines Programms zu ermöglichen. »::« wird daher auch als **Bereichsauflösungsoperator** bezeichnet. Mit diesem (am stärksten bindenden) Operator beziehen Sie sich bei der Angabe eines Bezeichners auf einen bestimmten Namensraum.

Der Bezeichner *vor* dem Bereichsauslösungsoperator gibt an, um welchen Namensraum es sich handelt.

Generell werden Namensräume mit dem Schlüsselwort `namespace` eingeleitet. Allerdings ist jede Klasse automatisch auch ein Namensraum. Durch `class` legen Sie somit ebenfalls einen Namensraum fest, der mit dem Klassennamen übereinstimmt.

Der Bezeichner *hinter* dem Bereichsauslösungsoperator spezifiziert eine konkrete Variable oder Methode innerhalb des Bereichs.

Nur bei **Konstruktoren** einer Klasse erscheinen *dieselben Bezeichner vor und hinter* dem Operator.

Konstruktoren erzeugen Instanzen einer Klasse. Sie tragen grundsätzlich den Klassennamen als Bezeichner.

Der Konstruktor einer Bruchzahl weist nicht nur einfach die Argumente zaehlerWert und nennerWert den internen Attributen zaehler und nenner zu, sondern überprüft zuerst einmal, ob der Nenner nicht null ist.

Sollte das der Fall sein, findet eine *Ausnahmebehandlung (exception handling)* statt. Dazu kommt später in diesem Kapitel noch ein eigener Abschnitt. Wenn der Nenner null ist, wird die Bruchzahl gar nicht erst erzeugt. Anderenfalls wird kontrolliert, ob nicht Zähler *und* Nenner negativ sind. Tatsächlich soll nur der Zähler ein Vorzeichen haben, oder keiner der beiden Werte. Spätestens am Ende des Codes wird klar, warum das Konzept eine gute Idee ist: Zähler und Nenner werden *gekürzt*. Diese Funktion ist nur im privaten Bereich von Bruchzahl deklariert und für andere Programmteile nicht »sichtbar«. Niemand kann also kuerzen() direkt auf einen Bruch anwenden, nur die Funktionen innerhalb der Klasse dürfen das. Auf der anderen Seite ist das auch nicht nötig, denn in unserer Klasse werden alle Brüche nach jeder Operation sofort gekürzt!

Stellen Sie sich nur für einen Augenblick vor, Sie hätten eine einfache C-Struktur verwendet. Dann hätten Sie keine Kontrolle darüber, was Funktionen des Programms (an anderer Stelle) mit Ihrem Bruch anstellen. Jeder würde einfach den Zähler und den Nenner unabhängig voneinander nach Belieben verändern können.

Ich habe Ihnen hier nicht gezeigt, wie Sie die kleine Funktion kuerzen() überhaupt programmieren. Das ist kein großes Thema. Sie müssen dazu lediglich Zähler und Nenner durch den *größten gemeinsamen Teiler* dividieren. Um diesen zu berechnen, gibt es etliche Möglichkeiten. Die älteste geht auf einen großen griechischen Mathematiker zurück und heißt daher *Euklidischer Algorithmus*. Werfen Sie einen Blick in Kapitel 31, wenn Sie wissen möchten, wie er funktioniert!

Vererbungslehre

Ein Thema, das ich nur ganz kurz anreißen möchte, ist die *Klassenhierarchie*. Die Welt mag zwar aus Objekten bestehen, aber um die Eigenschaften, die sogenannten *Attribute* dieser Objekte vernünftig zu verwalten, benötigen Sie eine Kaskade von Objekten.

Ein Programm mit einer grafischen Benutzeroberfläche verfügt über mehrere *Views*, auch *Fenster* genannt. Jede View hat gewisse Eigenschaften, beispielsweise eine Position und die Maße der Ausdehnung. Es wäre nun sehr unklug, einem Button in diesem Programm wieder von Neuem all diese Eigenschaften zuzuordnen. Dagegen liegt es nahe, den Button als eine spezielle View zu betrachten, die noch weitere, zusätzliche Attribute besitzt: beispielsweise einen Zustand (gedrückt oder nicht-gedrückt).

In diesem Sinne *erbt* der Button alle Eigenschaften seiner *Basisklasse*, der View. Umgekehrt ist der Button, bezogen auf die View, eine *abgeleitete Klasse*.

Sie dürfen diese Hierarchie beliebig tief verschachteln!

 Jede abgeleitete Klasse erbt alle Attribute der Basisklasse und darf noch neue, eigene hinzufügen!

Operatoren überladen

Zurück zu unseren Bruchzahlen. Wäre es nicht nett, wenn Sie mathematische Operatoren wie »+« und »*« auch auf Brüche anwenden könnten?

Genau das ist in C++ möglich und es ist zugleich eines der heißesten Konzepte, die Sie sich vorstellen können. Das Schlüsselwort lautet operator.

Im Beispiel zeige ich Ihnen nur einmal exemplarisch die Addition von Brüchen.

```
Bruchzahl operator+(Bruchzahl r1, Bruchzahl r2) {
   Bruchzahl ergebnis(r1.getZaehler()*r2.getNenner()
      +r2.getZaehler()*r1.getNenner(),
      r1.getNenner()*r2.getNenner());
   return ergebnis;
}
```

Um diesen Code zu verstehen, sollten Sie sich zunächst überlegen, wie zwei Brüche überhaupt addiert werden. Dazu werden zunächst die Nenner »gleichnamig« gemacht, der Einfachheit halber miteinander multipliziert. Sie müssen die Brüche somit um den jeweiligen Nenner des anderen erweitern. Zum Schluss werden die Zähler einfach addiert, etwa so:

$$\frac{2}{3}+\frac{4}{5}=\frac{2\cdot5}{3\cdot5}+\frac{4\cdot3}{5\cdot3}=\frac{2\cdot5+4\cdot3}{3\cdot5}$$

Ersetzen Sie nun die Zahlen durch Zähler und Nenner von r1 und r2, erhalten Sie exakt den obigen Code. Und das Kürzen? Passiert automatisch im Konstruktor von ergebnis, schon vergessen ...?

Dieses **Überladen von Operatoren** ist eines der spannendsten Features von C++. Wenn Sie fortan im Programm zwei Brüche addieren möchten, geht das ganz einfach:

```
Bruchzahl bruch1(2,3), bruch2(4,5);
Bruchzahl summe = bruch1 + bruch2;
```

Die letzte Zeile ist sehr übersichtlich und für jeden Programmierer zu verstehen: Zwei Brüche werden addiert und das Ergebnis in summe gespeichert. Dass das Überladen des +-Operators schon ein wenig Stress verursacht, sehen Sie diesem Code nicht mehr an. Ab jetzt könnten Sie statt int und double ebenso gut Bruchzahl als Datentyp verwenden!

Hierzu muss auch der Zuweisungsoperator »=« mittels operator= überladen werden. Zur Erinnerung: Sie kennen den Zuweisungsoperator in C, wo dieser einfach den Wert eines

Ausdrucks in den Speicherinhalt einer Variablen *kopiert*. In C++ wird diese Methode sinnigerweise auch **copy-constructor** genannt. Ein Konstruktor, der dafür verantwortlich ist, ein Objekt in ein anderes (desselben Typs) zu kopieren, erzeugen Sie wie jede andere Methode einer Klasse.

 Neben Operatoren dürfen Sie auch alle anderen Methoden *überladen*. Das bedeutet, verschiedene Methoden besitzen dieselbe Bezeichnung, aber unterschiedliche Argumentlisten. Versuchen Sie das bloß nicht bei C-Programmen, dieses Feature gibt es erst seit C++.

Ein- und Ausgabe neu ordnen

Eines der gruseligsten Erlebnisse mit C++ haben die meisten C-Programmierer bereits bei der Betrachtung eines typischen »Hello World«-Programms. Die Ausgabe sieht nämlich plötzlich so

```
cout << "Hello World";
```

anstatt so

```
printf("Hello World");
```

aus.

In der oberen Zeile springt besonders das doppelte Kleiner-Symbol »<<« ins Auge. Was soll das sein? Sie erinnern sich nicht? In C handelt es sich dabei um die Linksverschiebung (*left shift*) der Bits des Arguments.

Jetzt wird dieser Operator auf völlig andere Weise angewendet. Einerseits steht nun rechts davon ein String anstatt einer Zahl (von Stellen, um die verschoben wird) und andererseits ist cout keine Variable für Integer, sondern der Ersatz für stdout.

 Die Standard-Kanäle, wie sie in C definiert sind, werden am Ende von Kapitel 22 beschrieben.

Die Lösung dieser scheinbaren Konfusion liefert wiederum das Überladen von Operatoren. In C++ wird der Linksschieber »<<« einfach als operator<< von dem sogenannten **Ausgabestrom** cout überladen. Natürlich hat cout keine sinnvollere Verwendung für diesen Operator, insofern geht das klar. Sie dürfen sich übrigens daran ein Beispiel nehmen! Erfinden Sie neue Klassen und überschreiben Sie alle möglichen Operatoren mit einer möglichst naheliegenden Funktionalität.

Das Überladen von Operatoren wurde dazu erfunden, die Lesbarkeit des Programmcodes zu erhöhen. So sieht die Addition von Brüchen genau so aus, wie Sie das von ganzen Zahlen gewöhnt sind. Auch das »Hello World«-Beispiel folgt diesem Paradigma. Der String wird gewissermaßen von »<<« in den Standard-Ausgabekanal *geschoben* ... Übrigens wird »>>« auch tatsächlich vom Eingabekanal überschrieben:

```
int zahl; cin >> zahl;
```

Sie dürfen zwar Operatoren nach Belieben überladen, aber es gibt auch Grenzen:

Sie können die Rangfolge von Operatoren in C++ nicht verändern. So gilt beispielsweise stets Punkt- vor Strich-Rechnung.

Außerdem habe ich noch eine Warnung. Studierende, die das Konzept des Überladens von Operatoren erlernen, machen sich einen Spaß daraus, Operatoren mit den unsinnigsten Eigenschaften zu erzeugen. Noch schlimmer ist es beispielsweise, einem Plus-Operator die Bedeutung der Multiplikation und dem operator* die entsprechende Addition zu verpassen. Ich kann Ihnen versichern, dass derartiger Code so gut wie nicht lesbar und keinesfalls wiederverwendbar ist.

Das Überladen von Operatoren dient – genau wie die sinnvolle Vergabe von Bezeichnern für Funktionen und Variablen – der besseren Lesbarkeit und Wiederverwendbarkeit von Programmcode. Verwenden Sie dieses Konzept niemals entgegen seiner intuitiven Bedeutung!

Strings zum Verlieben

Der Umgang mit Strings ist eine stressige Angelegenheit – jedenfalls in C. Werfen Sie einen Blick in Kapitel 22, wenn Sie mir nicht glauben. In C++ sieht das schon anders aus. Endlich sind Strings eigenständige Objekte, die in einer Standardbibliothek (#include <string> nicht vergessen) von C++ definiert sind. Auch das Überladen von Operatoren funktioniert prima. Beispielsweise dürfen Sie jetzt auch Strings *addieren*, was dem **Zusammenfügen**, der **Konkatenation** entspricht ...

Dort, wo Sie zu C-Zeiten mit den merkwürdigsten Funktionen wie strcpy, strcmp, strlen zu kämpfen hatten, entfaltet sich in C++ eine große Vielfalt durch die Methoden der Klasse string. Hier nur eine kleine Auswahl:

✔ string::append, Hinzufügen eines anderen Strings

✔ string::capacity, Speicherverbrauch des Strings ermitteln

✔ string::clear, Löschen des Strings – das Objekt wird damit zum *leeren String*

✔ string::compare, String mit einem anderen vergleichen

✔ string::copy, String in einen anderen kopieren

✔ string::c_str, klassischen C-String zurückgeben (als char[])

✔ string::find, Zeichenketten im String aufspüren

✔ string::length, Länge des Strings (in Zeichen) zurückgeben

✔ string::replace, Teil des Strings durch einen anderen ersetzen

✔ string::substr, Teil des Strings zurückgeben

✔ string::swap, Stringinhalt mit dem eines anderen vertauschen

✔ `string::operator+=`, einen weiteren String an diesen anhängen

✔ `string::operator[]`, so tun, als handele es sich bei dem String um ein Array

Wie erwähnt, das ist nur eine kleine Auswahl. Um besser zu verstehen, wie Sie mit diesen Methoden umgehen, zeige ich Ihnen das einmal anhand eines kleinen Beispiels.

```
#include<string>

int main() {

    std::string s1 = "Hallo";
    std::string s2 = "Welt";

    s1 += " " + s2;
    char c = s2[0];
    s1.swap(s2);

    return 0;
}
```

Zunächst werden die Deklarationen der Bibliothek `string` eingebunden. Anschließend, im Hauptprogramm, werden zwei Strings erzeugt. Wie Sie sehen, steht vor dem Bezeichner `string`, der den Namensraum `string` definiert, noch `std::`. Das bedeutet, dass der String selbst wiederum zu einem anderen Namensraum gehört, dem sogenannten **Standardnamensraum**, in dem alle wichtigen C++ Bibliotheken, die fest zum Auslieferungsbestand des Compilers gehören, versammelt sind. Gut, das sollten wir uns merken:

Namensräume können verschachtelt werden.

Und, ja:

Die wichtigsten Bibliotheken gehören zum Namensraum `std`.

Der Sinn dieser Übung besteht darin, dass Sie vielleicht eine eigene Klasse mit dem Namen `string` erzeugen möchten, die möglichst nicht mit anderen Deklarationen kollidieren sollte. Das dürfen Sie tun. Andererseits kann es nerven, vor allen Standard-Typen stets die Spezifikation des Namensraums »`std::`« zu setzen, besonders dann, wenn Sie gar nicht vorhaben, eigene Klassen mit dem gleichen Namen zu versehen. Auch dafür stellt C++ eine elegante Lösung bereit.

Durch die Anweisung `using namespace std;` werden alle Bezeichner, die nicht unmittelbar im Programmcode deklariert sind, automatisch im Namensraum `std::` gesucht.

Natürlich dürfen Sie auch andere Namensräume mittels `using namespace` veröffentli-chen. Aber übertreiben Sie es nicht! Wenn Sie alle möglichen Namensräume auf diese Weise bekannt geben, kann es natürlich wieder zu Kollisionen kommen.

`s1` und `s2` sind also richtige Strings. Vielleicht fragen Sie sich: »Wie können echte C++-Strings mit einfachen Character-Arrays aus C wie `Hallo` und `Welt` initialisiert werden? Die Datentypen stimmen doch gar nicht überein!«

Da haben Sie sehr gut aufgepasst. Auch in C++ ist eine durch doppelte Anführungszeichen eingefasste Zeichenfolge ein null-terminiertes Array vom Typ `char`. Sonst wäre klassischer C-Code mit einem C++-Compiler ja gar nicht übersetzbar.

Die Lösung ist viel trickreicher, als es auf den ersten Blick erscheint. In der harmlosen Schreibweise `s1 = "Hallo";` verstecken sich bereits zwei wesentliche Konzepte. Zum einen gibt es einen String-Konstruktor, der als Argument einen klassischen C-String erhält und daraus ein C++-Stringobjekt erzeugt. Das ist schon mal gut, genügt aber noch nicht. Eben-falls ist der Zuweisungsoperator = von der Klasse `String` überladen. Die Programmzeile erzeugt somit eine Variable mit der Bezeichnung `s1`, die eine vollwertige String-Instanz darstellt, deren Inhalt mittels Zuweisungsoperator von einem temporär erzeugten String (ohne Namen) überschrieben wird. Der Konstruktor dieses temporär erzeugten Strings wird automatisch mit dem Argument »Hallo« versehen.

Klar? Vermutlich nicht. Das ist auch schon sehr schwer. Ich möchte Ihnen das Ganze noch einmal beschreiben, etwas blumig, zugegeben, aber danach wird Ihnen die Anweisung ver-mutlich einleuchten.

Der C++-Compiler betrachtet die Anweisung `s1 = "Hallo";` und fragt sich, was diese Zeile wohl bedeuten soll. `s1` ist vom Typ `String`, das ist klar. Aber auf der anderen Seite des Zuweisungsoperators – der zum Glück überladen wurde – steht gar kein String, jedenfalls kein C++-String. Somit ergibt die Anweisung, ganz streng genommen, überhaupt keinen Sinn. Vorausgesetzt, der Programmierer ist noch ganz bei Trost, wovon der Compiler erst einmal ausgeht, müsste aus der rechten Seite der Zuweisung somit irgendwie ein richtiger C++-String erzeugt werden. Wie könnte das gehen? Da steht ja nur ein null-terminiertes Character-Array mit der Zeichenfolge »Hallo«. Der C++-Compiler ist jetzt nicht faul, son-dern untersucht alle String-Konstruktoren, ob darunter vielleicht einer ist, der als Argu-ment einen C-String akzeptiert. Und tatsächlich, in einer Wühlkiste, unter einem Haufen anderer Methoden, ganz unten, findet er genau den gesuchten Konstruktor. Allerdings gibt es jetzt überhaupt kein String-Objekt, das diesen benötigt. »Nicht schlimm«, denkt sich der Compiler und erzeugt selbst eine derartige Instanz, die anhand des C-Strings konstru-iert wird. Er gibt ihr einen wunderschönen, aber völlig kryptischen Namen, der lediglich aus der Adresse des Speicherbereichs besteht und nur dem Compiler selbst bekannt ist. Plötzlich ergibt die gesamte Programmzeile wieder einen Sinn. Denn der Zuweisungsoperator weist nun, was seinem Wesen entspricht, den Inhalt des kryptischen Strings, nämlich »Hallo«, `s1` zu. Fertig. Na ja, fast, tatsächlich wird der temporäre kryptische String wieder ins Nir-wana entlassen, sprich, gelöscht, so, als hätte es ihn nie gegeben.

Merken Sie, wie mächtig dieses Konzept ist? Der C++-Compiler bemüht sich redlich, jeder Programmzeile einen vernünftigen Sinn zu verpassen. Das gilt nicht nur für Strings, sondern für alle möglichen Objekte. Wenn es nur genügend Konstruktoren gibt, sucht er denjenigen heraus, der vermutlich am ehesten zutrifft.

Der restliche Programmcode ist dagegen viel leichter zu verstehen.

```
s1 += " " + s2;
```

zeigt, wie der +=-Operator überladen wurde. Der String auf der linken Seite wird um den auf der rechten verlängert. Dort wiederum finden Sie den überladenen Operator +, der eigentlich zwei Strings erwartet, allerdings nur ein char-Array (das Leerzeichen plus null) und einen String vorfindet. Wieder hilft der Compiler aus. Aus dem C-String wird mittels passendem Konstruktor ein C++-String, der +-Operator tut das Seinige und das – wie Sie wissen, nur temporär existierende Resultat – wird der linken Seite angehängt.

s1 repräsentiert danach den String »Hallo Welt«. s2 bleibt unverändert »Welt« (und der temporäre Zwischenspeicher wird wieder freigegeben).

```
char c = s2[0];
```

Die Zeile sieht unscheinbar aus, hat es aber in sich! Die Variable c ist ein klassischer Character. Sie wird mit dem nullten (also dem vordersten) Zeichen von s2 initialisiert, also mit »W«.

Wo ist das Problem? Nun, bei s2 handelt es sich überhaupt nicht um ein Array, sondern um ein Objekt vom Typ String. Tatsächlich muss String einigen Aufwand betreiben, um dem Programmierer das »Look & Feel« eines Arrays zu verpassen. Insbesondere muss der operator[] überladen werden, damit das funktioniert. Das ist vielleicht die faszinierendste Anwendung dieses Konzepts: Sie dürfen jede mögliche Repräsentation von String vorgaukeln, solange Sie (per mühsamer Programmierarbeit) dafür sorgen, dass jedes einzelne Zeichen wie bei einem Array auslesbar ist! Übrigens dürfen Sie beide Versionen von operator[] überladen, die lesende (auf der rechten Seite einer Zuweisung) und die schreibende (auf der linken Seite einer Zuweisung) – natürlich mit unterschiedlichem Code. Das Feature steht Ihnen natürlich auch für alle Ihre eigenen Klassen zur Verfügung, ganz gleich, ob es darin überhaupt einen Bezug zu einem Array gibt ...

```
s1.swap(s2);
```

ist wieder ein klassischer Methodenaufruf. Allerdings geschieht hier etwas Ungeheuerliches und aus C-Sicht geradezu Unerträgliches: s1 und s2 werden **beide** vertauscht. Nach dem Swap-Aufruf besteht s1 nicht nur aus »Welt«, was kein Problem darstellt, sondern s2 wird nun auf »Hallo Welt« gesetzt. Das arme s2, das ja eigentlich nur als Argument für die swap-Methode fungiert, wird gleich mit angepasst. Das wäre so, als wenn Sie eine Freundin zum Zahnarzt begleiten und sich dabei selbst auf dem Untersuchungsstuhl wiederfinden.

Wenn es sich wenigstens um einen Aufruf der Form &s2 handeln würde, also die Adresse der Variablen angefordert würde, wäre das akzeptabel.

 C kennt im Gegensatz zu C++ nur die **Wertübergabe**. Dabei wird die Variable wie ein Gefäß behandelt, nur der Inhalt wird als Argument weitergereicht.

Möchten Sie in C ein Argument verändern, benötigen Sie dessen Adresse. Sie werden dafür in der Regel einen Zeiger einsetzen. Dieser wiederum wird mit seinem Wert – eben einer Adresse – übergeben.

In C++ existiert darüber hinaus eine **Referenzübergabe**.

 Eine **Referenz** stellt in C++ einen alternativen Namen für ein Objekt dar. Wird eine Referenz als Argument übergeben, kann die zugehörige Funktion auch den Inhalt der Variablen verändern. Um einen Referenztyp zu deklarieren, wird ein kaufmännisches Und (&) dem entsprechenden Datentyp angehängt.

Sie verstehen das Konzept der Referenz am einfachsten, wenn Sie es mit den klassischen Zeigern von C vergleichen.

Mit drei Zeilen möchte ich Ihnen die Idee dieser Zeiger in Erinnerung rufen:

```
int n = 1;
int *pn = &n;
int m = *pn;
```

Die Variable n vom Typ int wird auf den Wert 1 gesetzt. Eine *Zeigervariable* mit der Bezeichnung pn wird auf die Adresse von n gesetzt. Schließlich wird der Variablen m vom Typ int der Inhalt des Speichers verpasst, auf den der Zeiger pn zeigt, was in unserem Fall die Zahl 1 ist. Die Kurzform ohne Pointer wäre also:

```
int n = 1;
int m = n;
```

Jetzt will ich Ihnen ebenso in drei Zeilen das Konzept der Referenz erläutern:

```
int n = 1;
int &rn = n;
rn = 2;
```

Wieder wird die Variable n vom Typ int auf den Wert 1 gesetzt. Die Referenzvariable rn wird nun jedoch – auch wenn es den Anschein hat – nicht mit dem *Wert* von n, sondern mit einer *Referenz* auf n initialisiert. Sobald nun etwas mit n oder rn passiert, wird die jeweilig andere Variable mit angepasst. Nach der dritten Zeile hat also nicht nur rn, sondern auch n den Wert 2.

Atmen Sie tief durch und überlegen Sie für einen Moment, wie mächtig dieses Konzept ist und was Sie alles damit anstellen können – es ist irre. Leider ist es auch extrem gefährlich. Denn auf einmal sehen Sie einer Methode nicht mehr so leicht an, ob sie mit Ihrer Variablen etwas anstellt oder nicht. Zu C-Zeiten war das einfach. Solange kein Adress-Operator oder Zeiger im Spiel war, konnte der Inhalt Ihrer Variablen unmöglich verändert werden, weil ja nur ihr **Wert** (und nicht die Variable selbst) übergeben wurde.

Streams und Stringstreams

Zurück zu den Strings. All die schönen Operationen helfen ja wenig, wenn Sie sich nicht einmal die Ergebnisse anschauen können. Wir brauchen also die Ausgabe. cout haben Sie ja bereits kennengelernt. Es handelt sich um einen sogenannten **Ausgabestrom** (ostream – das steht für **output stream**). Glücklicherweise wurden auch gleich die richtigen Operatoren von ostream so überladen, dass diese auch Strings verarbeiten können:

```
operator<< (string)

operator>> (string)
```

Was string recht ist, kann unserer Klasse Bruchzahl nur billig sein. Die Ausgabe über einen Strom unterscheidet, ob es sich bei der Bruchzahl zufällig um eine ganze handelt, ob also der Nenner eins ist. In diesem Fall wird kein Bruchstrich, sondern nur der Zähler allein ausgegeben. Statt »3/1« würde also »3« in den Strom geschoben, ansonsten beispielsweise »2/3«. Die Geschichte sieht so aus:

```
ostream& operator<<(ostream& s, Bruchzahl& r) {
    if (r.getNenner() == 1) return s << r.getZaehler();

    return s << r.getZaehler() << '/' << r.getNenner();
}
```

Sehen Sie da ein Problem? Nein? Schauen Sie noch einmal hin! cout ist vom Typ ostream und operator<< ist in der Lage, Brüche auszugeben. Ist das normal? Wirklich?

Stören Sie sich nicht an der Übergabe der Argumente als Referenzen (mit &). Das dient nur der Effizienz: Anderenfalls müssten die Objekte umständlich in die entsprechenden temporären Speicherbereiche (auf den Stack) kopiert werden.

Nein! Bei ostream handelt es sich doch um eine ganz andere Klasse als string. Sie müssen also in ostream einen Operator überladen, und nicht in string.

Das ist auf den ersten Blick ein gewaltiges Problem. ostream ist ja eine in C++ fest eingebaute Klasse, die Sie keinesfalls verändern dürfen. Wie aber stellt die Sprache sicher, dass Sie auch mit eigenen Klassendefinitionen, etwa Bruchzahl, kompatibel zu den fest eingebauten bleiben? Das Zauberwort heißt **Template**.

Ein Königreich für ein Template

Stellen Sie sich Templates am besten wie Schablonen vor. Ein Bild entsteht erst, wenn Sie die Schablone auch verwenden. So ist das auch mit Templates. Die Schablonen erzeugen selbst unmittelbar keinen Programmcode, sondern bilden lediglich das Gerüst dafür.

Ich zeige Ihnen das wieder an einem sehr einfachen Beispiel, einem *Funktionstemplate*.

Angenommen, Sie schreiben Funktionen, um das Maximum zweier ...

✔ `int`

✔ `double`

✔ `long`

Variablen zu ermitteln. Der zugehörige Code (der auch in C funktioniert) könnte so ausschauen:

✔ `int max(int i1, int i2)`
  `{ if (i1 > i2) return i1; else return i2; }`

✔ `double max(double d1, double d2)`
  `{ if (d1 > d2) return d1; else return d2; }`

✔ `long  max(long l1, long l2)`
  `{ if (l1 > l2) return l1; else return l2; }`

Ist es nicht verdammt ärgerlich, ein und denselben Code (okay, nahezu identischen Code) mehrfach zu schreiben? Das widerspricht der »obersten Direktive«:

Programmcode sollte *wiederverwendbar* sein. Einmal geschriebenen Code sollte man nicht noch einmal schreiben müssen.

In C können Sie jedoch nicht den Datentyp (wie `double`, `int` oder `long`) in eine Variable packen. Dafür gibt es in C++ die Templates!

```
template <class T> T max(T v1,T v2) {
   if (v1 > v2) return v1;
   else return v2;
}
```

Das Template abstrahiert vom Programmcode. Die Schreibweise mit den spitzen Klammern `<class T>` steht für einen konkreten Datentyp, den Sie aber noch nicht kennen. Das entspricht dem Erzeugen einer Schablone, ohne dass Sie festlegen wollen, auf welches Papier damit gezeichnet werden soll. Anschließend dürfen Sie anstatt des Typs »`T`« schreiben, ansonsten bleibt alles beim Alten.

Das Template selbst produziert beim Kompilieren jedoch keine einzige Codezeile. Nur wenn spezielle Ausprägungen des Templates in Ihrem Programm benötigt werden, wie beispielsweise

`max(3,5);` oder `max(2.1, 1.04);`

entsteht tatsächlich Code. In diesem Fall einmal für `int` und einmal für `float`. Toll, oder? Aber das Beste kommt ja erst: Mit dem Template haben Sie auch bereits für neu erfundene Klassen die Vorlage geschaffen. Beispielsweise funktioniert nun auch:

`Bruchzahl b1(2,3), b2(4,5);`
`max(b1,b2);`

Allerdings hat die Geschichte einen Pferdefuß. Der C++-Compiler wird sich weigern, auch für Brüche das Maximum zu bestimmen, es sei denn ...? Kommen Sie drauf? Betrachten Sie den Code im Template ganz genau!

Die Bedingung (v1 > v2) ist entscheidend. Wenn v1 und v2 dem Typ Bruchzahl angehören, muss für diesen Datentyp auch operator> überladen worden sein. Ist das der Fall, wird das Template zur Compilezeit auch für Bruchzahlen die Funktion max erzeugen. Genial, nicht wahr?

Ebenso arbeitet die fest eingebaute Klasse ostream mit Templates. Dabei darf sie jedoch nur auf die öffentlichen Methoden oder Objekte zugreifen, was, gerade bei (nur lesenden) Zugriffen, zu einem unerwünschten Effizienzverlust führen mag. Auch dafür bietet C++ jedoch eine Lösung: friends.

Freunde fürs Leben

Sobald Sie in einer Klasse nicht mehr allein die öffentlich zugänglichen Methoden einer anderen benötigen, sondern – meist aufgrund einer höheren Effizienz – auch auf ein oder mehrere private Elemente dieser fremden Klasse zugreifen möchten, ist ein weiteres C++-Konzept vonnöten. Sie deuten dazu an, dass die betroffenen Klassen »befreundet« sind. Hierfür wurde das Schlüsselwort friend eingeführt, mit dem Sie einzelne Methoden oder ganze Klassen als *befreundet* anzeigen. Anschließend wird dem »Freund« der Zugriff auf private Elemente so gewährt, als handele es sich um dieselbe Klasse.

Öffnungszeiten der Standardbibliothek

Neben string gibt es eine Reihe weiterer vordefinierter Klassen in C++. Exemplarisch picke ich Ihnen nur die wichtigsten heraus.

Da wäre zunächst einmal die Klasse array zu nennen. Klingt nicht sonderlich überraschend, aber mit Objekten dieses Typs können Sie nicht nur alles anstellen, was Sie ohnehin mit Feldern können, sondern noch einiges mehr. Etwa das automatische Füllen, Sortieren, Vertauschen von Elementen. Darüber hinaus sind selbstverständlich alle wichtigen Operatoren überladen.

Ebenso gibt es Klassen für Vektoren (vector), Listen (list) und Mengen (set). Alle diese sogenannten **Container** gestatten es, beliebige Datentypen aufzunehmen. Das liegt daran, dass die kompletten Klassen als Templates realisiert sind, die nur darauf warten, auf entsprechende konkrete Datentypen angewendet zu werden.

Auch der *assoziative Speicher* (map) gehört in diese Kategorie. Eine Map ist im Grunde ein besonderer Typ von Array. Während ein gewöhnliches Feld immer mit ganzen Zahlen, beginnend bei null, indiziert wird, gestattet eine Map Indizes beliebigen Typs. Beispielsweise auch Strings!

```
map<string,string> note;
```

Die Typen, mit denen Ihre Map arbeiten soll, sind in diesem Fall Strings. Die Map wird als *assoziativer Speicher* bezeichnet, weil eine Assoziation zwischen den Einträgen bestehen soll. Ein klassisches Array wäre gewissermaßen ein Spezialfall einer Map, bei der der erste Datentyp int ist. Diese Zeile deklariert eine Variable namens note vom Typ Map, bei dem beide Einträge Strings sind.

```
note["Leon"] = "2+";
note["Annika"] = "1-";
cout << "Leon" << "hat eine" << note["Leon"]
    << " und Annika eine " << note["Annika"];
```

Natürlich dürfen Sie nicht vergessen, die Header-Datei der zugehörigen Bibliothek auch einzufügen, am besten ganz am Anfang des Quellcodes:

```
#include<map>
```

Ach ja, bevor ich es vergesse. Selbstredend verfügt C++ über Standardbibliotheken für **Stacks**, **Queues** und **Deques**.

In Kapitel 32 finden Sie alles Wissenswerte rund um die Datenstrukturen Stack, Queue und Deque.

Werfen und Fangen: Ausnahmebehandlung

Ich bin Ihnen noch eine Antwort schuldig, die sich um die Ausnahmebehandlung unserer Bruchzahlen dreht. Was geschieht, wenn der Nenner null wird? Im zugehörigen Konstruktor habe ich bis jetzt den Code einfach ausgelassen. Das möchte ich hier nachholen.

Ganz allgemein ist der Begriff »Ausnahme« (»exception«) sehr viel treffender als »Fehler« (»error«). Die Ausnahme ist viel sanfter und fordert nicht gleich drakonische Maßnahmen. Andererseits reicht die Spanne eines Ausnahmezustands durchaus bis zum Programmabbruch.

Zu C-Zeiten wurde eine besondere Art der Fehlerbehandlung populär: Eine Funktion liefert als Rückgabewert eine (meist negative) Zahl, die einen bestimmten Typus von Fehler signalisiert. Nur im Falle der 0 ist die Prozedur fehlerfrei abgelaufen. Anhand dieser Nummer (des Fehlercodes) entscheidet die aufrufende Funktion, wie schwerwiegend das Problem ist. Falls es sich um einen Unterprogrammaufruf handelt, muss die komplette Kaskade verschachtelter Funktionen jeweils einen Fehler liefern. Für den Programmierer ist diese Form des Fehlerhandlings hochgradig unangenehm.

In C++ ist alles besser. Endlich findet eine strikte Trennung zwischen der Stelle statt, in der die Ausnahme auftritt, und derjenigen, die sie verarbeitet. Das funktioniert perfekt über beliebig viele Stufen der Kaskadierung.

Die Fachtermini lauten **werfen (throw)** und **fangen (catch)**.

 Eine Ausnahme wird dort *geworfen*, wo sie auftritt. Die aufrufende Stelle kann (und sollte) sie *fangen*.

Anhand von `Bruchzahl` möchte ich Ihnen exemplarisch aufzeigen, wie das funktioniert:

 Falls der Nenner null wird, steht im Konstruktor bisher:

```
} else { // an dieser Stelle sollte eine
         // Ausnahmebehandlung erfolgen
}
```

Jetzt sollte es dagegen so aussehen:

```
} else throw NennerIstNullAusnahme();
```

Wie Sie sehen, ist die Ausnahmebehandlung nicht gerade sehr aufwendig. Nach dem Schlüsselwort `throw` wird lediglich der Konstruktor (ohne Argumente) einer neuen Klasse mit der Bezeichnung `NennerIstNullAusnahme` aufgerufen. Diese Ausnahme beendet die weitere Ausführung des Konstruktors von `Bruchzahl`, es wird somit kein Bruch erzeugt.

Die Klasse für die Ausnahme selbst sieht äußerst spartanisch aus, was häufig der Fall ist. Theoretisch dürfen Sie jedoch auch mit Fehlerklassen alles anstellen, was Sie auch mit anderen Klassen tun können.

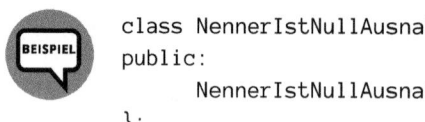

```
class NennerIstNullAusnahme {
public:
      NennerIstNullAusnahme ();
};
```

Viel spannender ist die Frage, was mit der so durch die Gegend geworfenen Ausnahme passiert. Irgendjemand sollte sie fangen. Anderenfalls wird das komplette Programm mit genau dieser Ausnahme terminieren. Etwas brachialer ausgedrückt: Das Programm stürzt ansonsten ab und meldet eine *unbehandelte Ausnahme*!

Als Beispiel zeige ich Ihnen die Ausnahmebehandlung innerhalb des Hauptprogramms:

```
int main() {
  try {
    Bruchzahl bruch(1,0);
  } catch (NennerIstNullAusnahme) {
    cout << "Der Nenner eines Bruchs darf nicht null sein!";
  }
}
```

Die spannenden Schlüsselwörter lauten `try` und `catch`, beide tauchen stets in aufeinanderfolgenden Blöcken auf. Der Programmcode, den Sie mit `try` einschließen, unterliegt fortan der Ausnahmebehandlung. Sollte innerhalb dieses Blocks (irgendwo in beliebig tief verschachtelten Unterprogrammaufrufen) eine Ausnahme auftreten, wird sofort der catch-Block aufgerufen. Sie können darin spezifizieren, welche Ausnahme wie zu behandeln ist. Im Beispiel wird einfach nur ein Text ausgegeben. Sie könnten den catch-Block auch leer lassen, dann wird er einfach ignoriert.

Noch ein paar Dinge zum Merken im Umgang mit Ausnahmen:

✔ Nach try können mehrere catches erscheinen!

✔ Im catch-Block kann ein throw auftreten!

✔ Try-catch-Blöcke können verschachtelt sein!

✔ Ausnahmen können (und sollten) Klassen sein!

✔ Die Vererbung von Klassen funktioniert auch bei Ausnahmen!

Virtuelle Methoden

So weit ist alles gut und schön in C++. Die Zeit ist reif, dass Sie sich auch mit etwas komplexeren Features dieser wunderbaren Sprache befassen.

Zur Erinnerung: *Klassen* sind im Grunde gut ausgebaute Strukturen. Neben den eigentlichen Daten, den *Attributen*, dürfen Sie jedoch auch *Methoden* definieren, mit denen Sie auf diese Daten zugreifen, und zwar alles innerhalb desselben Namensraums. Auf diese Weise ist es Ihnen gelungen, etwa Brüche als neuen Datentyp einzuführen. Dabei durften Sie sogar die symbolischen Operatoren überladen, also mit einer eigenen Bedeutung versehen.

Die Vererbungshierarchie sieht vor, dass abgeleitete Klassen über dieselben Datenfelder und Methoden verfügen wie die zugehören Basisklassen. Dabei dürfen Sie in abgeleiteten Klassen sogar dieselben Methodennamen erneut verwenden und – überschreiben! Das hat einen riesigen Vorteil: Wenn Sie in einer abgeleiteten Klasse beispielsweise ein zusätzliches Attribut einfügen, müssen Sie vorhandene Methoden nicht neu benennen, um auch dieses Attribut korrekt zu behandeln. Selbst ohne neue Attribute gibt es naheliegende Anwendungsfälle für das Konzept.

Zu kompliziert? Sie sehen den Wald vor lauter Bäumen nicht mehr? Ich mache Ihnen dazu ein etwas größeres Beispiel:

```cpp
/* baum.cpp: Programm zur Demonstration von Klassen */
class Baum {
  public:
    void ausgabe();

  protected:
    Integer groesse;
};

void Baum::ausgabe() {
  cout << "Ich bin ein Baum der Größe " << groesse;
}
```

```
class Fichte: public Baum {
  public:
    void ausgabe();
};

void Fichte::ausgabe() {
  cout << "Ich bin eine Fichte der Größe " << groesse;
}

class Tanne: public Baum {
  public:
    void ausgabe();
};

void Tanne::ausgabe() {
  cout << "Ich bin eine Tanne der Größe " << groesse;
}

void ausgabe (Baum *b) {
  b->ausgabe();
}
```

Im Beispiel werden drei Klassen definiert. Baum, Fichte und Tanne. Die beiden letzten sind dabei von der ersten als `public` abgeleitet. Damit wird ein Zugriff der abgeleiteten Klassen auf öffentliche (`public`) und geschützte (`protected`) Elemente von Baum gewährleistet. Dies wäre bei `private` Elementen ausgeschlossen. Deshalb muss `groesse` als `protected` deklariert werden. Details hierzu finden Sie im Kasten »Zugriffsklassen«.

 Weitere Informationen zu `public`, `protected` und `private` finden Sie auch in Kapitel 28, wo es um die Sprache Java geht.

Umgekehrt ist der Baum die Basisklasse für Tanne und Fichte. Der Baum verfügt über das geschützte Attribut `groesse`, das automatisch den `public` abgeleiteten Klassen Fichte und Tanne zur Verfügung steht. Sie dürfen sich noch tausend andere Eigenschaften von Bäumen ausdenken, aber ich möchte das Beispiel möglichst kompakt halten. Da die Größe als `protected` deklariert ist, darf keiner von außen ohne Weiteres darauf zugreifen. Abbildung 24.1 möchte Ihnen das ein wenig veranschaulichen.

Alle drei Klassen verfügen über die Methode `ausgabe()`, die letztlich auch die Größe des Baumes ausgibt. Allerdings handelt es sich trotz Namensgleichheit um unterschiedliche Methoden. Wenn Sie eine Instanz von je einer dieser Klassen erzeugen, führt die Ausgabe zu einem Text, der genau den richtigen Baumtyp mit der spezifischen Größe der jeweiligen Instanz angibt.

 Gefällt Ihnen die Abbildung 24.1? Es handelt sich um ein sogenanntes UML-Klassendiagramm. In Kapitel 37 erfahren Sie genauer, was es damit auf sich hat.

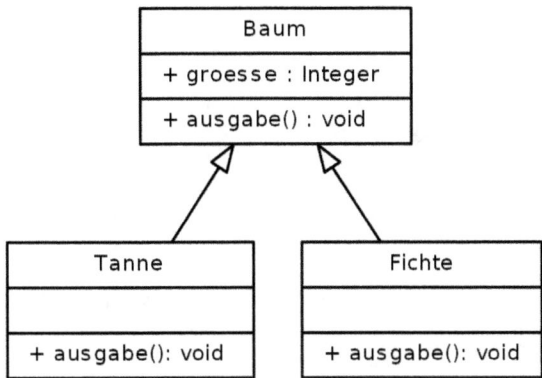

Abbildung 24.1: Klassenhierarchie im Wald

Jetzt sehen Sie sich einmal ganz unten im Beispiel die Funktion ausgabe(Baum *b) an. Diesmal handelt es sich nicht um eine Methode innerhalb einer Klasse, sondern eine ganze normale Funktion, wie sie schon C kennt. Der Baum wird als Zeiger übergeben und die Ausgabe-Methode dieses Objekts wird ausgeführt.

Was passiert nun, wenn Sie als Argument dieser Funktion die Adresse einer Fichte übergeben? Wird dann die Methode ausgabe() von Baum oder Fichte ausgeführt? Sie würden vermutlich erwarten, dass der Compiler so schlau ist, die richtige Methode herauszusuchen, je nachdem, von welchem Typ das jeweilige Objekt ist.

Aber woher sollte er das wissen? Zur *Compilezeit* muss doch gar nicht feststehen, welcher Typ Baum dieser Funktion übergeben wird. Dies könnte von Benutzereingaben abhängig sein. Deswegen macht es sich der Compiler einfach und nimmt an, bei b->ausgabe(); handele es sich um die Klasse Baum.

Eine bessere Wahl, die von dem tatsächlich übergebenen Typ abhängig ist, steht dagegen erst zur *Laufzeit* fest. In diesem Fall müssen Sie den Compiler dazu veranlassen, die Klassenhierarchie nach dem geeignetsten Bezeichner für b->ausgabe(); zu »durchforsten«. Dazu deklarieren Sie ausgabe() als *virtuelle Methode*.

 Mit dem Schlüsselwort *virtual* vor dem Bezeichner kennzeichnen Sie eine Methode als virtuell. In diesem Fall generiert der Compiler Programmcode, der sicherstellt, dass zur Laufzeit die jeweils dem konkreten Objekttyp am nächsten stehende Methode ausgewählt wird und nicht die unmittelbar angegebene.

Damit das in unserem Beispiel funktioniert, müssen Sie lediglich die Programmzeile

```
void ausgabe();
```

in der Klasse Baum durch

```
virtual void ausgabe();
```

Zugriffsklassen

Obwohl eine abgeleitete Klasse A automatisch alle Attribute und Methoden der Basisklasse B erbt, heißt das noch lange nicht, dass sie darauf unmittelbar zugreifen darf.

Die Zugriffsmöglichkeiten von A auf die Elemente von B hängen von zwei Dingen ab:

✔ die *Zugriffsklasse* der Elemente, wie sie in B deklariert worden sind (private, protected, public)

✔ der *Art der Ableitung*: mit welchem Schlüsselwort A von B abgeleitet wurde (private, protected, public)

Dummerweise handelt es sich um jeweils die drei gleichen Schlüsselwörter, auch wenn sie eine unterschiedliche Bedeutung besitzen. Dabei dürfen Sie jede Zugriffsklasse mit jeder Art von Ableitung *kombinieren*. Insgesamt entstehen so neun verschiedene Zugriffsarten, die ich Ihnen in Tabelle 24.1 zusammengestellt habe.

Art der Ableitung\ Zugriffsklasse	public element;	protected element;	private element;
class A: public B	public	protected	Kein Zugriff
class A: protected B	protected	protected	Kein Zugriff
class A: private B	private	private	Kein Zugriff

Tabelle 24.1: Zugriff der abgeleiteten Klasse auf Elemente der Basisklasse

Die Spalte ganz rechts zeigt Ihnen, dass es keinen Zugriff auf private Elemente der Basisklasse B gibt, ganz gleich, mit welchem Schlüsselwort A abgeleitet wurde. Demgegenüber besitzt eine abgeleitete Klasse immer Zugriff auf public-Elemente (Spalte 2). Allerdings entsteht ein Unterschied für Zugriffe von Klassen, die wiederum von A abgeleitet werden (das sind nicht mehr die Kinder, sondern die Enkel von B), je nachdem, wie A von B abgeleitet wurde. Wenn Sie beispielsweise A private von B ableiten (unterste Zeile), besitzt A zwar Zugriff auf public und protected Elemente von B, aber in der Form private, was bedeutet, dass für Kinder von A die letzte Spalte von Tabelle 24.1 zutrifft: keinerlei Zugriff! Damit wird der Sinn von protected klar: Er stellt eine Möglichkeit bereit, Elemente nach außen zu schützen, aber den Zugriff innerhalb der Klassenhierarchie zu gewährleisten (dritte Spalte).

ersetzen. Damit wären automatisch auch alle Ausgabe-Methoden der abgeleiteten Klassen Fichte und Tanne virtuell. Dass Sie erst zur Laufzeit des Programms und nicht schon zur Compilezeit erkennen, welche Methode denn nun ausgewählt wird, bezeichnet man als **Polymorphie**.

Polymorphie und ihre Heilungschancen

 Unter *Polymorphie* (aus dem Griechischen *poly, viel* – und *morphie, Gestalt*) versteht man das in objektorientierten Programmiersprachen verbreitete Konzept, den spezifischen Typ von Objekten erst zur Laufzeit festzulegen.

In C++ ist Polymorphie an folgende Bedingungen geknüpft:

✔ Sie ist nur bei *Zeigervariablen* möglich.

✔ Die betroffenen Methoden müssen als *virtuell* deklariert sein.

Dafür funktioniert die Idee auch dann, wenn das konkrete Objekt die geforderte Methode überhaupt nicht selbst überladen hat. Zur Laufzeit wird die Klassenhierarchie von unten nach oben nach der gewünschten Methode durchsucht und im wahrsten Sinne des Wortes die erstbeste verwendet.

Gehen Sie einen Schritt weiter! Wenn bei virtuellen Methoden die Basisklasse überhaupt nie benötigt wird, wozu müssen Sie sie dann eigentlich noch mit Code belegen? Das wäre so, als wenn Sie niemals die Ausgabe von Baum verwenden, sondern immer nur die abgeleiteten Versionen für die Tannen, Fichten und vielleicht noch Eichen, Buchen und andere.

Dennoch wird die Methode ausgabe() von Baum irgendwie schon noch gebraucht. Anderenfalls würde die Polymorphie ausgehebelt und von einem Baumzeiger könnten Sie keine Ausgabe produzieren.

Eine virtuelle Methode ohne jeden Code erzeugen Sie in C++ auf folgende Weise:

```
virtual void ausgabe() = 0;
```

Das =0 signalisiert, dass es sich um eine **rein virtuelle** Methode handelt.

 Eine Methode heißt *rein virtuell*, falls es sich um eine virtuelle Methode ohne Code handelt.

Welche Konsequenz hat die Angabe einer rein virtuellen Methode für Instanzen der zugehörigen Klasse? Wenn Sie in Baum eine rein virtuelle Methode einführen, wird dafür kein Code generiert. Daher könnte eine Instanz niemals eine solche Methode ausführen. Damit das nicht zu Schwierigkeiten führt, lassen sich derartige Klassen überhaupt nicht instanziieren:

 Sobald eine Klasse über wenigstens eine rein virtuelle Methode verfügt, wird sie zur *abstrakten Klasse*, die keine Objekte instanziieren kann.

Okay, abstrakte Klassen wie Baum können also keine konkreten Objekte mehr hervorbringen. Wozu sind sie dann noch nütze?

Abstrakte Klassen dienen ausschließlich als Basisklassen. Sie helfen, gemeinsame Attribute von anderen Klassen zu strukturieren. Sie sind ebenfalls geeignet, Schnittstellen zu definieren.

Die Idee mit der Schnittstelle geht wie folgt. Angenommen, Sie haben für ein konkretes Konzept eine ganze Reihe von möglichen Anwendungsgebieten. Allerdings gibt es neben den Gemeinsamkeiten auch Unterschiede. Eine abstrakte Klasse als Schnittstelle zu definieren wäre ideal. Die Methoden der Klassen spezifizieren die Gemeinsamkeiten, die in den Basisklassen zwingend umgesetzt werden müssen, ehe konkrete Objekte daraus instanziiert werden. Zugleich steht den abgeleiteten Klassen natürlich noch die ganze C++-Welt offen für eigene Attribute ...

Zum Schluss noch ein kleiner Tipp:

Sollten Sie in einem konkreten Anwendungsfall einmal eine spezifische Version einer virtuellen Methode benötigen (und nicht eine, die erst zur Laufzeit ermittelt wird), geben Sie einfach den jeweiligen Namensraum explizit an, beispielsweise fichte::ausgabe(). Damit hebeln Sie das Konzept der Polymorphie aus und die Methode der Klasse Fichte wird zwingend ausgeführt.

Ich hoffe, Ihnen hat diese kleine Reise in die fantastische Welt von C++ gefallen!

IN DIESEM KAPITEL

Konzepte von Smalltalk in Objective-C erkennen

Basiswissen zur App-Programmierung für iPhone, iPad und iPod touch erhalten

Besondere Features von Objective-C erlernen

Design-Pattern für Apps diskutieren

Ausgewählte Eigenschaften von Swift kennenlernen

Kapitel 25
Apps mit Objective-C und Swift

Dieses Kapitel führt Sie in die Programmiersprachen Objective-C und Swift ein, die von Apple für Applikationen auf den eigenen Geräten entwickelt wurde. Ich zeige Ihnen ein paar neue Konzepte und weise Sie auf die Besonderheiten der App-Programmierung hin. Außerdem erkläre ich Ihnen, was die altehrwürdigen Design-Pattern sollen, und gehe insbesondere auf MVC und Delegation ein.

Apps für Eier

Die Programmiersprache **Objective-C** (abgekürzt **ObjC**) in ihrer heutigen Form erlangte erst durch Apple weltweite Verbreitung. Auch wenn die Sprache für alle möglichen Endgeräte konzipiert wurde, möchte ich in diesem Kapitel den Fokus auf *App-Programmierung* legen. Das funktioniert jedoch nur für Apps auf Basis des Betriebssystems iOS, also insbesondere iPhone, iPad und iPod touch in allen Varianten, kurz für die *Ei-Geräte* ...

 Apple setzt neben **Objective-C** inzwischen verstärkt auf **Swift**. Allerdings entfernt sich Swift zunehmend von C, worauf gegen Ende des Kapitels eigens eingegangen wird.

Im Gegensatz zur herkömmlichen Programmierung von Desktop- oder Server-Lösungen gibt es bei der App-Programmierung einige Besonderheiten zu beachten, als da wären:

✔ Geringe Display-Größe

✔ Eingeschränkte Performance und begrenzter Speicher

✔ Besondere Beachtung des Stromverbrauchs

✔ Mobile Verwendung

✔ Einschränkungen der Connectivity (selbst während der Benutzung einer App)

✔ Spezifische Bedienelemente (Touch-Display)

✔ Kameras und jede Menge andere Sensoren

Die meisten der Punkte sollten unmittelbar einleuchten. Aber ist Ihnen klar, welche Auswirkungen beispielsweise die Mobilität hat? Hätten Sie daran gedacht, dass eine laufende App während des Betriebs die Zeitzone ändern kann? Mit solchen Widrigkeiten müssen Sie bei der Programmierung rechnen. Nichts ist mehr selbstverständlich!

Versetzen Sie sich bei der Entwicklung von Apps stets in die Rolle des Users. Kein Mensch will lange Texte über die eingeblendete Tastatur eingeben, wenn er dasselbe Ziel über das Tippen oder Verschieben von Buttons erreichen kann.

Außerdem eröffnen sich Ihnen als Programmierer durch die Mobilität ganz neue Möglichkeiten. Neben der Kamera gibt es Beschleunigungssensoren, GPS-Empfänger und sogar Barometer. Damit stehen Ihnen Anwendungen offen, von denen ein Desktop-Programmierer nicht einmal zu träumen wagt.

Kurzer Plausch über Smalltalk

Zuerst die gute Nachricht: Objective-C ist ein direkter Nachfolger von C und insofern vollständig kompatibel mit dieser Weltsprache der Programmierung.

Im Gegensatz zu C++ wird jedoch eine neue Syntax objektorientierter Programmierung (OOP) verwendet. Leider ist diese in den Augen klassischer C-Programmierung sehr merkwürdig. Das ist die schlechte.

Die Sprache C wird in den Kapiteln 21 bis 23 Ihres Dummmies-Buches behandelt. Einen Überblick über OOP, insbesondere C++, verschafft Ihnen Kapitel 24.

Um ObjC zu verstehen, werfen wir einen gemeinsamen Blick in die Geschichtsbücher der Programmierung. Dort taucht eine Ursprache der OOP auf, die **Smalltalk** heißt.

Smalltalk

Smalltalk ist nicht nur ein unverbindlicher Plausch unter Bekannten, sondern zugleich der Name einer sehr alten Programmiersprache, die bereits Anfang der 1970er Jahre von XEROX entwickelt wurde.

In dieser Sprache wurde die Idee der objektorientierten Programmierung umfassend und durchgängig realisiert. Selbst elementare Datentypen wie ganze Zahlen und Buchstaben werden dort zu Objekten, denen Botschaften gesendet werden können.

Das Gesamtkonzept ist sehr schlüssig, obgleich die verwendete Syntax recht ungewöhnlich und in den Augen von C-Programmieren schwer verständlich ist. Insbesondere spielen die eckigen Klammern [ ] eine große Rolle: Objektname und Botschaft werden davon eingerahmt.

Um zu verstehen, was die Syntax von Smalltalk in C-Code zu suchen hat, zeige ich Ihnen vier Versionen desselben Befehls – alles erlaubte Varianten in Objective-C. object sei ein Zeiger auf ein beliebiges Objekt (dessen allgemeiner Typ id heißt) und array sei ein ObjC-Feld vom Typ NSArray.

 Es gibt in ObjC zahlreiche Objekte, die mit den Großbuchstaben **NS** beginnen. Das Buchstabenkürzel steht für das Betriebssystem »NeXTStep« der Firma »NeXT«, die Mitte der 90er Jahre von Apple übernommen wurde, um das Betriebssystem Mac OS für den neuen Desktopcomputer zu entwickeln.

```
object = array[0];
object = [array objectAtIndex:0];
object = [array firstObject];
object = array.firstObject;
```

Die erste Zeile kennen Sie aus der guten alten C-Zeit. Bei array scheint es sich um einen klassischen, mit ganzen Zahlen indizierten Feldtyp zu handeln.

Die zweite Zeile erinnert an Smalltalk. Der gesamte Ausdruck wird zunächst in eckige Klammern gepackt. Der erste Eintrag referenziert das Objekt, anschließend folgen die Argumente, gewissermaßen die Nachrichten an das Objekt. Dem Objekt array wird somit die Botschaft objectAtIndex:0 gesendet, die signalisiert, den ersten Eintrag im Feld herauszugeben. Wenigstens wird auch hier die Zeile mit einem Semikolon beendet.

Die dritte Zeile ist wiederum der Smalltalk-Syntax entnommen. Noch kürzer als das etwas umständliche objectAtIndex:0, bei dem die Null auch durch eine beliebige andere Zahl – oder Variable – ersetzt werden kann, ruft firstObject stets das erste Element des Arrays ab. Wie Sie ahnen, sind sowohl objectAtIndex als auch firstObject im NSArray fest definierte Methoden.

Die letzte Zeile macht Sie vermutlich stutzig. Habe ich nicht soeben betont, dass firstObject eine Methode von NSArray ist? Wie um alles in der Welt ist es möglich, diese gerade so zu verwenden, als ob es sich um ein simples Datenfeld einer C-Struktur handelt? Auch dort wird der Punkt als Trenner verwendet.

Wenn Sie dieser Mischmasch an verschiedenen syntaktischen Elementen aus Smalltalk und C verwirrt: Willkommen im Club der Objective-C-Programmierer!

Instanzen verstehen

Am besten stellen Sie sich Objective-C als eine objektorientierte Erweiterung von C vor. Im Gegensatz zu der anderen Variante, C++, lehnt sich Objective-C jedoch nicht an die Syntax von C an, die um OOP-Konzepte erweitert wird, sondern an Smalltalk. Dummerweise passen die syntaktischen Elemente nicht zueinander. Egal. Dann wird das passend gemacht und, um keine C-Programmierer zu verschrecken, werden zunehmend auch alternative Darstellungen zugelassen, die eher C++ als Smalltalk ähneln.

Jede Klasse verfügt über zwei Dateien, die bekannte Header-Datei mit dem Suffix .h und die eigentliche Quelldatei, die auf .m endet.

Um der Konfusion die Krone aufzusetzen: Sie dürfen sogar C++-Code in Ihre Projekte integrieren. Deren Dateien müssen jedoch auf .mm enden!

Die Header-Datei enthält neben den zu ladenden Elementen (*Include-Files*) vor allen Dingen die Deklaration der öffentlichen Attribute und Methoden der Klasse. Dazu dient das sehr passende Schlüsselwort @interface.

Das »At«-Zeichen @ signalisiert, dass es sich um originäre Objective-C-Schlüsselwörter oder -Konzepte handelt, die von C zu unterscheiden sind.

Die Quelldatei enthält neben der Implementierung, konsequent @implementation genannt, ebenfalls ein optionales @interface. Die Logik geht dahin, dass im Interface der .m-Datei die privaten Attribute aufgelistet werden, während alles im Header-File öffentlich ist.

Synthetische Objekte

Wenn erst einmal alle Vorbereitungen getroffen sind, werden neue Objekte grundsätzlich mit einem verschachtelten Aufruf von alloc und init instanziiert.

Ich zeige Ihnen das einmal anhand eines NSMutableString.

Viele der fest eingebauten Klassen von Objective-C verfügen über zwei unterschiedliche Varianten. Eine enthält jeweils das Wort mutable (*veränderlich*), die andere nicht. Sollte die Klasse nicht »mutable« sein, handelt es sich um eine Objektkonstante und alle Methoden zur Manipulation des Inhalts entfallen.

```
NSMutableString *s = [[NSMutableString alloc] init];
```

Die Variable s ist ein Zeiger auf eine Instanz von NSMutableString, also ein veränderlicher String. Indem Sie den Klassennamen mit der Methode alloc aufrufen, wird Speicher für eine konkrete Instanz bereitgestellt. Das Ergebnis wird innerhalb der äußeren Klammer initialisiert (mittels init). Darin können etwa Default-Werte eingestellt werden.

Derselbe Aufruf ohne mutable, also

```
NSString *s = [[NSString alloc] init];
```

ergibt keinen Sinn. Hier wird s als leerer String initialisiert und kann nicht mehr verändert werden.

Für solche Fälle gibt es noch – bei fast allen Klassen – andere Initialisierungsmethoden. Besonders zu erwähnen wäre der *designated Initializer*.

Der *Designated Initializer* (*ausgewiesene Initialisierungsmethode*) ist die typische Standard-Initialisierungsmethode.

Im Falle von NSString lautet der *designated Initializer* initWithFormat:

```
NSString *s = [[NSString alloc] initWithFormat:@"Hallo Welt"];
```

Der Formatstring ist – wer hätte das gedacht – wiederum ein NSString, also kein einfaches char-Array, daher gehört der »Klammeraffe« @ ebenfalls vor die doppelten Anführungsstriche. Innerhalb des Strings dürfen Sie beliebige C-Formatierungszeichen verwenden, etwa %i oder %c, zusätzlich ist auch %@ erlaubt, was ein beliebiges Objekt in einen String umwandelt.

Aber woher soll ObjC »wissen«, wie beispielsweise ein von Ihnen selbst erzeugtes Objekt als String darzustellen ist? Wenn Sie Ihr Objekt von NSObject abgeleitet haben, erbt es die Methode description. Diese gibt standardmäßig einfach nur die (hexadezimale) Adresse des Objekts aus. Sie dürfen (und sollten!) description überschreiben und so die ideale String-Repräsentation für Ihr Objekt erzeugen.

Auf die Dauer ist das ziemlich nervig, das haben sich sicherlich auch die ObjC-Entwickler gedacht und deswegen eine Kurzform entwickelt, um die Kombination aus alloc und init in vielen Fällen zu ersparen. Sie erkennen solche Kurzformen daran, dass die jeweilige Methode mit dem Klassennamen beginnt. Beispielsweise leistet

```
NSString *s = [NSString stringWithFormat:@"Hallo Welt"];
```

dasselbe wie die umständlichere Kombination aus Allokieren und Initialisieren. Speziell für String-Konstanten ist aber auch das noch sehr aufwendig. Zum Glück ist auch die unmittelbare Zuweisung einer Konstanten erlaubt:

```
NSString *s = @"Hallo Welt";
```

Neben stringWithFormat gibt es eine Reihe anderer Methoden, die ebenfalls Allokation und Initialisierung von NSStrings in einem Aufwasch erledigen:

✔ stringWithString

✔ stringWithUTF8String

✔ stringWithCString

✔ stringWithContentsofURL

✔ stringWithContentsofFile

✔ stringWithCharacters

Wie Sie sehen, ist die Auswahl geradezu unerschöpflich. Und hier geht es nur um NSString. Dasselbe gilt für alle anderen wichtigen Datentypen, die sich im **Foundation Framework** befinden, einer Sammlung nützlicher und in allen ObjC-Programmen verwendbarer Klassen. Dazu gehören neben NSString unter anderem

✔ NSArray für Arrays, wer hätte das gedacht ...

✔ NSDate zur Repräsentation eines Kalenderdatums

✔ NSDictionary eine High-End-Version eines assoziativen Speichers

✔ NSError die Sammelklasse für Exceptions

✔ NSPort Kanal zur Kommunikation

✔ NSSet repräsentiert die Klasse für allgemeine Mengen

✔ NSURL zum Umgang mit Internet-Adresse

und noch gefühlt zehntausend weitere. Wie sollen Sie da den Überblick behalten?

 Unter developer.apple.com finden Sie nicht nur alle Referenzen auf einzelne Klassen, sondern ebenso den Inhalt aller Frameworks, zusammen mit einer Reihe von typischen Anwendungsbeispielen!

Vielleicht haben Sie sich gefragt, wie der Speicher auf die so neu erzeugten Objekte wieder freigegeben wird? Dazu hat sich ObjC etwas Besonderes einfallen lassen ...

 Das »**A**utomatic **R**eference **C**ounting« (**ARC**) ist das automatische Zählen von Referenzen auf alle Objekte. Sobald eine Variable nicht mehr verfügbar ist (beispielsweise nach Beendigung einer Prozedur), wird der Zähler auf das zugehörige Objekt dekrementiert. Deswegen müssen Sie sich – im Allgemeinen – nicht um die Freigabe von Speicher kümmern.

Jetzt kommt noch ein etwas schwierigerer Teil, zugegeben. Aber den müssen Sie verstehen, ehe Sie an das richtige Programmieren in Objective-C herangehen sollten.

Attribute in C++ sind im Grunde dasselbe wie Instanzvariablen. Um den Zugriff darauf zu sichern, werden *Getter* und *Setter* definiert.

 Kleines Update in Sachen Getter und Setter? Werfen Sie doch einfach einen Blick in Kapitel 24!

In ObjC ist die Sache komplizierter. Eigenschaften von Objekten heißen nun **Properties**, was auch der wörtlichen Übersetzung entspricht. Allerdings sind diese nicht identisch mit den Speicherbereichen, die die Properties benötigen. Als Konvention werden dafür Variablen mit derselben Bezeichnung generiert, denen jedoch ein *Unterstrich* (englisch *Underscore*) vorangestellt wird. Die Properties werden aus den Instanzvariablen *automatisch synthetisiert*, was bedeutet, dass Sie sich nicht mehr um den Speicherbereich der Underscore-Versionen zu Ihren Property-Bezeichnungen kümmern müssen. Auf Englisch heißt das *Auto-Synthesizing*, was der Standardeinstellung entspricht.

Kompliziert? Ja, stimmt. Aber so schlimm ist es auch wieder nicht. Ich zeige Ihnen das am besten anhand eines Beispiels.

```
#import <Foundation/Foundation.h>

@interface Beispiel : NSObject
@property (nonatomic, strong) NSMutableArray *array;
@end
```

Die Klasse `Beispiel` wird von `NSObject` abgeleitet und erbt damit die wichtigen Methoden `alloc`, `init`, `isequal`, `description` und noch ein paar andere. Dann kommt auch schon unsere Property vom Typ »Zeiger auf `NSMutableArray`« mit dem Namen `array`. Davor stehen in Klammern noch zwei merkwürdige Symbole:

✔ `nonatomic` bedeutet, dass kein Code eingebaut wird, um **Threadsicherheit** zu erzeugen. Dies würden Sie mit `atomic` sicherstellen.

✔ `strong` ist eine **Speicherklasse**. Damit wird die zugehörige Property für die Speicherverwaltung verantwortlich. `weak` signalisiert dagegen, dass die Property nur als eine zusätzliche Referenz verwendet wird und die Verantwortung für die Speicherbereitstellung an anderer Stelle geschieht. `weak`-Referenzen werden – im Gegensatz zu `strong` – beim *Automatic Reference Counting* nicht mitgezählt!

Alles Wichtige zum Thema »Threadprogrammierung« erfahren Sie in Kapitel 47.

Obwohl Sie soeben die Property `array` deklariert haben, wird nur der Speicher für den Zeiger und keineswegs ein echtes `NSMutableArray` erzeugt.

Die Frage, wann das geschehen sollte, beantwortet ObjC mit: »so spät wie möglich«. Man könnte auch sagen ...

... Faulheit siegt!

Der Fachbegriff heißt **Lazy Instantiation** (etwa *Faul-sein bei der Instanziierung*). Die Idee dahinter:

Wenn die Speicherreservierung im letztmöglichen Moment erfolgt, wird zumindest nicht vorschnell Speicher reserviert oder für Objekte bereitgestellt, die während der Lebensdauer der App überhaupt nicht zum Einsatz kommen.

»Was wäre denn der spätestmögliche Moment?«, dürfen Sie berechtigt fragen. Nun, in dem Augenblick, wo tatsächlich jemand auf die Property zugreift. Und das ist stets die (in unserem Fall) automatisch synthetisierte Getter-Methode!

Schauen Sie sich zunächst einmal an, welchen Code das automatische Synthetisieren generiert, ohne dass Sie auch nur eine dieser Zeilen tippen müssten. Sie bekommen diese Zeilen auch gar nicht zu Gesicht, aber alles funktioniert genau so:

```
- (void) setAarray:(NSMutableArray *)array {
    _array = array;
}

- (NSMutableArray *) array {
    return _array;
}
```

Der automatisch erzeugte Setter lautet setArray. Die Konvention sieht vor, dass der Setter stets mit set beginnt, aber die Property danach großgeschrieben wird. Der Variablen _array wird einfach der übergebene Parameter zugewiesen.

Der Getter ist noch einfacher und besteht nur aus einem Return-Befehl: Der Inhalt von _array wird beim Aufruf der Methode array zurückgegeben.

Das ist alles schön und gut. Dieser Code allokiert jedoch keinen Speicher für ein NSArray und initialisiert ihn auch nicht. Allerdings hindert Sie niemand daran, den Getter zu überschreiben. Das sollten Sie auch tun, etwa so:

```
-(NSMutableArray *) array {
    if (!_array) {
        _array = [[NSMutableArray alloc] init];
    }
    return _array;
}
```

Das ist wirklich der letztmögliche Augenblick: Falls jemand auf array zugreifen möchte, wird rasch nachgesehen, ob _array überhaupt schon Speicher zugewiesen wurde. Das »!« in der Bedingung steht für »not«. Die Bedingung ist somit genau dann erfüllt, wenn das Array noch nicht »existiert«, also null ist. In diesem Fall wird Speicher allokiert und initialisiert. Ganz schön faul – und ganz schön genial ...

Das Minus-Zeichen (–) vor der Deklaration von Methoden signalisiert, dass sie auf Instanzen angewendet werden. Reine Klassenmethoden ohne Bezug zu einer Instanz werden mit dem Plus-Zeichen (+) eingeleitet.

Design-Pattern für Apps

Design-Pattern sind, wenn Sie so wollen, allgemeine Handlungsmuster zum Entwickeln von Software. In der Apple-Welt gibt es dazu eine Reihe von Vorgaben. Zumindest zwei davon möchte ich herausgreifen. Sie stammen aus der Frühzeit der objektorientierten Programmierung und wurden bereits in einigen anderen Programmiersprachen verwendet, ehe sie auch in Objective-C und Swift übernommen wurden. Beide Design-Pattern spielen für die Entwicklung von iOS-Apps – und nicht nur dort – bis heute eine besondere Rolle.

Model View Controller (MVC)

In der Logik moderner Software-Entwicklung besteht jedes Programm aus einem Datenmodell, das die eigentlichen Berechnungen durchführt, und einer **View**, die lediglich dazu dient, die Daten anzuzeigen oder Benutzereingaben entgegenzunehmen.

Das **Model** enthält die eigentliche Programmlogik, die Naturgesetze in der virtuellen Welt, die durch die Software bereitgestellt wird: beispielsweise ein Spiel, bei dem Sie eine Figur durch ein Labyrinth steuern. Der komplette Aufbau des Labyrinths, Ein- und Ausgänge, der Verlauf der Wände und alle möglichen Fallen, auf die Sie stoßen, sind im Datenmodell hinterlegt. Davon sehen Sie jedoch immer nur einen winzigen Ausschnitt in Ihrer View. Die View ist somit die grafische Repräsentation eines Teils des Modells. Umgekehrt kontrollieren Sie über die View, ob Sie nach links oder rechts abbiegen. Diese Information wird dem Modell mitgeteilt, damit es der View wiederum sagen kann, was sich im Gang vor Ihnen befindet.

Das klingt recht vertrackt und mache Programmierer halten sich einfach nicht an eine strikte Trennung zwischen **Model** und **View**. Wenn Sie das jedoch tun, stellt sich sofort die Frage, *wie* Model und View miteinander kommunizieren. Die Antwort: über eine dritte Komponente, den **Controller**. Der Controller vermittelt zwischen Model und View. Schlimmer noch: Weder Model noch View dürfen voneinander »wissen«. Sie müssen prinzipiell austauschbar sein. Das zugehörige Design-Pattern wird mit **MVC** abgekürzt.

Delegation

Für die Kommunikation von Controller mit View und Model gibt es ein eigenes Design-Pattern und die Diskussion darüber füllt ganze Bücherregale. Sie sollten jedoch verstehen, dass letztlich alle diese Muster einem übergeordneten Ziel gehorchen, der **Reusability**, der **Wiederverwendbarkeit** von Code.

Die Trennung von Model und View ist die Fortsetzung der Trennung von Interface und Implementierung innerhalb eines Objekts. Wenn Sie Ihr Programm so strukturieren, dass Model und View vollkommen getrennt sind, dürfen Sie das Modell auf allen möglichen Endgeräten, Desktopsystemen, gar Servern verwenden. Natürlich würde jedes Mal die Sicht, die View auf das Model eine andere sein.

Nur der Controller kennt sowohl das Model als auch die View. Wie lässt sich da eine Wiederverwendbarkeit erzeugen? Hier kommt die **Delegation** ins Spiel. Die Idee besteht darin, Properties eines Objekts zu nutzen, ohne das Objekt selbst zu referenzieren, zu »sehen« und somit eine Art *Sichtschutzwand* dazwischen zu errichten. Immer noch steckt derselbe Gedanke dahinter: Je mehr Trennlinien zwischen verschiedenen Teilen eines Programms eingezogen werden, desto leichter lassen sich einzelne Komponenten austauschen und desto einfacher realisieren Sie Reusability ...

Ein Objekt, das Aufgaben delegieren möchte, definiert einen **Delegate** als Property. Natürlich erzielen Sie damit erst dann eine Abstraktion, wenn Sie einen generischen Objekttyp wählen, und zwar id.

In Objective-C ist `id` ein Zeiger auf ein nicht näher angegebenes, beliebiges Objekt.

Die Frage ist nun jedoch: Wie kann das Objekt sicher sein, dass der Delegate die zu delegierenden Aufgaben überhaupt übernehmen kann? In dem Moment, wo der Objekttyp zu `id` wird, ist jedwede Information über die zur Verfügung stehenden Methoden dahin.

Hierzu wurden *Protokolle* (`@protocol`) eingeführt.

 Protokolle spezifizieren Methoden und Properties wie Klassen, können jedoch nicht instanziiert werden. Stattdessen können Klassen Protokolle *implementieren*, also befolgen.

Wenn eine Klasse von sich behauptet, ein Protokoll zu befolgen, müssen alle zwingenden Methoden (`@required`) implementiert werden, alle anderen sind optional (`@optional`).

Damit die Delegation funktioniert, müssen Sie zwar nicht wissen, um welches Objekt es sich beim Delegate genau handelt, aber Sie setzen voraus, dass der Delegate dem Protokoll entspricht. Etwa so:

```
@property (nonatomic, weak) id <BeispielProtokoll> delegate;
```

In diesem Fall ist die Speicherklasse `weak`, weil der Delegate ein Objekt ist, das an einer anderen Stelle instanziiert wurde und hier nur zur Durchführung der Delegation verwendet wird. Wie Sie sehen, wird die Anforderung an ein Protokoll in spitze Klammern gepackt.

Ab diesem Moment kann der Delegate für alle Methoden eingesetzt werden, die im Protokoll spezifiziert sind, egal, um welches Objekt es sich im Einzelnen handelt. Somit könnten Sie das konkrete Objekt des Delegates durch ein anderes ersetzen, solange dieses nur das `BeispielProtokoll` befolgt. Sparen Sie nicht mit Protokollen, denn:

 Klassen können viele Protokolle gleichzeitig implementieren.

Das delegierte Objekt andererseits gibt in seinem Interface an, dass es dem jeweiligen Protokoll genügt. Dies geschieht ebenfalls über spitze Klammern:

```
@interface MeinDelegationObjekt <Beispielprotokoll>
```

Der Compiler überprüft, dass die notwendigen Methoden des Protokolls tatsächlich implementiert werden.

Eine Sache fehlt noch zu Ihrem Glück. Zwar hat die delegierte Klasse das richtige Protokoll spezifiziert und implementiert, und auch die delegierende Klasse setzt die Property korrekt ein, doch an irgendeiner Stelle muss eine spezifische Instanz der delegierten Klasse tatsächlich der Delegate-Property der delegierenden Klasse zugewiesen werden. Dies sollte möglichst frühzeitig geschehen.

Typische Momente sind ...

✔ nach dem Laden der View (`viewDidLoad`)

✔ bei Übergängen zwischen zwei Views (`prepareForSegue`)

✔ durch den Delegate selbst (mit einem `Setter`)

Schnelle Aufzählung

Puh, nach diesen anstrengenden Überlegungen bleibt zu fragen, ob es auch eher banale Dinge gibt, mit denen ObjC zur Weiterentwicklung von C beiträgt. Diese gibt es in der Tat. Ein gutes Beispiel dafür ist die *schnelle Aufzählung (fast enumeration)*, eine richtig nette Version einer **for-Schleife**:

```
NSArray *tierliste = [@"Zebra", @"Tiger", @"Katze", nil];

for (id tier in tierliste) {
   // tier entspricht nun dem Tiernamen-NSString
}
```

Die schnelle Aufzählung benötigt, wie die gute alte `for`-Schleife in C, eine Schleifenvariable. Diese heißt hier `tier` und ist vom allgemeinen Objekttyp `id`. Im Beispiel hätten Sie genauso gut `NSString *` als Typ verwenden können. Dann kommt das Schlüsselwort `in`, gefolgt von einer Container-Variablen wie `NSArray`, `NSSet` oder `NSDictionary`. Das war es auch schon. Im Rumpf dürfen Sie nun die Schleifenvariable verwenden, die nach und nach jedes Element der ursprünglichen Liste beinhaltet.

Insgesamt wirkt ObjC – nicht nur auf C-Programmierer – recht schwer verdaulich. Die vielen miteinander verwobenen Konzepte und vor allen Dingen die syntaktischen Komplikationen haben Apple dazu veranlasst, einen völlig neuen Weg zu beschreiten. Im Jahre 2014 wurde die neue Programmiersprache **Swift** vorgestellt. Den Anspruch an diese Sprache würde ich wie folgt definieren:

Swift ist besser

... und zwar in allem! Effizienter, leichter lesbar, schneller erlernbar, weniger fehleranfällig. Cool wie C und sicher wie die modernste Programmiersprache unserer Zeit. Ein bisschen viel des Guten? Vielleicht schon.

Swift ist inzwischen als Open-Source für zahlreiche andere Plattformen verfügbar, `https://swift.org`, und wird von einer weltweiten Community weiterentwickelt!

Vielleicht werden Ihre Erwartungen aber an der ein oder anderen Stelle sogar übertroffen. Ich möchte Ihnen im Folgenden ein paar Features von Swift aus der Sicht der C-Programmierung vorstellen. Zugleich sollten Sie im Hinterkopf behalten, dass Swift langfristig auch ObjC überflüssig machen soll. Aktuell gilt jedoch, dass Sie iOS-Apps in C, C++, ObjC und in Swift (sogar gemischt mit den anderen) entwerfen können.

Swift ist – rein syntaktisch – angelehnt an C und beinhaltet ebenfalls fortgeschrittene Elemente von Objective-C. Dagegen ist die verworrene Syntax von ObjC verschwunden, ebenso wie einige Features von C, vor allen Dingen die gemeinen Tricks aus Kapitel 23. Allerdings rüttelt Swift auch gehörig an den Grundfesten von C:

✔ Die Angabe des Semikolons am Ende eines Befehls darf entfallen (muss es aber nicht).

✔ Es gibt keine Zeiger mehr!

✔ Bei den wichtigen Kontrollstrukturen (*if*, *while*, *for*) werden um die Bedingung keine runden Klammern gesetzt. Dafür dürfen die geschweiften Klammern um den Rumpf niemals fehlen, selbst wenn er leer ist.

✔ Sie dürfen für Bezeichner auch Umlaute, ja sogar Emoticons verwenden.

✔ Variablen können auch unmittelbar Funktionen (**Closures**) zugewiesen werden.

✔ Swift verfügt über eine strikte Typisierung, aber Sie müssen nirgendwo den genauen Typ angeben, wenn dieser aus dem Kontext eindeutig hervorgeht.

✔ Konstanten werden mit `let`, Variablen mit `var` bezeichnet. Einmalig dürfen nicht-initialisierte Konstanten jedoch beschrieben werden.

✔ Das für ObjC-typische Verwenden von @ vor String-Konstanten entfällt.

✔ Bei der Initialisierung von Arrays (oder Dictionaries) darf nach dem letzten Element noch ein Komma folgen.

✔ Unter den eigenständigen Features von Swift finden sich **Tupel** und **Optionals**.

Durch diese (und noch etliche andere) Maßnahmen ist Swift-Code kürzer, sicherer, leichter lesbar und weniger fehleranfällig (das ist zumindest der Anspruch).

 Swift entfernt sich mit jeder neuen Version weiter von der Muttersprache (zumindest dem Einfluss von C). So war der in C übliche Gebrauch der `for`-Schleife mit Initialisierung, Abbruchbedingung und Inkrement ursprünglich erlaubt, ist aber inzwischen verboten. Selbst das C-typische »++« zum Inkrementieren von Variablen ist ab Swift 3 verboten.

Zusammenfassend möchte ich Sie anhand einiger Beispiele von der Effektivität dieser Sprache überzeugen.

Die Deklaration einer Variablen vom Typ `String` ist denkbar einfach:

```
var text = "Hallo Welt"
```

Das Schlüsselwort `var` signalisiert, dass `text` verändert werden darf. Anderenfalls würden Sie dem Bezeichner `let` voranstellen. Dass es sich um einen String handelt, merkt der Compiler von alleine. Eine explizite Angabe des Typs ist möglich, gilt aber in Swift als unerwünscht. »Auf alles Überflüssige verzichten«, lautet die Devise.

```
let myDictionary = [
  "Haus" : "house" ,
  "Maus" : "mouse",
  "Katze": "cat",
]
```

Der assoziative Speicher (Dictionary) wird mit eckigen Klammern umschlossen.

 Weitere Erläuterungen zum assoziativen Speicher, der in C++ Map heißt, finden Sie in Kapitel 24.

Schlüssel und Inhalt werden pro Eintrag durch den Doppelpunkt getrennt. Am Ende dürfen Sie ein weiteres Komma setzen, müssen das aber nicht. Das ist sehr praktisch, wenn Sie später einen weiteren Eintrag ergänzen wollen.

Sobald Sie ein Dictionary nach einem konkreten Element befragen, erhalten Sie den erwarteten Typ (hier: String), aber als **Optional**.

Ein Optional ist die Version eines Typs, bei der der jeweilige Eintrag auch leer (nil) sein darf. Sie kennzeichnen ein Optional mit einem Fragezeichen hinter der Typbezeichnung. So ist String? ein String-Optional und Int? ein Optional für eine ganze Zahl (Integer).

Das *Auspacken* (*unwrapping*) eines Optionals erfolgt typischerweise mit einer if-let-**Kombination**:

```
if let wort = myDict["Haus"] {
  print(wort)
} else {
  print("Da steht nix drin!")
}
```

Im Bedingungteil von if wird der Konstanten wort der Eintrag zu Haus von myDict zugewiesen. Diese Suche könnte auch leer sein. Daher ist das Ergebnis grundsätzlich ein **Optional**. Durch das umschließende if wird das String-Optional allerdings sofort zu einem echten String (in wort) – oder der else-Zweig wird ausgeführt.

Der Umgang mit Codefragmenten (die in ObjC noch Blocks genannt wurden), hat sich drastisch vereinfacht:

```
let kreisfläche = {
  (radius: Double) -> Double in
  return radius*radius*3.1415
}
```

kreisfläche bezeichnet hier ein Codefragment (ein **Closure**), das wie eine Funktion operiert. Als Eingabevariable radius wird ein Double erwartet, zurückgegeben wird das Quadrat des Radius mal π, also der Flächeninhalt des zugehörigen Kreises, ebenfalls ein Double.

Wie Sie sehen, ist sogar der Umlaut (»ä«) im Bezeichner erlaubt!

Von dieser Stelle an können Sie kreisfläche wie eine Funktion verwenden:

```
print(kreisfläche(5))
```

Swift strebt nach möglichst kompaktem Code. Daher hätten Sie sogar die Kreisfläche wie folgt definieren dürfen:

```
let kreisfläche = {
  $0 * $0 * 3.1415
}
```

$0 steht für den ersten (und in diesem Fall einzigen) Parameter. Den Typ dieses Arguments sowie den Rückgabetyp erkennt Swift aus der Double-Multiplikation selbstständig!

Wie mächtig dieses Konzept ist, sehen Sie hier:

```
func quadriere(zahl: Int) -> Int {
  return zahl * zahl
}
```

Das Schlüsselwort func markiert eine Funktion namens quadriere. Der Eingabeparameter zahl wird dabei quadriert ausgegeben.

```
func machWas (zahl: Int, operation: (Int) -> Int) -> Int {
  return operation(zahl)
}
```

Die Funktion machWas erfordert ebenfalls eine Zahl als Eingabeparameter, aber zusätzlich ein Closure namens operation, das eine Zahl in eine andere umwandelt. Im Rumpf von machWas sehen Sie, dass die Operation einfach auf die Zahl angewendet wird und zugleich als Ergebnis von machWas dient.

Folgender Aufruf wird so möglich:

```
machWas(3, operation: quadriere)
```

machWas wendet die Funktion quadriere (die dem erwarteten Closuretyp entspricht) auf den Eingabewert 3 an. Das Ergebnis ist 9.

Oder hier: Wie cool ist das denn?

```
machWas(4, operation: { $0 + $0 })
```

machWas wird mit einem nicht namentlich bezeichneten Closure in Kurzform aufgerufen. Dieser verdoppelt einfach seine Eingabe. Da der Swift-Compiler weiß, dass machWas ein Closure erwartet, das einen Int in einen anderen umwandelt, wird als strikter Typ von $0 hier Int angenommen. Als Ergebnis wird die 4 zu 8 verdoppelt.

Wenn das letzte Argument, wie bei machWas, ein Closure ist, dürfen Sie eine noch kompaktere Syntax verwenden. So liefert

```
machWas(4){ $0 + $0 }
```

dasselbe Ergebnis wie der ursprüngliche Aufruf.

Außerdem bietet Swift etwas, was viele andere Programmiersprachen vermissen lassen: die Möglichkeit, mit Tupeln zu arbeiten.

```
var punkt = (x: 4, y: 7)
print(punkt)
punkt.x = 1
punkt.y = 2
print(punkt)
punkt = (3,9)
print(punkt)
```

punkt ist ein Tupel aus zwei Zahlen, deren Komponenten mit x und y bezeichnet wurden. Zunächst hat das Tupel den Wert (4,7), anschließend (1,2), schließlich (3,9). Tupel dürfen Sie übrigens auch als Rückgabetyp von Funktionen verwenden.

Spannend wird es ebenfalls, wenn Sie zusammengesetzte Datenstrukturen mit Closures kombinieren. So können Sie beispielsweise folgende Funktionen auf Arrays anwenden:

✔ sort: Sortiere die Elemente

✔ map: Übergebene Operation auf alle Elemente anwenden

✔ filter: Bestimmte Elemente herausfiltern

✔ reduce: Das Array auf einen Wert reduzieren

Einfache Anwendungsfälle sollen Ihnen jeweils eine kleine Ahnung davon verschaffen, was hier alles möglich ist.

```
let array = [7,3,11,2,5]
array.sort { $0 < $1 }
```

Die sort-Funktion erwartet einen funktionalen Ausdruck (Closure), der auf je zwei Elemente paarweise angewendet wird.

Das Ergebnis ist ein der Größe nach sortiertes Array: [2,3,5,7,11]

```
array.map { $0 * 2 }
```

Der Parameter $0 durchläuft nacheinander jedes Element des Arrays.

Sie erhalten als Resultat ein neues Array, dessen Elemente doppelt so groß sind: [14,6,22,4,10]

Sie wollen nur ungerade Elemente behalten? Kein Problem!

```
array.filter { $0 % 2 != 0 }
```

liefert [7,3,11,5].

Sie interessiert die Summe des Arrays? Das geht (beispielsweise) so:

```
array.reduce (0, combine: +)
```

Das Ergebnis 28 entsteht dadurch, dass – ausgehend vom Initialwert (0) – jedes Element per Addition (+) verrechnet wird. Damit summieren Sie alle Werte auf.

Natürlich dürfen Sie auch in allen diesen Fällen (sehr viel) kompliziertere Funktionen übergeben!

Sie sind damit heute schon in der Lage, gewisse **reguläre Ausdrücke** auf Terme anzuwenden. Hier werden Sie in künftigen Swift-Versionen sicher noch umfangreichere Möglichkeiten finden.

 Reguläre Ausdrücke werden in Kapitel 46 behandelt.

Sie wollen bestehende Datentypen, etwa `Int`, um eigene Funktionalität erweitern? Kein Problem. Wie gefällt Ihnen das?

```
extension Int {
  var quadrat: Int {
    return self * self
  }
}
```

Diese **Erweiterung (extension)** dürfen Sie fortan auf `Int`s anwenden, übrigens auch auf Konstanten. So ergibt `3.quadrat` ab jetzt `9`.

Das könnte immer so weitergehen mit der Aufzählung interessanter Swift-Features, aber dann bekomme ich Ärger mit dem Verlag, weil das Buch zu dick wird. Daher nur noch ein letzter Blick auf eine weitere spannende Seite von Swift:

```
var meinArray = [3,4,34,13,535,62,2,1]
let teilArray = meinArray[2...5]
```

Die Anwendungen von **Bereichen (Ranges)** auf Arrays ist besonders effektiv. Mit `teilArray` wird ein neues Array erzeugt, dass die Elemente 2 bis 5 von `meinArray` enthält. Es handelt sich um vollständige Kopien und die Zählung beginnt, wie bei C, mit dem Index 0. `teilArray` sieht anschließend so aus: `[34,13,535,62]`

Bereiche können sogar auf der linken Seite einer Zuweisung stehen:

```
meinArray[3...6] = [1,2,3]
```

Die Elemente 3 bis 6 von `meinArray` werden mit dem Array der rechten Seite überschrieben: `meinArray` enthält somit die Elemente: `[3,4,34,1,2,3,1]`

Beachten Sie, dass der Bereich, den Sie ersetzen, größer ist als der ursprüngliche. Das macht nichts. Die Zuweisung funktioniert genau so wie erwartet. Das würde auch dann noch klappen, wenn der überschriebene Bereich kleiner wäre als der zugewiesene ...

Ich hoffe, ich konnte Ihnen die Programmierung in ObjC und insbesondere in Swift ein wenig schmackhaft machen und Ihnen womöglich ein paar Stolpersteine aus dem Weg räumen. Allerdings habe ich mich auf allgemeine Konzepte und grundlegende Features beschränkt. Sehr gerne würde ich dieses Kapitel noch um etliche Seiten verlängern, aber zu viele Details sind nicht zeitlos. Insbesondere Swift wächst derzeit sehr dynamisch. Die hier dargestellten Ideen werden jedoch – hoffentlich – noch eine Weile gültig bleiben.

Teil VI
Eruption aus Java

... dreht sich alles um die Computersprache Java. In insgesamt fünf Kapiteln erfahren Sie alles, was Sie wissen müssen. Das erste Kapitel wird Sie in die allgemeine Konzeption dieser heißen Welt einführen und dabei auch die wesentlichen Sprachkonstrukte erklären. Darauf folgt ein eigenes Kapitel zu Feldern im Allgemeinen und zu Zeichenketten im Besonderen. Alle diese Punkte werden mit Beispielen unterfüttert. Erst im dritten Kapitel dieses Teils werfen Sie einen Blick auf die objektorientierten Ideen von Java. Darauf folgt ein eigenständiges Kapitel mit zahlreichen Besonderheiten, die Sie in vielen anderen Sprachen in dieser Form nicht antreffen. Das letzte Kapitel des Teils VI schließlich geht auf Android ein, das am meisten verbreitete Betriebssystem auf Smartphones. Dort erfahren Sie auch, was das mit Java zu tun hat

Kapitel 26
Heißer Kaffee

n diesem einführenden Kapitel möchte ich Sie in die Welt von Java entführen, einer Sprache, deren Faszination Sie nur schwerlich entkommen werden! Nach ein paar allgemeinen Worten zum Sinn und Zweck von Java werden Sie erfahren, welche Rolle die ominöse virtuelle Maschine spielt und wie Sie diese programmieren. Auch werde ich Sie in die Verwendung von Variablen und die wesentlichen Kontrollstrukturen einführen, alles jeweils garniert mit einer Reihe einfacher Beispiele, die Ihnen Lust auf mehr machen sollen ...

Java für alle

Die Ursprünge von Java gehen bis in die 90er Jahre des letzten Jahrhunderts zurück. Das amerikanische Unternehmen Sun Microsystems, das zu dieser Zeit Standards in der Herstellung von Workstation-Computern setzte, beauftragte ein kleines Team um den Kanadier James Gosling mit der Entwicklung einer plattformunabhängigen Programmiersprache. Die Idee bestand darin, von der physischen Maschine zu abstrahieren und eine einheitliche Formulierung von Anweisungen und Algorithmen zu ermöglichen. Was die Syntax angeht, wollte man sich – bis zu einem gewissen Grad – an C anlehnen, dabei jedoch eine objektorientierte Sprache konstruieren.

Der Vorteil bestand darin, dass Gosling und seine Kollegen objektorientierte Konzepte von Grund auf in die Sprache integrierten und nicht – wie beispielsweise C++ – nachträglich einpflanzten.

 Kapitel 24 behandelt die objektorientierte Programmiersprache C++.

Bedenken Sie, dass in dieser Zeit aufgrund der Einführung des WWW-Dienstes das Internet bereits begann, seine Faszination auf große Teile der Menschheit auszuüben. Es war noch völlig unklar, wohin die Reise gehen würde. Ich erinnere mich daran, dass in den Anfängen von Java nicht nur Computer, sondern alle möglichen Gegenstände des Alltags zu potenziellen Trägern von virtuellen Maschinen werden sollten. Beispielsweise war im Gespräch, dass Fernsehprogramme Java-Code (neben gewöhnlichen Bildern) übertragen sollten – viele Jahre, bevor Smart-TV überhaupt erfunden wurde.

Übrigens wird Java inzwischen von dem amerikanischen Technologiekonzern Oracle weitergeführt, und zwar in einer kommerziellen und einer freien Version, die unter der *GNU General Public License* verfügbar ist.

Java

Es gibt verschiedene Gerüchte darüber, wieso gerade die Bezeichnung »Java« für die neue Technologie verwendet wurde. Auf jeden Fall schied der ursprüngliche Name »Oak« (»Eiche«) aufgrund markenrechtlicher Probleme aus. Daher veranstalteten die Verantwortlichen von Sun sowie das Team der Entwickler ein Brainstorming, aus dem schließlich »Java« als Favorit hervorging. Aus heutiger Sicht ein Segen, wenn Sie sich überlegen, dass die Alternativen »Silk« oder »DNA« hätten lauten können.

Mit »Java« wird eine der großen Inseln im Indischen Ozean bezeichnet, die zu Indonesien gehört. Allerdings stammt die Inspiration für die Bezeichnung der Programmiersprache von der Bohne des Arabica-Kaffees, die ursprünglich aus Äthiopien stammt. Angeblich war Java-Kaffee das Stammgetränk im Entwicklerteam. Die Bezeichnung »Java« für die Bohne wiederum rührt von den großen Kaffeeplantagen auf der gleichnamigen Insel. Um die Ironie zu vervollständigen: Heutzutage werden Sie bei »Kaffee aus Java« eher die Sorte Robusta (anstatt Arabica, also Javakaffee) erhalten ...

Die Grundidee von Java lässt sich auch mit dem Akronym **WORA** beschreiben:

WORA = **W**rite **O**nce, **R**un **A**nywhere (einmal schreiben, überall laufen lassen)

Virtuelle Maschinen

Um diesem Ziel gerecht zu werden, genügt es nicht, einfach eine neue, leicht zu erlernende Programmiersprache zu entwickeln. Zur Java-Technologie gehört es ebenfalls, die **virtuelle Maschine** einzuführen.

Eine *virtuelle Maschine* ist ein Programm, das einen (virtuellen) Computer simuliert.

Wenn Sie ein Java-Programm entwickeln, schreiben Sie es also streng genommen nicht für Ihren Windows-, Mac- oder Linux-Rechner, sondern für die **Java Virtual Machine** (JVM). Diese wiederum läuft auf einem der oben genannten Systeme und ist selbst *nicht plattformunabhängig*. Allerdings sind Sie nicht auf klassische Computer beschränkt. JVM laufen prinzipiell auch auf …

✔ Fernsehern

✔ Kaffeemaschinen und anderen Haushaltsgeräten

✔ Smartphones und Uhren

✔ Autos, Bussen, Flugzeugen

✔ elektronischem Spielzeug

✔ … und was immer Sie sich vorstellen.

Da es sich bei der JVM quasi um einen virtuellen Computer handelt, können Sie diesen prinzipiell auch mit anderen Programmiersprachen (neben Java) füttern. Es gibt schon etliche. Sehen Sie sich einfach in Ruhe die Spezifikation an und erfinden Sie eine weitere dazu!

 Die offizielle Seite, auf der Sie die JVM-Spezifikation finden, lautet: `http://docs.oracle.com/javase/specs/`.

Rund um Java werden Sie auf eine Reihe von Begriffen stoßen, die Sie wie folgt einordnen sollten:

Die **Java-Technologie** besteht zum einen aus einer virtuellen Maschine und dem ganzen Drumherum, etwa Bibliotheksfunktionen und der **API** (**Application Programming Interface**). Man bezeichnet das Gesamtpaket auch als das **Java Runtime Environment** (**JRE**), die **Laufzeitumgebung** von Java.

Zum anderen gibt es das Entwicklerpaket, auch **Java Development Kit** (**JDK**) genannt. Dieses besteht in der Hauptsache natürlich aus dem Java-Compiler und einer Suite an nützlichen Tools, um Java-Programme zu schreiben. Darunter finden Sie beispielsweise einen Editor, einen Viewer und tonnenweise Dokumentation.

 Um ein Java-Programm zu schreiben, benötigen Sie das JDK; um es zum Laufen zu bringen, wird auf dem Zielsystem lediglich ein JRE gebraucht.

Den Zwischencode, den Ihr Java-Compiler produziert und mit dem Sie Ihre JVM füttern, wird übrigens **Bytecode** genannt. Damit können Sie den echten Maschinencode (der von der tatsächlich verwendeten Hardware abhängig ist) vom virtuellen Maschinencode Ihrer JVM, eben dem Bytecode, unterscheiden.

Als Kurzzusammenfassung merken Sie sich bitte:

Ein Java-Programm wird mittels eines Java-Compilers in Bytecode übersetzt. Dieser ist in jedem JRE lauffähig.

Sowohl das SDK als auch das JRE ist für alle gängigen Plattformen kostenlos verfügbar! Der Java-Quellcode endet typischerweise mit dem Suffix .java und trägt als Dateibezeichnung den Namen der darin definierten Klasse. Nach Kompilation wird eine neue Datei mit gleicher Bezeichnung, jedoch mit dem Suffix .class generiert. Sie enthält den Bytecode.

Vielleicht kommt Ihnen das merkwürdig vor. Plattformunabhängigkeit hin oder her. Wie kann es effizient sein, eine virtuelle Maschine auf einer echten laufen zu lassen und sie mit Bytecode zu füttern, der zuvor aus Java-Quellcode übersetzt worden ist?

Natürlich ist direkt in Maschinensprache geschriebener Code effizienter. Aber auch die Implementierungen der JRE achten auf Optimierung des Codes. Bei der heutigen Geschwindigkeit von Computern wird Ihnen der Effizienzverlust für alltägliche Anwendungen kaum auffallen. Außerdem arbeiten einige Entwickler sogar an echtzeitfähigen Java-Maschinen.

Bezeichner und Variablen

Lassen Sie uns diese Sprache näher betrachten! Im folgenden Beispiel vergleiche ich die Syntax von Java mit jener von C. Das ist recht nützlich, weil ich Ihnen aufzeigen kann, dass etliche Ideen von C in Java übernommen wurden.

In der Informatik ist es auch viel wichtiger, Zusammenhänge und Verbindungen zu verstehen. Ich möchte Ihnen in diesem Kapitel verdeutlichen, wie groß die Verwandtschaft von Java zu C ist und natürlich ebenso auf die Unterschiede eingehen.

Das erste Beispiel summiert alle ganzen Zahlen von 1 bis 100 und gibt das Ergebnis auf der Konsole aus.

```java
public class ErstesJavaProgramm {
    public static void main(String args[]){
        int summe = 0;
        for (int i = 1; i <= 100; i++) {
            summe += i;
        }
        System.out.println("Hallo Dummies-Welt!");
        System.out.println("Die gesuchte Summe lautet: " + summe);
    }
}
```

C-Programmierer erkennen sofort, dass die Syntax in Java ihrer Lieblingsprogrammiersprache angelehnt ist. Einmal abgesehen von dem komischen äußeren public class finden Sie im Inneren alles, was Sie erwarten:

✔ Blöcke sind durch geschweifte Klammern umrahmt »{}«.

✔ Datentypen (wie `int`) und Operatoren (wie »=«, »++«, »+=«) sind identisch.

✔ Konstrukte wie die `for`-Schleife werden genauso verwendet wie erwartet.

✔ Strings werden in doppelte Hochkommata gesetzt.

✔ Das Hauptprogramm trägt die Bezeichnung *main*.

Allerdings gibt es hier und da auch ein paar Unterschiede:

✔ Statt `printf` wird `System.out.println` verwendet, das auch einen abschließenden Zeilenvorschub (ohne \n) durchführt

✔ Zwischen den Ausgabe-Elementen findet sich ein Plus-Operator, um den String zu verknüpfen. Dafür müssen Sie den Datentyp auch nicht explizit angeben.

✔ Wie in C++ genügt es, Variablen zum spätestmöglichen Zeitpunkt (wie bei `int i`) zu definieren (und zu initialisieren).

Wenn Sie nun dieses Programm mit dem Java-Compiler (**javac**) selbst übersetzen (und nicht auf die grafische Version des JDK zugreifen), sieht das so aus.

```
$ javac ErstesJavaProgramm.java
$ java ErstesJavaProgramm
Hallo Dummies-Welt!
Die gesuchte Summe lautet: 5050
$
```

Die Ausführung des Programms innerhalb des JRE erfolgt mittels `java`.

 Beachten Sie, dass die Angabe des Suffixes (`.java`) beim Kompilieren erforderlich ist, beim Starten des Programms entfällt dagegen das Suffix (`.class`).

Nicht einwickeln lassen

Im zweiten Beispiel zeige ich Ihnen, wie Sie eine Zahl von der Konsole einlesen und verarbeiten.

Dafür gibt es in Java unterschiedliche Möglichkeiten. In den Bibliotheken, die für die Ein- und Ausgabe bestimmt sind (`java.io.*`), finden Sie beispielsweise den `StreamReader`. Dabei werden Sie auf das typische Problem stoßen, einen String in eine Zahl umzuwandeln. Hierzu stellt Ihnen Java die Methode `parseInt` des Objekts `Integer` bereit.

Eleganter als die Arbeit mit dem `StreamReader` ist der **Scanner**. Dieses Objekt findet sich in einer Sammlung namens `java.util.*`.

Das zweite Java-Programm soll eine Zahl (von der Konsole) entgegennehmen, verdoppeln und (mit einem kleinen Kommentar) zurückliefern.

```
import java.util.*;

public class ZweitesJavaProgramm {
  public static void main(String args[]){
    Scanner myscanner = new Scanner(System.in);
    System.out.print("Geben Sie eine Zahl ein: ");
    int eingabe = 1; // myscanner.nextInt();
    System.out.println("Die Zahl lautet "+eingabe+
          ", das Doppelte davon ist "+2*eingabe+".");
  }
}
```

Wie Sie dem Listing entnehmen, werden Bibliotheksfunktionen auf naheliegende Weise **import**iert. Damit steht Ihnen die Klasse Scanner zur Verfügung, die hier auf die Standard-Eingabe (im Normalfall die Tastatur) angewendet wird. Anschließend können Sie von diesem Scanner mithilfe der Methode next() weitere Strings und mit nextInt() die nächste ganze Zahl einlesen.

Die weitere Verarbeitung ist nicht sonderlich überraschend. Beachten Sie, wie das Plus-Zeichen (»+«) und die Multiplikation (»*«) im Argument von println dicht aufeinanderfolgen und doch völlig unterschiedlich interpretiert werden. Das Pluszeichen stellt eine Zusammenfügung von Strings bereit, während es sich beim Sternchen um eine echte Multiplikation zweier ganzer Zahlen handelt.

Das Programm wird kompiliert und gestartet. Wenn Sie 13 eingeben, erhalten Sie folgendes Ergebnis:

```
$ javac ZweitesJavaProgramm.java
$ java ZweitesJavaProgramm
Geben Sie eine Zahl ein: 13
Die Zahl lautet 13, das Doppelte davon ist 26.
$
```

Wie Sie sehen, funktioniert Java auf naheliegende Weise. Der Code erschließt sich nicht nur leicht für C-Programmierer. Auch Anfänger finden sich schnell zurecht. Elementare Datentypen sind die aus C bekannten Verdächtigen ...

✔ short, int, long, float, double und char

Hinzu kommen

✔ byte und boolean

Bei Zuweisungen findet eine automatische Typkonvertierung statt, solange der neue Datentyp größer ist als der alte.

Beispielsweise funktioniert

```
int i = 1; long l = i; float f  = l; double d = f;
```

Alles, was Sie über den Wert eines Ausdrucks von C wissen, gilt – prinzipiell – auch für Java. So ist

```
int zahl = 1; int a = ++zahl; etwas anderes als
```

```
int zahl = 1; int a = zahl++;
```

Im ersten Fall wird `zahl` erhöht, bevor die Zuweisung zu `a` stattfindet, im zweiten Fall dagegen erst anschließend. Während also `zahl` in beiden Fällen am Ende den Wert 2 besitzt, ist `a` im ersten Fall 1, im zweiten dagegen 2.

Dieses und ähnlich gelagerte Beispiele finden Sie – bezogen auf C – in Kapitel 22.

Der wichtige Datentyp **String** ist dagegen nicht elementar, sondern bereits eine Klasse.

Ein Objekt wird mit dem Zuweisungsoperator instanziiert:

```
String s = new String("Dummies");
```

Obwohl dies völlig korrekte Syntax in Java ist, geht es deutlich kürzer:

```
String s = "Dummies";
```

Im Gegensatz zu C++ müssen Sie sich jedoch nicht um die Speicherverwaltung kümmern.

C/C++-Programmierer denken permanent – bei allen Formen der Zuweisung – an den benötigten Speicher: Woher bekomme ich ihn? Wie gebe ich ihn wieder frei?

In Java ist das nicht nötig. Dafür gibt es schließlich die *Müllabfuhr* …

Die **Garbage Collection** (zu Deutsch **Müllabfuhr**) ist ein automatischer und regelmäßiger Prozess der Java Virtual Machine, nicht mehr benötigten Speicher freizugeben.

Was sich so schnell schreiben lässt, ist ein gigantischer Paradigmenwechsel zu C/C++. Während sich Syntax und einige Konzepte wie die Wertzuweisung und das Überladen von Operatoren ähneln, stellt die konkrete Programmierung in Java einen völlig anderen (und zumindest für diesen Fall) wesentlich geringeren Schwierigkeitsgrad dar.

Die gemeinsten Fehler, mit denen C/C++-Programmierer konfrontiert werden, stehen im Zusammenhang mit Zeigern und dem Speichermanagement.

Ja, Sie haben richtig gelesen:

In Java gibt es keine Zeiger und Sie können Speicheradressen nicht direkt manipulieren.

Wenn das keine gute Nachricht ist. Daher ist Java tendenziell ...

✔ weniger fehleranfällig

✔ einfacher zu erlernen

✔ leichter zu kontrollieren

Zurück zu unserem String mit dem Inhalt »Dummies«. Sie müssen sich also um seine Freigabe keine Sorgen machen und mit Pointern brauchen Sie auch nicht darauf herumzu- hacken. Dennoch können Sie natürlich alles Mögliche damit anstellen.

Hier nur ein paar Beispiele:

✔ Teilstring aus einem String herausschneiden mittels `substring`:
`s.substring(2,4);` gibt den String mm zurück (vom 2. – inklusive – bis zum 4. Buchstaben – exklusive – des Wortes »Dummies«, die Zählung beginnt – wer hätte das gedacht – bei 0).

✔ Teilstring ersetzen mittels `replace`: `s.replace('m','n');` gibt den String Dunnies zurück (jedes Vorkommen von »m« in s wird durch »n« ersetzt).

✔ Länge eines Strings bestimmen: `s.length();` gibt in unserem Fall den Integer 7 zurück (bei der Länge wird die tatsächliche Anzahl an Buchstaben zurückgeliefert).

✔ Stringvergleiche mit `startWith`, `endsWith`, `compareTo` durchführen.

✔ `s.toLowerCase();` gibt eine kleingeschriebene Version von »dummies« zurück, während `s.toUpperCase();` die großgeschriebene Variante liefert.

✔ Und, ach ja, die **Stringkonkatenation (Zusammenkleben von Strings)** geht mit dem Plus-Operator, wie schon in den Beispielen gesehen.

Wie Sie sehen, steht Ihnen in Java das volle Programm der objektorientierten Möglichkeiten zur Verfügung.

Am liebsten würden Sie gewiss in Java alle Datentypen (auch elementare) als Klassen aus- drücken. Und die gibt es tatsächlich, sie nennen sich **Wrapper-Klassen**.

 Bei *Wrapper-Klassen* (*umhüllende Klassen, einwickelnde Klassen*) handelt es sich um echte Klassen für elementare Datentypen, um diesen zahlreiche zusätzliche Methoden bereitzustellen.

In Tabelle 26.1 finden Sie eine kleine Zusammenstellung elementarer Datentypen mit ihren jeweiligen Wrapper-Klassen.

Elementarer Datentyp	Zugehörige Wrapper-Klasse
int	java.lang.Integer
long	java.lang.Long
double	java.lang.Double
char	java.lang.Character

Tabelle 26.1: Auswahl an Wrapper-Klassen in Java

Bevor Sie befürchten, das Importieren von **java.lang.*** womöglich zu vergessen: Dieses Paket wird stets automatisch eingebunden!

Exemplarisch zeige ich Ihnen im Falle **Integer** auf, wozu diese merkwürdigen Wrapper-Klassen eigentlich nützlich sind.

 Am augenfälligsten ist die enorme Zahl an Typkonvertierungen, die Ihnen mit den Wrapper-Klassen zur Verfügung gestellt werden. Im Falle Integer sind das …

- ✔ `byteValue()`, `intValue()`, `longValue()`, `floatValue()`, `doubleValue()`

Noch spannender sind Konvertierungen von und zu Strings:

- ✔ `decode(String)` macht aus dem übergebenen String einen Integer, wobei Sie auch hexadezimal oder oktal ausgeben können.

- ✔ `parseInt(String)` konvertiert den übergebenen String zu einem `int`.

- ✔ `toBinaryString(int)`, `toHexString(int)`, `toOctalString(int)` konvertiert den übergebenen `int` in einen entsprechenden String.

- ✔ `toString(int,int)` konvertiert den übergebenen `int` (erster Parameter) in einen String, wobei zur Erzeugung die Basis (zweiter Parameter) verwendet wird.

- ✔ `valueOf(String)` ermittelt den Integer-Wert des übergebenen Strings.

Außerdem stehen Ihnen verschiedene **Konstruktoren** zur Verfügung.

 Details zum Thema Klassen, Methoden und insbesondere Konstruktoren von Java finden Sie in Kapitel 28.

Mit

```
Integer i = 12;
```

legen Sie ein Objekt vom Typ `Integer` an, dessen `int`-Wert 12 ist. Das ist nicht sehr überraschend. Aber sehen Sie einmal hier:

```
Integer j = new Integer("123");
```

Mit diesem Konstruktor machen Sie aus einem String einen Integer.

```
double d = i.doubleValue();
```

Damit geben Sie den Wert des Integer-Objekts (nämlich 12) an eine Double-Variable weiter. (Eine Ausgabe würde dann `12.0` anzeigen.)

```
Integer k = Integer.decode("0xfaf");
```

Hier benutzen Sie die *Klassenmethode*, also eine Funktion, die zwar zur Klasse `Integer` gehört, aber keine Instanz (vom Typ `Integer`) benötigt. Das Decodieren macht aus dem hexadezimalen Wert `0xFAF` ein `Integer`-Objekt (dessen Dezimalwert nunmehr 4015 ist, da $15 \cdot 16^2 + 10 \cdot 16^1 + 15 \cdot 16^0 = 4015$ ist).

Das Hexadezimalsystem (16er-System) kennt nicht nur die Ziffern von 0 bis 9, sondern darüber hinaus A bis F. A entspricht der »Ziffer« 10, B 11, C 12, D 13, E 14 und schließlich F 15. Somit wird aus »FAF« »15 10 15«.

Details zum Hexadezimalsystem finden Sie in Kapitel 5.

Umgekehrt stellen Sie die Hexadezimaldarstellung von 4015 dar mittels:

```
System.out.println(Integer.toHexString(4015));
```

Das Ergebnis lautet, wie erwartet `faf` ...

Kontrolle mit Struktur

In Java finden Sie alle möglichen Kontrollstrukturen, die Sie von einer Programmiersprache erwarten.

Dazu gehören neben der bereits gesehenen `for`-Schleife die folgenden:

✔ `while`-Schleife

✔ `do-while`-Schleife

✔ `if-else` Anweisung

✔ `switch-case` Anweisung

Dabei setzen Sie `break` und `continue` wie in C ein: Mit `break` beenden Sie die weitere Abarbeitung der jeweiligen Kontrollstruktur, während Sie mit `continue` lediglich den aktuellen Schleifendurchlauf beenden und mit dem nächsten fortsetzen.

Auch wenn der gesamte Satz an Kontrollstrukturen syntaktisch mit C übereinstimmt, funktionieren die gemeinen Kurzformschreibweisen von C nicht in Java. Ob dies ein Vor- oder Nachteil ist, überlasse ich Ihrem Urteil. Beispielsweise würde

✔ `if (i++) { ... }` zu einem Compilerfehler `error: incompatible types` und

✔ `while (*c++)` zu `error: illegal start of expression` führen.

Sollten Sie sich dennoch näher für fiese Tricks in C interessieren, empfehle ich Ihnen die Lektüre des 23. Kapitels.

Überhaupt gilt das Paradigma von Java, den Programmierer vor eigenen Fehlern zu bewahren, nicht nur für den Verzicht auf Zeigerstrukturen, sondern auch im Umgang mit der sauberen Verwendung boolescher Ausdrücke.

Während C-Programmierer den Zuweisungsoperator »=« ziemlich leicht – versehentlich – mit dem Vergleichsoperator »==« verwechseln, ist das in Java so gut wie ausgeschlossen.

 Sind i und j int-Variablen, funktioniert die Anweisung if (i = j) ... in Java nicht. Das liegt jedoch nicht etwa daran, dass keine Zuweisungen innerhalb des Bedingungsteils erlaubt wären, sondern daran, dass Java pingelig ist mit dem Datentyp boolean. In C gibt es dagegen zwischen 0 und »falsch« gar keinen Unterschied.

Die Anweisung if (i = j) ... funktioniert nämlich in Java sehr wohl auch, falls nämlich i und j Variablen vom Typ boolean sind. In diesem Fall wird die Variable i auf den Wert der Variablen j gesetzt und das Ergebnis gleich für die Auswertung der Bedingung wiederverwendet. Ist j zuvor wahr gewesen, wird es auch i anschließend sein und der if-Teil ausgeführt. Anderenfalls wird auch i auf false gesetzt und der if-Zweig übersprungen.

 Sie wollen es noch strikter? Selbst eine Zuweisung von booleschen Werten im Bedingungsteil stört Sie? Dann kann ich Ihnen die Sprache Swift empfehlen, die das verbietet. Werfen Sie doch einmal einen Blick in Kapitel 25.

Zum Abschluss des Kapitels zeige ich Ihnen an einem kleinen Beispiel, wie eng Java und C verwandt sind. Dabei werden die von der Konsole beim Programmstart übergebenen Parameter auf sehr ähnliche Weise verwendet.

```java
public class DrittesJavaProgramm {
   public static void main(String args[]){

      if (args.length != 2) {
        System.out.println("Bitte zwei Zahlen übergeben!");
        System.exit(7);
      }
      Integer zahl1 = new Integer(args[0]);
      Integer zahl2 = new Integer(args[1]);
      int von, bis;
      if (zahl1 >= zahl2) {
        von = zahl2.intValue(); bis = zahl1.intValue();
      } else {
        von = zahl1.intValue(); bis = zahl2.intValue();
      }
      for (int i = von; i <= bis; i++) {
        System.out.println(i);
      }
   }
}
```

Zuerst wird überprüft, ob die Anzahl der übergebenen Argumente genau 2 ist. Im Gegensatz zu C wird dabei der Name des Programms selbst nicht mitgezählt. Der Konsolenaufruf

```
java DrittesJavaProgramm 1 2
```

würde also funktionieren. Dagegen führen mehr oder weniger Argumente wie hier

```
java DrittesJavaProgramm 1 2 3
java DrittesJavaProgramm 1
```

zu einem Fehler.

Das Exit-Kommando übergibt in diesen Fällen den im Beispiel willkürlich gewählten Fehlercode »7« an die aufrufende Umgebung, in diesem Fall die Konsole.

Als Nächstes werden die beiden Strings in Zahlen verwandelt, und zwar mithilfe der Wrapper-Klassen:

```
Integer zahl1 = new Integer(args[0]);
Integer zahl2 = new Integer(args[1]);
```

Den Variablen von und bis werden die int-Werte der jeweiligen Integer übergeben, und zwar hübsch sortiert von klein bis groß.

Die abschließende for-Schleife wird Ihnen keine Mühe machen. Alle Zahlen von von bis bis werden einfach ausgegeben.

 Stören Sie sich nicht daran, dass in diesem Beispiel keine Fehler- beziehungsweise Ausnahmebehandlung erfolgte. Darauf werde ich in Kapitel 29 eingehen, versprochen!

Im nächsten Kapitel werden die Unterschiede zwischen Java und C/C++ deutlicher hervortreten. Das sehen Sie allein schon daran, dass endlich grafische Bedienelemente ins Spiel kommen.

Kapitel 27
Felder und mehr

n diesem Kapitel erfahren Sie, welche Möglichkeiten Ihnen Java bietet, um dynamische Datenstrukturen wie Felder aufzubauen. Diese stellen die Basis dar für alle wichtigen Container-Typen. Außerdem geht es um den Aufruf rekursiver Funktionen. Am Ende zeige ich Ihnen, wie Sie ganz einfach mit grafischen Elementen Ihr Programm bereichern!

Arrays

Initialisierung

Viele Anwendungen erfordern ganze Felder gleichartiger Variablen. Dazu steht Ihnen in Java das Konzept des **Arrays** zur Verfügung. Hierzu gibt es zwei mögliche Konventionen:

```
int a[] = new int[100];
```

produziert ein Feld von hundert Integer-Zahlen, aber

```
int[] a = new int[100];
```

macht genau dasselbe.

Java stellt Ihnen also zwei mögliche syntaktische Konstrukte zur Deklaration ein und derselben Struktur zur Verfügung. Das ist historisch bedingt. Die erste Version ist ein Entgegenkommen an (ehemalige) C-Programmierer, die zweite ist neu in Java und sollte bevorzugt verwendet werden.

Wie Sie vermutlich schon ahnen, beginnen die Indizes stets bei null.

 Alle indizierten Feldtypen beginnen beim Index 0.

Dies ist auch in C/C++ der Fall. Dagegen gibt es einen sehr wichtigen Unterschied:

In Java werden Arrays automatisch mit null initialisiert!

Das ist ganz praktisch, weil Sie das ansonsten selbst machen müssten. Sie können alternativ auch gleich mit anderen Werten starten:

```
int[] a = { 1, 2, 3 }
```

Damit wird ein Array der Länge 3 erzeugt, das mit folgenden Werten belegt wird:

```
a[0] = 1; a[1] = 2; a[2] = 3;
```

Zugriff auf Elemente

Wie Sie sehen, erfolgt der Zugriff auf Werte so, wie Sie das (vermutlich) erwarten, einfach durch Angabe des Indexes in eckigen Klammern:

```
for (int i = 0; i < 3; i++) System.out.println(a[i]);
```

Natürlich sind Sie nicht darauf angewiesen, nur `int`-Typen in ein Array zu packen.

Arrays können Sie aus allen Arten von (eingebauten oder selbst definierten) Datentypen erzeugen.

Das folgende Beispiel will Ihnen veranschaulichen, dass Sie auch zweidimensionale Arrays ohne besonderen Stress verarbeiten können.

Angenommen, Sie sollen folgende Matrix M erzeugen:

$$M = \begin{pmatrix} 1 & 0 & 0 \\ 0 & 1 & 0 \\ 0 & 0 & 1 \end{pmatrix}$$

Da es sich um eine zweidimensionale Struktur handelt, benötigen Sie ein 3x3-Feld:

```
int[][] M = new int[3][3];
```

Fast alle Elemente sollen ja null bleiben, daher benötigen Sie nur drei spezifische Änderungen:

```
M[0][0] = M[1][1] = M[2][2] = 1;
```

Als Ausgabe käme infrage:

```
for (int zeile = 0; zeile < 3; zeile++) {
  for (int spalte = 0; spalte < 3; spalte++)
    System.out.print(" "+M[zeile][spalte]);
  System.out.println();
}
```

Nach jeder Zeile erfolgt ein Zeilenvorschub, zwischen je zwei Einträgen finden Sie ein Leerzeichen.

 Eine verkettete Zuweisung (die auch in C++ möglich ist) lesen Sie am besten von rechts nach links: Die 1 wird zuerst an die Stelle (2,2) geschrieben, der Wert dieser Zuweisung entspricht dem zugewiesenen Wert, also wiederum 1, die dann an die Stelle (1,1) geschrieben wird und schließlich wird auch die Stelle (0,0) mit 1 belegt.

Kopie und Vergleich

Wenn Sie einer Array-Variablen eine andere zuweisen, wird nicht der Inhalt kopiert, sondern lediglich eine (zweite) Referenz auf dieselbe Datenstruktur erzeugt.

```
int[] a = { 4711, 3 };
int[] b = a;
```

Alles, was Sie nun in b ändern, ist auch in a geändert:

```
b[1] = 4;
```

liefert mit

```
System.out.println(a[1]);
```

die Ausgabe 4. Wollen Sie das Array dagegen *klonen*, steht Ihnen eine eigene Funktion zur Verfügung:

```
int[] a = { 4711, 3 };
int[] b = a.clone();
```

Der »Klon« ist diesmal eine echte Kopie des Arrays mit allen Feldern. Jede Änderung in a hat danach keinen Einfluss mehr auf b.

 Neben der Methode clone() eines Arrays gibt es die etwas geschmeidigere Version System.arraycopy(), bei der Sie genau den spezifischen Bereich festlegen, den Sie tatsächlich kopieren möchten. Das funktioniert sogar innerhalb desselben Arrays.

 Auf allgemeinere Container mit verschiedenen Datentypen, die in Java *Collections* heißen, gehe ich in Kapitel 29 näher ein. Dort erläutere ich Ihnen auch das Konzept der *Iteratoren*.

Eine Sache ist noch ganz interessant, die Sie im Zusammenhang mit Arrays wissen sollten. Es gibt nämlich eine eigene Kontrollstruktur zur Aufzählung der einzelnen Elemente:

Zur Aufzählung der einzelnen Elemente einer Container-Klasse dürfen Sie die **for**-**Schleife** auch auf folgende Weise verwenden: **for**(*Elementtyp Elementvariable* : *Containerklasse*).

Die Verwendung einer for-Schleife zur Aufzählung von Elementen einer Containerklasse heißt in Java **foreach-Schleife**. Im Umfeld von Objective-C und Swift spricht man dagegen von **fast enumeration**.

Das sieht dann beispielsweise so aus:

```
int[] a = new int[100];
```

Die klassische Aufzählung mit der for-Schleife geht so:

```
for (int i = 0; i < 100; i++) System.out.println(a[i]);
```

Die foreach-Schleife macht das noch eleganter:

```
for (int e : a) System.out.println(e);
```

Iteration und Rekursion

Zur systematischen Manipulation von Datenstrukturen wie Arrays benötigen Sie Algorithmen. Neben der klassischen Iteration zeige ich Ihnen in diesem Abschnitt auch, wie Sie rekursiv arbeiten.

Rekursion ist ein zentraler Gedanke der Informatik. Sie finden in mehreren Kapiteln in Ihrem Dummies-Buch Erläuterungen dazu, etwa in den Kapiteln 4, 31 und 52.

Als Beispiel zeige ich Ihnen, wie Sie *iterativ* und *rekursiv* entscheiden, ob eine Zahl gerade ist.

Die iterative Version sieht so aus:

```
public static boolean gerade (int zahl) {
  while (zahl > 1) zahl -= 2;
  if (zahl == 0) return true;
  if (zahl == 1) return false;
}
```

Die while-Schleife vermindert mit jedem Durchlauf die übergebene Zahl um 2, bis sie irgendwann entweder 0 oder 1 ist. Im ersteren Fall war sie ursprünglich gerade, im letzteren ungerade.

Die rekursive Version lautet:

```
public static boolean gerade (int zahl) {
  if (zahl == 0) return true;
  if (zahl == 1) return false;
  return gerade(zahl - 2);
}
```

Wie Sie sehen, ruft sich die rekursive Methode selbst auf, allerdings mit einem um 2 verminderten Wert.

In Kapitel 31 finden Sie eine Version, wo sich die beiden rekursiven Funktionen *gerade* und *ungerade* gegenseitig aufrufen. Die Syntax von Java bereitet dabei keine Probleme. Beachten Sie jedoch, dass die Deklaration als `public` nötig ist, um die Methode an anderen Stellen zu verwenden.

Natürlich wäre es – wenn es nicht gerade um den Vergleich zwischen Iteration und Rekursion ginge – noch viel eleganter, den Modulo-Operator zu verwenden:

```
public static boolean gerade (int zahl) { return (zahl % 2 == 0); }
```

Grafische Komponenten und Applets

Bis zu dieser Stelle haben wir lediglich mit Konsolenprogrammen gearbeitet. Das soll sich nun ändern. Schon seit den frühen Anfängen besitzt Java die Möglichkeit, die grafische Benutzerschnittstelle für Ein- und Ausgabeoperationen zu verwenden. Im Zusammenhang mit Java wurde auch der Begriff **Applet** erfunden:

Ein *Applet* (Zusammenziehung von **App**lication-Snip**let**, Anwendungsschnipsel) ist ein Java-Programm, das innerhalb eines Browsers läuft. Hierzu stellt der Browser eine *Java Virtual Machine* zur Verfügung, meist als externes Plug-in. Ein Applet hat normalerweise keinen Zugriff auf die restlichen Ressourcen des Computers, es läuft aus Gründen der Informationssicherheit innerhalb einer *Sandbox (Sandkasten)*.

Um Applets zu testen, ohne die Sicherheitseinstellungen Ihres Browsers zu verändern, wurde der **AppletViewer** zum SDK hinzugefügt. Mit diesem kleinen Programm starten Sie Applets auch außerhalb des Browsers. Natürlich muss eine Entwicklungsumgebung (JDK) mit virtueller Maschine (JVM) vorhanden sein.

Am besten zeige ich an einem Beispiel, was ich mit einem »Applet« meine.

Ein Applet wird typischerweise in einem eigenen Browserfenster ausgeführt, dessen Größe Sie (in Pixel) angeben können.

Im Beispiel bestehe die Datei `AppletTest.html` aus

```
<html><body>
<applet code="AppletTest.class" width=500 height=75>
</applet>
</body></html>
```

Wie Sie sehen, wird mit dem Tag (gesprochen »Tähg«) `<applet>` ein Java-Applet eingebunden, dessen Code in der Datei `AppletTest.class` zu finden sein muss. In diesem Fall wird die Breite des Fensters auf 500 und die Höhe auf 75 Punkte gesetzt.

Das Applet selbst unterscheidet sich nur geringfügig von einem gewöhnlichen Java-Programm. Der nachfolgende Code rechnet eine Gradzahl von Celsius in Kelvin und Fahrenheit um.

```
/* AppletTest.java Rechnet Grad Celsius in Kelvin und Fahrenheit um
*/

import java.applet.*;
import java.awt.*;
import java.awt.event.*;

public class AppletTest extends Applet implements ActionListener {
  private TextField eingabe;
  private Label ausgabe;

  public void init () {
    eingabe = new TextField(3);
    ausgabe = new Label("Eingabe in Grad Celsius wird "+
        "in Grad Kelvin und Grad Fahrenheit umgerechnet");
    Button knopf = new Button("Umrechnen!");
    add(eingabe); add(knopf); add(ausgabe);

    knopf.addActionListener(this);
    eingabe.addActionListener(this);
  }

  public void actionPerformed(ActionEvent event) {
    Integer celsius = new Integer(eingabe.getText());
    int kelvin = celsius + 273;
    double fahrenheit = celsius * 1.8 + 32.0;

    String umrechnung = Integer.toString(celsius)+
    " Grad Celsius entsprechen " + kelvin + " Grad Kelvin und "
    + fahrenheit + " Grad Fahrenheit.";
    ausgabe.setText(umrechnung);
  }
}
```

Importieren müssen Sie dazu neben den **Applet-Klassen** auch die sogenannten **AWT-Klassen**.

AWT steht für **Abstract Window Toolkit**, eine Sammlung von Klassen und Methoden im Umgang mit der grafischen Benutzeroberfläche.

Wenn Sie sich den Code einmal durchlesen, werden Sie feststellen, dass keine `main`-Methode mehr vorhanden ist. Dafür erweitert (extends) unser `AppletTest` die Klasse `Applet`, die selbst wiederum `main` bereitstellt. Stattdessen verwenden Sie die Methode `init()`, die zu Beginn aufgerufen wird.

Der Zusatz `implements ActionListener` ist wichtig, falls eine Event-Klasse benötigt wird. In diesem Fall wird die Methode `actionPerformed` aufgerufen, sobald ein entsprechendes Ereignis eingetreten ist.

Finden Sie die Zeilen, in denen der Button (`knopf`) und das Textfeld (`eingabe`) einen `ActionListener` hinzufügen? Das bedeutet, dass nach der Eingabe entweder durch ⏎ oder durch Drücken des Knopfes die `actionPerformed`-Methode derjenigen Klasse aufgerufen wird, die als Argument von `addActionListener` übergeben worden ist. `this` ist ein »Zeiger« auf die aktuelle Instanz, was bedeutet, dass es sich um eben jenes Objekt handelt, dessen Methode gerade abgearbeitet wird; in unserem Fall also `AppletTest`.

 Weitere Hinweise zu `this` finden Sie in Kapitel 28.

Der eingegebene Text wird mittels `eingabe.getText()` ausgelesen. Das Label wird umgekehrt durch `ausgabe.setText()` beschrieben.

Die Programmzeilen dazwischen sorgen für die Umrechnung von Grad Celsius in Grad Kelvin und Grad Fahrenheit. Sicher entdecken Sie die entsprechenden Formeln im Programm.

Vergessen Sie nicht, dieses Programm mittels `javac AppletTest.java` zu kompilieren, ehe Sie es mit `appletviewer AppletTest.html` zum Laufen bringen.

Es zeigt sich Ihnen ein Bild ähnlich zu Abbildung 27.1.

Abbildung 27.1: Startansicht der Beispielanwendung

Sobald Sie einen Wert eingeben, beispielsweise 23, wird durch ⏎ oder Klicken auf den Knopf UMRECHNEN! das Ereignis ausgelöst, das zum Aufruf von `actionPerformed` führt. Der Ereignisparameter wird dabei gar nicht benötigt.

Anschließend sieht Ihr Fenster so aus wie in Abbildung 27.2 dargestellt.

Abbildung 27.2: Ausgabe der Beispielanwendung

Wie Sie vermutlich ahnen, sind die Möglichkeiten in Java nahezu unbegrenzt, ganz im Gegensatz zur Dicke Ihres Dummies-Buches.

 Weiter geht es mit Kapitel 28, wo wir Klassen und Methoden genauer unter die Lupe nehmen!

Kapitel 28
Klasse Klassen

n diesem Kapitel möchte ich Ihnen eine Sicht auf Java einräumen, die besonders die objektorientierte Seite betont. Neben Klassen, Instanzen und der gesamten Vererbungslehre werden jedoch auch Interfaces beleuchtet. Außerdem geht es um Casting – um Typen-Casting, um genauer zu sein. Schließlich werde ich Ihnen zeigen, wie Sie das Kopieren und Vergleichen von Objekten im Griff behalten.

Objekte der Begierde

Objektorientierte Programmierung (OOP) teilt die Welt der Datenstrukturen in *Klassen* ein. Für alles Mögliche gibt es Klassen. Das geht los bei Zahlen (zum Beispiel die Wrapper-Klassen in Java), über kompliziertere Dinge wie Tabellen und Bäume bis hin zu allen möglichen grafischen Komponenten, etwa Fenster, Buttons und so ein Zeug.

Eine Erklärung zu Wrapper-Klassen finden Sie in Kapitel 26.

Eine Klasse ist wie eine Blaupause für derartige Strukturen. Die konkreten, einer Klasse zugehörigen Objekte heißen *Instanzen* der jeweiligen Klasse.

Instanzen sind konkrete Exemplare einer Klasse.

Eine Klasse schreibt jedoch nicht nur eine bestimmte Datenstruktur vor (wie etwa ein `struct` in C oder ein Array), sondern gleich einen Satz von Operatoren (*Methoden*), mit denen Sie auf diese Daten zugreifen.

 Eine **Methode** ist eine Funktion, die nur innerhalb einer Klasse definiert ist.

Sie müssen dabei prinzipiell zwei unterschiedliche Typen von Methoden einer Klasse unterscheiden.

 Eine *Objektmethode* (auch *Instanzmethode*) genannt, benötigt stets ein konkretes Objekt (eben eine Instanz) einer Klasse, auf die sie angewendet wird. Ihr Aufruf erfolgt durch die Syntax `objekt.objektMethode()`.

Damit ist stets klar, auf welche konkrete Datenmenge sich die Operation bezieht.

 Eine *Klassenmethode* benötigt kein konkretes Objekt. Sie stellt eine allgemein verwendbare Operation bereit, die sich nicht auf eine bestimmte Instanz bezieht. Ihr Aufruf erfolgt durch die Syntax `Klassenname.klassenMethode()`.

Der eigentliche Witz einer Klasse besteht also darin, dass Sie damit beliebige Strukturen zusammenfassen und gegenüber anderen Stellen Ihres Programms abschotten, die sogenannte *Datenkapselung*.

Kapseln mit Methode

Das Abkapseln bestimmter Datenbereiche hat zwei Hauptgründe:

✔ Durch diese Art der Abstraktion wird Ihr Programm übersichtlicher und leichter verständlich.

✔ Mittels Zugriffsberechtigungen können Sie unbeabsichtigte Manipulation der Daten vermeiden.

Am besten zeige ich Ihnen an einem Beispiel, was ich genau damit meine.

Angenommen, Sie benötigen eine Klasse, um Kalenderdaten zu speichern. Sie nennen diese Klasse `Datum` und fassen in dieser Struktur *Tag*, *Monat* und *Jahr* zusammen.

```java
class Datum {
    private int tag;
    private int monat;
    private int jahr;

    public Datum (int tag, int monat, int jahr) {
        this.tag = tag;
        this.monat = monat;
        this.jahr = jahr;
    }

    public String getMonat() {
        String monatsname = new String();
```

```
    switch (this.monat) {
       case 1: monatsname = "Januar"; break;
       case 2: monatsname = "Februar"; break;
          .
          .
          .
       case 11: monatsname = "November"; break;
       case 12: monatsname = "Dezember"; break;
    }
    return monatsname;
  }
}
```

Eine Klasse beginnen Sie mit dem obligatorischen `class`, danach folgt der Klassenname, der in Java und vielen anderen objektorientierten Sprachen großgeschrieben werden sollte.

Die drei Datenelemente `tag`, `monat` und `jahr` heißen auch *Instanzvariablen*, weil der entsprechende Speicherbereich nur bezogen auf eine bestimmte Instanz reserviert wird. Ändert eine Instanz den Inhalt einer dieser Variablen, hat dies keine Auswirkungen auf andere Objekte.

Wenn Sie innerhalb einer Klasse gemeinsamen Speicher für alle Instanzen benötigen, legen Sie mittels `static` *statischen Speicher* an, der allen Instanzen gemeinsam zur Verfügung steht. Sollte eine Instanz den statischen Speicher ändern, hat dies unmittelbar Auswirkungen auf alle anderen Instanzen dieser Klasse.

Nähere Infos zu `static` finden Sie in Kapitel 23.

Das Schlüsselwort `private` vor den Instanzenvariablen bedeutet, dass der Zugriff (lesend oder schreibend) hierauf nur über Klassenmethoden erfolgen darf.

`public` würde dagegen eine Manipulation »von außen« beispielsweise durch `d.tag = 23;` erlauben, was durch den angegebenen Code jedoch verboten ist. Erlaubt ist dort nur das Setzen des Datums durch den *Konstruktor*.

Diejenigen Klassenmethoden, die genau so heißen wie die Klasse selbst (im Beispiel `Datum`), bezeichnet man als *Konstruktoren*.

Ein Konstruktor dient dazu, eine Instanz der Klasse überhaupt erst einmal zu erzeugen. Im Rumpf dieses Konstruktors werden die Instanzvariablen einfach mit den übergebenen Werten belegt. Das Schlüsselwort `this` bezeichnet das jeweilige Objekt, dessen Methode gerade ausgeführt wird.

Auf `this` dürfen Sie überall dort verzichten, wo eine Verwechslung mit anderen Bezeichnern ausgeschlossen ist. Im Rumpf des Konstruktors ist das jedoch ein Muss. Dagegen hätte ich in der Methode `getMonat` darauf verzichten können. Mit `monat` kann dort nur die Instanzvariable gemeint sein, eine andere kommt nicht infrage.

Die Datenkapselung hat somit den Zweck, dass Sie jederzeit die Kontrolle darüber behalten, wie auf die Werte zugegriffen wird. Sie könnten beispielsweise verhindern, dass der Monat Werte außerhalb des Bereichs 1 bis 12 annimmt. Oder, wie im Beispielcode, einfach den Namen des Monats ausgeben anstatt seiner Zahl.

Hier zeige ich Ihnen, wie Sie die neue Klasse `Datum` verwenden. Kommt Ihnen das bekannt vor?

```
Datum d = new Datum(23,11,2019);
System.out.println("Monat = "+d.getMonat());
```

Auch Wrapper-Klassen, Strings und alle anderen Java-Klassen funktionieren auf dieselbe Weise. Mittels `new` erzeugen Sie eine neue Instanz, auf die Sie anschließend mit den von Ihnen gewünschten Methoden zugreifen. Im dargestellten Fall kommt beim Aufruf übrigens `Monat = November` heraus.

Nur keine Panik: Dieser Code dient nur als Beispiel, wie Datenkapselung prinzipiell funktioniert. Sie müssen das nicht selbst programmieren. Es gibt in Java genügend Klassen, die sich mit Kalenderdaten befassen. Werfen Sie einmal einen Blick in die Methodenliste von *Calendar*.

Eine Klasse kann aber noch viel mehr, als lediglich ein Datenspeicher mit den darauf definierten Operationen zu sein. Sie kann auch *vererben*, und zwar sowohl ihre Variablen als auch die Methoden. Sie fragen sich vielleicht, wozu das gut sein sollte. Es geht schlicht darum, die (uns umgebende) Welt möglichst einfach und angemessen zu repräsentieren.

Wenn Sie beispielsweise über ein Auto nachdenken, beinhaltet dieses Konzept etliche *Merkmale*. Dazu gehören vier Räder, ein Lenkrad, der Fahrersitz und einige andere mehr. Diese Eigenschaften würden Sie der gesamten Klasse »Auto« zuschreiben. Aber spezielle Marken hätten beispielsweise nur zwei Türen, andere vier. Das stellt Sie vor ein Dilemma:

✔ Sie wollen keine neue Klasse definieren, die – fast – identisch zu einer bestehenden ist.

✔ Sie wollen aber auch nicht alle möglichen Details in die bestehende Klasse einbauen (wer weiß, wo das noch hinführt, wenn Sie an Antrieb, Größe, Typ und Innenausstattung denken).

Die Lösung bietet die **Klassenhierarchie**. Sie denken sich eine möglichst saubere Struktur aus, bei der alle Merkmale zu genau der richtigen Klasse gehören und alle *abgeleiteten Klassen* alle Eigenschaften der *Basisklasse* erben.

In einer Klassenhierarchie ist eine **Basisklasse** die Blaupause für eine **abgeleitete Klasse**. Die abgeleitete Klasse wird weitere Eigenschaften (Daten und Methoden) definieren, die die Basisklasse nicht besitzt. Umgekehrt *erbt* eine abgeleitete Klasse jedoch alle Daten und Methoden der Basisklasse und kann diese verwenden, ohne sie erneut zu definieren. Eine abgeleitete Klasse darf jedoch geerbte Methoden der Basisklasse *überschreiben* und ihnen so eine neue Bedeutung zuweisen.

Sie würden vielleicht eine Klasse KFZ definieren, die die Basisklasse für PKW und LKW darstellt. Alles, was PKWs und LKWs gemeinsam ist, würde bereits in der Klasse KFZ definiert sein, etwa der Markenname, die Höchstgeschwindigkeit, die Reichweite und Ähnliches.

In der Klasse PKW würden dagegen Eigenschaften hinzugefügt werden, die LKWs (im Allgemeinen) nicht besitzen und umgekehrt. Ein *Kran auf der Ladefläche* wird bei LKWs eine wichtige Eigenschaft sein, bei PKWs wäre dagegen die *Kofferraumgröße* wichtig.

Damit hört die Hierarchie jedoch nicht auf. Es gibt unterschiedliche Arten von PKWs, beispielsweise Vans, Limousinen, Kombis, Sportwagen und andere. Jede dieser Arten könnte eine eigene Klasse bilden, die von PKW abgeleitet wird.

Diese Objekthierarchie gibt es auch in Java und sie gilt sogar für die bereits eingebauten Objekte. So sind beispielsweise alle Wrapper-Klassen von Object abgeleitet.

Die Klasse Object verfügt über eine Reihe von Methoden, beispielsweise:

- ✔ clone() liefert eine Kopie des Objekts zurück.
- ✔ equals(obj) erlaubt den Vergleich zu einem beliebigen anderen Objekt.
- ✔ getClass() gibt die dem Objekt zugehörige Klasse zurück.
- ✔ toString() stellt eine Beschreibung des Objekts als String dar.

Wie Sie sehen, erfordern einige Methoden sogar, dass sie überschrieben werden. Wenn Sie beispielsweise die Klasse PKW erzeugen, wollen Sie ja als Ergebnis von toString() nicht »KFZ« erhalten, sondern die spezifischere Antwort »PKW«. Da PKW von KFZ abgeleitet ist und KFZ wiederum von Object, stehen alle oben genannten Methoden (und etliche andere) aufgrund der Vererbung automatisch auch PKW zur Verfügung.

Alle eigenen Klassen in Java werden automatisch von Object abgeleitet.

Damit Sie sehen, wie das funktioniert, zeige ich Ihnen die Verwendung anhand des Codes aus dem letzten Abschnitt. Dort wurde die Klasse Datum definiert. Da alle Klassen in Java automatisch von Object abgeleitet sind, können Sie einen Aufruf toString() auf Datum starten, ohne dass Sie diese Funktion je explizit definiert hätten.

Aber erschrecken Sie nicht bei dem, was dort herauskommt. Es sieht so (oder ähnlich gruselig) aus: Datum@6d06d69c. Dabei handelt es sich um den Klassennamen plus @ plus eine hexadezimale Zahl, die die Speicheradresse darstellt.

Aber was hätten Sie sonst erwartet? Die Klasse Object kann ja nicht wissen, wer alles von ihr ableitet, und hat sich gedacht, das Sinnvollste wäre wohl der Klassenname plus eine eindeutige Referenz auf den zugehörigen Speicher.

Innerhalb der Klasse Datum sollten Sie toString() überschreiben, etwa so:

```
public String toString() {
  String result = this.tag + "." + this.monat + "." + this.jahr;
  return result;
}
```

Danach würde das Datum aus dem Beispiel das Ergebnis »23.11.2019« produzieren, was schon viel erfreulicher aussieht.

Von Face zu Interface

Um Ihre eigene Klasse von einer anderen abzuleiten, benötigen Sie das Schlüsselwort extends (**erweitert**):

Um eine Klasse A von einer Klasse B abzuleiten, verwenden Sie die Syntax

class A **extends** B { ... }

B ist in diesem Fall die *Basisklasse*, A die *abgeleitete Klasse*.

Ab diesem Moment stehen A alle Datenstrukturen und Methoden von B zur Verfügung.

Sollten Sie explizit auf Methoden von B zugreifen wollen, die A selbst überschrieben hat, können Sie dies mit super (anstatt this) tun. Der Konstruktor von B wird mit super(...) aufgerufen.

Bisher waren unsere Methoden innerhalb einer Klasse stets public, während die Datenstrukturen private deklariert worden sind. Das ist auch sinnvoll. Im Allgemeinen werden Sie außerhalb der Klasse keinen Zugriff auf ihre innere Repräsentation erlauben, damit Sie die Kontrolle über Ihre Daten behalten. Dagegen werden natürlich ein paar öffentliche Methoden nötig sein, ansonsten kann ja kein Mensch etwas mit Ihrer Klasse anfangen.

Mit private werden Sie vielleicht interne Hilfsfunktionen einer Klasse deklarieren, die von außen nicht benötigt werden. Es gibt hierbei aber noch eine feinere Abstufung:

Auch eine abgeleitete Klasse hat keinen Zugriff auf als private deklarierte Daten und Methoden.

Das kann ärgerlich sein. Vielleicht wollen Sie den abgeleiteten Klassen Zugriff geben, diesen aber nach außen versperren. Sie benötigen gewissermaßen ein Zwischending zwischen private und public. Zum Glück gibt es das:

Mit dem Schlüsselwort *protected* signalisieren Sie eine Zugriffsberechtigung, die nach außen wie *private*, gegenüber abgeleiteten Klassen jedoch wie *public* funktioniert.

Keine Sorge, das ist nicht besonders schwer.

Im folgenden Beispiel finden Sie ein Java-Programm, das drei Klassen definiert. A ist von B abgeleitet und Main ist die Hauptklasse, die mit A und B nicht verwandt ist (außer, dass alle drei vom Typ Object sind).

```java
class B {
    public int a;
    protected int b;
    private int c;

    public void ausgabe() {
        a++; b++; c++;
        System.out.println("a="+a+" b="+b+" c="+c);
    }
}
class A extends B {
    private int d;
    public void ausgabe() {
        // A hat auf int c von B keinen Zugriff!
        d++;
        System.out.println("a="+a+" b="+b+" d="+d);
        super.ausgabe();
    }
}
public class Main {
    public static void main(String args[]){
        A obj_A = new A();
        obj_A.a = 1;
        obj_A.b = 2;
        // obj_A.c = 3; --> Fehler: c ist private (kommt von B)
        // obj_A.d = 4; --> Fehler: d ist private (schon in A)
        obj_A.ausgabe();
    }
}
```

Die Basisklasse B definiert drei Variablen a, b und c mit den drei möglichen Zugriffsformen. Auf a können Sie in Main direkt zugreifen, weil es public ist, auf b, weil es protected ist und Sie in derselben Datei arbeiten (im selben Namensraum). Für andere Klassen außerhalb dieser Datei ist der Zugriff verwehrt. Dies gilt bereits für c und d. Beide Variablen sind als private deklariert, einmal in der Basisklasse B (dies gilt für c) und einmal in der Klasse A selbst (für d). Der Code lässt sich erst gar nicht kompilieren, wenn Sie die Kommentarzeichen »//« entfernen.

Bei der ausgabe() passiert etwas Spannendes. Die Basisklasse B definiert diese Methode, aber die abgeleitete Klasse A überschreibt sie wieder. Allerdings ruft sie mittels super.ausgabe() eben jene von B im eigenen Code auf. Nur dadurch kann der Wert von c überhaupt ermittelt werden. Das Programm produziert übrigens folgendes Ergebnis:

```
a=1 b=2 d=1
a=2 b=3 c=1
```

Zusammengefasst lässt sich sagen:

Die Klassenhierarchie in Java erlaubt eine klare Regelung für Zugriffsberechtigungen mit `private`, `protected` und `public`.

In C++ (Kapitel 24) werden diese Begriffe ebenfalls diskutiert. Allerdings verfügt Java noch über eine vierte Version, `no modifier`, deren Zugriffsberechtigung zwischen `protected` und `private` angesiedelt ist.

Die Sache mit der Vererbung klingt recht einfach und ist ja auch gut und schön. Es gibt dabei nur ein Problem:

Wie können Sie in Java eine Klasse von mehreren anderen ableiten? Oder anders formuliert: Ist **Mehrfachvererbung** möglich?

Bitte jetzt nicht erschrecken: Java ermöglicht (im Gegensatz zu C++) grundsätzlich *keine Mehrfachvererbung*. Das ist die schlechte Nachricht. Sie können also eine Klasse immer nur von einer anderen ableiten. Dennoch gibt es auch eine gute: Dafür stellt Java **Interfaces** zur Verfügung.

Mit dem Schlüsselwort `interface` (*Schnittstelle*) können Sie Methoden und Datenstrukturen definieren, ähnlich einer Klasse.

Allerdings kann ein Interface nicht instanziiert werden. Es erwacht erst dadurch zum Leben, dass es von einer Klasse implementiert wird:

```
class A implements B { ... }
```

In diesem Fall ist B keine Klasse, sondern ein Interface. Und das Schöne daran:

Eine Klasse kann mehrere Interfaces implementieren.

Am besten sehen Sie sich hierzu wiederum ein Beispiel an.

Diesmal ist B ein Interface, das die Klasse A implementiert.

```
interface B {
  public void methode();
}
class A implements B {
  public void methode() {
    System.out.println("A implementiert die Methode von B");
  }
}
```

```
public class Main {
  public static void main(String args[]){
    A obj_A = new A();
    obj_A.methode();
  }
}
```

Innerhalb des Interface sieht alles so ähnlich aus wie in einer Klasse, allerdings fehlen die eigentlichen Implementierungen der Methoden. Jede Klasse (wie im Beispiel die Klasse A), die das Interface B implementiert (implements), muss alle dort beschriebenen Funktionen auch tatsächlich mit Code unterlegen.

Das *Interface* regelt, **was** passieren soll, die *Implementierung* dagegen, **wie**.

Auch Interfaces lassen sich in eine Hierarchie packen und mittels extends erweitern.

In Objective-C und Swift, wie sie in Kapitel 25 behandelt werden, findet sich das **Protokoll** als Pendant zum Interface in Java.

Abstrakte Basisklassen

Interfaces sind gewissermaßen Klassen ohne Programmcode. Allerdings können Sie kein Interface von einer Klasse ableiten. Wenn Sie einmal eine Klasse wie ein Interface einsetzen möchten, die also nur gewisse Methoden erwartet, diese aber nicht selbst implementiert, sind Sie bei einer **abstrakten Klasse**. Von einer solchen können Sie keine Objekte instanziieren, sondern lediglich vorschreiben, dass alle davon abgeleiteten Klassen auch tatsächlich die verlangten Methoden implementieren.

Angenommen, Sie wollen in Ihrer KFZ-Hierarchie sicherstellen, dass Fahrzeuge mit Hybridantrieb auch wirklich mehrere Arten des Antriebs angeben, beispielsweise »mit fossilem Brennstoff« und »mit elektrischem Strom«. Sie würden vielleicht eine Klasse *Hybridfahrzeuge* erzeugen, die Sie von PKW ableiten. Allerdings wollen Sie vielleicht gar nicht, dass irgendjemand wirklich eine Instanz davon erzeugt. Die Klasse wäre also nur aufgrund der Klassenhierarchie und der Vererbungsregeln interessant. Damit wäre *Hybridfahrzeuge* eine abstrakte Klasse ohne mögliche Instanzen, von der Sie jedoch wieder echte (instanziierbare) Klassen ableiten können.

Mit dem Schlüsselwort abstract vor class signalisieren Sie, dass es sich um eine abstrakte Klasse handelt.

Wenn Sie ein wenig drüber nachdenken, werden Sie feststellen, dass auch eine abstrakte Klasse so etwas Ähnliches ist wie ein Interface. Aber es gibt auch Unterschiede:

- ✔ Abstrakte Klassen sind im Gegensatz zu Interfaces in die Klassenhierarchie eingebettet. Interfaces können dagegen eine eigene Hierarchie bilden.

- ✔ Abstrakte Klassen dürfen Implementierungen von Methoden enthalten. Eine einzige nicht implementierte Methode genügt jedoch, um aus einer Klasse eine abstrakte zu machen. Interfaces enthalten dagegen nie Implementierungen.

- ✔ Die Ableitung von Klassen erfolgt mit extends, Interfaces werden dagegen mit implements in Klassen eingebunden.

- ✔ Eine Klasse kann immer nur *eine* Basisklasse besitzen, aber *viele* Interfaces implementieren.

Casting von Typen

Manchmal ist es notwendig, einen bestimmten Datentyp in einen anderen umzuwandeln. Standardbeispiel hierzu ist die Eingabe einer Zahl über die Tastatur. Letztlich werden dort immer nur Zeichen eingetippt und der String muss anschließend in eine ganze Zahl **umgegossen** werden. Der Fachbegriff hierzu lautet *Typecasting* (wörtlich *Typen gießen*, sinngemäß *Typen umwandeln*).

 Unter *Typecasting* versteht man die Umwandlung eines Datentyps in einen anderen.

Es gibt einfache und schwierige Fälle von Typecasting. Fangen wir mit den einfachen an.

Wenn Sie eine kleine ganze Zahl (int) einer großen ganzen Zahl (long) zuordnen möchten, ist das kein Problem.

```
int a = 5; long b = a;
```

Am Ende hat b den Wert 5. Das war ziemlich einfach, obwohl Sie immerhin einen *Typcast* von int *nach* long durchgeführt haben, denn Sie haben einer Variablen vom Typ long (nämlich b) den Wert der Variablen vom Typ int (in diesem Fall a) zugewiesen.

Es kann dabei nie ein Problem geben, denn jede int-Zahl kann als eine kleine long-Zahl aufgefasst werden. Umgekehrt geht das aber nicht, denn riesengroße long-Zahlen passen nicht mehr in den Speicherbereich einer int-Variable. In diesem Fall stresst der Java-Compiler:

```
Error: incompatible types: possibe lossy conversion from long to int
```

Die Fehlermeldung erscheint bereits zur Compile-Zeit, auch wenn der Wert der long-Variablen in einem konkreten Fall womöglich klein genug wäre, um in eine int hineinzupassen.

Die einfache Regel lautet somit:

Ein (automatisches) Typecasting geschieht immer von den kleineren Datenypen zu den größeren, nicht umgekehrt.

Gut, das ist einfach. Aber ich würde nicht so lange darauf herumreiten, wenn es mir in diesem Abschnitt nicht um etwas viel Wichtigeres ginge: Was ist mit Ihren *eigenen Klassen*? Betrachten Sie hierzu das erste Beispiel aus dem Abschnitt »Von Face zu Interface« erneut! Angenommen, in der `main`-Routine erzeugen Sie auch eine Instanz der Klasse B, beispielsweise:

```
B obj_B = new B();
```

Sie können bei diesem Objekt die Werte von a und b ändern, etwa zu

```
obj_B.a = 7; obj_B.b = 5;
```

Wie Sie wissen, ist A von B abgeleitet. In diesem Sinne wäre A der größere Datentyp, da er zusätzliche Instanzenvariablen (in diesem Fall d) beinhaltet, während alle Variablen von B zugleich auch schon (aufgrund der Vererbung) in A vorhanden sind (konkret handelt es sich dabei um a, b und c).

Sollten Sie folgende Zuweisung versuchen

```
obj_A = obj_B;
```

wird es unangenehm, denn der Compiler meldet:

```
Error: incompatible types: B cannot be converted to A
```

Umgekehrt wird jedoch ein Schuh daraus:

```
obj_B = obj_A;
```

Der Grund ist schnell erklärt. Stellen Sie sich vor, A wäre die Klasse PKW und B die Klasse KFZ. Von den beiden folgenden Sätzen ergibt nur der obere einen Sinn:

✔ Ein PKW ist ein (spezielles) KFZ.

✔ Ein KFZ ist ein (spezieller) PKW.

Daher ist auch nur die Zuweisung zur Basisklasse möglich. Die Typecasting-Regel für Klassen lautet somit:

 Ein (automatisches) Typecasting geschieht immer von der abgeleiteten Klasse zur Basisklasse, nicht umgekehrt.

Das ist – vermutlich – ein wenig irritierend. Bei eingebauten Datentypen geschieht die unproblematische Umwandlung vom kleineren zum größeren. Bei den Klassen ist es umgekehrt, denn die Basisklasse ist »größer«, weil sie bereits alle Elemente der abgeleiteten Klasse enthält und darüber hinaus noch eigene.

Es ist jedoch noch schlimmer. In Wahrheit wird einfach obj_B zu obj_A. Beides sind nun Referenzen auf dasselbe Objekt. Sie glauben mir nicht? Dann vergleichen Sie doch einfach:

```
System.out.println(obj_A);
```

mit:

```
System.out.println(obj_B);
```

Das Ergebnis ist identisch! So ergibt auch

```
System.out.println(obj_B.getClass());
```

class A, und nicht etwa class B.

Durch den Typecast ist obj_B tatsächlich und in jeder Beziehung zu einem Objekt der Klasse A geworden. Dieser Vorgang nennt sich *Polymorphie*.

Polymorphie (aus dem Griechischen *poly, viel* – und *morphie, Gestalt*) meint hier die Umwandlung von Objekten einer Klasse in eine andere.

Eine weitere Anwendung von Polymorphie wird in Kapitel 24 vorgestellt.

Vergleichen und Kopieren

Manchmal ist es nötig, Objekte zu vergleichen oder zu kopieren. Im letzten Beispiel wäre es gut gewesen, obj_A mit obj_B vergleichen zu können. Glücklicherweise bietet die Klasse Object dafür bereits eine Methode: equals().

Wenn eine Klasse diese Methode nicht überschreibt, werden einfach die Speicheradressen der Objekte verglichen. equals() testet in diesem Fall auf **Identität**. Aber niemand hindert Sie daran, eine eigene Methode zu schreiben, beispielsweise für die Klasse B.

```
/* Equals-Methode für die Klasse B */
boolean equals(Object obj) {
    if (this == obj) return true; // Identität
    if (obj == null) return false; // Null-Objekt vermeiden
    // Sind die Objekte überhaupt vergleichbar?
    if (this.getClass() != obj.getClass()) return false;
```

Von hier an ist klar, dass es sich um zwei Objekte derselben Klasse handelt. Also werden alle Instanzenvariablen verglichen. Damit der Compiler glaubt, dass obj auch wirklich vom Typ B ist, verwenden Sie das *explizite Typecasting*: (A)obj. Nur so wird obj als vom Typ A betrachtet. Darauf referenzierte Felder müssen nun explizit untersucht werden. Beachten Sie, dass eine zusätzliche Klammer um den expliziten Typecast nötig ist:

```
if (a != ((A)obj).a) return false;
if (b != ((A)obj).b) return false;
```

Leider funktioniert

```
if (c != ((A)obj).c) return false;
```

nicht! Denn c ist als `private` deklariert und hat daher auf der rechten Seite des Vergleichs nichts zu suchen (auf der linken schon, denn dort befinden Sie sich ja im »Inneren« des Objekts). Nötig ist hier eine zusätzliche Getter-Methode (außerhalb von `equals()`, aber innerhalb der Klasse B), etwa

```
int getC () { return c; };
```

Damit wird der Aufruf

```
    if (c != ((A)obj).getC()) return false;
}
```

möglich und die `equals()`-Funktion ist abgeschlossen.

Das Kopieren einer Instanz geschieht auf ähnliche Weise wie der Vergleich: Da `Object` ja bereits die Methode `clone()` bereitstellt, kann sie jede Klasse überschreiben und nutzen. Allerdings hat die Sache einen Haken:

`clone()` liefert als Typ `Object` zurück und muss explizit in den gewünschten Typ umgewandelt werden!

Eine konkrete Implementierung der `clone()`-Methode zeige ich Ihnen im folgenden Kapitel, wenn es um *Ausnahmen* (*Exceptions*) geht.

IN DIESEM KAPITEL

Collections verwenden

Mit Iteratoren arbeiten

Ereignisse verwenden

Ausnahmebehandlung verstehen

Zusicherungen begreifen

Kapitel 29
Sammeln für Java

Dieses Kapitel behandelt zum einen die wichtigen Collection-Klassen, mit denen Sie alle möglichen Arten von Daten verwalten können. Dazu gehört natürlich auch die Möglichkeit, einzelne Objekte daraus aufzuzählen. Außerdem geht es um die Verwendung von Ereignissen. Schließlich erfahren Sie, wie die Ausnahmebehandlung in Java funktioniert, und das Spezialthema der Zusicherungen passt auch sehr gut dazu. Seien Sie gespannt!

Collections verwenden

Jede Programmiersprache stellt Möglichkeiten zur Verfügung, um Daten angemessen zu strukturieren. Die meisten Programmiersprachen sprechen dabei von *Containern*. In Java heißen diese Klassen jedoch *Collections*.

Zu den *Collection*-Klassen zählen in Java:

✔ **Sets** (Mengen)

✔ **Lists** (Listen)

✔ **Queues** (Warteschlangen)

✔ **Maps** (Zuordnungen, assoziative Speicher)

Alle Collection-Klassen erlauben Ihnen ...

✔ Objekte hinzuzufügen

✔ Objekte zu entfernen

✔ die Anzahl der Objekte in der Collection zu ermitteln

✔ die Collection komplett zu entleeren

Um ein wenig Übersicht im Blätterwald dieser Strukturen zu erhalten, fasse ich Ihnen die wichtigsten *Eigenschaften* am besten gleich zusammen:

✔ In *Mengen* werden die darin enthaltenen Objekte *nicht geordnet*, außerdem kann jedes Objekt nur *einmal* vorkommen. Auch wenn der Name das suggeriert: Im Gegensatz zu anderen Programmiersprachen gibt es in Java-Mengen keine Operationen wie *Schnittmenge* oder *Vereinigungsmenge*.

✔ *Listen* verhalten sich wie *verallgemeinerte Arrays*. Die Elemente sind *geordnet* und *indiziert*, aber Sie können an jeder *beliebigen Stelle* neue Objekte einfügen oder löschen.

✔ *Warteschlangen* sind spezielle Listen, die nach dem Prinzip *Wer zuerst kommt, mahlt zuerst (first in – first out, FIFO)* funktionieren. Die umgekehrte Variante, *last in – first out, LIFO*, also der **Stack**, ist in Java von **Vector** abgeleitet, einer speziellen *Liste*.

✔ *Zuordnungen* sind ebenfalls *verallgemeinerte Arrays*. Dort müssen Sie jedoch nicht unbedingt mit ganzen Zahlen indizieren, sondern mit beliebigen anderen Objekten. Ein typisches Beispiel wäre ein Wörterbuch, bei dem Sie jedem deutschen Wort ein englisches als Übersetzung *zuordnen*. In anderen Sprachen heißen diesen Strukturen *assoziative Arrays* oder auch *Dictionaries*.

Ihnen kommt das alles irgendwie bekannt vor? Sehr gut! Alle diese Datenstrukturen spielen in der Informatik eine große Rolle und werden in Ihrem Dummies-Buch in den Kapiteln 32 bis 35 erläutert.

Alle aufgelisteten Collections sind *Interfaces*. Die wichtigsten *Implementierungen* dieser Interfaces habe ich Ihnen in Tabelle 29.1 aufgelistet.

Interface	Implementierungen in Klassen
Set	*HashSet, EnumSet, TreeSet*
List	*Vector, ArrayList, Stack*
Queue	*Deque, PriorityQueue, DelayQueue*
Map	*HashMap, EnumMap, TreeMap*

Tabelle 29.1: Übersicht wichtiger Collection-Klassen

Wenn Sie bei den Begriffen *Interface* oder *Implementierung* nur Bahnhof verstehen, werfen Sie rasch einen Blick in Kapitel 28!

Die Verwendung dieser Klassen funktioniert im Prinzip so, wie Sie es auch von Arrays gewohnt sind.

In Kapitel 27 finden Sie Beispiele dazu, wie Sie in Java mit Arrays (Feldern) arbeiten.

Beispielhaft möchte ich Ihnen zeigen, wie Sie **Maps** verwenden. Genauer geht es um ein Vokabelheft, das die Klasse **HashMap** verwendet. Außerdem ist das eine ausgezeichnete Gelegenheit, das Thema *Ereignisse* (*Events*) anzugehen.

Das nachfolgende Programm stellt Ihnen ein elektronisches Vokabelheft zur Verfügung. Sie können damit die englische Übersetzung deutscher Begriffe bestimmen und, wenn das Wort nicht gefunden wird, eine eigene Übersetzung bereitstellen.

```java
/* Vokabelheft.java */
public class Vokabelheft extends Frame implements ActionListener,
WindowListener
{
  TextField deutsch; TextField englisch;
  Button neueVokabel; Button übersetzen;
  static Map <String,String> wörterbuch;

  public static void main(String[] args) {
    Vokabelheft hauptfenster = new Vokabelheft();
    hauptfenster.setSize(500,66);
    hauptfenster.setVisible(true);
    wörterbuch = new HashMap<String, String>();
    wörterbuch.put("Haus", "house");
    wörterbuch.put("Informatik", "Computer Science");
  }

  public Vokabelheft () {
    setLayout(new GridLayout(2,2));
    deutsch = new TextField();
    englisch = new TextField();
    neueVokabel = new Button("neue Vokabel");
    übersetzen = new Button("Übersetzen");
    add(deutsch); add(englisch);
    add(übersetzen); add(neueVokabel);
    deutsch.addActionListener(this);
    übersetzen.addActionListener(this);
    neueVokabel.addActionListener(this);
    addWindowListener(this);
  }
  public void actionPerformed(ActionEvent event) {
    if (event.getSource() == this.neueVokabel)
      fügeVokabelEin();
    else übersetze();
  }
```

```java
void übersetze() {
  String übersetzung = wörterbuch.get(deutsch.getText());
  englisch.setText(übersetzung);
}
void fügeVokabelEin() {
  String deutschesWort = deutsch.getText();
  String englischesWort = englisch.getText();
  if (deutschesWort != null && englischesWort != null) {
    wörterbuch.put(deutschesWort, englischesWort);
    deutsch.setText(""); englisch.setText("");
  }
}
public void windowClosing(WindowEvent event) {
        dispose();
        System.exit(0);
}
public void windowOpened(WindowEvent event) {}
public void windowActivated(WindowEvent event) {}
public void windowIconified(WindowEvent event) {}
public void windowDeiconified(WindowEvent event) {}
public void windowDeactivated(WindowEvent event) {}
public void windowClosed(WindowEvent event) {}
}
```

Neu ist in diesem Beispiel, dass die Hauptklasse (Vokabelheft) neben der Implementierung des Interface ActionListener auch WindowListener implementiert. Beide Interfaces dienen dazu, ankommende **Ereignisse, Events** zu verarbeiten.

Sie sollten sich bei der Programmierung einer *grafischen Benutzeroberfläche* (**G**raphical **U**ser **I**nterface, *GUI*) von der Idee verabschieden, dass Sie als Entwickler den *Programmfluss* steuern. Vielmehr übernimmt dies der Anwender, indem er auf einen Knopf klickt, ein Menü auswählt oder mit der Maus ein Kästchen ankreuzt.

Diese *Ereignisse* (*Events*) bestimmen den Programmfluss und erfordern eine *ereignisorientierte Programmierung* (*Event-driven programming*).

Jedes Ereignis muss von einer *Ereignisbehandlungsroutine* verarbeitet werden. In Java heißt die zuständige Klasse EventListener. Hiervon sind ActionListener (etwa für das Verarbeiten von Button-Klicks) und WindowListener (für alles, was ein Fenster insgesamt betrifft) abgeleitet.

Die Listener-Klassen triggern eine *Ereignisbehandlungsroutine*, sobald das zugehörige Ereignis eingetreten ist (zum Beispiel die Methode actionPerformed).

Auf Hardwareebene ist das Konzept mit der Idee von *Interrupts* verwandt, die Sie in Kapitel 14 finden.

Als WindowListener müssen Sie der Klasse diverse Methoden zur Verfügung stellen, die Sie am Ende des Programms finden. Im Beispiel habe ich nur für windowClosing Code bereitgestellt, damit der rote Knopf zum Schließen des Fensters auch funktioniert. Alle anderen Methoden habe ich leer gelassen, hier dürfen Sie selbst Funktionalität ergänzen. Die Namen der Methoden geben Ihnen einen Hinweis, unter welcher jeweiligen Bedingung sie aufgerufen werden. Auf den ActionListener werde ich gleich zurückkommen.

Neben zwei Buttons und zwei Textfeldern, die Ihnen aus den Beispielen der vorhergehenden Kapitel bekannt vorkommen dürften, geht es hier vor allen Dingen um das wörterbuch vom Typ HashMap. In den spitzen Klammern finden Sie die verwendeten Objekttypen: ‹String, String› bedeutet, dass der jeweilige *Schlüssel* (*key*) ebenso wie der zugehörige *Wert* (*value*) Zeichenketten sind, also Wörter.

Ein gewöhnliches Array aus Strings wäre in diesem Sinne eine Map mit den Typen ‹int, String›, weil es mit ganzen Zahlen indiziert ist. Das Wörterbuch verwendet dagegen deutsche Vokabeln, um auf die zugehörigen englischen Übersetzungen zu kommen.

Der ActionListener wird sowohl dem Eingabefeld für das deutsche Wort »deutsch« als auch den beiden Buttons zugeordnet. Ein ⏎ soll nämlich ebenso wie der Knopf Übersetzen die jeweilige englische Version der Vokabel im Textfeld »englisch« anzeigen. Beide Eingaben lösen ein Ereignis aus, das den Aufruf der Methode actionPerformed() veranlasst. Dort wird nun unterschieden, von welcher Quelle das Ereignis stammt (event.getSource()). Wenn es sich um ein ⏎ oder den Knopf Übersetzen handelt, wird die Methode übersetze() aufgerufen, im anderen Fall fügeNeueVokabelEin(), auf die ich gleich zu sprechen komme.

Wenn Sie etwa die Übersetzung für das Wort »Informatik« interessiert, tippen Sie es links ein und schließen mit ⏎ oder Übersetzen ab. Das Ergebnis erscheint auf der rechten Seite (Abbildung 29.1).

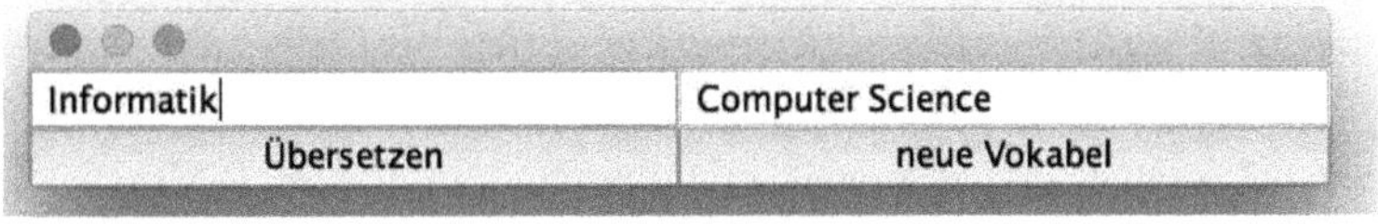

Abbildung 29.1: Übersetzung von »Informatik«

Außer für »Informatik« funktioniert das leider nur für das Wort »Haus«, weil nur diese beiden Vokabeln in der main-Methode mittels wörterbuch.put von Anfang an eingefügt wurden.

Wenn Sie ein Wort eintippen, das Ihrem Vokabelheft nicht bekannt ist, wird die Übersetzung leer bleiben. In diesem Fall dürfen Sie selbst die englische Version in das rechte Textfeld eintippen (Abbildung 29.2).

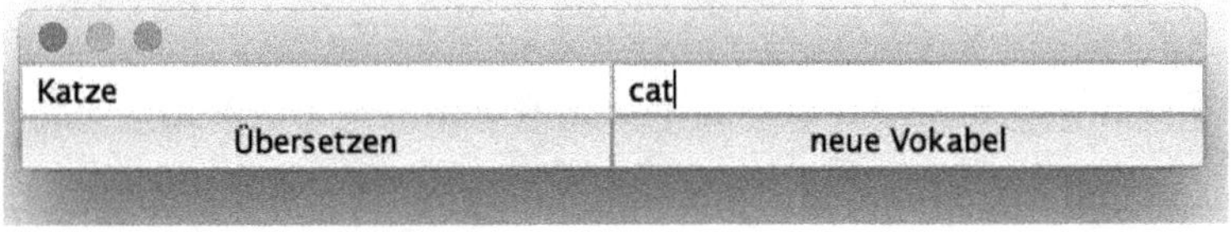

Abbildung 29.2: Eingabe einer neuen Vokabel

Vergessen Sie nicht, anschließend den Knopf neue Vokabel anzuklicken. Damit lösen Sie wiederum ein Ereignis (*Event*) aus, das zum Aufruf der Methode actionPerformed() führt. Diesmal wird jedoch, wie bereits angedeutet, fügeNeueVokabelEin() aufgerufen.

Dort wird zunächst durch getText() die jeweilige deutsche und englische Version der Vokabel ermittelt. Anschließend ist es wichtig zu testen, ob die jeweiligen Felder überhaupt ausgefüllt wurden. Dies testen Sie mit != null (*ungleich nichts*).

Durch wörterbuch.put() wird anschließend einfach das neue Wortpaar (deutsches Wort plus englische Übersetzung) in die **HashMap** eingefügt. Und das war es auch schon. Im Grunde recht einfach, nicht wahr?

Mit Iteratoren klettern

Um für jedes einzelne Element einer Map (oder einer anderen Collection) ein und dieselbe Operation *wiederholt* durchzuführen, benötigen Sie einen **Iterator** (von lateinisch *iterare*, *wiederholen*).

Stellen Sie sich einen **Iterator** wie einen Zeiger auf die *aktuelle Position* einer Collection vor.

Ein Iterator benötigt somit folgende Methoden ...

✔ next() springt auf das nächste Element der Collection

✔ hasNext() fragt vorher ab, ob es ein solches Element überhaupt noch gibt oder schon das Ende der Fahnenstange erreicht ist

✔ remove() löscht das Element an dieser Stelle

Sie ordnen einen Iterator stets einer entsprechenden Collection zu.

Betrachten Sie das Beispiel wörterbuch aus dem letzten Absatz erneut. Die Menge der Schlüssel (also der deutschen Wörter) erhalten Sie mittels keySet().

```
Set<String> deutscheWörter = wörterbuch.keySet();
```

Mittels eines Iterators »durchlaufen« Sie diese Menge wie folgt:

```
Iterator<String> wortMengeIterator = deutscheWörter.iterator();
while (deutscheWörter.hasNext()) {
  String wort = deutscheWörter.next();
  System.out.println("Wort = "+wort+" Übersetzung = "+wörterbuch.get(wort));
}
```

Die while-Schleife fragt ab, ob es noch ein weiteres Wort gibt (hasNext()). Ist das der Fall, wird es mittels next() dem String wort zugeordnet.

Exceptions sinnvoll behandeln

Ein weiteres Thema im Umgang mit Objekten bin ich Ihnen bis jetzt noch schuldig geblieben: die *Ausnahmebehandlung (exception handling)*.

Angenommen, Sie arbeiten mit einem Array und stoßen (aus Versehen natürlich) an dessen Grenze, ohne es zu bemerken:

```java
public class ExceptionTest {
  public static void main(String args[]) {
    int[] zahlen = new int[10];
    for (int i = 1; i <= 10; i++) {
      zahlen[i] = i;
    }
  }
}
```

Dieses Programm lässt sich anstandslos kompilieren, aber bei der Ausführung gibt es ein Problem: Sie lernen die `java.lang.IndexOutOfBoundsException` kennen. Der Index 10 darf selbstverständlich bei einem Array der Größe 10 nicht mehr verwendet werden, weil die Zählung immer bei null beginnt.

Es ist jedoch sehr unschön, dass dieser Fehler nicht abgefangen wird. Das geschieht wie folgt:

```java
public class ExceptionTest {
  public static void main(String args[]) {
    try {
      arrayFüllen();
    } catch (Exception e){
      system.out.println("Ups, Fehler beim Array!")
    }
    int[] zahlen = new int[10];
    for (int i = 1; i <= 10; i++) {
      zahlen[i] = i;
    }
  }
}
```

Die spannende Änderung betrifft die Schlüsselworte `try` und `catch`.

 Ihnen kommt das bekannt vor? Sehr gut! Die gleiche Überlegung wird für C++ in Kapitel 24 angestellt.

Mittels `try` rahmen Sie Ihren kritischen Code ein. Sollten darin **Exceptions** auftreten (eigentlich *geworfen werden*, und zwar mittels `throw`), können diese *aufgefangen* (`catch`) und verarbeitet werden.

Im Catch-Block dürfen Sie spezifische Exceptions unterscheiden und führen die Ausnahmebehandlung durch. Dabei gehen Sie vor wie ein Arzt, der die Therapiemaßnahmen ebenfalls von der jeweiligen Krankheit abhängig macht.

 In Java gibt es noch einen zusätzlichen Block, der mit dem Schlüsselwort `finally` eingeleitet wird und stets ausgeführt wird, unabhängig von der Ausnahmebehandlung.

Alternativ fangen Sie einfach alle Exceptions mit einem einzigen Catch-Block. Dies sehen Sie im Beispielprogramm. Als Therapie wird die (zugegebenermaßen nicht gerade geistreiche) Fehlermeldung auf Deutsch vorgestellt:

Ups, Fehler beim Array!

Das sieht alles recht umständlich aus, immerhin hätten Sie einfach die Schleife nur bis 9 laufen lassen können. Allerdings ist das Konzept dennoch nötig.

✔ **Exceptions** können auftreten, ohne dass Sie das verhindern könnten, beispielsweise durch Benutzereingaben.

✔ Der Witz der Ausnahmebehandlung in Java (und anderen objektorientierten Sprachen) besteht darin, dass Sie am Ort des Auftretens des Fehlers (hier: `arrayFüllen()`) gar nicht richtig entscheiden können, wie kritisch der Fehler ist. Im Gegensatz dazu können Sie am Ort der Fehlerbehandlung (etwa in der Methode `main`) das Auftreten von Ausnahmen gar nicht verhindern.

Besonders der zweite Punkt ist wichtig. Stellen Sie sich einfach vor, eine Methode wird an zig verschiedenen Stellen im Programm verwendet. Manchmal sei die Ausnahme völlig unproblematisch, manchmal dagegen fatal. Die Entscheidung darüber kann unmöglich die Methode selbst festlegen, sondern nur die aufrufende Umgebung (*Invocation Environment*).

Als ein weiteres Beispiel möchte ich das Kopieren von Objekten vorstellen. Wir gehen wieder von einer Klasse A aus, die von B abgeleitet wurde (wie am Ende von Kapitel 28 vorgestellt).

Wenn Sie für ein Objekt der Klasse B einfach die Methode `clone()` aufrufen, ohne sie zu überschreiben, etwa so

```
B obj_B_copy = obj_B.clone();
```

wird eine »incompatible types ...«-Exception geworfen. Denn `clone()` liefert eine Instanz vom Typ `Object` (anstatt von B).

Um eine Klasse *klonbar* zu machen, implementieren Sie das Interface `implements Cloneable`. Sie müssen dazu lediglich die `clone()`-Methode überschreiben:

```
class B implements Cloneable {
...

  public B clone() {
    try {
      B clone = (B)super.clone();
      return B;
    } catch (CloneNotSupportedException e) {
      return null;
    }
...
}
```

Der Aufruf von super.clone() ist besonders wichtig, damit das Klonen auch bei den abgeleiteten Klassen (wie A) korrekt funktioniert.

Es ist etwas verwirrend, dass eine klonbare Klasse innerhalb der clone()-Methode die CloneNotSupportedException werfen können sollte (ein Widerspruch in sich). Das hat historische Gründe, machen Sie sich darum nicht viele Gedanken!

Zugesicherte Assertions

Neben den gewöhnlichen Exceptions gibt es noch eine weitere Idee, Ausnahmen zu behandeln, und zwar mittels **Assertions**.

Assertions sind **Zusicherungen**. Sie werden mit dem Schlüsselwort **assert** eingeleitet und stellen *Bedingungen* (etwa an die Eigenschaften von Objekten) dar. Sind sie nicht erfüllt, wird eine Exception geworfen. Der ausgegebene Text kann als String hinter einem Doppelpunkt der assert-Anweisung folgen.

Am besten sehen wir uns auch dazu ein Beispiel an:

```
class Assertion {
  public static void main(String args[]){
    if (args.length < 1)
      throw new IllegalArgumentException("Zahl als Argument fehlt!");
    double d = Double.parseDouble(args[0]);
    assert d != 0 : "Kehrwert von null nicht möglich!";
    System.out.println("Der Kehrwert von "+d+" ist "+1.0/d);
  }
}
```

Dieses Mini-Programm erwartet beim Start (über die Konsole) eine Zahl als Argument und wirft eine IllegalArgumentException (ist bereits vordefiniert und sollte genau so verwendet werden), falls Sie diese Zahl vergessen.

```
$ java Assertion
Exception in thread "main" java.lang.IllegalArgumentException:
Zahl als Argument fehlt!
    at Assertion.main(Assertion.java:4)
```

Ansonsten wird der Kehrwert der übergebenen Zahl auf dem Bildschirm ausgegeben:

```
$ java Assertion 12
Der Kehrwert von 12.0 ist 0.083333333333333333
```

Die Assertion sollte nun sicherstellen, dass die ursprüngliche Zahl nicht 0 ist. In dem Fall sollte der Text *Kehrwert von null nicht möglich!* erscheinen. Was jedoch tatsächlich passiert, sehen Sie hier:

```
$ java Assertion 0
Der Kehrwert von 0.0 ist Infinity
```

Auf der einen Seite ist es toll, dass das Programm nicht abstürzt, wenn es den Kehrwert von null ausgeben soll, sondern Infinity liefert. Aber wieso eigentlich? Sollte die Assertion nicht sicherstellen, dass das nicht passiert?

Der Grund ist recht simpel. Assertions werden ignoriert, falls Sie beim Programmaufruf nicht explizit darauf bestehen! Sie müssen dazu die Option -ea (*enable assertions*) wählen:

```
$ java -ea Assertion 0
Exception in thread "main" java.lang.AssertionError:
Kehrwert von null nicht möglich!
    at Assertion.main(Assertion.java:6)
```

Jetzt sieht alles so aus wie erwartet.

Wie Sie sehen, stellen Assertions ein gutes Mittel zur Verfügung, um Programme in der Debug-Phase von Fehlern zu bereinigen. Hier bietet sich die Möglichkeit, Code zu testen und später (mit ausgeschalteter Assertion) fehlerfrei auszuliefern.

Assertions

sind, historisch betrachtet, bereits recht alt. Sie tauchten bereits Ende der 60er Jahre des letzten Jahrhunderts auf. Im Rahmen der theoretischen Informatik wurden sie ursprünglich angewendet, um *Invarianten* (zum Beispiel vor und nach Schleifen) zu überprüfen. Assertions sollten durch den Programmcode selbst *zugesichert* werden. »Eigentlich«, das Lieblingswort in der Informatik, dürften dort keine Probleme auftreten. Wenn doch, ist die Logik des Codes insgesamt noch nicht ganz schlüssig und muss verbessert werden. Im Gegensatz dazu wären bestimmte Typen von Ausnahmen beispielsweise als Folge von Benutzereingaben unvermeidlich. Das wäre kein Einsatzort für Assertions, denn der Code selbst kann die Benutzereingaben nicht zusichern.

Fast alle Sprachen haben das Konzept der Assertions übernommen, verwenden es jedoch nicht immer gleich. In C/C++ handelt es sich bei assert beispielsweise um ein Makro, das zu Debug-Zwecken während der Kompilierung ein- oder ausgeschaltet werden kann.

IN DIESEM KAPITEL

Besonderheiten der App-Entwicklung verstehen

Den Unterschied zwischen Java und Android
erkennen

Über Kompatibilität nachdenken

Layout und Designelemente verstehen

Kapitel 30
Apps mit Android

D ieses kleine Kapitel befasst sich mit der App-Entwicklung unter einem Betriebssystem, das ursprünglich für kleine Geräte entwickelt wurde, inzwischen aber seinen Siegeszug durch das ganze Spektrum der Technologie angetreten hat: Android! Neben ein paar Fakten zu Android erhalten Sie eine kompakte Einführung in die App-Entwicklung mittels Java.

Entwickeln in der richtigen Umgebung

Android, das Betriebssystem für mobile Geräte, wurde von einem Team um *Andrew (Andy) Rubin* ins Leben gerufen.

Androiden

Ein **Androide** ist eine menschenähnliche Maschine (aus dem Griechischen von *aner* für *Mensch* und *eidos* für *Art*). Berühmte Androiden entstammen durchwegs der Science Fiction, etwa **Grag** und **Otho** aus *Captain Future* oder **Data** aus *Star Trek*. Der Name **Android** für das Betriebssystem rührt jedoch vom Spitznamen des Entwicklers Andrew Rubin.

Rubins Vision war die eines freien, offenen Betriebssystems auf Basis von *Linux*. Ursprünglich standen Digitalkameras im Blickpunkt seines Unternehmens, aber mit dem Aufkommen von Smartphones erweiterte sich der Anwendungsbereich.

Allgemeine Erläuterungen zu Betriebssystemen, darunter Linux, finden Sie in Kapitel 36.

2005 übernahm Google Android und entwickelt es seither in einer Allianz zahlreicher Unternehmen weiter. Das ursprüngliche Anwendungsfeld hat sich noch stark erweitert:

✔ Tablets

✔ Fernseher

✔ Datenbrillen

✔ Haussteuerungen

✔ Waschmaschinen

✔ ...

Als Betriebssystem ist Android aus verschiedenen Schichten aufgebaut, wie Abbildung 30.1 zeigt.

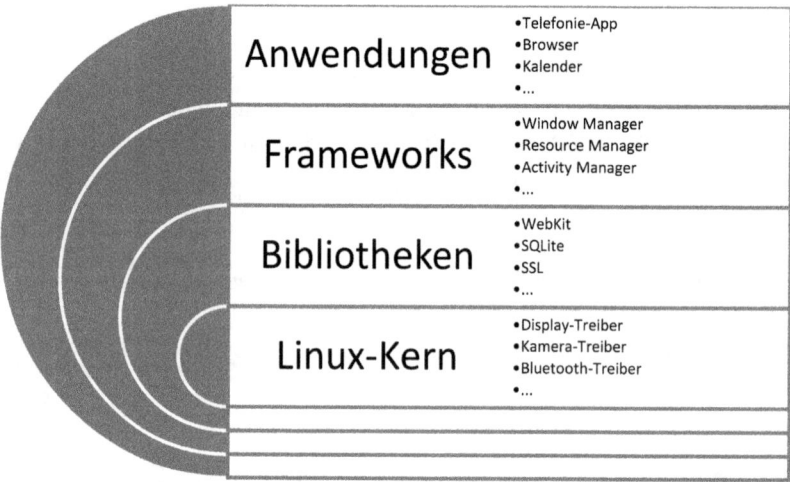

Abbildung 30.1: Aufbau von Android

Im Prinzip können Android-Anwendungen mit dem gesamten Spektrum an unterschiedlichen Programmiersprachen entwickelt werden. Allerdings wird es Sie nicht wundern, dass die primäre Entwicklungssprache *Java* ist. Darauf werden wir uns jetzt konzentrieren und das ist auch der Grund, warum Sie dieses Kapitel im Teil **Java** und nicht unter den **Betriebssystemen** finden.

Jede App läuft in Android in einer eigenen **Sandbox** (**Sandkasten**), was bedeutet, dass eine App nicht auf andere als die ihr zugewiesenen Ressourcen zugreifen kann (jedenfalls in der Theorie). Außerdem wird jeder App ein eigener Linux-Prozess zugeordnet, der eine eigene virtuelle Maschine startet. Insofern kann Code der einen App nicht einfach einer anderen dazwischenfunken.

Werfen Sie auch einen Blick in Kapitel 25. Dort wird die iOS-Welt behandelt mit den Programmiersprachen *Objective-C* und *Swift*. Grundlegende Aussagen zur App-Entwicklung treffen auch auf Android zu.

Die Android-Versionen tragen hübsche Namen, zum Beispiel ...

✔ Cupcake (Muffin)

✔ Gingerbread (Lebkuchen)

✔ Honeycomb (Honigwabe)

✔ Jelly Bean (Geleebonbon)

✔ KitKat (der gleichnamige Riegel)

✔ Lollipop (Lutscher)

✔ Marshmallow

✔ ...

Bei allen diesen Versionen, auch *API-Level* genannt, handelt es sich um teilweise drastische Weiterentwicklungen. So hat sich die Laufzeitumgebung grundlegend geändert. Bis »KitKat« nutzte die virtuelle Maschine *Dalvik* die *Just-in-time-Kompilierung*. Seither wandelt die *Android Runtime* den Bytecode dagegen einmalig in Binärcode um, wie Sie das von gewöhnlichen Compilern kennen.

Aus der Versionsgeschichte ergibt sich für alle App-Entwickler ein bedeutsames Dilemma:

 Sollten Sie am besten auf der stets neuesten Technologie und der aktuellsten Android-Version aufsetzen, um die modernsten Features nutzen zu können, oder ist es sinnvoller, auf alte Versionen zu bauen, damit Sie ein möglichst breites Spektrum an Anwendern mit Ihrer App ansprechen?

Wie Sie sich denken können, gibt es keine einfache Antwort auf ein solches Problem. Nicht alle Anwender verfügen beispielsweise über die neuesten Smartphone-Versionen. Ab einem bestimmten Zeitpunkt lassen sich ältere Geräte (selbst beim besten Willen) nicht mehr mit den neuesten Softwareprodukten aktualisieren.

Umgekehrt wäre es natürlich wenig sinnvoll, beispielsweise für Routenplaner nicht nur auf GPS, sondern auch auf alle anderen Möglichkeiten zur Ortung (beispielsweise über Funknetze) zurückzugreifen, wenn diese auf dem Gerät verfügbar sind.

Dafür, dass das Problem so groß ist, gibt es eine erstaunlich einfache Faustregel, mit der Sie sich der Lösung zumindest nähern:

 Sie sollten Ihre App aufgrund der angestrebten Funktionalität für das älteste Android vorsehen, das die von Ihnen benötigten Features bereitstellt und das Ihre Entwicklungsumgebung unterstützt.

In diesem Sinne wäre eine rein textuelle Ausgabe auf dem Display schon für ganz alte Versionen von Android (etwa *Cupcake*) möglich, während Sie auf *Marshmallow* setzen müssen, wenn Sie die *Chrome-Custom-Tabs* nutzen wollen. Damit erscheint ein Chrome-Tab nach Ihrem Geschmack.

Typischerweise werden Sie eine Entwicklungsumgebung nutzen, um Android-Apps zu schreiben. Mit dem **Android Studio** (für alle großen Plattformen erhältlich) steht Ihnen dazu ein mächtiges und noch dazu kostenloses Tool zur Verfügung.

 Android Studio und andere hilfreiche Informationen rund um Android finden Sie unter

`http://developer.android.com/sdk/index.html`.

Wenn Sie sich für andere Umgebungen entscheiden (etwa **Eclipse**), können Sie das *Software Development Kit (SDK)* unter dieser Adresse auch einzeln erhalten.

Wichtige Bestandteile des SDK sind neben den üblichen Entwicklungswerkzeugen vor allem der *Android Emulator* und der *AVD Manager*.

 AVD steht für **Android Virtual Device**. Mit dem **AVD Manager** können Sie AVD erzeugen und verwalten und dem **Android Emulator** bereitstellen.

Die eigentliche Entwicklung Ihrer Apps erfolgt in Java.

 Android und Java werden häufig synonym verwendet, was allerdings falsch ist. Android bezeichnet ein Betriebssystem, Java eine Programmiersprache.

XML und Android

Wenn Sie ein Android-Projekt erzeugen (egal ob mittels Android Studio oder dem reinen SDK), entstehen eine Reihe von Dateien, darunter auch 4 XML-Files:

✔ *AndroidManifest.xml*

✔ *build.xml*

✔ *res/layout/main.xml*

✔ *values/string.xml*

Die Manifest-Datei befindet sich für jede Android-App auf der obersten Ebene (der **Wurzel – Root**) des jeweiligen Verzeichnisses. Sie enthält alle wesentlichen Infos über die App. Das Zielsystem liest die Datei aus, ehe der zugehörige Code gestartet wird. Es enthält beispielsweise die Minimalanforderung an die Android-Version.

```
<?xml version="1.0" encoding="utf-8"?>
<manifest xmlns:android="http://schemas.android.com/apk/res/android"
      package="com.example.meineAndroidApp"
      android:versionCode="1"
      android:versionName="1.0">
```

```
<application android:label="@string/app_name" android:icon="@drawable/
        ic_launcher">
    <activity android:name="MeineActivity"
            android:label="@string/app_name">
        <intent-filter>
            <action android:name="android.intent.action.MAIN" />
            <category android:name="android.intent.category.LAUNCHER" />
        </intent-filter>
    </activity>
</application>
</manifest>
```

Mit dem Tag `package` wird der Pfad gespeichert, unter dem die App abgelegt wird (im Beispiel `com.example.meineAndroidApp`). Die Idee eines Packages besteht darin, alle Ressourcen einer App wie in einer Zip-Datei strukturiert zusammenzufassen. Der letzte Teil der Package-Information ist der Name der App.

 Ein portierbares Package trägt das Suffix **apk** (**A**ndroid **p**ackage).

Mittels `android:versionCode` legen Sie die Zielplattform (das Target) fest. 1 steht für die erste Android-Version. Eine App mit Target 1 stellt somit keine besonderen Ansprüche an das Betriebssystem (und die entsprechende Hardware).

Weitere wichtige Punkte sind die `Activity` und der `Intent`.

 Eine *Activity* (**Aktivität**) ist gemäß der Definition von Android die Komponente einer App, die einen Bildschirmbereich für User-Eingaben im allgemeinen Sinne des Wortes zur Verfügung stellt. Dazu gehören auch Fotoaufnahmen oder das Führen eines Telefonats. Jede App besitzt typischerweise eine *Hauptaktivität*, die beim Starten angestoßen wird.

 Ein *Intent* (**Absicht**) ist eine asynchrone Nachricht, die von einer Android-Komponente an andere versendet wird, um eine bestimmte Funktionalität anzufordern. Intents können innerhalb einer App oder App-übergreifend erfolgen. Wenn eine Aktivität eine andere startet, wird für gewöhnlich ein Intent erzeugt, der an `startActivity()` übergeben wird.

Die Build-Datei strukturiert alle Ressourcen einer App, darunter Bibliotheken und Quellcode.

Die Datei `strings.xml` enthält alle Zeichenketten der Anwendung. Unter dem Tag `resources` finden Sie dann beispielsweise:

```
<string name="app_name">MeineActivity</string>
```

Dies wäre die Bezeichnung der Aktivität. Ihren Java-Quellcode entdecken Sie unter dem Package-Namen:

```
../src/com/example/meineAndroidApp/MeineActivity.java
```

Höchste Zeit, sich diese Datei genauer anzusehen!

UI, tolle Elemente

Auch wenn die zahlreichen anderen Dateien eine wichtige Rolle spielen, die eigentliche Entwicklung erfolgt in Java. Im folgenden Quellcode zeige ich Ihnen den typischen Aufbau einer Aktivität:

```java
public class MeineActivity extends AppCompatActivity {

    @Override
    protected void onCreate(Bundle savedInstanceState) {
        super.onCreate(savedInstanceState);
        setContentView(R.layout.activity_meine);
        Toolbar toolbar = (Toolbar) findViewById(R.id.toolbar);
        setSupportActionBar(toolbar);

        FloatingActionButton fab =
          (FloatingActionButton) findViewById(R.id.fab);
        fab.setOnClickListener(new View.OnClickListener() {
            @Override
            public void onClick(View view) {
                Snackbar.make(view, "Replace with your own action",
                  Snackbar.LENGTH_LONG)
                        .setAction("Action", null).show();
            }
        });
    }
}
```

Sie erkennen die klassischen Elemente objektorientierter Programmierung:

✔ die Klassenbezeichnung MeineActivity, abgeleitet von AppCompatActivity

✔ eine Methode, die mit »on« beginnt: onCreate()

Verstehen Sie diese Routine wie einen Eventhandler. onCreate() gehört zu den *App-Lebenszyklus-Methoden*. Diese werden nacheinander – je nach Bedarf – wie folgt aufgerufen:

✔ onCreate()

✔ onStart()

✔ onResume()

✔ onPause()

✔ onStop()

✔ onDestroy()

Um den Code zu onCreate() zu verstehen, müssen Sie wissen, dass die Klasse R in Android automatisch generiert wird und eine Referenz auf alle möglichen Ressourcen Ihrer App bereitstellt. Das ist im Grunde nur ein Mapping von Bezeichnern auf Adressen. Werfen Sie doch selbst einmal einen Blick hinein!

 Die Datei `R.java` findet sich in einem tieferen Unterverzeichnis unterhalb von `app/build/generated/source/r`, je nach Debug- oder Release-Version Ihrer App.

So bedeutet beispielsweise

```
Toolbar toolbar = (Toolbar) findViewById (R.Id.toolbar);
```

dass dem Bezeichner `toolbar` vom Typ `Toolbar` mittels `findViewById` das entsprechende Objekt zugewiesen wird. Als Parameter benötigt diese Methode die Referenz auf die Toolbar. Hier kommt die Klasse R ins Spiel. Sie enthält alle möglichen Arten von Referenzen, auch die *IDs* von Views, die in der Unterklasse `id` von R gespeichert werden.

Anschließend wird die Referenz `fab` auf den Button der App (den `FloatingActionButton`, der sich verändern kann, um genau zu sein) auf ganz ähnliche Weise hergestellt. Diesem wird ein **Listener** zugeordnet, den Sie bereits aus anderen Java-Beispielen kennen.

 Eine Einführung in den Umgang mit Eventhandlern erhalten Sie in Kapitel 29.

Die Bezeichnung `Snackbar` lässt den Humor der Entwickler durchscheinen. Eine Anspielung auf Leckereien finden Sie ja bereits bei der Bezeichnung der Android Versionen. Bei der `Snackbar` handelt es sich um ein kleines Textfeld, das kurzzeitig angezeigt wird und über den Erfolg oder Misserfolg einer Operation berichtet. Den genauen Text müssen Sie natürlich verändern. Was Sie im Codebeispiel sehen, ist der Standard, den das Android Studio an dieser Stelle einbaut (»Replace with your own action«).

 Stören Sie sich nicht an den Markern `@Override`. Sie gehören nicht unmittelbar zum Code, sondern helfen der Entwicklungsumgebung, Sie vor eventuellen Fehlern beim Überschreiben von Methoden zu bewahren (zum Beispiel Typos).

Kurzfassung

Android ist das am meisten verbreitete Betriebssystem für mobile Geräte und einer rasanten Weiterentwicklung unterworfen. Es basiert auf Linux, verfügt jedoch über zahlreiche Besonderheiten. Die App-Entwicklung erfolgt überwiegend in Java.

Gegenüber gewöhnlichen Java-Programmen gibt es zahlreiche Unterschiede. Zum einen gehört zu einer App ein ganzes Paket (Package) von Dateien. Einen Überblick verschafft das Manifest-XML-File. Zum anderen werden Klassen wie R bereitgestellt, um auf alle möglichen Objekte zu referenzieren. Der Einsatz von Layout- und Designelementen wird durch die Entwicklungsumgebung, meist Android Studio, erleichtert.

Teil VII
Datenstrukturen und Algorithmen für die Ewigkeit

IN DIESEM TEIL ...

Kerngeschäft der praktischen Informatik ist die Analyse, Erforschung und Implementierung von Algorithmen. Algorithmen arbeiten stets auf Datenstrukturen, daher sind beide Gebiete auf das Engste miteinander verflochten. In diesem Teil erfahren Sie das Wichtigste von beiden. Kapitel 31 führt Sie behutsam in die Thematik ein, zeigt Ihnen Werkzeuge zur Untersuchung von Algorithmen auf und geht auf das verführerische, aber gefährliche Konzept der Rekursion ein. Im Folgekapitel werde ich Ihnen die Basics der Datenstrukturen näherbringen, insbesondere Strings, Stacks und Queues. Die beiden anschließenden Kapitel sind Tabellen und Bäumen gewidmet, deren Bedeutung in alle anderen Bereiche der Informatik abstrahlt. Im abschließenden 35. Kapitel werde ich Ihnen noch allgemeinere Strukturen aufzeigen, die Graphen. Stets geht es auch um die Algorithmen, mit denen Sie die entsprechenden Datenstrukturen beackern. Auf geht's!

Kapitel 31

Algorithmen für den Hausgebrauch

Vermutlich ist der wichtigste Begriff der Informatik (nach »Computer«) der »Algorithmus«. In diesem Kapitel dreht sich alles um Algorithmen. Was sie sind, wozu sie eingesetzt werden und wie Sie ihre Komplexität ergründen. Außerdem gehe ich auf das geheimnisvolle Konzept der Rekursion ein. Es wird auch Sie faszinieren, verlassen Sie sich darauf!

Systematik von Programmen

Im tiefsten, inneren Kern eines jeden interessanten Programms steckt ein **Algorithmus**. Ein Algorithmus beschreibt die Rechenvorschrift, die Logik, nach der das jeweilige Programm arbeitet. Die Stärke – oder Schwäche – der jeweiligen Applikation hängt entscheidend davon ab, wie der Algorithmus gestrickt ist.

 Angenommen, Sie möchten eine Menge M von Zahlen sortiert ausgeben, angefangen vom kleinsten bis hin zum größten Element. Die Art und Weise, wie Sie dabei vorgehen, spezifiziert einen Algorithmus, jedenfalls, wenn Sie das systematisch tun. Eine naheliegende Idee wäre beispielsweise die folgende:

✔ *Picke aus M das kleinste Element E heraus.*

✔ *Gib E aus.*

✔ *Lösche E aus M.*

✔ *Fange wieder von vorne an, wenn M nicht leer ist.*

Die Idee des Algorithmus ist zwar recht simpel, sie verdeutlicht aber die typische Herangehensweise von Informatikern:

 Die Lösung eines komplizierten Problems wird grundsätzlich auf die Lösung vieler, dafür einfacherer Probleme heruntergebrochen.

Der Grund dafür ist klar. Während Menschen am liebsten nur die kniffligsten Aufgaben, die allerdings nur ein einziges Mal, lösen möchten (ansonsten wird es langweilig), arbeiten Computer genau umgekehrt: Komplizierte Probleme sind nicht ihr Ding, dafür sind sie spitze darin, die simpelsten Sachen (vornehmlich die Grundrechenarten) Zigtausend Mal hintereinander durchzuspielen.

Die Aufgabe des Informatikers besteht nun darin, eine Methode zu finden, wie aus einem komplizierten Problem sehr viele ganz einfache werden. Die Art und Weise, wie Sie diese Methode beschreiben, steckt im – Sie erraten es sicher – Algorithmus.

Zum Glück gibt es hierfür Ansätze, die weit vor die Zeit der Computer zurückreichen. Angeblich haben das schon die alten Römer gewusst – und praktiziert:

Teile und herrsche!

Auf Lateinisch heißt das: »Divide et impera!«

 Einen gleichnamigen Kasten zu diesem Leitspruch der Römer finden Sie in Kapitel 4.

Um ein Problem zu be*herrsch*en, muss es also *geteilt* werden. Stopp – gemeint ist nicht das *Teilen* auf Facebook oder anderen sozialen Netzen, sondern in seinem ursprünglichen Sinne, es muss *zerlegt* werden.

 Wussten Sie eigentlich, dass »analysieren« gemäß seinem ursprünglichen Wortsinn »zerlegen« bedeutet? Wenn Sie ein Problem analysieren, dann zerlegen Sie es. Ist das Problem »komplex«, so ist es, wörtlich genommen, »vielschichtig«, »zusammengesetzt«. Das Gegenteil ist ein »simples«, also »einfaches« Problem, eben »nicht zusammengesetzt«. Beim Analysieren zerlegen Sie ein komplexes Problem in mehrere simple. Das Gegenteil ist übrigens die »Synthese«, bei der simple Dinge zu komplexen »zusammengesetzt« werden.

Sie mögen fragen: »Wie kann ich ein Problem zerlegen, es analysieren?« Zwei wichtige Fragen helfen Ihnen dabei, Algorithmen zur Lösung schwieriger Probleme zu finden.

1. Wie würden Sie jemandem die Lösung erklären, der das Problem noch nicht vollständig durchdrungen hat?

2. Sehen Sie die Chance, eine Teilaufgabe des Problems zu identifizieren?

Der erste Punkt zielt darauf ab, dass der Angesprochene nicht mit der vollen Wucht der Aufgabenstellung belästigt werden darf, sonst haben Sie nämlich nichts gewonnen. Wenn

Sie Plätzchen backen und Ihr Kind möchte Ihnen dabei helfen, dürfen Sie es nicht mit zu vielen Fakten »verwirren«. Es darf mit dem Förmchen ausstechen, wenn der Teig zuvor von Ihnen ausgerollt wurde ...

Der zweite Punkt ist noch praktischer: Wenn Sie eine Menge der Größe nach sortiert ausgeben müssen, liegt die *Suche nach einem minimalen Element* auf der Hand – oder in der Luft. Dies wäre schon einmal ein gutes Stück der Analyse ...

 In Kapitel 33 werden Sie sehen, dass Sie auch auf gänzlich andere Weise Zahlen sortieren können.

Es gibt jedoch eine sehr viel faszinierendere Art und Weise, ein komplexes Problem zu lösen: mittels **Rekursion**!

Zauberkraft durch Rekursion

Anstatt ein zusammengesetztes Problem in verschiedene, dafür einfachere Teilprobleme zu zerlegen, können Sie stattdessen nur ein kleines, winziges Stückchen davon »abknabbern« und anschließend dieses Verfahren auf den Rest erneut anwenden:

 Unter *Rekursion* (vom Lateinischen *re-currere*, *zurücklaufen*) versteht man die Idee, dass die Vorschrift in einem Algorithmus auf sich selbst verweist.

Das klingt unerhört! Ein rekursiver Algorithmus ruft sich selbst wieder auf. Wie soll das gehen? Stellen Sie sich vor, Sie lesen mitten in einem Rezept zum Backen eines Marmorkuchens den Hinweis: Und als Nächstes backen Sie einen Marmorkuchen!

Keine Sorge, Rekursion ist eines der schönsten Konzepte der gesamten Informatik und stellt Sie nicht vor unlösbare Probleme, im Gegenteil! Ich mache Ihnen dazu zunächst ein sehr einfaches Beispiel.

 Sie wollen die **Fakultät** einer Zahl n berechnen. Dazu multiplizieren Sie normalerweise alle ganzen Zahlen, die kleiner gleich n sind. Die Fakultät wird mit dem Ausrufezeichen abgekürzt. Etwa: $5! = 5 \cdot 4 \cdot 3 \cdot 2 \cdot 1 = 120$.

Natürlich finden Sie hierfür sofort einen ganz gewöhnlichen (iterativen) Algorithmus:

```
faculty(n) {
  result = 1;
  for (i = 1 to n) {
    result = result * i;
  }
  return result;
}
```

Es geht allerdings viel netter. Sie können nämlich die Fakultät von n auf jene von n − 1 zurückführen. Machen Sie sich klar, dass stets gilt: n! = n · (n − 1)!

So ist 5! = 5 · 4!. Für unseren Algorithmus hat das eine dramatische Folge, denn es bietet sich sofort eine *rekursive* Variante an.

Leider funktioniert der supersimple Ansatz nicht:

```
faculty(n) {
  return n*faculty(n-1);
}
```

Das ist zwar schön rekursiv und bei n = 5 wird auch, genau wie geplant, die Fakultät von 4 aufgerufen. Aber wann, bitte schön, soll das jemals stoppen? Sie benötigen hier – wie bei jedem rekursiven Algorithmus – ein sogenanntes **Abbruchkriterium**. Für dieses müssen Sie dann eine direkte Lösung angeben. Beispielsweise wissen Sie, dass 1! = 1 ist. Das genügt schon. Die rekursive Fakultät berechnen Sie dann so:

```
faculty(n) {
  if (n == 1) return 1;
  else return n*faculty(n-1);
}
```

Fertig!

Was mich immer wieder überrascht, ist die Einfachheit, mit der ein rekursiver Ansatz ein Problem löst. Ich gehe sogar noch einen Schritt weiter und werde ein wenig philosophisch. Sobald Sie das *Wesen* des Problems entschlüsselt haben, ist auch die (rekursive) Lösung unmittelbar mit einem Computer umzusetzen. Das Wesen der Fakultät ist beispielsweise n! = n · (n − 1)! und das ist auch schon die Lösung.

Die rekursive Variante eines Problems muss nicht unbedingt schnell sein, sie kann sogar extrem langsam sein, aber der Algorithmus ist garantiert viel leichter zu lesen – falls Sie bereit sind, sich auf die Rekursion einzulassen.

Türme von Hanoi

In Kapitel 4 habe ich Ihnen das berühmte Problem der »Türme von Hanoi« beschrieben. Es geht darum, drei Scheiben unterschiedlicher Größe von einem Stab auf einen anderen zu stecken. Dabei darf niemals ein größerer über einem kleineren liegen. Außerdem steht Ihnen ein weiterer Stab, gewissermaßen als temporärer Speicher, zur Verfügung.

 Ein paar Grafiken zur Erläuterung des Problems der »Türme von Hanoi« finden Sie in Kapitel 4.

Das ist ein wunderbares Beispiel für den rekursiven Ansatz, denn Sie können das Problem gleich auf n Stäbe erweitern (der Algorithmus wird dadurch keinen Tick komplizierter).

Zunächst zeige ich Ihnen wieder die Idee ohne Abbruchkriterium.

```
hanoi(n,von,nach,temp) {
  hanoi(n-1,von,temp,nach);
  print "Lege Scheibe von Stab" von "nach Stab" nach;
  hanoi(n-1,temp,nach,von);
}
```

Der Algorithmus erwartet drei Parameter. Der erste, (»n«), steht für die Anzahl an Scheiben, der zweite, (»von«), ist die Nummer des Stabs, auf dem sich am Anfang alle Scheiben befinden, der dritte, (»nach«), diejenige Stabnummer, auf der am Ende alle Scheiben liegen sollen. Der vierte und letzte Parameter, (»temp«), ist Ihr Zwischenspeicher-Stab.

Im Wesentlichen lösen Sie das Problem in drei Schritten, von denen zwei rekursiv sind:

1. Es werden n – 1 Scheiben von ihrer Ausgangsposition in den Zwischenspeicher geschoben.

2. Die nun frei stehende unterste Scheibe wird auf den Zielstab gesteckt.

3. Schließlich werden alle Scheiben aus dem Zwischenspeicher (nämlich n – 1) auf die soeben umgelegte (aktuell größte) Scheibe gelegt.

Die Methode hanoi ist wie die Fakultät, nur dass sie keine mathematische Eigenschaft berechnet, sondern eine Reihe von textuellen Anweisungen produziert, um Scheiben von einem Stab in einen anderen zu stecken.

Was fehlt, ist lediglich das Abbruchkriterium. In der oben dargestellten Form würde der Algorithmus niemals enden. Was könnte das Ende sein? Nun, wenn überhaupt keine Scheiben mehr umzulegen sind, wenn also n = 0 gilt. Die finale Version sieht also so aus:

```
hanoi(n,von,nach,temp) {
  if (n == 0) return;
  hanoi(n-1,von,temp,nach);
  print "Lege Scheibe von Stab" von "nach Stab" nach;
  hanoi(n-1,temp,nach,von);
}
```

Das gewöhnliche »Türme von Hanoi« würden Sie mit hanoi(3,1,3,2) aufrufen, denn die drei Scheiben liegen auf dem ersten Stab und sollen auf den dritten verschoben werden, während der zweite der Puffer ist. Als Ergebnis erhalten Sie eine Reihe von Anweisungen, welche Scheiben wohin transportiert werden sollen.

Sie glauben mir nicht? Nun, lassen Sie es uns nachrechnen. Am Anfang werden die Parameter wie folgt belegt: n = 3, von = 1, nach = 3, temp = 2.

Folgende Aufrufe werden somit nacheinander getätigt:

```
hanoi(2,1,2,3);
print "Lege Scheibe von Stab" 1 "nach Stab" 3;
hanoi(2,2,3,1);
```

Der erste, rekursive Aufruf wird erst weiter »expandiert«, ehe der print-Befehl ausgeführt wird. Ich löse daher die erste Zeile in drei Befehle auf, die beiden letzten Zeilen bleiben vorerst unverändert. Die Parameter werden wie folgt belegt: n = 2, von = 1, nach = 2, temp = 3.

```
hanoi(1,1,3,2);
print "Lege Scheibe von Stab" 1 "nach Stab" 2;
hanoi(1,3,2,1);
print "Lege Scheibe von Stab" 1 "nach Stab" 3;
hanoi(2,2,3,1);
```

Wie Sie sehen, entstehen durch den Aufruf von hanoi(2,1,2,3) zwei neue Aufrufe, bei denen jeweils n = 1 gilt. Die oberste Zeile ruft nun hanoi(1,1,3,2) auf. Dabei werden die Parameter wie folgt belegt: n = 1, von = 1, nach = 3, temp = 2. Wiederum entstehen drei neue Befehle:

```
hanoi(0,1,2,3);
print "Lege Scheibe von Stab" 1 "nach Stab" 3;
hanoi(0,2,3,1);
print "Lege Scheibe von Stab" 1 "nach Stab" 2;
hanoi(1,3,2,1);
print "Lege Scheibe von Stab" 1 "nach Stab" 3;
hanoi(2,2,3,1);
```

Nun haben wir einen kritischen Punkt erreicht, denn für die neu entstandenen rekursiven Aufrufe gilt n = 0, unser Abbruchkriterium!

Als Zwischenstand erhalten Sie:

```
print "Lege Scheibe von Stab" 1 "nach Stab" 3;
print "Lege Scheibe von Stab" 1 "nach Stab" 2;
hanoi(1,3,2,1);
print "Lege Scheibe von Stab" 1 "nach Stab" 3;
hanoi(2,2,3,1);
```

Die ersten beiden Zeilen sind keine rekursiven Aufrufe, die dritte führt dagegen wiederum zu drei neuen Befehlen:

```
print "Lege Scheibe von Stab" 1 "nach Stab" 3;
print "Lege Scheibe von Stab" 1 "nach Stab" 2;
hanoi(0,3,1,2);
print "Lege Scheibe von Stab" 3 "nach Stab" 2;
hanoi(0,1,2,3);
```

```
print "Lege Scheibe von Stab" 1 "nach Stab" 3;
hanoi(2,2,3,1);
```

Wieder fallen die beiden Aufrufe mit der Null als erstem Parameter direkt »ins Loch« des Abbruchkriteriums. Damit haben Sie die erste Hälfte des Problems mit folgenden Ausgaben gelöst:

✔ Lege Scheibe von Stab 1 nach Stab 3.

✔ Lege Scheibe von Stab 1 nach Stab 2.

✔ Lege Scheibe von Stab 3 nach Stab 2.

✔ Lege Scheibe von Stab 1 nach Stab 3.

Probieren Sie es aus! Die unterste Scheibe liegt jetzt auf dem Zielfeld. Anschließend müssten Sie natürlich noch hanoi(2,2,3,1) aufrufen, was wiederum drei neue Befehle generiert. Das Nachvollziehen von Hand ist zwar mühselig, aber dafür haben Sie ja den Computer! Das ursprünglich schwierig erscheinende Problem wird mittels Rekursion wie von Zauberhand gelöst ...

Euklid & Co

Ein weiterer Klassiker ist folgender Algorithmus, den Euklid von Alexandrien schon ein paar hundert Jahre vor Christi Geburt in seinen »Elementen« beschrieben hat. Natürlich gebe ich Ihnen hier eine rekursive Variante an. Erkennen Sie, was das Programm mit seinen beiden Parametern, den natürlichen Zahlen »n« und »m« tut?

```
euklid(n, m) {
  if (n == 0) return m;
  if (m == 0) return n;
  if (m == n) return m;
  if (m>n) return euklid(m-n, n);
  if (n>m) return euklid(n-m, m);
}
```

Verstehen Sie, wie der Algorithmus funktioniert? Lassen Sie uns einmal den Fall euklid(6,9) durchspielen:

```
euklid(6, 9)
→euklid(3, 6)
    → euklid(3, 3)
```

Somit lautet das Ergebnis 3. Bei der Funktion, die sich Euklid damals ausgedacht hat, handelt es sich übrigens um den **GGT**, den *größten gemeinsamen Teiler* der beiden Ausgangszahlen ...

Ich kann Ihnen ein noch viel einfacheres Beispiel machen. Sie können per Rekursion berechnen, ob eine Zahl gerade oder ungerade ist. Sie müssen dazu lediglich wissen, dass 1 ungerade und 2 gerade ist und das folgende Prinzip kennen: »Wenn n gerade ist, so ist n – 1 ungerade und umgekehrt«. Die beiden sich gegenseitig aufrufenden Algorithmen sehen dann so aus:

```
gerade(n) {
  if (n == 1) return falsch;
  return ungerade(n-1);
}
ungerade(n) {
  if (n == 1) return wahr;
  return gerade(n-1);
}
```

Wollen Sie beispielsweise gerade(4) aufrufen, führt dies zu ungerade(3), was wiederum in gerade(2) und schließlich in ungerade(1) resultiert. Da dies unmittelbar mit »wahr« bewertet wird (Abbruchkriterium!), ist das Endergebnis von gerade(4) dasselbe wie ungerade(1), was glücklicherweise zutrifft: Vier ist eine gerade Zahl!

Rekursion

gehört zu den faszinierendsten Konzepten der Informatik. Wenn Sie ganz genau hinsehen, werden Sie feststellen, dass Rekursion schon immer, von Anfang an, buchstäblich in den ersten Abschnitten des ersten Kapitels in Ihrem Dummies-Buch auftaucht!

Machen Sie sich klar, dass Rekursion sehr eng mit *Selbstbezüglichkeit* verwandt ist. Sie erklären etwas, indem Sie in genau dieser Erklärung das zu Erklärende selbst verwenden. In Lexika ist das ganz schlechter Stil; hier in der Informatik dagegen höchste Kunst. Natürlich tritt das Phänomen bereits in den mathematischen Konzepten, bei der Definition von Funktionen auf. Beispielsweise ist die **Fibonacci-Funktion** rekursiv definiert und Sie haben wirklich einige Mühe, überhaupt eine alternative Darstellung zu finden (die in der Tat auch erst ein paar Hundert Jahre später gefunden wurde): **fibonacci(n) = fibonacci(n-1) + fibonacci(n-2).**

Das Konzept der *Selbstbezüglichkeit* ist allerdings auch das Elixier eines jeden Computers: Denken Sie daran, dass die ursprüngliche Idee seiner Architektur darauf basierte, dass Eingabedaten nicht von den Anweisungen des Programmcodes unterschieden werden konnten. Die Daten, die verarbeitet werden sollen, enthalten den Code für ihre Verarbeitung ...

Analyse von Algorithmen ohne Komplexe

Nach dem Schwelgen in den wundersamen Gefilden der Rekursion muss ich Sie jetzt leider wieder auf den irdischen Boden konkreter Anwendungen zurückholen. Es ist irgendwie klar, dass die Berechnung, ob eine Zahl gerade ist oder ungerade, nicht unbedingt von einem rekursiven Algorithmus *am besten* ausgeführt werden kann. Wäre es nicht einfacher, die letzte Binärziffer heranzuziehen und diese als Wahrheitswert zu deuten?

Dieser Gedanke führt zwangsläufig zu einer noch wichtigeren Frage: Wann ist ein Algorithmus überhaupt »gut« oder gar »am besten«? Noch allgemeiner formuliert: Wie messen Sie die **Komplexität** eines Algorithmus? Die Komplexität soll dabei bereits ein Maß für den Ressourcenbedarf eines Algorithmus sein.

 Die *Komplexität* eines Algorithmus misst den erforderlichen Zeit- oder Speicherbedarf für seine Ausführung.

Meist hängen sowohl der Speicher- als auch der Zeitbedarf eines Programms von einer zentralen **Operation** ab, die dann als Maßeinheit der Berechnung dient. Das klingt willkürlich, ist aber vollkommen okay, wie ich Ihnen anhand einiger Beispiele zeigen möchte.

Zuvor jedoch muss ich Ihnen einen noch größeren Schock verpassen: Nicht nur, dass wir doch recht lax mit einem Algorithmus umspringen, indem wir seinen Speicher- und Zeitbedarf auf einen einzigen, wesentlichen Operationstyp beschränken. Wir sind auch bei der Berechnung (gewissermaßen beim Zählen) dieser Operation, nun, recht großzügig.

Ob die Berechnung fünf, tausend oder fünftausend Millisekunden dauert, ist völlig schnuppe. Uns geht es nicht um die **absoluten** Werte, sondern um **relative**. Das ist wiederum sehr klug, denn die Komplexität eines Algorithmus soll natürlich nicht von der Rechenpower der Kiste abhängen, auf der er ausgeführt wird.

Ein Algorithmus ohne Schleifen hat die Komplexität 1, egal wie viele Befehle zu seiner Berechnung benötigt werden.

Sollte ein Algorithmus eine Schleife aufweisen, deren Ausführung nicht von der Eingabe abhängig ist, ist ebenfalls als Komplexität das Minimum zu verwenden, nämlich die 1.

Erst wenn die Anzahl der Schleifendurchläufe von den Eingabewerten abhängt, wird es spannend. Wir betrachten dann »n« als Eingabe und erhalten die Komplexität »n«. Dabei ist es egal, ob nun tatsächlich n/2 oder 5n Schleifendurchläufe nötig sind.

Zwei ineinander verschachtelte Schleifen produzieren, mit derselben Logik, eine Komplexität von n^2. Klingt verwirrend? Am besten fange ich wieder ganz von vorne an.

O-Ton der O-Notation

Es gibt wahnsinnig viele Möglichkeiten, sagen wir, eine Menge von Objekten der Größe nach zu sortieren. Jedes Programm, das dazu in der Lage ist, sieht praktisch anders aus. Welcher dahinter stehende *Algorithmus* ist der beste?

Sie könnten gewillt sein, einfach jedes dieser Programme auf ein und demselben Computer laufen zu lassen und einfach den Zeit- und Platzbedarf (also den Speicherbedarf) zu *messen*. So naheliegend die Idee auch ist: Wie viele Elemente soll denn die zu sortierende Menge

enthalten? Fünf, 100, 100 Millionen? Außerdem: Womöglich hängt der Zeit- und Speicherbedarf davon ab, in welcher genauen Reihenfolge die Elemente in der unsortierten Version
der Datenstruktur vorkommen.

Deswegen ist der *konkrete* Ressourcenbedarf unerheblich, viel wichtiger ist der *theoretische*,
der im schlimmsten Fall auftreten könnte. Sie abstrahieren somit nicht nur von der physischen Implementierung des Algorithmus, sondern auch von der konkreten Ausgangssituation der Eingabeparameter.

Angenommen, die Menge besteht aus n Objekten und n kann beliebig groß werden. Wie viele
relevante Operationen müssen dann pro Algorithmus durchgeführt werden?

Diese Fragestellung ist viel leichter zu beantworten. Sie benötigen dazu keinen Computer.
Es genügt, wenn Sie sich das Programm anschauen. Für ein immer größer werdendes »n«
spielt jeder Befehl, der nur ein einziges Mal ausgeführt werden muss (und nicht in Abhängigkeit von »n« immer wieder), überhaupt keine Rolle. Somit werden wir alles ignorieren,
was nicht unmittelbar für ein größer werdendes »n« ins Gewicht fällt.

Als Schreibweise hat sich die **O-Notation** durchgesetzt:

Ein schönes Beispiel für die Angabe der Komplexität mittels O-Notation ist die
Berechnung der Summe eines n×n-Feldes von Zahlen, wie es beispielsweise in der
Tabellenkalkulation verwendet wird. Als Datenstruktur käme hierfür ein zweidi-
mensionales Array infrage. Sie könnten dazu folgenden Algorithmus heranziehen:

```
summe(feld,n)
  ergebnis = 0;
  for i = 1 to n
    for j = 1 to n
      ergebnis = ergebnis + feld(i,j);
  return ergebnis;
```

Das »Feld« hängt von »n« ab, daher liegt es nahe, die Komplexität des kompletten Programms in Abhängigkeit von »n« anzugeben. Als relevante Operation wäre hier die Addition zu nennen (sonst gibt es überhaupt keine echten
Operationen).

Für n = 1 wird lediglich **eine** Addition benötigt. Dagegen sind für n = 2 bereits **4**
Additionen erforderlich. Bei n = 3 sind es **9** und bei n = 4 **16**. Sie geben die Komplexität des Algorithmus daher mit **O(n²)** an (sprich: »Oh von n-Quadrat«).

Damit drücken Sie aus, dass der Zeitaufwand zur Berechnung mit steigendem
n quadratisch anwächst. Das gilt übrigens auch für den Speicherbedarf (das
»Feld« wächst ebenfalls quadratisch mit n).

Die O-Notation macht Ihr Leben leichter. Sie stellt auf der einen Seite eine krasse Simplifikation dar, die auf der anderen jedoch eine rasche Einschätzung der Komplexität eines
Algorithmus erlaubt.

In Tabelle 31.1 finden Sie einige allgemeine Komplexitätseinstufungen für Algorithmen:

Komplexität	Erklärung	Typisches Beispiel
O(1)	Sehr einfaches Programm ohne von der Eingabe abhängige Schleifen	Umrechnungen von Einheiten, Berechnung des Idealgewichts aus Größe und Alter, einfache Umformungen von Eingabedaten
O(n)	Proportional zur Größe der Eingabe wachsender Aufwand	Suche nach einem Element in einer Menge von n unsortierten Objekten (im Mittel werden n/2 Vergleiche benötigt, das entspricht O(n))
O(n·log(n))	Die Komplexität ist größer als proportional, jedoch kleiner als quadratisch	Quicksort-Algorithmus (beschrieben in Kapitel 33)
O(n²)	Quadratischer Anstieg des Aufwands, zwei ineinander verschachtelte Schleifen	Einfache Sortierverfahren (wie in Kapitel 33 beschrieben)
O(n³)	Kubischer Anstieg des Zeit- oder Speicherbedarfs mit der Eingabe, 3-fach ineinander verschachtelte Schleifen	Multiplikation zweier quadratischer Matrizen
$O(e^n)$ oder $O(c^n)$ mit $c \geq 2$	Exponentielles Wachstum mit der Eingabe; in der Praxis für große n meist nicht einsetzbar	Ausgabe aller Teilmengen einer gegebenen Menge

Tabelle 31.1: Komplexitäten von Algorithmen

Angenommen, Sie versuchen, die Komplexität eines Algorithmus zu bestimmen. Sie sehen beispielsweise fünf relevante Befehle, die immer (unabhängig von der Eingabe) abgearbeitet werden müssen. Dann kommt eine Schleife, die ein gegebenes Feld mit n Werten dreimal durchforsten muss. Schließlich wird dieses Feld mit zwei ineinander verschachtelten Schleifen sortiert.

Als Komplexität hätten Sie somit die Funktion $f(n) = 5 + 3n + n^2$. Da stets nur die höchste Komponente interessiert (denken Sie an die Simplifikation!), ergibt sich insgesamt $O(n^2)$. Wie Sie sehen, spielen auch (noch so große) Vorfaktoren keine Rolle ...

Zeit für eine mathematisch saubere Definition der Komplexität:

Die *Komplexität* eines Algorithmus ist eine Funktion T in Abhängigkeit einer Eingabegröße n, die sich wie folgt aus der eigentlichen Aufwandsfunktion f(n) berechnet:

$$O(T(n)) = f(n), \text{ falls } \exists c \in \mathbb{R} \; \exists n_0 \in \mathbb{N} \; \forall n \geq n_0 \colon f(n) \leq c \cdot T(n)$$

Keine Sorge, ich lasse Sie nicht mit dieser kryptischen Zeile allein. Die Definition besagt, dass Sie eine (einfache) Funktion T(n) in O-Notation (wie zum Beispiel jene aus Tabelle 31.1) bringen dürfen, obwohl der eigentliche Aufwand eine viel länglichere Funktion f(n) ist, falls Sie eine beliebige Konstante c finden, mit der Sie T »aufpeppen«.

Dieses Aufpeppen sieht so aus, dass ab einer bestimmten (meist recht großen) natürlichen Zahl n_0 die Funktion T(n) im Inneren der O-Notation größer oder gleich f(n) ist.

Im letzten Beispiel haben Sie ein fiktives Programm kennengelernt, dessen Aufwand sich aus diversen Befehlen zu $f(n) = 5 + 3n + n^2$ ergab. Ich habe behauptet, dass Sie dafür eine quadratische Komplexität verwenden dürfen, also $O(n^2) = 5 + 3n + n^2$. Hier wäre $T(n) = n^2$.

Ich zeige Ihnen jetzt, dass dies – gemäß der obigen Definition – wirklich stimmt. Der mathematische Trick besteht darin, dass für immer größer werdende n nur die dominante Funktion (zum Beispiel mit der höchsten Potenz) wichtig ist. In unserem Fall genügt es, $c = 2$ zu setzen, dann sind Sie mit $n_0 = 5$ bereits am Ziel: Ab dieser Zahl überschreitet $2 \cdot n^2$ bereits $5 + 3n + n^2$, denn $5 + 3 \cdot 5 + 5^2 = 45$, und das ist kleiner als $2 \cdot 5^2 = 50$. Für größere n geht das immer so weiter, während bei kleineren n (zwischen 1 und 4) $f(n)$ die Oberhand behält. Sie glauben mir nicht? Dann schauen Sie sich einmal Abbildung 31.1 an!

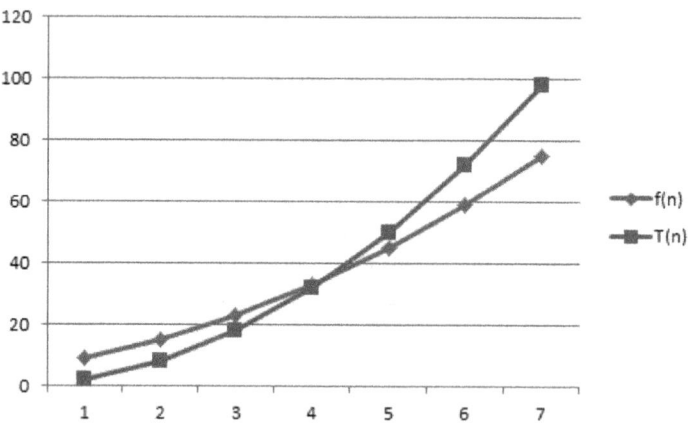

Abbildung 31.1: Vergleich von 2-T(n) und f(n) für kleine n

Wenn n nun weiter steigt, wird der Abstand noch deutlich größer, wie Sie Abbildung 31.2 entnehmen.

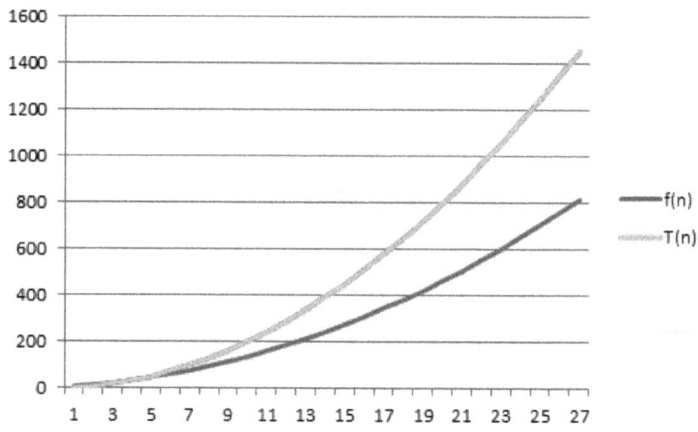

Abbildung 31.2: Vergleich von 2-T(n) und f(n) für größere n

So abwegig ist diese Simplifikation nun auch wieder nicht. Wenn Sie beispielsweise die Normalparabel x^2 im Koordinatensystem so verschieben, dass der Scheitelpunkt an der Stelle $(-1,2)$ liegt, ergibt sich als Funktionsformel: $(x + 1)^2 + 2$, was dasselbe ist wie $x^2 + 2x + 3$. Auch wenn das komplizierter aussieht: Am Ende handelt es sich doch nur um eine (im Koordinatensystem verschobene) Normalparabel!

In der Praxis werden Sie die richtigen Werte für c und n_0 nicht lange suchen, sondern gleich den dominanten Teil von f(n) wählen, und nur bei ganz pingelingen Nachfragen c und n_0 berechnen. Dabei müssen Sie keineswegs die kleinsten Werte dafür bestimmen. Wir hätten beispielsweise auch c = 12 und n_0 = 123 festlegen können, dann wäre der Abstand zwischen $c \cdot T(n)$ und f(n) noch viel größer ...

 Das Gleichheitszeichen in der O-Notation dürfen Sie nicht für algebraische Operationen verwenden (zum Beispiel auf beiden Seiten durch n^2 dividieren). Die Notation hat lediglich informativen Charakter!

 Sie haben sich bestimmt schon gefragt, woher der ominöse Begriff der »O-Notation« eigentlich stammt. Eine alternative Bezeichnung lautet »Landau-Symbol«, weil der Berliner Zahlentheoretiker Edmund Landau in seinem »Handbuch der Lehre von der Verteilung der Primzahlen« diese Schreibweise bereits 1909 einführte. Fairerweise verweist er darin auf eine noch ältere Verwendung durch seinen Kollegen Paul Bachmann. Das »O« (gesprochen »oh«) steht dabei für den griechischen Buchstaben Omikron.

Da Sie nunmehr in der Lage sind, die Komplexität eines Algorithmus zu berechnen, kann ich Ihnen gleich einen noch einen weiteren, sehr bedeutsamen Begriff an Herz legen: die **Effizienz**. Dieser Fachbegriff wird hierzulande auch in der Umgangssprache häufig verwendet.

 Die Implementierung eines Algorithmus ist *effizient*, wenn sie möglichst sparsam mit den Ressourcen (Zeit, Speicher oder Datenbandbreite) umgeht.

 Häufig verwechselt mit *effizient* wird der Begriff *effektiv*. In Wirtschaft und Politik ist *Effektivität* sehr bedeutsam, weil sie nach dem Sinn einer Maßnahme im Hinblick auf ein angestrebtes Ziel fragt. Demgegenüber interessiert sich die *Effizienz* nur für die Sparsamkeit der Umsetzung.

Der Bau einer Brücke kann beispielsweise sehr effizient sein, wenn die Umsetzung mit geringen Kosten realisierbar ist. Zugleich kann dieselbe Brücke sehr ineffektiv sein, weil sie beispielsweise keine wichtigen Straßen miteinander verbindet.

Für die Bewertung der Komplexität von Algorithmen spielt Effektivität keine Rolle.

Sie werden von Informatikern auch Sprüche wie »hierfür gibt es keine effiziente Implementierung« hören. Gemeint ist damit, dass die Komplexität des Algorithmus ein vernünftiges, praktikables Maß übersteigt (meist mit polynomialer Komplexität von hohem Grad oder exponentieller Komplexität).

Sie interessieren sich für weitergehende Überlegungen zur Komplexität von Algorithmen? Dann werfen Sie einen Blick in Kapitel 53!

Zum Schluss möchte ich Sie noch auf einen häufig gemachten Fehler hinweisen.

Die Komplexität eines Algorithmus hängt entscheidend davon ab, auf welchen Teil der Eingabe Sie die Variable »n« beziehen. So kann ein und derselbe Algorithmus zu verschiedenen Komplexitätsklassen gehören.

Denken Sie beispielsweise an die Faktorisierung ganzer Zahlen. Die am nächsten liegende Idee wäre die Probedivision. Wenn n Ihre Eingabezahl ist, probieren Sie einfach alle natürlichen Zahlen (bis zur Wurzel von n) durch. In diesem Sinne gibt es somit eine effiziente Implementierung: Der zugehörige Algorithmus besitzt die Komplexität O(n).

Aber ... so wird das nicht gerechnet. Wenn wir riesige Zahlen betrachten, etwa mit ein paar Hundert Bits in Binärdarstellung, erlebt kein Mensch mehr die Faktorisierung durch Probedivision einer dermaßen gigantischen Eingabe. Deswegen wird das »n« bei der Faktorisierung auf die Anzahl an binären Stellen der Eingabezahl bezogen. Und dafür gibt es in der Tat (noch) keine effiziente Implementierung. Selbst die ausgeklügeltsten Systeme, die tatsächlich schon riesige Zahlen geknackt haben, benötigen eine exponentielle Komplexität.

Es wurde bisher noch nicht bewiesen, dass die Faktorisierung mit polynomialer Komplexität lösbar ist. Wenn Sie mehr darüber wissen wollen, schlagen Sie in Kapitel 53 unter dem Stichwort der Komplexitätsklassen P und NP nach ...

Unterschied zwischen Datentypen und Datenstrukturen erfassen

Verstehen, was mit »abstrakten Datentypen« gemeint ist

Listen, Stacks (Keller) und Queues (Schlangen) als elementare Datenstrukturen kennenlernen

Wichtige Operationen mit Strings durchführen

Kapitel 32
Elementare Datenstrukturen

H ier erhalten Sie die absolut notwendigen Basics zu Datenstrukturen, ohne die kein Informatiker leben kann. Es geht los mit einer Erklärung zu abstrakten Datentypen und setzt sich dann über die wichtigsten Vertreter fort: Dazu gehören Listen, Stacks und Queues. Schließlich werden Sie auch einiges über Strings erfahren, die praktisch in jedem realen Programm vorkommen. Die Mustersuche bietet einige Bonbons, die zu kennen sich ebenfalls lohnt. Auf geht's!

Abstrakte Datentypen

Sie kennen einfache, sogenannte *atomare (unteilbare) Datentypen*, die quasi alle Programmiersprachen von Hause aus mitbringen. Dazu gehören ...

✔ Boolean oder Byte und Char (Typen, die nur wenige unterschiedliche Werte zulassen, etwa zwei Wahrheitswerte oder die 256 mögliche Werte eines Bytes)

✔ Integer (ganze Zahlen in unterschiedlicher Größenordnung, häufig auch unterschieden zwischen *vorzeichenbehaftet – signed –* oder nur *positiv – unsigned*)

✔ Float (Fließkommazahlen, auch hier meist getrennt in zwei unterschiedliche Genauigkeiten, die mit dem Speicherbedarf des Datentyps zusammenhängen)

Weil die üblichen arithmetischen Operationen wie Addition, Multiplikation und andere auf diesen Datentypen unmittelbar vom Prozessor ausgeführt werden, spricht man auch von **primitiven Datentypen**.

Demgegenüber sind *Datenstrukturen* komplexere Gebilde, die sich aus einfacheren bis hin zu atomaren Datentypen zusammensetzen. Records und Arrays wären naheliegende Beispiele, aber ich möchte Ihnen in diesem Kapitel noch wesentlich anspruchsvollere zeigen, die sich wiederum aus anderen Datenstrukturen zusammensetzen.

Es hat sich herausgestellt, dass die Definition dieser Datenstrukturen einige Probleme mit sich bringt.

Stellen Sie sich vor, Sie wollen eine **Tabelle** als Datenstruktur erfinden und legen fest, dass eine *Tabelle aus Zeilen und Spalten* besteht, die selbst wiederum andere Objekte enthalten können.

So weit, so gut. Sie denken sich, ein zweidimensionales **Array** könnte die Aufgabe am besten erledigen, und spezifizieren eine Tabelle als ein Feld, dessen erste Komponente der Zeile und dessen zweite Komponente der Spalte entspricht. Wenn Sie nun einzelne Einträge vornehmen, funktioniert die Sache perfekt. Nun kommt jedoch ein Bekannter zu Ihnen und möchte wissen, wie er denn eine komplette Spalte löschen kann oder eine Zeile einfügen. Sie blicken ihn ratlos an. Das ist eigentlich nicht vorgesehen, und wenn doch, dann ist eine Implementierung als zweidimensionales Array, gelinde ausgedrückt, nicht mehr optimal.

Sie ärgern sich, weil Sie bemerken, dass die Spezifikation einer Datenstruktur als solche gar nicht viel bringt. Wichtiger wäre es, einen dazu passenden Satz an **Operationen** vorzugeben, mit denen diese Struktur umgehen sollte. Wenn Sie nun noch eine Prise objektorientiertes Gedankengut mit einfließen lassen, werden Sie feststellen, dass eigentlich nur noch die Operationen wichtig sind. Ein Wissen über die eigentliche Datenhaltung ist nicht nur überflüssig, sondern gefährlich. In diesem Moment haben Sie das Konzept des **abstrakten Datentyps** entwickelt.

Ein *Abstrakter Datentyp (ADT)* spezifiziert eine Datenstruktur über erlaubte Operationen. Andere Formen des Zugriffs sind nicht vorgesehen. Man spricht daher auch von *gekapselten Daten*.

Der Vorteil eines ADT liegt auf der Hand: Wenn Sie beispielsweise Ihre Tabelle mit allen erlaubten Operationen definieren, dürfen Sie selbst entscheiden, welche Datenstruktur geeignet ist, um dieses Konzept am besten umzusetzen. Besser noch: Ohne die Spezifikation des ADT zu ändern, dürfen Sie jederzeit die dahinterstehende Implementierung anpassen. Hierdurch erhalten Sie **Reusability**!

Eine der wichtigsten Forderungen an die moderne Programmierung ist **Reusability**, **Wiederverwendbarkeit**. Code, der einmal geschrieben wurde, sollte nach Möglichkeit überall eingesetzt werden können.

»Nach außen« sind bei ADTs nur die Operatoren sichtbar, mit denen Sie auf die Daten lesend oder schreibend zugreifen. Das ist das *Interface*, die *Schnittstelle*. Im Inneren werden die Daten konkret repräsentiert. Wie das genau passiert, legt der ADT jedoch nicht fest. Damit bleiben Sie flexibel. Dieser Teil ist die *Implementierung*.

Sie wollen einen ADT für das **Kalenderdatum** definieren. Was könnte ein Anwender mit diesem Datentyp anstellen wollen?

Ich mache Ihnen zunächst ein paar naheliegende Beispiele:

✔ Eingabe eines Datums

✔ Ausgabe von Tag, Monat und Jahr

✔ Ermittlung des Wochentags

✔ Angabe des Folgedatums (Achtung: Das ist nicht so einfach wegen Monats- und Jahreswechsel, auch das Schaltjahr dürfen Sie dabei nicht vergessen.)

Und dann noch ein paar etwas abstrusere:

✔ Mondphase zu diesem Tag

✔ Bestimmung des nächsten Tags in der gleichen Mondphase

✔ Addition und Subtraktion von Jahren, Monaten, Tagen, Stunden, Minuten und Sekunden zu einem Datum

✔ Anzahl der Tage bis zu Ihrem nächsten Geburtstag

✔ ...

Sind Sie auf den Geschmack gekommen? Als ADT würden Sie nur noch die *erlaubten Operationen* auf dem Kalenderdatum definieren. Alle anderen Arten von Zugriffen wären verboten. Dies hat den Vorteil, dass kein Mensch wissen muss, wie Sie diesen ADT konkret implementieren. Sie können eine sehr primitive Form der Datenablage wie beispielsweise den String wählen. Dann aber müssen Sie sich ganz schön anstrengen, wenn Sie Operationen wie Wochentag oder Differenz zwischen Daten implementieren. Oder Sie legen das Datum gleich in mehreren Formaten ab. Beispielsweise wäre die Repräsentation eines Kalenderdatums in Form einer Ganzzahl ideal für mathematische Operationen wie etwa die Addition von Tagen. Dagegen wäre es geschickter, Tag, Monat und Jahr zu trennen, wenn Sie unmittelbar auf diesen Komponenten rechnen möchten. Da die Daten gekapselt sind, kontrollieren Sie auch jede Manipulation. Sie können das Datum auch gleich in mehreren Formen intern vorhalten. Wenn dann ein Wert geändert wird, müssen Sie alle Repräsentationen dieses Datensatzes in einem Schwung anpassen. Nur so bleibt Ihre Implementierung konsistent.

Die spezifische Umsetzung macht aus einem *abstrakten Datentyp* einen *konkreten Datentyp*.

Ein weiterer Vorteil eines ADT besteht darin, dass größere Softwareprojekte von unterschiedlichen Teams bearbeitet werden können, bei denen die einen für die Implementierung zuständig sind, während die anderen das Interface bereits verwenden dürfen (denn sie wissen ja, wie am Ende auf diese Daten zugegriffen werden wird). Daran sehen Sie bereits, dass zuvor irgendjemand die Schnittstelle entwerfen, das ADT spezifizieren muss. Im Zweifel macht der Informatiker das selbst, denn es ist die wichtigste Aufgabe des gesamten Projekts!

 Lust auf mehr solcher Konzepte? Im Kapitel 37 dreht sich alles um Softwarearchitektur. Werfen Sie doch einfach einmal einen Blick hinein!

In den folgenden Abschnitten möchte ich Ihnen die wichtigsten ADTs vorstellen.

Listige Listen

Im Beispiel vorhin wurde bereits die Tabelle als möglicher ADT erwähnt.

 Weitere Infos zum Thema »Tabellen« finden Sie im folgenden Kapitel 33.

Die einfachste Gestalt hierfür ist die **lineare Liste**. Es geht um eine Anordnung von Daten, bei der es einen Anfang und ein Ende gibt und jeder Datensatz dazwischen genau einen **Vorgänger** und einen **Nachfolger** besitzt. Außerdem gibt es immer einen **aktuellen Datensatz**. Die einzelnen Operationen beziehen sich dann auf diese Stelle oder verändern die Position, die gerade *aktuell* ist. Eine lineare Liste dürfen Sie sich grafisch als eine Kette von Datensätzen vorstellen (Abbildung 32.1).

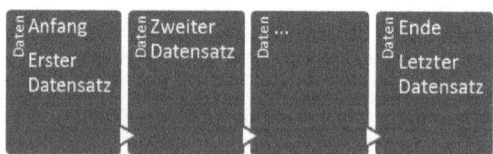

Abbildung 32.1: Lineare Liste als ADT

Wie jeden ADT definiere ich auch die lineare Liste einfach über die erlaubten Operationen (siehe Tabelle 32.1).

Beachten Sie, dass in Tabelle 32.1 der interne (virtuelle) Zeiger auf eine ominöse »aktuelle Position« eine besondere Rolle spielt. Dadurch ersparen Sie sich den Bezug auf irgendwelche numerischen Einträge, die – je nach Implementierung – auch schwierig zu verwalten sind.

 Eine lineare Liste wird typischerweise **nicht als Array** angelegt. Wenn Sie allzu neugierig sind, werfen Sie einen Blick in den Abschnitt »Doppelt gemoppelte Deques«.

Operation	Erklärung
Anfang(), Ende()	Die *aktuelle Position* auf den Anfang (beziehungsweise das Ende) der Liste setzen
Vorgänger(), Nachfolger()	Die *aktuelle Position* wird um eine Stelle nach vorne (beziehungsweise hinten) verschoben
Erster(),Letzter()	Zeige die *aktuelle Position* auf den ersten (beziehungsweise) letzten Eintrag der Liste? Ist die Liste gar komplett leer?
Einfügen(o)	Füge das Objekt o als neues Element an die *aktuelle Position* ein (alle anderen Elemente werden damit nach hinten geschoben).
Entferne()	Lösche das Element an der *aktuellen Position* (alle anderen Elemente werden damit nach vorne geschoben).
Element()	Gib das Element an der *aktuellen Position* aus.
Suche(o)	Suche das Objekt o in der linearen Liste und setze – bei Erfolg – diese Stelle zur *aktuellen Position*.

Tabelle 32.1: ADT Lineare Liste

Stacks im Keller

Lineare Listen sind für viele Anwendungsgebiete schon fast zu kompliziert. Wäre es nicht besser, einen ADT zu konstruieren, in den Sie einfach Objekte hineinlegen und wieder herausnehmen können? Gesagt, getan. Das Ergebnis ist ein **Stack (Keller)**.

 Ihnen kommt der Begriff **Stack** bekannt vor? War das nicht der Speicherbereich, den Funktionen zur Ablage ihrer Parameter (plus Rücksprungadresse) nutzen? Ja, ganz richtig. Sie können jedoch den ADT Stack auch an vielen anderen Stellen Ihrer Anwendung gebrauchen.

Ein Bild sagt bekanntlich mehr als 1000 Worte. Daher habe ich Ihnen eine kleine Grafik vorbereitet (Abbildung 32.2).

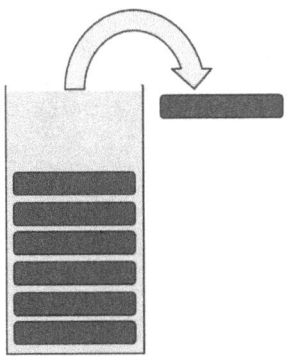

Abbildung 32.2: Der ADT Stack bei der Arbeit: Löschen eines Elements

Ein Stack verfügt nur über einen Eingang, der zugleich auch der Ausgang ist: Jedes Objekt wird stets ganz oben hinzugefügt und ganz oben entnommen. Dadurch wird immer dasjenige Element im Stack *zuerst* an die Reihe kommen, das als *letztes* hinzugefügt wurde.

 Der ADT Stack ist vom Typ **LIFO** – *Last In, First Out.*

Weil ein Stack so simpel aufgebaut ist, sieht auch die Liste der Operationen (Tabelle 32.2) sehr übersichtlich aus. Der Stack kommt mit nur vier grundlegenden Operationen aus!

Operation	Erklärung
Top()	Gib das oberste Element aus.
Push(o)	Füge das Objekt o als neues oberstes Element ein.
Pop()	Lösche das oberste Element.
IsEmpty()	Ist der Stack leer?

Tabelle 32.2: ADT Stack

So schön und einfach ein Stack zu bedienen ist, so leicht ist er auch zu implementieren. Tatsächlich könnten Sie sogar ein Array wählen. Neben anderen Möglichkeiten werde ich Ihnen im übernächsten Abschnitt eine besonders elegante vorstellen.

Umständlich wird es natürlich, wenn Sie beispielsweise nicht das oberste, sondern das zweitoberste Element eines Stacks entfernen möchten. Dann müssen Sie zunächst das oberste entnehmen (*Pop*) und zwischenspeichern (außerhalb des Stacks). Anschließend löschen Sie das gewünschte Objekt (erneutes *Pop*), das inzwischen an oberster Stelle angekommen ist. Am Ende fügen Sie das zwischengespeicherte Objekt wieder ein (*Push*).

Schlängelnde Queues

Finden Sie den LIFO-Speicher nicht auch unfair? Stellen Sie sich vor, Sie stehen an der Käsetheke und nicht derjenige, der am längsten wartet, sondern der, der gerade erst zuletzt gekommen ist, wird bedient. Gegen diese Ungerechtigkeit müssen wir zu Felde ziehen, und zwar mit einem FIFO-Speicher. Der zugehörige ADT heißt **Queue** (wie die **Warteschlange**).

 Der ADT **Queue** ist vom Typ **FIFO** – *First In, First Out.*

Auch hier darf eine kleine Grafik (Abbildung 32.3) nicht fehlen:

Abbildung 32.3: Entfernen eines Elements aus einer Queue

Wiederum besteht der ADT aus lediglich vier relevanten Operationen:

Operation	Erklärung
Front()	Gib das vorderste Element aus (das schon am längsten bisher »wartet«).
Push(o)	Füge das Objekt o als neues hinterstes Element ein.
Pop()	Lösche das vorderste Element.
IsEmpty()	Ist die Queue leer?

Tabelle 32.3: ADT Queue

Im Gegensatz zum Stack wäre eine Implementierung einer Queue als reines Array proble-matisch. In Abbildung 32.4 zeige ich Ihnen, was passiert, wenn immerzu neue Elemente eingefügt und entnommen werden. Die Daten »wandern durch den Speicher«, in der Grafik von rechts nach links. Der Pfeil zeigt dabei immer auf das »Front«-Element.

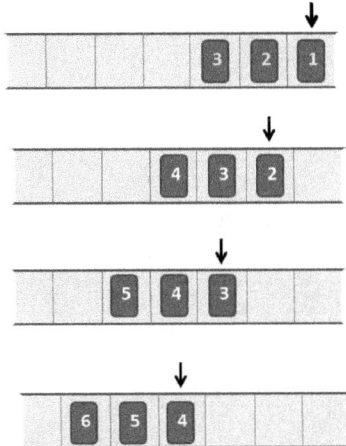

Abbildung 32.4: »Wanderung« von Queue-Daten durch ein Array

Dafür erscheint ein **Ringspeicher** (Abbildung 32.5) ideal.

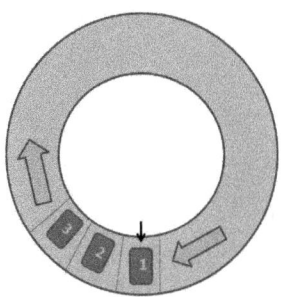

Abbildung 32.5: Ringspeicher

Die Realisierung eines derartigen Systems könnte zwar wiederum über ein Array erfolgen, aber Ihre Implementierung würde dafür Sorge tragen, dass Sie wieder von vorne beginnen, wenn das Ende erreicht ist!

Doppelt gemoppelte Deques

Wir wollen heutzutage ja immer mehr. Die einen möchten einen Stack, die anderen eine Queue. Aber am Ende hätten wir am liebsten beides. Wenn möglich, zur gleichen Zeit. Das gibt es in der Tat! Der zugehörige ADT nennt sich **Deque** (gesprochen »Deck«), wobei es sich um eine etymologisch fragwürdige Zusammenziehung von »**D**ouble **e**nded **Que**ue« handelt, der *Schlange mit zwei Enden.*

Vielleicht verstehen Sie, was ich meine, wenn Sie sich Tabelle 32.4 ansehen. Die Liste der Operatoren ist nach wie vor übersichtlich, im Wesentlichen so groß wie bei Stack und Queue zusammen.

Operation	Erklärung
Front()	Gib das vorderste Element aus.
End()	Gib das hinterste Element aus.
PushFront(o)	Füge das Objekt o als neues Element vorne ein.
PushEnd(o)	Füge das Objekt o als neues Element hinten ein.
PopFront()	Lösche das vorderste Element.
PopEnd()	Lösche das hinterste Element.
IsEmpty()	Ist die Deque leer?

Tabelle 32.4: ADT Deque

Die Deque (oder »das« Deque? Ich fürchte, das eingedeutschte Wort hat noch keinen Einzug in den Duden gefunden) stellt eine Art Kreuzung von Stack und Queue dar. Sie können diese Schlange von beiden Seiten füttern ...

Angenommen, Sie hätten den ADT Deque implementiert. Dann wäre es für Sie ein Einfaches, daraus einen Stack oder eine Queue zu basteln. Sie entscheiden sich beispielsweise dafür, die Front der Deque als »obere Öffnung« des Stacks zu verwenden. Dann würde ...

```
top()   { return deque.front(); }
pop()   { return deque.popFront(); }
push(o) { return deque.pushFront(o); }
```

unmittelbar eine Realisierung eines Stacks darstellen.

Ebenso leicht erhalten Sie eine Queue:

```
front() { return deque.front(); }
pop()   { return deque.popFront(); }
push(o) { return deque.pushEnd(o); }
```

Bleibt die Frage, wie Sie um alles in der Welt eine vernünftige Deque implementieren. Wiederum könnten Sie einen (genügend großen) Ringspeicher auf Basis eines Arrays wählen. Alternativ bietet sich eine doppelt verkettete Liste von Elementen an (Abbildung 32.6). Der Vorteil dieser Datenstruktur: Sie können von beiden Seiten an der Deque »knabbern« ...

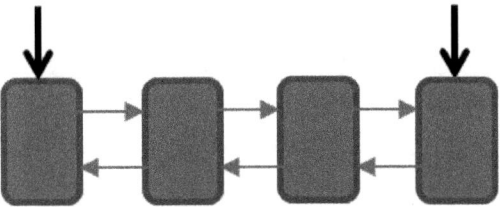

Abbildung 32.6: Implementierung einer Deque als doppelt verkettete Liste

Selbstverständlich wäre dies auch eine sehr gute Grundlage zur Implementierung einer linearen Liste. Durch die beidseitige Verkettung der Elemente können Sie jeweils sehr einfach den Nachfolger und den Vorgänger eines Eintrags bestimmen.

Praktische Umsetzung einer doppelt verketteten Liste

Fragen Sie sich: »Das sieht ja toll aus, aber wie lässt sich eine solche Kette programmieren?«

Meine Antwort (in der Syntax von C++):

```cpp
struct Doppelkette {
  Doppelkette *vorgaenger;
  Doppelkette *nachfolger;
  int inhalt;
};
```

Die doppelt verkettete Liste (*Doppelkette*) ist eine Struktur, die aus zwei Zeigern besteht, deren Typ selbst wiederum eine Doppelkette ist. Der eine zeigt zum Vorgänger, der andere zum Nachfolger. Das ist fast so spannend wie Rekursion! Außerdem wollen Sie natürlich irgendeinen Inhalt in diese Liste packen. Exemplarisch habe ich dazu einfach eine Zahl (int) dargestellt. Sie könnten hier jeden beliebigen anderen Typ angeben, auch mehrere ...

Exemplarisch zeige ich Ihnen hier den Aufbau einer doppelt verketteten Liste aus drei Elementen:

```cpp
Doppelkette *erster, *zweiter, *dritter;
erster = new Doppelkette;
zweiter = new Doppelkette;
dritter = new Doppelkette;
```

```
erster->inhalt = 1;
zweiter->inhalt = 2;
dritter->inhalt = 3;


erster->vorgaenger = NULL;
erster->nachfolger = zweiter;


zweiter->vorgaenger = erster;
zweiter->nachfolger = dritter;


dritter->vorgaenger = zweiter;
dritter->nachfolger = NULL;
```

Wie Sie sehen, müssen Sie beim »Verdrahten« höllisch aufpassen, nicht die verkehrten Glieder miteinander zu verbinden. Das erste Element hat keinen Vorgänger (NULL), genauso wenig, wie das letzte einen Nachfolger hat.

Bis zu dieser Stelle ist die Kette komplett aufgebaut. Nun zeige ich Ihnen, wie Sie sich beispielsweise durch die Elemente »hangeln« und dabei jeweils den Inhalt ausgeben. Los geht es mit dem ersten und anschließend jeweils über den Nachfolger bis zum letzten.

```
Doppelkette *tmp = erster;
while(tmp) {
  cout << tmp->inhalt << endl;
  tmp = tmp -> nachfolger;
}
```

Das funktioniert auch umgekehrt:

```
tmp = dritter;
while(tmp) {
  cout << tmp->inhalt << endl;
  tmp = tmp -> vorgaenger;
}
```

Diese Beschreibung ist natürlich nur eine Übung für die interne Darstellung Ihres ADT. Im Ernstfall werden Sie nicht mit drei *statischen* Elementen (wie erster, zweiter oder dritter) arbeiten, sondern im Rahmen Ihrer Implementierung die einzelne Kettenglieder *dynamisch* aneinanderreihen.

Klang der Strings

Jeder kennt ihn, jeder braucht ihn: den *String*! Es geht hier selbstverständlich um Zeichenketten. An was haben Sie denn gedacht?

Unter einem *String* versteht man eine **Zeichenkette**, die ein Wort oder einen Satz repräsentiert. Ein einzelnes **Zeichen** wird dagegen als *Character* bezeichnet.

Unicode ist heutzutage die Standard-Codierung für einzelne Zeichen. Im Gegensatz zu frühen Codierungen wie beispielsweise den im fünften Kapitel beschriebenen ASCII, der nur 128 verschiedene Zeichen unterscheiden kann, ist der Unicode universell. Probleme, die in den 90er Jahren viele Informatiker zur Verzweiflung getrieben haben, gehören heute der Vergangenheit an. Deutsche Umlaute, die je nach Betriebssystem, Browser oder Datenbank unterschiedlich dargestellt werden, haben viele Entwickler über lange Zeit mit mühseligen Umrechnungen verzweifeln lassen. Mit Unicode ist das alles gelöst. Selbst chinesische Schriftzeichen kommen darin vor. Werfen Sie beispielsweise einen Blick in `http://unicode-table.com`, dann wissen Sie, was ich meine.

Struktur von Zeichenketten

Es ist keineswegs zwingend, dass Sie sich Zeichenketten als Arrays von Bytes vorstellen. Diese Art der Repräsentation ist sogar äußerst ungeeignet, wenn Sie beispielsweise aus »Infrohmatik macht Spaß« den Spruch »Informatik macht Spaß« machen wollen. Denn es reicht dann nicht, »froh« durch »for« zu ersetzen. Sie müssen zugleich »matik macht Spaß« um eine Stelle nach links kopieren.

Genau wie bei den anderen grundlegenden Datentypen nennen wir das besser gleich **ADT String**. Die elementaren Operationen finden Sie in Tabelle 32.5.

Operation	Erklärung
`Length()`	Gib die Länge des Strings aus
`Input(s)`, `Output()`	Ein- und Ausgabe von Strings
`Insert(s, position)`	Einen anderen String (s) an der Stelle `position` einfügen
`Append(s)`	Den String anhängen (also am Ende anfügen)
`Substring(start, end)`, `Delete(start, end)`	Einen Teilstring liefern (beziehungsweise löschen), der bei `start` anfängt und bei `end` aufhört.
`Compare(s)`	Den String mit einem anderen (s) vergleichen.
`IsEmpty`	Ist der String leer?
`Match(m)`	Findet sich das Muster (oder der Teilstring) m irgendwo?

Tabelle 32.5: ADT String

Diese Liste ist keineswegs das Ende der Fahnenstange. Sie werden Implementierungen von Strings finden, die über 30 Operationen verfügen. Allerdings sind in Tabelle 32.5 schon einmal die wichtigsten enthalten. Damit sind Sie in der Lage, die am häufigsten benötigten Manipulationen an Strings vorzunehmen. Die besonders wichtigen *Typumwandlungen (Type-Castings)* habe ich Ihnen als »Input« und »Output« untergejubelt. Denn damit könnten Sie beispielsweise Zahlen in Strings (»Input«) oder Strings in Zahlen (»Output«) transformieren. Auf eine detailliertere Darstellung habe ich bewusst verzichtet. Konkretere Typumwandlungsoperationen hängen von der verwendeten Programmiersprache oder gar dem Betriebssystem ab.

Auf die letzte Zeile von Tabelle 32.5 möchte ich jedoch genauer eingehen.

Aufspüren von Mustern

Das Durchsuchen oder Vergleichen eines Strings mit einem gegebenen Muster, das im Zweifel einfach ein anderer String ist, erweist sich als problematisch. Wie wollen Sie vorgehen? Betrachten Sie hierzu den String s und das Muster m aus Abbildung 32.7. Ihre Aufgabe besteht darin, das Muster m im String s zu finden (so es denn überhaupt vorkommt).

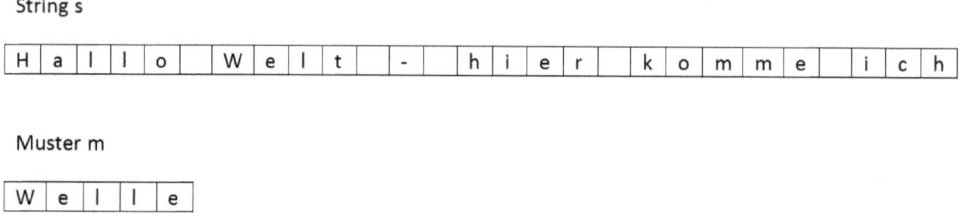

Abbildung 32.7: Suche eines Musters m in einem String s

Denken Sie im Algorithmus! Sie würden sich bestimmt nacheinander die einzelnen Buchstaben von s vornehmen und jeweils nachsehen, ob sie mit m übereinstimmen. Es geht los mit dem H von s, das stimmt schon mal nicht mit dem W von m überein. Also kommt der zweite Buchstabe von s an die Reihe. Auch hier passt das a nicht zum W des Musters. So geht das auch ganz schnell voran, bis zum W von s. Dieser passt zum W der Welle. Auch das e und das folgende l stimmen überein. Erst der vierte Buchstabe von m (wieder l) passt nicht zum t im String s. Also ist das Muster wieder nicht gefunden. Danach müssen Sie jedoch bis zum e von Welt im String zurückspulen. Ab dieser Stelle könnte ja wieder ein Treffer vorliegen. Scheinbar müssen Sie – im schlimmsten Fall – »jedes Zeichen von s mit jedem von m vergleichen«. Eine höllische Aufgabe, wenn Sie bedenken, dass Sie als Mensch die Lösung auf den ersten Blick erkennen!

Beschleicht Sie der Verdacht, der Aufwand müsse sich reduzieren lassen? In der Tat, das ist richtig, aber nur mit einem gemeinen Trick!

 Die Zeichenfolge im Muster muss durch eine *einzige Zahl* repräsentiert werden!

Diese Zahl hat einen besonderen Namen. Sie ist der Spezialfall eines *Hashwertes*!

Keine Sorge, der *Hashwert* oder kurz *Hash* hat nichts mit einer verbreiteten Droge zu tun, auch wenn die englische Übersetzung dies nahelegt. Vielmehr sollten Sie an »Haschieren« denken, das beim Kochen das ganz feine Zerkleinern von Zutaten meint (beispielsweise mit dem Fleischwolf).

Ein *Hashwert* repräsentiert eine Folge von Zeichen und dient als eine Kurzfassung dieser Folge. Der Hashwert wird mittels einer *Hashfunktion* aus der Folge berechnet, jedoch ist dieser Prozess nicht umkehrbar (die Funktion ist nicht *bijektiv*).

Es kann vorkommen, dass verschiedene Folgen denselben Hashwert ergeben. Derartige *Kollisionen* sind nicht erwünscht. Insbesondere sollte eine gute Hashfunktion aus ähnlichen Folgen völlig verschiedene Hashwerte generieren.

Langer Rede kurzer Sinn: Was wäre eine geeignete Zerkleinerung eines Musters m als Zahl, nennen wir sie Hash(m), um sie mit einem String s zu vergleichen? Selbstredend müssten Sie auch den String s – jedenfalls auf einer Länge, die m entspricht – ebenfalls durch den Fleischwolf drehen. Der so erhaltene Hash(Teilstring(s)) wird dann mit Hash(m) verglichen. Da beides ganze Zahlen sind, geht das rattenschnell.

Eine naheliegende Hashfunktion würde darin bestehen, einfach die ASCII-Werte der Zeichen zu addieren. Betrachten Sie dazu erneut Abbildung 32.7. Für das Muster m = »Welle« würde sich

Hash(m) = W + e + l + l + e = 87 + 101 + 108 + 108 + 101 = 505

ergeben. Die ersten fünf Buchstaben von s lauten dagegen

H + a + l + l + o = 72 + 97 + 108 + 108 + 111 = 496.

Somit stimmt der Hash von Welle nicht mit jenem von Hallo überein, fein. Damit wäre aber noch nichts geholfen, solange Sie für »allo «, also den nächsten 5er-Block in s, erneut den kompletten Hashwert berechnen müssten. Das ist aber zum Glück auch nicht nötig! Vielmehr ziehen Sie den Wert von H einfach vom letzten Hashwert ab und addieren dafür das Leerzeichen. Als Formel sieht das so aus: Hash(»allo «) = Hash(»Hallo«) – Hash(»H«) + Hash(» «) = 496 – 72 + 32 = 456. Rechnen Sie nach, dass dies tatsächlich dem Hashwert von »allo « entspricht! Da 456 ≠ 505 ist, ersparen Sie sich den aufwendigen »Zeichen für Zeichen«-Vergleich. Im nächsten Schritt wäre zu berechnen:

Hash(»llo W«) = Hash(»allo «) – Hash(»a«) + Hash(»W«) = 456 – 97 + 87 = 446;

auch hier gilt 446 ≠ 505. So geht das immer weiter bis zum Ende des Strings.

Leider gibt es bei dieser netten Hashfunktion ein anderes, schwerwiegendes Problem: Ähnliche Zeichenketten ergeben denselben Hashwert! Wenn Sie beispielsweise zwei Buchstaben vertauschen, bleibt der Hash gleich. »Welle« ergibt denselben Hash wie »Welel«, »Weell« oder »elleW«. Das ist kritisch. Sobald nämlich zwei Hashwerte übereinstimmen, dürfen Sie sich nicht darauf verlassen, dass die beiden zu vergleichenden Strings tatsächlich identisch sind! In diesem Fall müssen Sie wieder den »Zeichen für Zeichen«-Algorithmus anwerfen, allerdings nur an dieser einen kritischen Stelle. Sollten Kollisionen allzu häufig auftreten, wäre der schöne Zeitvorteil durch die Hashbildung schnell futsch.

Zwei verschiedene Hashwerte bedeuten zwingend, dass auch die beiden zugehörigen Folgen verschieden sind. Dagegen könnte es sich bei gleichen Hashwerten auch um eine Kollision handeln. Deswegen erlauben gleiche Hashwerte keinen Rückschluss auf die Gleichheit der zugehörigen Folgen.

Um das Problem zu umgehen, sollten Sie die Zeichen *gewichten*. Damit schaffen Sie so etwas Ähnliches wie ein Zahlensystem aus Buchstaben. Rufen Sie sich dazu in Erinnerung, dass unsere normalen Zahlen letztlich auch nur aus Zeichen bestehen, deren Wert mit einer entsprechenden Zehnerpotenz multipliziert wird. Der Zahlenwert von 578 entsteht also aus $5 \cdot 10^2 + 7 \cdot 10^1 + 8 \cdot 10^0$ (wobei $10^0 = 1$ ist).

Würden Sie beispielsweise als Basis den kompletten ASCII-Satz mit 128 verschiedenen Zeichen wählen, würde das Wort »Welle« mit $87 \cdot 128^4 + 101 \cdot 128^3 + 108 \cdot 128^2 + 108 \cdot 128^1 + 101 \cdot 128^0 = 23.567.480.421$ zu Buche schlagen.

Wie Sie sehen, ist das bei längeren Stringfolgen auch keine gute Idee, weil die Zahlen schlichtweg zu groß werden und nicht mehr in normalen Integers gespeichert werden können. Abhilfe schafft jedoch ein weiterer Gedanke: Das Ergebnis wird am Ende einfach Modulo einer Zahl n genommen, die noch vernünftig darstellbar ist. Je größer diese Zahl, umso besser, weil die Anzahl an potenziellen Kollisionen bei kleineren Modulo-Zahlen immer größer wird ...

Mittels des Modulo-Operators bleiben Hashwerte auf eine Maximalzahl begrenzt. Je kleiner diese Zahl, umso größer ist die Gefahr von Kollisionen.

Im Folgekapitel 33 erfahren Sie, wie Sie mittels Hashwerten eine komplett neue Struktur aufbauen, die **HashTables**.

Kapitel 33
Tabellen für alle Einsatzzwecke

I n diesem Kapitel dreht sich alles um Tabellen. Diese besondere Form der Datenstruktur hat es in sich. Ich zeige Ihnen, wie Sie Elemente in unsortierten Tabellen suchen. Noch schneller geht es, wenn die Daten bereits sortiert vorliegen. Dazu stelle ich Ihnen ebenfalls die bedeutsamsten Sortierverfahren vor, die ohne zusätzlichen Speicher auskommen. Mit dem rekursiven Quicksort geht das am schnellsten. Gegen Ende des Kapitels dreht sich alles um HashTables. Eine coole Struktur, die Vor- und Nachteile von sortierter und unsortierter Datenhaltung fein ausbalanciert ...

Struktur von Tabellen

In Kapitel 32 werden einige wichtige **abstrakte Datentypen (ADT)** vorgestellt, darunter auch die *lineare Liste*. Sie stellt bereits die Grundform einer **Tabelle** dar.

Sicherlich assoziieren Sie mit Tabellen noch einen weiteren Aspekt: Jeder Zeile (was einem Eintrag der linearen Liste entspricht) wird eine feste Anzahl an Spalten zugeordnet, wie in Abbildung 33.1 zu sehen.

Allerdings ist das nur wieder die Vorstellung dessen, wie der Inhalt einer solchen Zeile gefüllt ist. Eine besondere Bedeutung kommt dem **Key**, dem **Schlüssel** eines Elements zu. Sie dürfen zunächst davon ausgehen, dass dies der Eintrag aus der ersten Spalte ist. In der Theorie handelt es sich dabei um diejenige Information, die den restlichen Eintrag der Zeile eindeutig identifiziert. Das könnte beispielsweise eine Matrikelnummer, eine Personenkennziffer oder eine fortlaufende und deswegen eindeutige Kennung sein. In der Praxis besteht ein solcher Key häufig auch aus Kombinationen von Werten, etwa Vor- und Zunamen sowie Geburtsdaten zusammen mit Adressinformationen.

Tabellenanfang

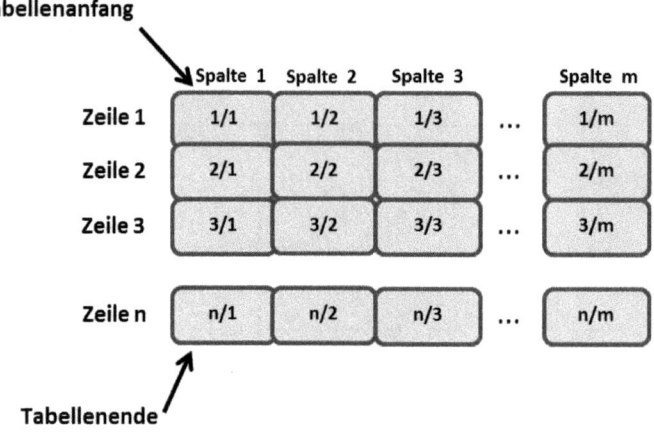

Abbildung 33.1: Struktur einer Tabelle mit Zeilen und Spalten

Im einfachsten Fall können Sie davon abstrahieren und sich eine Tabelle wie in Abbildung 33.2 vorstellen:

Tabellenanfang

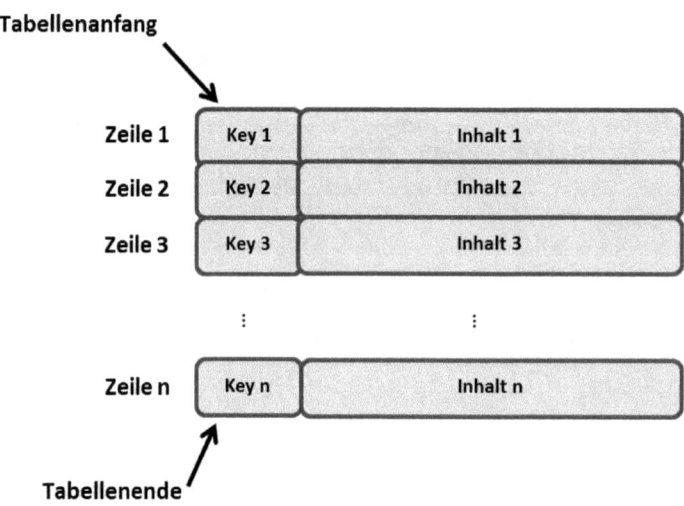

Abbildung 33.2: Tabelle mit Key und Inhalt

Merken Sie sich:

✔ In Tabellen sind die Einträge untereinander *angeordnet*. Jede Zeile hat einen *Vorgänger* (bis auf die erste) und einen *Nachfolger* (bis auf die letzte).

✔ Typische Operationen auf Tabellen sind *Suchen*, *Einfügen* und *Löschen* einzelner Elemente sowie *Sortieren* der gesamten Tabelle nach dem Key.

Eine weitere wichtige Operation ist das **Vertauschen (Swap)** von Elementen einer Tabelle. Angenommen, jede Zeile einer bestimmten Tabelle stünde für einen Video-Clip mit vielen Megabytes an Daten. Würden Sie tatsächlich beim Vertauschen zweier solcher Einträge die Videodateien umkopieren? Am Ende befänden sich beide Dateien – nach wie vor – irgendwo auf Ihrer Festplatte, höchstens an einer anderen Stelle. Sinnvoller wäre es, lediglich eine *Referenz* auf die Dateien innerhalb der Tabelle zu speichern. Wenn Sie nun zwei Elemente der Tabelle vertauschen, würden Sie nur die Referenzen umkopieren, wenige Bytes also. In Abbildung 33.3 habe ich versucht, das ein wenig grafisch zu verdeutlichen.

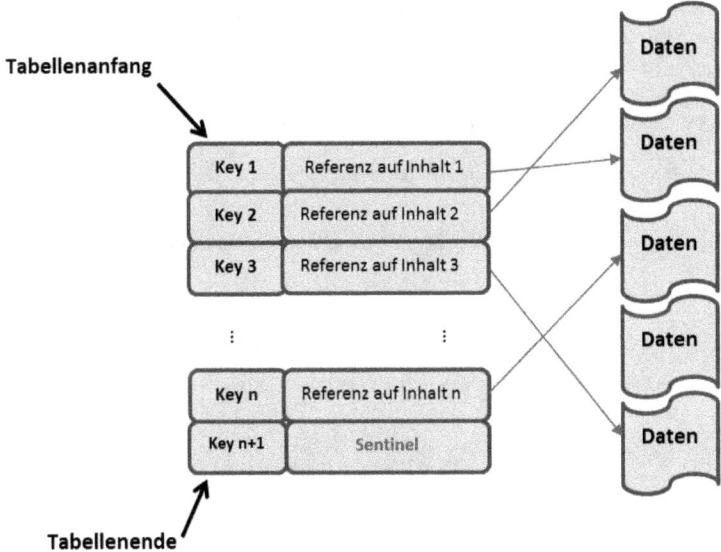

Abbildung 33.3: Abstrakte Tabelle mit Referenzen als Inhalt

Die Pfeile stehen für die Referenzen. Würden Sie nun zwei Elemente der Tabelle vertauschen, so bliebe der eigentliche Inhalt, nämlich der Datenbereich, an seinem ursprünglichen Platz.

 Haben Sie bemerkt, dass die Tabelle nunmehr aus n + 1 Elementen besteht? Auf das letzte, ganz unten, den **Sentinel**, werde ich im nächsten Abschnitt eingehen. Ich bitte um ein wenig Geduld!

Die erste wichtige Frage in Bezug auf derartige Tabellen lautet: Wie finden Sie die Referenz auf einen spezifischen Eintrag? Sie kennen also den **Key**, benötigen jedoch den eigentlichen **Inhalt**. Die Frage lautet also, wie Sie die Tabelle nach dem richtigen Key durchsuchen. Ich kann Ihnen hierzu zwei Antworten anbieten, eine langweilige und eine spannende:

✔ mittels *sequenzieller Suche*

✔ mittels *binärer Suche*

Sequenzielle Suche

Das Wort **Sequenz** stammt vom lateinischen Verb *sequi* ab, das so viel wie *folgen* meint. Eine sequenzielle Suche beginnt am Anfang der Tabelle und betrachtet einfach die jeweils nächste Zeile. Zuerst wird somit der Key des ersten Elements mit dem Suchbegriff (der nicht zwingend ein String sein muss) verglichen, dann dessen Nachfolger und dann dessen Nachfolger und das geht immer so weiter, bis entweder der Schlüssel endlich gefunden wird oder keine weiteren Einträge in der Tabelle vorliegen.

Im Kern handelt es sich um eine Schleife, in der Sie theoretisch jedes Mal einerseits überprüfen müssen, ob der Key mit dem Suchbegriff übereinstimmt, und andererseits, ob das Ende der Tabelle schon erreicht ist.

Um das abzukürzen, gibt es einen Trick, den Sie sich merken sollten:

Eine Suchschleife kann generell auf die Prüfung verzichten, ob das Ende der Tabelle erreicht wurde, wenn Sie zuvor ganz an das Ende der Tabelle das zu suchende Element eintragen. Dieser Eintrag wird **Sentinel (Wächter)** genannt.

Im Code könnte das so ausschauen:

```
bool sequenzielleSuche(Keytyp Suchbegriff) {
    Tabelle[n+1].Key = Suchbegriff; // Sentinel!
    int i = 0;
    while (Tabelle[i].Key != Suchbegriff) i++;
    if (i > n) return false;
    else return true;
}
```

Wie Sie sehen, wird gleich am Anfang der sequenziellen Suche sichergestellt, dass der Algorithmus auch wirklich fündig wird: Das Tabellenende wird zum Sentinel, indem dort ein zusätzlicher Key mit dem Suchbegriff hinzugefügt wird. Ich brauche hoffentlich nicht extra zu betonen, dass an dieser Stelle (n+1) natürlich kein tatsächlich benötigtes Element der Tabelle vorgesehen ist. Betrachten Sie hierzu erneut Abbildung 33.3.

Durch den Trick mit dem Sentinel ersparen Sie sich innerhalb der while-Schleife eine wiederholte if-Abfrage nach dem Ende der Tabelle. Sie haben ja zuvor sichergestellt, dass die Suche in jedem Fall erfolgreich sein wird, und sei es auch nur am Ende der Tabelle.

Auf diese Weise besteht die eigentliche while-Schleife lediglich darin, auf das nächste Element zu verweisen und i zu inkrementieren.

By the way: Selbst darauf hätten Sie noch in C/C++ verzichten können und einen völlig leeren Schleifenrumpf erhalten, indem Sie die Inkrementierung direkt in die Abfrage eingebaut hätten:

```
while (Tabelle[i++].Key != Suchbegriff);
```

Ich habe aus Gründen der Übersichtlichkeit darauf verzichtet.

Am Ende des Codes genügt es somit, zu klären, ob das gefundene Element nun das Sentinel ist oder nicht. Dies ist am Index i abzulesen. Sollte das Tabellenende tatsächlich noch nicht erreicht sein (i ≤ n), so ist die Suche erfolgreich, anderenfalls nicht.

Wenn es »dumm läuft«, finden Sie Ihren Suchbegriff erst im vorletzten Element der Tabelle. Im Schnitt werden Sie davon ausgehen können, dass Sie nach n/2 Vergleichen fündig werden, vorausgesetzt, der Suchbegriff taucht überhaupt auf. Angenommen, in der Hälfte der Fälle suchen Sie nach einem Key, der überhaupt nicht vorhanden ist. Dann müssten Sie im Schnitt: $\frac{1}{2} \cdot n + \frac{1}{2} \cdot \frac{n}{2} = \frac{3}{4} n$ Vergleiche durchführen. Dies entspricht einer Komplexität von O(n).

 Details zur Komplexität von Algorithmen und dem komischen »Oh« finden Sie in Kapitel 31.

Solange Ihre Tabelle nur aus ein paar Hundert Einträgen besteht, ist das kein Problem. Aber was passiert bei einer Million Elementen?

Hier eröffnet sich ein starkes Argument gegen den Vorwurf, die Einführung des Sentinels sei kein großer Gewinn. Die Prüfung auf

```
if (i == n)
```

kostet nun wirklich sehr wenig Code und ist auch zur Ausführungszeit nicht gerade ressourcenfressend. Allerdings wird jede Suche im Schnitt $\frac{3}{4} n$-mal die Schleife ausführen und die zusätzliche Bedingung überprüfen müssen. Ein ernst zu nehmender Faktor, wenn n richtig groß wird, etwa n = 1.000.000. In diesem Fall sparen Sie mit dem Sentinel immerhin 750.000 Vergleiche. Anderenfalls erscheint für längere Zeit die Sanduhr auf dem Bildschirm ...

Kurzum: Ihr Algorithmus wird bei sehr großem n inakzeptabel. Einen Ausweg bietet die *binäre Suche*.

Binäre Suche

Die **binäre Suche** ist eine wahnsinnig schnelle Methode, eine Tabelle zu durchsuchen. Allerdings hat sie einen bösen Pferdefuß: Sie setzt voraus, dass Ihre Tabelle nach den Keys **sortiert** vorliegt.

Stellen Sie sich vor, Sie suchen nach der Matrikelnummer eines Studenten. Sobald Sie über die gewünschte Zahl hinaus sind, wissen Sie, dass Sie nicht weitersuchen müssen. Außerdem wäre es geschickt, nicht am Anfang zu beginnen, sondern gleich in die Mitte zu springen. Betrachten Sie den Key an dieser Stelle. Ist er größer als der Eintrag, den Sie suchen, setzen Sie Ihr Verfahren mit der oberen Hälfte der Tabelle fort (wo die kleineren Einträge stehen). Anderenfalls machen Sie mit der unteren weiter. Mit einem einzigen Vergleich haben Sie so die Tabellengröße halbiert und setzen Ihren Algorithmus mit der jeweils anderen Hälfte fort.

```
bool binäreSuche(Keytyp Suchbegriff) {
    int oben = 0, unten = n, mitte;
    while (oben < unten) {
        mitte =(oben + unten)/2;
        if (Tabelle[mitte].Key < Suchbegriff)
            oben = mitte + 1;
        else unten = mitte;
    }
    if (Tabelle[oben].Key == Suchbegriff)
        return true;
    else return false;
}
```

Am Anfang werden oben und unten mit den entsprechenden Rändern der Tabelle initialisiert. Die while-Schleife ist der Kern des binären Suchalgorithmus. Beachten Sie, dass die Bedingung »oben < unten« am Ende der while-Schleife ganz sicher nicht mehr gilt (ansonsten würde die Schleife fortgesetzt werden). Nach Ausführung der Schleife fallen oben und unten zusammen: Beide verweisen auf denselben Tabelleneintrag. Das ist die Stelle, an der Sie den Suchbegriff als Key erwarten. Findet er sich tatsächlich dort, war die Suche erfolgreich, anderenfalls nicht.

Im Rumpf der while-Schleife passiert hierzu Folgendes: Sie springen in die Mitte der restlichen Tabelle und testen den dortigen Key-Eintrag darauf, ob er kleiner als der Suchbegriff ist. Falls das zutrifft, muss der gesuchte Key in der unteren Hälfte der Tabelle stecken. Das neue oben wird um genau ein Element unterhalb der Mitte platziert (das neue unten bleibt das alte). Sollte dagegen die if-Anweisung nicht zutreffen, also »oben nicht kleiner sein als unten«, so muss sich der Suchbegriff, wenn er denn überhaupt irgendwo als Key in der Tabelle zu finden ist, in der oberen Hälfte der ursprünglichen Tabelle befinden. Hierzu wird das neue unten auf die alte mitte gesetzt, während oben bleibt, wo es ist.

 Haben Sie den feinen Unterschied in der Behandlung von oben und unten bemerkt? Der Grund liegt darin verborgen, dass die Verneinung der Bedingung Tabelle[mitte].Key < Suchbegriff ebenfalls mit einschließt, dass der soeben in der mitte gefundene Key tatsächlich dem Suchbegriff entspricht. In dem Fall wäre es fatal, das neue unten auf mitte-1 zu setzen ...

Am besten machen Sie sich die Funktionsweise des Algorithmus an einem einfachen Beispiel klar. Die Effizienz und Mächtigkeit der Vorgehensweise tritt jedoch erst so richtig bei riesigen Tabellen zutage. Dennoch möchte ich es im Beispiel nicht übertreiben und von lediglich elf sortierten Elementen ausgehen. Da die Indizierung bei 0 beginnt, verfügt die Tabelle über Einträge an den Stellen 0 bis 10. Der besseren Übersicht halber betrachten wir allein die Keys, die hier einfach nur aus ganzen Zahlen bestehen sollen. Übrigens wird ein Sentinel für diesen Algorithmus nicht benötigt.

 Ausgangspunkt sei die Tabelle aus Abbildung 33.4. Der zu suchende Key sei »13«.

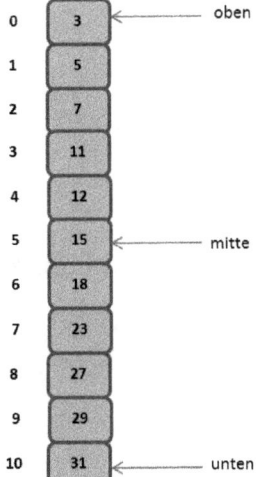

Abbildung 33.4: Ausgangstabelle

oben wird mit 0, unten mit 10 initialisiert. Dies resultiert in mitte = (0 + 10) / 2 = 5.

Der Wert an der Stelle 5 ist mit »15« zu hoch. Somit trifft die Bedingung innerhalb der if-Anweisung nicht zu und ihr else-Zweig wird ausgeführt, nämlich unten auf den Wert von mitte gesetzt, also 5. Anschließend wird die Mitte erneut berechnet, diesmal zu mitte = (0 + 5) / 2 = 2. Die ganzzahlige Division rundet grundsätzlich das Ergebnis ab.

Abbildung 33.5 veranschaulicht die Werte des Algorithmus bis zu dieser Stelle.

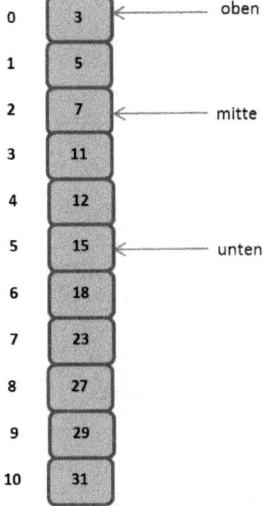

Abbildung 33.5: Die Tabelle innerhalb des zweiten while-Durchlaufs

Diesmal ist der an der Stelle 2 gefundene Key-Wert (nämlich »7«), tatsächlich kleiner als der Suchbegriff (»13«). Somit wird der erste Zweig des if ausgeführt, und zwar oben = mitte + 1, was hier zur Zahl 2 + 1 = 3 führt. Die Berechnung der neuen Mitte ergibt mitte = (3 + 5) / 2 = 4. Wie Sie Abbildung 33.6 entnehmen, ist der Untersuchungsbereich nunmehr auf drei Elemente geschrumpft.

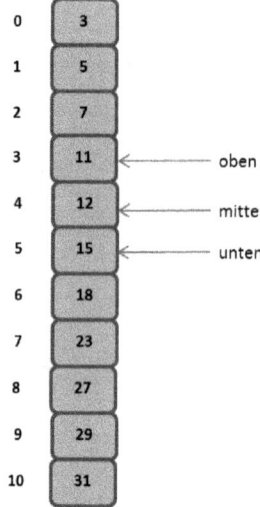

Abbildung 33.6: Die Tabelle innerhalb des dritten while-Durchlaufs

Wiederum ist der Wert an der Stelle von mitte, nämlich »12«, kleiner als der gesuchte Key (13). Nun wird oben = mitte + 1 ausgeführt. Damit fällt 4 + 1 = 5 der Inhalt der Variablen oben mit jener von unten zusammen. Die while-Schleife wird abgebrochen, noch ehe die Mitte erneut berechnet wird.

Die finale Prüfung des Werts an der Stelle 4 ergibt wiederum »12«. Dieser Wert entspricht nicht dem Suchbegriff, der Algorithmus terminiert mit der Misserfolgsmeldung false.

Wirklich berauschend ist die binäre Suche erst bei riesigen Tabellen. Gehen Sie von einer Million Einträgen aus, so halbiert die erste while-Schleife den Suchraum auf eine halbe Million. Jeder weitere Schleifenlauf halbiert wiederum den verbliebenen Bereich. Nach $\log_2$ 1.000.000 ≈ 19.93, also 20 Schritten haben Sie es spätestens geschafft!

 Kleiner Tipp am Rande: Sollte auf Ihrem Taschenrechner keine Taste zur Berechnung des binären Logarithmus bereitstehen, dürfen Sie folgenden Trick anwenden:

$$\log_2 x = \ln x / \ln 2$$

Details dazu und noch viel mehr warten in Kapitel 49 auf Sie.

Sortierverfahren

Die nächste Frage, die sich geradezu aufdrängt, lautet: »Wie sortiere ich denn eine Tabelle, um den genialen binären Suchalgorithmus anwenden zu können?«

Die wichtigsten Antworten liefern die nachfolgenden Abschnitte. Allerdings ist das nur die halbe Wahrheit. Tatsächlich sollten Sie darauf achten, Ihre Tabelle nach jeder Manipulation (Einfügen und Löschen) stets sortiert zu lassen ...

Um Sie nicht mit unnötigen Varianten zu belasten, beschreibe ich alle Verfahren so, dass Sie vom kleinsten bis zum größten Element aufsteigend sortieren. Es wird Ihnen nicht schwerfallen, die Algorithmen für den umgekehrten Fall anzupassen. Außerdem ist es wichtig, dass Sie einen sehr allgemeinen Begriff dessen verwenden, was die **Größe** eines Elements ausmacht.

Hier nur ein paar Anregungen, was das sein könnte.

✔ Bei Zahlen liegt es nahe, ihren **Zahlwert** zu verwenden.

✔ Wörter können **lexikografisch** verglichen werden (gemäß ihrer Reihenfolge in einem Wörterbuch).

✔ **Kombinationen** von Zahlen und Begriffen (wie beispielsweise Adressen mit Namen und Postleitzahl) können so angeordnet werden, dass zunächst nach der PLZ und anschließend (bei gleicher PLZ) lexikografisch nach dem Ortsnamen sortiert wird.

✔ Telefonnummern können Sie zunächst nach der Vorwahl und anschließend nach der Durchwahl sortieren.

✔ Bücher können nach Titel oder Autor lexikografisch sortiert werden. Nach **ISBN** bietet sich eine numerische Reihenfolge an. Wobei Sie die Landeskennung berücksichtigen sollten.

✔ ...

Sicherlich fallen Ihnen noch etliche andere Möglichkeiten ein.

Es gibt eine riesige Anzahl an Sortieralgorithmen und Sie können heute noch eine neue erfinden. Damit Sie den Überblick behalten, habe ich Ihnen die wichtigsten Kriterien zusammengefasst:

✔ Sortieralgorithmen lassen sich in *interne* und *externe* aufteilen. Externe benötigen zusätzlichen Speicherplatz für eine Kopie der Daten. Interne sind dagegen genügsam, was sich besonders bei riesigen Datenmengen auszahlt.

✔ Wenn die Reihenfolge von Elementen gleicher Größe durch das Sortieren nicht gestört wird, ist das Verfahren *stabil*, anderenfalls *nicht-stabil*.

✔ Die Komplexität des Algorithmus ist selbstverständlich von größter Bedeutung. Klassische Sortierverfahren besitzen die Komplexität $O(n^2)$, die besten dagegen $O(n \cdot \log n)$. Als typische Operation kommt dabei **swap** (Vertauschen zweier Elemente) zum Zuge.

 Exemplarisch möchte ich Ihnen in den nächsten Abschnitten insgesamt drei Sortierverfahren vorstellen. Den **Selectionsort**, den **Bubblesort** sowie den **Quicksort**. Die ersten beiden besitzen die Komplexität O(n²). Dagegen gehört der **Quicksort** zu den schnellsten mit O(n·log n). Wenn Sie einen *stabilen* Algorithmus benötigen, wählen Sie den **Bubblesort**. Die anderen sind *nicht-stabil*. Alle drei vorgestellten Sortierverfahren sind jedoch *intern*.

Selectionsort

Der erste und am nächsten liegende Algorithmus ist der **Auswahlalgorithmus (selection, Auswahl)**. Er lässt sich wie folgt beschreiben.

✔ Suchen Sie zunächst das kleinste Element aus der Liste heraus.

✔ Tauschen Sie es (»swap«) mit dem vordersten aus.

✔ Suchen Sie das kleinste Element unter den restlichen heraus.

✔ Vertauschen Sie es mit dem zweiten der Tabelle.

✔ Wiederholen Sie den Vorgang so lange, bis Sie beim vorletzten angelangt sind (das Letzte ist dann bereits richtig platziert).

Entsprechender Programmcode könnte so aussehen:

```
void selectionSort() {
    for (int i=0; i<n-1; i++){
        Keytyp kleinster = Tabelle[i].Key;
        int kleinsterIndex = i;
        for (int j=i+1; j<n; j++)
            if (Tabelle[j].Key<kleinster){
                kleinster = Tabelle[j].Key;
                kleinsterIndex=j;
            }
        swap(Tabelle[i],Tabelle[kleinsterIndex]);
    }
}
```

Die äußere `for`-Schleife beginnt am Anfang der Tabelle und arbeitet sich sukzessive bis zum Ende vor. Der Algorithmus garantiert, dass die Tabelle jeweils bis zur Stelle `i` sortiert ist. Dazu wird unter den restlichen (die innere `for`-Schleife) das jeweils kleinste Element bestimmt. In `kleinsterIndex` merken Sie sich die Position dieses Elements, um es am Ende (mittels `swap`) mit dem aktuellen Element auszutauschen.

Anhand eines Beispiels möchte ich Ihnen die Funktionsweise vorstellen.

Ausgangspunkt sei folgende Tabelle (Abbildung 33.7):

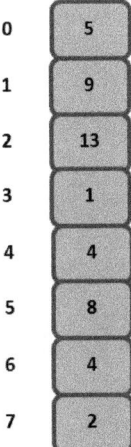

Abbildung 33.7: Anfangszustand

In jedem Durchlauf der äußeren for-Schleife wird das nächstoberste Element an die richtige Stelle gesetzt, sehen Sie selbst! Die jeweils mittels swap ausgetauschten Elemente habe ich Ihnen in Abbildung 33.8 hervorgehoben.

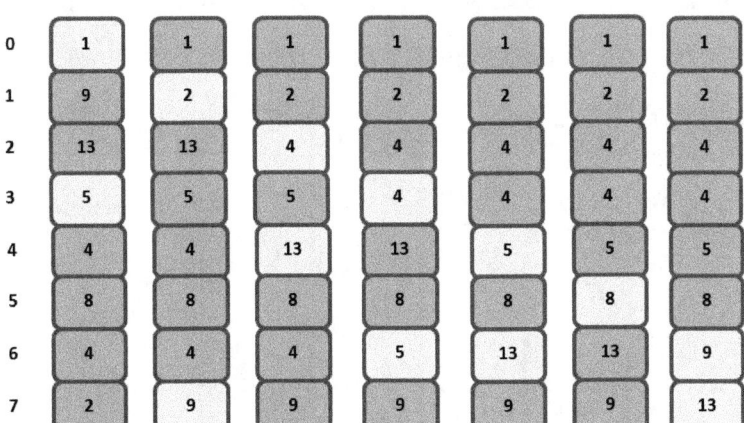

Abbildung 33.8: Verlauf des Selectionsort

Sie mögen den Eindruck haben, das Verfahren sei ja doch stabil, weil sich die Reihenfolge der beiden Elemente mit der »4« nicht verändert hat. Das täuscht! Im Allgemeinen ist das nicht garantiert, weil die Position durch einen früheren Tausch mit einem kleineren Element verändert worden sein könnte. Sehen Sie sich nur einmal die »13« an ...!

Bubblesort

Das Wort **Bubble** steht für **Bläschen**. Die Idee des Verfahrens ist vergleichbar mit Bläschen, die im Wasser aufsteigen. Es werden jeweils zwei benachbarte Zellen miteinander verglichen. Am Ende sind die leichtesten ganz oben, die schwersten ganz unten:

```
void bubbleSort() {
    for (int i=0; i<n-1; i++){
      for (int j=0; j<n-i-1; j++)
          if (Tabelle[j].Key<Tabelle[j-1].Key)
           swap(Tabelle[j],Tabelle[j-1]);
    }
}
```

Der Code ist noch schlanker und eleganter als beim Selectionsort. Dafür ist die Funktionsweise etwas schwerer zu verstehen. Auch hier gibt es zwei ineinander verschachtelte for-Schleifen. Die äußere kennen Sie schon vom Selectionsort. Sie beginnt ganz oben und arbeitet sich an der Tabelle hinab bis nach (fast) ganz unten. Die innere beginnt ebenfalls jedes Mal ganz oben. Vertauscht werden zwei benachbarte Elemente genau dann, wenn ihre Reihenfolge nicht stimmt (wenn also das größere oberhalb des kleineren steht). Am Anfang muss die innere Schleife fast durch die gesamte Tabelle »bubbeln«. Mit jedem Durchlauf der äußeren Schleife reduziert sich die Rundenzahl der Inneren. Am Ende ist nur noch ein einziger Vergleich durchzuführen.

 Als Beispiel möchte ich Ihnen den Bubbelsort wiederum anhand der Tabelle aus Abbildung 33.7 demonstrieren. Auch hier sind die *swap*-Operationen hervorgehoben. Allerdings gibt es diesmal deutlich mehr davon. Allein für i = 0 gibt es in der inneren Schleife fünf Swaps (Abbildung 33.9).

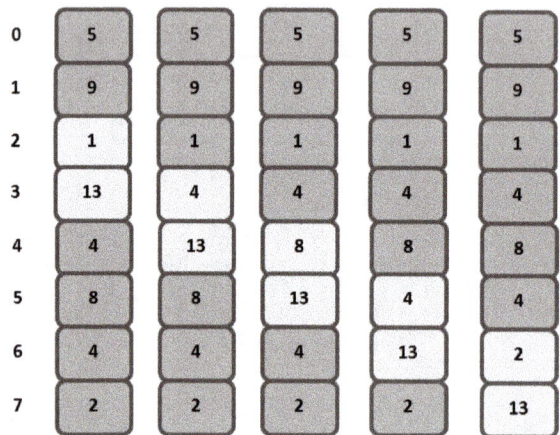

Abbildung 33.9: Swaps für i = 0

Am Ende des ersten Durchlaufs steht das größte Element, wo es hingehört, an der untersten Position. Deswegen können Sie beim zweiten Durchgang (für i = 1) schon eine Stelle früher aufhören (Abbildung 33.10).

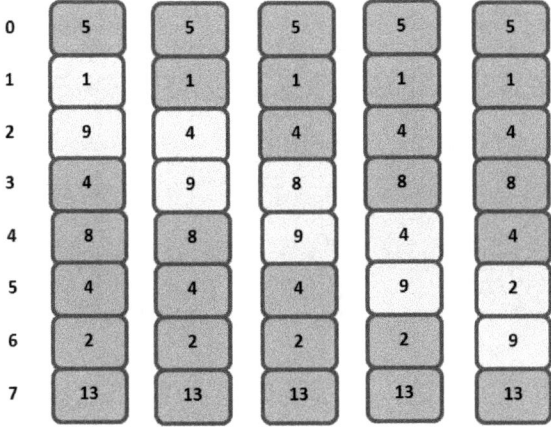

Abbildung 33.10: Swaps für i = 1

Es hat den Eindruck, dass bei jedem Durchlauf einfach nur das jeweils größte Element nach unten »abtaucht«. Doch das täuscht, wie Sie für i = 2 in Abbildung 33.11 sehen.

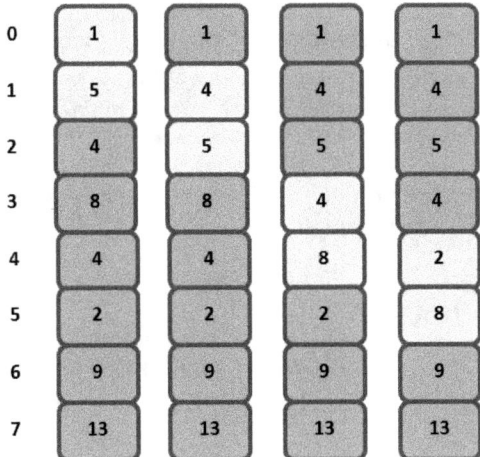

Abbildung 33.11: Swaps für i = 2

Die Position der 5 wurde korrigiert, obwohl die 8 das nächstgrößere Element ist. Die restlichen Durchläufe zeige ich Ihnen in Abbildung 33.12.

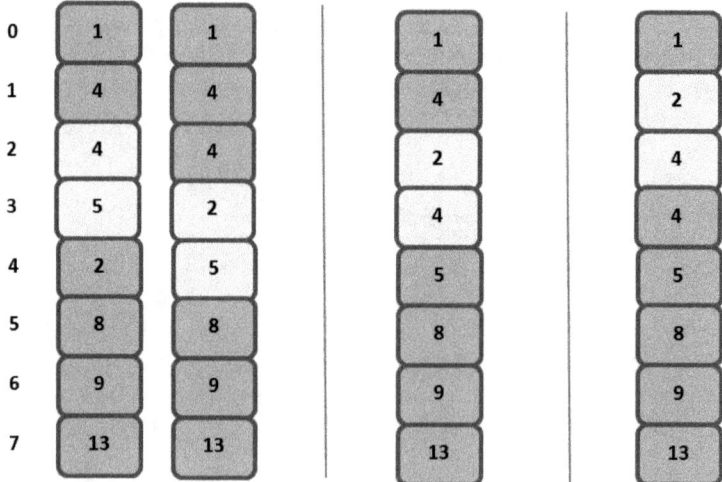

Abbildung 33.12: Swaps für i = 3 bis i = 6

Wie Sie sehen, ist der Algorithmus stabil, denn die Reihenfolge der 4en hat sich nicht verändert (die obere 4 bleibt bis zum Ende die obere 4).

Heutzutage würde man den Algorithmus vielleicht weniger mit aufsteigenden Bläschen vergleichen als mit penetranten Personen, die – in einer Schlange stehend – immer weiter nach vorne drängeln.

Es gibt verschiedene Ausprägungen und Verfeinerungen des Bubblesort. Sie könnten beispielsweise genau umgekehrt beginnen, und zunächst die kleinsten Elemente an die richtige Stelle bringen (vergleichen Sie hierzu die 2 und die 13 aus dem letzten Beispiel. Die größte Zahl wird gleich im ersten Durchlauf korrigiert, die 2 steht erst am Ende richtig). Außerdem dürfen Sie bereits komplett aufhören, wenn bei einem Durchlauf der inneren Schleife überhaupt keine Swaps mehr ausgeführt werden.

Für den Bubblesort ist es wichtig, welche Anordnung der Elemente ganz am Anfang gegeben ist. Sollte die Tabelle bereits teilweise sortiert sein, hilft das enorm.

Für die ganz Eiligen: Quicksort

Im Vergleich zum Algorithmus, den ich Ihnen jetzt vorstellen möchte, sind die beiden bisherigen Verfahren geradezu lächerlich simpel. Sein Name ist **Quicksort**, und genau darum geht es auch: **schnelles Sortieren**.

Das Verfahren beruht auf der Idee der *Rekursion*.

 Kleiner Tipp: In Kapitel 31 finden Sie den Grundgedanken der Rekursion ausführlich erklärt.

Sie gehen zunächst von der Gesamttabelle aus.

✔ In **Phase 1** wählen Sie – möglichst geschickt – ein sogenanntes **Pivot-Element** (gesprochen »Pi-woh«). Dabei handelt es sich um den **Dreh- und Angelpunkt**. Dieses Element bestimmt nämlich, wie die Tabelle in zwei Teiltabellen aufgespalten werden sollte. Ideal wäre es, wenn das Pivot-Element genau dasjenige mit dem mittleren Wert wäre.

✔ Sobald Sie sich für ein Pivot-Element, sagen wir P, entschieden haben, werden in **Phase 2** die Elemente »grob vorsortiert«. Diese Phase wird auch **Partition** genannt. Dabei suchen Sie von oben nach Einträgen, die größer sind als P, während Sie gleichzeitig von unten nach Einträgen kleiner als P Ausschau halten. Sobald Sie fündig werden, vertauschen Sie diese beiden Elemente miteinander. Das wiederholen Sie so lange, bis sich kein Element größer als P oberhalb eines Elements kleiner als P befindet. Damit Ihnen das Pivot-Element dabei nicht im Weg steht (die endgültige Position ist bis dato ja noch nicht klar), müssen Sie zunächst P mit dem letzten Element vertauschen. Am Ende von Phase 2 wird P dann mit demjenigen Eintrag getauscht, der sich an der Grenze zwischen den kleineren und den größeren Elementen befindet, der **Mitte**.

✔ Die **Phase 3** ist der Clou. Da sich zumindest P am Ende von Phase 2 bereits an der richtigen Stelle der Tabelle befindet (weil alles oberhalb kleiner und alles unterhalb größer ist), wenden Sie nunmehr das komplette Quicksortverfahren auf die obere Teiltabelle und auf die untere Teiltabelle *rekursiv* an. Fertig!

Keine Sorge, wenn Ihnen das zu kompliziert erscheint. Ich erkläre alles anhand des Beispiels noch einmal in Ruhe. Schritt für Schritt möchte ich Ihnen jeweils den konkreten Programmcode für die einzelnen Phasen des Quicksort vorlegen.

Da der Algorithmus rekursiv immer wieder aufgerufen wird, benötigt er *Parameter*. Diese geben an, welcher Teil der Tabelle überhaupt betrachtet werden soll (also die Indizes von »oben« und »unten«). Sie wählen zu Beginn einfach

```
quickSort(0, n-1) ...
```

Und hier finden Sie den kompletten Algorithmus:

```
void quickSort(int oben, int unten) {
    // Phase 1
    int indexPivot = findPivot(oben, unten);
    // Phase 2
    swap(Tabelle[indexPivot],Tabelle[unten]);
    int mitte = partition(oben, unten);
    swap(Tabelle[mitte],Tabelle[unten]);
    // Phase 3
    if (oben<mitte-1) quicksort(oben,mitte-1);
    if (mitte+1<unten) quicksort(mitte+1,unten);
}
```

Wir gehen wieder von der Tabelle aus Abbildung 33.7 aus. Der Aufruf müsste in diesem Fall lauten: quickSort(0, 7); Das »n« wäre hier 8, weil es sich um acht Elemente in der Tabelle handelt. Kleinester Index ist 0, der größte 7. Mit diesen Parametern geht es zu findPivot.

Versuchen Sie herauszufinden, welcher Eintrag in Abbildung 33.7 das beste Pivot-Element wäre. Sie müssen dasjenige herausfinden, für das es möglichst genauso viele Zahlen darunter wie darüber gibt.

Sind Sie fündig geworden? Würden Sie die acht Werte der Reihe nach sortieren, wäre die Mitte genau zwischen der zweiten 4 und der 5. Beide Zahlen sind somit die optimalen Pivot-Elemente. Aber ... so läuft das natürlich nicht! Um das richtige Pivot-Element für den Quicksort zu finden, können Sie schlecht erst einmal die komplette Tabelle sortieren. Selbst durch alle Elemente zu huschen und sich den Mittelwert zu merken, dauert viel zu lange. Stattdessen lösen Sie das Problem mit einer sehr, sehr groben Näherung:

Sie nehmen einfach das *mittlere* Element! Der Code dazu könnte so aussehen:

```
int findPivot (int oben, int unten) {
  return (oben+unten)/2;
}
```

Erschrecken Sie nicht! Auch ich musste erst einmal schlucken, als ich diese Idee zum ersten Mal gesehen habe. Das mittlere Element ist doch garantiert nicht dasjenige mit dem mittleren Wert, ansonsten wäre die Tabelle ja vorher schon sortiert. Genauso gut hätten Sie einfach den ersten oder letzten Eintrag nehmen können. Für die Tabelle aus Abbildung 33.7 wäre das erste (mit dem Wert 5) sogar schon sehr gut gewesen. Dagegen ist das mittlere mit dem Index (0 + 7) / 2 = 3, die »1«, das kleinste Element!

Die ganzzahlige Division rundet immer ab!

Eine denkbar schlechte Wahl als Pivot! Dennoch ist das im Allgemeinen eine sehr gute Idee. Sie sparen sich die Zeit, um das richtige Pivot zu finden, stattdessen beginnen Sie schon mal mit dem Sortieren ...

Sollte Ihnen eine Tabelle vorliegen, die schon grob vorsortiert ist, könnte sich der Gedanke, das mittlere Element als Pivot zu wählen, sogar noch als sehr nützlich erweisen. Ist das nicht der Fall, würde jedes beliebige andere Element es auch tun. Aber es wäre fatal, zum Beispiel immer das siebte Element auszusuchen: Durch den rekursiven Aufruf von Quicksort werden die zu sortierenden Bereiche immer kleiner und unterschreiten irgendwann die sieben. Das mittlere Element gibt es dagegen immer ...

Die Phase 1 ist somit abgeschlossen, das Pivot-Element befindet sich an der Stelle mit dem Index 3. Zu Beginn von Phase 2 wird nun dieser Eintrag mit dem letzten getauscht, also

```
swap(Tabelle[indexPivot],Tabelle[unten]);
```

Für unser Beispiel ergibt sich:

```
swap(Tabelle[3],Tabelle[7]);
```

Die Zahl »1« wird also mit der »2« ganz am Ende ausgetauscht (Abbildung 33.13).

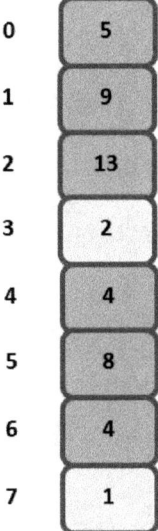

Abbildung 33.13: Tabelle
nach dem ersten Tauschen

Endlich geht es los. Die Einträge werden so sortiert, dass sich alle Werte kleiner als das Pivot-Element oberhalb, alle anderen unterhalb desselben befinden, und zwar so, dass Sie mit möglichst wenig »Swaps« auskommen. Freilich ist das im aktuellen Beispiel nicht sehr spannend: Das Pivot-Element ist das kleinste ...

Der Code für partition sieht recht kompliziert aus:

```
int partition(int oben, int unten) {
  // vor der Partition wurde das Pivot-Element
  // mit dem untersten vertauscht
  Keytype pivot = Tabelle[unten];
  int merkerOben = oben;
  int merkerUnten = unten-1;

  while(merkerOben<merkerUnten) {
    while (Tabelle[merkerOben].Key<=pivot)
      merkerOben++;
    while (Tabelle[merkerUnten].Key>pivot)
      merkerUnten--;
    if (merkerUnten==oben) break;
    if (merkerOben<merkerUnten)
   swap(Tabelle[merkerOben],Tabelle[merkerUnten]);
  }
  return merkerOben;
  // oder merkerUnten - die sind gleich!
}
```

Mit dieser Funktion suchen Sie zunächst von oben nach unten, wo sich das erste Element befindet, das nicht mehr kleiner oder gleich dem Pivot ist (das ja gerade an das Ende der Tabelle geschoben wurde). Der `merkerOben` wird sofort fündig, gleich beim ersten Eintrag (mit dem Index 0). Dort steht die Zahl 5, die größer ist als 1. Weiter geht es nun von unten (ab dem Index 6). Sie suchen nach dem ersten Eintrag, der nicht mehr größer ist als das Pivot. Allerdings gibt es keinen solchen. Die Schleife läuft so lange, bis `merkerOben` nicht mehr kleiner ist als `merkerUnten`. Fertig. Die Partition ist damit abgeschlossen, ohne dass auch nur ein einziger »Swap« ausgeführt wurde. Als Rückgabewert wird der Index 0 zurückgeliefert.

Am Ende der Phase 2 schieben Sie nun das Pivot-Element an die endgültige, korrekte Stelle in der Tabelle:

swap(Tabelle[mitte],Tabelle[unten]);

In unserem Fall ist das die oberste Position:

swap(Tabelle[0],Tabelle[7]);

Auch wenn das nicht gerade nach einem großen Fortschritt aussieht: Am Ende von `partition` steht das Pivot-Element stets an der endgültigen Position und alle Elemente darunter sind größer, alle darüber kleiner. Dies trifft auch jetzt zu, wie in Abbildung 33.14 zu sehen (auch wenn es darüber gar keine Einträge gibt).

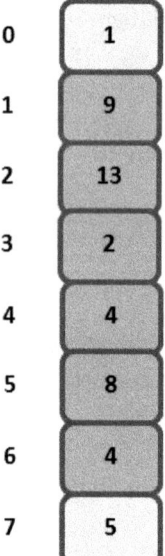

Abbildung 33.14: Tabelle am Ende der Phase 2

Merken Sie, dass Sie nun den Quicksort-Algorithmus rekursiv auf die Rest-Tabelle ober- und unterhalb des Pivot-Elements anwenden dürfen?

Dies ist die Phase 3:

```
if (oben<mitte-1) quicksort(oben,mitte-1);
if (mitte+1<unten) quicksort(mitte+1,unten);
```

In unserem Beispiel ist oben = 0, mitte = 0 und unten = 7. Daher gilt die Bedingung für die obere if-Anweisung nicht mehr und nur der untere Quicksort-Aufruf wird tatsächlich gestartet:

```
quicksort(1,7);
```

Darin geht es wieder los mit findPivot. Inzwischen wissen Sie, dass dies sehr schnell passiert: (1 + 7) / 2 = 4. Dort steht zufällig auch gerade die Zahl »4«, die ein ziemlich gutes Pivot darstellt – habe ich es Ihnen nicht gesagt? Manchmal muss man auch Glück haben.

Nun wird zu Beginn der Phase 2 dieser Wert mit der »5« am Ende der Tabelle ausgetauscht. Anschließend findet die Partitionierung statt. In Abbildung 33.15 zeige ich Ihnen alle einzelnen Swaps. Am Ende wird das Pivot-Element »aus dem dunklen Verlies im untersten Keller der Tabelle« wieder nach oben gezogen und an die endgültige Position gebracht. Sehen Sie, wie die Tabelle am Ende der Phase 2 in drei Teile geteilt ist? Das Pivot ist perfekt platziert, die Elemente darüber sind zwar nicht sortiert, aber wenigstens kleiner (oder gleich) dem Pivot, und darunter ist alles größer ...

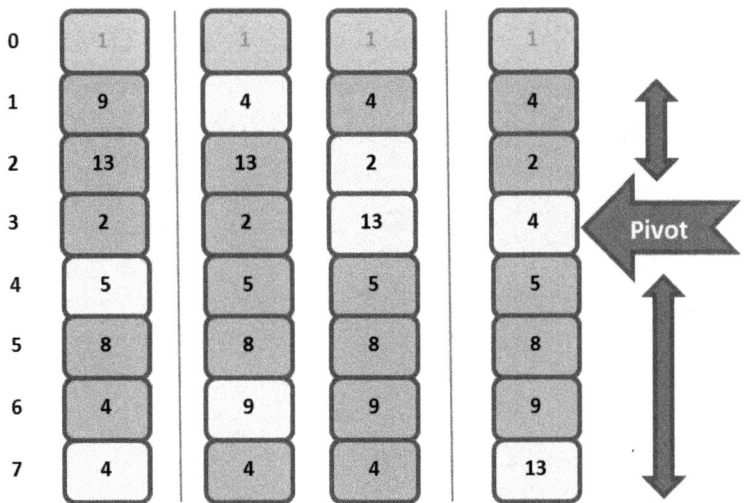

Abbildung 33.15: Nach der Phase 2 im rekursiven Quicksort-Aufruf

In der Phase 3 werden zwei neue, rekursive Aufrufe veranlasst:

```
if (oben<mitte-1) quicksort(oben,mitte-1);
if (mitte+1<unten) quicksort(mitte+1,unten);
```

Da oben = 1, mitte = 3 und unten = 7, führt dies zu

```
quicksort(1,2);
quicksort(4,7);
```

Wie Sie sehen, werden immer kleinere Restbestände der ursprünglichen Tabelle neu sortiert. Durch die Partitionierungsphase wird sichergestellt, dass sich die richtigen Elemente in der jeweiligen Teiltabelle befinden.

Der obere Aufruf bezieht sich auf eine Tabelle, die nur noch aus zwei Elementen besteht. Das Pivot berechnet sich zu (1 + 2) / 2 = 1. Es wird an das Ende (der Teiltabelle, also an den Index 2) geschoben. Die Partitionierung führt dann zu keinen weiteren Swaps. In Phase 3 dieses Aufrufs gibt es auch keine rekursiven Unteraufrufe mehr. Die ersten vier Einträge der ursprünglichen Tabelle sind somit sortiert.

Geradezu dramatisch ist der untere Aufruf. Als Pivot-Element erhalten Sie (4 + 7) / 2 = 5. Das ist das Element mit dem Wert »8«, prinzipiell eine glückliche Wahl. Allerdings ist die Tabelle bereits sortiert. In Abbildung 33.16 sehen Sie die Swaps innerhalb der Partitionierungsphase, die vollkommen überflüssig sind – aber das kann der Quicksort ja nicht wissen:

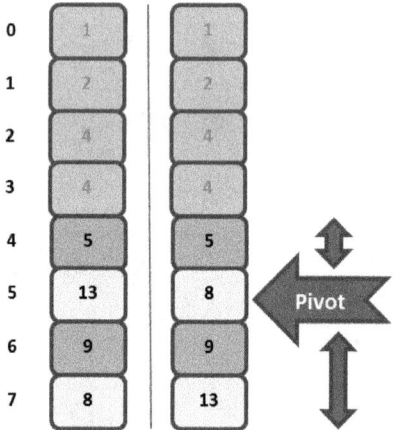

Abbildung 33.16: Swaps im zweiten Durchgang

Oberhalb des Pivots besteht die finale Resttabelle nur aus einem Element, das nicht weiter behandelt werden muss. Unterhalb des Pivots ist die Tabelle wiederum zwei Elemente groß. Wegen (6 + 7) / 2 = 6 ist »9« das Pivot, das unnötigerweise ans Ende geswapt wird, nur um nach der Partitionierung (ohne weitere Swaps) wieder zurück an seinen ursprünglichen Platz gerückt zu werden.

Wenigstens gibt es nun keine weiteren rekursiven Aufrufe mehr. Der Algorithmus terminiert mit dem sortierten Endergebnis.

 Seien Sie nicht enttäuscht: Der Quicksort ist wirklich sehr, sehr schnell und arbeitet viel effizienter als alle anderen Sortierverfahren. Dummerweise wird dies bei kleinen Tabellen nicht so offensichtlich. Probieren Sie das Verfahren doch einmal für viel größere Beispiele aus! Sie werden sehen, dass gerade die ersten Phasen, das Partitionieren mit dem Vorsortieren, sehr gut funktionieren ...

Völlig legal: HashTables

Am Ende des Kapitels stelle ich Ihnen die zentrale Frage: Was gefällt Ihnen nun besser? Wollen Sie Ihre Daten sortieren, damit sie mit einem binären Suchverfahren schneller aufzufinden sind, oder ist es Ihnen lieber, länger zu suchen und dafür auf das aufwendige Sortieren zu verzichten?

In der Tat hängt die korrekte Antwort vom Einsatzgebiet ab. Angenommen, die Daten würden sich so gut wie nie verändern, aber ständig würden Sie danach suchen. Dann wäre ein Sortieren sicherlich angeraten. Andererseits: Sie würden nicht wirklich die Tabelle jedes Mal komplett neu sortieren, wenn ein einziges Element hinzugefügt würde. Dafür würden Sie stattdessen gleich die richtige Stelle aufsuchen und Ihr Element dort einfügen, wo es hingehört.

Das wiederum würde nicht mit festen (statischen) Arrays gehen. Angenommen, Ihre Tabelle verfügt über eine Million Einträge und Sie möchten ein neues Element ganz vorne einfügen. Garantiert wollen Sie dann nicht eine Million Elemente um eine Stelle weiter nach hinten kopieren.

Was ist die Lösung? Wäre es nicht wahnsinnig genial, die Position eines Tabelleneintrags aus dem *Wert des Schlüssels* zu ermitteln?

Falls Ihr Schlüssel ohnehin eine Zahl ist, zum Beispiel eine PIN, eine Matrikelnummer oder die Steuer-ID, wäre das sogar naheliegend.

Dann könnten Sie diese Nummer verwenden, um genau die richtige Stelle im Array zu adressieren. Freilich müssen Sie noch weitere Rechnungen anstellen. Wenn die Keys alle sechsstellig sind, wäre es gut, als Offset erst einmal 99.999 von der Zahl abzuziehen, ehe Sie das Ding speichern, nicht wahr? Allerdings könnte auch das sehr kritisch werden. Was tun Sie denn, wenn es sich um Vornamen, Nachnamen und Adresse handelt? Dann bietet sich ein **Hashwert** an!

 Wie Sie aus einem Text einen Hashwert machen, erfahren Sie am Ende von Kapitel 32.

Gut. Angenommen, Sie produzieren aus Ihren Keys Hashwerte. Die können ziemlich groß werden. Da hilft auch der Trick mit dem Offset nicht mehr. Vielmehr schlage ich Ihnen vor, einfach den resultierenden Hashwert modulo der Tabellengröße zu berechnen!

Angenommen, Ihre Tabelle verfügt über 100 Einträge. In Tabelle 33.1 sehen Sie in der linken Spalte Beispiele für berechnete Hashwerte aus den Keys, rechts werden diese modulo 100 genommen, um einen entsprechenden Speicherplatz zu adressieren.

Hashwert	Zieladresse
3243423	23
4232367	67
6769778	78
8787896	96
9635454	54
3455457	57

Tabelle 33.1: Hashwerte modulo 100 – Beispiele

Wie Sie sehen, ist das bei einer Tabellengröße von 100 sehr einfach: Die Zieladresse entnehmen Sie einfach den beiden letzten Stellen.

Moment mal, da gab es doch ein Problem ... Was tun Sie, wenn zwei verschiedene Adressen denselben Hashwert ergeben? Oder wenn zwei verschiedene Hashwerte modulo der Tabellengröße dieselbe Adresse ergeben?

Hashing ohne Kollisionen

Es handelt sich dann um eine **Kollision** bei der Adressierung des Zielspeichers. Wenn Sie mit einem gewöhnlichen Array arbeiten, geht das schief.

Im letzten Beispiel war die Berechnung des Hashwerts besonders ungünstig, weil nur die beiden letzten Ziffern des Keys übereinstimmen mussten, um eine Kollision zu verursachen (100 ist somit per se kein guter Modulo-Wert, besser wäre eine Primzahl).

Abhilfe schafft ein wirklich simpler Trick: Sie speichern in Wahrheit Ihre Daten nicht in einem Array, sondern das Array ist nur der Einstieg für eine lineare Liste, und zwar pro Feld eine eigene! Wenn Sie sich Abbildung 33.17 näher ansehen, verstehen Sie, was ich meine: eine **HashTable**!

Eine *HashTable* ist eine Tabelle mit gehashten Keys. Als Inhalt findet sich für jeden Eintrag der Startpunkt in eine erweiterbare *lineare Liste*.

Auf diese Weise stellt eine HashTable einen Kompromiss zwischen einer reinen Tabelle und einer linearen Liste dar. Wenn es Ihnen gelingt, möglichst wenig Kollisionen zu verursachen und so die linearen Listen klein zu halten, ist die HashTable fast so effizient wie ein Array. Auf der anderen Seite bereiten Ihnen auch Kollisionen kein Kopfzerbrechen mehr. Wenn es dumm läuft, lassen sich sehr viele der ursprünglichen Keywerte ein und demselben Index der Hash-Table zuordnen. Diese werden dann nacheinander in die zugehörige lineare Liste gespeichert.

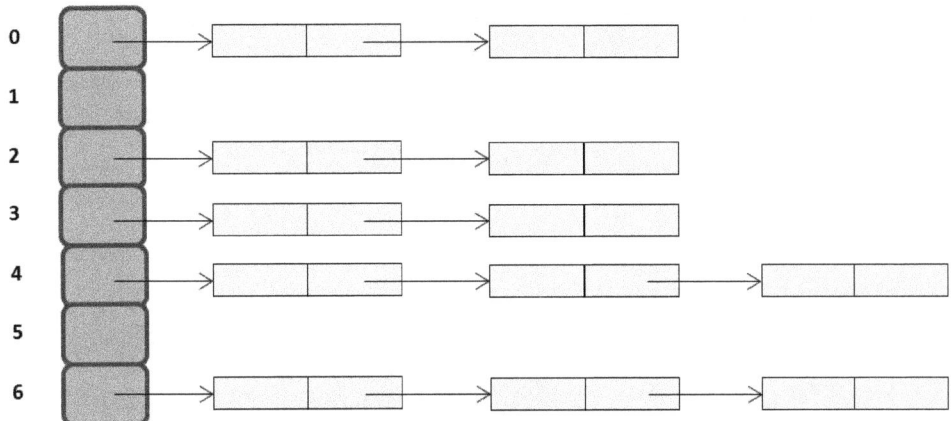

Abbildung 33.17: Beispiel einer HashTable

Indizes, für die noch kein Eintrag existiert, benötigen auch keine lineare Liste. Diese wird erst mit dem ersten Eintrag erzeugt und – nur bei Bedarf – verlängert.

Auf dieselbe Weise werden auch Elemente in der HashTable gesucht. Sie transformieren den Suchbegriff in einen Hashwert, ermitteln anhand des Modulo-Operators die richtige Position in der HashTable, und suchen dann – ganz gewöhnlich sequenziell – in der linearen Liste, bis Sie den gewünschten Eintrag finden.

 Denken Sie in Ruhe über dieses Konzept nach! Sie werden erkennen, dass Sie mittels einer HashTable etwas geradezu Unerhörtes produzieren: ein Array, dessen Indizes nicht mehr Zahlen, sondern Texten entsprechen. Je nach Programmiersprache heißen diese Datenstrukturen **assoziative Arrays**, **Dictionaries** (*Wörterbücher*) oder auch **Maps** (*Karten*).

Hier noch ein paar Inspirationen, wie Sie das Kollisionsproblem alternativ lösen:

✔ Anstatt der linearen Liste verwenden Sie einen zweiten Hash-Algorithmus (der hoffentlich keine weitere Kollision produziert). Dieses Verfahren wird gleichermaßen für das Einfügen und Aufspüren von Elementen angewendet.

✔ **Sondierung** nennt sich ein anderer Trick: Falls ein Feld, das Sie belegen möchten, schon besetzt ist, prüfen Sie einfach das nächste (oder das übernächste oder ein anderes, gemäß einer definierten Reihenfolge).

✔ Als Ersatz für die schnöde lineare Liste verwenden Sie pro Eintrag selbst wiederum eine sortierte Tabelle, bei der Sie per Binärsuche nach Keys forschen. Alternativ dürfen Sie eine komplette HashTable (mit einem anderen Hash-Verfahren) pro Eintrag konstruieren, auch das wird wirklich lustig.

✔ **Dynamisches Hashing** meint die schrittweise Vergrößerung der HashTable – bei Bedarf. Auch eine Verkleinerung ist möglich, wenn in bestimmten Bereichen die Belegung mit Keys zu gering ausfallen sollte.

✔ ...

Ihnen fallen bestimmt noch ganz andere, geniale Strukturen ein.

 Wie wäre es mit **Bäumen**? Das sind die weiter entwickelten Verwandten von Tabellen. Im nachfolgenden Kapitel 34 finden Sie hierzu alle wichtigen Details.

Kapitel 34
Wald und Bäume überblicken

Bäume sind ausgefuchste Strukturen, deren Zweck darin besteht, Daten möglichst schnell zu finden, einzufügen und zu löschen. Sie basieren auf der in Kapitel 33 vorgestellten Idee der Tabelle. Bäume finden Sie in nahezu allen Formen umfangreicher Datenhaltung. Sie sind Kernbestandteil von Datenbanken. Aufbau und Verwendungsweise können variieren, aber die Traversierung von Bäumen, also die systematische Aufzählung der Elemente, spielt fast immer eine wichtige Rolle. Zuvor jedoch stelle ich Ihnen einige Fachbegriffe der Informatik vor, die Sie wohl eher der Botanik zugeschrieben hätten ...

Äste an Wurzeln

Den Sinn einer Baumstruktur kann ich Ihnen ganz einfach erklären: Werfen Sie einen Blick auf die Ordner Ihres eigenen Computers!

Wollen Sie den Überblick bei, sagen wir, mehr als hundert Dateien behalten, werden Sie diese kaum in einem einzigen Verzeichnis ablegen. Ihnen fallen schon Kriterien ein, nach denen Sie Ihre Dateien *ordnen*. Jeder Unterordner selbst kann auf dieselbe Weise weiter zerlegt werden. Dabei gibt es sicherlich viele Möglichkeiten der Einteilung. Ihre Urlaubsbilder wollen Sie vielleicht zeitlich ordnen. Oder nach dem Ort. Oder nach den Personen, die darauf zu sehen sind. Vielleicht auch nach ihrer Auflösung? Ich weiß es nicht. Sicher ist nur: Egal, wie Sie sich entscheiden, Sie erstellen einen Verzeichnis-**Baum** (Abbildung 34.1)!

Baum wird diese Struktur genannt, weil die Unterverzeichnisse wie Äste aus dem Stamm ragen. Wenn wir schon dabei sind, sollten Sie sich gleich alle relevanten Fachbegriffe in diesem Zusammenhang ansehen.

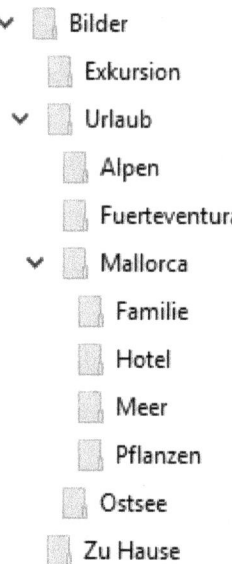

Abbildung 34.1: Beispiel eines Verzeichnisbaums

Ein (gerichteter) *Baum* (**Tree**) besteht aus einer Menge von *Knoten* (**Nodes**) und die sie verbindenden *Kanten* (**Edges**). Der oberste Knoten heißt *Wurzel* (**Root**). Jeder Knoten kann mehrere *Nachfolger* (**Child, Children**) haben. Abgesehen von der Wurzel besitzt jeder Knoten genau einen *Vorgänger* (**Parent**). Die Kanten sind Pfeile, die stets von der Wurzel in Richtung der *Blätter* (**Leaf, Leaves**) verweisen. Blätter sind Knoten ohne Nachfolger.

Puh. Das sind ganz schön viele Begriffe auf einmal. Aber letztlich verwenden Sie einfach die botanischen Bezeichnungen für eine Datenstruktur der Informatik. Es genügt wohl, sich zwei Dinge zu merken:

✔ In der Informatik »wachsen« Bäume von oben (der Wurzel) nach unten (zu den Blättern).

✔ Die Knoten beinhalten die eigentliche Information.

Wie wäre es mit einem richtigen Beispiel? Die Geschichte mit den Verzeichnissen kennen Sie ja schon.

Was bietet sich besser an, als einen Baum über Bäume darzustellen?

In Abbildung 34.2 ist »Baum« die Wurzel. Als Blätter erhalten Sie »Fichte«, »Tanne«, »Eiche« und »Buche«.

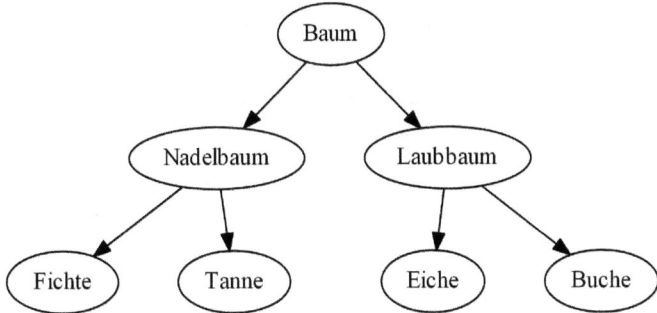

Abbildung 34.2: Ein Baum von Bäumen

Anhand von Abbildung 34.2 kann ich Ihnen noch ein paar weitere Fachbegriffe mit auf den Weg geben:

✔ Knoten mit gleichem Vorgänger heißen **Geschwister** (**Siblings**). Beispielsweise sind Fichte und Tanne Geschwister, nicht aber Tanne und Eiche.

✔ Jeder Knoten kann als Wurzel eines dort beginnenden **Unterbaums** (**Subtree**) verstanden werden. So ist der »Nadelbaum« die Wurzel des Unterbaums, der zusätzlich noch aus »Fichte« und »Tanne« besteht.

✔ Die Anzahl an Nachfolgern wird als **Grad des Knotens** (**Node Degree**) bezeichnet. Alle Knoten aus Abbildung 34.2 (ohne die Blätter) besitzen den Grad 2.

✔ Die **Ordnung** eines Baums ist das Maximum der Gradzahl seiner Knoten. Das Beispiel besitzt somit die Ordnung 2.

✔ Ein **Wald** (**Forest**) ist eine Menge von Bäumen gleichen Typs. Wenn Sie die Wurzel eines Baums löschen, erhalten Sie aus den Unterbäumen (die dann zu Bäumen werden) einen Wald.

✔ Der **Weg eines Knotens** K ergibt sich aus der eindeutigen Folge von Knoten, angefangen von der Wurzel bis hin zum Knoten K.

✔ Wege von Blättern heißen **Zweige**. Beispielsweise lautet der Zweig von »Tanne«: »Baum« → »Nadelbaum« → »Tanne«.

✔ Die Anzahl an Knoten eines Wegs (ohne die Wurzel selbst) heißt **Level** des jeweiligen Knotens. Der Level von »Tanne« ist 2. Der Level einer Wurzel ist immer 0.

✔ Der höchste Level eines Baums plus 1 heißt **Höhe des Baums** (**Tree Height**). Wenn Sie einen Baum geschickt aufzeichnen, können Sie die Level aller seiner Knoten unmittelbar ablesen. Es fängt ganz oben mit der Wurzel an (Level 0) und steigert sich mit jedem Knoten nach unten um eine weitere Nummer. Ein Baum, der nur aus einem einzigen Knoten besteht, besitzt folgerichtig die Höhe 1.

Auch wenn das eine ganze Reihe von Fachbegriffen war, so werden Sie sich diese doch leicht merken können. Sie benutzen weiterhin das Bild des Baums und erweitern es munter.

Binärbäume für die Informatiker

Die Zahl 2 spielt, wie Sie längst wissen, in der Informatik eine bedeutsame Rolle. Kein Wunder, dass Bäume der Ordnung 2 einen eigenen Namen tragen:

Bäume der Ordnung 2 heißen *Binärbäume*.

Und wie das so ist, wenn Sie sich schon mal auf eine Ordnung festlegen, finden sich noch ein paar weitere Fachtermini:

✔ Jeder Knoten eines Binärbaums besitzt höchstens einen **linken** und einen **rechten Unterbaum** (die jeweils auch leer sein, also fehlen dürfen).

✔ Bei **vollständigen Binärbäumen** besitzen alle Blätter denselben Level (der damit logischerweise die Höhe des Baums ist).

✔ Die Höhe eines vollständigen Baums mit n Knoten beträgt ld $(n + 1) = \log_2 (n + 1)$.

Wie es der Zufall will, handelt es sich bei Abbildung 34.2 gerade um einen vollständigen Binärbaum. Wenn Sie die Knoten zählen, ergibt sich 7. Also müsste seine Höhe ld $(7 + 1) =$ ld 8 = 3 betragen. Was auch zutrifft.

Traversierung als Spaziergang

Hier geht es darum, was Sie mit einem Baum alles anstellen können. Neben den bekannten Operationen wie *suchen*, *einfügen* oder *löschen* gibt es jetzt noch eine weitere.

Unter dem *Traversieren eines Baums* versteht man die systematische Auflistung aller seiner Knoten.

Eine einfache und naheliegende Möglichkeit der Traversierung eines Baums ist die **Breitensuche (Breadth First Search, BFS)**. Dabei tun Sie einfach so, als ob es keine Kanten gäbe, und lesen die Knoten einfach von links nach rechts und oben nach unten ab.

Im Beispiel in Abbildung 34.2 würde die Breitensuche folgende Reihenfolge der Knoten ergeben:

Baum, Nadelbaum, Laubbaum, Fichte, Tanne, Eiche, Buche

Wie Sie sehen, muss diese Reihenfolge nicht unbedingt nützlich oder logisch sein. Außerdem ist sie vergleichsweise schwer zu implementieren. Deswegen gibt es auch noch die **Tiefensuche (Depth First Search, DFS)**.

Ordnung in den Laden bringen

Die Tiefensuche lässt sich prima mittels **Rekursion** bewerkstelligen.

✔ Geben Sie zunächst die Wurzel aus!

✔ Wenden Sie die Tiefensuche nacheinander auf alle Nachfolger der Wurzel an!

Im Fall von Binärbäumen kann ich Ihnen die dabei möglichen Formen der Traversierung leicht erklären, denn es gibt pro Knoten ja höchstens zwei Nachfolger, den linken und den rechten (Unterbaum).

Damit kommen insgesamt drei Aufzählungsreihenfolgen (englisch »Order«) infrage:

✔ **Pre**-Order (**Davor**-Reihenfolge)

✔ **In**-Order (**Dazwischen**-Reihenfolge)

✔ **Post**-Order (**Dahinter**-Reihenfolge)

Das Präfix gibt an, wo sich in der entsprechenden Ordnung jeweils der Wurzelknoten befindet. *Vor* allen anderen, *dazwischen* oder *dahinter* ...

davor (pre)

Die Traversierung eines Binärbaums in Pre-Order sieht so aus:

✔ Zuerst ist die Wurzel dran.

✔ Dann kommt der linke Unterbaum in Pre-Order an die Reihe.

✔ Anschließend wird der rechte Unterbaum, wiederum in Pre-Order durchlaufen.

Das klingt nicht sehr schwer und ist es auch nicht. Damit Sie besser verstehen, wie diese systematische rekursive Traversierung vonstattengeht, zeige ich Ihnen anhand von Abbildung 34.2 den Verlauf nach jedem Zwischenschritt:

1. »Baum« ist an der Reihe, dann der Unterbaum mit der Wurzel »Nadelbaum« und schließlich der Unterbaum mit der Wurzel »Laubbaum«, beide jeweils in Pre-Order.

2. Der Baum, dessen Wurzel »Nadelbaum« ist, lautet in Pre-Order »Nadelbaum«, »Fichte«, »Tanne«. Die beiden letzteren Unterbäume bestehen ja nur aus der Wurzel, daher ist dieser Unterbaum vollständig abgearbeitet.

3. Schließlich ist der »Laubbaum« an der Reihe. Seine Traversierung ergibt »Laubbaum«, »Eiche«, »Buche«.

4. Insgesamt erhalten Sie als Pre-Order-Traversierung der Abbildung 34.2: »Baum«, »Nadelbaum«, »Fichte«, »Tanne«, »Laubbaum«, »Eiche«, »Buche«.

Grafisch entspricht dies einem Durchlauf längs der Blätter des Baums entgegen dem Uhrzeigersinn, wie in Abbildung 34.3 dargestellt.

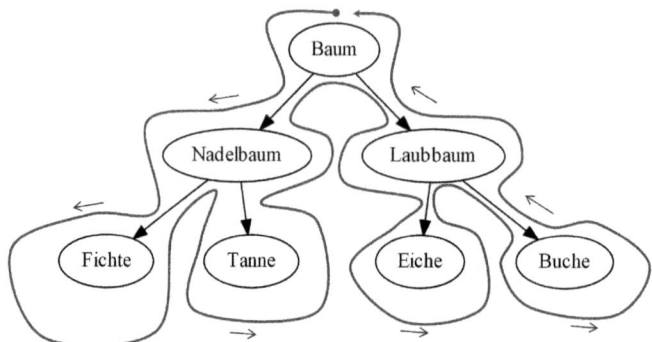

Abbildung 34.3: Traversierung in Pre-Order

Aufgezählt werden dabei nur neue Knoten, nicht bereits zuvor angetroffene.

dazwischen (in)

Bei der In-Order wird die Wurzel zwischen dem linken und dem rechten Unterbaum ausgegeben. Konkret also lautet der Algorithmus:

✔ Als Erstes wird der linke Unterbaum in In-Order ausgegeben.

✔ Als Nächstes kommt die Wurzel an die Reihe.

✔ Schließlich wird der rechte Unterbaum in In-Order durchlaufen.

Für unseren Baum aus Abbildung 34.2 sieht das so aus:

1. Mit dem Baum, dessen Wurzel »Nadelbaum« ist, wird begonnen. Seine In-Order-Reihenfolge lautet: »Fichte«, »Nadelbaum«, »Tanne«.

2. »Baum« als ursprüngliche Wurzel ist nun dran.

3. Am Ende wird der »Laubbaum« ausgegeben. Seine Traversierung lautet: »Eiche«, »Laubbaum«, »Buche«.

4. Insgesamt erhalten Sie als In-Order-Traversierung:
   »Fichte«, »Nadelbaum«, »Tanne«, »Baum«, »Eiche«, »Laubbaum«, »Buche«.

Wenn Sie genau hinschauen und den Baum ordentlich gezeichnet haben (mit weiten Abständen zwischen den linken und rechten Unterbäumen), können Sie die In-Order unmittelbar ablesen: Sie entspricht der Reihenfolge der Knoten von links nach rechts (Abbildung 34.4).

Wie Sie sehen, müssten die »Tanne« und die »Eiche« noch einen Tick enger beieinander stehen, um eine perfekte Darstellung im Sinne der In-Order zu erhalten ...

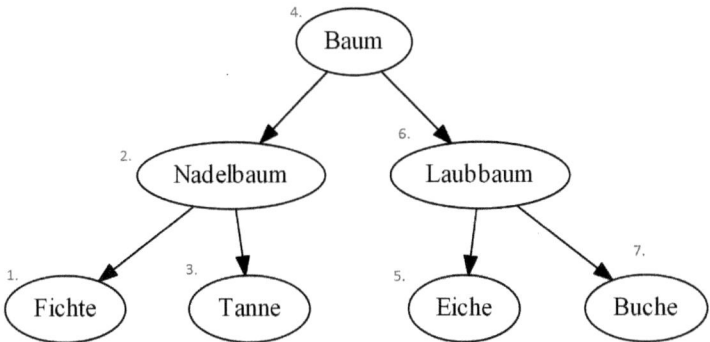

Abbildung 34.4: Traversierungsreihenfolge in In-Order

dahinter (post)

Die dritte und letzte Möglichkeit besteht darin, die Wurzel bis zum Schluss aufzusparen. Die Traversierung eines Binärbaums in Post-Order lautet somit:

✔ Zuerst ist der linke Unterbaum in Post-Order an der Reihe.

✔ Dann wird der rechte Unterbaum, wiederum in Post-Order, abgearbeitet.

✔ Zum Schluss erst kommt die Wurzel dran.

Fairerweise sollte auch hier wieder das Beispiel aus Abbildung 34.2 herangezogen werden. Seine Post-Order-Traversierung ergibt:

1. Der linke Unterbaum, dessen Wurzel »Nadelbaum« ist, lautet in Post-Order »Fichte«, »Tanne«, »Nadelbaum«.

2. Als Nächstes ist der rechte Unterbaum (»Laubbaum«) dran. Seine Traversierung ergibt »Eiche«, »Laubbaum«, »Buche«.

3. »Baum«, als ursprüngliche Wurzel ist erst ganz zum Schluss an der Reihe, was an den Spruch aus der Bibel erinnert: »Die Ersten werden die Letzten sein«.

4. Insgesamt erhalten Sie als Post-Order-Traversierung:
   »Fichte«, »Tanne«, »Nadelbaum«, »Eiche«, »Buche«, »Laubbaum«, »Baum«.

Die Post-Order ähnelt der Pre-Order. Deswegen gibt es auch hier einen Trick, wie Sie diese Traversierung der grafischen Darstellung unmittelbar entnehmen. Sie durchlaufen einfach den Baum, beginnend bei der Wurzel und diesmal im Uhrzeigersinn. Dies ergibt jedoch nur die umgekehrte Reihenfolge der Post-Order-Traversierung. Wenn Sie einen nach dem anderen Knoten notieren, dann kehren Sie Ihre Liste am Ende einfach um und erhalten so die Post-Order-Traversierung ...

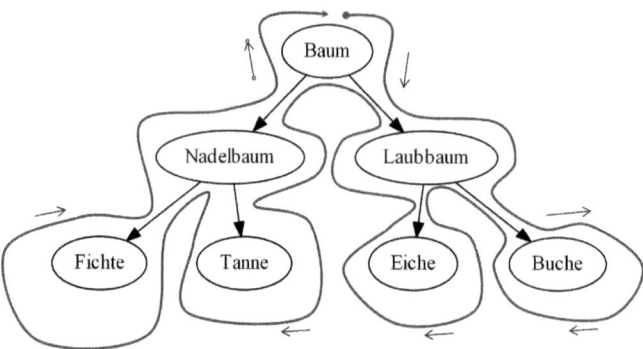

Abbildung 34.5: Umgekehrte Reihenfolge der Post-Order-Traversierung

Ich schlage Ihnen folgendes »Traversierungsspiel« vor. Sie benötigen dazu zwei Spieler mit jeweils einem Blatt Papier und einem Bleistift. Der erste Spieler zeichnet sich einen beliebigen (nicht unbedingt vollständigen) Binärbaum auf. Dann liest er die drei Traversierungen vor. Der andere Spieler muss aus den Traversierungen wiederum auf den Baum selbst schließen.

 Sie können den Schwierigkeitsgrad erhöhen, indem Sie neben der In-Order nur die Pre- oder die Post-Order angeben, aber nicht beide! Die Lösung bleibt dann immer noch eindeutig.

Sind Sie bereit? Haben Sie sich ein Blatt Papier und einen Bleistift besorgt? Dann kann es ja losgehen ...

Übung: Gegeben seien folgende Traversierungen eines Binärbaums:

✔ Pre-Order: H–A–B–F–C–D–E–G

✔ In-Order: B–A–H–E–D–G–C–F

✔ Post-Order: B–A–E–G–D–C–F–H

Wie lautet seine grafische Darstellung? Die Knoten werden dabei nur mit Großbuchstaben markiert.

Bevor Sie anfangen zu grübeln, noch ein kleiner Gedanke zur Motivation: Die Traversierungsarten dienen nicht allein dem Knobelspaß, sondern sie spielen für Informatiker eine äußerst wichtige Rolle, etwa beim Bau neuer Programmiersprachen. Dazu später mehr. Zuerst geht es an die Auflösung.

Sind Sie wirklich fertig? Jetzt schon? Haben Sie Lösung nochmals kontrolliert? Gut. Dann lassen Sie uns sehen, was korrekt ist.

Am besten beginnen Sie mit der Wurzel. Der In-Order-Darstellung können Sie unmöglich entnehmen, welches die Wurzel des Baums ist, wohl aber der Pre-Order (sowie der Post-Order): Es handelt sich nämlich um den ersten (respektive letzten) Knoten, das »H«.

Jetzt wird die In-Order sehr wichtig. Sie zerteilt den Baum in zwei Hälften.

✔ Die linke Hälfte ist der linke Unterbaum B-A,

✔ während die rechte Hälfte für den rechten Unterbaum steht: E-D-G-C-F.

Beide Teile erscheinen auch in der Pre-Order (sowie in der Post-Order) hintereinander. Somit können Sie nun die komplette Idee der Baumkonstruktion rekursiv links und rechts anwenden.

Der linke Baum besteht nur aus A und B. Der Pre-Order (oder der Post-Order) entnehmen Sie, dass A die Wurzel und B der Nachfolger von A sein muss. Allerdings bleibt eine Frage offen: Wenn A nur das eine »Kind« hat, befindet es sich im linken oder rechten Unterbaum? Die Antwort finden Sie nur in der In-Order-Darstellung. Weil das B vor dem A kommt, muss es sich um den linken Unterbaum handeln.

Der rechte Unterbaum ist komplizierter. Seine Wurzel ist das F (weil es in der Pre-Order am Anfang, in der Post-Order am Ende aller Knoten auftaucht, die zu diesem Teilbaum gehören). Jetzt ist wieder die In-Order an der Reihe. Das F teilt den Baum grundsätzlich in zwei Teile, allerdings stehen in diesem Beispiel sämtliche Knoten links vom F: E-D-G-C. Somit verfügt dieser Unterbaum nur über einen linken Unter-Unterbaum.

Von den vier verbleibenden Knoten ist das C die Wurzel. Wieder entnehmen Sie der In-Order, dass alle restlichen Buchstaben links vom C erscheinen. Auch dieser Baum besitzt auf der rechten Seite keine Nachfolger!

Es bleibt der Baum E-D-G. Seine Wurzel ist D, was mit der Pre-Order (erster der drei Buchstaben) und der Post-Order (dort ist das D der letzte der drei Buchstaben) übereinstimmt. In der In-Order ist das D in der Mitte, was bedeutet, das E ist der linke, das G der rechte Unter-Unter-Unterbaum. Sie erhalten insgesamt einen Baum, der jenem aus Abbildung 34.6 ähnlich sein sollte.

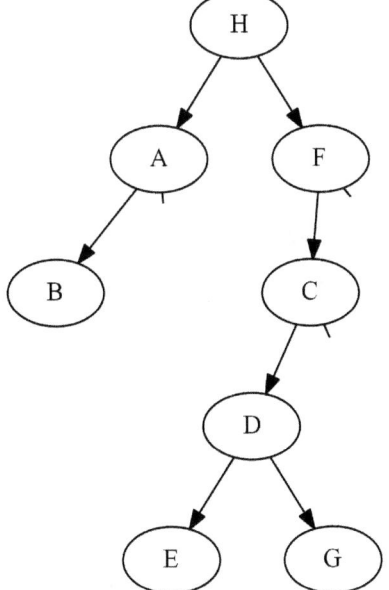

Abbildung 34.6: Lösung zur Traversierungsaufgabe

Früchte der Syntaxbäume

»Wozu das alles?«, könnten Sie sich fragen. Ich habe eine sehr gute Antwort darauf.

Werfen Sie einfach einmal einen Blick auf diesen mathematischen Term:

$$\frac{3\cdot(5+1)}{(6+2)-4}$$

Wie stellen Sie diesen Ausdruck so in einer Datenstruktur dar, dass Sie seinen Wert ausrechnen können? Vorsicht, Sie dürfen den Term nicht im Kopf vereinfachen! Gehen Sie davon aus, dass Ihr Programm diesen Ausdruck durch die Eingabe eines Benutzers erhalten würde, etwa so:

$(3 * (5 + 1)) / ((6 + 2) - 4)$

Und welche Datenstruktur eignet sich wohl am besten? Richtig, der Binärbaum! In diesem Fall heißt er **Syntaxbaum** (Abbildung 34.7).

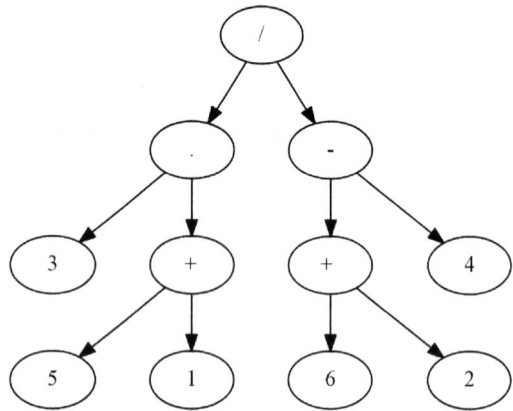

Abbildung 34.7: Syntaxbaum

Als kleine Zugabe biete ich Ihnen auch gleich alle drei Traversierungsarten dazu:

✔ Pre-Order: / · 3 + 5 1 - + 6 2 4

✔ In-Order: 3 · 5 + 1 / 6 + 2 - 4

✔ Post-Order: 3 5 1 + · 6 2 + 4 - /

Werfen Sie einmal einen scharfen Blick auf die In-Order! Sie entspricht der **Infix-Notation**, die wir aus der Schule kennen (allerdings ohne Klammern). Auch wenn Sie daran gewöhnt sind und vielleicht meinen, diese Form der Traversierung sei die beste: Das stimmt leider nicht!

Für die Verarbeitung mittels Computer bietet sich die **Postfix-Notation** an. Sie können mit einem Stack nacheinander alle Operanden verarbeiten!

Die Datenstruktur des Stacks (Keller) wird in Kapitel 32 erläutert.

Und das geht so:

Beim Ausdruck »3 5 1 + · 6 2 + 4 - /« schieben (**pushen**) Sie zunächst die 3, die 5 und die 1 auf den Stack. Als Nächstes kommt das Pluszeichen. Dieses erfordert zwei Argumente, die Sie – nacheinander mittels **pop** – dem Stack entnehmen. Das Ergebnis von 1 + 5 ist 6, die gleich auf den Stack ge**push**t wird.

Jetzt kommt das Mal-Zeichen an die Reihe. Auch das erfordert zwei Argumente: **pop, pop** – und Sie erhalten die gerade angekommene 6 sowie die 3 –, nun ist der Stack kurzfristig leer. Das Ergebnis 3 · 6, nämlich 18, wird als unterstes Element in den Stack gelegt.

Darauf kommen die 6 und die 2. Anschließend ist wieder einmal ein Plus-Zeichen zu verarbeiten: Die beiden letzten Elemente werden **gepopt**, und das Resultat 6 + 2, also die 8, in den Stack gespeichert. Darauf kommt die 4 und nun das Minuszeichen. Der vorletzte Wert (die 8) minus der letzte (die 4) ergibt wiederum 4 – ab in den Stack.

Ganz zum Schluss ist der Divisionsoperator dran. Er benötigt zwei Argumente aus dem Stack. Dort werden die Zahlen 4 und 18 entnommen. Das Endergebnis lautet 18 / 4 = 4,5 (oder als ganzzahlige Division einfach 4).

Cool, nicht wahr? Leider hat sich diese Notation für den täglichen Gebrauch nicht durchgesetzt und seither müssen Informatiker – auch innerhalb von Programmiersprachen – zunächst aus der Infix-Notation den Syntaxbaum erstellen und diesen in Post-Order traversieren, ehe sie damit beginnen, das Ergebnis auszurechnen ...

Entscheidungsbäume

Zum Schluss dieses Kapitels möchte ich Ihnen noch eine andere Anwendung von Binärbäumen präsentieren, und zwar **Entscheidungsbäume** (**Decision Trees**).

Entscheidungsbäume sind sehr praktisch. Sie helfen Ihnen dabei, wie der Name schon nahelegt, Entscheidungen zu fällen.

 »Soll ich jetzt aus dem Bett aufstehen?«, wäre etwa eine kritische Frage. Zur Beantwortung hilft Ihnen der Entscheidungsbaum in Abbildung 34.8.

Sie hangeln sich von oben nach unten und beantworten jeweils die »binäre« Frage, die sich in dem Knoten befindet. Sobald Sie ein Blatt erreichen, finden Sie darin die Antwort auf Ihre ursprüngliche Frage.

Lachen Sie nicht, im Allgemeinen sind Entscheidungsbäume eine ernste Angelegenheit.

✔ Mittels Entscheidungsbäumen lassen sich allgemeine Probleme modellieren.

✔ Die Höhe eines Entscheidungsbaums gibt die Anzahl der nötigen Fragen (im schlimmsten Fall) an. Sie sollte möglichst gering sein.

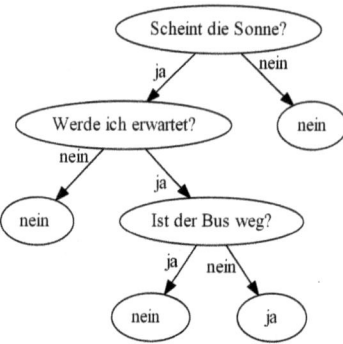

Abbildung 34.8: Entscheidungsbaum

Es gibt lernende Algorithmen, die als Ergebnis einen optimalen Entscheidungsbaum produzieren (aus einer gegebenen Menge an Fragen und den zugehörigen Antworten).

 Erläuterungen zum Entscheidungsbaumlernen finden Sie in Kapitel 41.

Gerne genommen werden Entscheidungsbäume auch bei Diagnosesystemen. Sie haben noch nie etwas damit zu tun gehabt? Das glaube ich nicht. Viele Callcenter (quer durch alle Branchen) setzen auf Entscheidungsbäume. Ohne große Einarbeitung können Mitarbeiter auftretende Probleme schnell einer Lösung zuführen ...

 Dies erklärt so manches in unserem Lande!

IN DIESEM KAPITEL

Fachbegriffe rund um Graphen verstehen

Die wichtigsten Typen von Graphen erkennen und klassifizieren

Gerichtete und ungerichtete Graphen kennenlernen

Den minimalen Spannbaum effizient ermitteln

Kapitel 35

Jede Menge Graphen

In diesem Kapitel möchte ich Ihnen einen kleinen Einblick in die Graphentheorie verschaffen, einem wichtigen Zweig der Informatik. Dazu erläutere ich Ihnen die relevanten Fachbegriffe und zeige Ihnen jede Menge Typen von Graphen. Als Belohnung wartet der Minimale-Spannbaum-Algorithmus am Ende des Kapitels schon auf Ihre Lektüre.

Graphen vor Gericht

Die Datenstruktur der Graphen stellt eine Verallgemeinerung der Bäume dar.

 Alles Wichtige über Bäume erfahren Sie in Kapitel 34.

Endlich dürfen Sie jeden beliebigen Knoten mit jedem anderen durch eine Kante verbinden! Sie müssen sich nicht mehr an Wurzeln, Ästen und Zweigen bis zu den Blättern hangeln. Alles ist erlaubt, wie wunderbar ...

Dafür herrscht auf der anderen Seite natürlich umso mehr Chaos, schauen Sie sich das einfach einmal in Abbildung 35.1 an.

Ist Ihnen das »H« aufgefallen? Es steht alleine, keiner will mit ihm spielen. Ein solcher Knoten ist **isoliert**. Die restlichen sind **zusammenhängend**. Sie können mit Fug und Recht behaupten, dass der Graph aus zwei Teilen besteht.

Wie Sie sehen, stellen die Kanten Pfeile dar. Deswegen handelt es sich um einen **gerichteten Graphen**. Besteht ein Graph aus reinen Verbindungslinien, die keine Pfeile sind, nennt man ihn **ungerichtet**. Ein Beispiel dafür finden Sie in Abbildung 35.2.

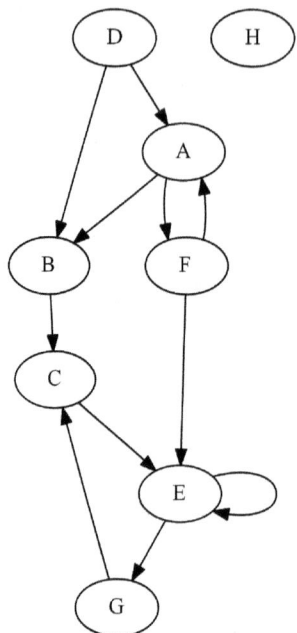

Abbildung 35.1: Gerichteter Graph

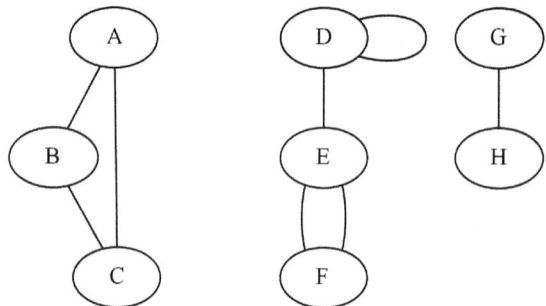

Abbildung 35.2: Ungerichteter Graph

Dieser Graph ist insgesamt nicht zusammenhängend, sondern besteht aus drei zusammenhängenden **Untergraphen.** Die Knoten »A«, »B« und »C« besitzen eine besondere Eigenschaft: Sie sind **vollständig** miteinander **verbunden.**

Der **Grad** eines Knotens gibt an, wie viele Verbindungen von dem jeweiligen Knoten zu den anderen bestehen. Der Grad von A ist beispielsweise 2. Der Grad von D ist drei, weil eine **Schlinge** doppelt zählt. Bei gerichteten Graphen wird zwischen **Eingangsgrad** (wie viele Pfeilen kommen an) und **Ausgangsgrad** (wie viele Pfeile gehen ab) unterschieden. Ist der Eingangsgrad 0, heißt der Knoten **Quelle.** Ist der Ausgangsgrad dagegen 0, handelt es sich um eine **Senke.** In Abbildung 35.1 finden Sie D und H als Quellen, während nur H eine Senke ist.

Der kleinste Grad eines Knotens innerhalb eines Graphen heißt **Minimalgrad**, der größte logischerweise **Maximalgrad**. Der Graph aus Abbildung 35.2 besitzt den Minimalgrad 1 (weil der Grad von G und H 1 ist) und den Maximalgrad 3 (wegen D).

 Vielleicht sind Sie auf den Geschmack gekommen und möchten eigene Graphen zeichnen? Dazu kann ich Ihnen das Open-Source-Projekt **Graphviz** nur wärmstens empfehlen: `http://www.graphviz.org`. Hier finden Sie neben der Dokumentation auch den Quellcode und die Binaries für alle gängigen Betriebssysteme. Die etwas ungeschmeidige Bezeichnung stammt übrigens aus der Zusammenziehung von »**graph vi**sulization«.

Erforschung von Graphen

Um Graphen richtig zu analysieren, benötigen Sie eine Beschreibung, die nicht grafisch ist. Betrachten Sie hierzu Abbildung 35.3. Bei den beiden Graphen handelt es sich eigentlich um denselben, nur ein wenig anders dargestellt. Sie werden daher auch **isomorph** genannt.

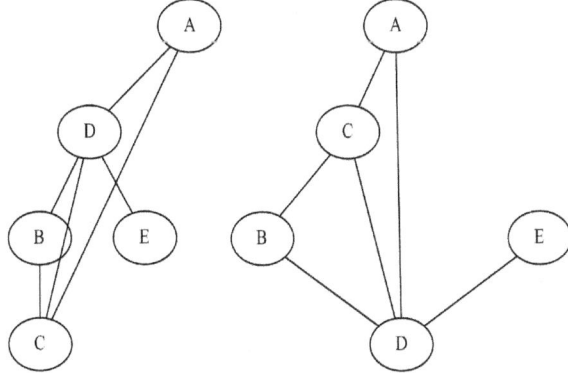

Abbildung 35.3: Zwei isomorphe Graphen

 Das Wort *isomorph* setzt sich aus den griechischen Bezeichnungen für »gleich« (»isos«) und »Gestalt« (»morphein«) zusammen und wird immer dort angewendet, wo es »im Prinzip« um dasselbe Objekt in unterschiedlicher Form geht. In der Mathematik wird diese Eigenschaft wie folgt erklärt: Es gibt zwischen zwei isomorphen Objekten eine eindeutig umkehrbare Funktion, die das eine Objekt in das andere überführt – und umgekehrt. Die wesentlichen Merkmale bleiben dabei erhalten.

Wie Sie sehen, gibt es viele unterschiedliche Möglichkeiten, denselben Graphen darzustellen. Daher – so paradox das auch klingt – ist die grafische Darstellung eines Graphen gar nicht die beste. Wie gefällt Ihnen beispielsweise folgende mengentheoretische Definition eines Graphen?

Ein *Graph* G ist ein Paar zweier Mengen, V und E. Also G = (V,E). Dabei ist V (**Vertex**, englisch für **Ecke**) die Menge der *Knoten* und E (**Edge**, englisch für **Rand**) die Menge der *Kanten*. Jedes Element aus E ist selbst wiederum ein Paar (2-Tupel) von Knoten (E $\subseteq$ V × V). Handelt es sich bei G um einen gerichteten Graphen, so beschreibt die Reihenfolge der Knoten innerhalb eines Paares von E zugleich die Richtung des Pfeils.

Damit Sie mir glauben, dass das wirklich funktioniert, zeige ich Ihnen exemplarisch die Mengenbeschreibung der bereits dargestellten Graphen.

Der Graph aus Abbildung 35.1 ist wie folgt definiert:

G_1 = (V_1, E_1) mit V_1 = { A, B, C, D, E, F, G, H } und E_1 = { (D,A), (D,B), (A,F), (F,A), (A,B), (B,C), (C,E), (F,E), (E,G), (G,C), (E,E) }. Die Menge V_1 enthält acht Knoten, die Menge E_1 elf Kanten. G_1 ist ein gerichteter Graph, bei dem die Reihenfolge innerhalb der Elemente von E_1 die Pfeilrichtung angibt. Die Reihenfolge der Elemente innerhalb von V_1 und E_1 selbst spielen – wie das bei jeder Menge der Fall ist – keine Rolle.

In Abbildung 35.3 finden Sie zwei Graphen, die jedoch genau dieselbe Mengendarstellung besitzen, sie sind daher isomorph:

G_2 = (V_2, E_2) mit V_2 = { A, B, C, D, E } und E_2 = { (A,C), (A,D), (B,C), (B,D), (D,E) }. Die Mengen der Knoten und Kanten enthalten jeweils fünf Elemente. Innerhalb der Paare von E_2 ist die Reihenfolge egal, da es sich um einen ungerichteten Graphen handelt. Ich habe – spaßeshalber – jeweils die Reihenfolge gewählt, in der die Buchstaben im Alphabet vorkommen.

Schmerzlose Adjazenz

Ihnen gefällt die Mengendarstellung nicht, obwohl sie – rein mathematisch – viel sauberer ist? Das kann ich verstehen. Die Knotenmenge geht ja noch, aber die Menge der Kanten ist, um es vorsichtig auszudrücken, nicht gerade übersichtlich. Abhilfe schafft die Einführung der *Matrixdarstellung*. Sie ist streng mathematisch und so sauber wie die Mengendarstellung, darüber hinaus ist sie jedoch viel übersichtlicher. Sie wird auch **Adjazenzmatrix** genannt (nach dem Lateinischen *adiacentia*, wörtlich *Umgebung*).

Die Adjazenzmatrix eines Graphen ist immer quadratisch, das heißt, die Anzahl der Zeilen und Spalten ist gleich. Jede Zeile (und Spalte) entspricht einem Knoten. Der Eintrag in der Matrix ist eine ganze Zahl, die die Anzahl der Kanten zwischen den Knoten zählt. Denken Sie dabei an eine Tabelle, bei der die Zeilen und Spalten mit den Knoten (in der Reihenfolge A, B, C, ...) beschriftet sind. Bei einem gerichteten Graphen würde die Verbindung (A,C) in Zeile 1 (wegen A) und Spalte 3 (wegen C) eine 1 enthalten (eine Verbindung). Größere Zahlen stehen für mehrere Verbindungen (in dieselbe Richtung) zwischen den entsprechenden Knoten.

Auch hier sollte ein Beispiel Klarheit verschaffen.

Die Adjazenzmatrix A_1 von G_1 aus Abbildung 35.1 lautet:

$$A_1 = \begin{vmatrix} 0 & 1 & 0 & 0 & 0 & 1 & 0 & 0 \\ 0 & 0 & 1 & 0 & 0 & 0 & 0 & 0 \\ 0 & 0 & 0 & 0 & 1 & 0 & 0 & 0 \\ 1 & 1 & 0 & 0 & 0 & 0 & 0 & 0 \\ 0 & 0 & 0 & 0 & 1 & 0 & 1 & 0 \\ 1 & 0 & 0 & 0 & 1 & 0 & 0 & 0 \\ 0 & 0 & 1 & 0 & 0 & 0 & 0 & 0 \\ 0 & 0 & 0 & 0 & 0 & 0 & 0 & 0 \end{vmatrix}$$

So steht etwa die »1« in Zeile 1 und Spalte 2 für die Verbindung (A,B). Wie Sie sehen, geht vom Knoten H (letzte Zeile) keine Verbindung aus (alle 0). Oder werfen Sie einen Blick in die vierte Spalte. Auch diese besteht aus lauter Nullen. Demnach zeigt kein einziger Pfeil auf den vierten Knoten, also auf D.

Wenn Sie sich die Hauptdiagonale ansehen (von oben links nach unten rechts) finden Sie nur eine einzige 1, und zwar in der fünften Zeile (und Spalte). Somit gibt es nur einen einzigen Knoten, bei dem ein Pfeil »auf sich selbst« zeigt. Dies ist das E (der fünfte Buchstabe).

Die Adjazenzmatrix eines ungerichteten Graphen ist stets symmetrisch (bezogen auf die Hauptdiagonale), weil eine Verbindung (X,Y) ja genauso gut als (Y,X) interpretiert werden muss.

Für den Graphen aus Abbildung 35.3 ergibt sich die Adjazenzmatrix A_2 zu:

$$A_2 = \begin{vmatrix} 0 & 0 & 1 & 1 & 0 \\ 0 & 0 & 1 & 1 & 0 \\ 1 & 1 & 0 & 0 & 0 \\ 1 & 1 & 0 & 0 & 1 \\ 0 & 0 & 0 & 1 & 0 \end{vmatrix}$$

Die Matrixdarstellung eines Graphen hat riesige Vorteile. Beispielsweise gilt:

Die Summe der Elemente einer Zeile entspricht dem **Ausgangsgrad** des zugehörigen Knotens. Die Summe der Elemente einer Spalte gibt den **Eingangsgrad** an. Bei ungerichteten Graphen stimmen Eingangsgrad und Ausgangsgrad stets überein. Es handelt sich dort daher einfach nur um den **Grad** des jeweiligen Knotens.

Planierte Graphen

Unter allen denkbaren Graphen sind diejenigen besonders interessant, bei denen eine Darstellung **in der Ebene** (also beispielsweise auf einem Blatt Papier) **kreuzungsfrei** möglich ist. Derartige Graphen heißen **planar** (**plättbar**).

Der Graph aus Abbildung 35.3 ist planar, was Sie an der Darstellung auf der rechten Seite erkennen. Zugleich sehen Sie auch das Problem: Eine Zeichnung wie jene auf der linken Seite suggeriert fälschlicherweise, der Graph sei nicht planar. Es geht *nicht* darum, dass *alle* Darstellungen kreuzungsfrei sind, sondern lediglich, dass *eine* kreuzungsfreie Darstellung *möglich* ist.

Wenn Sie einen nicht-planaren Graphen suchen, benötigen Sie wenigstens fünf Knoten. Betrachten Sie hierzu Abbildung 35.4.

Offensichtlich ist der Graph planar. Angenommen, Sie wollen nun auch die Knoten B und C miteinander verbinden, um einen vollständigen Graphen mit fünf Knoten zu erzeugen, so wird Ihnen das nicht kreuzungsfrei gelingen. Versuchen Sie es doch spaßeshalber einmal!

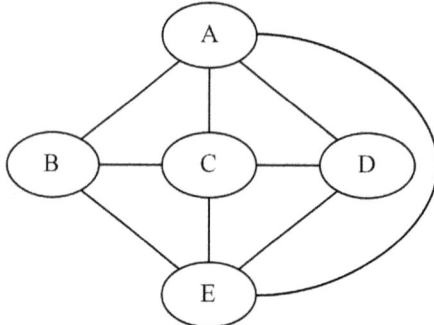

Abbildung 35.4: Planarer Graph mit fünf Knoten

Was, Sie wollen schon aufgeben? Viele weise Menschen haben schon sehr lange daran getüftelt. Es ist einfach nicht möglich!

 Sollte jemand mit Ihnen wetten wollen, dass ein vollständiger Graph mit fünf Knoten nicht kreuzungsfrei darstellbar ist – gehen Sie auf den Deal ein! Solange Ihr Wettgegner nicht explizit verlangt, dass der Graph auch *planar* (also in einer Ebene) dargestellt wird, können Sie ihm ein Schnippchen schlagen: Verwenden Sie einen Torus, etwa einen Tauchring (Abbildung 35.5)!

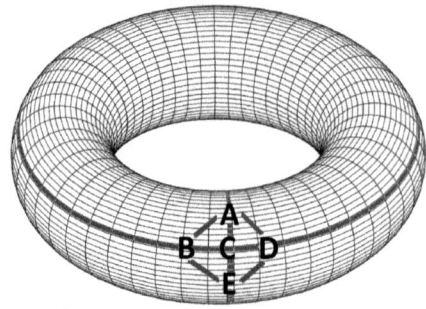

Abbildung 35.5: Graph mit fünf Knoten auf Torus

Alle direkten (kurzen) Verbindungen innerhalb der Knoten A bis E bleiben so, wie sie auch in Abbildung 35.4 waren. Zwischen A und E sowie B und D nutzen Sie die Möglichkeiten des Umwegs um den Ring herum. Fertig, Sie haben einen vollständigen Graphen mit fünf Knoten kreuzungsfrei darstellen können!

Jeder planare Graph »produziert« geschlossene Flächen, die Sie theoretisch mit unterschiedlichen Farben ausmalen könnten. Betrachten Sie hierzu Abbildung 35.4 erneut. Allein im Viereck, das die Knoten A, B, E, D aufspannen, entstehen vier solcher Flächen. Hinzu kommt noch die Fläche rechts, die aus dem etwas unförmigen Gebilde mit den drei Knoten A, D und E entsteht. Zusätzlich gibt es den »unendlichen Rest«, außerhalb. Insgesamt erhalten Sie somit sechs Flächen. Erstaunlicherweise gibt es eine handliche Formel, mit der Sie sofort ausrechnen, wie viele derartiger Flächen ganz allgemein entstehen:

 Für jeden zusammenhängenden planaren Graphen gilt:
Anzahl der Flächen = Anzahl der Kanten minus Anzahl der Knoten plus 2.

Probieren Sie es doch gleich aus! Für Abbildung 35.4 gilt: Die Anzahl der Knoten ist fünf, die Anzahl der Kanten beträgt neun. Also müsste die Anzahl der Flächen 9 − 5 + 2 = 6 sein, was zum Glück auch stimmt ...

Mit dem oben erwähnten Satz, der auch **eulerscher Polyedersatz** genannt wird, können Sie übrigens einigermaßen hübsch zeigen, dass ein vollständiger Graph mit fünf Knoten nicht planar sein kann. Und das geht so:

Zunächst ist eine kleine Vorüberlegung wichtig. Weil wir hier nur Graphen ohne Schleifen oder doppelte Kanten betrachten, muss jede Fläche F aus wenigstens drei Knoten entstehen. Es kann also nicht vorkommen, dass eine Fläche aus nur zwei oder gar einem einzigen Knoten gebildet wird.

Nun zum konkreten Fall. Ein vollständiger Graph mit fünf Knoten besitzt die Adjazenzmatrix A mit:

$$A = \begin{pmatrix} 0 & 1 & 1 & 1 & 1 \\ 1 & 0 & 1 & 1 & 1 \\ 1 & 1 & 0 & 1 & 1 \\ 1 & 1 & 1 & 0 & 1 \\ 1 & 1 & 1 & 1 & 0 \end{pmatrix}$$

Die Anzahl der Kanten beträgt somit zehn (das entspricht der Summe aller Zahlen in A, wobei jede Kante zweimal gezählt wird). Die Knotenzahl ist bekanntlich fünf. Somit würde für die Anzahl der Flächen F nach dem eulerschen Polyedersatz gelten: F = 10 − 5 + 2 = 7. Umgekehrt trägt jede Kante zur Entstehung von genau zwei Flächen bei. Im Mittel stünden also $\frac{2 \cdot 10}{7}$ Kanten zur Produktion von Flächen zur Verfügung. Dieser Bruch ist kleiner als 3, somit müssten Flächen entstehen, die von weniger als drei Knoten begrenzt sind, was gemäß der Vorüberlegung ausgeschlossen ist.

Langer Weg zum kürzesten Graphen

Lassen Sie uns Anwendungen für die Graphentheorie finden! Angenommen, bei den Knoten handelt es sich um Städte und die Kanten stellen (direkte) Straßenverbindungen dazwischen dar. Dann fehlt zumindest eine wichtige Eigenschaft: die Entfernung. Dies können Sie realisieren, indem Sie einfach die Kanten (mit Zahlen) beschriften. Man nennt diese Zahl dann auch das **Gewicht** der Kante.

In Abbildung 35.6 finden Sie ein Beispiel für solch einen Graphen. Wenn Sie entlang eines Weges von einem Knoten zum anderen ziehen, müssen Sie dabei alle Gewichte entlang der Kanten zusammenzählen. Um beispielsweise von A nach E zu gelangen, gibt es sehr viele Wege. Der kürzeste (im Sinne der niedrigsten Gewichtssumme) ist A → C → E. Dieser Weg »kostet« nur 1 + 4 = 5 Gewichtseinheiten. Dagegen ist A → F → E mit 5 + 9 = 14 fast dreimal so teuer. Allerdings sind nach oben keine Grenzen gesetzt. Laufen Sie einfach die Schleife A → C → B → A immer wieder, ehe Sie nach E weiterziehen, wenn Sie mir nicht glauben.

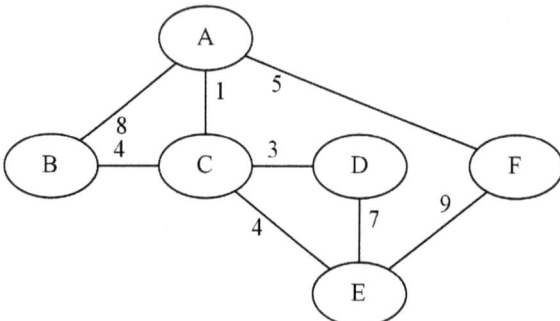

Abbildung 35.6: Graph mit gewichteten Kanten

Minimaler Spannbaum

Natürlich interessieren wir uns nur für die »kostengünstigste« Variante, um das Wort »billig« zu vermeiden. Allerdings bleibt dann die Frage, welchen Knoten Sie mit welchem verbinden wollen. Um das alles zu vereinheitlichen, suchen Sie am besten gleich den **minimalen Spannbaum**.

 Der *minimale Spannbaum* S eines gewichteten, zusammenhängenden Graphen G ist ein zusammenhängender Teilgraph, der jedoch die Knoten so miteinander verbindet, dass die Summe aller Gewichte entlang der Kanten minimal ist.

Die *spannende* Frage lautet nun (erlauben Sie mir dieses Wortspiel), wie Sie aus einem gegebenen Graphen den minimalen Spannbaum finden!

Algorithmus nach Kruskal

Die einleuchtendste Variante geht auf den amerikanischen Mathematiker Joseph Kruskal zurück, der seinen Algorithmus 1956 veröffentlichte. Die rekursive Idee ist erschreckend simpel:

1. Am Anfang seien alle Knoten von S isoliert.

2. Suche diejenige Kante mit minimalem Gewicht aus der Menge der bisher noch nicht betrachteten Kanten von G heraus.

3. Falls diese Kante die Anzahl nicht-zusammenhängender Teile in S reduziert, füge sie ein, ansonsten ignoriere sie.

4. Falls S noch nicht zusammenhängend ist, fahre mit Schritt 2 fort, ansonsten beende den Algorithmus.

Natürlich wählen wir als Beispiel den Graphen aus Abbildung 35.6.

Am Anfang seien die Knoten A, B, C, D, E, F allesamt isoliert. Die Kante mit dem kleinsten Gewicht ist jene zwischen A und C. Da diese Verbindung aus der ursprünglichen Menge von sechs unzusammenhängenden Teilen nur noch fünf macht, wird die Kante gerne mitgenommen. Das gleiche Spiel gilt für die Verbindung von C und D, deren Gewicht das nächstkleinste ist, nämlich 3.

Nun wird es etwas komplizierter. Es gibt zwei unterschiedliche Kanten mit dem Gewicht 4. In solchen Fällen gehen Sie alle Varianten der Reihe nach durch (die Reihenfolge ist egal). Lassen Sie uns mit (B, C) beginnen. Diese verbindet den bis dato unzusammenhängenden Knoten B mit dem Konglomerat aus A, C und D. Ähnliches gilt für die Verbindung (C, E). Jetzt spielt nur F noch nicht mit. Daher trifft es sich gut, das als Nächstes ohnehin die Kante (A, F) an der Reihe ist. Der minimale Spannbaum ist damit fertig (Abbildung 35.7)!

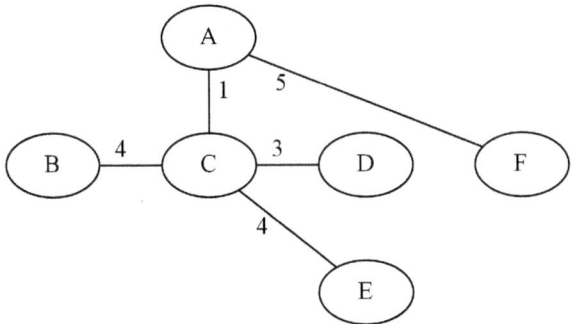

Abbildung 35.7: Minimaler Spannbaum zu Abbildung 35.6

Der minimale Spannbaum ist zwar eine tolle Sache, für praktische Zwecke werden Sie jedoch konkretere Fragestellungen bevorzugen. Wie komme ich von einem Knoten (zum Beispiel der Stadt Köln) am schnellsten (also mit der kleinsten Gewichtssumme) zu einem anderen (etwa nach Cuxhaven)?

Offensichtlich sind Navigationssysteme dazu in der Lage. Die Gewichte mögen im Allgemeinen den Entfernungskilometern entsprechen, könnten aber auch für den Spritverbrauch stehen oder Kosten in Form von Maut oder Fährgebühren berücksichtigen. Was Sie also interessiert, ist weniger der minimale Spannbaum als der *kürzeste Weg* innerhalb eines gewichteten Graphen. Auch dafür gibt es elegante Lösungen.

Eine solche geht beispielsweise auf den holländischen Informatiker **Edsger Dijkstra** (gesprochen »Deikstra«) zurück und nennt sich folgerichtig **Dijkstra-Algorithmus**.

Allerdings führe ich Ihnen das Verfahren nicht mehr in diesem Kapitel vor!

Den Dijkstra-Algorithmus beschreibe ich Ihnen detailliert in Kapitel 40.

Es ist erstaunlich, wie viele Probleme der Informatik sich mittels Graphen modellieren lassen. Sowohl vom theoretischen Standpunkt (zum Beispiel, was die Komplexität von Algorithmen angeht) als auch von praktischer Seite können Sie diesen Zweig kaum überschätzen. Selbst die technische Informatik verwendet Prinzipien der Graphentheorie.

Hoffentlich haben Ihnen die Ausführungen in diesem Kapitel ein wenig gefallen und Sie zu eigenen, weiteren Anstrengungen animiert.

Ein hochinteressantes Problem, das die Graphentheorie tangiert, ist das des Handlungsreisenden, das Sie gegen Ende des Kapitels 53 finden.

In Kapitel 10 werden Sie große Parallelen zwischen Automatentheorie und unseren Überlegungen zu Graphen feststellen.

Teil VIII
Computerarchitektur als Gesamtkunstwerk

IN DIESEM TEIL ...

... finden Sie ein Sammelsurium aus wichtigen Kapiteln zur Informatik. Es geht los mit den Betriebssystemen. Was sie sind, woher sie kommen und wohin sie gehen. Als Nächstes werde ich Ihnen die Architektur von Software zeigen. Das ist nicht weniger atemberaubend als die Betrachtung von Gebäuden aus Stein und Stahl. Am Ende werde ich Sie in eine aufregende Welt einführen: Datenbanken, Aufzucht und Pflege

IN DIESEM KAPITEL

Rechtemanagement von Dateisystemen verstehen

Aufgaben von Administratoren kennenlernen

Unterschied zwischen Prozessen und Threads begreifen

Bedeutung von Treibern erkennen

Wichtige Betriebssysteme vergleichen

Kapitel 36
Betriebssysteme

Dieses Kapitel möchte Ihnen das etwas sperrige Thema der Betriebssysteme näherbringen. Ich stelle Ihnen dabei zunächst den Aufbau und die Funktionsweise ganz allgemein dar. Auf konkrete Beispiele gehe ich erst gegen Ende des Kapitels ein. Außerdem werden Sie die Rolle des Administrators näher kennenlernen.

Rechte und Pflichten

Stellen Sie sich vor, Sie sitzen auf einem Sonnenstuhl am Pool und ein Kellner serviert Ihnen auf einem Tablett einen tollen Cocktail. Sie heben das Glas vom Tablett und genießen Ihr eisgekühltes Getränk. Lecker!

Wenn dieses Bild die Funktionsweise eines Computers symbolisiert, was denken Sie, wem das **Betriebssystem (Operating System, OS)** entspricht?

✔ Dem Cocktail? Sicher nicht. Das ist eher die Anwendung (**Applikation**). Im Gegensatz zum Betriebssystem stellt die Anwendung die eigentliche Schnittstelle zum Benutzer (**User**), also zu Ihnen dar.

✔ Dem Kellner? Auch nicht. Die eigentliche Arbeit im Computer verrichtet der Prozessor (**CPU**) inklusive Peripherie. Die Rolle des Kellners ist eher dort zu finden.

✔ Aber was bleibt denn noch? Etwa das Tablett? Sehr gut! Genau das ist, vereinfacht gesprochen, die Aufgabe des Betriebssystems. Es dient allein dazu, die Leistung des Prozessors (Kellner) den Anwendungen (Cocktail) verfügbar zu machen.

Wahrscheinlich ist das beste Betriebssystem ein solches, das Sie als User im Grunde überhaupt nicht bemerken. »Was?«, werden Sie denken. »Das kann doch nicht sein! Werben
die Hersteller nicht mit den zahlreichen Funktionen ihrer Betriebssysteme?«

Das mag sein, allerdings handelt es sich dort in Wahrheit nicht um (reine) Betriebssysteme,
sondern zusätzlich um einen bunten Blumenstrauß an Anwendungen, die gleich mitgeliefert werden und mit denen geworben wird.

Eine andere Metapher könnte dies verdeutlichen. Wenn Sie einen Computer mit einem Auto
vergleichen, entspricht der Motor dem Prozessor. Im Inneren wären die Sitze, das Zünd-
schloss, das Lenkrad und die Soundanlage die eigentlichen Anwendungen, mit denen Sie
als User in Kontakt treten. Dazwischen befindet sich das Betriebssystem, das dafür sorgt,
dass Ihre Anwendungen (zum Beispiel auf den Zündknopf drücken) auch zum gewünschten
Ergebnis (der Motor springt an) führt.

In einer strengen, theoretischen Aufteilung kommuniziert die Anwendung allein mit dem
Betriebssystem und dieses wiederum mit der Hardware (Abbildung 36.1).

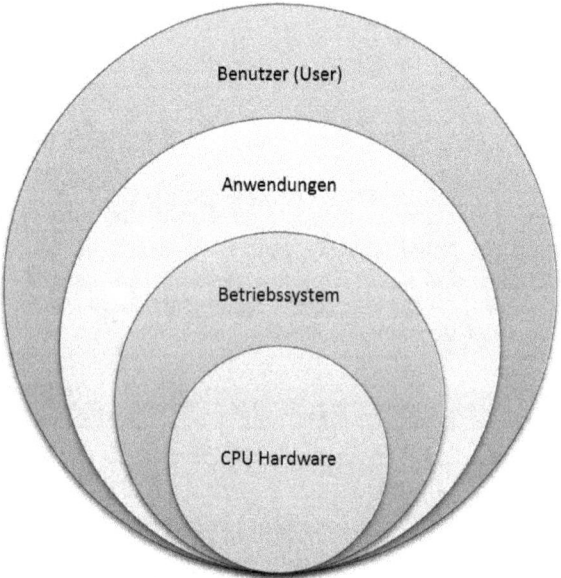

Abbildung 36.1: Rolle des Betriebssystems in einem Computer

Wie Sie sich denken können, sieht die Realität ein wenig komplizierter aus. Neben der bereits
beschriebenen Vermischung zwischen Applikationen und dem eigentlichen Betriebssystem,
das die Hersteller aus Marketinggründen betreiben, ist das Betriebssystem selbst wiederum
aus einzelnen Schichten aufgebaut. Sie haben innerhalb eines Betriebssystems also Funktionen, die ganz unmittelbar mit der Hardware (CPU oder auch periphere Geräte) arbeiten,
während andere gar nicht mehr direkt in Kontakt mit den physischen Bausteinen treten,
sondern wiederum auf tiefer liegenden Code zurückgreifen. Nur so kann die gewaltige Komplexität moderner Systeme überhaupt beherrscht werden.

Von einer höheren Warte aus betrachtet ist das Betriebssystem für folgende Aufgaben zuständig:

✔ **Dateiverwaltung.** Ich meine dabei nicht nur gewöhnliche Dateien auf einer Festplatte, sondern alle Formen von Datensammlungen auf allen möglichen Geräten. Dazu gehört es nicht allein, dafür Sorge zu tragen, dass die gespeicherten Daten mit Namen versehen und durch Verzeichnisse in eine Struktur gebracht werden müssen, sondern auch, dass der Transport dieser Information über die Ein- und Ausgabekanäle (Busse) auch konfliktfrei vonstattengeht.

✔ **Speicherverwaltung.** Anwendungen müssen geladen und gestartet werden. Hierzu weist ihnen das Betriebssystem erst einmal die richtigen Speicherbereiche (Adressen) zu und sorgt natürlich auch dafür, dass sich gleichzeitig laufende Anwendungen nicht gegenseitig in die Quere kommen, was etwa den Zugriff auf die CPU oder die Peripherie angeht. Dabei gaukelt das Betriebssystem der Anwendung vor, die Ressourcen gehörten nur ihr allein. Hierzu zählt auch das **Prozessmanagement**.

✔ **Rechteverwaltung.** Jeder Benutzer (und sogar jede Anwendung) besitzt nur bestimmte Rechte, damit er weder versehentlich noch absichtlich anderen Benutzern oder Prozessen Schaden zufügt. Auf der einen Seite ist das sehr gut, weil es User und Anwendungen schützt. Auf der anderen bietet das Rechtemanagement selbst zahllose Fehlerquellen, die zu Störungen oder Fehlverarbeitungen von Prozessen führen können.

✔ **Ausnahmebehandlung.** Was passiert, wenn etwas nicht so funktioniert, wie es sollte? Dazu gehören alle möglichen Arten von Fehlern, sei es, dass ein Programm durch null dividieren will oder dass die Festplatte überläuft, am Ende muss das Betriebssystem den Schlamassel ausbaden.

Hinzu kommt noch, für Anwendungsprogrammierer eine Schnittstelle, eine sogenannte **API** (Application **P**rogramming **I**nterface), bereitzustellen, damit die Programme mit dem Betriebssystem vernünftig interagieren. Ein typisches Beispiel wäre die grafische Darstellung von überlappenden Fenstern, dem Mauszeiger und allem, was dazugehört. Diese **GUI** (**G**raphical **U**ser **I**nterface) ist bei modernen Betriebssystemen, mit denen Menschen arbeiten sollen, unerlässlich.

Administratoren und DAUs

Es gibt eine lange Tradition der komplizierten Beziehung zwischen **Administratoren** von Betriebssystemen (**Admins**) und **Anwendern** (**Usern**).

Aus Sicht der Anwender gerieren sich viele Admins wie die Herrscher der Welt und streuen willkürlich Sand ins Getriebe der Unternehmen. Umgekehrt betrachten Admins die Benutzer auf einer Skala der Unwissenheit, die im »**DAU**«, dem »**D**ümmsten **A**nzunehmenden **U**ser« gipfelt.

Eine für Informatiker recht lustige, wenn auch politisch vollkommen inkorrekte Serie von (natürlich fiktiven) Gemeinheiten, die sich ein Admin ausdenken könnte, ist unter dem

Schlagwort **BOFH** (**B**astard **O**perator **F**rom **H**ell) im Internet über jede Suchmaschine zu finden. Ich schreibe am besten sonst gar nichts mehr dazu, lassen Sie sich überraschen ...

Die Rolle von Administratoren in Betriebssystemen ist klar geregelt. Während die Rechteeinschränkung Programme vor Programmen und Benutzer vor anderen Benutzern (und sich selbst) zu schützen sucht, muss selbstverständlich irgendjemand den Anwendungen und Usern diese Rechte zuweisen. Das ist die originäre Aufgabe der Administratoren. Dabei verfügen sie selbst – typischerweise – über die maximal verfügbaren Rechte.

Eine wichtige Einschränkung, was die Rechte von Administratoren angeht, stellen Netzwerkgruppen (Domänen) dar. Administratoren einzelner Computer verfügen dann nur noch über die Rechte, die ihnen vom Domänenadmin eingerichtet wurden. Gruppen von Domänen können – je nach Betriebssystem – zu einem Wald (Forest) zusammengestellt werden. Hier können noch privilegiertere Admins ins Spiel kommen, die den anderen Admins erst ihre Rollen zuordnen ...

Im Allgemeinen gilt folgende Regel:

Programme verfügen über diejenigen Rechte, über die der Anwender verfügt, der das jeweilige Programm startet.

Allerdings sollten Sie nicht denken, es sei dann wohl als alleiniger Anwender eines privaten Computers eine gute Idee, alle Aktivitäten als Administrator auszuführen. Das Gegenteil ist richtig, wenn Sie im Internet surfen:

Den Browser sollten Sie nicht als Admin starten, während Sie im Internet auf unbekannten oder potenziell infizierten Seiten surfen. Ein Angreifer könnte Schwachstellen im Programm ausnutzen und dann die Kontrolle über das System erlangen. Dabei ist der Schaden umso größer, über je mehr Rechte die Anwendung, in dem Fall der Browser, verfügt.

Prominente Vertreter

Allerdings gibt es nicht nur Admins und »normale User«. Über alle gängigen Betriebssysteme hinweg hat sich die **Gruppe** durchgesetzt. Jeder User gehört somit zwingend zu einer Gruppe.

Unter Windows-Betriebssystemen existiert eine eigene **Gruppenrichtlinienverwaltung**, mit denen insbesondere Unternehmen die Rechte ihrer Mitarbeiter konfigurieren. Die Spezifikation dieser sogenannten **Group-Policies** erfolgt über spezifische Tools, die der Hersteller (Microsoft) für Administratoren bereitstellt. Dort können die Admins sehr detailliert festlegen, was ein Angehöriger der jeweiligen Gruppe dürfen soll – und was nicht. Das geht los beim Festlegen des Bildschirmhintergrunds und endet mit der konkreten Erlaubnis, Programme eines bestimmten Namens aufrufen zu dürfen, oder auch nicht. Dieses Konzept ist vergleichsweise neu und permanenter Anpassung unterworfen.

Demgegenüber steht ein sehr altes Rechtekonzept des UNIX-Betriebssystems und seiner **Derivate**.

Derivate (vom lateinischen *derivare, ableiten*) meint im Zusammenhang mit Betriebssystemen eine *enge Verwandtschaft* (mit gleichen Vorfahren). Dabei ist UNIX bereits Anfang der 70er Jahre des letzten Jahrhunderts entstanden und erfreut sich bis heute großer Beliebtheit. Mit dem Aufkommen von PCs in den 90er Jahren pushte der finnische Informatiker **Linus Torvalds** das inzwischen weitverbreitete **Linux**. Was viele User von Apple-Computern nicht wissen: Auch das Betriebssystem *macOS* entstammt einem UNIX-Derivat!

Über die programmiertechnischen Anfänge von UNIX, insbesondere was die Programmiersprache »C« angeht, empfehle ich Ihnen einen Blick in Kapitel 21.

Die Grundidee der UNIX-Rechtevergabe (und seiner Derivate) ist schnell erzählt:

Jeder Datei unter UNIX ist ein **Besitzer** (**owner**) zugeordnet, also ein User. Jeder User gehört bekanntlich zu einer **Gruppe** (**group**). Somit verfügt jede UNIX-Datei über einen Besitzer und eine Gruppe. Zusätzlich gibt es noch »den ganzen Rest«, also User, die weder zur selben Gruppe gehören noch mit dem Besitzer übereinstimmen. Im Englischen werden sie als **other** bezeichnet, deswegen sollte ich wohl besser den Ausdruck **Sonstige** benutzen.

Zugriffsrechte werden nun getrennt für »owner«, »group« und »other« vergeben. Dabei gibt es jeweils die Möglichkeit, ...

✔ den lesenden Zugriff (»**read**«)

✔ den schreibenden Zugriff (»**write**«)

✔ sowie das Recht zum Ausführen (»**ex**ecute«)

... getrennt zu *gestatten* oder zu *verweigern*.

Kleiner praktischer Tipp am Rande: Der Konsolenbefehl ls -l (*Liste in Langform*) zeigt Ihnen die jeweiligen Rechte einer Datei an. Das sieht zwar auf den ersten Blick ein wenig kryptisch aus, etwa so »-rwxr-xr-x«, aber ich wette, Sie steigen schnell dahinter:

Das allererste Zeichen beschreibt die Art der Datei. Ein »d« etwa steht für **Directory** (**Verzeichnis**). Eine ganz normale Datei bekommt nur einen kleinen Strich »-«. Danach kommen je drei Dreierblöcke, die aus den Zeichen **rwx** bestehen, wobei jeder dieser Buchstaben auch alternativ wiederum durch den besagten Strich »-« ersetzt werden kann. Der erste Dreierblock beschreibt die Zugriffsrechte des Owners: lesen (r), schreiben (w) oder ausführen (x) sind erlaubt, wenn der Buchstabe erscheint, ansonsten (-) verboten. Der zweite Dreierblock steht für die Gruppe und dass der letzte für Sonstige steht, können Sie sich bestimmt denken.

Im obigen Beispiel »-rwxr-xr-x« besitzt der Owner dieser normalen Datei die maximalen Rechte, während die anderen Gruppenmitglieder sowie die restliche Welt die Datei zwar lesen und ausführen, aber nicht verändern (schreiben) dürfen.

Ausführbare Skripte erfordern stets *Lese- und Ausführungsrechte*!

Eine allgemeine Einführung in Skriptsprachen finden Sie in Kapitel 46.

Denken Sie bitte nicht, dass die Zuweisung von Rechten logisch erfolgen muss. So können Sie sich als Besitzer beispielsweise (mittels des Befehls chmod) selbst das Recht entziehen, auf eine Datei zugreifen zu dürfen, selbst wenn das für Sonstige erlaubt ist (und auch weiterhin funktioniert). Sie können sich bestimmt die fatalen Konsequenzen falsch gesetzter Berechtigungen vorstellen ...

Der Befehl ls -l zeigt übrigens auch noch andere nützliche **Attribute** einer Datei an wie beispielsweise die **Größe** oder das **Datum der letzten Änderung**. UNIX merkt sich ebenfalls, wann auf eine Datei zuletzt zugegriffen wurde und von wie vielen Orten aus die Datei verlinkt ist.

Ordnerstrukturen für Dateien

Wenn eine der wichtigen Aufgaben von Betriebssystemen darin besteht, Ordnung und Struktur in gespeicherte Daten zu bringen, lohnt es sich, darauf einen genaueren Blick zu werfen.

Neben den bereits behandelten **Dateiattributen** ist das Betriebssystem natürlich in erster Linie verantwortlich für das ...

✔ Erzeugen und Löschen

✔ Öffnen und Schließen

✔ Lesen und Schreiben

✔ Suchen und Umbenennen von Dateien sowie

✔ Auslesen und Setzen von Attributen

✔ ...

Wie das programmiertechnisch genau vor sich geht, erfahren Sie in Kapitel 22.

Haben Sie sich jemals Gedanken darüber gemacht, was geschieht, wenn Sie eine Datei aus einem Ordner in einen anderen verschieben? Werden in diesem Moment die Inhalte tatsächlich kopiert und am ursprünglichen Ort gelöscht? Was bedeutet es überhaupt, eine Datei zu löschen?

CR_LF

Haben Sie schon einmal von dem »Carriage Return«-(**CR-**) beziehungsweise »Line Feed«-(**LF-**)Problem gehört?

Früher gab es Schreibmaschinen. Bei diesem mechanischen Wunderwerk bewegt sich unmittelbar nach jedem Tastenschlag der komplette **Wagen** mit der Walze, in die das Papier eingespannt ist, um eine Stelle nach links. Auf diese Weise wird der nächste Buchstabe rechts neben den vorangegangenen gedruckt.

Sobald der Wagen am rechten Anschlag, also am Zeilenende, angekommen ist (oder besser noch, wenn der »User« meint, die Zeile sei nun voll genug), muss er wieder zurückgeschoben werden. Hierzu dient der in der Abbildung mit einem Pfeil markierte **Zeilenschalthebel**. Das vollständige »Nach-links-Drücken« dieses Hebels bewirkt zunächst einen sogenannten **Zeilenvorschub**. Dabei dreht sich die Walze so, dass sich das eingespannte Papier exakt um eine Zeile nach oben bewegt.

Wenn Sie den Zeilenschalthebel nur zart anschieben, erreichen Sie einen Zeilenvorschub, ohne dass sich der Wagen überhaupt bewegt. Umgekehrt ist es nicht ohne Weiteres möglich, den **Wagenrücklauf** einzuleiten, ohne zugleich einen Zeilenvorschub zu betätigen.

In Computersprache ausgedrückt, erreichen Sie mit dem Hebel also zweierlei:

✔ **Wagenrücklauf** (»Carriage Return«, ASCII 13)

✔ **Zeilenvorschub** (»Line Feed«, ASCII 10)

Bei der anfänglichen Entwicklung des Windows-Betriebssystems (sowie seines Vorgängers DOS) hat man diese Vorlage ganz wörtlich genommen: In Textdateien wurden am Ende einer jeden Zeile die Steuerzeichen 13 und 10 angefügt, was an und für sich logisch ist. Allerdings hält das ältere UNIX-Betriebssystem diese Idee für unnötige Verschwendung von Speicherplatz. Stattdessen wird am Ende der Zeile lediglich ein »Line Feed-«(LF-)Zeichen gesendet. Andere Varianten legten sich auf das alleinige »Carriage Return« (CR) fest. Sie können sich vorstellen, welchen Spaß es damals gemacht hat, Textdateien zwischen den Betriebssystemen auszutauschen! Und dabei geht es noch gar nicht um die unterschiedlichen Codierungen für Sonderzeichen ...

Mit ein bisschen Glück sind Ihre Anwendungen heute so schlau, die Umwandlung automatisch durchzuführen.

Auch wenn die Betriebssysteme in den Details Unterschiede aufweisen, so ist doch fast allen Folgendes gemein:

✔ Verzeichnisse enthalten Referenzen auf Dateien.

✔ Das Löschen von Dateien bewirkt nur das Freigeben des Platzes, kein physisches Löschen.

✔ Ein Verschieben von Dateien führt – falls möglich – nicht zu einem physischen Kopieren von Daten.

Okay, das war ein bisschen zu schnell, also der Reihe nach. Es wäre doch unsinnig, bei der Anzeige eines Verzeichnisses (oder Ordners) erst in den Dateien nachsehen zu müssen, welche Attribute die Datei besitzt. Sie können die Anzeige beispielsweise nach Name, Datum oder Größe sortieren. Hierzu benötigen Sie derartige Informationen separat. Das Betriebssystem muss sich eigentlich nur merken, wo sich die Daten physisch tatsächlich befinden. Umbenennen, Verschieben oder Löschen von Dateien benötigt keinen Zugriff auf deren Inhalt! Es genügt, die *Referenz* auf die Datei anzupassen.

Oh, nicht ganz ... Was passiert, wenn Sie eine Datei von der Festplatte auf einen USB-Stick kopieren? Hier hilft kein reines Anpassen einer Referenz. Das Betriebssystem muss in diesem Fall in den sauren Apfel beißen und die einzelnen Bytes der Datei tatsächlich übertragen. Allerdings könnte der User ja auf die Idee kommen, anschließend die Datei auf dem Stick sofort wieder zu löschen. Also speichert das Betriebssystem kleinere Datenmengen erst einmal zwischen. Deswegen ist es so wichtig, dem Betriebssystem mitzuteilen, sobald Sie den Stick physisch entnehmen wollen: Erst dann wird aufgeräumt und der tatsächliche Zustand dem gewünschten angepasst.

Niemals einen USB-Stick einfach so aus dem Computer ziehen! Erst das Betriebssystem darüber informieren und auf dessen Freigabe warten ...

Ein ähnliches Phänomen tritt übrigens auch beim Ziehen in den **Papierkorb** auf. Die Datei ist dann offensichtlich noch nicht gelöscht (Sie können sie ja aus dem Papierkorb wieder herstellen). Umgekehrt wird dann natürlich auch der Speicherplatz nicht freigegeben.

Apropos Speicher freigeben. Dateien belegen grundsätzlich ganze **Blöcke**. Je nach Hardwarearchitektur und Betriebssystem kann die Blockgröße sehr unterschiedlich ausfallen. Hier muss zwischen einer vernünftigen Adressierung (eher große Blöcke) und einem sparsamen Umgang mit Ressourcen (kleine Blöcke) abgewogen werden. Auch eine Datei von der Größe eines Bytes wird immer einen ganzen Block »verbraten«. Es ist eine wichtige Aufgabe des Betriebssystems, möglichst schnell einen freien Block bereitzustellen. Bei der Erzeugung einer größeren Datei werden entsprechend viele – nach Möglichkeit aufeinanderfolgende – Blöcke reserviert. Dies wird umso mehr Aufwand, je kleiner die Blöcke sind.

Eine typische Lösung besteht darin, die Blöcke als eine verkettete Liste zu realisieren, wie sie in Kapitel 32 erläutert wird.

So weit, so gut. Wenn eine riesige Datei abgespeichert werden soll, sucht das Betriebssystem eine Menge freier Blöcke, auf die die Daten dann verteilt werden. Es kann natürlich passieren, dass diese nicht mehr aufeinanderfolgen, sondern wild über den Speicher verteilt sind. Man spricht auch von **Fragmentierung**. Die Datei ist in **Fragmente** zerlegt. Dies tritt spätestens auf, wenn das Laufwerk (**Volume**) schon ziemlich voll oder wenigstens schon lange in Betrieb ist. Im Laufe der Zeit führen gelöschte Dateien zu einzelnen, freigegebenen Fragmenten und irgendwann sind alle Dateien wild über das Filesystem verstreut. Nach einer gewissen Zeit lohnt sich daher eine **Defragmentierung**. Auch dieses Tool wird vom Betriebssystem bereitgestellt. Es sorgt dafür, dass die Fragmente aller Dateien aufeinanderfolgen. Da es sich um physisches Kopieren von Daten handelt, sollten Sie bei größeren Dateisystemen schon etwas Geduld aufbringen ...

Tasks den Prozess machen

Eine andere wichtige Aufgabe von Betriebssystemen besteht im **Prozessmanagement**.

 Ein *Prozess* ist ein Programm in Ausführung.

Nun muss ein Computer jedoch mehrere Programme (scheinbar) gleichzeitig ausführen. Sie können auf Anwenderebene mehrere Applikationen gleichzeitig offen haben und das Backup läuft im Hintergrund, aber das ist nur die Spitze des Eisbergs. Wenn Sie sich die **Prozessliste** (oder **Taskliste**) Ihres Computers ansehen, werden Sie nicht selten mehr als 100 laufende Prozesse finden. »Antivirus« oder »Audio Device Background Process« klingen dabei noch recht einleuchtend, aber über den »Google Crash Handler« werden Sie sich womöglich schon eher wundern; etliche Prozesse werden vom Betriebssystem gestartet und so lange am Leben gehalten, bis der Computer herunterfährt.

Aber wie kann das Betriebssystem, genauer der **Prozess-Scheduler**, das leisten? Selbst wenn Ihre Hardware über mehrere Kerne oder gar eigenständige Prozessoren verfügt, es gibt immer sehr viel mehr Prozesse, die bedient werden wollen.

Das Betriebssystem hat sich einen einfachen, aber effektiven Trick zur Lösung dieser Problematik ausgedacht:

 Prozesse werden in **Zeitscheiben** (**Time Slices**) zerschnitten. Die einzelnen Scheiben werden nacheinander ausgeführt, wobei jeder Prozess scheinbar über die gesamte CPU verfügt.

In Abbildung 36.2 sehen Sie oben, wie die Ausführung der Prozesse der Reihe nach aussehen würde. Unten dagegen ist die Lösung für **Multitasking-Betriebssysteme** dargestellt.

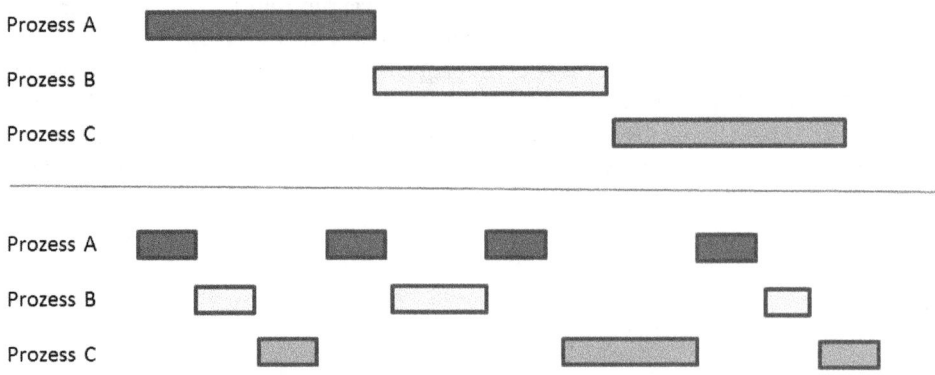

Abbildung 36.2: Prozessausführung ohne (oben) und mit (unten) Multitasking

Das Schöne daran ist, dass die einzelnen Prozesse »denken«, sie wären alleine auf der Welt und nur ihnen gehörte die CPU. Sie »sehen« die anderen überhaupt nicht. Allerdings hat die Sache einen Haken. Das Umschalten von einem Prozess zu einem anderen erfordert natürlich, den kompletten Prozess-**Kontext**, also alle Informationen wie den Stack-Inhalt, den Inhalt aller Register, darunter natürlich der aktuelle Programmzeiger, oder auch beispielsweise aktuelle Zeiger auf geöffnete Dateien zu *sichern*. Dieser **Kontextwechsel** kostet Zeit und führt am Ende dazu, dass die Prozessorleistung nicht vollständig für die Prozesse verwendet werden kann.

 Stellen Sie sich den Kontextwechsel wie ein Ampelsystem vor: Alle Straßen werden zwar berücksichtigt, aber im Moment des Umschaltens sehen für einen kleinen Zeitraum alle Verkehrsteilnehmer »rot«.

In Abbildung 36.2 habe ich Ihnen auch bereits angedeutet, dass es beim Verteilen der Zeitscheiben, also beim Prozess-Scheduling, nicht so gerecht zugeht wie bei der Ampel. Kritische Prozesse werden schneller abgearbeitet, wenn Fehler (oder Ausnahmen) auftreten, werden sie wie Feuerwehr und Rettungswagen durchgelassen, selbst wenn die Ampel rot zeigt ...

Es ist auch deswegen sinnvoll, nicht allen Prozessen einen gleich großen Schluck aus der Flasche »CPU« zu gönnen, weil sie ihn derzeit gar nicht gebrauchen können. Stellen Sie sich vor, ein Prozess benötigt eine Benutzereingabe über die Tastatur. In Prozessorzeit gerechnet dauert es eine Ewigkeit, ehe ein Mensch den richtigen Buchstaben auf der Tastatur gefunden hat. Bis dahin können Tausende Kontextwechsel stattgefunden haben. Es wäre jedoch absurd, dem durch die fehlende Eingabe *blockierten* Prozess in der Zwischenzeit eine Zeitscheibe zur Verfügung zu stellen!

Zusammengefasst bedeutet das, Prozesse können sich in den folgenden **Zuständen** befinden:

✔ rechnend

✔ blockiert

✔ rechenbereit

Rechnend ist der Prozess, wenn er gerade »dran« ist und die CPU für sich alleine hat. *Rechenbereit* ist er, wenn er zwar theoretisch dran sein könnte, aber seine Ampel – wegen eines anderen rechnenden Prozesses – gerade auf Rot steht. Schließlich ist er *blockiert*, wenn er mit der CPU-Zeit gerade nichts anfangen kann, weil die Schlafmütze vor der Tastatur nicht voranmacht oder sonstige periphere Probleme anstehen (zum Beispiel Schreiben auf einen sehr langsamen externen Speicher). Abbildung 36.3 soll das ein wenig verdeutlichen.

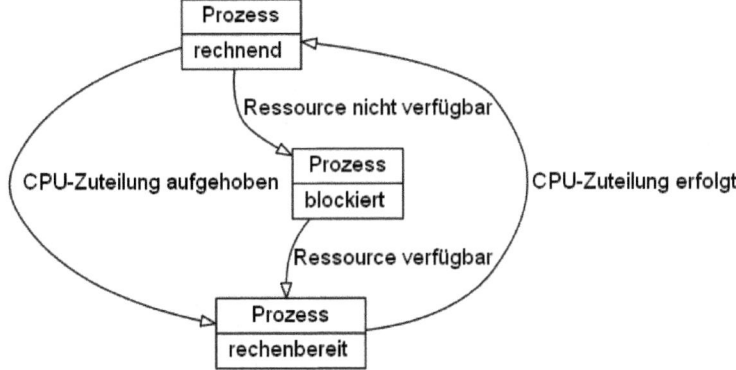

Abbildung 36.3: Zustandsübergänge eines Prozesses

Nadel und Threads

Wie Sie gesehen haben, ist ein Kontextwechsel sehr aufwendig. Im Straßenverkehr werden daher Ampeln gerne durch Kreisel ersetzt. In der Informatik gibt es ebenfalls eine Lösung, den teuren (weil zeitintensiven) Kontextwechsel zu umgehen und dennoch die Prozessorleistung aufzuteilen, allerdings *innerhalb* eines Prozesses. Dieser wird also in einzelne **Stränge** (**Threads**, wörtlich **Fäden**) aufgeteilt.

Um den Unterschied zwischen **Multitasking** und **Multithreading** zu verstehen, müssen wir die Ursache für die Dauer des Kontextwechsels näher beleuchten:

 Ein Prozess verfügt über seine **Ressourcen** alleine!

Mit den Ressourcen sind hier Speicher, externe Eingabegeräte, Zugriffe auf Dateien und so weiter gemeint. Für den Programmierer ist das äußerst einfach: Sein Programm wird während der Ausführung vom Multitasking überhaupt nichts mitbekommen, also muss er auch keine Vorkehrungen treffen, dass alles gutgeht. Das alles verantwortet das Betriebssystem.

Anders verhält es sich beim Multithreading. Warum sollte Ihr Programm eigentlich auf eine (wirklich sehr, sehr) langsame Benutzereingabe warten, wenn es zwischenzeitlich noch andere, nützliche Dinge tun kann?

Dieses Problem muss nun jedoch der Programmierer lösen. Er öffnet einen neuen **Thread** in seinem Programm, der beispielsweise komplexe Berechnungen durchführt, während der Hauptthread nach wie vor auf die Benutzereingabe wartet. Irgendwann müssen die beiden jedoch wieder zusammengeführt werden. Da sich Threads allerdings die **Ressourcen** *teilen*, sind einige Sicherheitsvorkehrungen zu treffen: Wird beispielsweise der Wert einer gemeinsam genutzten (globalen) Variable zu einem ungünstigen Zeitpunkt verändert? Müssen bestimmte Maßnahmen unbedingt in einer bestimmten Reihenfolge durchgeführt werden? Sind Transaktionen sicher?

 Weitere Details zu den Problemen der Threadprogrammierung sowie deren Lösungen erhalten Sie in Kapitel 47! Zusätzlich finden Sie in Kapitel 15 hardwarenahe Überlegungen zum Themenkomplex »Prozesse und Threads«.

Der Kontextwechsel im Multithreading ist minimal, daher lohnt sich dieses Konzept häufig. Es erfordert jedoch eine große Achtsamkeit vom Programmierer.

Allerdings ersetzt das Multithreading natürlich nicht das Multitasking. Sie können sich denken, dass viele Multithreading-Programme gleichzeitig die CPU benötigen und daher durch Multitasking aufgeteilt werden. Das Multithreading-Programm ist gegenüber einem gewöhnlichen Single-Thread-Programm jedoch im Vorteil: Wo Letzteres den Zustand blockiert annimmt, gibt es bei Ersterem immer noch Threads, die weiterarbeiten ...

Virtuelle Echtzeitanforderungen

Wie Sie sehen, sind Multitasking und Multithreading Konzepte, bei der die Vorstellung nicht mehr passt, dass einfach ein Befehl nach dem nächsten abgearbeitet wird. Es gibt jedoch Situationen, wo Sie genau das müssen! Wo Sie sich darauf verlassen müssen, dass Sie die komplette Kontrolle über Ihr System behalten, etwa beim

✔ Messen

✔ Steuern

✔ Regeln

technischer Systeme. Wenn Ihnen das zu abstrakt klingt, dann werfen Sie einen Blick in das Innere eines modernen Autos. Längst haben Computer die Kontrolle über die Motorsteuerung, Traktionskontrolle und natürlich alle Sicherheitssysteme wie beispielsweise Airbags übernommen.

Sie wollen sicherlich nicht auf einen gnädigen Scheduler hoffen, der dem Task »Airbag zünden« doch bitte gelegentlich eine Zeitscheibe von der Multimedianlage abgeben möchte, falls der Crash bereits stattgefunden hat. Die Sicherheitsmaßnahmen müssen *sofort* stattfinden.

Was Sie brauchen, nennt sich **Echtzeit-Betriebssystem**:

Ein *Echtzeit-Betriebssystem (Real-Time Operating System, RTOS)* erfüllt Anfragen an das Betriebssystem in physisch vorgegebener Zeit, nicht, wie sonst üblich, in virtuellen Zeiteinheiten. Die primäre Aufgabe ist somit nicht die Maximierung des Durchsatzes, sondern die möglichst genaue Erfüllung eines vorgegebenen Zeitverbrauchs.

Derartige Anforderungen vonseiten des Prozesses werden in Zehntelsekunden (oder noch kürzer) angegeben. Da es sich um Echtzeitanforderungen handelt, muss das Betriebssystem den Kontextwechsel in diese Vorgabe bereits einrechnen.

Bei einem Echtzeit-Betriebssystem wird also die Diskrepanz zwischen tatsächlich benötigter und der verbrauchten Zeit minimiert. Unmögliche Anforderungen nimmt das Betriebssystem erst gar nicht entgegen.

Besonders der Prozess-Scheduler eines Echtzeit-Betriebssystems ist hier gefordert. Er muss möglichst exakt vorhersehen, wie lange die Ausführung eines bestimmten Tasks tatsächlich dauern wird, und dabei selbstverständlich auch Notfallunterbrechungen berücksichtigen.

Es gibt inzwischen eine große, schnell wachsende Anzahl von RTOS, darunter auch etliche Open-Source-Lösungen. Einige sind auf spezielle Mikrocontroller angewiesen, die in der Regel in technische Anwendungen *eingebettet* (*embedded*) werden. Meist ist das Anwendungsgebiet entsprechend eingeschränkt.

Universell nutzbare Echtzeitvarianten der großen Betriebssystemhersteller haben sich dagegen nicht durchsetzen können. Unter den nicht kommerziellen Varianten möchte ich Ihnen exemplarisch das recht eingängige Grundkonzept von *RTAI (Real Time Application Interface)* kurz erläutern.

Sie dürfen sich RTAI als eine Betriebssystemschicht zwischen der Hardware und dem gewöhnlichen Linux-Kern denken. Damit gelingt es Ihnen, harte Echtzeitanforderungen mit Anwendungen zu kombinieren, die gar keine besondere Echtzeitfähigkeit benötigen. Technisch ausgedrückt läuft Linux mit der niedrigsten Priorität, gewissermaßen in der *freien* (*idle*) Zeit des RTAI, wenn gerade keine Echtzeittasks abgearbeitet werden. Ansonsten weist RTAI recht ordentliche »Real-time«-Eigenschaften mit einer guten Vorhersage der Abarbeitungsdauer von Befehlen auf, die die Grundvoraussetzung für zeitliche Zusicherungen darstellt. Um diese zu gewährleisten, verwenden Echtzeitbefehle beispielsweise keinen virtuellen Speicher und übernehmen die Kontrolle über das Interrupt-Handling.

Da die meisten Anwendungen nicht aus lauter Echtzeitanforderungen bestehen, sondern sich zwischendurch auch mit gewöhnlichen Betriebssystemeigenschaften begnügen, finden Sie hier ein breites Feld an (gewohnten) systemnahen Anwendungen, was den Einstieg in die Echtzeitprogrammierung stark erleichtert.

Eine Liste von Eigenschaften und Downloadmöglichkeiten aktueller Open-Source-RTOS (darunter auch RTAI) finden Sie unter http://www.osrtos.com.

IN DIESEM KAPITEL

Komplexität von Software beherrschen

Anforderungsanalysen verstehen

Lastenhefte und Pflichtenhefte unterscheiden

Modellieren mit UML

Das V-Modell der Software-Entwicklung

Kapitel 37

Architektur von Software

Obwohl dieses Kapitel recht klein geraten ist, sollten Sie seine Bedeutung nicht unterschätzen. Ich möchte Ihnen aufzeigen, wie wichtig eine strukturierte Herangehensweise bei der Erstellung von Softwareprojekten ist. Dabei geht es einerseits darum, die Anforderungen überhaupt erst einmal zu klären. Anschließend werden Lasten und Pflichten genau geregelt. Um eine einheitliche Sprache zwischen Auftragnehmer und Auftraggeber einerseits und zwischen den verschiedenen Programmierteams anderseits zu finden, dienen Modelle. Insbesondere UML-Diagramme sind eine gute Idee. Am Ende des Kapitels möchte ich Ihnen das V-Modell ans Herz legen. Wenn Sie danach vorgehen, sollten böse Überraschungen bei der Software-Entwicklung hoffentlich der Vergangenheit angehören.

Architekten für Programme

Kein Mensch käme auf die Idee, ein Haus zu bauen, ohne zuvor einen Plan gemacht zu haben. Zu viele Dinge sind zu beachten. Angefangen von der Statik über die Haustechnik bis hin zu ganz praktischen Angelegenheiten der Raumaufteilung. Beim Programmieren denken immer noch viel zu viele Leute, Planung werde überschätzt. Sie legen einfach los und nicht selten funktioniert auch etwas innerhalb einer kurzen Zeit. Ich habe leider oft erlebt, wie sich verschiedene Abteilungen eines Unternehmens über die (zentrale) IT beklagen. »Die machen aus jeder kleinen Anforderung ein Riesenprojekt, stellen erst einmal sehr viele Fragen, brauchen ungeheuer viel Zeit und die Kosten sprengen jeden vernünftigen Rahmen.«

Umgekehrt gibt es in fast allen Abteilungen pfiffige Mitarbeiter, die mit Office-Tools und Makroprogrammierung schnell eine gewünschte Funktionalität erreichen. Was ist daran verkehrt?

Für die Antwort möchte ich ein wenig ausholen, und wenn Sie so wollen, ist das ganze Kapitel nur dazu gedacht, genau diese Frage zu beantworten: »Wieso programmiert man nicht am besten gleich drauflos und spart die lange Zeit der Planung, Analyse und Konzeptionierung einfach ein?«

 Ein Informatik-Student möchte für seine Bewerbungsunterlagen gerne eine Bescheinigung darüber, dass er zu den zehn Prozent Besten gehört. Von seinem Prüfungsamt erfährt er, dass diese Anforderung erstmalig gestellt wird und daher zur Klärung von Detailfragen an den zuständigen Prüfungsausschuss weitergeleitet wird. Der Betroffene kann das nicht verstehen und ärgert sich darüber, dass er erst nach Wochen seine Bescheinigung erhält, obgleich er selbst die dazu nötigen Codezeilen innerhalb von Minuten erstellt hätte. Warum ist das so?

Der eigentliche Aufwand zur Lösung des Problems besteht darin, die Anforderung erst sehr genau zu spezifizieren. Ich möchte Ihnen exemplarisch einmal aufzeigen, was in diesem Fall dazu gehört.

- ✔ Auf welche Gruppe von Studierenden beziehen sich die »zehn Prozent«? Sind es nur Informatiker oder alle Studiengänge? Geht es um alle Studierende, die im selben Jahr abschließen werden, oder geht es um diejenigen, die im gleichen Semester begonnen haben? Zählt das Kalenderjahr oder das Studienjahr oder gar die letzten 365 Tage vor der Antragsstellung?

- ✔ Woran werden die »Besten« gemessen? Nimmt man die Abschlussnote, mit oder ohne Vorprüfungen, wie werden Einzelnoten gewichtet? Soll die Referenzgröße aus einem gleitenden Durchschnitt gezogen werden? Werden Kommanoten (1,3 oder 2,7) arithmetisch nach ihrem Zahlenwert gemittelt oder werden Punktesysteme stattdessen verwendet? Sollen Wiederholungsprüfungen berücksichtigt werden?

- ✔ Wie soll mit noch nicht erbrachten Leistungen umgegangen werden? Sollen diese einfach ignoriert werden (und so implizit die Noten des verbliebenen Durchschnitts erhalten) oder sollen in den Vergleichsgrößen die Noten der Mitbewerber dieser spezifischen Leistungen unberücksichtigt bleiben?

Egal, wie Sie die einzelnen Fragen beantworten, es gibt immer sehr gute Gründe, dies genauso – oder anders – zu tun. Daher ist es nicht nur angemessen, sondern in unserem Fall zwingend nötig, aus der eher alltäglichen Frage eine genaue Anforderung zu erzeugen.

In diesem Beispiel haben Sie gesehen, dass es sehr gute Gründe geben kann, eine scheinbar klare Anforderung erst noch viel genauer unter die Lupe zu nehmen. Der erste Schritt ist immer die präzise Beschreibung dessen, was Sie wollen! In sehr einfachen Fällen, wie bei der Bestenliste, ist damit die wichtigste Arbeit schon erledigt.

Wenn Sie jedoch eine Software erstellen möchten, die betriebliche Abläufe unterstützen soll, ist es dagegen sehr viel Aufwand, zunächst zu klären, welche Abläufe dazugehören und auf welche Weise sie unterstützt werden sollen. Allerdings fängt die eigentliche Arbeit erst danach an!

Um im Bild mit dem Gebäude zu bleiben: Wenn Sie ein Haus bauen möchten, ist es sehr wichtig, dem Architekten möglichst detailliert zu erklären, was Sie eigentlich wollen. Dessen Arbeit beginnt erst anschließend. Vielleicht sind verschiedene Anforderungen nicht gleichzeitig (jedenfalls nicht im festgelegten Kostenrahmen) zu erfüllen. Oder während der Detailplanung ergeben sich neue, wichtige Fragen. Oder der Architekt macht eigene Vorschläge, die den Bauherrn von seinen ursprünglichen Überlegungen abbringen.

Natürlich können nicht alle Probleme im Vorfeld beseitigt werden, aber es besteht allgemeiner Konsens darüber, dass eine hervorragende Planung viele spätere Probleme erst gar nicht entstehen lässt.

 Wenn Sie einen Blick auf unseren Hauptstadtflughafen BER oder die Hamburger Elbphilharmonie werfen – um nur zwei Beispiele aus der jüngeren Vergangenheit zu nennen –, werden Sie erkennen, dass Planung alleine noch nicht zum gewünschten Erfolg führt. Es geht nämlich auch um die Qualität von Plänen und deren akribische Umsetzung ...

Gebäude mit drei Stockwerken

Von der Vielzahl an möglichen Softwarearchitekturen möchte ich ein prominentes Beispiel herausgreifen, die sogenannte **Dreischicht-Architektur** (englisch **Three-Tier-Architecture**), wie in Abbildung 37.1 dargestellt.

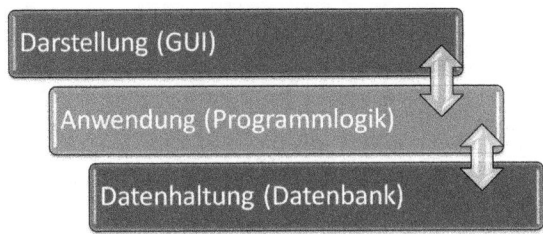

Abbildung 37.1: Dreischicht-Architektur

Die Idee der Aufteilung in drei Schichten ist naheliegend. Stellen Sie sich vor, Sie besitzen ein Softwareunternehmen mit drei Teams von Programmierern. Jedes kann sich dann – getrennt von den beiden anderen – um eine der drei Schichten kümmern.

✔ Die *Darstellungsschicht* befasst sich nur mit der optischen Aufbereitung von Information sowie den möglichen Benutzereingaben. Bei einer Web-Applikation würde dieser Bereich zum Beispiel komplett in einem Browser verarbeitet werden können.

✔ Die *Anwendungsschicht* übernimmt die eigentliche Informationsverarbeitung. Sie manipuliert die Daten und kommuniziert dabei mit den beiden anderen Schichten. Sie ist das Herz und Kontrollzentrum der Applikation. Bei einer Web-Applikation finden Sie diese Schicht oft auf der (entfernten) Serverseite.

✔ Die *Datenhaltungsschicht* kümmert sich um die sichere Aufbewahrung der Daten. Auf Anforderung werden diese eingespielt oder entnommen. Konzepte zum Backup betreffen insbesondere die Datenhaltung.

Für alle drei Schichten finden Sie heute verschiedene sogenannte **Frameworks** (**Rahmenwerke**), um den jeweiligen Programmteil schnell, effizient und sicher zu erstellen.

Im dargelegten Fall einer Web-Anwendung wären **Skriptsprachen** sowohl für die Server- als auch für die Browserseite zu bevorzugen.

Kapitel 46 ist den Skriptsprachen gewidmet.

Im Web sind ebenfalls Open-Source-**Datenbanken** für die Datenhaltungsschicht zu finden.

Kapitel 38 befasst sich mit den Grundlagen von Datenbanken. Dort zeige ich Ihnen ebenfalls, wo Sie konkrete Open-Source-Systeme herbekommen.

Anforderungsanalysen

Nachdem Sie gesehen haben, wie wichtig die Anforderungsanalyse ist, sollten wir uns näher damit befassen.

Angenommen, Sie möchten Ihre Unternehmensprozesse mit einer komplett neuen Software unterstützen und optimieren. In diesem Fall bietet es sich an, zu Beginn der Anforderungsanalyse eine **Durchführbarkeitsstudie** zu veranlassen. Diese soll klären, ob ...

✔ der Kostenrahmen überhaupt eingehalten werden kann

✔ der Zeitrahmen realistisch gesteckt ist

✔ die Technologie mit der im Unternehmen existierenden kompatibel ist

Zur Durchführbarkeitsstudie gehört auch die Berücksichtigung von Alternativen: Was passiert, wenn die Software überhaupt nicht angeschafft wird? Welche Teile der Anforderung müssen zwingend umgesetzt werden, damit sich das Gesamtkonzept lohnt? Wie wirkt sich die Anschaffung auf die Wettbewerbssituation aus?

Nachdem Sie die prinzipielle Durchführbarkeit geklärt haben, sollten sich alle Projektbeteiligten an einen Tisch setzen. In zähem Ringen werden dort ...

✔ die Details der Anforderung zusammengestellt und klassifiziert,

✔ einzelne Anforderungen priorisiert,

✔ Konflikte (auch Widersprüche) in den Anforderungen beseitigt.

Dieser *Prozess zur Anforderungsanalyse* besteht in einer wechselseitigen

✔ *Erhebung* (englisch *Elicitation*) konkreter Maßnahmen sowie

✔ *Überprüfung* (englisch *Validation*) derselben auf Konsistenz mit dem Gesamtkonzept

Der Prozess sollte nach Möglichkeit zu einer vollständigen, verständlichen und nachprüfbaren Dokumentation führen. Diese kumuliert im sogenannten **Lastenheft**.

Lasten- und Pflichtenhefte

Wichtig ist also, dass das Lastenheft am Ende der Anforderungsanalyse von derjenigen Seite erstellt wird, die den Auftrag erteilt.

 Das *Lastenheft* enthält die konkreten Forderungen des Auftraggebers an den Auftragnehmer.

Ein Lastenheft beinhaltet typischerweise eine Gegenüberstellung des IST-Zustands mit dem gewünschten SOLL-Zustand. Eine besondere Bedeutung kommt einer Beschreibung der **Schnittstellen** zu. Das ist nicht verwunderlich, da sie für eine systematische und wiederverwendbare Konzeptionierung von Software entscheidend sind.

 Sollten Sie mir nicht glauben, was die Wiederverwendbarkeit von Programmcode angeht, lohnt sich ein Blick in Kapitel 19.

Da es sich bei dem Lastenheft um ein vertragliches Dokument handelt, dürfen auch Rahmenbedingungen wie Abnahmekriterien, Preise und Liefertermine nicht fehlen. Ebenso wichtig ist die *Risikoakzeptanz*.

 In Kapitel 54 finden Sie alles Nötige zum Themenkomplex »Risikomanagement«.

Nachdem Sie als Auftraggeber das Lastenheft fertiggestellt haben, ist der Auftragnehmer an der Reihe. Er interpretiert gewissermaßen das Lastenheft und legt seinerseits konkret dar, welche Komponenten seine Leistungen umfassen. Dieses Dokument nennt sich **Pflichtenheft**.

 Das *Pflichtenheft* beschreibt die konkreten Vorhaben des Auftragnehmers, wie er sie aus den Anforderungen des Auftraggebers (also aus dem Lastenheft) interpretiert.

Von einem abstrakten Standpunkt betrachtet müsste der Inhalt des Lasten- und des Pflichtenheftes nahezu identisch sein. Das ist jedoch nicht der Fall. Meist verfügt der Auftragnehmer über ein höheres Fachwissen und kann daher allgemein beschriebene Anforderungen des Lastenheftes im Pflichtenheft noch deutlicher konkretisieren. Er wird deswegen den SOLL-IST-Vergleich auf zahlreiche Teilziele herunterbrechen und diese mit einzelnen Lieferterminen versehen. Wichtig ist auch die Angabe von sogenannten NICHT-Zielen. Damit schützt sich der Auftragnehmer vor impliziten Anforderungen oder unklar beschriebenen Leistungen.

Im Pflichtenheft finden Sie die

✔ *Anforderungen* (englisch *Requirements*) aus dem Lastenheft den

✔ *Leistungen* (englisch *Contributions*) des Auftragnehmers

einander gegenübergestellt.

Damit das Pflichtenheft vom Auftragnehmer auch verstanden werden kann, sollte es in einer einfachen, klaren Sprache abgefasst werden, die durch übersichtliche Grafiken, Tabellen und Zeichnungen ergänzt wird. Wenn möglich, sollten Sie dazu eine standardisierte Modellierungssprache verwenden.

Modellieren mit UML

Wenn es um das Modellieren geht, kommen Sie an der grafischen Standardsprache *UML* nicht vorbei:

 UML steht für *Unified Modeling Language* (vereinheitlichte Modellierungssprache).

Mittels UML-Diagrammen legen Sie Beziehungen zwischen Bezeichnern grafisch fest. Daran lassen sich häufig auch komplexe Zusammenhänge übersichtlich und korrekt darstellen. UML-Diagramme unterteilen Sie in ...

✔ *Strukturdiagramme* und

✔ *Verhaltensdiagramme*

Jeder dieser Diagrammtypen kennt sieben Untertypen, die ich Ihnen in Tabelle 37.1 auflisten.

Strukturdiagramme	Verhaltensdiagramme
Klassendiagramm	Kommunikationsdiagramm
Kompositionsstrukturdiagramm	Anwendungsfalldiagramm
Verteilungsdiagramm	Interaktionsübersichtsdiagramm
Objektdiagramm	Sequenzdiagramm
Paketdiagramm	Zeitverlaufsdiagramm
Profildiagramm	Aktivitätsdiagramm
Komponentendiagramm	Zustandsdiagramm

Tabelle 37.1: UML-Diagrammtypen

Die Strukturdiagramme verwenden Sie generell zur Beschreibung statischer Elemente. Beispielsweise dient das Klassendiagramm dazu, die Klassenbeziehungen eines C++-Programms darzustellen. Daran können Sie beispielsweise abgeleitete Klassen von Basisklassen unterscheiden, auch über mehrere Vererbungshierarchien hinweg.

Als Beispiel für ein *UML-Klassendiagramm* darf ich Sie auf Abbildung 24.1 aus dem 24. Kapitel verweisen. Jeder Kasten entspricht einer Klasse. Die Pfeile stellen die Vererbungshierarchie dar, bei der die Pfeilspitze auf die Basisklasse verweist. Innerhalb eines Kästchens sind die Klassenattribute von den Methoden getrennt.

Ein *Zustandsdiagramm* finden Sie in Abbildung 36.3. Dort geht es um Übergänge von Prozesszuständen. Weitere finden Sie darüber hinaus überall in Ihrem Dummies-Buch verstreut, wobei ich meistens eine gegenüber der UML-Spezifikation vereinfachte Darstellung wähle, um die Lektüre zu erleichtern. So verzichte ich auf eine grafische Unterscheidung zwischen initialen und terminalen Zuständen. Ebenso sieht UML ein eigenes Symbol (eine Raute) für Gabelungen vor, auf die wir hier ohne Verlust von Information verzichten können.

Die etwas älteren **Programmablaufpläne** (**PAP**) erlauben eine spezifische, grafische Darstellung von Softwareprogrammen, die insbesondere für klassische, imperative Programmiersprachen infrage kommen. Hierzulande regelt DIN 66001, wie die Symbole für *Operationen*, *Verzweigungen* und *Unterprogramme* genau auszusehen haben.

Vorgehensmodell zur Software-Entwicklung

Wenn Sie nach Erstellung von Lasten- und Pflichtenheften unter Einsatz einer Modellierungssprache wie UML die gesamte Dokumentation zu Beginn des Projekts erstellt haben, geht es natürlich irgendwann los mit der konkreten Implementierung, endlich! Aber auch diese sollten Sie strukturiert, systematisch und mit Plan angehen.

Beispielhaft möchte ich das sogenannte **V-Modell** herausgreifen, das sich zur Software-Entwicklung in der Praxis als recht sinnvoll erwiesen hat. Betrachten Sie Abbildung 37.2 aus einer etwas größeren Entfernung. Dann sehen Sie, warum hier vom »V-Modell« gesprochen wird.

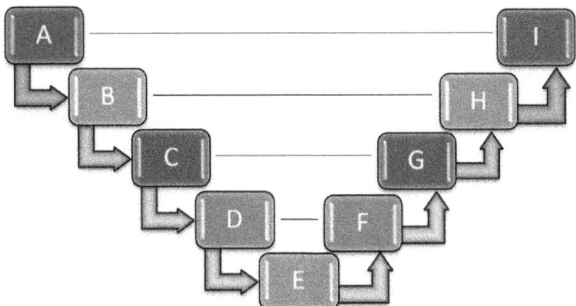

Abbildung 37.2: V-Modell zur Software-Entwicklung

Die Reihenfolge der Buchstaben entspricht – im Wesentlichen – der zeitlichen Abfolge. Die Höhe eines Kästchens hängt mit dem Abstraktionsgrad zusammen. Je tiefer, desto konkreter.

Los geht es oben links mit der *Spezifikation der Anforderungen* (**A**). Die haben Sie mit dem Lastenheft bereits in der Tasche.

Für den *Systementwurf* (**B**) ist das Pflichtenheft ein geeigneter Ausgangspunkt.

Der *technische Entwurf* (**C**) beschreibt die Softwarearchitektur als Ganzes; das entspricht dem vollständigen Plan eines Gebäudes. Gegenüber dem Pflichtenheft ist der technische Entwurf viel detaillierter. Das Pflichtenheft geht ja an den Kunden, und dem möchten Sie nicht unbedingt alle Firmeninterna unter die Nase reiben.

Danach legen Sie alle *Einzelkomponenten* (**D**) fest. Stellen Sie sich darunter konkrete Arbeitspakete für Ihre Programmierteams vor, wobei Sie sich genau an die Schnittstellen halten. Kein Team darf seine Grenzen überschreiten und sich auf der falschen Seite der Schnittstelle tummeln!

Endlich geht es an die *Implementierung* (**E**).

Jedes einzelne Programmierpaket muss anschließend (erst einmal für sich) einem *Komponententest* (**F**) unterzogen werden. Das fällt, genau wie die beiden Folgeschritte, unter **Verifikation**.

Der *Integrationstest* (**G**) erfolgt, sobald die Komponenten zusammengefügt werden. Dieser Test sollte von unabhängigen Personen durchgeführt werden, weil sich Entwickler grundsätzlich – selbst beim besten Willen – nicht wie unbedarfte Anwender verhalten.

Im anschließenden *Systemtest* (**H**) werden alle Anforderungen aus dem Pflichtenheft nach und nach überprüft.

Ganz am Ende, bei der *Abnahme* (**I**), wird der Kunde hoffentlich die korrekte Funktionalität bestätigen.

Wenn Sie genau hinschauen, erkennen Sie die Zuordnung zwischen den *Software-Entwicklungsstufen* links und den *Teststufen* rechts vom »V«. Jeder Entwicklungsstufe entspricht eine Teststufe auf gleicher Höhe. Die Reihenfolge kehrt sich dabei um. Wo das Pflichtenheft recht früh am Anfang des Entwicklungsprozesses steht, gehört der Systemtest so ziemlich ans Ende.

Denselben Vergleich dürfen Sie mit allen angegebenen Stufen durchführen. Das ist zwar alles sehr aufwendig, aber unvermeidbar. Am Ende wollen Sie ja ein Ergebnis erzielen, das alle Beteiligen (auch langfristig) erfreut.

Kapitel 38

Datenbanksysteme

In diesem Kapitel möchte ich Sie in die wunderbare Welt der Datenbanken einführen. Wozu sie nütze und wie sie prinzipiell aufgebaut sind. Relationale Datenbanken spielen dabei eine Schlüsselrolle. Zur Kommunikation mit dem Datenbankserver wird eine Sprache verwendet, die sich SQL nennt und die ich Ihnen in einem Crashkurs erläutern möchte. Schließlich verweise ich Sie am Ende des Kapitels auf wertvolle Quellen zum Bezug freier Datenbanksysteme.

Bank für Daten

Datenbanken beherrschen unsere Welt, wenn auch auf unauffällige, geradezu hinterlistige Weise. Politiker sprechen eher von »Dateien«, in die sie alle möglichen Informationen über die Bürger packen wollen, aber eigentlich handelt es sich um Datenbanken.

Auch wenn Sie eine Suchmaschine benutzen oder einfach online shoppen: Stets sind Datenbanken unsichtbar gegenwärtig.

Eine Datenbank dürfen Sie sich vorstellen wie einen riesigen Datenspeicher. Das Wort »Bank« spielt jedoch darauf an, dass dieser Speicher nicht wie ein riesiger Müllberg alle denkbaren Informationen unstrukturiert sammelt, sondern mit System ablegt, wie ein Finanzinstitut.

Dabei müssen Sie den Ablageort von der Verwaltungsstruktur trennen, die zum Zwecke des Wiederauffindens angelegt wird.

Intelligente Logistiklösungen gehen übrigens genauso vor. Im Lager werden die Artikel in das erstbeste Fach eingeordnet, während sich ein Computer merkt, wo sich welcher Gegenstand befindet.

Daten werden auf den diversen Speichermedien abgelegt und zugleich wird *zusätzlich* eine Struktur erstellt, mit der Sie in die Lage versetzt werden, diese Daten wiederzufinden. Typischerweise handelt es sich bei diesen Strukturen um *Bäume*.

Werfen Sie einen Blick in Kapitel 34, dann wissen Sie, was ich mit »Bäume« meine.

Um diese Struktur vernünftig zu verwalten, benötigen Sie ein *Datenbankmanagementsystem (DBMS)*. Streng genommen bildet erst das DBMS zusammen mit der *Datenbank (DB)* ein *Datenbanksystem (DBS)*.

Ein *Datenbanksystem* besteht aus einer *Datenbank* als Ablageort für Daten sowie einem *Datenbankmanagementsystem*, das für die sichere und effiziente Handhabung der Daten verantwortlich ist.

So weit, so gut. Es gibt natürlich zig Möglichkeiten, eine solche Struktur aufzubauen. Im Laufe der Zeit hat sich ein bestimmtes Verfahren jedoch hervorgetan. Dabei handelt es sich um das Konzept der *relationalen Datenbanksysteme*.

Relationale Datenbanksysteme

Die Grundidee dieses Modells besteht in der **Relation**, also der Beziehung zwischen den Daten. Jedes individuelle Datum ist eine **Entität**. Zentrale Datenstrukturen sind die **Entitätstypen**, Tabellen von Daten, deren Felder typisiert sind, beispielsweise *Zeichenketten*, *Zahlen* oder *Kalenderdaten*. Entitäten gehören jeweils zu einem Entitätstyp.

Insgesamt spricht man vom **ER-Modell**.

Aus dem **ER-Modell** (**E**ntity-**R**elationship-**Modell**) lässt sich ein *Schema* zur Modellierung von relationalen Datenbanksystemen gewinnen.

Am besten erkläre ich Ihnen das an einem Beispiel.

Sie möchten eine Datenbank für Ihre Musiksammlung erstellen. Als zentrale Entität entscheiden Sie sich für einzelne **Musiktitel**. Ihre Titel-Tabelle könnte beispielsweise den *Namen des Liedes*, den *Interpreten* und das *Erscheinungsjahr* beinhalten. Sicher fallen Ihnen weitere Eigenschaften der Entität **Musiktitel** ein.

Bald stellen Sie fest, dass Sie auch gerne den Entitätstyp **Album** verwalten würden. Nun wird es spannend, denn zwischen **Album** und **Musiktitel** gibt es eine *Beziehung*, eine *Relation*: Auf jedem Album befinden sich viele Titel. Die Relation **Album-Musiktitel** ist somit eine 1:n-(»eins-zu-n«-)Beziehung. »Jedes Album kann viele Musiktitel beinhalten.«

Der größte Fehler, den Sie beim Modellieren begehen können, besteht darin, das *allgemeine Modell* mit *Datensätzen*, also konkreten Werten zu verwechseln. Die

Tabellen **Musiktitel** und **Album** enthalten in der Datenbank am Ende alle Einzeldaten. Ihre Modellierung besteht jedoch nur in der Bezeichnung der **Felder**.

 Verwechseln Sie nicht *Struktur* und *Inhalt* einer Datenbank!

In Abbildung 38.1 finden Sie das ER-Modell zu Ihrer Musikdatenbank.

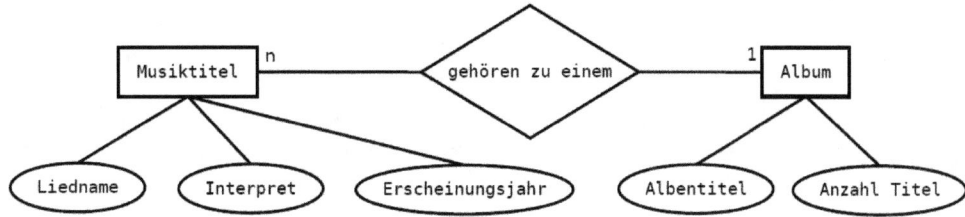

Abbildung 38.1: ER-Modell einer Datenbank

Die Entitäten stehen in eckigen Kästen, die Relation dazwischen in einer Raute. Die runden Elemente enthalten die *Attribute* der Entitäten. Etwas versteckt sind die Symbole »1« und »n«: Sie deuten an den Enden einer Relation auf den Typ der Beziehung.

Aus dem ER-Modell lässt sich recht leicht ein **relationales Datenbankschema** erzeugen. Jeder Entitätstyp wird zu einer Tabelle, deren Felder die Attribute bilden. Das Datenbankschema enthält jedoch noch zusätzliche Angaben. Dazu gehören die Datentypen der Felder, aber auch der sogenannte **Primärschlüssel**.

 Jede Tabelle verfügt über einen *Primärschlüssel*, mit dem ein Datensatz *eindeutig* identifiziert werden kann.

 Theoretisch dürfen Sie auch Tabellen ohne Primärschlüssel erzeugen. Zu diesen können Sie jedoch keine Beziehungen herstellen!

Datenbankadministratoren sind in dieser Beziehung wie preußische Beamte: Sie stehen unheimlich auf Eindeutigkeit. Jeder einzelne Fall ist klar anhand des Primärschlüssels zu identifizieren.

 Sind Ihnen die vielen Beispiele aufgefallen, wo überall eindeutige Kennungen verlangt werden?

✔ *Matrikelnummer* eines Studenten

✔ *Steuernummer*

✔ *Ausweisnummer* für Bibliotheken, Fitnessclubs, Vereine

✔ *BIC* (*Bank Identifier Code*) und *IBAN* (*International Bank Account Number*) als eindeutige Schlüssel für Banken beziehungsweise Kontonummern

✔ die 11-stellige persönliche *Identifikationsnummer*, die hierzulande bereits allen Neugeborenen zugeordnet wird

✔ ...

Bedanken Sie sich bei den Informatikern oder den Beamten ...

Jeder Tabelle wird somit ein Feld hinzugefügt, das den jeweiligen Datensatz **eindeutig** macht. Im Zweifel wird einfach eine Zahl mit dem Namen **ID** (**Identifizierer**) erzeugt, die *automatisch* bei Eingabe eines neuen Datensatzes um eine Nummer hochgezählt wird. Datenbanksysteme kennen daher auch den Typ »autoinkrement«.

 Alternativ lassen sich auch mehrere Felder **gemeinsam** zu einem Primärschlüssel verbinden. Beispielsweise Name, Vorname, Geburtstag plus Adresse.

Haben Sie sich einmal überlegt, wie die *Beziehung* abgebildet werden kann? Weil es sich um eine 1:n-Beziehung handelt, müssen einem Album viele Musiktitel zugeordnet werden. Also wird in der Tabelle `Musiktitel` ein zusätzliches Feld *Album* erzeugt, das einfach die ID aus der Tabelle `Album` enthält. Das neue Feld *Album* wird zum **Fremdschlüssel**. Genial, nicht wahr?

 Eine Tabelle kann über einen oder mehrere *Fremdschlüssel* verfügen. Dabei handelt es sich um eine *Referenz* auf den Primärschlüssel einer anderen Tabelle, zu der eine *Beziehung* besteht.

In Abbildung 38.2 finden Sie die Umsetzung unseres Beispiels als relationales Datenbankschema.

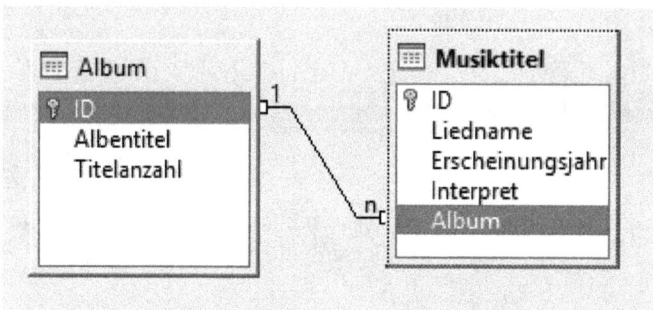

Abbildung 38.2: Beispielhaftes Datenbankschema mit zwei Tabellen

Zur Verdeutlichung dieser Angelegenheit möchte ich Ihnen ebenso eine konkrete Auflistung möglicher Datensätze zeigen. In Abbildung 38.3 finden Sie oben vier Datensätze der Tabelle `Album` sowie darunter fünf Datensätze der Tabelle `Musiktitel`.

Die 1:n-Referenz finden Sie in der letzten Spalte ganz rechts. Dort wird – für jeden Datensatz in `Musiktitel`, also für jedes Lied – die Nummer des zugehörigen Datensatzes in `Album` angegeben.

ID	Albentitel	Titelanzahl
0	Mensch	11
1	... But Seriously	12
2	Best of 2002	40
3	The Wall	26

ID	Liedname	Erscheinungsjahr	Interpret	Album
0	Tell Me Why	1991	Genesis	1
1	No Son of Mine	1991	Genesis	1
2	Another Brick in the Wall	1979	Pink Floyd	2
3	Der Weg	2002	Grönemeyer	0
4	Just More	2002	Wonderwall	3

Abbildung 38.3: Datensätze zweier Tabellen

Damit ist doch alles gut, oder? Leider nein! Der Titel »Mensch« von Herbert Grönemeyer müsste zweimal erscheinen, nämlich sowohl im gleichnamigen Album »Mensch« sowie in »Best of 2002«. Demnach handelt es sich bei der Verbindung zwischen Album und Musik gar nicht um eine **1:n-Beziehung**, sondern um eine **n:m-Beziehung**.

Das verbesserte ER-Schema sieht daher wie in Abbildung 38.4 aus.

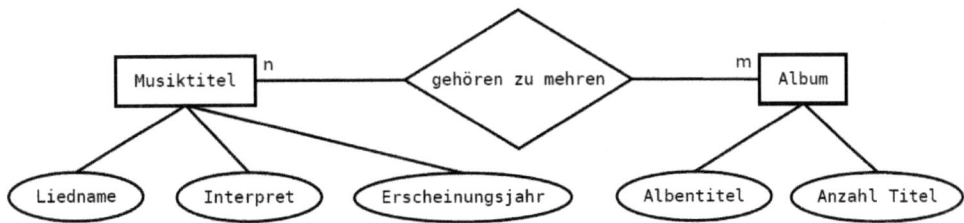

Abbildung 38.4: Verbessertes ER-Schema mit n:m-Beziehung

Okay, aber wie wollen Sie nun die veränderte Beziehung in ein relationales Datenbankschema pressen? Der Trick, einfach ein zusätzliches Feld »Musiktitel« in die Tabelle »Album« zu packen, kann nicht funktionieren.

 Eine direkte, doppelte Fremdschlüsselbeziehung zwischen zwei Tabellen produziert einen **Deadlock**, einen unauflösbaren Knoten! Dieser entsteht durch die Forderung der **referenziellen Integrität** einer relationalen Datenbank.

Sie können keine Musiktitel eingeben, ohne das Album zu kennen, und gleichzeitig kein Album einfügen, ohne bereits (zuvor) den Titel angelegt zu haben. Aber selbst wenn Sie zaubern und diesen Widerspruch auflösen könnten: Wie wollen Sie ein und demselben Musiktitel zwei verschiedene Alben zuordnen? Sie hätten ja nur ein Feld *Album* pro Datensatz in **Musiktitel**. Haben Sie eine Idee? Denken Sie darüber nach! Wenn Sie diesen Gedankengang verstehen, werden Ihnen relationale Datenbanken nie wieder Probleme bereiten ...

Ist Ihnen schon eine Lösung eingefallen?

Sie benötigen eine *zusätzliche Tabelle*, die nur dazu dient, die Primärschlüssel der beiden ursprünglichen Tabellen als Fremdschlüssel zu verknüpfen! Konkret habe ich Ihnen das Ergebnis in Abbildung 38.5 dargestellt.

Abbildung 38.5: Datenbankschema mit n:m-Beziehung

Die Tabelle `Musik_Album` enthält ausschließlich Referenzen auf die Tabellen `Musiktitel` und `Album`. Konkrete Datensätze finden Sie in Abbildung 38.6.

ID	Liedname	Erscheinungsjahr	Interpret
0	Tell Me Why	1991	Genesis
1	No Son of Mine	1991	Genesis
2	Another Brick in the Wall	1979	Pink Floyd
3	Der Weg	2002	Grönemeyer
4	Just More	2002	Wonderwall
5	Mensch	2002	Grönemeyer

ID	Musiktitel	Album
0	0	1
1	1	1
2	2	3
3	3	0
4	4	2
5	5	0
6	5	2

ID	Albentitel	Titelanzahl
0	Mensch	11
1	... But Seriously	12
2	Best of 2002	40
3	The Wall	26

Abbildung 38.6: Beispielhafte Datensätze einer n:m-Beziehung

Achten Sie besonders auf die Tabelle unten links: Die Datensätze 0 und 1 verknüpfen zwei verschiedene Lieder mit demselben Album, während die Datensätze 5 und 6 das Umgekehrte leisten. Ein und dasselbe Lied wird zwei unterschiedlichen Alben zugeordnet. Übrigens können Sie bei dieser Lösung sogar auf ein Feld in `Musiktitel` verzichten. Das *Album* als Fremdschlüssel wird nicht mehr benötigt.

SQL im Crashkurs

Jetzt bleibt die Frage, wie Sie denn ganz praktisch Ihre Datenbank dazu bringen, einerseits die richtigen Tabellen mit den richtigen Feldern zu erzeugen und andererseits auch Datensätze einzutragen, zu ändern, auszulesen oder – ja, auch das kommt vor – zu löschen.

Zum Glück gibt es dafür eine etablierte Sprache. Sie nennt sich **SQL** und wurde bereits 1986 erstmalig standardisiert und anschließend immer weiter ausgebaut.

Die Standardsprache für relationale Datenbanken ist die *Structured Query Language*, *SQL* (im Deutschen spricht man die Abkürzung üblicherweise »Es-Kuh-Ell« aus. Im Englischen wird das Akronym häufig wie **Sequel** ausgesprochen. Keine Angst, das ist genau dasselbe!)

In den nächsten Abschnitten nenne ich Ihnen die wichtigsten Befehle und zeige Ihnen die prinzipielle Syntax von SQL (leichte Abweichungen sind in den unterschiedlichen Datenbanksystem-Implementierungen möglich). Ich beziehe mich dabei immer auf unser Beispiel aus dem letzten Abschnitt.

create

Eine Datenbank erstellen Sie mit `create database`:

```
CREATE DATABASE MyMusic;
```

Die Geschichte ist ganz einfach. Vergessen Sie nicht das Semikolon am Ende, das schließt jeden SQL-Befehl ab.

Um nun in Ihrer neu erzeugten Datenbank eine Tabelle mit ihren Feldern zu *erzeugen* (Struktur, nicht Inhalt!), verwenden Sie den SQL-Befehl `create table`:

```
CREATE TABLE Album (
 id          INTEGER NOT NULL AUTO_INCREMENT PRIMARY KEY,
 Albentitel  VARCHAR(100),
 Titelanzahl INTEGER);
```

Wie Sie sehen, folgen den Feldnamen ihre jeweiligen Typen. Dabei steht VARCHAR für eine variable Anzahl an Zeichen (bis zu 100). Den Primärschlüssel erkennen Sie an PRIMARY KEY, während AUTO_INCREMENT dafür sorgt, dass der Zähler mit jedem Einfügen eines neuen Datensatzes automatisch ansteigt.

select

Mit dem mächtigen `select`-Befehl erstellen Sie alle möglichen Abfragen. Ich mache hier nur wenige Beispiele, damit Sie den Überblick behalten.

Es geht los mit einer ganz einfachen Abfrage, an der nur eine Tabelle beteiligt ist:

```
SELECT Liedname FROM Musiktitel WHERE Interpret = 'Genesis';
```

Beachten Sie, dass gewöhnliche Zeichenketten in SQL von einfachen Hochkommata eingerahmt werden.

Das Ergebnis listet alle Liednamen der Tabelle Musiktitel auf, deren Interpret mit »Genesis« übereinstimmt. Wenn Ihre Datenbank Abbildung 38.6 entspricht, lautet das Ergebnis:

Liedname
Tell Me Why
No Son of Mine

Okay, das war einfach. Sie können auch komplexere Bedingungen in der *Where-Klausel* (*where-clause*) verwenden, zudem sortieren, wie das nächste Beispiel zeigt:

```
SELECT Albentitel, Titelanzahl FROM Album WHERE Titelanzahl < 20  ORDER BY
Titelzahl DESC, Albentitel ASC;
```

Das Ergebnis, also alle Albentitel mit einer Titelanzahl kleiner als 20, werden zunächst nach dieser Zahl *absteigend* (*descending*) und bei Gleichstand nach dem Albentitel (alphabetisch) *aufwärts* (*ascending*) sortiert:

Albentitel	Titelanzahl
... But Seriously	12
Mensch	11

Wollen Sie *alle* Felder einer Tabelle ausgeben, funktioniert die Kurzform »*«:

```
SELECT * FROM Album WHERE Titelanzahl < 10;
```

Sind Sie nur an der *Anzahl* an Datensätzen interessiert, dürfen Sie count(*) verwenden:

```
SELECT count(*) FROM Musiktitel WHERE Erscheinungsjahr >= 2000;
```

Spannender wird es natürlich, wenn Sie Abfragen über die **Kombination** mehrerer Tabellen erzeugen. Wollen Sie beispielsweise einfach alle Liednamen mit den zugehörigen Albentiteln ausgeben, funktioniert das mit

```
SELECT Musiktitel.Liedname, Album.Albentitel FROM Musik_Album, Album,
Musiktitel WHERE Musik_Album.Album = Album.ID AND Musik_Album.Musiktitel =
Musiktitel.ID ;
```

Liedname	Albentitel
Tell Me Why	... But Seriously
No Son of Mine	... But Seriously
Another Brick in the Wall	The Wall
Der Weg	Mensch
Just More	Best of 2002
Mensch	Mensch
Mensch	Best of 2002

Wollen Sie nur wissen, wie oft jedes Ihrer Lieder in Ihren Alben auftaucht, können Sie mittels GROUP BY gleiche Datensätze zusammenfassen. Gegenüber der letzten Abfrage ändern Sie lediglich die Ausgabe des Albentitels in count(*) und ergänzen am Ende die Gruppierung:

```
SELECT Musiktitel.Liedname, count(*) FROM Musik_Album, Album, Musiktitel
WHERE Musik_Album.Album = Album.ID AND Musik_Album.Musiktitel = Musiktitel.ID
GROUP BY Musiktitel.Liedname ;
```

Das Ergebnis lässt sich sehen:

Liedname	count(*)
Tell Me Why	1
No Son of Mine	1
Another Brick in the Wall	1
Der Weg	1
Just More	1
Mensch	2

insert

Bevor etwas selektiert werden kann, müssen Sie es erst einmal in die Tabelle *einfügen*. Das geht recht fix mit insert into:

```
INSERT INTO Album (Albentitel, Titelanzahl) VALUES ('Mensch', 11);
```

Wenn Sie vollständige Datensätze einfügen möchten und die Reihenfolge der Felder kennen, geht das sogar noch fixer:

```
INSERT INTO Album VALUES ('Mensch', 11);
```

delete

Vielleicht möchten Sie Elemente in Ihrer Datenbank löschen? Das ist kein Problem. Beachten Sie jedoch, dass Sie stets nur ganze Datensätze entfernen können. Der SQL-Befehl hierzu lautet delete:

```
DELETE FROM Album WHERE Albentitel = 'Mensch';
```

Ups, das funktioniert aber nicht so einfach, wenn Ihre Datenbank jener aus Abbildung 38.6 entspricht. Das Problem besteht darin, dass beim Löschen dieses Datensatzes in der Tabelle Musik_Album die Zeilen 3 und 5 in der Spalte Album ungültig würden.

 Die *referenzielle Integrität* einer relationalen Datenbank verhindert das Löschen von Datensätzen, auf die an anderer Stelle Bezug genommen wird.

Die Lösung besteht darin, zunächst alle diesbezüglichen Datensätze zu entfernen. Dies bewerkstelligen Sie wiederum mit einem DELETE-Befehl. Das ist auch ein guter Moment, um Sie in die Möglichkeit verschachtelter SQL-Befehle einzuführen. Denn natürlich kennen Sie die ID eines Albums nicht auswendig ...

```
DELETE FROM Musik_Album WHERE Album = ( SELECT ID FROM Album WHERE Albentitel
= 'Mensch' );
```

Wie Sie sehen, werden Unterabfragen in runde Klammern gesetzt. In diesem Fall liefert das innere SELECT eine eindeutige Antwort, auf die sich das äußere WHERE beziehen kann. Sollten viele Datensätze bei der inneren Abfrage herauskommen, dürfen Sie aus dem »=« hinter dem äußeren WHERE ein IN machen. In diesem Fall würden dann alle Werte die Bedingung erfüllen – und die jeweiligen Albenreferenzen in Musik_Album allesamt gelöscht werden.

Sobald keine Referenzen mehr auf einen Datensatz in Album existieren, kann er gelöscht werden. Diese referenzielle Integrität prüft das Datenbanksystem Ihrer Wahl übrigens vollkommen automatisch (es sei denn, Sie schalten diese Funktion bewusst aus ...).

NoSQL

Sie haben genug von SQL? Die ewige referenzielle Integrität nervt? Da sind Sie nicht alleine. Inzwischen gibt es einige **Not only SQL**-, kurz **NoSQL**-Datenbanksysteme auf dem Markt, die andere Wege beschreiten. Um dem starren, relationalen Datenbankschema zu entkommen, werden lediglich *strukturierte Dokumente* gespeichert. Die erhöhte *Effizienz* und *Einfachheit* dieses Ansatzes wird durch Einbußen in der *Konsistenzprüfung* der Datensätze erkauft. Außerdem gibt es Einschränkungen, was die *Transaktionsfähigkeit* solcher Systeme betrifft. Damit ist gemeint, dass eine Verknüpfung von Befehlen auch sicher das gewünschte Ergebnis liefert.

Sie kennen Transaktionen vielleicht aus dem Finanzbereich. Eine Überweisung von Konto A auf Konto B muss gewährleisten, dass dieselbe Summe Konto B gutgeschrieben wird, mit der Konto A zu belasten ist. Am Ende eines solchen Vorgangs steht immer ein **Commit** oder ein **Rollback**: Entweder klappt die Transaktion in allen Einzelheiten oder der Vorgang wird

komplett **rückgängig** gemacht und so der ursprünglich (konsistente) Zustand wieder hergestellt. Sie können gespannt sein, was die Zukunft bringt und ob **NoSQL** die Vorherrschaft
relationaler Datenbanken brechen wird.

Offene Quellen

In diesem letzten Abschnitt möchte ich Ihnen einen kurzen Überblick über allgemein und
frei verfügbare SQL-Implementierungen verschaffen.

Als Erstes wäre dabei sicherlich **MySQL** zu nennen. Das Datenbanksystem ist in C/C++
geschrieben und sehr schnell. Ursprünglich (1994) von den schwedischen Jungunterneh-
mern Michael Widenius, David Axmark und Alan Larsson ins Leben gerufen, hat MySQL
zwischenzeitlich die Weltherrschaft übernommen – jedenfalls was aktive Server im Internet
angeht. Genau zum rechten Zeitpunkt, nämlich mit der aufkommenden Blüte des World
Wide Web, betrieben die Entwickler eine Strategie der **Dual Licence**. Dabei wird das Produkt
einerseits als Open Source vertreiben, beispielsweise mit einer *GNU General Public License*,
und andererseits kommerziell.

Nach mehreren Stationen, unter anderem über Sun Microsystems, übernahm 2010 Oracle
MySQL. Obwohl auch Oracle das Prinzip der Dual License weiter verfolgt, stört sich die Open
Source Community an einer wachsenden Diskrepanz zwischen der freien und der kommer-
ziellen Version.

Aus diesem Grunde gibt es inzwischen wenigstens zwei bekannte *Abspaltungen* (*Forks*) von
MySQL.

✔ **Drizzle** ist ein MySQL-Fork, der sich nach eigenen Angaben besonders für die Cloud
eignet.

✔ **MariaDB** ist ein MySQL-Fork, der von Michael Widenius, einem der Urväter von MySQL
weitergetrieben wird. Zahlreiche Linux-Distributionen verwenden inzwischen MariaDB
anstatt MySQL als vorinstalliertes Datenbanksystem.

Auch **PostgreSQL** ist ein bekanntes Open-Source-Datenbanksystem, das sich auf vielen
Linux-Distributionen findet. Ebenfalls findet es sich auf Apple-Computern.

MetaKit ist eine in C++ geschriebene Open-Source-Datenbank. Demgegenüber ist **McKoi**
eine Java-Entwicklung, während **GadflyB5** in Python erstellt wurde.

Bekannte **NoSQL**-Datenbanken im Open-Source-Bereich sind übrigens **Apache CouchDB**
und **MongoDB**.

Wie Sie sehen, ist die Vielfalt fast unüberschaubar. Noch während Sie dieses Buch lesen,
könnte ein neues, wichtiges Datenbanksystem in der Open-Source-Welt auftauchen und die
Welt umkrempeln. Oder, wie wäre es, Sie schreiben selbst einen SQL-Server in einer Sprache
Ihrer Wahl? Warum nicht!

Teil IX
Künstliche Intelligenz gegen natürliche Dummheit

... möchte ich Ihnen die wichtigsten Erkenntnisse einer Teildisziplin der Informatik vermitteln, die längst über alle fachlichen Grenzen hinausgewachsen ist: die »künstliche Intelligenz«. Was es damit auf sich hat, erfahren Sie in Kapitel 39. Grundlegende, inzwischen klassisch gewordene Algorithmen finden Sie im darauf folgenden Kapitel. »Lernende Systeme« sind selbst innerhalb des spannenden Gebiets der künstlichen Intelligenz noch eine Spur faszinierender, ihnen ist das 41. Kapitel gewidmet. Um Expertensysteme und eine Einführung in die Programmiersprache »Prolog« geht es im Anschluss. Das letzte Kapitel dieses Teils widmet sich neuronalen Netzen, einem sehr alten Forschungszweig, der sich gerade heute großer Beliebtheit erfreut.

IN DIESEM KAPITEL

Den Begriff der »künstlichen Intelligenz« (KI) beleuchten

Wichtige Errungenschaften der KI rekapitulieren

Kleine und große Fragen der KI beantworten

Das grundsätzliche Problem der KI begreifen

Kapitel 39
Führung durch die Asservatenkammer

Dieses einführende Kapitel in das faszinierende Gebiet der künstlichen Intelligenz möchte Ihnen einen Eindruck vermitteln, wie bunt und vielfältig dieser Wissenszweig ist. Viele Science-Fiction-Autoren haben sich zu allen Zeiten mit den Möglichkeiten künstlicher Intelligenz befasst. Sie werden während der Lektüre verstehen, was tatsächlich umsetzbar ist und was – für immer – Fiktion bleiben wird. Alles dazwischen ist unglaublich packend, sehen Sie selbst!

Cyborgs auf der Spur

Die meisten Menschen verbinden mit *künstlicher Intelligenz*, kurz *KI*, mehr oder weniger beängstigende Vorstellungen von Computern, die früher oder später die Weltherrschaft übernehmen. Sie haben das Gefühl, dass mit der Zeit die Leistungsfähigkeit der Rechner irgendwann jene unseres Gehirns übersteigen wird. Cyborgs werden Menschen schließlich komplett ersetzen.

Andere dagegen halten den gesamten Wissenschaftszweig der KI für Mumpitz. Forscher arbeiten zwar daran, die kognitiven Fähigkeiten von Menschen auf Maschinen zu übertragen, scheitern aber grundsätzlich. Das liegt gemäß jener Weltanschauung daran, dass unser Gehirn prinzipiell nicht so funktioniert wie ein Computer und daher niemals durch eine Maschine ersetzt werden kann.

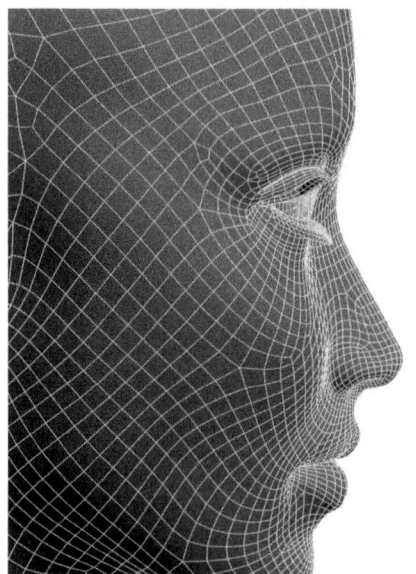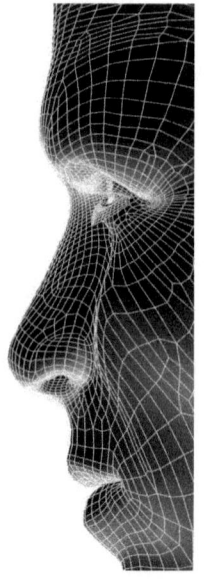

Abbildung 39.1: Menschenähnliche Maschinen: Utopie, Schreckensbild oder Mumpitz?

Wie Sie sich denken können, liegt die Wahrheit irgendwo dazwischen. Ich werde Ihnen in den nächsten Abschnitten aufzeigen, dass die KI tatsächlich atemberaubende und geradezu revolutionäre Fortschritte im Verlauf der letzten Jahrzehnte erzielt hat. Allerdings ist sie bislang stets an der fundamentalsten Zielsetzung gescheitert. Diese wird auch als **starke KI** bezeichnet.

 Die *starke KI* versucht, die *menschliche Intelligenz* nachzubilden. Dazu gehören alle *kognitiven Fähigkeiten* wie Kreativität, Lernen, Problemlösen, Erinnern, Vorstellen, Planen, Argumentieren, Wahrnehmen, Orientieren, Wollen und Glauben bis hin zu einem eigenen Bewusstsein. Auch Emotionen sollen im Rahmen der starken KI auf Maschinen übertragen werden.

Das Problem der starken KI besteht darin, dass sie zu viel will. Bereits 1950 hat Alan Turing einen Test vorgeschlagen, mit dem die starke KI nachgewiesen werden könnte.

 Mehr zu Alan Turing erfahren Sie in Kapitel 52.

Dieser *Turing-Test* ist recht simpel. Sie sitzen an einem Computer und chatten mit einer Person. Wenn Sie sich absolut sicher sind, dass es sich um einen Menschen handelt, obwohl sich in Wahrheit auf der anderen Seite nur ein Computerprogramm befindet, ist der Turing-Test bestanden. Anderenfalls nicht. Bis heute hat noch kein Programm diesen Test – von einem Experten durchgeführt – bestanden.

Es wäre allerdings unfair, die KI auf die starke KI zu reduzieren. Sprechen wir einmal von der **schwachen KI**.

Die *schwache KI* begnügt sich damit, konkrete, schwierige Anwendungsprobleme zu lösen. Beispiele wären das Schachspiel, Wahrnehmung von Objekten in Räumen, Auffinden von Lösungen in Labyrinthen, autonomes Fahren, Schwimmen, Fliegen, Erkennen von Gesichtern, Beweisen mathematischer Sätze, Planen von Aufgaben, Bauen von Türmen. Die Liste ist unbegrenzt. Alles, was – zumindest dem Anschein nach – eine *gewisse Intelligenz* erfordert, eignet sich als Aufgabenstellung.

Die schwache KI ist auf nahezu allen Gebieten, die sie sich vorgenommen hat, überaus erfolgreich. Während die positive Beantwortung der starken KI-Frage auch äußerst komplexe philosophische Fragestellungen nach sich zieht, ist die schwache KI von dieser Last befreit.

Wenn das so weitergeht – und davon dürfen wir ausgehen –, hat das zwei sehr interessante Konsequenzen:

✔ Computer werden niemals die Weltherrschaft übernehmen.

✔ Sie brauchen keine Angst vor Cyborgs zu haben, die Sie irgendwann ersetzen.

Allerdings gibt es schon – das gebe ich zu – gewisse Bereiche der Menschheit, die von Maschinen in einem beängstigenden Ausmaß kontrolliert werden. An der Börse »sitzen« Computer für superschnelle Entscheidungen am Hebel, die schon den ein oder anderen Crash ausgelöst haben, weil sie sich gegenseitig im Abwärtstrend befeuerten. Allerdings könnte das auch in die Kategorie »unausgereifte Software« gehören. Flugzeuge sind trotz Kollisionswarnsystemen mit anderen kollidiert. Auf der anderen Seite funktionieren Autopiloten meist zuverlässiger als menschliche, solange keine (von den Programmierern) unvorhergesehenen Ereignisse eintreten.

 Garry Kasparov ist Ende des letzten Jahrhunderts als unumstrittener Schachweltmeister angetreten, die (Intelligenz der) Menschheit gegen die KI zu verteidigen. Das Ergebnis ist für Fachleute nicht überraschend. Er schlug sich zwar wacker, aber inzwischen gehört die schachliche Weltherrschaft eindeutig den Computern. Das ist aber nicht beängstigend. Denn im Gegensatz zur starken KI, die Schachprogramme nach dem Vorbild menschlicher Großmeister schaffen wollte, funktionieren die heutigen Schachcomputer, wie es sich die Vertreter der schwachen KI vorgestellt haben: äußerst zuverlässig, aber völlig anders, als es Menschen tun. Großmeister wählen aus einer Unmenge an möglichen Zügen nur sehr wenige aus und schätzen die resultierenden Stellungen intuitiv ab. Die schnellsten Schachcomputer berechnen dagegen mehr als eine Milliarde Stellungen pro Sekunde und zählen stumpfsinnig das Material. Eine Milliarde Stellungen – das ist eine Größenordnung, die kein menschlicher Spieler in seinem ganzen Leben bewerten wird.

An diesem Beispiel erkennen Sie klar den Unterschied zwischen starker und schwacher KI. Die Vertreter der starken KI belächeln die heutigen Schachprogramme und sprechen ihr gar ab, überhaupt Teil der KI zu sein. Vielmehr handele es sich um eine rein technisch-mathematische Lösung eines Problems, was nichts mit Intelligenz zu tun habe.

Dies stellt im Kern auch ein großes Dilemma der KI dar: In dem Moment, wo ein spezifischer Lösungsalgorithmus für ein konkretes Problem gefunden worden ist, sprechen viele bereits der Aufgabenstellung ab, dass Intelligenz zu ihrer Lösung nötig sei. Demnach gehöre das Problem gar nicht in den Zuständigkeitsbereich der KI.

Ich möchte Sie nicht allzu sehr mit dieser doch recht vertrackten Diskussion behelligen. Sie ist jedoch wichtig, um das Gebiet der KI angemessen ein- und abgrenzen zu können. Heutzutage verorten einige Personen sogar das Gebiet des »maschinellen Lernens«, dessen Ursprung eindeutig eine KI-Fragestellung darstellt, in den Bereich der Ingenieurwissenschaften. Lassen Sie sich davon jedoch nicht abhalten: Wenn Sie ein Problem interessiert, wenden Sie einfach einmal Methoden der KI an, um es zu lösen …!

Der Begriff *Artificial Intelligence* (*AI*) geht auf eine Konferenz zurück, die 1956 von John McCarthy und einigen Mitstreitern im Rahmen eines Forschungsprojekts einberufen wurde. Sie sollten dabei nicht vergessen, dass im Englischen der Begriff *Intelligence* viel weiter gefasst ist als im Deutschen. Denken Sie nur an die »Central Intelligence Agency« (CIA), die nicht die Zentrale Intelligenzagentur der USA darstellt, sondern viel allgemeiner mit Informationsbeschaffung und -verarbeitung (Auslandsgeheimdienst) betraut ist …

Wissen ohne Gewissen

Eine der großen Erkenntnisse der KI besteht darin, dass Lernen generell kaum möglich ist, ohne bereits eine enorme Menge an Wissen zu besitzen. Ursprüngliche Ideen gingen nämlich dahin, einfach ein System zu bauen, das in der Lage ist, sein eigenes Wissen zu vermehren. Sobald Sie diesem Programm genügend Informationen vorgelegt hätten, würde es gewissermaßen von selbst intelligent. Das ist leider eine Illusion.

Effizienter Wissenserwerb setzt bereits eine gehörige Menge an Wissen voraus. So verfügen auch neugeborene Babys über eine enorme Vielfalt an Fertigkeiten und Fähigkeiten, die für den weiteren Wissenserwerb unabdingbar sind. Freilich hatte das Kind ja bereits neun Monate im Bauch der Mutter Zeit, dieses Wissen zu erwerben – und zwar ohne eigenes Zutun!

Wissensbasierte Systeme stellen einen wichtigen Pfeiler der künstlichen Intelligenz dar. Dabei ist eine Unterklasse besonders bedeutsam: *Expertensysteme*, die das Wissen menschlicher Experten verarbeiten.

In Kapitel 42 dreht sich alles um Expertensysteme.

Planen und Entscheiden

Planen und *Entscheiden* gehört zu jenen kognitiven Fähigkeiten, die wir gerne mit Intelligenz verbinden – zumindest wenn die Pläne gut durchdacht sind und die Entscheidungen sich als richtig herausstellen.

Logisches Schließen wird dabei als eine unterliegende Eigenschaft verstanden, die Voraussetzung für sinnvolle Planungen und Entscheidungen ist. Zum Glück wurde Logik bereits mathematisch analysiert, und zwar völlig unabhängig von der KI. Es gibt sogar eine Programmiersprache, die auf dem logischen Schließen basiert: **Prolog**.

 Kapitel 51 enthält einen Abriss über den Wissenszweig der **Logik**. Eine Einführung in Prolog wird zu Beginn von Kapitel 42 geliefert.

Musteranalyse und -erkennung

Wenn wir hierzulande von *Gesichtserkennung* sprechen, denken wir meist an Überwachung und Bedrohung. Vom wissenschaftlichen Standpunkt her ist die **Mustererkennung** ein Paradebeispiel für erfolgreiche KI.

Sie sollten dabei den Begriff »Muster« sehr weit fassen. Jede Ansammlung von Objekten gewisser Eigenschaften kann ein Muster beinhalten, das gelernt werden kann.

Muster können jedoch nur dann wiedererkannt werden, wenn sie zuvor einmal *gelernt* wurden. Überhaupt sind **lernende Systeme** das vielleicht faszinierendste Teilgebiet der KI.

 Das gesamte Kapitel 41 befasst sich mit **lernenden Systemen**.

Intelligente Agenten oder Suche oder was?

Wo bleiben »Google« und die anderen Suchmaschinenhersteller? Ist das nicht auch KI? Der Wissenserwerb erfolgt im Netz über *Agenten*, kleine Programme, die eigenständig Aufgaben zu lösen in der Lage sind. Noch viel grundlegender ist die Frage: Wie können ganz allgemein Probleme mittels KI gelöst werden?

Eine erste (und frühe) Antwort lieferte das Konzept des **General Problem Solvers** (**GPS**). Die Idee bestand darin, einen Algorithmus zu entwickeln, der jedes beliebige Problem zu lösen vermag. Auch dieser Anspruch war zu hoch gegriffen. Dennoch sind indirekt hervorragende Ergebnisse für Verfahren dabei herausgekommen, einen Problemraum intelligent zu *durchsuchen*. Überhaupt ist die Sache mit dem *Suchen* sehr eng mit künstlicher Intelligenz verknüpft. Ist Problemlösen nicht im Grunde eine Art »Suche«? Besteht die *Intelligenz* der Suche nicht gerade darin, eine – womöglich fast unüberschaubar – große Auswahl an Handlungsoptionen (im *Suchraum*) auf geschickte Weise zu durchforsten? In der Tat können Sie das so sehen.

 Die Grundlagen des GPS sowie einige wichtige Algorithmen für die Suche finden Sie im folgenden Kapitel 40.

Künstliche Wesen mit eigenem Bewusstsein

Nun gut, in diesem letzten Abschnitt möchte ich gerne noch einmal auf die starke KI zurückkommen.

Ganz ehrlich: Kein Mensch weiß heutzutage, was das Bewusstsein überhaupt ist – jedenfalls von einem technischen Blickwinkel aus betrachtet.

Es ist deswegen müßig, sich darüber Gedanken zu machen, wie das Bewusstsein mittels Computerprogrammen künstlich hergestellt werden kann.

Ähnlich wie das beim Turing-Test der Fall ist, können Sie niemals wissen, ob eine Maschine tatsächlich ein eigenes Bewusstsein entwickelt hat. Wenn Sie eine entsprechende Frage an ein Programm richten, und eine Antwort erhalten, die so aussieht, als würde ein Bewusstsein vorliegen, können Sie dennoch niemals wissen, ob das auch wirklich der Fall ist.

Genauso wenig können Sie es übrigens von Ihren Mitmenschen wissen. Allerdings setzen wir stillschweigend voraus, dass wir alle einander zumindest so ähnlich sind, dass es jedem in dieser Frage ähnlich geht. Ich glaube von mir selbst, ein Bewusstsein zu besitzen, und daher vermute ich, dass das auch bei allen anderen der Fall ist.

Aber woran liegt das letztlich? Vielleicht an der »Rechenpower« unseres Gehirns, die jedem gewöhnlichen Computer weit überlegen ist? Vielleicht ...

Bereits im letzten Jahrhundert wurde die recht naheliegende Idee verfolgt, einfach unser menschliches Gehirn mittels Computern *nachzubauen*, um so ein besseres Verständnis von uns selbst zu entwickeln. Sobald die Funktionsweise eines *Neurons*, einer einzelnen Nervenzelle im Gehirn, verstanden war, mussten diese künstlichen Neurone nur zu einem *Netzwerk* verbunden werden. Das Ergebnis war die Forschung an den **künstlichen neuronalen Netzen**.

 Neuronale Netze sind das exklusive Thema von Kapitel 43.

Allerdings scheiterte das seinerzeit an der puren Menge: Die über 80 Milliarden Nervenzellen eines menschlichen Gehirns mit Computern nachzubilden, ist nicht gerade eine Kleinigkeit.

Das war damals. Heute gibt es das **Human Brain Project** der *Europäischen Union*. Wenn wir alle zusammenlegen, so die Idee, müssten wir die notwendige Rechenpower doch gemeinsam zustande bringen. Das sollte der Fall sein. Ehrgeizige Ziele wollen die etwa Billionen neuronaler Verknüpfungen eines menschlichen Gehirns modellieren. Was passiert aber, wenn dieses Programm zu einem »Wesen«, gar mit Bewusstsein werden sollte?

Meine Meinung dazu kennen Sie ja bereits. Dennoch ist das Projekt faszinierend und umfasst zahlreiche Disziplinen! Vielleicht haben Sie Lust, dabei mitzumachen?

 Alle Details zum Human Brain Project finden Sie unter:
https://www.humanbrainproject.eu.

Kapitel 40
Spielend suchen und finden

D as Wort »künstliche Intelligenz« hat einen geradezu esoterischen Klang. Dabei wer-den Sie nach der Lektüre dieses Kapitels erkennen, dass dahinter harte, ingenieur-wissenschaftliche Methoden stecken. Hier erhalten Sie eine Auswahl an wichtigen Algorithmen, um Probleme systematisch zu lösen. Außerdem kommen Sie der Weltformel zur Lösung beliebiger Aufgabenstellungen geradezu erschreckend nahe ...

Aufspüren mit GPS

Vergessen Sie einmal alles, was Sie je über Informatik gehört haben. Um was geht es beim Einsatz von Computern?

Ganz abstrakt sollen Rechner Ihnen helfen, *Probleme* zu *lösen.*

Wie kann das – wiederum sehr prinzipiell – überhaupt geschehen?

Irgendjemand – im Zweifel Sie selbst (!) – muss der Kiste ja mitteilen, was die *Ausgangslage* ist, welche möglichen *Handlungsoptionen* zur Verfügung stehen und was Sie als *Lösung* akzeptieren würden.

 Stellen Sie sich ein **Schachspiel** (oder ein beliebiges anderes Brettspiel) vor.

✔ Die Ausgangslage ist die *Anfangsposition* der Spielsteine.

✔ Mögliche Handlungsoptionen werden durch die *Spielregeln* festgelegt: Welche Figur kann wie ziehen oder andere Steine schlagen?

✔ Eine Lösung wäre in diesem Fall ein positiver Spielausgang, etwa eine **Mattstellung** des Gegners.

Allerdings sind nicht alle Probleme als Spiele zu modellieren. Häufig besteht das Problem in einer *Klassifikationsaufgabe.*

Angenommen, ein Programm soll auf einem Digitalfoto ein Gesicht identifizieren.

✔ Ausgangslage wäre eine Menge von Fotos, die verschiedene Gesichter zeigen und deren **Klassifikation** (das heißt, die Identifikation von Personen auf den Bildern) bereits bekannt ist.

✔ Handlungsoptionen wären Methoden, um aus den Bits verschiedene relevante *Merkmale* zu *extrahieren.* Hieraus sollte eine *Zuordnung* der Merkmale zu den korrekten (bereits bekannten) Gesichtern erfolgen.

✔ Die Lösung würde natürlich darin bestehen, bisher unbekannte Digitalfotos den *richtigen Personen zuzuordnen.*

Obwohl Sie wirklich sehr viele Problemstellungen als Klassifikationsaufgaben interpretieren können, trifft das nicht für alle denkbaren Situationen zu. Denken Sie beispielsweise an **Roboter**.

Ein **mobiler Roboter** soll einen Ausgang aus einem Labyrinth finden.

✔ Die Ausgangslage wäre die genaue *Anfangsposition* des Roboters innerhalb des gegebenen Labyrinths.

✔ Handlungsoptionen würden durch die *Abzweigungsmöglichkeiten* an jeder Kreuzung entstehen.

✔ Natürlich wäre die Lösung gefunden, sobald der Roboter den *Ausgang* passiert.

Wie Sie sehen, lassen sich diese drei Beispiele auf dieselbe Weise lösen, auch wenn sie augenscheinlich sehr unterschiedlich sind. Hierzu gehen Sie von einem **Problemraum** aus.

Einen *Problemraum* dürfen Sie sich wie einen gerichteten *Zustandsgraphen* vorstellen, dessen *Initialknoten* der Ausgangslage entspricht. Jede Kante führt zu einem neuen Zustand. Die Anzahl der Kanten ergibt sich aus der jeweiligen Zahl der Handlungsoptionen pro Zustand. Die Lösung sind ein oder mehrere *Terminalknoten* (erwünschte Endzustände).

Denken Sie einen Moment darüber nach: Eigentlich hat das Problem seinen Schrecken verloren, sobald Sie sich klar gemacht haben, dass es im Grunde als die *Suche eines Wegs* vom Initialknoten zu einem Terminalknoten verstanden werden kann.

Alles über Graphen finden Sie in Kapitel 35.

Betrachten Sie hierzu Abbildung 40.1. Stellen Sie sich vor, bei diesem Zustandsgraphen handele es sich um einen **Problemraum**. Der **Initial**zustand ist die Ausgangssituation. Die gewünschte Lösung ist der **Terminal**zustand. Die möglichen Handlungsoptionen werden durch Pfeile markiert. Der menschliche

Betrachter findet die Lösung über die Zustände Z7→Z8→Z9 recht schnell. Aber wenn Sie in Zustand Z8 »falsch abbiegen«, haben Sie ein Problem: Sie können dann nämlich unendlich lange im Lösungsraum weitere Handlungsschritte vollziehen, ohne jemals einen gewünschten Zielzustand zu erreichen.

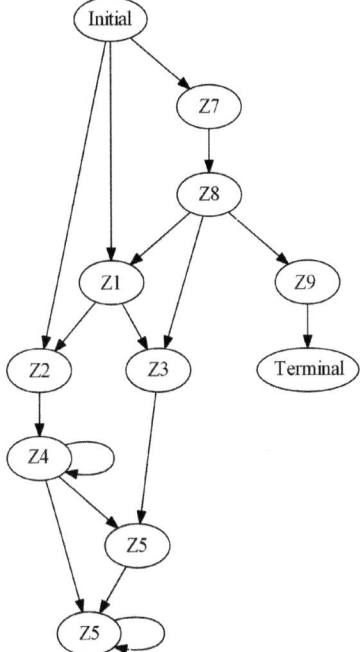

Abbildung 40.1: Exemplarischer Problemraum

 Sie glauben mir nicht, dass so etwas in der Realität vorkommen kann? Nehmen Sie als Beispiel den **Zauberwürfel**. Sein Anfangszustand entspricht einer verdrehten Position. Auch dort könnten Sie beliebig lange drehen, ohne jemals eine Ordnung in die Seitenfärbung zu bekommen, wenn Sie nicht planvoll vorgehen ...

Wenn es Ihnen aber – bei jedem Problemraum – gelingt, systematisch einen Weg vom Initialknoten zum Terminalknoten zu finden, sind Sie in der Lage, jedes beliebige Problem, das sich auf diese Weise modellieren lässt, zu lösen.

 Ein *General Problem Solver* (*GPS*), zu Deutsch *Allgemeiner-Problem-Löser*, ist ein Verfahren, mit dem Sie – theoretisch – eine sehr große Anzahl auch unterschiedlichster Probleme systematisch lösen.

Ein Beispiel für einen GPS wäre demnach ein Algorithmus, der einen Problemraum systematisch durchforstet und einen Weg vom Anfangs- zu einem Endknoten findet, vorausgesetzt, dass ein solcher Weg überhaupt existiert.

 Natürlich ist mit dem *GPS* in diesem Kapitel nicht das *Global Positioning System* gemeint, bei dem Navigationsgeräte über sehr genaue Uhrzeiten von Satelliten ihre Positionen auf der Erde bestimmen.

Wer hindert Sie daran, heute noch einen eigenen GPS-Algorithmus zu schreiben und damit die Menschheitsprobleme ein für alle Mal zu lösen?

Nun, ein paar Hürden dafür gibt es schon ...

✔ Manche Problemräume sind wahnsinnig groß. Wenn Sie den Variantenbaum für das Schachspiel komplett durchsuchen wollen, werden Sie mehr Zustände erhalten, als das bekannte Universum Atome besitzt.

✔ Es gibt Problemstellungen, bei denen gar nicht klar ist, was ein gewünschter Terminalzustand ist. Politiker streiten sich jeden Tag darüber.

✔ Für etliche Probleme ist nicht bekannt, ob überhaupt ein Terminalknoten existiert, und wenn, ob es tatsächlich einen Weg dahin gibt.

✔ Manchmal besteht die Schwierigkeit darin, überhaupt einen Problemraum zu konstruieren. Für manche Zustände sind die möglichen Handlungsoptionen recht unübersichtlich.

✔ Wenn das so einfach wäre, hätte es schon längst jemand gemacht und es gäbe überhaupt keine Menschheitsprobleme mehr ...

Wahnsinnig viele Probleme lassen sich aber dennoch auf diese Weise lösen.

Bergsteiger-Methode

Manchmal ist das sogar recht einfach. Stellen Sie sich dazu vor, Sie möchten einen Berg besteigen. Das ist das Problem. Sie befinden sich am Fuß des Bergs, das ist die Ausgangslage. Die Lösung wäre erreicht, wenn Sie ganz oben sind. Natürlich wollen Sie mit jedem Schritt der Spitze näher kommen.

 Die *Bergsteiger-Methode* zur Problemlösung besteht darin, dass Sie von möglichen Handlungsoptionen stets diejenige wählen, die Sie *am höchsten* aufsteigen lässt.

Das klingt zwar gut, aber bei echten Bergen kommt es schon mal vor, dass Sie zunächst einen Vorgipfel erreichen und erst wieder einen Weg bergab einschlagen müssen, ehe Sie schließlich die Spitze erreichen. Das gilt auch für bestimmte Problemklassen. Die Bergsteiger-Methode muss also verfeinert werden. Sie nehmen in Kauf, sich zwischenzeitlich auch zu verschlechtern, um am Ende das höchste Ziel zu erreichen.

Meist kommt zum allgemeinen Problemlösen jedoch noch eine weitere Schwierigkeit hinzu: **Kosten**, und zwar im allgemeinen Sinne des Wortes.

Kosten einer jeden einzelnen Handlungsoption eines Problems (oder als Gewicht auf dem Pfeil eines Zustandsgraphen) können bestehen in ...

✔ ... der benötigten Zeit

✔ ... dem technischen/physikalischen Aufwand (auch Energiebedarf)

✔ ... der Überzeugungsarbeit

✔ ... einem echten Preis in Euro

In diesem Fall schreiben Sie auf jede Kante des Knotens eine Zahl, die die Kosten repräsentiert, und Ihre Aufgabe besteht darin, nicht nur einen beliebigen, sondern den *kostengünstigsten* Weg vom Initial- zum Terminalzustand zu finden.

Betrachten Sie hierzu Abbildung 40.2.

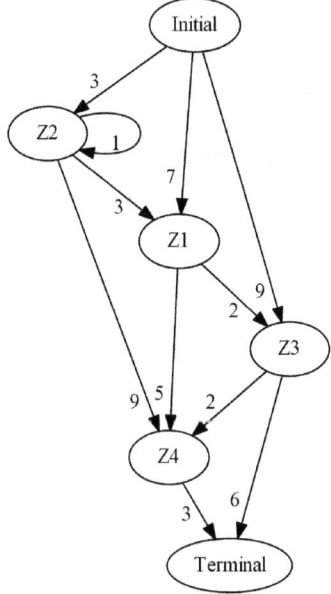

Abbildung 40.2: Zustandsgraph
mit Kostenbeschriftung

An den Kanten finden Sie die Kosten für den jeweiligen Zustandsübergang. Finden Sie den kostengünstigsten Weg vom Intial- zum Terminalknoten?

Der Preis von Initialknoten zu $Z1$ ist günstiger via $Z2$, weil 3 + 3 kleiner ist als 7. Es ist sogar noch schlimmer, weil der Weg via $Z2 \rightarrow Z1$ nach $Z3$ billiger ist als die direkte Verbindung (3 + 3 + 2 < 9). Mit dem gleichen Argument finden Sie, dass der Weg nach $Z4$ am preiswertesten über $Z2 \rightarrow Z1 \rightarrow Z3$ erfolgt. Daraus entsteht auch die optimale Lösung:

Initial $\rightarrow Z2 \rightarrow Z1 \rightarrow Z3 \rightarrow Z4 \rightarrow$ Terminal mit Gesamtkosten von 3 + 3 + 2 + 2 + 3 = 13.

Alle anderen Wege sind teurer, probieren Sie es aus!

Haben Sie gesehen, dass es auch einen Weg von $Z2$ zu sich selbst gibt? Das sind sinnlose Kosten, die aber in der Praxis durchaus vorkommen (zum Beispiel entspricht dies Spritkosten im Stand bei laufendem Motor).

Um solche Wege systematisch zu erforschen, verwenden Sie am besten einen *gierigen* (*greedy*) Algorithmus. Sie wählen dazu einfach stets denjenigen Weg bis zu einem beliebigen Knoten, der die *geringsten Kosten* verursacht.

Ein **Greedy-Algorithmus** versucht, in jedem Einzelschritt die Kosten bis zum Ziel zu minimieren.

Als Beispiel beschreibe ich Ihnen den **Dijkstra-Algorithmus**:

 Dieser Algorithmus wird ebenfalls in Kapitel 35 Ihres Dummies-Buches erwähnt.

1. Sie legen eine Menge *offener* (also noch unbehandelter) *Knoten OK* an. Diese Menge besteht am Anfang nur aus dem Initialknoten. Ebenso legen Sie eine zu Beginn leere Menge *behandelter Knoten BK* an. Jedem Knoten wird ein **Knotenwert** zugeordnet. Nur der Startknoten wird mit einer Null, alle anderen werden mit einem künstlichen Maximalwert ∞ (unendlich) initialisiert.

2. Wählen Sie aus der Menge OK denjenigen Knoten aus, dessen Kostenwert **minimal** ist. Falls dies der Terminalknoten ist, sind Sie bereits fertig.

3. Anderenfalls berechnen Sie für diesen Knoten die Kosten aller Folgeknoten, die **nicht** bereits **in BK vorkommen**, und stellen diese in OK ein. Die Kosten eines Knotens werden nur dann aktualisiert, falls der neue Wert kleiner ist als der dort bereits vorhandene.

4. Der ursprünglich untersuchte Knoten aus OK wird nach BK verschoben.

5. Weiter geht es mit Schritt 2.

Das war es auch schon. Als Beispiel zeige ich Ihnen, wie dieser Greedy-Algorithmus im Falle des Graphen aus Abbildung 40.2 funktioniert.

Die Mengen OK und BK werden wie folgt initialisiert:

$$OK = \{ (Initial, 0) \}, BK = \{ \}$$

Im ersten Schritt werden die Knoten Z_1, Z_2 und Z_3 als unmittelbare Folgeknoten des Startknotens betrachtet und in OK gepackt. Keiner dieser Knoten kommt in BK vor. Die Werte ergeben sich einfach aus den Kantengewichten. Der Initialknoten wird nach BK verschoben:

$$OK = \{ (Z_1, 7), (Z_2, 3), (Z_3, 9) \}, BK = \{ (Initial, 0) \}$$

Den kleinsten Wert eines Knotens in OK finden Sie bei Z_2. Mögliche Folgeknoten sind Z_2, Z_1 und Z_4. Der Wert von Z_1 wird aktualisiert, da 3 (die Kosten von Z_2) plus 3 (das Kantengewicht zwischen Z_2 und Z_1) kleiner ist als 7. Z_4 wird mit 3 + 9 < ∞ ebenfalls aktualisiert. Dagegen gilt für Z_2: 3 + 1 > 3, hier wird also keine Anpassung vorgenommen. Anschließend wird Z_2 nach BK verschoben:

$$OK = \{ (Z_1, 6), (Z_3, 9), (Z_4, 12) \}, BK = \{ (Initial, 0), (Z_2, 3) \}$$

Weiter geht es mit Z_1, dem derzeit kleinsten Element in OK. Nachfolger sind Z_3 und Z_4. Beide Knoten werden angepasst, weil 6 + 2 < 9 und 6 + 5 < 12 ist. Sie erhalten:

$$OK = \{ (Z_3, 8), (Z_4, 11) \}, BK = \{ (Initial, 0), (Z_2, 3), (Z_1, 6) \}$$

Nun ist Z3 an der Reihe. Nachfolger sind Z4 und Terminal. Da 8 + 2 < 11, wird Z4 angepasst. Der Wert von Terminal ergibt sich zu 8 + 6 = 14.

OK = { (Z4, 10), (Terminal, 14) }, BK = { (Initial, 0) , (Z2, 3), (Z1, 6), (Z3, 8) }

Wie Sie sehen, taucht der Endknoten bereits in OK auf, zuvor kommt jedoch Z4 noch an die Reihe wegen 10 < 14. Folgeknoten von Z4 ist lediglich Terminal. Die Kosten ergeben sich zu 10 + 3 = 13, was kleiner ist als 14:

OK = { (Terminal, 13) }, BK = { (Initial, 0) , (Z2, 3), (Z1, 6), (Z3, 8), (Z4, 10) }

Als Nächstes ist Terminal dran. Da es sich um den Endknoten handelt, endet der Algorithmus an dieser Stelle. Die Kosten vom Initial- zum Terminalknoten ergeben sich aus der bereits bekannten Reihenfolge →Z2→Z1→Z3→Z4→ und summieren sich zu 13.

Heuristische Suche im Heu

Ein General-Problem-Solver kann jedoch nicht davon ausgehen, dass der komplette Lösungsraum als Graph bereits zur Verfügung steht. Vielmehr muss der Algorithmus während seiner Abarbeitung den Baum erst aufbauen. Dazu werden beim (erstmaligen) Erreichen eines Knotens die möglichen Folgeknoten **expandiert**, aufgeklappt.

 Wenn es sich um ein Spiel handelt, repräsentiert jeder Knoten eine mögliche **Position**. Die Folgeknoten ergeben sich aus den möglichen **Zügen**, die durch die Spielregeln festgelegt werden. Dieser Teil des Algorithmus wird auch als *Zuggenerator* bezeichnet.

Der Dijkstra-Algorithmus aus dem letzten Abschnitt liefert tatsächlich das optimale Endergebnis, vorausgesetzt, es gibt keine *negativen Kantengewichte*. Betrachten Sie hierzu Abbildung 40.3.

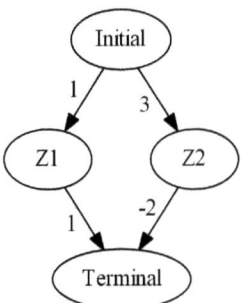

Abbildung 40.3: Graph mit negativen Kantengewichten

Der schnelle Greedy-Algorithmus findet als Lösung den Weg Initial→Z1→Terminal mit den Kosten 2. Der Knoten Z2 wird niemals expandiert, weil seine Kosten 3 höher sind als jene des Endknotens. Allerdings ist der Weg Initial→Z2→Terminal mit einem Wert 3 − 2 = 1 tatsächlich preiswerter.

Die **Suchkosten** bei der »gierigen« Bestensuche sind stets minimal. Die Suche selbst ist (bei möglichen negativen Kantengewichten) **nicht optimal**.

Um dem Problem mit negativen Kosten Herr zu werden, sollten Sie etwas Neues ausprobieren, eine **Heuristik**!

Eine *Heuristik* (vom Griechischen *heuriskein, auffinden*) bezeichnet eine Methode, die Lösung eines Problems durch geschicktes Raten anstatt durch genaue Berechnung zu finden.

Heuristiken sind in der Praxis enorm wichtig. Wir wenden sie permanent an, ohne uns dessen immer bewusst zu sein.

✔ Wir versuchen auf dem schnellsten Weg zu unserem Ziel zu gelangen, ohne dies jedes Mal anhand von Karten im Detail zuvor auszurechnen.

✔ Wir kaufen Artikel, weil wir sie für günstig halten, obwohl wir dessen nicht sicher sein können.

✔ Wir nehmen eine Arbeitsstelle an, ohne zu wissen, ob diese Wahl wirklich optimal ist.

✔ ...

»Heureka« (»ich habe (es) gefunden«) soll Archimedes von Syrakus ausgerufen haben, als er in der Wanne eine Methode entdeckte, mit der man das Volumen beliebiger Körper messen konnte. Allerdings handelt es sich dabei gerade nicht um eine Heuristik: Die Menge des verdrängten Wassers entspricht *mathematisch exakt* dem Volumen.

Mit einer Heuristik vermeiden Sie aufwendiges Rechnen, um stattdessen – hoffentlich – auf eine intelligente Weise sofort auf die Lösung zu kommen.

Ein berühmtes Beispiel für eine Heuristik ist die *Luftlinienentfernung* zum Abschätzen der Straßenkilometer zwischen zwei Orten. Anstatt gekrümmte Straßen auf der Karte nachzumessen, geht es viel schneller und bequemer, die Entfernung der Orte zu bestimmen. Das funktioniert ja auch meistens sehr gut. Typische Fehlerquellen sind Berge, Flüsse oder fehlende Straßen auf dem Weg zum Ziel.

Um das Problem des kostengünstigsten Wegs zu lösen, wenden Sie nun ebenfalls eine Heuristik an. Diese soll die Kosten bis zum Ziel **abschätzen**.

Die Heuristik **h(n)** *schätzt* die Kosten des Knotens n für den günstigsten Weg bis zum Terminalknoten.

Demgegenüber berechnet **g(n)** die *tatsächlichen Kosten*, die der Weg vom Initialknoten bis zum Knoten n benötigt.

Der Wert eines Knotens **f(n)** sollte sich aus der *Summe der tatsächlichen Kosten* bis zu dieser Stelle *plus der zu erwartenden Kosten* bis zum Ziel ergeben: f(n) = g(n) + h(n).

Daran erkennen Sie, worin die Schwäche des Dijkstra-Algorithmus aus dem letzten Abschnitt besteht:

 Die Greedy-Methode identifiziert den Wert eines Knotens n mit seinen tatsächlichen Kosten: f(n) = g(n). Die geschätzten Kosten bis zum Ziel werden dagegen vernachlässigt (h(n) = 0).

Um eine optimale Lösung auch bei negativen Kantengewichten zu finden, benötigen Sie eine **zulässige Heuristik**, die die Kosten niemals *überschätzt*.

 Eine Heuristik heißt *zulässig*, wenn sie die Kosten bis zum Terminalknoten für keinen Knoten n aus dem Graphen überschätzt.

Dagegen darf h(n) die Kosten durchaus **unterschätzen**. Beispielsweise ist die *Luftlinienheuristik* zulässig: Die Luftlinienentfernung zwischen zwei Orten ist stets geringer (oder gleich) der kürzesten Straßenverbindung.

Navigieren zu den Sternen mit dem A*-Algorithmus

Um die Heuristik angemessen zu berücksichtigen, benötigen Sie einen neuen, mächtigen Algorithmus, der sich **A*** (gesprochen: »Ah-Stern«) nennt. Neben den leicht zu bestimmenden Kosten g(n) vom Ausgangsknoten bis zum Knoten n wird nun zusätzlich eine Heuristik h(n) angewendet, um den Wert des Knotens f(n) zu berechnen. Allerdings speichern Sie g(n) und h(n) getrennt ab, weil nur g(n) für Nachfolger benötigt wird, während Sie die Heuristik h(n) jedes Mal neu ermitteln.

1. OK = { (Initial, 0) } BK = { }

2. Ermitteln Sie aus OK den Knoten n mit **minimalem Wert** f(n). Beachten Sie, dass sich dieser Wert nun aus den tatsächlichen Kosten g(n) bis hierher plus der heuristisch geschätzten Kostenfunktion h(n) zusammensetzt. f(n) = g(n) + h(n)

3. Falls n der Endknoten ist, terminiert der Algorithmus.

4. Anderenfalls wird n von OK nach BK verschoben.

5. Führen Sie für jeden Nachfolgeknoten k von n die folgenden Schritte durch:
    * Aktualisieren Sie gegebenenfalls den Wert von k.
    * Falls sich k bereits in BK befindet und sein Wert gerade angepasst wurde, müssen alle Nachfolger von k möglicherweise ebenfalls aktualisiert werden. Dies gilt auch für deren Nachfolger und so fort ...
    * Fügen Sie k in OK ein, falls er sich weder in OK noch in BK befindet.

6. Weiter geht es mit Schritt 2.

Diese geniale Erweiterung führe ich Ihnen am besten mit dem Graphen aus Abbildung 40.3 vor. Als Heuristik h(n) verwende ich die konstante Funktion h(n) = – 4 für alle Knoten außer dem Endknoten. Wie ich darauf komme, erkläre ich Ihnen am besten hinterher. Für den Endknoten gilt logischerweise h(Terminal) = 0.

Der Anfangsstand ist, wie immer: OK = { (Initial, 0) }, BK = {}

Es gibt zwei Nachfolger von OK, nämlich Z1 und Z2. Wegen der Heuristik ergeben sich deren Kosten zu 1 + (– 4) = – 3 sowie 3 + (– 4) = – 1:

$$OK = \{ (Z1, 1 + (-4)), (Z2, 3 + (-4)) \}, BK = \{ (Initial, 0) \}$$

Der kleinere Wert ist –3, also kommt als Nächstes Z1 an die Reihe. Es gibt nur einen Nachfolger, nämlich den Endknoten. Für den Terminalknoten ist jede Heuristik immer 0, was offenbar den Kosten bis zum Erreichen genau dieses Knotens entspricht. Sie erhalten:

$$OK = \{ (Z2, 3 + (-4)), (Terminal, 2 + 0) \}, BK = \{ (Initial, 0), (Z1, 1) \}$$

Diesmal ist der Wert von Z2 der kleinere gegenüber dem Endknoten: – 1 < 0. Somit ist Z2 dran. Der Wert des Endknotens wird aktualisiert, weil Sie einen neuen, preiswerteren Weg via Z2 gefunden haben:

$$OK = \{ (Terminal, -1 + 0) \}, BK = \{ (Initial, 0), (Z1, 1), (Z2, 3) \}$$

Der Terminalknoten ist als Einziger in OK verblieben, der Algorithmus terminiert mit dem korrekten Ergebnis: Intial→Z2→Terminal.

Haben Sie bemerkt, wieso der A* eine optimale Lösung gefunden hat? Die Heuristik von minus 4 hat an keiner Stelle die tatsächlichen Kosten (minimal -2) *überschätzt*, sondern stets *unterschätzt*. Jede andere Zahl kleiner als minus 2 hätte es natürlich auch getan. Vergleichen Sie das Vorgehen mit dem Dijkstra-Algorithmus: Dort wird durch das Vernachlässigen der Heuristik implizit h(n) = 0 angewendet, was jedoch bei negativen Kantengewichten die tatsächlichen Kosten überschätzt.

Der *A*-Algorithmus* findet den optimalen Weg in einem gerichteten Graphen, falls er eine *zulässige Heuristik* verwendet.

Aber auch sonst ist die Wahl der Heuristik für das Verhalten des Algorithmus von entscheidender Bedeutung. Ich habe Ihnen einmal aufgelistet, wie sich der A*-Algorithmus bei unterschiedlichen Kosten- und Heuristikfunktionen verhält.

✔ Mit g(n) = 1 und h(n) = 0 liefert der A*-Algorithmus den *kürzesten Pfad* im Graphen als Breitensuche.

✔ Für h(n) = 0 handelt es sich um einen *Greedy-Algorithmus*.

✔ Für h(n) = -∞ wird stets die *optimale Lösung* gefunden, jedoch konvergiert das Verfahren sehr langsam.

✔ Wenn h(n) stets die Kosten perfekt schätzt, liefert das Verfahren ohne Suche direkt den *optimalen Weg*.

✔ Je besser h(n) die tatsächlichen Kosten schätzt, umso schneller terminiert der A*-Algorithmus.

Spaß mit MINIMAX und Moritz

Der A*-Algorithmus lässt somit keine Wünsche offen. Allerdings ist die Suche nach einer geeigneten Heuristik eine äußerst schwierige Angelegenheit, die die maximale Kreativität des Informatikers erfordert.

Grundsätzlich funktioniert das Verfahren jedoch nicht mehr, wenn Sie Zwei-Personen-Spiele modellieren möchten. Nehmen Sie zum Beispiel das Schachspiel. Der Variantenbaum ist zwar wiederum ein gerichteter Graph, allerdings suchen Sie diesmal nicht einfach den kürzesten Weg zum gegnerischen Matt. Das würde ja voraussetzen, dass Ihnen Ihr Gegner dabei sogar behilflich ist!

Weil beide Kontrahenten abwechselnd ziehen, kehrt sich die Beurteilung der Stellung nach jedem Zug um. Die Kosten g(n), die zu diesem Knoten geführt haben, spielen dagegen keine Rolle.

Gehen Sie von einer beliebigen Schachposition aus. Sagen wir, Sie führen die weißen Steine und sind am Zug. Natürlich wählen Sie ein Manöver, das zu Ihrem Vorteil – oder zum Nachteil des Gegners, was das Gleiche ist – gereicht. Allerdings denkt Ihr Gegner ja genauso! Ihre Aufgabe besteht darin, die Stellungsbewertung zu maximieren, während Ihr Gegner vom Gegenteil ausgeht und Ihre Stellung zu minimieren sucht.

Wenn Sie von einem optimalen (aus Ihrer Sicht aber unerwünschten) Spiel Ihres Gegners ausgehen, sollten Sie bei der Variantenberechnung ein **Mini-Max-Verfahren** anwenden: Dabei *maximieren* Sie Ihre mögliche Stellungsbewertung, während Ihr Gegner, sobald er am Zuge ist, Ihre Bewertung *minimiert*. Jedenfalls ist das eine gute Idee, wenn Sie gegen einen starken Spieler antreten.

 Beim *Mini-Max-Verfahren* wird stets derjenige Zug ausgewählt, der die Bewertung **maximiert**, unter der Annahme, dass der Gegner anschließend die Bewertung der so entstandenen neuen Stellung **minimiert**. Das Verfahren wird rekursiv auf alle Folgepositionen angewendet.

Klingt kompliziert? Am besten betrachten Sie hierzu ein kleines Beispiel (Abbildung 40.4).

Die Ausgangsstellung ist A. Der Spieler am Zug möchte die Stellungsbewertung maximieren (MAX-Ebene). Mögliche Züge führen zu den Folgestellungen B1 oder B2, dann ist der Gegner an der Reihe. Insgesamt sind nunmehr diejenigen Stellungen möglich, die mit C beginnen. Auf dieser Ebene ist die Bewertung zu minimieren (MIN-Ebene). Es wird vorausgesetzt, der Gegner spielt optimal. Bei der untersten Ebene habe ich die resultierenden Knoten nur noch mit dem Stellungswert versehen. Hier ist wieder der ursprüngliche Spieler dran, sodass bei der Auswahl der Züge versucht wird, die Bewertung zu maximieren (MAX-Ebene).

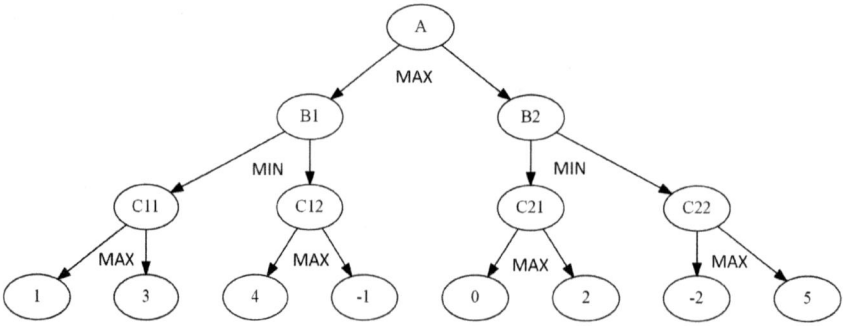

Abbildung 40.4: Variantenbaum

Zu den Zahlen in den Knoten in der untersten Ebene, die nicht weiter »expandiert« werden, komme ich gleich zu sprechen.

Der Mini-Max-Algorithmus bewertet jeden Knoten rekursiv von der untersten Ebene bis nach oben. C11 wird beispielsweise mit 3 bewertet, weil es das Maximum ist, das der Spieler am Zug herausholen kann. C12 wird entsprechend mit 4 bewertet. In B1 ist jedoch der minimierende Spieler am Zug. Bei der Auswahl 3 (für C11) und 4 (für C12) wählt er das Minimum, nämlich 3. In Abbildung 40.5 habe ich Ihnen die Namen der Knoten des gesamten Baums durch die jeweiligen Bewertungen ersetzt. Der erwartete Zugverlauf ist durch gekrümmte Pfeile markiert.

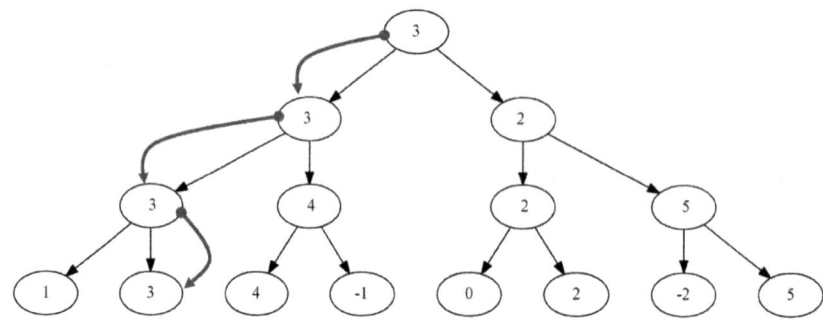

Abbildung 40.5: Ausgefüllter Bewertungsbaum

Das Mini-Max-Verfahren findet stets den besten Zug, vorausgesetzt, der komplette Stellungsbaum kann expandiert werden. Man spricht dann auch von der *vollständigen Tiefensuche*. Das ist beispielsweise bei einfachen Spielen wie »Tic Tac Toe« der Fall. Die Zahlen in den Endknoten beinhalten dann die Bewertung einer Schlussstellung (Sieg, Remis, Niederlage). Schreiben Sie ein Programm, das den Mini-Max-Algorithmus für dieses Spiel anwendet, und ich garantiere Ihnen, dass Sie es niemals besiegen werden!

Beim Schach wird das jedoch leider nicht funktionieren. Im Schnitt haben Sie 30 Unterknoten pro Stellung zu betrachten. Bei 40 Zügen – und manche Partien dauern bedeutend länger – wären das bereits 30 hoch 40 Möglichkeiten; das ist eine Zahl mit 60 Dezimalstellen. Zum Vergleich: Die Anzahl der Atome in unserer Sonne kommt nur auf 57 Stellen ...

Sie müssen Ihren Schach-Mini-Max-Algorithmus also nach einer gewissen Zahl an Stellungen abbrechen, auch wenn diese kein Spielende darstellen. Aber wie kommen Sie dann zu einer Bewertung?

Sie kennen die Lösung bereits! Nämlich über eine ...

... *Heuristik*! Es gibt im Schach ganz viele Heuristiken zur Stellungsbewertung, einfache und komplizierte:

✔ Sie zählen die verbliebenen Steine.

✔ Sie summieren den Wert der Figuren.

✔ Sie berechnen die Anzahl an möglichen Zügen (je mehr, desto besser).

✔ Sie ermitteln die »Sicherheit des Königs«.

✔ ...

Am Ende verwenden Sie eine Heuristik, die alle diese Kriterien berücksichtigt und zu einer einzigen Zahl zusammenfasst.

Allerdings gibt es einen Fallstrick:

Je komplexer eine Heuristik, desto genauer kann sie eine Stellung bewerten. Allerdings benötigen Sie dafür mehr Zeit (Aufwand, Kosten), sodass der Mini-Max-Algorithmus innerhalb einer festen Frist weniger Stellungen zur Bewertung heranziehen kann!

Es handelt sich hierbei um einen klassischen **Trade-off**, ein Wechselspiel zwischen einer genaueren und einer tieferen Stellungsanalyse. Je mehr Zeit Sie in die Tiefe des Stellungsbaums investieren (Suchtiefe), desto weniger bleibt Ihnen, eine brauchbare Heuristik anzuwenden. Umgekehrt kostet eine aufwendige Heuristik Zeit, die Ihnen fehlt, um den Stellungsbaum eingehender zu untersuchen.

Die amerikanische Schachlegende Robert (Bobby) Fischer wurde einmal gefragt, wie viele Züge er im Voraus berechne. Seine Antwort: »Ich rechne überhaupt nicht voraus. Ich gewinne auch so.«

Für die Informatik übersetzt: »Beim Wechselspiel zwischen Tiefensuche und heuristischer Stellungsbewertung setze ich alles auf die Heuristik!«

Sie dürfen das mit einem Schmunzeln zur Kenntnis nehmen. Eine Heuristik anzuwenden, heißt kreativ zu sein, den Geist über die Materie siegen zu lassen. Dagegen ist die Tiefensuche ein stumpfsinniges, immer wiederholtes Verfahren, das nur Maschinen Spaß macht.

Fairerweise sollte ich anmerken, dass heutige Schachgroßmeister davon überzeugt sind, dass jedes Schachprogramm mit einer Tiefensuche von zehn Zügen im Voraus, versehen mit einer äußerst primitiven heuristischen Stellungsbewertung (nur Matt und Summe des Materials) wohl jeden menschlichen Gegner schlagen wird.

Wenn Sie den gesamten Stellungsbaum nicht expandieren können, stellt sich die entscheidende Frage: »*Wann* soll die Tiefensuche denn abgebrochen und die so entstandene Stellung heuristisch bewertet werden?«

Ein paar Möglichkeiten kann ich Ihnen anbieten:

✔ sobald eine vorgegebene Zahl an Zügen erreicht ist

✔ sobald eine Endstellung (zum Beispiel Matt) vorliegt

✔ sobald eine vorgegebene Zeit abgelaufen ist

✔ sobald die Stellung stabil ist (wenn also eine Abtauschkombination abgeschlossen ist)

✔ sobald es (vermutlich) keinen Fortschritt der Stellungsbewertung mehr gibt

✔ ...

Wie Sie sehen, wäre es gut, wenn der Variantenbaum ein wenig *beschnitten* werden könnte, um die Suche im Graphen auszudehnen. Schachgroßmeister tun genau das: Sie dringen tiefer in die Stellung ein, analysieren aber jeweils immer nur ein oder zwei wichtige Züge pro Knoten. Das erfordert Intuition, über die unser maschinelles Verfahren leider nicht verfügt. Dennoch gibt es ein äußerst wichtiges Optimierungskonzept: das *Beschneiden* des Variantenbaums, ohne dass es zu einer Verschlechterung der Bewertung kommt. Wie das geht? Indem Sie einfach Zweige abschneiden, die ganz sicher niemals für einen konkreten Zug relevant werden.

Beschneidungen von Alpha bis Beta

Betrachten Sie hierzu erneut Abbildung 40.4. Angenommen, unser Algorithmus **traversiert** die Knoten in **Pre-Order**. Damit werden alle Unterknoten von C11 abgearbeitet, ehe C12 an die Reihe kommt.

 Kleines Update in Sachen Traversierung gefällig? Ein rascher Blick in Kapitel 34 hilft Ihnen weiter.

Als Nächstes wird die Stellung mit der Bewertung »4« analysiert. Was bedeutet das? Da in C12 der maximierende Spieler am Zug ist, würde dieser also **mindestens** eine Bewertung von 4 für den Knoten C12 erhalten, ganz gleich, was sonst noch kommt. Selbst wenn noch tausend andere Züge von diesem Knoten ausgehen würden, bei denen die Bewertung größer oder kleiner 4 ist: Sie spielen am Ende keine Rolle!

Denn in B1 ist ja der minimierende Spieler am Zuge und die Bewertung von C11 ist bereits kleiner als 4 (nämlich 3). Da C12 wenigstens einen Wert größer oder gleich 4 besitzt, wird dieser Ast von B1 aus niemals erreicht! Werfen Sie einen Blick in Abbildung 40.5 und Sie verstehen, was ich meine: Der Ast von C12 wird am Ende ignoriert. Das liegt daran, dass Sie auf einen Wert gestoßen sind (hier »4«), der schlechter ist als jener, den der minimierende Spieler *schlimmstenfalls* erhält. Diesen Wert, der für den maximierenden Spieler *wenigstens* zu erreichen ist, nennen wir α.

α (Alpha) ist der *Mindestwert* des bisherigen besten (maximalen) Knotens für den *maximierenden Spieler.*

Alle restlichen Zweige von C12 (in diesem Fall nur die »-1«) werden abgeschnitten. Es handelt sich daher um einen sogenannten **α-cut-off.**

 Ein *α-cut-off (Alpha-Beschneidung)* erfolgt auf einer maximierenden Ebene, falls eine Bewertung für eine Stellung erzielt werden kann, die größer ist als α. Alle weiteren Stellungen zum selben Elternknoten werden **abgeschnitten** (also ignoriert).

Wer »Alpha« sagt, muss bekanntlich auch »Beta« sagen. β ist das Pendant zu α und enthält als Wert diejenige Zahl, die der maximierende Spieler *höchstens* erreichen wird. Dies entspricht natürlich dem Wert, den der minimierende Spieler *mindestens* erhält.

 β (Beta) ist der *Höchstwert* des bisherigen besten (minimalen) Knotens für den *minimierenden Spieler.*

Wie Sie sich denken können, gibt es ebenso einen β-cut-off:

 Ein *β-cut-off (Beta-Beschneidung)* erfolgt auf einer minimierenden Ebene, falls eine Bewertung für eine Stellung erzielt werden kann, die kleiner ist als β. Alle weiteren Stellungen zum selben Elternknoten werden **abgeschnitten** (also ignoriert).

Übung: Jetzt habe ich eine wirklich sehr schwere Aufgabe für Sie: Finden Sie in Abbildung 40.4 einen β-cut-off? Schauen Sie genau hin!

Eine Beta-Beschneidung kann nur in einer minimierenden Ebene erfolgen, und zwar dann, wenn eine Stellungsbewertung erzielt werden kann, die kleiner ist als das Beste, was dem minimierenden Spieler ansonsten passiert. Die Unterknoten von B1 kommen dafür nicht infrage, weil der einzige Wert kleiner als 3 ja bereits durch einen α-cut-off abhandengekommen ist. Bei B2 gibt es aber einen solchen Fall. Zunächst wird C21 komplett ausgerechnet und mit der Bewertung 2 versehen. 2 ist jedoch kleiner als 3 (der Wert von α und β ist nach Auswertung von B1 gleich, nämlich 3). Somit wird der komplette Ast von C22 entfernt!

Das erscheint irre, weil sich unterhalb von C22 sowohl kleinere als auch größere Werte (verglichen mit 3) befinden. Die logische Erklärung sollte Sie dennoch überzeugen:

✔ Angenommen, die Stellungsbewertung von C22 wäre größer als 3. Dann würde der minimierende Spieler am Zug natürlich den Pfad C21 weiterverfolgen und die Möglichkeiten von C22 sind irrelevant.

✔ Wäre dagegen die Stellungsbewertung von C22 kleiner als 3, fände das der minimierende Spieler am Zug zwar toll, aber der maximierende Spieler würde daher den gesamten Zweig (B2) meiden, weil er auf der anderen Seite ja bereits die 3 sicher hat.

Wie Sie sehen, ist es so oder so korrekt, den Ast zu entfernen! Beachten Sie, dass es noch andere Geschwister von C21 geben könnte. Sie alle würden mit derselben Argumentation inklusive ihres jeweiligen kompletten Unterbaums ignoriert (beziehungsweise abgeschnitten). Genial, nicht wahr?

In Abbildung 40.6 finden Sie den beschnittenen Variantenbaum. Vergleichen Sie diesen mit Abbildung 40.4! Die Beschneidung bringt eine deutliche Effizienzsteigerung mit sich, obwohl kein einziger relevanter Zweig fehlt.

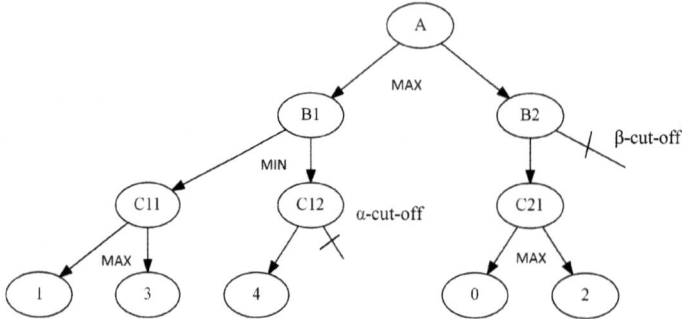

Abbildung 40.6: Beschnittener Variantenbaum

Ich habe in diesem Abschnitt bisher bewusst darauf verzichtet, den Code des rekursiven Mini-Max-Algorithmus vorzulegen. Wichtiger ist, dass Sie zunächst dessen Funktionsweise verstehen. Die Alpha- und Beta-Beschneidungen erfolgen nun mit nur einer einzigen Programmzeile. Je nach Implementierung kann die Rolle des minimierenden und maximierenden Spielers durch Vorzeichenwechsel auf jeder Ebene vertauscht werden. In diesem Fall müssen auch α und β ihre Rollen tauschen. Auch deren Vorzeichen kehren sich entsprechend um.

Ihr Code zur Stellungsbewertung (eval) könnte so aussehen:

```
int eval(int depth, int alpha, int beta) {
if (depth == 0 || isLeaf()) return evaluatePosition();
PositionTree *child = expandChildren();
  while (child) {
    int childValue = -child->eval(depth-1, -beta, -alpha);
    if (childValue > alpha) alpha = childValue;
    if (alpha >= beta) return beta;
    child = child->nextSibling;
  }
return alpha; }
```

Die maximale Suchtiefe wird mit depth vorgegeben und in jedem weiteren rekursiven Aufruf dekrementiert. Sobald der Wert null ist, bricht die Tiefensuche ab und die (möglicherweise heuristische) Stellungsbewertung setzt an. Dies gilt auch für den Fall, dass keine weiteren Züge möglich sind (isLeaf). Die Stellungsbewertung ist dann natürlich korrekt (Sieg, Verlust oder Remis), ohne Heuristik.

Anderenfalls wird der Knoten expandiert (expandChildren) und die while-Schleife durchläuft alle Geschwister (child->nextSibling) der Reihe nach (in Pre-Order).

Die Bewertung wird rekursiv aufgerufen, β und α in ihren Rollen vertauscht und negiert (weil der jeweils andere Spieler genau die umgekehrten Prioritäten setzt).

In der Zeile, in der der Knotenwert (childValue) den bisher besten Wert über-schreitet (alpha), findet die eigentliche Mini-Max-Bewertung statt.

Der cut-off besteht in der Zeile:

```
if (alpha >= beta) return beta;
```

Es handelt sich um einen α-cut-off, falls gerade der maximierende Spieler an der Reihe ist. Anderenfalls ist es ein β-cut-off, auch wenn von α die Rede ist. (Sie erinnern sich, dass in jedem rekursiven Unteraufruf die Rolle von α und β vertauscht werden?)

Ich weiß, ich weiß. Obwohl – oder gerade weil – der Code so knapp ist, ist er sehr schwer zu verstehen. Meinen Studenten gebe ich an dieser Stelle die Aufgabe, das Verfahren tatsächlich zu implementieren und zusätzlichen Code einzubauen, um die Anzahl der am Ende tatsächlich ausgewerteten Stellungen mit und ohne Cut-off zu zählen. Sie werden begeistert sein, wie viele Auswertungen Ihnen diese einzige Zeile einspart. Der Variantenbaum wächst ja exponentiell ...

IN DIESEM KAPITEL

Lernen und Inferenz verstehen

Wichtige Fachbegriffe des Maschinenlernens definieren

Induktive von deduktiven Lernmethoden unterscheiden

Konzeptlernen – erlernen

Kapitel 41
Lärmende Systeme

D ieses Kapitel dreht sich um eines der faszinierendsten Themen überhaupt: Wie können Sie einen Computer dazu bringen, zu *lernen*? Dazu werde ich Ihnen zunächst ein paar grundlegende Konzepte vorstellen, ehe es an die konkreten Algorithmen geht. Am Ende zeige ich Ihnen sogar, wie Sie ohne Lehrer lernen ...

Maschinelles Lernen

Die Idee, *Lernen* zu automatisieren, ist eine uralte Vision der Menschheit. Unzählige Science-Fiction-Geschichten drehen sich um Chancen und Risiken von hyperintelligenten Maschinen, deren Wissen schneller ansteigt als jenes ihrer Programmierer. Der Dramatik der Romane ist es jedoch geschuldet, dass der unmenschliche Verstand in der Regel am Ende über Leichen geht und die Auflösung darin besteht, die Maschine auszuschalten.

Fakt ist, dass wir Menschen außergewöhnliche Wesen sind. Unser Verstand befähigt uns dazu, aus Fehlern zu *lernen* und auf neuartige Situationen bereits vorhandene Erfahrungen anzuwenden. Lernen ist auch im Tierreich verbreitet. Mäuse lernen recht schnell, sich in Labyrinthen zurechtzufinden, wenn eine Belohnung winkt. Dabei müssen sie immer wieder vor die gleiche (oder eine sehr ähnliche) Situation gestellt werden und nur das erwünschte Verhalten wird honoriert. Menschen lernen dagegen viel schneller, auch wenn Kinder das beim Vokabeln-Büffeln vielleicht anders sehen.

Aber was genau bedeutet *lernen*? Psychologen antworten darauf meist, dass Lernen zu einer *Verhaltensänderung* führt. Bei maschinellem Lernen müssen wir viel präziser sein. Eine simple Datenbank, die beispielsweise Ihre Musiktitel verwaltet, *verhält* sich ja anders, nachdem Sie ein neues Stück gespeichert haben. Dennoch würden Sie ein solches Programm kaum als **lernendes System** bezeichnen.

Lernen ist mehr, von einer höheren Qualität als das einfache Speichern von Daten. In Abbildung 41.1 habe ich Ihnen dargestellt, wie ein **lernendes System** grundsätzlich aufgebaut ist.

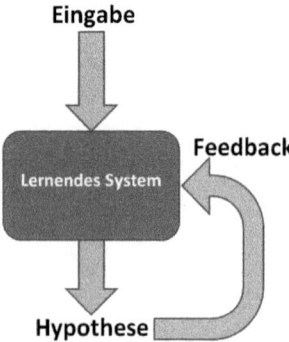

Abbildung 41.1: Vereinfachtes Lernszenario

Eingabedaten sind zwingend. Wenn Sie das System nicht mit Informationen füttern, kann es unmöglich lernen. Ein lernendes System produziert jedoch nicht einfach eine Ausgabe, sondern eine **Hypothese**. In diesem Wort steckt mehr als eine simple Information. Die Hypothese ist eine Ausgabe, deren *Wahrheitsgehalt* noch nicht überprüft ist! Sie kann also falsch oder richtig sein. Natürlich erwarten Sie nicht von Ihrer Musikdatenbank, dass deren Ausgabe nicht stimmt. Damit sind Datenbanksysteme aus dem Spiel, wenn es um lernende Systeme geht.

Ein Programm zur **Vorhersage** des Wetters hat dagegen das Potenzial, ein lernendes System zu sein. Die Ausgabe stellt eine Prognose dar, die sich als richtig oder falsch herausstellen kann.

Jetzt wird es spannend. Von einem lernenden System können Sie erst dann sprechen, wenn dieses **Feedback** auch genutzt wird, um künftige Hypothesen zu verbessern. Die Feedback-Schleife ist von zentraler Bedeutung, auch wenn sie innerhalb des Systems verbleibt. Jedes Programm, das sich nicht weiter um seine Hypothesen schert, ist *kein* lernendes System.

Übrigens gilt dieses Detail auch für Menschen. Ohne Feedback kann kein Lernen stattfinden. Wenn ich keine Chance habe zu erfahren, ob ich mit dem, was ich tue, richtig liege oder falsch, lerne ich auch nichts. Ich gehe sogar noch weiter und behaupte, dass gerade Fehler (oder falsche Hypothesen eines Systems) zu echtem Lernen führen, während korrekte Prognosen im Grunde weniger bedeutsam sind für Lernfortschritte.

 Das ist übrigens ein wichtiger Grund, warum Studierende nach der Benotung die Klausureinsicht wahrnehmen sollten: Ohne Feedback darüber, wo die Fehler lagen, findet kein effektives Lernen statt! Menschen verfügen zwar auch über subtile Mechanismen, an der eigenen »Hypothesenbildung« zu zweifeln (eine interne

Feedback-Schleife), aber nicht selten führt die Einsichtnahme in die eigene Klausur zu einigen Überraschungen ...

Inferenz ohne Sperenzien

Abbildung 41.1 ist natürlich noch viel zu grob, daher »zoome« ich ein wenig in das lernende System hinein und zeige Ihnen das Ergebnis in Abbildung 41.2.

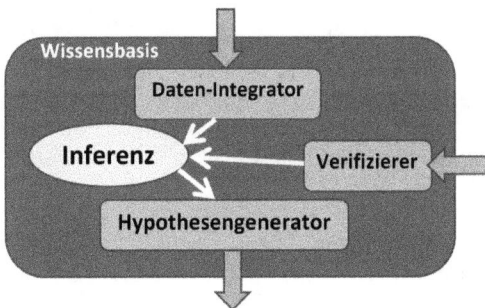

Abbildung 41.2: Im Inneren des lernenden Systems

Die breiten Pfeile am Rand stammen aus den entsprechenden Verknüpfungen in Abbildung 41.1. Der **Daten-Integrator** hat die Aufgabe, ankommende Information aufzubereiten und in eine Form zu bringen, mit der das System arbeiten kann. Der **Verifizierer** nimmt das Feedback der letzten Prognose entgegen und checkt, ob es sich um eine Bestätigung oder eine Widerlegung der Hypothese handelt. Diese Information steht dem System anschließend genau wie die übrigen Eingaben zur Verfügung. Der Kern eines jeden lernenden Systems besteht in der **Inferenz**.

 Inferenz meint das (logische) *Schließen* (auch *Ableiten* genannt) im Rahmen eines Lernprozesses.

Landung auf der Wissensbasis

Sinn der Inferenz ist es, aus vorhandenem Wissen neues Wissen zu generieren. Wie Sie Abbildung 41.2 entnehmen, »schwimmt« das gesamte System in der **Wissensbasis**.

 Eine *Wissensbasis* (englisch **Knowledge Base**) ist eine Datenbank, deren Inhalt aufbereitet ist, um Information zu *inferieren*.

 Bitte verwechseln Sie das im Alltag selten verwendete Wort **Inferenz** nicht mit dem viel häufiger gebrauchten Begriff In**ter**ferenz, die Sie bei der Überlagerung von Wellen antreffen.

Am besten mache ich Ihnen einmal ein Beispiel für eine Inferenz.

Angenommen, Ihre Wissensbasis verfügt bereits über folgende Information:

✔ Wenn die Ampel rot ist, bleibt das Auto stehen.

Als neue Eingabe erhält Ihr System:

✔ Die Ampel ist rot .

Nun sollte die Aussage

✔ Das Auto bleibt stehen.

aus dem nunmehr vorhandenen Wissen *inferiert*, also abgeleitet werden. Die Aussage selbst war dabei zuvor nicht bereits Bestandteil der Wissensbasis.

Das Beispiel basiert auf einer **aussagelogischen Inferenz**. Im Laufe dieses Kapitels werden Sie auch andere Inferenzmöglichkeiten kennenlernen.

Falls es Sie interessiert: Kapitel 51 befasst sich mit Aussagenlogik!

Induktive und deduktive Methoden

Grundsätzlich sollten Sie zwei Arten der Inferenz unterscheiden:

✔ *Deduktive Inferenz* geht von allgemeingültigen Sätzen und erlaubten Regeln aus, und versucht, daraus wahre Einzelaussagen zu gewinnen.

✔ *Induktive Inferenz* schließt umgekehrt von einzelnen Erfahrungen auf ein allgemeingültiges Gesetz, das wiederum die Vorhersage spezifischer Einzelaussagen gestattet.

Mathematisch sauber ist nur die deduktive Inferenz, während in der Praxis lernender Systeme induktive Inferenz viel bedeutsamer und häufiger anzutreffen ist. Der Grund besteht in den typischen Anwendungsfeldern lernender Systeme:

✔ Autonome Fahrzeuge

✔ Mobile Roboter

✔ Sprach- und Bilderkennung

✔ Wettervorhersage

✔ Börsenkursvorhersage

✔ Lottovorhersage

Gemein ist allen diesen Bereichen, dass eine mathematisch korrekte Modellierung zu aufwendig, zu kompliziert oder schlicht überhaupt nicht möglich ist. Der letzte Haken ist natürlich nur ein Scherz: Zufällige Ereignisse lassen sich definitionsgemäß nicht vorhersagen.

Rauschen im Datenwald

Es gibt noch einen weiteren, nicht weniger wichtigen Grund für die übergroße Bedeutung der induktiven Inferenz: Die Welt, so wie wir – und jede Maschine – sie wahrnehmen können, ist nicht einhundertprozentig konsistent. Das Problem ist nicht die Welt selbst, sondern unsere Wahrnehmungsmöglichkeiten: Alles, was wir mit unseren Sinnen erfassen und was Messsysteme und Sensoren von Computern aufnehmen können, unterliegt einer gewissen Fehleranfälligkeit. Das ist auch nicht weiter schlimm, solange wir uns nur dessen bewusst sind. Beispielsweise ist unser Empfinden darüber, was warm ist und was kalt, durchaus verschieden.

Überlistung des menschlichen Temperaturempfindens

Vermutlich kennen Sie diesen Versuch, aber es schadet nicht, ihn hier und da zu wiederholen.

Sie füllen drei Eimer mit Wasser. Eimer A enthält kühles Wasser von 10° Celsius und steht unmittelbar neben Eimer B mit einer Temperatur von 30°. Das Wasser des dritten Eimers C, ein wenig abseits, hat eine Temperatur von 20°. Nun halten Sie eine Minute Ihre linke Hand in Eimer A und gleichzeitig Ihre rechte Hand in Eimer B. Logischerweise wird A sehr kalt und B sehr warm wirken, das ist klar.

Spannend wird es jedoch, wenn Sie nach der Minute beide Hände gleichzeitig in Eimer C führen. *Dieselbe* Temperatur wird Ihre linke Hand als angenehm warm, die rechte jedoch als eher unangenehm kühl empfinden!

Auch die Sensorik von Messsystemen unterliegt möglichen Fehlern und Defekten. Wir sagen, die Daten enthalten **Rauschen**, eine gewisse Menge an Information, die eher zufällig verteilt und daher nicht für weitere Verarbeitungsschritte nützlich ist.

Lernen mit Konzept

Nach diesen eher theoretischen Vorüberlegungen lassen Sie uns in ein konkretes Lernverfahren einsteigen. Hierfür eignet sich besonders das **Konzeptlernen**. Es geht darum, aus einer **Trainingsmenge** von Beispielen, die entweder einem zu lernenden *Konzept* entsprechen oder auch nicht, eine allgemeine Beschreibung der Eigenschaften eben dieses Konzepts zu finden.

Ein Konzept besteht aus einer Menge von Eigenschaften, die einen bestimmten Wert annehmen müssen oder irrelevant sind. Sehen Sie selbst:

 Ihr System soll das Konzept erlernen, welche Vögel zur Art »Amsel« gehören. Ihre **Trainingsmenge** besteht aus Vektoren, deren Komponenten verschiedene Eigenschaften konkreter Vögel beinhalten. Zusätzlich erhalten Sie jeweils die Information darüber, ob es sich bei dem jeweiligen Tier tatsächlich um eine Amsel handelt.

In diesem einfachen Beispiel werden nur die folgenden vier Eigenschaften aufgenommen:

✔ Singvogel (ja, nein)

✔ Gefiederfarbe (schwarz, braun)

✔ Schnabelfarbe (gelb, sonstige)

✔ Größe (klein, groß)

Ihre Trainingsmenge enthält fünf Vektoren, die jeweils eine Kombination aus den genannten Eigenschaften repräsentieren. Mit einem Pfeil → gekennzeichnet finden Sie, ob es sich um ein positives Beispiel (eine Amsel) oder ein negatives (eine andere Vogelart) handelt.

1. (ja, schwarz, gelb, klein) → Amsel

2. (nein, schwarz, sonstige, groß) → keine Amsel

3. (ja, schwarz, gelb, groß) → Amsel

4. (ja, braun, gelb, klein) → Amsel

5. (ja, schwarz, sonstige, groß) → keine Amsel

Um nun, ausgehend von einer Menge von Trainingsbeispielen, zu einem Konzept von Amsel zu kommen, dient der **Kandidaten-Eliminationsalgorithmus.**

Er verfügt über zwei Mengen:

✔ Die Menge **G** (**G**eneral) enthält die jeweils **allgemeinsten Konzepte**, die alle positiven Beispiele umfassen und alle negativen ausschließen.

✔ Die Menge **S** (**S**pecial) enthält die jeweils **speziellsten Konzepte**, die alle positiven Beispiele umfassen und alle negativen ausschließen.

Ein Konzept besteht in diesem Fall selbst aus einem Vektor mit vier Komponenten, für jede Eigenschaft eine. Allerdings ist auch ein Sternchen * (Asterisk) möglich. Das bedeutet, »dieses Merkmal spielt für das Konzept *Amsel* keine Rolle«.

Initialisiert wird G mit dem denkbar allgemeinsten Konzept: G = { <*,*,*,*> }, bei dem alle Eigenschaften beliebig sind. Jedes beliebige Beispiel würde in G enthalten sein. Umgekehrt startet S mit dem unmöglichen Konzept: S = { <-,-,-,-> }, bei dem keine Eigenschaft erlaubt ist und kein Vogel eine Amsel sein kann ...

Endlich geht es los. Der Algorithmus behandelt alle Beispiele aus der Trainingsmenge der Reihe nach und passt nach jedem Schritt die Mengen G und S an. Dabei unterscheidet das Verfahren zwischen *positiven* Beispielen (die Amseln repräsentieren) und *negativen* (solchen, die zu einer anderen Art gehören).

Sukzessive werden die Mengen G und S nach jeder Präsentation eines Beispiels angepasst. Die Elemente aus G werden dabei tendenziell immer spezieller, umfassen also immer weniger Kandidaten und schränken so das Konzept Amsel immer weiter ein. Bei S ist es genau umgekehrt. Die Konzepte darin werden tendenziell immer allgemeiner.

Zu jedem Zeitpunkt gilt: Alle bisher präsentierten positiven Beispiele sind in allen Konzepten von G und von S enthalten. Dagegen erfüllt kein einziges negatives Beispiel ein Konzept, weder aus G noch aus S.

Am besten zeige ich Ihnen getrennt, wie der **Kandidaten-Eliminationsalgorithmus** bei den einzelnen Beispielen vorgeht, je nachdem, ob es positiv oder negativ ist.

Ein positives Beispiel p wird wie folgt behandelt:

✔ Lösche alle Konzepte aus G, die p nicht beinhalten.

✔ Für jedes Konzept s in S, das b nicht enthält ...

- Lösche s aus S.

- Füge zu S alle *minimalen Erweiterungen* e von s hinzu, die p beinhalten und für die es ein Element in G gibt, das genauso allgemein oder noch allgemeiner ist als e.

- Lösche alle Konzepte in S, die eine *Verallgemeinerung* eines anderen Konzepts in S darstellen.

Für ein negatives Beispiel n verfährt der Algorithmus dagegen wie folgt:

✔ Lösche alle Konzepte aus S, die n beinhalten.

✔ Für jedes Konzept g in G, das n enthält ...

- Lösche g aus G.

- Füge zu G alle *minimalen Spezialisierungen* e von g hinzu, die n nicht mehr beinhalten und für die es ein Element in S gibt, das genauso speziell oder noch spezieller ist als e.

- Lösche alle Konzepte in G, die eine *Spezialisierung* eines anderen Konzepts in G darstellen.

Das klingt vielleicht ein wenig kompliziert. Sicher klärt sich einiges auf, wenn Sie den Algorithmus auf die Trainingsmenge aus dem letzten Beispiel anwenden:

Der erste Attributvektor (ja, schwarz, gelb, klein) ist ein positives Beispiel, weil es eine Amsel beschreibt. G wird nicht verändert, weil dieses allgemeinste aller Konzepte jedes beliebige Beispiel enthält, somit auch das vorgegebene. Das Konzept in S dagegen muss so erweitert werden, dass es das Beispiel – gerade so – enthält. Als Ergebnis nach Vorstellung von Beispiel 1 erhalten Sie:

```
G₁ = G = { <*,*,*,*> }, S₁ = { <ja, schwarz, gelb, klein> }
```

Nun kommt der zweite Attributvektor (nein, schwarz, sonstige, groß) an die Reihe. Es handelt sich um ein negatives Beispiel. Diesmal ist nur G anzupassen, weil S dieses Beispiel ohnehin ausschließt:

G_2 = { ‹ja,*,*,*›, ‹*,*,gelb,*›, ‹*,*,*,klein› }, $S_2 = S_1$ = { ‹ja, schwarz, gelb, klein› }

Beachten Sie, dass nun viele mögliche Konzepte in G auftauchen, alle jedoch das negative Beispiel ausschließen. Fällt Ihnen auf, dass jedes Attribut des negativen Vektors einfach negiert wird? Bei `schwarz` gibt es allerdings ein Problem. Das Konzept ‹*,braun,*,*› ist keine Verallgemeinerung eines Konzepts aus S, daher darf es nicht mit aufgenommen werden!

Das nächste Beispiel ist wieder positiv: (ja, schwarz, gelb, groß). Es widerspricht dem letzten Konzept aus G, das daher eliminiert werden muss. Bei S müssen Sie eine minimale Verallgemeinerung des dort vorhandenen Konzepts finden. Gelingt Ihnen das? Hier ist die Lösung:

G_3 = { ‹ja,*,*,*›, ‹*,*,gelb,*› }, S_3 = { ‹ja, schwarz, gelb, *› }

Auch das vorletzte Beispiel (ja, braun, gelb, klein) ist positiv. In G gibt es keine Änderung, da alle dort vorhandenen Konzepte auch das neue Beispiel mit einschließen. Das Konzept in S muss jedoch verallgemeinert werden:

$G_4 = G_3$ = { ‹ja,*,*,*›, ‹*,*,gelb,*› }, S_4 = { ‹ja,*, gelb, *› }

Bei der Präsentation des letzten Beispiels n = (ja, schwarz, sonstige, groß) wird nur noch G angepasst. Minimale Spezialisierungen von ‹ja,*,*,*›, die n nicht enthalten, sind: ‹ja,braun,*,*›, ‹ja,*,gelb,*›, ‹ja,*,*,klein›. Allerdings stellt nur ‹ja,*,gelb,*› eine Verallgemeinerung eines Konzepts aus S da, daher werden die beiden anderen eliminiert. Nun ist jedoch ‹*,*,gelb,*› in G allgemeiner als ‹ja,*,gelb,*›. Letzteres muss daher gemäß der Vorschrift für negative Beispiele ebenfalls eliminiert werden. Sie erhalten als Endergebnis:

G_5 = { ‹*,*, gelb, *› }, S_5 = { ‹ja,*, gelb, *› }

Am Ende erhalten Sie aus allen Elementen in G und S die Menge aller denkbaren Konzepte. In G befinden sich die allgemeinsten Konzepte, die alle positiven Beispiele einschließen und alle negativen ausschließen. Bei S verhält es sich ähnlich, allerdings werden dort die speziellsten gültigen Konzepte gespeichert.

Die Menge aller möglichen Konzepte sind jene aus G, jene aus S und jede Verallgemeinerung eines Konzepts aus S, das spezieller ist als eines aus G. Dies kommt zwar in obigem Beispiel nicht vor, taucht aber in der Praxis durchaus auf.

Sprachlich formuliert lautet unsere Lösung:

»Eine Amsel ist ein Vogel mit einem gelben Schnabel«, was die allgemeinste Fassung darstellt, beziehungsweise »Eine Amsel ist ein Singvogel mit einem gelben Schnabel« für das speziellste Konzept.

Welche Variante Sie bevorzugen, hängt vom Anwendungsfall ab. Nehmen wir an, Sie betreiben eine Anlage zur Müllsortierung und verwenden den Kandidaten-Eliminierungsalgorithmus dazu, Papiermüll zum Recycling herauszufiltern. Dann werden Sie vermutlich die restriktivere Variante aus S verwenden, weil Müll im Papier schädlicher ist als umgekehrt. Geht es jedoch darum, Wertstoffe zu identifizieren, verwenden Sie vielleicht die allgemeinere Fassung aus G, weil ohnehin eine menschliche Nachprüfung erfolgt ...

Um herauszufinden, ob ein lernendes System auch (einigermaßen) korrekt arbeitet, sollten Sie ihm eine **Testmenge** präsentieren. Eine Testmenge ist einer Trainingsmenge ähnlich. Allerdings darf das Programm zunächst nicht auf die Zuordnung (positiv oder negativ) zurückgreifen, sondern muss stattdessen erst selbst eine Klassifikation nach vorhandenem Lernstand durchführen. Dies ist die Hypothesenbildung. Als Feedback gibt es dann die korrekte Zuordnung und gegebenenfalls eine Anpassung des Wissensstands, das eigentliche Lernen. Wenn genügend Beispiele korrekt klassifiziert worden sind, können Sie das System auch in der Praxis einsetzen.

Generell arbeiten (induktive) **lernende Systeme** in zwei Phasen:

✔ In der **Trainingsphase** werden Beispiele präsentiert. Das System wird so angepasst, dass die Beispiele korrekt klassifiziert würden, wenn ihre Klassifikation nicht bekannt wäre.

✔ In der **Klassifikationsphase** arbeitet das lernende System produktiv. Es nutzt die Erfahrung aus der Lernphase, um unbekannte Beispiele (hoffentlich) richtig einzuordnen.

Der Kandidaten-Eliminierungsalgorithmus ist ein typisches lernendes System. Zu Beginn ist die Wissensbasis leer und füllt sich im Laufe der Trainingsphase immer weiter. Die Hypothesenbildung findet hier nicht explizit statt, auch wenn Sie das könnten (die präsentierten Trainingsbeispiele könnten Sie genauso gut zuvor klassifizieren). Die Konzeptzuordnung ist das Feedback. Eine Anpassung der Mengen G und S ist in diesem Sinne *lernen*. Eine reine Klassifikation berücksichtigt dagegen noch kein Feedback, sondern stellt die Hypothesenbildung dar. Nur wenn eine Rückmeldung erfolgt, dass die Klassifikation falsch war, findet eine (erneute) Anpassung der Wissensbasis statt, das eigentliche Lernen. Erstaunlicherweise führt hier ein positives Feedback (»die Konzeptzuordnung war korrekt«) nicht zu einer Änderung der Wissensbasis und spielt daher – für künftigen Lernerfolg – gar keine Rolle.

Entscheiden lernen mit Bäumen

Eine andere Variante des Konzeptlernens verwendet **Entscheidungsbäume**.

Eine Einführung in Entscheidungsbäume als Datenstruktur finden Sie in Kapitel 34.

Die Idee besteht darin, den einzelnen Eigenschaften der vorgelegten Beispiele jeweils Abzweigungen eines – in diesem Fall binären – Baumes zuzuordnen. Das Ding nennt sich Entscheidungsbaum, weil Sie damit anhand möglichst weniger Fragen entscheiden können, ob es sich bei dem vorgelegten Exemplar um ein Mitglied des Konzepts handelt oder eben nicht.

Das Beispiel mit der Amsel aus dem letzten Abschnitt verdient eine erneute Betrachtung.

Es geht wieder um die Frage: »Ist dieser Vogel eine Amsel?«

Am besten beginnen Sie damit, den Beispielen etwas mehr Struktur zu geben. Dazu habe ich sie in Tabelle 41.1 einmal aufgelistet.

Singvogel	Gefieder	Schnabel	Größe	Amsel?
ja	schwarz	gelb	klein	JA
nein	schwarz	sonstige	groß	NEIN
ja	schwarz	gelb	groß	JA
ja	braun	gelb	klein	JA
ja	schwarz	sonstige	groß	NEIN

Tabelle 41.1: Beispiele und Gegenbeispiele für »Amseln« als Konzept

Es gibt eine naheliegende Möglichkeit, aus den vorgegebenen Daten einen Entscheidungsbaum zu konstruieren. Sie fangen mit dem ersten Attribut (Singvogel) an und arbeiten sich von links nach rechts durch. Nach der Merkmalsauswertung kommt das nächste Attribut an die Reihe und so weiter. Ganz unten werden die Blätter beschriftet mit der Antwort auf die Frage, ob es sich dabei um eine Amsel handelt (»JA« oder »NEIN«). In Abbildung 41.3 finden Sie einen Teil dieses Baums dargestellt.

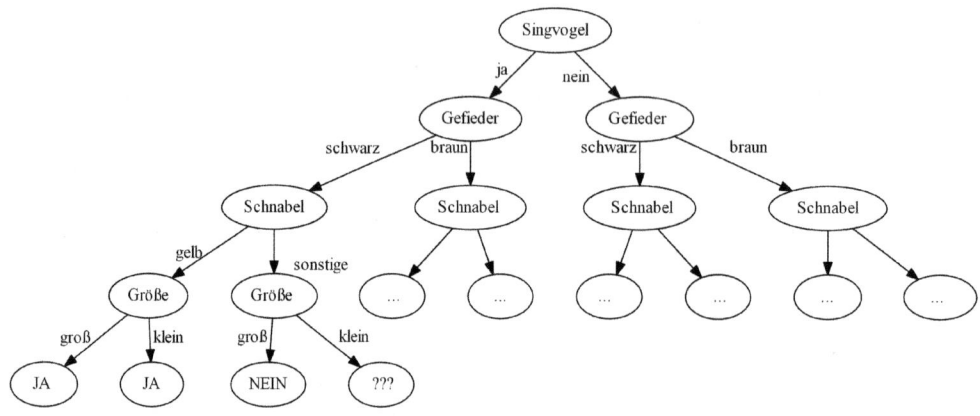

Abbildung 41.3: Ein erster Entwurf zum Entscheidungsbaum

Es gibt dabei zwei Probleme. Das erste betrifft die Darstellung der vorhandenen Informationen. So ist der Merkmalsvektor »Singvogel mit schwarzem Gefieder und gelbem Schnabel« für beide Größenvarianten eine **Amsel** (es ist das erste und dritte Beispiel aus Tabelle 41.1). Der Baum ist somit viel zu groß. Ich hätte direkt nach »Singvogel mit schwarzem Gefieder und gelbem Schnabel« ein »JA« einfügen können.

Das zweite ist noch schlimmer. Während der »Singvogel mit schwarzem Gefieder, nicht-gelbem Schnabel, groß« eindeutig **keine Amsel** (»NEIN«) ist (letzte Zeile in Tabelle 41.1), stellt sich die Frage: Was ist ein kleines Tier mit diesen Merkmalen? Amsel oder nicht? Dafür liegt uns kein Beispiel vor, was ich mit den Fragezeichen markiert habe.

Der Lernalgorithmus für den Entscheidungsbaum hat zwei Zielsetzungen:

✔ Der Baum sollte **minimal** sein (in Bezug auf seine Höhe).

✔ Die Reihenfolge der abgefragten Attribute sollte **optimal** sein.

Dafür gibt es zum Glück eine mathematisch saubere Lösung. Die Kernidee beim Entscheidungsbaum-Lernen ist folgende:

Der Entscheidungsbaum wird so aufgebaut, dass diejenigen Attribute zuerst abgefragt werden, die den größten **Informationsgewinn** erzielen.

Bleibt nur die Aufgabe, dasjenige Attribut zu finden, das eben jenen Informationsgewinn maximiert. Dazu sollten Sie sich in Erinnerung rufen, wie der **Informationsgehalt I** eines Zeichens Z berechnet wird:

$$I(z) = -ld\big(p(z)\big)$$

Dabei ist p(Z) die Wahrscheinlichkeit für das Auftreten von Z.

Sollte Ihnen die Berechnung des Informationsgehalts gerade nicht geläufig sein, werfen Sie doch einfach einen Blick in Kapitel 49.

Um den Informationsgehalt (der Anwendung) eines Attributs im Entscheidungsbaum zu bestimmen, müssen wir sehen, welcher Informationsgehalt anschließend bei den verbliebenen Beispielen anzutreffen ist.

Stellen Sie sich hierzu vor, die Anwendung eines Attributs zerlege die ursprüngliche Menge von Beispielen in Untermengen, die gerade vom Wert des Attributs abhängen. Wenn Sie etwa fragen: »Handelt es sich um einen Singvogel?«, entstehen zwei neue Gruppen, je nachdem, wie die Antwort lautet. Jede der Gruppen wiederum enthält positive und negative Beispiele zum ursprünglichen Konzept (»Amsel«).

Für jede der beiden Gruppen berechnen Sie den Informationsgehalt. Die Formel hierzu lautet:

$$I\left(\frac{p}{p+n}, \frac{n}{p+n}\right) = -\frac{p}{p+n}ld\left(\frac{p}{p+n}\right) - \frac{n}{p+n}ld\left(\frac{n}{p+n}\right)$$

Dabei ist »p« die Anzahl an positiven Beispielen und »n« steht für die negativen.

Am Ende müssen Sie natürlich die Werte der resultierenden Gruppen zusammenfassen. Dabei gewichten Sie jeden Informationsgehalt mit der Anzahl der Elemente.

Das klingt anstrengend? Vielleicht geht es leichter von der Hand, als Sie denken. Probieren Sie es doch gleich aus!

Für unsere Amsel aus Tabelle 41.1 ergeben sich folgende Werte.

Das Attribut »Singvogel« zerlegt die ursprüngliche Menge von fünf Beispielen in zwei Gruppen. Die erste Gruppe enthält die Beispiele 1, 3, 4, 5, während nur Beispiel 2 *kein* Singvogel ist.

Unter der ersten Gruppe finden Sie drei positive (p = 3) und ein negatives Beispiel (n = 1). Das erkennen Sie am »JA« oder »NEIN« in der letzten Spalte.

 Dies ist eine gefährliche Fehlerquelle. Die positiven (p) und negativen (n) Beispielmengen beziehen sich stets auf das *Grundkonzept* innerhalb der *Gruppeneinteilung*, im aktuellen Fall somit um die Frage, wie viele Amseln sich unter den Singvögeln befinden (nicht etwa, wie viele Singvögel sich unter allen Beispielen finden, das wäre p + n).

Daher ergibt sich der Informationsgehalt der ersten Gruppe zu:

$$I\left(\frac{p}{p+n},\frac{n}{p+n}\right) = -\frac{3}{3+1}ld\left(\frac{3}{3+1}\right) - \frac{1}{3+1}ld\left(\frac{1}{3+1}\right) = -\frac{3}{4}ld\left(\frac{3}{4}\right) - \frac{1}{4}ld\left(\frac{1}{4}\right)$$

Nach den Logarithmen-Gesetzen (auch hier hilft ein rascher Blick in Kapitel 49) ergibt sich folgende Vereinfachung:

$$I\left(\frac{3}{4},\frac{1}{4}\right) = -\frac{3}{4}ld\ 3 + \frac{3}{4}ld\ 4 - \frac{1}{4}ld\ 1 + \frac{1}{4}ld\ 4$$

Da ld(4) = 2 und ld(1) = 0, erhalten Sie:

$$I\left(\frac{3}{4},\frac{1}{4}\right) = -ld\left(3\right) + ld\left(4\right) \approx 0,415$$

Die zweite Gruppe besteht nur aus einem einzigen Beispiel. In diesem Fall ist es egal, ob es sich um ein positives oder negatives handelt, sehen Sie selbst:

$$I\left(\frac{0}{0+1},\frac{1}{0+1}\right) = I(0,1) = -ld(1) = 0$$

 In dieser Formel steckt eine kleine mathematische Tücke: Was ergibt null mal der Logarithmus von null? Es lässt sich mit mathematischer Hilfe zeigen (siehe Kasten), dass dieser Grenzwert wirklich null ist.

Grenzwertige Betrachtungen ...

Es ist ein Irrglaube zu meinen, aus dem Bereich der Mathematik sei nur die lineare Algebra für Informatiker relevant, nicht dagegen die Analysis, die sich mit Infinitesimalrechnung, Grenzwertberechnung befasst. Die Geschichte mit dem Grenzwert für »mal Logarithmus Dualis von« beweist das glatte Gegenteil.

Hier die Kurzform der Auflösung. Mathematisch formuliert geht es um den Wert der Formel:

$$\lim_{\varepsilon \to 0} \varepsilon \cdot ld(\varepsilon) = \lim_{x \to \infty} \frac{1}{x} \cdot ld\left(\frac{1}{x}\right)$$

Der kleine Buchstabe auf der linken Seite, der aussieht wie ein großes »E« in Schreibschrift, ist das griechische (kleine) Epsilon. Er wird typischerweise für Zahlen verwendet, die betragsmäßig »unendlich« klein, geradezu null werden. Das deutet das »lim« für »limes« (lateinisch für »Grenze«) in der Formel an. Gesucht ist somit der Grenzwert gegen null einer winzigen Zahl Epsilon, die mit ihrem Logarithmus Dualis multipliziert werden soll – der dann eigentlich gegen (minus) »unendlich« strebt. Plakativ könnte die Frage so formuliert werden: »Was ergibt null mal unendlich?«

Auf der rechten Seite des Gleichheitszeichens habe ich das Epsilon, das gegen null läuft, durch ein x ersetzt, das nunmehr gegen (plus) unendlich strebt. »Epsilon gegen null« ist analytisch gleichbedeutend mit »Eins durch x gegen unendlich«. Sie dürfen dieses Produkt auch als Bruch schreiben:

$$\lim_{x \to \infty} \frac{1}{x} \cdot ld\left(\frac{1}{x}\right) = \lim_{x \to \infty} \frac{ld\left(\frac{1}{x}\right)}{x}$$

Nach dem dritten Logarithmen-Gesetz ist der ld von $\frac{1}{x}$ dasselbe wie der negierte Logarithmus Dualis von x. Das Minus habe ich gleich vor den ganzen Bruch gepackt:

$$\lim_{x \to \infty} \frac{ld\left(\frac{1}{x}\right)}{x} = \lim_{x \to \infty} -\frac{ld(x)}{x}$$

Nun wird es heikel. Nach den Mathematikern Bernoulli und De l'Hôpital dürfen Sie an dieser Stelle die Funktionen von Zähler und Nenner durch ihre jeweiligen Ableitungen ersetzen. Im Falle des Logarithmus ergibt sich »Eins durch x« multipliziert mit der Konstante Logarithmus Naturalis von 2 (ln(2)), der Nenner wird dagegen 1. Den können Sie dann auch gleich weglassen:

$$\lim_{x \to \infty} -\frac{ld(x)}{x} = \lim_{x \to \infty} -\frac{1}{x \cdot \ln(2)}$$

Nun wird ein Bruch, dessen Nenner mit ansteigendem x immer größer wird, am Ende selbst null sein:

$$\lim_{x \to \infty} -\frac{1}{x \cdot \ln(2)} = 0$$

Was zu zeigen war.

Weiteren Spaß mit Logarithmen, einem Spezialgebiet der Analysis, finden Sie in Kapitel 49. Natürlich möchte ich damit in keinster Weise andeuten, lineare Algebra sei für Informatiker unwichtig, im Gegenteil ...

Der Informationsgehalt einer Menge, bei der alle Beispiele vom selben Typ sind, ist null. Das ist auch logisch: Sie benötigen bei einer derartigen Auswahl genau null Fragen, um die Menge einzuteilen ...

Insgesamt müssen beide Informationsgehalte gewichtet addiert werden, um den Gesamtinformationsgehalt des Attributs »Singvogel« zu erhalten. Vier von fünf Beispielen waren Singvögel, nur einer konnte dagegen nicht singen:

$$I(\text{Singvogel}) = \frac{4}{5} I\left(\frac{3}{4}, \frac{1}{4}\right) + \frac{1}{5} I\ 0,1 \ \approx 0,332$$

Was sagt uns das? Dieser Wert alleine hilft Ihnen noch nicht so richtig weiter. Sie müssen diese Arbeit für alle anderen Attribute ebenfalls durchziehen:

$$I(\text{Gefieder}) = \frac{4}{5} I\left(\frac{1}{2}, \frac{1}{2}\right) + \frac{1}{5} I(1,0) = 0,4$$

Wenn ein Attribut, wie beim schwarzen Gefieder, genauso viele positive wie negative Beispiele produziert, ergibt sich ein Informationsgehalt von

$$I\left(\frac{1}{2}, \frac{1}{2}\right) = \frac{1}{2} ld(2) + \frac{1}{2} ld(2) = \frac{1}{2} + \frac{1}{2} = 1$$

Das ist auch schon das Maximum, was Sie herausholen können. Allerdings ist es genau das, was Sie *nicht* anstreben ...

Die Frage nach dem Gefieder produziert einen höheren Informationsgehalt in der Restmenge als jene nach dem Singvogel. Sie wollen jedoch nicht den *Informationsgehalt*, sondern den *Informationsgewinn* maximieren.

Der **Informationsgewinn** wird für dasjenige Attribut **maximiert**, bei dem der **Informationsgehalt** der verbliebenen Restmenge **minimal** ist.

Demnach wäre es keine kluge Idee, zunächst nach dem Gefieder zu fragen. Allerdings haben Sie ja noch zwei weitere Attribute im Programm:

$$I\left(\text{Schnabel}\right) = \frac{3}{5}I\left(1,0\right) + \frac{2}{5}I\left(0,1\right) = 0$$

Sobald Sie nach dem Schnabel fragen, enthalten die entstehenden Gruppen einen restlichen Informationsgehalt von null. Alle Beispiele mit gelbem Schnabel sind positiv, alle anderen negativ. Ihr Entscheidungsbaum müsste also nur genau danach fragen (Abbildung 41.4)!

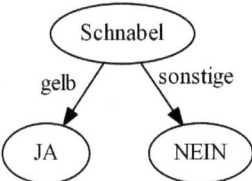

Abbildung 41.4: Finaler Entscheidungsbaum

Kleiner als null kann der Informationsgehalt nicht werden, daher müssen Sie nicht zwingend nach der Größe fragen. Falls es Ihnen jedoch – der Vollständigkeit halber – besser gefällt, auch diesen Wert auszurechnen, voilà:

$$I\left(\text{Größe}\right) = \frac{2}{5}I\left(1,0\right) + \frac{3}{5}I\left(\frac{2}{3},\frac{1}{3}\right) = \frac{3}{5}\left(ld\left(3\right) - \frac{2}{3}\right) \approx 0,551$$

Das Beispiel wirft eine Frage auf. Vielleicht ist Ihnen noch nicht klar, was Sie tun, wenn keines der Attribute einen Informationsgehalt von null übrig lässt? In diesem Fall wählen Sie einfach dasjenige mit dem niedrigsten Wert und generieren damit die oberste Abzweigung Ihres Entscheidungsbaums, ganz ähnlich zu Abbildung 41.4. Allerdings sind Sie dann – im Allgemeinen – noch nicht fertig. Dann wenden Sie den Algorithmus *rekursiv* auf jeden Kindknoten an. Dabei reduziert sich zum einen die Beispielmenge, weil Sie nur noch jeweils diejenigen betrachten, die bezogen auf die Anwendung des letzten Attributs das gleiche Merkmal besitzen. Zum anderen reduziert sich ebenfalls die Menge an Attributen, denn Sie brauchen natürlich ein bereits einmal verwendetes nicht nochmals zu betrachten. Wenn am Ende schließlich der Informationsgehalt null übrig bleibt, sind Sie fertig und der Entscheidungsbaum steht in voller Blüte.

Zum Schluss dieses Abschnitts möchte ich Sie noch auf etwas anderes aufmerksam machen. Vergleichen Sie dazu das Ergebnis des Kandidaten-Eliminierungsalgorithmus mit dem Entscheidungsbaum-Lernen. Das ist nicht identisch! Jedenfalls nicht ganz exakt. Wie Sie sehen, enthält der Entscheidungsbaum nur das allgemeinste Konzept aus G. Insofern können Sie aus dem Konzeptlernen auch gleich einen Entscheidungsbaum generieren, aber nicht umgekehrt.

Lernen ohne Lehrer

Es gibt natürlich noch eine Reihe weiterer Lernalgorithmen. Zu nennen wären etwa **Expertensysteme**, die Wissen menschlicher Profis repräsentieren. Das ist eine kniffelige Angelegenheit, die ein eigenes Kapitel benötigt.

 In Kapitel 42 dreht sich alles um Expertensysteme im Allgemeinen sowie das »fallbasierte Schließen« im Besonderen.

Natürlich müssen wir auch über **neuronale Netze** diskutieren. Die Idee besteht darin, einfach die Funktionsweise unseres Gehirns – mathematisch vereinfacht – auf einen Computer zu übertragen. Auch dafür brauchen wir ein eigenes Kapitel.

 Freuen Sie sich schon auf Kapitel 43, in dem es ausschließlich um neuronale Netze geht.

Zum Abschluss dieses Kapitels möchte ich noch mit einem Vorurteil aufräumen, das unsere Schüler sicherlich gerne hören.

Wenn Sie sich an Abbildung 41.1 erinnern, werden Sie wissen, dass Lernen ohne Feedback nicht möglich ist, wohl aber **Lernen ohne Lehrer**.

Es muss also nicht zwingend eine Autorität von außen dem Schüler erklären, was zu lernen ist. Im Kandidaten-Eliminierungsalgorithmus haben Sie gesehen, dass irgendjemand – den wir Lehrer nennen – die richtige Antwort für die Zuordnung von Beispielen zu einem Konzept sehr wohl kennen muss und ein entsprechendes Feedback erteilt. Dies wäre also ein typisches Lernszenario, bei dem eine solche Autorität vorausgesetzt wird. Dies ist auch in den meisten anderen Fällen so, aber, wie erwähnt, nicht immer.

Denken Sie für einen Moment einmal darüber nach: Wie kann »Lernen ohne Lehrer« möglich sein, aber »Lernen ohne Feedback« nicht?

Natürlich können auch Freunde, Verwandte oder das Internet die Rolle eines Lehrers spielen. Jeder, der die richtige Antwort kennt und sie mir mitteilt, ist in diesem Augenblick mein Lehrer, das zählt nicht.

Lernen ohne Lehrer geschieht somit ohne menschliches Zutun, es muss sich quasi von alleine einstellen. Beispielsweise im Wasser. Sie können – theoretisch – ohne Lehrer schwimmen lernen. Die Tätigkeit als solche wird Ihnen ein Feedback darüber geben, ob Sie Fortschritte machen oder auf dem Holzweg sind. Allerdings kann ich Ihnen das wirklich nicht empfehlen, das Risiko zu ertrinken ist unglaublich hoch und wird nur noch dadurch gesteigert, dass Sie versuchen, ohne Lehrer fliegen zu lernen ...

Kapitel 42

Expertensysteme für Profis

E xpertensysteme repräsentieren Wissen menschlicher Experten. Darum dreht sich letztlich alles in diesem Kapitel. Los geht es jedoch mit einer alten, beeindruckenden Programmiersprache, mit der Sie logische Schlüsse ziehen können. Anschließend befasst sich ein großer Teil dieses Kapitels mit einem speziellen Verfahren zum Speichern von Expertenwissen, dem »fallbasierten Schließen«. Außerdem zeige ich Ihnen, was Sie alles damit anstellen können.

Prolog

Für logische Schlüsse gibt es eine eigene Klasse von Programmiersprachen. Der berühmteste Vertreter nennt sich **Prolog**, was als Abkürzung für »**Pro**grammation en **Log**ique« steht. Diese Sprache wurde bereits in den 70er Jahren vom französischen Informatiker *Alain Colmerauer* entwickelt.

 Die Programmiersprache *Prolog* wird nicht wie die Einleitung zu einem Gedicht oder einem Roman ausgesprochen, sondern die zweite Silbe entspricht dem *Log* von »Login«.

Die Idee besteht darin, die Voraussetzungen einer Aufgabenstellung in Form von logischen Aussagen zu formulieren und den Prolog-Interpreter darauf anzusetzen, hieraus die richtigen Schlüsse zu ziehen. Je mehr Information Sie am Anfang in das System stecken, desto spannender sind die logischen Schlussfolgerungen.

Beginnen wir mit der einfachen Feststellung »Adam ist ein Mann«. Das sieht in Prolog so aus:

```
mann(adam).
```

Beachten Sie den Punkt am Ende eines jeden Befehls. Entsprechend – wir praktizieren Gleichberechtigung – ist Eva eine Frau:

```
frau(eva).
```

Konstanten beginnen in Prolog grundsätzlich mit Kleinbuchstaben, während Variablen mit dem Unterstrich »_« oder einem Großbuchstaben starten.

Spannend wird es erst bei Implikationen. Wollen Sie etwa sagen, aus A und B folgt C, also $A \wedge B \to C$, so schreiben Sie das in Prolog in dieser Form auf:

```
C :- A,B.
```

Wie Sie sehen, steht das Resultat der Implikation am Anfang. Danach folgt das etwas schwer leserliche »:-«, das unseren Operator ersetzt. Die Bedingungen folgen am Ende. UND-Verknüpfungen erreichen Sie durch Kommata, während ODER-Verknüpfungen mit dem Semikolon verbunden werden.

Sehen Sie sich das folgende Beispiel an:

```
mensch(X) :- frau(X);mann(X).
```

Erraten Sie seine Bedeutung? Erstmalig arbeiten wir mit einer Variablen, nämlich »X«. Die Verbindung zwischen der Frau und dem Mann ist ein Semikolon. Demnach lesen Sie diesen Prolog-Ausdruck als: »X ist ein Mensch, falls X eine Frau oder X ein Mann ist.« Weitere Bedingungen könnten ebenfalls einen Menschen charakterisieren, insofern ist die Aussage nicht exklusiv (keine Sorge!).

Nun ist Prolog bereits in der Lage, eine erste eigene Aussage zu schließen:

```
mensch(eva).
```

Wenn Sie Prolog austesten möchten, empfehle ich Ihnen die GNU-Prolog-Implementierung für alle gängigen Plattformen (http://www.gProlog.org). Das obige Beispiel sieht dann so aus wie in Abbildung 42.1.

Der Kopf erscheint automatisch. Das Prompt-Symbol lautet »| ?-«. Erst dahinter können Sie eigene Befehle eingeben. Dazu wechseln Sie zunächst in den User-Modus mittels [user].. Alternativ können Sie Ihre Aussagen auch in eine eigene Datei eingeben. Mit der Tastenkombination ⌨Strg+⌨D beenden Sie den Modus, was den Prolog-Interpreter zu der Aussage user compiled ... veranlasst.

Danach geben Sie jeweils eine Aussage an, und das System sagt Ihnen, ob die Geschichte wahr ist oder falsch.

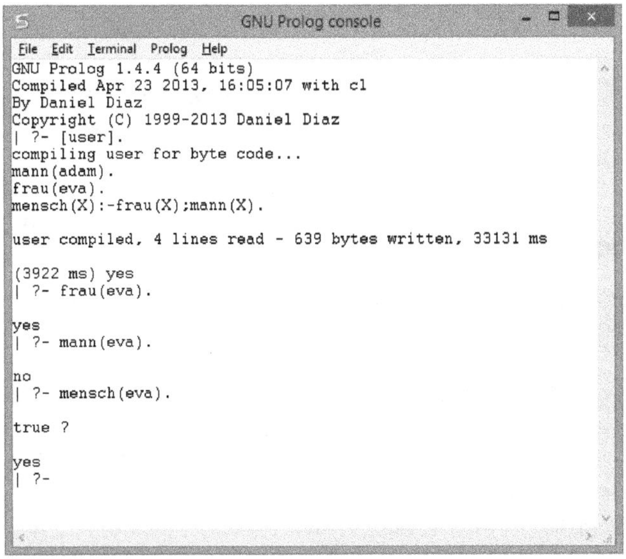

Abbildung 42.1: GNU-Prolog-Konsole

Natürlich können Sie mit Prolog auch kompliziertere Dinge anstellen, beispielsweise rekursive Definitionen. Ein Klassiker ist die Fakultät:

```
fac(n) = n! = 1·2·3···n
```

Das Ergebnis geben Sie in Prolog am besten als zweiten Parameter mit:

```
fac(0, 1).
fac(N, Ergebnis) :-
N > 0,
Nminus1 is N - 1,
fac(Nminus1, Zwischenwert),
Ergebnis is N * Zwischenwert.
```

Im Gegensatz zu anderen Programmiersprachen können Sie die Abbruchbedingung der Rekursion als eigenständige Aussage formulierten: `fac(0, 1).` bedeutet, dass die Fakultät von null eins ist, mithin o! = 1.

Die eigentliche Funktion finden Sie in der nachfolgenden Regel. Wie Sie bereits wissen, werden in Prolog Variablen großgeschrieben, das gilt auch für die Argumente N, die Zahl, deren Fakultät Sie interessiert, sowie Ergebnis, das den Rückgabewert speichert.

Die erste Bedingung lautet N > 0, was sehr wichtig ist, weil anderenfalls nicht sichergestellt wäre, dass für die Fakultät von null wirklich die erste Zeile `fac(0, 1).` greift. Weil der Funktionsrumpf noch nicht zu Ende ist, folgt ein Komma.

Die nächste Zeile ist ein wenig ärgerlich. Leider können Sie nicht einfach N – 1 als Parameter für den rekursiven Aufruf verwenden, sondern müssen eine eigene Variable dafür spendieren, die ich sinnigerweise `Nminus1` genannt habe. Das `is` ersetzt die bei anderen Sprachen übliche Zuweisung »=«.

 Der Operator `=` bedeutet in Prolog eine **Unifikation**. Beispielsweise stehen nach `X = Y` beide Variablen für denselben Ausdruck. Die Negierung lautet `\=`. Die Variablen sind somit nicht unifizierbar, stehen also für verschiedene Dinge.

Die vorletzte Zeile enthält nun endlich die eigentliche Rekursion, die ein um 1 verringertes `N` als Argument übergibt. Das Resultat wird als `Zwischenwert` zurückgeliefert.

Die letzte Zeile schließlich setzt das Ergebnis auf das `N`-Fache der nächstniedrigeren Fakultät.

Im Einzelnen führt etwa der Aufruf von `fac(3, Result)` zu den Unteraufrufen `fac(2, Zwischenwert)`, `fac(1, Zwischenwert(2))` und `fac(0, Zwischenwert(3))`.

Der dritte Zwischenwert wird aufgrund der eigenständigen Aussage `fac(0, 1)` auf 1 gesetzt. Dieses Ergebnis (1) wird mit dem zweiten Zwischenwert multipliziert und bleibt bei 1. Die Zahl »2« wird dagegen als erster Faktor für den ursprünglichen Zwischenwert verwendet. Die Variable `Resultat` (der Rückgabewert gewissermaßen) wird dreimal mit dieser Zahl multipliziert und am Ende auf 6 gesetzt.

 Als ein weiteres Beispiel möchte ich Ihnen zeigen, wie Sie mithilfe von Prolog einen kleinen Kriminalfall auflösen.

Der Tat verdächtigt sind drei Männer, die Tim, Tobi und Benjamin heißen. Einer von ihnen muss der Täter sein, ein Zweiter ein Zeuge und der Dritte ist am Fall unbeteiligt. Durch Recherchen am Tatort stellen Sie fest, dass Tim nicht als Täter infrage kommt. Benjamin ist nicht der Zeuge. Tim ist jedoch auch kein Unbeteiligter.

Die Implementierung in Prolog sowie die Auflösung des Falls finden Sie in Abbildung 42.2.

```
                      GNU Prolog console           -  □   x
File  Edit  Terminal  Prolog  Help
GNU Prolog 1.4.4 (64 bits)
Compiled Apr 23 2013, 16:05:07 with cl
By Daniel Diaz
Copyright (C) 1999-2013 Daniel Diaz
| ?- [user].
compiling user for byte code...
mann('Tim').
mann('Tobi').
mann('Benjamin').

aufloesung(Taeter,Zeuge,Unbeteiligter) :-
mann(Taeter), mann(Unbeteiligter), mann(Zeuge),
Unbeteiligter\=Taeter, Taeter\=Zeuge, Zeuge\=Unbeteiligter,
Taeter\='Tim', Zeuge\='Benjamin', Unbeteiligter\='Tim'.

user compiled, 9 lines read - 1174 bytes written, 5513 ms

yes
| ?- aufloesung(Taeter, Zeuge, Unbeteiligter).

Taeter = 'Tobi'
Unbeteiligter = 'Benjamin'
Zeuge = 'Tim' ?

yes
| ?-
```

Abbildung 42.2: Kriminalfall und seine Auflösung

Die Namen der Personen müssen in einfache Hochkommata gesetzt werden, weil sie anderenfalls als Variablen interpretiert werden würden. Beachten Sie, dass die Regel zur Auflösung des Falls damit beginnt, dass die drei Rollen des Täters, des Zeugen und des Unbeteiligten gegenseitig ausgeschlossen werden. Derartige Fakten sind einem Menschen so einleuchtend, dass sie häufig unbewusst benutzt und als explizite Eingabe vergessen werden.

Die Auflösung beschreibt am Ende die expliziten Rollen aller drei Personen.

Expertenwissen

Stellen Sie sich vor, Sie würden in Prolog alle denkbaren Fakten speichern. Das könnten banale Dinge wie Namen oder Adressen sein, die Sie im Telefonbuch finden, oder auch persönlichere Daten, etwa den Geburtstag, Hobbys und vieles mehr. Im Prinzip sähe das so aus:

```
mensch('Müller','Helene',geburtstag(30,11,1966)).
mensch('Meier','Werner',geburtstag(13,07,1974)).
mensch('Becker','Sophie',geburtstag(16,07,2001)).
mensch('Fries','Werner',geburtstag(19,10,1986)).
```

Sie könnten jetzt sehr einfach in diesen Daten suchen, beispielsweise liefert

```
mensch(Nachname,Vorname,geburtstag(Tag,Monat,Jahr)),Jahr > 2000.
```

die Person, die im aktuellen Jahrhundert geboren wurde.

Etwas komfortabler geht es mit `findall`.

```
findall(X, mensch(X,'Werner', _), Ergebnis).
```

speichert in der Liste `Ergebnis` die Nachnamen aller »Werner«s aus der Wissensbasis.

Der `mensch` entspricht der Tabelle einer Datenbank. Sie könnten nun eine weitere Datenbank aufstellen und beide verbinden:

```
monat(11, 'November').
monat(07, 'Juli').
monat(10, 'Oktober').

mensch(Nachname, Vorname, geburtstag(Tag, X, Jahr)),monat(X, Monat).
```

In Abbildung 42.3 finden Sie das Ergebnis dieser und aller vorherigen Abfragen. Über die Variable X wird ein **Join** zwischen den Tabellen von Mensch und Monat hergestellt.

Sie kennen das alles von SQL? Stimmt, derartige Aufgaben lassen sich leicht mit einer Datenbanksprache lösen.

Einen Crashkurs zu SQL finden Sie in Kapitel 38.

```
S                              GNU Prolog console              -  □  ×
File  Edit  Terminal  Prolog  Help
GNU Prolog 1.4.4 (64 bits)
Compiled Apr 23 2013, 16:05:07 with cl
By Daniel Diaz
Copyright (C) 1999-2013 Daniel Diaz
| ?- [user].
compiling user for byte code...
mensch('Müller','Helene',geburtstag(30,11,1966)).
mensch('Meier','Werner',geburtstag(13,07,1974)).
mensch('Becker','Sophie',geburtstag(16,07,2001)).
mensch('Fries','Werner',geburtstag(19,10,1986)).

user compiled, 5 lines read - 1055 bytes written, 3062 ms

(31 ms) yes
| ?- mensch(Nachname,Vorname,geburtstag(Tag,Monat,Jahr)),Jahr > 2000.

Jahr = 2001
Monat = 7
Nachname = 'Becker'
Tag = 16
Vorname = 'Sophie' ?

yes
| ?- findall(X, mensch(X,'Werner', _), Ergebnis).

Ergebnis = ['Meier','Fries']

yes
| ?- [user].
compiling user for byte code...
monat(11, 'November').
monat(07, 'Juli').
monat(10, 'Oktober').

user compiled, 4 lines read - 404 bytes written, 1609 ms

yes
| ?- mensch(Nachname, Vorname, geburtstag(Tag, X, Jahr)),monat(X,Monat).

Jahr = 1966
Monat = 'November'
Nachname = 'Müller'
Tag = 30
Vorname = 'Helene'
X = 11 ?
```

Abbildung 42.3: Prolog als Datenbanksprache

Was passiert eigentlich, wenn Sie die logischen Schlüsse in Prolog mit seinen Datenbankeigenschaften verbinden?

Sie könnten dort speichern, dass Werner Meier ein Onkel von Sophie Becker ist und über einen logischen Schritt auch auf die verwandtschaftlichen Beziehungen aller anderen Personen schließen. Verbunden mit Gesichts- und Ereigniserkennungsalgorithmen entstehen daraus neue Informationen. Ist Ihnen klar, dass »Big Data« längst Realität ist?

 Werfen Sie einen Blick in Kapitel 48, wenn Sie mir nicht glauben ...

Positiv formuliert ist eine Datenbank zusammen mit einer Möglichkeit, daraus neue Informationen zu generieren, eine **Wissensbasis**. Wenn die gespeicherte Information von (menschlichen) Experten kommt, wird die Geschichte ziemlich spannend.

 Ein *Expertensystem* besteht aus einer Wissensbasis und der Möglichkeit, dieses Wissen nutzbar zu machen.

Diagnosen vom Elektronenhirn

Ein gutes Beispiel für Expertensysteme sind **Diagnosesysteme.** Stellen Sie sich vor, dass es für ganz spezielle Krankheiten nur wenige Koryphäen auf der ganzen Welt gibt. Wenn es Ihnen gelingt, deren Wissen allen Ärzten und allen Klinken elektronisch zur Verfügung zu stellen, sind Sie einen wichtigen Schritt vorangekommen. Auf der Suche nach einer bestimmten Krankheit werden dabei alle möglichen *Symptome* erfasst und hieraus schließen Sie auf eine *Diagnose.* Die für die logischen Schlüsse notwendigen Informationen kommen aus der Wissensbasis.

Das Problem dabei ist, dass Sie natürlich nicht erwarten können, dass genau der Ihnen vorliegende Fall exakt so bereits in der Datenbank vorhanden ist. Sie benötigen vielmehr einen möglichst *ähnlichen* Fall.

Um einen sinnvollen Schluss zu ziehen, welche Art von Symptomen für das jeweilige Krankheitsbild relevant ist, müssen Sie verschiedene Kategorien von Wissen unterscheiden.

✔ Faktenwissen

✔ Bereichswissen

✔ Metawissen

Das *Faktenwissen* entspricht den Eingaben der menschlichen Experten, das aufgrund ihrer konkreten Erfahrung zustande gekommen ist. Hier kommt beispielsweise eine Auflistung aller bereits erfassten Fälle mit Symptomen und Diagnosen infrage.

Das *Bereichswissen* enthält Zusammenhänge, die für das jeweilige Gebiet – zum Beispiel medizinische Diagnose – relevant sind. Hierzu gehört etwa eine angespannte Bauchdecke bei einer Blinddarmentzündung oder Übelkeit bei einer Gehirnerschütterung.

Stellen Sie sich einfach vor, das Bereichswissen kommt aus einem Lehrbuch, während das Faktenwissen mit konkreten Erlebnissen der jeweiligen Ärzte zu tun hat.

Dazu gibt es noch das *Metawissen*, das Wissen über das Wissen selbst. Darunter verstehen wir im Zusammenhang mit Expertensystemen implementatorische Festlegungen. Beispielsweise könnten Sie Ihre Wissensbasis in Form von Prolog-Aussagen aufbauen. Damit würden Sie jedoch automatisch – durch die Wahl der Programmiersprache – bestimmte Eingaben gegenüber anderen begünstigen.

Den nicht zu vermeidenden Fehler, den Sie begehen, sobald Sie eine Wissensbasis anlegen, und der vom Metawissen herrührt, nennt man *Bias*.

Eine *Wissensbasis* setzt sich aus verschiedenen Formen von Wissen zusammen. *Faktenwissen* enthält konkrete Erfahrungen, *Bereichswissen* steuert allgemein bekannte Zusammenhänge bei und das *Metawissen* wird durch die IT-technische Umsetzung des Gesamtsystems angewendet. Die damit verbundene prinzipielle Einflussnahme für die Anlage von Wissen wird *Bias* (wörtlich **Voreingenommenheit**) genannt.

Aus der Vielzahl möglicher Umsetzungen für Diagnosesysteme möchte ich eine spezielle herausgreifen und Ihnen etwas detaillierter vorstellen, das **fallbasierte Schließen**.

Fallbasiertes Schließen

Die Idee des *fallbasierten Schließens (Case-Based Reasoning, CBR)* besteht darin, frühere (medizinische) Referenzfälle in der Wissensbasis zu speichern. Einen Fall dürfen Sie sich dabei als Paar von Vektoren vorstellen. Der erste Vektor ist der **Symptomvektor**, der zweite der **Diagnosevektor**.

 Ein wenig abstrahiert steht ein Fall allgemein für die Beschreibung eines *Problems* (Symptome), verbunden mit der zugehörigen *Lösung* (Diagnose).

Um die Symptome mathematisch verarbeiten zu können, müssen Sie ihre Werte in Zahlen umrechnen. Beispielsweise könnten Sie für die Stelle »Fieber« folgende Codierung vornehmen:

✔ 0: keines

✔ 1: leichtes

✔ 2: mittleres

✔ 3: hohes

✔ 4: sehr hohes

Oder Sie rechnen einfach die konkrete Angabe von Celsius um in einen Zahlenwert zwischen 0 und 10. Ihrer Fantasie sind keine Grenzen gesetzt. Um tatsächlich fallbasiert *schließen* zu können, sollten Sie jedoch eine numerische Skalierung vornehmen.

Am Ende des Tages besteht Ihr Symptomvektor somit aus lauter Zahlen. Jede Komponente steht für ein bestimmtes Symptom.

 Sollte ein Symptom *unbekannt* (oder einfach nicht erhoben) worden sein, wählen Sie stattdessen ein Sonderzeichen, das keine Zahl ist, beispielsweise ⊥.

Der Diagnosevektor besteht dagegen nur aus Wahrheitswerten. Ein Patient könnte gleichzeitig an verschiedenen Krankheiten leiden, in dem Fall wären mehrere Komponenten 1 (**true**). Sollten alle Werte dagegen 0 (**false**) sein, wird überhaupt keine Diagnose erstellt.

 In diesem sehr einfachen Beispiel gibt es nur vier verschiedene Arten von Symptomen und drei mögliche Diagnosen. Weil Worte bekanntlich Schall und Rauch sind, beschränke ich mich auf rein numerische Angaben. Die *Fallbasis F (Case-Base)*, die spezielle Wissensbasis im CBR, besteht hier aus lediglich drei Fällen:

$$F = \left\{ \left(\begin{pmatrix} 1 \\ 2 \\ 3 \\ 4 \end{pmatrix}, \begin{pmatrix} 1 \\ 0 \\ 0 \end{pmatrix} \right), \left(\begin{pmatrix} 6 \\ 1 \\ 1 \\ 0 \end{pmatrix}, \begin{pmatrix} 0 \\ 1 \\ 0 \end{pmatrix} \right), \left(\begin{pmatrix} 5 \\ 2 \\ 3 \\ 7 \end{pmatrix}, \begin{pmatrix} 0 \\ 0 \\ 1 \end{pmatrix} \right) \right\}$$

Jeder Fall ist ein Symptomvektor verbunden mit dem zugehörigen Diagnose-vektor. Ein neuer Patient könnte nun beispielsweise über folgende Symptomatik verfügen:

$$\begin{pmatrix} 0 \\ 2 \\ 3 \\ 1 \end{pmatrix}$$

Wie lautet seine Diagnose?

Okay, einen Moment. Bevor ich Ihnen im Einzelnen genau erkläre, wie Sie zu Ihrer Diagnose kommen, wagen wir zunächst einen Blick auf das Gesamtkunstwerk.

Das Prinzip des *fallbasierten Schließens* besteht aus vier Schritten:

✔ **Retrieve (rufe ab)** Ermittle den zu dem neuen Symptomvektor S *ähnlichsten Fall C* aus der Fallbasis.

✔ **Reuse (verwende erneut)** Übernehme die Diagnose D von C für S.

✔ **Revise (überprüfe)** Untersuche, ob D tatsächlich eine angemessene Diagnose für S darstellt.

✔ **Retain (behalte)** Speichere (S,D) in der Fallbasis, falls hier ein neuer Referenzfall vorliegt.

Der spannendste Punkt ist die Ähnlichkeitsuntersuchung. Hier sind verschiedene *Maße* (*Metriken*) denkbar. Betrachten Sie beispielsweise jeden Symptomvektor einfach als einen Ortsvektor im vierdimensionalen Raum. Die Entfernung dieser Raumpunkte (*euklidische Norm*) entspricht dann einfach der Ähnlichkeit. Je näher, desto ähnlicher. Dabei werden die Differenzen der einander entsprechenden Komponenten quadriert und am Ende wird aus der Summe die Wurzel gezogen. Probieren Sie es doch einfach einmal damit aus:

$$d\left(\begin{pmatrix} 1 \\ 2 \\ 3 \\ 4 \end{pmatrix}, \begin{pmatrix} 0 \\ 2 \\ 3 \\ 1 \end{pmatrix} \right) = \sqrt{1^2 + 0^2 + 0^2 + 3^2} = \sqrt{10} \approx 3.16$$

$$d\left(\begin{pmatrix} 6 \\ 1 \\ 1 \\ 0 \end{pmatrix}, \begin{pmatrix} 0 \\ 2 \\ 3 \\ 1 \end{pmatrix} \right) = \sqrt{6^2 + 1^2 + 2^2 + 1^2} = \sqrt{42} \approx 6.48$$

$$d\left(\begin{pmatrix}5\\2\\3\\7\end{pmatrix}, \begin{pmatrix}0\\2\\3\\1\end{pmatrix}\right) = \sqrt{5^2 + 0^2 + 0^2 + 6^2} = \sqrt{61} \approx 7.81$$

Aus numerischen Gründen dürfen Sie das Wurzelziehen am Ende auch ganz weglassen. Die kleinste Wurzel entspricht natürlich auch dem kleinsten Wert unter der Wurzel.

Mithin wäre der erste Fall der ähnlichste!

 Komplizierter wird die Rechnung bei der Berücksichtigung unbekannter Symptome ($\perp$). Eine einfache euklidische Rechnung hilft dann nicht mehr. In diesem Fall werden spezielle Fallunterscheidungen gemacht, je nachdem, auf welcher Seite (neuer Symptomvektor S oder Komponente eines Falls C der Fallbasis) sich das Sonderzeichen befindet.

Nun kommt noch ein weiterer Gedanke ins Spiel. Sind wirklich alle Symptome für jede Krankheit gleich zu bewerten? Dann würden Sie es schwer haben, praktizierenden Ärzten das fallbasierte Schließen zu empfehlen. Vielmehr müssen Sie die einzelnen Symptome *gewichten*. Das Lernen im CBR findet dadurch statt, dass diese Gewichte angepasst werden. Beispielsweise stellt sich heraus, dass das Symptom *Zahnschmerz* für die Diagnose *Herzinfarkt* keine große Rolle spielt, auch wenn das im Einzelfall vorkommen mag. Dagegen könnten starke *Schmerzen im Brustkorb*, womöglich noch mit starken *Schmerzen im Oberarm* höchst relevant sein.

Wenn Sie die einzelnen Gewichte der unterschiedlichen Symptome mit den möglichen Diagnosen verbinden, erhalten Sie eine **Matrix**, die auch als **Relevanzmatrix R** bezeichnet wird. In unserem Beispiel wäre das etwa:

$$R = \begin{pmatrix} 0.0 & 0.0 & 0.2 \\ 0.1 & 0.0 & 0.2 \\ 0.1 & 0.9 & 0.3 \\ 0.8 & 0.1 & 0.3 \end{pmatrix}$$

Jede Zeile gibt an, wie wichtig das jeweilige Symptom ist, die Spalte steht für je eine der drei möglichen Diagnosen.

 Beachten Sie, dass die Spaltensumme zu 1 normiert werden muss, was der Relevanz aller Symptome pro Diagnose entspricht.

Mit diesem Faktor versehen sieht die Ähnlichkeitsberechnung schon deutlich komplizierter, aber dafür realitätsnäher aus: Erneut werden alle drei Fälle der Fallbasis betrachtet. Diesmal müssen Sie jedoch auch die Zieldiagnose berücksichtigen.

Die Ähnlichkeit zum ersten Fall (Diagnose 1) wird mit der ersten Zeile der Relevanzmatrix errechnet. Beachten Sie, dass wir am Ende nach der kleinsten Distanz suchen. Daher müssen Sie pro Attribut zunächst unterscheiden, ob es **erfüllt** ist oder **widersprüchlich**. Wenn der Fall aus der Fallbasis beispielsweise in der untersten Komponente einen hohen Wert für hohes Fieber fordert, der neue Symptomvektor an dieser Stelle jedoch null Fieber aufweist, bliebe das Gewicht in R bei einer naiven Multiplikation mit null unberücksichtigt.

Sie setzen daher eine ausgereiftere Formel zur Berechnung der **Ähnlichkeit** (**Similarity**, *sim*) ein. Dabei summieren Sie zunächst alle gewichteten *erfüllten* Attribute zum Wert E, während die *widersprüchlichen Attribute* zu W aufaddiert werden. Die Ähnlichkeit erhalten Sie dann durch den Quotienten:

$$sim(C,S) = \frac{E}{E+W}$$

Sollten keine widersprüchlichen Attribute vorhanden sein, so sind alle erfüllt und der Wert lautet »1«. Sind die widersprüchlichen jedoch in der Mehrzahl, so verringert sich die Zahl, bis der Bruch schließlich null ergibt, sollten überhaupt keine Attribute erfüllt sein.

Die Ähnlichkeit zwischen einem (neuen) Symptomvektor S und einem Fall in der Fallbasis C ist zwischen maximal 1 (höchste Ähnlichkeit) und minimal 0 (keine Ähnlichkeit) **normiert**.

Wenn Sie auf Nummer sicher gehen wollen, können Sie E und W noch mit zusätzlichen Faktoren versehen, mit der Sie die Ähnlichkeit steuern. Um die Übersicht zu behalten, verschone ich Sie jedoch mit solchem Kleinkram.

Am besten führe ich Ihnen das wieder an dem bereits erwähnten Beispiel vor.

Zunächst müssen Sie festlegen, wann ein Attribut erfüllt ist und wann nicht. Sind 38° schon Fieber? Starkes jedenfalls nicht. Ist ein Blutzuckerspiegel von 115 mg/dl für einen nüchternen Menschen schon hoch? Wenn es sich um ein Kind handelt, vielleicht schon.

Diese Fragen muss der Experte beantworten, dessen Wissen beim Anlegen der initialen Fälle in die Wissensbasis gefordert wird. Für unser Beispiel treffen wir einfach selbst die Festlegungen: Alle Attribute nehmen Werte zwischen 0 und 8 an, wobei Sie beim direkten Vergleich folgende Formel ansetzen:

$$1 - \frac{|A_F - A_S|}{8}$$

A_S ist der Attributwert des Symptomvektors, während es sich bei A_F um den entsprechenden Wert aus der Fallbasis handelt. Sind beide gleich, so ermitteln Sie 1 − 0 = 1, den maximalen Erfüllungsgrad. Anderenfalls könnte die Differenz höchstens 8 sein, wodurch die Formel eine 0 berechnet.

Aus numerischen Gründen wird der Nenner oft noch um eins erhöht, was für uns hier jedoch keine Rolle spielt.

Wir könnten uns darauf einigen, dass die Differenz in den Attributwerten höchstens 2 betragen sollte, die Formel somit wenigstens den Wert

$$1 - \frac{2}{8} = 0.75$$

erreichen muss, damit wir von einem *erfüllten Attribut* sprechen, anderenfalls handelt es sich um ein *widersprüchliches*.

Beim Vergleich der ersten beiden Vektoren $\begin{pmatrix} 1 \\ 2 \\ 3 \\ 4 \end{pmatrix}$ und $\begin{pmatrix} 0 \\ 2 \\ 3 \\ 1 \end{pmatrix}$ ergibt sich für das oberste Attribut

der Wert $1 - \frac{|1-0|}{8} = 0.875$, die beiden mittleren sind identisch, was im Wert 1 resultiert, und

für die unterste Komponente erhalten Sie: $1 - \frac{|4-1|}{8} = 0.625$.

Nur das letzte Attribut ist widersprüchlich, während die drei anderen erfüllt sind.

Sie ermitteln unter Berücksichtigung der Relevanzmatrix – hier ist die erste Spalte zu betrachten, weil der Fall aus der Fallbasis die oberste Diagnose besitzt – folgende Werte für E und W:

$$E = 0.0 \cdot 0.875 + 0.1 \cdot 1 + 0.1 \cdot 1 = 0.2$$

Obwohl die drei obersten Attribute erfüllt sind, ist E nicht besonders groß geraten, weil die entsprechenden Gewichte für die Diagnose 1, die in diesem Fall vorliegt, ziemlich unwichtig sind.

Bei W ergibt sich

$$W = 0.8 \cdot (1 - 0.625) = 0.125$$

Vergessen Sie nicht, dass für alle widersprüchlichen Attribute der ermittelte Wert von 1 abgezogen werden muss, weil gerade sehr kleine Werte auf besonders große Widersprüche hindeuten.

Als Ähnlichkeit erhalten Sie:

$$sim\left(\begin{pmatrix} 1 \\ 2 \\ 3 \\ 4 \end{pmatrix}, \begin{pmatrix} 0 \\ 2 \\ 3 \\ 1 \end{pmatrix} \right) = \frac{E}{E + W} = \frac{0.2}{0.2 + 0.125} \approx 0.615$$

Dasselbe Spiel führe ich Ihnen nun auch für die beiden anderen Fälle aus der Fallbasis vor.

Für $\begin{pmatrix} 6 \\ 1 \\ 1 \\ 0 \end{pmatrix}$ und $\begin{pmatrix} 0 \\ 2 \\ 3 \\ 1 \end{pmatrix}$ ergeben sich in den Attributen von oben nach unten der Reihe nach:

$1 - \dfrac{|6-0|}{8} = 0.25$ (widersprüchlich), $1 - \dfrac{|1-2|}{8} = 0.875$ (erfüllt), $1 - \dfrac{|1-3|}{8} = 0.75$ (gerade so erfüllt)

und schließlich $1 - \dfrac{|0-1|}{8} = 0.875$ (erfüllt).

Achten Sie bei der Berechnung von E und W darauf, dass Sie immer die richtige Spalte aus der Relevanzmatrix wählen, je nachdem, welche Diagnose der jeweilige Fall aufweist. Hier handelt es sich um die zweite Spalte:

$$W = 0.0 \cdot (1 - 0.25) = 0.0$$

Wenn W null ist, muss die Gesamtähnlichkeit immer maximal sein, überzeugen Sie sich davon:

$$E = 0.0 \cdot 0.875 + 0.9 \cdot 0.75 + 0.1 \cdot 0.875 = 0.7625 \text{ und somit}$$

$$sim\left(\begin{pmatrix}6\\1\\1\\0\end{pmatrix}, \begin{pmatrix}0\\2\\3\\1\end{pmatrix}\right) = \frac{0.7625}{0.7625 + 0.0} = 1$$

Im dritten Fall erhalten Sie für $\begin{pmatrix}5\\2\\3\\7\end{pmatrix}$ und $\begin{pmatrix}0\\2\\3\\1\end{pmatrix}$:

$1 - \dfrac{|5-0|}{8} = 0.375$ (widersprüchlich), $1 - \dfrac{|2-2|}{8} = 1$ (erfüllt), $1 - \dfrac{|3-3|}{8} = 1$ (erfüllt) und schließlich

$1 - \dfrac{|7-1|}{8} = 0.25$ (widersprüchlich).

Somit erhalten Sie für E und W:

$$E = 0.2 \cdot 1 + 0.3 \cdot 1 = 0.5$$

$$W = 0.2 \cdot (1 - 0.375) + 0.3 \cdot (1 - 0.25) = 0.35$$

Insgesamt ergibt das

$$sim\left(\begin{pmatrix}5\\2\\3\\7\end{pmatrix}, \begin{pmatrix}0\\2\\3\\1\end{pmatrix}\right) = \frac{0.5}{0.5 + 0.35} \approx 0.588$$

Der ähnlichste Fall ist der zweite, daher wird dieser in der »Retrieve-Phase« des fallbasierten Schließens verwendet.

Wie findet aber das Lernen statt? Im **Lernmodus** geht es darum, die Werte der Gewichte, deren Anfangsstand von Experten geschätzt sein mag, durch empirische Untersuchungen anzupassen. Hierzu ziehen Sie Symptomvektoren bereits diagnostizierter Fälle heran und tun so, als sei Ihnen die Diagnose unbekannt. Für die so entstandene Hypothesenbildung gibt es zwei Möglichkeiten:

✔ Das fallbasierte Verfahren liefert den richtigen ähnlichsten Fall mit der korrekten Diagnose.

✔ Die berechnete Diagnose ist falsch.

Beim oberen Häkchen gibt es nichts zu tun (auch nichts zu lernen!), nur das untere ist interessant. Sie müssen dann die Gewichte der Relevanzmatrix so anpassen, dass ein anderer Fall der ähnlichste wird. Ob dessen Diagnose passt, steht auf einem anderen Blatt. Der Prozess wird so lange fortgeführt, bis die Gewichte der Matrix stabil bleiben und für alle Beispiele die Diagnose richtig ist.

Vorhersagen treffen und reich werden

Vielleicht haben Sie sich schon die Frage gestellt, wozu Expertensysteme eigentlich noch eingesetzt werden können. Wenn schon Diagnosen möglich sind, wo liegen dann die Beschränkungen?

Expertensysteme verwenden Sie meist dort, wo ...

✔ mathematisch präzise Modelle entweder nicht bekannt sind oder nicht existieren

✔ die Komplexität des Modells eine exakte Berechnung unmöglich macht

✔ schnelle Ergebnisse nötig sind, auch wenn noch nicht alle Randbedingungen bekannt sind

✔ ...

Ja, ich weiß, einige Schüler würden mir darauf antworten, dass alle drei Kriterien auf Hausaufgaben zutreffen. Gemeint habe ich damit jedoch eher beispielsweise ...

✔ Wettervorhersagen

✔ Modelle über die Entwicklung von Aktienkursen

✔ Aussagen über die Reaktionen politischer Entscheidungen auf die Wirtschaft

✔ ...

Kurzum, dort, wo es richtig spannend wird und wir mit klassischen Methoden nicht mehr weiterwissen, darf sich künstliche Intelligenz nach Herzenslust entfalten.

Problematisch sind vor allem jene Bereiche, die sich chaotisch verhalten. Wo kleine Änderungen in den Anfangsbedingungen zu großen Veränderungen im Endresultat führen, kann Ihnen auch ein noch so ausgefeiltes Expertensystem nicht weiterhelfen.

Das ist wie mit dem einzelnen Sandkorn, das einen Rutsch auslöst: Sie wissen zwar, dass das passieren kann, aber nie genau, wann der Haufen groß genug ist ...

IN DIESEM KAPITEL

Die Grundidee der neuronalen Netze verstehen

Einfache Netze selbst aufbauen

Komplexität durch Rückkopplung steigern

Wichtige Gesetze neuronaler Netze verstehen

Anwendungen kennenlernen

Kapitel 43
Kunstvolle neuronale Netze

In diesem Kapitel erfahren Sie die wichtigsten Erkenntnisse im Zusammenhang mit dem überaus bemerkenswerten Gebiet der neuronalen Netze. Die Grundlagen sind sehr leicht zu verstehen, aber auch schwierigere Fragestellungen werden Ihnen nach der Lektüre keine Probleme bereiten.

Kopieren geht über Studieren

Wenn Sie denken, die Konstruktion künstlicher neuronaler Netze wurde erst in den letzten Jahren angegangen, muss ich Sie enttäuschen. Bereits in den 40er Jahren des letzten Jahrhunderts ging es damit los, also etwa zeitgleich mit dem Durchbruch beim Bau der ersten Computer.

Dabei ist die Idee keineswegs abwegig. Wenn ich versuche, geistige Leistungen auf eine Maschine zu bringen, liegt es nahe, das leistungsfähigste natürliche Vorbild, unser **Gehirn**, möglichst präzise nachzubauen.

Freilich ist das nicht ganz so einfach, wie es sich anhört. Wie viele *Neuronen* (Nervenzellen) im menschlichen Gehirn vorhanden sind, ist bis heute nicht hundertprozentig geklärt. Achtzig bis hundert Milliarden werden es aber sein, so aktuelle Schätzungen. Aber Sie können sich vorstellen, dass das kein Mensch genau nachgezählt hat. Die eigentliche Rechenpower unseres Gehirns kommt durch die Verknüpfung der Neuronen untereinander zustande, über die sogenannten *Synapsen* und die hierdurch mögliche massive Parallelität der Verarbeitung. Davon gibt es – wieder einmal nur geschätzt – knapp 10^{15}, also fast eine Billiarde, da kann einem ganz schön schwindelig werden. Wenn Sie aufgerundet von 10^{11} Neuronen ausgehen, werden also im Schnitt etwa 10.000 Synapsen pro Neuron zu erwarten sein. Im Einzelfall sind jedoch auch über 100.000 Synapsen pro Zelle möglich. Die gesamte Leistungsfähigkeit unseres Gehirns entsteht dadurch, dass vergleichsweise einfache neuronale Zellen mit jeweils einer überschaubaren Rechenleistung durch Zusammenschluss eine gigantische Leistungsfähigkeit erreichen. Unser Gehirn ist, wie oft betont wird, das komplexeste Organ des bekannten Universums.

 Obwohl das Gehirn nur ein paar Prozent unserer Körpermasse ausmacht, verbraucht es etwa ein Fünftel des Grundumsatzes an Energie. Also anstatt Sport zu treiben einfach einmal im Geiste spazieren gehen! Aber sagen Sie Ihrem Arzt bloß nicht, ich hätte Sie von körperlicher Bewegung abgehalten.

Gut, das ging jetzt ein bisschen schnell. Sehen Sie sich ein Neuron mal genauer an. Es gibt in unserem Körper verschiedene Typen davon. Um das nicht zu kompliziert zu machen, vereinfachen wir das nochmals und gehen davon aus, dass ein Neuron ein *Summierer* ist. Er hat zahlreiche Eingänge (das entspricht den *dedritischen Synapsen*) und etliche Ausgänge (über das *Axon* der Zelle).

Die Zelle verfügt über zwei (binäre) Zustände, es kann

✔ *feuern* oder

✔ sich *in Ruhe* befinden.

Nur wenn das Neuron feuert, wird dieses Signal über das Axon an alle nachfolgenden Zellen weitergegeben. Bioelektrisch gesprochen nimmt das Neuron ein *Aktionspotenzial* beim Feuern an, anderenfalls ein *Ruhepotenzial*.

Aber wann feuert es und wann nicht? Jetzt kommt der Summierer ins Spiel. Stellen Sie sich einfach vor, das Neuron **addiert** die Signale aller im Eingang verbundenen feuernden Neuronen. Wird ein bestimmter *Schwellenwert* überschritten, so fängt es selbst an zu feuern, anderenfalls bleibt es in Ruhe.

 Ein Neuron kann beim Feuern zwar die *Amplitude* (Stärke) des Aktionspotenzials nicht verändern, wohl aber die *Frequenz* (Häufigkeit), mit der dieses angenommen wird (bis zu 500-mal pro Sekunde).Von solchen Details wollen wir bei der Modellierung jedoch absehen.

In Abbildung 43.1 habe ich Ihnen einmal dargestellt, wie so etwas schematisch aussehen könnte.

Die Eingänge x_1 bis x_n werden – im Prinzip – einfach aufaddiert. Da wir zunächst nur von binären Zuständen der anliegenden Eingangsneuronen ausgehen, sind lediglich die Werte 0 (in Ruhe) und 1 (feuern) möglich.

Allerdings sind die Eingänge nicht gleichwertig! Die dendritischen Synapsen (in Abbildung 43.1 als kleine Klumpen an den Eingängen symbolisiert) verleihen dem Eingangssignal ein **Gewicht**. Dabei kann jeder Eingang ein anderes Gewicht (w_i) besitzen, auch *negative Gewichte* werden zugelassen. Dies wurde ebenfalls von der Natur »abgekupfert«.

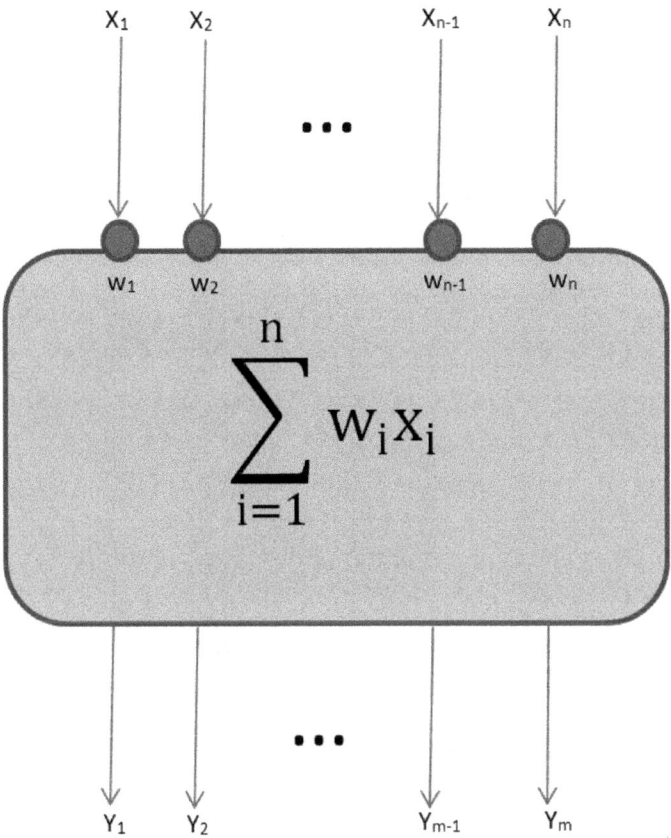

Abbildung 43.1: Funktionsschema eines künstlichen Neurons

 Tatsächlich sprechen die Neurowissenschaftler von

✔ *exitatorischen* und

✔ *inhibitorischen* Synapsen.

Bei Signalen über die exitatorischen Synapsen wird das Feuern angeregt, bei inhibitorischen dagegen gehemmt. Dies entspricht positiven und negativen Gewichten beim Aufsummieren der Eingänge.

Bei den Ausgängen machen wir uns dagegen keinen Stress. Dort soll (vorerst) nur 0 (in Ruhe) oder 1 (feuern) möglich sein, und zwar identisch bei allen Ausgängen Y_1 bis Y_n. Ob das Neuron nun feuert oder nicht, hängt davon ab, ob die Summe der Eingänge einen bestimmten **Schwellenwert**, nennen wir ihn nach dem griechischen Buchstaben Θ (*Theta*), überschritten wird:

$$\sum_{i=1}^{n} w_i x_i > \Theta \rightarrow \text{Neuron feuert}$$

$$\sum_{i=1}^{n} w_i x_i \leq \Theta \rightarrow \text{Neuron bleibt in Ruhe}$$

Das ist ziemlich einfach, wie folgendes Beispiel demonstriert.

Angenommen, ein Neuron N ist in den Eingängen X_1, X_2 und X_3 mit drei anderen Neuronen verbunden. Die zugehörigen Gewichte lauten 2, −1 und 1. Der Schwellenwert Θ liegt bei 1.5. N verfügt über zwei Ausgänge Y_1 und Y_2. Welchen Wert besitzen Y_1 und Y_2, wenn nur die beiden ersten im Eingang verbundenen Eingänge feuern?

Wie dem Text zu entnehmen, feuern nur X_1 und X_2. Es gilt somit:

X_1 = 1, X_2 = 1 und X_3 = 0. Unter Berücksichtigung der Gewichte erhalten Sie als Summe:

$$\sum_{i=1}^{3} w_i x_i = w_1 x_1 + w_2 x_2 + w_3 x_3 = 2 \cdot 1 + (-1) \cdot 1 + 1 \cdot 0 = 1$$

Dieser Wert (1) erreicht nicht den Schwellenwert Θ, der mit 1.5 angegeben wurde. Somit bleibt N in Ruhe und die Ausgänge lauten: Y_1 = 0 und Y_2 = 0.

Würden dagegen alle Eingangsneuronen feuern, ergäbe sich:

$$\sum_{i=1}^{3} w_i x_i = 2 \cdot 1 + (-1) \cdot 1 + 1 \cdot 1 = 2$$

was den Schwellenwert überschreitet. In diesem Fall erhalten Sie: Y_1 = 1 und Y_2 = 1.

Ein ganzes Netzwerk aus Neuronen ergibt ein **künstliches neuronales Netz (KNN)**.

Sie dürfen in einem künstlichen neuronalen Netz alle Neuronen als untereinander verbunden betrachten, wenn auch mit verschiedenen Gewichten. Ein Eingangsgewicht von 0 entspricht hierbei einer fehlenden Verbindung!

Vorwärts zu den verketteten Netzen

Wenn Sie ein KNN für eine konkrete Aufgabenstellung verwenden möchten, müssen Sie Ihre Eingabewerte (bestehend aus Einsen und Nullen) irgendwo dem Netz zuführen. Dafür sind die **Eingangsneuronen** zuständig, deren Eingänge nicht mit anderen Neuronen verbunden sind. Typischerweise werden Sie nur einen (binären) Eingangswert pro Eingangsneuron anlegen. Wollen Sie 1000 Bits eingeben, sollte Ihr KNN somit über 1000 Eingangsneuronen verfügen.

Auch für Eingangsneuronen gibt es biologische Vorbilder. In unseren Augen befinden sich auf der *Netzhaut* (*Retina*) lichtempfindliche *Fotorezeptoren*, die einfallendes Licht in elektrische Signale wandeln und diese – als Eingangswert – dem Sehnerv zuführen. Auch unsere anderen Sinnesorgane funktionieren auf ähnliche Weise.

Umgekehrt lesen Sie die Ausgabe Ihres KNN an den **Ausgangsneuronen** ab. Diese sind nicht mit nachfolgenden Neuronen verbunden, sondern senden ihr Signal aus dem KNN heraus, nach »außen«. Auch hier ergeben mehrere Ausgänge pro Ausgangsneuron keinen Sinn. Sie müssen sich somit mit einem Wert pro Ausgangsneuron zufriedengeben. Benötigt Ihre Aufgabe 100 Ausgabebits, sind logischerweise 100 Ausgabeneuronen erforderlich.

 Die Neuronen des Zentralnervensystems, die letztlich die Muskelkontraktion bewirken, senden ihr Signal bis zu den motorischen Endplatten der Muskeln. Somit stellen auch diese *Motoneuronen* (»für die *Motorik* verantwortlich«) Ausgangsneuronen dar.

Wenn Sie nun alle Eingangsneuronen in eine »Schicht« (Ebene) bringen und die Ausgangsneuronen in eine andere, erhalten Sie eine Eingangsschicht (**Input-Layer**), eine Ausgangsschicht (**Output-Layer**) und dazwischen entstehen verborgenen Schichten (**Hidden-Layer**).

In Abbildung 43.2 habe ich Ihnen einmal aufgemalt, wie das mit drei Schichten aussehen könnte. Aber natürlich will ich Ihre Fantasie nicht beschränken, Sie dürfen auch mehrere innere Ebenen einziehen.

Außerdem dürfen Sie jedes Neuron einer Schicht mit allen der Ebene darunter verbinden. In Abbildung 43.2 habe ich nur ein paar dieser Verbindungen eingetragen.

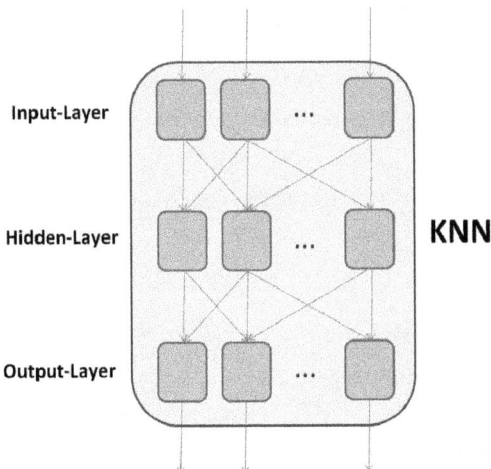

Abbildung 43.2: Ein KNN mit drei Ebenen

Dennoch gibt es eine sehr wichtige Einschränkung: Alle Pfeile zeigen stets nach unten, was bedeutet, dass es sich um ein **vorwärts-verkettetes** KNN handelt, kurz **VVKNN**.

VVKNNs haben einige Vorteile, was ihre Implementierung angeht. Stellen Sie sich vor, Sie legen an der Eingangsschicht ein Muster (aus Bits) an. Dann wissen Sie sofort, wie lange es braucht, ehe Sie in der Ausgangsschicht die Lösung ablesen können (nämlich die Rechendauer pro Neuron mal die Anzahl der Schichten).

Rosenblatts Theorem

Was Sie in Abbildung 43.2 sehen, ist im Prinzip die Konstruktion eines KNNs, wie es bereits 1957 von dem amerikanischen Psychologen und Vorreiter der künstlichen Intelligenz, Frank Rosenblatt, entwickelt worden ist. Er nannte sein Baby **Perceptron** (vom englischen *perceive, wahrnehmen*). Dabei begann er ohne Hidden-Layer! Seine Idee war, die Wahrnehmung des (menschlichen) Auges zu modellieren und dabei Buchstaben zu erkennen. Die Eingangsneuronen, die Sie sich quadratisch angeordnet vorstellen dürfen, wurden dabei einfach mit dem Bitmuster des jeweiligen Bildes gefüttert.

In der **Trainingsphase** wurden die Gewichte so angepasst, dass die Ausgabe (jeweils ein spezifisches Neuron pro Buchstabe) genau stimmte.

In der **Klassifikationsphase** wurden dagegen neue Bilder von Buchstaben präsentiert, die das Perceptron dann erkennen sollte.

Weitere allgemeine Informationen zu **lernenden Systemen** und zu den beiden Phasen finden Sie in Kapitel 41.

Regeln zum Lernen

Wenn Sie sich jetzt fragen, wie genau die Gewichte angepasst werden müssen, haben Sie sehr gut aufgepasst. Denn das ist ja der springende Punkt bei der Verwendung von KNNs.

Das Wissen eines KNNs wird durch die Belegung der Gewichte gespeichert.

Das hört sich gut an, hat aber einen Pferdefuß:

KNNs repräsentieren ihr Wissen *subsymbolisch*, was bedeutet, dass Sie nicht einfach ablesen können, welche Erfahrung Ihr KNN bereits gesammelt hat.

Die Kapitel 41 und 42 befassen sich mit symbolischen lernenden Systemen, bei denen das Wissen in menschenlesbarer Form repräsentiert wird.

Es gibt zwei berühmte Arten von Lernregeln. Eine entspricht eher dem biologischen Vorbild und wird **Hebb-Regel** genannt. Sie wurde bereits 1949 vom kanadischen Psychologen Donald Hebb formuliert. Die andere ist leichter zu implementieren und heißt **Delta-Regel**.

Sie geht auf die amerikanischen Elektrotechniker Bernard Widrow und Marcian Hoff aus dem Jahr 1960 zurück.

 Die *Hebb-Regel* besagt, dass das Gewicht zweier verbundener Neuronen erhöht werden muss, wenn sie gemeinsam feuern.

 Die *Delta-Regel* besagt, dass das Gewicht zweier verbundener Neuronen so verändert werden muss, dass die Differenz (das »Delta«) zwischen dem vorhanden und dem erwünschten Ausgang verringert wird.

Die Delta-Regel beinhaltet zugleich eine Rechenvorschrift für ihre Implementierung.

 Seien M und N zwei miteinander verbundene Neuronen, das zugehörige Gewicht dazwischen (also am Eingang von N, der zum Ausgang von M gehört), sei w. Delta (δ) berechnet sich aus dem erwünschten Zustand N_{SOLL} von N minus dem tatsächlich vorhandenen Zustand N_{IST}:

$$\delta = N_{SOLL} - N_{IST}$$

Das neue Gewicht w_{NEU} ergibt sich aus dem alten w_{ALT}, dem berechneten Delta sowie einer **Lernrate** Gamma (γ). Mit der Lernrate steuern Sie die Lerngeschwindigkeit. Der Wert sollte positiv sein, aber deutlich unter 1 liegen:

$$w_{NEU} = w_{ALT} + \gamma \cdot \delta \cdot M$$

Außerdem können Sie bei der Gelegenheit auch den Schwellenwert Theta (Θ) von N anpassen:

$$\Theta_{NEU} = \Theta_{ALT} - \gamma \cdot \delta$$

Am besten zeige ich Ihnen an einem kleinen Beispiel, wie das geht. Nehmen wir an, Sie haben ein Neuron N mit zwei Eingängen X_1 und X_2. Sie wollen nun, dass sich Ihr Neuron wie ein »logisches Und« (AND) verhält.

Zur Erinnerung gebe ich Ihnen hier schnell nochmals die zugehörige Wahrheitstabelle (der Konjunktion) an:

X_1	X_2	X_1 AND X_2
0	0	0
0	1	0
1	0	0
1	1	1

Tabelle 43.1: Wahrheitswerte der Konjunktion (AND)

 Kapitel 6 befasst sich ausführlich mit **boolescher Algebra**.

Im folgenden Beispiel sehen Sie, wie Sie mittels Delta-Regel das Neuron trainieren, ein AND zu realisieren.

Ein Neuron N ist auf die Konjunktion zu trainieren. Die zugehörigen Anfangs-gewichte seien, genau wie der Schwellenwert Θ, allesamt 0. Wir gehen von einer exemplarischen Lernrate $\gamma = 0.2$ aus.

Das erste Eingabepaar lautet $X_1 = X_2 = 0$. Die Summierung in N ergibt $0 \cdot 0 + 0 \cdot 0 = 0$, was den Schwellenwert ($\Theta = 0$) nicht überschreitet. N bleibt somit in Ruhe ($N = 0$). Dies entspricht auch dem Sollwert. Da Delta die Differenz aus SOLL- und IST-Wert ermittelt, ergibt sich: $\delta = 0$. Wenn Delta null ist, bleiben die neuen Werte der Gewichte und des Schwellenwerts unverändert.

Das gleiche Ergebnis erzielen Sie für $X_1 = 0$, $X_2 = 1$ sowie $X_1 = 1$, $X_2 = 0$. N bleibt jeweils in Ruhe, was auch gut so ist.

Erst bei $X_1 = 1$, $X_2 = 1$ passiert etwas Neues. Aufgrund der Gewichte bleibt die Summe $1 \cdot 0 + 1 \cdot 0 = 0$ bei null, was den Schwellenwert nicht überschreitet. N bleibt in Ruhe, obwohl es feuern sollte ($N_{SOLL} = 1$, $N_{IST} = 0$). Somit ergibt sich: $\delta = N_{SOLL} - N_{IST} = 1 - 0 = 1$. Daraus berechnen sich die beiden Gewichte gleicher-maßen zu:

$$w_{NEU} = w_{ALT} + \gamma \cdot \delta \cdot X_1 = 0 + 0.2 \cdot 1 \cdot 1 = 0.2$$

Der neue Schwellenwert lautet:

$$\Theta_{NEU} = \Theta_{ALT} - \gamma \cdot \delta = 0 - 0.2 \cdot 1 = -0.2$$

Wenn Sie nun erneut dasselbe Eingangspaar anlegen, erhalten Sie als Summe in N:

$1 \cdot 0.2 + 1 \cdot 0.2 = 0.4$, was den Schwellenwert von -0.2 deutlich überschreitet und zum Feuern von N führt ($N = 1$).

Alles gut? Von wegen! Denn jetzt passen die anderen Werte nicht mehr. Nehmen Sie beispielsweise das Paar $X_1 = 0$, $X_2 = 1$. Sie erhalten bei der Berechnung von N: $0 \cdot 0.2 + 1 \cdot 0.2 = 0.2$, was den negativen Schwellenwert deutlich überschreitet und zu $N = 1$ führt. Der Sollwert ist bei diesem Eingabepaar (gemäß Tabelle 43.1) jedoch 0. Eine Anpassung ist nötig. Sie erhalten als Delta:

$$\delta = N_{SOLL} - N_{IST} = 0 - 1 = -1.$$

Nun ergeben sich unterschiedliche Berechnungen der neuen Gewichte für die beiden Eingänge:

Eingang 1: $w_{NEU} = w_{ALT} + \gamma \cdot \delta \cdot X_1 = 0.2 + 0.2 \cdot (-1) \cdot 0 = 0.2$

Eingang 2: $w_{NEU} = w_{ALT} + \gamma \cdot \delta \cdot X_2 = 0.2 + 0.2 \cdot (-1) \cdot 1 = 0.$

Der neue Schwellenwert lautet:

$$\Theta_{NEU} = \Theta_{ALT} - \gamma \cdot \delta = -0.2 - 0.2 \cdot (-1) = 0.$$

In dieser Konstellation funktionieren alle Eingangspaare prima und erzeugen eine korrekte Klassifikation, Ihre Aufgabe ist erledigt!

Die Asymmetrie in diesem Beispiel ist irritierend. Wieso sind die Gewichte der beiden Eingänge am Ende nicht gleich? Das hängt von der Reihenfolge der Beispiele ab, manchmal dauert es recht lange, ehe sich die Gewichte tatsächlich stabilisieren. Seien Sie also froh, dass der Algorithmus überhaupt fertig geworden ist ...

In Wahrheit ist das nicht verwunderlich, denn es gilt das sogenannte *Rosenblatt-Theorem*:

 Frank Rosenblatt hat formal bewiesen, dass sich die Gewichte für jede Funktion, die sein Perceptron überhaupt repräsentieren kann, in endlich vielen Schritten stabilisieren. Man spricht daher auch von einem **Konvergenztheorem**.

Wenn Sie sich das Rosenblatt-Theorem genauer ansehen, werden Sie feststellen, dass es eigentlich gar keine Aussage darüber macht, welche Funktionen das Netz überhaupt darstellen kann. Das ist auch sehr klug. Denn hätten wir im letzten Beispiel anstatt der AND-Funktion die XOR-Funktion (exklusives ODER) gewählt, wären wir enttäuscht worden.

Das XOR-Problem

Ein einzelnes Neuron kann nämlich überhaupt kein XOR repräsentieren. Woran liegt das? Die Antwort führt Sie unmittelbar zur **linearen Separierbarkeit**. Lineare Separierbarkeit ist die mehrdimensionale, abstrakte Formulierung eines sehr einfachen, geometrischen Sachverhaltes: Sind Sie in der Lage, mittels *einer* Linie die Lösungsantworten zu trennen (zu separieren)? Betrachten Sie hierzu Abbildung 43.3. Links habe ich Ihnen das logische AND und rechts das XOR grafisch aufgetragen. Links genügt eine einzelne Linie (gestrichelt), um die Nullen von den Einsen zu trennen. Rechts wird Ihnen das schwerlich gelingen.

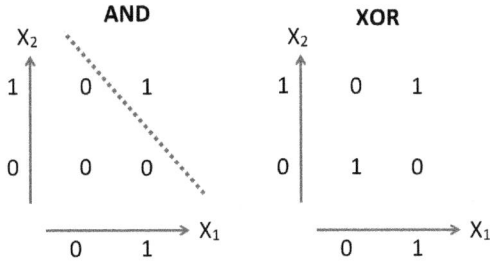

Abbildung 43.3: AND und XOR – mögliche und unmögliche lineare Separierung

Ist das schlimm? Nicht wirklich. Denn mittels AND und NOT (was beides linear separierbar ist), können Sie jede beliebige boolesche Funktion aufbauen.

 AND und NOT als Basis wird in Kapitel 6 genauer erläutert.

Historisch gesehen hat eine daraus resultierende Kontroverse jedoch dazu geführt, dass die KNN-Forschung für lange Zeit (von Ende der 1960er bis in die 1980er Jahre hinein) einen Winterschlaf gehalten hat.

Doch noch einmal zurück zur linearen Separierbarkeit. Stellen Sie sich einfach ein Neuron N mit den beiden Eingängen x und y und dem Schwellenwert b vor. Das Gewicht am Eingang x sei −m (»Minus-m«), jenes am Eingang y sei 1. Dann ergibt sich der Zustand von N aufgrund folgender Berechnung:

$$x \cdot (-m) + y \cdot 1 > b \rightarrow y > m \cdot x + b$$

$y = m \cdot x + b$ lautet aber die allgemeine **Geradengleichung**! Somit trennt (separiert) Ihr Neuron N gerade alle Werte oberhalb der Gerade (größer y) von jenen darunter.

Fortschritt durch Backpropagation

XOR ist nicht linear separierbar, jedenfalls nicht mit *einer* Gerade. Es ist aber eigentlich gar nicht schlimm, wenn Sie mit einem einzigen Neuron nicht auskommen: Nehmen Sie einfach zwei oder drei oder ein ganzes Netz davon! Jedes entspricht einer Trennwand und mit genügend solchen Wänden können Sie alle möglichen diskreten Punktverteilungen separieren.

Auf ein recht schwieriges Problem müssen wir aber jetzt noch kommen. Wie passen Sie eigentlich die Gewichte der *inneren* Neuronen eines mehrstufigen Netzes an? Hier muss der Fehler – die Diskrepanz zwischen SOLL und IST – gewissermaßen von »unten«, also von der Ausgabeschicht *rückwärts* durch die verborgenen Ebenen bis zur Eingangsschicht verbreitet, also *propagiert* werden. Auf Englisch heißt das **Backpropagation (Rückwärtsverbreitung)**.

Zuvor müssen Sie natürlich erst einmal wissen, wie groß dieser Fehler ist. Insgesamt erfolgt die Gewichtsanpassung in drei Schritten:

✔ **Forward-Pass (Vorwärts-Durchgang):** Wie üblich wird die im Input-Layer angelegte Eingabe von oben nach unten bis zum Output-Layer unter Beachtung der Lernregeln weitergegeben

✔ **Delta-Investigation (Delta-Ermittlung):** Jetzt vergleichen Sie einfach die erzielte Ausgabe (IST) mit dem gewünschten SOLL (wir befinden uns hierbei in der Trainingsphase, bei der Sie für jedes Eingangsmuster das einzutrainierende Ausgangsmuster kennen).

✔ **Backward-Pass (Rückwärts-Durchgang):** Dies ist der entscheidende Schritt. Der Fehler, also der Unterschied zwischen SOLL und IST, wird von der Ausgabeschicht nach und nach immer weiter nach oben bis schließlich zur Eingangsschicht weitergeleitet (propagiert). Dabei finden auf allen Ebenen Gewichtsanpassungen statt.

Puh, das klingt anstrengend! Aber es ist noch schlimmer: Woher wissen Sie denn, welche Gewichtsanpassung im Backward-Pass die richtige ist? Die Neuronen sind ja so miteinander verquickt, dass es gar nicht klar ist, welchen Effekt die Veränderung eines Gewichts auf den Fehlerwert ganz am Ende des Netzes hat.

Um das zu berechnen, benötigen wir höhere Mathematik, insbesondere das **Gradientenverfahren** (siehe Kasten sowie die *Bergsteigermethode* in Kapitel 40).

Das Gradientenverfahren erfordert die partielle Differentiation der Fehlerfunktion. Leider ist der Einsatz des Schwellenwerts, der uns bis jetzt eine einfache Modellierung eines Neurons erlaubt hatte, dafür ungeeignet. Unser KNN soll daher von jetzt an ein wenig anders ticken. Wir verzichten komplett auf den Schwellenwert und setzen dagegen auf einen differenzierbaren **Squasher** (**Quetscher**).

Gradientenverfahren

Mit dem *Gradientenverfahren* bestimmen Sie, in welcher Richtung ein relatives Maximum einer gegebenen Funktion zu suchen ist.

Betrachten Sie zunächst eine vereinfachte Situation, bei der nur eine einzige Variable (x) im Spiel ist (Abbildung 43.4). Mit der gestrichelten Linie finden Sie den (willkürlich gewählten) Ausgangspunkt, bezogen auf die X-Achse.

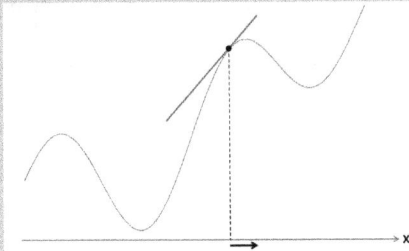

Abbildung 43.4: Tangentensteigung

Weil die Steigung der Tangente an dieser Stelle positiv ist, suchen Sie am besten rechts (in Richtung ansteigender x-Werte) nach einem relativen Maximum der Funktionskurve. Wäre die Steigung negativ, sollten Sie nach links Ausschau halten.

Im Falle von zwei Variablen wird die Sache schon ein wenig komplizierter.

Wieder gehen wir von einem zufälligen Punkt aus. Das nächstbeste relative Maximum von der markierten Stelle befindet sich in Richtung fallender x-Werte, aber zugleich in Richtung steigender y-Werte. Dies korrespondiert mit den jeweiligen Vorzeichen der *partiellen Ableitungen* der dargestellten zweidimensionalen Funktion. Bezüglich x handelt es sich um einen negativen Wert, bezogen auf y ist er dagegen positiv.

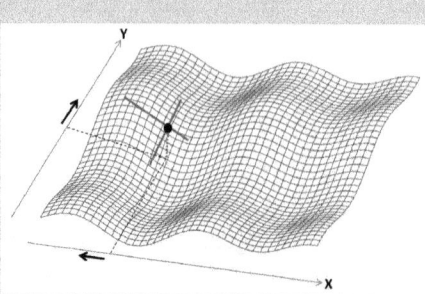

Abbildung 43.5: Gradientenverfahren bei zwei Variablen

Der Vektor, der sich aus den partiellen Ableitungen bezogen auf die Variablen zusammensetzt, nennt sich **Gradient**. Der Gradient insgesamt »zeigt« hierbei in die Richtung des steilsten Anstiegs. Wenn es sich um eine Fehlerfunktion handelt (bei der ein Minimum gesucht wird), muss der Vektor (in allen seinen Komponenten) negiert werden.

Das **Gradientenverfahren** (im Falle der Minimumsuche auch **Gradientenabstiegsverfahren** genannt) geht nun schrittweise vor. Es berechnet die partiellen Ableitungen und verändert die aktuelle Position um ein kleines Stück in der ermittelten Richtung. Von dort wird ein neuer Gradient ermittelt und das Spiel geht von vorne los. Das Verfahren endet, sobald eine vorgegebene maximale Anzahl an Durchläufen erreicht ist oder der inzwischen erreichte absolute Fehler eine vorgegebene Schranke unterboten hat. Dabei wird nur äußerst selten tatsächlich eine Nullstelle der Fehlerfunktion erreicht.

Quetsch mich!

Nach wie vor ist ein Neuron primär ein Summierer, der die Eingänge mit einem Gewicht versieht und hieraus einen Wert ermittelt. Dieser Teil des künstlichen Neurons N heißt **Aktivitätsfunktion Z**:

$$Z_i = \sum_{i=1}^{n} w_i x_i$$

Der Wert von Z_i kann ziemlich weit gefächert sein. Stellen Sie sich vor, Hunderte von gewichteten Eingabewerten (negativ oder positiv) müssen aufaddiert werden. Sinn des Squashers **S** ist es nun, aus Z_i eine kleine Zahl (zwischen 0 und 1) zu machen, ohne dafür einen Schwellenwert zu verwenden. Theoretisch könnte das so erhaltene Ergebnis durch eine **Ausgabefunktion** noch weiter verarbeitet werden, aber der Einfachheit halber soll $S(Z_i)$ bereits der Ausgang des Neurons i sein.

Es gibt mehrere Möglichkeiten, wie Sie zu einem differenzierbaren Squasher kommen. Gerne genommen wird die **logistische Funktion**. Sie besitzt folgende prinzipielle Darstellung:

$$S(Z) = \frac{1}{1 + e^{-z}}$$

Wie Sie Abbildung 43.6 entnehmen, werden die reellen (sehr kleinen bis sehr großen) Werte auf den Bereich zwischen 0 und 1 *eingequetscht*.

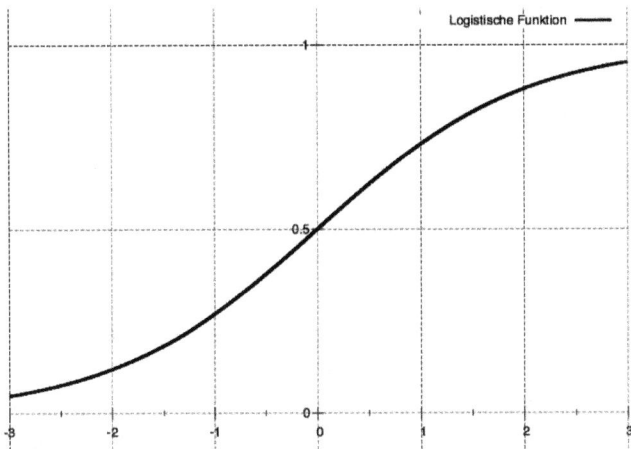

Abbildung 43.6: Die logistische Funktion als Squasher

Für Z = 0 ergibt sich S(Z) = ½. Eine weitere, sehr erwünschte Eigenschaft der logistischen Funktion ergibt sich aus folgender **Differenzialgleichung**:

$$S'(Z) = S(Z) \cdot (1 - S(Z))$$

Sie können somit den Wert der Ableitung von S(Z) mittels einer Subtraktion und einer Multiplikation einfach aus dem bereits vorhandenen Wert von S(Z) berechnen. Sehr praktisch!

 Falls Sie der Beweis interessiert:

Es gilt unter Anwendung der Quotientenregel der Ableitung:

$$S'(Z) = \left(\frac{1}{1+e^{-Z}}\right)' = \frac{0-(-1)e^{-Z}}{\left(1+e^{-Z}\right)^2} = \frac{e^{-Z}}{\left(1+e^{-Z}\right)^2}$$

Dasselbe erhalten Sie für:

$$
\begin{aligned}
S(Z) \cdot (1 - S(Z)) &= \frac{1}{1+e^{-Z}} \cdot \left(1 - \frac{1}{1+e^{-Z}}\right) \\
&= \frac{1}{1+e^{-Z}} - \frac{1}{\left(1+e^{-Z}\right)^2} \\
&= \frac{1+e^{-Z}-1}{\left(1+e^{-Z}\right)^2} \\
&= \frac{e^{-Z}}{\left(1+e^{-Z}\right)^2}
\end{aligned}
$$

was zu beweisen war ...

Herleitung der Fehlerfunktion

Um zu verstehen, wie die Gewichte nach Einführung des Squashers in der Trainingsphase angepasst werden müssen, beginnen Sie am besten ganz allgemein mit der **Fehlerfunktion** (**Error-Function**) **E**.

E beschreibt den Gesamtwert des Fehlers, der sich in der Ausgabe eines Neurons N findet. Dieser entspricht dem bereits erwähnten Unterschied zwischen dem SOLL-Wert und dem IST-Wert, der nun einfach die Ausgabe des Squashers **S** darstellt.

Es bietet sich an, für E das *Quadrat* dieser Differenz anzusetzen:

$$E = \frac{1}{2} \cdot \left(S_{SOLL} - S\right)^2$$

Damit gehen größere Unterschiede überproportional ein, während kleinere Differenzen quasi unter den Tisch fallen. Dies hat sich auch in vielen anderen Bereichen, etwa in der Statistik, als sinnvoll erwiesen. Außerdem müssen Sie sich um das Vorzeichen des Unterschieds keine Gedanken mehr machen (letztlich ist es für die Größe des Fehlers egal, ob die Ausgabe zu groß oder zu klein ist). Den Vorfaktor von ½ habe ich Ihnen nur reingemogelt, um ihn beim Ableiten gegen die »2« wieder herauszukürzen. Aber das ist kein Problem. Machen Sie sich anhand von Abbildung 43.5 klar, dass ein beliebiger (aber positiver!) Vorfaktor bei der Suche nach der Richtung des Gradienten nicht relevant ist. Die Berge und Täler mögen höher oder flacher werden, bleiben aber an der gleichen Stelle!

Endlich kommt das Gradientenverfahren zur Geltung. Die Frage lautet: Wie müssen Sie die Eingangsgewichte w_1 bis w_N eine Neurons N verändern, um E wenigstens ein kleines bisschen zu verringern? Wieder geht die Lernrate Gamma (γ) ein. Außerdem soll das negative Vorzeichen versichern, dass wir uns um die Fehlerminimierung kümmern (anderenfalls würden wir ein Maximum ermitteln, nicht sehr schlau ...).

Für jedes Gewicht w_i von N setzen Sie also an:

$$\Delta w_i = -\gamma \cdot \frac{\partial E}{\partial w_i}$$

Dummerweise ist E jedoch nicht direkt von w_i abhängig, sondern indirekt über den Squasher S. Dieser wiederum operiert auf der Aktivitätsfunktion Z_i.

Da sich E auf die *Hintereinanderausführung* von Z und S bezieht, benötigen Sie die *Kettenregel* der Differentiation:

$$\Delta w_i = -\gamma \cdot \frac{\partial E}{\partial w_i} = -\gamma \cdot \frac{\partial E}{\partial S} \cdot \frac{dS}{dZ} \cdot \frac{\partial Z}{\partial w_i}$$

 Stören Sie sich nicht an den unterschiedlichen Symbolen bei der Ableitung. Der gewöhnliche Differenzialoperator $\frac{d}{dx}$ (»d nach dx«) wird bei der Funktion S angewendet, weil sie nur über *eine* Variable (nämlich Z) verfügt. Sie dürfen dafür auch S' schreiben. $\frac{\partial}{\partial x}$ (»d *partiell* nach dx«) ist notwendig, wenn Sie *mehrere* Variablen zur Auswahl haben, wie beispielsweise die vielen Gewichte w_i von Z ...

Alle drei Faktoren sind nun zum Glück recht schnell bestimmt:

$$\frac{\partial E}{\partial S} = \frac{\partial}{\partial S}\left(\frac{1}{2}\cdot\left(S_{\text{SOLL}} - S\right)^2\right) = 2\cdot\frac{1}{2}\cdot(-1)\cdot\left(S_{\text{SOLL}} - S\right) = -\left(S_{\text{SOLL}} - S\right)$$

Wie erwartet, ist der Vorfaktor ½ verschwunden. Dafür hat sich (aufgrund der inneren Ableitung) ein zusätzliches Minuszeichen eingeschlichen.

Als Nächstes kommt die Ableitung des Squashers nach Z an die Reihe. Dafür nutzen wir die zugehörige Differenzialgleichung!

$$\frac{dS}{dZ} = S' = S\cdot\left(1 - S\right)$$

Auch der dritte Faktor bereitet keine Sorgen:

$$\frac{\partial Z}{\partial w_i} = \frac{\partial}{\partial w_i}\left(\sum_{i=1}^{n} w_i x_i\right) = x_i$$

Von der großen Summe ist nur der Summand $w_i x_i$ von w_i abhängig, alle anderen werden zu null abgeleitet. Und auch von $w_i x_i$ bleibt nach der partiellen Ableitung nach w_i lediglich x_i übrig.

Insgesamt erhalten Sie somit:

$$\Delta w_i = -\gamma\cdot\frac{\partial E}{\partial S}\cdot\frac{dS}{dZ}\cdot\frac{\partial Z}{\partial w_i} = \gamma\cdot\left(S_{\text{SOLL}} - S\right)\cdot S\cdot\left(1 - S\right)\cdot x_i$$

Gewichtsanpassung eines Neurons im Output-Layer

Für ein Ausgabeneuron N ist die Situation einfach. Sie geben ja – in der Trainingsphase – S_{SOLL} selbst vor. Durch den Forward-Pass erhalten Sie S. Damit bestimmen Sie unmittelbar das Fehlersignal:

Der Ausdruck $\delta_N = \left(S_{\text{SOLL}} - S\right)\cdot S\cdot\left(1 - S\right)$ heißt *Fehlersignal des Ausgabeneurons* N.

Die Formel für die Anpassung der Gewichte w_i von N lautet somit:

$$w_i^{NEU} = w_i^{ALT} + \Delta w_i = w_i^{ALT} + \gamma\cdot\delta_N\cdot x_i$$

Beachten Sie, dass Δw_i auch negativ sein kann. Somit ist eine Gewichtsanpassung nach oben und nach unten möglich.

Gewichtsanpassung eines inneren Neurons

Spannender sieht die Sache bei einem inneren Neuron N aus. Woher nehmen Sie den Wert von S_{SOLL}? Diesen ermitteln Sie aus den Fehlersignalen der angeschlossenen Folgeneuronen!

Der Ausdruck $\delta_N = F\cdot S\cdot\left(1 - S\right)$ heißt *Fehlersignal des inneren Neurons* N.

Der Faktor F ermittelt sich aus der gewichteten Summe aller Fehlersignale der Nachfolgeneuronen M:

$$F = \sum_M \delta_M\cdot w_M$$

w_M meint hierbei dasjenige Eingangsgewicht von M, das mit N verbunden ist.

Die Formel für die Anpassung der Gewichte w_i von N lautet wiederum:

$$w_i^{NEU} = w_i^{ALT} + \Delta w_i = w_i^{ALT} + \gamma \cdot \delta_N \cdot x_i$$

Oh, das klingt sehr verwirrend. Am besten zeige ich Ihnen das einmal anhand einer konkreten Situation, dann sollten die Formeln hoffentlich etwas klarer werden.

Betrachten Sie hierzu Abbildung 43.7.

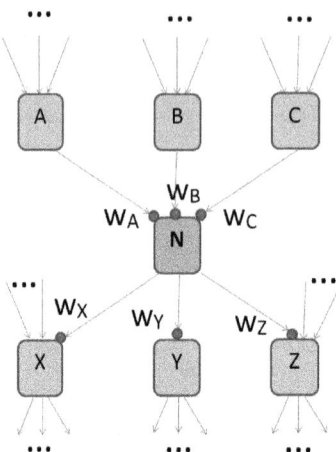

Abbildung 43.7: Ausgangssituation bei einem inneren Neuron N

Ihre Aufgabe besteht darin, die Gewichte w_A, w_B und w_C des inneren Neurons N anzupassen. Durch den Forward-Pass kennen Sie die zugehörigen Eingangssignale, die von der jeweiligen Ausgabe der Neuronen A, B und C abhängen. Das ist so weit klar.

Weil N kein Ausgabeneuron ist, benötigen Sie zur Gewichtsanpassung die Fehlersignale der nachfolgend angeschlossenen Neuronen X, Y und Z. Diese wiederum benötigen ihre nachfolgenden Signale. Das geht immer so weiter, bis zur Ausgabeschicht. Deren Fehlersignale können Sie unmittelbar berechnen. Daher ist es nötig, im Backward-Pass von unten nach oben vorzugehen.

Angenommen, Sie hätten nun bereits die Fehlersignale (δ_X, δ_Y, δ_Z) von X, Y und Z ermittelt. Dann berechnen Sie das Fehlersignal δ_N von N auf folgende Weise.

Zuerst summieren Sie die gewichteten Nachfolger-Fehlersignale auf und erhalten F:

$$F = w_X \cdot \delta_X + w_Y \cdot \delta_Y + w_Z \cdot \delta_Z$$

Daraus ergibt sich das Fehlersignal von N:

$$\delta_N = F \cdot S \cdot (1 - S)$$

Damit wiederum berechnen Sie die Anpassungen der Gewichte von N:

$$w_A^{NEU} = w_A^{ALT} + \Delta w_A = w_A^{ALT} + \gamma \cdot \delta_N \cdot x_A$$

$$w_B^{NEU} = w_B^{ALT} + \Delta w_B = w_B^{ALT} + \gamma \cdot \delta_N \cdot x_B$$

$$w_C^{NEU} = w_C^{ALT} + \Delta w_C = w_C^{ALT} + \gamma \cdot \delta_N \cdot x_C$$

Diverse Varianten

Das Backpropagation-Verfahren funktioniert in der vorgestellten Variante häufig bereits sehr gut, allerdings treten hin und wieder auch Schwierigkeiten auf.

Betrachten Sie hierzu Abbildung 43.4 erneut. Was geschieht, wenn Ihr Schritt (in der richtigen Richtung) ein wenig zu groß ausfällt? Dann landen Sie auf der anderen Seite des »Gipfels« und würden wieder zurückmarschieren müssen. Bei gleicher Schrittlänge erreichen Sie womöglich sogar wieder den Ausgangspunkt. Eine solche Situation nennt sich **Oszillation**. Um sie zu vermeiden, könnten Sie beispielsweise eine *variable* Lernrate γ einsetzen. Sie beginnen Ihren Algorithmus mit einer willkürlichen Verteilung der Gewichte und einer recht großen Lernrate, etwa $\gamma = \frac{1}{2}$. Nach und nach reduzieren Sie γ (bis zu einem Wert von $\gamma = 0.01$), wenn Sie in die Nähe eines (vermeintlichen) Minimums gelangen. Natürlich könnte es sich dabei in Wahrheit auch um ein (hoch gelegenes) **Plateau** handeln. Auch dafür gibt es eine Lösung.

Wenn Ihr Algorithmus terminiert, obwohl die Fehlerfunktion noch recht große Werte aufweist, könnte ein spontaner »Sprung« Sie aus Ihrer misslichen Lage befreien und an eine andere Stelle führen, von der es wieder in Richtung eines besseren relativen Minimums geht. Auch wäre eine Vergrößerung der Lernrate in solchen Fällen denkbar.

Eine *größere* Lernrate erlaubt das schnellere Auffinden eines Minimums und hilft, Stagnationen im Lernen zu überwinden. Sollte das Ziel »weiter entfernt« sein, ist eine größere Lernrate zu empfehlen.

Eine *geringere* Lernrate reduziert das Risiko von Oszillationen und ist vor allem bei einer stark schwankenden Fehlerfunktion angebracht. Um ein Minimum »in der Nähe« aufzuspüren, darf die Lernrate nicht zu groß sein.

Eine andere Möglichkeit ist das Hinzufügen eines stabilisierenden Terms, der sich auch **Momentum** nennt (analog zum physikalischen *Trägheitsmoment*).

Dieses Momentum sollte dafür Sorge tragen, dass sich eine vorangegangene Gewichtsanpassung auch auf die nächste auswirkt. Wenn beispielsweise im letzten Schritt eine Anpassung mit $\Delta w = -0.2$ erfolgte, so sollte im Folgeschritt ein (kleiner) Teil dieser Reduktion (etwa -0.02) erneut in die Berechnung einfließen. Damit wird eine gewisse Kontinuität eingehalten und ein Zickzack-Kurs im Gradientenverfahren vermieden.

Die Macht der Rückkopplungen

Vorwärtsverkettete KNNs sind ja schon recht witzig, aber haben Sie eine Vorstellung davon, welche unermesslichen Möglichkeiten aus **Rückkopplungen** entstehen?

Das bereits beschriebene *vollständig verbundene* Netz, bei dem es von jedem Knoten zu jedem anderen eine Verknüpfung gibt, ist ebenfalls ein Spezialfall eines KNN mit Rückkopplungen, das auch als *rekurrentes KNN* bezeichnet wird.

 Ein künstliches neuronales Netz mit Rückkopplungen heißt **rekurrent**.

Um die Sache einigermaßen geordnet zu halten, sollten wir zunächst einige Grundtypen von Rückkopplungen unterscheiden. Abbildung 43.8 zeigt Ihnen beispielsweise (jeweils fett gedruckt) auf der linken Seite eine *direkte Rückkopplung*, bei dem der Ausgang eines Neurons gleich ein weiterer Eingang ist. Rechts sehen Sie eine *laterale Rückkopplung*, bei der es innerhalb derselben Ebene eine Querverbindung gibt.

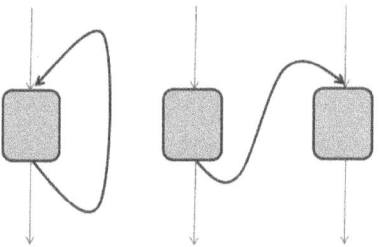

Abbildung 43.8: Direkte (links) und laterale (rechte) Rückkopplungen

Es geht natürlich noch deutlich komplizierter. Eine *indirekte Rückkopplung* stellt eine Rückverzweigung auf eine vorherige Ebene dar (Abbildung 43.9).

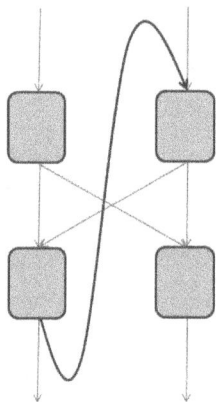

Abbildung 43.9: Indirekte Rückkopplung

Um Sie ein wenig darauf einzustimmen, was Sie tatsächlich mit Rückkopplungen erreichen können, präsentiere ich Ihnen zunächst ein Problem, das Sie mit reinen VVKNN nicht lösen werden.

Neuronale Netze werden mitunter dazu verwendet, Börsenkurse **vorherzusehen**. Sie füttern also jeden Tag Ihr KNN mit dem aktuellen Wert einer Aktie A. Am Montag sei der Kurs 100 €, am Dienstag 90 €, am Mittwoch 80 €, am Donnerstag 90 € und am Freitag 95 €. Der Wert des Papiers ist am Dienstag und am Donnerstag derselbe, aber es gibt einen für Börsianer unglaublich wichtigen Unterschied: Am Dienstag befindet sich das Papier in einem Abwärtstrend, während am Donnerstag eine freundliche Kursentwicklung zu verzeichnen ist!

Wie soll ein reines vorwärtsverkettetes KNN den Unterschied zwischen dem Dienstags- und dem Donnerstagskurs erkennen? An beiden Tagen sind die aktuellen Eingabewerte identisch. Es kann sich ja die Werte des Vortages **nicht merken**.

Was Sie benötigen, ist ein Konzept, mit dem Sie Zugriff auf »frühere« Eingangsmuster erhalten. Wir wäre es, wenn Sie einfach eine *Kopie der Eingangsneuronen* anlegen? Hierzu benötigen Sie laterale Rückkopplungen. Typischerweise bleiben die Gewichte dieser auch *Kontext-Layer* genannten Ebene konstant bei 1.

Abbildung 43.10 zeigt Ihnen, wie ich das meine.

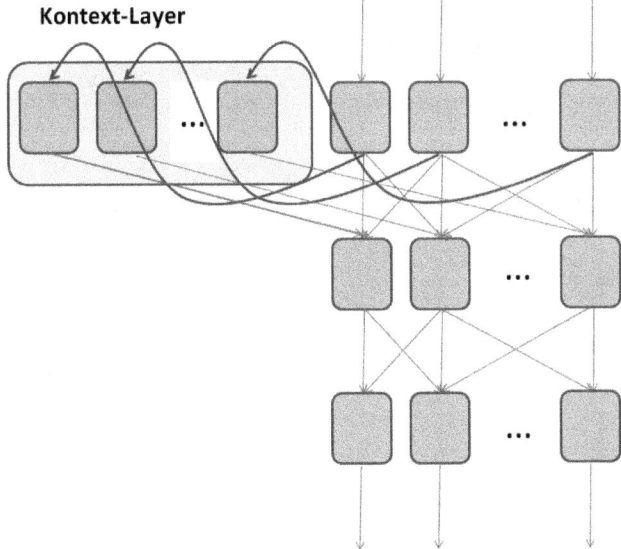

Abbildung 43.10: KNN mit Kontext-Layer

Links sehen Sie, wie aus den Ausgängen der Eingangsschicht eine neue Schicht erzeugt wird. Die zweite Ebene hat nun vollständigen Zugriff auf alle Eingangsneuronen plus die Vorgängerversion davon, nämlich auf den Kontext-Layer. In Abbildung 43.10 habe ich aus Gründen der Übersicht nur ein paar exemplarische Pfeile in die zweite Ebene gezeichnet.

Das Eingangsgewicht der dick eingetragenen Pfeile der lateralen Rückkopplungen bleibt in diesem Fall unverändert bei 1. Nur so ist sichergestellt, dass es sich wirklich um die exakte Kopie der Eingangsneuronen vom Vorgängermuster handelt.

Mit diesem Verfahren reisen Sie quasi in die Vergangenheit und lösen Probleme, die einen Kontext erfordern. Sie können sich vorstellen, dass Sie weitere Kontext-Layer mit noch älteren Eingabemustern auf dieselbe Art erzeugen können.

Attraktive Attraktorennetze

Wenn die Rückkopplungen noch komplizierter werden, wird es irgendwann schwierig, die systematische Backpropagation zur Anpassung der Gewichte anzuwenden.

In diesem Fall können Sie mit Ihren KNNs auch gänzlich anders umgehen. Stellen Sie sich vor, Sie belegen die Gewichte eines komplexen KNNs mit zufälligen Werten. Dann geben Sie ein Muster auf einige Neuronen (nur für einen Takt, danach wird es wieder entfernt). Sobald das Netzwerk nun »losläuft«, wird es mit jedem Rechenzyklus neue Zustände annehmen und – vielleicht – irgendwann eine stabile Konstellation erreichen. Diese wird auch **Attraktor** genannt.

 Ein *Attraktor* ist eine zeitstabile Konfiguration eines rekurrenten KNNs, das auch als **Attraktornetz** bezeichnet wird.

Die Idee geht also dahin, dass Sie eine Klassifikation von Mustern dadurch erreichen, dass diese zum selben *Attraktor* führen. Der Bereich, in dem unterschiedliche Eingangsmuster im gleichen Attraktor resultieren, heißt **Attraktorbassin**.

 Konfigurationen, die zum selben Attraktor gehören, bilden ein *Attraktorbassin*.

Ein und dasselbe Attraktornetz kann durchaus über mehrere Attraktoren mit den zugehörigen Attraktorenbassins verfügen. Umgekehrt kann es Ihnen passieren, dass gewisse Muster überhaupt nicht konvergieren. In Abbildung 43.11 habe ich versucht, diese Situation einmal grafisch darzustellen.

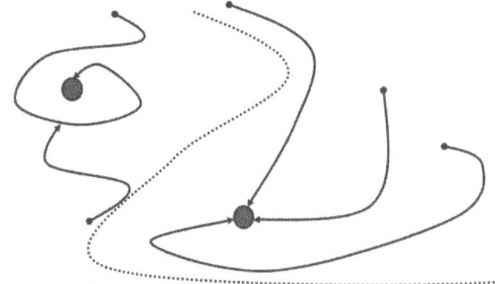

Abbildung 43.11: Attraktorennetz mit zwei Attraktoren und zugehörigen Bassins

Natürlich ist diese zweidimensionale Grafik eine extreme Vereinfachung der Wahrheit. Jede Koordinate entspricht einer speziellen Konstellation von Neuronenzuständen des Attraktorennetzwerks. Die beiden größeren Kreise repräsentieren die Attraktoren. Die gestrichelte Linie trennt die zugehörigen Attraktorenbassins voneinander. Jede Anfangskonfiguration links läuft am Ende auf den linken Attraktor hinaus. Ähnliches passiert rechts. Als Beispiel habe ich Ihnen fünf Anfangskonfigurationen als kleine Kreise markiert. Die beiden Fälle auf der linken Seite erreichen den Attraktor über ein gemeinsames letztes Teilstück. Rechts sehen Sie drei unterschiedliche Wege, den Attraktor zu erreichen. Klar ist, dass jeder Punkt auf jeder Linie (somit jede Konfiguration von Neuronenzuständen) ab diesem Zeitpunkt exakt den gleichen Weg bis zum Ziel beschreibt.

 Verwechseln Sie die »Bewegung« der Zustände im Attraktornetzwerk nicht mit dem Lauf der Signale innerhalb des KNN. Zu jedem Zeitpunkt werden ALLE Zustände ALLER Neuronen (»feuert« oder »feuert nicht«) als ein Punkt in einem Raum betrachtet, der über so viele Dimensionen verfügt, wie Ihr Attraktornetzwerk Neuronen besitzt. Ein Attraktor entspricht somit einer Konstellation an Zuständen, die sich auch in den Folgetakten nicht mehr ändert!

Wenn Sie jeden Punkt mit einer Problemstellung und den Attraktor mit der Lösung vergleichen, können Sie auf elegante Weise die Schwierigkeit des Problems mit einem Attraktornetzwerk messen:

 Die Laufzeit einer Anfangskonfiguration bis zum Erreichen des Attraktors kann als Maß für die *Schwierigkeit* einer Problemstellung herangezogen werden.

Grenzenlose Anwendungsfelder

Hier und da habe ich schon einmal angedeutet, wozu dieser ganze Aufwand nützlich ist. In diesem letzten Abschnitt will ich nur ein paar Beispiele aufzeigen, die Sie dazu inspirieren sollen, eigene Netze zu entwerfen, um Ihre Ideen zu realisieren.

Generell lässt sich sagen, dass KNNs immer dort eingesetzt werden, wo

✔ ... eine symbolische Realisierung nicht effizient wäre

✔ ... die Komplexität der Problemstellung zu groß ist

✔ ... keine alternativen Lösungswege existieren

Aufgrund der Leistungsfähigkeit unseres Gehirns haben die Befürworter von KNNs immer eine gute Begründung auf der Hand, warum eine hocheffiziente Lösung für ein bestimmtes Problem möglich sein muss – der Mensch kann es ja auch!

Allerdings sollten Sie sich darüber im Klaren sein, dass der Einsatz von KNNs auch eine Schattenseite hat:

✔ Die Wissensrepräsentation erfolgt subsymbolisch, was bedeutet, dass Sie nie wissen, ob Ihr System schon genug gelernt hat oder nicht.

✔ Die Steuerung des KNNs ist sehr problematisch. Sie wissen nie genau, wie Ihr System reagieren wird. Daher werden Sie beispielsweise kein Atomkraftwerk autonom von KNNs kontrollieren lassen.

✔ Ein VVKNN hat eine definierte Maximallaufzeit. Wenn Sie ein rekurrentes System einsetzen, wissen Sie unter Umständen nicht, wie lange Sie noch warten müssen.

Nichtsdestotrotz gibt es sehr viele spannende Bereiche, wo KNNs zum Einsatz kommen. Wie wäre es mit einer kleinen Auswahl?

Natürliche Sprache

Spracherkennung war in den Anfängen des Computerzeitalters wahnsinnig schwierig. Heute haben die großen Technologieunternehmen durch die Bank gute bis sehr gute Lösungen erzielt. Wodurch? Primär durch den Einsatz von KNNs!

30 Schichten und mehr sind heutzutage bereits im Einsatz. Zig Millionen von künstlichen Neuronen werden dabei verwendet und das Ergebnis spricht für sich. Spracherkennung ist eindeutig dasjenige Gebiet, auf dem KNNs den entscheidenden Durchbruch erzielt haben.

Wahrnehmung der Umgebung

Seit Rosenblatts Perceptron versuchen Forscher, die Sinne mittels neuronaler Netze auf Computer zu übertragen. Heutzutage kommen verschiedene Technologien zum Einsatz, um beispielsweise Gesichtserkennung in Flughäfen und anderen öffentlichen Bereichen voranzutreiben. Die neuronalen Netze haben hier bis heute ihre Attraktivität bewahrt.

Ein weiteres wichtiges Gebiet ist die Erkennung von schadhaftem Gewebe in der Medizin. Die Fortschritte der bildgebenden Verfahren sind so überwältigend, dass Mediziner aus Zeitgründen die gewaltige Fülle an Material nicht mehr detailliert sichten können. Hier bieten KNNs als Filterverfahren eine sehr gute Möglichkeit, um die Komplexität der Aufgabe auf ein vernünftiges Maß herunterzubrechen.

Teil X
Im Netz der Netze

... dominiert das Internet. Das erste Kapitel startet mit den Grundlagen der Netzwerkprotokolle. Anschließend erfahren Sie die wichtigsten Fakten und Konzepte zum Aufbau des World Wide Web. Um Skriptsprachen dreht sich alles im dritten Kapitel dieses Teils. Deren Bedeutung lässt sich kaum überschätzen. Fast alle Webanwendungen basieren auf einer der vielen Varianten. Das vorletzte Kapitel befasst sich mit Threads und Socketprogrammierung, einer Thematik, mit der Sie sich unbedingt befassen sollten, wenn Sie auf der Serverseite unterwegs sind. Schließlich wage ich im letzten Kapitel einen kleinen Ausblick, wohin sich der gesamte Tross der Internet-Community wohl bewegen wird. Aber ich bin kein Hellseher, also sollten Sie meine Prognosen nicht überbewerten ...

Kapitel 44
Ganz nach Protokoll

n diesem Kapitel erfahren Sie, was die Grundlage des Internets und der gesamten Datenkommunikation darstellt: Protokolle. Sie tragen häufig mysteriös klingende Bezeichnungen und erscheinen vielen Menschen als schwierig zu verstehen. Mit diesem Vorurteil möchte ich ein für alle Mal aufräumen. Dazu erkläre ich Ihnen zunächst Sinn und Zweck von Protokollen und wie sie im Allgemeinen aufgebaut sind. Danach nehmen wir die wichtigsten Protokolle im Internet unter die Lupe und am Ende werden Sie vielleicht ein paar Dinge verstehen, die Ihnen bis dato noch unbekannt waren ...

Militärische Ideen

Vermutlich würde Ihre Antwort auf die Frage »Was ist ein Protokoll?« das Wort »Niederschrift« beinhalten. Bestimmt kennen Sie auch das beklemmende Gefühl, das Hin- und Herrutschen auf den Stühlen, wenn ein »Protokollführer« bei einer Sitzung gesucht wird. All das hat mit dem »Protokoll«, von dem in diesem Kapitel die Rede ist, herzlich wenig zu tun. Entspannen Sie sich also!

Das Wort hat noch eine gänzlich andere Bedeutung. Womöglich haben Sie schon vom »Protokollarischen Dienst« beim Militär oder in der Diplomatie gehört.

Es geht dort um bestimmte Umgangsformen, geradezu ritualisierte Abläufe. Wehe, ein Staatsgast hält sich nicht an die Kleider- oder die Tischordnung. Das wäre ein Verstoß gegen das Protokoll.

Um genau solche Arten von Protokollen geht es auch in der Informatik. Genaue Vorschriften, welche Information an welcher Stelle zu welchem Zeitpunkt stehen muss.

 *Protokolle* enthalten Regeln und Formate, wie Informationen auszutauschen sind.

Natürlich gibt es eine Unmenge an Protokollen und kein Mensch hindert Sie daran, heute (warum nicht jetzt gleich?) ein neues zu erfinden!

Tanz um die Redundanz

Protokolle legen beispielsweise fest, *wie* Daten von A nach B gelangen. Wichtig ist dabei natürlich, dass sich Sender und Empfänger auf ein *gemeinsames* Protokoll einigen. Anderenfalls würde der eine den anderen überhaupt nicht verstehen oder – schlimmer noch – es käme zu Missverständnissen.

Mithilfe eines Protokolls kann beispielsweise der Empfänger feststellen, ob die Daten heil oder womöglich verändert angekommen sind. Aber der Gedanke geht noch viel weiter. Im Protokoll dürfen Sie auch bestimmen, auf welche Weise wer zu welchem Zeitpunkt welche Information erhalten darf und wie die Nachrichten quittiert werden müssen.

 Protokolle sind in der Informatik so wichtig wie Normen in der Industrie.

Sobald ein Protokoll – für welchen konkreten Bereich auch immer – festgelegt worden ist und die großen Player am Markt bestätigen, dass sie sich daran halten wollen, kann sich jeder darauf verlassen, dass es am Ende auch angewendet wird.

 Eine weitere Möglichkeit für Protokolle finden Sie im Bereich der Programmiersprachen (in Kapitel 25 zum Beispiel bezogen auf Objective-C).

Für folgende Zwecke können Sie Protokolle einsetzen ...

✔ Übermittlung von Informationen

✔ Gewährleistung des Datentransports

✔ Sicherung von Datenpaketen

✔ Verschlüsselung von Botschaften

✔ Darstellung oder Anordnung von Daten

✔ Was immer Ihnen selbst einfällt ...

Das ursprüngliche Verfahren, um ein Protokoll zu standardisieren, verlief über einen sogenannten »Request For Comments«, kurz **RFC**. Dabei wird ein Vorschlag präsentiert, der vom interessierten Publikum kommentiert wird. Wenn am Ende genügend Kommentare eingeflossen sind, so die Philosophie, kommt schon etwas Vernünftiges dabei heraus. Die ersten RFCs gab es schon Ende der 60er Jahre, als es erst den Vorgänger des uns bekannten

Internets gab, das ARPANET. Die RFCs wurden einfach durchnummeriert, um den Überblick zu behalten.

Das Internet-Protokoll

Den Grundstein für unser heutiges Internet legte das 1981 vorgestellte **Internet-Protokoll (Internet Protocol, IP)** in der Version 4 (**v4**). Die zugehörige RFC-Nummer lautet 791. Die Vorgängerversionen aus den 70er Jahren wurden nie produktiv eingesetzt und unter »Internet Experiment Notes«, **IEN**s, publiziert. Das Internet-Protokoll regelt einen Datenaustausch zwischen Computern in Form von *Paketen.*

 Die genaue Spezifikation für das Internet-Protokoll in der Version 4 finden Sie unter `http://www.rfc-editor.org/rfc/rfc791.txt` oder auch hier `https://tools.ietf.org/html/rfc791`. Das **IETF** steht übrigens für **Internet Engineering Task Force.**

Heute werden einfach alle Standards, auch wenn sie längst nicht mehr einer Diskussion unterliegen, dennoch als RFC geführt. Verbesserungen – beispielsweise eine Erweiterung der IP-Adressen – erhalten dann eine neue Nummer. Im Jahre 1998 wurde der IP-Standard von der Version v6 abgelöst, nachzulcscn untcr **RFC 2460**. Übrigens ist die Version 5 ein experimentelles Streaming-Protokoll.

Schichten und Geschichten

Das Internet-Protokoll ist aufs Engste mit dem **Transmission Control Protocol** verbunden, dem sogenannten **TCP**. Beide zusammen bilden den *Protokollstapel* **TCP/IP**.

 Unter einem *Protokollstapel* (**Protocol-Stack**) versteht man ineinander verschachtelte Spezifikationen von Protokollen.

Stellen Sie sich vor, der Briefträger bringt Ihnen ein Paket nach Hause. Sobald Sie den Karton geöffnet haben, finden Sie dort ... ein weiteres Päckchen als Inhalt vor. Wenn Sie jedes Paket mit einem Protokoll identifizieren, erhalten Sie insgesamt einen Protokollstapel.

Jedes dieser Protokolle besteht aus einem **Verwaltungsanteil** und einem Bereich für die **Nutzlast**. Da die Verwaltungsinformation meist am Anfang erscheint, spricht man vom *Header* des Protokolls. Der Rest ist der *Body*.

In einem Protokollstapel finden Sie als Nutzlast Informationen vor, die selbst wiederum in *Header* und *Body* unterteilt ist.

 Im Falle von TCP/IP in der Version 4 können Sie die Spezifikation des IP-Headers gemäß RFC791 in Abbildung 44.1 einsehen.

```
 0                   1                   2                   3
 0 1 2 3 4 5 6 7 8 9 0 1 2 3 4 5 6 7 8 9 0 1 2 3 4 5 6 7 8 9 0 1
+-+-+-+-+-+-+-+-+-+-+-+-+-+-+-+-+-+-+-+-+-+-+-+-+-+-+-+-+-+-+-+-+
|Version|  IHL  |Type of Service|          Total Length         |
+-+-+-+-+-+-+-+-+-+-+-+-+-+-+-+-+-+-+-+-+-+-+-+-+-+-+-+-+-+-+-+-+
|         Identification        |Flags|      Fragment Offset    |
+-+-+-+-+-+-+-+-+-+-+-+-+-+-+-+-+-+-+-+-+-+-+-+-+-+-+-+-+-+-+-+-+
|  Time to Live |    Protocol   |         Header Checksum        |
+-+-+-+-+-+-+-+-+-+-+-+-+-+-+-+-+-+-+-+-+-+-+-+-+-+-+-+-+-+-+-+-+
|                         Source Address                        |
+-+-+-+-+-+-+-+-+-+-+-+-+-+-+-+-+-+-+-+-+-+-+-+-+-+-+-+-+-+-+-+-+
|                      Destination Address                      |
+-+-+-+-+-+-+-+-+-+-+-+-+-+-+-+-+-+-+-+-+-+-+-+-+-+-+-+-+-+-+-+-+
|                    Options                     |    Padding    |
+-+-+-+-+-+-+-+-+-+-+-+-+-+-+-+-+-+-+-+-+-+-+-+-+-+-+-+-+-+-+-+-+
```

Abbildung 44.1: IPv4-Header gemäß RFC791

Keine Sorge, wenn Sie Abbildung 44.1 etwas verwirrt. Ich erkläre Ihnen in Ruhe, wie die Spezifikation zu lesen ist, und schon hat sie ihren Schrecken verloren.

Bei genauerem Hinsehen entdecken Sie eine Tabelle mit insgesamt 32 Spalten, die von 0 bis 31 durchnummeriert sind. Die sechs Zeilen sind leicht zu identifizieren. Allerdings handelt sich es in Wahrheit einfach um eine Folge von $32 \cdot 6 = 192$ Bits, die in *Worte* (Bitfolgen der Länge 32) aufgeteilt wurde, damit sie besser zu lesen ist. Ein Wort entspricht vier aufeinanderfolgenden Bytes mit je acht Bits.

Die ersten vier Bits (0 bis 3) eines jeden IP-Datenpakets enthalten die Versionsnummer. Die Zahl 4 (für »IP Version 4«) wird einfach binär als 0100 dort hineingeschrieben. Inzwischen ist übrigens v6 der Standard, was bedeutet, dass dessen Header mit 0110 (für »6«) beginnt ...

Die nächsten vier Bits (4 bis 7) enthalten die **IHL**, die **Internet Header Length**, und zwar in **Worten** (also Gruppen à 32 Bits). Jetzt könnten Sie einwenden: »Wozu soll das gut sein? Offenbar enthält ein IP-Header genau sechs Worte.« Allerdings ist die sechste Zeile tatsächlich optional. Die Minimalzahl im Feld IHL ist somit eine 5, binär 0101.

Die Bedeutung des **Type of Service** wurde über die Jahre mehrfach verändert. Ursprünglich vorgesehen war eine Priorisierung bestimmter Pakete gegenüber anderen.

Spannender ist die **Total Length** des Pakets in Byte. Da in diesem Feld 16 Bits vorgesehen sind, beträgt die maximale Länge eines IP-Datensatzes (inklusive Header) $2^{16} - 1 = 65535$ Bytes (mit 2 Bits können Sie ja auch als größte Zahl maximal $2^2 - 1 = 3$ darstellen).

Die nächsten drei Felder dienen der Aufteilung einer größeren Datenmenge in einzelne IP-Pakete (**Fragmentierung**). Da das Protokoll nicht sicherstellt, dass die Einzelpäckchen in der richtigen Reihenfolge ankommen, werden einige Informationen benötigt, um die Daten am Ende wieder richtig zusammensetzen zu können.

Die acht Bits im **Time to Live(TTL)**-Bereich stellen eine ganze Zahl dar, die an jeder Station, an der dieses Paket vorbeikommt, um 1 verringert wird. Man nennt einen solchen »Sprung« zur nächsten Zwischenstation auch einen **Hop**. Bei jedem Hop wird die TTL dekrementiert, also um 1 verkleinert. Sobald die Zahl aus lauter Nullen besteht, wird das Paket nicht weiterverarbeitet (und somit »gelöscht«). Sie halten das für unsinnig? Leider gibt es auch heute noch zahllose schlecht konfigurierte Router, bei denen ein unendliches Weiterleiten, gewissermaßen im Kreise, von Paketen vorkommt. Daher hat das TTL-Feld durchaus seine Berechtigung. Es verhindert, dass das Internet mit niemals ankommenden Datenpaketen zugemüllt wird.

Das **Protocol**-Feld enthält Informationen über das nächste verschachtelte Protokoll, quasi das Päckchen im Päckchen. Im Falle von TCP erscheint dort eine (binäre) 6.

Die **Header Checksum** ist eine simple Prüfsumme über alle Bits des IP-Headers (inklusive Header Checksum). Sinn der Maßnahme ist es, herauszufinden, ob der Kopf vielleicht beschädigt wurde (beispielsweise ein Bit zu viel oder zu wenig enthält).

Sehr spannend sind Wort 4 und Wort 5 des IP-Headers. Dort finden sich die 32-Bit-**Adressen** des Senders (*Source*) und des Empfängers (*Destination*).

Stellen Sie sich diese Nummern wie eindeutige Postleitzahlen vor. Alle Geräte im Internet, die IP-Pakete weiterleiten (*routen*), müssen anhand der Zieladresse entscheiden, in welcher Richtung es weitergeht.

Meist werden diese vier Bytes durch Punkte getrennt angegeben. Theoretisch ist damit eine Anzahl von $256 \cdot 256 \cdot 256 \cdot 256 = 4.294.967.296$ möglichen Empfängern adressierbar. Allerdings werden einige Nummernbereiche (zum Beispiel solche, die mit 10 oder 192.168 beginnen) im Internet nicht weitergeleitet. Diese dienen lokalen Netzen als Adressen.

Es war bereits in den 90er Jahren, nach der gewaltigen Expansion des Internets durch den WWW-Dienst – Details dazu finden Sie im nächsten Kapitel – klar, dass diese Zahl nicht ausreichen würde. Für die IP-Version 6 wurde daher nicht gekleckert, sondern gleich geklotzt: Dort besitzen die Adressen eine Länge von 128 Bits. Die Anzahl der adressierbaren Ziele ist in Dezimalschreibweise 38-stellig. Eine irre Zahl, bei der Sie nicht nur Computer, sondern alle möglichen Produkte der Menschheit mit einer IP-Adresse versehen können.

Wichtig ist nicht, dass Sie sich alle Details des Protokollaufbaus merken. Vielmehr geht es um das *Prinzip*. Vereinfacht ausgedrückt definiert ein Kommunikationsprotokoll lediglich eine exakt festgelegte Anzahl und Reihenfolge von Bits mit einer definierten Bedeutung, an die sich Sender und Empfänger halten.

Der »Kopf« eines solchen Datenpakets enthält die Verwaltungsinformation, während sich im »Bauch« die eigentlich zu transportierenden Daten befinden, die Nutzlast. Durch den Protokollstapel finden Sie in diesem Bereich womöglich wieder ein anderes Protokoll – das Paket im Paket. Die Situation habe ich in Abbildung 44.2 dargestellt.

Abbildung 44.2: Protokollstapel, jeweils mit Header und Body

Die Protokolle im Protokollstapel sind *ineinander verschachtelt*. Die äußerste Ebene befasst sich mit dem physischen Transport der Daten. Dann kommt das **Internet-Protokoll**, unmittelbar darin verschachtelt ist das **Transmission Control Protocol**, also TCP. Es ist für den reibungslosen Ablauf der Kommunikation verantwortlich.

Handschlag für TCP

Den TCP-Header – gemäß RFC 793 – finden Sie in Abbildung 44.3.

```
    0                   1                   2                   3
    0 1 2 3 4 5 6 7 8 9 0 1 2 3 4 5 6 7 8 9 0 1 2 3 4 5 6 7 8 9 0 1
   +-+-+-+-+-+-+-+-+-+-+-+-+-+-+-+-+-+-+-+-+-+-+-+-+-+-+-+-+-+-+-+-+
   |          Source Port          |       Destination Port        |
   +-+-+-+-+-+-+-+-+-+-+-+-+-+-+-+-+-+-+-+-+-+-+-+-+-+-+-+-+-+-+-+-+
   |                        Sequence Number                        |
   +-+-+-+-+-+-+-+-+-+-+-+-+-+-+-+-+-+-+-+-+-+-+-+-+-+-+-+-+-+-+-+-+
   |                    Acknowledgment Number                      |
   +-+-+-+-+-+-+-+-+-+-+-+-+-+-+-+-+-+-+-+-+-+-+-+-+-+-+-+-+-+-+-+-+
   | Data |           |U|A|P|R|S|F|                               |
   | Offset| Reserved |R|C|S|S|Y|I|            Window             |
   |       |           |G|K|H|T|N|N|                               |
   +-+-+-+-+-+-+-+-+-+-+-+-+-+-+-+-+-+-+-+-+-+-+-+-+-+-+-+-+-+-+-+-+
   |           Checksum            |         Urgent Pointer        |
   +-+-+-+-+-+-+-+-+-+-+-+-+-+-+-+-+-+-+-+-+-+-+-+-+-+-+-+-+-+-+-+-+
   |                    Options                    |    Padding    |
   +-+-+-+-+-+-+-+-+-+-+-+-+-+-+-+-+-+-+-+-+-+-+-+-+-+-+-+-+-+-+-+-+
   |                             data                              |
   +-+-+-+-+-+-+-+-+-+-+-+-+-+-+-+-+-+-+-+-+-+-+-+-+-+-+-+-+-+-+-+-+
```

Abbildung 44.3: TCP-Header gemäß RFC 793

Zur Adressierung eines *Dienstes* (englisch *Service*) auf dem Zielsystem dient der **Port** (hier: englisch für **Anschluss**). Die *Portadresse* oder auch *Portnummer* bezieht sich somit auf einen Server, der bereits durch die IP-Adresse eindeutig bestimmt ist.

Der Port ist eine 16-Bit-Adresse. Somit gibt es theoretisch 2^{16} = 65.536 mögliche Ports pro IP-Nummer. Mit dem Zielport ist zugleich der Bezug zu einem **TCP-Dienst** hergestellt. Ein paar Dienste, deren Portnummern Sie sich merken sollten, habe ich in einer Tabelle am Ende dieses Kapitels aufgelistet. Obwohl zahlreiche TCP-Adressen mit festen Services verbunden sind, gibt es noch jede Menge Lücken, wo Sie Ihre eigenen Dienste definieren dürfen. Andererseits sind etliche Ports auch schon – je nach Hersteller der Software – mit völlig unterschiedlichen (und selbst definierten) Diensten mehrfach definiert. Zu Konflikten kommt es jedoch nur dann, wenn wirklich auf *demselben* System zwei unterschiedliche Services mit gleicher TCP-Nummer angeboten werden sollen. Das geht natürlich nicht.

TCP-Ports kleiner als »1024« heißen **System-Ports** und können – wenigstens auf UNIX-Maschinen und ihren Derivaten – nur von einem privilegierten Account (zum Beispiel einem Administrator mit »root«-Rechten) betrieben werden.

Vielleicht haben Sie sich die Frage gestellt, wie TCP eigentlich den Datentransfer kontrolliert. Im Gegensatz zum IP, das *verbindungslos* (*connectionless*) operiert und einfach Datenpakete nacheinander sendet, erzeugt TCP eine **Verbindung** (**Connection**). Plötzlich gehören bestimmte Pakete zur selben Verbindung – oder eben nicht.

Hierzu dienen die **Sequence-Number** und die **Acknowledge-Number** aus dem Header (Abbildung 44.3). Das Ablaufprotokoll (**Handshake – Händeschütteln**) zum Einrichten einer **TCP-Sitzung** sieht drei Schritte vor:

✔ Zunächst »befragt« der Client den Server, ob es losgehen kann. Er sendet dazu ein *Synchronisationspaket* (**SYN**). Hierzu wird das Kontrollbit »SYN« mit dem Wert »1« belegt. Sie finden das Bit zwischen »Reserved« und »Window« in der vierten Zeile von Abbildung 44.3. Es handelt sich um das fünfte Bit im Kontrollfeld (die Buchstaben des Wortes »SYN« stehen übereinander).

✔ Der Server antwortet mit einem **Synchronisations-** und **Bestätigungspaket** (**Synchronize + Acknowledge**, kurz **SYN/ACK**). Dazu wird nicht nur das fünfte, sondern auch das zweite Bit im Kontrollfeld auf »1« gesetzt.

✔ Am Ende bestätigt der Client den Erhalt des SYN/ACK-Pakets mit einem »reinen« **ACK**, bei dem im Kontrollfeld nur das zweite Bit und nicht das fünfte gesetzt wird.

Keine Sorge. Das geht nicht immer so weiter. Nach diesen drei Schritten gilt die Verbindung als *etabliert* (**connection established**) und es kann losgehen mit dem tatsächlichen Datentransport.

 Wie Sie die Client-Server-Kommunikation programmiertechnisch implementieren, wird in Kapitel 47 erläutert.

In Abbildung 44.4 finden Sie den Verbindungsaufbau (den **Handshake**) grafisch dargestellt.

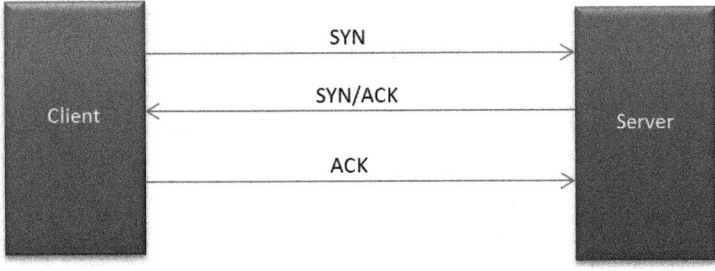

Abbildung 44.4: TCP-Handshake

Hubs, Switches und Router

Wie Sie sehen, ist das alles gar nicht so schwer. Letztlich wird einfach eine Menge von Bits auf einen Schlag übertragen, bei denen der Kopf, also eine Reihe anfänglicher Bits, Kontrollinformationen enthält. Was diese beinhalten, regelt das Protokoll. Außerdem können Protokolle ineinander verschachtelt sein. Wir haben uns zwar nur mit IP und TCP ausführlich beschäftigt, aber natürlich gibt es sowohl *darüber* als auch *darunter* weitere Protokollebenen.

Zur Standardisierung wurde ein Referenzmodell für Netzwerkprotokolle bereits Ende der 70er Jahre definiert, das sogenannte **OSI-Modell**.

 OSI ist die Abkürzung von »**O**pen **S**ystems **I**nterconnection«.

Verschiedene Organisationen wie die **ITU (International Telecommunication Union)** oder die **ISO (International Organization for Standardization)** haben das Modell im Laufe der Jahre standardisiert.

Auf den unteren Ebenen finden sich die *Bitübertragungs- und Sicherungsschichten*, die gewährleisten, dass ein Paket überhaupt »heil« ankommt. IP ist auf der dritten Schicht, der *Vermittlungsschicht* angesiedelt, die für das Routing zuständig ist. TCP gehört dagegen zur darüberliegenden *Transportschicht*. Die fünfte Schicht wird auch *Sitzungsschicht* genannt und ist für die Kommunikationssteuerung zuständig. Die sechste dient der *Darstellung*, während die siebte und letzte die *Applikationsebene* bildet.

So weit die Theorie. In der Praxis sind die letzten drei Ebenen jedoch nicht mehr voneinander zu trennen. Beispielsweise regelt das **Hypertext Transfer Protocol** (**HTTP**) die drei Schichten 5 bis 7 auf einen Schlag.

 Die Version 1.0 des *Hypertext Transfer Protocols* wurde im Mai 1996 veröffentlicht. Details hierzu finden Sie etwa im RFC 1945.

 Wie HTTP funktioniert, erfahren Sie in Kapitel 45. Dort zeige ich Ihnen ebenfalls, wie aus sprechenden Namen IP-Adressen werden.

Die Pakete werden im Internet in der Regel jedoch nicht direkt vom Absender zum Empfänger geliefert, sondern über *Zwischenstationen*. Es werden dabei verschiedene Arten von Netzwerkgeräten unterschieden, die ich Ihnen hier kurz vorstellen möchte:

✔ **Router** sind die intelligentesten Netzwerkkomponenten. Sie »wissen Bescheid« über die potenziellen Ziele von IP-Paketen. Sie können beispielsweise lokale von weltweiten IP-Adressen unterscheiden. Außerdem beherrschen sie **NAT**, die *Network Address Translation*. Damit sind Sie in der Lage, beispielsweise eine Reihe von internen Adressen in Ihrem Haushalt nach außen (also für das Internet) in eine offizielle Adresse zu übersetzen, die dem Router zugewiesen wurde. Außerdem können Sie auf einem Router heutzutage Paketfilter definieren, die Ihr Netz vor Zugriffen aus dem Internet schützen.

✔ **Switches** sind eine Nummer einfacher gestrickt. Mit einem Switch alleine können Sie Ihr lokales Netz nicht ans Internet anschließen, aber wenn Sie schon über einen Router verfügen, helfen Ihnen Switches, ein größeres lokales Netzwerk zu strukturieren. Ein Switch kann verschiedene Segmente Ihres Netzes unterteilen und bestimmte Datenpakete gleich dem richtigen Segment zuordnen. Das geht fix und kann – in eingeschränktem Maße – auch der Netzwerksicherheit dienen.

✔ **Hubs** sind die primitivsten Vertreter von Netzwerkkomponenten. Sie verfügen über keinerlei Intelligenz. Mit ihrer Hilfe können Sie einfach Ihr Netzwerk vergrößern, falls beispielsweise auf Ihrem Router nicht mehr genügend Anschlüsse für Computer oder andere Netzwerkgeräte vorhanden sind.

Übersicht der wichtigsten Dienste

Wenn wir schon einmal dabei sind: Es gibt eine Reihe von Diensten (mit ihren jeweiligen Standard-Portadressen unterhalb von 1024), die Sie unbedingt kennen sollten. Eine kleine Auflistung sehr wichtiger Services finden Sie in Tabelle 44.1.

Name	Abkürzung	TCP-Portnummer	Bemerkung
File Transfer Protocol	FTP	20 + 21	Unverschlüsselte Übertragung von Daten. Das alte, unsichere und recht komplizierte Protokoll ist bis heute im Einsatz.
Secure Shell Protocol Suite	SSH	22	Eine verschlüsselte Variante für entfernte Anmeldung (remote login) und Datenübertragung. Hat unter anderem das sicherheitskritische telnet-Protokoll (Port 23) abgelöst.
Simple Mail Transfer Protocol	SMTP	25	Protokoll zum Versenden von Mails
Domain Name System	DNS	53	Dieses Protokoll dient der Übersetzung von Servernamen in IP-Adressen.
Hypertext Transfer Protocol	HTTP	80	HTTP ist das allseits bekannte Protokoll, mit dem Texte und Bilder im Internet übertragen werden.
Post Office Protocol (Version 3)	POP3	110	Protokolle, mit denen Sie Mails aus Ihrem Postfach holen. Mit IMAP bilden Sie Ihre Ordnerstruktur inklusive aller Mails auf der Serverseite ab, während POP Ihre Mails einfach nur vom Server abholt. Ihre Ordnerstruktur ist in diesem Fall nur auf der Clientseite, also auf Ihrem Rechner vorhanden.
Internet Message Access Protocol (Version4)	IMAP4	143	

Tabelle 44.1: Liste der sieben wichtigsten TCP-Dienste

Viele der unsicheren (unverschlüsselten) Protokolle wurden später mit einem »sicheren Mantel« überzogen. Dieser »Secure Socket Layer« (**SSL**), der später durch die »Transport Layer Security« (**TLS**) ersetzt wurde, packt das Klartextprotokoll gewissermaßen in ein verschlüsseltes Paket. Die verschlüsselten Protokollvarianten haben ein zusätzliches »s« am Ende (beispielsweise HTTPS, was für HTTP over TLS/SSL steht).

 Details zu den Protokollen »mit s« finden Sie in Kapitel 55.

Zum Abschluss des Kapitels sollten Sie einmal den »Domain Name Service« (DNS) unter die Lupe nehmen. Die Idee ist schnell erklärt: Kein Mensch kann sich IP-Adressen merken, dagegen wären sprechende Namen schon sinnvoller. Daher gibt es für das Internet eine gigantische Zuordnung, bei der jedem *Namensbereich* (englisch *Domain*) eine IP-Nummer zugeordnet ist.

Sie können mittels nslookup selbst herausfinden, welche IP-Nummer zu einer bestimmten Domain gehört.

 Der Aufruf von nslookup wiley.de führt Sie zur IP-Adresse des Wiley-Verlags, der auch Ihr Dummies-Buch herausgebracht hat.

Die Domain wiley.de besitzt die IP-Nummer »193.97.137.195«.

 Die grundlegenden RFCs zum DNS finden Sie unter den Nummern 1034 und 1035.

Die beiden Buchstaben am Ende repräsentieren die **Toplevel**-Domain, von denen jedes Land eine abbekommen hat. .de steht bekanntermaßen für »Deutschland«. Dagegen wird beispielsweise die Endung .tv von Fernsehsendern verwendet. Ursprünglich handelte es sich um die Toplevel-Domain von »Tuvalu«, einem pazifischen Inselstaat, der seine Rechte daran für 50 Millionen Dollar versilbert hat.

Inzwischen gibt es etliche neue Toplevel-Domains, und während ich dieses Buch schreibe, werden neue herausgebracht. Das ist ein recht lukratives Geschäft, denn am Ende werden unter verschiedenen Namen doch wieder nur dieselben Inhalte zu finden sein.

Für die .de-Toplevel-Domain ist hierzulande die Frankfurter Genossenschaft »DENIC eG« zuständig. Der Name ist eine Zusammenziehung von »nic.de«, dem hiesigen »Network Information Center«. Jeder kann dort detaillierte Informationen zu jeder .de-Domain abfragen.

 Probieren wir es mit der Eingabe von wiley.de im Abfragefenster DOMAINABFRAGE von nic.de. Die aufgeführten Beschreibungen in Anführungszeichen stammen von DENIC. Es ist schon erstaunlich, was Sie dort finden ...

Es geht los mit dem **Domaininhaber**:

»Der Domaininhaber ist der Vertragspartner der DENIC und damit der an der Domain materiell Berechtigte.«

Das ist in unserem Fall:

Wiley-VCH Verlag GmbH und Co. KGaA, Boschstrasse 12, 69469 Weinheim

Jawohl, die vollständige Adresse des Domaininhabers ist Pflicht. Dies gilt auch für die Adresse einer Privatperson, die eine eigene Domain besitzt. Probieren Sie es aus!

Wer **administrativer Ansprechpartner** ist, findet sich im nächsten Abschnitt.

»Der administrative Ansprechpartner (admin-c) ist die vom Domaininhaber benannte natürliche Person, die als sein Bevollmächtigter berechtigt und gegenüber DENIC auch verpflichtet ist, sämtliche die Domain wiley.de betreffenden Angelegenheiten verbindlich zu entscheiden.«

Wieder finden Sie Namen, Adresse (in dem Fall die Firmenadresse), Telefonnummer und E-Mail des zuständigen Administrators. Bei Privatleuten sind Domaininhaber und administrative Ansprechpartner zumeist dieselbe Person.

Der nächste Abschnitt lautet **technischer Ansprechpartner**.

»Der technische Ansprechpartner (tech-c) betreut die Domain wiley.de in technischer Hinsicht.«

Im Gegensatz zum administrativen Ansprechpartner, der den Inhalt der Domain pflegt, ist der technische Ansprechpartner für die darunterliegende Soft- und Hardware zuständig. Typischerweise werden Sie hier die großen (und kleinen) Internetprovider antreffen.

Weiter geht es mit dem **Zonenverwalter**.

»Der Zonenverwalter (zone-c) betreut die Nameserver der Domain wiley.de.«

Die Nameserver der Domain stellen den Dienst zur Verfügung, aus den gegebenen Namen die richtigen IP-Nummern abzuleiten. Das funktioniert natürlich nur, falls auch die entsprechenden IP-Nummern im Besitz des jeweiligen Unternehmens sind.

Schließlich gibt es einen Abschnitt für die Adressen der **Nameserver** selbst. Diese stammen typischerweise vom jeweiligen technischen Provider.

 Wie es weitergeht, nachdem Sie die Domain im Browser eingegeben haben, können Sie in Kapitel 45 nachschlagen.

Kapitel 45

Gestalten und Gestaltung im Web

Hier erfahren Sie, wie das Internet funktioniert und aus einer Reihe von Bits und Bytes bunte, vielleicht blinkende Texte und Bilder werden. Nach einem kurzen Rückblick in die Geschichte des World Wide Web geht es auch schon los. Ich erläutere Ihnen das Protokoll HTTP sowie die Sprachen HTML und XML, um die sich alles dreht.

Webtechnologie für Insider

Das Internet führte bis in die 90er Jahre des letzten Jahrtausends eine trübselige Existenz. Neben den Militärs, die das Netz vorangetrieben hatten, kamen nur Unis und Forschungseinrichtungen in den Genuss der elektronischen Datenübertragung.

Am CERN entwickelte Tim Berners-Lee damals ein Konzept, um Forschungsergebnisse innerhalb seiner Einrichtung den Kollegen elektronisch aufzubereiten.

CERN ist die Abkürzung für »Conseil Européen pour la Recherche Nucléaire«. Der Sitz dieser multinationalen Forschungseinrichtung befindet sich in Genf. Das CERN verfügt über gigantische Teilchenbeschleuniger, um immer kleinere Bestandteile von Atomkernen sowie den Ursprung der Welt zu erforschen.

Seine Idee war, reinen Text grafisch so aufzubereiten, dass auch Bilder und Verweise (Links) auf andere Texte möglich sein sollten. Natürlich packte er sein »Hypertext Transfer Protocol« (HTTP) in die bereits bestehende Protokollarchitektur von TCP/IP.

Details zu TCP/IP erfahren Sie in Kapitel 44.

Innerhalb des HTTP ist die »Hypertext Markup Language« (HTML) die eigentliche Trägerin der Information. Die Nutzlast von HTTP besteht somit aus HTML-Daten.

Nach einigem Hin und Her entschloss sich Tim Berners-Lee, das Gesamtkonzept **World Wide Web** zu taufen. Dies ist der Grund, warum Sie auch heute noch im Browser bei vielen Zielseiten »WWW« eingeben müssen. Allerdings darf der Server auch anders heißen. Entscheidend ist, dass er HTTP beherrscht.

HTTP in Kurzform

HTTP ist das Protokoll, mit dem sich Client und Server unterhalten, um letztlich HTML zu übertragen. Der Client beginnt und stellt seine *Anforderung (request)*. Damit Sie das Ergebnis gleich grafisch aufbereitet erhalten, wird dieser Request von einem Programm initiiert, das Sie als **Browser** kennen.

Im Browser tragen Sie mit der URL ein, welche Seite auf welchem Server Sie betrachten wollen.

 URL ist die Abkürzung für *Uniform Resource Locator*, also eine vereinheitlichte Form, um eine Zielressource zu identifizieren. Details finden Sie, wie üblich, in einem RFC. In diesem Fall handelt es sich um den RFC 1738.

Die URL besteht aus mehreren Komponenten. Es geht los mit der Protokollbezeichnung (abgeschlossen mit der Zeichenfolge »://«). Danach folgt die Angabe des Zielrechners durch den qualifizierten Domain-Namen, jeweils unterteilt mit Punkten. Dieser wird mit einem Slash »/« abgeschlossen. Alles andere, was danach kommt, wird für die »Lokalisierung der Ressource« auf dem System verwendet, also die eigentliche Aufgabe der URL (Abbildung 45.1).

Abbildung 45.1: URL in einem Browser

Früher gab es außer http noch zahlreiche andere Varianten, die inzwischen jedoch nahezu bedeutungslos geworden sind. Selbst wenn Sie die Protokollbezeichnung einfach weglassen, wird Ihr Browser automatisch das Hypertext Transfer Protocol wählen.

Dieses kennt verschiedene Befehle. Die wichtigsten lauten:

✔ **GET** Damit fordern Sie eine Seite vom Server an. Die übertragenen Daten sind Teil der URL, daher können Sie diese im Link erkennen. Maximale Länge einer URL sind 2048 Bytes, was somit auch GET beschränkt.

✔ **POST** Die Übertragung der Daten erfolgt im Gegensatz zu GET diesmal im Nachrichtenrumpf, daher sind sie im Link nicht sichtbar. Außerdem ist mit dieser Methode eine beliebig große Datenmenge übertragbar.

✔ **HEAD** Wie GET, lädt jedoch nur den Header der Zielseite, nicht die eigentlichen Daten herunter.

✔ **PUT** Damit laden Sie Daten auf einen Webserver hoch.

✔ **DELETE** Dieser Befehl dient zum Löschen von Seiten auf dem Zielsystem.

Sie können sich wohl denken, dass die beiden letzten Befehle heutzutage fast überall abgeschaltet sind. Der Web-Administrator würde sich bestimmt freuen, wenn jeder Client beliebige Daten hochladen oder gar existierende Seiten löschen könnte.

Damit Sie ein Gefühl dafür bekommen, wie das Ganze spielt, zeige ich Ihnen anhand eines konkreten Beispiels, wie ein HTTP-Request aussieht und was der Server antwortet.

Sie fragen per TCP/IP zunächst das Zielsystem an. Wenn Sie den Befehl telnet benutzen (im Beispiel auf der Konsole eines Computers mit dem Namen »pc7«), geben Sie durch Leerzeichen getrennt am Ende die Portadresse, in unserem Fall normalerweise »80«, ein (Abbildung 45.2).

```
pc7:~$ telnet www.wiley-vch.de 80
Trying 193.97.137.195...
Connected to www.wiley-vch.de.
Escape character is '^]'.
HEAD /dummies HTTP/1.0

HTTP/1.1 301 Moved Permanently
Date: Tue, 12 Dec 2015 09:45:06 GMT
Server: Apache
Location: http://www.wiley-vch.de/
Connection: close
Content-Type: text/html; charset=iso-8859-1

Connection closed by foreign host.
```

Abbildung 45.2: Beispiel einer http-Sitzung

   Details zu **telnet** finden Sie in Kapitel 47!

Die nächsten drei Zeilen (Trying ..., Connected ... und Escape ...) zeigen an, dass Sie eine Verbindung hergestellt haben. Erst in der darauf folgenden Zeile wird der erste HTTP-Befehl angewendet: HEAD /dummies HTTP/1.0. Damit signalisieren Sie dem Zielsystem, dass Sie die Ressource /dummies mit der Protokollversion 1.0 herunterladen möchten.

Beachten Sie, dass Sie ein »doppeltes Return« nach Angabe des HTTP-Befehls eintippen müssen!

Nach der Leerzeile sehen Sie, was der Server antwortet. Er erinnert Sie zuerst daran, dass der Zielserver mit der Protokollversion HTTP1.1 spricht, was aber nicht schlimm ist. Umgekehrt wäre es problematischer: Die angeforderte Protokollversion darf nicht höher sein als die vorhandene.

Dahinter erscheint eine Statusmeldung mit dem Code 301, dessen Bedeutung auch gleich im Klartext erscheint: Moved Permanently, was bedeutet, dass die geforderte Seite von dieser Stelle dauerhaft verschoben wurde. Der Webserver ist übrigens ein Apache, als Sprache wird text/html akzeptiert, und zwar in der ISO-Zeichencodierung 8859-1, auch *Latin-1* genannt. Dabei handelt es sich um eine ASCII-Erweiterung, die auch deutsche Umlaute enthält.

HTTP-Statuscodes

Die Struktur der Codes, die Sie als Antwort vom Server erwarten dürfen, ist nach der ersten Ziffer der dreistelligen Nummer geordnet.

- ✔ 1… steht für reine *Information*.
- ✔ 2… signalisiert einen *Erfolg*.
- ✔ 3… zeigt an, dass Information *verschoben* wurde (zum Beispiel 301 wie oben).
- ✔ 4… ist ein *Fehler* auf der Client-Seite, also des Benutzerbrowsers.
- ✔ 5… weist auf einen *Fehler* der Serverseite hin.

Die Antwort 200 ist der Normalfall, wenn alles klappt. Haben Sie sich bei der URL vertippt, dürfen Sie eine 404 (*Not found*) erwarten. Viele Server senden heutzutage allerdings gar keine 404 mehr zurück. Stattdessen verweisen sie auf eine andere URL oder zeigen eine nett aufbereitete Seite an, die sich für das Fehlen der URL entschuldigt. Der Grund ist einfach: Vermutlich liegt die Ursache nicht darin, dass sich der Benutzer bei der Eingabe vertippt hat, sondern dass ein Link auf genau diese Stelle verweist, die nicht (mehr) existiert …

Aber wohin wurde die Seite verschoben? Das verrät uns der Server nicht. Allerdings haben wir ja auch nur den HEAD angefordert. Wenn Sie den gleichen Aufruf starten, nun jedoch GET statt HEAD wählen, ist die Antwort schon ausführlicher – und zwar in HTML.

HTML in Kurzform

In Abbildung 45.3 zeige ich Ihnen einmal, wie diese Antwort aussieht. Der Anfang ist genau gleich, daher lasse ich ihn weg und konzentriere mich auf das, was wirklich neu ist:

```
<!DOCTYPE HTML PUBLIC "-//IETF//DTD HTML 2.0//EN">
<html><head>
<title>301 Moved Permanently</title>
</head><body>
<h1>Moved Permanently</h1>
<p>The document has moved <a href="http://www.wiley-vch.de/">
here</a>.</p>
</body></html>
```

Abbildung 45.3: Rumpf einer http-Antwort

HTML-Daten starten jeweils mit dem anfänglichen `html`-*Tag* (gesprochen »Tähg«, für *Marker*) und enden mit eben demselben, ergänzt um einen anfänglichen Slash »/«: `</html>`. Auch die darin befindlichen Daten sind jeweils auf dieselbe Weise strukturiert:

`<head>` ... `</head>`

`<body>` ... `</body>`

Selbst innerhalb dieser Unterbereiche finden Sie erneut eingrenzende Gebiete:

`<title>`...`</title>`, `<h1>`...`</h1>`, `<p>`...`</p>` und `<a>`...`</a>`.

Der Titel wird übrigens vom Browser so verwendet, dass es sich tatsächlich um die Fensterüberschrift handelt. Das `h1` steht für eine Überschrift der Größe 1. Auch andere Nummern (bis zur 6) dürfen Sie verwenden, allerdings wird die Schriftgröße dabei immer kleiner. Wie groß sie auf Ihrem Bildschirm letztlich dargestellt wird, entscheidet allein der Browser. Die gängigen Programme lassen heutzutage den Benutzer selbst wählen, wie groß der Standard sein soll.

Das `p` steht für **paragraph**, was einen reinen Textbereich (keine Überschrift) beschreibt. Besondere Aufmerksamkeit verdient das Tag a. Das anschließende `href=` (*Hypertext-Reference*) verweist auf eine andere URL, die Sie beispielsweise als Link angezeigt bekommen. All das muss natürlich Ihr Browser aus der zurückgemeldeten Datenflut extrahieren und aufbereiten. Allerdings werden Sie nichts davon angezeigt bekommen. Moderne Browser ersetzen den `301`-Umleitungsstatus gleich durch den Inhalt der umgeleiteten Seite.

 Alle Details zu HTTP finden Sie im RCF1945 (HTTP1.0) sowie deren Nachfolgern. HTML wird im RFC 1866 (Version 2.0) und Nachfolgeartikeln beschrieben.

HTML bis XML

Bis jetzt ist der Text, den der Server liefert, alles andere als bunt. Natürlich ist letztlich der Browser dafür verantwortlich, etwas Farbe ins Spiel zu bringen. Wie, das wiederum regeln die HTML-Farbcodes.

Dreh- und Angelpunkt ist die **RGB-Farbdarstellung**. Dabei stellen Sie einfach den **R**ot, **G**rün und **B**lauwert Ihrer Farbe *additiv* als Zahl dar.

Um das einigermaßen übersichtlich zu halten, wird für jeden Farbwert ein Byte spendiert, die Angabe erfolgt jedoch hexadezimal.

Einige grundlegende Hinweise zum Thema RGB und additive Mischung finden Sie in Kapitel 5. Dort erhalten Sie ebenfalls Informationen zur hexadezimalen Darstellung von Zahlen.

Sie wollen einen knallroten Hintergrund Ihrer Website? Rot ist die erste der drei Farben, der Maximalwert ist 255 oder hexadezimal FF.

```
<body style="background:#FF0000">
```

Ihr Link soll aus reinem Grün bestehen? Das sieht so aus:

```
<a style="color:#00FF00">
```

Mit dem font-Tag lassen sich in HTML Farben auch als Text darstellen:

```
<font color=#0000FF>Dies ist blauer Text.</font>
<font color="blue">Dies ebenfalls.</font>
```

So bestimmen Sie auch Zeichensätze, Schriftgröße und andere Eigenschaften Ihres Schriftbilds.

Eine beliebige Farbmischung ist natürlich auch möglich. »A30C72« entspricht beispielsweise einer Art Lila, bei der der rote Anteil A3, etwa bei 63 Prozent, der grüne 0C, nur etwa vier Prozent und der Blauanteil so um die 44 Prozent liegt.

Die Maximalzahl »FFFFFF« ergibt Weiß, während »000000« für Schwarz steht.

Unbegrenzte Möglichkeiten

Es ist schon fantastisch, was Sie alles mit HTML anstellen können. Natürlich dürfen Sie auch Bilder einbinden oder sie (beim Anklicken) mit einem Link versehen:

```
<a href="http://meine.zieladresse.de">
<img src="meinbild.jpg" alt="Mein Bild" /></a>
```

Den äußeren Rahmen bildet das Referenz-Tag a. Die Bedeutung von href= kennen Sie ja bereits. Allerdings wird nun ein Bild (Image, img) an die Stelle platziert, die anzuklicken ist. Das alternative Tag (alt=) kommt nur zum Tragen, wenn beispielsweise auf Browserseite Bilder abgeschaltet sind. Dann wird stattdessen der Text »Mein Bild« ausgegeben.

So geht das immer weiter. Die Möglichkeiten von HTML wurden mit jeder Version erweitert. Ein Ende ist nicht in Sicht.

Seien Sie vorsichtig, was die Verwendung von Nicht-Standard-Elementen angeht. Beispielsweise erlauben bestimmte Browsertypen das Tag <blink>, wodurch ein Text zum Blinken gebracht wird. Dies führt jedoch zu einer Fehlermeldung bei den anderen. Da Sie als Serverbetreiber nicht für jede Browserversion eine eigene Seite führen wollen, sollten Sie nur auf Standards setzen.

Kaskadiertes Styling

Recht früh in der Entwicklung von HTML ist aufgefallen, dass es sehr, ja allzu mühselig ist, jedes Element einer Seite explizit mit konkreten Eigenschaften wie Größe, Farbe oder Stil zu versehen. Um dem abzuhelfen, wurden die **Cascading Style Sheets (CSS)** erfunden. Die Idee besteht darin, den Inhalt eines Textes von seinem konkreten Aussehen zu trennen. Die Style Sheets enthalten gewissermaßen die einstellbaren Eigenschaften in einem gesonderten Datenbereich, während Sie im Text nur noch auf das CSS-Element verweisen. Damit können Sie mit einer CSS-Datei allen Ihren (vielleicht hundert?) Seiten dasselbe Aussehen verleihen.

Wenn Sie beispielsweise allen Ihren Überschriften mit dem Tag h1 die Schriftgröße 18, die Farbe »Rot« und die Schriftart »Arial« verpassen möchten, können Sie eine Datei my_styles.css mit folgendem Inhalt anlegen:

```
<style type="text/css">
<!--
h1 {
   font-size:18pt;
   color:#FF0000;
   font-family:arial;
}
-->
</style>
```

In Ihren HTML-Files verweisen Sie mit dem link-Tag auf die CSS-Datei:

```
<link rel="stylesheet" href="my_styles.css">
```

Beachten Sie, dass die Attributsangabe rel="stylesheet" obligatorisch ist. Den Dateinamen dürfen Sie natürlich frei wählen. Das Suffix css hat sich jedoch allgemein durchgesetzt.

Die Spezifikation der aktuellen HTML-Version (5) finden Sie unter http://www.w3.org/TR/html5.

Wenn Sie nur einen kleinen Schritt von HTML abstrahieren, werden Sie feststellen, dass Sie mittels des Konzepts ineinander verschachtelter Tags beliebige Texte sehr fein strukturieren können. Das nennt sich XML – und funktioniert nicht nur im Web.

XML ist die Abkürzung von *eXtensible Markup Language* und erlaubt die beliebige Verwendung auch selbst definierter Tags.

Sie möchten Nachrichten versenden? Wie wäre es mit:

```
<?xml version="1.0" encoding="iso-8859-1"?>
<nachricht>
<von>Alice</von>
<an>Bob</an>
<ueberschrift>Glückwünsche</ueberschrift>
<text>Herzlichen Glückwunsch zum Geburtstag!</text>
</nachricht>
```

Natürlich können Sie – wie bisher – den einzelnen Elementen beliebige kaskadierte Style Sheets (CSS) zuordnen, um textuelle Eigenschaften festzulegen.

Im Prinzip treffen Sie XML-Dateien überall an. Auch Browser stellen XML-Dateien dar. Ohne eine entsprechende CSS sieht das aus wie ein (in den einzelnen Ebenen) zusammenklappbarer Baum (Abbildung 45.4).

```
Mit dieser XML-Datei sind anscheinend keine Style-Informationen verknüpft.

Nachfolgend wird die Baum-Ansicht des Dokuments angezeigt.

— <nachricht>
      <von>Alice</von>
      <an>Bob</an>
      <ueberschrift>Glückwünsche</ueberschrift>
      <text>Herzlichen Glückwunsch zum Geburtstag!</text>
   </nachricht>
```

Abbildung 45.4: Browseransicht einer XML-Datei ohne CSS

Wenn Sie auf das Minus-Zeichen mit der Maus klicken, klappt der Baum auf der jeweiligen Ebene (hier also komplett) zusammen (Abbildung 45.5).

```
+ <nachricht></nachricht>
```

Abbildung 45.5: Zusammengeklappte Version der XML-Datei

Natürlich möchte ich Ihnen zum Abschluss dieses Kapitels nicht vorenthalten, einer XML-Datei eine CSS-Datei zuzuordnen. Dazu fügen Sie als zweite Zeile Ihre CSS-Datei hinzu:

```
<?xml-stylesheet type="text/css" href="nachrichten.css"?>
```

Die Referenzdatei darf eine beliebige URL sein. Deren Inhalt wiederum muss dem Browser mitteilen, wie die einzelnen Komponenten dargestellt werden sollen. In unserem Fall handelt es sich hierbei um die Tags:

- nachricht
- von
- an
- ueberschrift
- text

Beispielsweise wäre folgender Inhalt der Datei `nachrichten.css` denkbar:

```
nachricht {
  background-color: #ABCDEF;
  width: 100%;
}
von, an {
  display: block;
  color: #00FF00;
  font-size: 14pt;
  text-transform: uppercase;
}
ueberschrift {
  display: block;
  color: #FF0000;
  font-size: 20pt;
}
text {
  display: block;
  color: #000000;
  margin-left: 10pt;
}
```

Probieren Sie die verschiedenen Möglichkeiten in Ruhe selbst aus. Die Farben kennen Sie ja bereits. Die Breite (`width`) bezieht sich auf das aktuelle Browserfenster. Die Option `display` stellt im Falle von `block` den zugehörigen Text so dar, als befände er sich in einer p-Umgebung. Mittels Befehlen wie `text-transform` können Sie den Text verändern. Beispielsweise alle Buchstaben zu Großbuchstaben machen (`uppercase`). Und das ist nur die Spitze des Eisbergs, versuchen Sie es selbst!

 Eine Referenz zu den diversen Standards von CSS finden Sie hier: `http://www.w3.org/Style/CSS`.

Das Ergebnis sieht dann aus wie in Abbildung 45.6. Gefällt es Ihnen? Gerne dürfen Sie eigene Ideen ausprobieren. Über Geschmack lässt sich bekanntlich streiten ...

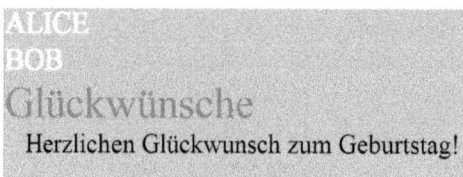

ALICE
BOB
Glückwünsche
Herzlichen Glückwunsch zum Geburtstag!

Abbildung 45.6: XML-Datei mit CSS

Anstatt den doch einigermaßen umständlichen Weg über CSS zu gehen, um Ihre XML-Dateien angemessen darzustellen, sollten Sie auch die Möglichkeiten von *Skriptsprachen* berücksichtigen.

Eine Erläuterung zu den wichtigsten Skriptsprachen finden Sie in Kapitel 46!

Deep Web, Darknet ...

Einer der Grundgedanken des World Wide Web besteht darin, weltumspannend einen möglichst breiten Datenaustausch zu gewährleisten.

Aufgrund der Fülle an verfügbaren Informationen spielen Suchmaschinen im WWW eine entscheidende Rolle. Unternehmen investieren eine Menge, um bei bestimmten Schlagwörtern ganz oben in der Trefferliste zu landen.

Allerdings lassen sich Fachdatenbanken oder Seiten, die nur durch die Eingabe eines Formulars zu erreichen sind, mit herkömmlichen *Webcrawlern*, Skriptprogrammen der Suchmaschinenbetreiber, nicht indizieren. Auch Intranets, die nur bestimmten Benutzergruppen zugänglich sind, gehören in diese Kategorie.

Diese Daten bilden das **Deep Web**. Schätzungen gehen dahin, dass die Informationsmenge im Deep Web jene im sichtbaren, dem **Visible Web**, um ein Vielfaches übersteigt.

Davon zu unterscheiden ist das **Darknet**. Darunter versteht man den Zusammenschluss von Rechnern, die von der Allgemeinheit nicht gefunden werden *wollen*. Technisch handelt es sich dabei um *Overlay-Netze*, die vorhandene Infrastruktur nutzen, um hierauf eine eigene Netzwerktopologie zu errichten. Insofern besteht auch das Darknet wiederum aus unterschiedlichen Netzen. Neue Mitglieder im Verbund müssen in der Regel zuvor eingeladen werden. Die Kommunikation erfolgt im Allgemeinen verschlüsselt. Das Darknet ist, wie der Name schon suggeriert, ein Tummelplatz für kriminelle Aktivitäten und Ort für dunkle Geschäfte. Allerdings wird das Darknet auch legal genutzt. Denken Sie an Journalisten oder Whistleblower, deren Anonymität gewahrt bleiben muss. Der Wunsch, mit anderen zu kommunizieren - frei von Überwachung durch Geheimdienste, nicht bedroht durch Zensur -, rechtfertigt für viele Menschen die Existenz des Darknets.

Kapitel 46

Skriptsprachen

Dieses Kapitel befasst sich ausschließlich mit den in ihrer Bedeutung stark angewachsenen Skriptsprachen. Nach einer kurzen Motivation werden wir gemeinsam in awk, Perl, PHP und JavaScript hineinschnuppern. Es geht dabei nicht um einen umfassenden Kurs, dafür wäre pro Sprache jeweils ein ganzes Buch nötig. Sie sollen aber einen Eindruck davon gewinnen, was alles möglich ist und wie Skriptsprachen angewendet werden. Das ist eine ganze Menge für ein so kleines Kapitel, also lassen Sie uns keine Zeit verlieren!

Geschälte Shell-Skripte

Den Ursprung der Skriptsprachen dürfen Sie sich so vorstellen:

Den Administrator eines Großrechners (was man damals, im letzten Jahrhundert, darunter verstand – heute verfügt jedes Smartphone über eine größere Rechenkapazität) störte es, dass er von Hand etliche, recht ähnliche Befehle nacheinander in die Konsole (also die Oberfläche, mit der er mit dem Computer kommunizierte) eintippen musste. »Das hier ist doch ein Computer«, fragte er sich, »wieso kann ich das nicht automatisieren?«

Natürlich wäre es eine Option gewesen, ein Programm zu schreiben, aber das ewige Kompilieren, Debuggen, Testen und so weiter dauert doch viel zu lange. »Bis dahin habe ich das von Hand viel schneller eingegeben ...«. Andererseits – so konnte es nicht weitergehen. Es sollte die Möglichkeit geben, dass der Administrator (heute würde man sagen: jeder User) unmittelbar in der Konsole (alles textbasiert, wohlgemerkt, Fenster und Mäuse standen noch nicht zur Verfügung) kleine Programme ausführt, die nicht extra kompiliert werden müssen. Nichts Großes natürlich, nur ein paar sinnvolle Befehle wie bedingte Anweisungen, Schleifen, Wildcards (»*«) und so ein Kram. Am Ende sollte die Kommunikationsplattform (**Shell**, **Schale**) selbst in der Lage sein, derartige Anweisungen auszuführen, ähnlich wie das Befolgen eines Skripts (Drehbuch) beim Film. Gesagt, getan. Die **Shell-Skript-Programmierung** war erfunden. Seither verfügen alle Konsolen aller Computer über – mehr oder weniger umfangreiche – Programmiermöglichkeiten.

Die erste echte Shell geht auf den Briten Stephen Bourne zurück, der sie Ende der 70er Jahre für das UNIX-Betriebssystem entwickelte. Dieses Programm wurde mittels /bin/sh (gesprochen »Bin, Schell«) bei jedem Einloggen automatisch gestartet. Zu seinen Ehren wurde diese Schale **Bourne-Shell** genannt.

Später gab es eine Reihe anderer Shells, mit der man ähnliche Dinge tun konnte, jedoch mit einer anderen Syntax. Kurz darauf hat der Amerikaner William Joy eine Variante der Shell eingeführt, die sich an der Programmiersprache »C« orientiert (/bin/csh).

Trotz des wohlklingenden Namens (»C-Shell« klingt wie »Sea-Shell« und bedeutet »Seemuschel«) gab es weitere Shell-Varianten. David Korn hat beispielsweise Ende der 80er Jahre die **Korn-Shell** eingeführt (/bin/ksh). Sie ist abwärtskompatibel mit der Bourne-Shell und integriert dabei die wichtigsten neuen Features der C-Shell.

Der nächste wichtige Schritt war die Entwicklung der **Bash** (»**B**ourne **again** **sh**ell«) /bin/bash. Sie beinhaltet alle wichtigen Elemente der anderen Shells und gilt heute als Standard für alle UNIX-ähnlichen Betriebssysteme (darunter auch Linux und Mac OS).

Shell-Skripte sind jedoch nicht nur dazu gut, Konsolenbefehle nacheinander und strukturiert abzuarbeiten. Sie entfalten ihre Stärke gerade dort, wo Sie anderenfalls erheblichen Programmieraufwand hätten, insbesondere wenn es um das ...

✔ Manipulieren von Dateinamen und -inhalten,

✔ Aufrufen anderer Programme oder

✔ zeitgesteuertes Starten von Aufgaben

geht.

Okay, bestimmt wollen Sie nun einmal ein solches Shell-Skript sehen. Sehr gerne. Wie wäre es mit einem Bash-Skript, das zehn neue, leere Dateien erzeugt, die jeweils Datei1.txt bis Datei10.txt heißen? Nichts einfacher als das:

```
#! /bin/bash
for i in {1..10}
 do
  touch Datei$i.txt
 done
```

Die erste Zeile signalisiert, dass der Inhalt dieser Datei mit der Shell /bin/bash abgearbeitet werden soll. Die for-Schleife funktioniert so, dass nacheinander die Variable i mit den Werten 1 bis 10 belegt wird. Dabei rahmen do und done den Rumpf der Schleife ein.

Der Befehl touch aktualisiert normalerweise das Zugriffsdatum einer Datei. Wenn diese jedoch noch nicht existiert, wird einfach eine leere Datei erzeugt. Wie Sie sehen, werden nicht gerade viele Klammern oder Anführungszeichen als

Parameter benötigt. Das $i gibt den Wert von i aus (also nacheinander die Zahlen 1 bis 10). Fertig!

Damit Sie ein Shell-Skript zum Laufen bringen, müssen Sie der jeweiligen Datei (die am besten das Suffix sh tragen sollte) Ausführungsrechte zuordnen, was typischerweise mittels chmod +x dateiname.sh erfolgt.

Sie starten das Skript im aktuellen Verzeichnis mit ./dateiname.sh.

Anschließend sind zehn neue Dateien angelegt. Das wäre geschafft.

Nun wollen Sie, und das ist wirklich eine Standardaufgabe für einen Administrator, alle Textdateien umbenennen. Dabei soll das bisherige Suffix .txt in .old geändert werden. Zuvor soll noch eine Sicherheitskopie des Originals im Verzeichnis archiv abgelegt werden. Um die Sache noch einen Tick spannender zu machen, sollen Dateien ausgenommen werden, die jünger sind als das Skript, mit dem Sie diesen Vorgang durchführen. Das geht dann so:

```
#! /bin/bash
for i in *.txt
 do
  if [ $i -ot $0 ]
  then
     cp $i archiv
     mv $i `basename $i .txt`.old
  fi
done
```

Die for-Schleife durchläuft diesmal nicht numerische Werte, sondern alle Dateien (im aktuellen Verzeichnis), die auf txt enden.

Im Inneren der Schleife befindet sich eine bedingte Anweisung, die mit if beginnt und mit fi endet (das Wort wird einfach rückwärts geschrieben).

Die Bedingung selbst steht in eckigen Klammern und lautet: »Ist $i *älter als* (ot steht für *older than*) $0«. Dabei steht $0 für den Namen der aktuellen Datei (also derjenigen, die gerade als Skript aufgerufen wird). $1 wird mit dem ersten Parameter, $2 mit dem zweiten und so weiter belegt.

Ein Aufruf »meinSkript.sh Haus Maus 12« würde zu folgenden Belegungen führen:

✔ $0 → meinSkript.sh

✔ $1 → Haus

✔ $2 → Maus

✔ $3 → 12

Mit anderen Worten schließt die Bedingung aus, dass Dateien, die nicht älter als die Skriptdatei selbst sind, umbenannt (und kopiert) werden.

 Weitere der zahlreichen Optionen, die Sie als Bedingung angeben dürfen, finden Sie in den *Handbüchern* (*Manual Pages*) unter man test. Den Befehl test akzeptiert die Shell auch außerhalb von if. Die eckigen Klammern sind in der Bedingung etwas leichter zu lesen und ersetzen lediglich test.

Mittels cp (*copy*) kopieren Sie die Datei $i in das *Verzeichnis* archiv. Wenn dieses nicht existiert, nimmt cp an, $i soll einfach in die *Datei* archiv kopiert werden. Das produziert zwar keinen Fehler, ist aber mit Sicherheit nicht das, was Sie wollen: Der nächste Schleifendurchlauf überschreibt archiv nämlich wieder und am Ende hätten Sie lediglich eine Kopie der letzten Datei. Also legen Sie archiv besser vorher mittels mkdir archiv an (*make directory*).

Der Befehl mv (für *move*, eigentlich *verschieben*, *bewegen*) wird auch zum schlichten Umbenennen verwendet. Der erste Parameter ist die alte Version, der zweite die neue.

Die **Backticks** (`` ` ``) im zweiten Teil sind listige kleine Biester. Sie erlauben es Ihnen, einen anderen Befehl dazwischen auszuführen und einfach dessen Ergebnis an diese Stelle zu setzen. Die Backticks finden Sie auf Ihrer Tastatur als »Accent Grave« (⇧ nicht vergessen!). basename mit zwei Parametern wird verwendet, um den Namen einer Datei ohne Pfadangaben zu erhalten. Der zweite Parameter entfernt auch noch das angegebene Suffix. Hinter dem zweiten Backtick wird einfach ein .old angefügt.

Im Endeffekt führt dieses Skript nacheinander die folgenden Befehle aus:

```
cp Datei1.txt archiv
mv Datei1.txt Datei1.old
cp Datei10.txt archiv
mv Datei10.txt Datei10.old
cp Datei2.txt archiv
mv Datei2.txt Datei2.old
cp Datei3.txt archiv
mv Datei3.txt Datei3.old
cp Datei4.txt archiv
mv Datei4.txt Datei4.old
cp Datei5.txt archiv
mv Datei5.txt Datei5.old
cp Datei6.txt archiv
mv Datei6.txt Datei6.old
cp Datei7.txt archiv
mv Datei7.txt Datei7.old
cp Datei8.txt archiv
mv Datei8.txt Datei8.old
cp Datei9.txt archiv
mv Datei9.txt Datei9.old
```

Freilich zeigt es diese nicht an. Am Ende befinden sich die .old-Dateien im Verzeichnis und die Originale finden Sie im Unterverzeichnis archiv.

Kein bisschen umständlich: awk

Wie Sie sehen, verschmelzen bei der Skriptprogrammierung die Shell-Befehle mit sonstigen Kommandos Ihres Betriebssystems. Manchmal wissen die Administratoren selbst nicht, ob eine bestimmte Anweisung aus der Shell heraus erfolgt oder faktisch schon einen externen Programmaufruf produziert.

Als Beispiel hierfür wäre echo zu nennen. Diese recht simple Anweisung gibt einfach die übergebenen Parameter wieder aus (auf die Standardausgabe).

 In Kapitel 22 finden Sie hierzu weitere Informationen im Abschnitt »Standardkanäle«.

Theoretisch könnte das ein Programm sein, das die Shell aufruft. Tatsächlich handelt es sich um ein eingebautes Kommando der Shell selbst.

 Wenn Sie das Thema näher interessiert, forschen Sie unter dem Begriff **builtins** (**eingebaute Befehle**) der unterschiedlichen Shells nach.

Wer richtig programmieren möchte, gerät bei den Shells schnell an die Grenzen. Insbesondere die Behandlung eigener, komplexer Datenstrukturen ist sehr mühsam.

Dafür gibt es »richtige« Skriptsprachen. Eine altehrwürdige, jedenfalls auf UNIX-Systemen, heißt **awk**, nach den Entwicklern **A**ho, **W**einberger und **K**ernighan.

 Sie haben richtig gelesen, **awk** hat nichts mit **awkward** (*umständlich*) zu tun.

Das Programm dient dazu, den Inhalt anderer Dateien zu strukturieren, und ganz nebenbei lassen sich auch andere Anforderungen spielend bewältigen.

Mit awk können Sie beispielsweise jede Zeile einer Datei gleich in einzelne Wörter zerlegen. Mit dem Parameter FS für *Field Separator* dürfen Sie auch jede andere Zeichenkette als Trenner verwenden. Außerdem zickt das Programm nicht herum, wenn Sie Zeichen als Zahlen verwenden oder umgekehrt. Besonders bemerkenswert finde ich überdies die Konvention, dass die Konkatenation von Zeichenketten (also das Verkleben von Wörtern zu Sätzen) durch ... nichts erfolgt. Ein einfaches Leerzeichen dient als Kleber! Außerdem ist die Suche nach Mustern in awk wirklich sehr, sehr einfach ...

 Angenommen, Sie haben einen kleinen Betrieb und die Namen und Umsätze Ihrer Außendienstmitarbeiter befinden sich in einer Textdatei. Jede Zeile ist so aufgebaut, dass hinter dem Namen zunächst der angestrebte Umsatz auftaucht, anschließend (jeweils durch Leerzeichen getrennt) der tatsächlich erreichte Umsatz und schließlich die zu gewährende Provision – vorausgesetzt, das angestrebte Ziel wurde tatsächlich übertroffen.

Die einzelnen Zeilen dieser *Provisionsdatei* könnten so aussehen:

✔ Linda 15000 21299 1000

✔ Hermann 25000 22824 3000

✔ Theodor 20000 24387 2000

✔ ...

Wenn Sie nun wissen wollen, wie viel Provision Sie tatsächlich zahlen müssen, können Sie ein kleines Skript schreiben. Dazu legen Sie eine Datei namens berechne_provision.awk **an:**

```
#! /usr/bin/awk -f
BEGIN { summe = 0}
  { if ($2 < $3) summe += $4; }
END { print "Summe = " summe }
```

Das awk-Skript muss von der Shell aus mit Ihrer Provisionsdatei versorgt werden, etwa so:

```
cat provisionsdatei | ./berechne_provision.awk
```

Vergessen Sie nicht, berechne_provision.awk zuvor Ausführungsrechte zu erteilen!

Das Skript selbst liest sich – fast – wie ein normales C-Programm. Die geschweiften Klammern fassen jeweils Blöcke zusammen. Der erste Block (hinter BEGIN) wird, genau wie der letzte (hinter END), jeweils nur einmal aufgerufen. Der mittlere dagegen für jede Zeile der Eingabedatei – also für jeden Außendienstmitarbeiter – erneut.

$2 enthält den versprochenen Umsatz, $3 den realen. Nur falls $2 < $3 ist, wenn also mehr Umsatz generiert wurde als erwartet, wird der in $4 vereinbarte Betrag der Summe hinzugefügt.

Übrigens ist das summe = 0 im ersten Block überflüssig. awk initialisiert alle Variablen automatisch mit null und interessiert sich nicht weiter für den Datentyp. Ich habe den Befehl eingefügt, um die Lesbarkeit des kleinen Skripts zu erhöhen.

In der letzten Zeile sehen Sie übrigens, was ich bezüglich der Konkatenation von Strings angedeutet habe. Das print verbindet die beiden Parameter automatisch und klebt sie so zu einem gemeinsamen String zusammen.

Wer lange genug mit awk arbeitet, verliert vielleicht irgendwann die Lust, wieder »richtig« zu programmieren ...

Perlentauchen mit perl

Die Skriptsprache *Perl* wurde von dem Amerikaner Larry Wall Ende der 80er Jahre ursprünglich erfunden, um Logdateien auszuwerten. Er führte dabei die Idee der Skriptsprachen fort und verschaffte seiner »Perle« den Sprachumfang der Bourne-Shell, von awk plus Komponenten aus C und anderen Hochsprachen.

Als Linguist achtete Wall besonders darauf, dass die Sprache der menschlichen Intuition näher kam. Außerdem legte er Wert darauf, dass mit nur wenigen Befehlen ein großer Funktionsumfang möglich war. Dies gilt übrigens auch für alle anderen Skriptsprachen.

Die Bezeichnung **Perl** sollte ursprünglich »Pearl« (englisch für »Perle«) lauten. Es gab jedoch bereits eine Programmiersprache mit gleichem Namen, daher fiel das »a« einfach weg und so ist seine Bedeutung für den deutschen Leser noch viel klarer zu entschlüsseln. Nichts zu tun hat der Name mit dem Ort »Perl« im Dreiländereck Frankreich-Luxemburg-Deutschland, vis-à-vis von »Schengen«. Dem Schengen übrigens, dem das gleichnamige Abkommen seinen Namen verdankt.

Mit dem Aufkommen des WWW-Dienstes im Internet in den 90er Jahren wurde Perl hauptsächlich zum Programmieren von Websites verwendet. In dieser Zeit dominierte es das Serverside-Skripting, also die Programmierung auf der Webserverseite zum Aufbereiten von HTML-Code für den Browser.

Sehen Sie sich folgendes Perl-Skript an, das Ihnen Auskunft über Art und Versionsnummer des verwendeten Browsers gibt. Sie müssen dieses Skript auf der Serverseite platzieren, ihm die nötigen Rechte einräumen und das Ausführen von Perl-Skripten erlauben:

```
#! /usr/bin/perl -w
use CGI;
$cgi = CGI->new;
print $cgi->header;
my $browser = $ENV{'HTTP_USER_AGENT'};
print <<EndOfHTML;

<html><head><title>Browser Information</title></head>
<body>
EndOfHTML

print "Ihr Browser ist ein $browser";
print "</body></html>";
```

Die erste Zeile kennen Sie bereits. Ja, auch perl ist letztlich nur ein ausführbares Programm, das die Anweisungen in seinem Input (den Inhalt eben jener Datei) einfach der Reihe nach abarbeitet. Der Parameter -w schaltet auch Warnungen ein, was gerade am Anfang sehr nützlich zum Debuggen ist.

Das use CGI weist auf die Verwendung der Bibliothek zum »Common Gateway Interface« hin. Es gibt inzwischen eine unüberschaubare Anzahl solcher

Bibliotheken in Perl. Besonders im Bereich der Stringverarbeitung ist diese Skriptsprache sehr stark.

Variablen werden mit einem Dollarzeichen am Anfang definiert. Ein vorangestelltes my signalisiert eine lokale Verwendung der Variablen. Hier klingt der Linguist bei der Definition der Sprache ein wenig heraus. Ebenso wird das Ende der Abarbeitung etwa blumig die (*stirb*) umschrieben. Das brauchen Sie aber zum Glück in diesem Beispiel nicht.

print $cgi->header; gibt den HTTP-Header aus. Simpel, nicht wahr?

Im **Environment (Umgebung)** des Skripts finden sich zahlreiche Variablen. Mittels $ENV haben Sie Zugriff auf diese auch *Umgebungsvariablen* genannten Werte. Das hat mit Perl direkt nichts zu tun. Darunter sind jedoch auch Informationen, die Ihr Browser bereitwillig an den Server übermittelt. Etwa seinen Namen, seine Versionsnummer, das Betriebssystem, auf dem er läuft, die Bildschirmauflösung, die Farbtiefe, die Größe des Browserfensters, eine Liste mit allen installierten Plug-ins und so weiter. Natürlich ist das auch sehr nützlich. So kann der Webserver (oder beispielsweise das Perl-Skript auf der Serverseite) genau auf die spezifischen Belange Ihres Browsers eingehen und die Ausgabe dahingehend optimieren.

Vom print <<EndOfHTML bis zur Zeile EndOfHTML wird der HTML-Kopf beschrieben. Ganz zum Schluss wird das schließende Body-Tag angegeben. Dazwischen finden Sie einfach den Inhalt der Variablen $browser mit einem kleinen Begleittext. Probieren Sie es aus!

Besondere Stärke zeigt Perl bei der Verarbeitung ganzer Textdateien. Insbesondere spielen dabei **reguläre Ausdrücke (regular expressions, regex)** eine wichtige Rolle. Das ist eine Art Zauberformel, um mit möglichst wenig Syntax einen maximalen Effekt zu erzielen, sehen Sie selbst!

Angenommen, Sie möchten einen gegebenen Text etwas schöner formatieren. Beispielsweise sollen überflüssige Leerzeichen entfernt und Wörter am Satzanfang automatisch großgeschrieben werden.

Das ist für Perl eine leichte Übung:

```
#!/usr/bin/perl

$satz = " dies  ist ein    Satz. die   Welt ist wirklich toll. ";
print "Satz vorher: $satz\n";

$satz =~ s/\s+/ /g; # ersetze mehrfache Whitespaces durch ein
                        Leerzeichen
$satz =~ s/^\s+//; # ersetze Leerzeichen am Anfang durch nichts
$satz =~ s/(^[a-z])/\U\1/; # ersetze erstes Zeichen durch
                        Großbuchstaben
$satz =~ s/(\. [a-z])/\U\1/; # Großbuchstaben am Satzanfang
                        erzeugen
print "Satz nachher: $satz\n";
```

Am Anfang finden Sie in der Variablen $satz eine schöne Unordnung vor. Jede Menge überflüssiger Leerzeichen und eine grausige Verwendung von Kleinbuchstaben.

Mittels =~ wenden Sie die rechte Seite auf die links stehende Variable an. Das machen wir im Programm insgesamt vier Mal. Ein typischer regulärer Ausdruck sieht so aus: s/.../.../.... Das s steht für *substitute* (ersetzen). Dabei wird das, was zwischen den ersten beiden Slashes (»/«) steht, durch das ersetzt, was zwischen dem zweiten und dritten Slash steht. Am Ende, hinter dem dritten Slash, finden sich noch nette Optionen.

Die erste Ersetzung im Beispiel sucht nach **Whitespaces** mit \s, also Leerzeichen, Absatzmarken und Ähnlichem. Das + bedeutet: *eines oder mehrere*. Ersetzt werden also beliebig viele Whitespaces durch ein einziges Leerzeichen. Die Option g steht für *globally* und meint: »so oft es geht«. Anderenfalls würde nur das erste Vorkommen ersetzt. Nach der ersten Zeile gibt es also genau ein Leerzeichen pro Zwischenraum.

Leider findet sich dann jedoch noch ganz am Anfang ein überflüssiges Leerzeichen. Dieses wird durch den **Anker** ^ detektiert. So wie ^ für den Anfang einer Zeile steht, bedeutet $ das Ende. Diesmal folgen die Slashes 2 und 3 unmittelbar aufeinander. Das bedeutet, die gefundene Stelle wird durch **nichts** ersetzt, somit entfernt.

Die dritte Ersetzung stellt sicher, dass der Text am Anfang großgeschrieben wird. Dazu suchen Sie einfach nach einem beliebigen Kleinbuchstaben [a-z] am Anfang ^. Die eckige Klammer signalisiert eine Menge von Buchstaben, aus denen einer passen muss.

Dieser Treffer wird grundsätzlich unter \1 gespeichert. Entsprechend würden weitere Ausdrücke links nacheinander durch \2, \3 und so fort gesichert werden. Damit sind Sie in der Lage, die bereits gefundenen Passagen weiterzuverarbeiten. In unserem Fall wird dieser Treffer mittels \U durch seine Großbuchstabenversion (U steht für *upper case*) ausgetauscht.

Die vierte Ersetzung verstehen Sie jetzt vielleicht schon alleine. Das Suchmuster \. steht für einen Punkt. Ein . alleine bedeutet dagegen ein beliebiges Zeichen. Sie suchen also nach Textmustern der Form

✔ Punkt

✔ gefolgt von einem Leerzeichen

✔ gefolgt von einem Kleinbuchstaben

Letzterer wird anschließend wiederum durch seine Großbuchstabenversion ersetzt. Wenn Sie das Programm starten, wird die Ausgabe in Abbildung 46.1 produziert.

```
Satz vorher:  dies  ist ein   Satz. die   Welt ist wirklich toll.
Satz nachher: Dies ist ein Satz. Die Welt ist wirklich toll.
```

Abbildung 46.1: Ausgabe des Perl-Skripts

Beeindruckt? Es gibt in Perl eine geradezu abartige Vielfalt von Möglichkeiten, mittels regulärer Ausdrücke Strings zu manipulieren. Sie finden dazu ganze Bücher. An dieser Stelle reicht der Platz nur, Ihnen einen kleinen Vorgeschmack darauf zu geben.

Siegeszug von PHP

War Perl noch ursprünglich dazu erfunden worden, Logfiles zu analysieren, entwickelte der Däne Rasmus Lerdorf Mitte der 90er Jahre die Skriptsprache **PHP** (ursprünglich Akronym für »**P**ersonal **H**ome **P**age«) direkt zur Manipulation von HTML-Code. Die Besonderheit von PHP besteht darin, dass Sie PHP-Skriptlets, also kleine Code-Komponenten, auf sehr einfache Weise in HTML integrieren können. Außerdem finden sich PHP-Skripts millionenfach auf der Serverseite von Webauftritten.

Auch hier kann ich die Power dieser Skriptsprache nur an einem kleinen Beispiel demonstrieren, das Sie hoffentlich zu weiteren Untersuchungen in dieser Richtung inspiriert.

 Eine besondere Stärke von PHP zeigt sich im Umgang mit Web-Formularen:

```
<html> <body>

<form method="post" action="<?php echo $_SERVER['PHP_SELF'];?>">
Text: <input type="text" name="unser_test">
<input type="submit">
</form>

<?php
  if ($_SERVER["REQUEST_METHOD"] == "POST") {
    $text = $_REQUEST['unser_test'];
    if (empty($text)) {
      echo "Bitte schreiben Sie einen Text!";
    } else {
      echo strtoupper($text);
    }
  }
?>

</body> </html>
```

Eingebettet zwischen die *Body-Tags* einer HTML-Seite finden Sie hier den PHP-Code. Dieser wird durch `<?php` und `?>` eingerahmt. Im Formular-Bereich der HTML-Seite wird mittels der *action* echo `$_SERVER['PHP_SELF'];` das PHP-Skript selbst innerhalb gerade dieser Seite ausgeführt. Über den HTTP-Befehl `POST` wird das einzige Formularfeld (das ich im oberen Teil `unser_test` genannt habe) einfach mittels `$_REQUEST` wieder in die normale Variable `$text` ausgegeben. Damit Sie sehen, dass wir tatsächlich wie in jeder anderen Skriptsprache damit arbeiten können, habe ich als Bedingung noch angegeben, was passiert, wenn der Benutzer das Feld einfach leer lässt. In diesem Fall wird er dazu aufgefordert: »Bitte schreiben Sie einen Text«. Anderenfalls wird einfach der ursprüngliche in Großbuchstaben (`strtoupper` für »*string to upper* case«) ausgegeben. Nicht sehr kreativ, das gebe ich zu, aber hoffentlich dennoch aufschlussreich. Das Ergebnis finden Sie in Abbildung 46.2.

Text: | Dies ist ein Test | | Daten absenden |

DIES IST EIN TEST

Abbildung 46.2: Aufruf eines PHP-Skripts

JavaScript

In der zweiten Hälfte der 90er Jahre startete der Siegeszug der Sprache **JavaScript** gemeinsam mit ihrer Verwandten, **Java**.

Die Sprachen JavaScript und Java sind trotz ihrer namentlichen Ähnlichkeit grundverschieden. Bei Ersterer handelt es sich um eine *Skriptsprache*, während Java eine objektorientierte Hochsprache darstellt, mit der Sie Applets und eigenständige Programme erstellen, die zuvor kompiliert werden.

Der Programmiersprache Java ist der komplette sechste Teil Ihres Dummies-Buchs gewidmet!

Ursprünglich wurde JavaScript vor allem **clientseitig** eingesetzt. Browser sollten in der Lage sein, in HTML eingebetteten programmierten Code auszuführen.

Bis heute gibt es immer wieder Versuche, durch die Ausführung von Schadcode in JavaScript den Browser zu manipulieren. Daher sollten Sie unbedingt stets die neuesten Sicherheitspatches aufspielen, wenn Sie JavaScript aktivieren.

Daneben wird JavaScript bis heute verstärkt auch auf Serverseite eingesetzt. Mächtige Bibliotheken erlauben es, mit wenigen Codezeilen bereits umfängliche Funktionalität im Webumfeld abzubilden.

Als Beispiel soll ein kleines Programm dienen, das den Body-Mass-Index (BMI) auf Client-seite mittels JavaScript ausrechnet:

```
<html><body>
<form>
  Gewicht (in kg): <input id="gewicht" type="number">
  Groesse (in cm): <input id="groesse" type="number">
  <input type=button value="Berechne meinen BMI!"
         onClick="rechne()">
</form>

<script>
function rechne() {
  var groesse = document.getElementById("groesse").value;
  var gewicht = document.getElementById("gewicht").value;
  var bmi = Math.round(gewicht*100*100 / (groesse * groesse));
  alert("Ihr BMI ist " + bmi);
}
</script>
</html></body>
```

Wieder befindet sich der gesamte Code innerhalb der Body-Tags einer HTML-Seite. Die beiden ersten Felder des Formulars (<form>) dienen der Eingabe von Gewicht und Größe. Beachten Sie, dass ich hierbei als Typ number gewählt habe. Der Eingabe-Button erklärt sich beinahe von selbst. Das onClick-Event veranlasst die Ausführung der JavaScript-Funktion rechne().

Diese wiederum findet sich innerhalb der nachfolgenden script-Tags. Darin ist mittels function die Definition der bereits oben erwähnten Funktion rechne() eingebettet. Wie Sie sehen, wird der Browser zuerst die ganze Seite laden, ehe die Funktion ausgeführt wird. Daher darf die Spezifikation von rechne() auch ruhig hinter der Formulardefinition stehen.

Die Werte von groesse und gewicht werden den entsprechenden Ids des Dokuments entnommen. Das Schlüsselwort var signalisiert die Definition einer Variablen.

Die Berechnung selbst erfolgt als Gewicht in Kilogramm durch Körpergröße in Metern zum Quadrat. Da ich die Eingabe jedoch in cm gefordert habe – um dem User Nachkommastellen zu ersparen –, muss die Größe zweimal durch hundert geteilt werden, was einer jeweiligen Multiplikation im Zähler entspricht:

$$\frac{gewicht}{\dfrac{groesse}{100} \cdot \dfrac{groesse}{100}} = \frac{gewicht \cdot 100 \cdot 100}{groesse \cdot groesse}$$

Die JavaScript-Objekt-Hierarchie

✔ Das oberste Objekt ist das Fenster (`window`).

✔ Darin befindet sich das Dokument (`document`).

✔ Innerhalb eines Dokuments kann es verschiedene Formulare (`forms`) geben.

✔ Darin wiederum finden sich die einzelnen Elemente (`elements`).

`document.getElementById` ruft beispielsweise eine Methode auf der Ebene des Dokuments auf. Andere Möglichkeiten wären `document.title` oder `document.URL`. Auf der Fensterebene können Sie dagegen beispielsweise

✔ `window.open()` zum Öffnen eines neuen Fensters,

✔ `window.close()` zum Schließen des laufenden Fensters,

✔ `window.resizeTo()` zum Anpassen der Größe und

✔ `window.moveTo()` zum Verschieben des aktuellen Fensters

aufrufen.

Mit der Rundungsfunktion `Math.round()` aus der Mathematik-Bibliothek werden die Nachkommastellen abgeschnitten. Am Ende wird mittels `alert` ein neues Fenster erzeugt.

Die Methode `alert()` hätte auch als Fenster- oder Dokumentenmethode aufgerufen werden können.

In Abbildung 46.3 zeige ich Ihnen exemplarisch, was dabei herauskommen kann.

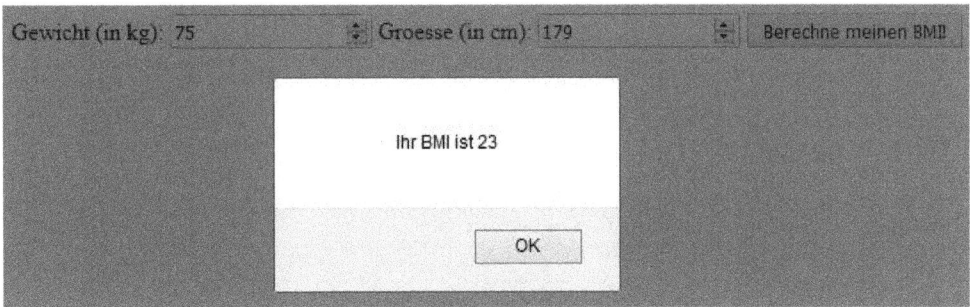

Abbildung 46.3: Ausführung eines JavaScript-Programms

JavaScript ist nach einigen Jahren der Entwicklung zu einer mächtigen, objektorientierten Skriptsprache herangereift. Der Umgang mit JavaScript macht so viel Spaß, dass hier und da selbst harte Serverelemente, bei denen es um hohe Effizienz geht, inzwischen in JavaScript implementiert werden.

Exemplarisch herausgreifen möchte ich das **Node.js**-Projekt. Dabei handelt es sich um ein Open-Source-Framework für einen allgemeinen Netzwerk-Server für alle möglichen Plattformen, geschrieben in JavaScript. Die Besonderheiten sind die hohe Performance sowie die sehr flexible Skalierbarkeit. Lust auf mehr?

Alles zum Node-Server und seinen Funktionalitäten finden Sie unter `https://nodejs.org`.

IN DIESEM KAPITEL

Grundlagen der Socketprogrammierung
verstehen

Einfache Server in C schreiben

Prozesse und Threads unterscheiden

Probleme der Threadprogrammierung
beherrschen

Eine kleine Bank implementieren

Kapitel 47

Socket- und Threadprogrammierung

Dieses Kapitel ist für die hart gesottenen Programmierer. Es geht einerseits um das, was Internet und alle Netzwerkapplikationen verwenden: die Sockets. Andererseits zeige ich Ihnen, wie Sie Prozesse von Threads unterscheiden und dabei mit den zahlreichen Problemen fertig werden, die sich daraus ergeben. Mutexe bewahren Ihre Programme vor üblen Schäden. Am Ende finden Sie eine etwas umfangreichere Implementierung in C++. Und was könnte erfreulicher sein als eine eigene Bank?

Spaß mit Client und Server

Das Internet, das Netz der Netze, funktioniert als eine Menge von kommunizierenden Computern. Dabei sind die Programme nicht gleichberechtigt. Der

✔ **Server** stellt die Dienste bereit, die der

✔ **Client** aufbereitet und dem Benutzer zugänglich macht.

Typischerweise läuft der Client als Programm auf Ihrem Rechner zu Hause, während sich der Server irgendwo da draußen in der weiten Welt auf einem entfernten virtuellen oder realen System bei einem Provider vergnügt.

 Grundlagen zu den Internetprotokollen finden Sie in Kapitel 44.

Aber haben Sie schon einmal einen Server *programmiert*? Das ist einfacher, als Sie vielleicht befürchten. Im Grunde besteht ein Server aus einer Schleife, in der die Maschine auf Anfragen des Clients wartet.

 Die Möglichkeiten aus der Perspektive des Clients werden in Kapitel 45 behandelt.

Allerdings müssen Sie schon noch ein paar Angaben machen, etwa, um welchen Dienst es sich handelt, auf welchem Port Ihr Server also lauschen soll.

Socken für die Sockets

Ein **Socket** (»Anschlussbuchse«) ist ein aktiver Kommunikationskanal zwischen einem Client und einem Server. Dazu gehören die beiderseitigen IP-Adressen sowie die beiderseitigen Ports. Den Socket müssen Sie an eine Adresse »binden« (»bind«), ehe Sie damit kommunizieren.

Die genaue Verwendung demonstriere ich Ihnen an einem ausführlichen Beispiel, auf das ich im Laufe des Kapitels mehrfach zurückkommen werde.

 Den Quellcode zu den Beispielen aus diesem Kapitel finden Sie unter
`http://www.wiley-vch.de/publish/dt/books/ISBN3-527-71024-8.`

Wenn Sie einen Server schreiben wollen – und als Beispiel demonstriere ich das in der Computersprache C –, müssen Sie neben den Klassikern einige besondere Header-Dateien einbinden. Dazu gehören:

```
#include <sys/socket.h>
#include <arpa/inet.h>
```

In `<sys/socket.h>` finden Sie die Spezifikationen zu den wichtigsten Strukturen, die Sie zur Kommunikation benötigen. Dazu gehören beispielsweise die **Socketfamilie**, die **Socketadresse** und seine **Länge**. Außerdem finden Sie dort natürlich die Deklarationen zu den wichtigsten Befehlen der Internet-Kommunikation:

✔ socket erzeugt einen – zunächst unverbundenen – Socket anhand seiner *Domäne*, seines *Typs* und seines *Protokolls*. Als Domäne kommt nur der Pfadname einer Datei AF_UNIX oder eine Internet-Adresse AF_INET infrage. Mit dem Typ spezifizieren Sie die Art des Protokolls. Wählen Sie SOCK_STREAM für eine verbindungsorientierte, bidirektionale Kommunikation. Wenn Sie als Protokoll eine »0« eingeben, signalisieren Sie ein für den Typ des Sockets geeignetes, aber nicht weiter spezifiziertes Protokoll.

✔ bind verwenden Sie, um den soeben erzeugten Socket mit einer konkreten Kommunikationsadresse zu verknüpfen. Diese wird auch **Socketadresse (sockaddr)** genannt.

✔ listen startet den eigentlichen Dienst. Ab diesem Moment *horcht* Ihr Server auf dem anzugebenden Socket. Hier legen Sie auch fest, wie viele Anfragen maximal unbearbeitet warten dürfen. Wird diese Zahl überschritten, bekommt der nächste Benutzer die Rückmeldung connection refused, »Verbindung verweigert«.

✔ accept schließlich baut die Verbindung mit der Gegenstelle, dem Socket des Clients auf.

Die Header-Datei <arpa/inet.h> stellt die Deklarationen für die Datenstrukturen bereit, die Internetadressen aufnehmen. Unter anderem wird dort auch <netinet/in.h> eingebunden. Stören Sie sich nicht an Funktionen wie htonl, htons oder ntos. Sie dienen lediglich dazu, eine Umrechnung zwischen der Reihenfolge von Bytes auf der Host-Ebene und der Netzwerkebene sicherzustellen.

Das Einbinden der Standard-Header sollte keine Probleme bereiten:

```
#include <stdio.h>
#include <string.h>
```

Zusätzlich wird hier noch

```
#include <unistd.h>
```

für die Standard-Konstanten und -Typen benötigt.

Das Beispiel basiert auf UNIX-Betriebssystemen beziehungsweise deren Derivaten. Unter Windows können Sie sich etwa mittels **MinGW** (*Minimalist GNU for Windows*) eine entsprechende Umgebung einrichten.

Details hierzu finden Sie unter http://www.mingw.org.

Ehe Sie einen Server starten, sind einige Vorarbeiten nötig. Dazu müssen die soeben beschriebenen Datenstrukturen mit konkreten Werten belegt werden.

Neben den Variablenbelegungen für die Sockets stellt eine typische Kommunikation zwischen Client und Server natürlich auch Speicher für die eigentlichen Nutzdaten bereit. Das geht beispielsweise so:

```
int server_Socket, client_socket;
unsigned int char_read, serverInfoLength;
struct sockaddr_in serverinfo, clientinfo;
const int BUFFER = 1000;
char string_read[BUFFER];
const int PORT = 5000;
```

PORT dürfen Sie frei wählen. Achten Sie darauf, dass Sie keine bereits auf Ihrem Server verwendete Nummer angeben. Auch die privilegierten Nummern unterhalb von 1024 sollten nur dann benutzt werden, wenn das zwingend nötig ist.

Etwas umständlich liest sich nun der Code, um die *Serverinfo* anzugeben:

```
serverinfo.sin_family = AF_INET;
serverinfo.sin_addr.s_addr = htonl(INADDR_ANY);
serverinfo.sin_port = htons(PORT);
serverInfoLength = sizeof(serverinfo);
```

Im Wesentlichen werden dabei die einzelnen Felder der Datenstruktur mit den richtigen Werten belegt. AF_INET kennen Sie bereits: Es geht um eine Internetadresse. Die Konstante INADDR_ANY besitzt den Wert null.

Danach beginnt der eigentliche Spaß:

```
server_socket = socket(AF_INET, SOCK_STREAM, 0);
bind(server_socket, (struct sockaddr *)&serverinfo, serverInfoLength);
listen(server_socket, 3);
```

Die Konstante 3 steht für die Anzahl an maximal (gleichzeitig) erlaubten Verbindungen. Sollten Sie diese Zahl überschreiten, erhalten Sie ein connection refused ...

Diese Aufrufe können unmittelbar in der main()-Routine erfolgen. Anschließend signalisieren Sie (etwa auf die Konsole), dass der Server bereit ist:

```
printf("\n Server startet...\n");
```

Wie ich Ihnen bereits verraten habe, besteht die Aufgabe eines Servers hauptsächlich im *Warten*. Und zwar auf ankommende **Anfragen (Requests)**. Sobald diese abgearbeitet wurden, geht es wieder von vorne los.

Als große Schleife habe ich do-while verwendet. Als Erstes wird die Verbindung akzeptiert:

```
do {
  client_socket = accept(server_socket, (struct sockaddr *)&clientinfo,
                  &serverInfoLength);
```

Nun werden mit read die Daten aus dem Socket wie aus einer Datei gelesen:

```
  char_read = read(client_socket,string_read,BUFFER);
  string_read[char_read] = 0;
```

Der Server sollte ja irgendetwas mit den Daten tun. Als Beispiel wird einfach der eingelesene Text wieder an den Client zurückgegeben. Als kleinen Spaß ersetze ich dabei jedoch das eventuell in der Kommunikation vorkommende Wort **Server** durch **Client**.

```
  char *anfangServerText = strstr(string_read, "Server");
```

strstr sucht nach dem angegebenen Text Server im eingelesenen string_read. Falls es fündig wird ...

```
  if (anfangServerText) {
    memcpy(anfangServerText, "Client", 6);
  }
```

werden einfach die Zeichen von Server mit Client (durch memcpy) überschrieben. Dieser extrem einfache Trick funktioniert nur deswegen so gut, weil die beiden Wörter zufällig die gleiche Anzahl an Buchstaben besitzen!

Weiter geht es. Nun wird auf den Client-Socket die Antwort geschrieben:

```
write(client_socket,string_read,char_read);
```

Danach wird der Socket geschlossen und die Schleife läuft von vorne los, es sei denn, das Schlüsselwort ENDE wurde eingegeben.

```
  close(client_socket);
} while (strncmp(string_read, "ENDE", 4));
```

Sollte dies jemals eintreten, muss auch der Server beendet werden:

```
close(server_socket);
printf(" Server endet ...\n");
```

Schließlich kann das gesamte Programm terminieren:

```
return 0;
```

Natürlich möchte ich Ihnen nicht vorenthalten, wie unser Server spielt. Zunächst zeige ich Ihnen – die zugegebenermaßen nicht sehr spektakuläre – Ausgabe des Servers (Abbildung 47.1).

```
$ ./Sockets

 Server startet...
 Server endet ...
 $ 
```

Abbildung 47.1: Konsolenausgabe des Servers

Ich habe das Programm als »Sockets« kompiliert und auf der Konsole gestartet. Dann erschien die Meldung Server startet .... Das ging eine Weile so, bis der Client das Wort ENDE in seine Anfrage getippt hat. Erst dann stoppte unserer Server mit den Worten Server endet ....

Sie sind schon auf die Client-Seite gespannt? Sie denken, Sie müssen dazu auch erst einmal ein Programm schreiben? Nein! Sehen Sie selbst (Abbildung 47.2).

```
$ telnet localhost 5000
Trying 127.0.0.1...
Connected to localhost.
Escape character is '^]'.
Hallo Server, wie geht's?
Hallo Client, wie geht's?
Connection closed by foreign host.
$ telnet localhost 5000
Trying 127.0.0.1...
Connected to localhost.
Escape character is '^]'.
ENDE
ENDE
Connection closed by foreign host.
$ 
```

Abbildung 47.2: Clientsicht

Mit dem Befehl `telnet` öffnen Sie eine einfache Verbindung zu dem angegebenen Server. Das genügt bereits als Client-Anwendung. Ich habe das auf demselben Rechner (`localhost`) gestartet, Port 5000.

telnet

Das *Protokoll* **telnet** (**tele**type **net**work) stammt aus der Vorzeit des Internets und wurde bereits für das ARPANET entwickelt. Zahlreiche RFCs befassen sich damit, beispielsweise 854ff. telnet eröffnet Ihnen die Möglichkeit, mit einem entfernten Server interaktiv zu kommunizieren. Es handelt sich somit um einen extrem simplen (und äußerst unsicheren) Vorläufer der modernen Remote-Shell-Zugriffe (**ssh** zum Beispiel). Die ursprüngliche Port-Nummer (23) wird heutzutage standardmäßig von Firewalls gesperrt, weil telnet alle Eingaben im Klartext überträgt, inklusive Passwort. Pfui!

Nichtsdestotrotz handelt es sich bei telnet auch um ein *Client-Programm*, mit dem Sie jeden beliebigen Port des entfernten Systems ansprechen. Mittels telnet sind Sie damit in der Lage, beliebige Clients zu simulieren. Freilich müssen Sie das Protokoll beherrschen und mit dem Server so kommunizieren, wie er das erwartet. Wenn Sie zum Beispiel `telnet www.wiley.de 80` eintippen, glaubt der Webserver (Port 80 ist für das Protokoll HTTP reserviert), Ihr telnet-Programm sei ein Webbrowser. Er wird sich auch genauso verhalten und Ihnen jede Menge HTML-Code zuschieben, nicht ahnend, dass keine grafische Darstellung dieser Daten mittels telnet möglich ist. Spaß macht es trotzdem! In Kapitel 45 sehen Sie übrigens, was in diesem konkreten Fall herauskommt ...

Allerdings wäre auch eine entfernte Anmeldung möglich, vorausgesetzt, eine Firewall dazwischen blockiert die Verbindung nicht.

 Sinn und Zweck von Firewalls finden Sie in Kapitel 58.

Die nächsten drei Zeilen werden vom `telnet`-Programm generiert und haben mit dem neu geschriebenen Server nichts zu tun. Ich habe dann einfach:

`Hallo Server, wie geht's?` eingetippt.

Der Server hat mit

`Hallo Client, wie geht's?` geantwortet.

Nach dieser Zeile wird die Verbindung durch den entfernten Server wieder abgebaut:

`Connection closed bei foreign host.`

Daher habe ich das Ganze gleich noch mal gestartet und nun allerdings nur das Wort ENDE eingetippt. Dieses wird brav wiederholt (darin kommt kein »Server« vor, das zu »Client« verändert werden würde), ehe der Server seinen Dienst terminiert.

Vielleicht haben Sie Lust bekommen, einen eigenen Server zu schreiben? Nur zu! Die Möglichkeiten sind nahezu unbegrenzt.

Prozesse und Threads

Wenn die Ausführung eines Programms mit dem Zubereiten eines Gerichts vergleichbar ist, dann kann ich Ihnen prima erklären, was der Unterschied zwischen **Prozess** und **Thread** ist.

 Grundlagen zu Prozessen und dem Prozessmanagement erhalten Sie in Kapitel 36.

Die Küche entspricht dem Computer mit seinen diversen Ressourcen, die CPU könnte zum Beispiel der Backofen sein.

 Ein *Prozess* ist die Zubereitung einer Mahlzeit in der Küche.

Wollen Sie mehrere Gerichte kochen, beispielsweise in einem Restaurant –, können Sie diese – hübsch nacheinander – in ein und derselben Küche zubereiten. Aber da werden Sie bald keine Kundschaft mehr haben, weil sonst einige Gäste zu lange warten müssten.

 Multitasking ist die Methode, mehrere Gerichte – scheinbar – gleichzeitig in derselben Küche zuzubereiten, indem Sie einfach die Arbeiten pro Kunde aufteilen und ineinander verschachteln.

Am besten passt das Bild, wenn pro Kunde ein eigener Koch bereitsteht. Dieser bekommt die komplette Küche, sagen wir für fünf Minuten. Danach muss er sie räumen und der nächste Koch ist an der Reihe. Allerdings müssen Sie dazwischen eine Menge Arbeit leisten. Alle angefangenen Arbeitsschritte, beispielsweise das Vorheizen des Backofens, müssen in genau denselben Zustand gebracht werden, wie ihn der jeweilige Koch zuletzt vorgefunden hat. Wenn Sie das geschickt anstellen, hat jeder Koch den Eindruck, die Küche gehöre ihm ganz alleine (zwischendurch macht er jeweils ein Nickerchen).

 Das Umräumen des Küchenzustands zwischen den Köchen heißt **Kontextswitch** (**Kontextwechsel**).

Für den Koch und sein Rezept (den Algorithmus) ist das unheimlich praktisch. Er sieht überhaupt nichts von den anderen Köchen und muss sich nicht darum scheren, was die anderen tun. Außerdem funktioniert das auch prima, wenn Sie mehr als eine Küche in Ihrem Restaurant besitzen. Dann können alle Köche auf die Küchen aufgeteilt werden und es arbeiten stets so viele von ihnen gleichzeitig, wie Küchen zur Verfügung stehen.

Die Küchen sind, wie Sie bereits vermuten, eine Metapher für physisch vorhandene Prozessorkerne in Ihrem Computersystem. **Multiprocessing** meint in diesem Sinne das (wirklich) gleichzeitige Abarbeiten von Kochrezepten in den einzelnen Küchen.

Im Gegensatz zu **Multitasking** setzt der Begriff **Multiprocessing** voraus, dass die Hardware Ihres Systems aus mehreren Prozessoren besteht. Multiprocessing ist insofern immer Multitasking, aber nicht umgekehrt. Multitasking ist auch auf einem Einzelprozessorsystem möglich.

Aber ist das wirklich effizient? Dieser ewige Wechsel zwischen den Köchen ist brutal aufwendig. Eine Alternative wäre es doch, wenn ein Koch mehrere Gerichte gleichzeitig innerhalb der Küche zubereiten würde. Die einzelnen Arbeitsabschnitte, die dann gleichzeitig ausgeführt werden können, heißen **Threads**.

Ein *Thread* (**Faden**) ist eine Reihe von Arbeitsschritten, die parallel zu anderen Threads innerhalb desselben Prozesses ausgeführt werden.

Besonders positiv wirkt sich **Multithreading** aus, wenn der Koch beispielsweise ansonsten Däumchen dreht, weil er das aktuelle Gericht gerade in den Backofen geschoben hat. In dieser Zeit stehen ihm für weitere Gerichte die restlichen Ressourcen (Herd, Vorratsschrank, Mixer etc.) uneingeschränkt zur Verfügung.

Jedem **Prozess** stehen *alle Ressourcen* – für kurze **Zeitscheiben** (**time slices**) – zur alleinigen Verfügung. Dagegen müssen sich die einzelnen **Threads** innerhalb eines Prozesses die *Ressourcen teilen*.

Aus Sicht der Köche ist *Multitasking* leicht zu realisieren. Die Abarbeitung ihres Rezepts (Algorithmus) erfolgt genau so, als ob es nur einen Koch und eine Küche gäbe. *Multithreading* ist dagegen für den Koch eine äußerst komplizierte Angelegenheit. Seine Arbeitsschritte müssen so abgestimmt werden, dass nicht beispielsweise ein Kuchen in den Backofen geschoben wird, solange der Braten dort noch schmort. Die Ressourcen müssen vor dem gleichzeitigen Zugriff *geschützt* werden.

Dennoch haben Threads den riesigen Vorteil, dass der äußerst zeitraubende Kontextwechsel beim Multitasking entfällt. Der Overhead zum Verwalten der Threads ist um ein Vielfaches geringer (Faktor 100). Außerdem können die Threads entstehende Wartezeiten (beispielsweise während der Eingabe des Users über die Tastatur) viel effizienter nutzen.

Multithreading erfordert große Vorsicht beim Entwickler, der den Zugriff auf kritische Ressourcen programmiertechnisch überwachen muss. *Multiprocessing* dagegen erfolgt auf Betriebssystemebene. Ein einzelnes Programm muss keine besonderen Vorkehrungen treffen.

Wie Sie sehen, ist nur das Multithreading eine große Herausforderung für den Programmierer. Multitasking dagegen wird mit seinen Programmen (fast) schon immer betrieben, ohne dass er das merkt.

Auf einem Mehrkerncomputer können mehrere Prozesse gleichzeitig – je einer pro Prozessor – verarbeitet werden. Mehrere Prozesse können sich ebenso – in feine Zeitscheiben zerlegt – ein und denselben Prozessor teilen. Innerhalb eines Prozesses können mehrere Threads – wiederum in Zeitscheiben aufgeteilt – nebeneinander arbeiten. Die Zerlegung von Prozessen übernimmt das Betriebssystem, ein Programmierer muss sich darum nicht kümmern. Multithreading dagegen erfordert höhere Ansprüche an ein Programm, weil nebenläufige Aufgaben synchronisiert und gemeinsam genutzte Ressourcen vor gleichzeitigem Zugriff geschützt werden müssen.

Sie suchen ein Beispiel für sinnvolles Multithreading? Wie wäre es mit Ihrem Server vom Anfang des Kapitels? Ein Thread sollte immer (sofort) eine neue Anfrage entgegennehmen (**Dispatcher**), während für jede einzelne Anfrage ein neuer Thread (**Worker**) generiert wird, der die Clientanfrage abarbeitet.

Das Problem beim Multithreading besteht darin, dass nicht vorhergesagt werden kann, wie lange die Abarbeitung einer bestimmten Programmsequenz dauert.

Das Erzeuger-Konsumenten-Problem

Ein besonders gemeiner Fall entsteht dann, wenn auf ein und dieselbe Variable von verschiedenen Threads zugegriffen wird.

Sagen wir, ein Thread *Erzeuger* produziert Daten und erhöht für jeden Arbeitsschritt die Variable Zähler um 1. Ein weiterer Thread *Konsument* macht das Gegenteil. Er verbraucht die Daten und reduziert den Zähler dabei jeweils um 1.

Sobald das Lager voll ist (also der Zähler ein Maximum erreicht hat), wartet der Erzeuger, bis der Konsument Daten abgeholt hat. Dieser wiederum sieht zuerst nach, ob überhaupt etwas im Lager ist (Zähler > 0), ehe er konsumiert.

Übel wird es nun, wenn zwischen der Abfrage der Variablen von der einen Seite und der entsprechenden Reaktion die jeweils andere Seite den Zustand verändert. Dies führt zu einer **Inkonsistenz der Daten**.

Um dem vorzubeugen, werden bestimmte Abschnitte des Programms als **kritisch** eingestuft, die gewissermaßen nur am Stück abgearbeitet werden dürfen, ohne dass ein anderer Thread währenddessen dazwischenfunkt.

Schutz durch Mutexe

Zur Lösung dieses Problems gibt es verschiedene Ansätze. Stellen Sie sich ein Objekt vor, das Ihnen immer genau sagt, ob ein bestimmter (kritischer) Programmabschnitt abgearbeitet werden darf oder nicht. Wie ein Torwächter. Diese Variable wird **Mutex** genannt.

 Ein *Mutex* (»**mut**ual **ex**clusion«, »gegenseitiger Ausschluss«) ist ein Objekt, mit dem Sie sicherstellen, dass kritische Ressourcen nicht von mehreren Threads gleichzeitig verwendet werden.

Ein Mutex kann *gesperrt* (*lock*) oder *entsperrt* (*unlock*) werden. Jeder Thread, der einen kritischen Bereich »betritt«, also beispielsweise auf eine Variable zugreifen will, sperrt den zugehörigen Mutex. Das bedeutet schon einmal, dass Sie für jede kritische Datenstruktur einen eigenen Mutex benötigen. Außerdem kann ein Mutex nicht gesperrt werden, wenn er schon zuvor (von einem anderen Thread) gesperrt worden ist. In diesem Fall dreht Ihr Thread einfach Däumchen und wartet, bis der Mutex entsperrt wurde, oder vertreibt sich anderweitig die Zeit.

Wichtig ist, dass nach Ende des kritischen Programmabschnitts der zugehörige Mutex wieder entsperrt wird, und zwar stets von demjenigen Thread, der ihn zuvor gesperrt hat.

Simpel, nicht wahr?

 Wer ganz genau hinsieht, muss sich folgende Frage stellen: Könnte nicht ein Thread einen geöffneten Mutex sperren wollen und exakt in diesem Moment kommt ihm ein anderer Thread zuvor? Dies ist für Mutexe ausgeschlossen. Die Operation, einen Mutex zu sperren, ist *atomar*, unteilbar. Wenn das gelingt, ist der zugehörige Thread der alleinige Inhaber. Anderenfalls würde sich der Mutex gar nicht erst sperren lassen.

POSIX-Standard

Ehe ich Ihnen ein größeres Beispiel für die Verwendung von Mutexen und überhaupt des Multithreadings mache, müssen wir kurz ein paar implementatorische Details diskutieren.

Zum Glück gibt es einen Standard, auf den Sie zurückgreifen können. Das »Institute of Electrical and Electronics Engineers«, kurz **IEEE**, hat die *POSIX-Threads* spezifiziert.

 POSIX ist ein Akronym für »**P**ortable **O**perating **S**ystem **I**nterface« und sollte nicht mit der UNIX/Linux-Betriebssystemfamilie verwechselt werden.

Wenn Sie die POSIX-Threads in einem C/C++-Programm verwenden wollen, müssen Sie zunächst die Header-Datei `<pthread.h>` einbinden. Darin finden Sie Funktionen zum Management von Threads, zu Mutexen und Bedingungsvariablen.

Alle relevanten Deklarationen beginnen mit `pthread_`.

✔ `pthread_create` und `pthread_exit` dienen dem Erzeugen beziehungsweise Terminieren von Threads. Beim Erzeugen ordnen Sie einer Variablen vom Typ `pthread_t` den neuen Thread zu und geben an, welche Funktion er starten soll.

✔ Mutexe sind Variablen vom Typ `pthread_mutex_t`, die typischerweise mittels `PTHREAD_MUTEX_INITIALIZER` initialisiert werden. Ihre Referenz dient den Funktionen `pthread_mutex_lock` und `pthread_mutex_unlock` als Parameter. Damit wird die entsprechende »Tür zum Code« versperrt oder geöffnet.

✔ Bedingungsvariablen sind vom Typ `pthread_cond_t` und werden mit `THREAD_COND_INITIALIZER` initialisiert. Wenn Sie die Referenz auf eine solche Variable an `pthread_cond_signal` übergeben, »wecken« Sie einen nach `pthread_cond_wait` wartenden Thread auf. Sie haben auch die Möglichkeit, durch `pthread_cond_broadcast` gleich alle wartenden Threads zu informieren. Eine Bedingungsvariable muss selbst wiederum durch einen Mutex geschützt werden.

Das ging zu schnell? Kann ich verstehen. Am besten sehen Sie sich dazu ein umfangreiches Beispiel an.

Eine eigene Bank bauen

Angenommen, Sie wollen einen kleinen Bankserver betreiben. Es soll für den Kunden (USER) die Möglichkeit geben, Geld einzuzahlen, abzuheben und den Kontostand zu überprüfen.

Zugleich sollte ein Bankier (ADMIN) in der Lage sein, die aktuellen Zinsen (tagesgenau) zu verändern.

Hierzu benötigen Sie einen *Dispatcher-Thread*, der die jeweiligen Eingaben entgegennimmt. Zugleich – damit das Ganze realistischer wird – soll ein *Timer-Thread* die Tage weiterzählen. Hierzu wird eine Bedingungsvariable `tagesende_cond` benötigt, damit die an diesem Tag angefallenen Zinsen berechnet werden. Die Buchung auf das Konto findet jedoch erst am Monatsende (Bankersprache: `Ultimo`) statt. Das übernimmt der *Ultimo-Thread*. Alle diese Threads greifen auf dieselben Daten zu:

✔ Konto

✔ Tageszähler

✔ Zinsen

Daher benötigen Sie für alle diese Variablen einen Mutex. Plus denjenigen Mutex, der die Bedingungsvariable schützt.

Ach ja, damit es auch Spaß macht, mit diesem Programm zu arbeiten, warten wir natürlich nicht wirklich einen Tag. Mit den globalen Konstanten

✔ `SEKUNDEN_PRO_TAG;`

✔ `TAGE_BIS_ULTIMO;`

simulieren Sie, wie viele Sekunden ein Tag haben soll und wie viele Tage ein Monat (damit die Zinsen verbucht werden können).

Der Anfang Ihres Programms (in C++) könnte so aussehen:

```cpp
#include <pthread.h>
#include <iostream>
#include <cstdlib>
#include <string>
#include <sstream>
#include <unistd.h>

using namespace std;

const int SEKUNDEN_PRO_TAG = 30;
const int TAGE_BIS_ULTIMO = 3;
const int MAX_ZEILENLAENGE = 100;

pthread_mutex_t tages_mutex = PTHREAD_MUTEX_INITIALIZER;
pthread_mutex_t zinsen_mutex = PTHREAD_MUTEX_INITIALIZER;
pthread_mutex_t konto_mutex = PTHREAD_MUTEX_INITIALIZER;

pthread_mutex_t tagesende_mutex = PTHREAD_MUTEX_INITIALIZER;
pthread_cond_t  tagesende_cond  = PTHREAD_COND_INITIALIZER;

long tag = 0;
double zinsen = 1.0;
double kontostand = 0.0;
```

Als Nächstes benötigen Sie ein paar Codezeilen, um die Eingabe von Benutzerbefehlen (USER und ADMIN) zu verarbeiten.

```cpp
enum Befehle { kontostand_abfrage, einzahlen, auszahlen, zinsen_
anpassen };

struct commandStruct {
  Befehle befehl;
  double wert;
};
```

Und schon geht es mit der ersten Routine los, mit der der *Timer-Thread* gestartet wird. Im Wesentlichen wartet der Thread, bis die vorgegebene Anzahl an Sekunden vorbei ist, um den Tageszähler zu inkrementieren (um 1 zu erhöhen).

Sobald das Tagesende erreicht ist, wird die Bedingungsvariable (wieder durch Mutexe beschützt) ausgelöst.

```cpp
void * timerThreadRoutine (void * unused){
  cout << "Timer-Thread: Startet ..." << endl;
  do{
    sleep (SEKUNDEN_PRO_TAG);
    pthread_mutex_lock(&tages_mutex);
    tag++;
    cout << "Timer-Thread: Tag " << tag << " ..." << endl;
    pthread_mutex_unlock(&tages_mutex);
    cout.flush();

    // Tagesende signalisieren
    pthread_mutex_lock (&tagesende_mutex);
    pthread_cond_signal (&tagesende_cond);
    pthread_mutex_unlock (&tagesende_mutex);
  }
  while(true);
  pthread_exit(NULL);
}
```

Der Timer-Thread dreht sich in einer Endlosschleife immer weiter. Sobald die SEKUN-DEN_PRO_TAG abgelaufen sind, wird die Variable tag inkrementiert. Dieser Vorgang muss durch einen Mutex geschützt werden (tages_mutex). Vor dem schreibenden Zugriff wird der Mutex gesperrt (pthread_mutex_lock) und direkt im Anschluss wieder freigegeben (pthread_mutex_unlock). Der atomare, *threadsichere (thread-safe)* Bereich befindet sich genau dazwischen. Stellen Sie sich das wie den abgesperrten Bereich vor, wenn der Präsident der USA in einem Konvoi durch die Stadt fährt. In dem Moment ist der gewöhnliche Verkehr blockiert.

Kritischer Code wird von einem Mutex beschützt. Zu Beginn wird der Mutex *gesperrt (lock)*, am Ende *entsperrt (unlock)*.

Anschließend wird mithilfe einer Bedingungsvariablen (tagesende_cond) *signalisiert* (pthread_cond_signal), dass das Tagesende erreicht ist. Beachten Sie bitte, dass auch der Konvoi der Bedingungsvariablen erfordert, dass die Straße gesperrt wird (tagesende_mutex).

Wie im richtigen Straßenverkehr wollen Sie, dass die Sperrung sehr schnell wieder vorbei ist. Nur die Promis und die Security dürfen im Konvoi mitfahren! Daher sollte so wenig Code wie irgend möglich zwischen Sperren der Straße (pthread_mutex_lock) und Freigeben (pthread_mutex_unlock) ausgeführt werden.

Nur die wirklich kritischen Befehle dürfen mit einem Mutex gesperrt werden!

Wenn sich alle daran halten, muss niemand sehr lange vor einer gesperrten Straße warten!

Ein wenig spannender ist der *Ultimo-Thread*. Nach jedem Tagesende-Signal (vom Timer-Thread) wird die Zinsberechnung aktualisiert. Gebucht wird das jedoch erst, sobald das Monatsende-Ultimo erreicht ist.

```cpp
void * ultimoThreadRoutine (void * unused) {
  cout << "Ultimo-Thread: Startet ..." << endl;
  double zinsberechnung = 0.0;
  bool ultimo = false;
  do{
    pthread_mutex_lock (&tagesende_mutex);
    pthread_cond_wait (&tagesende_cond, &tagesende_mutex );
    pthread_mutex_unlock (&tagesende_mutex);

    cout << "Ultimo-Thread: Tagesende-Signal erhalten ..." << endl;
    cout.flush();
    pthread_mutex_lock (&konto_mutex);
    pthread_mutex_lock (&zinsen_mutex);
    zinsberechnung += (kontostand*zinsen)/(100.0*365.0);
    pthread_mutex_unlock (&zinsen_mutex);
    pthread_mutex_unlock (&konto_mutex);
```

Hier möchte ich kurz einhaken – keine Sorge, die restlichen Zeilen dieser Funktion folgen gleich. Im Inneren der do-while-Schleife wartet der Thread auf die Tagesende-Bedingung (tagesende_cond). Weil es sich um eine Bedingungsvariable handelt, wird sie wiederum von einem Mutex beschützt (tagesende_mutex).

Die Formel für die Zinsberechnung hat es in sich. Der Zinssatz wird auf ein Jahr mit 365 Tagen bezogen. Wenn Sie wollen, dürfen Sie hier auch Bezug zu den Tagen bis zum Ultimo nehmen. Weil sie mit mehreren Variablen arbeitet, werden auch mehrere Mutexe gesperrt (konto_mutex, zinsen_mutex). Auf dieser Straße fährt nicht nur der amerikanische Präsident, sondern auch noch die Bundeskanzlerin.

Sie könnten einwenden, dass bei einem rein lesenden Vorgang einer Variablen überhaupt kein Mutex nötig sei, weil das Lesen eines Integers doch wohl von jeder CPU auf einen Schlag (atomar) abgearbeitet wird. Das stimmt. Dennoch sollten Sie auch lesenden Zugriff auf kritische Ressourcen per Mutex schützen! Der Compiler (oder das Betriebssystem) könnten anderenfalls im Rahmen von Optimierungsmaßnahmen Zuweisungen umsortieren, die im Threadbetrieb fatal werden.

Weiter geht es mit dem *Ultimo-Thread*.

```cpp
    // Ist Ultimo erreicht?
    pthread_mutex_lock(&tages_mutex);
    if (tag % TAGE_BIS_ULTIMO == 0) ultimo = true;
    pthread_mutex_unlock(&tages_mutex);

    if (ultimo) {
      // Zinsen auf das Konto anwenden
      pthread_mutex_lock (&konto_mutex);
      kontostand += zinsberechnung;
      cout << "Ultimo-Thread: Zinsen " << zinsberechnung <<
        " auf Kontostand: " << kontostand << " angewendet." << endl;
      pthread_mutex_unlock (&konto_mutex);
      cout.flush();
```

```
        zinsberechnung = 0.0;
        ultimo = false;
      }
    } while (true); // never ending story
    pthread_exit(NULL);
  }
```

Vermutlich erscheint Ihnen der Code inzwischen leichter lesbar. Jeder kritische Bereich wird einfach von Mutexen eingerahmt, ansonsten läuft alles wie gewohnt. Sobald das Ultimo mal wieder erreicht ist (der tag ist ein Vielfaches von TAGE_BIS_ULTIMO), werden die Zinsen dem Konto gutgeschrieben. Danach geht es wieder von vorne los.

Der User-Thread erfasst die Eingaben des Bankkunden. Es handelt sich dabei im Wesentlichen um eine große switch-case-Anweisung, die die verschiedenen Befehle verarbeitet. Sehen Sie selbst:

```
void * userThreadRoutine (void * comstruct) {
  commandStruct *cs = (commandStruct *)comstruct;
  cout << "User-Thread: Startet ..." << endl;
  switch (cs->befehl) {
    case kontostand_abfrage:
      pthread_mutex_lock(&konto_mutex);
      cout << "User-Thread: Kontostand = " << kontostand << " ..."
          << endl;
      pthread_mutex_unlock(&konto_mutex);
      cout.flush();
      break;
    case einzahlen:
      pthread_mutex_lock(&konto_mutex);
      kontostand += cs->wert;
      pthread_mutex_unlock(&konto_mutex);
      cout.flush();
      break;
    case auszahlen:
      pthread_mutex_lock(&konto_mutex);
      kontostand -= cs->wert;
      if (kontostand < 0) kontostand = 0.0;
      pthread_mutex_unlock(&konto_mutex);
      cout.flush();
      break;
    default:
      break;
  }
  cout << "User-Thread: Endet ..." << endl;
  delete cs;
  pthread_exit(NULL);
}
```

Damit der Banker (theoretisch) gleichzeitig die Zinsen anpassen kann, wird für diese Tätigkeit der *Admin-Thread* spendiert.

```cpp
void * adminThreadRoutine (void * comstruct) {
    commandStruct *cs = (commandStruct *)comstruct;
    cout << "Admin-Thread: Startet ..." << endl;
    switch (cs->befehl) {
      case zinsen_anpassen:
        pthread_mutex_lock(&zinsen_mutex);
        zinsen = cs->wert;
        cout << "Admin-Thread: Zinsanpassung = " << zinsen << " ..."
            << endl;
        pthread_mutex_unlock(&zinsen_mutex);
        cout.flush();
        break;
      default:
        break;
    }
    cout << "Admin-Thread: Endet ..." << endl;
    delete cs;
    pthread_exit(NULL);
}
```

Alle diese Routinen werden von eigenen Threads aufgerufen. Diese müssen jedoch selbst wiederum von einem anderen Thread gestartet werden. Das übernimmt der *Dispatcher-Thread*. Am Anfang wird ein kleiner Hilfetext ausgegeben, damit klar ist, welche Befehle verstanden werden können.

```cpp
void * dispatcherThreadRoutine (void * unused) {
    pthread_t *userThread, *adminThread;
    commandStruct *cs;
    int result;

    cout << "Dispatcher-Thread: Startet ..." << endl;
    cout << "Hilfe: <USER|ADMIN|QUIT> <Befehl>" << endl;
    cout << "      User Kommandos: kontostand" << endl;
    cout << "                      einzahlen <wert>" << endl;
    cout << "                      auszahlen <wert>" << endl;
    cout << "      Admin-Kommando: zinsen <wert>" << endl;
    cout.flush();
```

Der restliche Code zerlegt diese Eingabe zunächst in einen Teil für USER oder ADMIN. Fangen wir mit dem USER an:

```
do {
  char cline[MAX_ZEILENLAENGE];
  cin.getline(cline,MAX_ZEILENLAENGE);
  istringstream commandline(cline);
  string command;
  commandline >> command;

  if (command == "USER") {
    cs = new commandStruct;
    commandline >> command;
    if (command == "kontostand") {
      cs->befehl = kontostand_abfrage;
      cs->wert = 0.0;
    } else if (command == "einzahlen"){
      cs->befehl = einzahlen;
      commandline >> cs->wert;
    } else if (command == "auszahlen") {
      cs->befehl = auszahlen;
      commandline >> cs->wert;
    } else {
      cout << "Unbekanntes Kommando " << command << endl;
      delete cs;
      continue;
    }

    userThread = new pthread_t;
    result = pthread_create(userThread, NULL, userThreadRoutine,
            (void *)cs);
    if (result){
      cerr << "FEHLER: pthread_create() userThread liefert " <<
            result << endl;
      exit(-1);
    }
}
```

Hier wird die Eingabe in den Kommandoteil (zum Beispiel »einzahlen«) und die Parameter (etwa »1000« für tausend Euro) zerlegt. Anschließend wird mittels pthread_create der *userThread* erzeugt.

Ähnlich sieht das für den ADMIN aus:

```
else if (command == "ADMIN") {
  cs = new commandStruct;
  commandline >> command;
  cs->befehl = zinsen_anpassen;
  commandline >> cs->wert;
  adminThread = new pthread_t;
  result = pthread_create(adminThread, NULL,
                          adminThreadRoutine, (void *)cs);
  if (result){
    cerr << "FEHLER: pthread_create() adminThread liefert " <<
            result << endl;
    exit(-1);
  }
} else if (command == "QUIT") {
  cout << "Programm endet." << endl;
  cout.flush();
  exit(0);
} else {
  cout << "DISPATCHER: Unbekannter Befehl <" << command << ">..."
       << endl;
}
} while(true);
pthread_exit(NULL);
}
```

Logischerweise wird hierbei der *adminThread* gestartet. Im unteren Teil sehen Sie, wie mittels QUIT das Ende des Programms herbeigeführt wird.

Das eigentliche Hauptprogramm fällt nun recht übersichtlich aus. Zunächst werden Timer-, Ultimo- und Dispatcher-Threads erzeugt und mit ihren Routinen initialisiert. Alle Threads werden gestartet und es kann losgehen.

```
int main() {
    pthread_t dispatcher, timerThread, ultimoThread;
    int result;

    // Timer-Thread initialisieren ...
    result = pthread_create(&timerThread, NULL, timerThreadRoutine,
                            NULL);
    if (result){
        cerr << "FEHLER: pthread_create() timerThread liefert " <<
                result << endl;
        exit(-1);
    }

    // Ultimo-Thread initialisieren ...
    result = pthread_create(&ultimoThread, NULL, ultimoThreadRoutine,
                            NULL);
    if (result){
        cerr << "FEHLER: pthread_create() ultimoThread liefert " <<
                result << endl;
        exit(-1);
    }

    // Dispatcher-Thread initialisieren ...
    result = pthread_create(&dispatcher, NULL,
                            dispatcherThreadRoutine, NULL);
    if (result){
        cerr << "FEHLER: pthread_create() dispatcher liefert " <<
                result << endl;
        exit(-1);
    }
    pthread_exit(NULL);
}
```

Sie können diesen Code direkt mit einem C++-Compiler ausprobieren und nach Belieben verändern! Einen kleinen Vorgeschmack auf das, was Sie erwartet, erhalten Sie in Abbildung 47.3.

```
Hilfe: <USER|ADMIN|QUIT> <Befehl>
    User Kommandos: kontostand
                    einzahlen <wert>
                    auszahlen <wert>
    Admin Kommando: zinsen <wert>
ADMIN zinsen 3.5
Admin Thread: Startet ...
Admin Thread: Zinsanpassung = 3.5 ...
Admin Thread: Endet ...
USER einzahlen 1000
User Thread: Startet ...
User Thread: Endet ...
USER kontostand
User Thread: Startet ...
User Thread: Kontostand = 1000 ...
User Thread: Endet ...
Timer Thread: Tag 1 ...
Ultimo Thread: Tagesende Signal erhalten ...
USER auszahlen 50
User Thread: Startet ...
User Thread: Endet ...
USER kontostand
User Thread: Startet ...
User Thread: Kontostand = 950 ...
User Thread: Endet ...
Timer Thread: Tag 2 ...
Ultimo Thread: Tagesende Signal erhalten ...
Timer Thread: Tag 3 ...
Ultimo Thread: Tagesende Signal erhalten ...
Ultimo Thread: Zinsen 0.278082 auf Kontostand: 950.278 angewendet.
USER kontostand
User Thread: Startet ...
User Thread: Kontostand = 950.278 ...
User Thread: Endet ...
QUIT
Programm endet.
```

Abbildung 47.3: Auszug des Bank-Programms

Der ADMIN setzt zunächst die Zinsen auf 3.5%. Üppig, gebe ich zu, aber bei realistischen Werten würden Sie kaum eine Änderung auf dem Konto bemerken.

Der USER zahlt 1000 EUR ein und überprüft seinen Kontostand. Dann kommt das Tagesende-Signal. Am nächsten Tag hebt der USER 50 EUR vom Konto ab. Am Monatsende (nach Tag 3) werden die Zinsen verrechnet. Jederzeit hätte der ADMIN übrigens die Zinsen zwischendurch anpassen können. Probieren Sie es nur ruhig selbst aus ...

IN DIESEM KAPITEL

Wie Anwendungen verschmelzen

Was mit Datenbergen passiert

Wer die Cloud kontrolliert

Wann die Zukunft beginnt

Kapitel 48
Durchblick und Ausblick

J a, ich gebe es zu, dieses Kapitel verbreitet einen Hauch von Esoterik. Ich möchte Ihnen klarmachen, wie alles heute schon zusammenhängt und wer was morgen damit anstellen könnte. Aber im Grunde bin ich Optimist, also brauchen Sie keine Angst vor meinem vielleicht etwas gewagten – Blick in die Zukunft zu haben ...

Vom Web getrieben

Zunehmend durchdringt das Internet – seit der Einführung des WWW-Dienstes rasant – unseren Lebensalltag. Dabei verläuft die Entwicklung alles andere als geradlinig, eher chaotisch. Dienste, die ursprünglich nur eine kleine Benutzergruppe interessierten, werden heute von Konzernen betrieben, deren Umsatz Milliarden Dollar beträgt. Umgekehrt sind einige Konzepte, deren überragender Nutzen einst von allen geschätzt wurde, heute fast komplett verschwunden.

Ich möchte Ihnen hierzu ein paar Beispiele herausgreifen. Zunächst geht es um Suchmaschinen ...

Suchmaschinen gab es schon sehr früh, noch vor Einführung des WWW. Beispielsweise war *Archie* ein Dienst, um Dateien auf öffentlichen FTP-Servern ausfindig zu machen. Später wurden die Grundbefehle (exakte Übereinstimmung, Einsatz von regulären Ausdrücken, ähnliche Begriffe) auch auf die frühen Suchmaschinen des WWW angewendet.

Kein Mensch hätte damals gedacht, dass Suchmaschinen eine derart dominierende Rolle im Internet spielen würden. Die meisten User benutzen heutzutage Suchmaschinen, ohne sich dessen überhaupt bewusst zu sein. Wenn Sie beispielsweise (bei den gängigen Browsern) in die URL-Zeile einfach einen Begriff eingeben, der Ihnen einfällt, wird automatisch die Standardsuchmaschine angeworfen, anstatt die Eingabe als Adresse zu interpretieren.

Für einen Großteil der Benutzer existieren Seiten im Internet überhaupt nicht, wenn sie nicht von Suchmaschinen gefunden werden ...

Ach ja, an *Archie* erinnert sich heutzutage fast niemand mehr!

Wie Sie sehen, hat die aus heutiger Sicht offensichtliche Bedeutung der Suchmaschinen erst im Laufe der Zeit zugenommen.

Nicht viel anders verhält es sich mit **FTP-Servern**, nur umgekehrt.

FTP-Server waren, lange vor Einführung des WWW, die eigentlichen Träger der Informationen im Netz. Als Möglichkeit zum Datei-Up- und -Download waren FTP-Server die zentrale Anlaufstelle für User. Es ist daher auch kein Zufall, dass »Archie« sich auf das Aufspüren von Dateien auf FTP-Servern beschränkte.

FTP steht für *File Transfer Protocol*. Heutzutage gilt dieses unsichere Protokoll als viel zu kompliziert und umständlich. Der überwiegende Teil des Internets spielt sich auf Webservern ab, die den Up- und Download per HTPP regeln.

Bis heute gibt es zahlreiche FTP-Server, aber die Bedeutung dieses ehemals zentralen Service schrumpft immer weiter. Die meisten Firewalls blockieren sogar diesen unverschlüsselten Dienst (in Kapitel 55 finden Sie Hinweise auf eine sichere Variante).

Entwicklungen und Trends sind somit nicht nur unvorhersehbar, sondern auch nur zeitlich begrenzt gültig. Als das WWW bereits etabliert war, entstand auf natürliche Weise der Wunsch, diesen Dienst auch auf mobilen Telefonen zur Verfügung zu stellen.

Das **mobile Internet** hat eine rasante Entwicklung insbesondere im Hinblick auf die Übertragungsgeschwindigkeit genommen. Bei den Protokollen handelte es sich nacheinander um GSM, GPRS, EDGE, UMTS und HSPA. Inzwischen sind mit LTE Raten bis zu 100 Megabit pro Sekunde möglich. Für die Zukunft rechnen die Fachleute mit einem Gigabit pro Sekunde. Zu Beginn war die mobile Form des Internets nur für sehr wenige Benutzer interessant. Inzwischen sind wir auch in diesem Punkt deutlich vorangeschritten. Heutzutage verbringen die User mehr Zeit mit mobilen Geräten im Internet als mit stationären – zumindest in den USA.

Keine kommerzielle Website kann es sich nunmehr erlauben, die Gruppe der mobilen Anwender zu ignorieren. Vielmehr werden den Smartphones und Tablets mit kleineren Displays eigene Darstellungen der Inhalte geboten, teilweise mit erheblichen Unterschieden.

Eine weitere hochinteressante und geradezu groteske Entwicklung hat auch die Audioübertragung genommen. Das verdrahtete Telefon mit analoger Datenübertragung gibt es schon seit Ende des 19. Jahrhunderts. Es war eine Revolution, als Jahrzehnte später mobile Telefonie für alle (ohne Satellitenübertragung) möglich wurde. Mit der Einführung des Smartphones nahm der textuelle Datenaustausch rasch zu. Entsprechende Apps erlaubten schließlich auch die Übertragung kleiner Audiodateien (als Anhang). Dann wurde groß gefeiert, dass auch live Audionachrichten übertragen werden konnten – wozu das Telefon schon immer in der Lage war.

Dennoch handelte es sich um einen Paradigmenwechsel, weil plötzlich der Provider keine Kontrolle mehr über die Art der Datenübertragung hatte.

Eine ähnliche Geschichte ist auch für die Festnetztelefonie zu erzählen. Hierzulande werden alle Verteilstellen auf die Sprachübertragung per IP umgestellt (**Voice over IP**). Selbst wenn wir also glauben, analog zu telefonieren, werden IP-Pakete durch den Äther übertragen. »Digital« ist der eindeutige Gewinner und »analog« verliert allerorten an Bedeutung.

Haben Sie bemerkt, wie sich ursprünglich völlig unterschiedliche Dienste und Technologien nach und nach zu einem Gesamtkunstwerk verändert haben? Auch hier will ich Ihnen ein Beispiel geben.

Online-Banking wurde schon vor dem WWW eingeführt. In Deutschland konnten Bankkunden via BTX und Datex-J ihren Kontostand überprüfen oder auch Transaktionen durchführen.

Der kritische Punkt ist die *Autorisation* von Zahlungen. Hierzu wurden Transaktionsnummern (TAN) eingeführt. Aus Sicherheitsgründen wurden diese später indiziert (mit einer fortlaufenden Nummer versehen). Angreifer dachten sich immer neue Tricks aus, um an diese Informationen zu gelangen. Auf der Anbieterseite wurden ebenfalls neue Wege beschritten, um die Transaktion zu schützen.

Dabei spielt inzwischen auch der Einsatz von Smartphones eine wichtige Rolle. So können Überweisungen, die Sie am Desktop-PC tätigen, über spezielle Apps auf dem Smartphone live autorisiert werden. Dabei verschmelzen die eigentlich grundverschiedenen Dienste und Datenübertragungskanäle miteinander. Wenn Sie nun diese Transaktion mit Ihrem Fingerabdruck (anstatt einer TAN/PIN) bestätigen, haben Sie eine weitere Komponente ins Spiel gebracht, wiederum grundverschieden von den beiden ersten und doch in einem einzigen Vorgang vermengt!

Solche Verschmelzungen sind überall zu beobachten. Sie müssen ein Fax versenden? Diese Steinzeittechnologie wird tatsächlich hier und da noch benötigt. Aber dazu müssen Sie natürlich kein eigenes Gerät mehr besitzen. Im Internet finden Sie Umschaltstationen für alle möglichen Arten von Diensten. Sie können aus Mails Faxe machen, aus textuellen Nachrichten Audiobotschaften und aus einem Word-Dokument einen physischen Brief gleich an die gewünschte Zieladresse verschicken. *Medienbruch* als negativ besetztes Schlagwort war gestern. *Medienübergang* ist das Zauberwort von heute!

Die Welt ist einerseits wahnsinnig bunt und wild geworden, auf der anderen Seite aber auch einfach und übersichtlich. 3D-Druck funktioniert inzwischen längst nicht nur für Gegenstände. Auch Nahrungsmittel oder DNA ist im Fokus der unterschiedlichsten Werkzeuge, die alle dasselbe Ziel verfolgen. Wenn Sie letztendlich alles irgendwann aus der virtuellen

Realität des Internets in die physische Wirklichkeit überführen, verschmelzen irgendwann auch diese Bastionen von Fakten und Fiktionen miteinander ...

Ad hoc statt lang geplant

Eine weitere allgemeine Entwicklung, wie sie zunehmend zu beobachten ist, möchte ich Ihnen anhand der *Netzwerkstrukturen* aufzeigen. Das Internet wurde ja aus der Vernetzung bereits existierender Netze geboren. Die ursprünglich aus dem militärischen Bereich stammende Idee der Ausfallsicherheit ist einer der Grundpfeiler im Netz der Netze. Wenn einzelne Komponenten ausfallen (durch militärische Operationen des Gegners), so das ursprüngliche Kalkül, sollte die Datenübertragung auf anderem Wege dennoch nahtlos möglich bleiben. Einzelne Stationen waren gegenüber anderen nicht mehr dominant. Das trifft für den eigentlichen Datentransport bis heute zu.

Allerdings gilt die scheinbare Anarchie im Internet nicht für IP-Adressen. Diese werden sauber registriert und zugewiesen. Im Prinzip ist kein Mensch anonym unterwegs. Eine klare Hierarchie von Routern und Servern weiß genau, welche IP von welchem Host wann wem zugewiesen wird. Dasselbe gilt für die Vergabe von Domainnamen. Angefangen von der Toplevel-Domain über die restliche Namensvergabe bis hin zum kleinsten PC, der mit dem Internet kommunizieren will. Keiner kann da einfach ausbrechen, sondern muss sich an internationale Vereinbarungen halten.

 Gibt es nicht auch das **Darknet** als Gegenentwurf? Hinweise darauf finden Sie im Kasten am Ende von Kapitel 45.

Das Gleiche gilt natürlich auch für die Übertragungstechnik. Es gibt »dicke« Internet-Leitungen zwischen den USA und Europa am Fuße des Atlantiks, mehr als 15.000 Kilometer lang. Natürlich finden Sie auch Leitungen zwischen allen anderen bedeutsamen Knoten auf der Welt. Während die Industrieländer ihre kompletten bewohnbaren Bereiche miteinander verdrahten, haben viele Entwicklungsländer diesen Zwischenschritt übersprungen. Dort ist die mobile Internetabdeckung weitaus kostengünstiger und so weit fortgeschritten, dass an einer Verbindung per Draht kaum noch jemand interessiert ist.

Auf der anderen Seite sind gerade mobile Endgeräte inzwischen dermaßen performant, dass sie quasi eigene Netzwerke untereinander aufbauen können. Diese »ad hoc«, also aus dem Stegreif entstehenden Netze entwickeln eine besondere Dynamik. Ohne »von oben« kontrolliert zu werden, können sie untereinander Datenaustausch auch über größere Entfernungen gewährleisten. Dies gelingt, indem sich die Übertragungsbereiche unterschiedlicher Netze überlappen und so Komponenten aus entfernteren Bereichen des Verbundes über Zwischenstationen miteinander kommunizieren. In Abbildung 48.1 sehen Sie symbolisch, was ich damit meine. Obwohl die äußeren Übertragungsbereiche keine Schnittmenge aufweisen, können die Endgeräte über das mittlere Netz Daten austauschen.

Ob es sich hierbei um einen Segen oder einen Fluch handelt, dürfen Sie selbst entscheiden. Sicher ist, dass derartige Entwicklungen nicht vorhersehbar und auch von dritter Seite kaum zu steuern sind.

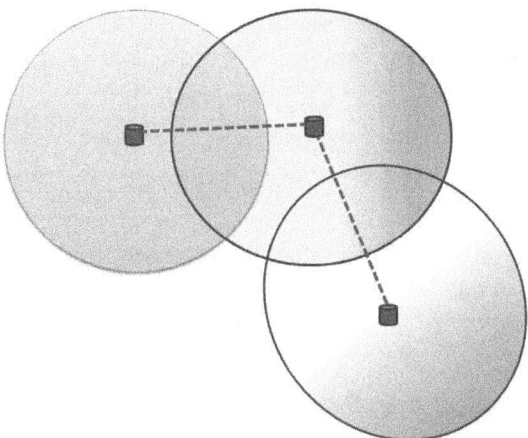

Abbildung 48.1: Kommunikation über Zwischenstationen in Ad-hoc-Netzen

Big Data für Big Brother

Wenn es stimmt, dass wir inzwischen in einer nahezu vollständig digitalisierten Welt leben, in der Kommunikation maschinell verarbeitet, gespeichert und kopiert werden kann – ganz zu schweigen von wirtschaftlichem Handeln, Geld ausgeben, Geld verdienen und so weiter –, sind gigantische *Datenberge* eine unausweichliche Folge.

Das ist als solches noch kein Problem. Die Frage ist, wer *besitzt* diese Information und was stellt er damit an? Deutsche Gesetze unterscheiden streng zwischen einem Minimal- und einem Maximal-Speicherdatum personenbezogener Daten. Aus steuerlichen oder anderen juristischen Gründen müssen bestimmte Vorgänge zehn Jahre nachvollziehbar sein. Danach erlischt die Steuerbarkeit und der Datenschutz schlägt zu. Punkte in Flensburg müssen nach der »Überliegefrist« auch wirklich gelöscht werden. Löschen von Daten kann also genauso angenehm sein wie das Speichern.

Generell ist das Problem der Verfügbarkeit von Information schlimmer, als Sie vielleicht im ersten Augenblick denken. Nehmen Sie sich die E-Mails als Beispiel.

E-Mails stellen eine wesentliche innerbetriebliche Kommunikationsform dar. Aber viele verwechseln eine E-Mail mit dem gesprochenen Wort. Sie übersehen dabei wesentliche Unterschiede:

✔ Die E-Mail bleibt auch noch im Folder, wenn Sie sich wieder beruhigt haben.

✔ In einer direkten mündlichen Aussprache sehen Sie sofort, wie sich Ihr Gesprächspartner verhält, und können darauf reagieren.

✔ Sie wissen nicht, wann und unter welchen Umständen Ihre E-Mail beim Adressaten ankommt.

✔ Das gesprochene Wort kann nicht ohne Weiteres im Original an dritte (unerwünschte) Personen weitergereicht werden. Die Weiterleitung einer E-Mail (auch an sehr viele Empfänger) kann erfolgen, ohne dass der ursprüngliche Absender dies möchte.

✔ Wir kommunizieren nicht nur verbal, sondern auch durch Mimik und Gestik. Am Telefon hören Sie zumindest an Stimmlage und -höhe, wie es dem Gegenüber gerade geht. Alle diese Formen bleiben der E-Mail versperrt.

Allein daran sehen Sie, dass der Umgang mit E-Mails mit großer Vorsicht erfolgen muss. Hinzu kommt noch das Ausspähen. Wissen Sie, wer Ihre Mails potenziell mitlesen kann? Auch, wenn Sie nur mit der Firma auf der anderen Straßenseite kommunizieren, könnte die Mail um den gesamten Globus huschen.

Immer wieder werden Skandale bekannt, die auf dem Durchleuchten elektronischer Kommunikation beruhen. Hinzu kommen die sogenannten *Verbindungsdaten*. Das ist die **Metainformation** des Datenaustauschs, also nicht, *was* gesendet wird, sondern *wer* mit *wem* spricht. Ermittlungsbehörden reicht das häufig schon, um Spuren zu verfolgen.

In sozialen Netzen geben die Menschen diese wertvolle Metainformation völlig ungeniert preis. Darin besteht ja gerade das Geschäftsmodell dieser meist gewinnorientierten Unternehmen. Die Alternative würde einen kostenpflichtigen Zugang voraussetzen. Viele Leute denken jedoch ...

✔ ich habe ohnehin nichts zu verbergen oder

✔ sollen sie meine Daten doch verkaufen, immer noch besser als einen monatlichen Obolus zu entrichten oder

✔ aus meinen Daten werden die ohnehin nicht schlau.

Die Möglichkeiten, selbst riesige Datenberge semantisch zu durchleuchten, werden jeden Tag verbessert. Das geht los bei logischen Programmiersprachen (Prolog) und endet bei künstlichen neuronalen Netzen zur Datenverarbeitung.

 In Kapitel 42 finden Sie einige Informationen zu Prolog und im anschließenden Kapitel 43 geht es um künstliche neuronale Netze.

Natürlich wachsen auch die Datenberge in gigantischem Ausmaß. Allein mit intelligenteren Methoden ist diesem Wahnsinn Herr zu werden.

Im Nebel der Cloud

Eine weitere Tendenz beschleunigt diese Entwicklung sogar noch: aufgrund der gestiegenen Bandbreiten bei der Datenübertragung werden zunehmend mehr Informationen *online* gespeichert. Die **Cloud** (**Wolke**) übernimmt die Datensicherung und erzeugt eine Verfügbarkeit *überall*. Clouds sind ja auch verdammt praktisch. Wenn ich meine Kontakte und Termine in der Cloud speichere, sind die auf allen meinen (mobilen und immobilen) Geräten verfügbar. Immer aktuell. Immer live. Immer präsent.

Allerdings machen es Clouds den diversen Diensten (nicht nur den geheimen) umso einfacher, an wichtige Inhalte heranzukommen.

Lösungen bieten Systeme, bei denen Sie über Ihren eigenen geheimen Schlüssel selbst verfügen, wo also auch der Anbieter an Ihre Daten nicht mehr herankommt. Das ist toll (im Hinblick auf den Schutz Ihrer Daten) und zugleich katastrophal (sollten Sie den Schlüssel einmal verlieren).

Inzwischen gibt es zahlreiche Open-Source-Cloud-Sicherungslösungen, bei denen Sie das Maß an Kontrolle über Ihre Daten selbst bestimmen. Ich gehe davon aus, dass eigene Clouds einen hohen Verbreitungsgrad erreichen werden, nicht vergleichbar mit eigenen Domains, aber dennoch gewaltig. Natürlich sind auch Zwischenlösungen denkbar. Tools, mit denen gemeinsamer Online-Speicher im Internet verwaltet wird, Kommunikationszentralen und andere Spezialanwendungen.

Auf jeden Fall gehören Clouds zu den großen Gewinnern der Zukunft. Daten werden nicht mehr lokal gehalten, sondern entfernt, überall. Und wenn ich schon dabei bin, über die Zukunft zu philosophieren, dann will ich das mal ganz explizit tun.

Ach ja, alle folgenden Angaben sind natürlich, wie immer, ohne Gewähr.

Weltweite Aussichten

Unsere Zukunft wird sehr spannend. Was etliche Pessimisten behaupten, dass bereits alles Wichtige erfunden worden ist und die Zukunft lediglich unbedeutende, minimale Verbesserungen bringt, halte ich für ausgemachten Unsinn. Nicht nur das Internet lässt auch weiterhin genügend Spielraum für kreative Köpfe, um neue Trends zu setzen oder Entwicklungen anzustoßen, für die anderenorts nur die Großindustrie als Kandidatin infrage käme.

Apropos Industrie. Derzeit ist die Nummer 4.0 angesagt, aber die Fertigung auch auf individuelle Bedürfnisse zugeschnittener Produkte wird noch sehr viel weitergehen, als wir uns das heute vorstellen können. Unikate – von was auch immer – werden erschwinglicher und wo heute vielleicht ein selbst entworfenes T-Shirt eine persönliche Note hinterlässt, wird das in Zukunft für nahezu alle Alltagsgegenstände Wirklichkeit werden.

Auch das Bezahlen wird sich – endlich – online und per App viel einfacher gestalten. Wenn auch das Bargeld noch für eine gewisse Zeit existieren wird (sehr zum Missmut der Notenwächter, die anderenfalls auch negative Zinsen bis in schwindelerregende Höhen realisieren könnten), so werden doch die Möglichkeiten zum bargeldlosen Zahlungsverkehr massiv zunehmen. Wo Sie heutzutage nur bei Flügen oder Kinokarten Ihr Smartphone als Ticket vorzeigen, wird das in nicht allzu ferner Zeit für normale Zahlungen im Einzelhandel möglich sein. Irgendwann sind sie dann alle weg: Scheine und Münzen.

Außerdem werden immer leistungsfähigere Computer in immer intimere Bereiche des Menschen »eingebettet« werden. Apps auf Armbanduhren oder Fitnessbändern sind nur der Anfang. Es wird nicht lange dauern, ehe alle möglichen Dinge – bis hin zu den Kleidern, die wir anziehen – mit untereinander kommunizierenden Computern bestückt sein werden. Das Internet der Dinge kann praktische Vorteile bieten, etwa wenn uns die Laufschuhe mitteilen, dass sie keine ausreichende Dämpfung mehr besitzen. Oder auch Nachteile, wenn beispielsweise die Krankenversicherung aufgrund mangelnder körperlicher Betätigung die Beiträge automatisch heraufsetzt (natürlich haben wieder die Laufschuhe gepetzt).

Wichtig zu erwähnen wird die Unterstützung durch Roboter sein. Wo heutzutage nur hier und da ein Staubsauger wie von Geisterhand durch die Wohnung läuft oder ein Rasenmäher fast unentwegt im Garten arbeitet, werden wir morgen schon Haushaltshelfer antreffen, deren Dienste noch viel weiter gehen. Das Humanoide (Menschenähnliche) dieser Roboter hat natürlich seinen Preis. Die günstigen Stücke für die breite Masse werden eher R2D2 als C-3-PO gleichen. Aber bis zu den »Real Humans«, den Maschinen, die Sie für Menschen halten und die problemlos den Turing-Test bestehen, wird es auch in Zukunft noch ein weiter Weg sein.

Dafür werden konkrete Problemstellungen zunehmend von Maschinen beherrscht. Wenn heutzutage beispielsweise Schachcomputer über das wahre, tiefere Wesen einer Schachstellung befragt werden, aber Menschen noch in vielen anderen geistigen Bereichen dominieren, steuern wir einer Welt entgegen, wo *maschinelle Intelligenz* auf allen klar abgrenzbaren Gebieten die Oberhand besitzt.

Außerdem werden auch Roboter individueller. Open-Source-Hardware, frei verfügbare Komponenten zum Bau der Geräte in Eigenregie, 3D-Druck und natürlich das eigenständige Programmieren werden Bereiche erschließen, an die zuvor noch nie ein Mensch gedacht hat (und bei dem sich viele andere ganz sicher gruseln).

Allerdings habe ich auch einen Trost für alle, die befürchten, Roboter würden in Zukunft menschliche Anstrengung komplett überflüssig machen: Das dachte man auch schon von der Dampfmaschine.

Teil XI
Die praktischen Seiten der theoretischen Informatik

Theoretische Informatik gilt vielen Menschen als ein Buch mit sieben Siegeln. Sie hat den Ruf, noch viel abstrakter und abgehobener zu sein als reine Mathematik, und – das stimmt. Zugleich ist die theoretische Informatik eines der spannendsten und interessantesten wissenschaftlichen Gebiete überhaupt. Es geht hier nämlich um das innerste Wesen der Informatik, um die fundamentalsten Fragen: Gibt es Probleme, die sich grundsätzlich nicht mit Computern lösen lassen? Wie misst man die Komplexität von Algorithmen? Los geht dieser Teil jedoch noch viel prinzipieller: Was ist Information? Wie lässt sie sich maximal komprimieren? Danach dreht sich alles um formale Sprachen, Berechenbarkeit und Korrektheit. Alle diese Fragen und noch einige mehr werden beantwortet und ganz nebenbei hoffe ich, Ihnen ein wenig von der Faszination der theoretischen Informatik zu vermitteln. Am Ende werden Sie vielleicht selbst in ihren Bann gezogen ...

IN DIESEM KAPITEL

Verstehen, was Information ist

Entropie begreifen

Wichtige Komprimierungsalgorithmen kennenlernen

Optimale Codes erzeugen

Kapitel 49
Komprimierte Information

D ass sich »Informatik« mit »Information« beschäftigt, wird Sie nicht weiter überraschen. Aber in diesem Kapitel befassen wir uns mit dem tiefsten Inneren dessen,
worauf unsere Informationsgesellschaft beruht.

Um zu verstehen, was Information tatsächlich ist, werde ich Ihnen zeigen, wie Sie den
Informationsgehalt »messen«. Dieser Gehalt stellt gewissermaßen den eigentlich relevanten Kern dar. Dateien lassen sich also nur bis zu diesem Punkt komprimieren. Die wichtigsten Verfahren zur Kompression sind ebenfalls Thema des vorliegenden Kapitels.

Information tritt im Allgemeinen nicht statisch auf. Sie fließt, wie Wasser im Fluss. Es
wird deswegen auch um Informationsquellen gehen und wir werden deren Neuigkeitswert
berechnen. Ich versichere Ihnen, dass Ihnen der Begriff der Entropie nach der Lektüre dieses
Kapitels vollkommen einleuchten wird. Schließlich werden Sie einen fundamentalen Zusammenhang zwischen der Entropie einer Quelle und einer optimalen Codierung erkennen.

Dreiklang der Information

Haben Sie sich jemals gefragt, was »Information« ist? Immerhin leben wir doch in einer
»Informationsgesellschaft«! Ein intuitives Gefühl dessen, um was es sich wohl bei dieser
ominösen Information handelt, hat sicher jeder. Aber was ist das genau? Diese spannende
und gerade für »Informatiker« bedeutungsschwere Frage möchte ich Ihnen in diesem
Kapitel beantworten.

Allerdings geht es um die objektive, wissenschaftlich handhabbare Art von Information.
Wenn Sie so wollen, die für Informatiker relevante Information.

Dazu möchte ich mit Ihnen ein kleines Gedankenexperiment durchspielen. Ich weiß genau, dass Sie in diesem Moment einen Text lesen – nämlich Ihr *Informatik für Dummies*-Buch. Wie viel »Information« steckt wohl in dieser Seite, die Sie gerade aufgeschlagen haben?

Zählen Sie dazu die Wörter? Oder gar die Buchstaben?

Schauen Sie sich die beiden nachfolgenden Sätze an:

- ✔ »Die Ampel ist rot«
- ✔ »Ampel rot«

Der obere Satz verfügt über doppelt so viele Wörter wie der untere, aber es erscheint klar, dass die relevante *Menge an Information* in beiden Varianten – mehr oder minder – dieselbe ist. Es wäre müßig, über die Notwendigkeit oder Sinnhaftigkeit korrekter Grammatik zur Erzeugung von Information zu diskutieren.

Vielmehr schlage ich Ihnen ein gänzlich anderes Verfahren vor. Wenn es Ihnen gelingt, eine vorgegebene Menge an Daten immer weiter zu verkleinern, ohne auch nur den kleinsten Fetzen an Information zu verlieren, gelangen Sie schließlich an einen Punkt, bei dem die Daten nicht weiter zu *komprimieren* sind. Wäre die verbliebene Menge an Bits nicht ein schönes Maß für die ursprüngliche Information? Gegen Ende des Kapitels zeige ich Ihnen, wie das genau geht. Es ist für jeden Informatiker unabdingbar, darüber Bescheid zu wissen. Allerdings müssen Sie erst dazu bereit sein, alles, was Sie bisher mit dem Wort »Information« assoziiert haben, auch tatsächlich hinter sich zu lassen! Insbesondere wird es uns am Ende nicht um den *Sinn* beispielsweise eines Textes gehen ...

Doch bevor es so weit ist, möchte ich noch ein wenig weiter ausholen und der Information den wissenschaftlichen Platz bereiten, der ihr – meiner bescheidenen Meinung nach – auch tatsächlich zusteht.

Vor Jahrtausenden bereits hatten die Menschen eine Vorstellung davon, um was es sich bei »Materie« handelt.

Alle Gegenstände gehören dazu und anno dazumal bildeten die Grundelemente die Bausteine für Materie. Später kam die Vorstellung des »Atoms«, des »Unteilbaren« hinzu. Heute wissen wir, dass auch das Unteilbare noch geteilt werden kann, und selbst da ist das Ende der Fahnenstange noch nicht erreicht. Dennoch hat es sich durchgesetzt, von der Materie als einer wichtigen »Säule der Physik« zu sprechen.

Die zweite ist die »Energie«. Seit Jahrhunderten hat sich auch unsere Vorstellung von Energie immer weiter präzisiert. Das Wort »Energie« wurde als Gegensatz zur »Materie« betrachtet, bis, ja, bis Albert Einstein mit seiner berühmten Formel $E = mc^2$ uns eines Besseren belehrte: Energie und Masse (also Materie) sind im Grunde ineinander überführbar. Mehr noch, Energie und Materie sind nur verschiedene Ausprägungen von ein und derselben Sache, dem, woraus das gesamte Universum bis in seine kleinsten Details besteht.

Seit kurzer Zeit drängt auch die »Information« in diesen Bund. Es gibt eine Reihe von Leuten, für die Information, Energie und Materie jeweils ineinander überführbar sind, etwa so, wie es Abbildung 49.1 andeutet.

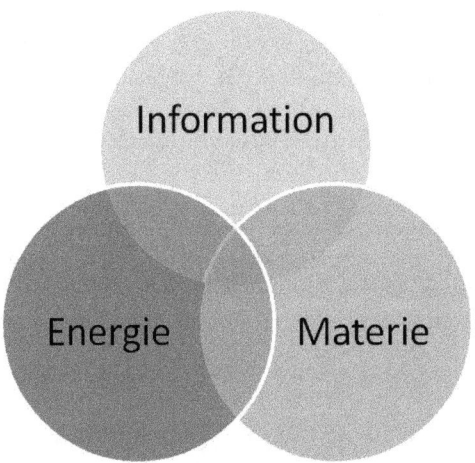

Abbildung 49.1: Säulen der Physik

Materie, Energie und Information

Das Wort »Materie« entstammt dem lateinischen Begriff *materia* und wird für den »Grundstoff« verwendet, beispielsweise Bauholz. Zugleich kann »materia« auch als Ausdruck für eine »Ursache« gebraucht werden. Materie ist insofern der Stoff, aus dem die Welt gemacht wurde. Die Ähnlichkeit zu »mater«, der »Mutter«, kommt also nicht von ungefähr!

Im Gegensatz dazu leitet sich das Wort »Energie« vom griechischen *energeia* ab, was für »Wirkung«, »Kraft« oder »Macht« steht. Energie ist in diesem Sinne die Substanz, mit der sich eine Wirkung erzielen oder eine Kraft ausüben lässt. Die Verbindung zwischen Materie und Energie entspricht demnach Statik und Dynamik. Dinge an sich sind aus Materie, ihre Bewegung, ihre Veränderung oder die Wirkung, die sie auslösen, erfordern Energie. Da sich die Welt um uns herum immerzu bewegt, fortschreitet, sind somit zugleich Materie und Energie am Werk.

»Information« bezieht sich auf das lateinische Verb *informare* und bedeutet ursprünglich »darstellen«, »formen« oder gar »gestalten«. Wir wissen heute um die Bedeutung von Information für eine Gesellschaft, aber es hat eine Weile gedauert, ehe die Menschheit dies begriffen hat.

Der Gedanke, dass Information auf gleicher Höhe mit Energie und Materie rangiert, ist revolutionär. Insbesondere wäre es spannend, Energie oder Materie in Information zu verwandeln – oder umgekehrt. Auf dem Raumschiff Enterprise ist das längst gang und gäbe; es nennt sich »beamen« ...

Somit gelten auch für die Information physikalische Gesetze. Beispielsweise was den Transport angeht. Nichts, auch keine Information, darf demnach schneller als mit Lichtgeschwindigkeit transportierbar sein. Gut, wenn ich mir unsere aktuellen Übertragungsgeschwindigkeiten im Internet ansehe, sind wir noch ein gutes Stück davon entfernt, also keine Sorge!

Dennoch gibt es etliche Experimente beispielsweise in der Quantenphysik, die sich genau mit dieser Thematik befassen. Umgekehrt sind auch makroskopische Gedankenspiele relevant. Etwa Überlegungen, nach denen schwarze Löcher trotz allem Energie – und damit Information – absondern. Für den Moment genügt es, Information als gleichberechtigt neben Materie und Energie zu sehen.

Transportieren und speichern

Doch kehren wir nach diesem Höhenflug der Informationstheorie wieder in die irdischen Gefilde der Informationsverarbeitung zurück.

Die entscheidende Frage lautet hier unten: »Was kann ich mit Informationen anstellen?« Eine erste wichtige Antwort beinhaltet den Transport und die Speicherung.

Daten und Information

Daten und **Information** sauber zu trennen, ist gar nicht so einfach. Die meisten Menschen verwenden die Begriffe synonym. Aus Sicht der Informatik handelt es sich bei Daten einfach um alles, was Sie mit dem Computer verarbeiten. Jedes Bit ist ein Datum – die Einzahl von Daten.

Mit dem Wort »Information« wird umgangssprachlich eine gewisse Sinnhaftigkeit verknüpft. Eine zufällige Ansammlung von Daten würden die meisten Menschen nicht unbedingt als Information bezeichnen. Demnach wäre »Daten« der Obergriff, der auch »Information« mit einschließt.

Allerdings gibt es auch die umgekehrte Sichtweise. Neben gesprochener oder geschriebener Sprache kann auch ein stummer Blick Informationen beinhalten. Mittels Gesten oder nur durch Mimik lassen sich womöglich wichtige Mitteilungen übertragen. Diese Art von Informationsübertragung ließe sich jedoch nicht ohne Weiteres digitalisieren. In diesem Sinne würde »Information« eher einen Oberbegriff für »Daten« darstellen.

Um wissenschaftlich exakt mit Informationen zu arbeiten, benötigen wir eine Definition, die nicht von subjektiven Empfindungen abhängt. Daher nimmt der Begriff des »Informationsgehalts«, wie er im nächsten Abschnitt definiert wird, keinen Bezug zur Sinnhaftigkeit oder Interpretationsfähigkeit von Daten.

Speicherung und **Transport** von Informationen setzt ihre Digitalisierung zwar nicht zwingend voraus, aber für die sinnvolle Verarbeitung ist die analoge Version einfach ungeeignet.

 Sollten Sie noch nicht von der Digitalisierung überzeugt sein, werfen Sie doch einmal einen Blick in Kapitel 5. Gleich am Anfang liefere ich Ihnen hoffentlich genügend Argumente ...

Es stellt sich nun die Frage, welche Algorithmen und Datenstrukturen am besten geeignet sind, um eben jene digitalen Informationshäppchen zu speichern und zu transportieren.

Hierzu benötigen Sie zunächst ein *Maß*, um zu beurteilen, wie viel Information in einer Menge von Bits überhaupt enthalten ist. Daran erkennen Sie nämlich, ob bestimmte Methoden zur Übertragung oder Speicherung von Daten geeignet sind – oder eben nicht.

Sinnfreies Messen von Information

Lassen Sie uns mit einem einfachen Beispiel loslegen. Betrachten Sie die beiden folgenden Zeilen und entscheiden Sie sich spontan dafür, welche mehr Information enthält:

✔ Informatik macht Spaß

✔ dJHc xyIkx szZTaYqÖJy

Die meisten Menschen tippen auf die obere Zeile. Offensichtlich ergibt diese Aussage einen *Sinn*, während die untere Zeile nur unleserliches Kauderwelsch darstellt.

Aber das täuscht! Ich habe Sie nicht danach gefragt, welche der beiden Zeilen eine bestimmte – mehr oder weniger nachvollziehbare – Aussage enthält, sondern welche »mehr Information« enthält.

Um besser zu verstehen, auf was ich hinauswill, reduziere ich im nächsten Beispiel die Präsentation der Information auf je eine Bitfolge:

✔ 010101010101010101010101010101

✔ 010111010110010001111011000010011

Schauen Sie genau hin! Was fällt Ihnen auf, wenn Sie die beiden Zeilen betrachten?

Die obere Zeile ist fein geordnet: Die Ziffernfolge »01« wird einfach immer wieder hintereinander geschrieben. Die untere weist dagegen kein offensichtliches Muster auf. Sie sieht ein wenig chaotisch aus, unstrukturiert, unsystematisch. Wenn ich nun nach der Menge an Information in den beiden Bitfolgen frage, was antworten Sie mir? Die Regelmäßigkeit lässt auf eine Struktur schließen, deren Informationsgehalt womöglich hoch einzuschätzen ist. Oder etwa nicht?

Leider ist diese Herangehensweise, so naheliegend sie auch zu sein scheint, vollkommen verkehrt. Um den tatsächlichen Informationsgehalt im Sinne der Informatik zu beurteilen, stellen Sie sich stattdessen lieber folgende Frage:

Welche der beiden Zeilen können Sie mit weniger Zeichen darstellen?

Dabei kommen Ihnen vermutlich dezimale oder hexadezimale Darstellungen von Bits in den Sinn. Je vier Bits lassen sich so in ein Zeichen aus der Menge {0, .., 9, A, .., F} packen.

 Die verschiedenen Zahlenformen werden detailliert in Kapitel 5 behandelt!

Damit würde es Ihnen gelingen, die beiden Zeilen mit 32 einzelnen Bits in je acht hexadezimale Ziffern zu transformieren. Aber bei der oberen Zeile gibt es eine viel elegantere Möglichkeit:

✔ »01« · 16

Die Schreibweise soll andeuten, dass Sie einfach die Folge »01« sechzehnmal hintereinander schreiben. Somit ist der Informationsgehalt der ersten Zeile recht gering: Sie können mit wenigen Zeichen beschreiben, wie die Folge aussieht. Noch klarer wird Ihnen die Situation, wenn Sie viel mehr dieser Zeichenblöcke finden. Bei einer Gesamtlänge von zwei Millionen Ziffern hätten Sie immer noch einen bequemen Platzhalter:

✔ »01« · 1.000.000

Dagegen würden Sie bei einer zufälligen Folge (die somit per Definition keine Muster enthält) tatsächlich zwei Millionen Bits zur Darstellung benötigen.

Es geht bei der Informationsermittlung somit zunächst um *Häufigkeiten von Zeichen*, und eng verwandt mit Häufigkeiten sind *Wahrscheinlichkeiten*. Damit sind wir schon sehr nahe an einer sauberen Definition des Wortes »Informationsgehalt«:

 Unter dem *Informationsgehalt I eines Zeichens* z versteht man den negativen *Logarithmus dualis* der Wahrscheinlichkeit p für das Auftreten von z.

Als Formel sieht das so aus:

$$I(z) = -ld\big(p(z)\big)$$

Also noch mal ganz langsam. Die Wahrscheinlichkeit für das Auftreten eines einzelnen Zeichens hängt mit seiner *relativen Häufigkeit* zusammen.

Die deutsche Sprache weist den Buchstaben »E« mit einer irren durchschnittlichen Häufigkeit von etwa 17 Prozent auf. Somit ist beinahe jeder fünfte Buchstabe überhaupt ein »E«. Dagegen taucht das »Q« am seltensten auf. Sollten Sie also ein Wort lesen, das den Buchstaben »E« enthält, steckt darin weniger Information als in einer Zeichenfolge mit einem »Q«.

Lassen Sie sich nicht durch den Logarithmus erschrecken! Der »Logarithmus dualis« ist der Logarithmus zur Basis 2.

Mini-Crashkurs: Logarithmus dualis

Der Logarithmus einer Zahl y zur Basis 2 ist diejenige Zahl, mit der Sie die Zahl 2 potenzieren müssen, um y zu erhalten. Klingt kompliziert, oder? Ist es aber nicht. Am besten mache ich Ihnen ein paar Beispiele dazu:

$$ld(4) = 2, \quad da \quad 2^2 = 4$$
$$ld(32) = 5, \quad da \quad 2^5 = 32$$
$$ld\left(\frac{1}{4}\right) = -2, \quad da \quad 2^{-2} = \frac{1}{2^2} = \frac{1}{4}$$

Wie Sie sehen, ist der Logarithmus einer Zahl größer als 1 stets positiv, während der Logarithmus einer Zahl zwischen 0 und 1 immer negativ ist.

Es gibt natürlich auch andere Logarithmen zu anderen Basen, aber die interessieren hier nicht. Wichtig sind noch folgende Sonderfälle:

$$ld(2) = 1, \quad da \quad 2^1 = 2$$
$$ld(1) = 0, \quad da \quad 2^0 = 1$$
$$ld\left(\frac{1}{x}\right) = -ld(x), \quad da \quad 2^{-ld(x)} = \frac{1}{2^{ld(x)}}$$

Die wichtigste Merkregel im Zusammenhang mit Logarithmen lautet: »Der Logarithmus ist ein Exponent«. Gemeint ist damit, dass Sie in einer Gleichung der Form

$$2^x = y$$

den Exponenten, also x, durch »Logarithmieren« auf beiden Seiten ermitteln:

$$ld(2^x) = ld(y)$$

Als Nächstes schlägt die Stunde der Logarithmengesetze, von denen es drei Stück gibt:

$$ld(x \cdot y) \quad = \quad ld(x) + ld(y)$$
$$ld\left(\frac{x}{y}\right) \quad = \quad ld(x) - ld(y)$$
$$ld(x^y) \quad = \quad y \cdot ld(x)$$

Mithilfe des dritten Logarithmengesetzes erhalten Sie:

$$x \cdot ld(2) = ld(y)$$

Wie Sie aus dem Sonderfall wissen, ergibt ld(2) = 1, somit erhalten Sie x = ld(y). In der Gleichung

$$2^x = y$$

steht das x ergo für den Logarithmus dualis der Zahl y.

Noch ein paar abschließende Beispiele, bei denen ich ein wenig mit dem Logarithmus spiele, und die Definition über den Informationsgehalt sollte einleuchten:

$$ld(64) \quad = \quad ld(8) + ld(8) = 2 \cdot ld(8) = 2 \cdot 3 = 6$$

$$\left(\text{alternativ:} ld(2) + ld(32) = 1 + 5 \right)$$

$$ld\left(\frac{16}{4}\right) \quad = \quad ld(16) - ld(4) = 4 - 2 = 2$$

$$\left(\text{logisch, da ja } \frac{16}{4} = 4 \text{ und } ld(4) = 2 \right)$$

$$ld\left(4^3\right) \quad = \quad 3 \cdot ld(4) = 3 \cdot 2 = 6$$

$$\left(\text{es gilt} : 4^3 = 4 \cdot 4 \cdot 4 = 64 \right)$$

Der Informationsgehalt eines Zeichens ist also der negierte Logarithmus dualis der Wahrscheinlichkeit seines Auftretens. Da die Wahrscheinlichkeit immer eine Zahl zwischen 0 und 1 ist, führt dies stets zu einem negativen Logarithmus, dessen Negation wieder positiv ist.

BEISPIEL Angenommen, Sie färben vier Seiten eines Würfels grün (G), während die beiden restlichen Seiten blau (B) bemalt werden. Nun würfeln Sie folgendes Ergebnis:

✔ G-G-B

Wie groß ist der **Informationsgehalt dieser Folge**? Genauso gut hätten Sie eine neue Sprache erfinden können, die nur aus zwei Buchstaben besteht, nämlich »G« und »B«. Dabei tritt das G im Allgemeinen doppelt so häufig auf wie das B. In beiden Fällen berechnen Sie einfach den Informationsgehalt eines jeden vorkommenden Zeichens und addieren die Werte auf, um den **Informationsgehalt des Wortes** »GGB« zu erhalten:

$$I(GGB) = I(G) + I(G) + I(B) = -ld\left(\frac{2}{3}\right) - ld\left(\frac{2}{3}\right) - ld\left(\frac{1}{3}\right)$$

Mit dem dritten Logarithmengesetz eliminieren Sie die Vorzeichen:

$$I(GGB) = ld\left(\frac{3}{2}\right) + ld\left(\frac{3}{2}\right) + ld(3) = 2 \cdot ld\left(\frac{3}{2}\right) + ld(3)$$

Weiter geht es mit dem zweiten Logarithmengesetz:

$$I(GGB) = 2 \cdot \left(ld(3) - ld(2)\right) + ld(3)$$

Wie Sie wissen, ist ld(2) = 1, somit erhalten Sie:

$$I(GGB) = 2 \cdot \left(ld(3) - 1\right) + ld(3) = 3 \cdot ld(3) - 2$$

Den Wert von ld(3) müssen Sie mit dem Taschenrechner berechnen! Was, Ihr Taschenrechner verfügt über keine ld-Taste? Kein Problem, solange wenigstens die Taste ln (steht für *logarithmus naturalis*) vorhanden ist (siehe nachfolgenden Kasten) ...

$$I(GGB) = 3 \cdot ld(3) - 2 \approx 3 \cdot 1,585 - 2 \approx 2,755$$

Logarithmus dualis mit dem Taschenrechner ohne ld-Taste ausrechnen

Angenommen, Sie müssen den Wert von ld(3) ausrechnen, aber Ihr Taschenrechner »kennt« nur den ln? Da hilft eine Abfolge von arithmetischen Operationen. Denken Sie an den Merksatz »Der Logarithmus ist ein Exponent«, so lautet Ihr eigentliches Problem:

Mit welcher Zahl muss ich 2 »hoch nehmen«, also potenzieren, um 3 zu erhalten?

$$2^x = 3$$

Das x ist der gesuchte Logarithmus. Da Ihrem Taschenrechner die ld-Taste fehlt, logarithmieren Sie einfach beide Seiten der Gleichung mit einem beliebigen anderen Logarithmus, vorzugsweise ln (für den hoffentlich eine Taste existiert). Sie erhalten:

$$\ln\left(2^x\right) = \ln(3)$$

Das dritte Logarithmengesetz gilt, wie die beiden anderen auch, für jede beliebige Basis:

$$x \cdot \ln(2) = \ln(3)$$

und somit:

$$x = \frac{\ln 3}{\ln 2} \approx 1,585$$

Die allgemeine Formel lautet:

$$ld(x) = \frac{\ln x}{\ln 2}$$

Jetzt schauen wir uns einmal den umgekehrten Fall an.

Wie groß ist der Informationsgehalt der Folge B-G-G?

Hier erhalten Sie:

$$I(GGB) = I(B) + I(B) + I(G) = -ld\left(\frac{1}{3}\right) - ld\left(\frac{1}{3}\right) - ld\left(\frac{2}{3}\right)$$

Mit dem gleichen Verfahren wie vorhin erhalten Sie:

$$I(GGB) = 3 \cdot ld(3) - 1 \approx 3 \cdot 1,585 - 1 \approx 3,755$$

Der Informationsgehalt des unwahrscheinlicheren Ergebnisses ist also viel höher!

Gehalt für Entscheidungen

Sie sind noch nicht überzeugt? Sie vermissen die Bedeutung des Musters? Dann habe ich noch einen vollkommen anderen Ansatz für Sie, um das Problem der Informationsmessung zu lösen. Ich meine damit den **Entscheidungsgehalt**.

Wie viele »Ja/Nein«-Fragen werden benötigt, um an eine spezifische Information zu gelangen? Die Antwort stellt wiederum ein Maß für die Menge an Information dar, die, wie ich Ihnen gleich zeigen will, mit dem Informationsgehalt identisch ist.

Weil die »Ja/Nein«-*Fragen* genauso gut *Entscheidungen* sein könnten, erhalten Sie so eine Überstimmung zwischen Entscheidungs- und Informationsgehalt.

 Gehen Sie von folgendem Spiel aus: Ich denke mir eine Zahl zwischen 1 und 8 aus (jeweils inklusive) und Sie dürfen mir beliebige »Ja/Nein«-Fragen stellen, um sie zu erraten.

Als erste Frage wäre es unklug, gleich eine konkrete Zahl zu nennen, etwa »Ist es die 7?«

Die Wahrscheinlichkeit ist recht gering, nämlich nur 1/8, dass Sie einen Treffer landen. Wenn Sie daran interessiert sind, möglichst wenige Fragen zu stellen, werden Sie versuchen, die anfängliche Menge M an Zahlen, nämlich $M_1 = \{1, 2, 3, 4, 5, 6, 7, 8\}$, zu halbieren. »Ist die gesuchte Zahl gerade?« ist also eine viel bessere Wahl. Egal, was ich antworte, anschließend besteht die Menge möglicher Zahlen nur noch aus vier Elementen.

Der Nachteil ist auch klar: Es ist unmöglich, in der ersten Frage schon die richtige Antwort zu finden. Aber darum geht es auch gar nicht. Im Grunde sind wir nur daran interessiert herauszufinden, *wie viele Fragen* im ungünstigsten Fall bei optimaler Spielweise nötig sind.

Angenommen, ich antworte auf Ihre Frage mit »Nein!«, dann ergibt sich als Menge der möglichen Zahlen M_2 = { 1, 3, 5, 7}. Ihre nächste Frage sollte wiederum die Auswahl halbieren. Wie gefällt Ihnen »Ist die Zahl kleiner als 4?«? Wenn meine Antwort wieder »Nein!« ist, erhalten Sie als neuerliche Auswahlmenge M_3 = {5, 7}. Aber auch im anderen Fall wäre das Ergebnis im Prinzip dasselbe. Die verbleibende Menge besteht nur noch aus zwei Zahlen.

In dieser Situation benötigen Sie nur noch eine Frage und Sie kennen meine Zahl, egal was ich antworte. Wenn ich beispielsweise auf »Ist die Zahl 5?« mit »Nein!« antworte, wissen Sie, dass ich von vornherein die »7« im Sinn hatte – zum Glück haben Sie nicht gleich danach gefragt ...

Denken Sie für einen Moment darüber nach: Ganz gleich, welche acht Elemente unsere anfängliche Menge M enthält, stets können Sie durch drei geschickte Fragen jedes Element identifizieren. Fällt Ihnen auf, dass ld(8) = 3 ist (weil 2^3 = 8)?

Das ist immer so! Der Entscheidungsgehalt einer Menge ist der Logarithmus dualis der jeweiligen **Kardinalität**, also der Anzahl an Elementen.

Eine interessante Anwendung zum Informationsgehalt für Entscheidungsbäume finden Sie in Kapitel 41.

Wie lässt sich dieses Resultat mit unserem Münzwurf oder den Würfeln verknüpfen? Bei der Münze besteht die Menge an möglichen Ergebnissen aus zwei Elementen, nämlich Kopf oder Zahl. Der Entscheidungsgehalt ist demnach ld(2) = 1, was auch dem Informationsgehalt eines einzelnen Wurfs gleichkommt.

Beim Würfel mit seinen sechs Seiten ist die Sache ein wenig komplizierter. Wie viele Fragen brauchen Sie? Zwei reichen leider nicht, dafür darf die Menge nur aus vier Elementen bestehen (wie nach der ersten Frage aus dem letzten Beispiel). Drei Fragen wäre aber schon zu viel, weil Sie damit acht Möglichkeiten unterscheiden können. Ein Blick auf den Informationsgehalt verrät uns, dass die richtige Antwort dazwischen liegt, nämlich ld(6) $\approx$ 2,585.

Einer der Urväter der Informationstheorie, Claude Shannon, hat einen weiteren Aspekt ins Spiel gebracht: die **Überraschung**!

Sowohl *Informationsgehalt* als auch *Entscheidungsgehalt* stimmen jeweilig mit dem Grad an *Überraschung* überein, den ein bestimmtes Ergebnis hervorruft.

Wenn Sie eine Münze werfen, kann Kopf oder Zahl dabei herauskommen. Shannon hat den Überraschungswert dieses Ergebnisses auf 1 normiert (ld(2) = 1). Wenn Sie dagegen aus der Menge der Zahlen von 1 bis 8 die 7 ziehen, ist das überraschender. Wieder wird als Wert der Logarithmus dualis angesetzt ld(8) = 3. Beim Würfel kommt als Überraschungswert für jede einzelne Seite ld(6) heraus.

Claude Elwood Shannon

Claude Shannon, geboren 1916, war ein amerikanischer Mathematiker, der sich während des Zweiten Weltkriegs mit Verschlüsselung und dem Brechen gegnerischer Codes befasste. Seine Arbeiten resultierten 1948 in dem wichtigsten Werk der Informationstheorie »A Mathematical Theory of Communication«. Auf Basis seiner mathematischen Fundamente wurde die komplette Informationstheorie aufgebaut. Shannon übernahm den zentralen Begriff der **Entropie** aus der Physik und übertrug ihn in die Welt der Information.

Entropie als Theorie der Unordnung

Den Informationsgehalt einer Nachricht zu bestimmen, ist die eine Sache. Viel wichtiger erscheint jedoch die Idee, der *Informationsquelle* einen Wert zuzuordnen. Shannon hat hierzu den Begriff der *Entropie* geprägt. Seine Überlegung ist – im Nachhinein – geradezu simpel. Nach Shannon ist Entropie einfach der **durchschnittliche Informationsgehalt** derjenigen Zeichen, die aus der Quelle »sprudeln« ...

Unter der *Entropie* H einer Quelle **Q** versteht man den *Erwartungswert* des Informationsgehalts ihrer Zeichen **z**.

$$H(Q) = \sum_{z \in Q} p(z) \cdot I(z)$$

Das p(z) steht für die Wahrscheinlichkeit, dass das Zeichen »z« aus der Quelle Q hervorgeht. I(z) ist der bereits bekannte Informationsgehalt des Zeichens, der wiederum von der gleichen Wahrscheinlichkeit abhängt, nämlich: $I(z) = -ld(p(z))$

Die Entropie der Quelle dürfen Sie also auch so notieren:

$$H(Q) = \sum_{z \in Q} p(z) \cdot \left(-ld(p(z))\right) = -\sum_{z \in Q} p(z) \cdot ld(p(z))$$

Ich will hier nicht klugscheißen, aber der Buchstabe H, wie er von Shannon für die Entropie verwendet wurde, ist kein lateinisches »H«, sondern der 7. Buchstabe im griechischen Alphabet, nämlich »Eta«, und zwar großgeschrieben. Das kleine Eta ist etwas bekannter und sieht so aus: »η«.

Die Entropie ist das Maß für den mittleren Informationsgehalt einer *Quelle* und kann nicht auf ein Zeichen angewendet werden. Es ergibt somit keinen Sinn, von der Entropie einer Nachricht zu sprechen, sondern immer nur von der Art und Weise, wie diese Nachricht produziert wurde. Das klingt recht kompliziert. Am besten erläutere ich Ihnen die Entropie anhand von zwei Beispielen.

Wir berechnen zuerst die Entropie des idealen Münzwurfs. Eine ideale Münze produziert »Kopf« oder »Zahl«, und zwar mit jeweils gleicher Wahrscheinlichkeit von ½. Die Quelle Q besteht somit aus zwei Elementen, nämlich Q = { K, Z }.

Sie ermitteln demnach als Entropie von Q:

$$
\begin{aligned}
H(Q) &= -\sum_{z \in Q} p(z) \cdot ld\big(p(z)\big) \\
&= -\big(p(K) \cdot ld\big(p(K)\big) + p(Z) \cdot d\big(p(Z)\big)\big) \\
&= -\left(\frac{1}{2} \cdot ld\left(\frac{1}{2}\right) + \frac{1}{2} \cdot ld\left(\frac{1}{2}\right)\right)
\end{aligned}
$$

Wegen $ld\left(\frac{1}{2}\right) = -1$ erhalten Sie: $H(Q) = -\left(\frac{1}{2} \cdot (-1) + \frac{1}{2} \cdot (-1)\right) = 1.$

Das ergibt Sinn: Der Informationsgehalt beim idealen Münzwurf ist pro Zeichen (also Kopf oder Zahl) im Durchschnitt 1.

Angenommen, Ihre Münze wäre nicht ideal, sondern gezinkt. Sagen wir, mit einer Wahrscheinlichkeit von ¾ erscheint »Kopf«, während für »Zahl« nur ¼ übrig bleibt. Was denken Sie: Steigt oder fällt die Entropie der gezinkten Münze gegenüber der idealen?

Die meisten Menschen liegen bei der Antwort übrigens falsch und meinen, die Entropie der gezinkten Münze läge höher. Aber sehen Sie selbst. Die Quelle der gezinkten Münze nenne ich nun Q_Z:

$$
\begin{aligned}
H(Q_Z) &= -\big(p(K) \cdot ld\big(p(K)\big) + p(Z) \cdot ld\big(p(Z)\big)\big) \\
&= -\left(\frac{3}{4} \cdot ld\left(\frac{3}{4}\right) + \frac{1}{4} \cdot ld\left(\frac{1}{4}\right)\right) \\
&= -\left(\frac{3}{4} \cdot \big(ld(3) - ld(4)\big) + \frac{1}{4} \cdot \big(ld(1) - ld(4)\big)\right)
\end{aligned}
$$

Ich habe in der letzten Zeile das dritte Logarithmengesetz angewendet, anstatt gleich den Taschenrechner anzuschmeißen. Wegen ld(4) = 2 und ld(1) = 0 geht es noch weiter:

$$
H(Q_Z) = -\left(\frac{3}{4} \cdot \big(ld(3) - 2\big) + \frac{1}{4} \cdot (0 - 2)\right) = 2 - ld(3)
$$

Der Logarithmus dualis von 3 ist größer als 1, aber kleiner als 2. Noch ehe ich Ihnen den (mehr oder weniger) exakten Wert zeige, ist also bereits klar, dass die Entropie der gezinkten Münze kleiner als 1 ist.

$$
H(Q_Z) \approx 2 - 1{,}585 = 0{,}415
$$

Die Entropie einer Quelle ist dann am größten, wenn die Wahrscheinlichkeiten für das Auftreten der einzelnen Zeichen gleichverteilt sind.

Entropie in der Physik

Shannon hat den Begriff der »Entropie« nicht erfunden, sondern aus der Physik übernommen, genauer: der »Thermodynamik«. Eine der bedeutendsten Erkenntnisse dieses Wissenschaftszweigs ist der **Energieerhaltungssatz**. Demnach geht keine Energie je verloren, sondern wird nur umgewandelt. »Warum haben wir dann Probleme mit unserer Energiewende?«, werden Sie zu Recht einwenden. Die Ursache für die Misere besteht darin, dass die Form der zur Verfügung stehenden Energie nicht immer diejenige ist, die wir gebrauchen können. Nach Einstein ist Masse und Energie ineinander überführbar, quasi dasselbe. Masse (in der Materie) ist aber eine viel kompaktere, strukturiertere Form als beispielsweise Wärme(-strahlung). Jetzt kommt die Entropie ins Spiel. Sie ist ein Maß für die Unordnung eines Systems. Die Ordnung in der Materie ist sehr viel größer als jene in der Strahlung.

Die deprimierende Überzeugung der Physiker lautet, dass die Entropie im Universum immer weiter ansteigt. Am Ende ist alle Materie zu Strahlung zerfallen. Wir selbst eingeschlossen. Uns bleibt nur der Trost, dass das noch ein paar Milliarden Jahre dauern dürfte. Was danach kommt? Keine Ahnung. Vielleicht ein neuer Urknall mit einem singulären maximalen Absinken der Entropie ...

Entropie ist der fundamentalste Begriff der Informationstheorie. Ist Ihnen seine Interpretation einigermaßen klar geworden? Nun gut, noch ein weiteres Beispiel sollte helfen.

Welches ist die Entropie des idealen Würfels?

Die Rechnung geht jetzt recht schnell von der Hand. Der Würfel W entspricht einer Quelle mit sechs möglichen Zeichen: W = { 1,2,3,4,5,6 }. Jedes einzelne Zeichen ist gleich wahrscheinlich, nämlich ein Sechstel. Als Entropie erhalten Sie somit:

$$H\left(W\right) = \sum_{z \in Q} p\left(z\right) \cdot \left(-ld\left(p\left(z\right)\right)\right) = 6 \cdot \frac{1}{6} \cdot \left(-ld \frac{1}{6}\right) = ld\left(6\right) =$$

$$= ld\left(2 \cdot 3\right) = ld\left(2\right) + ld\left(3\right) \approx 1 + 1,585 = 2,585$$

Erkennen Sie das Muster, um den Wert der Entropie einer Quelle zu berechnen, wenn alle Zeichen gleich wahrscheinlich sind? Hier ist die Lösung:

Eine Quelle Q mit n Zeichen, die alle gleichwahrscheinlich sind, besitzt als Entropie H(Q) = ld(n).

Immer dann, wenn n eine Zweierpotenz ist, ergibt sich eine ganze Zahl als Entropie. Der ideale Münzwurf besitzt die Entropie 1, eine Quelle mit 8 gleich wahrscheinlichen Zeichen die Entropie 3, eine solche mit 16 Zeichen 4 und immer so weiter.

Kompressen ohne Mull

Der Begriff der Entropie ist schön und gut. Aber was nützt er uns? Die »Unordnung« in der Informationstheorie ist äquivalent zur Überraschung. Je höher die Unordnung, desto größer die Überraschung und umgekehrt. Im Alltag gilt das übrigens nur für unerfahrene Eltern, wenn sie sich einmal ohne Vorwarnung das Zimmer des Sprösslings ansehen ...

Wenden Sie einmal den Blick auf ein sehr wichtiges Anwendungsgebiet. Angenommen, Sie haben einen Text von 1024 Zeichen, also einem Kilobyte, und möchten diesen möglichst kompakt speichern, also *komprimieren*. Das Problem ist allgegenwärtig. Meist sprechen wir dann aber nicht von Bytes, sondern von Gigabytes oder gar Terabytes.

Ob es die eigene Musiksammlung, die Hörbuchbibliothek oder das Backup ist. Wie stark lassen sich die Dateien komprimieren?

Sie sollten dabei grundsätzlich zwei Typen von Kompressionsalgorithmen unterscheiden. Für Multimediazwecke verwenden Sie in der Regel verlustbehaftete Verfahren, weil die zu noch viel kleineren Datenmengen führen. Für unsere Theorie der Information sind aber die *verlustfreien* interessanter, weil wir so dem Kern der Information näherkommen!

Haben Sie es gewusst?

Eines der berühmtesten Formate zur Kompression von Musikdateien ist MP3. Es handelt sich dabei um ein verlustbehaftetes Verfahren zur Speicherung von Audioinformation. Anstatt ein Lied mit allen seinen Tönen komplett zu speichern, pickt MP3 im Wesentlichen nur noch diejenigen Informationen heraus, die auch tatsächlich für die akustische Wahrnehmung beim Menschen eine Rolle spielen. Sehr dicht aufeinanderfolgende Laute können beispielsweise im menschlichen Ohr gar nicht mehr getrennt wahrgenommen werden. Ähnliches gilt für hohe Frequenzen oder leise Geräusche unmittelbar nach lauten.

Das Format ist übrigens eine ursprünglich deutsche Entwicklung aus dem Fraunhofer-Institut für Integrierte Schaltungen in Erlangen und der dortigen Uni Erlangen-Nürnberg.

Optimale Codes

Überlegen Sie einmal selbst, wie Sie es anstellen könnten, eine beliebige Folge von Zeichen einer Quelle so zu codieren, dass dafür – im Schnitt – die minimale Anzahl von Bits benötigt wird. Sie werden gleich sehen, dass hierbei wieder die Entropie der Quelle ins Spiel kommt.

Um das Ganze ein wenig zu verdeutlichen, mache ich Ihnen ein kleines Beispiel.

Eine Quelle Q liefere vier verschiedene Zeichen: Q = { A,B,C,D }. Damit die Angelegenheit nicht zu langweilig wird, sollen die jeweiligen Häufigkeiten – oder Auftrittswahrscheinlichkeiten – der Zeichen unterschiedlich groß sein.

$$p(A) = \frac{1}{2}, \; p(B) = \frac{1}{4}, \; p(C) = p(D) = \frac{1}{8}. \text{ Oder kurz: } W = \left(\frac{1}{2}, \frac{1}{4}, \frac{1}{8}, \frac{1}{8}\right).$$

Wie Sie sehen, ist die Summe der Einzelwahrscheinlichkeiten eins, alles andere wäre peinlich! Berechnen wir, weil es so viel Spaß macht, gleich die zugehörige Entropie:

$$H(Q) = -\left(\frac{1}{2} \cdot ld\left(\frac{1}{2}\right) + \frac{1}{4} \cdot ld\left(\frac{1}{4}\right) + \frac{1}{8} \cdot ld\left(\frac{1}{8}\right) + \frac{1}{8} \cdot ld\left(\frac{1}{8}\right)\right)$$

Wieder lässt sich der Ausdruck mittels Logarithmengesetz simplifizieren:

$$H(Q) = \frac{1}{2} \cdot 1 + \frac{1}{4} \cdot 2 + \frac{1}{8} \cdot 3 + \frac{1}{8} \cdot 3 = \frac{7}{4} = 1,75$$

Beispielsweise könnte Ihre Quelle folgende Nachricht N liefern:

N = ABBAACDC

Jede andere Kette aus den Buchstaben A bis D würde es auch tun. Es geht nun darum, für jedes Zeichen eine binäre Codierung zu finden.

Da es sich um vier Zeichen handelt, werden je zwei Bits benötigt. Eine Codierung könnte etwa so erfolgen, wie es in Tabelle 49.1 dargestellt ist.

Zeichen	Bitmuster
A	00
B	01
C	10
D	11

Tabelle 49.1: Mögliche Codierung von Q

Die Nachricht N erhielte demzufolge als binäre Codierung:

N = 0001010000101110

Das kann nicht optimal sein! Erinnern Sie sich noch an die Entropie der Quelle? Sie war $H(Q) = 1{,}75$. Das sind weniger als zwei Bits! Demzufolge beträgt der Informationsgehalt eines Zeichens – im Mittel – 1,75 Bits.

Aber wie wollen Sie mit diesem Wissen eine Codierung erzeugen? Eine erste Lösung lieferte der Meister selbst, Claude Shannon höchstpersönlich ...

Shannon-Fano

Der Algorithmus von Claude Shannon und seinem Kollegen Robert Mario Fano am MIT ist naheliegend, wenn Sie sich das letzte Beispiel in Erinnerung rufen. Es wäre unlogisch, häufige Zeichen mit genau so vielen Bits wie seltene zu codieren. Je öfter ein Buchstabe erscheint, desto weniger Bits sollten Sie verwenden, um sein Vorkommen zu notieren. Sie brechen damit mit der langen Tradition von Codes, bei denen immer gleich viele Bits pro Zeichen verwendet werden.

Das verursacht jedoch ein offenkundiges Problem: Würden Sie beispielsweise das Zeichen »A« aus dem letzten Beispiel zu »1« ersetzen, scheidet die Verwendung von »1« als erstes Bit für beispielsweise »B« aus. Sie wüssten ja sonst nicht genau, welche Variante die richtige ist! Wenn Sie mir nicht glauben, zeige ich Ihnen mal in Tabelle 49.2 eine ziemlich schief gelaufene Codierung für die vier Buchstaben aus dem letzten Beispiel.

Zeichen	Bitmuster
A	1
B	01
C	0
D	10

Tabelle 49.2: Unzulängliche Codierung für Q

Sie würden etwa die Folge »ABC« zu »1010« codieren. Das ist hübsch kurz, aber leider nicht eindeutig, weil die Nachricht »DD« dieselbe Bitfolge ergibt!

Die tiefere Ursache für das Problem besteht darin, dass die Codierung von »A« zugleich den Anfang der Codierung von »D« darstellt. Sie benötigen somit einen Code, bei dem kein Zeichen mit einer Bitfolge versehen wird, die zugleich der Anfang der Bitfolge für ein anderes Zeichen ist. Dafür gibt es übrigens eine coole Bezeichnung:

 Ein *Präfixcode* (auch *präfixfreier Code)* stellt eine Codierung von Zeichen einer Quelle dar, bei der kein Codewort den Anfang (das Präfix) eines anderen Codeworts bildet.

Ihr Dilemma besteht nun darin, dass Sie auf der einen Seite eine möglichst sparsame Codierung finden müssen, deren mittlerer »Bitverbrauch« möglichst nahe an die Entropie der Quelle heranreicht und die darüber hinaus auch noch präfixfrei ist.

Zum Glück gibt es einen Trick, um das zu gewährleisten: Jedes Zeichen muss das Blatt eines **Binärbaums** sein!

Kapitel 34 führt Sie in den grünen Wald der binären Bäume. Dort dürfen Sie die frische Luft genießen und Pflanzen bewundern, deren Wurzeln ganz nach oben reichen ...

Zeichnen Sie einen beliebigen Binärbaum und markieren Sie die jeweils linken Kanten allesamt mit einer »0«, während die rechten Seiten eine »1« erhalten. Am Ende eines jedes Zweigs tragen Sie ein zu codierendes Zeichen ein. In Abbildung 49.2 sehen Sie den Graphen, der Tabelle 49.1 entspricht.

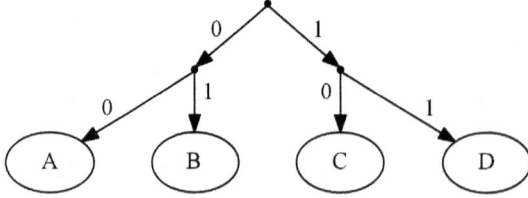

Abbildung 49.2: Binärbaum der Standardcodierung

Dagegen zeigt Ihnen Abbildung 49.3 eine andere Variante. Erkennen Sie die zugehörige Codierung?

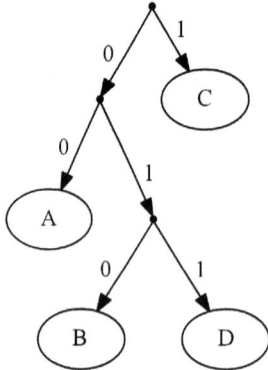

Abbildung 49.3: Präfixfreie Codierung der Quelle Q

Hier die Lösung: Um nun aus dem Binärbaum die Codierung eines Zeichens abzulesen, verfolgen Sie einfach den Weg von der Wurzel bis zum jeweiligen Blatt und notieren dabei die Nullen und Einsen am Wegrand, die wie die Brotkrumen von Hänsel und Gretel den Weg nach Hause, ich meine natürlich zur richtigen Codierung, aufzeigen.

Aus Abbildung 49.3 entnehmen Sie somit die Codierung, die ich Ihnen in Tabelle 49.3 dargestellt habe.

Zeichen	Bitmuster
A	00
B	010
C	1
D	011

Tabelle 49.3: Eine neue, präfixfreie Codierung für Q

Zwar ist dieser Code präfixfrei, aber weit davon entfernt, besser als der naive Ansatz zu sein. Dazu berechnen Sie am besten den mittleren »Bitbedarf« der Codierung. Das ist die gewichtete Wortlänge W der zugehörigen Codes – und keineswegs die Anzahl von Flaschen einer bekannten Biersorte …

Sie addieren also die Produkte aus Bitlänge und Wahrscheinlichkeit des Auftretens für jedes Zeichen von Q:

$$W = \frac{1}{2} \cdot 2 + \frac{1}{4} \cdot 3 + \frac{1}{8} \cdot 1 + \frac{1}{8} \cdot 3 = \frac{9}{4} = 2,25$$

In der Formel entsprechen die Summanden schön der Reihe nach den Zeichen »A« bis »D«. W liegt weit oberhalb der Entropie der Quelle (die H(Q) = 1,75 beträgt). Das ist auch vollkommen logisch, weil ein häufiger Buchstabe wie »A« zu viele Bits benötigt, während ein seltener wie »C« bevorzugt behandelt wird.

Die Idee von Shannon und Fano zur Erstellung eines ordentlichen Codebaums, bei dem häufige Zeichen weniger Bits benötigen als seltene, besteht in einem *rekursiven Algorithmus*.

 Ihnen sagt der Begriff »Rekursion« nichts? Dann schnell einen Blick in Kapitel 31 werfen!

Der Algorithmus geht wie folgt:

1. Sie beginnen mit einem einzigen Knoten. Notieren Sie darin alle Zeichen der Quelle – fein säuberlich nach Häufigkeit sortiert.

2. Falls sich nur ein einziges Zeichen im Knoten befindet, endet das Verfahren an dieser Stelle.

3. Finden Sie anderenfalls eine Trennlinie zwischen den Zeichen, sodass links und rechts dieser Linie die Summe der Häufigkeiten aller Zeichen in etwa dieselbe ist.

4. Erzeugen Sie aus den so entstandenen Zeichenmengen jeweils einen Tochterknoten zum aktuellen Knoten. Die Zeichen müssen nach wie vor nach Häufigkeit sortiert bleiben!

5. Führen Sie für jeden so entstandenen Knoten erneut den Algorithmus (ab der Nummer 2) aus.

Das klingt recht anstrengend, geht aber überraschend leicht von der Hand. Am besten zeige ich Ihnen das Konzept mit den Zahlen aus dem letzten Beispiel.

Im ersten Schritt sind alle Zeichen in einem Knoten zu vereinen, und zwar nach Häufigkeit sortiert. Tabelle 49.4 veranschaulicht die Häufigkeitsverteilung.

A	B	C	D
$\dfrac{1}{2}$	$\dfrac{1}{4}$	$\dfrac{1}{8}$	$\dfrac{1}{8}$

Tabelle 49.4: Zeichen sortiert nach relativer Häufigkeit

Dass hierbei die Folge »ABCD« entsteht, ist reiner Zufall, ehrlich! Nach dem ersten Schritt sieht Ihr Codebaum so aus wie in Abbildung 49.4.

Abbildung 49.4: Anfangszustand des Codebaums nach Shannon-Fano

Recht langweilig, zugegeben. Nun folgt die **Trennlinie**, sie ist der entscheidende Schritt. Um sie zu finden, fangen Sie links und rechts an, die jeweiligen Häufigkeiten aufzuaddieren. Immer diejenige Seite, deren Wert kleiner ist, erhält das nächste Zeichen in Richtung der jeweils anderen Seite. Dort, wo sich die Zähler treffen, trennen Sie den ursprünglichen Knoten in zwei Unterknoten auf!

Das Verfahren funktioniert wie eine Balkenwaage. Zuerst legen Sie in die linke Schale das Zeichen am linken Rand der Zeichenmenge (im Beispiel das »A«) und in die rechte Schale das äußerst rechts befindliche Zeichen (im Beispiel das »D«).

Die Waagschale neigt sich zu Beginn sehr stark nach links, weil $\dfrac{1}{2}$ viel größer ist als $\dfrac{1}{8}$.

Anschließend legen Sie immer weiter Zeichen auf die leichtere Seite, bis sich ein Gleichgewicht einstellt. Allerdings muss das nicht unbedingt passieren. Vielleicht gehen Ihnen vorher die Zeichen aus! Das ist aber auch nicht schlimm. Am Ende erhalten Sie so oder so eine klare Trennlinie, mit der Sie den ursprünglichen Knoten in einen kleinen Baum mit zwei Unterknoten zerlegen.

In Tabelle 49.5 habe ich Ihnen die einzelnen Schritte aufgeführt, die nötig sind, um die richtige Trennlinie zu finden.

Schritt	linke Seite (mit Häufigkeit)	rechte Seite (mit Häufigkeit)
1	$A\left(\dfrac{1}{2}\right)$	$D\left(\dfrac{1}{8}\right)$
2	$A\left(\dfrac{1}{2}\right)$	$CD\left(\dfrac{1}{8}+\dfrac{1}{8}=\dfrac{1}{4}\right)$
3	$A\left(\dfrac{1}{2}\right)$	$BCD\left(\dfrac{1}{4}+\dfrac{1}{8}+\dfrac{1}{8}=\dfrac{1}{2}\right)$

Tabelle 49.5: Verfahren zum Finden der Trennlinie im Shannon-Fano-Algorithmus

Sie trennen somit die Zeichenmenge »ABCD« hinter dem »A« auf: »A|BCD« → »A« und »BCD«. Das Ergebnis sehen Sie in Abbildung 49.5.

Weiter geht es mit dem rekursiven Algorithmus! Auf der linken Seite ist nicht viel zu tun, nur der rechte Teilzweig muss weiter aufgelöst werden. Als Nächstes gilt es, in der Zeichenmenge »BCD« eine Trennlinie zu finden. Probieren Sie es zunächst selbst, ehe Sie weiterlesen!

Hier starten Sie mit dem »B« links und dem »D« rechts. Die Waagschale neigt sich nach links, also packen Sie das »C« nach rechts. Schon sind Sie fertig (Abbildung 49.6)!

Es bleibt nur noch ein kleiner Rest. Immer dann, wenn sich nur noch zwei Zeichen im Knoten befinden, wie bei »CD«, trennen Sie die beiden Unterknoten – ohne Rechnung – auf. Es gibt ja ohnehin nur diese eine Möglichkeit. Das Ergebnis finden Sie in Abbildung 49.7.

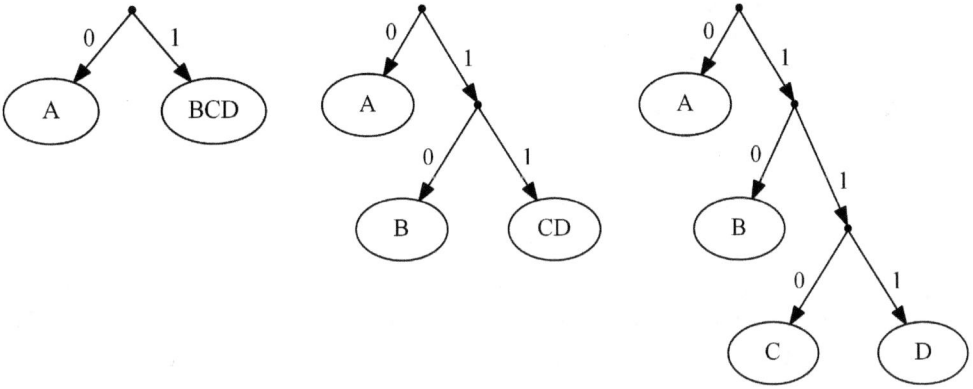

Abbildung 49.5: Codebaum nach dem ersten Trennungsschritt

Abbildung 49.6: Zwischenschritt im Shannon-Fano-Algorithmus Q

Abbildung 49.7: Shannon-Fano-Binärbaum der Quelle

Und das war es auch schon! Alle Blätter des binären Baums bestehen nur noch aus jeweils einem Zeichen. Aus dem Baum die Shannon-Fano-Codierung zu ermitteln, macht geradezu Spaß. Das Ergebnis finden Sie in Tabelle 49.6

Zeichen	Bitmuster
A	0
B	10
C	110
D	111

Tabelle 49.6: Die resultierende Shannon-Fano-Codierung für Q

Ermitteln Sie nun den mittleren Bitbedarf der Codierung:

$$W = \frac{1}{2} \cdot 1 + \frac{1}{4} \cdot 2 + \frac{1}{8} \cdot 3 + \frac{1}{8} \cdot 3 = \frac{7}{4} = 1,75$$

Dies entspricht exakt der Entropie der Quelle, besser geht es nicht! Es handelt sich um eine perfekte Lösung für das Problem, herzlichen Glückwunsch ...

Huffman

Es mag Sie überraschen, dass die Idee von Shannon und Fano nicht bereits das Ende der Fahnenstange darstellt. Tatsächlich ist es gar nicht so leicht, ein Beispiel zu finden, bei dem dieses Verfahren nicht die optimale Lösung liefert. Aber ich habe dennoch eines für Sie ermittelt.

Es sei die Zeichenmenge { A,B,C,D,E } aus der Quelle Q zu codieren. Die relativen Häufigkeiten der Zeichen sind in Tabelle 49.7 aufgelistet:

A	B	C	D	E
$\frac{14}{36}$	$\frac{7}{36}$	$\frac{6}{36}$	$\frac{5}{36}$	$\frac{4}{36}$

Tabelle 49.7: Zeichen sortiert nach relativer Häufigkeit

Durch die ungekürzten Brüche sehen Sie, dass sich in der Summe die Zahl 1 ergeben muss, weil 14 + 7 + 6 + 5 + 4 = 36.

Die erste Trennlinie befindet sich zwischen »B« und »C« (die Summe der Häufigkeiten von C bis E beträgt 6 + 5 + 4 = 15 Sechsunddreißigstel, während »A« nur auf 14 Sechsunddreißigstel kommt). Sie erhalten somit »AB« im linken Teilbaum und »CDE« im rechten. Die Trennung von »A|B« ist trivial, bei »CDE« wird zwischen »C« und »D« getrennt. Es ergibt sich der Codebaum in Abbildung 49.8.

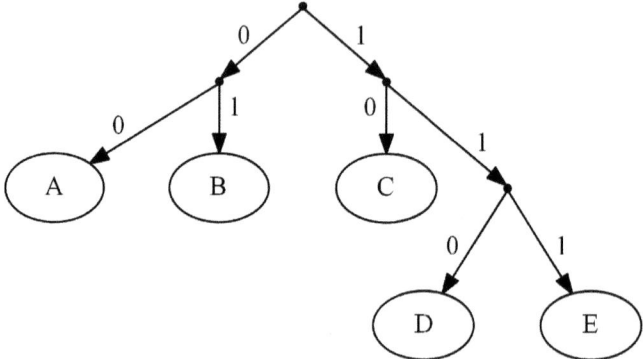

Abbildung 49.8: Codierung nach Shannon-Fano

Rechnen wir rasch die mittlere Wortlänge nach:

$$W = \frac{14}{36} \cdot 2 + \frac{7}{36} \cdot 2 + \frac{6}{36} \cdot 2 + \frac{5}{36} \cdot 3 + \frac{4}{36} \cdot 3 = \frac{81}{36} = 2,25$$

Demgegenüber beträgt die Entropie der Quelle:

$$H(Q) = -\left(\frac{14}{36} \cdot ld\frac{14}{36} + \frac{7}{36} \cdot ld\frac{7}{36} + \frac{6}{36} \cdot ld\frac{6}{36} + \frac{5}{36} \cdot ld\frac{5}{36} + \frac{4}{36} \cdot ld\frac{4}{36}\right) \approx 2,16787$$

Das ist etwas weniger als W. Ist der Algorithmus nun verbesserungswürdig oder ist die Diskrepanz zwischen Entropie und durchschnittlicher Wortlänge aufgrund der ganzzahligen Bitcodierung erzwungen?

Die Antwort liefert uns ein ehemaliger Doktorand von Robert Fano am MIT. David Albert Huffman hat 1952 in seiner Arbeit »A Method for the Construction of Minimum-Redundancy Codes« eine Verbesserung des Shannon-Fano-Ansatzes gefunden.

Huffmans Algorithmus arbeitet im Gegensatz zu seinem Vorgänger nicht »top-down«, sondern »bottom-up«. Er geht also nicht davon aus, dass sich am Anfang alle Knoten in einem einzigen verklumpen und nur noch getrennt werden müssen, sondern gerade umgekehrt. Am Anfang bildet jedes Zeichen einen eigenen Baum mit nur einem Knoten. Nach und nach vereinigen sich je zwei Bäume, indem sie als Unterbäume mit einem gemeinsamen Wurzelknoten versehen werden. Auch Huffmans Verfahren arbeitet rekursiv. Auch hier spielen wieder die kombinierten Häufigkeiten eine entscheidende Rolle. Es müssen nämlich immer diejenigen beiden Bäume zu einem neuen verknüpft werden, die die geringsten Häufigkeiten aufweisen.

Am besten zeige ich Ihnen das anhand des letzten Beispiels.

 Huffman geht hier von folgender Anfangssituation aus:

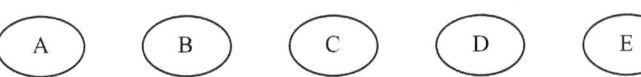

Abbildung 49.9: Anfangszustand im Huffman-Algorithmus

In Abbildung 49.10 finden Sie die beiden Knoten mit den kleinsten Häufigkeiten zu einem neuen kleinen Baum zusammengefasst.

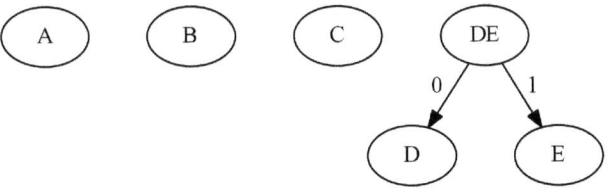

Abbildung 49.10: Zustand nach der ersten Zusammenfassung

Der neue Knoten, den ich vorübergehend mit »DE« bezeichne, besitzt nun eine Häufigkeit, die der Summe seiner Unterbäume entspricht, hier: $\frac{5}{36} + \frac{4}{36} = \frac{9}{36}$.

Diese Häufigkeit ist höher als jene von »B« und »C« alleine, daher werden im nächsten Huffman-Schritt (Abbildung 49.11) jene Knoten zu »BC«
zusammengefasst.

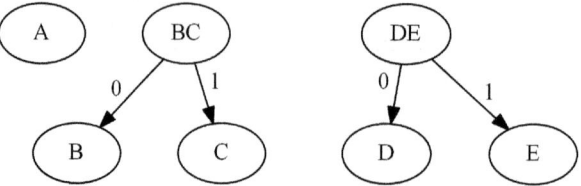

Abbildung 49.11: Baum nach dem zweiten Schritt

Die Häufigkeit des neuen »Mutterknotens« beträgt: $\frac{7}{36} + \frac{6}{36} = \frac{13}{36}$. Dennoch ist

der Wert für »A« noch ein wenig größer. Somit werden nunmehr »BC« und
»DE« kombiniert, wie Sie in Abbildung 49.12 sehen.

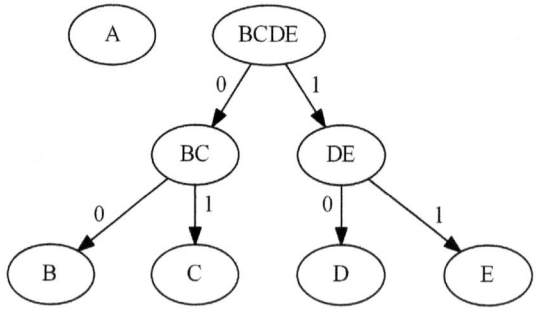

Abbildung 49.12: Vorletzter Schritt im Algorithmus

Es verbleibt die letzte Kombination: »A« rückt damit an die höchste Position
und wird lediglich mit dem Bit »0« codiert. In Abbildung 49.13 habe ich die
Beschriftung der kombinierten Knoten wieder entfernt.

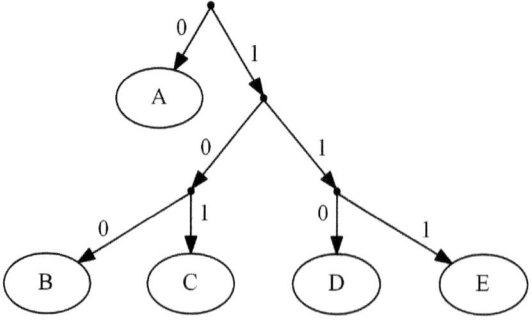

Abbildung 49.13: Finaler Codebaum nach Anwendung des Huffman-Algorithmus

Auch hier lohnt es sich, die mittlere Wortlänge zu bestimmen:

$$W = \frac{14}{36} \cdot 1 + \frac{7}{36} \cdot 3 + \frac{6}{36} \cdot 3 + \frac{5}{36} \cdot 3 + \frac{4}{36} \cdot 3 = \frac{80}{36} = 2,22$$

Der so erhaltene Code ist ein wenig besser als jener, der sich beim Shannon-Fano-Algorithmus ergibt.

Was sagt uns das?

Eine Codierung nach Shannon-Fano ist nicht (immer) optimal!

Der tiefere Grund, warum der Algorithmus nach Shannon-Fano nicht immer einen optimalen Code liefert, hat nichts damit zu tun, dass es sich um ein »Top-down«- statt um ein »Bottom-up«-Verfahren handelt.

Es gibt bei Shannon-Fano an einer Stelle einen kritischen Punkt. Das ist dort, wo die Trennlinie ermittelt wird. Links stehen nur die schwergewichtigen Zeichen, rechts nur die leichten. Die Unterteilung kann immer nur schwere und leichte in einen neuen Unterknoten überführen. Huffman ist hier viel flexibler. Bei ihm können auch leichte neben schweren Knoten in einen neuen Unterbaum gebracht werden, dies schafft zusätzliche Freiheitsgrade, die zum optimalen Code führen!

So weit, so gut. Womöglich gibt es jedoch eine Verbesserung des Ergebnisses, durch den

_____ -Algorithmus? Wie würde Ihnen das gefallen?
(Bitte schreiben Sie Ihren Namen auf die Linie!)

Ich muss Sie leider enttäuschen. Egal, welchen Algorithmus Sie heute oder morgen erfinden, Sie werden damit nicht in die Annalen der theoretischen Informatik eingeben. Denn:

Eine Codierung nach Huffman ist stets optimal!

Keine Sorge! Es gibt noch zahllose andere Gebiete, auf denen Sie mit einer einfachen, brillanten oder schlicht genialen Idee unvergesslichen Ruhm ernten können. Schlagen Sie einfach ein beliebiges anderes Kapitel der Informatik auf …

IN DIESEM KAPITEL

Sprachen kennenlernen, die noch weitaus
formaler als Beamtendeutsch sind

Alphabete und Grammatik büffeln

Automaten ohne Spiele bedienen

Das Pumping-Lemma verstehen

Kapitel 50
Formulare für formale Sprachen

Dieses Kapitel führt Sie in das Thema *formale Sprachen* ein. Jede Sprache besteht zumindest aus einem Alphabet und den Regeln, wie diese Zeichen kombiniert werden dürfen, der Grammatik. Anschließend zeige ich Ihnen den Zusammenhang zwischen der Mächtigkeit von Sprachen und Maschinen, um sie hervorzubringen: endliche Automaten. Danach werden einige Klassen von Sprachen behandelt, reguläre, kontextfreie und kontextsensitive, damit Ihnen nie wieder die Worte ausgehen.

Alphabet und Grammatik

Formale Sprachen sind für die theoretische Informatik unglaublich wichtig. Sie stellen beispielsweise die Basis für elementare Fragen dar: Was kann ein Computer überhaupt prinzipiell leisten? Ist alles, was irgendwie berechenbar ist, auch von einer Maschine zu ermitteln? Was ist mit unserem Gehirn, unserem Geist: Ist das auch so ein Computer?

Allerdings gibt es auch wesentlich profanere Probleme. Wenn ich heute eine neue Programmiersprache erfinde, ist sie dann besser oder schlechter als eine, die es schon gestern gab? Kann jedes beliebige Problem, das mit der einen Programmiersprache zu lösen ist, auch von einer anderen gelöst werden?

Sie merken schon, es geht hier nicht um menschliche Sprachen, sondern einzig und allein um solche, die Rechenautomaten – im allgemeinsten Sinne – prinzipiell verarbeiten können.

 Ihnen ist das alles zu theoretisch? Der vierte Teil Ihres Dummies-Buches befasst sich mit realen, einsetzbaren Programmiersprachen.

Okay, lassen Sie uns loslegen. Eine *Sprache* besteht, da sind wir uns hoffentlich einig, aus *Wörtern*. Jedes Wort besteht aus einer Folge von *Buchstaben*.

Jeder Buchstabe wiederum entstammt einem *Alphabet*.

In der theoretischen Informatik hat es sich durchgesetzt, das Alphabet mit dem griechischen Großbuchstaben Sigma (Σ) abzukürzen. Es soll ja nicht gleich jeder merken, wie simpel eine Sprache aufgebaut ist.

Ein Wort wäre als eine Folge von Buchstaben ein Element von Σ^*, der Menge, die aus allen denkbaren Wörtern besteht. Die Länge eines Wortes w wird abgekürzt mit |w|, was den Betragstrichen bei Zahlen entspricht. Eigentlich eine recht logische Festlegung.

 Gegeben sei das Alphabet $\Sigma = \{a, b\}$. Dann ist w = aaabbabb ein Element von Σ^* mit der Länge 8, also |w| = 8, weil w aus acht Buchstaben besteht.

Jede Sprache verfügt nur über ein einziges Wort, das aus null Buchstaben besteht. Es nennt sich das *leere Wort*. Ganz schön philosophisch, nicht wahr?

Damit gelingt nun endlich auch eine recht nette Definition einer formalen Sprache:

 Eine *formale Sprache über* Σ ist eine Teilmenge von Σ^*.

Da Σ^* aus der Menge aller Wörter über dem Alphabet Sigma besteht, ist eine formale Sprache lediglich eine Menge von Wörtern. Dabei schränken Sie sich kein bisschen ein! Jede noch so sinnvolle oder unsinnige Kombination ist als formale Sprache erlaubt.

 Gegeben sei das Alphabet $\Sigma = \{a, b\}$ aus dem letzten Beispiel. Dann ist L = {aaa, bbb, abab, baba} eine Sprache, die aus nur 4 Wörtern besteht.

Allerdings gehört zu einer Sprache natürlich noch mehr. Irgendwie müssen die einzelnen Wörter ja zusammengefügt werden. Das nennt sich *Konkatenation*.

 Die *Konkatenation* oder *Hintereinanderausführung* ○ ist definiert als:

$$\circ: \Sigma^* \times \Sigma^* \to \Sigma^*.$$

Sie ist also eine Funktion der Menge aller Wörter über einem Alphabet in wiederum genau diese Menge.

Sind w und v zwei Wörter über einem Alphabet Σ, so ergibt w○v das Wort wv.

Schauen Sie sich die folgenden Beispiele einer Konkatenation an. Dabei sei das Alphabet Sigma diesmal $\Sigma = \{1,2,3\}$.

123 ∘ 321 = 123321

111 ∘ 222 = 111222

121 ∘ 212 = 121212

Damit haben Sie plötzlich auch so etwas wie die *Potenz* definiert:

Die *n-te Potenz* eines Wortes $w = w^n$ ergibt sich aus der n-fachen Konkatenation von w mit sich selbst:

$$w^n = \underbrace{w \circ w \circ \cdots \circ w}_{n-mal}$$

Dabei ist w^0 das leere Wort.

Es gilt beispielsweise für $w = 12$: $w^3 = 121212$.

Wenn Sie immer längere Worte durch Hintereinanderausführung bilden können, dann dürfen Sie auch den umgekehrten Weg beschreiten. Setzt sich ein gegebenes Wort nicht vielleicht aus mehreren kleineren zusammen?

Für $v,w \in \Sigma^*$ definieren wir:

v ist ein *Anfangswort* von w, falls ein $u \in \Sigma^*$ existiert mit: $w = vu$.

v ist ein *Endwort* von w, falls ein $u \in \Sigma^*$ existiert mit: $w = uv$.

v ist ein *Teilwort* von w, falls $u_1, u_2 \in \Sigma^*$ existieren mit: $w = u_1 v u_2$.

Bevor ich es vergesse: Wenn Sie zwei Wörter konkatenieren, ist das Ergebnis natürlich so lang wie die beiden Wörter zusammen:

Seien $v, w \in \Sigma^*$. Dann gilt: $|v \circ w| = |v| + |w|$.

Da eine formale Sprache letztlich auch nur eine *Menge* ist, dürfen Sie alles mit formalen Sprachen anstellen, was Sie auch mit Mengen anstellen können. Insbesondere dürfen Sie Schnittmengen und Vereinigungsmengen von formalen Sprachen bilden. Außerdem, und das ist besonders nett, können Sie die *Konkatenation* auf Sprachen definieren:

Seien L_1 und L_2 formale Sprachen über dem Alphabet Σ. Dann ist die *Konkatenation* von L_1 und L_2 definiert als:

$$L_1 \circ L_2 = \{ v \circ w \mid v \in L_1, w \in L_2 \}$$

Die formale Sprache $L_1 \circ L_2$ besteht somit aus allen Wörtern, die selbst wiederum eine Konkatenation eines beliebigen Worts von L_1 mit einem von L_2 darstellen.

Das alles reicht aber noch bei Weitem nicht. Sie benötigen einen Satz von Regeln, eine *Grammatik*, um zu entscheiden, welche Wörter jetzt wirklich zu einer Sprache gehören und welche nicht. Eine komplette Auflistung wäre fatal, insbesondere wenn unendlich viele Wörter zur Sprache gehören ...

Anstatt die erlaubten Wörter einzeln anzugeben, ist es viel sinnvoller, die Regeln zu nennen, um zulässige Buchstabenkombinationen zu bilden. Der Pferdefuß besteht darin, dass eine solche Regel recht kompliziert ausfallen und es sehr viele davon in einer Sprache geben kann.

Wenn Sie nicht wissen, was ich meine, schauen Sie sich doch einmal die Regeln für die Kommasetzung der deutschen Sprache an ...

Endliche Automaten und Sprachen

Die Lösung besteht, wie so oft, in einem *schwarzen Kasten*, der Ihnen die Arbeit abnimmt. Dieser schwarze Kasten nennt sich **endlicher Automat (EA)**.

 Automaten finden Sie ebenfalls im 10. Kapitel. Dort dienen sie zwar dem Entwurf von Schaltwerken, aber im Prinzip funktionieren unsere Automaten hier – mehr oder weniger – genauso!

Am besten zeige Ihnen anhand eines kleinen Beispiels, was ein endlicher Automat ist (Abbildung 50.1).

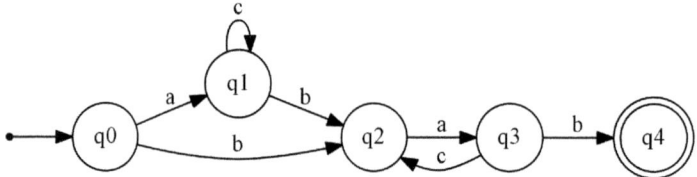

Abbildung 50.1: Endlicher Automat über dem Alphabet { a,b,c }

Es geht dort los, wo ein Pfeil scheinbar aus dem Nichts auf einen Kreis stößt, in unserem Fall also ganz links. Der **Zustand** q0 heißt deswegen auch **Startzustand** oder **Initialzustand**.

Bis dahin ist noch nichts passiert. Ab jetzt müssen Sie jedoch genau beobachten, was auf den Pfeilen steht! Von q0 springen Sie entweder nach q1 oder direkt nach q2. Falls Sie die obere Route wählen, schreiben Sie sich schon einmal das »a« auf, das auf dem Pfeil zu finden ist. Vor dort geht es entweder direkt nach q2 (mit einem »b«) oder aber Sie drehen noch beliebig viele Schleifen und notieren dabei jedes Mal ein »c«.

Von q2 geht es nur mit einem »a« weiter nach q3. Wenn Sie wieder zurück nach q2 möchten, schreiben Sie ein »c« auf. Anderenfalls gelangen Sie mit einem »b« nach q4, dem **Endzustand** oder **Akzeptanzzustand**, leicht an der doppelten Einkreisung zu erkennen.

Folgende Worte kann dieser endliche Automat beispielsweise *produzieren*:

✔ bab

✔ bacacacacab

✔ acccccccccbab

Dagegen werden Sie niemals hinbekommen:

✔ abc

✔ bacacacb

✔ accccbaba

Wie Sie sehen, dient Ihr endlicher Automat einem ganz bestimmten Zweck:

Mithilfe eines endlichen Automaten können Sie *entscheiden*, ob ein gegebenes Wort w zu einer Sprache L über einem Alphabet Σ gehört. Falls das Wort in einem akzeptierten Zustand des Automaten endet, gehört es zu L, anderenfalls nicht. Diese Fragestellung wird auch das **Wortproblem** genannt.

Es kann dabei beliebig viele Start- und Akzeptanzzustände geben; natürlich gilt das auch für die sonstigen Zustände. Ich habe sie mal von q_0 bis q_4 durchnummeriert. Aber Sie dürfen beliebige andere Bezeichner einführen, solange Sie selbst davon keine »Zustände bekommen« ...

»Endlich« heißt der Automat übrigens, weil er nur über endlich viele Zustände verfügt. Alles andere würde natürlich dieses und jedes andere Buch dieser Welt überfordern. Machen Sie sich jedoch klar, dass durchaus *unendliche* Worte mit einem endlichen Automaten konstruiert werden können. Das funktioniert bereits mit dem Beispiel aus Abbildung 50.1. Ein noch einfacheres Exemplar eines EA finden Sie in Abbildung 50.2.

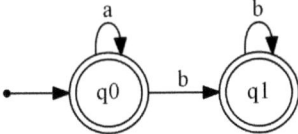

Abbildung 50.2: Endlicher Automat mit zwei Zuständen

Dieser Automat verfügt nur über zwei Zustände, die beide bereits Akzeptanzzustände sind. Los geht es mit q_0. Dann folgt eine beliebige Anzahl von »a«s, auch null sind möglich. Es endet nun entweder oder aber Sie springen in den Zustand q_1. Dann ist auch noch eine beliebige Folge von »b«s möglich. Die Anzahl dieser Zeichen ist nicht beschränkt, daher produziert Ihr EA – potenziell – unendlich lange Worte!

Reguläre Sprachen

Spannend ist nun die Frage, ob Sie mit endlichen Automaten wirklich *jede beliebige* formale Sprache erzeugen können. Oder anders formuliert, wie es theoretische Informatiker gerne tun: Ist das Wortproblem mit einem endlichen Automaten für alle Sprachen **entscheidbar**?

Sie ahnen die Antwort bestimmt, wenn Sie sich einmal daran versuchen, die deutsche Sprache in einen endlichen Automaten zu pressen. Das geht nicht. Die Systematik, stets in einem genau definierten Zustand zu sein und von dort nur in bestimmte andere zu gelangen, schränkt das System stark ein.

Tatsächlich drehen wir den Spieß einfach um und beschließen, die Menge aller Sprachen L, für die das Wortproblem mittels eines endlichen Automaten zu lösen ist, **regulär** zu nennen. Ein EA produziert somit nur **reguläre Sprachen**.

Die Menge aller (denkbaren) formalen Sprachen ist aber noch größer. Tatsächlich dürfen Sie eine *Hierarchie von Sprachen* aufstellen, deren Komplexität immer weiter ansteigt. Die für die theoretische Informatik bedeutsamste ist die *Chomsky-Hierarchie*.

Noam Chomsky

wird gerne als der »Begründer der Computerlinguistik« bezeichnet. Obwohl er sich am MIT primär für menschliche Sprachen interessierte, ist sein Einfluss auf die theoretische Informatik, insbesondere die Analyse von formalen Sprachen, nicht zu unterschätzen.

Chomsky wurde 1928 in Philadelphia geboren und war viele Jahre auch politisch sehr aktiv. Er verfügt über mehrere Dutzend Ehrendoktor-Titel und hat sich für immer einen Namen allein schon durch die Chomsky-Hierarchie gemacht.

Noam Chomsky teilt die Sprachen in Typen von 0 bis 3 ein, je nachdem, wie kompliziert die grammatikalischen Regeln sind, um die jeweilige Sprache zu erzeugen.

✔ Alle Sprachen gehören zum Typ-0. Sie sind nicht weiter eingeschränkt.

✔ Typ-1-Sprachen heißen **kontextsensitiv**.

✔ Typ-2-Sprachen sind **kontextfrei**.

✔ Typ-3-Sprachen sind die Ihnen bekannten **regulären Sprachen**. Diese können mit einem endlichen Automaten erzeugt werden.

Mit den beiden mittleren Typen werden wir uns noch näher zu befassen haben. In Abbildung 50.3 sehen Sie, dass eine Sprache mit einer höheren »Typnummer« automatisch in der jeweils niedrigeren Stufe enthalten ist.

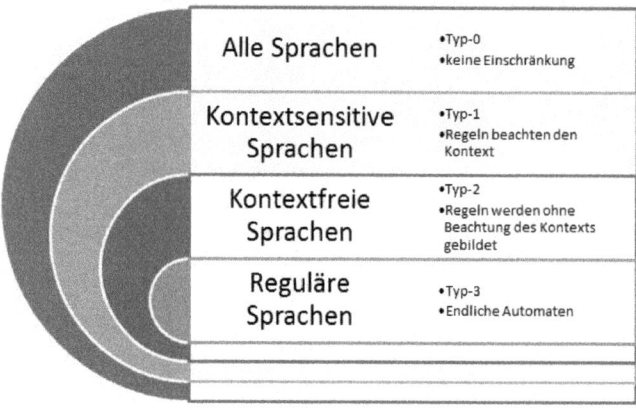

Abbildung 50.3: Chomsky-Hierarchie der Sprachen

Immer den Kontext beachten

Die Grammatik einer Sprache stellt die Menge an Regeln dar, die zu beachten sind, um Worte über dem Alphabet Σ zu bilden, die somit der jeweiligen Sprache angehören. Im Prinzip sind Sie nicht eingeschränkt, was diese Regeln angeht.

Allerdings genügt es nicht, wenn Sie sich auf endliche Automaten verlassen.

 Sagen wir, Sie wollen eine Sprache über dem Alphabet {a,b} erfinden, die nur aus Worten mit jeweils gleich vielen »a«s und »b«s besteht, und zwar immer hübsch sortiert. Zuerst kommen die »a«s, dann die »b«s. Etwa so:

✔ ab

✔ aaabbb

✔ aaaaaaaaaaaaaabbbbbbbbbbbbbb

Wenn L Ihre Sprache ist, können Sie auch kurz und bündig schreiben:
$L = \{ a^n b^n \mid n \in N \}$.

Der Witz ist nun, dass es garantiert keinen endlichen Automaten gibt, der L erzeugt. Probieren Sie es jetzt ruhig einmal selbst aus!

Was? Sie wollen schon weiterlesen? Nein, bitte noch mal darüber nachdenken!

Nun gut. Wie Sie wollen. Es kann keinen endlichen Automaten für L geben, weil Sie Zähler nur über Zustände realisieren. Die Zustände sind quasi Ihr Speicherplatz, und der ist begrenzt. Dagegen könnten Sie jederzeit einen Automaten für die Sprache $L_1 = \{ a^n b^n \mid n < 5 \}$ erfinden. Werfen Sie einmal einen Blick in Abbildung 50.4.

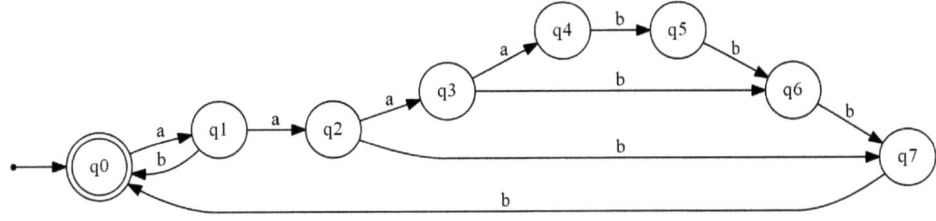

Abbildung 50.4: Endlicher Automat für L_1

Die Zustände q0 bis q4 entsprechen genau der Anzahl der vorkommenden »a«s. Um in die Heimat, also den einzigen Akzeptanzzustand q7 zu gelangen, müssen exakt genauso viele »b«s hinzugefügt werden. Solange die Anzahl an »a«s beschränkt ist, funktioniert das gut. Allerdings würden Sie für die Sprache L, bei der diese Anzahl nicht beschränkt ist, jeden endlichen Automaten – sprengen.

Ein ungutes Gefühl bleibt. Mag ja sein, dass diese Methode nicht funktioniert. Aber es könnte einen ganz anderen, höchst komplexen endlichen Automaten geben, der es doch schafft? Stimmt aber nicht. Um Ihnen das zu beweisen, muss ich jedoch ein wenig ausholen ...

Pumpen für den Beweis

Gehen Sie von einem endlichen Automaten aus. Was können Sie sicher sagen? Sollte es irgendeinen Zustand q_i geben, der mehr als einmal für ein beliebiges Wort verwendet wird, so wird er – potenziell – gleich unendlich oft verwendet. Das liegt daran, dass der Zustand nicht weiß, ob er schon einmal früher gebraucht wurde. Natürlich können Sie damit nicht genau sagen, welche Sequenz sich wiederholt. Weder Inhalt noch Länge dieses Abschnitts sind unmittelbar festgelegt. Aber wie auch immer dieser Bereich aussieht: Er kann beliebig oft vorkommen.

Pumping-Lemma

Wenn L eine reguläre Sprache über Σ ist, so gibt es ein p $\geq$ 1 mit folgender Eigenschaft:

Jedes Wort w $\in$ L mit $|w| \geq p$ kann zerlegt werden in w = uzv mit

✔ $|z| \geq 1$

✔ $|uz| \leq n$

✔ $\forall\, i \in N: uz^i v \in L$

Ein recht hochtrabender Name für eine so unspektakuläre Angelegenheit! Das Lemma besagt, dass jeder EA ein Problem hat:

Stets gibt es eine kritische Zahl p, sodass mit einem Wort w, dessen Länge p erreicht oder überschreitet, zugleich auch unendlich viele andere Worte akzeptiert werden, die sogar in einem gewissen Verwandtschaftsverhältnis zu w stehen: Anfang (u) und Ende (v) stimmen exakt überein, alles, was dazwischen kommt, kann sich beliebig oft wiederholen!

Oder mit anderen Worten:

Falls die Wortlänge eines endlichen Automaten eine gewisse kritische Marke überschreitet, kann das entsprechende Wort immer weiter *aufgepumpt* werden und alle so entstandenen Wörter werden ebenfalls akzeptiert!

Warum muss das so sein? Denken Sie sich einfach einen beliebigen EA mit, sagen wir 217 Zuständen. Sollte dieser Automat einmal ein Wort w produzieren, das aus mehr als 217 Zeichen besteht, muss somit wenigstens ein Zustand q mehrfach vorkommen. Dies wiederum bedeutet, dass eben jener Zustand gleich beliebig oft auftauchen kann.

Alle Zeichen, die der EA bis zum Zustand q liefert, nennen Sie u. Die nächste Sequenz, bis q wieder auftaucht, nennen Sie z. Dieses z dürfen Sie nun, so oft Sie wollen, immer wieder aufschreiben. Am Ende erreichen Sie mit der Sequenz v einen Akzeptanzzustand.

Noch mal: Ihr Wort w lässt sich aufschreiben in w = uzv. Und mit w werden ebenso uzzv, uzzzv, uzzzzv, kurz $uz^i v$ generiert. Das ist das Pumping-Lemma. Eigentlich einfach, oder?

Andererseits könnte es natürlich auch sein, dass gar kein Zustand mehrfach auftaucht. Dann aber hat das so akzeptierte Wort w eine Maximallänge, die 1 minus der Anzahl der Zustände entspricht. Beispielsweise 216. Das Fiese an der Geschichte: Das Pumping-Lemma gilt trotzdem! Denn es besagt ja, dass jeder EA eine kritische Zahl p besitzt, deren Überschreiten das Aufpumpen erlaubt. In diesem Fall läge aber p oberhalb von 216 und so würde die Konsequenz gar nicht greifen. Eine Implikation, deren Voraussetzung nicht erfüllt ist, ist immer wahr!

Was können Sie jetzt mit diesem Pumping-Lemma anstellen?

Damit gelingt Ihnen der Nachweis, dass $L = \{\ a^n b^n \mid n \in N\ \}$ aus dem letzten Beispiel **nicht regulär** ist! Das geht ganz leicht:

Angenommen, es gäbe einen EA, der L entspricht. Sei p die kritische Zahl von L. Es gelingt Ihnen nun spielend, ein Wort w zu erzeugen, dessen Länge $p \in L$ überschreitet:

$w = a^p b^p$. Dann besteht das »uz« aus dem Lemma, weil es ja kleiner gleich p sein muss, aus lauter »a«s. Wenn Sie das nun aufpumpen, werden nur noch mehr »a«s produziert und keine »b«s. Somit würden Sie ein Wort $a^m b^n$ akzeptieren, was nicht zu L gehört. Ein astreiner Widerspruch!

 Vermutlich haben Sie es längst verstanden, aber ich will es gerne anhand von L nochmals erklären. Wenn Sie für L einen EA bauen wollten, stünden Sie vor der Entscheidung, wie viele Zustände Sie benötigen. Egal welche Zahl n Sie auch wählen, stets gibt es ein Wort in L, dessen »a«s alleine schon n überschreiten. Somit würde ein Zustand mehrfach ausgenutzt und damit unendlich oft, ohne dass dies die Anzahl der »b«s beeinflussen könnte.

Informatiker lieben Aufgaben, die danach fragen, ob eine gegebene Sprache regulär ist. Sehen Sie sich einmal die folgenden drei Beispiele an:

✔ $L_1 = \{\ a^n b^n c^n \mid n \in N\ \}$

✔ $L_2 = \{\ a^{2n} b^n \mid n \in N\ \}$

✔ $L_3 = \{\ a^n b^m \mid n, m \in N\ \}$

Für welche dieser Sprachen lässt sich ein endlicher Automat konstruieren?

L_1 ist nicht regulär, weil ja schon die Produktion von L aus dem letzten Beispiel (mit a und b alleine) nicht funktioniert hat und L_1 noch ein gutes Stück komplizierter ist.

Auch L_2 ist nicht regulär. Vor Ihrem geistigen Auge sollte sich das Pumping-Lemma aufbauen: Sie haben hier die Möglichkeit, den vorderen Teil aus lauter »a«s aufzupumpen, ohne dass dies die »b«s beeinflussen würde.

L_3 ist dagegen regulär. Ihnen genügen sogar nur zwei simple Zustände, um L_3 in einem EA zu erzeugen. Das Pumping-Lemma liefert hier keinen Widerspruch, weil die Anzahl der »a«s vollkommen verschieden sein darf von jener der »b«s. Ach ja, die Lösung für L_3 kennen Sie bereits: Abbildung 50.2.

 Das Pumping-Lemma wird oft missverstanden. Sie können damit niemals nachweisen, dass eine Sprache regulär ist, sondern immer nur das Gegenteil. Auch wenn das Aufpumpen möglich ist, muss es sich nicht um eine reguläre Sprache handeln. Ist es jedoch nicht möglich, dürfen Sie sicher davon ausgehen, dass die jeweilige Sprache *nicht* regulär ist!

Fassen wir einmal zusammen, was wir bis jetzt wissen:

✔ Wollen Sie nachweisen, dass eine Sprache L regulär ist, geben Sie einen EA an, der L akzeptiert!

✔ Wollen Sie nachweisen, dass L nicht regulär ist, sehen Sie zu, ob Sie mit dem Pumping-Lemma einen Widerspruch finden!

Es gibt noch eine andere Möglichkeit, den Nachweis von regulären Sprachen zu zeigen. Jede formale Sprache ist ja als Menge definiert. Somit dürfen Sie alles mit Sprachen anstellen, was Sie auch mit Mengen tun. Insbesondere **schneiden** und **vereinigen**:

Seien L, L_1 und L_2 reguläre Sprachen, so sind ebenfalls regulär:

✔ $L_1 \cup L_2$

✔ $L_1 \cap L_2$

✔ $L_1 \setminus L_2$ und logischerweise ebenso $L_2 \setminus L_1$

✔ $L_1 \circ L_2$

✔ $\bar{L}$ (die Sprache aus allen Worten über Σ, die gerade *nicht* in L vorkommen)

✔ L^*

Dabei entspricht L^* dem sogenannten *Kleene-Abschluss*. Dieser erlaubt das beliebige Konkatenieren, er ist sozusagen für die Sprache L das, was Σ^* für Σ ist. Falls beispielsweise »ab« und »bb« zu L gehören würden, wäre »abbb«, »abab«, »bbab«, »bbabab«, »abbabab«, »ababbbbb« ... Teil von L^*.

Freiheit für den Kontext

Die nächste Frage, die sich nach der Betrachtung von $L = \{ a^n b^n \mid n \in \mathbb{N} \}$ stellt, lautet: »Wenn L keine reguläre Sprache ist, was ist es dann? Wie kann L erzeugt werden, wenn das kein gewöhnlicher EA zustande bringt?«

Das eigentliche Problem des EA besteht ja darin, dass er sich nicht *merken* kann, wie oft ein bestimmter Zustand bereits erreicht worden ist. Um also die Sprache L mit einem Automaten zu produzieren, wird ein Speicher benötigt, in unserem Fall ein **Stack** oder **Kellerspeicher**!

Kurzes Update zu Speicherstrukturen, insbesondere Stacks gefällig? Werfen Sie dazu einen Blick in Kapitel 32!

Ein *Kellerautomat* ist ein endlicher Automat mit zusätzlichem Kellerspeicher (Stack).

Mit jedem Einlesen von »a« würden Sie somit das Zeichen gleich im Keller ablegen. Sobald nun das erste »b« gelesen wird, entleeren Sie Ihren Speicher. Mit jedem »b« löschen Sie nun ein »a« aus dem Stack. Sollte entweder das Wort bereits zu Ende sein, der Keller aber noch nicht völlig entleert oder umgekehrt, der Keller zwar leer, das Wort aber noch nicht zu Ende sein, gehört es nicht zu L.

Alle Sprachen, die mit dem Kellerautomaten erkannt werden, heißen **kontextfrei** und entsprechen dem Typ-2 in der Chomsky-Hierarchie!

Das Wort »Kontext« ist Ihnen gewiss aus der umgangssprachlichen Verwendung bekannt. Typischerweise reden sich Politiker damit heraus, dass ihre Zitate »aus dem Kontext gerissen« und so dem Sinn nach entstellt wurden, auch wenn sie genau dem Wortlaut entsprechen.

Der **Kontext** ist gewissermaßen das »Drumherum«, das sich um den eigentlichen Kern anordnet, wie ein Luftpolster um ein Päckchen.

Genau dies leistet auch der Kontext eines Wortes. Wenn ein Wort aus der Konkatenation der drei Wörter u∘v∘w=uvw besteht, so ist u Anfangswort von uvw und w ist Endwort. Zugleich bilden u und w den **Kontext** von v.

Wollen Sie eine *kontextfreie Sprache* statt mit einem Kellerautomaten mit einem Satz von Regeln (der Grammatik) definieren, sehen alle Bildungsregeln so aus, dass Sie auf den *Kontext* verzichten.

Eine *kontextfreie Grammatik* lässt sich aus Regeln aufbauen, die keinen Kontext benötigen.

Moment mal, ganz langsam. Anstatt also einen Automaten zu verwenden, der kein EA, sondern ein Kellerautomat sein müsste, lässt sich – alternativ und viel eleganter – die Menge der kontextfreien Sprachen über einen Satz an **Regeln** definieren.

Gegeben sei die Sprache L = { $a^n b^n$ | n ≥ 1 }.

Folgende einfache Regeln erzeugen L:

S → ab

S → aSb

Die Großbuchstaben bezeichnen Platzhalter. Mit der ersten Regel produzieren Sie somit das Wort »ab«. Falls Sie jedoch zunächst die zweite Regel anwenden, muss anschließend noch das S aufgelöst werden. Dies kann wiederum mit Regel 1 geschehen, und Sie erhalten »aabb« oder es entsteht »aaSbb«. Dabei muss das S erneut durch Regel 1 oder 2 ersetzt werden. Am Ende darf kein S in einem Wort vorkommen: Wie Sie sehen, entsteht dabei genau die Sprache L.

Wann ist eine Regel denn kontextfrei? Nun, wenn auf der linken Seite des Pfeils (→) nur ein Platzhalter und kein Kontext steht.

✔ S → abSbSbaSS ist kontextfrei

✔ S → aSbb ist kontextfrei

✔ aS → aSb ist *nicht* kontextfrei

L aus dem letzten Beispiel ist somit *kontextfrei*, weil in keiner Regel auf der linken Seite der Platzhalter »S« ohne Kontext auskommt.

Kontextfreie Sprachen spielen auch eine ganz praktische Rolle im Compilerbau. Ersetzen Sie einmal »a« durch »(« und »b« durch »)«, so werden Sie sehen, dass Parser ein derartiges Konzept benötigen, um eine korrekte Klammerung zu erkennen. Gewöhnliche Programmiersprachen können also niemals regulär sein.

Wenn Sie jedoch den Kontext im Regelwerk verwenden, entsteht eine andere Klasse von Sprachen, die sich **kontextsensitiv** nennt und dem Typ-1 der Chomsky-Hierarchie entspricht!

Die Sprache L = { $a^n b^n c^n$ | n ≥ 1 } ist nicht kontextfrei (und schon gar nicht regulär). L ist jedoch kontextsensitiv, weil L durch folgendes Regelwerk erzeugt wird:

1. S→Tc

2. T→ab

3. T→aTU

4. bU→bbV

5. VU→UV

6. Vc→cc

»S« ist das **Startsymbol**. Dort müssen Sie beginnen. Wieder sind die Großbuchstaben die Platzhalter (**Nichtterminalsymbole**), während die Kleinbuchstaben (**Terminalsymbole**) zur eigentlichen Sprache gehören.

Wollen Sie beispielsweise »abc« erzeugen, genügt die Anwendung von Regel 1 plus Regel 2. Sind dagegen beispielsweise 5 »a«s gewünscht, wenden Sie nach der ersten die dritte Regel viermal an und anschließend die zweite. Jedes Mal wird ein »a« produziert. Sie erhalten: »aaaaabUUUUc«. »T« hat damit ausgedient und die ganze Verantwortung ist an »U« übergegangen. Wie ich Ihnen zeigen werde, muss dieser Platzhalter nun jeweils dafür sorgen, dass links immer ein »b« und rechts ein »c« produziert wird.

Dazu wenden Sie die Regel 4 an und erhalten: »aaaaabbVUUc«. Am liebsten würden Sie die vierte Regel noch drei Mal verwenden, dabei gibt es jedoch ein Problem. Die Zeichenkette »bU« taucht nicht mehr auf, das »V« hat sich dazwischen gemogelt. Kein Problem! Regel 5 gestattet es Ihnen, »U« mit »V« zu vertauschen: »aaaaabbUVUc«. Jetzt funktioniert Regel 4 wieder: »aaaaabbbVUUc«.

Dabei ist die Sache noch schlimmer geworden! Sie müssen die Regel 5 nun zweimal anwenden, um das nächste U weiter nach links zu schieben, so lange, bis es sich auf der linken Seite an ein b kuscheln kann: »aaaaabbbUVVUc«. Und wieder Regel 4 anwenden: »aaaaabbbbVVVUc«. Dann wieder dreimal Regel 5: »aaaaabbbbUVVVc« und ein letztes Mal Regel 4: »aaaaabbbbbVVVVc«.

Auch das »U« hat seine Schuldigkeit getan. Es bleibt lediglich »V« als Platzhalter übrig. Jedes »V« produziert nun mit der Regel 6 ein »c«. Sie erhalten, wie gewünscht: aaaaabbbbbccccc = $a^5b^5c^5$.

 Merken Sie nun, warum der Kontext nötig ist? Eine kontextfreie Lösung könnte sich nicht *merken*, wie viele »b«s schon produziert worden sind. Daher genügt für L auch kein (einfacher) Kellerautomat mit nur einem Stack-Speicher!

Um das Regelwerk besser zu verstehen, machen Sie sich bitte klar, dass der Platzhalter »T« dafür zuständig ist, weitere »a«s zu generieren. Dabei wird jedoch auch jeweils ein »U« erzeugt, das für die »b«s zuständig ist. Schließlich sorgt »V« für das Erzeugen der richtigen Anzahl an »c«s.

 Wenn Ihnen die Anwendung dieser Regeln kompliziert erscheint, verwenden Sie einfach die »Suchen & Ersetzen«-Funktion eines Texteditors! Sie *suchen* die linke Seite der Regel und *ersetzen* sie durch die rechte ...

 Vielleicht fragen Sie sich, wie man *beweisen* kann, dass L nicht kontextfrei ist. Das funktioniert mit der gleichen Idee, wie Sie auch nachweisen, dass eine Sprache nicht regulär ist: Es gibt nämlich auch ein erweitertes Pumping-Lemma für kontextfreie Sprachen.

 Die Regeln zu **kontextsenstiven Grammatiken** dürfen Worte *niemals verkürzen*, das bedeutet, die linke Seite einer Regel darf höchstens so viele Zeichen besitzen wie die rechte!

Aufgrund dieser Einschränkung sind auch kontextsensitive Sprachen nicht das Ende der Fahnenstange. Wenn Sie beliebige Regeln erlauben, etwa auch aSb→aS, bei denen die rechte Seite kürzer ist als die linke, so entsteht die letzte Klasse von Sprachen, die Typ-0-Sprachen nach der Chomsky-Hierarchie (siehe Abbildung 50.3).

Da Sie sich vorstellen können, dass beliebige Sprachen auch beliebige Regeln erfordern, haben Sie schnell ein Beispiel für eine nicht-kontextsensitive Sprache zur Hand. Solche Typ-0-Sprachen heißen auch **einschränkungsfrei**. Tatsächlich handelt es sich um eine *echte* Teilmengenbeziehung:

✔ Jede reguläre Sprache (Typ-3) ist automatisch kontextfrei, aber { a^nb^n | n ≥ 1} ist nicht regulär.

✔ Jede kontextfreie Sprache (Typ-2) ist automatisch kontextsensitiv, aber { $a^nb^nc^n$ | n ≥ 1} ist nicht kontextfrei.

✔ Jede kontextsensitive Sprache (Typ-1) ist automatisch vom Typ-0, aber zahlreiche einschränkungsfreie Sprachen (mit wilden Grammatiken) sind nicht kontextsensitiv.

Witzigerweise gibt es auch Maschinen zur Erzeugung von einschränkungsfreien Typ-0-Sprachen. Sie heißen *Turing-Maschinen* und werden in Kapitel 52 genauer unter die Lupe genommen.

Sie dürfen Typ-0-Sprachen sogar so *definieren*, dass es jeweils eine Turing-Maschine gibt, die sie erzeugt!

Kapitel 51

Logik und Korrektheit für Informatiker

E s macht Spaß, den Wahrheitsgehalt logischer Aussagen auszurechnen. Das hilft nicht nur bei einem Streitgespräch unter Menschen, sondern versetzt Sie in die Lage, die Korrektheit von Computerprogrammen zu überprüfen. Theoretisch ist das eine feine Sache, allerdings wird das in der Praxis nur für überschaubare Algorithmen funktionieren. Außerdem gibt es prinzipielle Grenzen. Welche das sind, erfahren Sie hier.

Logische Aussagen

Ist Ihnen schon einmal aufgefallen, dass sich viele Menschen – gerade in emotional aufgeheizten Situationen – selbst widersprechen? Sie beginnen bei einem stichhaltigen Argument, schließen und folgern so lange, bis sie beim Gegenteil angekommen sind – und merken es häufig nicht einmal. Das ist ein untragbarer Zustand, jedenfalls für die Informatik. Die (formale) Logik wird insbesondere dazu benötigt, um zu überprüfen, ob ein Programm das tut, was es soll. Das klingt vielleicht banal, gehört aber in Wahrheit zu den schwierigsten Problemen überhaupt.

Logik baut auf Aussagen auf. Aussagen können wahr oder falsch sein, aber nicht beides. Es muss nicht immer klar sein, ob eine Aussage nun wahr oder falsch ist, aber die ganze Idee der Logik besteht darin, den Wahrheitsgehalt einer Aussage *auszurechnen*.

Das funktioniert im Prinzip genau so, wie Sie auch mit Zahlen rechnen. Jedes Kind weiß, dass 2 + 3 dasselbe ist wie 5. Stellen Sie sich nun vor, »2« und »3« wären Aussagen, dann würde eine bestimmte Form der Verknüpfung, über die wir uns erst noch unterhalten müssen, zu demselben Ergebnis führen wie die Aussage »5«.

Es gibt jedoch einen wichtigen Unterschied: Zahlen haben immer ihren festgelegten Wert, während Aussagen – so ähnlich wie Variablen in einem Programm – unterschiedliche Werte annehmen können, nämlich eben »wahr« oder »falsch«. In diesem Sinne muss die Äquivalenz von Aussagen für alle denkbaren Kombinationen immer stimmen.

Um dieses Rechnen zu verstehen, unterscheiden wir zunächst zwei Typen von Aussagen:

Atomare Aussagen sind einfach, nicht aus anderen Aussagen zusammengesetzt. Hingegen sind *komplexe Aussagen* solche, die sich durch logische Verknüpfungen anderer Aussagen ergeben.

»Die Sonne scheint« wäre beispielsweise eine atomare Aussage, nennen wir sie der Einfachheit halber A. Sie wissen an dieser Stelle nicht, ob A wahr ist oder falsch. So komisch das klingt: Es spielt auch gar keine Rolle!

Natürlich spielt das Wetter eine Rolle, wenn Sie vielleicht fröhlicher oder unternehmungslustiger bei Sonnenschein sind, aber für logische Schlussfolgerungen ist das egal. Die Äquivalenz von Aussagen muss immer passen, egal bei welchem Wetter.

»Ich habe Zeit« ist auch eine solche Aussage. Gut, man hört sie selten heutzutage, aber es ist in logischem Sinne ebenfalls eine Aussage, die »wahr« oder »falsch« sein kann und ab jetzt mit B bezeichnet wird. »Ich gehe spazieren« ist ebenfalls eine Aussage, hier wählen wir als Bezeichner das C. Alle drei Aussagen, A, B und C sind atomar. Dagegen ist »Wenn die Sonne scheint und ich Zeit habe, gehe ich spazieren« eine komplexe Aussage D, die sich logisch aus A, B und C zusammensetzt. A und B werden konjugiert, und das Ergebnis wird mittels einer Implikation mit C verknüpft.

Erinnern Sie sich noch an *Konjunktionen* und *Implikationen*? Diese Operationen sind Teil der **booleschen Algebra**, die in Kapitel 6 darauf wartet, von Ihnen beachtet zu werden.

Somit gilt: $A \wedge B \rightarrow C$ ist logisch äquivalent zu D. Sie können auch sagen, D ist dasselbe wie $A \wedge B \rightarrow C$. Der Vorteil der Aussagenlogik besteht darin, dass Sie die gesamten Rechenregeln der *booleschen Algebra* anwenden dürfen, um logische Terme zu vereinfachen oder in andere Gestalt zu transformieren.

Angenommen, Sie haben Zeit, aber die Sonne scheint gar nicht und Sie gehen trotzdem spazieren. Dann ist A falsch, B wahr und C ebenfalls wahr. Unter dieser Voraussetzung ist jedoch auch D wahr, denn die Implikation kann nur dann falsch werden, wenn die Voraussetzung erfüllt ist, was aber in diesem Beispiel nicht der Fall ist.

Das Schlimme daran: Am Ende interessiert Sie gar nicht, ob jetzt A oder B oder C wahr sind, sondern lediglich, ob jede Kombination von Werten für A, B oder C zu einem eindeutigen und nicht mehr diskutablen Wert von D führt.

Denken Sie einmal darüber nach!

Logik hilft Ihnen nicht dabei, den Wahrheitsgehalt von atomaren Aussagen zu bestimmen, sondern nur, den resultierenden Wahrheitsgehalt daraus zusammengesetzter Aussagen auszurechnen!

Das ist ein Schock, oder? Aussagenlogik ist primär nicht dazu da, herauszufinden, was auf dieser Welt wirklich wahr ist oder falsch, sondern lediglich, die korrekte Transformation von als wahr vorausgesetzten Aussagen in neue zu überwachen.

Wenn Sie das enttäuschen sollte, muss ich Ihnen so vorsichtig wie möglich erklären, dass sich dieses Konzept durch die gesamte Wissenschaft zieht. Am Anfang stehen Vermutungen (atomare Aussagen), die einfach als wahr angenommen werden. Daraus ergeben sich – manchmal – hochinteressante Folgerungen. Sollten diese nicht stimmen, können auch die ursprünglichen Annahmen nicht mehr wahr sein (das liegt an der Implikation). Allerdings können wir wirklich nie sicher wissen, ob die ursprünglichen Annahmen wahr sind (denn auch wenn die Folgerung stimmt – wie beim Spaziergang – ist damit nicht bewiesen, dass auch die Voraussetzung erfüllt ist).

Die Idee der Aussagenlogik besteht darin, »logisch relevante« Sachverhalte dergestalt zu formalisieren, dass neue Erkenntnisse aus vorhandenen – als wahr betrachteten – Aussagen entstehen, ohne deren eigentlichen Inhalt zu betrachten.

In Wahrheit sind so ermittelte Erkenntnisse – streng genommen – nicht neu. Es wurden lediglich die alten ein wenig verändert. Aber dies gilt auch für komplizierte Gleichungen der Mathematik, für Beweise von Aussagen, an denen Hunderte von Jahren gearbeitet werden musste. Ich werde darauf im weiteren Verlauf des Kapitels nochmal zurückkommen ...

Anstatt »A ist *wahr*« sagt man auch »A *gilt*« oder »A ist *erfüllt*«. Im logischen Schließen ist ein Satz wie »Aus A folgt ...« immer als Abkürzung für »Aus *A ist wahr* folgt ...« zu verstehen.

Ein paar berühmte logische Äquivalente möchte ich Ihnen nicht vorenthalten.

Modus Ponens

Aus A und A→B folgt B (okay, das ist logisch, im Grunde die Definition der Implikation)

Modus Tollens

Aus ¬B und A→B folgt ¬A (das ist leicht einzusehen: Wäre A wahr, würde die Implikation fordern, dass auch B wahr sein müsste. Somit kann A nicht wahr sein, wenn B schon als falsch vorausgesetzt wird)

Transitivitätsregel

Aus A→B und B→C folgt A→C (Sie können die beiden ersten Implikationen wie in einer Kette hintereinander betrachten, dann folgt aus der Voraussetzung A nicht nur B, sondern in zweiter Instanz ebenso C)

Auflösungsregel

Aus A∨B und ¬A∨C folgt B∨C. (Wenn A falsch ist, muss B wahr sein, zugleich ist dann der Wert von C egal, denn nicht-A ist in diesem Fall erfüllt. Sollte dagegen

A wahr sein, ist der Wert von B egal und C muss wahr sein. Sie können es drehen, wie Sie wollen, entweder muss B oder C wahr sein.)

Interessant sind auch **Tautologien** und **Kontradiktionen**.

Eine *Tautologie* ist eine Aussage, die immer wahr ist. Dagegen ist eine *Kontradiktion* immer falsch.

Beispielsweise ist A ∨ ¬A eine Tautologie. Dass eine Aussage wahr ist oder falsch, macht ja gerade ihr Wesen aus.

Etwas komplizierter ist die Tautologie (A→B) ∨ (B→A). Wenn Sie den ersten Term der Disjunktion falsifizieren möchten, muss A wahr sein, während B falsch sein muss. In dem Fall ist aber der zweite Term der Disjunktion sicher wahr. Damit ist die Gesamtaussage stets wahr, eben eine Tautologie.

Dagegen ist A ∧ ¬A eine Kontradiktion. Eine Aussage und ihr genaues Gegenteil können nicht beide wahr sein.

Prädikat wertvoll

Aussagenlogik ist cool, aber **Prädikatenlogik** ist noch viel cooler.

Beispielsweise können Sie den Satz »*Alle* Europäer sind Menschen« in der Aussagenlogik nicht weiter bearbeiten. Ihnen fehlt ein Konstrukt, das massenhafte Überprüfungen gestattet. Im Grunde genommen ist das gar keine atomare Aussage, sondern ein Blumenstrauß aus ganz vielen Einzelaussagen, die sich auf je einen Europäer beziehen. Hier kommt der **Allquantor** der Prädikatenlogik ins Spiel. Er besteht aus einem umgedrehten A (was nützlich ist, weil es sich ja um den **A**llquantor handelt) und erfordert zwingend eine Variable:

$$\forall x : \text{Europäer}(x) \rightarrow \text{Mensch}(x)$$

Diese Formel lesen Sie so: »Für alle x gilt: Wenn x ein Europäer ist, dann ist x ein Mensch«. Die komischen Gebilde »Europäer« und »Mensch«, auf die x angewendet wird, produzieren lediglich ein »wahr« oder ein »falsch«. An anderer Stelle (nämlich in Kapitel 6) heißen derartige Funktionen boolesch, weil es nur zwei mögliche Ausgänge gibt. Hier dagegen werden sie zu einem **Prädikat** erhoben.

Ein *Prädikat* ist eine Wahrheitsfunktion für ein Objekt. Es wird so interpretiert, dass es eine Eigenschaft des Objekts überprüft, die entweder zutrifft (wahr) oder nicht (falsch).

Der Allquantor gestattet es Ihnen, Prädikate miteinander zu verknüpfen und dabei eine umfassende Aussage zu formulieren.

Ein anderes Beispiel ist folgendes: »*Es gibt* Europäer, die einen amerikanischen Pass besitzen«. Dieser Satz enthält eine Aussage, die für gewisse Europäer gilt, aber nicht unbedingt für alle. Hierzu verwenden Sie den **Existenzquantor**. Praktischerweise handelt es sich dabei um ein umgedrehtes »E«:

$$\exists x : \text{Europäer}(x) \wedge \text{Amerikaner}(x)$$

Diese Formel lesen Sie so: »Es gibt (wenigstens) ein x, für das gilt: x ist sowohl ein Europäer als auch ein Amerikaner«.

Mit solchen Prädikaten und den beiden Quantoren steigen Sie in eine neue, höhere Art von Logik auf, die **Prädikatenlogik**.

Auch hier gibt es interessante Gesetze. Beispielsweise das folgende:

$$\neg \exists x : A(x) \quad \text{gilt genau dann, wenn} \quad \forall x : \neg A(x)$$

Wenn es nicht stimmt, dass ein x existiert, für das ein (beliebiges) Prädikat A zutrifft, dann ist ganz gewiss, dass für alle x das Prädikat eben nicht erfüllt ist.

Denken Sie nun über die folgende Regel nach:

$$\exists x : \neg A(x) \quad \text{gilt genau dann, wenn} \quad \neg \forall x : A(x)$$

Es macht keinen Unterschied, ob es (wenigstens) ein x gibt, für das A nicht gilt, oder ob Sie schlicht sagen, die Aussage, dass x für alle A zutrifft, ist einfach falsch.

Das ist Ihnen zu theoretisch? Wie gefällt Ihnen folgende Aussage:

$$\forall x : \neg(x + 1 = 0)$$

Für jedes x kann die Addition von 1 nicht mehr null werden.

Oder das hier:

$$\forall x : \ x + 0 = x$$

Die Addition von 0 resultiert immer (für alle x) in x selbst.

Oder dieses:

$$\forall x \forall y : (x + 1 = y + 1) \rightarrow (x = y)$$

Für alle x und für alle y impliziert die Tatsache, dass die Addition von 1 zu x und die Addition von 1 zu y das Gleiche ergeben, dass bereits x und y gleich sind.

Vielleicht haben Sie bemerkt, was für ein gemeines Spiel ich mit Ihnen treibe. Wenn x oder y aus der Menge der **natürlichen Zahlen** stammt, entspricht die Forderung, dass die obigen Aussagen wahr sind, einer *Definition der Addition* (es fehlen aber noch ein paar Formeln, die ich Ihnen hier ersparen möchte).

Aussagen, von denen Sie fordern, dass sie einfach (jedenfalls bezogen auf eine gewisse Grundmenge) zutreffen, heißen **Axiome**.

 Ein *Axiom* ist eine als wahr vorausgesetzte Aussage.

Gut, also kurz zusammengefasst. Die Prädikatenlogik ist eine Erweiterung der Aussagenlogik um Eigenschaften von Objekten, die mittels Quantoren aufgezählt werden. Damit sind Sie in der Lage, auch kompliziertere Systeme, wie beispielsweise die natürlichen Zahlen, zu strukturieren. Generell gilt:

 Jede *Logik (Schlussfolgerungslehre)* besteht aus einer Menge von Axiomen, einem Regelwerk und den daraus zu schließenden (wahren) Theoremen.

Damit können Sie prinzipiell jeder formulierbaren menschlichen Aussage einen genauen Wahrheitswert zuordnen, der logisch (aus den Axiomen, auf die man sich zuvor einigen muss) abgeleitet werden kann. Das klingt fast zu schön, um wirklich wahr zu sein. Nie wieder Streit mit der Partnerin oder dem Partner? Keine politischen Diskussionen? Letztlich ist der Wahrheitswert einer Aussage ja *auszurechnen*! Gibt es denn dabei keine Probleme? Doch, leider, und zwar sehr schlimme ...

Armer Gödel

Dazu möchte ich auf logische Symbole und Formeln verzichten und stattdessen gewöhnliche deutsche Sätze als Aussagen verwenden. Sie werden sich denken können, dass jeder Zeile eine Formel entspricht.

Betrachten Sie hierzu folgendes Beispiel.

 Der nächste Satz ist falsch.
Der vorhergehende Satz ist wahr.

Sind diese Aussagen wahr oder falsch? Angenommen, der erste Satz ist wahr. Dann ist der zweite falsch. Aber der zweite Satz behauptet, der erste sei wahr – ein Widerspruch. Also muss es umgekehrt sein. Der erste Satz ist falsch, demnach ist der zweite Satz wahr. Aber auch das ist verkehrt: Denn die Aussage des zweiten Satzes widerspricht der Annahme. Was nun? Dies ist leider keine irrelevante Spielerei.

Der brillante österreichische Mathematiker Kurt Friedrich Gödel wies 1931 nach, dass jedes logische System, das mächtig genug ist, beispielsweise die natürlichen Zahlen zu modellieren, immer über derartige Probleme stolpert.

 Der **Gödelsche Unvollständigkeitssatz** besagt, dass jedes hinreichend große logische System immer über Sätze verfügt, die nicht beweisbar sind.

Axiome

Über ein Axiom brauchen wir nicht zu diskutieren, das wäre völlig sinnlos. Es wird einfach vorausgesetzt. Mathematik funktioniert so, dass sie folgende Frage beantwortet: Ausgehend von bestimmten Axiomen, welche Folgerungen (Theoreme) lassen sich daraus ableiten?

Dazu muss man sich natürlich zunächst einigermaßen sinnvolle Axiome einfallen lassen. Aber selbst da gibt es einigen Spielraum. Die *natürlichen Zahlen* werden durch die sogenannten **Peano-Axiome** konstituiert. Alles, was Sie jemals über natürliche Zahlen wissen können, steckt schon in dieser Handvoll Aussagen. Aber es ist teilweise höllisch schwer, von bestimmten Prädikaten über Zahlen zu sagen, ob sie generell gültig sind. Jahrhunderte hat es gedauert, ehe beispielsweise klar wurde, dass gilt:

$$\forall n > 2 : \neg\left(\exists a \exists b \exists c \text{ mit } a^n + b^n = c^n\right)$$

Kein Geringerer als Pierre de Fermat hat diese Vermutung aufgestellt und Andrew Wiles hat sie erst vor wenigen Jahren geknackt.

Ein anderer berühmter Fall ist das *Parallelenaxiom* der Geometrie, das bereits von **Euklid** im 3. Jahrhundert v. Chr. postuliert (gefordert) wurde. Es besagt, dass es zu *jeder Geraden G und jedem Punkt P außerhalb von G genau eine parallele Gerade gibt, die durch den Punkt P verläuft,* oder etwas formaler:

$$\forall G \forall P \exists G' : P \notin G \wedge P \in G' \rightarrow \text{Parallel}\left(G, G'\right)$$
$$\wedge \text{falls } \exists G'' : P \notin G \wedge P \in G' \wedge \text{Parallel}\left(G, G''\right) \rightarrow G' = G''$$

Die obere Zeile stellt die Existenz der parallelen Geraden sicher, die untere sorgt dafür, dass es auch wirklich nur eine von der Sorte gibt. Seit der Antike war man der Meinung, dass sich dieses Axiom aus den anderen Axiomen der Geometrie ableiten ließe, ehe Carl Friedrich Gauss das Gegenteil bewies.

Deswegen funktioniert der Mathematikerwitz »Ich habe endlich ein Axiom bewiesen« auch nicht so richtig. Natürlich sind Axiome als wahr vorausgesetzte Aussagen und damit jenseits dessen, was beweisbar ist, aber wie Sie am Parallelenaxiom sehen, zweifeln einige Leute daran, dass bestimmte Axiome überhaupt nötig sind und sich nicht etwa aus anderen ableiten lassen.

So ähnlich erging es dem italienischen Mathematiker **Giovanni Girolamo Saccheri** Anfang des 18. Jahrhunderts. Sein Versuch, das Parallelenaxiom aus den anderen euklidischen Postulaten abzuleiten, führte ihn geradewegs zur **nicht-euklidischen Geometrie**. Er konnte beispielsweise zeigen, dass nur das Parallelenaxiom garantiert, dass auch die Winkelsumme eines Dreiecks 180 Grad beträgt. Heute wissen wir, dass beispielsweise auf einer Kugel genau das nicht gilt. Ein schönes Beispiel für eine **elliptische Geometrie**, die das Parallelenaxiom nicht erfüllt.

Eigentlich gibt es noch einen **zweiten Unvollständigkeitssatz** von Gödel, der die mangelnde Beweisbarkeit der eigenen Widerspruchsfreiheit innerhalb eines Systems betrifft.

Das ist, gelinde ausgedrückt, eine Katastrophe für alle Logiker! Vor Gödel hielt man das Universum der Logik für rein, klar und fest. Nach Gödel ist davon wenig übrig geblieben. Entweder ist das System trivial, steckt voller Widersprüche oder enthält Aussagen, deren Wahrheitsgehalt – beim besten Willen – nicht bestimmt werden kann.

 Andererseits verfügen Mathematiker seit Gödel über eine geniale Ausrede. Sobald ihnen ein Beweis nicht gelingt, sagen sie, dass gerade diese Aussage der Gödelschen Unvollständigkeit unterliegt und überhaupt nicht bewiesen werden kann ...

Die Konsequenzen sind dramatisch. Während sogenannte *Widerspruchsbeweise* in der Mathematik gang und gäbe sind, müsste ihre Aussagekraft seit Gödel in Zweifel gezogen werden. Bei einem solchen Beweisverfahren geht man vom Gegenteil der Aussage aus, die zu beweisen ist, und erhofft einen Widerspruch, der wiederum die ursprüngliche These untermauern soll.

Andererseits scheint sich der reale Schaden bisher in Grenzen zu halten. Es sind keine wichtigen Sätze der Mathematik bekannt, bei denen tatsächlich der Widerspruchsbeweis falsch gewesen wäre.

 Der geniale Erfinder des Unvollständigkeitssatzes litt jedoch leider an einer Paranoia. Insbesondere befürchtete er, vergiftet zu werden, weswegen seine Frau bei allen seinen Mahlzeiten das Essen vorkosten musste. Auch sonst schoss sein überragender Intellekt hin und wieder über das Ziel hinaus. Als Kurt Gödel die amerikanische Staatsbürgerschaft erhielt, stritt er sich mit dem Richter über eine logische Inkonsistenz der Verfassung der Vereinigten Staaten, die nach Gödels Ansicht auch die Errichtung einer Diktatur erlaubte. Nur knapp kam er mit heiler Haut aus dem Verfahren heraus und wurde Amerikaner. Aufgrund einer Erkrankung seiner Frau, die für einige Zeit Gödels Mahlzeiten nicht mehr vorkosten konnte, magerte das Genie immer weiter ab und verhungerte letztlich.

Korrektheit von Programmen

Damit Sie ein Gefühl dafür bekommen, wozu dieser ganze logische Aufwand in der Informatik gut ist, möchte ich Ihnen eine Anwendung für die Korrektheit von Programmen aufzeigen. Am besten wieder anhand eines Beispiels.

Wir überprüfen gleich, ob ein Programm korrekt ist, das lediglich zwei natürliche Zahlen *multipliziert*.

»Okay«, werden Sie denken. »Da kann wenig Überraschendes herauskommen, denn wie man zwei Zahlen multipliziert, ist schon seit der Grundschule bekannt.«

Nun, genau so soll unser Programm jedoch *nicht* funktionieren ...

Folgendes Programm soll angeblich das Produkt von a und b berechnen:

```
mult(int a, int b) {
  int merker = 0;
  int i = a;
  int j = b;

  while (j > 1) {
    if (ungerade(j)) merker = merker + i;
    i = i * 2;
    j = j / 2;
  }
  end while

  merker = merker + i;

  return merker;
}
```

Das sieht ziemlich unwahrscheinlich aus. Im Wesentlichen wird eine while-Schleife durchlaufen, in der i vergrößert und j verkleinert wird, allerdings wird der merker nur bei ungeradem j erhöht.

Kommt Ihnen diese Art der Multiplikation irgendwie bekannt vor? Das Verfahren nennt sich *russische Bauernmultiplikation* und wird anhand eines ausführlichen Beispiels in Kapitel 5 erläutert!

Ich möchte Sie nun anhand einer logisch zwingenden Kette von Argumenten davon überzeugen, dass mult tatsächlich eine Multiplikation dargestellt. Aber wie soll ich das anstellen? Hier hilft das **Hoare-Kalkül** weiter.

Seine Idee besteht darin, zunächst eine **Vorbedingung P** zu formulieren. In unserem Beispiel wäre das etwa, dass a und b ganze Zahlen größer als 0 sind. Die einzelnen Elemente des Algorithmus, also die *Befehle*, befinden sich in der Menge **S**. Am Ende soll dabei eine **Nachbedingung Q** erfüllt sein. In unserem Fall also die Forderung, dass merker den Wert von a · b enthält. Ach ja, Sie können sich denken, dass P und Q als logische Formeln der Prädikatenlogik vorliegen. P, S und Q zusammen wird übrigens als **Hoare-Tripel** bezeichnet.

Der Erfinder des Kalküls ist **Sir Charles Antony Richard Hoare**, jener geniale Brite, der ebenfalls den Quicksort-Algorithmus (aus Kapitel 21) entwickelt hat.

Eigentlich handelt es sich bei dem beschriebenen Verfahren lediglich um eine **partielle Korrektheit**. Die **totale Korrektheit** würde verlangen, dass das Programm nicht nur für jede Eingabe das richtige Ergebnis ausspuckt, sondern überdies terminiert (endet).

Wie Informatiker typischerweise vorgehen, zeigt sich auch wieder an diesem Problem. Zunächst werden die Elemente aus S in Einzelbefehle $S = S_1, S_2, .. S_n$ zerlegt, die jeweilig für sich genommen aus der Vorbedingung eine unmittelbare Nachbedingung produzieren. So entsteht aus { P } S { Q } die Sequenz { P } S_1 {Q_1} S_2 {Q_2} ... {Q_{n-1}} S_n {Q_n}. Wenn Sie Glück haben, gilt Q_n = Q und Sie haben bewiesen, dass das Programm S in dem Sinne korrekt ist, dass es aus der Vorbedingung P die Nachbedingung Q produziert.

Hierbei sind folgende Typen von Befehlen (jene in den einzelnen S_i) zu unterscheiden:

✔ Solche, die *keine Variablen verändern*. Diese sind offenbar harmlos und leisten keinen Beitrag zur eigentlichen Programmlogik. Dort gilt: {P} S_i {P}, es gibt also keinen Unterschied zwischen Vor- und Nachbedingung.

✔ *Zuweisungen*, die unmittelbar eine Variable betreffen. In diesem Fall wird die rechte Seite der Zuweisung in P durch die Variable (nämlich die linke Seite) in Q ersetzt. Aufgrund solcher Zuweisungen ist es einfacher, bei der Nachbedingung anzufangen und sich systematisch zur Vorbedingung zurückzukämpfen.

✔ *Bedingte Anweisungen* teilen sich in zwei Fälle auf: solche, bei denen die Bedingung erfüllt ist, und solche, bei denen das nicht zutrifft. In der Vorbedingung P muss dies jeweils mit einer Konjunktion berücksichtigt werden.

✔ Mit Abstand am anspruchsvollsten sind *Schleifen*. Da diese mehrfach durchlaufen werden, müssen Sie nach etwas suchen, das sich nie verändert, nach *Invarianten*. Auch im normalen, hektischen Alltag ist das eine gute Idee, aber bei Schleifen ist das zwingend nötig, um ihre Korrektheit zu zeigen. Allerdings ist das Auffinden dieser *Schleifeninvarianten* nicht immer so leicht. Außerdem muss die *Schleifenbedingung* zwar innerhalb der Schleife stets erfüllt sein, aber am Ende gerade nicht mehr!

Das klingt alles ziemlich kompliziert. Ich gebe auch zu, dass die meisten Informatiker am Anfang damit ihre liebe Not haben. Aber es wird hoffentlich ein bisschen klarer, sobald ich Ihnen diese Regeln anhand unseres Beispiels genau erläutere: Das Ganze nennt sich auch **formale Verifikation**.

Formale Verifikation ohne Schmerzen

In diesem Abschnitt zeige ich Ihnen nicht nur, wie die Lösung zum Nachweis der formalen Korrektheit unserer Bauernmultiplikation aussieht, sondern ich weise Sie auch auf den Weg, wie Sie in Zukunft selbst darauf kommen können. Denn so schwer, wie es klingt, ist es nun auch wieder nicht.

Sie fangen bei der Nachbedingung Q an. Das ist ganz einfach. Es soll gelten: **Q = {merker = a · b}**. Das Ziel lautet, so lange (von hinten nach vorne) jede Zeile des Algorithmus abzuarbeiten, bis Sie zur Vorbedingung gelangen, die aber hier leer ist (das Ganze soll für alle a und b funktionieren).

Es geht los mit der letzten Zeile.

```
return merker;
```

Das ist einfach. Dieser Befehl verändert keine Variable und somit auch nicht unser Q.

Nun ist die vorletzte an der Reihe.

```
merker = merker + i;
```

Das ist schon etwas spannender. Es handelt sich um eine *Zuweisung*. Gemäß des oben beschriebenen Verfahrens muss in der Vorbedingung P jedes Vorkommen der rechten Seite (`merker + i`) durch die linke (`merker`) ersetzt werden, um Q zu erhalten. Nun wissen wir, dass unser Q = {merker = a · b} **nach der Zuweisung** beinhaltet. Also muss das P vorher so ausschauen: **{merker + i = a · b}**. Sie ersetzen also – von der Nachbedingung ausgehend – alle Vorkommen der linken Seite der Zuweisung durch die rechte. Echt abgefahren!

Als Nächstes kommt die Schleife und mit ihr die mühsame Suche nach einer **Invariante**. Was verändert sich denn nicht? Eigentlich doch alles. Sowohl i als auch j und merker. Demnach muss die Invariante eine (mathematische) Kombination dieser Werte sein, die auch wirklich immer erfüllt ist.

Um auf diese Formel zu stoßen, spielen Sie am besten einmal ein paar Werte durch. Was passiert beispielsweise bei der Multiplikation von a = 7 mit b = 11? Die Zeilen in Tabelle 51.1 zeigen die Werte der Variablen nach jedem Schleifendurchlauf.

i	j	Merker
14	5	7
28	2	21
56	1	21

Tabelle 51.1: Suche nach der Schleifeninvariante

Sehen Sie sich zunächst nach Besonderheiten um, spielen Sie Detektiv! Dieser kreative Teil der Programmverifikation macht richtig Spaß, wenn Sie hinreichend motiviert sind. Nur Sie können den Fall lösen, strengen Sie sich an, suchen Sie die Invariante ...!

Die beiden untersten Zeilen sind dabei sehr wichtig, weil der Wert von merker gleich ist und die Änderungen sich nur auf i und j beziehen. Fällt Ihnen auf, dass i · j gleich bleibt? Denn 56 · 1 ist dasselbe wie 28 · 2. Gut, aber in Zeile 1 stimmt das nicht mehr. Hier ist 14 · 5 deutlich mehr als 56. Jetzt hilft ein Blick in die dritte Spalte: Diese gleicht den »Fehler« ja wieder genau aus! Die Summe von i · j und »merker« bleibt gleich. Und – das kann kein Zufall sein – dieser Wert entspricht immer exakt dem ursprünglichen Produkt a · b, nämlich 77. Genau das ist die Invariante. Heureka, das Schwerste ist geschafft: **i · j + merker = a · b.**

 Wenn Sie genau hinsehen, werden Sie feststellen, dass die Invariante zugleich das tiefere innere Konzept des Codes darstellt. Das Herz der Schleife. In ihr steckt die gesamte Idee des Algorithmus. Wer die Invariante findet, hat zugleich den Algorithmus verstanden!

Allerdings stimmt diese Invariante nicht mit Ihrer bisherigen Bedingung überein: **{merker + i = a · b}**. Das würde nur dann passen, wenn **j = 1** ist.

Hier kommt die Schleifenbedingung sehr schön ins Spiel. Am Ende einer Schleife darf diese Bedingung (hier: **j > 1**) gerade *nicht* mehr erfüllt sein. Dies ist für **j = 1** der Fall.

Damit können wir unsere bisherige Vorbedingung **{merker + i = a · b}** (die vor dem nächsten Befehl nach der Schleife gelten muss) sehr elegant mit der Schleifeninvariante zu einer neuen Nachbedingung (der Schleife selbst) verknüpfen: **{j = 1 ∧ merker + i · j = a · b}**.

Jetzt wird es spannend. Die einzelnen Befehle innerhalb der Schleife dürfen die Schleifeninvariante insgesamt nicht verändern.

```
j = j / 2;
```

Mal sehen. Ersetzen Sie das »j« in der Schleifeninvariante **{merker + i · j = a · b}** durch j/2, um die Vorbedingung zu diesem Befehl zu erhalten: **{merker + i · (j/2) = a · b}**.

Weiter geht es mit

```
i = i * 2;
```

Damit verändert sich die Bedingung zu **{merker + (i · 2) · (j/2) = a · b}**. Allerdings gibt es hier ein Problem:

 Die ganzzahlige Division ist nicht die Umkehroperation der ganzzahligen Multiplikation!

So gern Sie das auch täten: Sie dürfen nicht einfach die »•2« mit der »/2« in diesem Term *kürzen*. Dies wäre nur dann korrekt, wenn j eine gerade Zahl ist. Es sind hier zwei Fälle zu unterscheiden.

{ (j ist gerade ∧ merker + i · j = a · b) ∨ (j ist ungerade ∧ merker + i · (j – 1) = a · b)}. Der zweite Teil der Disjunktion betrifft den Fall, dass j ungerade ist, beispielsweise j = 7. Dann hätte die ganzzahlige Division durch 2 den Wert 3 und die anschließende Verdopplung führt nur zu 6. Somit muss in diesem Fall j um 1 dekrementiert werden.

Nun kommt

```
if (ungerade(j)) merker = merker + i;
```

an die Reihe. Offenbar passiert nur dann etwas, wenn j ungerade ist. Demnach brauchen Sie auch nur in diesem Fall an der Bedingung etwas zu tun, nämlich merker durch merker + i zu ersetzen. Sie erhalten:

{(j ist gerade ∧ merker + i · j = a · b) ∨ (j ist ungerade ∧ merker + i + i ·(j – 1) = a · b)}.

Wie Sie sehen, vereinfacht sich der zweite Teil wie folgt:
»merker + i + i ·(j – 1) = merker + i + i · j – i = merker + i · j«. Dies stimmt auffallend mit der Variante für das gerade j überein. Ergo ist eine Unterscheidung zwischen geradem und ungeradem j von hier an nicht mehr nötig. Die neue Prämisse vor der if-Anweisung lautet somit einfach **{merker + i · j = a · b}** und entspricht, wie gehofft, der Schleifeninvariante. ☺

Vor der Schleife selbst weist das Programm nur noch Zuweisungen auf. Von hinten nach vorne geht es los mit

```
j = b;
```

Sie erhalten als neue Bedingung **{merker + i · b = a · b}**. Darauf folgt

```
i = a;
```

Dies führt Sie zu **{ merker + a · b = a · b }**. Schließlich ist

```
merker = 0;
```

Da es sich dabei um den letzten (also eigentlich ersten) Befehl handelt, ist dessen Vorbedingung die Prämisse des ganzen Programms: **{0 + a · b = a · b}**.

Das Ergebnis ist eine *Tautologie*. Dies entspricht einer leeren Vorbedingung. Somit haben Sie die Korrektheit der Multiplikation nachgewiesen, bravo!

Damit Sie nicht die Orientierung verlieren, zeige ich Ihnen nochmals im »fast forward« alle Vor- beziehungsweise Nachbedingungen zu jeder Programmzeile.

P = true = { a · b = a · b }={ 0 + a · b = a · b }

```
integer merker = 0;
```

{ merker + a · b = a · b }

```
integer i = a;
```

{ merker + i · b = a · b }

```
integer j = b;
```

{ merker + i · j = a · b } : Schleifeninvariante!

```
while (j > 1) {
```

{ (j ist gerade ∧ merker + i · j = a · b) ∨
(j ist ungerade ∧ merker + i + i ·(j – 1) = a · b) }.

```
    if (ungerade(j)) merker = merker + i;
```

{ merker+(i·2)·(j/2) = a·b }

```
    i = i * 2;
```

{ merker + i ·(j/2) = a · b }

```
    j = j / 2;
```

{ merker + (i · 2) · (j/2) = a · b } = Schleifeninvariante

```
    }
```

{ merker + i = a · b }

```
merker = merker + i;
```

{ merker = a · b }

```
        return merker;
```

{ merker = a · b } = Q

```
    }
```

Das war es auch schon. Ich hoffe, es hat Sie ein wenig inspiriert und Sie haben ein Gefühl dafür bekommen, welcher enorme Aufwand hinter der formalen Verifikation von Programmen steckt, selbst wenn es von hinten nach vorne recht systematisch zugeht. Aber keine Sorge: In der Informatik sind wir natürlich bestrebt, auch diese Aufgabe von Computern durchführen zu lassen ...

Kapitel 52
Theorie für Unberechenbare

Vielleicht ist das Thema »Berechenbarkeit« vom theoretischen Standpunkt das wichtigste der gesamten Informatik. Immerhin geht es darum, was Computer im Prinzip leisten können, und, noch spannender, wo sie grundsätzlich versagen. In diesem Kapitel werde ich Sie jedoch nicht mit den philosophischen Konsequenzen behelligen, sondern Sie in die Lage versetzen, eine so fundamentale Fragestellung wie die der Berechenbarkeit solide zu beantworten. Leider muss ich dazu ein wenig ausholen. Die »Turing-Maschine« spielt dabei eine wichtige Rolle und das darauf definierte »Halteproblem«. Gegen Ende des Kapitels wird dann aus der Berechenbarkeit die »Entscheidbarkeit«. Dieses Thema lege ich nicht nur entschlussfreudigen Lesern sehr ans Herz ...

Algorithmen entschlüsseln

Die Theorie der Berechenbarkeit basiert auf einem mathematischen Modell. Das ist zwar sehr schön für Mathematiker, aber ein wenig abschreckend für den Rest der Menschheit. Mit einer Ausnahme: theoretische Informatiker. Für die kann es gar nicht formal genug sein. Viele mathematische Beweise erscheinen dieser Spezies suspekt, weil sie nicht ganz exakt durch Anwendung von zuvor definierten Regeln und Ausgangsannahmen gewissermaßen automatisch nachvollziehbar sind. In diesem Kapitel möchte ich jedoch versuchen, soweit das irgend möglich ist, auf einen strengen Formalismus zu verzichten und so die Tür zur theoretischen Informatik weit aufzustoßen. Denn die dahinterstehende Idee ist atemberaubend schön.

Die Frage, um die sich alles in diesem Kapitel dreht, lautet: »Was kann ein Computer prinzipiell berechnen und wo liegen seine Grenzen?«

Wir leben in einem Zeitalter, in dem Computern von den meisten Menschen alles zugetraut wird. Suchmaschinen erraten, was wir eingeben möchten, wenn wir erst ein paar Zeichen eingetippt haben. Unser Smartphone warnt uns vor einem Stau auf der Autobahn, noch ehe wir das Ziel selbst kennen. Menschenähnliche Roboter lassen schrittweise die Science-Fiction der letzten Jahrzehnte zur Wirklichkeit werden. Gibt es da überhaupt Grenzen?

Viele Jahrhunderte hielt man das Schachspiel für so eine Grenze. Man glaubte, nur menschliche Intelligenz sei in der Lage, auf den 64 Feldern erfolgreich zu sein.

 In Kapitel 4 schlagen Sie nach, zu welcher betrügerischen Energie dieser fundamentale Trugschluss führte.

Welch ein Irrtum! Heutzutage dominieren Computer dieses Feld nahezu vollständig. »Gibt es«, so könnten Sie fragen, »überhaupt Grenzen für Computer? Ist am Ende nicht jedes beliebige Problem durch geeignete Algorithmen zu knacken?«

Ich gebe zu, dass die Versuchung groß ist, dem zuzustimmen. Allerdings möchte ich Ihnen diese Frage mit einem ganz klaren »Nein!« beantworten. Zuvor jedoch müssen die Randbedingungen geklärt werden: Was ist ein »beliebiges Problem« und wann ist es »geknackt«?

Die Schwierigkeit fängt sogar noch früher an. Womöglich könnte ein vorliegendes Problem mit der heutigen Technik zwar noch nicht gelöst werden, aber für einen Supercomputer in 150 Jahren wäre es ein Kinderspiel. So kommen wir nicht weiter. Die grundsätzliche »Berechenbarkeit« darf eben nichts mit der konkreten Leistungsfähigkeit, einer Taktrate, mit Speicherplatz oder sonstigen spezifischen Kenndaten einer Maschine zu tun haben. Sie muss die »Natur des Problems« betreffen. Das macht die Angelegenheit allerdings noch viel mysteriöser.

Zum Glück hat uns der berühmte englische Mathematiker Alan Turing diese Arbeit schon längst – jedenfalls bis zu einem guten Teil – abgenommen.

Alan Mathison Turing

Alan Turing war ein britischer Mathematiker, der auf zahlreichen Gebieten fundamentale Durchbrüche erzielte. Er wurde 1912 in London geboren und verstarb bereits im Alter von 43 Jahren unter mysteriösen Umständen an einer Vergiftung.

Zu seinen wichtigsten Meilensteinen zählen die Arbeiten an der Entschlüsselung der Enigma im zweiten Weltkrieg, das Aufstellen des »Turing-Tests« als Gradmesser der künstlichen Intelligenz (KI) sowie das Konzept der »Turing-Maschine« zur Untersuchung prinzipieller Berechenbarkeit. Daher gilt er Kryptografen, KI-Forschern sowie theoretischen Informatikern gleichermaßen als Wegbereiter und Pionier (Kapitel 39 enthält einige grundlegende Informationen zur KI).

Witzigerweise interessierte ihn natürlich auch das Schachspiel. So stellte er einen entsprechenden Algorithmus auf, lange bevor Computer auch nur annähernd über die Leistung verfügten, Menschen auf diesem Feld die Stirn zu bieten ...

Bereits 1936 entwickelte Turing das Konzept eines Computers, der keine Beschränkung hinsichtlich der oben erwähnten Randbedingungen wie Speicherkapazität oder Prozessorgeschwindigkeit aufwies. Er nannte sie »a-machine« als Abkürzung für »automatic machine«. Ihm zu Ehren wurde sie jedoch als *Turing-Maschine* weltberühmt.

Anwerfen der Turing-Maschine

Um den Unwägbarkeiten von baulichen Besonderheiten zu entgehen, deklarierte Turing für seine Maschine einen unbegrenzten Speicherbereich, ein endloses *Band* (*Tape*). Sie dürfen sich das wie ein nach zwei Seiten beliebig lang gestrecktes Array vorstellen (Abbildung 52.1).

Abbildung 52.1: Unbegrenzter Speicher der Turing-Maschine

Jede Speicherzelle kann dabei mit einem Symbol aus einer vorher festgelegten Menge von Elementen beschriftet werden. Um dies zu bewerkstelligen, dient ein **Schreib-Lesekopf**, der jedoch immer nur eine Zelle bearbeiten kann. Eine noch unbeschriftete Zelle ist *leer* (*blank*).

Neben den Operationen *lese die aktuelle Zelle aus* oder *schreibe das Symbol x in die aktuelle Zelle* muss die Maschine natürlich ebenso die Operationen *bewege den Schreib-Lesekopf nach links* sowie *bewege den Schreib-Lesekopf nach rechts* ausführen können.

Das eigentliche Programm findet sich im *Statusregister* (*state register*).

Heutzutage erinnert das Konzept der Maschine verdächtig an den typischen Aufbau von Computern mit CPU und Speicher, aber diese Betrachtung kehrt Ursache und Wirkung um. Alan Turing wollte sich auf ein System zurückziehen, das auch jenem menschlicher Mathematiker entspricht. Wie rechnet man überhaupt irgendetwas aus? Mit Bleistift und Radiergummi darf der Mensch auf einem karierten Blatt alles aufschreiben, was ihm in den Sinn kommt. Hierzu verwendet er eine Symbolsprache (oder eine sonstige Sprache), die aus endlich vielen Zeichen besteht. Außerdem gibt es so viel Papier, wie Sie wollen.

Allerdings ging Turing davon aus, dass man nicht zwingend auf einen zweidimensionalen Bereich angewiesen ist. Sein postuliertes Band war nichts anderes als die eindimensionale Version eines unendlich langen Stücks Papier. Der Bleistift kann zu jedem Zeitpunkt nur ein Feld beschriften und der Radiergummi wischt das vielleicht wieder aus. Beim Zustand des Statusregisters geht Turing vom *state of mind* (*Geisteszustand*) desjenigen Menschen aus, der gerade versucht, das vorgegebene Problem von Hand zu lösen.

Stellen Sie sich dieses Statusregister wie einen Satz von Regeln vor. Wenn bestimmte Voraussetzungen gegeben sind (*Eingangsgrößen*), sollen gewisse Handlungen (*Ausgangsgrößen*) durchgeführt werden. Dabei unterscheiden Sie immer, in welchem Zustand sich Ihre

Maschine gerade befindet. Typischerweise werden diese Zustände mit einem Index versehen: q_0, q_1, q_2, q_3, ...

Die **Eingangsgrößen** sind:

✔ der aktuelle *Zustand*

✔ sowie dasjenige *Zeichen*, das sich gerade unter dem Schreib-Lesekopf des Bandes befindet.

Demgegenüber verfügt eine Regel generell über folgende **Ausgangsgrößen**:

✔ das *Zeichen*, das an die aktuelle Stelle auf dem Band geschrieben werden soll

✔ die *Bewegung* des Schreib-Lesekopfs (L = links, R = rechts, N = nicht bewegen)

✔ den *Folgezustand*

Die Regel wird wie eine Implikation notiert. Links vom Pfeil stehen die Eingangsgrößen, rechts die Ausgangsgrößen. Etwa so:

$$q_0 \, 1 \rightarrow 1 \, L \, q_1$$

Falls sich die Turing-Maschine gerade im Zustand q_0 befindet und derzeit eine 1 unter dem Schreib-Lesekopf vorfindet (linke Seite), dann soll an diese Stelle eine 1 geschrieben werden, der Schreib-Lesekopf soll sich nach links (L) bewegen und die Maschine soll in den Zustand q_1 übergehen.

Viele Regeln zusammen mit einer konkreten Ausgangsbeschriftung des Bandes (das auch leer sein darf) bilden ein **Turing-Programm**.

Sie werden aber nicht glücklich, wenn Sie versuchen, ein Turing-Programm als Zustandsgraphen aufzumalen.

Kleines Update in Sachen Zustandsgraphen gefällig? Einfach mal in Kapitel 40 reinschauen!

Die grafische Darstellung von Turing-Programmen wird schnell unübersichtlich, falls mehrere Zeichen zum Lesen und Schreiben erlaubt sind. Es bietet sich stattdessen eine **Tabelle** an, bei der die einzelnen Zeilen jeweils einem Zustand entsprechen, während jedes erlaubte Zeichen auf dem Band eine eigene Spalte erhält. Die Einträge innerhalb der Tabelle legen dann die jeweiligen drei Ausgangsgrößen fest.

Am besten zeige ich Ihnen an einem Beispiel, wie das funktioniert.

Angenommen, Ihre Turing-Maschine arbeitet (neben dem obligatorischen Leerzeichen) nur mit den Ziffern 0 und 1. Sie soll aus einer 0 auf dem Band eine 1 machen und den Schreib-Lesekopf in diesem Fall nach links bewegen. Aus einer 1 dagegen eine 0 machen und den Schreib-Lesekopf nach rechts bewegen. Sobald ein Leerzeichen gelesen wird, soll die Maschine anhalten.

Sie benötigen dafür zwei Zustände. Zum einen den **Startzustand** q_0, zum anderen den **Endzustand** q_1. Folgende vier Regeln definieren Ihre Turing-Maschine:

$q_0\, 0 \rightarrow 1\, L\, q_0$

$q_0\, 1 \rightarrow 0\, R\, q_0$

$q_0\, \# \rightarrow \#\, N\, q_1$

$q_1\, \# \rightarrow \#\, N\, q_1$

Das Zeichen »#« steht hierbei für das Leerzeichen. Dieses Turing-Programm finden Sie ebenfalls in Tabelle 52.1.

	0	1	#
q_0	$1\,L\,q_0$	$0\,R\,q_0$	$\#\,N\,q_1$
q_1			$\#\,N\,q_1$

Tabelle 52.1: Turing-Programm

Einige Situationen können niemals auftreten, diese Felder bleiben in Tabelle 52.1 leer.

Zu kompliziert? Gehen wir das Beispiel noch anhand einer konkreten Bandbeschriftung einmal durch. Betrachten Sie hierzu Abbildung 52.2. Dies soll das Band am Anfang sein. Der Pfeil markiert die initiale Position des Schreib-Lesekopfes.

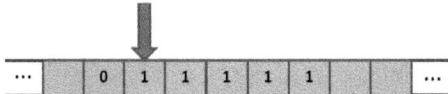

Abbildung 52.2: Anfangszustand der Turing-Maschine aus dem Beispiel

Wir beginnen, wie erwähnt, mit dem Zustand q_0. Der Pfeil zeigt auf die 1, also kommt die Regel $q_0\, 1 \rightarrow 0\, R\, q_0$ zum Zuge. Der Folgezustand ist somit wiederum q_0, allerdings wird eine 0 auf das Band geschrieben und anschließend bewegt sich der Schreib-Lesekopf (also der Pfeil) um eine Stelle nach rechts (wegen des »R«). Das sieht dann so aus wie in Abbildung 52.3.

Abbildung 52.3: Zweiter Zustand der Turing-Maschine

Dort steht wiederum eine 1. Also wiederholt sich der Vorgang. Das geht immer so weiter, bis der Pfeil bei der letzten 1 angekommen ist (Abbildung 52.4). Am Ende wird das Leerzeichen gelesen, der Zustand q_1 ist erreicht und die Maschine hält an.

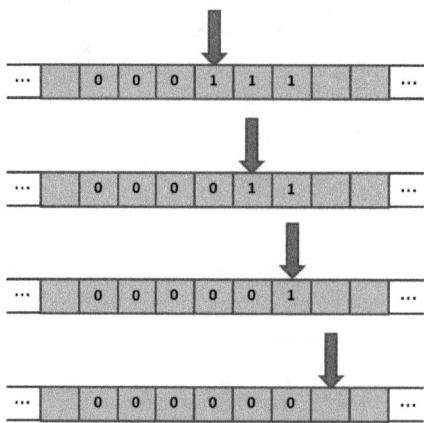

Abbildung 52.4: Restliche Abarbeitung des Turing-Programms

So weit, so gut. Würde als erstes Zeichen eine 0 gelesen, verhält sich das Programm genau umgekehrt, es wird eine 1 geschrieben und der Pfeil schiebt sich nach links.

Noch ein Beispiel? Okay. In Abbildung 52.5 finden Sie eine andere Ausgangssituation.

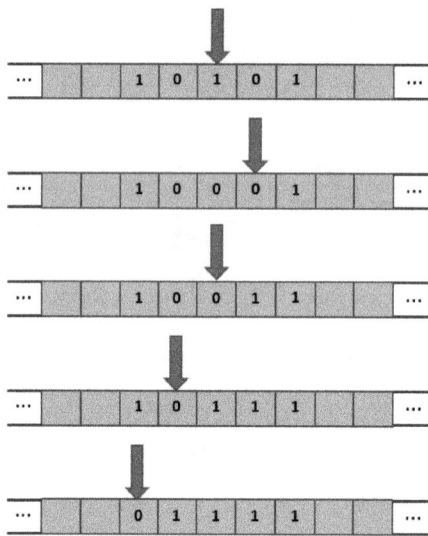

Abbildung 52.5: Gleiche Turing-Maschine mit neuer anfänglicher Bandbeschriftung

Anschließend folgen nun noch vier weitere Schritte, bis alle Einsen mit Nullen überschrieben sind und das Programm schließlich terminiert.

Berechenbare Turing-Programme

Zeit für eine Atempause. Sie haben gesehen, wie eine Turing-Maschine im Prinzip funktioniert. Würden Sie mir glauben, dass diese Maschine dasselbe Potenzial wie jeder heute verfügbare Computer besitzt? Egal, wie viele Prozessoren arbeiten, welche gigantische Taktrate vorliegt oder wie viel Terabytes an Speicher zur Verfügung stehen: Was Ihr Computer auf dem Schreibtisch ausrechnen kann, das kann auch die Turing-Maschine und umgekehrt!

Der Anfangszustand des Bandes entspricht den Eingabedaten. Der Inhalt des Statusregisters ist das Programm. Beim Endzustand des Bandes handelt es sich um die Ausgabe. Kurzum: Die Turing-Maschine ist ein universeller Computer!

Im Internet finden Sie einige hübsche Versionen animierter Turing-Maschinen. Sie werden dort ein Gefühl dafür bekommen, welch ein Aufwand selbst simpelste Rechenoperationen bereiten. Aber abgesehen von der etwas umständlichen Verarbeitung ist das Potenzial der Turing-Maschine genauso groß wie das eines gewöhnlichen Computers.

Beispiele für Simulatoren finden Sie etwa auf dem Bildungsserver des Landes Rheinland-Pfalz:

`http://informatik.bildung-rp.de/werkzeuge-und-software/`
`automaten-turingmaschinen.html.`

Kurz zusammengefasst lautet unser Erkenntnisstand:

Eine mathematische Funktion heißt *berechenbar*, wenn es eine Turing-Maschine gibt, die sie repräsentiert.

Sie können und dürfen alles als mathematische Funktion definieren, was Ihnen in den Sinn kommt. *Berechenbarkeit* ist jedoch eine Eigenschaft, die nur auf eine Teilmenge aller denkbaren Funktionen anwendbar ist.

Es ist gar nicht so einfach, sich Funktionen auszudenken, die *nicht berechenbar* sind. Selbst wüsteste Kombinationen aus Operatoren, etwa

$$\sum_{k=0}^{1432423} \binom{e^{123}}{k} \cdot \sin\left(\left(\pi \cdot 12^2\right) + \tan\left(23\right)\right)^k$$

sind systematisch mit dieser Maschine zu lösen. Ich behaupte ja nicht, dass das besonders schnell geht oder eine lustige Angelegenheit ist, sondern lediglich, dass es (mindestens) ein Turing-Programm gibt, das genau diese Formel ausrechnet und – nach einiger Zeit – das Endergebnis auf das Band geschrieben hat.

Alle (mathematischen) Operationen, die Sie mit Papier und Bleistift lösen, stellen per se berechenbare Funktionen dar. So kommen wir also nicht weiter. Vielleicht sind Sie sogar geneigt, anzunehmen, *alle* Funktionen seien berechenbar?

Da sind Sie jedenfalls in bester Gesellschaft. Einer der bedeutendsten Mathematiker der Neuzeit, der Königsberger **David Hilbert**, hat 1928 die Frage aufgeworfen, ob es ein allgemeines Verfahren gibt, mit dem man *entscheiden* kann, ob eine logische Aussage wahr ist oder falsch. Freilich war Hilbert ein grenzenloser Optimist, der sich eine Welt vorstellte, in dem dies auch bei komplizierten Voraussetzungen stets möglich war. Seine Frage ging als **Entscheidungsproblem** in die Geschichte ein.

 Schon wenige Jahre später konnte Kurt Gödel das Entscheidungsproblem Hilberts negativ beantworten: Ein solches Verfahren kann es nicht geben, wie in Kapitel 51 erläutert.

Für Alan Turing war das höchst theoretische Resultat Gödels noch nicht ausreichend. Insbesondere war in der Fragestellung Hilberts noch nicht klar genug spezifiziert, was im Einzelnen überhaupt unter einem solchen *Verfahren* zu verstehen war.

Turing ging das Problem von der anderen Seite an: Was lässt sich überhaupt mit einem Algorithmus berechnen? Anschließend könnte er ja auch einen Blick darauf werfen, ob das Entscheidungsproblem dazugehört oder nicht.

Der Unterschied zwischen einer berechenbaren Funktion und einem Verfahren, um herauszufinden, ob eine logische Aussage wahr ist oder falsch, ist ziemlich gering.

Am besten mache ich Ihnen das mit einem einfachen Beispiel klar. Die (logische) Aussage »Es gibt unendlich viele Primzahlzwillinge« ist sicherlich wahr oder falsch. Für Hilbert lautete das Entscheidungsproblem, ob der Wahrheitsgehalt aller solcher Aussagen systematisch herausgefunden werden kann.

 Primzahlzwillinge sind Pärchen von Primzahlen, deren Abstand 2 beträgt. Beispielsweise 11 und 13, 17 und 19 oder 41 und 43 sind solche Zwillinge. Das Problem der Primzahlzwillinge, das von Hilbert im Zusammenhang mit anderen zahlentheoretischen Fragestellungen aufgeworfen wurde, ist bis heute ungelöst! Wenn Sie es knacken, werden Sie reich und berühmt (na ja, zumindest berühmt).

Turing geht dagegen nicht von logischen Aussagen, sondern mathematischen Funktionen aus. Um hier eine Verbindung herzustellen, wäre der Text der logischen Aussage (direkt oder als Zahl codiert) die Eingabe. Die Ausgabe der Turing-Maschine wäre beispielsweise eine 1 (= wahr) oder eine 0 (= falsch).

Sollte diese Funktion (für einen gegebenen Eingabewert) *berechenbar* sein, dann muss der Algorithmus irgendwann (also in endlicher Zeit) terminieren, und zwar mit der Antwort 0 oder 1.

 Die **Entscheidbarkeit einer Aussage** ist somit äquivalent zur **Berechenbarkeit einer Funktion**.

Auf sehr geistreiche Weise gelang Turing der Beweis, dass es tatsächlich **nicht-berechenbare** Funktionen gibt.

On Computable Numbers with an Application to the Entscheidungsproblem

Dies ist einer der wichtigsten Arbeiten von Alan Turing, die er 1936 vorstellte. Darin spezifiziert er seinen Automaten, der freilich erst später von anderen als Turing-Maschine bezeichnet wird. Ihm gelingt es darin, eine Basis für die allgemeine Beschreibung von Berechenbarkeit aufzustellen. Im ersten Teil der Arbeit befasst sich der Mathematiker mit der Teilmenge von Zahlen, die überhaupt berechnet werden können (*Computable Numbers*). Dabei greift er auf eine Idee zurück, die bereits von Georg Cantor als Diagonalisierungsverfahren etabliert worden war. Das Verfahren nutzt im Wesentlichen aus, dass reelle Zahlen gegenüber rationalen eine unendliche lange, nicht periodische Abfolge von Ziffern nach dem Komma aufweisen.

Im zweiten Teil geht er explizit auf Hilberts Gedanken ein, der auch im Englischen als »Entscheidungsproblem« bezeichnet wird. Turing referenziert die deutschen Originalwerke von Hilbert und Gödel und beweist auf elegante Weise, dass nicht alle Funktionen (mit seiner Maschine) berechnet werden können und somit auch das Entscheidungsproblem von Hilbert generell unlösbar ist. Der Traum der universellen Lösbarkeit aller (Menschheits-)Probleme ist somit nach Gödel, Church (siehe unten) und Turing endgültig vorbei.

Aber wie um alles in der Welt konnte er das zeigen? Er wendete dazu einen Widerspruchsbeweis an.

Halteproblem ohne Züge

Ausgangspunkt ist eine Turing-Maschine, die als Eingabe (auf dem Band) die Beschreibung der Eingabe und den Registerinhalt einer *anderen* Turing-Maschine erhält. Zweck des Algorithmus soll sein, zu untersuchen, ob das eingegebene Programm irgendwann *anhält*.

Sie haben ein merkwürdiges Gefühl bei dieser Aussage? Kein Problem. Ich formuliere es anders herum. Wenn eine Turing-Maschine ein universeller Computer ist, dann hindert Sie niemand daran, ein Programm zu schreiben, das den Quellcode eines anderen Programms als Eingabe einliest. Das erinnert Sie an etwas? Richtig! Jeder **Compiler** ist ein solches Programm. Als Eingabe liest er den Quellcode eines Programms ein und erstellt daraus einen auf dem jeweiligen Computer ausführbaren Maschinencode. Ein **Interpreter** kann das sogar interaktiv. Sie geben Ihr Programm ein und der Interpreter spuckt direkt die Ausgabe aus, die Sie von Ihrem Programm erwarten. Alan Turings Idee ist insofern aus heutiger Sicht nicht sehr überraschend. Allerdings wird ja auch der Registerinhalt als Eingabe übertragen. Dies geht noch eine Nummer weiter als Compiler und Interpreter. Im Prinzip postuliert er eine **virtuelle Maschine**, die auf seiner Turing-Maschine läuft und dessen Programm direkt mitgeliefert wird. Ups, auch dieses Konzept, das Sie heute überall antreffen, hat Turing schon im letzten Jahrhundert längst ersonnen ...

Das Problem wird als **Halteproblem** bezeichnet. Das Halteproblem entspricht selbstverständlich ebenfalls einer logischen Aussage, die entweder wahr ist oder falsch: »Es gibt einen Algorithmus, der entscheidet, ob eine beliebige Turing-Maschine jemals anhalten wird oder nicht.«

Natürlich gibt es zahllose Turing-Programme, für die die Antwort unheimlich leicht fällt. Aber das ist nicht die Fragestellung. Entscheidend ist, ob es eine *berechenbare* Funktion gibt, die für *jedes* beliebige Turing-Programm eine Antwort liefert, ob es terminiert oder nicht.

Turings Trick, das Halteproblem zu lösen, ist einfach genial. Er konstruiert nämlichen einen Widerspruchsbeweis.

Angenommen, es gäbe eine solche Turing-Maschine M, die als Eingabe mit Turing-Maschinen gefüttert wird und die lediglich eine 1 ausgibt, wenn das eingegebene Programm irgendwann anhalten wird und eine 0 sonst. Die Eingabe von M ist somit ein Turing-Programm T plus dessen Eingabe E – das Band am Anfang. Als Formel aufgeschrieben:

$$M(T, E) = \begin{cases} 1: & \text{falls die Turing-Maschine T mit E als Eingabe terminiert} \\ 0: & sonst \end{cases}$$

M ist Ihr universeller Computer, der jedes beliebige Programm T ausführen kann. Er analysiert T und entscheidet, ob das Programm bei Eingabe von E anhalten wird oder nicht. So weit, so gut.

Mithilfe von M baut Alan Turing nun eine weitere Maschine, nennen wir sie M'. Genau wie M soll M' andere Turing-Maschinen T verarbeiten, sehen Sie selbst:

$$M'(T) = \begin{cases} 1: & falls\, M(T,T) = 0 \\ \text{Endlosschleife} & sonst \end{cases}$$

M' benötigt nur noch eine Eingabe, und zwar den Code einer Turing-Maschine T. M' übergibt T an M, und zwar mit dem *eigenen Code* als Eingabe!

Wenn M wirklich existiert, so liefert M' immer dann eine 1, wenn M eine 0 produziert, wenn also T mit dem eigenen Code T als Eingabe niemals anhält. Anderenfalls, und das ist tricky, liefert M' nichts. Genauer: M' gerät in eine *Endlosschleife* und hält niemals an.

 Eine Endlosschleife für eine Turing-Maschine produzieren Sie am einfachsten, indem Sie einen Zustand q_i bei allen denkbaren Eingaben wieder in den Zustand q_i überführen – und dieser Zustand kein Endzustand der Maschine ist.

Turing hält nun eine böse Überraschung für uns parat. Halten Sie sich fest:

 Was geschieht, wenn Sie M' mit M' füttern?

Es geht hier also um das Ergebnis von M'(M'). M' erhält also die eigene Beschreibung als Eingabe! Das ist problemlos möglich, denn jede Turing-Maschine ist endlich.

Die Frage lautet: Wird M' anhalten oder nicht?

✔ Wenn M' anhält, bedeutet das, dass M(M',M')=0, dass also M' bei seiner eigenen Eingabe gar nicht anhält – ein Widerspruch!

✔ Wenn M' nicht terminiert, muss M(M',M')=1 gelten. Das trifft jedoch nur zu, wenn M' mit seinem eigenen Code als Eingabe anhält – erneut ein Widerspruch!

In beiden Fällen führt die Annahme, eine Turing-Maschine M könne existieren, die herausfindet, ob jedes beliebige Turing-Programm terminiert oder nicht, zum Desaster. Somit kann M gar nicht existieren und damit ist das Halteproblem nicht berechenbar.

 Das Halteproblem ist **nicht berechenbar**.

Endlich haben wir eine Funktion gefunden, die prinzipiell von einem Computer nicht berechnet werden kann. Oder, um es mit Hilberts Vokabular zu versehen:

 Das Halteproblem ist **unentscheidbar**.

Alan Turing hat in seiner wissenschaftlichen Arbeit natürlich ganz exakt nachgewiesen, unter welchen spezifischen Bedingungen diese Aussage gilt. Er hat im Übrigen die erforderlichen Turing-Programme präzise beschrieben.

 Sie können Turings Arbeit von 1936 im Wortlaut nachlesen. Geben Sie in Ihrer Suchmaschine am besten den vollständigen Titel »On Computable Numbers with an Application to the Entscheidungsproblem« ein. Sie sollten dann auf ein 36-seitiges Dokument stoßen ...

Alan Turing war gemein. Er hat gewissermaßen in Hilberts Wunde gebohrt und bei der Gelegenheit noch ein paar andere unentscheidbare Probleme ausgegraben:

✔ Es gibt keine Turing-Maschine, die entscheiden kann, ob jede andere anhält oder nicht.

✔ Es gibt keine Turing-Maschine, die entscheiden kann, wie viel Einsen (oder beliebige andere Symbole) jede andere Turing-Maschine jemals auf das Band schreiben wird.

✔ Es gibt keine Turing-Maschine, die für jede andere Turing-Maschine die Anzahl der Schritte zählen kann, bis ein bestimmtes Muster auf dem Band erscheint.

✔ ...

Die Liste ist selbstverständlich endlos. Interessant ist, dass Turing sein eigenes Resultat deutlich von Gödels Unvollständigkeitssätzen abgrenzt. Während der Österreicher die Unmöglichkeit darstellt, jeder logischen Aussage überhaupt einen Wahrheitswert zuzuordnen (»wahr« und »falsch« würden zum Widerspruch führen), geht es Turing um ein wesentlich praxisrelevanteres Problem: Selbst wenn die Aussage (wie beispielsweise die von den Primzahlzwillingen) garantiert wahr oder falsch ist, könnte es dennoch unmöglich sein, das Ergebnis zu **berechnen**!

Leider wissen wir heute nicht einmal, ob das Primzahlzwillingsproblem dazuge-hört. Vermutlich haben wir uns bisher nur noch nicht genügend angestrengt und dieses Problem ist sowohl entscheidbar als auch berechenbar.

Im Laufe der Zeit hat sich herausgestellt, dass Turings Konzept einer univer-sellen Rechenmaschine zur Klassifikation von Funktionen führt, die äquivalent zu gänzlich anderen Herangehensweisen ist. Zu erwähnen ist hier das **Lamb-da-Kalkül** von Alonzo Church, einem amerikanischen Mathematiker, der zwi-schenzeitlich auch an der Uni Göttingen aktiv war. Church konnte noch vor seinem Studenten Alan Turing zeigen, dass Hilberts Idee nicht zu realisieren war, jedenfalls nicht mit einer gewissen Klasse von Algorithmen, die über das Lambda-Kalkül definiert wurden.

Am Ende zeigte sich, dass die verschiedenen Versionen, wie man Algorithmen, Funktionen und Berechenbarkeit definiert, stets auf dasselbe Resultat hinauslaufen.

Das gilt auch für die Zukunft. Jede Programmiersprache, die Sie erfinden werden und die am Ende auf einem Computer abläuft, wird über dieselben Fähigkeiten – und Restriktionen verfügen.

Kurzum:

Alle Programmiersprachen sind gleich mächtig!

IN DIESEM KAPITEL

Eine Klassifikation von Problemen vornehmen

Deterministische und nicht-deterministische
Algorithmen unterscheiden

P, EXP und NP charakterisieren

SAT studieren

Das Rätsel um P ≠ NP oder P = NP begreifen

Kapitel 53
Mittel gegen theoretische Komplexe

n diesem Kapitel dürfen Sie wie aus der Ferne auf die Welt der Probleme dort unten blicken. Die Einteilung von Problemen in Klassen macht große Freude, weil Sie auf diese Weise nicht damit konfrontiert werden, auch Lösungen angeben zu müssen. Allerdings ist die Welt der Probleme viel komplizierter als allgemein angenommen. Die für praktische Zwecke wichtigste Klasse heißt P, während es sich bei EXP um eine Klasse sehr schwerer Aufgabenstellungen handelt. Dazwischen findet sich NP, um das sich das wichtigste noch ungelöste Rätsel der Mathematik und der Informatik gleichermaßen dreht: Ist NP überhaupt von P verschieden? Ein paar Folgerungen – je nach Antwort auf diese Frage – habe ich Ihnen am Ende des Kapitels zusammengestellt.

P wie praktische Probleme

Haben Sie sich schon einmal gefragt, was ein *schweres* Problem ist? Jedenfalls im Hinblick auf die Lösungsfindung mittels Computer? Die Frage als solche hat auch praktische Relevanz.

Angenommen, Sie möchten ein Schachprogramm schreiben und haben die Vorstellung, den Computer einfach alle möglichen Züge durchprobieren zu lassen. In der heutigen Zeit, wo Rechner dermaßen schnell arbeiten, sollte das doch möglich sein, oder?

Die Antwort lautet: Nein, das ist leider nicht möglich. Weder heute noch in tausend Jahren. In einer durchschnittlichen Position gibt es circa 30 Zugmöglichkeiten. Eine Partie dauert schon mal 60 Züge. Die Anzahl an möglichen Varianten wäre also bei einem Zug 30, bei zwei Zügen $30 \cdot 30$ (für jede der 30 Möglichkeiten gibt es wieder 30 verschiedene Antworten), bei drei Zügen 30^3 und so weiter. Für 60 Züge ergibt sich $30^{60} \approx 10^{88}$. Diese Zahl sprengt jede Vorstellungskraft. Zum Vergleich: Die Schätzungen für die Anzahl der Atome im bekannten Universum belaufen sich auf circa 10^{80}. Die andere Zahl ist hundert Millionen Mal größer. Gewisse Probleme im Zeit- oder Speicherplatzbedarf dieses Algorithmus wären also nicht von der Hand zu weisen.

Aber selbst wenn Sie nur eine gewisse Anzahl an Zügen in einer gegebenen Stellung vorausberechnen wollen, wird Sie das Anwachsen des Zeitbedarfs Ihres Algorithmus kaum kalt lassen: Pro Zug wächst das Volumen an zu untersuchenden Stellungen um das 30-Fache an! Sollte sich beispielsweise die Rechenpower Ihres Computers im Laufe der Zeit verdoppeln und wieder verdoppeln und wieder verdoppeln und wieder verdoppeln und wieder verdoppeln, dann können Sie lediglich einen einzigen Zug »tiefer« in den Stellungsbaum blicken.

Zur Berechnung der Komplexitätsklassen von Algorithmen finden Sie einen Überblick in Kapitel 31.

Kurzum: Beim Schach handelt es sich – bezogen auf die Stellungsbewertung nach n Zügen – um ein *schweres Problem*. Weil der Variantenbaum **exp**onentiell anwächst, ist es ein Problem der Klasse **EXP**.

Schach gehört nur dann zur EXP-Klasse, wenn wir von gewissen Verallgemeinerungen ausgehen. Der Grund ist folgender: Wegen der sogenannten »50-Züge-Regel« kann der Gegner auf Remis (unentschieden) reklamieren, falls 50 Züge lang kein Bauer gezogen, keine Figur geschlagen und auch sonst keine irreversible Handlung vollzogen wurde. Spätestens nach dieser Zeit müsste es also einen Fortschritt geben. Weil jedoch nur endlich viele Figuren auf dem Brett sind und auch die Bauernzüge irgendwann ausgehen, wäre Schach in diesem Sinne ein **endliches** Spiel. Endliche Probleme gehören jedoch weder EXP noch sonst irgendeiner relevanten Klasse an. Informationstechnisch gesprochen sind sie *trivial*, selbst wenn es bei der Implementierung praktische Schwierigkeiten gibt.

Bei unseren Überlegungen sehen wir von der Endlichkeit des Spiels ab und stellen uns vor, die Anzahl n der Züge sei unbeschränkt. Andere Erweiterungen wenden das wachsende n nicht auf die Zugzahl an, sondern auf die Brettgröße: statt 8×8 Felder $n \times n$. Bei diesen und anderen Erweiterungen wird Schach wieder unendlich und gehört zur Klasse EXP.

Grundsätzlich sind Probleme der Klasse EXP sehr schlecht mit dem Computer umzusetzen. Sie brauchen also spezielle Tricks, die moderne Schachcomputer anwenden, um den Variantenbaum frühzeitig zu beschneiden.

Sie sehen vor lauter Bäumen der Wald nicht mehr? Hier hilft ein Blick in Kapitel 34!

Das Standardbeispiel für ein Problem der Klasse EXP ist die Ausgabe aller möglichen **Teilmengen** einer gegebenen Menge.

Beispielsweise wäre für die Menge A = {1, 2} folgende Ausgabe erforderlich:

{{}, {1}, {2}, {1, 2}}. Die Menge der Teilmengen von A enthält somit vier Elemente. Dagegen sieht die Liste der Teilmengen für B = { 1, 2, 3 } schon sehr viel stattlicher aus: {{}, {1}, {2}, {3}, {1, 2}, {2, 3}, {1, 3}, {1, 2, 3}}. Das sind bereits acht Elemente. Für jedes weitere Element der Grundmenge verdoppelt sich die Ausgabe. Für C = {1, 2, 3, 4} wird die Angelegenheit schon recht unübersichtlich:

{{}, {1}, {2}, {3}, {4}, {1, 2}, {1, 3}, {1, 4}, {2, 3}, {2, 4}, {3, 4}, {1, 2, 3},{1, 2, 4}, {1, 3, 4},{2, 3, 4}, {1, 2, 3, 4}}

Egal, wie genial Ihr Algorithmus arbeitet, die Ausgabe wird immer 2^n Elemente enthalten, wenn die Grundmenge aus n Elementen besteht. Dies bedeutet exponentielles Wachstum. Daher gehört das Teilmengenproblem zu **EXP**.

Keine Sorge, es gibt auch schönere Probleme, mit denen Computer viel besser zurechtkommen. Beispielsweise wäre Ihre Idee, alle Stellungen zu berechnen, beim Tic-Tac-Toe-Spiel schon sehr leicht umzusetzen. Die Anzahl der Zugmöglichkeiten wird nämlich mit jedem Spielzug geringer (angefangen bei neun, acht, sieben ... bis zum Schluss nur noch ein Zug möglich ist). Der Stellungsbaum dieses endlichen Spiels passt quasi in jeden Taschenrechner. Sollten Sie Tic-Tac-Toe programmieren wollen, wird niemals ein Mensch gegen Ihr Programm gewinnen können!

Allerdings sehen die meisten praktischen Probleme etwas anders aus. Nehmen Sie das Problem, aus einer Menge von n Zahlen die größte herauszufinden. Ihr Programm könnte sich einfach die bis dahin größte merken und mit der nächsten in der Liste vergleichen. Dies wären n elementare Schritte (nämlich Vergleiche). Daher wächst der Algorithmus nur noch proportional mit der Menge der Zahlen an: n.

Etwas spannender ist das damit verwandte Problem, eine Liste von n Zahlen zu *sortieren*. Dazu werden Sie im Allgemeinen n^2 viele Vergleiche benötigen. Das Wachstum ist somit quadratisch. Wie Sie vielleicht wissen, geht es auch schneller. Der **Quicksort-Algorithmus** ist der schnellste seiner Art. Sein Wachstum liegt in der Größenordnung von n·log(n).

 Update in Sachen Sortieralgorithmen gefällig? Kapitel 33 wartet auf Ihre Lektüre ...

Alle erwähnten Sortieralgorithmen und selbst die einfache Suche gehören für uns in dieselbe Problemklasse, nämlich **P**. Im Gegensatz zu **EXP** erfordern die Algorithmen aus P lediglich ein **polynomiales** Wachstum. Die Probleme erfordern mit steigendem n somit »nur« ein Polynom X^P vom Grade P. Selbst für P = 2 kann das immer noch gemein sein, ist aber – bei riesigem n – am Ende ganz sicher viel harmloser als die Biester aus **EXP**.

 Probleme der Klasse P lassen sich mit **p**olynomial wachsendem Aufwand lösen, während Probleme der Klasse EXP nur mit **exp**onentiell wachsendem Aufwand zu berechnen sind.

Wenn Sie denken, EXP-Probleme wären schon das schlimmste, das Sie sich vorstellen können, muss ich Sie leider enttäuschen. Schlimmer geht immer! Es gibt sogar Probleme, die überhaupt nicht von einem Computer gelöst werden können.

 Eine Diskussion der Berechenbarkeit von Funktionen finden Sie in Kapitel 52.

Zum Glück gehören die allermeisten Probleme im Alltag zur Klasse P. Deswegen kann uns der Computer auch in vielen Fällen aus der Patsche helfen. Häufig lassen sich Probleme als Graphen modellieren, bei denen die Anfangssituation einem Knoten entspricht und bestimmte andere Knoten den erstrebenswerten Lösungen. Oft lassen sie sich effizient untersuchen. In einigen Fällen spielt beispielsweise der *minimale Spannbaum* eine wichtige Rolle.

 In Kapitel 35 wird der Algorithmus beschrieben, mit dem Sie den minimalen Spannbaum erzeugen!

Die hierzu erforderlichen Algorithmen gehören – zum Glück – auch in die Klasse P.

SAT-Probleme bei bestem Empfang

Ein sehr berühmtes und intensiv untersuchtes Problem heißt »**SAT**isfiability problem« (**Erfüllbarkeitsproblem**), kurz **SAT**. Ausgangspunkt sind logische Ausdrücke, beispielsweise $A \vee \overline{B \wedge C} = \overline{A} \wedge B$. Die Frage lautet nun: Gibt es Wertekombinationen (wahr, falsch) für die Variablen A, B und C, für die die Gleichung erfüllt ist?

 Das *Erfüllbarkeitsproblem SAT* fragt, ob (wenigstens) *eine* Kombination von Wahrheitswerten existiert, damit ein gegebener logischer Ausdruck erfüllt ist.

Ein Lösungsverfahren, das sich anbietet, lautet: Wir probieren einfach alles durch. Bei drei Variablen gibt es acht mögliche Wahrheitskombinationen:

A	B	C	$A \vee \overline{B \wedge C} = \overline{A} \wedge B$
wahr	wahr	wahr	nicht erfüllt
wahr	wahr	falsch	nicht erfüllt
wahr	falsch	wahr	nicht erfüllt
wahr	falsch	falsch	nicht erfüllt
falsch	wahr	wahr	nicht erfüllt
falsch	wahr	falsch	**erfüllt!**
falsch	falsch	wahr	nicht erfüllt
falsch	falsch	falsch	nicht erfüllt

Tabelle 53.1: Vollständige Wahrheitstabelle

Nur eine einzige Kombination führt zu einer positiven Beantwortung dieses speziellen SAT-Problems: Falls A und C falsch sind, während B wahr ist, sind sowohl die linke als auch die rechte Seite der Gleichung wahr.

Die vom theoretischen Standpunkt spannende Frage lautet: Gehört SAT zu P? Eine – vielleicht vorschnelle – Antwort wäre: natürlich nicht! Denn um alle Kombinationen durchzuprobieren, werden ja 2^n Zeilen in der Wahrheitstabelle benötigt, was einem exponentiellen Wachstum bezogen auf die n vorkommenden Variablen entspricht. Allerdings ist es vielleicht gar nicht nötig, *alle* Zeilen durchzuprobieren.

Angenommen, Sie hätten – *zufällig* – mit der Kombination wahr-falsch-wahr für A-B-C begonnen, dann wären Sie sofort fertig gewesen, denn es ist bei diesem Problem nicht erforderlich, *alle* Kombinationen anzugeben. Sie müssen lediglich *eine* Lösung finden. Wenn Sie also annehmen, dass Sie immer gleich mit der richtigen Kombination starten, wären Sie in polynomialer Zeit fertig (in diesem Fall sogar in konstanter Zeit, aber auch die Potenz 0 Ihres Polynoms führt zur Klasse P).

Das ist Ihnen zu esoterisch? Kann ich nachvollziehen. Aber zwischen dem SAT-Problem und den echten EXP-Problemen besteht ein gravierender Unterschied: Sollten Sie *irgendwie* zu einer Lösung kommen, können Sie bei SAT sicher – in polynomialer Zeit – feststellen, ob das wirklich eine Lösung ist. Bei den echten EXP-Problemen gibt es eine solche Abkürzung nicht.

 Auch wenn Sie sich auf den Kopf stellen: Die Teilmengen einer gegebenen Menge der Größe n aufzulisten, wird immer 2^n Elemente erfordern.

Beim Schach können Sie nie sicher sein, ob ein gefundener Zug nicht durch einen besseren ersetzt werden mag. Daher gehören allgemeine Versionen von Schach zu EXP. Wenn Sie die Frage jedoch einschränken, beispielsweise auf die Suche nach **Mattkombinationen in n Zügen**, sieht die Sache vollkommen anders aus. Denn ob eine Zugfolge zum Matt führt, können Sie in polynomialer Zeit *überprüfen*. Die Mattkombinationen-Suche ist wie SAT: Das naive Lösungsverfahren erfordert exponentielles Wachstum, aber die Überprüfung einer Lösung ist nur polynomial.

Ganz bestimmt nicht-deterministisch

Natürlich können Sie schlecht einen Algorithmus nach »zufälliger Lösung« oder dem sprichwörtlich »glücklichen Händchen« klassifizieren. Sie benötigen ein Konzept, das echte **EXP**-Algorithmen von verkappten **P**s unterscheidet.

Versuchen Sie, sich den Unterschied zwischen dem SAT-Problem und dem Problem zur Ausgabe der Teilmengen einer gegebenen Menge klarzumachen. Letzteres erfordert immer, egal wie sehr Sie sich auch anstrengen, exponentiellen Aufwand. Beim SAT-Problem könnte es – im besten Fall – dagegen sehr schnell gehen.

Weil Sie bei einem gewöhnlichen Algorithmus immer zwingend angeben müssen, welche Kombination von Wahrheitswerten zuerst getestet werden muss, benötigen Sie ein Konzept, um dies zu umgehen. Ein normales Programm bestimmt ganz genau, was als Nächstes zu tun ist. Es ist **deterministisch** (vom Lateinischen *determinare, bestimmen*). Dagegen würde ein *nicht-deterministischer* Algorithmus auf einem unerfindlichen Wege gleich mit der richtigen Lösung beginnen.

 Sie dürfen das Konzept der nicht-deterministischen Algorithmen auch auf **Turing-Maschinen** anwenden. Die in Kapitel 52 diskutierten Turing-Programme legen ganz genau fest, bei welchem gelesenen Zeichen welcher Zustandsübergang folgt. In diesem Sinne handelt es sich um **deterministische Turing-Maschinen.**

Wenn Sie jedoch (und wer sollte Sie daran hindern?) einfach *mehrere Zustandsübergänge* für dasselbe gelesene Zeichen zulassen, entsteht eine **nicht-deterministische Turing-Maschine.** Sie haben zwei Möglichkeiten, diese merkwürdige Situation zu deuten:

✔ Die Turing-Maschine wählt *zufällig* einen der möglichen Zustandsübergänge aus oder

✔ sie führt *gleichzeitig alle* Möglichkeiten aus.

In beiden Fällen entsteht eine Vielzahl möglicher Endergebnisse.

Die erste Variante klingt allerdings unbefriedigend, weil Sie nicht vorhersagen können, was Ihre Maschine tut. Die zweite wiederum kann (derzeit) physikalisch überhaupt nicht hergestellt werden, weshalb der gesamte Gedankengang eher von theoretischem Interesse ist.

Das SAT-Problem würde also zu solch einer Problemklasse gehören. Man nennt diese Klasse *nicht-deterministisch polynomial*, kurz **NP**.

 Die Klasse **NP** enthält Probleme, deren Lösungen in polynomialer Zeit überprüft werden können.

Haben Sie bitte keine Sorge, wenn Sie sich nicht vorstellen können, wie ein nicht-deterministischer Algorithmus zu implementieren ist, das kann niemand! Es handelt sich lediglich um ein *Gedankenexperiment*. Offensichtlich ist das SAT-Problem von einer Art, die ein wenig milder ist als echte EXP-Probleme, aber immer noch – in der realen Welt der deterministischen Algorithmen – schlimmer als P.

Um die Klasse NP besser zu verstehen, gebe ich Ihnen ein paar alternative Herangehensweisen.

✔ NP steht für Probleme, für die zwar kein polynomialer Lösungsalgorithmus bekannt ist, bei denen aber wenigstens die Lösung in polynomialer Zeit überprüft werden kann.

✔ Angenommen, Sie könnten alle denkbaren Ergebnisse gleichzeitig erzeugen (mit ganz vielen parallelen CPUs), dann würden Sie nur eine polynomiale Zeit benötigen, um NP-Probleme zu lösen.

✔ NP-Probleme sind polynomial lösbar, wenn Sie durch einen glücklichen Umstand immer mit der richtigen Lösungskombination beginnen.

✔ NP-Probleme sind wie die Aufgabe, Rätselfragen zu beantworten oder mathematische Sätze zu beweisen. Scheinbar muss man ewig daran herumknobeln. Aber wenn Sie einmal eine Lösung gefunden haben, kann jeder sofort (in polynomialer Zeit) Ihre Lösung überprüfen!

Ich könnte es auch andersherum formulieren. Probleme der Klasse NP produzieren einen »*Aha*«-*Effekt*. Wenn Sie die Teilmengen einer gegebenen Menge auflisten, wissen Sie vorher schon, wie lange das dauert. Bei EXP-Problemen gibt es keine Überraschung. Wenn Sie dagegen eine Mattkombination in einer Schachstellung gefunden haben, tritt der »Aha«-Effekt ein. Dieselbe Kombination in einer anderen (sehr ähnlichen) Stellung werden Sie beim nächsten Mal sofort aufspüren – ohne langes Suchen im exponentiellen Variantenbaum!

 Probleme der Klasse NP sind spannende Probleme!

Ein schwerer Rucksack

Lassen Sie uns noch ein anderes Problem näher betrachten. Angenommen, Sie wollen eine größere Wanderschaft antreten und möchten Ihren Rucksack packen. Hierzu steht Ihnen eine Auswahl an Gegenständen zur Verfügung. Jeder Gegenstand hat einen bestimmten **Wert** und ein **Gewicht**. Ihre Aufgabe besteht darin, den Rucksack so zu packen, dass Sie einen vorgegebenen Mindestwert erreichen, ohne ein maximales Gewicht zu überschreiten.

Wieder gilt: Das Ausprobieren aller Lösungen erfordert exponentiellen Aufwand, aber eine Lösung lässt sich in polynomialer Zeit bestätigen.

 Das **Rucksackproblem** (englisch *knapsack problem*) gehört zur Klasse NP.

Händler auf der Reise

Wenn Sie schon einmal auf Wanderschaft sind, stellt sich direkt ein neues Problem. In welcher Reihenfolge sollten Sie Ortschaften, die Sie erreichen möchten, am besten aufsuchen? Das Problem heißt auch **Traveling Salesman Problem (TSP)**, das **Problem des Handlungsreisenden**.

Beim TSP sind eine Reihe von Ortschaften und die zugehörigen Entfernungen gegeben. Ihre Aufgabe besteht darin, eine Route zu finden, bei der jede der Ortschaften genau einmal besucht wird und bei der die Gesamtstrecke eine gegebene Schranke nicht überschreitet. Am Ende müssen Sie wieder dort ankommen, wo Sie gestartet sind.

 Dass dieses Problem bereits mit einem »DNA-Computer« angegangen wurde, können Sie in Kapitel 15 nachlesen.

Auch hier gilt: Offensichtlich wächst die Komplexität der Rundreise mit steigender Zahl von Ortschaften exponentiell. Eine gegebene Lösung können Sie jedoch rasch (polynomial) überprüfen. Somit trifft wiederum zu:

Das **TSP** gehört zur Klasse NP.

Cooks Geniestreich

Ich könnte immer so weitermachen. Es gibt sehr, sehr viele Probleme, die recht interessant sind und in die Klasse NP fallen. Bei genauerer Untersuchung stellten die Informatiker fest, dass es sich bei fast allen diesen Fragestellungen um **dasselbe Problem** handelt, freilich in anderer Bekleidung.

Ich möchte Ihnen das an einem Beispiel demonstrieren.

Beim 3-SAT-Problem handelt es sich um eine eingeschränkte Variante des SAT-Problems. Es geht darum, die Erfüllbarkeit von aussagelogischen Ausdrücken in **konjunktiver Normalform (KNF)** zu entscheiden, bei der in jeder Disjunktion höchstens drei verschiedene Variablen vorkommen, etwa:

$$\left(A \vee B \vee \overline{C}\right) \wedge \left(\overline{A} \vee B \vee \overline{E}\right) = \left(B \vee \overline{D} \vee E\right) \wedge \left(A \vee C \vee \overline{D}\right)$$

Offensichtlich handelt es sich bei 3-SAT-Ausdrücken um eine Teilmenge jener aus dem allgemeinen SAT-Problem. Allerdings gilt auch die Umkehrung. Sie können jeden beliebigen booleschen Ausdruck in die konjunktive Normalform überführen. Außerdem gelingt es Ihnen, die Einschränkung mit den drei Variablen durch Umformung der Terme zu erreichen. Am Ende sind das SAT-Problem und das 3-SAT-Problem von der gleichen Komplexitätsklasse, nämlich NP.

1971 hat der geniale amerikanische Informatiker Stephen Arthur Cook diese Beobachtung noch sehr viel allgemeiner formuliert – und bewiesen:

Satz von Cook: Jedes Problem der Klasse NP lässt sich auf das SAT-Problem reduzieren.

Das Wort »reduzieren« meint einen mathematisch sauberen Weg, eine Problemstellung algorithmisch auf eine andere zurückzuführen. Dieser Satz war nicht nur für Cook der Durchbruch, sondern für die gesamte Komplexitätstheorie. Plötzlich waren alle echten NP-Probleme, die aufeinander reduziert werden konnten, miteinander verwandt. Sie bilden daher eine neue Problemklasse: die Menge der **NP-vollständigen Probleme**.

Der Satz von Cook lässt sich auch so formulieren:

Das SAT-Problem ist NP-vollständig.

Dies gilt übrigens auch für die anderen NP-Probleme aus diesem Kapitel. Bereits 1972 legte ein Kollege von Cook, **Richard Manning Karp**, eine Liste von 21 Problemen vor, deren NP-Vollständigkeit er nachweisen konnte, darunter auch das 3-SAT-Problem und das Rucksack-Problem.

 Jedes NP-vollständige Problem kann im Prinzip mit dem gleichen Algorithmus gelöst werden.

NP-Vollständigkeit und der Gral der Weisheit

Zusammengefasst heißt das: Es gibt neben den Klassen P, NP und EXP noch die Klasse der NP-vollständigen Probleme, einer Teilmenge von NP (vergleiche Abbildung 53.1). Sie dürfen die NP-vollständigen als die schwersten innerhalb der Klasse NP betrachten.

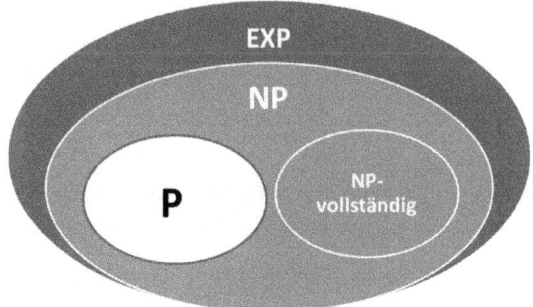

Abbildung 53.1: Teilmengenbeziehung der Komplexitätsklassen

Das Bild suggeriert folgende Beziehungsgeflechte:

$$P \subseteq NP \subseteq EXP$$
$$NP\text{-vollständig} \subseteq NP$$

Das stimmt ganz sicher. Aber handelt es sich auch um *echte* Teilmengen? Gilt also wirklich:

$$P \subset NP \subset EXP$$
$$NP\text{-vollständig} \subset NP$$

Offen gestanden: Wir wissen es nicht! Die meisten Informatiker glauben daran, dass alle diese Mengen verschieden sind, aber ein Beweis steht noch aus! Sicher ist nur, dass $P \neq EXP$ ist. Bleibt die spannende Frage:

 Gibt es für ein NP-vollständiges Problem vielleicht einen effizienten Lösungsalgorithmus in polynomialer Zeit?

Oder mit anderen Worten:

 Was ist richtig: P = NP oder P ≠ NP?

Vielleicht gefällt Ihnen auch folgende gleichwertige Formulierung:

 Ist jedes Problem, das mit einer nicht-deterministischen Turing-Maschine in polynomialer Zeit gelöst werden kann, zugleich auch mit einer deterministischen Turing-Maschine in polynomialer Zeit zu lösen?

Wenn auch nur ein einziges NP-vollständiges Problem in polynomialer Zeit gelöst wird, fallen NP und P unmittelbar zusammen. Dann gilt: P = NP-vollständig = NP.

Das wäre in der Tat eine Sensation. Aber auch umgekehrt macht es Sie reich und berühmt, wenn Sie zeigen: P ≠ NP.

 Die Frage, ob P = NP zutrifft oder nicht, ist die bedeutendste offene Fragestellung der Informatik!

Allerdings gilt selbst der angrenzenden Mathematik genau diese Frage als eine der wichtigsten überhaupt. Das Clay Mathematics Institute hat um die Jahrtausendwende sieben Millenium-Probleme als besonders wichtig identifiziert und auf deren Lösung jeweils $1.000.000 (in Worten: eine Million Dollar) ausgesetzt!

Unser »P = NP«-Problem, das tatsächlich von Stephen Cook im Jahre 1971 formuliert wurde, ist das dritte auf der Milleniumsliste! Ich habe Ihnen also nicht zu viel versprochen.

 Streng genommen findet sich das Problem bereits in einem Brief, den Kurt Gödel am 20. März 1956 an John von Neumann geschickt hat. Aber lassen wir das lieber und konzentrieren uns auf eine Eins mit vielen Nullen dahinter!

Sie wollen Millionär werden? Bitte schön, warum nicht! Inzwischen suchen die Experten seit Jahrzehnten nach einer Lösung, was dafür spricht, dass herkömmliche Ideen und Verfahren ungeeignet sind, diese Nuss zu knacken. Da kommen Sie ins Spiel!

 Allerdings muss ich Sie warnen. Es kann böse enden, wenn Sie zu hartnäckig nach einer Lösung des »P = NP«-Problems suchen. Es sollen schon Leute darüber verrückt geworden sein! Sagen Sie nicht, ich hätte Sie nicht gewarnt ...

Als Erstes sollten Sie sich überlegen, ob Sie lieber P = NP oder P ≠ NP zeigen möchten.

Ein konstruktiver Beweis für P = NP ist denkbar einfach: Sie geben für irgendein NP-vollständiges Problem einen polynomialen Lösungsalgorithmus an! Welches Sie sich aussuchen, ist dabei völlig egal. Alle NP-vollständigen Probleme sind ineinander überführbar:

✔ Sie könnten das TSP-Problem lösen und eine Möglichkeiten finden, um Routenlängen zu bestimmen, ohne alle möglichen Kombinationen durchzuprobieren.

✔ Sie könnten das Rucksack-Problem knacken, indem Sie Gepäck-Kombinationen finden (oder ausschließen), ohne alle denkbaren Möglichkeiten durchzugehen.

✔ Sie könnten das SAT-Problem (oder 3-SAT) effizient lösen (bitte nicht in Ihren Satelliten-TV-Programmen nach einer Lösung suchen!).

Gut, fangen Sie doch einfach einmal beim SAT-Problem an. Der naive Algorithmus erwartet, dass Sie für eine gegebene logische Aussage im Prinzip alle Kombinationen von Wahrheitswerten durchprobieren. Aber ist das wirklich zwingend erforderlich?

Weiter vorne in diesem Kapitel habe ich Ihnen ein konkretes Beispiel gezeigt:

$$A \vee \overline{B \wedge C} = \overline{A} \wedge B$$

In Tabelle 53.1 finden Sie alle denkbaren Belegungen der Variablen A, B und C. Der naive Algorithmus untersucht jede Zeile der Reihe nach. Eine genauere Betrachtung der Formel zeigt Ihnen jedoch eine Abkürzung: A kann unmöglich wahr sein! Wäre A wahr, so wäre die linke Seite der Gleichung (die Disjunktion) automatisch wahr – während die rechte Seite (die Konjunktion aus Nicht-A) zugleich zwingend falsch ist. Somit kann A nicht wahr sein und die Hälfte aller Zeilen in Tabelle 53.1 können Sie gleich überspringen (nämlich die ersten vier). Das ist nicht schlecht, auch wenn der Rest immer noch exponentiell ist. Aber vielleicht schlummert in jeder logischen Aussage eine derartige Abkürzung? Das zu beweisen erscheint jedoch, gelinde ausgedrückt, recht mühsam.

Vielleicht gibt es ja eine gänzlich andere Möglichkeit, um SAT polynomial zu lösen?

Denken Sie einmal an die **Reihenfolge**! In Tabelle 53.1 war erst die drittletzte Zeile erfolgreich. Wer aber hindert Sie daran, genau mit dieser Zeile zu beginnen? Oder wenigstens, sagen wir, von hinten anzufangen? Es könnte eine Art Vorprüfung geben, die eine bestimmte Reihenfolge bei der Belegung der Variablen mit Wahrheitswerten (natürlich in polynomialer Zeit) festlegt. Damit könnte die ansonsten exponentielle Suche generell effizient werden ...

Leider hat nur bisher kein Mensch einen solchen Algorithmus finden können. Was aber wiederum nicht zwingend heißt, dass keiner existiert.

Irgendwann geht es Ihnen wie allen, die sich mit dem Thema befassen: Sie gelangen zu der Überzeugung, dass es überhaupt keine polynomiale Lösung gibt! Oder mit anderen Worten: P ≠ NP.

Wenn Sie wirklich P ≠ NP zeigen möchten, geht das nur mit einem (neuartigen) Beweisverfahren, das nicht auf konkrete Algorithmen abhebt, sondern einen Widerspruch auf einer ganz anderen Ebene erzeugt. Irgendetwas in der Struktur von NP-vollständigen Problemen, vielleicht eine Art **Invariante**, muss eine exponentielle Bearbeitung erfordern.

 Sollten ich Sie inspiriert haben und Sie knacken das Problem, lassen Sie es mich wissen (keine Sorge, ich werde keinen Anspruch auf einen Anteil an Ihrer Million erheben ...)!

Leider ist so ziemlich alles, was es derzeit an Fortschritten auf dem Gebiet zu vermelden gibt, ernüchternd. Es wurde nämlich gezeigt, dass verschiedene Beweistechniken, die in der Informatik normalerweise sehr gut funktionieren (wie beispielsweise die Diagonalisierung), für eine Lösung des »P ≠ NP«-Problems ausgeschlossen sind.

Eine wichtige Ausnahme gibt es jedoch. Ich beschreibe Ihnen jetzt einen Algorithmus A. Wenn Sie zeigen können, dass A wenigstens in NP liegt, dann ist zugleich der Beweis erbracht, dass P ≠ NP gilt.

A hat als Eingabe ein Programm B, das immer nur »ja« oder »nein« ausspuckt. Dabei übergibt A als Eingabe für B den Code von B selbst! A lässt also B auf B anwenden. Das Ergebnis von B bleibt jedoch »ja« oder »nein«. Jetzt kommt der Trick:

Das Ergebnis von A ist »nein«, wenn B(B) mit polynomialem Aufwand »ja« produziert. Anderenfalls ist das Ergebnis von A »ja«.

Ich wiederhole das zur Sicherheit nochmals. A kehrt nicht einfach die Ausgabe von B um, sondern untersucht den *Aufwand* von B, um das »ja« zu finden. Wenn das in polynomialer Zeit passiert, liefert A als Ergebnis »nein«. Wenn das »ja« von B zu lange auf sich warten lässt oder überhaupt kein »ja« herauskommt, dann gibt A einfach selbst »ja« aus.

Was passiert, wenn Sie A mit einem beliebigen Algorithmus B füttern, der in der Klasse P liegt? Dann wird jedes Ergebnis von B, auch auf sich selbst angewendet, immer in polynomialer Zeit herauskommen. Damit gibt es zwei Möglichkeiten:

✔ Wenn B(B) »ja« ergibt, so wird A(B) »nein« liefern.

✔ Wenn B(B) in »nein« resultiert, wird A(B) »ja« als Ergebnis ausgeben.

Sehen Sie das Problem? A kann nicht in die Klasse P gehören, weil jeder Algorithmus aus der Klasse P genau das umgekehrte Ergebnis liefert wie A selbst. Dummerweise wissen wir jedoch nicht, ob A in NP liegt. Wenn Sie beispielsweise ein effizientes Verfahren finden, um wenigstens die Lösung von A zu überprüfen, würde A zu NP gehören und somit P ≠ NP gelten. Erstaunlich!

Leider gehört A jedoch – vermutlich – nicht in NP und so haben Sie wenigstens eine neue Sackgasse entdeckt ...

Es bleibt ein offenes Geheimnis. Sie glauben, P ≠ NP nachgewiesen zu haben? Ich würde wetten, dass Ihnen das nur gelingt, wenn Sie zuvor eine fundamental neue Beweistechnik erfinden! Mit dieser könnten Sie womöglich noch ganz andere Probleme lösen, nur zu!

Eine Liste der Millenium-Probleme finden Sie auf den Seiten des Clay Mathematics Institute: http://www.claymath.org/millennium-problems.

Vielleicht ist es einfacher (und nützlicher), NP-vollständige Probleme auf konkreten Computern schneller und effizienter zu lösen. Sollte wirklich P = NP gelten, könnten Sie damit – ganz nebenbei – auch dieses Rätsel knacken.

Sie arbeiten an der Faktorisierung ganzer Zahlen, um dem NP-Problem auf die Spur zu kommen? Sehr gut! Zwar gehört das **Faktorisierungsproblem** nicht zu den NP-vollständigen, hat jedoch gravierende Folgen für die Verschlüsselung im Internet. Details hierzu erhalten Sie in Kapitel 57.

Wenn P = NP wahr ist, dann sieht unsere Welt jedoch ein wenig anders aus, als es heute den Anschein hat.

Was wäre, wenn?

Zum Schluss des Kapitels möchte ich Sie noch mit ein paar Folgen konfrontieren, die eine Lösung dieses Jahrhunderträtsels nach sich ziehen würden.

Zuerst der harmlose Fall:

Sollte P ≠ NP sein, was die meisten vermuten, bleibt die Welt genau so, wie wir sie erwarten. Es gibt einfach eine Reihe schwerer Probleme, die sich nicht polynomial (oder in vernünftiger Zeit bei größer werdendem n) lösen lassen. Dies entspricht auch der gängigen Vorstellung: Nicht alle Probleme sind dazu geeignet, mit einem Computer gelöst zu werden.

Jetzt der kritische Fall:

Sollte P = NP tatsächlich zutreffen, hätte dies gravierende Konsequenzen. Nehmen Sie die Verschlüsselung im Internet. Online-Banking, sicherer Datenaustausch, Shopping et cetera. Alle diese Verfahren beruhen derzeit auf dem Konzept, dass nur der Besitzer eines geheimen Schlüssels die Botschaft in polynomialer Zeit entziffern kann, während alle anderen exponentiellen Schwierigkeiten gegenüberstehen. Das ist nichts anderes als eine Umschreibung von NP-Problemen. Sollte jedoch P = NP gelten, sind über Nacht quasi alle Verschlüsselungsalgorithmen angreifbar. Das Vertrauen würde womöglich noch vor den Daten verloren gehen ...

Angenommen, P = NP würde zwar gelten, aber der Beweis dazu wäre nicht konstruktiv (also ohne Angabe eines konkreten Algorithmus, lediglich theoretisch). Dann bliebe der Gesellschaft wenigstens genügend Zeit, die entsprechenden Verfahren umzustellen. Einige Leute arbeiten bereits fieberhaft daran.

Ebenso könnte es sein, dass zwar P = NP gilt, aber für NP-vollständige Probleme der Grad des Polynoms dermaßen gigantisch ist, dass es für praktische Zwecke kaum einen Unterschied macht, ob nun P = NP gilt oder P ≠ NP. Auch dieser Fall wäre noch verschmerzbar.

Allerdings finde ich folgende Vorstellung viel schlimmer. Was sagt es über uns und unsere Welt aus, wenn P = NP ist?

✔ Dann ist es aus einer bestimmten Perspektive genauso schwer, ein Puzzle zu puzzeln wie eine Lösung (ein fertiges Puzzle) daraufhin zu untersuchen, ob es wirklich ein fertiges Puzzle ist.

✔ Einen mathematischen Beweis zu führen ist dann von der prinzipiell selben Komplexität, wie zu überprüfen, ob ein gegebener Beweis überhaupt stimmt.

✔ Unser Handlungsreisender findet (auf wundersame Weise) den Weg, ohne alle Kombinationsmöglichkeiten zu überprüfen.

✔ Auch der Rucksack wird schneller gepackt als gedacht.

✔ Kann es wirklich sein, dass die Faktorisierung ganzer Zahlen von der gleichen Komplexität ist wie die Multiplikation?

Alle diese Annahmen widersprechen unserer Intuition, aber das ist kein Beweis. Die Einstein'sche Relativitätstheorie oder die Quantenmechanik sind auch nicht gerade auf Anhieb einleuchtend und wurden viele Jahre als Unsinn verspottet.

Wenn wir wirklich seit Jahren für alle NP-Probleme eine effiziente Lösung übersehen, dann haben wir die Fragestellung nicht vollkommen verstanden! Dann zeigt es, dass wir – als Menschen allesamt – die uns umgebende Welt und ihre Logik noch nicht angemessen durchdrungen haben.

 Unter uns: Das ist doch recht unwahrscheinlich! Ich gehe davon aus, dass P $\neq$ NP zutrifft und alles ist gut. Womöglich gehört dieses Problem selbst zur Klasse nicht beweisbarer Aussagen, wer weiß?

Teil XII
Top Secret

... befassen Sie sich mit den größten Geheimnissen der Informatik, zumindest indirekt. Das Management von Risiken der Informationssicherheit ist inzwischen eine etablierte Wissenschaft. »Was sind überhaupt die Risiken?« und »Welche Werte muss ich schützen?« sind die zentralen Fragen des nächsten Kapitels. Natürlich finden Sie dort auch alle wichtigen Antworten. Im darauf folgenden Kapitel wird es konkreter. Ich zeige Ihnen typische Angriffsarten gegen die Informationssicherheit und geeignete Gegenmaßnahmen. Ein eigenes Kapitel habe ich zusätzlich den diversen Formen von Malware gewidmet: Viren, Würmer und Trojaner. Klingt nach Biologie und Geschichte, ist aber Informatik! Danach wird es richtig schön mathematisch. Kryptografie hört sich schwer und kompliziert an, aber wenn Sie erst die Fundamente der Verschlüsselung erleben, werden Sie gewiss fasziniert sein von den Möglichkeiten – und Unmöglichkeiten – zum Schutz von Daten. Am Ende dieses Teils finden Sie ein kleines Kapitel über Firewalls und das ganze Drumherum.

IN DIESEM KAPITEL

Säulen der Informationssicherheit erkennen

Formeln zum Berechnen von Risiken ermitteln

Den Risikolebenszyklus erfahren

Typische Rollen und Funktionen beleuchten

Kapitel 54
Risiken und Manager

D as Management von Risiken spielt eine immer größere Rolle in unserer Informationsgesellschaft. Wir sind in einem enormen Maß auf die Sicherheit von Informationen angewiesen. Aber was bedeutet das überhaupt? Die Frage wird in diesem Kapitel in allen ihren Facetten beleuchtet. Zuerst lege ich dar, aus welchen Komponenten »Sicherheit« zusammengesetzt ist. Anschließend erfahren Sie, was »Risiko« eigentlich bedeutet und wie es sich berechnen lässt. Ich werde Ihnen den kompletten »Risikolebenszyklus« vorführen, mit dem Sie die Sicherheit von Information auch dauerhaft gewährleisten. Dazu werden auch Rollen und Prozesse betrachtet. Außerdem geht es um »Vertrauen«, einem weiteren zentralen Begriff der Informationssicherheit. Welchen Quellen können Sie trauen, welchen nicht? Am Ende gehe ich auf internationale Zertifizierungen ein, die – hoffentlich – genau solches Vertrauen schaffen.

Grundfeste der Informationssicherheit

Haben Sie sich schon einmal gefragt, was **Sicherheit** eigentlich bedeutet? Die meisten Leute verstehen darunter ein angenehmes *Gefühl*. Eng damit zusammen hängt **Vertrauen**. Menschen, Gegenstände oder Prozesse, denen ich vertraue, erzeugen Sicherheit. Zugleich muss ich mich der **Bedrohungen** bewusst sein. Ich sehe einerseits die **Gefahren**, fühle mich dennoch sicher, weil ich **Gegenmaßnahmen** getroffen habe.

Sicherheit ist jedoch niemals absolut. Es bleibt ein gewisses **Risiko**, dass etwas passiert. Deswegen treffe ich womöglich weitere Schutzmaßnahmen, falls die bisherigen nicht ausreichen. Das alles geschieht ständig in unserem Leben und hat – zunächst einmal – mit *Information* noch gar nichts zu tun.

Sie fahren mit einem PKW auf der Autobahn. Sie fühlen sich trotz der Geschwindigkeit von 130 km/h sicher. Sie vertrauen den Ingenieuren, die das Fahrzeug entwickelt, den Arbeitern und Robotern, die es zusammengebaut haben. Sie wissen um die vielfältigen Regeln der Straßenverkehrsordnung, die beispielsweise die Kollision mit einem anderen Auto unwahrscheinlich machen. Sie halten sich an alle Vorschriften. Trotz Sicherheitsabstand ist Ihnen klar, dass beispielsweise ein plötzliches Bremsen Ihres Vordermanns heikel werden könnte. Außerdem kann jederzeit ein technischer Defekt auftreten. Wie oft haben Sie schon von geplatzten Reifen gehört!

Es sind jedoch auch zahlreiche Schutzmaßnahmen in Betrieb. Airbag, ABS und Stabilisierungstechniken. Die Knautschzonen der Fahrgastzelle wurden zig Mal auf optimale Energieaufnahme bei Kollisionen getestet.

Sie wissen, dass ein Risiko bleibt. Gegen einen frontal auftreffenden Geisterfahrer helfen alle diese Maßnahmen nicht. Dennoch sitzen Sie am Steuer: Bewusst oder unbewusst betreiben Sie Risikomanagement: Sie wägen Gefahren und Bedrohungen gegen die Schutzmaßnahmen ab und berücksichtigen natürlich auch die Wahrscheinlichkeit, mit der solche Dinge eintreten.

Genau das – bezogen auf die Sicherheit von Informationen – ist das Thema in diesem Kapitel. Leider tummeln sich die meisten Benutzer des Internets – bildlich ausgedrückt – auf einer mehrspurigen Straße ohne Leitplanken, ohne Mittelstreifen, mit hoher Geschwindigkeit ohne Airbag, ohne ABS oder ESP. Es kommt sehr, sehr häufig zu Unfällen, die wir *Vorfälle* nennen. Allerdings ist der Schaden nicht körperlich zu spüren, sondern höchstens finanziell, meist aber überhaupt nicht. Jedenfalls spüren die Unfallteilnehmer nichts davon. Dafür werden jedoch Dritte bedroht, etwa so, als würde mit Ihrem privaten PKW ein Bankraub durchgeführt, ohne dass Sie davon erfahren.

Nachlässigkeit im Umgang mit Informationssicherheit bedroht meist (auch) Dritte!

Okay, jetzt wieder einmal ganz langsam. Beginnen wir am besten mit den drei Grundsäulen der Informationssicherheit ...

CIA-Triade

Überlegen Sie einmal selbst für einen Augenblick, welche Werte Sie im Umgang mit Informationen schützen würden. Was könnte durch einen Angriff gefährdet werden?

✔ Zuerst einmal wäre es vielleicht peinlich, wenn Dritte einfach nur bestimmte Daten *sichten* würden. Ich meine dabei weniger ein privates Tagebuch, sondern beispielsweise vor der Konkurrenz geheim gehaltene Pläne für ein neues Produkt. Der dahinter stehende Wert ist die **Vertraulichkeit**.

✔ Fast noch schlimmer: Was, wenn die Angreifer die Daten auch *verändern*? Beispielsweise Ihren Kontostand oder den Entwurf eines Schaltplans. Umgekehrt gefragt: Wie können Sie sicher sein, dass Ihr Konto genau mit dem Betrag belastet wird, den Sie vom

Geldautomaten abheben? Oder wenn Sie Urlaub einreichen oder die Zeiterfassungskarte benutzen. Geht da alles mit rechten Dingen zu? Betroffen ist hier die **Integrität** der Daten.

✔ Angenommen, Sie suchen eine Datei auf Ihrem Computer und finden sie nicht. Vielleicht hat ein Angreifer Ihre Daten gelöscht? Das ist nicht so unwahrscheinlich, wie Sie denken. Während ich dieses Dummies-Buch schreibe, bemerke ich, dass Kapitel 54 womöglich verloren gehen könnte – Moment mal, ich muss erst eine Datensicherung machen – puh, erledigt. Aber was passiert, wenn das Büro in Flammen aufgeht und die Datensicherung ebenfalls verbrennt? Ich muss die Datei online stellen. Aber kann ich dem Provider vertrauen? Das Problem wird größer, je länger ich darüber nachdenke ... Der Fachbegriff des zu schützenden Werts ist die **Verfügbarkeit**.

Diese drei Grundsäulen der Informationssicherheit lassen sich über die nette Abkürzung »CIA« besonders leicht merken, auch wenn ich hier natürlich nicht den Geheimdienst der USA, die »**C**entral **I**ntelligence **A**gency« meine.

CIA-Triade

✔ *Confidentiality* (Vertraulichkeit)

✔ *Integrity* (Integrität)

✔ *Availability* (Verfügbarkeit)

Ganz sichere Fakten über Risiken

Wir sind uns an dieser Stelle hoffentlich bereits einig, dass *Informationen* zu schützende Werte repräsentieren. Allerdings müssen wir diesen Werten konkrete Zahlen zuordnen, um damit arbeiten zu können. Ich meine dabei keine abstrakte Repräsentation des Werts, sondern eine Angabe in Euro ...

Das geht nicht? Ihre Tagebucheinträge sind unbezahlbar? Bilder Ihrer Angehörigen unersetzlich? Das mag alles sein, aber einen Wert beimessen können Sie jedweder Information. Versicherungen tun das schon lange. Sehr lange, ich möchte sagen, schon immer, seit es sie gibt. Versicherungen führen uns vor, dass selbst das kostbarste Gut, das menschliche Leben an sich, mit einem Wert taxiert werden kann. Sonst gäbe es keine Lebensversicherungen.

Es mag recht schwer sein und die Geldbeträge, denen Sie Informationen zuordnen, mögen sich auch mit der Zeit verändern, aber alles lässt sich am Ende in Euro ausdrücken. Sei es der Wiederbeschaffungswert oder ein Ersatz für die Schmerzen, die Sie bei Verlust erleiden.

Wussten Sie, dass *aktuelle* Börsendaten, beispielsweise der Kurs einer Aktie, einen hohen Wert haben? Gut, das ist Ihnen klar. Wussten Sie aber auch, dass dieselbe Information bereits *nach 15 Minuten* nahezu wertlos ist? Börsenkurse, die eine Viertelstunde alt sind, gibt es quasi umsonst, während Sie für die aktuellen Daten enorme Beträge hinblättern müssen! Dasselbe passiert mit einer Tageszeitung, nur eben etwas langsamer.

Um die Aufgabe zu lösen, jedem »Stückchen Information« (Fachbegriff **Information Asset**) einen Geldbetrag zuzuordnen, stellen Sie sich folgende Fragen, die meist viel leichter zu beantworten sind:

✔ Wie teuer wäre es, die Information wieder zu beschaffen?

✔ Welche Folgekosten würde es (im schlimmsten Fall) nach sich ziehen, wenn die Information verloren ginge?

✔ Was wäre ich bereit zu zahlen, damit die Information niemand veröffentlicht, wenn sie mir gestohlen würde?

Wie Sie sehen, schimmern wieder die Grundsäulen der Informationssicherheit durch. Versuchen Sie einmal, diese Werte für die wichtigsten Daten auf Ihrem PC zu taxieren. Manager der Informationssicherheit müssen genau dasselbe für die Unternehmensdaten (auch an Ihrem Arbeitsplatz) veranlassen.

Allein, die Werte der Information zu ermitteln genügt nicht, um Ihr Risiko abzuschätzen. Darüber hinaus benötigen Sie die **Eintrittswahrscheinlichkeit** für einen Schadensfall. Sie denken, das sei ja noch schwieriger zu ermitteln? In den meisten Fällen ist es das nicht, denn ...

✔ Statistiken über die verschiedenen Arten von Cyberangriffen führen fast alle polizeilichen Organisationen. In Deutschland etwa das Bundeskriminalamt, in den USA das FBI und etliche weitere Behörden und Organisationen. Meist sind die erhobenen Daten frei verfügbar.

✔ Zahlreiche Hersteller von Antiviren- oder anderweitiger Schutz-Software veröffentlichen regelmäßig Statistiken über Angriffe und Schutzmaßnahmen.

✔ Gemeinnützige und überstaatliche Institutionen erheben ebenfalls Zahlen über erfolgreiche und misslungene Angriffe gegen die Informationssicherheit.

✔ Die Wahrscheinlichkeit für Hauseinbrüche, Brandfälle, Überschwemmungen, Erdbeben und sonstige Vorfälle erhalten Sie – bezogen auf Ihr Wohngebiet – von lokalen Behörden und nationalen Versicherungen.

✔ Technische Defekte und Ausfälle lassen sich anhand der Herstellerangaben (*MTTF* »mean time to failure«, *MTBF* »mean time between failures«) berechnen.

✔ Wenn Sie eine Glaskugel besitzen, mit der Sie einigermaßen zuverlässig in die Zukunft blicken können, dürfen Sie auch diese zur Berechnung heranziehen ...

Aus der Eintrittswahrscheinlichkeit (als Zahl zwischen 0 = *unmöglich* und 1 = *ganz sicher*) und der Schadenshöhe (in Euro) ermitteln Sie das Risiko (ebenfalls in Euro):

 Risiko = Schadenshöhe · Eintrittswahrscheinlichkeit

Mit dieser Formel ermitteln Sie das *Risiko*, dem Sie Ihre Informationen aussetzen. Diese Angabe ist wichtig, weil sie die Grundlage für den Aufwand darstellt, den Sie betreiben dürfen, um Ihre Daten zu *schützen*. Generell gilt:

✔ Je höher das Risiko, desto mehr Aufwand sollten Sie in Schutzmaßnahmen stecken.

✔ Es ist unwirtschaftlich, Geld für Gegenmaßnahmen zu investieren, die das Risiko übersteigen.

Allerdings sind konkrete Schutzmaßnahmen nicht die einzige Möglichkeit, auf Risiken zu reagieren. Grundsätzlich stehen Ihnen dazu vier Handlungsoptionen offen:

1. **Risk Mitigation:** Risiko (durch Schutzmaßnahmen) *vermindern*

2. **Risk Transference:** Das Risiko (an eine Versicherung oder ein anderes Unternehmen) *übertragen*. Die zugehörige Gebühr fällt zwar sofort an, dafür entstehen keine unwägbaren Kosten im Schadensfall.

3. **Risk Acceptance/Retention:** Sie *akzeptieren* das Risiko, frei nach dem Motto »no risk, no fun«. Allerdings sollten Sie als Manager der Informationssicherheit eines Unternehmens eine solche Entscheidung nicht alleine fällen, sondern der Geschäftsführung vorlegen. Die werden sich das zweimal überlegen, glauben Sie mir!

4. **Risk Avoidance:** Das Risiko komplett *ausschließen*, indem die entsprechende Information gar nicht mehr vorgehalten oder beispielsweise der komplette Geschäftszweig aufgegeben wird.

Aber wie sieht der Prozess aus, mit dem Sie einerseits das Risiko ermitteln und andererseits über die Art der Behandlung entscheiden? Das führt Sie geradewegs in den ...

Risikolebenszyklus

Das Management von Risiken ist kein statischer Zustand, sondern ein dynamischer Prozess. Bedrohungen, Schutzziele und unternehmerisches Handeln unterliegen der beständigen Veränderung. Daher müssen auch die hieraus resultierenden Risiken permanent unter Kontrolle gehalten werden.

Den Risikomanagement-Lebenszyklus (**Risk Management Life Cycle**) habe ich Ihnen in Abbildung 54.1 dargestellt.

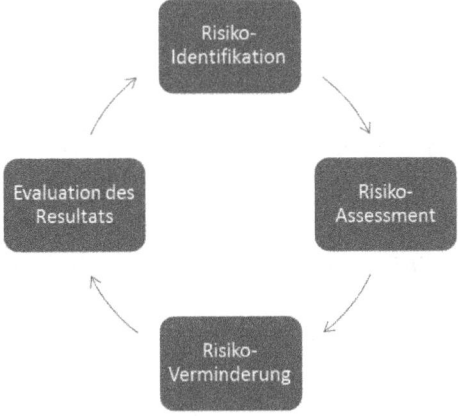

Abbildung 54.1: Der Risikomanagement-Lebenszyklus

Das Risikomanagement beginnt mit der **Identifikation** von Risiken. Das ist eine kreative Tätigkeit, denn sie setzt Kenntnisse der potenziellen Gefahren und prinzipiellen Bedrohungen voraus. Weiter geht es mit dem sogenannten **Assessment**, das für jedes identifizierte Risiko durchzuführen ist. Das Risiko-Assessment besteht in der Analyse eines Risikos, die zum einen die Schadenshöhe einer Bedrohung und zum anderen die Eintrittswahrscheinlichkeit des zugehörigen schädlichen Ereignisses ermittelt. Häufig wird zwischen

✔ **quantitativer** und

✔ **qualitativer**

Risikoanalyse unterschieden, je nachdem, ob das Ergebnis auf der Berechnung von Zahlen oder der Einschätzung von Experten fußt.

Am Ende steht in allen Fällen eine Beurteilung des Risikos. Neben der finanziellen Bewertung findet auch eine Eingruppierung in eine von vier Risikoklassen statt:

✔ *kritisch* (zwingender Handlungsbedarf)

✔ *groß* (Maßnahmen werden dringend empfohlen)

✔ *mittel* (Gegenmaßnahmen kommen in Betracht)

✔ *klein* (Risiko kann akzeptiert werden)

In Abbildung 54.2 finden Sie eine grobe Einsortierung der Risikoklassen gemäß Eintrittswahrscheinlichkeit und Schadenshöhe.

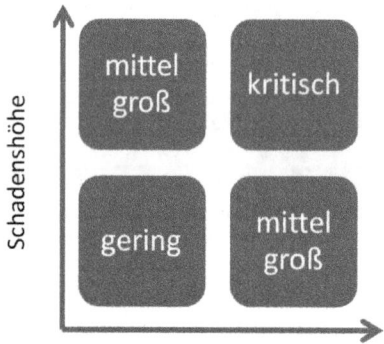

Abbildung 54.2: Risikoklassen gemäß Eintrittswahrscheinlichkeit und Schadenshöhe

Je nach Risikoklasse kommen nicht mehr alle Handlungsoptionen infrage. Sie können beispielsweise kritische Risiken nicht einfach akzeptieren; meist wird das auch mit dem Transfer schwierig, denn der Versicherer will unterm Strich noch etwas dabei verdienen. Risikoverringerung durch geeignete Gegenmaßnahmen ist das – mit Abstand – häufigste Resultat des Assessments. In diesem Fall geht der Lebenszyklus des Risikomanagements weiter. Sobald die Gegenmaßnahmen implementiert worden sind, müssen sie *evaluiert*, also bewertet werden. Es ist damit eine neue Situation entstanden, mit neuen Gefahren und neuen Risiken, die erst identifiziert werden müssen.

Der ewige Kreislauf des Risiko-Lebens beginnt von vorne.

Wenn Sie ein paar Tipps brauchen, was Sie generell tun können, um Risiken zu reduzieren, kann ich Ihnen weiterhelfen.

Zuerst wäre da das **Erlaubnisprinzip** zu nennen:

 Es sollte alles verboten sein, was nicht explizit erlaubt ist, und nicht umgekehrt!

Beim Einrichten von Zugriffsrechten sollten Sie das **Minimalitätsprinzip** beachten:

 Jeder Benutzer erhält nur solche Rechte, die er wirklich benötigt!

Das ist keine Schikane! Stellen Sie sich vor, Sie verschieben an Ihrem Arbeitsplatz mit dem Explorer aus Versehen ein Verzeichnis in ein anderes, sodass die Dateipfade von Anwendungen nicht mehr funktionieren. Wenn Sie das Recht zum Schreiben in diesen Ordner gar nicht benötigen, sollten Sie es auch nicht besitzen, das schützt Sie vor Versehen mit bösen Folgen.

Das **Prinzip des öffentlichen Entwurfs** stellt eine Verallgemeinerung von *Kerckhoffs' Maxime* dar, die besagt, dass bei einem Verschlüsselungsverfahren die Sicherheit nicht von der Geheimhaltung des Verfahrens an sich, sondern nur von der Geheimhaltung des Schlüssels abhängen darf.

 Klassische und moderne Verschlüsselungsverfahren werden in Kapitel 57 vorgestellt. Hier finden Sie auch weitere Überlegungen zur Entschlüsselung der Enigma.

Das Prinzip des öffentlichen Entwurfs verlangt somit die Aufdeckung der gesamten Funktionsweise eines kryptografischen Systems. Nur so kann die Internet-Community die Stärken und Schwächen des Systems analysieren.

Das nächste Konzept heißt auf Englisch **Segregation of duties** (**Trennung von Aufgaben**), dessen prominentester Vertreter auf Deutsch das **Vier-Augen-Prinzip** ist. Dahinter steckt die Idee, dass wenigstens zwei verschiedene Personen kritische Aufgaben oder beispielsweise Genehmigungen von Aktivitäten oder Transaktionen *gemeinsam* autorisieren. Grundsätzlich darf der Fehler einer einzelnen Person keine katastrophalen Folgen haben. Mehrstufige Genehmigungsprozesse sind im betrieblichen Alltag internationaler Konzerne heute keine Seltenheit. Um die Vergabe von Zugriffsrechten zu vereinfachen, werden hierzu **Rollen** definiert.

 Role based access control (**RBAC**) setzt die Spezifikation von verschiedenen Funktionen (Rollen) für bestimmte Aufgaben voraus. Benutzern werden bestimmte Rollen zugewiesen, besonders kritische Aktionen dürfen nur von mehreren Rollen gemeinsam autorisiert werden.

Auguste Kerckhoffs

Auguste Kerckhoffs war ein niederländischer Linguist und Kryptologe, der 1883 sein berühmtestes Werk veröffentlichte: *La Cryptographie militaire.*

Darin formuliert er die Anforderungen für den vertraulichen (militärischen) Nachrichtenaustausch. Im Wesentlichen entsprechen seine Thesen auch dem heutigen Verständnis von sicherer Kommunikation. Die Kernbotschaft, *Kerckhoffs' Maxime*, verlangt eine klare Trennung zwischen dem **Verfahren** (dem **Algorithmus**) zum Nachrichtenaustausch und dem **Geheimnis**, das die Vertraulichkeit sichert. Ansonsten handelt es sich um *Security by Obscurity*, Sicherheit durch Unklarheit, bei der die Kommunikationspartner die Art der Verschlüsselung selbst geheim halten müssen.

Im Zweiten Weltkrieg bewahrheitete sich Kerckhoffs' Maxime auf dramatische Weise: Die Deutschen arbeiteten bereits seit Ende des Ersten Weltkriegs mit einer Verschlüsselungswunderwaffe, der **Enigma** (**Rätsel**), die wie eine Schreibmaschine zu bedienen war. Den Alliierten gelang der Durchbruch beim Knacken der Verschlüsselung nur, weil sie in den Besitz eines Exemplars der Wundermaschine gelangten. Dies wiederholte sich sogar nach einer Weiterentwicklung des Systems. Hätten die Deutschen Kerckhoffs' Maxime tatsächlich (vollständig) beachtet, hätte die Sicherheit allein in den Codes und nicht (auch!) in der festen Verdrahtung der Walzen dieser Maschine bestanden.

Nach dem Ende des Zweiten Weltkriegs forderte daher Claude Shannon (den ich in Kapitel 49 vorstelle) die konsequente Umsetzung von Kerckhoffs' Maxime und eine Abkehr von der »Security by Obscurity«. Letzten Endes würde dem Angreifer (dem Feind) ohnehin irgendwann das Wissen um den Verschlüsselungsalgorithmus in die Hände fallen.

Bei allen diesen wichtigen und richtigen, aber letztlich theoretischen Überlegungen darf nicht vergessen werden, dass am Ende der Anwender mit dem Ergebnis auch klarkommen muss.

 Keep it short and simple (**KISS**) ist das Prinzip, die Umsetzung von Sicherheitsmaßnahmen (und nicht nur diese) möglichst knapp und einfach zu gestalten.

Allerdings sollten Sie einen Einwand nicht vergessen, der im Allgemeinen Albert Einstein zugeschrieben wird. Kurz und bündig ist gut, aber Sie sollten es dabei nicht übertreiben:

 Keep it simple, as simple as possible, but not simpler!

Zum Schluss noch ein wichtiges Prinzip, dessen Bedeutung sich erst in jüngerer Zeit erschließt, das sogenannte **Besitzer-Prinzip** (**Owner Principle**).

Jedem *Information Asset* sollte ein **Besitzer (Owner)** zugewiesen werden.

Die dahinter stehende Idee lautet: Nur der **Besitzer** einer Information hat das Recht, über den Umgang mit den zugehörigen Risiken zu befinden.

Wichtige Rollen und Dokumente

Wenn wir schon dabei sind, uns mit den betrieblichen Rollen zu beschäftigen, lassen Sie uns gleich die Organisation der Informationssicherheit untersuchen. Den **Besitzer** von Information Assets hatten wir ja bereits.

Aus dem Angelsächsischen sind darüber hinaus folgende generellen betrieblichen Rollen bekannt:

- ✔ **CEO: Chief Executive Officer** (Geschäftsführer, Vorstandssprecher)

- ✔ **CIO: Chief Information Officer** (Manager, dem – unter anderem – die *IT*, die Information-Technology-Abteilung unterstellt ist)

Hübsch in diese Reihe passt ebenso der

- ✔ **CISO: Chief Information Security Officer** (Informationssicherheitsbeauftragter), manchmal auch nur **Information Security Officer (ISO)** genannt.

Es ist eine gute Idee, wenn der CISO direkt an den CEO berichtet und nicht an den CIO, insbesondere wenn der CISO selbst keine eigenen Ressourcen besitzt, sondern beispielsweise Risikoanalysen mithilfe des Personals des CIO stemmen muss.

»Was ist mit dem **Datenschutzbeauftragten**?«, könnten Sie zu Recht einwenden. »Ist das nicht derselbe wie der Informationssicherheitsbeauftragte?«

Die Rolle des **Data Protection Officers**, **DPO** (betrieblicher Datenschutzbeauftragter) und des CISO sind jedoch verschieden. Während der CISO primär den Schutz der Unternehmensdaten im Blick behält, geht es dem DPO um personenbezogene Daten der Mitarbeiter und der Kunden.

Natürlich gehören auch diese Daten in den Verantwortungsbereich des CISO, allerdings stellt der DPO darüber hinaus Anforderungen, die sich aus der gesetzlichen Verankerung des **Datenschutzes** auf verschiedenen juristischen Ebenen ergeben (EU-, Bundes- und Landesebene).

Ein Kerngedanke des Datenschutzes besteht im »Recht auf informationelle Selbstbestimmung« der Betroffenen. Daran erkennen Sie, dass hier die Begriffe »Daten« und »Informationen« quasi synonym verwendet werden.

 Zur Unterscheidung zwischen Daten und Informationen beachten Sie auch die Hinweise des grauen Kastens im zweiten Abschnitt von Kapitel 49.

Datenschutz zielt primär auf *personenbezogene* Daten ab, während Informationssicherheit den Schutz der gesamten Unternehmensdaten im Blick behält.

Demgegenüber finden Sie den **IT-Sicherheitsbeauftragten**, dessen Aufmerksamkeit dem Schutz von elektronisch gespeicherten und verarbeiteten Informationen auf IT-Systemen gilt. IT-Sicherheit ist insofern eine Teilmenge der Informationssicherheit.

Alle diese Funktionen und Rollen sind wichtig in einem Unternehmen, doch dürfen Sie niemals den **User**, den **Anwender** vergessen.

Die besten technischen Sicherheitsvorkehrungen helfen nicht, wenn der Anwender seine Rolle im Informationssicherheitskonzept nicht wahrnimmt.

Um dies zu gewährleisten, sind regelmäßige Schulungen, sogenannte **Information Security Awareness Trainings** abzuhalten. Ähnlich wie Geschwindigkeitsverbote hier und da durch eine Radarfalle eine größere Aufmerksamkeit finden, sollten die Schulungen zur Informationssicherheit regelmäßig, etwa jährlich abgehalten werden.

Inzwischen gibt es unzählige Dokumente und Unterlagen, um die optimale Aufgabenteilung der verschiedenen Rollen zu regeln, die Vielzahl an Bedrohungen aufzuzeigen und natürlich geeignete Gegenmaßnahmen vorzuschlagen.

Ein umfassendes Regelwerk ist die 27-Tausender-Reihe der *International Organization for Standardization (ISO)* sowie der *International Electrotechnical Commission (IEC)*. Bei dem mehrbändigen Werk geht es um die Standardisierung der Informationssicherheit, genauer des *Information Security Management Systems (ISMS)*. Sie finden dort unter anderem:

✔ ISO/IEC 27000, *Information security management systems – Overview and vocabulary*, eine allgemeine Übersicht der 27-Tausender-Reihe

✔ ISO/IEC 27001, *Information security management systems – Requirements*, die Anforderungen an ein ISMS

✔ ISO/IEC 27003, *Information security management system implementation guidance*, eine Anleitung zur Implementierung eines ISMS

✔ ISO/IEC 27005, *Information security risk management*, eine umfassende Darstellung des Risikomanagements

✔ ISO/IEC 27014, *Governance of information security*, Regeln und Hinweise zur Verwaltung der Informationssicherheit

In diesem Zusammenhang kann ich auch die Lektüre des sogenannten *Grundschutzes* des »Bundesamtes für Sicherheit in der Informationstechnik« (BSI) empfehlen.

Die offizielle URL des BSI lautet `https://www.bsi.bund.de`

Für Privatpersonen – und wer ist das nicht? – empfehle ich darüber hinaus einen Blick in die Seiten `https://www.bsi-fuer-buerger.de` mit zahlreichen Anregungen und Tipps!

Information Security Policy

Sollten Sie einmal die Rolle des CISO in einem neu gegründeten Unternehmen innehaben, empfehle ich Ihnen als Erstes die Erstellung einer **Information Security Policy** (**ISP**). In diesem Dokument, das unbedingt vom Vorstand beziehungsweise der Geschäftsführung unterzeichnet werden muss, finden sich alle wichtigen Grundgedanken der Informationssicherheit.

Meist geht es los mit einer einleitenden Beschreibung darüber, wie wichtig die Sicherheit von Informationen für den jeweiligen Geschäftsbetrieb ist. Anschließend wird die Gültigkeit der ISP klargestellt: Es sollte sich um ein für alle Mitarbeiter verpflichtendes Dokument handeln.

Als Nächstes geht es um die Schutzziele sowie geeignete Maßnahmen, um diese Ziele auch zu erreichen.

 Kapitel 55 befasst sich exklusiv mit Angriffsarten auf die Informationssicherheit und den entsprechenden Gegenmaßnahmen.

Natürlich werden dabei die Basisprinzipien, etwa die CIA-Triade, nicht zu kurz kommen.

Danach werden die Rollen und Funktionen spezifiziert, hierbei kommt dem Anwender eine besondere Rolle zu.

Das Ganze mündet in einer klaren und verständlichen – aber High-Level – Spezifikation eines ISMS für die Firma.

Sie definieren darüber hinaus verpflichtende Awareness-Schulungen und allgemeine Trainings zur Informationssicherheit. Am Ende muss festgelegt werden, dass die ISP in regelmäßigen Abständen zu *überarbeiten* (*review*) ist, indem die Inhalte auf Aktualität und Durchführbarkeit überprüft werden.

Wenn Sie die folgenden Tipps bei der Erstellung des Dokuments beherzigen, kann kaum noch etwas schiefgehen.

✔ Vermeiden Sie IT-Fachjargon!

 Die ISP muss auch für Menschen verständlich sein, die keine Informatiker sind.

✔ Übertreiben Sie es nicht!

 Alles, was die ISP fordert, sollte im Tagesgeschäft einzuhalten sein.

✔ Es nützt auch nicht viel, wenn nur schöne Worte gemacht werden.

 Bei Nicht-Einhaltung der Regeln muss die ISP Sanktionen androhen!

Natürlich sollten die Sanktionen nicht nur angedroht, sondern im Ernstfall auch tatsächlich durchgezogen werden. Anderenfalls bleibt die ISP ein zahnloser Tiger.

Internationale Sicherheitszertifizierungen

Wenn Sie dieses Kapitel, den ganzen Teil oder gar das gesamte *Informatik für Dummies*-Buch gelesen haben, ist das zwar toll, aber als Referenz für einen Job in der Informationssicherheitsbranche wird Ihnen das leider nicht den erwünschten Durchbruch bringen. Dazu benötigen Sie eine international anerkannte **Zertifizierung**. Folgende sind die berühmtesten:

✔ Certified Information Systems Security Professional (**CISSP**)

✔ Certified Information Systems Auditor (**CISA**)

✔ Certified Information Security Manager (**CISM**)

Auch wenn es sich um englischsprachige Titel handelt, können Sie entsprechende Kurse auch in Deutschland belegen und sich – nach bestandener Prüfung – als der jeweilige Experte ausweisen.

Der **CISSP** wird vom **International Information Systems Security Certification Consortium (ISC)** vergeben und deckt die meisten Themen zur Informationssicherheit ab. Leider beziehen sich die rechtlichen Aspekte jedoch auf die USA. Daher gibt es hierzulande spezielle Zertifikate, beispielsweise den

✔ *Teletrust Information Security Professional* (**T.I.S.P**)

der vom TeleTrusT e.V. vergeben wird.

Nicht nur Personen, die im Bereich IT-Audit oder -Revision tätig sind, ist der **CISA** zu empfehlen. Die **Information Systems Audit and Control Association** (**ISACA**) vergibt das Zertifikat nach einer sehr anspruchsvollen Prüfung. Daher genießt ein erfolgreicher Abschluss hohe Reputation.

Beim **CISM** wird der Fokus auf das Management der Informationssicherheit gelegt. Das Zertifikat richtet sich an IT-Experten, die wenigstens fünf Jahre einschlägige Berufserfahrung nachweisen können und nun spezielle Expertise zum Management von Informationssicherheit beziehungsweise zum Risikomanagement nachlegen möchten. Wer zwei Jahre CISA nachweisen kann oder die Prüfung zum CISSP bestanden hat, darf gleich mit dem CISM beginnen. Einer erfolgreichen Karriere auf dem Gebiet der Informationssicherheit steht Ihnen dann nichts mehr im Wege ...

Kapitel 55

Angriffsarten und Schutzmaßnahmen

Für die Lektüre dieses einen Kapitels dürfen Sie in die Rolle eines Angreifers schlüpfen. Wie raubt man heutzutage am besten eine Bank aus? Wie lassen sich Angriffe gegen Webanwendungen bewerkstelligen? Welche Tools kommen dabei zum Einsatz? Natürlich werden Sie nur für den guten Zweck und nur vorübergehend die dunkle Seite der Macht ergreifen. Tatsächlich ist es geradezu notwendig, die üblichen Wege zum Angriff gegen Informationssicherheit kennenzulernen, um, und das ist natürlich der eigentliche Zweck dieses Kapitels, geeignete und wirksame Gegenmaßnahmen einzuläuten. Lassen Sie uns loslegen!

Offene und verborgene Bedrohungen

Viele Gefahren, denen unsere Informationen ausgesetzt sind, sind offensichtlich. Wenn ich in der Öffentlichkeit ein Passwort eintippe, stelle ich natürlich sicher, dass mir kein Fremder über die Schultern blickt, das ist klar. Die PINs und TANs beim Online-Banking sollten auch nicht gerade öffentlich sichtbar sein. Außerdem lade ich bestimmt keine ausführbare Datei von einer zwielichtigen Seite, selbst wenn es sich angeblich um ein tolles und natürlich kostenloses Programm handelt.

Allerdings sind etliche Gefahren nicht ganz so offensichtlich. Die meisten Menschen werfen Werbepost (aus Papier!) selbst dann einfach so in die Tonne, wenn darin mehr steht als nur ihr Name und ihre Adresse: eine Kundennummer, vielleicht sogar ihr Geburtsdatum. Diese Information reicht einigen Shops bereits als alternativer Zugang für ein vergessenes Passwort.

Ist Ihnen klar, dass Sie – womöglich – beim Versenden einer Word- oder Excel-Datei viel mehr mitschicken, als nur das, was das Dokument ganz offensichtlich enthält? Sehr peinlich kann das werden, wenn ein Kunde beispielsweise darin (versteckte) Konditionen eines anderen findet! Das gilt übrigens auch für Hardware.

Werfen Sie niemals alte Festplatten einfach so auf den Elektronik-Schrott! Wussten Sie, dass auch gelöschte Dateien relativ leicht wieder ausgelesen werden können? Viele machen sich einen Spaß daraus, alte Platten bei eBay zu ersteigern, nur um darin nach verborgenen Schätzen zu suchen. Es gibt aber noch viel subtilere Bedrohungen.

Womöglich nutzen Sie Cloud-Systeme für die Synchronisation Ihres Smartphones, ohne dass Sie sich dessen überhaupt bewusst sind. Wenn dann der Cloud-Service gehackt wird, werden private Informationen preisgegeben, von denen Sie meinten, dass sie Ihr Smartphone niemals verlassen hätten. Das ist auch schon Promis mit etwas zu freizügigen Fotos passiert. Ach ja, spätestens seit Edward Snowden brauche ich über die Möglichkeiten der Geheimdienste nicht mehr allzu viele Worte zu verlieren. Das ist die Schattenseite der Digitalisierung: mit genügend Aufwand (= Geld) lassen sich Daten massenhaft kopieren, speichern und analysieren.

Einbrecher ohne Handschuhe

Die meisten Menschen stellen sich Bankräuber als Personen vor, die mit Strumpfmaske vor dem Gesicht und einer Schusswaffe in der Hand Filialen der Geldhäuser ausnehmen. Das war vielleicht einmal so. Der moderne Räuber hat all das nicht mehr nötig. Er operiert aus der Ferne, manipuliert Transaktionen und begeht einen Diebstahl, der vielleicht erst viel später ans Tageslicht kommt.

Dennoch gibt es wichtige Parallelen zwischen den Räubern der realen Welt und der virtuellen:

- ✔ Beide müssen gewisse Sicherheitsvorkehrungen überwinden.
- ✔ Beide nutzen Schwachstellen im Sicherheitssystem aus.
- ✔ Und, ja klar: Beide sind hochgradig kriminell!

Die Täter gehen dabei jedoch sehr unterschiedlich vor. Während klassische Bankräuber überwiegend mit roher Gewalt arbeiten, sind die modernen Räuber auf andere Methoden angewiesen.

Soziales Hacken und Phishing

Ein typisches Vorgehen wird als **Social Engineering** bezeichnet. Anstatt mit körperlicher Gewalt zu drohen, gibt der Verbrecher am Arbeitsplatz telefonisch vor, beispielsweise von der zentralen IT zu sein und das Passwort zurücksetzen zu müssen. Sie glauben nicht, dass jemand darauf hereinfällt? Noch vor wenigen Jahren war diese Masche so erfolgreich, dass sich die Branche genötigt sah, immer und überall darauf hinzuweisen, dass Sie *niemandem*, wirklich niemandem Ihr Passwort mitteilen dürfen, auch nicht der zentralen IT …

Die richtigen Administratoren benötigen Ihr Passwort ja gar nicht. Sie können es zurücksetzen, ohne es überhaupt zu kennen. Und bei der Übergabe sollte es sich in einem *versiegelten* Umschlag befinden. Sicher ist sicher!

Noch sehr viel einfacher machen es sich **Phisher**.

 Das Wort *Phishing* ist ein Kunstwort aus »Password **h**arvesting f**ishing**«. Es steht für den Vorgang, Endanwender dazu zu bringen, ihr Passwort oder andere **Credentials** preiszugeben.

 Das Wort *Credentials* steht ganz allgemein für »Anmeldedaten«. Im Englischen wird es zusätzlich auch für »Beglaubigungs-« oder »Empfehlungsschreiben« verwendet.

Der Trick der **Phisher** ist im Grunde sehr simpel. Sie geben einfach vor, genau diejenige Stelle zu sein, für die Sie die Credentials tatsächlich normalerweise verwenden:

✔ die Online-Bank

✔ der Web-Shop

✔ eine Auktionsseite

✔ ein soziales Netzwerk

Meist wird ein Vorwand in einer Mail getarnt, um etwa *PIN* (persönliche Identifikationsnummer) und *TAN* (Transaktionsnummer) vom Benutzer anzufordern. Gespickt wird das Ganze mit einer Note Dringlichkeit:

Aufgrund einer Umstellung in unserem Rechenzentrum müssen alle Kontoinhaber ihre PIN und 10 TANs zu Verifikation durch den unten stehenden Link erneut eingeben. Sollte dies nicht innerhalb von 3 Tagen geschehen, muss das Konto gelöscht werden.

Sie lachen? Sie meinen, kein Mensch fällt auf einen so simplen Trick herein? Leider muss ich Sie da eines Besseren belehren. Obgleich diese Meldungen oftmals von Rechtschreibfehlern nur so wimmeln und Formulierungen verwenden, die Sie einer Bank niemals zutrauen würden, tragen sehr viele Menschen ihre Credentials arglos in fremde Webformulare ein, die nur bei oberflächlicher Betrachtung korrekt aussehen.

Die Gegenmaßnahmen der Bank beinhalten ...

✔ iTAN (indizierte TAN, bei der nicht mehr eine beliebige, sondern eine spezielle Transaktionsnummer angegeben werden muss)

✔ Mobile TAN (TAN, die per SMS an ein Handy oder Smartphone verschickt wird)

✔ TAN-Generator (sieht aus wie ein Taschenrechner, dient aber ausschließlich zum Erzeugen von TANs)

Das funktioniert jedoch nur bis zu einem gewissen Grad. Phisher fangen damit an, TANs zusammen mit ihrem Index zu verlangen, bei geschicktem Timing können sie auch »live« operieren. Dabei starten die Gangster eine Transaktion, und in dem Moment, wo Ihre TAN, iTAN, mobile TAN ... angefordert wird, phishen sie beim richtigen Kunden.

Das Vorgehen ist inzwischen sehr weit verbreitet und es gibt eine Reihe von Merkmalen, mit denen Sie eine Phishing-Mail von einer authentischen unterscheiden können:

✔ Werden Sie *persönlich* (korrekte Anrede, Vorname, Nachname, gegebenenfalls Kundennummer) angesprochen? Das leisten Phisher häufig nicht.

✔ Enthält die Seite *Rechtschreibfehler* oder abwegige Formulierungen? Phishing-Mails wurden gerade in der Anfangszeit nicht besonders sorgfältig erstellt.

✔ Ist die eigentliche Nachricht anstatt als Text in ein *Bild* eingepackt? Dies dient dazu, automatische Analysetools zu überlisten.

✔ Betrachten Sie den *Link*, den Sie anklicken sollen, ganz genau, zum Beispiel mittels »Mouse over«. Steht dort wirklich der richtige Bankname? Oder vielleicht eine Form mit Tippfehlern oder eine URL, die ganz viele Ziffern und Buchstaben enthält? So ist `http://www.deutsche-bank_de7zeuzweoiruzr4456r.net` garantiert keine Seite einer Bank, sondern eine Phishing-Zieladresse!

✔ Erscheinen die Logos, Schrifttypen und das *Gesamtbild* der Mail korrekt?

✔ Steht Ihre *E-Mail-Adresse* im Absenderfeld?

✔ Wird eine ungebührliche *Dringlichkeit* an den Tag gelegt?

✔ Sind die *Aussichten* einer sagenhaft günstigen Finanzierung, einer gewonnenen Reise und so weiter einfach zu schön, um wahr zu sein?

✔ Werden *Angaben* von Ihnen verlangt, die der Absender eigentlich kennen sollte?

✔ Enthält der Anhang eine *ausführbare Datei* (zum Beispiel mit der Endung `.exe`, `.scr`, `.zip`, `.bat`)?

Es gibt eine Reihe von Online-Tools, mit denen Sie weitere Tests anstellen können, um zu sehen, ob der Absender oder die Zieladresse gefälscht ist oder nicht.

 Wie Kriminelle die erbeuteten Credentials nutzen, wird in Kapitel 56 im Zusammenhang mit Spam-Mails gezeigt.

Auf eine weitere Form des Social Engineering möchte ich Sie ebenfalls hinweisen. Stellen Sie sich vor, Sie finden an Ihrem Arbeitsplatz oder in unmittelbarer Nähe einen USB-Stick. Was tun Sie?

Die meisten Menschen würden das Ding in den Computer stecken, um zu sehen, was sich darauf befindet – natürlich nur um die Identität des Besitzers herauszufinden ...

Das kann jedoch bereits ein schwerer Fehler sein: Sollte die Autostartfunktion für neue Laufwerke an Ihrem Computer aktiviert sein – was bei den meisten Systemen der Standard ist –, könnte eine Schadsoftware bereits aktiviert werden, ohne dass Sie dies überhaupt bemerken!

 Kapitel 56 zeigt eine Auswahl dessen, welche Formen von Schadsoftware existieren und wie diese im Prinzip arbeiten.

Die Investitionen des Angreifers halten sich in Grenzen. Neben den sehr günstig zu erwerbenden USB-Sticks muss es ihm nur gelingen, die Objekte physisch in die Nähe der Opfer zu bringen. Das ist viel einfacher, als es sich anhört! Externes Personal oder auch nur Besucher können unbemerkt die kleinen Geräte »verlieren« und schon ist das Ziel erreicht!

Der Mann in der Mitte und andere Angriffsmöglichkeiten

Dabei ist der Angriff mit einem USB-Stick trotz seiner Einfachheit schon geradezu ausgeklügelt.

Angriffe gegen Credentials können auf vielfältige andere Arten und Weisen geführt werden, zum Beispiel durch ...

Password Guessing

Haben Sie schon einmal gesehen, wie »Passwort-Knacker« in Spielfilmen vorgehen? Sie *erraten* einfach das notwendige Passwort. Gern genommen werden Namen von Partnern beziehungsweise Partnerinnen, Kindern oder Haustieren. Beliebt sind weiterhin Geburtstage, Hochzeitstage und Nummernschilder. Ebenso schlecht sind simple Buchstaben- oder Ziffernkombinationen wie »aaaaaa«, »123456«, »4711-0815«. Im Internet gibt es Hunderte von Seiten, in denen die Standardpasswörter für Geräte (zum Beispiel Router) der verschiedenen Hersteller aufgelistet sind.

Allerdings muss ich immer schmunzeln, wenn der Superhacker aus dem Spielfilm Zeitangaben macht, wann er das Passwort »geknackt« hat. »Ich brauche noch zehn Minuten« oder ähnliche Angaben sind völliger Unsinn: Kein Mensch kann vorher wissen, ob das Passwort überhaupt zu erraten ist ...

Password Cracking

Klassische Methoden zum Ermitteln von Passwörtern beinhalten Tools, die Passwörter systematisch ausprobieren. Zunächst werden jedoch **Wörterbücher** in verschiedenen Sprachen durchprobiert. Sie denken, das wäre umständlich? Ein paar Millionen Wörter sind aber nichts im Vergleich zur durchschnittlichen Dauer der **systematischen Analyse**. Dabei gehen die Tools beispielsweise der Reihe nach vor (alphabetisch beziehungsweise lexikografisch) und probieren jedes mögliche Passwort aus.

Ein kleines Rechenexempel. Angenommen, ein Cracking-Tool wird eingesetzt, um das Passwort »Xhds4211« aufzuspüren. Es beginnt bei reinen Buchstabenkombinationen, anschließend kommen reine Ziffernkombinationen an die Reihe. Danach kombinierte Buchstaben und Ziffern. Anschließend werden auch Sonderzeichen berücksichtigt. Was schätzen Sie, wie viele Wörter es gibt, die aus insgesamt acht Buchstaben (in Groß- und Kleinschreibung) sowie aus Ziffern bestehen?

Wir lassen die Umlaute in der Rechnung beiseite und gehen von 26 + 26 Buchstaben aus. Hinzu kommen 10 Ziffern. Insgesamt haben Sie 62 Möglichkeiten pro Stelle. Bei acht Stellen ergibt das: 62^8 = 218.340.105.584.896. Das ist mehr als das Zweihundertmillionenfache des Inhalts einer Passwortdatenbank. Wenn das Programm in der Lage ist, eine Million Passwörter pro Sekunde auszuprobieren, würde es im schlimmsten Fall fast sieben Jahre dauern, ehe die richtige Kombination gefunden wird. Daher gilt:

 Wählen Sie stets ein Passwort, das aus einer Kombination von Buchstaben, Ziffern und Sonderzeichen besteht. Wechseln Sie regelmäßig Ihr Passwort und verwenden Sie unterschiedliche Passwörter für unterschiedliche Anwendungen!

Wenn Sie immer wieder neue Passwörter verwenden, würde das Knacken des alten – nach einer gewissen Zeit – sinnlos verpuffen, weil Sie ja in der Zwischenzeit wieder ein neues besitzen! Auch die Verwendung unterschiedlicher Codewörter für unterschiedliche Zwecke sollte einleuchten: Nicht jede Anwendung sichert Ihre Credentials in der gleichen Weise. Das Knacken des einen Passworts würde somit zum Kompromittieren auch der anderen führen, das wollen Sie wirklich nicht!

Ich höre Sie sagen: »Wie soll man das bewerkstelligen?« Aufschreiben ist jedenfalls keine gute Idee. Häufig befinden sich die notierten Passwörter in unmittelbarer Nähe zum Computer, etwa

✔ unter der Schreibunterlage

✔ unter der Tastatur

✔ in der Schublade des Rollcontainers

✔ im Ablagefach

✔ auf einem Post-it, es klebt am Bildschirm!

Leider wissen das auch die Angreifer, also sollten Sie darauf verzichten. Zum Glück gibt es eine Lösung:

 Verwenden Sie Mnemonics als Passwörter, die sich leicht merken lassen!

Beispielsweise steht »Ikmk3P/Tm!« für »Ich kann mir keine drei Passwörter pro Tag merken!«

Passwort-Sniffing

Noch leichter machen Sie es den Angreifern, wenn Ihr Passwort im Klartext durch das Netzwerk transportiert wird und einfache **Sniffing-Tools** (»Schnüffelwerkzeuge«, die den kompletten Netzverkehr mithorchen) Ihre Credentials offenbaren. Darauf werde ich im Laufe des Kapitels noch genauer eingehen.

Man-In-The-Middle

Noch sehr viel gemeiner ist ein Trick, der selbst bei bestimmten Formen der Verschlüsselung noch funktioniert.

Dazu »setzt« sich der Angreifer in die Mitte zwischen zwei Kommunikationspartner, die in der Theorie typischerweise mit »Alice« und »Bob« bezeichnet werden. Gegenüber Alice gibt der Angreifer vor, Bob zu sein, und gegenüber Bob, Alice. Damit ist er in der Lage, den kompletten Datenverkehr mitzulesen. Leider funktioniert diese Angriffsform auch in der Realität recht gut.

Das ist so ähnlich, als wenn eine Person, die überhaupt kein Schach spielen kann, gegen zwei Großmeister gleichzeitig antritt, allerdings mit verschiedenen Farben. Sie kopiert dabei aber immer nur den jeweiligen Zug des anderen Spielers. Beide Großmeister werden das Gefühl haben, einen ebenbürtigen Gegner vor sich zu haben ...

Technische Problemzonen

Es wird Zeit, dass wir uns ein wenig mit der technischen Realisierung von Angriffen gegen die Informationssicherheit befassen. Warum ein Programm nicht immer genau das tut, was es soll, zeige ich Ihnen in den folgenden Unterabschnitten.

Designfehler

Es ist noch gar nicht so lange her, da wurden Sicherheitskonzepte im Rahmen der Programmentwicklung als »nice to have« betrachtet. Die typischen Argumente dagegen lauteten:

✔ Die verarbeiteten Daten sind für Angreifer nicht relevant.

✔ Das System wird innerhalb einer sicheren Umgebung ausgeführt und muss daher selbst keine sicheren Komponenten beinhalten.

✔ Alle Benutzer sind vertrauenswürdig.

✔ Das Hinzufügen von »Sicherheit« macht die Software langsamer, teurer und weniger benutzerfreundlich.

Leider haben sich inzwischen alle diese Aspekte als nicht haltbar erwiesen. Daten können entweder für sich allein oder im Kontext mit anderen Informationen zu mittelbaren oder unmittelbaren Gefahren führen. Verletzungen des Datenschutzes leuchten sofort ein, aber haben Sie in Betracht gezogen, dass Angriffsziele über Ihre Systeme auch Dritte weltweit gefährden können?

Die Vorstellung einer sicheren, »heilen« Umgebung ist seit der Einführung des Internets und immer weiter verzweigter Netze eine Illusion. Sollten Sie Ihre Systeme nicht zig Meter unter der Erde in einem abgeschotteten Bunker ohne Verbindung nach draußen betreiben, gibt es unzählige Bedrohungen. Jedes System muss daher zusätzlich mit eigenen Sicherheitsvorkehrungen aufwarten.

Leider ist auch Vertrauen auf Dauer keine verlässliche Basis zur Lösung von Informations-
sicherheitsproblemen. Selbst wenn Sie heute allen Benutzern vertrauen, gilt das auch noch
morgen? Je mehr Anwender mit dem System arbeiten und je höher die Fluktuation in Ihrem
Unternehmen ist, umso wichtiger werden Sicherheitsmechanismen. Außerdem dürfen Sie
die Zeit nicht vernachlässigen: Aufgrund von Wahrscheinlichkeitsbetrachtungen erhöht
sich das Gesamtrisiko des Systems, je länger es einer Bedrohung ausgesetzt ist!

Ich will nicht leugnen, dass Sicherheit Geld kostet. Aber es wäre naiv zu glauben, dass fehlende Sicherheit umsonst ist. Vergleichen Sie die Situation mit einem Automobil: Stellen
Sie sich vor, Sie verzichten auf Anschnallgurte, Airbags, Antiblockiersysteme, elektronische
Stabilitätsprogramme und so weiter. Wird das Fahrzeug billiger? Kurzfristig gedacht ja, aber
auf Dauer wird es eher unverkäuflich. Spätestens nach Bekanntwerden der Defizite. Genauso
verhält es sich mit Software. Sicherheitskomponenten zahlen sich langfristig aus und wie
das Anschnallen im Auto werden auch die Prozesse zur Aufrechterhaltung dieser Sicherheit
mit der Zeit selbstverständlich.

Allerdings leben wir noch nicht in diesem idealen Zeitalter, wo alle relevanten Sicherheits-
grundbedingungen für Software vorgeschrieben sind. Sie können als Fahrzeugherstel-
ler international keinen PKW verkaufen, ohne dass Sie ganze Kataloge von Regelwerken
einhalten.

Eigene Computerprogramme vertreiben kann dagegen schon ein Schulkind. Überlegen Sie
einmal für einen Moment, welches Chaos auf unseren Straßen herrschen würde, wenn jeder
mit beliebig angetriebenen, selbst konstruierten Fahrzeugen ohne die Einhaltung ausgefeilter Vorschriften unterwegs wäre. Genau das ist für Software im Internet jedoch der Fall!

Eine zweite Sache kommt noch hinzu. Wer ein Hochhaus bauen möchte, wird nicht um
die Planung durch einen Architekten herumkommen. Die Sache ist nämlich zu kompliziert.
Würden Sie an alle Versorgungsschächte denken? Schlimmer noch: Wer ohne ausgefeilte
statische Berechnungen an die Konstruktion herangeht, steht womöglich bald vor einem
gewaltigen Trümmerhaufen. Für Software greifen diese physikalischen Gesetzmäßigkeiten
jedoch nicht. Sie finden dort – bildlich gesprochen – gewaltige Häuser, die auf Streichholz-
schachteln stehen. Der Einsturz des Hauses entspricht dem Absturz des Programms. Kommt
leider immer noch viel zu häufig vor.

 Mehr zur Architektur von Software finden Sie in Kapitel 37.

Das virtuelle Gebäude, in dem Sie Wertgegenstände (vertrauliche Informationen) aufbewah-
ren, ist womöglich weder mit einem Schloss noch mit einer Alarmanlage gesichert. Fazit:

  Das Design von Software muss alle wesentlichen Aspekte der Informationssicherheit
von Beginn an berücksichtigen!

Pufferüberlauf

Um die Geschichte etwas konkreter zu machen, betrachten wir einen typischen Fehler bei der Programmierung von Software: der Pufferüberlauf!

Im folgenden Beispiel enthalte der String eingabe eine Zeichenkette aus einem Webformular. Vorgesehen seien 20 Zeichen ...

```
int verarbeiteFormular(char *eingabe) {
    char kopie[20];
    strcpy(kopie, eingabe);
    // ... mit Kopie arbeiten
}
```

Dass Problem ist die Funktion strcpy. Sie würde den kompletten Inhalt von eingabe bis zum Terminalzeichen (der Null) kopieren, ohne darauf zu achten, ob der Zielspeicher, der *Puffer* kopie, überhaupt mehr als 20 Zeichen fassen kann.

Man spricht in diesem Fall auch von einem *Pufferüberlauf*. Das Programm stürzt aber nicht unbedingt ab! Vielmehr wird der *Stack* ab dem 21. Zeichen von genau dem überzähligen Inhalt, der in eingabe steht, überschrieben. Alle lokalen Variablen der Funktion verarbeite-Formular – im Beispiel also die 20 Zeichen von kopie – sowie die *Rücksprungadresse* werden auf dem Stack abgelegt.

Wer die Eingabe – als Angreifer – über das Webformular so manipuliert, dass ab dem 21. Zeichen anstatt der Rücksprungadresse ein anderer, gültiger Maschinencode abgelegt wird, kann so Schadcode zur Ausführung bringen! Klingt genial und kompliziert zugleich, ist aber für Angreifer nicht so schwer zu bewerkstelligen, wie sich das anhört.

Dabei gibt es eine einfache Lösung! Anstatt der Funktion strcpy verwenden Sie einfach strncpy. Letztere funktioniert genau wie Erstere, erwartet aber eine zusätzliche Integer-Variable (das zusätzliche »n«), das die maximale Anzahl an zu kopierenden Zeichen enthält. Damit wird aus dem problematischen Code sicherer, der den Pufferüberlauf verhindert:

```
#define MAX_ZEICHEN 20
int verarbeiteFormular(char *eingabe) {
    char kopie[MAX_ZEICHEN];
    strncpy(kopie, eingabe, MAX_ZEICHEN);
    // ... mit Kopie arbeiten
}
```

Näheres zu den C-Funktionen **strcpy** beziehungsweise **strncpy** erfahren Sie in den Kapiteln 22 und 23. Der **Stack** als Datenstruktur wird in Kapitel 32 behandelt. In Kapitel 16 finden Sie einige Informationen zum **Maschinencode**.

Nicht jede mögliche Schwachstelle in einem Programm kann auch tatsächlich für einen Angriff verwendet werden. Allein die theoretische Möglichkeit des Pufferüberlaufs muss noch nicht zwingend heißen, dass Schadcode tatsächlich zur Ausführung gebracht werden kann.

Sollte dies jedoch der Fall sein, handelt es sich um einen ...

Exploit

 Als *Exploit* (*to exploit*, englisch für *ausnutzen*) bezeichnet man die software-technische Realisation einer Angriffsmöglichkeit. Hierbei wird eine **Vulnerability** (»Schwachstelle«, wörtlich »Verwundbarkeit«) eines Programms tatsächlich *ausgenutzt*.

Angreifer benötigen somit nicht nur eine Schwachstelle, sondern einen Exploit, der es ihnen erlaubt, die Schwachstelle tatsächlich für eine Attacke gegen die Informationssicherheit einzusetzen.

Gefährlich wird eine Schwachstelle also erst, sobald ein Exploit existiert. Ein Entwickler kann die Schwachstelle einfach beheben, sobald sie bekannt ist. Beispielsweise könnte der Quellcode so verändert werden, dass alle `strcpys` durch `strncpys` ersetzt werden. Dieser Vorgang wird (auch im Deutschen) als *patchen* bezeichnet.

 Ein *Patch* (»Flicken«) ist die Korrektur eines Programms, um eine vorhandene Schwachstelle oder einen Programmier- oder Designfehler zu beheben.

Hieraus entsteht ein gefährlicher Wettlauf. Sobald eine Schwachstelle bekannt wird, versuchen ...

✔ Angreifer einen Exploit zu entwickeln

✔ Entwickler einen Patch zu implementieren

Sie dürfen jedoch nicht denken, dass jeder Angreifer seine Exploits selbst entwickelt. Tatsächlich gibt es einen Schwarzmarkt, auf dem Entwickler von Exploits ihre »Produkte« an Menschen vertreiben, die ihrerseits Dritte damit angreifen. Sie können sich vorstellen, dass der Wert eines Exploits umso größer ist, je geringer die Wahrscheinlichkeit, dass die späteren Opfer die Schwachstelle bereits gepatcht haben. Den höchsten Wert haben daher **Zero Day Exploits**.

 Bei einem *Zero Day Exploit* (»Tag-null-Exploit«) handelt es sich um einen Exploit, der eine nicht bekannte Schwachstelle ausnutzt oder eine Schwachstelle auf eine neuartige Weise ausnutzt, für die noch kein Patch existiert.

Leider gibt es immer wieder Zero Day Exploits. Die grundsätzliche Empfehlung, die Updates der Hersteller auch aufzuspielen, also die eigene Software regelmäßig zu patchen, ist gut, aber sie schützt nicht vollständig vor Angriffen!

Überflutung

Die Geschichte mit dem Pufferüberlauf bezieht sich auf Implementierungsfehler von Software, die im Prinzip heilbar ist. Leider gibt es andere Arten von Angriffen, die nicht so einfach zu beheben sind. Ich meine hier »**Denial of Service**«-Attacken.

Ein Angriff der Sorte *Denial of Service (DoS)* (»Verweigerung des Dienstes«) liegt vor, wenn das Zielsystem keine weiteren Anfragen mehr verarbeiten kann. Besonders gefährlich sind *Distributed Denial of Service*-Angriffe **(DDoS)** (»Verteilte DoS«).

Die Spezialform der DDoS-Attacken funktioniert wie folgt: Sehr viele (private) Computersysteme werden durch andere Formen von Angriffen mit einem Trojaner versehen.

 Trojaner und andere Arten von Schadsoftware werden in Kapitel 56 vorgestellt.

Ein derart verseuchter Computer wird als *Bot* (Abkürzung von *Robot*) bezeichnet; ein ganzes Netzwerk aus solchen Kisten als *Botnetz*. Das Gemeine an der Geschichte: Ihr Computer könnte Teil eines Botnetzes sein, ohne dass Sie sich dessen überhaupt bewusst sind. Zu einem bestimmten Zeitpunkt wird der **Command & Control-Server**, ein Computer, der die Kontrolle über das Botnetz besitzt, Ihren Computer beispielsweise damit beauftragen, zu einem exakt definierten Zeitpunkt eine ganz gewöhnliche Anfrage an eine ganz normale Internetadresse zu richten.

Ungewollte DDoS-Angriffe

Hin und wieder werden auch von öffentlicher Seite DDoS-Attacken provoziert, ohne dass dies natürlich beabsichtigt wurde. Typisch dafür sind zeitlich fixierte Aufrufe zu Online-Aktivitäten.

Exemplarisch würde ich hier die *Abwrackprämie* (*Umweltprämie*) für Altautos in Deutschland erwähnen. Der Startzeitpunkt war der 14. Januar 2009 und ursprünglich gab es nur eine begrenzte Zahl an zu verteilenden Prämien. Zugleich wurde das *Windhund-Verfahren* propagiert, das diejenigen bevorzugt, die sich als Erste beteiligten. Sie können sich leicht ausrechnen, was passierte: Der Ansturm war so groß, dass die Server am Ende ihren Dienst verweigerten und stundenlang vom Netz genommen werden mussten.

Die Lesart der Politik lautete, dass die Nachfrage die Erwartungen übertroffen habe. Ich hätte es anders herum formuliert. Hier wurde eine ungewollte DDoS-Attacke gegen die eigenen Server gestartet. Interessanterweise hat man wenig daraus gelernt.

Ab 1. Oktober 2013 konnten sich US-Amerikaner online zur Krankenversicherung »Obamacare« (offiziell: *Patient Protection and Affordable Care Act*) anmelden. Auch hier brach das System zusammen. Offiziell handelte es sich um Designfehler der Website. Ich möchte das nicht ausschließen, aber Sie wissen schon ...

Wenn sehr, sehr viele Computer dies alle *zum gleichen Zeitpunkt* tun, wird das Zielsystem in die Knie gehen. Dagegen ist kein Kraut gewachsen, denn es gibt keine zuverlässige Möglichkeit, einen DDoS von ganz gewöhnlichen Anfragen zu unterscheiden. Viele prominente Sites wurden schon Opfer von DDoS-Attacken, darunter Amazon, eBay und Yahoo.

Inzwischen gibt es ein paar ausgefeilte technische Tricks, um auch einem größeren Ansturm auf eine Website gerecht zu werden. Aber im Prinzip ist das nur Symptombekämpfung. Wichtiger ist es, einen synchronen Ansturm zu vermeiden.

Protokollschwächen

Ich kann und will nicht verschweigen, dass der tiefere Grund für das Übel des Internets im Design der uralten Protokolle (*IP Internet Protocol* sowie *TCP Transmission Control Protocol*) liegt.

 Kapitel 44 befasst sich im Detail mit Protokollen.

Die Spezifikation dieser Protokolle fand zu einer Zeit statt, als das Internet keine Rolle für private Belange spielte und Sicherheit kein Thema war (was ein wenig verwunderlich ist, wo die ursprüngliche Entwicklung doch von den Militärs vorangetrieben wurde).

Schnüffeln und Verschleiern

Weder IP noch das darauf aufbauende TCP authentisieren den Absender tatsächlich. Es gibt zwar eine »Source IP«, aber die ist leicht zu fälschen.

Umgekehrt lässt sich der komplette Traffic auf Basis von TCP/IP mitlesen. Alles findet im Klartext statt. Etliche Protokolle der TCP/IP-Klasse übertrugen anfänglich gar die Credentials im Klartext. Nach heutigen Maßstäben wäre das »grob fahrlässig«, vergleichbar mit dem Veröffentlichen von sensiblen Informationen im Netz.

IP-Angriffe

Neben dem Fälschen der Absenderadresse (auch *Spoofing*, *Verschleiern* genannt) gibt es noch eine Reihe weiterer Möglichkeiten, die unmittelbar an der Spezifikation des IP-Protokolls ansetzen.

Exemplarisch möchte ich hier den »IP Fragmentation«-Angriff erwähnen. Die Idee ist wiederum simpel. Größere Datenmengen können nicht in einem einzelnen IP-Paket versendet werden. Sie werden stattdessen aufgeteilt, *fragmentiert*. Auf der Empfängerseite müssen die diversen Pakete wieder richtig zusammengesetzt werden. Durch die Konstruktion des Protokolls ist allerdings nicht gewährleistet, dass die Pakete in der richtigen Reihenfolge ans Ziel gelangen. Sie könnten sogar vollkommen unterschiedliche Wege durch das Netz nehmen. Daher enthalten die Pakte entsprechende Referenzen zueinander. Wenn der Angreifer diese Werte manipuliert, eigene Pakete einschleust oder einfach nur die Länge ändert, werden die übertragenen Daten verworfen, eine einfache DoS-Attacke!

TCP-Angriffe

Die gleichen Überlegungen können auch für die darüber liegenden Protokolle angestellt werden. Genau wie beim IP spielte bei der Konstruktion von TCP Informationssicherheit im heutigen Sinne keine Rolle.

Herausgreifen möchte ich an dieser Stelle den »TCP Sequence Number Prediction Attack« (»Zahlenfolge-Vorhersage-Angriff«). Auch TCP-Pakete müssen durchnummeriert werden. Hierzu dient die **TCP Sequence Number** (**TSN**), eine fortlaufende 32-Bit-Zahl, die jedoch nicht bei 1 beginnt. Die Idee des Angriffs besteht im Erraten der nächsten TSN. Wenn dies gelingt, kann ein gefälschtes Paket, das für ein korrektes gehalten wird, von einem fremden Server an die richtige Zieladresse gelangen. Hierdurch können fremde Daten eingeschleust oder die Verbindung unterbrochen werden. Voraussetzung für das richtige Raten ist es, einige bereits verwendete TSNs zu sniffen, besser noch, die erste Nummer (»Initial Sequence Number«, ISN) zu kennen. Damit wird auch sogleich eine Gegenmaßnahme definiert: der Einsatz richtiger Zufallszahlengeneratoren für die ISN.

Beim TCP gibt es noch einen viel einfacheren und näherliegenden DoS-Angriff. Dieser beruht auf dem *TCP-Handshaking*, das wie folgt abläuft.

Zunächst wird ein **SYN**-Paket an den Zielserver gesendet. Dieser bestätigt den Empfang durch Rücksendung eines **SYN/ACK**-Pakets. Schließlich antwortet der Sender mit einem finalen **ACK**.

 Sollte Ihnen SYN und ACK spanisch vorkommen, hilft ein Blick in Kapitel 44.

Was geschieht, wenn immer weiter **SYN**-Pakete gesendet werden, aber auf die **SYN/ACK**-Antwort nicht mehr reagiert wird? Der TCP-Stack auf dem Zielsystem ist begrenzt und läuft irgendwann über. Am Ende verweigert er komplett den Dienst, DoS. Weil der TCP-Server mit **SYN**-Paketen *geflutet* wird, heißt der Angriff auch **SYN-Flood-Attack**.

Protokolle mit »S«

Ein paar Gegenmaßnahmen haben Sie bereits kennengelernt. Eine echte Abhilfe schafft jedoch erst der Übergang zu sicheren Protokolltypen. Inzwischen sind alle wichtigen Protokolle aus der Urzeit des Internets (aus den 1960er und 1970er Jahren) in einer sicheren Variante verfügbar.

Sie erkennen die **Secure**-Variante des jeweiligen Protokolls an einem zusätzlichen »s« im Namenskürzel.

In Tabelle 55.1 habe ich Ihnen einmal die wichtigsten Exemplare aufgelistet. Sie können sich leicht ausrechnen, dass dies auch für eine ganze Reihe weiterer Protokolle ebenso der Fall ist.

Unsichere Protokollvariante	Kürzel	Sichere Protokollvariante	Kürzel	TCP-Port
Hypertext Transfer Protocol	HTTP	HTTP over TLS/SSL	HTTPS	443
Post Office Protocol	POP3	POP3 over TLS/SSL	POP3S	995
Internet Message Access Protocol	IMAP4	IMAP4 over TLS/SSL	IMAPS	993
Simple Mail Transfer Protocol	SMTP	SMTP over TLS/SSL	SMTPS	465
Protokoll zur entfernten Anmeldung	TELNET	Secure Shell	SSH	22
File Transfer Protocol	FTP	FTP over TLS	FTPS	989 und 990

Tabelle 55.1: Unsichere und sichere Protokolle

Erläuterungen zum Sinn und Zweck dieser Protokolle finden Sie in Kapitel 44, Tabelle 44.1.

Die Lösungen sind – bis auf wenige Ausnahmen – sehr ähnlich. Dazu gehört das Protokoll zum Anmelden auf einem entfernten Rechner. *TELNET* überträgt das Passwort im Klartext und sollte nicht mehr für sicherheitsrelevante Zwecke eingesetzt werden. Ersatz hierfür ist *SSH* aus der *Secure Shell Suite*, ein vollkommen anderer Ansatz, der auf sicheren Zertifikaten basiert. *ssh* ist zugleich auch die Anwendung, die Sie anstelle von *telnet* aufrufen.

Die Grundlagen der verschlüsselten Kommunikation werden in Kapitel 57 gelegt.

Das Gleiche gilt für *FTP*. Das Protokoll gilt unter Sicherheitsexperten als reine Katastrophe, obgleich es zu seiner besten Zeit der Standard für die Übertragung von Dateien gewesen ist. Selbst heute genießt es noch eine gewisse Verbreitung. Neben der sicheren Variante *FTPS* dürfen Sie auch die Anwendung *scp* verwenden, ein weiteres Exemplar aus der *Secure Shell Suite*.

Das Hypertext-Transfer-Protokoll (*HTTP*), das die Verbreitung des Internets forciert hat, indem es den Dienst **World Wide Web** bereitstellte, wird ebenso wie das Protokoll zur Übertragung von Mails (*SMTP*) auf eine vollkommen andere Weise gesichert.

Basis hierfür ist das sichere Protokoll *Transport Layer Security* (*TLS*).

TLS ist der Nachfolger des Protokolls *Secure Socket Layer* (**SSL**), das bereits 1994 von Netscape entwickelt wurde. Heutzutage unterstützen alle gängigen Browser TLS.

TLS operiert auf der Transportschicht im Schichtenmodell, also oberhalb von TCP, aber noch unterhalb von HTTP und Konsorten.

Wenn Sie beim Schichtenmodell an einen Kuchen denken, sollten Sie einen Blick in Kapitel 44 werfen, Abschnitt »Schichten und Geschichten«.

Man spricht auch von »HTTP over TLS«. Die Idee ist bestechend einfach: Zunächst bauen Client und Server eine sichere TLS-Verbindung auf. Anschließend werden auf dieser Basis Protokolle wie HTTP oder SMTP *getunnelt* ...

Per Tunnel in die Sicherheit

Tunneling ist eine zentrale Technik in der Informationssicherheit und verdient einen eigenen kleinen Abschnitt.

Angenommen, Sie haben bereits ein tolles Protokoll erfunden, dabei aber leider an Sicherheitsaspekte nicht gedacht. Vertrauliche Daten werden unverschlüsselt durch den Äther gesendet. Was können Sie – nachträglich – tun?

Sehr viel! Die Protokolle befinden sich in einem sogenannten **Protocol-Stack**. Dabei ist jedes Protokoll einer höheren Schicht in der Nutzlast des jeweilig niedrigeren verpackt. Das alles hilft Ihnen natürlich nur dann weiter, wenn Ihre sensiblen Daten innerhalb der *verschlüsselten* Nutzlast eines »weiter unten liegenden« sicheren Protokolls verborgen sind.

Sie müssen sich also keine Sorgen machen, solange es Ihnen gelingt, Ihr (unsicheres) Protokoll in ein darunter liegendes sicheres zu verpacken. Dies wird auch als **Tunneling** bezeichnet.

Einen sicheren Tunnel bauen Sie nicht nur mit TLS, das ist auch in tieferen und höheren Schichten möglich.

Stellen Sie sich vor, Sie sind mit dem Auto unterwegs. Wie gelangen Sie *sicher* (im Sinne von *unbemerkt*) vom europäischen Festland auf die britischen Inseln? Antwort: auf einem Waggon durch den Eurotunnel. Der entscheidende Kern des Tunnelings besteht nun darin, dass die Passagiere in Ihrem Auto – theoretisch – nicht bemerken, dass Sie nicht mehr auf der Straße, sondern mit der Eisenbahn unterwegs sind.

Die Eisenbahn stellt dabei das Trägermedium dar, in unserem Fall das sichere TLS. Das Auto ist das unsichere HTTP. Die Datenpakete des HTTP werden jedoch in das TLS als Nutzlast gepackt. So kommen Ihre Passagiere sicher ans Ziel!

 Beachten Sie, dass jeweils nur die Nutzlast im Trägermedium sicher verschlüsselt werden kann. Absender- und Empfängerinformationen im Protokollkopf verbleiben unverschlüsselt.

WLAN ohne böse Überraschung

Zum Abschluss noch ein Wort zur privaten Verwendung. Es geht um WLAN. Das Funknetz ist ein gutes Beispiel dafür, dass die eigene Informationssicherheit aufs Engste mit jener von anderen verknüpft ist.

Ich meine damit weniger das Einigen auf freie Kanäle in einem Wohnhaus mit zahlreichen Parteien, die alle ein eigenes WLAN betreiben.

Vielmehr geht es um den Schutz des eigenen Netzes zum Wohle Dritter. Wie Sie gesehen haben, müssen Angriffe auf das eigene System nicht unbedingt auffallen. Wenn das Ziel dritte Parteien sind, wäre das sogar fatal. Ein zentraler Bestandteil eines größeren Angriffs besteht darin, die Herkunft zu verschleiern. Dazu bedient man sich arglosen Anwendern, die ein solches Spoofing erleichtern.

Offene WLAN-Netze laden die sinisteren Kräfte geradezu ein, ihr dunkles Spiel auf Ihre Kosten zu treiben. Die einfache Regel lautet:

Betreiben Sie den eigenen WLAN-Router stets in der maximal verfügbaren Sicherheitsstufe!

Sollten Sie eine Firewall aktiviert haben – was nur wärmstens zu empfehlen ist –, denken Sie bitte daran, alle unnötigen Ports zu schließen. Gefährlich sind vor allem offene Flanken von außen. Am besten öffnen Sie überhaupt keine Ports von außen, falls dies in Ihrem Anwendungsfall nicht zwingend erforderlich ist.

Tunneling kann auch in der umgekehrten Richtung erfolgen. Das Netz ist voller Anleitungen, wie Ihr Nachwuchs die Kindersicherungseinstellungen durch Tunneling-Protokolle umgeht. Einige Router bieten hierzu optionale Sicherungsmaßnahmen an. Prüfen Sie genau, ob diese für Sie infrage kommen. Auch für Ihren Router gilt im Übrigen:

Bei Inbetriebnahme das Standard-Systempasswort ändern!

In Kapitel 58 finden Sie grundsätzliche Erläuterungen zur Funktionsweise von Firewalls.

Das nächste Kapitel diskutiert die diversen Formen von Schadsoftware, während Kapitel 57 die kryptografischen Grundlagen der Verschlüsselung enthält.

Kapitel 56
Vierbeiniger Besuch aus Troja

Jeder hat davon gehört, alle sprechen darüber, aber nur ein Bruchteil der Anwender kennt die Arbeitsweise von Viren, Würmern, Trojanern und anderem Ungeziefer. Das ist jedoch notwendig, um die ebenfalls recht zahlreichen Gegenmaßen zu verstehen. Des Weiteren werfen wir einen gemeinsamen Blick auf das gigantische Thema Spam. Schließlich muss ich den weitverbreiteten Trugschluss aufdecken, dass Sie mit der stets aktuellsten Antivirensoftware vor Angriffen geschützt sind: Das ist leider nicht der Fall!

Kleinstlebewesen in der Informatik

Selten stimmt ein Begriff der Informatik oder Mathematik, der sich aus alltäglichen oder umgangssprachlichen Quellen speist, so exakt mit dem Vorbild überein, wie es bei *Viren* der Fall ist. Auch die Bezeichnungen *Würmer* und *Trojaner* sind ziemlich treffend gewählt.

Ehe wir diese verschiedenen Typen von Schadsoftware unter die Lupe nehmen, stelle ich eine andere Frage: Wie konnte es überhaupt dazu kommen? Historisch gesehen waren die frühen Exemplare von Schadsoftware gewissermaßen Unfälle. Als die ersten Automobile – freilich einige Jahrzehnte früher – entwickelt wurden, gab es ebenfalls unerwartetes Verhalten der Technik und Fehler.

Funktionsprinzipien, die wir Heutigen für verdächtig oder gar gefährlich halten, galten in der Frühzeit der Computerarchitektur, etwa bei der »Von-Neumann-Architektur«, als besonders vielversprechend.

 Details zur »Von-Neumann-Architektur« finden Sie im elften Kapitel.

Programme, die ihren eigenen Code zur Laufzeit verändern, müssen die maximale Leistungsfähigkeit eines Computers herauskitzeln können, das dachte man und hatte schon recht damit. Allerdings hat sich bald gezeigt, dass dies überhaupt nicht nötig ist. Sie können jedes Programm, das seinen eigenen Code verändert, durch ein äquivalentes ersetzen, das Programmcode und Daten fein säuberlich trennt.

Die Komplexität und Mächtigkeit der Programme sowie deren weltweite Vernetzung haben jedoch Menschen mit ganz unterschiedlichem Maß an krimineller Energie dazu veranlasst, die Konzepte schädlicher Software dermaßen zu verfeinern, dass ganze Wirtschaftszweige inzwischen damit befasst sind, Gegenmaßen hierfür zu entwickeln. Eine Milliarden-Dollar-Industrie.

Funktionsprinzip der Viren

Um zu verstehen, wie insbesondere programmierte Viren arbeiten, sollten Sie sich in Erinnerung rufen, was ein biologischer Virus eigentlich ist: nicht einmal ein einzelliges Lebewesen, sondern noch weniger. Ein winziges Etwas, das gewissermaßen nur aus einem Stück DNA besteht, die sich selbst zu replizieren sucht. In dieser Formulierung steckt ja eine willentliche Aussage, zu der ein Virus sicherlich nicht fähig ist. Sagen wir also, dass ein Virus den Bauplan zu seiner eigenen Verbreitung enthält. Nicht viel mehr, aber auch nicht weniger. Erst sobald ein Virus in das Innere einer lebendigen Zelle gelangt, wo es die eigene DNA in den Produktionsbetrieb der Zelle, des Wirts, einschleust, passiert etwas. Bei der Zellteilung entstehen Kopien des infizierten Originals und der Virus verbreitet sich. Der Körper kann meist mit recht rabiaten Methoden dem Problem Herr werden: indem er nicht mit der eigenen DNA übereinstimmende Zellen vernichtet.

Dabei fühlen sich die betroffenen Menschen oft krank, falls die Ausbreitung zuvor bereits ein gewisses Ausmaß erreicht hat und spezifische Abwehrmechanismen erst zu spät in Gang kommen.

Im Prinzip funktionieren *Computerviren* genauso!

Ein *Computervirus* ist ein Stück Code, das nicht als eigenständiges Programm lauffähig ist. Erst wenn dieser Code in eine lauffähige Software eingeschleust wird, führt seine Ausführung zur Infektion anderer Programme. Zusätzlich kann eine Schadfunktion auftreten.

Diese Definition bedarf der Erläuterung. Das Pendant zum Maschinencode ist in der Biologie die DNA. Ein gewöhnliches Programm wird mit einem Computervirus infiziert, indem sein Code um Routinen des Virus ergänzt wird. Dabei sind drei Merkmale typisch:

✔ Das infizierte Programm läuft weiter wie bisher. Der Benutzer bemerkt keinen Unterschied.

✔ Das Virus strebt nach Verbreitung. Ein Teil seiner »DNA« enthält daher Code, um andere Programme in der Umgebung ebenfalls zu infizieren.

✔ Zusätzlich kann (muss aber nicht zwingend) ein Computervirus auch noch weiteren bösartigen Code enthalten. Beispielsweise gespeicherte Daten auslesen, manipulieren oder löschen.

Zusammengefasst bedeutet dies, dass ein Computervirus ein »gesundes« Programm *infiziert*, indem der eigene Maschinencode in die Abfolge des Wirts eingeschleust wird. Das passiert typischerweise ganz am Anfang der Programmausführung!

Eine der ersten Aktivitäten des Virus besteht darin, eine Kopie des eigenen Codes in andere Programme einzubauen, also andere Programme zu infizieren. Anschließend (oder beim Auftreten eines bestimmten Ereignisses) wird dann auch eine Schadensroutine ausgeführt. Diese reicht von einem harmlosen Scherz auf dem Bildschirm bis hin zum Auslesen und Versenden von Passwörtern und anderen Credentials auf dem Wirtssystem.

Infektionsarten

Neben den Viren gibt es noch andere Arten bösartiger Software (*Malware*).

 Malware (»**Mal**icious Soft**ware**«, »bösartige Software«) ist die Sammelbezeichnung für Schadsoftware jeder Art.

Sie sollten grundsätzlich folgende übergeordnete Typen unterscheiden:

✔ Viren

✔ Würmer

✔ Trojaner

Um eine konkrete Malware zu klassifizieren, stellen Sie am besten zunächst folgende Fragen:

✔ Handelt es sich bei der Malware um ein lauffähiges Programm oder nur um ein Codefragment?

✔ Enthält der Code eine Komponente zur Verbreitung seiner eigenen Kopien?

✔ Ist eine (zusätzliche) Schadensroutine vorhanden?

Je nach Antwort erhalten Sie eine andere Art von Malware.

Dabei können Sie weitere Subklassifikationen gemäß der jeweiligen Schadensroutine vornehmen. Beispielsweise ist **Spyware** Spionagesoftware, deren Zweck das Auskundschaften Ihrer Credentials oder sonstiger sensibler Daten ist. Dazu gehören beispielsweise Kontakte in Ihrem Mailprogramm oder auch die Zieladressen der Seiten in Ihrem Browser. Unter **Adware** versteht man Programme, die Ihnen (unaufgefordert, ungewollt) Werbeangebote unterbreiten. Die Aufzählung könnte immer so weiter gehen und wird von Tag zu Tag größer.

Gemeine Viren

Zurück zum Klassiker: Computerviren bestehen, wie erwähnt, nur aus einem Stück Maschinencode und sind alleine nicht lauffähig, was die erste Frage beantwortet. Auch die Verbreitungsroutine ist zwingend. Ob Schadcode vorhanden ist oder nicht, ändert nichts an der

Klassifikation zum Virus. In der Vergangenheit wurde die komplette Skala an möglichen Gefahren schon ausgeschöpft: Von der Vernichtung der lokalen Daten bis zum völligen Ausbleiben von Schäden ist bei Viren schon alles aufgetreten.

Rasende Würmer

Bei einem **Wurm** liegt die Sache ein wenig anders. Dieses Schadprogramm ist tatsächlich (selbstständig) ausführbar, es benötigt keinen Wirt. Ansonsten weist es aber Ähnlichkeiten zum Virus auf. Es enthält Code zur eigenen Verbreitung und kann zusätzlich Schadensroutinen enthalten.

Einer der ersten Würmer wurde von Robert Morris Ende der 1980er Jahre durch einen Programmierfehler verursacht. Eigentlich sollte die Software Computer zählen, doch die entfesselte Routine legte zehn Prozent des damaligen Internets (immerhin einige Tausend Rechner) lahm.

Ein *Wurm* ist ein lauffähiges Programm, das sich selbst bei der Ausführung verbreitet. Zusätzlich kann es eine Schadfunktion enthalten.

Heutzutage werden die meisten Würmer fälschlich als Viren bezeichnet.

Pferde, die keine sind

Auch **Trojaner** (**Trojanische Pferde**) gehören zu den Klassikern der Malware. Im Gegensatz zu Viren und Würmern enthalten sie keine Verbreitungsroutine. Wie das geschichtliche Vorbild ist ihr eigentlicher Zweck die Überlistung des Anwenders. Trojaner geben vor, einen sinnvollen und gewünschten Zweck zu erfüllen. Es handelt sich meistens um kleine, scheinbar nützliche Helferlein. Zusätzlich enthalten sie jedoch Code mit einer Schadensfunktion.

Ein *Trojaner* ist ein Schadprogramm, das scheinbar einem sinnvollen und erwünschten Zweck dient und daher ausgeführt wird. Häufige Schadensroutinen sind das Auslesen und Versenden von Credentials sowie die Fernsteuerung des Computers von außen.

Auch im Umgang mit Trojanern ist die Namensgebung in der Öffentlichkeit nicht zimperlich. Hier werden die Begriffe wild durcheinandergewürfelt. Die Verwirrung rührt daher, dass heutzutage meistens Mischformen von Malware auftreten. Würmer, die als Tarnung nach außen hin scheinbar eine andere Aufgabe wahrnehmen, können somit ebenfalls Trojaner sein. Als winzige Programme, die sich an wenig beachteten Stellen innerhalb eines Computersystems aufhalten, werden Trojaner oftmals von ihren Anwendern gar nicht bemerkt.

Bundestrojaner

Einige Berühmtheit erlangte eine spezielle Form des Trojaners, der von staatlichen Institutionen eingesetzt wird, der sogenannte **Bundestrojaner**. Seine offizielle Bezeichnung lautet »Remote Forensic Software« (sinngemäß: »Ferngesteuerte kriminaltechnische Software«). Die Funktionsweise der ersten Version entsprach dabei einem **Keylogger**. Keylogger zeichnen Tastatureingaben inklusive Passwörtern und anderen Credentials auf. Fortgeschrittene Versionen erlauben auch den Mitschnitt von Mausaktivitäten. Die rechtliche Situation zum Einsatz von Schadsoftware ist umstritten und wird in den Bundesländern durchaus unterschiedlich praktiziert. Eines ist jedoch sicher: Auch die Behörden verwenden Schadsoftware zum Ausspähen Verdächtiger!

In Tabelle 56.1 habe ich Ihnen eine kleine Übersicht zusammengestellt, mit der Sie Malware rasch klassifizieren.

Malware	Eigenständiges Programm?	Code zur eigenen Verbreitung?	Schadensroutine?
Virus	Nein	Ja	Ja
Wurm	Ja	Ja	Nicht unbedingt
Trojaner	Ja / Nein	Nein	Ja

Tabelle 56.1: Klassifikation von Malware

Mit den Werten in den ersten beiden Spalten können Sie bereits eine Zuordnung treffen. Die letzte Spalte listet auf, ob eine zusätzliche Schadensfunktion eingebaut ist. Dies ist für gewöhnlich der Fall, allerdings ist ein Wurm bereits unerwünscht, selbst wenn er keine derartige Routine besitzt. Grundsätzlich ist ein Trojaner zwar eigenständig, kann jedoch aufgrund seiner Tarnung auch als eine Zusatzfunktion eines herkömmlichen Programms betrachtet werden.

 Im Falle einer Infektion unter Linux (oder anderen UNIX-Derivaten) werden typischerweise Befehle des Betriebssystems durch Trojaner ersetzt.

So ist ls (*list*) zum Darstellen der Dateien innerhalb eines Verzeichnisses der am häufigsten verwendete Befehl. Sollte dieser durch einen Trojaner ersetzt worden sein, würde eine zusätzliche Schadensfunktion beispielsweise den Inhalt der Datei passwd (oder shadow) mit Login-Informationen nach außen versenden. Es wäre unklug (und überflüssig), einer solchen Komponente die eigene Verbreitung in andere Befehle zu übertragen. Das Ziel ist ja bereits mit der Infektion von ls erreicht.

Spannender ist dagegen die Frage, mit welchen Rechten der User versehen ist, der den Trojaner startet. So können bestimmte Dateien mit sensiblen Anmeldeinformationen meist nur mit **Administrator-Rechten** (**Root-Rechten**) gelesen werden.

Unter Windows wird anhand der Dateiendung (Suffix) bestimmt, ob eine Datei ausführbar ist oder nicht. Typische Endungen von Programmen sind: .exe, .com,

.bat oder .scr. Eine besondere Gefahr besteht darin, dass in der Standardein-stellung die Dateiendungen im Explorer gar nicht angezeigt werden. So könnte ein Anwender im Glauben, ein Bild anzuklicken, in Wahrheit einen Trojaner star-ten image.exe. Die erste Empfehlung lautet daher, auf Windows-Betriebssys-temen den Explorer so einzustellen, dass er die Suffixe der Dateien anzeigt. So wäre urlaub.gif.exe eine sehr verdächtige Datei, weil sie sogar (in der Stan-dardeinstellung) vorgibt, vom Typ .gif zu sein!

Neben der in Tabelle 56.1 angegebenen Klassifikation sind noch

✔ Makroviren und

✔ Plug-ins/Add-ons

zu erwähnen.

Office-Programme wie Word oder Excel verfügen über programmierbare Erweiterungen (**Makros**), um komplizierte Aufgaben zu erledigen. Sie können beispielsweise ein eigenes Marko schreiben, um in einer Word-Datei statistische Erhebungen zu Ihrem Text anzustel-len, die weit über das bereits eingebaute Zählen von Zeichen und Wörtern hinausgehen. Wie oft wiederholt sich welches Wort? Wie lang sind Ihre Wörter im Durchschnitt und so weiter? Liebhaber der alten Rechtschreibung könnten beispielsweise automatisiert die Transforma-tion in die neue einbauen. Die hierbei verwendete, leicht zu erlernende Programmiersprache nennt sich **Visual Basic for Applications (VBA)**.

Sie können sich denken, dass bei so viel Licht auch der Schatten nicht weit entfernt ist. VBA-Programme können ebenso von Malware befallen sein wie eigenständige Software. Der häufigste Vertreter ist der **Makro-Virus**. Zum Glück warnt Sie Ihr Office-Programm beim Download von Textdateien aus dem Internet (Abbildung 56.1).

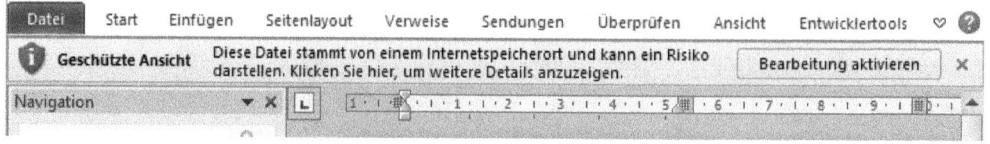

Abbildung 56.1: Warnung nach dem Download einer Textdatei aus dem Internet

Aktivieren Sie die Bearbeitung nur, wenn Sie ...

✔ das Dokument wirklich verändern müssen (einen Lesezugriff erhalten Sie automatisch).

✔ den Absender kennen (allerdings müssen Sie in Betracht ziehen, dass auch ein vertrau-enswürdiger Absender Opfer eines Angriffs werden kann und das Dokument dennoch infiziert ist).

✔ überzeugt davon sind, dass in diesem Dokument tatsächlich ein VBA-Programm aktiv sein sollte (das wäre beispielsweise für einen reinen Text zu hinterfragen).

Plug-ins sind noch gemeiner. Ein eigenständig lauffähiges Programm, beispielsweise ein Browser, kann durch Erweiterungsmodule (vom Englischen *to plug in, einstecken*) um eine bestimmte Funktionalität ergänzt werden. Während es sich bei Plug-ins noch um eigenständige Programme handelt, die mit dem Browser gekoppelt werden, sind **Add-ons** nur im Browser lauffähig (vom Englischen *to add on*, *hinzufügen*). Befinden sich nun Schadensroutinen in diesen Plug-ins/Add-ons, so wird der gesamte Browser zur Malware. Besonders peinlich kann das sein, wenn Sie als Admin im Internet surfen.

 Den Browser sollten Sie niemals mit Administratorrechten ausführen!

Natürlich wird Sie ein Browser Ihres Vertrauens vor gefährlichen Plug-ins oder Add-ons warnen (Abbildung 56.2).

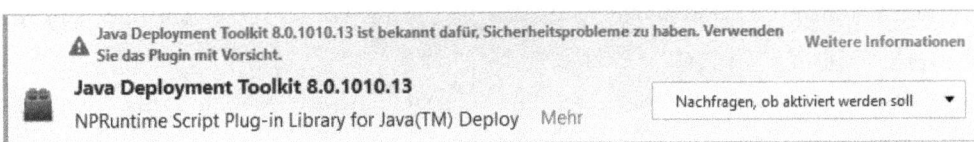

Abbildung 56.2: Warnung vor gefährlichem Plug-in in Firefox

Allerdings ist der Markt dermaßen dynamisch und unübersichtlich, dass Sie sich niemals auf den Browser alleine verlassen sollten. Im Zweifel sollten Sie sich fragen:

✔ Warum bietet der Hersteller diese Software kostenlos an?

✔ Wer profitiert davon?

Lesen Sie sich die Beschreibung und den Hintergrund durch! Achten Sie auch auf Rezensionen (die, wohlbemerkt, gefälscht sein können). Nachgelagerte Fragen sollten sein:

✔ Wie lange ist das Produkt auf dem Markt?

✔ Wird es von einer vertrauenswürdigen Seite zertifiziert?

✔ Erscheint Sinn und Zweck plausibel?

Im Zweifel bleiben Sie bei den vom Browser empfohlenen Ergänzungen.

Eine weitere Klasse von sehr bösartiger Software nennt sich **Ransomware**.

 Bei *Ransomware* handelt es sich um Malware, die ein *Lösegeld* (*Ransom*) einfordert. Meist wird die Software zunächst einzelne Dokumente oder den gesamten Massenspeicher des Anwenders mit einem geheimen Code verschlüsseln und anschließend die Zahlungsaufforderung anzeigen. Erst nach Zahlungseingang werden die Dateien entschlüsselt.

Erpressung stellt einen Straftatbestand dar. Sollten Sie Opfer von Ransomware werden, stellen Sie Strafanzeige!

 Hinweis der Polizei zum Thema Ransomware:
http://www.polizei-praevention.de/themen-und-tipps/pc-gesperrt-ransomware.html

Spam, Spam, Spam

Die meisten Leute wissen nicht, dass die Verwendung des Wortes **Spam** für *unerwünschte Mails* auf einen Monty-Python-Sketch aus dem Jahre 1970 zurückgeht.

 Spam ist eine weltweit verbreitete Marke für *Schinken* (*Ham*) in Dosen (*Spiced Ham, Spam*).

In dem besagten Gag gelingt es der Kundin eines Pubs nicht, ein Menü ohne **Spam** zu bestellen, obwohl sie diesen nicht mag (»I don't like Spam!«). Schließlich singen alle anderen ein Loblied auf Spam, das am Ende nur noch aus dem immer wieder rezitierten Wort »Spam« besteht.

Es gibt sehr viele verschiedene Arten unerwünschter Mails. Typische Spams beinhalten eines oder mehrere der folgenden Merkmale:

✔ *Kettenbrief* (»Schicken Sie diese Mail an zehn andere weiter, sonst geschieht ein Unglück«; die Aufforderung kann auch positiv formuliert werden: »Nur wenn Sie diese Mail an zehn Personen weiterleiten, werden Sie großes Glück erfahren«.)

✔ *Hohe Dringlichkeit* (Menschen sind in Not oder Gefahr.)

✔ *Gewinner* (einer Auktion oder eines Preisausschreibens; besonders verdächtig, wenn Sie gar nicht an der Verlosung beteiligt waren!)

✔ Die Botschaft steckt im *Anhang*. (Entweder die Mail enthält keinen Text oder dieser verweist darauf, unbedingt den Anhang zu öffnen. Die angehängte Datei lädt zum Öffnen ein, ist aber in der Regel Malware!)

✔ Aufforderung, ein *Passwort* anzugeben oder den *Account* zu *aktualisieren* (vornehmlich von Banken oder Online-Konzernen)

✔ Trügerische *Rechtschreibfehler* (die in der Botschaft selbst oder in angegebenen Internet-Adressen auftauchen, sollten Sie aufhorchen lassen. Allerdings sollten Sie sich auch von perfekter Sprache nicht täuschen lassen.)

✔ Ein wahnsinnig *gutes Geschäft* oder eine außergewöhnlich *gute Gelegenheit* werden angepriesen. (Nur Sie können dem Absender helfen, sein Geld zu sichern, dafür werden Sie fürstlich entlohnt; es wird eine sehr lukrative Arbeit angeboten, die Sie von zu Hause aus erledigen können und für die Sie keine weitere Vorkenntnis benötigen.)

✔ ....

Solange die Spam nur ihren Mail-Folder füllt oder Ihnen ein paar Minuten Ihrer Zeit stielt, ehe Sie sie löschen, hält sich der Schaden vielleicht noch in Grenzen. Gefährlich wird es, wenn Sie ...

✔ Anhänge öffnen

✔ Passwörter, PINs oder TANs eingeben

✔ Angebote annehmen

Anhänge können Trojaner starten. Die eingegebenen Credentials landen niemals bei der Bank, sondern dienen Angreifern als Ausgangspunkt, um Ihr Konto zu leeren.

Tückisch und strafrechtlich bewehrt ist die Annahme beispielsweise eines Jobangebots, bei dem Sie als Empfänger von Zahlungen fungieren und diese lediglich an eine andere Stelle (typischerweise in einer Internet-Währung) weiterleiten.

Dabei gehen Sie – scheinbar – nicht das geringste Risiko ein, denn Sie werden erst nach Zahlungseingang aktiv und können sich Ihre stattliche Provision (20 Prozent und mehr) gleich abziehen, ehe Sie das Geld weiterleiten. Wie der Zufall es will, flattert soeben eine solche Mail in meinen elektronischen Briefkasten:

Wünschen Sie 3600 Euro im Monat verdienen?

Unser Unternehmen wirbt im Augenblick neue Kollegen um das Team in der EU zu verstärken

Der Bewerber ist ca. 6 Arbeitsstunden pro Woche beschäftigt und hat keine eigenen Ausgaben zu tragen.

Auch Rentner sind für diese Arbeit sehr gut geeignet, da keine spezielle Ausbildung erwartet wird.

Eigenverantwortung sollten zu Ihren Fähigkeiten zählen, Umgang mit E-Mail und anfängliche Computer Kenntnisse müsste auch keine Schwierigkeiten darstellen. Dauerhafte telefonische Erreichbarkeit in den Geschäftszeiten ist Pflicht.

Ihr Job ist die Geldflussoptimierung.

Sie bekommen den Geldbetrag im Voraus, direkt auf Ihr Konto überwiesen, und müssen für unsere Kunden Bitcoins erwerben, wofür Sie eine Provision von 20 Prozent pro Kauf gleich behalten.

Die Arbeit ist in ganz Europa angeordnet und derzeit noch zu besetzen.

Wenn Sie sich angesprochen fühlen, wollen wir Sie kennenlernen, hierzu senden Sie uns Ihre Bewerbung an: ...

Wo liegt das Problem? Versetzen Sie sich einmal umgekehrt in die Lage des Verbrechers. Er ist im Besitz der PIN und TAN eines fremden Kontos. Das nützt noch nicht so viel, weil jede Überweisung ihn ja sofort als Täter überführen würde. Er braucht also eine Zwischenstation (Sie!), die das fremde Geld entgegennimmt und an eine andere, anonyme Stelle überträgt (beispielsweise in Form von Bitcoins).

Im Falle der Jobannahme werden die Strafverfolgungsbehörden Ihr Konto als Empfänger identifizieren und einige äußerst unangenehme Fragen stellen. Abgesehen von möglichen strafrechtlichen Folgen handelt es sich bei dem Vorgang um Geldwäsche. Die erhaltene Summe ist nie in Ihren Besitz übergegangen und muss typischerweise (vollständig!) an den ursprünglich Geschädigten (aus Ihrem Privatvermögen) zurückerstattet werden.

Je nach den konkreten Umständen wird auch der ursprünglich geschädigte Kontoinhaber einige Überraschungen erleben. So gilt es hierzulande schon einigen Gerichten als grob fahrlässig, die eigene PIN und die TAN-Liste *innerhalb des häuslichen Arbeitszimmers* in unmittelbarer Nähe zum Computer zu lagern, weil Sie es Einbrechern damit zu leicht machen. Banken haben sich schon erfolgreich gegen die Rückerstattung überwiesener Gelder unter solchen Umständen gewehrt.

Die einfachste Regel zum Umgang mit bösartigen Mails lautet:

 Spam ungelesen löschen. Keinesfalls einen angefügten Anhang öffnen!

Einige Bundesländer haben bereits Präventionsstellen für Cyber-Kriminalität eingerichtet. An speziell dafür eingerichtete E-Mail-Adressen können Sie verdächtige Mails (mit vermutlich gefährlichem Anhang) weiterleiten.

 Unter `http://www.polizei-praevention.de/themen-und-tipps/phishing.html` finden Sie beispielsweise die vorbildlich aufbereitete Website des Landeskriminalamts Niedersachsen zum Umgang mit Phishing.

Antiviren als Antikörper

Die Aufzählung von Malware ist niemals abgeschlossen. Heute oder morgen können Programmierer mit bösen Absichten gänzlich andere Wege finden, kriminelle Ergebnisse zu erzielen. Jeden Tag kann eine neue Idee ersonnen und umgesetzt werden. Aber eines ist sicher: Täglich wird ebenso an den Gegenmaßnahmen gefeilt!

Halten Sie einen Moment inne und überlegen Sie, mit welchen (technischen) Maßnahmen Sie Malware in den Griff bekommen könnten!

 Haben Sie eine Idee zur Abwehr von Malware?

Wenn Sie sich klarmachen, dass Software im Prinzip jede mögliche berechenbare Funktion ausführt, stehen Ihnen neben schadhaften Wirkungen durchaus auch die umgekehrten Möglichkeiten offen. Sie tragen die Bezeichnung **Antivirensoftware** und beziehen sich auf die Erkennung und Eliminierung von Malware jeglicher Art. Im Falle der Würmer wäre vielleicht auch *Antibiotikum* eine passende Bezeichnung!

Antivirensoftware kann anhand folgender Kriterien auf Schadsoftware schließen:

✔ Schadsoftware wird typischerweise durch besondere, möglichst eindeutige Muster im Code identifiziert (analog zu Fingerabdrücken bei Menschen). Man spricht hier von der *Signatur* der Malware.

✔ Viren verändern den Code anderer Programme (also ausführbare Dateien im Gegensatz zu Datenfiles) auf dem Computer.

✔ Ein Programm versucht, auf kritische Betriebssystemressourcen zuzugreifen.

✔ Mit allerlei hoch entwickelten Verfahren und Methoden der *künstlichen Intelligenz*, beispielsweise Mustererkennung, wird ein normales Programmverhalten von einem gefährlichen unterschieden.

 Der komplette neunte Teil Ihres Dummies-Buches befasst sich mit einigen Themen zur **künstlichen Intelligenz.**

Der erste Punkt ist schon gleich der wichtigste. Ein typisches Antivirenprogramm besteht in erster Linie aus einer Datenbank von Virensignaturen (»Virus Definition File«), ähnlich einer Fahndungsliste der Polizei. Sobald ein Verbrecher die Grenze passiert und seinen Ausweis vorlegt (beziehungsweise das verseuchte Programm die Zone des Antivirenwächters betritt), wird er bei Übereinstimmung mit einem gesuchten Verbrecher festgenommen. Im Falle der Malware »unter Quarantäne« gestellt, was bedeutet, in einen speziellen Ordner verschoben. Sicher ist sicher.

 Eine interessante Parallele zum biologischen Vorbild weist die Bezeichnung *Antibiotikum* für Antivirensoftware auf. Eine unsachgemäße Verwendung führt hier wie dort zu unerwünschten Nebeneffekten.

Ein nicht über den gesamten Zeitraum angewendetes Medikament verursacht die Selektion und damit die Verbreitung von resistenten Ablegern der krankheitserregenden Bakterien.

Eine Antivirensoftware, die mit veralteten Signaturen arbeitet, gaukelt eine Sicherheit vor, die nicht mehr gegeben ist, ähnlich einem bereits abgelaufenen Medikament. Ebenso führt die massenweise Verbreitung spezieller Antivirenprogramme dazu, dass die Schadsoftware-Hersteller neue Wege beschreiten, um ans Ziel zu gelangen. Verschiedene Antivirenprogramme gleichzeitig auf demselben Computer laufen zu lassen, ist ebenfalls keine gute Idee. So wie die Gesundheit des Menschen (zum Beispiel die Darmflora) unter der Anwendung von Antibiotika leidet, wird Ihr Computer ächzen unter der Last unterschiedlicher und permanent laufender Antivirenprogramme. Im schlimmsten Fall identifizieren sie sich gegenseitig als Schadcode.

Die Detektion von Schadsoftware (analog zu Spam und jeder anderen binären Detektion) kann potenziell auf zwei unterschiedliche Arten schiefgehen:

 ✔ **False Negatives** sind befallene Programme, die fälschlicherweise als sauber bewertet werden.

✔ **False Positives** sind saubere Programme, die fälschlicherweise als infiziert gelten.

Fällt Ihnen das Problem auf? Es handelt sich um ein sehr wichtiges und prinzipielles Problem. Sicher haben Sie auch schon Sätze gehört wie: »Mir kann nichts passieren, mein Antivirenprogramm ist auf dem neuesten Stand« Diesem Trugschluss unterliegen zuweilen selbst gestandene Informatiker. Die Signatur einer Malware kann erst dann in die

Datenbank aufgenommen werden, wenn der Antivirenhersteller sie kennt. Bis dahin hat sie jedoch schon eine gewisse Verbreitung erlangt und ging eben als virenfrei durch, anderenfalls müsste die Signatur überhaupt nicht angepasst werden ...

Außerdem, und das sollten Sie nicht vergessen: Besonders gefährliche Angreifer verwenden Malware nur einmal. Jedes Opfer wird mit einer ganz speziellen Version beispielsweise eines Trojaners verseucht. Die Signatur wird somit nicht verbreitet und niemals in irgendwelchen Virus Definition Files auftauchen!

EICAR-Test positiv

Um Antivirensoftware zu testen und insbesondere das Verhalten gegenüber befallener Software zu beobachten, müssen Sie nicht erst einen echten Virus programmieren. Es genügt, eine allgemein anerkannte Zeichenfolge zu wählen, die als EICAR-Test bezeichnet wird.

 EICAR ist das Akronym des »**E**uropean **I**nstitute for **C**omputer **A**ntivirus **R**esearch«.

Es geht um die folgenden 68 Zeichen:

 Das EICAR-Testmuster lautet:
```
X5O!P%@AP[4\PZX54(P^)7CC)7}$EICAR-STANDARD-ANTIVIRUS-TEST-
FILE!$H+H*
```

Sobald Sie diesen Text – in welcher Form auch immer – versenden, sollte das Antivirenprogramm zuschlagen. Wenn alles funktioniert, wird der Alarm Sie jedoch auf den EICAR-Test hinweisen.

Logische Bomben

Über einen anderen Fall von bösartiger Software möchte ich Sie am Ende dieses Kapitels noch informieren. Es handelt sich um **logische Bomben**.

 Bei *logischen Bomben* handelt es sich um unerwünschtes Programmverhalten, das ein Entwickler aus kriminellen Beweggründen bewusst in eine Software einbaut. Logische Bomben werden erst zu einem späteren Zeitpunkt »gezündet«, meist, wenn der betreffende Mitarbeiter das Unternehmen längst verlassen hat.

Das Perfide daran: Ein Entwickler kann recht gut abschätzen, wie er die logische Bombe so im Code versteckt, dass die Kollegen das bösartige Treiben erst gar nicht bemerken. Womöglich lenkt er sogar bewusst den Verdacht auf einen arglosen Mitarbeiter.

Abhilfe schaffen hier nur umfangreiche und vollständige Softwaretests. Dabei müssen auch Parameter variiert werden, die erst in der Zukunft zum Tragen kommen.

Das sogenannte **Jahr-2000-Problem** (*Year 2 Kilo*, *Y2K*), auch **Millenium-Bug** genannt, hatte bereits Anfang der 90er die gesamte Softwarebranche in Aufruhr versetzt. Es war bekannt, dass zahlreiche Softwareprodukte aus den 80er Jahren – speicherplatzbedingt – intern meist nur mit zweistelligen Jahreszahlen operierten. Durch den Jahrtausendwechsel würde also ein Sprung von 99 zu 00 erfolgen, der womöglich die Programmlogik durcheinanderbringen würde. Dieses Problem betraf auch die Steuersoftware von technischen Anlagen.

Horrorszenarien von abstürzenden Flugzeugen und Satelliten machten die Runde. Auch wenn es sich nicht um willentlich oder wissentlich eingebaute logische Bomben handelte, so war doch das Gefahrenpotenzial dasselbe.

Die Entschuldigung der Softwareentwickler lautete meist, dass kein Mensch damit rechnen konnte, dass derart alte Programme noch im nächsten Jahrtausend weiterlaufen würden!

Es gab dann doch keine gravierenden Ausfälle am Neujahrstag ...

IN DIESEM KAPITEL

Verstehen, wie Verschlüsselung prinzipiell funktioniert

Klassiker der Verschlüsslungsmethoden kennenlernen

Asymmetrische von symmetrischen Verfahren unterscheiden

Sichere Kommunikation über unsichere Kanäle ermöglichen

Kapitel 57

Alice und Bob im Wunderland der Zahlen

I n diesem Kapitel zeige ich Ihnen, wie Sie es schaffen, Ihre Informationen vor dem Zugriff anderer zu schützen. Das ist prinzipiell gar nicht so einfach, aber wenn Sie ein paar Grundregeln beherzigen, klappt das wunderbar. Kompliziert wird die Angelegenheit, sobald Sie anderen Menschen – aber natürlich nur bestimmten – dieselbe Information ebenfalls zugänglich machen wollen. Dabei darf die verschlüsselte Botschaft ruhig in fremde Hände geraten. Wie das funktionieren soll? Steht alles in diesem Kapitel!

Dieser Abschnitt ist geheim

Sicher haben Sie sich schon einmal überlegt, vielleicht sogar in frühen Kindheitstagen, wie Sie beispielsweise einen Text so verändern können, dass nur Sie und Ihre beste Freundin oder Ihr bester Freund in der Lage sind, ihn zu verstehen. Womöglich haben Sie sich einen Code ausgedacht, bei dem jedes Wort eine andere Bedeutung hat. Allerdings können Sie damit auch nur bestimmte Nachrichten verschicken. Sie wollen aber jede denkbare Botschaft codieren. Das Problem ist uralt. Jahrtausende alt. Es wurde inzwischen auf sehr vielfältige Weise gelöst. Die größten Anstrengen kommen – einmal wieder – aus der militärischen Nutzung: Wenn der Feind in den Besitz der eigenen Korrespondenz kommt, darf er auf keinen Fall den Sinn verstehen. In diesem Kapitel geht es also um Bond, James Bond, und was wir aus den Zeichen einer wichtigen Nachricht machen, entspricht dem Martini: geschüttelt, nicht gerührt.

Merken Sie sich am besten die drei Grundbedingungen der Verschlüsselung:

1. Die verschlüsselte Nachricht darf von Unbefugten nicht entziffert werden können.
2. Der entschlüsselte Text muss exakt dem Original entsprechen.
3. Das komplette Verfahren sollte mit vertretbarem Aufwand zu stemmen sein.

Die ersten beiden Anforderungen betreffen den Sinn und Zweck der ganzen Angelegenheit. Der dritte, eher unscheinbare Punkt, durchdringt jedoch die komplette Kryptologie.

Kryptologie (aus dem griechischen *kryptos* für *geheim* und *logos* für *Lehre*) ist die Lehre von der Verschlüsselung. Kryptologie lässt sich in die beiden Teilgebiete *Kryptografie* (*graphein* für *schreiben*) und *Kryptoanalyse* unterteilen. Die Kryptoanalyse versucht, verschlüsselte Texte ohne Kenntnis geheimer Informationen zu entschlüsseln.

Alle Verfahren, die Sie sich ausdenken, um Nachrichten auszutauschen, ohne dass Unbefugte sie verstehen, fallen unter Kryptografie. Sowohl die Verschlüsselung als auch die spätere Entschlüsselung. Kryptoanalyse benötigen Sie, wenn Sie verschlüsselte Nachrichten entschlüsseln möchten, ohne dass Sie der berechtigte Empfänger sind.

Allerdings sind beide Teilgebiete sehr wichtig und befruchten sich gegenseitig. Nur, wenn Sie wissen, mit welchen Methoden verschlüsselte Nachrichten geknackt werden können, sind Sie selbst in der Lage, brauchbare Verfahren zu entwickeln, die dagegen – einigermaßen – immun sind.

Wfstdimvfttfmvohtwfsgbisfo

Fangen Sie direkt mit einem kryptoanalytischen Problem an! Wie lautet die Überschrift dieses Abschnitts? Das sieht schwierig aus? Ist es aber nicht. Hier hilft die Kenntnis einiger klassischer Verfahren. Das reicht zurück bis ins Römische Reich!

Caesar

Auf den berühmtesten aller römischen Führer, von dessen Name selbst das deutsche Wort »Kaiser« abgeleitet ist, nämlich »Gaius Julius Caesar«, geht angeblich folgendes Verschlüsselungsverfahren zurück:

Bei der *Caesar-Verschlüsselung* werden alle Zeichen des Originaltextes um eine bestimmte Anzahl an Positionen im Alphabet nach hinten geschoben. Nach dem »Z« geht es dabei einfach mit dem »A« weiter.

Nehmen Sie als Beispiel das Wort »HAL«. Wenn Sie nun jeden Buchstaben durch denjenigen ersetzen, der im Alphabet, sagen wir, um eine Stelle weiter hinten zu finden ist, erhalten Sie das Wort: »IBM«.

Gut, ich gebe es zu. »HAL« habe ich nicht ganz zufällig ausgewählt. Es handelt sich um die Bezeichnung des Computers in Stanley Kubricks Film »2001: Odyssee im Weltraum«. Wie es sich für richtige Kryptografen gehört, wurde die Anspielung auf »IBM« nie bestätigt.

Sollte ein – möglichst langer – Text nach dem Caesar-Verfahren verschlüsselt sein, können Sie recht schnell und einfach herausbekommen, wie das Original lautet. Sie verschieben zunächst jeden Buchstaben um eine Stelle, dann um zwei und immer so fort. Da es nur 26 Buchstaben gibt, okay, nehmen Sie Umlaute und scharfes »ß« und von mir aus auch Groß- und Kleinvarianten dazu, gibt es dennoch nur weniger als hundert mögliche Kombinationen. Für einen Computer eine Frage von Millisekunden.

Mit genau dieser Idee lässt sich – welch eine Überraschung – auch die Überschrift dieses Abschnitts entziffern:

»Wfstdimvfttfmvohtwfsgbisfo« führt, wenn Sie jeweils um ein Zeichen im Alphabet zurückspulen, zu folgendem Wort: »Verschluesselungsverfahren«.

Vigenère

Das Caesar-Verfahren ist offensichtlich viel zu primitiv, um es effektiv einzusetzen. Die nächste Idee ist recht naheliegend: Warum sollten Sie jeden Buchstaben immer um die gleiche Anzahl an Stellen verschieben? Beispielsweise könnten Sie den ersten um zwei, den zweiten um einundzwanzig, den nächsten um drei und den vierten um acht Zeichen verschieben. Das ist schon mal viel besser, aber dabei tritt ein sehr wichtiges Problem auf: Wie merken Sie sich diese Zahlen? Außerdem muss Ihr Kommunikationspartner ja auch noch darüber informiert werden. Denken Sie an die dritte Anforderung von Verschlüsselungsverfahren!

Die Lösung ist erneut recht naheliegend. Sie verwenden ja ohnehin schon Zeichen wie Zahlen, indem Sie ihre Position im Alphabet verwenden. Warum nutzen Sie diese Zahl nicht ebenso, um eine Stellenverschiebung zu codieren? So würde aus den erwähnten Verschiebungen 2-21-3-8 das Wort »BUCH« (gemäß Tabelle 57.1). Das **Geheimnis** oder **Passwort** ist erfunden!

Dieses Verfahren geht übrigens auf den französischen Kryptografen Blaise de Vigenère zurück, der im 16. Jahrhundert daran forschte. Gegenüber Caesar haben wir uns damit immerhin einige Jahrhunderte in Richtung Gegenwart vorgearbeitet.

Alice möchte mit Bob korrespondieren. (Gewöhnen Sie sich am besten gleich an die Namen. Es sind die Standardbezeichnungen in der gesamten Kryptologie für die beiden Personen, die miteinander vertrauliche Nachrichten austauschen. Weniger kreative Köpfe nennen sie einfach A und B.)

Vor Beginn der Korrespondenz einigen die beiden sich auf ein Geheimnis in Form eines Passworts, beispielsweise SONNE.

Nun möchte Alice die Nachricht INFORMATIK an Bob verschicken. Dazu verschiebt sie das »I« von INFORMATIK um die Anzahl an Stellen, die dem ersten

Buchstaben des Geheimnisses entspricht, nämlich »S«, und das wären 19, wie Sie Tabelle 57.1 entnehmen.

A	B	C	D	E	F	G	H	I	J	K	L	M
1	2	3	4	5	6	7	8	9	10	11	12	13

N	O	P	Q	R	S	T	U	V	W	X	Y	Z
14	15	16	17	18	19	20	21	22	23	24	25	26

Tabelle 57.1: Zuordnung von Buchstaben zu ihrer Position im Alphabet

Da sich »I« an Position 9 befindet, lautet das erste Zeichen des Ergebnistexts: »B«, denn 9 + 19 = 28. Sie glauben mir nicht? Dann nummerieren Sie die Buchstaben ab der Zahl 27 erneut, wie in Tabelle 57.2 zu sehen.

A	B	C	D	E	F	G	H	I	J	K	L	M
27	28	29	30	31	32	33	34	35	36	37	38	39

N	O	P	Q	R	S	T	U	V	W	X	Y	Z
40	41	42	43	44	45	46	47	48	49	50	51	52

Tabelle 57.2: Erweiterte Zuordnung von Buchstaben zu ihrer Position im Alphabet

So setzen Sie die Zuordnung einfach fort. Was tun Sie jedoch, wenn Ihr Geheimnis bereits zu Ende ist, die zu verschlüsselnde Nachricht jedoch noch weitergeht? Nun, dann hängen Sie einfach an die SONNE noch eine weitere. Wenn das nicht reicht, noch eine. Und so fort. Im Grunde wird Ihr Passwort damit unendlich lang:

SONNESONNESONNESONNESONNESONNESONNESONNE ...

Damit haben Sie alle Zutaten beisammen, um das Wort INFORMATIK mit SONNE nach Vigenère zu verschlüsseln. Am besten probieren Sie es selbst aus, ehe Sie das Ergebnis in Tabelle 57.3 nachschlagen. In der Lösung habe ich Ihnen unter jeden Buchstaben auch seinen Zahlenwert gepackt. Im Grunde ist das eine simple Addition.

I	N	F	O	R	M	A	T	I	K
9	14	6	15	18	13	1	20	9	11
S	O	N	N	E	S	O	N	N	E
19	15	14	14	5	19	15	14	14	5
28	29	20	29	23	32	16	34	23	16
B	C	T	C	W	F	P	H	W	P

Tabelle 57.3: Verschlüsselung von INFORMATIK mit SONNE

Das Ergebnis lautet: »BCTCWFPHWP«. Dieses Wort sendet Alice an Bob. Der wiederum kennt ebenfalls die »SONNE« und muss die Addition umkehren, also subtrahieren. Zur Vermeidung negativer Zahlen benutzt er einfach gleich Tabelle 57.2, um die Buchstaben aus »BCTCWFPHWP« den entsprechenden Zahlen zuzuordnen. Wiederum ergeben sich Zahlen, deren zugehörige Buchstaben in den Tabellen ganz sicher vorkommen. Das Resultat finden Sie in Tabelle 57.4. Glücklicherweise kommt genau die gesuchte »INFORMATIK« dabei heraus …

B	C	T	C	W	F	P	H	W	P
28	29	46	29	49	32	42	34	49	42
S	O	N	N	E	S	O	N	N	E
19	15	14	14	5	19	15	14	14	5
9	14	32	15	44	13	27	20	35	37
I	N	F	O	R	M	A	T	I	K

Tabelle 57.4: Entschlüsselung von BCTCWFPHGP mit SONNE

Damit ist James Bond schon einmal ein gutes Stückchen weiter. Wie kann er jedoch dem Schurken auf die Schliche kommen, wenn dieser mit Vigenère codiert und Bond – trotz aller Bemühungen und Einsatz seiner Kräfte – nicht an das Passwort herankommt?

Im Dialog mit Q wird dem Mitarbeiter ihrer Majestät klar, was zu tun ist. Wenn die verschlüsselte Nachricht nur lang genug ist, werden im **Chiffrat**, also dem codierten Text, die Häufigkeiten der verschlüsselten Buchstaben mit den Häufigkeiten der Buchstaben in der verwendeten Sprache übereinstimmen.

Deutsch ist ein sehr gutes Beispiel. Der Buchstabe »e« dominiert die deutsche Sprache. Etwa 17 Prozent aller Buchstaben, auch in diesem Dummies-Buch, sind ein »e«. Für eine Caesar-Verschlüsselung müsste James Bond lediglich den häufigsten Buchstaben im Chiffrat suchen und hätte – mit einer sehr großen Wahrscheinlichkeit – bereits das »e« identifiziert. Bei Vigenère ist das eine Nummer komplizierter, weil das »e« ja mit unterschiedlichen Zeichen codiert wird. Allerdings ist die Häufigkeitsanalyse – wenn die Nachricht nur lang genug ist – immer noch ein sicherer Pfad, um das Passwort nach und nach zu knacken. Das »e« erscheint so häufig, dass es auch zu einer Häufung von Chiffre-Zeichen führt. Die Verteilungen der Buchstaben in fast allen verbreiteten Sprachen ist bekannt. Mit 17 Prozent des häufigsten Buchstabens ist Deutsch übrigens ein extremer Fall. Bei den meisten anderen Sprachen ist das weniger deutlich ausgeprägt. So ist beispielsweise auch im Englischen das »e« der meistverwendete Buchstabe, erreicht jedoch nur zwölf Prozent. Bond kommt mit diesen Überlegungen rasch voran und entschlüsselt den Vigenère-Code, ohne die attraktive Gegenspielerin einer intensiveren Befragung unterziehen zu müssen, was ihm beinahe noch besser gefallen hätte …

Wenn Sie ein wenig darüber nachdenken, werden Sie feststellen, dass ein Problem nach Vigenère die Wiederholung des Passworts ist. Wäre es so lang wie der Originaltext, könnte sich die Häufigkeitsverteilung nicht so leicht im Chiffrat wiederfinden. Dazu hat Vigenère selbst eine Lösung gefunden, die sich »Autokey« nennt. Anstatt das Passwort immer wieder hintereinander zu fügen, füllt er die fehlenden Zeichen mit der Klartextnachricht auf. Um beispielsweise »INFORMATIK«

mit »SONNE« zu codieren, wird das Passwort zu »SONNEINFOR« ergänzt. Damit wird die Geschichte tatsächlich ein wenig schwieriger, aber wenn die Texte nur lang genug sind, wird die Häufigkeitsanalyse am Ende dennoch siegen: Auch im Klartext dürfen Sie ja die typische Häufigkeit von »e«s erwarten, die letztlich auch die codierten »e«s besonders oft addiert ...

Symmetrische Klassiker

Im Zeitalter des Computers müssen wir diese Überlegungen modifizieren. Einerseits sind die Rechenknechte dermaßen schnell geworden, dass Verschlüsselungen nach Vigenère durch stumpfsinniges Durchprobieren (»brute force«, »rohe Gewalt«) zu knacken sind. Andererseits erfolgen auch Häufigkeitsuntersuchungen, selbst sehr langer Texte, extrem schnell. Denn nicht nur allein die Buchstaben, auch Kombinationen aufeinanderfolgender Zeichen können der Kryptoanalyse dienlich sein. Denken Sie beispielsweise an »ch« oder »qu«. Kurzum: Computer führen dazu, dass neue Wege der Kryptografie gesucht werden müssen.

Der Gedanke entbehrt nicht einer gewissen Ironie: Sie dürfen nicht vergessen, dass Alan Turing mit der rechnergestützten Entschlüsselung der Enigma im Zweiten Weltkrieg einen maßgeblichen Anteil an der Fortentwicklung der Computertechnologie hatte. Nicht zuletzt das Militär hat am Ende die Nützlichkeit der Rechenmaschinen erkannt und für deren Effizienzsteigerung gesorgt. Hier beißt sich die Katze in den Schwanz: Erst die Computer haben die Kryptografie vorangetrieben und die Suche nach neuen, weniger leicht zu knackenden Verfahren begünstigt – deren primäre Bedrohung wiederum Computer sind.

Die Arbeiten von Alan Turing bezüglich der Berechenbarkeit werden in Kapitel 52 diskutiert.

Exemplarisch möchte ich Ihnen aufzeigen, welche weitere Entwicklung die Verschlüsselungstechnik seither genommen hat. Die Grundidee eines solchen Verfahrens ist denkbar einfach: Dem Chiffrat sollte nicht mehr mit statistischen Methoden beizukommen sein, was nichts anderes bedeutet, als dass sich der verschlüsselte Text von einer rein zufälligen Zeichenfolge möglichst nicht mehr unterscheiden darf. Keine häufigeren Zeichen, keine auffälligen Kombinationen von Zeichen, nichts dergleichen.

Hierzu muss der Originaltext quasi wie in einer Buchstabenbox möglichst kräftig durchgeschüttelt werden. Außerdem muss *Kerckhoffs' Maxime* eingehalten werden:

Kerckhoffs' Maxime besagt, dass die Sicherheit eines Verschlüsselungsverfahrens nur auf der Geheimhaltung des Schlüssels und nicht des verwendeten Algorithmus beruhen darf.

Obgleich Kerckhoffs seine Maxime bereits 1883 aufstellte, haben sich die Kryptografen erst nach dem Enigma-Desaster daran gehalten.

Weitere Hintergrundinformationen zu Auguste Kerckhoffs und dem etwas allgemeineren »Prinzip des öffentlichen Entwurfs« finden Sie in Kapitel 54.

Die Enigma-Sicherheit bestand nämlich nicht *nur* in den wechselnden initialen Walzenein-stellungen, die einem Passwort entsprechen, sondern *auch* in der Geheimhaltung ihrer fes-ten inneren Verdrahtung. Sie dürfen sich die Enigma wie eine Schreibmaschine vorstellen, bei der die einzelnen Tasten der Tastatur mit stets wechselnden Buchstaben verknüpft sind.

Somit finden **Permutationen** statt.

Permutationen (Vertauschungen) gehören zu den wichtigsten Prinzipien der Verschlüsselung. Bei Permutationen werden einzelne Zeichen mit anderen ver-tauscht. Wie bei der Vigenère-Verschlüsselung kann die Zuordnung der Zeichen zueinander jedoch ständig wechseln. Die Enigma führte mehrere Permutationen hintereinander aus, ehe die angeschlagene Taste einen Buchstaben codierte.

Die Militärs haben schließlich erkannt, dass ein Verfahren jedenfalls auf Dauer nicht geheim zu halten ist. Somit kann es auch gleich veröffentlicht werden und die ganze Welt sollte sich daran beteiligen, nach Schwachstellen im System zu suchen.

Es gibt bis heute zahlreiche Hobby-Kryptografen, die glauben, ein wunderbares, unknackbares Verfahren zur Verschlüsselung entdeckt zu haben. Hierzu stellen sie verschlüsselte Texte ins Internet, die die restliche Welt doch bitte entschlüsseln möge. Daran wird sich kein ernst zu nehmender Kryptoanalytiker beteiligen. Wie ich Ihnen weiter unten zeigen werde, gibt es ohnehin ein sehr simples, noch dazu absolut sicheres Verfahren. Ein Chiffrat zu präsentieren, ohne das Verfahren offen-zulegen, wird als **Security by Obscurity** bezeichnet und ist im Allgemeinen keine gute Idee.

DES

Um dem Kerckhoffs'schen Prinzip Genüge zu tun, schrieb das damalige *National Bureau of Standards* (heute *National Institute of Standards and Technology, NIST*) Anfang der 1970er Jahre ein Verschlüsselungsverfahren öffentlich aus. Nach einigem Hin und Her gewann schließlich ein Verfahren, das sich DES nennt.

DES steht für »**D**ata **E**ncryption **S**tandard«.

Neben Permutationen finden im DES auch **Substitutionen** statt.

Substitutionen (Ersetzungen) spielen eine große Rolle in modernen Verschlüsselungsverfahren. Bei einer **S-Box** (**S**ubstitutionsbox) lokalisieren einzelne Bits der Originaldaten die Spalte und Zeile einer festen (und öffentlich bekannten) **Substitutionstabelle**.

S-Boxen sind ein sehr wichtiges Konzept von Verschlüsselungsverfahren, nicht nur beim DES. Auf jeden Fall lohnt es sich, einen genaueren Blick darauf zu werfen.

Exemplarisch zeige ich Ihnen die erste (der acht) S-Boxen des DES:

	?0000?	?0001?	?0010?	?0011?	?0100?	?0101?	?0110?	?0111?	?1000?	?1001?	?1010?	?1011?	?1100?	?1101?	?1110?	?1111?
0????0	1110	0100	1101	0001	0010	1111	1011	1000	0011	1010	0110	1100	0101	1001	0000	0111
0????1	0000	1111	0111	0100	1110	0010	1101	0001	1010	0110	1100	1011	1001	0101	0011	1000
1????0	0100	0001	1110	1000	1101	0110	0010	1011	1111	1100	1001	0111	0011	1010	0101	0000
1????1	1111	1100	1000	0010	0100	1001	0001	0111	0101	1011	0011	1110	1010	0000	0110	1101

Tabelle 57.5: Erste S-Box des DES

Die Substitutionsbox besteht aus 16 Spalten und vier Zeilen. Je sechs aufeinanderfolgende Bits der Originaldatei identifizieren genau eine Zelle in Tabelle 57.5. Dabei dienen die äußeren Bits, also das erste und das sechste jeweils zur Bestimmung der **Zeile**, während die mittleren vier Bits die **Spalte** identifizieren.

Lautet die Bitfolge in der unverschlüsselten Version beispielsweise 010111, so würden die führende Null und die Eins am Ende die Zeile 0????1 identifizieren, also die zweite Zeile der S-Box. Die vier mittleren Bits ?1011? verweisen auf die elfte Spalte. Ich habe Ihnen in Tabelle 57.5 die Zielzelle markiert: Es handelt sich um die Bitfolge 1100.

Die ursprünglichen sechs Bits 010111 werden somit zu 1100 substituiert. Und der DES-Algorithmus substituiert nicht nur einmal, sondern sechzehnmal.

 Das DES-Verfahren verwendet einen 8-Bytes-Schlüssel, bei dem jedoch jeweils ein Paritätsbit eingestellt wird, sodass die effektive Schlüssellänge $7 \cdot 8 = 56$ Bits beträgt. Zunächst werden die Originaldaten in Blöcke zu je 64 Bits zerlegt, die jeweils einzeln verschlüsselt werden. Jeder Block wird einer Permutation unterzogen. Ja, auch die *Permutationsboxen* (die *P-Boxen*) des DES sind öffentlich bekannt. Anschließend wird der 64-Bit-Block in zwei Blöcke à 32 Bits zerlegt. Nur auf eine Hälfte wird dann eine **XOR-Verknüpfung** mit dem permutierten und etwas geschrumpften Schlüssel angewendet. Anschließend geht es in die S-Box und das Ergebnis wird mit der anderen Hälfte wiederum XOR verknüpft. Das Resultat wandert als neue Hälfte in die nächste Substitutionsrunde. Dieser Spaß wiederholt sich 16 Mal. Am Ende werden die beiden Hälften wieder zusammengeführt und final permutiert.

Es ist nicht wichtig, dass Sie sich im Einzelnen merken, in welcher Reihenfolge welche S-Box oder P-Box an die Reihe kommt. Entscheidend ist die wiederholte Anwendung der Substitution sowie – ganz tief im innersten Kern – die XOR-Verknüpfung. Die Entschlüsselung funktioniert übrigens genau umgekehrt: Sie wenden wieder 16 Runden an, beginnen aber bei der letzten und arbeiten sich zur ersten durch ...

3DES

Eine der ersten und offensichtlichsten Schwächen des DES ist die kleine Schlüssellänge. Angeblich hat die NSA auch unmittelbaren Einfluss auf die genaue Ausgestaltung des Algorithmus gehabt, insbesondere auf die Bits in den diversen S-Boxen. Aber nach heutigen Maßstäben ist das gar nicht mehr nötig. Mit den 56 effektiven Bits lassen sich bei schnellen Systemen per brute force alle Kombinationen durchprobieren. Die Schlüssel müssten einfach länger sein, um das zu verhindern. Was machen Sie dagegen? Ganz einfach: Sie lassen den kompletten DES mehrfach hintereinander ausführen, zum Beispiel dreimal. Das Ergebnis nennt sich **Triple DES** oder kurz **3DES**. Leider erreichen Sie hiermit keine Verdreifachung der Sicherheit. Eine typische Anwendung des 3DES verwendet zwei verschiedene Schlüssel mit einer effektiven Länge von je 56 Bits. Ein Schlüssel wird beim ersten und beim dritten Durchlauf eingesetzt. Der andere dazwischen. Das NIST geht davon aud, dass 3DES in dieser Variante einem Verfahren entspricht, das mit einer Schlüssellänge von 80 Bits (und nicht $2 \cdot 56 = 112$) arbeitet.

AES

Bereits in den 1990er Jahren wurden weitere Designschwächen des DES öffentlich. Deswegen schrieb das NIST erneut ein Verschlüsselungsverfahren aus. Diesmal machte ein Europäer das Rennen: AES ist seit 2000 das Standardverfahren weltweit.

 *AES* steht für »**A**dvanced **E**ncryption **S**tandard«.

Der AES wurde von den belgischen Kryptologen Vincent Rijmen und Joan Daemen entwickelt und wird auch als Rijndael-Algorithmus (gesprochen »Reindahl«) bezeichnet. Genau wie sein Vorgänger DES handelt es sich um eine Blockchiffre.

Die Block- und Schlüssellängen können jedoch variieren. Wer sichergehen will, sollte heutzutage das Maximum, nämlich 256-Bit-Schlüssel verwenden. Ein wichtiges Kriterium bei der Ausschreibung durch das NIST war die lizenzfreie, kostenlose Verfügbarkeit. Daher finden Sie AES-Implementierungen überall und dürfen den Algorithmus auch selbst programmieren.

Auch beim AES spielen S-Boxen eine wichtige Rolle. Darüber hinaus werden lustige Dinge wie das Verschieben von Zeilen und das Vertauschen von Spalten angewendet. Wiederum werden viele Runden gedreht, um den Klartext – wie bei einer umgekehrten Waschmaschine – so lange zu verwirbeln, bis ein vollkommen zufällig aussehendes Ergebnis am Ende herauskommt. Und, Sie haben es wohl geahnt, auch beim AES ist die XOR-Verknüpfung letztlich entscheidend.

 Unter `http://www.cryptool-online.org` finden Sie eine animierte Darstellung der Funktionsweise des AES und vieler weiterer Verschlüsselungsverfahren. Dort dürfen Sie auch selbst die verschiedenen Algorithmen mit eigenen Texten ausprobieren!

One Time Pad

Warum ich immer wieder auf das simple XOR hinweise? Denken Sie zurück! Weit zurück, bis zur Caesar-Verschlüsselung. Auch dort werden ja Zeichen addiert. Wenn Sie anstatt Buchstaben nur noch Bits betrachten, sieht die Addition (ohne Übertrag) wie ein XOR aus. Mit ein bisschen gutem Willen sind auch die modernen Verschlüsselungsalgorithmen als Nachkommen eines Jahrtausende alten Verfahrens zu erkennen. Und es gibt noch einen weiteren Grund. Ich hatte Ihnen ja bereits angedeutet, dass es eine beweisbar, absolut sichere Methode der Verschlüsselung gibt. Sie wird als **One Time Pad** bezeichnet.

 Das *One Time Pad* ist eine zufällige Bitfolge, die nur einmal zur Verschlüsselung eingesetzt werden darf. Dabei muss der Schlüssel dieselbe Länge wie der Klartext besitzen. Das Verfahren selbst besteht zum Ver- und Entschlüsseln nur aus einem simplen XOR.

Bevor ich auf die absolute Sicherheit des Verfahrens eingehe – vorausgesetzt, der symmetrische Schlüssel wird absolut sicher aufbewahrt und nur einmal verwendet –, möchte ich Ihnen an einem kleinen Beispiel zeigen, wie das funktioniert. Aus den Zeichen gewinne ich die Bits mittels ASCII-Code.

 Den ASCII-Code finden Sie in Kapitel 5 (Tabelle 5.3) beziehungsweise auf der Schummelseite vorne im Buch.

Es soll der Text »Dummies« mit einem exemplarischen One Time Pad verschlüsselt werden (siehe Tabelle 57.6).

Klartext	D	u	m	m	i	e	s
In Binärform	0100 0100	0111 0101	0110 1101	0110 1101	0110 1001	0110 0101	0111 0011
One Time Pad (Beispiel)	1001 1010	1101 1011	0011 0000	1010 0011	0011 1100	1011 0011	1010 0101
Ergebnis (XOR)	1101 1110	1010 1110	0101 1101	1100 1110	0101 0101	1101 0110	1101 0110

Tabelle 57.6: Verschlüsselung von »Dummies« mit einem One Time Pad

So weit, so gut. Warum soll das jetzt so sicher sein? Nun, die Antwort ist sehr einfach: Jedes Ergebnis ist gleich wahrscheinlich. Sie können niemals und auf keine Weise feststellen, ob Sie den richtigen Schlüssel gefunden haben, weil es für jede denkbare Klartextnachricht immer ein One Time Pad gibt, das zur selben Chiffre führt. Sie glauben mir nicht? Dann lassen Sie es uns am obigen Beispiel ausprobieren. Ich behaupte, auch der Klartext »Niemals« liefert dasselbe Ergebnis, freilich mit einem anderen One Time Pad. Sehen Sie selbst in Tabelle 57.7!

Klartext	N	i	e	m	a	l	s
In Binärform	0100 1110	0110 1001	0110 0101	0110 1101	0110 0001	0110 1100	0111 0011
One Time Pad (Beispiel)	1001 0000	1100 0111	0011 1000	1010 0011	0011 0100	1011 1010	1010 0101
Ergebnis (XOR)	1101 1110	1010 1110	0101 1101	1100 1110	0101 0101	1101 0110	1101 0110

Tabelle 57.7: Verschlüsselung von »Niemals«

Das ist alles richtig und wahr. Trotzdem hat die Geschichte zwei Haken.

✔ Ein absolut zufälliges One Time Pad werden Sie schwerlich herstellen können.

✔ Wenn Sie ein Passwort, das genau so lang ist wie der Klartext, zuvor mit Ihrem Kommunikationspartner (auf sicherem Weg) austauschen müssen und zugleich nur einmal verwenden dürfen, können Sie auf demselben Weg ja gleich die ganze Nachricht übermitteln.

Insofern besitzt das One Time Pad leider nur theoretische Relevanz und keine praktische.

Paradox: Sichere Kommunikation über unsicheren Kanal

Aber etwas sehr Wichtiges ist bereits angeklungen. Angenommen, wir hätten ein brauchbares Verschlüsselungsverfahren gefunden: Wie könnten wir das Passwort sicher über das Internet austauschen? Eine Klartext-Übertragung im Internet ist so unsicher, dass Sie das Passwort gleich auf Ihre Homepage setzen könnten.

Das stellt uns vor ein grundsätzliches Problem.

 Ist es überhaupt möglich, verschlüsselte Kommunikation zu betreiben, ohne vorher ein gemeinsames Geheimnis (zum Beispiel ein Passwort) auszutauschen?

Die spannende Antwort lautet: Ja, inzwischen wurden Lösungen dafür gefunden. Seither lassen sich Verschlüsselungsverfahren generell in zwei verschiedene Klassen einteilen.

 Symmetrische Verschlüsselungsverfahren verwenden dasselbe Geheimnis zur Ver- und Entschlüsselung. Bei *asymmetrischen Verfahren* verwenden Sie dagegen für Verschlüsselung und Entschlüsselung unterschiedliche Geheimnisse.

 Die Idee der asymmetrischen Verschlüsselung besteht in der *Teilung* des Schlüssels in einen öffentlichen und einen privaten Teil. Der öffentliche darf allen Kommunikationsteilnehmern bekannt sein, der private verbleibt im Besitz des Senders!

Das hört sich zwar gut an, aber wie konzipieren Sie ein derartiges Schlüsselpaar, sodass aus dem öffentlichen Teil und dem privaten Teil ein gemeinsamer Schlüssel wird?

Diffie-Hellman

Zu dieser Frage gibt es zwei sehr berühmte Antworten. Die erste geht auf den amerikanischen Kryptografen Whitfield Diffie und seinen Kollegen Martin Hellman zurück, die das Verfahren bereits 1976 gemeinsam mit Ralph Merkle an der Stanford-University konzipierten. Weil Merkle Diffies Schüler war, erscheint er gemeinerweise häufig nicht mehr im Namen des Verfahrens. Ganz korrekt ist es somit, vom Diffie-Hellman-Merkle-(DHM-)Verfahren zu sprechen.

Das DHM-Verschlüsselungsverfahren nutzt einen mathematischen Trick, der mit Exponentiation und Modulo-Rechnung zu tun hat.

 Die *Modulo-Rechnung (Kongruenzrechnung)* wurde ausführlich von Carl Friedrich Gauss diskutiert. Typische Anwendungen sind Uhrzeiten oder Kalender. Alles wiederholt sich irgendwie. Wenn es beispielsweise gerade 19 Uhr ist und Sie wollen wissen, wie viel Uhr es in 8 Stunden ist, dann fangen Sie einfach nach der 23 wieder bei 0 an und landen bei 3 Uhr als Ergebnis. Sie können aber schlecht 19 + 8 = 3 schreiben, da klopft Ihnen jeder Mathelehrer auf die Finger, denn 19 + 8 ist ja 27. Richtig wäre: 19 + 8 ≡ 3 mod 24, gesprochen »19 + 8 ist *kongruent* zu 3 *modulo* 24«. Informatiker handhaben das noch einfacher. Dazu wird »mod« wie ein Operator (in C wäre das »%«) verwendet. 19 + 8 mod 24 = 3 bedeutet, wenn Sie 19 und 8 addieren und eine 24-Stunden-Uhr verwenden, landen Sie bei drei Uhr.

Die Formel, die im Kern der Diffie-Hellman-Idee steckt, lautet:

$(g^a \bmod p)^b \bmod p = (g^b \bmod p)^a \bmod p$

falls p eine Primzahl ist und g bestimmte mathematische Eigenschaften besitzt.

 Wenn Sie es genau wissen wollen: **g muss der Erzeuger einer zyklischen Gruppe der Ordnung p sein.** Eine zyklische Gruppe besteht aus lauter Potenzen des Erzeugers. Zyklisch wird das Ding durch Modulo-Rechnung. Nehmen Sie beispielsweise als Erzeuger g = 2 und als Primzahl die p = 7. Die Potenzen von 2 modulo 7 lauten: 1, 2, 4. Danach käme die 8, aber 8 mod 7 = 1 und so wiederholt sich die Gruppe, hübsch zyklisch. Was, Sie glauben mir nicht? Rechnen Sie doch einfach weiter: 16 mod 7 = 2 und 32 mod 7 = 4. Das geht immer so weiter ...

Alice möchte an Bob eine Nachricht senden. Dazu benötigt sie seinen öffentlichen Schlüssel. Dieser besteht aus den beiden Zahlen g und p. Die darf jeder kennen! Beim DHM müssen sich Alice und Bob jeweils eine Zahl ausdenken, nennen wir sie a und b. Nun berechnet

Alice: $g^a \bmod p$ und Bob: $g^b \bmod p$

und sendet das Ergebnis jeweils an den anderen. Wieder dürfen alle bösen Angreifer diese Zahl lesen, allerdings kennen sie natürlich weder a noch b, sondern nur das Gesamtresultat. Auch Alice kennt b nicht und Bob nicht a. Nach der obigen Formel muss aber Alice nur die Zahl von Bob mit ihrem eigenen Geheimnis a potenzieren – modulo p – und Bob macht es entsprechend mit seinem Geheimnis, nämlich b.

Da beide Resultate am Ende gleich sind, haben sich Alice und Bob einen *symmetrischen Schlüssel* erzeugt, mit dem sie fortan symmetrisch verschlüsseln können, ohne dass dieser Schlüssel über den unsicheren Kanal gelangt ist. Genial, nicht wahr?

Natürlich wird das nur dann ein sinnvolles Verfahren, wenn die Zahlen p und g ordentlich groß sind. Ein Angreifer müsste bei der Kommunikation zwischen Alice und Bob die Exponentiation modulo p rückgängig machen können, was aber mathematisch nicht so einfach ist.

Noch unklar? Dann mache ich am besten ein Beispiel, bei dem Sie die Werte selbst nachrechnen können, und verwende daher nur sehr kleine Zahlen.

 Bob teilt g = 2 und p = 13 an Alice (und alle anderen) mit.

Alice denkt sich die Zahl a = 4 aus und Bob b = 5.

Nun berechnet

Alice: $g^a \bmod p = 2^4 \bmod 13 = 3$

und Bob: $g^a \bmod p = 2^5 \bmod 13 = 6$.

Alice sendet ihre »3« an Bob und Bob seine »6« an Alice.

Alice nimmt nun die »6« von Bob und potenziert sie mit ihrem eigenen Geheimnis a, der Zahl 4. Dabei kommt heraus: $6^4 \bmod 13 = 9$. Bob verfährt entsprechend. Von Alice hat er die Zahl 3 bekommen, sein eigenes Geheimnis b ist 5. Er berechnet: $3^5 \bmod 13$ und bekommt, wie durch ein Wunder, ebenfalls als Lösung die »9« heraus. Dies ist ab jetzt der gemeinsame symmetrische Schlüssel!

Beachten Sie, dass weder a noch b über den unsicheren Kanal gesendet wurden!

RSA

DHM funktioniert, solange die Zahlen groß genug sind, allerdings ist ein wenig störend, dass sowohl Sender als auch Empfänger einer Nachricht am Schlüssel beteiligt sind. Das geht noch besser, und zwar mit dem RSA-Verfahren.

Das **RSA-Verfahren** ist nach den Erfindern benannt, den Mathematikern *Rivest*, *Shamir* und *Adleman*. Eigentlich wollten sie am MIT das Diffie-Hellman-Merkle-Verfahren widerlegen, entdeckten dabei jedoch eine noch bessere Lösung. So kann es gehen.

Die Grundidee ist im Prinzip dieselbe, allerdings gibt es einen deutlichen Fortschritt.

Wenn Alice an Bob eine mit RSA verschlüsselte Nachricht übermitteln möchte, benötigt sie lediglich dessen **öffentlichen Schlüssel**. Mit diesem verschlüsselt Alice ihre Botschaft. Niemand außer Bob ist nun in der Lage – selbst Alice nicht –, die Nachricht zu entschlüsseln. Dazu wird nämlich der **private Schlüssel** benötigt. Dieser aber verlässt niemals Bobs Besitz. Beide, öffentlicher und privater Schlüssel müssen zusammenpassen. Es handelt sich somit um ein **Schlüsselpaar**.

Diesmal wird zwar auch wieder exponiert, im Kern geht es allerdings um Faktorisierung von Zahlen, die aus lediglich zwei (aber dafür sehr großen) Primzahlen zusammengesetzt sind.

Bevor es losgeht, erzeugt Alice ein Schlüsselpaar. Dazu werden zwei (möglichst große) Primzahlen benötigt. Um die Sache für Sie leichter nachvollziehbar zu gestalten, nehmen wir nur kleine Primzahlen, beispielsweise p = 11 und q = 13. Alice multipliziert diese und berechnet n = 11 · 13 = 143. Diese Zahl ist bereits der erste Teil des öffentlichen Schlüssels. Der zweite ist eine Zahl e, die kleiner als und zu $(p - 1) \cdot (q - 1)$ teilerfremd sein muss. In unserem Fall ist p − 1 = 10 und q − 1 = 12, somit muss e kleiner als 120 und teilerfremd zu 120 sein. Wie gefällt Ihnen 77? Da 120 weder durch 7 noch durch 11 teilbar ist, sind 120 und 77 teilerfremd. n und e bilden, wie erwähnt, den öffentlichen Schlüssel. Der private besteht aus der Zahl d. Für d muss gelten:

$$d \cdot e = 1 \bmod (p - 1) \cdot (q - 1)$$

Das sieht sehr kompliziert aus, ergibt sich jedoch als Nebenprodukt im **erweiterten euklidischen Algorithmus** zur Bestimmung des größten gemeinsamen Teilers von e und $(p - 1) \cdot (q - 1)$. In unserem Fall erhalten Sie: d = 53, denn

$$53 \cdot 77 = 4081 \equiv 1 \bmod 120$$

Okay, der private Schlüssel ist also 53. Jetzt kann es losgehen. Alice veröffentlicht n und e, also 143 und 77, als ihren Schlüssel. Übrigens darf die 120 nun endgültig gelöscht werden, nachdem sie zur Berechnung von e und d einmalig gebraucht wurde.

Bob ermittelt nun aus dem Klartext T die Chiffre C mittels

$$C = T^e \bmod n$$

Gehen Sie beispielsweise von einem Wert T = 49 aus – was dem ASCII-Wert des Zeichens »1« entspricht – so erhält Bob als Chiffre C = $49^{77} \bmod 143$ = 69. Haben Sie es mit dem Taschenrechner nachgerechnet? Da entstehen äußerst große Zahlen, obwohl unsere ursprünglichen p und q noch vergleichsweise beschaulich ausfallen.

Um das auszurechnen, gibt es einen Trick:

$$49^{77} = 49 \cdot 49^{76} = 49 \cdot (49^4)^{19}$$

Nun dürfen Sie zunächst $49^4 \equiv 42 \bmod 143$ ansetzen und das Ergebnis anschließend mit 19 potenzieren. Sie erhalten: $42^{19} \equiv 16 \bmod 143$. Außerdem sollten Sie die ursprünglich herausgezogene 49 nicht vergessen. Insgesamt ergibt sich: $49^{77} = 49 \cdot 16 \equiv 69 \bmod 143$. Diese Chiffre übermittelt nun Bob – für alle sichtbar – an Alice.

Alice, die zum Glück ihren privaten Schlüssel, nämlich d = 53 noch nicht vergessen hat, geht nun zur Ermittlung des Klartexts T aus der Chiffre C sehr ähnlich vor:

$$T = C^d \bmod n$$

Sie erhält: T = $69^{53} \bmod 143$. Mit einem analogen Trick zu oben ergibt sich: T = 49, also das Zeichen »1«. Genial, oder?

Der Vorteil am RSA-Verfahren besteht darin, dass jeder Teilnehmer nur ein einziges Schlüsselpaar erzeugt. Allerdings gibt es auch ein paar Fallstricke:

✔ Das Erzeugen großer Primzahlen ist nicht gerade ein Zuckerschlecken.

✔ Sobald die Faktorisierung auch großer Zahlen schneller geht, könnte das Verfahren gebrochen werden. Deswegen werden bereits alternative Implementierungen erprobt.

✔ Selbstverständlich muss die Potenzierung modulo einer Zahl, wie gezeigt, stets trickreich erfolgen.

Elliptische Kurven

Wenn die Faktorisierung großer Zahlen eines Tages gebrochen sein sollte, sei es durch einen genialen Algorithmus oder durch den realen Einsatz von derzeit nur theoretisch oder in Prototypen existierenden Quantencomputern, so bleiben doch auch andere Wege, um eine sichere Verschlüsselung zu erreichen. Ein guter Kandidat ist die **elliptische Kurvenkryptografie** (ECC, Elliptic Curve Cryptography). Sie gehen dabei von einer elliptischen Funktion der Form

$$y^2 = x^3 + ax + b \text{ mit } 27b^2 \neq -4a^3$$

aus, beispielsweise

$$y^2 = x^3 + x + 1$$

Für zwei Punkte P und Q auf der Kurve wird nun eine recht merkwürdige *Addition* definiert: Die Gerade durch P und Q schneidet die Kurve in einem weiteren Punkt, der mit R bezeichnet wird. R ist nun aber nicht bereits die Summe von P und Q, sondern muss erst an der X-Achse gespiegelt werden. Man nennt diesen Spiegelpunkt auch –R. Es gilt somit P + Q = –R.

Die mehrfache Addition eines Punktes mit sich selbst beschreibt auf natürliche Weise die *skalare Multiplikation*, zum Beispiel P + P + P = 3P. Der Witz der ECC besteht nun darin, dass diese Multiplikation sehr leicht ist, wenn Sie P kennen. Von einem (größeren) Vielfachen von P können Sie jedoch schlecht auf P rückschließen, selbst wenn Sie den Vorfaktor kennen. Damit sind alle Zutaten gegeben. Aus der Multiplikation zweier Primzahlen wird die Multiplikation eines Punktes. Beides lässt sich nur schwer umkehren, ohne die Primzahlen (beziehungsweise den Punkt) zu kennen.

Aufbau von Kryptosystemen

Das war es schon? Leider nicht ganz. Wie erwähnt müssen die verwendeten Primzahlen groß genug sein. Aber was heißt das? Diese Anforderung steigt mit wachsender Rechnerkapazität. Damit Sie einen Anhaltspunkt haben: Mehr als 200 Dezimalstellen sollten heutzutage schon drin sein. Die Erzeugung solcher Zahlen, die im Wesentlichen auf Raten und Probieren basiert, ist eine Wissenschaft für sich. Außerdem müssen andere Randbedingungen eingehalten werden. Beispielsweise dürfen die Primzahlen nicht zu nahe beieinanderliegen, sonst lässt sich eine Faktorisierung mit anderen Methoden lösen.

Schließlich denken sich findige Informatiker und Amateure jeden Tag neue Verfahren aus, um zusammengesetzte Zahlen zu zerlegen. Noch hat kein Mensch bewiesen, dass die Faktorisierung wirklich schwer ist – im informationstheoretischen Sinne.

 Kapitel 53 zeigt Ihnen, was unter schweren Problemen zu verstehen ist ...

Ungemach taucht aber noch von gänzlich anderer Seite auf. Sobald Alice Bobs öffentlichen Schlüssel sucht, sagen wir im Internet, gibt es im Prinzip keine Gewähr dafür, dass dieser Schlüssel wirklich echt ist! Vielleicht hat ein böswilliger Angreifer den Schlüssel auf Alices Homepage durch seinen eigenen ausgetauscht.

Was Sie brauchen, ist also nicht nur ein sicheres Schlüsselpaar für jeden Anwender, sondern zugleich eine Infrastruktur, die gewährleistet, dass der jeweilige Schlüssel auch zu der entsprechenden Person gehört. Die Kombination von authentischer Person und ihrer digitalen Unterschrift heißt **Zertifikat**. Für die Verwaltung derartiger Zertifikate benötigen Sie eine **PKI**.

Die Buchstabenfolge *PKI* steht für **Public-Key-Infrastructure**. Darunter versteht man die Gesamtheit einer Fülle von Diensten. Insbesondere ...

✔ *Zertifizierungsstelle* (Certificate Authority, CA)

✔ *Registrierungsstelle* (Registration Authority, RA)

✔ *Verzeichnisdienst* zur Verwaltung von gültigen Zertifikaten (Directory Service)

✔ *Liste gesperrter Zertifikate* (Certificate Revocation List, CRL)

✔ *Validierungsdienst* für Zertifikate (Validation Authority, VA)

Die vertrauenswürdige Instanz zur umfassenden Verwaltung von Zertifikaten wird auch *Trust Center* genannt.

Sie merken, da steckt einiges dahinter. In Deutschland wird der Betrieb solcher Trust Center durch das Signaturgesetz und den nachgelagerten Verordnungen geregelt, die sehr hohe Anforderungen stellen. Das geht los bei baulichen Maßnahmen, von der Wandstärke bis zur Vereinzelungsschleuse, und zieht sich durch die elektronische Verwaltung von Zertifikaten von der Aufbewahrung bis hin zur Löschung.

Aber wer garantiert, dass im Trust Center alles korrekt abläuft? Dazu muss sich beispielsweise die CA selbst wiederum bei einer anderen Stelle zertifizieren! Irgendwo muss das Vertrauen jedoch in der letzten Instanz angekommen sein. Diesen Ort nennt man **Root-CA** (*Wurzelzertifizierungsstelle*).

Eine aktuelle Liste von Root-CAs in Deutschland finden Sie beispielsweise auf den Seiten der Bundesnetzagentur: www.bundesnetzagentur.de.

Die hohen Anforderungen haben aber insbesondere kleinere Betreiber von Trust Centern abgeschreckt. Wer soll das bezahlen? Welcher Endkunde ist bereit, für die eigenen Zertifikate einen jährlichen finanziellen Beitrag zu leisten? Leider sind das die wenigsten. Sobald die Zertifikate einheitlich auf den Personalausweisen zu finden sind und tatsächlich auch genutzt werden, stehen uns allen eine Menge neuer, sicherer Möglichkeiten offen:

✔ Einkaufen im Netz

✔ Digitale Unterschriften beim Notar

- ✔ Identifikation gegenüber Behörden
- ✔ Online-Banking
- ✔ Punkte in Flensburg jeden Tag einsehen ...

Ring of Trust

Am Ende des Kapitels möchte ich Sie noch auf eine Alternative zur strengen Hierarchie von zertifizierten Zertifizierungsstellen bis hin zur Wurzelzertifizierungsstelle hinweisen.

Es handelt sich dabei um einen *Ring of Trust.*

Ein **Ring of Trust** basiert nicht auf einer Hierarchie von Vertrauen, sondern einem Ring: Wenn Alice Bobs Vertrauenswürdigkeit garantiert und ich Alice absolut vertraue, dann kann ich auch gleich Bob vertrauen. Dieser Ring sollte natürlich am Ende am besten die gesamte Menschheit und das Internet umfassen. So entsteht das **Web of Trust.**

Es gibt übrigens einen interessanten Zusammenhang zwischen Kryptografie und Komplexitätstheorie. Entschlüsselung bedeutet in diesem Sinne, eine einfache (polynomiale) Lösung aus einer schwierigen Aufgabenstellung (mit potenziell exponentiellem Aufwand) zu extrahieren. Sollte P = NP gelten, wären alle konventionellen Verfahren prinzipiell kompromittierbar. Das ist jedoch noch eine offene Fragestellung. Schlagen Sie in Kapitel 53 nach, wenn Sie das Thema interessiert!

Kapitel 58
Wände gegen Feuer

Nach einigen Kapiteln, in denen es mehr oder weniger um die dunkle Seite der (Informatik-)Macht ging, möchte Sie dieses Kapitel wieder herausboxen und Ihnen aufzeigen, welche Schutzmaßnahmen existieren. Leider ist das alles recht kompliziert und die Verfahren ändern sich im Detail permanent. Deswegen werde ich Ihnen hier die prinzipiellen Ideen und Konzepte aufzeigen und auf allzu spezifische Details verzichten.

Moderne Sicherheitsinfrastrukturen

Stellen Sie sich einmal vor, es ginge nicht um den Schutz Ihrer IT, sondern um die Abwehr von Angriffen, angenommen auf eine Burg im Mittelalter. Kein Mensch kommt dort auf die Idee, die Zugbrücke und das Hauptportal perfekt zu sichern und immer weitere Maßnahmen gegen frontale Angriffe zu ergreifen, wenn zugleich die Mauer um die Festung herum zig andere, vollkommen ungesicherte Öffnungen aufweist.

Das ergibt keinen Sinn. Jeder Schurke, der die Burg stürmen möchte, sucht sich immer und zuerst die schwächsten Punkte aus. Das weitere Verstärken eines bereits gut gesicherten Bereichs ist in dieser Logik sogar kontraproduktiv. Denn wenn ich meinen Feind schon mit Pech begießen möchte, sollte ich ihn wenigstens nahe genug heranlocken und das nicht noch durch einen Wassergraben mit Krokodilen verhindern.

Leider passiert genau das – millionenfach – im privaten und geschäftlichen Umfeld der Informationsinfrastruktur. Nicht selten treffen Sie dort auf absurde Konfigurationen, bei denen mehrere gleichzeitig laufende Antivirenprogramme sich gegenseitig hemmen, nicht aufeinander abgestimmte Filter für Webcontent und Mails massenhaft *False Positives* generieren und zugleich bösartige *Trojaner* lustig vor sich hin arbeiten, sensible Informationen versenden und nur darauf warten, dass der *Controller* Anweisungen für einen *DDoS-Angriff* erteilt.

Zur Erinnerung: Wenn Schutzsoftware fälschlicherweise anschlägt, nennt man das »False Positive«. Das kann fatale Folgen haben. Beispielsweise weil wichtige geschäftliche Mails in Quarantäne gesteckt oder gar komplett gelöscht werden. Gegen Ende des Kapitels finden Sie auch Hinweise zum »False Negative«.

Bei »Trojanern« handelt es sich um eine besonders perfide Art bösartiger Software. Gut getarnt arbeiten diese Programme gegen Sie. Sie können Passwörter sammeln, den Netzwerkverkehr ausspähen, Ihre Kontakte abgreifen und noch Schlimmeres mit Ihren Daten anstellen. Ein »Botnetz« entsteht durch den Zusammenschluss zahlreicher derartig infizierter Systeme, die nur darauf warten, dass der steuernde Computer, der »Command & Controller Server«, Anweisungen zum Angriff erteilt.

Die Grundidee der Informationssicherheit spiegelt sich in der **Kettenregel** wider: Das schwächste Glied der Kette muss vordringlich gestärkt werden.

Leider entsteht durch die Kettenregel ein Riesenaufwand. Sie können nämlich nicht mehr sagen, »Ich bin geschützt, bei mir läuft ein Antivirenprogramm.« Vielmehr müssen Sie *alle* der nachfolgenden Punkte (und vermutlich noch ein paar mehr) beachten:

- Antivirenprogramm mit permanent aktueller Virusdefinitionsdatei vorhalten
- Frisch »gepatches« Betriebssystem betreiben
- Anwendersoftware aktualisieren, insbesondere Browser, Mail, Messenger ...
- Starke Passwörter verwenden, regelmäßig anpassen, nicht weitersagen ...
- Besuch dubioser Websites vermeiden
- Download aus nicht vertraulichen Quellen verhindern
- Sensible Informationen nur verschlüsselt übertragen und speichern
- Infrastruktur überprüfen, überwachen (Router sicher konfigurieren, angeschlossene Systeme auf Schwachstellen testen)
- Die Konfiguration der Firewall ständig im Blick behalten und verbessern
- ...

Leider sind die Anforderungen in sich bereits – jedenfalls teilweise – widersprüchlich. Wer beispielsweise seine komplette Korrespondenz und den Datentransfer konsequent Ende-zu-Ende verschlüsselt, kann nicht erwarten, dass Antivirensoftware und ähnliche Schutzmechanismen noch funktionieren, wie sie sollen. Hier ist eine Abwägung mit allen Risiken und Nebenwirkungen erforderlich. Am Ende entscheiden individuelle Merkmale des (beispielsweise betrieblichen) Umfelds.

Die Geschichte mit der Firewall müssen wir noch ein wenig genauer beleuchten.

Filteranlage für Pakete

Im Grunde gibt es zwei verschiedene Definitionen. Die erste ist sehr umfassend und wird in einem abstrakten Sinne verwendet:

 Unter dem Begriff *Firewall* (englisch für **Brandmauer**) werden alle technischen Maßnahmen zur Gewährleistung des Schutzes von IT-Komponenten gegen Angriffe von außen zusammengefasst.

Okay. Damit gehören sehr viele Dinge zu einer Firewall und Sätze wie »Ich habe meine Firewall erheblich erweitert« ergeben einen Sinn.

Demgegenüber steht die viel konkretere Definition:

 Eine **Firewall** arbeitet wie ein *Paketfilter*. Sie analysiert den Netzwerkverkehr und entscheidet anhand einer *Regelmenge*, welche Pakete zurückgewiesen (*reject*), welche komplett gelöscht (*deny*) oder einfach durchgelassen (*accept*) werden.

Aus dem Kontext können Sie meist schließen, von welcher Form der Firewall gerade die Rede ist. Die zweite Version ist auf jeden Fall auch Bestandteil der ersten.

Durch eine Firewall (der zweiten Version) entstehen zwei Bereiche von vernetzten Computersystemen, von Netzwerken. Es gibt ein *vor* und ein *hinter* der Firewall. Alle zu schützenden IT-Komponenten gehören *hinter* die Firewall, in die **Trusted Zone**. Umgekehrt ist das komplette Internet *vor* der Firewall. Wie ein Torwächter fungiert eine Firewall somit als Instanz, die entscheidet, welche Informationen hinausgelassen und welche hereingelassen werden (vergleiche Abbildung 58.1).

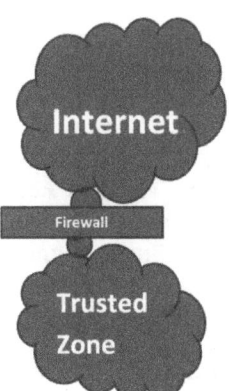

Abbildung 58.1: Trennung von Netzwerken durch eine Firewall

Aus der Darstellung ergeben sich sofort ein paar Anforderungen:

✔ Firewalls müssen so angeordnet werden, dass sie den vollständigen Datenstrom zwischen den beteiligten Netzen analysieren und kein ungeschütztes Tor (**Bypass**) offen lassen.

✔ Firewalls sind nur so viel wert wie das eingestellte Regelwerk (die installierte **Firewall Policy**).

✔ Es kann durchaus Sinn ergeben, mehrstufige Architekturen von Netzwerkbereichen mit mehreren Firewalls zu betreiben.

Der erste Punkt erscheint einleuchtend, zum zweiten finden Sie weitere Hinweise im nächsten Abschnitt und zur Erläuterung des dritten betrachten Sie einmal Abbildung 58.2.

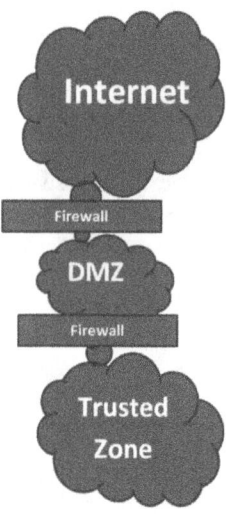

Abbildung 58.2: Zweistufige Firewallarchitektur

Wie Sie sehen, gibt es mit zwei Firewallstufen (je nach Definition sind das zwei Teile ein und derselben Firewall oder zwei getrennte Firewalls) insgesamt drei Bereiche. Zwischen dem Internet und der Trusted Zone finden Sie die *demilitarisierte Zone* (**DMZ**).

Die Idee einer DMZ besteht darin, dass Dienste, die zwingend mit dem Internet verbunden sein müssen – zum Beispiel ein Webserver –, eine riskante Angelegenheit sind. Sollte es zu einem *Vorfall* kommen und dieser Computer kompromittiert werden, müsste der Angreifer nun jedoch, ehe er in den Besitz sensibler Information aus der Trusted Zone gelangt, erst die innere Firewall überwinden, deren Regeln nochmals viel strenger sind als die äußere.

 Nicht weitersagen: Der **Honeypot** (**Honigtopf**) ist ein Bereich, der ganz bewusst dazu angelegt wird, Eindringlinge anzulocken und deren Verhalten zu studieren. Genauso wie Bären vom Honig angezogen werden, dient ein Honeypot dazu, Angreifern scheinbare Leckereien anzubieten. In Wahrheit handelt es sich um einen künstlichen Netzwerkbereich, streng abgeschottet von der Trusted Zone, der jedoch vermeintlich interessante Ziele enthält. Tatsächlich sind alle Daten dort gefälscht oder überhaupt nicht geheim. Durch den Honeypot analysieren die Sicherheitsbeauftragten das typische Vorgehen von Eindringlingen und können entsprechende Informationen sammeln, ohne dass ein Schaden entsteht.

Funktionieren wird das natürlich nur dann, wenn die Kriminellen keine Lunte rie-
chen und den Honeypot nicht als solchen enttarnen.

Besuch beim Statusinspektor

In diesem Abschnitt möchte ich Ihnen die typische Funktionsweise einer Firewall als Paketfilter erläutern. Insbesondere werden wir auch einen genaueren Blick in ihr *Regelwerk*
werfen.

Sollten Sie mit Begriffen wie Protokolle, TCP, IP oder Ports Schwierigkeiten haben,
empfehle ich Ihnen zunächst die Lektüre von Kapitel 44, ehe Sie fortfahren.

Vereinfacht ausgedrückt arbeitet eine Firewall wie folgt:

Funktionsweise einer Firewall

✔ Entgegennahme eines IP-Pakets

✔ Überprüfung der Absenderadresse sowie der Empfängeradresse anhand einer
Tabelle, die ein Regelwerk (**Policy**) repräsentiert

✔ Dort werden im Allgemeinen zusätzlich auch der TCP-Absendeport und der
Empfangsport abgefragt.

✔ Sollte eine Regel zutreffen (**match**), schreibt die Policy vor, was mit dem
Paket geschehen soll. Es wird entweder ...

   • einfach durchgelassen (*accept*) ,

   • zurückgewiesen (*reject*),

   • oder ignoriert (*deny*) .

✔ Im ersten Fall tut die Firewall so, als gäbe es sie gar nicht, und leitet die
Daten unverändert weiter. Im zweiten wird die Absenderadresse als neue
Empfängeradresse eingetragen und als Inhalt eine Fehlermeldung zurück-
geschickt; im dritten Fall wird das Paket nicht weitergeleitet, weder an den
Empfänger noch an den Absender. Insofern könnte man sagen, es wird gelöscht.

Das klingt zwar recht kompliziert, funktioniert aber irre schnell, denn die Firewall schaut
sich ja tatsächlich gar nicht die TCP-Nutzlast an, sondern nur deren Header (der seinerseits
Teil der Nutzlast auf IP-Ebene ist).

Das Regelwerk interessiert sich nun brennend dafür, ob eine Verbindung von außen nach
innen (**incoming**) oder von innen nach außen (**outgoing**) erfolgt. Das ist völlig logisch. Der
böse Angreifer kommt bekanntlich von außen (wenn er, was häufig vorkommt, von innen
angreift, nützt die Firewall ohnehin nichts). Deswegen sollten die Systeme der Trusted
Zone natürlich gegen alle möglichen Attacken von außen geschützt werden. Dies geschieht,
indem die Firewall Incoming-Verbindungen grundsätzlich unterbindet (**deny**).

Outgoing-Verbindungen sind jedoch weniger kritisch.

Das erinnert Sie vielleicht an die schmalen Schießscharten einer Burgfestung. Beschuss von außen nach innen (*incoming*) muss unterbunden werden, während Pfeile nach draußen (*outgoing*) ungehindert passieren dürfen.

Wenn Sie beispielsweise im Internet surfen, muss mindestens der Port 80 für alle denkbaren Adressen nach draußen geöffnet werden. Sobald Sie alles andere blockieren, werden Sie sehr schnell feststellen, dass die Hälfte aller Zielseiten nicht mehr funktioniert oder wenigstens komisch aussieht. Denn HTTP ist keineswegs auf den Port 80 beschränkt.

Nahezu alle Router für Privatkunden beinhalten heutzutage eine Firewall, die standardmäßig alle Outgoing-Verbindungen erlaubt und alle Incoming-Verbindungen verbietet.

Es gibt dabei ein fieses Problem: Selbst bei einer Outgoing-Verbindung gelangen am Ende Pakete von außen nach innen. Woher soll die Firewall einem TCP-Datenpaket ansehen, ob es zu einer Verbindung (**Connection**) gehört, die ursprünglich von innen (und nicht von außen) aufgebaut wurde? Die traurige Antwortet lautet: gar nicht! Das Paket weiß natürlich, in welche Richtung es unterwegs ist (das sehen Sie seiner Absende- und seiner Empfangs-IP an. Eine von beiden gehört zu Ihrem eigenen Netzwerk!). Aber im Laufe einer Sitzung werden die Pakte ja hin- und hergeschickt. Ist die Connection erst einmal etabliert (**established**), gibt es im Prinzip keinen Unterschied mehr. Der Anfang ist somit entscheidend!

Der TCP-Handshake sieht bekanntlich zum Aufbau einer Connection den Austausch von Paketen in folgender zwingender Reihenfolge vor: SYN → ACK → SYN/ACK.

Derjenige, der SYN und SYN/ACK sendet, hat die Verbindung aufgebaut (das ist im Allgemeinen der **Client**), der andere reagiert lediglich mit ACK (der **Server**). Beim Aufbau einer Connction ist der Firewall also vollkommen klar, ob es sich um eine Incoming- oder um eine Outgoing-Verbindung handelt. Danach verschwimmt dieser Unterschied. Allerdings muss dennoch – gemäß Regelwerk – für jedes Datenpaket der Verbindungstyp geklärt sein.

Wie würden Sie das Problem lösen, eingehenden von ausgehendem TCP-Datentransfer zu unterscheiden?

Die Antwort ist – im Gegensatz zur Bezeichnung der Lösung – wenig spektakulär: Die Firewall muss sich einfach *merken*, welche Verbindungen bereits aufgebaut sind und in welcher Richtung diese initiiert wurden. Jedes folgende TCP-Paket, ganz gleich, wann es eintrifft, muss dann einer bereits gespeicherten Connection zugeordnet werden. Fertig! Das Ganze trägt den hübschen Namen: **Stateful Packet Inspection**.

Unter *Stateful Packet Inspection (SPI)* (auf Deutsch etwa »statusabhängige Paketuntersuchung«) versteht man das Konzept einer Firewall, Verbindungen beim Aufbau zu speichern und später eintreffenden Datenpaketen diesen zuzuordnen.

Natürlich wird die Firewall bereits den Aufbau unerwünschter Verbindungen blockieren, durch SPI werden aber auch Protokollattacken unterbunden, die Ihnen Pakete auf andere Weise unterjubeln möchten.

Das Regelwerk einer Firewall besteht insgesamt aus einer Reihe von Eigenschaften und der zugehörigen Behandlung von Paketen, bei denen diese Merkmale zutreffen. Recht übersichtlich können Sie das in einer Tabelle eintragen. In Tabelle 58.1 finden Sie die typische Form einer Firewall-Policy.

Nr.	Name	Richtung	Protokoll	Ab-sender-IP	Ab-sender-Port	Empfänger-IP	Empfänger-Port	ToDo	Erklärung
1	Terminal	Incoming	telnet	*	*	*	23	deny	Der Telnet-Dienst wird verboten, weil Passwörter im Klartext versendet werden.
2	Surfing	Outgoing	http	192.128.*.*	*	*	80	allow	Websurfing ist erlaubt.

Tabelle 58.1: Beispiel zweier Firewall-Regeln

Bei der *Nummer* handelt es sich zwar um eine simple fortlaufende Sequenz, aber sie ist dennoch sehr wichtig. Die Tabelle wird von oben nach unten abgearbeitet. Sobald eine Regel zutrifft, werden Regeln weiter unten nicht mehr berücksichtigt.

Der *Name* weist auf den Sinn der Regel hin. Für gewöhnlich enthält jede Zeile auch noch ein Feld für eine detaillierte *Erklärung*, die Sie in der letzten Spalte finden.

Die *Richtung* ist vermutlich der wichtigste Eintrag. Tendenziell wollen Sie alle Incoming-Verbindungen, die nicht zwingend bestehen müssen, verbieten.

Das *Protokoll* beschreibt den Typ der Verbindung und wird beispielsweise dem TCP-Header entnommen.

Die nächsten vier Spalten dienen der Spezifikation von Absender- und Empfänger-TCP/IP-Adresse. Das Sternchen steht wie immer für den Joker: Alle Zahlen sind an dieser Stelle erlaubt! Hin und wieder finden Sie stattdessen auch die Bezeichnung »any«.

Im *ToDo*-Feld finden Sie den eigentlichen Inhalt der Regel.

 Die unterste Zeile einer jeden Firewall-Policy sollte eine **Any-Any-Deny**-Regel sein: Verbiete jedes Paket von irgendwo nach überall. Alles, was nicht explizit (in einer vorherigen Regel) erlaubt wurde, muss verboten sein!

Stellvertreter-Systeme für und gegen alles

Gut. Eine Firewall, die als Paktfilter fungiert, ist relativ unkompliziert. Auch die *Stateful Packet Inspection* ist nicht weiter tragisch. Aber hilft das denn überhaupt? Sind die Angreifer so einfach in die Flucht zu schlagen? Die Antwort lautet leider »Nein«. Reine Paketfilter wehren nur bestimmte Formen von Attacken ab. Stellen Sie sich nochmals vor, Ihre IT muss wie eine Festung gesichert werden. Die Mauer, auch wenn sie noch so dick ist, alleine hilft nicht. Zusätzlich benötigen Sie einen Wassergraben, in dem hungrige Alligatoren planschen. Und wenn das noch nicht reicht, Bogenschützen, Pechfässer, Feuer und was Ihnen sonst noch so einfällt. Eine einleuchtende Regel besagt nämlich:

 Informationssicherheit lässt sich nicht durch eine einzige Maßnahme erreichen. Vielmehr müssen Sie unterschiedliche Formen von Abwehrmechanismen gegen die diversen Angriffsformen implementieren!

Exemplarisch möchte ich Ihnen eine weitere derartige Maßnahme mit den sogenannten **Proxy-Servern** vorstellen.

 Proxy-(englisch für **Stellvertreter**) Systeme stellen informationstechnologische Zwischenstationen dar, die mit Sicherheitsfunktionen ausgestattet werden können.

Ehrlich gestanden wurden die Proxies ursprünglich aus Effizienzgründen eingesetzt. Zu Zeiten, als das Internet noch sehr, wirklich sehr langsam war, erschien es logisch, **Zwischenspeicher** (**Proxy Cache**) in die Kommunikation von Client und Server einzubauen.

Stellen Sie sich dazu vor, Alice und Bob möchten aus ihrer gemeinsamen Wohnung auf die gleichen Webseiten im Internet zugreifen. Was liegt näher, als das Ergebnis von Alice erst einmal zwischenzuspeichern und Bob mit dem Ergebnis zu versorgen?

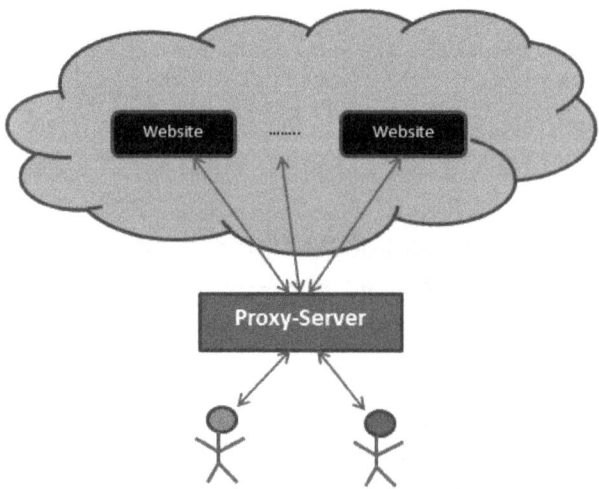

Abbildung 58.3: Gemeinsamer Zugriff auf das Internet über einen Proxy-Server

In Abbildung 58.3 finden Sie diese Situation symbolisch dargestellt. Alice und Bob greifen nicht direkt auf die Zielseiten zu, sondern stellen ihre jeweilige Anfrage an den Proxy. Dieser erledigt den Job, könnte aber auch früher angefragte Inhalte direkt zurückliefern, ohne die Zielseite erneut zu belästigen, wenn die gewünschten Daten in seinem Speicher (»Cache«) vorliegen.

Im Bild sieht es so aus, als wäre der Proxy nicht Teil des Internets. Wenn Alice und Bob Geschwister sind, wäre eine solche Installation im gemeinsam genutzten Netzwerk logisch. Allerdings ist auch das Internet voll von Proxies. Natürlich sind die Internetprovider die häufigsten Betreiber, weil Zigtausende von Personen darüber surfen. Generell lohnt sich ein Proxy Cache vor allen Dingen dann, wenn ...

✔ sich der Inhalt der Seite nicht jede Minute verändert

✔ und der entfernte Datentransfer ein Weilchen dauert.

Heutzutage spielen Webcaches eine viel geringere Bedeutung, weil beide Voraussetzungen nicht mehr so oft gegeben sind. Umso wichtiger ist dagegen ihre Log- und Filterfunktion. Wenn Ihr kompletter Internet-Verkehr den betrieblichen Webproxy als eine Zwischenstation passiert, können Sie dort beispielsweise ...

✔ Filter einbauen, die den Besuch bestimmter Seiten blockieren sowie

✔ jede Anfrage in einer Datei (**Logfile**) protokollieren.

Sie werden sich vorstellen, dass unsere Freunde von den Geheimdiensten viel Spaß mit solchen Logfiles haben, denn sie gestatten am Ende eine vollständige Überwachung der User, die den Proxy verwenden. Allerdings gibt es auch echte Vorteile:

✔ Websites mit Schadsoftware können sofort für alle Enduser gesperrt werden.

✔ Die Filterregeln auf den Proxy-Servern können die firmenweite ISP (Information Security Policy) abbilden ...

✔ ... oder im familiären Umfeld etwa Kinder vor jugendgefährdenden Inhalten oder Spieleseiten schützen.

Eindringlinge geschickt identifizieren

Proxies haben, so gesehen, nicht unbedingt einen reinen Sicherheitsauftrag, eigenen sich aber prima, um bestimmte Ziele der Informationssicherheit zu erreichen.

Dagegen gibt es keinen Zweifel am Sinn von **Intrusion Detection Systemen**.

 Ein *Intrusion Detection System* (*IDS*) beabsichtigt, einen elektronischen Einbruch (»Intrusion«) zu *erkennen* (vom Englischen *to detect*). Im Gegensatz dazu setzt ein *Intrusion Prevention System* (*IPS*) noch früher an. Es versucht, den Angriff zu *verhindern* (*to prevent*).

Die spannende Frage lautet: »Wie kann ein Eindringling überhaupt identifiziert werden?«

Zunächst müssen Sie sich klarmachen, dass es keineswegs so leicht ist, darauf eine einfache Antwort zu geben, denn ...

✔ auch der berechtigte Benutzer kann einen schlechten Tag haben und mehrfach das falsche Passwort eingeben.

✔ die Firewall kann etliche Pakete von einem fremden Server zurückweisen, obwohl dort nur ein kleiner Programmfehler vorliegt und kein Mensch einen gezielten Angriff plant.

✔ ein Programm mag wie ein Trojaner aussehen, der Daten stiehlt, obwohl dies einen normalen (wenn auch seltsamen) geschäftlichen Vorgang darstellt.

Das ist ja alles schön und gut. Aber Angreifer sind Angreifer und keine normalen User. Sie tun böse Dinge,

✔ *bevor* sie in das fremde System eindringen (beispielsweise Portscans)

✔ *während* der Angriff stattfindet (Auslesen oder Manipulieren von Dateien, Zugriff auf sicherheitsrelevante Systemressourcen, Umgehung von Schutzmechanismen)

✔ *nach* der Tat (Spuren verwischen, die eigenen Einträge aus Logfiles löschen, Passwörter wiederherstellen, das Zugriffsdatum von Dateien mit sensiblen Informationen zurücksetzen)

Aus all diesen Vorgängen entsteht ein *Muster*. Dieses Muster mag nicht bei jedem Angriff völlig identisch sein, aber mit einer Reihe derartiger Muster haben Sie eine gute Blaupause dafür in der Hand, wann ein Angriff potenziell stattfindet.

Ein IDS ist ein System, das an verschiedenen Stellen Ihrer IT sogenannte *Sensoren* installiert und die Informationen daraus *zentral* auswertet, überwiegend durch Vergleiche mit bekannten *Angriffsmustern* oder Abweichungen von den üblichen Kommunikationsmustern.

Erst aus der Kombination gewisser Sensordaten entsteht ein auffälliges Muster. Dann schlägt das IDS Alarm. Denn genau dafür wurde es installiert, es soll einen Eindringling gewissermaßen auf frischer Tat ertappen. Das kann stimmen, aber leider auch falsch sein. Hierbei entstehen die bekannten beiden Arten von Fehlern:

✔ **False Positives** sind Fehlalarme. Der am Wochenende arbeitende fleißige Mitarbeiter wird versehentlich für einen Angreifer gehalten.

✔ **False Negatives** sind Angriffe, die das IDS übersieht. So viele Überstunden machen die eigenen Leute auch wieder nicht.

Leider sind beide Fälle von Fehlern durchaus typisch und können nur durch intensive und langwierige Detailanpassung (Feinjustierung) der Muster beispielsweise an die spezifischen Geschäftsvorgänge eines Unternehmens reduziert werden. Auch der Einsatz von künstlicher Intelligenz (lernende Systeme) ist selbstverständlich ein häufig eingeschlagener Weg zur Lösung dieser Problematik.

Weitere aufregende Seiten der **künstlichen Intelligenz** finden Sie in Teil IX Ihres Dummies-Buches!

Okay. Ich fasse kurz zusammen.

Mit einem IDS sammeln Sie massenhaft Daten, um mit ausgefeilten Algorithmen bösen Eindringlingen auf die Spur zu kommen.

Leider gelingt das nicht immer.

Warum einen Angriff nur erkennen und nicht gleich verhindern? Wenn schon klar ist, dass von der IP xxx.xxx.xxx.xxx ein Angriff gegen ein internes (oder externes) System stattfindet, kann deren Datenstrom auch gleich unterbrochen werden. Genau das leistet ein IPS, ein Intrusion Prevention System. Allerdings sind diese Systeme noch viel gemeiner. Raten Sie einmal, was passiert, wenn ein IPS einen False Positive auslöst? Dann ist das nicht nur ein Alarm, sondern ein echter, fleißiger Mitarbeiter wird womöglich an einer bedeutsamen geschäftlichen Transaktion gehindert. Dies könnte erhebliche negative finanzielle Auswirkungen nach sich ziehen. Schlimmer noch: Das IPS würde damit selbst zum Aggressor, zum Angreifer gegen die eigene IT (Denial-of-Service, DoS), eine Art Autoimmunstörung.

 Auf den Geschmack gekommen? Probieren Sie es doch einfach selbst aus. Ein berühmtes Open Source IDS & IPS ist Snort (englisch für »Schnüffeln«): `https://www.snort.org/`

Zum Schluss möchte ich noch weitere, wichtige Instrumente zeigen, mit denen Sie Ihre Informationen sichern können.

Neben der gewöhnlichen Feld-, Wald- und Wiesenfirewall wäre etwa die **Personal Firewall** zu nennen. Das mag ein recht hochtrabend klingender Name für ein Programm sein, das auf Ihrem Computer läuft und Aufgaben wahrnimmt, die ansonsten nur eine richtige Firewall kann. Beispielsweise ein- und ausgehenden Netzwerkverkehr gegen ein zuvor definiertes Regelwerk vergleichen. Es kann Warnungen aufpoppen lassen oder bestimmte Verbindungen komplett blockieren. Besonders die erste Zeit nach der Installation ist anstrengend. Ständig nerven Fenster, die Sie auffordern, über die Erlaubnis gewisser Regeln zu entscheiden. Begehen Sie jedoch nicht den Fehler, einfach alles zu erlauben, weil sonst die Animation im Internet, das Spiel oder der Download nicht mehr funktionieren. Am Ende haben Sie sonst auch dem Trojaner die Erlaubnis erteilt, zu seinem Controller Kontakt aufzunehmen, und damit den eigentlichen Sinn der Personal Firewall in ihr Gegenteil verkehrt. Der Zustand ist dann sogar schlimmer als vorher, weil Sie nun meinen, geschützt zu sein ...

In dem Zusammenhang darf ich Sie höflichst darauf hinweisen, dass der Einsatz von **Antivirensoftware** für viele Betriebssysteme geradezu Pflicht ist. Übrigens gilt das auch für vom Hersteller empfohlene **Sicherheitsupdates**. Es gleicht grober Fahrlässigkeit, darauf zu verzichten. Selbstredend muss die Virusdefinitionsdatei permanent auf dem neuesten Stand gehalten werden. Ein veraltetes Antivirenprogramm unterscheidet sich nur unwesentlich von gar keinem. Aber, auch hier sei eine Warnung ausgesprochen. Es mag einige vertrauenswürdige kostenlose Anwendungen geben, aber mit Sicherheit sind auch etliche schwarze Schafe darunter. Nehmen Sie den Hersteller unter die Lupe! Lesen Sie aufmerksam Rezensionen der Online-Seiten der großen Computerzeitschriften. Denken Sie darüber nach, wie sich die Anbieter finanzieren. Können Sie mit eingeblendeter Werbung leben? Es ist Ihre Entscheidung. Kostenpflichtige Angebote gibt es selbstverständlich ebenfalls genug.

Allerdings sollten Sie sich merken:

 Es gibt keine hundertprozentige Sicherheit gegen Angriffe, es sei denn, Sie stellen den Strom ab (was jedoch genauso gut als erfolgreiche DoS-Attacke gedeutet werden kann)!

Teil XIII
Der Top-Ten-Teil

Besuchen Sie uns auf www.facebook.de/fuerdummies!

IN DIESEM TEIL ...

... Ihres Informatik für Dummies-Buches finden sich lediglich zwei kleine Kapitel mit den größten Errungenschaften
und ja, den schlimmsten Irrtümern der Informatik. Witzigerweise werden Sie die ein oder andere prominente
Persönlichkeit in beiden Kapiteln antreffen. Weil es sich
um den Top-Ten-Teil handelt, haben ich Ihnen die meiner
Meinung nach jeweils zehn wichtigsten Aspekte heraus-
gepickt, aber sicherlich wäre auch ein Top-Hundred-Teil
locker zu füllen gewesen. Hauptsache, Sie können bei der
doch eher entspannenden Lektüre ein wenig schmunzeln ...

Kapitel 59

Zehn bedeutende Meilensteine der Informatik

Mir ist klar, dass meine Beschreibung der bedeutenden Meilensteine durchaus subjektiv ist. Ich habe mich darum bemüht, eine möglichst breite Auswahl zu treffen, und zwar sowohl bezogen auf den Zeitraum als auch auf die fachliche Ausrichtung. Jeder der zehn Abschnitte ist einer oder mehreren besonderen Persönlichkeiten gewidmet. Sollte der ein oder andere Aspekt auch der Mathematik oder der Elektrotechnik zuzuordnen sein, dann ist das kaum verwunderlich. Die Informatik ist ja als jüngere Schwester dieser Wissenschaften letztlich daraus hervorgegangen und die größten Informatiker waren meist selbst gelernte Mathematiker oder Ingenieure. Der Begründer einer Wissenschaft kann ja nicht schon darin ausbildet worden sein ...

Eine sehr, sehr alte Rechenmaschine

Die meisten Menschen gehen davon aus, dass die ersten Rechenmaschinen Anfang des letzten Jahrhunderts erfunden wurden, aber das ist viel zu spät! Sie müssen schon noch ein paar Jahrhunderte in der Geschichte zurückdrehen, wenn Sie die wirklich erste, zumindest einigermaßen funktionstüchtige Rechenmaschine kennenlernen möchten, und zwar bis ins Jahr 1642.

In dieser Zeit entwickelte der französische Mathematiker, Physiker und Philosoph **Blaise Pascal** seine *Pascaline*, ein mechanisches Wunderwerk, das Dezimalzahlen addieren konnte. Im Laufe der Jahre wurde seine Arbeit immer weiter verbessert und war schließlich auch zur Subtraktion in der Lage.

Ein gut erhaltenes Exemplar der »Pascaline« mit ihren Zahnrädern und Klinken können Sie übrigens im Zwinger in Dresden bestaunen. Auf der Website des staatlichen Kunstmuseums in Dresden finden Sie ein Video mit der genauen Funktionsweise.

Die Seite der **S**taatlichen **K**unstsammlungen **D**resden (**SKD**) finden Sie unter `http://www.skd.museum`.

Eigentlich ist das gemein. Pascal, dessen Name ohnehin mit seinem Dreieck und ungezählten mathematischen Formeln verewigt ist und obendrein als physikalische Einheit des Drucks und der mechanischen Spannung herhält, gilt vielen heute auch als Erfinder der ersten Rechenmaschine – und ich mache es ja nicht anders! Allerdings hat zuvor, bereits 1623, der deutsche Mathematiker und Astronom **Wilhelm Schickard** nachweislich eine Rechenmaschine konzipiert – nur sind keine Exemplare dieses Werks erhalten geblieben, so sie denn überhaupt tatsächlich in die Praxis umgesetzt wurden.

Die digitale (Zeit-)Rechnung beginnt

Was denken Sie, wann das Rechnen mit Nullen und Einsen losging? Mit dem ersten Mikrocomputer? Oder gar der Entdeckung der Elektrizität? Weit gefehlt. Bereits 1696 schlug kein Geringerer als unser **Gottfried Wilhelm Leibniz**, der letzte Universalgelehrte, das *Binärsystem* zum Zwecke des mechanischen Rechnens vor. Mehr noch, er entwickelte gleich ein vollständiges Kalkül und setzte es in seiner eigenen Maschine ein. Damit konnte er die vier Grundrechenarten abbilden. Da noch kein Strom zur Verfügung stand, musste er seine aus Zahnrädern bestehende Konstruktion mit einer Kurbel von Hand antreiben.

Der wirklich erste Computer

Der britische Mathematiker **Charles Babbage** hat bereits in der ersten Hälfte des 19. Jahrhunderts die *Analytical Engine* erfunden, deren theoretische Möglichkeiten vor allem durch seine Mitarbeiterin **Ada Lovelace** bekannt wurden. Sie gilt als die erste Programmiererin überhaupt, weil sie ein Konzept zur Berechnung der Bernoulli-Zahlen mithilfe der Analytical Engine ausarbeitete. Wenn Sie so wollen, handelt es sich dabei bereits um einen programmierbaren Computer. Heutzutage zweifelt kaum jemand an der prinzipiellen Funktionstüchtigkeit der Analytical Engine, allerdings wurde sie nie so gebaut. Ähnlich wie bei der ersten Rechenmaschine widme ich daher nicht Babbage den Meilenstein, sondern **Konrad Zuse**. Der Berliner Bauingenieur und Unternehmer entwickelte nach mehreren Zwischenversuchen 1941 den Z3, die erste programmierbare, vollautomatische Rechenmaschine der Welt. Das riesige Gerät schaffte etwa zwei Gleitkommaadditionen (2 FLOPS) pro Sekunde. Das mag wenig in der heutigen Zeit erscheinen, in der wir in Gigaflops (Milliarden FLOPS) rechnen, aber der erste Schritt ist immer der wichtigste.

Was wirklich berechenbar ist

Nachdem ich die ersten Meilensteine eher den technischen Errungenschaften der Informatik gewidmet habe, wird es Zeit für die Theorie. Hier führt kein Weg am britischen Mathematiker **Alan Turing** vorbei. 1936 legte er das komplette Fundament für die prinzipielle *Berechenbarkeit* von Problemen – und deren Grenzen. Ein paar Jahre später arbeitete er an der Dechiffrierung der Enigma und leistete damit auch auf dem Gebiet der Kryptoanalyse Bahnbrechendes. Zuvor hatte der Brünner **Kurt Gödel** bereits die gesamte wissenschaftliche Welt mit seinen Unvollständigkeitssätzen durcheinandergewirbelt. Seine Arbeiten zeigen vor allem die prinzipiellen Grenzen der Logik auf. Im Gegensatz zu Turing haben seine Ergebnisse jedoch weniger praktische Konsequenzen, daher gebührt dem Briten dieser Meilenstein.

Spielend voranschreiten

Es ist gewagt, auch Spielen einen eigenen Meilenstein zu widmen, aber ich halte das für gerechtfertigt. Mein erstes selbst geschriebenes Programm war ebenfalls ein Spiel und ich bin davon überzeugt, dass bis heute ein gewisser Spieltrieb vielen Informatikern eigen ist. Spiele auf Computern sind viel älter, als die meisten denken. Das erste Videospiel wurde schon in den 40er Jahren entwickelt, doch der Durchbruch gelang erst 1972 mit *Pong* von **Nolan Bushnell**, das auf einem Atari lief.

Personal Computer erobern die Welt

Während der über Jahrzehnte dauernden, aber unaufhaltsamen Geburt des Internets geschah ein anderes Ereignis, das für die Entwicklung der Informatik noch wichtiger war: die Verbreitung des **PC** (**P**ersonal **C**omputers) bis in die Privathaushalte hinein. Und hier kommt selbstverständlich **Bill Gates** mit *Microsoft* zu Ehren. Die erste Version von **MS-DOS** (**M**icro**s**oft **D**isc **O**perating **S**ystem) wurde 1981 veröffentlicht. Bald darauf begann IBM mit der Produktion von PCs. Ein historischer Schritt, der die Entwicklung der IT-Industrie nachhaltig befeuerte.

Fenster und Mäuse

Viele Ideen, die für uns heute selbstverständlich sind, mussten erst wachsen und reifen, ehe sie zur Blüte gelangten. Dies gilt ganz sicher für die grafische Benutzeroberfläche mit ihren *Fenstern* und dem Bedienelement der *Maus*. Mit dieser völlig neuartigen Methode, einen Computer zu steuern, wurde der Grundstein gelegt für die massenhafte Verbreitung von PCs. Tastaturen waren von mechanischen Schreibmaschinen bekannt, doch auf grafische Eingaben musste erst einmal jemand kommen. Auch wenn zahlreiche Ideen bereits in den 1960er Jahren erdacht wurden, möchte ich diesen Meilenstein **Steve Jobs** widmen, der mit seiner Firma **Apple** 1984 einen Computer mit grafischer Benutzeroberfläche vorstellte, den

Macintosh. Gut, es gab auch andere. Aber keiner hatte bis dahin einen ähnlichen Komfort erreicht.

Im Netz der Netze

Natürlich ist das *Internet* ein Meilenstein der Informatik, keine Frage. Schwieriger dagegen ist zu sagen, welcher genaue Umstand zum Siegeszug führte. Das *Modem* zur Übertragung von Daten über die Telefonleitung war definitiv eine wichtige Wegmarke, die schon 1958 in den **Bell Telephone Laboratories** entwickelt wurde. Allerdings sind die Modems inzwischen schon wieder ausgestorben. Als Nächstes zu erwähnen wäre natürlich die **ARPA** (**A**dvanced **R**esearch **P**rojects **A**gency) des amerikanischen Verteidigungsministeriums, die den eigentlichen Grundstein für die Vernetzung von Computern mit dem *ARPANET* legte. Allerdings war das bereits 1969 und bekanntlich hat erst die Einführung des **WWW** (**W**orld **W**ide **W**eb) Anfang der 90er Jahre dem Internet zum Durchbruch verholfen. Daher wird dieser Meilenstein **Tim Berners-Lee** vom **CERN** in Genf gewidmet, der maßgeblich die Entwicklung von HTTP und HTML vorangetrieben hat.

Die mobile Revolution

Der erste Webserver am CERN verwendete übrigens das Betriebssystem der Firma NeXT, die **Steve Jobs** gegründet hatte. Auf ihn geht ein weiterer Meilenstein zurück: **Smartphones** gab es tatsächlich schon in den 90er Jahren des letzten Jahrhunderts, aber kaum ein Mensch hat Notiz davon genommen. Erst 2007 führte das *iPhone* zum großen Durchbruch. Seither gehören Smartphones (natürlich auch solche von anderen Herstellern) zur persönlichen Grundausstattung vieler Menschen. Manchen von ihnen sind die Möglichkeiten zur Nutzung diverser **Apps**, für die früher komplette PCs benötigt wurden, wichtiger als alles andere. Diese winzigen Hochleistungssysteme haben aufgrund der mobilen Nutzung viele Sensoren, die bei stationären Computern keinen Sinn ergeben. Ihre Möglichkeiten sind bis heute noch bei Weitem nicht ausgeschöpft.

Jetzt sind Sie am Zug!

Sie wollen von mir wissen, wie es weitergeht? Welche nächste rasante Entwicklung uns den Atem stocken und freuen lässt, dass wir sie noch erleben? Ich habe keine Ahnung, wirklich nicht. Aber warum arbeiten Sie nicht selbst daran? Haben Sie revolutionäre Ideen, witzige Neuerungen oder schlicht elegantere Lösungen? Dann los! Die meisten der hier aufgezählten Personen hatten keinen besonderen Startvorteil. Viele waren sogar zwischenzeitlich mit ihren Plänen ihrer Zeit viel zu weit voraus und scheiterten. Begreifen Sie das als Ansporn! Alles ist möglich. Warum fangen Sie nicht heute damit an, Ihre Ideen umzusetzen? Ich habe Ihnen extra den zehnten Meilenstein reserviert ...

Kapitel 60

Die zehn schlimmsten Irrtümer der Informatik

In diesem Minikapitel präsentiere ich Ihnen lediglich zehn Zitate aus dem letzten Jahrhundert. Ich denke, sie sind selbsterklärend. Jedes zusätzliche Wort würde diesen Aussagen nur die Würze nehmen. Für Sie sollte es eine Ermutigung sein: Wenn selbst diese außergewöhnlichen Menschen so dermaßen danebenliegen können, dürfen Sie das allemal ...

Nicht, dass Sie mich falsch verstehen: Einige der berühmten Persönlichkeiten, die hier zu Wort kommen, sind geniale Wegbereiter der neuen Zeit.

Viel Spaß bei der Lektüre und Ihren weiteren Aktivitäten in Sachen Informatik!

1943, Thomas John Watson, Vorstand IBM

»I think there is a world market for about five computers.«

(»Ich denke, dass es einen Weltmarkt für etwa fünf Computer gibt.«)

1949, John von Neumann, Informatikpionier

»I think it would appear that we have reached the limits of what it's possible to achieve with computer technology, although one should be careful with such statements, as they tend to sound pretty silly in five years.«

(»Ich denke, es hat den Anschein, dass wir die Grenzen dessen erreicht haben, was mit Computertechnologie möglich ist, obwohl man sehr vorsichtig mit solchen Aussagen sein sollte, weil sie dazu neigen, in fünf Jahren ganz schön albern zu klingen.«)

1962, Dennis Gabor, Nobelpreisträger für Physik

»Transmission of documents via telephone wires is possible in principle, but the apparatus required is so expensive that it will never become a practical proposition.«

(»Die Übertragung von Dokumenten über Telefonleitungen ist zwar prinzipiell möglich, aber die erforderlichen Gerätschaften sind so teuer, dass dies praktisch niemals umgesetzt werden wird.«)

1977, Ken Olson, Gründer DEC

»There is no reason for any individual to have a computer in his home.«

(»Es gibt keinen Grund, warum jemand einen Computer daheim haben sollte.«)

1979, Ian Sharp, Gründer Sharp Associates

»E-Mail is a totally unsaleable product.«

(»E-Mail ist ein vollkommen unverkäufliches Produkt.«)

1982, Jan Timmer, Vorstand Philips

Über die Erfindung der CD:

»Wer braucht eigentlich diese Silberscheibe?«

1985, Steve Jobs, Gründer Apple

Über tragbare Computer:

»But for the average person, they're really not that useful ...«

(»Für den Durchschnittsnutzer sind sie wirklich nicht besonders nützlich ...«)

1989, Bill Gates, Gründer Microsoft

»OS/2 will be the platform for the 90s.«

(»OS/2 wird die Plattform der 90er sein.«)

1992, Ron Sommer, Vorstand Telekom

»Das Internet ist eine Spielerei für Computerfreaks, wir sehen darin keine Zukunft.«

1995, Robert Metcalfe, Gründer 3com, Erfinder Ethernet

»I predict the Internet will soon go spectacularly supernova and in 1996 catastrophically collapse.«

(»Ich sage voraus, dass das Internet nach einer spektakulären Supernova im Jahre 1996 katastrophal kollabiert.«)

Ende

Ganz zum Schluss möchte ich Dennis Gabor, den ich bereits im Abschnitt »1962« zitiert habe, noch einmal zu Wort kommen lassen. Nachdem er seinen Irrtum eingesehen hatte, meinte er: »The future cannot be predicted, but futures can be invented.« (Frei übersetzt: »Die Zukunft kann nicht vorhergesagt, sondern nur erfunden werden.«)

Stichwortverzeichnis

α-cut-off *siehe* Alpha-Beschneidung
β-cut-off *siehe* Beta-Beschneidung

A

A*-Algorithmus 620
Ablaufinvarianz 249
Absorption 127
Abstract Window Toolkit 454
Abstrakte Klasse 418, 465
Abstrakter Datentyp 506
Abstraktion 323
Abstraktionsbarriere 57, 251, 324
Activity 485
Ada 298
Add-on 845
Adjazenzmatrix 558
Adressbus 220
Adresse 51, 385
Adressierung 277
  virtuelle 242
Adressoperator 358
ADT *siehe* Abstrakter Datentyp
Advanced Encryption Standard 862
Adware 841
AES *siehe* Advanced Encryption Standard
Agile Methoden 341
Akkumulator 223
Aktivitätsfunktion 670
Aktor 94, 255
Akzeptanzzustand 758
Algorithmus 45, 289, 491
Allquantor 772
Alpha-Beschneidung 625
Alphabet 756

ALU *siehe* Arithmetic Logic Unit
Analoges Signal 93
Analyse 492
AND 64
Android 481
Android Virtual Device 484
Anfangswort 757
Anforderungsanalyse 585
Angewandte Informatik 59
ANSI C 347
Antivalenz 124
Antivirensoftware 848
Anwendungsfall 341
Anwendungsschicht 584
apk 485
Applet 453
Application Programming Interface 338
App-Programmierung 419
Äquivalenz 123
ARC *siehe* Automatic Reference Counting
Archie 719
Argument 294, 319
Arithmetic Logic Unit 209, 219
Array 327, 367, 449
ASCII 97
Assembler 69, 279
Assemblercode 279
Assertion 479, 480
Assoziativgesetz 125
Asterisk 141
Asymmetrisches Verschlüsselungsverfahren 864
Atomarer Datentyp 290, 363
Attraktor 678
Auflösung 256
Auflösungsregel 771
Aufnehmer 94

Ausdruck 312
  regulärer 87
Ausgabegerät 255
Ausgabestrom 402, 408
Ausgangsgrad 556
Auslagerungsdatei 242
Ausnahme 315
Ausnahmebehandlung 411, 477, 569
Aussagenlogik 770
Automat 187
  Mealy-Automat 188
  Moore-Automat 189
Automatic Reference Counting 424
Availability *siehe* Verfügbarkeit
AVD *siehe* Android Virtual Device
AWT *siehe* Abstraction Window Toolkit
Axiom 774

B

Backpropagation 668
Backus-Naur-Form 304
Backward-Pass 668
Barcode 254
Bash *siehe* Bourne again shell
Basic Input Output System 245
Basis 133
Basisklasse 400
Baum, gerichteter 544, 545
  Höhe 545
  Ordnung 545
BCD-Code 102
BCPL 345
Bedingte Sprunganweisung 276
Befehl 51

Benutzeroberfläche, grafische 58
Berechenbarkeit 789
Bereichsauflösungsoperator 399
Bereichswissen 651
Bergsteiger-Methode 614
Besitzer-Prinzip 818
Beta-Beschneidung 625
Betriebssystem 58, 228, 567
Bezeichner 307, 349
BFS *siehe* Breitensuche
Bias 113, 651
Bibliothek 55, 294
Bidirektional 220
Bildkorrelation 253
Binärbaum 546
Binärer Operator 122
Binden
  dynamisches 295
  statisches 295
Bioinformatik 59
BIOS *siehe* Basic Input Output System
Bistabile Kippstufe 178
Bit 95
Black-Box-Test 339
Blu-ray Disk 244
BNF *siehe* Backus-Naur-Form
Bootstrapping 227, 246
Botnetz 833
Bourne again shell 686
Bourne-Shell 686
Branch Prediction 261
Breadth First Search *siehe* Breitensuche
Breitensuche 546
Browser 676
Bubblesort 530
Bug 285
Bundestrojaner 843
Bus 210, 219
  Adressbus 220
  Datenbus 220
  interner 219

Steuerbus 220
Systembus 219
Byte 95
Bytecode 291, 439

C

C 346
C# 300
C++ 300
Cache 265
Caesar-Verschlüsselung 854
Carriage Return 573
Cascading Style Sheets 681
Case-Based Reasoning *siehe* Fallbasiertes Schließen
CBR *siehe* Fallbasiertes Schließen
Central Processing Unit 218
  Aufbau 220
Character 515
Chief Information Officer 819
Chief Information Security Officer 819
Chiffrat 857
CIO *siehe* Chief Information Officer
CISC *siehe* Complex Instruction Set Computer
CISO *siehe* Chief Information Security Officer
Client 699
Clock Signal 177
Closure 431
Cloud 724
Cobol 298
Code, präfixfreier 745
Collection 471
Compiler 72, 284
Compilezeit 289
Complex Instruction Set Computer 258
Computerlingusitik 60
Computermaus 253
Confidentiality *siehe* Vertraulichkeit

Controller 427
  Tastatur 252
Control Unit 219
CPU *siehe* Central Processing Unit
Credentials 825
Crowdsourcing 62
CSS *siehe* Cascading Style Sheets
CU *siehe* Control Unit

D

Darknet 684
Darstellungsschicht 583
Data Encryption Standard 859
Data Latch 179
Data Protection Officer 819
Dateiverwaltung 569
Datenbank 589
Datenbankmanagementsystem 590
Datenbankschema 591
Datenbus 220
Datenhaltungsschicht 584
Daten-Integrator 631
Datenkapselung 458
Datenschutz 820
Datenschutzbeauftragter 819
Datenstruktur 506
Datentyp
  abstrakter 506
  atomarer 310, 363
  konkreter 507
  primitiver 505
DBMS *siehe* Datenbankmanagementsystem
DBS *siehe* Datenbanksystem
DDR-SDRAM *siehe* Double Data Rate Synchronous Dynamic Random-Access Memory
Deadlock 593
Decision Tree *siehe* Entscheidungsbaum
Decodiernetzwerk 162

Deduktive Inferenz 632
Deep Web 684
Defragmentierung 575
Deklaration 349
Dekrementieren 52
Delayed-Branching 261
Delegation 427
Delta-Investigation 668
Delta-Regel 665
Demilitarisierte Zone 874
Denial of Service 833
Deployment 341
Depth First Search *siehe* Tiefensuche
Deque 512
Dereferenzierungsoperator 360
Derivat 571
DES *siehe* Data Encryption Standard
Designated Initializer 423
Design-Pattern 426
Deterministisch 800
DFS *siehe* Tiefensuche
Diagnosesystem 651
Diffie-Hellman-Verfahren 864
Digitalisiertes Signal 93
Digital Versatile Disk 244
Dijkstra-Algorithmus 616
DIMM *siehe* Dual Inline Memory Module
Disjunktion 121
Display 255
Distributivgesetz 126
Divide et Impera 80
DMZ *siehe* Demilitarisierte Zone
DNA-Computer 267
DNF *siehe* Normalform, disjunktive
Domain 672
Dominanzprüfung 155
Doppelkernsystem 262
Doppelwort 95
DoS *siehe* Denial of Service

Double Data Rate Synchronous Dynamic Random-Access Memory 236
DPO *siehe* Data Protection Officer
DRAM *siehe* Dynamic Random-Access Memory
Dreischicht-Architektur 583
Drizzle 599
Drucker 256
Dual-Core 262
Dual Inline Memory Module 235
Dualitätsprinzip 128
Dualsystem 96, 103
Durchführbarkeitsstudie 584
DVD *siehe* Digital Versatile Disk
Dynamic Random-Access Memory 234
Dynamisches Binden 295

E

ECC *siehe* Elliptische Kurvenkryptografie
Eccles-Jordan-Schaltung 178
Echtzeit-Betriebssystem 579
Editor 294
EEPROM *siehe* Electrically Erasable Programmable Read-Only Memory
Effektivität 322
Effizienz 322, 503
EICAR-Testmuster 850
Einer-Komplement 105
Eingangsgrad 556
Einzelkernsystem 262
Electrically Erasable Programmable Read-Only Memory 240
Element 519
Elliptische Kurvenkryptografie 868
Endwort 757
Entität 590

Entity-Relationship-Modell 590
Entropie 740
Entscheidbarkeit 790
Entscheidungsbaum 553, 638
Entscheidungsgehalt 738
EPROM *siehe* Erasable Programmable Read-Only Memory
Erasable Programmable Read-Only Memory 239
Ereignis 474
Erfüllbarkeitsproblem SAT 798
Erlaubnisprinzip 817
ER-Modell *siehe* Entity-Relationship-Modell
EVA-Prinzip 42, 208
Event 474
Existenzquantor 773
Expertensystem 650
Exploit 832
Extensible Markup Language 681
Extremprogrammierung 341

F

Faktenwissen 651
Faktorisierungsproblem 806
Fakultätsfunktion 353, 493
Fallbasiertes Schließen 652
False Negative 880
False Positive 872, 880
Fehlerfortpflanzung 114
Fehlerfunktion 672
Fehlersignal
  des Ausgabeneurons 673
  des inneren Neurons 673
Festkommaarithmetik 116
Festplatte 241
FIFO *siehe* First In, First Out
Filepointer 378
Firewall 873
Firewall Policy 874
Firmware 229
First In, First Out 510

First-Level Interrupt 249
Flanke 177
Flash-Speicher 240
FLI *siehe* First-Level Interrupt
Flipflop 63, 178
Floating Point Operations Per Second 264
FLOPS *siehe* Floating Point Operations Per Second
Formale Sprache 756
Formale Verifikation 778
Fortran 297
Forward-Pass 668
Fragmentierung 575
Fremdschlüssel 592
FTP-Server 720
Fühler 94
Funktion 317
Funktionale Programmiersprache 299
Funktionstemplate 408

G

Ganzzahl
    vorzeichenbehaftete 106
    vorzeichenlose 106
Garbage Collection 443
Gatter, logisches 132
General Problem Solver 613
General Purpose Register 223
Geoinformatik 61
Gerätetreiber 229
Gerichteter Graph 555
Getter 398
Glitch 169
Gödelscher Unvollständigkeitssatz 774
GPR *siehe* General Purpose Register
GPS *siehe* General Problem Solver
Grad des Knotens 545, 556
Gradientenverfahren 669
Grafikkarte 214
Grafiktablett 253

Grafische Benutzeroberfläche 58
Grammatik 303, 757
    kontextfreie 765
Graph 555
    gerichteter 555
    planarer 559
Graphical User Interface 474
Greedy-Algorithmus 616
Gruppenrichtlinienverwaltung 570
GUI *siehe* Graphical User Interface

H

HAL *siehe* Hardware Abstraction Layer
Halbaddierer 166
Halbleiter 64
Halteglied 174
Halteproblem 792
Hard Disk 241
Hardware Abstraction Layer 246
Hashfunktion 517
HashTable 539, 540
Hashwert 517
    Kollision 540
Hazard 169
Hebb-Regel 665
Heuristik 618
    zulässig 619
Hexadezimalsystem 103
Hidden-Layer 663
Hoare-Kalkül 777
Hochsprache 283, 284
Honeypot 874
HTTP *siehe* Hypertext Transfer Protocol
Hub 671
Huffman-Codierung 750
Human Brain Project 608
Hybridlaufwerk 241
Hypertext Transfer Protocol 675
Hyperthreading 265

I

IDE *siehe* Integrated Development Environment
Idempotenz 127
Identifier 349
Identität 123
IDS *siehe* Intrusion Detection System
IEEE *siehe* Institute of Electrical and Electronics Engineers
IETF *siehe* Internet Engineering Task Force
Imperative Programmiersprache 297
Imperative Programmierung 297
Implikation 123
Induktive Inferenz 632
Inferenz 631
    induktive 632
    deduktive 632
Infix-Notation 552
Informatik
    Begriff 41
    Disziplinen 59
Information 729
Information Security Officer 819
Information Security Policy 821
Informationsgehalt 643, 734
Informationsgewinn 643
Informationssicherheit 811, 820
Initialisierung 349
Initialzustand 758
Inkonsistenz der Daten 707
Inkrementieren 53
Inline Memory Modules 235
Input-Layer 663
Instanz 398
Instanzmethode 458
Instanzvariable 459

Institute of Electrical and Electronics Engineers 112
Instruktionsdecoder 221
Integrated Circuit 64
Integrated Development Environment 333
Integrierte Entwicklungsumgebung 334
Integrierter Schaltkreis 64
Integrität 813
  referenzielle 593, 598
Integrity *siehe* Integrität
Intelligenz, künstliche 47
Intent 485
Interface 326, 464
International Organization for Standardization 670
Internet Engineering Task Force 665
Internet Protocol 665
Interpreter 73, 289
Interrupt 247
Interrupt Request 248
Interrupt-Service-Routine 248
Intrusion Detection System 879
Intrusion Prevention System 879
Inverter 158
Invocation Environment 351
I/O Unit 210
IP *siehe* Internet Protocol
IPS *siehe* Intrusion Prevention System
IRQ *siehe* Interrupt Request
ISO *siehe* International Organization for Standardization; *oder* Information Security Officer
Isomorph 557
ISP *siehe* Information Security Policy
ISR *siehe* Interrupt-Service-Routine

Iterator 476
IT-Sicherheitsbeauftragter 820

J

Java 300, 438
Java Development Kit 439
Java Runtime Environment 439
JavaScript 696
Java Virtual Machine 439
JDK *siehe* Java Development Kit
JIT-Compiler *siehe* Just-in-Time Compiler
Jitter 249
JRE *siehe* Java Runtime Environment
Just-in-Time Compiler 291
JVM *siehe* Java Virtual Machine

K

Kamm 243
Kapselung 325, 399
Keep it short and simple 818
Kellerautomat 764
Kerckhoffs' Maxime 818, 858
Kettenregel 872
Key *siehe* Schlüssel
Keylogger 843
KI *siehe* Künstliche Intelligenz
Kilobyte 95
KISS *siehe* Keep it short and simple
Klasse, abstrakte 418, 465
Klassenmethode 458
Klassifikationsaufgabe 612
Klassifikationsphase 637, 664
Kleene-Abschluss 764
Knapsack problem *siehe* Rucksackproblem
KNF *siehe* Normalform, konjunktive

KNN *siehe* Künstliches neuronales Netz
Kommentar 323
Kommutativgesetz 126
Komparator 164
Kompilieren 72
Komplexität 499, 501
Konjunktion 120
Konkatenation 403, 756, 757
Konstante 308
Konstruktor 400, 459
Kontextfreie Grammatik 765
Kontext-Layer 677
Kontextswitch 263, 705
Kontradiktion 772
Kontrollstruktur 311, 372
Konvergenztheorem 667
Konzeptlernen 634
Korn-Shell 686
Korrektheit 777
Kritischer Lauf 170
Kryptoanalyse 854
Kryptografie 854
Kryptologie 854
Künstliche Intelligenz 603
  schwache 605
  starke 604
Künstliches neuronales Netz 662
KV-Diagramm 146

L

Lastenheft 585
Last In, First Out 510
Latenz 243
Laufzeit 289
Lazy Instantiation 425
Least Significant Bit 100
Leitwerk 219
Lernendes System 630
Lernrate 665
Level eines Knotens 545
LIFO *siehe* Last In, First Out
Lineare Liste 508
Lineare Separierbarkeit 667
Line Feed 573

Linker 295
Lisp 299
Liste, lineare 508
Literal 143
Loader 227, 297
Logarithmus dualis 735
Logik 774
Logische Bombe 850
Logische Programmier-
  sprache 300
Logisches Gatter 132
LSB *siehe* Least Significant Bit
l-Werte 346

M

Mainboard 212
Maintenance 341
Malware 841
Man-In-The-Middle 829
Mapping 276
MariaDB 599
Maschinelles Lernen 629
Maschinencode 68, 279
Maske 239
Massenspeicher 241
Master Boot Record 246
Maus 253
Maximalgrad 557
Maxterm 143
MBR *siehe* Master Boot
  Record
Mealy-Automat 188
Medieninformatik 60
Medizininformatik 60
Mehrfachvererbung 464
Mehrkernsystem 262
Memory 210
Mercury 301
Metawissen 651
Methode 396, 458
  rein virtuelle 417
  virtuelle 413
Mikrobefehl 197
Mikroprogramm 197, 218
Mikroprogrammiertes
  Steuerwerk 217

Mikroprozessor 218
Million Instructions
  Per Second 259
Miniaturisierung 63
Minimaler Spannbaum 562
Minimalgrad 557
Minimalitätsprinzip 817
Mini-Max-Verfahren 621
Minterm 143
MIPS *siehe* Million Instruc-
  tions Per Second
Model 427
Modellieren 586
Model View Controller 427
Modul 325
Modularisierung 325
Modulo-Operator 110
Modus Ponens 771
Modus Tollens 771
Monty-Hall-Dilemma *siehe*
  Ziegenproblem
Moore-Automat 189
Most Significant Bit 100
Motherboard 212
Motoneuron 663
MSB *siehe* Most Significant Bit
Multiplexer 163
Multiprocessing 265, 706
Multiprozessorsystem 218
Multitasking 577, 705
Multithreading
  265, 577, 706
Multitouch 254
Mustererkennung 607
Mutex 708
MVC *siehe* Model View
  Controller
MySQL 599

N

Namensraum 399
Negatdisjunktion 134
Negation 123
Negatkonjunktion 134
Nerd 84
Netz, rekurrentes 676

Node Degree *siehe* Grad des
  Knotens
Non-volatile Random-Access
  Memory 237
Normalform 143
  disjunktive 144
  konjunktive 145
NoSQL 599
NOT 65
NVRAM *siehe* Non-volatile
  Random-Access Memory

O

Objective-C 300, 419
Objektmethode 458
Objektorientierte Program-
  mierung 299, 396
Offset 227
One Time Pad 862
O-Notation 500
OOP *siehe* Objektorientierte
  Programmierung
Opcode 276
Operand 319
Operating System *siehe* Be-
  triebssystem
Operationswerk 194, 217
Operator 308, 318
  binärer 122
  unärer 122
Optional 431
OR 64
OS *siehe* Betriebssystem
OSI-Modell 670
Output-Layer 663

P

Paarprogrammierung 341
Page 234
Parallelschaltung 66
Parameter 294, 319
Pascal 298
Password Cracking 827
Password Guessing 827
Patch 832
Peirce-Funktion 134

Perceptron 664
Peripherie 215
Perl 691
Permanenter Speicher 234
Permutation 859
Pflichtenheft 585
Phishing 825
PHP 694
Pipelining 259
Pivot-Element 533
Pixel 99, 256
PKI *siehe* Public-Key-Infrastructure
Planarer Graph 560
Plug-in 844
Pointer 329, 358
Polling 247
Polymorphie 417, 468
Port 668
POSIX 708
POST 246
Postfix-Notation 552
PostgreSQL 599
Potenz 757
Power-On Self Test 246
Prädikat 772
Prädikatenlogik 772, 773
Präfixcode 745
Pragmatik 272
Präprozessor 355
Pretty-Printing 295
Primärschlüssel 591
Primimplikant 155
Primitiver Datentyp 505
Problem
    Klasse EXP 796
    Klasse NP 800
    Klasse P 797
Problem des Handlungsreisenden 801
Problemraum 612
Program Counter 222
Programmablaufkontrolle 51
Programmablaufplan 587
Programmable Read-Only Memory 239

Programmbibliothek 335
Programmiersprache
    funktionale 299
    imperative 297
    logische 300
Programmierwerkzeug 279
Prolog 301, 645
PROM *siehe* Programmable Read-Only Memory
Protokoll 428, 664
    Schwächen 834
Protokollstapel 665
Proxy 878
Prozedur 318, 319
Prozess 264, 575, 705
Prozessmanagement 575
Prozessorkern 218
Public-Key-Infrastructure 869
Pufferüberlauf 831
Pumping-Lemma 762

Q

QR-Code 254
Quad-Core 262
Quantencomputer 267
Quellenauswahlnetz 163
Quetscher 669
Queue 510
Quicksort 532

R

Race Conditions 170
RAM *siehe* Random-Access Memory
Random-Access Memory 213, 234
Ransomware 845
RBAC *siehe* Role based access control
Read-Only Memory 197, 213, 234
Real-Time Operating System *siehe* Echtzeit-Betriebssystem
Rechenwerk 209, 219

Rechteverwaltung 569
Reduced Instruction Set Computer 259
Referenz 407
Referenzielle Integrität 593, 598
Referenzierungsoperator 358
Referenzstufe 277
Referenzübergabe 407
Register 224
    laden 196
Registeradressierung 277
Registersatz 219
Registerschaltung 184
Register-Transfer-Ebene 191
Regulärer Ausdruck 87, 692
Reguläre Sprache 760
Regular expression *siehe* Regulärer Ausdruck
Reichweite 391
Rein virtuelle Methode 417
Rekurrent 676
Rekursion 81, 283, 353, 493
Relationales Datenbanksystem 590
Relevanzmatrix 654
Request For Comments 664
Reusability 321
RFC *siehe* Request For Comments
Ring of Trust 870
Ringspeicher 511
Ringzähler 184
RISC *siehe* Reduced Instruction Set Computer
Risiko 814
Risikoklasse 816
Risikolebenszyklus 815
Role based access control 817
ROM *siehe* Read-Only Memory
Root-CA 869
Router 670
RSA-Verfahren 866
RTOS *siehe* Echtzeit-Betriebssystem

Rucksackproblem 801
Russische Bauernmultipli-
kation 109
r-Werte 346

S

SAT siehe Erfüll-
barkeitsproblem SAT
Satz von Cook 802
Scanner 254, 441
Schach 83
Schaltkreis, integrierter 64
Schaltwerk 174, 190
Scheffer-Funktion 134
Scheme 299
Schleifeninvariante 778
Schlüssel 519
Schlüsselpaar 866
Schnittstelle 56, 250, 326
Schwache KI 605
Schwellenwert 661
Schweres Problem 795
Scope 391
SDK siehe Software Develop-
ment Kit
SDLC siehe Software
Development Lifecycle
SDRAM siehe Synchronous
Dynamic Random-Access
Memory
Second-Level Interrupt 249
Secure Socket Layer 671
Security by Obscurity 818
Seiteneffekt 313
Selectionsort 528
Semantik 272
Semi-permanenter Speicher
234
Sensor 94, 255
Sentinel 522
Separierbarkeit, lineare 667
Sequenzielle Suche 522
Serienschaltung 66
Server 699
Setter 398

Shannon-Fano-Codierung
745
Shell 685
Shell-Skript-Program-
mierung 685
Shift 185
Shortcut 261
Sicherheitszertifizierun-
gen, internationale 822
Signal
analoges 93
digitalisiertes 93
Signed Integer 106
SIMM siehe Single Inline
Memory Module
Single-Core 262
Single Inline Memory Module
235
SLI siehe Second-Level
Interrupt
Smalltalk 299, 421
Sniffing 828
Social Engineering 824
Socket 700
Software-Architektur 581
Software Development Kit
333
Software Development Life-
cycle 340
Solid State Drive 240
Sortieralgorithmus 527
Sozioinformatik 61
Spam 846
Speicher, elektronischer 234
Speicherverwaltung 569
Speicherwerk 210
Speicherzeile 234
SPI siehe Stateful Packet
Inspection
Spike 169
Sprache
formale 756
kontextfreie 760
kontextsensitive 760
reguläre 760

Sprunganweisung
bedingte 203
unbedingte 204
Spyware 841
SQL siehe Structured Query
Language
Squasher 669
SRAM siehe Static Random-
Access Memory
SSD siehe Solid State Drive
SSL siehe Secure Socket
Layer
Stack 282, 510
Standardbibliothek 410
Standardkanal 380
Standardnamensraum 404
Starke KI 604
Stateful Packet Inspection
876
Static Random-Access
Memory 234
Statisches Binden 295
Statische Variablendeklara-
tion 392
Steuerbus 220
Steuerwerk 196, 207, 221
mikroprogrammiertes 217
Stream 317
String 316, 515
Structure 367
Structured Query Language
595
Strukturdiagramm 586
Substitution 859
Subtree siehe Unterbaum
Suche, sequenziell 522
Suchmaschine 719
Supercomputer 264
Superpipelining 260
Swap-File 242
Swift 300, 429
Switch 671
Symmetrisches Verschlüsse-
lungsverfahren 864
Synapse 661

Synchronous Dynamic Random-Access Memory 236
Syntax 272
Syntaxbaum 552
Syntax-Highlighting 295
Synthese 492
Systembus 219

T

Tabelle 520
Taktflankensteuerung 182
Taktpegel 177
Taktsignal 177
Tastatur 251
    Controller 252
Tautologie 772
TCP *siehe* Transmission Control Protocol
TCP-Handshake 669
Teile und Herrsche 80
Teilwort 757
telnet 704
Term 120
Thread 264, 578, 706
Three-Tier-Architecture *siehe* Dreischicht-Architektur
Tiefensuche 546
Time Slice *siehe* Zeitscheibe
TLS *siehe* Transport Layer Security
Toggeln 182
Touchscreen 253
Trackball 253
Trainingsmenge 634
Trainingsphase 637, 664
Transistor 45, 64, 158, 159
Transitivitätsregel 771
Transmission Control Protocol 665
Transport Layer Security 671
Traveling Salesman Problem *siehe* Problem des Handlungsreisenden

Traversierung 546
    In-Order 548
    Post-Order 549
    Pre-Order 547
Treiber 229
Triple DES 861
Trojaner 842
Trust Center 869
TSP *siehe* Problem des Handlungsreisenden
Tunneling 837
Turing-Maschine 785
Turing-Programm 786
Turing-Test 604
Türme von Hanoi 81, 494
Typecasting 466

U

Überladen von Operatoren 401
Überlauf 167
Überlaufbit 167
Übersetzer 284
Übersetzungszeit 289
UML *siehe* Unified Modeling Language
UML-Diagrammtyp 586
Umweltinformatik 61
Unärer Operator 122
Unicode 515
Unidirektional 220
Unified Modeling Language 586
Unifikation 648
Uniform Resource Locator 676
Unsigned Integer 106
Unterbaum 545
Unterlauf 167
Unterprogramm 281, 282
Unvollständigkeitssatz, Gödelscher 774
URL *siehe* Uniform Resource Locator
Use-Case 341

V

Variable 294, 308, 385
Variablendeklaration, statische 392
Verfügbarkeit 813
Verhaltensdiagramm 586
Verifikation, formale 778
Verschlüsselungsverfahren 864
Vertraulichkeit 812
Verzeichnis-Baum 543
Vier-Augen-Prinzip 817
View 427
Vigenère-Verschlüsselung 855
Virensignatur 849
Virtuelle Adressierung 242
Virtuelle Maschine 438
Virtuelle Methode 413
Virus 210, 840
V-Modell 587
Volladdierer 166
Vorrang 389
Vorzeichenbehaftete Ganzzahl 106
Vorzeichenlose Ganzzahl 106

W

Wagenrücklauf 573
Wahrheitstabelle 131, 139
Wechselträgerlaufwerk 244
Wert eines Ausdrucks 312
Wertübergabe 406
White-Box-Test 339
Wiederverwendbarkeit 321, 506
Wirtschaftsinformatik 59
Wissen
    methodisches 85
    operatives 85
Wissensbasis 632, 651
WLAN-Netz, offenes 838
WORA *siehe* Write Once, Run Anywhere

Wort 95
Wortproblem 759
Wrapper-Klasse 444
Write Once, Run Anywhere 438
Wurm 842
Wurzelzertifizierungsstelle 869

X

XML *siehe* Extensible Markup Language
XOR 124

Z

Zeichenkette 369
Zeiger 329, 358, 385
Zeigertyp 358
Zeilenvorschub 573
Zeitscheibe 575

Zellenfeld 234
Zentraleinheit 209
Zero Day Exploit 832
Zertifikat 869
Zertifizierung 822
Ziegenproblem 76
Zusicherung 479
Zustandsdiagramm 188
Zustandsgraph 175
Zuweisung 346
Zuweisungsoperator 310
Zweierkomplement 105